한반도의 전쟁과 평화

핵무장국가 북한과 세계의 선택

한반도의 전쟁과 평화

이삼성

한길사

War and Peace on the Korean Peninsula

The World and South Korea face a nuclear-armed North Korea

by Lee Samsung

Published by Hangilsa Publishing Co., Ltd., Korea, 2018

"동아시아 대분단체제에서 한반도 통일은
외부의 국제적 조건에서 올 가능성은 존재하지 않는다.
오로지 한반도 내부, 남북한의 내적 동력으로만 가능하다.
그런 의미에서 한반도 평화체제 건설은
한국에 진정한 국가안보 전략인 동시에 북한 전체주의의 잔재를
가장 효과적으로 해체해서 인권 문제를 해결해나갈
인간안보 전략이며, 동아시아 대분단체제의 해체에
결정적으로 이바지할 수 있는
동아시아 공동안보의 열쇠이자 초석이다."

▎저자 이삼성

다시 전쟁과 평화의 갈림길에 선 이 땅에서

『한반도의 전쟁과 평화』를 내면서

어머니의 땅

고등학교 1학년 무렵 한 문화재단이 염가로 판매하는 문고 시리즈에 수필가 김소운(金素雲, 1907~81)의 『목근통신』이 있었다. 이 수필집은 그때까지 내가 보지 못했던 영화 「벤허」에 관한 두 가지 이미지를 나의 뇌리에 새겨놓았다. 하나는 벤허가 처음 노예 신분으로서 보여준 한 인간으로서의 '자유혼'에 관한 것이었다. 다른 하나는 벤허가 어머니를 찾아 문둥병 환자들이 사는 골짜기를 헤매는 장면에 관한 것으로 내 가슴에 긴 여운을 남겼다. 김소운 선생은 일제강점기에 문학 활동을 시작한 분이다. 그가 자신이 태어난 식민지 조선을 저주받은 골짜기에서 벤허가 찾아 헤매던 문둥병 환자 어머니로 빗대었던 것을 기억한다.

1990년대 초반 이미 시작된 위기지만 2017년 들어 북한이 핵무장을 완성하면서 한반도의 위기는 깊어질 대로 깊어졌다. 특히 많은 세계인의 눈에 한반도는 언제라도 전쟁이 터질 저주받은 땅으로 보이게 되었다. 물론 평창동계올림픽이라는 계기를 한국 정부가 지혜롭게 활용하면서 한반도는 세계인에게 평화와 화합의 무대처럼 빛나기도 했다. 그러나 전쟁의 검은 그림자는 언제든 이 땅을 뒤덮곤 한다. 그 조건 자체가 사라진 것은 아니다. 그 때문일 것이다. 요즘 김소운이 식민지 조선을 벤허의 문둥병 어머니로 빗대었던 기억이 종종 떠오르는 이유는….

많은 한국인은 이 나라를 '헬조선'이라고 말하길 주저하지 않았다. 촛불혁명은 그러한 자기저주의 습관을 멈칫하게 했다. 그러나 북한과 미국이 저마다 벼랑 끝 전술—북한은 벼랑 끝 버티기, 미국은 벼랑 끝 몰기—을 구사해 전쟁 위기가 부상할 때마다 많은 한국인에게 이 반도는 다시 저주받은 땅, 헬조선이 되고 만다. 오늘날 많은 한국인은 이 땅을 문둥병 환자로만 생각할 뿐, 김소운에게 식민지 조선이 그러했던 것처럼, '어머니의 땅'으로 당연하게 다가오지는 않는 것 같다. 한 세대에 걸쳐 세계화의 세례를 거쳤으니만큼 설령 어머니의 땅이라고 해도 언제든 어디로든 떠날 수 있는 한 조각의 부동산에 불과한 것처럼 말하는 언술이 어느새 우리의 담론 세계를 지배하게 되었다.

　전쟁의 논리가 빗발치는 이 땅을 부여잡고 평화를 논하는 것은 어머니의 땅을 떠날 수 없는 사람들의 피할 수 없는 숙명이라고 생각한다. 주기적으로 되풀이되는 전쟁 위기라는 만성병을 포함하여 갖가지 질병에 시달리고 있는 이 나라, 그래도 어머니의 땅인 이곳을 떠날 수 없거나 떠나지 않는 사람들, 그들이 곧 한반도의 주인이다. 이들이 어떻게 사유하고 어떻게 행동하느냐는 이 땅의 현재와 미래를 결정하고 그 너머 동아시아 그리고 세계의 운명에 영향을 미친다. 때로는 절망이 때로는 희망이 현재와 미래에 대한 우리 이야기의 배경이 된다. 이 책을 지배하는 내 사유의 저변에도 힘의 작동에 대한 현실주의적 인식과 함께 희망과 꿈에 대한 이상주의적 지향이 교직(交織)되어 있다. 현실에 발을 딛지 않은 이상은 역사의 방향에 자국을 낼 수 없는 하나의 문학적 사건에 불과하다. 그러나 이상이 없는 현실주의는 실제 역사에서 전개되는 작고 큰 변화들을 이끌지도 예감하지도 못한다. 인간이 가슴속에 품은 절실한 꿈과 이상은 그가 처해 있는 차돌 같은 현실의 구조 못지않게 그의 삶의 존재론적 구성인자다. 그것은 사회에도 역사 전체에도 마찬가지다.

비핵화에 이르는 길

이 책의 내용은 지난 1월에 탈고한 것이다. 출판사에서 조판할 때쯤 나는 이 머리말을 쓰기 시작했다. 바로 위의 문단까지가 2월에 쓴 서두였다. 절망의 덩어리처럼 보이는 이 땅의 평화 그리고 그 평화를 바탕으로 한 동아시아의 평화를 말하기는 얼마나 힘겨운 일인가. 그러던 중 3월이 되었다. 3월 5일 평양을 방문한 문재인 정부의 특사단이 북한 노동당사에서 김정은 노동당 위원장과 회담을 하고 나왔다. 나는 그다음 날 뉴스를 통해서 남북 간 합의 내용을 접했다. 이어서 3월 9일 역시 뉴스를 통해서 도널드 트럼프(Donald Trump) 미국 대통령이 정의용 청와대 안보실장을 단장으로 한 대미특사단에게 김정은의 메시지를 전달받은 자리에서 즉각 북미정상회담을 수락했다는 소식을 들었다. 그리고 이 머리말을 이어나가고 있다.

2월 9일 평창동계올림픽 개막식에 북한대표단이 참석했다. 그중에는 김여정이 있었다. 그녀는 노동당 중앙위원회 제1부부장이자 김정은의 동생이다. 그녀가 문재인 대통령을 만났다. 그리고 김정은의 방북 초청장, 그러니까 남북정상회담 제안을 전달했다. 2월 25일 열린 폐막식에는 김영철 노동당 부위원장이 왔다. 그는 한미 양국이 '천안함 폭침의 주범'으로 찍은 인물이다. 김정은은 왜 굳이 그를 보냈을까. '폭침'의 장본인을 대표로 보낸 것은 일종의 정공법이다. 천안함 문제를 북한의 관점에서 본 '진실'을 한국의 새 정부가 다룰 수 있는지, 관련된 사안을 직설적으로 대화할 수 있는 상대인지 물으며 북한은 남한 정치권과 사회에 공을 던진 것이 아닐까. 그런 직감 같은 의문이 들었다. 그럴 수 있을 때만 북한 비핵화라는 절체절명의 문제를 남한 그리고 미국과 진정으로 논할 수 있는 기본 조건이 성립한다고 북한 지도부는 판단한 것이 아닐까.

이 의문에 대한 답을 지금 확정할 수 없다. 그러나 이것이 대사기극으로 판명된다면 미국은 과거 베트남전쟁을 초래했던 1964년 8월 남중국해에서 벌인 통킹만 사태 조작사건을 능가하는 거대한 사기극을 이명박 정권과 공모한 것이 된다. 만약 그렇다면 이 사기극은 북한을 핵무장 완성을 향해 일로매진하도록 다그치고 그렇게 할 명분도 준 것이 된다. 2013년의 한국 사회에서 천안함 사태를 기꺼이 '폭침'이라고 말할 자세가 되어 있는가 여부는 사상을 손쉽게 확인할 수 있는 리트머스 시험지였다. '침몰'이란 단어 자체가 터부로 굳어져가고 있었다. 그해 가을 민주화운동기념사업회가 주최한 국제회의(Seoul Democracy Forum)에서 그리고 그 후 학술적 발표 기회가 있을 때마다 나는 천안함 사태의 재조사 여부가 우리 민주주의가 기만은 아닌지, 우리에게 진정 한반도 평화를 일궈낼 내적인 힘은 있는지 말해줄 리트머스 시험지가 된다고 말했다. 우리의 정치와 사회가 이 문제에 대한 재조사를 시작하고 감당해내지 못한다면 그래서 끝내 외면한다면 한국의 민주주의는 그 자체로 거대한 사기극에 불과할 것이다. 시간이 걸리겠지만 우리는 결국 그 길을 가지 않으면 안 된다. 이는 우리 민주주의의 진정한 성숙에 불가결한 통과의례가 될 것이다.

3월 5일 평양을 방문한 특사단―정의용 청와대 안보실장을 단장으로 하고 서훈 국정원장이 포함된―에게 김정은은 비핵화 의지를 밝혔다. 또 북한에 대한 군사적 위협이 해소되고 북한의 체제 안전이 보장된다면 핵을 보유할 이유가 없다고 말했다. 김정은은 비핵화가 '선대(先代)의 유훈(遺訓)'이라는 말도 했다. 이런 인식을 전제로 4월 말 '판문점 남측 지역'에 있는 평화의집에서 역사상 세 번째의 남북정상회담을 열기로 남북은 합의했다.

이 소식을 접한 국내외 보수파들의 반응은 북한과의 대화는 무의미하다는 아베 신조(安倍晋三) 일본 총리의 평소 지론과 궤를 같이했다. 이들은 한결같이 또 하나의 사기극이 시작되었다고 입을 모았다. 1994년 제네바합의와 2005년 9·19공동선언이 휴지 조각이 되고 만 것에 대한 자기식의 역사해석을 들이대며 북한의 시간벌기 전략과 속임수에 넘어가지 말아야 한다고 역설한다. 그래서 역사의 교훈은 뇌고 또 뇌어야 한다. 역사가 일방적인 프리즘으로 해석되고 때로 왜곡되어 우리 사회의 언론과 담론 시장을 지배하면서 정론으로 굳어지는 경우가 많다. 그것이 다양한 사고와 발상에 열려 있어야 할 이 사회의 미래 세대에게 악영향을 끼칠 것을, 즉 이 땅에서의 전쟁과 평화 문제를 인식하는 사고의 폭과 깊이가 제한될 것을 나는 깊이 우려한다.

나는 특사단이 가져온 합의는 수많은 국민이 고대해온 좋은 시작이자 의미 있는 새 출발이라고 믿는다. 이러한 새로운 시작을 위해 그리고 이러한 시작이 의미 있는 열매를 맺을 때까지 우리가 직면하게 될 험난한 장벽들을 넘어서기 위해 우리는 과거의 역사와 현재의 문제를 어떻게 인식하고 어떤 미래를 설계할 것인가. 바로 이러한 질문들에 답하고자 한 것이 애당초 이 책에 담긴 내 오랜 지론(持論)들의 뜻이었다.

많은 사람이 북한의 평화 제스처가 기만적인 술책에 불과하며, 그러므로 북한의 제스처에 화답하는 것 자체가 북한의 시간벌기 전략에 넘어가는 것이라고 주장한다. 이 사람들은 가장 기본적인 것을 잊고 있다. 북한은 이미 핵무장을 완성했다. ICBM 등 장거리탄도미사일 기술도 거의 완성단계에 있다. 북한은 시간을 벌기 위해서 평화 제스처를 펴는 것이 아니라 자신이 완성해놓은 핵무장과 장거리핵미사일 능력을 바탕으로 평화 제스처를 펴는 것이다. 이 단계에 이르기까지 한미 양국이 직접적인 군사적 행동을 하지 못한 것은 그럴만한 군사적·지정학적 이유가 있었기 때문이다. 한미 양국은 북한을 진지한 대화상대로 인정하고 그들이 요구하는 평화협정에 응하지 않으면서 군사적 압박에 골몰했지만 전면적인 전쟁의 참화와 위험을 감당할 방법이 없었다. 그래서 감행할 수 없었던 군사행동은 이제는 더욱더 위험해졌다. 북한의 평화 제스처에 응하는 것이 마치 북한을 타격할 얼마 남지 않은 절호의 기회를 포기하는 잘못인 양 비판하는 것은 사태 파악이 거꾸로 된 것으로 사리에 어긋난 주장이다.

북한의 평화 제스처는 문재인 정부의 평화 이니셔티브에 대한 응답이었다. 문재인 정부가 김정은의 평화 제스처에 응답한 것은 자연스러운 것이었다. 보수파들은 북한은 핵무장을 포기할 의도가 근본적으로 없기 때문에 대화는 사실상 무의미하다고 주장한다. 북한이 핵무장 포기를 전제로 한 대타협을 진지하게 모색할 의도가 있는지 없는지는 앞으로도 계속 확인해야 한다. 그런데 그것 못지않게 중요한 문제가 있다. 핵무장국가 북한 앞에 선 모든 나라의 한결같은 바람은 한반도 비핵화다. 이 비핵화를 추구함에서 한국외교의 근본적인 숙제는 두 가지다. 하나는 물론 북한의 궁극적인 비핵화 자체다. 그런데 우리에게는 그 못지않게 중요한 또 하나의 숙명적인 지상과제가 있다. 비핵화를 이루어내기까지 남북 간에 그리고 북미 간에 언제든 거세질 수 있는 극단적인 군사적 긴장감과 전쟁 위험의 일상화를 통제하고 평화를 유지해내는 일이 그것이다. 그런 점에서 평창동계올림픽을 한국 정부가 대화 국면으로의 전환을 위한 기회로 활용한 것은 올바른 선택이었다.

트럼프의 미국과 아베의 일본을 포함한 세계 다른 나라들에 북한의 비핵화는 절대적인 목표이지만, 그 목표가 이루어지기까지 전쟁을 방지하고 평화를 관리하는 문제는 부차적인 것일 수 있다. 한반도가 흔하디흔한 '남의 부동산'에 불과한 그들에게 한반도에서의 전쟁은 외교적 목표를 달성하기 위한 '정치의 연장'에 다름 아닐 수 있기 때문이다. 그러나 한반도가 '어머니의 땅'이자 자기 삶의 터전인 한국인들에게 비핵화는 전쟁을 막기 위한 평화 관리 그리고 항구적 안전을 위한 평화체제 구축의 결과로서 끊임없이 추구되고 획득될 수밖에 없는 목표다. 우리에게 전쟁은 그것 자체로 한반도인 7,500만의 삶을 파괴할 절대악이다. 미국과 일본의 보수강경파들과 함께 남북대화와 북미대화를 한 판의 사기놀음이라고 치부하는 국내 보수파들의 합창이 앞뒤를 가리지 않고 그들의 장단에 부화뇌동하며 자신들과 이 사회의 발등을 찍는 소행이라고 하지 않을 수 없는 이유다.

또 하나의 역사해석

2017년 6월 16일 한국정치연구회(회장 정상호 교수)는 동국대학교에서 창립 30주년 기념 세미나를 열었다. 이 세미나의 대주제는 '우리 시대의 진보와 민주주의의 과제'였다. 통일안보 분야를 맡은 나는 「'핵무기국가 북한' 앞에 선 한국의 선택」이라는 논문을 발표했다. 한국의 '균형외교'가 북한 핵무장 해체라는 궁극적인 목표를 위해서도 중요하다는 점을 제기한 이 발표문을 중심으로 그간 한반도 평화에 대해 써온 글들을 함께 묶어 8월경에 출판할 계획이었다. 그러나 7월 북한이 대륙간탄도미사일 시험을 연거푸 성공시키고 8월에는 중장거리미사일을 시험한 데다 9월 초에는 수폭실험을 성공시키는 등 사태가 커졌다. 이와 함께 한반도의 위기는 더욱 심화되어갔다.

북한 핵무장의 발전 패턴과 남북관계와 북미관계의 위기 구조는 큰 틀에서 볼 때 본질적으로 연속성이 강하다. 그렇지만 급박하게 전개되는 새로운 상황들을 반영하고 검토해야 했다. 그리고 나 자신이 1990년대 초부터 관심을 품고 공부하며 글을 써온 주제인 핵문제의 세계적 맥락을 재검토할 필요를 느꼈다. 이러한 작업들 덕분에 8월로 예정했던 탈고는 2018년 1월 말로 늦춰졌다.

2017년 11월 17일 제주평화연구원 한인택 박사의 초청으로 제주도에서 발표한 「북한 핵문제의 해결방향: 한반도 평화체제와 동북아 비핵지대」도 내 생각을 재정리하는 데 도움이 되었다. 한인택 박사께 깊이 감사드린다.

2009년 한길사에서 『동아시아의 전쟁과 평화』 제1권과 제2권을 출간했다. 제1권은 전통시대 동아시아를, 제2권은 19세기를 중심으로 근대 동아시아를 다뤘다. 원래는 20세기 동아시아를 다룬 제3권과 제4권을 곧 이어서 출간할 계획이었다. 그러나 도중에 『제국』(소화, 2014)이란 책을 출간하는 등 여러 가지 사정으로 미루어져왔다. 또한 한반도 정세가 급박해진 탓으로 이 책 『한반도의 전쟁과 평화』를 먼저 내게 되었다. 항상 기대해주시고 기다려주신 한길사 김언호 사장님 그리고 거친 글들을 잘 다듬어 정성껏 좋은 책으로 만들어준 한길사 편집부와 김광연 선생께 깊이 감사드린다.

그러고 보니 내가 글을 발표하기 시작한 지 어느덧 30년의 세월이 흘렀다. 나의 글은 줄곧 세계와 동아시아 그리고 무엇보다 한국 현대사에서의 전쟁과 평화에 관한 것이었다. 그 한가운데 미국의 문제가 중요한 문제의식을 형성했다. 유학을 마치고 귀국한 후 발표한 첫 글은 한길사에서 발행한 저널 『사회와 사상』 1989년 2월호에 실린 「광주민중봉기와 미국의 역할」이라는 논문으로 분량도 350매에 달했다. 이 논문은 예일대학교에서 박사 과정을 밟던 중 어떤 과목의 기말 페이퍼로 써냈던 것인데, 이를 우연히 알게 된 김언호 사장님의 요청으로 번역해 싣게 되었다. 그 글은 이후 한국 사회에서 내 삶의 방향을 많은 부분 규정지었다. 나는 그 결과를 스스로 감당하고 받아들이며 살아왔다. 그것을 후회한 적은 없다. 오늘 세상에 내놓는 이 책은 그날들로부터 한 세대에 이르는 세월 동안 이 땅의 전쟁과 평화의 문제에 대해 내가 지속해온 생각과 글쓰기를 매듭짓는 것이라고 할 수 있다.

나는 1987년 6·10항쟁과 6·29선언으로 진행된 절차적 민주주의의 심화를 막는 가장 커다란 장애물이 '국가안보'를 내세운 거대한 정치사회적 기득권의 논리라고 생각했다. 그 논리는 일견 정치(精緻)하고 빈틈없어 보이는 국제정치학자들의 이론과 그것을 뒷받침하기 위해 동원된 수많은 연구들의 비호를 받는 것처럼 보인다. 그러나 많은 경우 그것은 학술적 또는 정치적인 편식(偏食)이며, 왜곡이고 과장인 것도 사실이다.[1] 그런데도 그 논리를 감싸고자 동원되는 학문적 장식(裝飾)과 끝없는 전문용어들로 구성된 둔사(遁辭)의 숲은 건강한 상식을 갖춘 일반 시민이 '안보', 그러니까 이 땅에 사는 수천만의 삶에 치명적 영향을 끼칠 수 있는 전쟁과 평화에 관한 국가정책을 공론의 장에서 다툴 여지를 좁힌다. 학자로서 그리고 한 시민으로서 전쟁과 평화의 문제를 성역의 반열에서 끌어내려 민주적 토론의 장으로 불러오고 권력논리의 대안을 제시하고자 노력하는 것, 그것이 내가 지난

14

30년간 의식적으로 추구한 역할이었다고 해도 될 것이다.

광주와 미국에 관한 글쓰기에 이어 나에게 급박하게 다가온 주제는 오늘에 이르는 사반세기 동안 한반도의 전쟁과 평화의 아킬레스건이 된 북한 핵문제였다. 1994년 10월 한길사에서 출간한 책 『한반도 핵문제와 미국외교: 북미 핵협상과 한국 통일정책의 비판적 인식』은 2~3년에 걸쳐 우리 사회가 몇 차례 전쟁 위기를 겪는 동안 이 문제의 평화적 해결을 바라며 나름대로 분투하며 써낸 글들의 결집이었다. 한반도는 1950년대 이래 유럽과 함께 핵무기 밀도가 가장 높았던 지역 중 하나였는데도 당시 한국의 지식계와 시민사회는 핵무기 문제라는 것 자체가 생소했다. 그것은 내가 '군산정학복합체'(軍産政學複合體)라고 부르는 거대한 기득권 연합체의 가장 내밀한 독점물 중 하나였다. 나는 1990년 『창작과비평』 겨울호에 「핵의 위기」라는 제목으로 역시 350매가 넘는 장문의 글을 발표하면서 핵무기 문제의 본질을 논의했다. 그러한 문제의식의 연장선에서 북한 핵문제의 평화적 해결을 위한 대안적 논리를 추구했다.

『한반도 핵문제와 미국외교』에서 개진한 논지는 궁극적으로 북한 핵 프로그램의 군사화를 막기 위한 타당한 방법이 무엇이냐에 관한

---

1 진정한 거장일수록 이론적 틀은 보수적이라 해도 그 사고는 폭이 넓고 근본적이다. 현재 한반도의 상황과 관련된 예로는 케네스 왈츠(Kenneth Waltz, 1924~2013)를 들 수 있다. 그는 보수적 국제정치학의 지배적 패러다임인 구조적 현실주의의 대부로서 미국과 한국을 포함한 전 세계에서 권위를 누려왔다. 보수적인 그가 정작 북한 핵문제에 대해 내리는 판단은 파격적이다. 북한의 핵무장은 미국의 패권적 괴롭힘에 대항할 수 있는 유일한 생존 전략이며, 그것이 국제질서의 안정에 이롭다고 주장하는 것이다. 나 자신은 개인적으로 한반도 비핵화와 동북아시아 비핵지대를 주창해온 입장에 있으므로 왈츠의 견해에 동의하는 부분은 제한적이다. 다만 북한의 행태를 어떻게 이해할 것인지에 대한 인식에서 사고의 폭을 넓혀야 한다는 얘기를 하고 싶은 것이다. 요컨대 한반도와 동아시아의 평화 문제에 대한 한국 내외의 담론에서 내가 진정 문제로 생각하는 것은 미국 국제정치학계의 보수적 이론틀 자체가 아니다. 학자들이 그 개념틀을 자기 입맛에 맞는 부분만 떼어내어 편협하게 활용하는 데 우리 학문과 담론의 폐단이 있다고 생각한다.

것이었다. 당시 미국과 한국 정부가 역설하고 한미 양국의 대부분 언론이 동조했던 것처럼 북한을 핵확산금지조약(NPT)이라는 국제법을 어긴 '사법적' 응징의 대상으로 취급하면서 군사적 압박으로 일관하는 것은 내가 보기엔 타당하지도 현실적으로 효과적이지도 않은 방법이었다. 그것은 사법적인 문제가 아니라 정치적인 문제이며, 군사적 해법이 아닌 외교적 협상의 대상으로 취급할 수밖에 없는 사태였다.

이 논지를 펴면서 나는 NPT라는 규범이 있는데도 이스라엘과 아파르트헤이트 체제하에서의 남아프리카공화국이 핵무기를 개발한 것, 미국을 비롯한 서방 전체가 이를 묵인하고 은밀하게 방조했던 역사를 거론했다. 전후 세계사에서 NPT 규범과 그것의 적용은 공정한 국제법적 원칙으로 규율되는 것이 이미 아니었다(내가 그 책을 쓰고 난 4년 후인 1998년 인도와 파키스탄이 추가로 비공식 핵무장국 클럽에 끼어든 후 이에 대한 서방 세계의 대응도 핵무기비확산 레짐이 얼마나 지정학적이고 정치적인 문제인지를 새삼 확인해주게 된다). 즉 나는 NPT 규범과 그 적용이 지극히 정치화된 권력정치의 영역임을 명확히 하고자 하였다. 그러므로 북한 핵 프로그램이 무기화되는 것을 막는 문제도 우리가 사법적·군사적 문제로 취급하기보다는 정치외교적 문제로 파악하고 해법을 모색해야 한다는 것이었고, 오직 그럴 때만이 당위와 현실 모든 차원에서 근본적 해결의 가능성이 열린다고 나는 역설했다. 그렇지 않을 경우 북한 핵 프로그램의 군사적 잠재성이 오히려 본격화될 수 있다는 우려를 제기했던 것이다. 이 문제를 정치외교의 문제로 인식하고 접근한다는 것은 한미 양국의 비핵화 요구와 북한의 안보 및 경제적 관심사를 동시에 충족시킬 수 있는 포괄적인 협상이 필요하다는 것을 뜻했다.

결과적으로 보면 한미 양국이 그러한 정치외교적 접근을 거부했을 때 한반도는 전쟁의 위기에 휩싸였고, 그것을 수용했을 때 제네바합의 같은 평화적 해결의 가능성이 열렸다. 그렇게 이끌어낸 제네바합의가 파기되고, 북한이 핵무장을 본격화하고, 이제 마침내 그것을 완성하게 된 사태의 원인에 관해서, 한국 학계와 언론의 지배적 논리를 따르면 그것은 모두 북한 책임이다. 여기에는 정보와 인식의 편식과 왜곡이 도사리고 있다. 왜 그렇게 말할 수밖에 없는지에 대한 역사해석이 이 책을 통해 내가 제시하고자 한 주요 작업의 하나임을 독자들은 발견하게 될 것이다.

'반공 파시즘' 시대의 기억

내가 유학을 마치고 귀국한 지 1년 남짓 지났을 무렵인 1989년 6월 안기부, 치안본부 그리고 서울시경을 망라한 공안기관들이 나서서 내가 강의하고 있던 연세대학교 국제교육부와 고려대학교 대학원의 주임교수들을 만나 압력을 넣었다. 먼저 연세대학교 국제교육부장 선생님이 세 공안기관의 요원들이 자신을 방문하여 내가 수사대상임을 밝히고 강사 배제를 주문했다는 솔직한 설명과 함께 다음 학기 강의를 줄 수 없어 미안하다는 말을 했다. 며칠 후에는 고려대학교 대학원의 주임교수가 전화로 '원로들의 결정'이라는 짤막한 통보를 해왔다. 서대문경찰서에서 형사로 근무하며 나에 대한 수사가 진행되는 과정을 지켜본 중학교 동창이 시간이 지나 말해주어 알게 된 것이지만 이들 공안기관은 나를 유학 기간에 몰래 북한에 다녀온 간첩으로 만들어내려 했다. 아무래도 혐의를 찾을 수 없어 그만두었다고 했다. 그 소동은 당시 20만 부 안팎의 발행부수를 자랑하며 큰 영향력을 떨치고 있던 저널 『신동아』 1989년 6월호에 광주민주화운동 당시 미국의 선택과 행동을 변호한 미국무부 성명서를 비판한 글을 실은 직후 일어났다. 『사회와 사상』에 앞서 실린 내 글들을 읽은 『신동아』 측이 청탁해와 쓰게 된 글이었다. 미국 비판은 곧 반미이고 반미는 용공이라는 '반공 파시즘' 논리의 한 축이 여전히 작동하던 시대의 한 풍경이었다.

안기부원과 경찰들이 학교를 드나들며 나를 간첩으로 몰려 했다는 얘기를 들었을 때 나는 그때로부터 2년 전 일이 떠올랐다. 당시 나는 미국 코네티컷주 뉴헤이번에서 공부하고 있었는데, 1988년 초에는 학위 논문을 제출한 후 귀국 준비를 하고 있었다. 그때 경제기획원 서기 관으로 예일대학교 경제학과 석사 프로그램을 연수하던 P선배가 나의 귀국을 말렸다. 얼마 전 워싱턴 D.C.에 있다는 한국 보안사의 대령급 인물이 그 선배를 찾아와서 나에 대해 조사하고 갔다는 것이었다. 만약 귀국하면 공항에서 바로 보안대에게 붙잡힐 것이라고 P선배는 걱정했다. 당시 나를 바라보던 그 선배의 어두운 표정이 지금도 눈에 선하다.

1987년 6월 항쟁이 벌어지기 약 한 달 전인 5월 중순 예일대학교 한국인 유학생회는 전두환 정권의 4·13호헌 조치를 비판하면서 개헌을 요구하는 서명운동을 펼치며 이를 미주 한국 언론들에 발표했다. 미주 유학생 사회에서 처음 있는 일이었다. 회장을 맡고 있던 경제학과 길인성 씨와 나는 경제학과 김태동 선배 등과 상의해서 서명운동을 조직했다. 30명의 한국 학생이 동참했다. 한국 주요 신문들의 5월 18일자 미주판에는 우리의 성명문과 서명자 명단이 실렸다.[2] 『조선일보』 미주판은 다른 신문들과 달리 언론에 우리 성명서를 알리는 역할을 맡은 내 이름만을 명시했다.[3] 그 후 펜실베이니아대학교와 러트거스대학교 그리고 하버드대학교 등 다른 유학생 사회에서도 호헌철폐를 주장하는 성명운동이 퍼져나갔다. 본국에서 마침내 6·10항쟁이 전개되자 예일대학교가 있는 뉴헤이번의 지역신문 『뉴헤이번 레지스터』는 나를 인터뷰하여 한 달 전의 성명을 포함한 예일대학교 한인학생사회의 반응을 취재하기도 했다.[4]

나는 P선배의 경고에도 불구하고 귀국하지 않으면 안 되었다. 국비 유학생 신분이었던 내가 돌아가지 않으면 유학을 떠날 때 신원보증을 섰던 나의 친인척들이 대신 고통을 겪을 것이기 때문이었다. 다행히도 나는 공항에서 붙잡히지 않았다. 그런데 내가 글을 쓰기 시작하면서부터 비로소 공안기관들은 옛일을 들춰 유학 중 북한을 다녀온 간첩으로 만들기 위해 부지런히 뛴 것이다. 1989년 여름 그들은 나를 간첩으로 만드는 데 실패했다. 하지만 여러 대학에서 나의 강의를 박탈하는 것은 쉬운 일이었다. 1989년 겨울에는 숙명여자대학교에서도 강사 자리를 잃었다. 1988년 봄 학기부터 2년째 강의를 맡았던 그 학교에서 다음 학기 강의를 줄 수 없다는 학과장의 통보를 받았다. 1989년 11월 초순의 일이었다.

그 며칠 전이었던 10월 말경 나는 한국방송공사(KBS)가 진행하던 세 시간짜리 심야토론 프로그램에 초대되어 의견을 개진한 일이 있었다. 나는 탈냉전의 세계를 맞아 새로운 한국 안보의 백년대계에는 주한미군에 의존하지 않는 한반도 평화체제를 설계하고 준비하려는 노력이 포함되어야 한다고 말했다. 당시 한반도에 남아 있던 미국의 핵무기들도 곧 철수하여 한반도 비핵화를 이뤄나가야 한다는 생각도 얘기했다. 한미행정협정 개정 필요성도 언급했다. 우리 사회의 터부들이었지만, 사실 대단한 얘기들은 아니었다. 당시는 미국 부시 행정부가 단계적인 주한미군 철수계획을 공개적으로 밝히고 있던 시점이었다. 1987년 중거리핵폐기협정을 시작으로 지구 전역에 배치되었던 미국의 전술핵이 감축되고 있었다. 미국이 앞장선 전술핵폐기 선언을

---

2 『미주동아』,「예일대 대학원생 30명 시국성명 발표: 개헌유보 철회요구 해외유학생까지 확산」, 1987년 5월 18일;『중앙일보』미주판,「개헌촉구 성명 발표 예일대학원 유학생 30명」, 1987년 5월 18일;『한국일보』미주판,「예일대학 한인학생 30명 4·13조치 철회요구 비난성명」, 1987년 5월 18일. 당시 언론에 실렸던 서명자 명단을 여기에 적어본다. 올해로 31년의 세월이 흘러버렸지만 나는 왠지 그 이름들을 적어두고픈 감상을 느낀다. 그 때 우리가 느꼈던 긴장감은 국내에서 독재에 저항한 지식인들의 고통에 비할 바는 아니었다. 다만 당시 시점에서 전두환 독재는 철옹성 같았고, 이 정권은 계엄령으로 대응할 것이라는 비관론이 지배하고 있었다. 나뿐만 아니라 모두가 저마다 미래에 대한 두려움을 안은 채 서명에 참여했던 것이 사실이다. 길인성, 김세진, 김승자, 김진철, 김태동, 김효식, 박선호, 박세춘, 박원근, 박유미, 박준용, 성소미, 신윤환, 안효은, 오규택, 유석진, 유재원, 이동걸, 이삼성, 이우헌, 이인표, 이인호, 이재학, 이진호, 전성훈, 조동현, 최범수, 최인, 한동헌, 한용택.

3 『조선일보』미주판,「예일대 한국인 학생 30명 개헌지지 서명」, 1987년 5월 18일.

4 Andrew Romanoff, "Area Koreans sympathetic to protest in their homeland," *New Haven Register*, June 15, 1987.

불과 1년 남짓 앞두고 있던 시대상황이었다.

나는 종강을 몇 주 앞둔 시점에서 다음 학기 수업에 관해 묻는 학생들에게 다음 학기엔 강의를 맡지 않게 되었다고 밝힐 수밖에 없었다. 학생들이 학과장을 찾아 그 이유를 물었던 것 같다. 그리고 나에 대한 강사 해고 조치에 집단적으로 항의하는 일이 벌어졌다. 학생들은 시험거부를 선택했다. 항의하는 학생들을 졸업시키지 않겠다고 학과에서 위협했다는 소식을 접했다. 학과장이 나를 불러서 같은 얘기를 했다. 내가 조용히 떠나주기를 바랐다. 나는 지난 2년 동안 내가 강의할 수 있도록 배려해준 그분에 대한 인간적 도의를 외면할 수 없었다. '빨갱이가 강사로 있는 대학에 자식을 보낼 수 없다'는 학부모들의 전화가 빗발쳐 어쩔 수 없다는 그분이 내세운 명분을 내가 다툴 권리가 있는지는 분명치 않았다.

분명한 것은 내가 학생들의 행동을 방관한다면 나 때문에 학생들이 피해를 볼 것이라는 점이었다. 나는 학생들의 집단행동을 말렸다. 학생들은 나라는 개인을 위해서가 아니라 대학 안의 민주주의라는 대의를 위해서라고 믿었겠지만, 내가 발단이 된 사태임은 부인할 수 없었다. 나는 학생들을 만나 설득했다. 내가 조용히 떠날 수 있게 해달라고 부탁했다. 내가 학자로서 이 사회에 발을 붙이고 살아가려면 다른 학교에서 강의를 맡을 수 있어야 한다고 설명했다. 그러므로 나를 생각해서라도 시험거부를 철회해달라고 호소한 것이다. 학교 앞 어떤 허름한 커피숍에서 학생대표들과 함께 얘기하면서 나와 학생들 모두 눈물을 흘렸던 기억을 잊지 못한다.

학생들은 곧 수업거부를 철회했다. 그런데 얼마 후 학계의 몇몇 선생님들로부터 어이없는 얘기를 들었다. 나는 강사 자리를 놓치지 않기 위해 학생들을 선동한 나쁜 인간으로 낙인찍혀 있었다. 그런데 그게 끝이 아니었다.

숙명여자대학교 강사 시절 내 강의를 듣고 또 수업거부를 했던 학생들을 우연히 만난 것은 2000년 무렵이었다. 30대 주부나 직장인이 되어 있는 그녀들과 차를 마시며 옛이야기를 나누던 중 나는 충격을 받고 말았다. 시험거부를 철회하도록 설득했던 나의 행동을 두고 학생들은 한편으로는 "이삼성 씨는 마음이 약해서 싸우지 못하고 아이들 말리러 다녔다"고 생각하면서, 다른 한편으로는 내가 숙명여자대학교에서 강의를 계속 맡기 위해 학교 측과 타협한 것으로 알고 있다는 것이었다. 전자처럼 생각하는 것은 이해가 되는데 후자는 거짓이었다. 내가 실제 강의를 계속 맡지 않은 사실만으로도 그것이 허위임을 이해할 수 있었을 것인데 왜 그 거짓을 학생들은 믿게 된 것일까. 더 놀라웠던 것은 나를 위해 시험거부에 나섰던 학생들이 내가 가르친 과목들에서 대부분 D 또는 그 이하의 성적을 받았다는 것이다. 나는 성적을 그렇게 준 일이 없었다. 강의를 더 이상 맡을 수 없게 된 나를 위해 스스로 불이익을 당할 위험을 무릅쓰면서 시험거부에 나선 학생들에게 내가 어떻게 그렇게 할 수가 있었겠는가. 학생들의 말이 사실이라면 상상하고 싶지 않은 범죄행위가 누군가에 의해서 저질러진 것으로 생각할 수밖에 없었다. 나는 분노로 온몸이 떨렸다.

그 어이없는 점수들이 실제 내가 제출한 성적평가임을 누구도 의심하지 않았다고 한다. 학교에 서운함을 품은 한 명의 강사가 학생들에게 화풀이했다고 믿게 한 권력자의 의도는 정확히 관철되었다. 학생들의 마음에 나는 실망과 원망의 기억만을 남긴 인간이 되어 있었다. 성적조작이 사실이라면 이 대학공간을 지배하는 권력자의 허위는 한 명의 고립된 비정규직 강사에 대해 이중 삼중의 인격살인을 가한 것이었다. 학생들도 권력의 공작으로 인해 피해를 보았다. 그렇지만 학생들은 진실이 폐쇄된 상태에서 자신도 모르게 그 원인을 약자에게 전가하고 있었다.

나는 성적평가가 그렇게 왜곡되었을 가능성과 그 경위를 밝혀내고 싶었다. 우선 당시 성적평가 자료들을 보존하기 위한 법적 조치만이라도 취할 수 있기를 바랐다. 지인을 통해 이 일을 도와줄 변호인을 구하려 시도한 일도 있었다. 하지만 그때 이미 많은 세월이 흘러버렸다는 사실은 나를 절망하게 했다. 그래도 다만 언젠가는 그때 오해로 말미암아 나로 인해 마음의 상처를 입었을 학생들에게 그들이 '사실'로 알고 있던 것들은 진실이 아닌 허위였다는 것을 꼭 한번 얘기해주고 싶었다.

1980년대 말 이 나라 반공 파시즘의 잔해(殘骸)는 사회 각 분야의 엘리트 집단이 촘촘하게 쳐놓은 반공과 용공, 친미와 반미라는 이분법의 그물로 인간을 재단하고 배제하는, 더 나아가 언제라도 인격살인할 수 있는 사회적 장치로 나에게 다가왔던 것이다. 그 장치는 진실을 갖은 허위로 얼마든지 대체할 수 있었다. 어떤 기준에 의한 포용과 배제는 사적 조직 책임자의 고유한 선택권에 속할 수 있다. 이념적 지향도 때로 그 기준의 하나일 수 있다. 문제는 그것에 동반하는 인간에 대한 모독이다. 그리고 학문의 전당에서마저 그것이 당연시되는 현상이다.

또 하나의 진실과 허위

어떤 자리를 떠난 사람에 관한 진실이 쉽게 왜곡되고, 조작된 허위가 진실로 둔갑해 행세하는 일은 2002년 봄에도 되풀이되었다. 이번에는 보다 직접적인 학원 내 민주주의의 문제였다. 나는 1997년 봄부터 가톨릭대학교 국제학부에 몸담았다. 미국학과, 국제관계학과 그리고 중국학과 등 세 학과로 구성된 학부였다. 나의 학부장 임기가 끝나가던 2002년 2월 하순 어느 날 신임 총장은 우리 학부 교수들을 총장실로 소집했다. 처음에는 국제학부를 폐지하여 정치외교학과로 바꾸겠다고 했다. 그는 교수들의 신분을 보장해 모두 정치외교학과 교수로 전환해줄 것인데, 다만 학생들의 반발이 우려된다고 했다. 그러므로 5월에 교육부에 보고 절차를 마칠 때까지 학생들에게 비밀로 하라고 '지시'했다. 나는 총장에게 말했다. 가장 중요한 이해 당사자는 국제학부 학생들이다. 학생들의 의견을 들어야 한다. 총장이 내 말을 막고 경고했다. 나는 다시 학부 교수로서 최소한 학생들에게 학교의 방침을 알려야 할 책임이 있으며, 비밀로 할 수는 없다고 말했다. 총장은 경고를 되풀이했다.

나는 미국학과 홈페이지를 교수와 학생이 학부의 현재와 미래에 관해 자유롭게 토론하는 공간으로 만들었다. 3월 11일 총장은 학과 홈페이지에 내가 글을 올리는 것 자체가 자신이 내린 '지시'에 대한 위반이라며 나에 대한 강한 노여움을 부총장을 통해 전달해왔다. 그가 우리 학부에 약속한 '진지한 협의'에는 국제학부 유지가 전제되지 않는다는 점도 전달해왔다.

당시 나는 대학 경영진은 악이고 나는 선이라고 생각하지는 않았다. 총장의 결정은 학내의 여러 가지 이슈와 연결되어 있었다. 국제학부가 전임 총장 밑에서 특성화 대학으로 특혜를 받았으면서도 충분한 역할을 하고 있지 않다는 비판을 대학 내 다른 구성원들이 제기하고 있었다. 그러한 전반적인 분위기 속에서 총장이 바뀌었고 우리가 제1호 수술 대상이 된 것이었다. 수술이 필요하다고 하더라도 그 수술의 목표와 방식을 두고 국제학부 교수진과 학생들의 의견을 경청하는 가운데 우리에게 필요한 변화를 요구하는 민주적 소통과 교환이 있어야 했다. 그러나 총장과 일부 보직교수들에게는 학생들의 의사를 묻는다는 개념은 애당초 존재하지 않았다. 그들에게 법과 제도가 보장하는 권력에 기대어 자신들의 판단을 군대식으로 관철하려고 했다. 인간사가 그렇듯 그러한 무리는 스스로 화를 부른다. 그 덕에 나의 인생도 파란을 피할 수 없었다.

나는 그해 봄학기 6개월이 안식년 기간이었다. 4월 초부터 일본 교토의 리쓰메이칸대학교에서 두 과목의 강의를 맡아둔 상태였다. 학교의 방침이 변할 가능성이 없어 보이자 학생들은 행동으로 나섰다. 나는 그들을 말릴 명분이 없었다. 나는 말했다. 대학인은 자유인이다. 의사 표시의 자유가 있다. 다만 평화적 행동의 원칙을 지켜달라고 당부했다. 국제학부 학생회장 김성은 군은 무거운 십자가를 등에 진 채로 학부의 모든 학생과 함께 매일 캠퍼스를 순회하며 시위했다. 학생들은 나의 당부를 염두에 두고 '즐겁게 평화롭게'를 모토로 내걸었다.

당시 신임 학부장은 총장의 지시를 존중하여 학생들과 대화하지 않고 있었다. 나는 학생들의 고통이 가중되고 평화시위의 무력함에 대한 학생들의 회의가 깊어지기 전에 해결책을 찾아야 한다고 느꼈다. 3월 중순 학부장을 포함한 동료 교수들과 협의를 거쳐 중재안을 마련했다. 국제학부를 유지하는 대신 미국학과와 국제관계학과가 영어를 원어로 하고 커리큘럼이 유사하므로 통합해 전공을 국제관계학과와 중국학과 두 학과로 압축하는 방안이었다. 학생들의 시위에 압박을 느낀 총장은 동의했다. 학생들은 받아들이지 않았다. 학생들은 여전히 거리에 있었고, 밤을 새워 현수막을 다시 쓰는 고행을 계속했다. 다행히 닷새 만에 풀긴 했지만 학생회장은 단식까지 했다.

나카무라 후쿠지(中村福治, 1946~2004) 선생의 배려로 일본에서 나의 강의 시작일은 4월 하순으로 늦추어져 있었다. 학생들은 중재안을 수용하지 않고 세 과 모두의 유지를 원하므로 나는 4월 18일 열린 학부 교수회의에서 학교 측과의 재협상 필요성을 거론했다. 학부장은 학교 측의 태도에 비추어 가능성이 없다는 점과 재론할 명분이 없다는 점을 들어 태도를 신중히 했다. 나는 학생들의 고통과 희생 그 자체가 명분이 된다고 생각했지만 가능성에 관해서는 같은 판단을 할 수밖에 없었다. 더욱이 며칠 후면 일본으로 떠나야 할 처지였기에 나도 더 이상 나서지 못했다.

일본으로 떠나기 전날인 21일 밤 나는 연구실에서 학생 대표들과 만났다. "나는 여러분이 지금이라도 중재안을 받아주기를 원하지만, 시위를 계속해야겠다면 내가 말릴 수는 없다. 다만 평화적 시위의 원칙은 지켜달라"고 당부했다. 나는 학생들을 믿고 말했다. "여러분이 총장실을 점거했다는 소식을 듣는 순간 나는 학교에 사표를 쓸 것이다. 교수직을 걸고 이 부탁을 하니 여러분도 약속해주기 바란다." 학생들은 나에게 걱정하지 마시라며 굳게 약속했다. 내 사표는 제출 즉시 학교가 수리할 위험한 문서임을 꼭 기억해달라고 재삼 당부했다.

그날 밤 그렇게 약속하고 헤어진 것이 내가 그 학생들을 본 마지막이었다. 내가 교토에 도착해 여장(旅裝)을 푼 지 3일 후인 4월 25일 학과 홈페이지를 통해서 나는 학생들이 총장실을 점거했다는 것을 알게 되었고, 그들이 신입생들을 쇠파이프로 무장시켜 결사대로 배치했다는 소식도 접했다. 학생들은 나와의 약속을 헌신짝처럼 버렸다. 나도 학생들과 한 내 약속을 그렇게 내팽개칠 것인지가 나에게 던져진 숙제였다. 학생들이 진실을 알 권리와 그들의 집단행동권에 대한 나의 공개적인 지지는 내가 그 전제로 삼은 평화적 행동의 원칙과 그것에 관해 스스로 교수직을 걸고 학생들과 나눈 약속이 지켜질 때만 기만과 허위가 아닌 진실로 남을 수 있었다. 내가 학과 홈페이지를 통해 쏟아놓은 모든 언어가 말의 유희에 지나지 않았는지 총장을 포함한 가톨릭대학교 구성원 전체가 지켜보고 있었다. 안정된 직장을 지키기 위해 스스로 기만과 허위였음을 인정할 것인가 아니면 한 인간으로서의 존엄을 지킬 것인가 하는 실존적 물음 앞에 나는 내던져져 있었다. 그날 밤 나의 어린 세 딸도 국제학부 홈페이지를 통해서 아빠의 결정을 가슴 졸이며 지켜보고 있었다. 나는 그날 밤늦게 미국학과 홈페이지에 학교에 보내는 사직서를 올렸다. 그다음 날 우편으로 같은 문서를 한국으로 띄웠다. 총장은 한순간도 놓치지 않고 있었다. 그가 사표를 홈페이지에 뜬 4월 25일자로 즉각 수리했다는 사실을 나중에 귀국해 재직경력서를 떼면서 비로소 알았다.

총장실이 점거된 지 며칠 후 총장은 학생들에게 항복했다. 학생들은 곧 나의 사표 반려를 요구할 태세였지만 학교가 응할 리 없었다. 나도 학생들이 나의 복직을 위해 시위에 나서는 사태를 원하지 않았다. 오랜 시위와 농성생활로 학생들의 심신이 피폐해진 상태임을 나는 알고도 남았다. 지쳐 있을 어린 제자들에게 더 이상의 짐을 지울 수 없었다. 또한 학생들이 나와의 약속을 버린 마당에 내가 내세운 명분 때문에라도 그 대학의 교수로 돌아갈 수 없었다. 나는 학부 홈페이지를 통해서 학생들에게 학교에 돌아갈 생각이 없다는 뜻을 명백히 밝혔다. 학생회장을 포함한 많은 학생이 나에게 간곡한 내용의 편지를 보냈지만, 나는 응할 수 없었다. 학생들은 고통스러운 투쟁으로 목표를 쟁취했다. 나는 마음속으로 축하해주었다. 학생들이 이제 비로소 쉴 수 있었기 때문이다. 하지만 나는 그들의 성공을 공개적으로 축복할 수는 없었다. 그리고 돌아갈 수 없었다.

나는 이제 학교 경영진이 바라던 대로 떠나는 사람으로서 학교 당국에 두 가지를 요청했다. 모든 학생이 볼 수 있는 학과 홈페이지를 통해서였다. 우선 내 사직서의 공식적인 수리를 나의 안식년이 끝나는 시점인 8월로 해달라고 부탁했다. 그때까지만이라도 가족의 생활비인 급여를 받고 싶었기 때문이다. 아울러 수동에 서재를 지어 책을 옮길 연말까지 연구실 비우는 일을 기다려달라고 하였다. 당시 나는 내 사표가 이미 공식 수리된 줄 모르고 있었다.

학교는 8월까지의 급여를 나에게 지급했다고 볼 수 있었다. 5월부터 정상적인 급여 이체는 되지 않았다. 대신 6월경 일시불로 1,500여만 원이 입금되었다. 당시 급여 수준으로 보아 5~8월까지의 급여를 한꺼번에 준 액수에 좀 못 미쳤을 것이다. 일본에서 돌아온 후 9월부터 나는 당장 급여가 없는 실업자였다. 그런 가운데 리쓰메이칸대학교에서 받은 두 과목에 대한 강사료를 저축한 1,200여만 원에 사학연금에서 찾은 퇴직금 일부를 더해서 수동에 작업실을 마련하고자 했다. 나는 2001년 여름, 학교 앞에 서재 겸 숙소로 갖고 있던 작은 아파트를 처분하여 남양주 수동에 서재를 앉힐 700여 평의 땅을 구입했었다. 그 땅 위에서 2002년 가을과 겨울에 걸쳐 6개월 동안 혼자 밤낮으로 일했다. 2003년 2월 아직 지붕도 제대로 완성되지 않은 수동 서재였지만 학교 연구실의 책들을 옮겨다 놓을 수 있었다.

내가 떠나간 학교와 학계에는 갖가지 허위가 진실로 둔갑해 있었다. 하나는 내가 학교에서 큰돈을 받고 조용히 물러났다는 것이었다. 2000년대 말 역시 수동에 있던 동국대학교 조은 선생님의 서재에 가톨릭대학교 사회학과 교수 한 분이 방문해 우연히 옛일을 화제로 대화를 나누었다. 그분을 통해서 그 설이 가톨릭대학교 교수사회의 상식이 되어 있다는 것을 알았다. '이삼성 교수가 학교에서 거액을 챙겨 수동에 집을 지었다'는 것으로 알고 있다고 그분이 덧붙였다. 할 말을 잃고 어이없어하는 나의 반응에 오히려 그분이 놀랐다. 나는 그 순간 기절해야 마땅했을 것이다. 학교를 떠나는 순간 당장 먹을 것을 걱정해야 했던 내 가족의 형편 때문에 8월까지의 급여를 요청했던 나의 행동을 비로소 후회했다.

앞서 언급한 2017년 6월 한국정치연구회 학술세미나의 뒤풀이 자리에서 나는 더 절망적인 학계의 '정설'을 듣고 말았다. 내 발표의 토론을 맡아준 교수 한 분에게 들은 것인데, 내가 가톨릭대학교를 그만둘 수밖에 없었던 경위에 관한 얘기였다. 이 분의 폭넓은 인간관계로 보아 가톨릭대학교 사태에 관해서 이 분이 하는 얘기는 그대로 '유권해석'으로 통할 수밖에 없었다. 지난 15년 동안 수없이 학자들의 입에 오르내렸을 그 정설이란 "학생들이 총장실을 점거하자 이삼성 교수가 학생들의 행동을 지지하고 나섰다. 그래서 학교와 갈등을 빚다 쫓겨났다"는 것이었다.

내가 그 학교를 떠난 지 몇 년 후에 내가 절친하게 생각하는 서울 어느 대학의 한 선생은 나에게 이런 얘기를 들려주기도 했다. 대학원 입시를 위해 면접 보러 온 한 학생이 가톨릭대학교 국제학부 출신이었단다. 이삼성 교수를 어떻게 생각하느냐고 물었더니, 학생이 '정의의 사도'였던 것처럼 얘기하기에 그 교수는 "하도 어이가 없어서 욕이 나올 뻔했다"고 말했다. 묻지는 않았지만 떨어뜨렸을 것 같았다. 허물없는 사이에서도 말하기를 삼가는 부분이 있을 수 있다. 그 사태에 대해 혹은 그 시절 나의 삶 전체의 어떤 부분에 대해 그가 나에게 어떻게 된 일이냐고 진지하게 물은 기억은 없었다. 아마도 앞서 언급한 분처럼 자신이 알고 있는 어떤 '정설'에 대한 확고한 믿음이 있는 것처럼 보였다. 나쁜 얘기는 본인에게 그 진위를 묻지 않는 게 이 사회의 에티켓이다. 나에게 확인하지 않고도 본인이 확신하는 그 사태

혹은 나의 삶에 관한 '진실'을 잘 알고 있다는 표정이었다. 나는 그에게 무엇을 묻고 무엇을 설명해야 할지 몰라 망연히 웃기만 했었다. 그 허탈 속에는 인간과 사회를 향한 최소한의 신뢰마저 바닥없는 심연으로 무참하게 내려앉는 절망이 있었다.

이 외에도 진실로 행세하는 또 다른 허위가 있었다. 학생들 사이에 또 하나의 정설로 자리 잡았다는 얘기였다. 내가 갈 다른 대학교가 있어서 학교를 그만두었다는 내용이었다. 나는 가톨릭대학교로 옮기기 전 한림대학교 정치외교학과에 몸담고 있었다. 이 학과의 동료 선생님들은 내 상황의 진실을 파악하고 내가 봉의산 캠퍼스로 돌아갈 기회를 주셨다. 한림대학교는 나를 두 번 품에 안아주었다. 그렇게 되기까지 약 8개월 동안 나는 낮에는 일하고 밤에는 가족을 먹여 살릴 방도를 궁리하며 제대로 잠을 이루지 못하는 평범한 실업자 가장에 불과했다. 교토에 있으면서 내 사직서가 수리된 것이 분명해진 6월경 국내의 몇몇 지인에게 메일을 보냈었다. 강사 자리를 구하기 위해서였지만, 나는 어디에서도 가을학기 강의를 구할 수 없었다.

어찌 되었든 직장은 다시 구할 수 있었다. 다만 세월이 가도 나에게 멍울로 남은 상실은 꿈도 고통의 시간도 함께 나누었던 제자들과의 소중한 인연을 잃어버린 것이었다. 교토행을 사흘 앞두고 있던 4월 19일 도서관에서 책을 들고나오며 밝게 웃는 인영과 은영을 만났었다. 그날의 일기는 이렇게 맺고 있었다. "8월에 내가 여전히 국제학부 교수로서 이 캠퍼스에 돌아올 수 있다면, 그래서 여러분을 선생으로서 다시 만날 수 있게 된다면… 나는 정말 여러분에게 술을 사주마…." 마치 나에게 다가서고 있는 인연의 상실을 예감한 듯한 비관과 쓸쓸함이 배어 있었다.

다시 금강산을 추억하다

김대중 정부와 노무현 정부 시절 남한의 많은 관료와 지식인과 기업인 그리고 시민사회 활동가가 평양과 개성을 드나들었다. 그 대열에 나는 없었다. 내가 다녀온 북한은 오직 금강산이었다. 금강산 관광이 막 시작된 2001년 무렵 한국언론재단이 주관해 국정홍보처 장관과 각 부처 국장급 공보담당 공무원 30여 명이 금강산 관광에 나섰다. 나는 원산항으로 향하는 금강호 선상(船上)에서 미국 외교와 미사일방어 계획에 관한 강연을 해달라는 요청을 받고 그들과 동행하게 되었다. 2005년 무렵 두 번째로 북한을 방문했다. 그때도 금강산을 갔다. 두 차례 방문 가운데 나에게 깊은 인상을 남긴 것은 아무래도 첫 번째 방문이었다. 금강산 관광이 수년에 걸쳐 일상화된 후인 2005년에도 금강산은 전과 다름없었지만 그곳에서 펼쳐지는 교예단(巧藝團) 공연은 다소 단순화되어 있었다. 2001년 공연을 접한 그날 밤 나는 '인간을 울게 만드는 것: 금강산의 기억'이라는 제목의 일기를 썼다.

4월 19일 금강호에 승선해 20일 금강산에 올랐다. 그날은 해발 880미터의 상팔담(上八淡)을 올랐다. 거기서 내려다보이는 것이 구룡폭포였다. 그다음 날 오전엔 만물상을 바라보는 해발 960미터의 천선대에 올랐고, 오후에는 해금강과 삼일포를 둘러보았다. 그리고 그날 늦은 오후에 모란봉교예단의 1시간 25분에 걸친 공연을 관람했다. 그 경험은 내 인생에서 몇 손가락 안에 꼽을 커다란 충격이었다.

교예단의 공연은 네 명의 여성이 슬프고 아름다운 음악을 배경으로 '눈꽃조형'을 만드는 것으로 시작되었다. 인간의 영역일 수 없을 것 같은 공간, 생사의 관념을 넘은 무의 시공 속에서의 아름답고 자유로운 유영이 펼쳐졌다. 뒤이은 공연들의 많은 부분도 그러했다. 커다란 감탄을 자아내는 것이었지만, '감탄'이라는 말로는 담을 수 없는 감동을 주었다. 나는 과거의 어떤 것과도 다른 종류의 지극한 슬픔을 느꼈다. 나의 눈도 마음도 울었다.

아름다운 자연은 우리를 감탄하게 하지만 인간을 감동시켜 울게 하지는 않는다. 자연이 아무리 아름답다 해도 인간의 마음을 울리고 웃게 하는 것은 '인간'이다. 아름다운 자연을 찾아 금강산에 쫓아간 내 가슴을 친 것은 인간의 아름다움과 슬픔이었다.

그 신기(神技)의 교예에 도달하기 위해서는 몸과 정신의 절대적 헌신이 필요했을 것이다. 그 같은 절대적 헌신을 가능케 했을 정치사회적 조건에 나의 생각이 미쳤던 것이다. 그것은 절대적이며 지속적인 카리스마적 권위와 그에 대한 몸과 영혼의 절대적 헌신이라는 조건 속에서만 가능했던 것은 아닐까 하는 생각도 들었다. 돌이켜보면 나의 그러한 느낌은 남이 북을 바라보는 오리엔탈리즘적인 인식의 프리즘 탓이라고 할 수 있을지도 모른다.

나는 그 무렵 『나의 문학 이야기』라는 책을 읽고 있었다. 그 책에 실린 한 에세이에서 신경림 시인은 젊은 시절 그가 읽고 감동했다고 고백한 이용악 시인의 시 한 수를 옮겨놓았다. 그 시의 느낌은 금강산의 교예단 공연을 보며 내게 떠올랐던 감상과 어딘지 모르게 닿아 있었다.

북쪽은 고향
그 북쪽은 여인이 팔려간 나라
머언 산맥에 바람이 얼어붙을 때
다시 풀릴 때
시름 많은 북쪽 하늘에
마음은 눈감을 줄 모르다

1989년 여름 갓 태어난 손녀 하연(夏蓮)을 품에 안아보신 후 병상에서 눈을 감으신 천안(天安) 전씨 전종애(全鍾愛), 이 땅에 나를 내려놓으신 어머께 이 책을 바친다.

2018년 3월
이삼성

한반도의 전쟁과 평화

차례

제1장
미국을 위협하는 핵무장국가 북한의 완성

1. 대량생산 국면에 진입한 북한 핵무기

북한은 2006년 10월에 첫 핵실험을 했다. 2017년 9월 3일에 실시한 제6차 핵실험에 이르기까지 모두 여섯 차례 핵실험을 했다. 11년 동안 북한은 미사일에 장착할 수 있는 소형핵무기의 대량생산체제를 구축한 것으로 추정된다. 1990년대 초 북한 핵 프로그램이 국제 정치 문제로 부각된 이래 4반세기 동안 한미동맹이 북한의 핵무장 방지를 최우선 목표로 설정하고 전개해온 대북정책의 결산이자 최종 성적표다.

북한 '핵무기연구소'는 2017년 9월 3일 성명에서 "조선노동당의 전략적 핵무력 건설 구상에 따라 우리 핵 과학자들은 9월 3일 12시 우리나라 북부 핵시험장에서 대륙간탄도로켓 장착용 수소탄 시험을 성공적으로 단행했다"고 밝힌다.[1] 북한은 이 성명에서 "이번 수소탄 시

---

[1] 『조선중앙통신』이 보도한 데 따르면, 북한 핵무기연구소는 이어 "시험 측정 결과 총폭발 위력과 분열 대 융합 위력비를 비롯한 핵 전투부의 위력 지표들과 2단열 핵무기로서의 질적 수준을 반영하는 모든 물리적 지표들이 설계값에 충분히 도달하였으며 이번 시험이 이전에 비해 전례 없이 큰 위력으로 진행되었지만 지표면 분출이나 방사성 물질 누출현상이 전혀 없었고 주위 생태환경에 그 어떤 부정적 영향도 주지 않았다는 것이 확증되었다"라고 덧붙였다. 또한 "시험을 통하여 수소탄 1차계의 압축 기술과 분열 연쇄반응 시발 조종 기술의 정밀성을 재확인하였으며 1차계와 2차계의 핵물질 이용률이 설계에 반영한 수준에 도달하였다는 것이 다시금 실증되었다"라고 주장했다. 지성림, 「北 'ICBM 장착용 수소탄 시험 완전 성공' 발표」, 『연합뉴스』, 2017. 9. 3.

험은 대륙간탄도로켓 전투부(탄두부)에 장착할 수소탄 제작에 새로 연구·도입한 위력조정 기술과 내부구조 설계방안의 정확성과 믿음성을 검토·확증하기 위하여 진행되었다"고 설명했다. 이 수소탄이 대륙간탄도미사일(intercontinental ballistic missile: ICBM) 장착용으로 개발되었다고 밝힌 것이다.

미국을 비롯한 해외 언론은 북한이 수소폭탄 실험에 성공했음을 곧 인정했다. 미국 워싱턴 D.C.에 소재한 전략국제문제연구소(Center for Strategic and International Studies: CSIS)의 미사일방어 프로젝트(Missile Defense Projecct)는 제6차 핵실험의 파괴력이 '140킬로톤 이상'이라고 평가했다.[2] 『뉴욕타임스』에 따르면 같은 제6차 핵실험의 파괴력에 대한 미국 여러 기관의 평가는 최소 50에서 최대 160킬로톤까지 다양했다.[3] 북한의 초청으로 2010년까지 여러 차례 북한을 방문해 영변 핵시설을 견문한 바 있는 스탠퍼드대학교 핵물리학자 지그프리드 헤커(Siegfried Hecker)가 파악한 제6차 핵실험의 파괴력은 200~250킬로톤이다.[4]

그 이전 다섯 차례 핵실험 때 북한이 얻은 폭발력에 대해서도 평가기관마다 상당히 다른 결과를 내놓았다. 전략국제문제연구소는 북한의 지난 5차례 핵실험의 파괴력을 0.5~2킬로톤(제1차), 2~4킬로톤(제2차), 6~9킬로톤(제3차), 7~10킬로톤(제4차), 10킬로톤(제5차)으로 분석했다.[5] 한편 헤커가 파악한 제5차 핵실험의 파괴력은 지진규모 5.3으로 15~20킬로톤의 파괴력을 보였다. 그에 따르면 이것은 제4차 핵실험에

---

2 Adam Taylor, "North Korea's latest missile launch suggests weapons testing lull was seasonal, rather than strategic," *The Washington Post*, November 28, 2017.

3 Chris Buckley, "What's the Difference Between a Hydrogen Bomb and a Regular Atomic Bomb?" *The New York Times*, September 3, 2017.

4 Siegfried S. Hecker, "What We Really Know about North Korea's Nuclear Weapons: And What We Don't Yet Know for Sure," *Foreign Affairs*, December 4, 2017.

5 Taylor, November 28, 2017.

비해 두 배 가까이 커진 것이었다.[6] 미국외교협회(Council on Foreign Relations)가 주목한 워싱턴 D.C.의 초정파적 싱크탱크 핵위협방지기구(Nuclear Threat Initiative: NTI)의 분석에 따르면, 2006년 첫 핵실험의 폭발력은 2킬로톤이었다. 2009년 핵실험의 파괴력은 8킬로톤으로 증가한다. 2013년과 2016년 1월 제3차와 제4차 핵실험의 파괴력은 다 같이 17킬로톤이었다. 그런데 2016년 9월 제5차 핵실험의 폭발력은 35킬로톤에 달했다. 흔히 비교기준으로 삼는 1945년 히로시마에 투하된 원폭의 파괴력은 16킬로톤 안팎으로 평가되어왔다.[7]

북한의 제6차 수소폭탄 실험 이전의 5차례 원폭실험에 대한 평가가 다양하지만 공통적인 것은 적어도 제5차 핵실험 때 북한은 기존의 5대 핵보유국이 첫 원폭실험 때 얻은 폭발력을 획득했다는 사실이다. 제5차 핵실험의 폭발력을 헤커처럼 20킬로톤으로 보든, NTI의 평가처럼 35킬로톤으로 보든 북한의 제5차 원폭실험의 파괴력은 과거 5대 핵보유국들의 첫 원폭실험 파괴력과 근사하다. 1945년 7월 16일 미국의 첫 원폭실험은 20킬로톤, 1949년 8월 29일 소련의 첫 원폭실험은 22킬로톤, 1952년 10월 3일 영국의 첫 원폭실험은 25킬로톤, 1960년 2월 13일 프랑스의 첫 원폭실험은 70킬로톤 그리고 1964년 10월 16일 중국의 첫 원폭실험은 22킬로톤의 파괴력을 기록했다.[8]

북한이 성공한 수폭실험이라고 주장하고 또한 세계도 인정한 2017년 9월 3일의 제6차 핵실험에서 얻은 폭발력 수치는 5대 핵보유국들이 과거 수폭실험에서 기록한 수치와는 큰 차이가 있다. 역사상 최대 파괴력을 보인 수폭은 소련의 57메가톤(5만 7,000킬로톤)급 수폭이

---

6 Siegfried S. Hecker, "What to Make of North Korea's Latest Nuclear Test?" *38 North* (US-Korea Institute at SAIS: http://38north.org), September 12, 2016.

7 Eleanor Albert, "North Korea's Military Capabilities," CFR(https://www.cfr.org), Last updated July 5, 2017.

8 Richard D. Burns and Philip E. Coyle III, *The Challenges of Nuclear Non-Proliferation*, Lanham: Rowman & Littlefield, 2015, p.6.

북한이 2017년 9월 3일 공개한 영상의 한 장면.
이날 북한은 제6차 핵실험을 강행한다. 제6차 핵실험은 세계도 인정한 성공한 수소폭탄
실험으로 그 파괴력이 이전 제5차 핵실험에 비해 10배 안팎으로 강력해졌다.

다. 미국 수폭의 최대 파괴력은 15메가톤이었다. 영국은 3메가톤, 프
랑스는 2.6메가톤, 중국은 4메가톤이었다.[9] 사상 최초의 수폭실험은
미국이 1952년 11월 1일 먀셜군도에서 행한 것으로 파괴력은 10.4메
가톤이었다.[10] 태평양의 비키니 환초(Bikini Atoll)에서 실험한 '아이
비 마이크'(Ivy Mike)라는 이름의 이 사상 최초 수폭은 무게가 62톤
에 달할 정도로 너무 크고 무거워 당시 미국의 어떤 폭격기로도 실어
나를 수 없는 크기였다. 다만 수소폭탄의 원리를 실제로 구현했다는
역사적 의미가 있었다.[11] 소련의 첫 수폭실험은 1953년 8월 12일에
지금의 카자흐스탄에서 했다. 영국은 1957년 5월, 중국은 1967년 6월
그리고 프랑스는 1968년 8월 첫 수폭실험을 했다.[12]

---

9 Burns and Coyle III, 2015, p.8.

10 Burns and Coyle III, 2015, p.7.

11 Andrew Futter, *The Politics of Nuclear Weapons*, Los Angeles: Sage, 2015, p.23.

12 Burns and Coyle III, 2015, p.7.

북한의 첫 수폭실험의 파괴력이 헤커의 평가까지 감안해 140~250 킬로톤에 이른다고 할 때, 5대 핵보유국의 수폭에 비하면 차이가 크지만, 북한의 제4, 5차 핵실험에 비해서는 대체로 10배 안팎으로 강력해진 파괴력이었다.

실제로 수폭을 사용하려면 탄두에 장착 가능한 크기로 소형화해야 한다. 이에 대해서도 2017년 3월 이후 미국의 많은 전문가가 북한이 그 기술을 터득했다고 믿기에 이르렀다. 그 무렵 북한은 미국과 한국의 언론이 '디스코 볼'(disco ball) 같다고 야유한 모양의 물체를 김정은이 참모들과 함께 들여다보는 사진을 공개했다. 북한은 이것이 '수소폭탄을 위해 디자인된 것'이라고 소개했다. 미국 전문가들은 이 사진이 가공된 것이 아니라는 것을 확인했다. 미국 중앙정보국(CIA) 한국과장을 지낸 브루스 클링그너(Bruce Klingner)는 "북한이 (핵무기) 무기화와 소형화를 마쳤다는 것은 명백하다"고 말했다.[13]

북한이 수소폭탄 실험과 그 소형화에 성공했다는 것은 또 하나의 매우 중요한 사실을 뜻한다. 북한이 기존에 갖고 있는 제한된 핵물질로 더 강력하고 더 많은 핵폭탄을 제조해낼 수 있는 단계에 왔음을 의미하기 때문이다.[14]

이상은 북한이 파괴력이 충분한 핵폭탄과 수소폭탄을 생산할 수 있는지에 대한 평가였다. 북한은 현 단계에서 그러한 핵폭탄을 얼마나 많이 만들 수 있는가. 이 역시 중요한 문제다. 북한이 지금까지 확보한 플루토늄이 얼마나 되며 해마다 얼마나 추가로 생산할 수 있는가. 또 북한이 2010년 서방에 공개한 우라늄농축 시설이 전력 생산을 위해 저농축우라늄(Low Enriched Uranium: LEU)만 생산하는 평화적 시설인지, 아니면 핵무기 제조에 쓰이는 무기급 고농축우

13　William J. Broad, "U.S. Nuclear History Offers Clues to North Korea's Progress," *The New York Times*, May 22, 2017.

14　Buckley, September 3, 2017.

라늄(Highly Enriched Uranium: HEU)도 생산하는 시설인지도 중요한 의문사항이다.

미국의 비영리단체인 군축협회(Arms Control Association: ACA)가 2017년 10월 파악한 바로는, 북한은 2016년 기준으로 약 10개 플루토늄 기반 핵탄두를 만들 수 있는 플루토늄을 갖고 있다. 북한은 2013년부터 산발적으로 영변의 5메가와트 흑연감속 원자로를 가동해 플루토늄을 얻고 있다. 북한이 핵무기용 고농축우라늄 물질도 보유하는지는 아직 확인된 바 없다는 게 이 단체의 견해다. 이 단체는 "북한은 2010년 우라늄농축용 원심분리기(prototype centrifuges) 시설을 서방에 공개했다. 그러나 그것이 무기용 고농축우라늄을 생산하기 위한 시설인지는 분명치 않다"고 밝혔다. 다만 "만일 북한이 이 시설을 이용해 고농축우라늄을 생산한다면 2015년 기준으로 4~8개 핵탄두를 만들 수 있는 우라늄 핵물질을 추가했을 것으로 전문가들은 추정한다. 그래서 2020년이 되면 북한은 적게는 20개, 많게는 100개에 이르는 핵탄두를 제조할 수 있는 핵물질을 갖게 될 것으로 전문가들은 전망하고 있다"고 이 단체는 밝혔다.[15]

그런데 북한이 2017년 9월 3일 제6차 핵실험으로 수소폭탄 제작에 성공함에 따라 앞서 지적한 바와 같이 기존에 갖고 있던 핵물질만으로도 더 강력하고 더욱 많은 핵무기를 제조할 수 있게 되었으므로, 북한이 생산 가능한 핵폭탄 수는 위에서 계산한 수치보다 훨씬 더 늘어난다.

헤커는 2017년 12월 초 『포린어페어스』에 글을 기고하면서 그 시점에서 새로 계산한 북한의 핵무기 규모를 제시했다.[16] 그가 우선 중요하게 보는 것은 북한이 보유한 플루토늄의 양이다. 헤커는 북한이 2017년 12월까지 생산한 플루토늄의 양은 대체로 정확하게 파악할 수 있다고

---

15 Arms Control Association, "Nuclear Weapons: Who Has What at a Glance," *Arms Control Today*, Updated October 2017(https://www.armscontrol.org/factsheets).
16 Hecker, December 4, 2017.

했다. 북한이 플루토늄을 생산하는 영변의 5메가와트 원자로는 그 디자인의 세부사항들까지 잘 알려져 있고, 그것의 가동 여부는 상업위성만으로도 쉽게 모니터링된다. 헤커는 북미 간 외교협상이 진행된 시기에 국제사찰팀이 영변 원자로를 사찰한 결과와 그 자신이 북한을 방문해 플루토늄 시설들을 관찰한 경험 그리고 영변의 유능한 기술진과 몇 차례 만난 뒤 북한이 생산한 플루토늄의 양은 20~40킬로그램이며, 이는 핵무기 4개에서 8개를 만들 수 있는 양이라고 평가했다.

둘째로는 북한이 실제 무기급 고농축우라늄을 생산했는지, 생산했다면 얼마나 만들었는지를 파악해야 한다. 그런데 헤커는 그 부분이 대단히 불투명하다고 말했다. 원심분리기를 멀리서 찾아내기가 사실상 불가능하기 때문이다. 북한이 원심분리기 시설을 갖고 있다는 사실이 세상에 알려진 것은 2010년 헤커를 포함한 스탠퍼드대학교 연구팀을 초빙해 해당 시설을 공개했기 때문이다. 그 밖에 어떤 외국인도 북한의 우라늄농축 시설을 본 일이 없다. 헤커는 자신의 방문과 위성사진 그리고 핵심물질과 부품들의 수입과 생산에 대한 확률분석에 따른 평가를 제시했다. 그는 북한이 고농축우라늄을 대략 250~500킬로그램 갖고 있을 것으로 추정했다. 핵무기를 추가로 12~24개 제조하는 데 충분한 양이다. 헤커의 이러한 추정치에는 그가 영변에서 목격한 대규모 우라늄농축 시설 외에도 북한이 농축기술을 테스트하려고 비밀리에 설치한 원심분리기 시설이 한두 곳 더 있을 것이라는 가정이 깔려 있다.

헤커는 북한이 소수의 수소폭탄을 생산할 능력도 갖췄다고 판단했다. 수소폭탄을 제조하려면 무거운 형태의 수소인 중수소(重水素, deuterium)와 삼중수소(三重水素, tritium)가 필요하다. 플루토늄이나 우라늄을 이용한 핵분열 폭탄으로 수소폭탄의 핵융합 첫 단계가 촉발되는데, 이 단계에서 중수소와 삼중수소가 필요하다. 헤커에 따르면, 북한은 중수소와 삼중수소 그리고 리튬 합성물인 '중수소화 리튬-6' (Lithium-6 deuteride)를 생산할 수 있는 능력을 이미 입증했다. 이 중수소화 리튬-6는 수소폭탄이 폭발하는 핵융합단계에서 삼중수소를 생산해내는 물질이다.

이것을 전제로 헤커는 2017년 12월 기준 북한이 얼마나 많은 무기급 핵물질을 갖고 있는지를 계산했다. 알다시피 북한은 2006년 이래 여섯 차례 핵실험을 했다. 헤커는 2016년 핵실험(제4, 5차 실험)의 파괴력이 10~25킬로톤에 이르렀기 때문에 히로시마와 나가사키에 투하된 것들과 동급이라고 보았다. 이에 비해 제6차 핵실험의 파괴력은 200~250킬로톤으로 평가했다. 그 이전에 비해 최소한 10배 더 강력한 것으로, 헤커는 2단계 수소폭탄 폭발이 성공적으로 일어났다고 평가했다. 북한은 2016년 1월의 제4차 핵실험을 수폭실험이라고 주장했지만, 설득력이 없었다. 하지만 제6차 핵실험은 완전히 달랐다.

이러한 실험들에 쓰인 핵물질들을 빼고 남은 재고량을 계산한 결과, 헤커는 북한이 핵무기를 25~30개 제조할 핵물질을 갖고 있으며 해마다 핵무기 6개에서 7개를 추가할 수 있는 분량의 핵물질 생산능력을 갖춘 것으로 보았다. 헤커는 미국의 과학국제안보연구소(Institute for Science and International Security: ISIS)의 데이비드 올브라이트(David Albright)가 북한이 2017년 말 기준 15개에서 34개 핵무기 제조에 필요한 핵물질을 갖고 있고, 여기에 해마다 핵무기 3개에서 5개를 추가할 수 있는 분량의 핵물질 생산능력을 갖췄다고 평가했으며, 이는 헤커 자신의 판단과 비슷한 것이라고 지적했다. 아울러 헤커는 미국 정보기관들에서 유출된 문건이 있는데, 이에 따르면 북한이 가진 핵무기는 헤커 본인이나 올브라이트가 평가한 것보다 더 많은 60개에 이른다는 사실을 덧붙였다.[17]

1994년 북미 간에 맺어진 제네바합의에 따른 미국 측 의무사항의 하나가 바로 경수로(Light-Water Reactor: LWR) 제공사업이었다. 이 사업은 김영삼 정권 내내 지체되다가 김대중 정권이 들어선 이후에야 비

---

17 Hecker, 2017.

로소 삽을 뜨기 시작했다. 그러나 2002년 조지 부시(George W. Bush) 행정부가 그 합의를 아예 파기하면서 가까스로 기공식을 한 경수로 제공사업은 완전히 중단되었다. 『38노스』(38North)의 2012년 보고서에 따르면, 북한은 그 후 자신의 힘으로 소규모 경수로 건설을 추진해왔다. 그리고 이 경수로들에 원료를 공급하기 위해서 우라늄농축을 한다고 보았다. 이 보고서는 북한이 건설한 경수로가 전력생산이라는 기능뿐만 아니라 이 경수로에서 나오는 사용후 핵연료를 이용해 무기급 플루토늄을 생산하는 이중적 기능까지 수행할 가능성이 높다고 주장했다.[18]

이 보고서는 미국이 제네바합의를 파기하며 북한에 약속한 경수로 건설을 중단한 이후 북한 스스로 건설해온 경수로들이 원심분리기를 이용한 우라늄농축 시설과 결합할 때, 전력생산과 동시에 무기급 플루토늄 생산에 이용될 수 있다고 지적했다. 이에 따르면 "단기적으로는 북한이 무기급 플루토늄 생산을 재개하려면 영변의 5메가와트 원자로를 재가동하는 데 의존해야 할 것"이지만 "북한이 건설하는 경수로가 완성되면, 북한이 갖고 있는 우라늄농축 프로그램(Uranium Enrichment Program: UEP)에서 만들어낸 농축우라늄은 새 경수로에서 무기급 플루토늄(weapon-grade plutonium)을 만드는 데 사용될 수 있다"라고 판단했다. 보통의 경우 경수로에서 나오는 저급 플루토늄(low-grade plutonium)은 북한이 만들고 있는 형태의 핵무기에는 적합하지 않다. 그러나 경수로의 핵심부분을 적정화하면 10퍼센트 내지 20퍼센트 수준의 농축우라늄을 얻을 수 있고, 이것을 재료 삼아 무기급 플루토늄을 만들어낼 수 있다는 것이다.

『38노스』의 보고서는 북한이 그처럼 우라늄농축용 원심분리기와 경수로를 결합해 무기급 플루토늄을 생산하는 일은 기술적으로 난관

---

18 David Albright and Christina Walrond, "Weapon-Grade Uranium and Weapon-Grade Plutonium: Current and Projected Stocks," *38North*, October 24, 2012(www.38north.org)

이 많지만, 만일 북한이 기술적 문제들을 해결해낸다면 상당한 규모의 전력을 생산함과 동시에 영변의 5메가와트 원자로보다 4배나 많은 핵물질을 생산하는 능력을 갖추게 될 것이라고 보았다.

또 북한은 2012년 현재 건설 중인 경수로를 바탕으로 규모가 더 큰 경수로를 건설할 수 있을 것이며, 그 경우 훨씬 더 많은 전력을 생산할 수 있을 것이라고 본다. 물론 더 많은 양의 무기급 플루토늄도 북한이 원한다면 동시에 생산할 수 있게 될 것이라고 했다. 북한의 우라늄농축 시설은 결과적으로는 플루토늄을 생산하는 수단이 될 수 있는 동시에, 더 강력한 핵무기 제조에 필요한 무기급 농축우라늄도 제공할 수 있다는 말이다. 이 무기급 농축우라늄을 플루토늄과 결합해 사용하면 폭발력이 더 강한 무기를 생산할 수 있다. 실제로 보고서는 플루토늄만 사용하면 불가능한 수소폭탄도 무기급 우라늄을 함께 사용할 때는 만들 수 있다고 지적했다.[19] 북한은 실제 2017년 9월 3일 수폭실험에 성공했다. 북한이 실제 걸어간 길은 『38노스』 보고서가 2012년에 예상한 것과 일치한다.

2018년 초 『뉴욕타임스』가 파악한 바로는, 2012년경 대부분 미국 정보기관은 북한의 핵무기 숫자를 20개에서 30개 사이로 보수적으로 평가했는데, 국방부의 국방정보국(Defense Intelligence Agency: DIA)만은 50개 이상으로 평가했다.[20]

2. 북한의 다종화된 탄도미사일 대량생산

북한이 단거리탄도미사일(Short-Range Ballistic Missile: SRBM)을 획득하고 개발하기 시작한 것은 1980년대 중반으로 거슬러 올라간다.

---

[19] Albright and Walrond, 2012; David Albright and Walrond, "North Korea's Estimated Stocks of Plutonium and Weapon-Grade Uranium," A Report by the Institute for Science and International Security(ISIS), 2012(http://isis-online.org).
[20] David E. Sanger and William J. Broad, "How U.S. Intelligence Agencies Underestimated North Korea," *The New York Times*, January 6, 2018.

박정희 정권이 1970년대 말에 먼저 SRBM을 개발한 것에 자극을 받았을 것이다. 헤커가 지적한 바와 같이 2016년 이전까지 북한이 시험한 탄도미사일은 주로 단거리급이었다. 그 이후부터 양상이 크게 달라졌다. 2016년과 2017년에 북한이 시험발사한 탄도미사일은 모두 40개인데, 대부분 중장거리탄도미사일(Intermdeiate-Range Ballistic Missile: IRBM)이거나 ICBM이었다.[21]

북한은 2017년 8월 현재 단거리, 중거리 그리고 IRBM을 개발하고 이를 대량생산할 수 있는 단계에 도달했을 뿐 아니라, 잠수함발사탄도미사일(submarine-launched ballistic missile: SLBM)까지 갖추기에 이르렀다. 사거리 1,000킬로미터 이하의 SRBM으로 북한이 보유한 주종은 사거리 500킬로미터의 스커드(Scud)미사일이다. 사거리 1,000~3,000킬로미터의 중거리탄도미사일(Medium-Range Ballistic Missile: MRBM)로 북한이 보유한 주종은 사거리 1,300킬로미터의 노동미사일이다. 무수단미사일도 사거리 3,000킬로미터로 MRBM에 속한다. 2017년 5월 14일과 8월 29일 두 차례 발사시험에 성공한 화성-12형은 IRBM이다.

IRBM은 사거리가 3,000~5,500킬로미터인 미사일을 말하는데, 화성-12형의 사거리는 4,500~5,000킬로미터로 추정된다. 북한 스스로 화성-12형을 하와이와 알래스카를 타격할 수 있는 전략미사일로 규정했다.[22] MRBM만으로는 괌까지 미치지 않는다. 괌은 북한에서 3,400킬로미터 떨어져 있다. 그러나 한반도는 물론이고 일본 전역이 사거리 안에 포함된다.[23]

---

21 Siegfried S. Hecker, "What We Really Know about North Korea's Nuclear Weapons: And What We Don't Yet Know for Sure," *Foreign Affairs*, December 4, 2017.

22 Choe Sang-Hun, "North Korea Fires Medium-Range Ballistic Missile," *The New York Times*, May 21, 2017.

23 북한은 북극성-2형의 사거리를 더 멀게 잡고 사거리 3,000~5,500킬로미터 이내의 미사일을 가리키는 IRBM로 규정하고 있다. IRBM을 남한에서는 대개 중

북한이 개발한 '북극성-1형'은 2016년 8월 잠수함에서 고체연료를 이용한 콜드론치(냉발사冷發射) 방식으로 발사시험에 성공했다.[24] 북한이 SLBM을 갖추게 된 것이다. 북극성-2형은 북극성-1형을 이동식 지상발사용 미사일로 변형한 것이다. 이것은 2017년 2월 12일 발사에 처음 성공했고, 5월 21일 재차 성공했다. 고각발사에 가까운 방식으로 500~600킬로미터 비행했는데, 35~45도의 정상각도로 발사될 경우 사거리 2,000킬로미터에 달할 것으로 평가되었다. 미국과 한국은 이것을 미 태평양사령부(U.S. Pacific Command)의 발표에 준해 MRBM으로 규정하고 있다.

북한 언론은 북극성-2형의 발사시험이 재차 성공한 5월 21일 김정은이 이 미사일의 대량생산(북한 표현으로 '다량계렬 생산')과 실전배치를 지시했다고 보도했다.[25] 이 미사일은 연료주입이 30분 이상 걸리는 액체연료와 달리 5분 내로 가능한 고체연료를 사용해 발사준비 시간이 액체연료의 6분의 1 이내다. 이동식이어서 북한의 산악지역 도처에서 발사 가능하다. 잠수함 발사도 가능하다. 이러한 북극성-2형이 대량생산되어 배치되면, 한국의 킬-체인(Kill-Chain)은 무용지물이다. 킬-체인은 북한의 미사일 발사를 사전에 탐지해 선제타격한다는 것인데, 애당초 무모하기 짝이 없는 계획이었지만 지금은 더욱

거리탄도미사일로 말하는데, 북한은 IRBM으로 부른다. 사거리 1,000~3,000킬로미터 이내의 미사일을 MRBM이라 하는데, 이것을 남한에서는 준중거리탄도미사일이라 하고, 북한에서는 중거리탄도미사일로 불러왔으나, 최근 들어 한국에서도 MRBM은 중거리탄도미사일, IRBM은 중장거리탄도미사일로 부르는 것이 대세로 된 듯하다. 이 책에도 이 분류법을 적용한다.

24 북한이 잠수함기지가 있는 신포 근처에서 발사한 이 미사일은 일본 방향으로 310마일(약 500킬로미터)을 날았다. 이것은 북한이 과거 몇 차례 시도한 SLBM 발사시험이 실패했던 것과 다르게 성공적이라고 평가되었다. 북한은 침략전쟁 연습이라고 규정한 한미 합동군사훈련이 시작된 지 이틀 후에 이 실험을 실시했다. Choe Sang-Hun, "North Korea Test-Fires Missile From Submarine," *The New York Times*, August 23, 2016.

25 홍국기, 「北 '북극성 2형 시험발사 또 성공…실전배치 승인'(종합)」, 『연합뉴스』, 2017. 5. 22.

2017년 2월 12일 발사되는 북극성 2형 미사일. 이 미사일이 대량생산·배치될 경우 북한은 한국군과 주한미군, 주일미군에 대한 신속하고 동시다발적인 타격이 가능해진다. 그럴 경우 KAMD든 사드든 쓸모없게 된다.

쓸모없는 발상이 되어버렸다.

북극성-2형이 김정은 지시대로 대량생산되어 배치될 경우 한반도 유사시 북한은 한국군과 주한미군기지뿐 아니라 일본과 주일미군기지에 대한 신속하고 동시다발적인 타격이 가능해진다. 그럴 경우 KAMD라 불리는 한국형 미사일방어체계든 미국이 배치를 추진한 사드(Terminal High Altitude Area Defense: THAAD)든 모두 쓸모없게 된다.

한국 국방부는 2017년 4월에 미국 당국과 의견을 같이하면서 북한이 곧 ICBM도 보유하게 될 것으로 관측하기에 이르렀다. 북한이 핵무기를 탄도미사일에 탑재할 정도로 소형화하는 기술을 거의 확보했을 것으로 한미 군 당국은 평가했다. 여기에다 ICBM용 신형 고체연료 엔진도 여러 차례 실험해 곧 ICBM이 모습을 드러낼 것으로 파악했다.[26]

실제 북한은 2017년 7월 두 차례에 걸쳐 ICBM급 미사일인 화성-14형의 발사시험을 성공하게 된다. 이어 8월 29일에는 한층 성능이 개선

---

26 김귀근, 「北 핵무기체계 완성 '코앞'…軍, 대응무기 구비 4~5년 걸려: PAC-3, 2021년 도입완료…사거리 2배 PAC-3 최신형 버전 도입 미정, '김정은 제거부대' 침투헬기 신규확보 없이 기존 헬기 개량」, 『연합뉴스』, 2017. 4. 15.

된 것으로 보이는 IRBM의 발사시험을 다시 성공한다. 이로써 일본은 물론이고 북한에서 3,400킬로미터 거리에 있는 괌의 미군기지까지 사정권에 두게 되었다. 북한은 그 3개월 전인 2017년 5월 14일에도 화성-12형의 발사시험에 성공한 바 있다. 당시 화성-12형은 고각발사로 비행거리 780여 킬로미터, 최고고도 2,110여 킬로미터를 기록해 30~45도의 정상각도로 쏠 경우 최대 사거리가 4,500~5,000킬로미터에 달할 것으로 추정되었다. 한국군 관계자는 8월의 IRBM 발사시험을 두고 "한미 을지프리덤가디언(UFG) 연습에 대한 반발 차원의 무력시위, 탄도미사일 발사를 통한 미국 증원기지 타격능력 과시, 유리한 전략적 여건 조성 등의 목적으로 평가하고 있다"고 설명했다.[27]

북한이 2017년 8월 29일 발사한 화성-12형의 비행거리는 약 2,700킬로미터에 달했다. 의도한 목표지점에 거의 정확하게 탄착한 것으로 평가되었다. 북한 『노동신문』은 "발사된 탄도로켓은 예정된 비행궤도를 따라 일본 홋카이도의 오시마반도와 에리모곶(襟裳岬) 상공을 가로질러 통과하여 북태평양 해상에 설정된 목표수역을 명중 타격하였다"라고 주장했다. 『노동신문』은 또 이번 발사가 "중장거리전략탄도로켓(화성-12형)의 실전운영 능력을 확정하기 위한 것"이라며 "전투적 성능이 완벽한 것으로 평가되었다"고 발표했다.[28]

이 시험발사에서 화성-12형은 동해 상공에서 1단 추진체 연소를 끝내고 탄두부 아래쪽에 장착된 PBV(Post Boost Vehicle)로 자세를 조절하며 비행해 홋카이도 상공에서 최고점인 550여 킬로미터 고도에 도달한 후, 대기권에 재진입한 것으로 분석되었다. 2017년 8월 29일 발사시험은 북한이 IRBM(화성-12형) 및 ICBM(화성-14형)급 미사일에 사용하는 주엔진인 이른바 '3·18혁명엔진'의 안정성을 입증

27 김귀근·이영재, 「軍 "北 미사일, 중거리 계열"···IRBM '화성-12형'에 무게」, 『연합뉴스』, 2017. 8. 29.
28 이영재, 「北 '화성-12형', 예정 궤도 그대로 비행한 듯···정밀도 입증?」, 『연합뉴스』, 2017. 8. 30.

한 것으로 평가되었다. 2017년 3월 18일 이 엔진의 연소실험을 처음 성공했는데, 김정은은 이를 '3·18혁명'으로 극찬한 바 있다. 이 엔진이 3·18혁명엔진으로 불리는 이유다. 이 엔진은 주엔진이고 그 주위에 보조엔진 4개가 함께 불을 뿜는다.[29]

8월 29일 성공적으로 발사된 북한의 미사일이 IRBM임을 인식한 일본 정부는 이에 대응한 미사일방어체계와 기존 레이더보다 탐지범위를 수십 배 늘리는 Spy-6 같은 레이더를 미국에서 조기에 도입·배치하기 위해 미국 미사일방어국(Missile Defense Agency)의 동의를 구할 더 절실한 필요성을 느끼게 된 것으로 보도되었다.[30]

북한이 화성-12형을 일본 홋카이도 상공을 넘어 북태평양에 탄착하도록 한 것에 대해 일본 언론은 미국·한국·일본이라는 세 파트너 사이의 긴장을 극대화하려는 의도가 있다고 분석하기도 했다. 『아사히신문』 사설은 북한이 괌을 타격할 능력을 과시하려고 이 미사일을 발사했지만, 일본 홋카이도 상공을 넘어 북태평양에 탄착하도록 함으로써 미국을 미묘한 처지에 놓이게 만들었다고 지적했다. 이 신문은 북한의 일관된 의도는 미국·한국·일본 사이의 관점 차이를 두드러지게 해 이들 내부의 긴장을 조성하는 데 있다고 말하고, 이 함정에 빠지지 않기 위해서라도 세 나라는 대북 공조체제를 확고히 해야 한다는 주장을 폈다.[31]

북한은 이미 IRBM과 ICBM을 포함하는 핵무기 운반체계의 다종화와 대량생산체계를 갖추기에 이르렀다. 그런데 한국의 안전과 직접 관련되는 미사일은 사거리 1,000킬로미터 안팎의 노동미사일이나 사거리가 그보다 짧은 스커드미사일 등의 SRBM들이라 할 수 있다. 이 SRBM

---

29 이영재, 2017. 8. 30.

30 Reuters, "Sources: Japan eyes Spy-6 missile radar as N. Korea threat grows," *The Asahi Shimbun*, August 30, 2017.

31 Editorial, "United trilateral front needed to meet N. Korea's latest outrage," *The Asahi Shimbun*, August 30, 2017.

의 능력도 한층 진전된 것으로 한미 당국은 파악한다. 미국의 민간 연구기관인 비확산교육센터의 헨리 소콜스키(Henry Sokolski) 소장과 재커리 켁(Zachary Keck) 선임연구원이 『월스트리트저널』에 기고한 글에서 밝힌 데 따르면, 북한은 사거리가 185~620마일(약 300~1,000킬로미터)인 스커드미사일을 크게 개량하는 데 성공하고 있다.[32]

이 개량에 주목해야 하는 이유는 탄두 진행방향을 막바지에 변경해 상대방의 미사일방어체계를 교란해서 요격미사일을 피하는 한편 목표물을 타격하는 정확성도 크게 높였기 때문이다. '기동성 재진입체'(Maneuverable Reentry Vehicle: MaRV) 기술을 채용한 것이다. 이 기술을 적용한 미사일은 유도장치를 갖추었기 때문에 움직이는 군함이나 유조선도 효과적으로 타격할 수 있다. 그래서 소콜스키 등은 이 미사일체계가 사거리는 단거리지만 ICBM에 버금갈 정도로 위협적이라고 지적했다. 북한 이전에 미국·러시아·중국 그리고 한국도 이 기동성 재진입체 기술을 적용한 미사일실험을 한 일이 있으나 수출하지는 않는 것으로 알려져 있다.[33]

북한이 이런 미사일을 수출해 미국에 적대적인 세력의 손에 들어갈 경우 미국의 해외기지들이 직접적인 공격에 노출될 수 있다. 무엇보다 북한 핵무장에 대응할 한국의 군사적 수단이 더욱 무력화된다. 이것은 미국이 한반도에 확대 배치를 원하는 사드나 한국군이 북한 핵무력에 대한 3축 대응체계의 하나로 삼고 있는 한국형 미사일방어체계 구축을 더욱더 무용지물로 만들 수 있다.

3. 미국 본토를 위협하는 북한의 ICBM

2017년 초 취임한 트럼프 대통령은 미국 정보기관들에서 북한이

---

32 권혜진, 「美 군사전문가 '北 ICBM 외 단거리 미사일도 개발 우려': '스커드미사일 개량형…확산 시 미국과 동맹국 피해'」, 『연합뉴스』, 2017. 7. 31.
33 권혜진, 「美 군사전문가 '北 ICBM 외 단거리 미사일도 개발 우려': '스커드미사일 개량형…확산 시 미국과 동맹국 피해'」, 『연합뉴스』, 2017. 7. 31.

미국 본토를 타격할 수 있는 ICBM을 확보할 시기가 빠르면 2020년이거나 늦으면 2022년이라는 브리핑을 받았다. 그러한 판단근거는 크게 두 가지였다.[34]

첫째는 2011년 말 33세의 젊은 나이에 3대째 권력을 세습한 김정은이 보인 경험부족에서 오는 미숙함이다. 여기에서 비롯된 정권의 불안정 이미지는 미국이 김정은 정권의 능력을 습관적으로 과소평가하는 원인이 되었다. 김정은에 대한 이미지는 '언제 권력을 잃을지 모르는 미숙한 젊은이'에서 '결의에 찬 젊은 지도자'로 점차로 옮겨가게 되지만, 그의 리더십이 구체적으로 이룩할 수 있는 업적에 대한 미국 정보기관의 상상력은 근본적으로 제한되어 있었다.

둘째로 좀더 직접적 근거는 2016년 내내 김정은 정권이 24차례 이상 미사일실험을 했는데, 그 가운데 적어도 10번은 실패했다는 것이다. 그중 일곱 차례는 IRBM인 무수단미사일에 관한 실험이었다. 무수단미사일 관련 실험은 모조리 실패했다. 2016년 미국의 유명한 심야 토크쇼는 김정은 정권의 미사일실험 실패를 풍자코미디 소재로 삼았을 정도였다. 아마 김정은에게 가장 뼈아팠을 실패와 수모는 2012년 4월 김일성 탄생 100주년을 기념하는 자리에서 외국기자들을 초청해놓고 실시한 위성발사시험이었을 것이다.

미국 정보기관들은 다른 나라들이 냉전시대에 수소폭탄과 장거리 탄도미사일을 개발하는 데 걸렸던 시간을 북한에도 적용했다. 그러나 북한은 첨단 컴퓨터모델링을 활용하고 러시아 과학기술자 등을 통해 해외의 전문지식을 흡수할 기회와 능력이 있다는 것을 과소평가했다. 미국을 비롯한 국제사회와 한국의 북한 인식을 지배한 '미숙하고 무능한 정권'이라는 이미지는 김정은 정권의 조기붕괴에 대한 기대감과 결합해 대화 없는 군사적 압박으로 일관한 버락 오바마(Barack Obama) 행정부의 이른바 '전략적 인내'의 배경이 된다. 그래서 더욱

---

34 Sanger and Broad, January 6, 2018.

미국 정보기관들은 북한이 2017년 IRBM인 화성-12형과 ICBM인 화성-15형의 발사시험에 성공했을 때 깜짝 놀랄 수밖에 없었다.

『뉴욕타임스』는 2017년 북한의 IRBM, ICBM 그리고 수폭실험 성공에 대한 미국의 예측 실패를 미국 역사상 가장 중요한 '정보실패' 사례(intelligence failures)의 하나로 규정했다. 미국의 과학정보가 아무리 첨단이고 또 광범하고 깊은 인간정보의 능력을 갖고 있더라도 컴퓨터 네트워킹이 거의 안 되어 있을뿐더러 미국의 비밀공작 가능성을 편집증적으로 경계하는 봉인된 사회가 결의에 찬 젊은 지도자의 리더십 아래 무엇을 이룩할 수 있는지 미국은 이해할 수 없었다고 했다. 이 정보실패는 미국을 겸허하게 만드는 역사적 경험의 하나로 남을 것이라고 이 미국 언론은 지적했다.[35]

2017년 9월 3일 북한의 수소폭탄 실험 성공이 한국은 물론이고 특히 미국에 충격적으로 받아들여진 것은 그 실험에 앞선 7월 두 차례에 걸친 북한의 ICBM 실험이 성공적이었기 때문이다. 북한은 7월 4일과 28일 ICBM급 미사일 발사시험을 했다. 2017년 7월 28일 밤 11시 41분경에 한 북한의 제2차 ICBM 발사는 자강도 무평리 일대에서 동해상으로 실시되었다.[36]

북한은 "28일 밤 대륙간탄도로켓 화성-14형 제2차 시험발사가 성공적으로 진행되었다"고 발표하고, "화성-14형은 최대정점고도 3,724.9킬로미터까지 상승하며 거리 998킬로미터를 47분 12초간 비행하여 공해상의 설정된 수역에 정확히 탄착됐다"라고 설명했다. 북한『조선중앙통신』은 "실제 최대사거리 비행조건보다 더 가혹한 고각발사 체제의 재돌입 환경에서도 전투부(탄두부)의 유도 및 자세조종이 정확히 진행됐으며 수천 도의 고온조건에서도 전투부의 구조적 안

---

35 Sanger and Broad, January 6, 2018.

36 장용훈,「北 '화성-14 2차 발사 성공'…김정은 ICBM 기습발사 능력과시': '美 본토전역 사정권 입증…재돌입 환경 핵탄두 폭발 조종 장치 정상 동작 확인'; '최대고도 3천724.9km, 거리 998km 비행'…김정은 현장 참관」,『연합뉴스』, 2017. 7. 29.

정성이 유지되고, 핵탄두 폭발조종장치가 정상 동작했다는 것을 확인했다"라고 밝혀 안정적인 재진입 기술을 확보했음을 주장했다.[37]

김정은은 7월 28일 화성-14형의 시험발사 장소인 자강도에서 현지 지도한 것으로 북한 언론은 보도했다. 이 보도에 따르면 김정은은 "이번 시험발사로 대륙간탄도로켓 체계의 믿음성이 재확증되고, 임의의 지역과 장소에서 임의의 시간에 대륙간탄도로켓을 기습발사할 수 있는 능력이 과시되었으며, 미 본토 전역이 우리 사정권 안에 있다는 것이 입증됐다"라고 주장했다. 김정은은 이렇게 덧붙였다. "오늘 우리가 군이 대륙간탄도로켓의 최대사거리 모의 시험발사를 진행한 것은 최근 분별을 잃고 객쩍은(의미 없는) 나발을 불어대는 미국에 엄중한 경고를 보내기 위해서다."[38]

미국은 북한이 7월 4일에 성공적으로 발사한 탄도미사일이 ICBM급임을 이미 인정했다.[39] 그로부터 24일 후인 7월 28일에 다시 발사된 북한의 화성-14형 탄도미사일에 대해 미 국방부는 그것이 ICBM급임을 또 인정했다.[40] 미국 언론은 곧 북한이 미국 본토인 캘리포니아를 타격할 수 있는 ICBM급 미사일 발사에 성공했다고 보도했다. 미 국방부는 이 미사일이 사거리가 5,500킬로미터 이상임을 뜻하는 ICBM급임을 확인해주었을 뿐 그 정확한 사거리 추정치를 공개하지는 않았다. 그러나 『뉴욕타임스』는 미국 매사추세츠 케임브리지에 본부를 둔 '참여과학자연맹'(Union of Concerned Scientists)의 데이비드 라이트(David C. Wright)가 내린 평가를 인용했다. 라이트는 이 탄

---

37 장용훈, 「北 '화성-14 2차 발사 성공⋯김정은 ICBM 기습발사 능력과시'」, 『연합뉴스』, 2017. 7. 29.

38 장용훈, 「北 '화성-14 2차 발사 성공⋯김정은 ICBM 기습발사 능력과시'」, 『연합뉴스』, 2017. 7. 29.

39 Choe Sang-Hun, "U.S. Confirms North Korea Fired Intercontinental Ballistic Missile," *The New York Times*, July 4, 2017.

40 Reuters, "Missile North Korea Launched Was an ICBM: Pentagon," *The New York Times*, July 28, 2017.

도미사일의 유효 사거리가 적어도 6,500마일(약 1만 킬로미터)에 달하며, 이로써 로스앤젤레스와 덴버, 시카고는 물론이고 보스턴과 뉴욕까지도 사정권에 들어갈 수 있다고 보았다. 워싱턴 D.C.는 사정권 경계지점이라고 파악했다. 다만 그는 만약 이 미사일이 장착한 모의 탄두가 실제 핵탄두보다 가벼운 것이었다면 이 미사일의 실제 사거리는 더 짧아질 수 있다는 단서를 달았다.[41]

어떻든 북한은 2017년 7월 ICBM 비행실험(flight tests)을 두 차례 성공시킴으로써 탄도미사일 능력에서 중요한 이정표를 기록했다는 데는 이견이 없었다.[42] 해외 언론은 북한의 ICBM 발사 성공이 가져온 북미관계의 새로운 현실을 '새로운 정상상태'(a new normal)라고 표현했다.[43] 이 언론이 말하는 '새로운 정상상태'는 크게 두 가지를 뜻했다. 하나는 북한 정권의 지속가능성을 높이는 효과다. 첫째 북한의 ICBM은 자기를 파괴하려는 적대적인 국가들에 포위되었다고 느끼는 자부심 강한 권위주의 국가의 권위를 드높인다. 제3세계국가로서 ICBM을 건설한 나라가 몇이나 되냐고 이 언론은 물었다. 둘째, 북한의 ICBM은 적대국가들에 대해서뿐 아니라 평양의 엘리트들에게도 메시지를 던지고 있다. 그래서 엄청난 외세의 압박에도 북한 인민을 위협하는 초강대국들에 당당히 맞서 일어선 지도자에 대한 지지를 공고히 하는 효과가 있다는 것이다.

이 언론이 지적하는 '뉴 노멀'의 두 번째이자 더 본질적 특징은 한반도와 동아시아의 전략적 상황에서 새로운 정상상태다. 그것은 한

---

41 David E. Sanger, Choe Sang-Hun, and William J. Broad, "North Korea Tests a Ballistic Missile That Experts Say Could Hit California," *The New York Times*, July 28, 2017.

42 Siegfried S. Hecker, "What We Really Know about North Korea's Nuclear Weapons: And What We Don't Yet Know for Sure," *Foreign Affairs*, December 4, 2017.

43 The Associated Press, "Analysis: North Korea's 2nd ICBM Test Augurs a New Normal," *The New York Times*, July 29, 2017.

미 양국을 포함한 국제사회가 북한의 질주를 중단시킬 방법을 찾아내지 않는 한 가까운 미래 모습은 다음과 같이 뻔하다는 것이다. "마이클 엘레먼(Michael Elleman)이 『38노스』에서 지적했듯이, 화성-15형 미사일의 신뢰성을 평가하고 입증하기 위해 북한은 더 많은 테스트를 할 것"이다. 더 많은 시험발사와 함께 불안정도 심화된다. 이에 따라 서울과 도쿄는 미국의 핵우산에 대한 믿음을 잃어가게 될 것이며, 그런 만큼 한국과 일본은 독자적인 핵무기 프로그램을 추진하려는 압박에 직면하게 되리라는 것이다. 문제는 그럴수록 세계에서 가장 중무장한 지역에서 오산(miscalculation)으로 전쟁 위험성이 늘어가는 구조가 고착되리라는 것이다.[44]

일본 『아사히신문』은 북한 ICBM 화성-14형이 최종적인 완성 단계에 이르렀는지에 대해선 미국과 한국 정부 사이에 다소 이견이 있음을 지적했다.[45] 이 신문에 따르면, 미 군부는 북한이 핵탄두를 500~600킬로그램 수준으로 소형화하는 데 성공하여 ICBM에 장착 가능한 단계에 이른 것으로 본다. 반면에 한국 군부는 북한의 핵탄두가 아직은 700킬로그램 수준에 머물러서 충분한 소형화를 달성하기 전이라고 본다는 것이다. 둘째로, 북한 ICBM이 마찰열 등으로 파손되지 않고 대기권에 재진입할 수 있는 재진입 기술이 완성되었는지에 대해서도 미 군부는 북한이 이미 그 단계에 도달한 것으로 보는 경향이 있다고 했다. 그러나 『뉴욕타임스』는 미국 내 전문가들 사이에서도 북한 ICBM의 재진입 기술 완성도에 대해서는 의문이 제기된다는 것을 지적했다.[46]

런던의 국제전략문제연구소(International Institute for Strategic

---

44 The Associated Press., July 29, 2017.

45 Yoshihiro Makino, "North Korea's strategy: Quick missile strikes on enemy targets," *The Asahi Shimbun*, August 30, 2017.

46 William J. Broad and David E. Sanger, "Success of North Korean Missile Test Is Thrown Into Question," *The New York Times*, July 31, 2017.

Studies: IISS) 선임연구원으로 미사일 전문가인 엘레먼은 2017년 7월 28일 북한 ICBM이 대기권에 재진입하는 영상을 분석한 끝에 북한이 아직 재진입 기술을 완성하지 못했다고 주장했다. 전형적인 ICBM이 고속으로 목표물을 향해 갈 때 극단적인 열과 진동에서 핵탄두를 보호하는 능력이 재진입 기술의 핵심이다. 홋카이도의 항구도시 무로란 시에는 일본 NHK방송의 한 자매사가 있었는데, 그 회사 지붕에 설치되어 있던 기상 카메라가 우연히 그날 북한이 발사한 탄도미사일에 장착된 모의탄두(mock warhead)가 일본 해안에서 125마일(약 200킬로미터) 되는 지점에 떨어지는 장면을 포착했다.

엘레먼은 NHK가 공개한 비디오테이프를 분석하여 그런 결론을 내린 것이다. 북한이 재진입 기술을 완비했다면 그 모의탄두는 바다에 떨어지는 순간까지 밝은 빛을 유지했어야 한다. 그러나 북한의 모의탄두는 처음엔 밝았지만 곧 작은 파편들로 부서졌으며, 갑자기 빛을 잃고 완전히 사라졌다는 것이다. 엘레먼은 이로부터 모의탄두가 대기권에 진입하면서 부서졌다고 파악했다. 그는 북한 기술진이 그 문제를 분석하고 고칠 능력이 있는 것으로 전제하면 그 문제를 해결하는 데 약 6개월이 소요될 것으로 보았다. 또 이를 위해 ICBM 발사 시험이 최소한 두세 번 더 필요할 것으로 보았다. 2017년 7월 말부터 6개월 후면 2018년 초에 해당하는데, 이는 미국 정보기관들이 북한이 재진입 기술을 포함한 ICBM을 완성할 시기로 2018년을 꼽는 것과 일치한다고 이 미국 신문은 지적했다.

그러나 2017년 11월 29일 새벽 북한은 그 이전의 어떤 미사일보다 높이 ICBM을 발사했다. 그리고 '국가핵무력 완성'을 선포했다. 이날 낮 북한은 '중대보도'에서 '정부성명'을 발표했다. "조선노동당의 정치적 결단과 전략적 결심"에 따라 "새로 개발한 대륙간탄도로켓 화성-15형 시험발사가 성공적으로 진행됐다"고 말하면서, 이 보도는 "김정은 동지는 새 형의 대륙간탄도로켓 '화성-15'형의 성공적 발사를 지켜보시면서 오늘 비로소 국가핵무력 완성의 역사적 대업, 로켓

강국 위업이 실현되었다고 긍지 높이 선포했다"고 밝혔다.[47]

북한 정부 성명은 이 미사일이 평양 교외에서 발사되었으며, 정점 고도 4,475킬로미터, 사거리 950킬로미터를 53분간 비행했다고 밝혔다. 그리고 "대륙간탄도로켓 화성-15형 무기체계는 미국 본토 전역을 타격할 수 있는 초대형 중량급 핵탄두 장착이 가능한 대륙간탄도로 켓"이라고 주장했다. "지난 7월에 시험발사한 화성-14형보다 전술 기 술적 재원과 기술적 특성이 훨씬 우월한 무기체계"라는 것이다. 이는 앞서 7월 28일 발사한 ICBM의 재진입 기술에 대한 해외 전문가들의 '미완성 평가'를 의식한 발언이었다.

이날 북한 정부 성명은 북한이 올해 들어 ICBM을 누차 발사하여 그 완성에 이르는 노력을 기울인 의도를 이렇게 밝혔다. "조선민주주 의인민공화국의 전략무기 개발과 발전은 전적으로 미제의 핵공갈정 책과 핵위협으로부터 나라의 주권과 영토 완정을 수호하고 인민들의 평화로운 생활을 보위하기 위한 것"이라면서 "우리 국가의 이익을 침 해하지 않는 한 그 어떤 나라나 지역에도 위협으로 되지 않을 것이라 는 것을 다시금 엄숙히 성명"한다고 했다. 그리고 이 성명은 "조선민 주주의인민공화국은 책임 있는 핵강국이며 평화애호국가"라고 주장 하고, "세계의 평화와 안정을 수호하기 위한 숭고한 목적의 실현을 위 하여 자기의 모든 노력을 다 기울일 것"이라고 말했다.

북한은 장거리 내지 ICBM을 발사할 때 일본을 포함한 다른 나라 들을 의식하여 정상각도보다 더 고각(高角)으로 발사해 일본 영토를 통과하기 전의 동해를 탄착지점으로 삼아왔다. 그래서 발사된 미사일 의 최고고도는 국제우주정거장(International Space Station)의 궤도인 250마일(약 400킬로미터)보다 훨씬 더 높았다. 북한이 2017년 5월 14일에 발사한 IRBM의 최고고도는 1,300마일(약 2,100킬로미터)이

47 장용훈·김효정, 「北, 국가핵무력 완성 선포…'신형 ICBM 화성-15 발사 성 공'」, 『연합뉴스』, 2017. 11. 29.

었다. 7월 4일의 ICBM은 1,740마일(약 2,800킬로미터), 7월 28일의 ICBM은 2,300마일(약 3,700킬로미터) 그리고 11월 29일의 ICBM의 최고고도는 2,796마일(약 4,500킬로미터)에 달했다.[48] 그래서 정상 각도로 발사될 경우 11월 28일의 ICBM 사거리는 미국 수도 워싱턴 D.C.까지 거리인 6,700마일(약 1만 800킬로미터)을 넘긴 것으로 전문가들은 분석했다. 유럽의 런던이나 베를린은 북한에서 거리가 워싱턴 D.C.보다 짧아서 역시 사정권에 들어간다.[49]

북한은 이번 발사 성공으로 '국가핵무력 완성'에 도달했다고 주장했다. 그러나 해외 전문가들의 평가는 양면적이다. 라이트는 이 미사일의 잠재적 사거리가 8,000마일(약 1만 2,800킬로미터)을 넘어서 미국의 수도 워싱턴 D.C.를 포함한 미 본토의 어떤 지역도 사정권에 두게 된 것으로 보인다고 평가했다. 그는 이것은 '인상적인 진전'이라고 말하면서도, 만일 이 미사일에 장착한 모의탄두(a mock payload)가 매우 가벼운 것이라면 실제 핵탄두를 장착해 사용할 수는 없으며, 더욱이 수소폭탄을 장착할 수는 없다고 지적했다. 미 군축협회 사무총장 대릴 킴볼(Daryl G. Kimball)도 이 미사일이 사거리에서 미국 동부 해안까지 이르는 진전을 이루었지만, 그것은 탄두 무게를 고려하지 않은 상태의 사거리라고 말했다.[50] 한편 이 미사일을 정밀 분석한

48 Anna Fifield By Anna Fifield, "Could North Korea's missile test lead to talks? Some see a slight opening." *The Washington Post*, November 29, 2017.

49 Rick Noack, "North Korea could now almost certainly strike London or Berlin. Why isn't Europe more worried?" *The Washington Post*, November 29, 2017. 미국의 동부지역 못지않게 북한 ICBM의 타격권에 들어온 유럽의 지도자들은 그럼에도 미국처럼 위협을 느끼지는 않는다. 북한이 말하는 주적이 미국이기 때문이기도 하지만, 유럽 지도자들은 미국과 북한의 대립에 관해 자신들의 역할을 긴장 확산을 막는 데 두기 때문이기도 하다. 독일 킬대학(University of Kiel)의 군사전문가 마르첼 디르주스(Marcel Dirsus)는 이렇게 말했다. "핵무장한 북한은 분명히 유럽에도 잠재적 위협이다. 그러나 최고 우선순위와는 거리가 멀다. 유럽은 북한 문제가 부각되기 이전에 이미 러시아의 재부상과 비정규적인 이주민(irregular migration)을 비롯한 수많은 다른 이슈로 골치를 앓고 있다"(위의 같은 기사).

50 Choe Sang-Hun and Motoko Rich, "North Korea Fires a Ballistic Missile, in a

항공대학 장영근 교수는 화성-15형은 600킬로그램의 탄두를 장착한 상태에서도 미국 동부를 타격할 수 있을 것이라고 평가했다.[51]

한국 합참은 북한이 2017년 11월 29일 발사한 ICBM급 '화성-15형'을 화성-14형의 단순 개량형이 아닌 신형 미사일로 평가했다.[52] 화성-14형과 화성-15형은 모두 이동식 발사대를 이용했지만, 화성-14형은 바퀴축이 8개였으나 화성-15형은 9개로 늘었다. 그래서 더 길고 무거운 미사일을 지탱할 수 있다. 실제 화성-14형은 길이가 19미터인데, 화성-15형은 2미터가 더 긴 21미터에 달했다. 엔진에서도 차이가 발견되었다. 둘 모두 옛 소련의 ICBM 엔진인 RD-250 쌍둥이 엔진을 모델로 했지만, 화성-14형은 쌍둥이 엔진 중 하나만 분리하여 주엔진으로 장착하고 거기에 작은 보조엔진을 4개 덧붙였다. 화성-15형은 보조엔진은 사용하지 않고 쌍둥이 엔진 2개를 모두 사용해 주엔진을 2개 장착하여 추진력이 향상되었다는 것이다.

또 한 가지 눈에 띄는 변화는 탄두부 형태가 달라진 점이다. 화성-14형은 탄두부가 뾰족해서 단발 미사일 장착형으로 보였다. 그런데 화성-15형의 탄두부는 둥글고 뭉툭해서 2~3개 탄두를 장착할 수 있는 것으로 파악되었다. 다탄두미사일일 가능성을 배제할 수 없는 것이다. 그 경우 미사일방어체계에 의한 요격 가능성은 더욱 낮아질 수밖에 없다.

2017년 11월 29일 발사된 화성-15형의 탄두부 모양은 그 자체가 다탄두체계를 완성한 증거는 물론 아니다. 단지 그것을 염두에 둔 것에 불과할 수도 있다. 현재 수준에서 북한이 다탄두체계를 개발할 능력을 갖추었는지는 전문가에 따라 분석이 엇갈린다. 또 화성-15형의 엔진 연료가 고체인지 액체인지도 상이한 분석이 따랐다. 그래서 화

Further Challenge to Trump," *The New York Times*, November 28, 2017.

51 2017년 12월 2일 SBS 8시 뉴스.

52 김귀근·이상현·반종빈, 「합참, '北 화성-15형, 신형 미사일로 평가'」, 『연합뉴스』, 2017. 11. 30.

성-15형이 화성-14형의 변형인지 아니면 새로운 신형으로 볼 수 있는지 자체도 아직 논란거리다.[53] 특히 재진입 기술의 완성 여부 그리고 미사일 유도장치와 최종적 목표물 타격 능력에 대해선 여전히 의문이 제기되는 것도 사실이다.[54] 앞서 2017년 7월 두 차례 발사된 ICBM 화성-14형에 대해서도 재진입 기술을 완성했는지에 의문을 표시했던 엘레먼은 11월 발사된 ICBM에서도 그 문제가 여전히 북한의 숙제라고 판단했다. 그러나 비교적 단시일에 북한이 그 숙제를 풀 것으로 내다보았다. 다만 이를 위해서는 ICBM 발사시험을 몇 차례 더 거쳐야 할 것으로 전망했다.[55]

---

53 김귀근, 「北 '화성-15' 탄두부 둥글고 뭉툭⋯다탄두장착 염두 둔 듯」, 『연합뉴스』, 2017. 11. 30. 화성-15형을 확실한 신형으로 파악한 기사는 유용원, 「쌍둥이 엔진·핵무기 1t 실을 뭉툭한 탄두⋯ 완전히 새로운 ICBM: 美 전문가도 화성-15형 성공에 놀라⋯'옛 소련 기술자 참여한 듯'」, 『조선일보』, 2017. 12. 1. 이 기사는 화성-15형이 화성-14형에 비해 2미터 길어지고 30센티미터 두꺼워진 점, 액체연료를 더 많이 실어 사거리를 연장한 점 그리고 1단 로켓엔진 2개를 장착해 추진력이 2배나 커졌으며, 탑재 가능한 탄두 무게가 0.5~1톤까지 이를 것으로 보인다는 점 등을 꼽았다. 이 미사일이 다탄두미사일일 가능성도 제기되지만 한국군 관계자의 "북한의 기술 수준을 감안할 때 장기적으로는 모르지만 단시일 내 다탄두미사일 개발에 성공하기는 어려울 것"이라는 평가를 빌려서 그 가능성을 낮게 보았다.

54 Barbara Starr and Ray Sanchez, "North Korea's new ICBM likely broke up upon re-entry, US official says," CNN(edition.cnn.com), December 3, 2017. CNN은 이 기사에서 미국 정부 관계자의 말을 인용하여 북한의 ICBM이 이번에도 재진입 과정에서 부서졌을 가능성이 높다고 밝혔다. 북한의 ICBM은 아직도 재진입 기술을 마스터하지 못한 상태로 보인다는 것이다. 북한은 재진입 기술과 함께 미사일 유도와 최종적인 목표물 타격(missile guidance and targeting) 능력에서도 아직 성능을 입증하지 못한 상태라고 분석한 것이다. CNN은 한편 이 미사일이 고체연료와 함께 부분적으로 액체연료를 사용한 것으로 미국 관리들이 파악했다고 밝혔다. 부분적으로 액체연료를 사용한 탓에 미국이 이 미사일의 발사를 조기에 파악할 수 있었다는 것이다.

55 Choe Sang-Hun, "North Korea's New Missile Is Bigger and More Powerful, Photos Suggest," *The New York Times*, November 30, 2017. 런던에 본부를 둔 국제전략문제연구소의 미사일 전문가 엘레먼을 포함한 미국의 여러 전문가는 북한이 핵무기를 장착한 ICBM을 완성했는지는 의문이며, 한 개 미사일에 여러 개 미사일을 장착하는 다탄두미사일을 개발한 것은 그 가능성이 더 적다고 밝혔다. 엘레먼은

엘레먼은 그처럼 화성-15형 발사 직후 제시한 평가에서는 북한의 ICBM이 실전배치까지는 약 반 년이 더 필요할 것이라며 그 완성도에 대해 상당히 유보적인 태도를 보였다. 그러나 그로부터 일주일이 지난 12월 4일 미국의 보수적 언론매체인 '폭스뉴스'(Fox News)와 인터뷰에서는 훨씬 더 적극적이고 높은 평가를 내렸다. 그는 화성-15형의 다음 몇 가지 특징을 주목하면서 이 미사일이 화성-14형의 개정판이 아니라 '완전히 새로운 미사일'이라고 평가했다.[56]

첫째, 화성-15형은 사드를 포함한 미국의 미사일방어 요격체계를 교란하여 무력화할 수 있는 능력을 갖추었다. 엘레먼은 "최근 (북한의) 시험이 내포한 불행한 사실 하나는 이 미사일이 훨씬 더 커졌기 때문에 우리의 미사일방어를 더욱 혼란시킬 수 있는 가짜탄두들을 장착할 능력이 있다는 점이다. 그것은 사드도 따돌릴 확률을 높인다"라고 말했다. 그는 "북한이 가짜탄두를 포함한 미사일방어 대응수단들(countermeasures)을 시험했는지는 분명치 않지만 이 미사일은 단순한 가짜탄두들을 장착할 중량을 갖고 있다"고 덧붙였다. 미 군축협회의 킹스턴 리프(Kingston Rief)에 따르면, 그 가짜탄두는 알루미늄, 플라스틱으로 만든 풍선(Mylar ballon)처럼 단순한 형태로 만들 수도 있는데, 그런 것만으로도 ICBM이 미국을 향해 날아가는 동안 미사일방어 레이더를 따돌릴 수 있다고 지적했다.[57]

신형 미사일 화성-15형은 일단 크기가 작은 핵무기를 장착해 미국의 어떤 도시든 타격할 수 있는 것으로 보인다고 말하면서도, 이 미사일의 신뢰성을 확립하려면 추가적인 발사시험이 필요할 것이라고 보았다. 특히 대기권에 재진입할 때 벌어지는 요란한 문제들을 극복할 기술이 있는지는 앞으로 증명되어야 한다고 진단했다. 다만 엘레먼은 북한이 그러한 기술들을 마스터하는 데 오랜 시일이 걸리지는 않을 것이라고 보았다. 앞으로 4개월에서 6개월이면 북한이 핵무기를 장착한 ICBM을 실전배치(combat ready)할 수 있을 것이라고 전망했다.

56 Katherine Lam, "North Korea ICBM could carry decoys to confuse US missile defense system, expert says," Fox News, December 4, 2017(http://www.foxnews.com).

57 Lam, December 4, 2017.

둘째, 화성-15형은 발사 첫 단계에서 미사일을 조종하는 새로운 장치를 장착했음을 사진이 보여주는데, 이는 의미심장한 혁신이라고 엘레먼은 평가했다. 발사가 잘못될 가능성을 줄여 신뢰성을 크게 높인다는 것이다.

셋째, 미사일이 커지면서 추진력이 두 배로 커졌으며, 그 결과 화성-15형은 무게가 2,204파운드(약 1톤)인 물체—탄두를 포함한 장치들—를 실을 수 있게 되었다는 것이다. 따라서 "북한은 약 700킬로그램에서 1,000킬로그램 범위에 들어가는 작은 탄두를 이 미사일에 장착하여 기본적으로는 미국의 어떤 지역도 타격할 수 있다"고 엘레먼은 평가했다.

다만 이 인터뷰에서도 엘레먼은 11월 29일 발사된 화성-15형도 지구 대기권에 성공적으로 재진입하지 못하고 부서진 것으로 보이기 때문에 이 ICBM을 완성하려면 몇 차례 더 시험발사가 필요할 것으로 진단했다. 북한 과학자들이 그 작업을 위해 얼마나 더 많은 데이터가 필요하냐에 따라 그리고 김정은이 미국을 얼마나 더 자극하고 싶어 하느냐에 따라 추가 시험발사는 몇 주 뒤가 될 수도 있고 몇 달 뒤가 될 수도 있다고 엘레먼은 전망했다.[58] 2017년 11월 말 화성-15형의 성공과 엘레먼 등 전문가들의 이 같은 평가는 2017년 12월 초 미국 트럼프 행정부 안팎에서 향후 수개월이 북한 ICBM 완성을 저지할 수 있는 데드라인이라는 인식이 확산된 배경의 하나로 작용한다. 이때부터 3개월이면 북한이 미국 전역을 공격할 수 있는 핵미사일을 완성하게 된다는 위기의식이 퍼졌다는 말이다.[59]

---

58 Lam, December 4, 2017.

59 부시 행정부 때 국방차관과 유엔주재 미국대사를 지낸 존 볼턴(John Bolton)은 2017년 12월 초 "CIA 수뇌부가 북한 ICBM을 중단할 수 있는 시한은 3개월뿐이라고 트럼프 대통령에게 보고했다"고 말한 것으로 보도되었다. 또 트럼프 행정부의 한 고위관리는 같은 시기 한 비공개 토론회에서 "내년 한미 합동군사훈련이 시작되기 전까지(2018년 3월 초까지)를 시한으로 본다"고 밝혔다(한미 양국은 매년 3~4월 키-리졸브Key-Resolve와 독수리 훈련Foal-Eagle을 실시해왔다). 강인선,

헤커도 북한이 남한이나 일본을 타격할 수 있는 단거리급이나 중
거리급 미사일에는 분명 핵무기를 탑재할 능력을 갖추고 있다는 것은
의심할 여지가 없으나, ICBM은 더 소형화되고 가벼운 핵탄두를 제작
하는 기술과 대기권에 재진입한 뒤에도 살아남을 수 있는 핵탄두 제
작 기술이 필요한데, 북한이 이러한 기술을 완성하는 데는 적어도 앞
으로 2년에 걸친 추가 실험이 필요할 것이라고 지적했다.[60]

북한의 탄도미사일들이 한미 양국의 미사일방어체계 증강 추세에
대응하여 다탄두체계를 지향하고 있고, 그것이 조만간 현실화될 가능
성이 높다는 점은 분명하다.[61] 이번에 성공적으로 실험된 화성-15형
은 북한의 그러한 지향을 잘 보여주었다. 또 미국이 미국 본토를 위협
할 수 있는 미사일 개발을 저지하기 위해 동원한 주요 수단으로 기대
했던 대북 사이버공격이 효과가 없었다는 것도 입증되었다. 『뉴욕타
임스』는 오바마 행정부 시기에 미국은 북한이 미사일 발사시험을 할
때마다 '사이버·전자 공격'(cyber and electronic attacks)을 해서 일정
한 성과를 거둔 것으로 평가했다. 그런데 트럼프 행정부는 북한의 미
사일 시험에 대한 사이버공격을 더욱 가속화하는 것이 미국이 고려하
는 군사옵션에는 포함되지만, 실제 트럼프 행정부 들어 북한이 ICBM
발사에 성공하기까지 6개월 동안 북한 미사일 시험에 대한 미국의 사

「북한문제 시간 없다, "중국은 방해꾼"…워싱턴 전례 없는 긴박감: '3개월 내 北 손
봐야' 주장 거세져, CIA국장 거론되는 코튼 의원 '중국은 北 핵능력 제거 바란다고
25년 동안 거짓말을 했다', 공화당 크루즈 상원의원 '해법이 군사공격뿐이라면 써
야'」, 『조선일보』, 2017. 12. 9.

60 Siegfried S. Hecker, "What We Really Know about North Korea's Nuclear
Weapons: And What We Don't Yet Know for Sure," *Foreign Affairs*, December 4,
2017.

61 권용수 전 국방대학 교수는 북한이 1990년대 소련의 과학·기술자들의 도움을
받아 핵과 미사일 기술을 크게 발전시켰다고 보고, "중요한 사항은 북한이 다탄두
개발 능력을 가졌느냐가 아니라 언제 관련 기술 개발을 완성할 것인가이다"라고
지적했다(이철재, 「북한, 다탄두 ICBM 개발 중…맞다면 사드로 요격 힘들어」, 『중
앙일보』, 2017. 7. 4).

2017년 11월 30일 북한이 공개한 화성-15형 발사 장면.
화성 15형은 북한이 지향하는 다탄두체계를 잘 보여준다. 또한 이 발사로 미국의 대북
사이버 공격이 효과가 없다는 게 드러났다.

이버·전자 공격은 효력이 더 떨어졌다고 지적했다.[62] 그래서 『뉴욕타
임스』는 또 다른 보도에서도 북한 미사일을 견제하기 위한 사이버공
격의 실효성이 매우 의문시된다고 재차 밝혔다.[63]

　한국 군 당국은 북한이 2017년 11월 29일 화성-15형을 발사했을 때
거의 즉각적으로 그 사실을 탐지했다. 29일 새벽 3시 17분 평양에서 북
쪽으로 30킬로미터 떨어진 평안남도 평성 일대에서 ICBM급 장거리미
사일을 발사하자 한국 합참은 새벽 3시 18분쯤 E-737 '피스아이'가 처
음 탐지했고, 이후 동해에서 작전 중인 이지스함과 조기경보레이더에
서도 포착했다고 밝혔다.[64] 특히 일본은 북한의 미사일 발사 하루 전에

62　William J. Broad and David E. Sanger, "Success of North Korean Missile Test
Is Thrown Into Question," *The New York Times*, July 31, 2017.

63　David E. Sanger, Choe Sang-Hun, and William J. Broad, "North Korea Tests
a Ballistic Missile That Experts Say Could Hit California," *The New York Times*, July
28, 2017.

64　송원형, 「北 미사일 발사, 어떻게 사전에 파악해 신속 대응할 수 있었나」, 『조
선일보』, 2017. 11. 29.

그 징후를 포착한 것으로 나타났다. 그 기술적 근거는 발사 전 미사일과 북한 통제소 사이의 교신 전파였다. 발사 하루 전인 28일 일본『교도(共同)통신』은 "일본 정부가 북한이 탄도미사일 발사를 준비하고 있다고 의심되는 전파 신호를 포착해 경계를 강화하고 있다"고 보도했다. 국방안보포럼의 신종우 선임분석관에 따르면, 탄도미사일을 발사할 때 단분리나 엔진 압력, 대기권 재진입 성공 여부를 확인하기 위해 탄두에 계측기를 설치한다. 그래서 탄도미사일 발사 준비 작업을 할 때는 탄두에 설치된 계측기를 유선으로 연결해 통제센터와 신호를 주고받는다. 그러나 발사 직전에는 그 선을 제거하고 무선으로 교신하는데 이 과정에서 전파가 나온다. 그러므로 무선교신 전파는 미사일에 연료가 주입돼 발사가 임박했음을 알리는 신호가 된다. 미국이나 일본 정보기관이 전파 탐지기 등으로 이를 감지한 것이다.[65]

『뉴욕타임스』는 북한이 이번 미사일을 어떤 경고음도 발하지 않은 상태에서 한밤중에 발사한 점을 주목했다. 이는 미국의 선제타격 가능성과 그 능력을 무력화하기 위한 다양한 방법을 북한이 개발하고 있으며 상당한 성공을 거두고 있음을 보여준다고 했다. 일본 정보당국이 라디오 전파 신호를 포착하여 발사 가능성을 예측하긴 했지만, 북한 미사일 발사대를 촬영한 항공사진(aerial photographs)이 발사대에서 연료 주입을 기다리는 미사일 모습을 포착하지 못했다는 사실을 이 미국 언론은 주목했다. 지정학적 위험을 분석하는 회사인 스트라트포르(Stratfor) 부회장인 로저 베이커(Rodger Baker)는 과거에 북한의 미사일 발사는 미사일을 발사대에 밀어넣고 연료를 주입하는 데 며칠이 걸리기도 했다. 그러나 이제 북한은 시간을 단축하기 위해서 발사대에 위치시키기 전 미사일을 수평으로 뉜 상태에서 연료를 주입한다고 분석했다. 이것은 분명 미국의 선제타격 가능성에 대비한 것

---

65 송원형, 「北 미사일 발사, 어떻게 사전에 파악해 신속 대응할 수 있었나」, 『조선일보』, 2017. 11. 29.

이라고 베이커는 지적했다.[66]

한국군은 북한의 이번 미사일 발사 6분 뒤인 새벽 3시 23분부터 21분간 북한의 도발 원점을 정밀타격하는 훈련을 실시했다고 발표했다. 합참은 동해상으로 적 도발 원점까지 거리를 고려해 지·해·공 동시 탄착 개념을 적용한 훈련을 했으며, 목표 지점에 미사일 3발이 동시에 탄착됐다고 설명했다.[67] 북한이 미사일을 발사하고 6분 만에 이루어진 한국의 '합동 정밀타격훈련'에는 사거리 300킬로미터 현무-2 탄도미사일과 사거리 1,000킬로미터의 함대지미사일 해성-2, 사거리 57킬로미터의 공대지미사일 스파이스-2000이 동원됐다. 합참은 "미사일을 1발씩 발사했으며, 적 도발 원점을 가정한 목표지점에 3발이 동시에 탄착됐다"고 설명했다. 현무-2 미사일은 유사시 북한의 주요 시설을 격파하는 한국형 대량응징보복(Korean Massive Punishment and Retaliation: KMPR)의 핵심무기로 통한다. 해성-2는 한국형 구축함 또는 1,800톤급 잠수함에서 발사해 북한의 지상 목표물을 타격한다. 최대사거리 57킬로미터인 공대지미사일 스파이스-2000은 두께가 2.4미터인 콘크리트를 관통할 수 있다. 합참은 "이번 훈련은 우리 군이 북한의 군사동향을 24시간 예의주시하며, 도발 시에는 지상, 해상, 공중에서 언제든 도발 원점과 핵심시설 등을 정밀타격할 능력과 의지를 보여주는 것"이라고 밝혔다.[68]

북한은 미사일 발사를 단행할 경우 그것을 전후한 시각에 미국과 한국 그리고 일본이 군사적 행동을 할 가능성에 대비할 수밖에 없다.

---

66 Choe Sang-Hun and Motoko Rich, "North Korea Fires a Ballistic Missile, in a Further Challenge to Trump," *The New York Times*, November 28, 2017.

67 송원형, 「北 미사일 발사, 어떻게 사전에 파악해 신속 대응할 수 있었나」, 『조선일보』, 2017. 11. 29.

68 김귀근, 「北, 75일 만의 미사일도발…ICBM급 동해상으로 발사: 고도 4,500*km*·비행거리 960*km*, 정상발사 시 사거리 1만 *km* 이상 추정, 평남 평성 일대서 새벽에 발사…美국방부 '北미사일 ICBM 추정,' 軍, 北미사일 발사 6분 만에 가상 도발 원점 겨냥 정밀타격훈련」, 『연합뉴스』, 2017. 11. 29.

특히 미국도 한국도 유사시 선제타격옵션이라는 것을 군사독트린으로 삼은 만큼 그럴 수밖에 없다. 상호오인과 오판으로 군사적 충돌가능성을 완전히 배제할 수 없는 그 같은 상황에서 한국 합참이 북한에 대한 '원점 타격'을 염두에 둔 미사일 발사를 하는 것이 과연 이성적이고 합리적인 행동인지 더 엄밀히 따져보아야 한다.

4. 탄도미사일에 집중한 북한의 전략적 선택과 집중

일본 전략가들은 북한의 탄도미사일 발사시험이 적의 목표물에 대한 신속한 기습 발사 능력을 시험하고 과시하기 위한 것으로 보인다는 점에 주목했다. 『아사히신문』은 마키노 요시히로(牧野愛博)의 분석 기사에서 다음과 같이 탄도미사일을 중심에 둔 북한의 군사전략과 그 배경, 의도를 분석했다.[69] 우선 이 신문은 2017년 8월 29일 일본 홋카이도를 넘어 북태평양으로 날아간 탄도미사일 발사를 두고 북한이 이제 일본의 어떤 도시도 공격할 능력을 완성했다고 지적했다. 지난 7월 두 차례에 걸친 ICBM 발사 성공과 8월의 중거리 내지 IRBM 발사는 북한 군사전략의 핵심이 유사시 미국과 그 동맹국들(한국과 일본)을 핵무기를 장착한 미사일로 신속하게 타격하는 데 있다는 사실을 확인해주었다고 보았다.

북한은 20만에 달하는 상설 특수부대와 함께 수도 서울을 포함한 남한의 핵심지역을 타격할 1,000여 문에 이르는 장사포 그리고 핵무기를 장착한 탄도미사일 개발에 집중해왔다는 것이다. 북한은 현재 남한을 사거리에 두는 스커드 SRBM 800기와 일본의 거의 모든 주요 도시를 타격할 수 있는 중거리 노동미사일을 약 200여 기 갖고 있으며, 이 탄도미사일은 모두 핵무기 장착이 가능한 상태라고 『아사히신문』은 파악했다. 아울러 2017년 7월 ICBM 발사에 성공했고, 뒤이어

---

69 Yoshihiro Makino, "North Korea's strategy: Quick missile strikes on enemy targets," *The Asahi Shimbun*, August 30, 2017.

진행된 8월의 IRBM 발사에 재차 성공함으로써 괌과 미국 본토를 사정권에 두게 되기에 이르렀다.[70]

북한의 전략적인 선택과 집중의 배경을 이 일본 신문은 두 가지에서 찾았다. 첫째, 북한은 1990년대 이래의 경제난 속에서 탱크와 전투기를 포함한 재래식 무기체계를 현대화하는 것은 일찍 포기했다. 그로써 북한은 낙후된 재래식 무기와 장비로는 미국과 한국의 군사력과 장기전을 치르는 것은 불가능하다는 것을 알고 있다. 둘째, 북한의 지속적인 에너지난이다. 한국 정부의 판단에 따르면 북한에는 연간 70만 톤에서 90만 톤의 원유가 필요하다. 그런데 북한이 보유한 원유 재고는 100만 톤 정도다. 따라서 북한은 전쟁이 일어날 경우 장기전을 지탱할 수 없다. 이 때문에 북한은 전쟁 발발 시 장사포와 SRBM으로 서울을 타격하고, IRBM과 ICBM 등으로 괌과 같은 동아태지역 미군 기지와 미국 본토를 공격하거나 위협하는 동시에 일본이 한반도 전쟁에 개입하는 것을 차단하기 위해 MRBM 등으로 일본의 주요 도시들을 타격하거나 위협하는 전략을 선택하고 있다는 것이다.

5. 미국이 예상 못 한 북한 핵무력의 약진

북한은 분명 미국과 한국을 포함한 정부와 전문가들이 예상한 것보다 훨씬 빠른 속도로 '핵무력'과 탄도미사일 무기체계를 마스터하고 세계에 과시하는 데 성공했다. 미국 대통령 트럼프는 2017년 11월 28일 북한이 ICBM을 세 번째로 성공적으로 발사한 후에도 김정은을 향해 '병든 강아지'(a sick puppy)라고 부르며 조롱하기를 멈추지 않았다. 트럼프는 바로 그해 1월 초 김정은이 2017년 신년사에서 ICBM 발사를 준비하고 있다고 공언했을 때, 그가 애용한 트윗을 날렸다. "그런 일은 없을 거다"(It won't happen!)라는 말로 그 가능성을 일축하면서 김정은을 허풍장이로 치부했다.

---

[70] Yoshihiro Makino, August 30, 2017.

캘리포니아 몬테레이(Monterey)에 있는 '미들베리국제문제연구센터'(Middlebury Center of International Studies) 비확산프로그램의 동아시아국장 제프리 루이스(Jeffrey Lewis)는 북한의 핵무력 진전에 대해 트럼프의 트윗이 상징하는 미국인의 시각을 이렇게 요약했다. "지난 수년 동안 미국인은 스스로에게 이렇게 말하며 자신을 안심시켜왔다. 중국이 이 문제를 해결해줄 것이다. 우리는 북한 미사일을 사이버 공격으로 해킹할 수 있다. 우리는 시험발사된 미사일들을 요격할 수 있다. 그 미사일들은 가짜이거나 핵탄두를 싣기에는 너무 작다. 북한 과학자들은 미사일 유도장치나 재진입에서 난관에 봉착할 것이다." 루이스는 이 모든 자기위안의 말은 결국엔 단지 미국의 희망사항에 불과했다고 평했다.[71]

세계에서 가장 고립되어 있으며, 가장 가난한 나라로서 이제 막 기아상태에서 기어나왔을 뿐 아니라 미치광이 하나가 통치하는 이 아시아의 작은 공산주의 정권이 미국을 위협하는 장거리미사일을 정말 만들어낼 거라고는 사실 믿지 않았거나 믿고 싶어 하지 않았다는 얘기다. 미국이 21세기 군비경쟁의 총아인 미사일방어 프로그램에서 국내외적인 정치적·외교적 정당화의 기반으로 북한의 대포동미사일을 최대한 활용한 것은 사실이다. 그러나 실제 북한이 그러한 완성된 능력을 이토록 빨리 갖추리라고는 믿지 않았다는 뜻이다. 2017년 7월 4일 북한이 이해 첫 번째 ICBM을 쏘아올린 뒤인 7월 하순에 미 육군참모총장 마크 밀리(Mark Milley)는 "북한의 능력이 많은 사람의 예상을 초월하고 있다"는 소감을 밝혔다.[72]

미국은 그처럼 북한의 잠재력을 평가절하했기 때문에 북한을 상대로 평화협상에 진지하게 나설 필요를 느끼지 않았던 한 요인이 되었

---

71 Jeffrey Lewis, "Let's Face It: North Korean Nuclear Weapons Can Hit the U.S.," *The New York Times*, August 3, 2017.
72 Reuters, "U.S. General-North Korea ICBM Threat Advancing Faster Than Expected," *The New York Times*, July 27, 2017.

을 것이다. 주로 제재와 압박으로 북한을 일거에 굴복시키려 하거나 북한의 붕괴를 기대하면서 실질적인 대화를 거부해온 배경의 하나로 작용한 측면도 있을 것이다.

루이스는 지난 세월 미국의 북한 인식을 1960년대 중국이 핵무장하는 과정에서 미국이 중국을 인식했던 태도의 정확한 재판(再版)이라고 비유했다. 1960년대 초 미국은 오늘날의 북한을 보는 시각으로 마오쩌둥의 중국을 바라보았음이 분명했다. 무모한 대약진운동이 초래한 대규모 기아사태에서 막 벗어나던 당시 중국 역시 마오쩌둥이라는 미치광이 같은 인물이 통치하는 아시아의 낙후된 공산주의 국가였다. 미국인은 그 중국이 아메리카 대륙을 사정권에 둔 미사일을 꿈꾸리라는 상상을 하지 못했다. 하지만 마오쩌둥은 미국의 예상을 뒤엎고 빠른 시간 안에 핵무력을 갖추기에 이른다. 1964년 미국인은 중국이 핵무기를 실험하는 단계에 이르렀다는 것을 믿기 힘들어했고, 그 뒤에는 중국이 일본 정도나 타격할 수 있는 사거리가 짧은 미사일에 만족하지 않고 미국을 겨누는 장거리미사일을 개발하고 있다는 현실을 쉽게 받아들이지 못했다. 중국에 관해 낙후한 후진국 이미지에 갇힌 미국인들의 집단사유는 감히 수소폭탄을 개발해 미국을 타격하는 힘을 추구한 마오쩌둥의 비전을 이해할 수 없었던 것이라고 루이스는 평했다.

미국인들 그리고 한국인들은 찢어지게 가난한 북한이 정말 미국을 타격할 수 있는 핵미사일을 개발하는 것은 인민 전체를 굶기거나 온갖 협박으로 외부세계에서 돈을 뜯어내지 않았다면 그리고 햇볕정책(sunshine policy)을 내세우는 남한의 진보 정권들로부터 퍼주기식 대북 지원을 받지 않았다면 불가능한 일일 거라고 믿는 경향이 있다. 루이스는 이런 사고에 대해서도 할 말이 있다. 핵무기와 그것을 장착할 미사일을 건설하는 일은 결코 새로운 기술이 아니라 매우 낡은 기술이다. ICBM을 개발하는 데 성공한 나라가 세계적으로 극소수에 불과한 이유는 그것이 값비싸고 어려운 기술이어서가 아니다. 지구 반대편에서 자신의 국가를 위협하는 세력으로부터 자신을 지킬 절박한 필요성을 느끼는 것은 그리 흔한 일이 아니기 때문일 뿐이라는 게 루이스 판단이다. 한 가지 덧붙인다면, 미국을 비롯한 강대국들이 부과하는 국제적 제재에 정면으로 맞서 핵무장을 유일한 안보전략으로 밀어붙이는 것은 그만큼 절박하게 느껴지는 필요성이 있기 때문이다. 또한 사회 전체의 확고하고 지속적인 합의—중국, 이스라엘, 파키스탄이 핵무장 과정에서 그러했던 것처럼—로 뒷받침되었기 때문이다.

6. 한반도에서 북미 간 전략적 균형(공포의 균형)은 이미 성립

헤커에 따르면, 북한은 2016년 9월 시점에서 최소한 단거리와 중거리 탄도미사일에 핵탄두를 장착해 발사하는 기술을 확보했다.[73] 그렇다면 북한은 2017년 5월의 시점에서는 이미 핵무기 대량생산 국면에 들어서는 동시에 핵무기 장착 가능한 다종화된 단거리와 중거리 탄도미사일 양산체제를 구축하는 단계에 들어섰다고 말할 수 있다. 이러한 새로운 현실이 한반도에 가져온 결정적 변화는 '한반도에서 북미 간 전략적 균형'의 성립이라고 요약할 수 있다.

왜 그러한가. 1962년 10월 쿠바 미사일 위기 당시 미 국방장관 로버트 맥나마라(Robert McNamara, 1916~2009)가 그 위기 상황에서 깨달은 가장 중요한 것은 당시 미국의 핵전력은 소련에 비해 압도적 우위를 유지했지만 미국이 실제 소련을 상대로 사용할 수 있는(usable) 핵무기는 없었다는 사실이다. 1962년 시점에서 소련 핵무기는 3,322개였지만 미국 핵무기는 2만 7,297개에 달했다. 또 당시 맥나마라가 파악했듯이 1962년 11월 시점에서 미국이 소련을 공격할 수 있는 전략핵무기는 5,000개에 달했지만, 소련의 전략핵무기는 600개를 넘지 않았다.[74] 나중에 실제 밝혀진 소련의 전략핵무기는 그 절반

---

73 Siegfried S. Hecker, "What to Make of North Korea's Latest Nuclear Test?" *38North*(US‑Korea Institute at SAIS: http://38north.org/), September 12, 2016.·
74 1986년 맥나마라가 한 언론과 인터뷰에서 밝힌 내용.

쿠바 미사일 위기 당시 U2 정찰기가 포착한 미사일 포대.
이 사건을 계기로 맥나마라 미 국방장관은 미국이 실제 소련을 상대로 사용할 수 있는
핵무기가 없다는 것을 깨달았다. 이는 상호확증파괴 원칙이 성립하는 역사적 순간이다.

인 300기 정도에 불과했다. 이처럼 핵전력 차이가 현격한데도 미국은
쿠바에 배치된 소련 핵미사일의 철수를 압박하려고 소련에 대한 핵공
격을 실행하는 것은 소련뿐 아니라 미국 자신을 포함한 인류의 공멸
을 초래할 것임을 깨닫지 않을 수 없었다. 그 결과 맥나마라는 그 시
점에서 이미 미소 간에는 사실상의 '전략적 균형'(strategic parity)이
성립했다고 판단했다. 이로써 미국도 소련도 핵무기는 오로지 적의
선제타격을 억지하는 보복공격용으로만 효용이 있다는 전제를 받아
들이는 '공멸보장'(또는 '상호확증파괴', Mutual Assured Destruction:
MAD)의 원칙이 성립하는 역사적 기원이 된다.

중국은 미국을 타격할 수 있는 ICBM 숫자가 중국을 타격할 수 있
는 미국의 핵전력에 비해 훨씬 미약하다. 그처럼 중국의 전략핵은 소

수에 불과하지만, 일본과 그 안의 미 군사력을 타격할 수 있는 중거리 핵미사일을 다량 확보하고 있다. 미국의 동아태 경영의 핵심 동반자인 일본과 그 안팎에 배치된 미군기지들을 전략적 인질로 삼음으로써 중국은 적어도 동아시아지역 차원에서는 미국과 전략적 균형을 이룬 셈이다.

이것은 북한이 핵탄두와 중거리 핵미사일의 대량생산 국면에 들어섬으로써 창조한 새로운 한반도 상황과 유사하다. 북한이 미국을 타격할 수 있는 ICBM을 확보하지 않은 단계에서도 미사일에 장착 가능한 소형화된 다량의 핵무기와 단거리와 중거리 탄도미사일 그리고 SLBM을 보유하게 되었을 때, 동아태지역에서 북한은 미국과의 사이에 '전략적 균형'에 유사한 상태를 이룬 것으로 볼 여지가 있었다. 북한의 가장 손쉬운 목표물은 물론 남한이다.[75] 이에 더해 북한은 이제 일본과 그 안에 주둔한 미군사력도 함께 전략적 인질로 삼을 수 있는 단계에 이미 진입했던 것이다. 이로써 적어도 한반도 안팎에서 미국과 전략적 균형, 즉 공포의 균형을 이루는 상태에 도달한 측면이 있었던 것이다.

북한이 2017년 들어 획기적으로 확대한 한국에 대한 대량보복 능력과 관련해 주목할 것은 탄도미사일만이 아니다. 북한은 기존에도 사거리 70~80킬로미터의 다연장로켓인 122밀리미터 및 240밀리미터 방사포 수천문(5,500문)을 휴전선에 배치하고 있었다. 그래서 유사시 서울을 포함한 수도권에 대한 대량공격과 대량보복 능력을 갖추고 있었다. 그런데 북한이 2017년 초 신형 방사포 개발을 완료해 실전

---

75 2014년까지 북한 노동당 39호실 최고위급관리를 지내다 미국으로 망명한 리정호는 2017년 6월 27일 미국의 소리(VOA)와 인터뷰하면서 북한 핵공격의 주 목표물은 어디까지나 남한이라고 못 박았다. 그는 "지금 한국 일부 언론과 전문가들이 핵에 대해 안일하게 생각하고 있다"고 주장했다. 노동당 39호실은 국가지도자의 통치자금을 관리하고 외화벌이를 하는 핵심기관이다. 김은정, 「美 망명한 北노동당 39호실 고위관리 '북, 최후에 핵으로 남한 공격할 것'」, 『조선일보』, 2017. 6. 28.

배치단계에 진입하면서 그 위협은 차원이 다른 수준으로 커졌다.

2017년 봄을 전후해서 완성된 것으로 파악된 북한의 300밀리미터 신형 방사포는 다음 두 가지 점에서 차원이 다른 새로운 점이 있었다.[76] 첫째, 사거리가 200킬로미터로 늘었다. 이로써 수도권은 물론이고 한국의 육해공군 본부가 위치한 계룡대가 있는 충남지역까지 공격이 가능하다. 둘째, 방사포에 영상유도장치와 프로그램을 장착해서 정확도를 크게 높였다. 정밀타격이 가능한 미사일급 무기로 개량한 것이다.[77] 방사포의 발사관은 8개이다. 북한은 이제 신형 방사포 하나로 한꺼번에 8개의 정밀타격 미사일을 발사할 수 있게 되었다.

7. ICBM과 결합한 핵무장과 북한 민족주의 정치이념

2018년 1월 9일 판문점에서 장관급 남북회담이 열렸다. 북한은 조국평화통일위원회 리선권 위원장이 대표를 맡았다. 그는 남측이 비핵화를 언급하자 강한 불만을 표시하면서 이렇게 말했다. "우리가 보유한 원자탄, 수소탄, 대륙간탄도로켓을 포함한 모든 최첨단 전략무기는 철두철미 미국을 겨냥한 것이지 우리 동족을 겨냥한 것이 아닙니다."[78]

---

76 정용수·이철재, 「8발 발사 능력 300*mm* 방사포, 명중률은 미사일 수준」, 『중앙일보』, 2017. 6. 21.

77 정용수·이철재 기자의 보도에 따르면, 이번 개발된 북한의 신형 방사포는 "목표물 근처까지는 발사 때의 추진력에 의한 관성과 위성위치확인시스템(GPS)의 도움을 받아 날아간 뒤, 낙하 직전 포탄에 장착된 카메라 등이 사전에 입력해놓은 건물과 지형을 비교해 목표물을 찾아가는 방식"의 감시경 장치를 장착했다. 북한 신형 방사포의 사거리는 200킬로미터 정도여서, 사거리 면에서는 미국의 토마호크 순항미사일(Tomahawk cruise missile)이나 한국 공군의 타우러스(Taurus) 장거리 공대지미사일에 미치지 못한다. 그러나 그 원리는 같다. 북한이 기존에 갖고 있던 122밀리미터 및 240밀리미터 방사포는 지름이 너무 작아서 유도장치 탑재가 불가능했던 것에 비해 차원이 다르게 성능을 개선한 것이다. 한국 군 당국은 북한이 2002년 중국에서 들여온 설계도를 참고한 것으로 판단하고 있다(정용수·이철재, 2017. 6. 21).

78 정용수·이철재, 2017. 6. 21.

미 의회조사국(Congressional Research Service) 선임연구관 래리 닉시(Larry Niksch)가 2002년 3월 발표한 보고서에서 지적했듯이 북한의 장거리급 미사일 발사시험은 북한이 첫 핵무기 실험을 단행하기 훨씬 전인 1998년에 시작되었다. 대포동 미사일이 그것이다. 이 미사일 시험을 시작한 것은 1998년이지만 그것을 개발하기 시작한 것은 그 몇 년 전인 1994년 3월부터라고 미국은 파악했다.[79] 말하자면 북한의 핵무기 개발은 한반도를 넘어서 동아태지역에서 미국의 군사적 위상과 나아가 미국 본토를 위협하는 미사일 체계에 대한 추구보다 앞서가지 않았다. 이 사실은 북한의 정치 이데올로기 체계와 관련하여 의미심장한 바가 없지 않다.

미국이 파악한 바에 따르면, 1994년 3월부터 북한이 개발에 돌입한 두 종류의 대포동 미사일은 모두 사거리가 한반도를 훌쩍 뛰어넘는 중장거리급 내지는 장거리급이었다. 첫 단계의 대포동 미사일은 오키나와(沖繩)를 포함한 일본 전역을 타격할 수 있는 중장거리급이었다. 두 번째 단계 대포동 미사일은 하와이와 알래스카를 포함한 서태평양지역의 미국 영토들을 사정권에 두는 탄도미사일이었다. 북한이 1998년 8월 31일 시험한 대포동-1호에 대해 미국 정보기관들은 "이 미사일은 알래스카, 괌 그리고 북부 마리아나제도(Northern Marianas Commonwealth)에 도달하는 사거리를 갖는다"고 결론지었다.[80] 미국은 이 같은 장거리급 미사일 대포동-1호를 미국 본토를 ICBM으로부터 보호하는 국가미사일방어체계(National Missile Defense: NMD)를 추진할 주요한 명분의 하나로 삼게 된다.

2017년 12월 한국의 제1야당 자유한국당 홍준표 대표는 북한의 ICBM은 "무력 적화통일을 하려 할 때 미국이 참전하지 못하도록 하

---

[79] Larry Niksch, "North Korea's Nuclear Weapons Program," CRS Issue Brief for Congress (Order Code IB91141), Updated March 5, 2002, p.3.
[80] Niksch, 2002, p.3.

기 위한 것"이기 때문에 "체제 보장용이 아닌 남침용"이라고 주장했다.[81] 그런데 닉시의 보고서가 밝혔듯 ICBM을 포함한 북한의 장거리급 탄도미사일 체계를 개발하기 위한 노력은 1990년대 초반에 이미 시작되었다.[82] 이때는 한미동맹의 대북 군사전략 개념이었던 작계 5027이 유사시 북한 점령과 북한 정권 전복을 명시적 목표로 하는 공격적 개념으로 전환되는 시점과 일치한다. 한미동맹은 공산권 붕괴와 중국의 변화로 북한이 고립무원의 처지가 된 틈을 타서 미국의 핵 독점과 첨단 재래식 무장에서 압도적인 우위를 바탕으로 유사시 북한 점령을 계획했다. 이러한 조건에서 한국군에 대한 전시작전 통제권을 가짐으로써 한미동맹의 주체라 할 수 있는 미국이 북한에 제기하는 실존적 위협에 대한 방어 수단으로 북한이 SRBM뿐 아니라 장거리탄도미사일 체계 개발에 국력을 기울였던 것은 부인할 수 없는 엄연한 사실이다.

북한이 추구한 핵무장과 탄도미사일 체계는 한편으로 미국의 군사적 위협에 대한 북한 나름의 대응인 동시에 남한의 현대화된 재래식 무기체계에 대한 비대칭적 안보전략의 일환이라는 측면이 있음은 분명하다. 그런데 핵무기를 한반도에서 사용한다는 것은 북한 정치 이데올로기의 핵심요소 가운데 하나라고 할 수 있는 민족주의와 양립하기 어렵다. 1970년대에 박정희가 추구한 핵무장도 그것이 명백히 북한을 겨냥한 것인 한 민족주의 이념과 모순되는 것일 수밖에 없었다. 북한의 핵무장이 북한 사회의 민족주의와 양립하려면 사정거리가 한반도를 넘어서는 미사일 체계, 즉 동아시아·태평양지역에서 미국의 패권적 지위를 표상하는 오키나와 괌, 하와이 미군기지들 그리고

---

81 이슬기, 「홍준표 '북한 ICBM은 남침용인데 정부는 천하태평'」, 『연합뉴스』, 2017. 12. 27. 자유한국당 홍준표 대표는 27일 북한의 대륙간탄도미사일(ICBM) 개발과 관련, "북한이 무력 적화통일을 하려 할 때 미국이 참전하지 못하도록 하기 위한 것"이라며 "체제보장용이 아닌 남침용"이라고 밝혔다.

82 이 점은 이 책 제4장에서 상술했다.

그 너머 미국 본토를 겨냥한다고 누구나 인정할 ICBM을 함께 개발하는 것이 필수적이었다.

북한의 정치이념에서 핵무기가 외세에 대한 독립과 자주를 표상하는 민족주의의 무기로 전환하는 이데올로기적 역할을 수행할 가능성은 IRBM과 ICBM을 포함한 장거리급 미사일체계를 함께 추구할 때 생겨날 수 있는 것이었다. 1970년대에서 1990년대에 이르는 시기 인도의 핵무장 추구는 중국과 국경 분쟁을 비롯한 지정학적 경쟁에서 자기위치를 재정립하는 군사적 수단이었다. 그러나 그게 전부는 아니었다. 이티 아브라함(Itty Abraham)의 지적처럼 인도인들에게 특히 ICBM 개발과 결합한 핵무장은 무엇보다 그것 자체로 '주권적인 인도 국가'(a sovereign Indian state)를 구성하는 데 필수적인 사업이었다.[83] 그러한 인도로부터 실존적인 군사적 위협을 느껴온 파키스탄에게 핵무장은 또한 자신과 다른 종교적 정체성을 지닌 주변 강대국으로부터 자신의 독립과 자존을 지키는 최후 수단이라는 의미를 내포했다. 학자들은 파키스탄의 군부뿐만 아니라 그 사회 전체에 팽배한 핵무기 숭배가 이 사회에서 갖고 있는 독립과 자존의식과 관계가 깊음을 지적해왔다. 1965년 파키스탄 외무장관 줄피카르 알리 부토(Zulfikar Ali Bhutto, 1928~79)는 유명한 말을 남겼다. "만일 인도가 핵무기를 개발하면 우리는 풀과 나뭇잎을 먹으며 굶더라도 우리 핵무기를 만들 것이다. 다른 선택은 없다."[84]

오늘날 북한에 ICBM의 호위를 받는 핵무장은 북한의 정치와 사회체제에서 지배이데올로기 역할을 해온 주체사상이 담고 있는 민족주의 그리고 그 민족주의의 핵심요소로 지난 반세기 이상을 지속해온

---

83 Itty Abraham, "Contra-Proliferation: Interpreting the Meanings of India's Nuclear Tests in 1974 and 1998," in Scott D. Sagan(ed.), *Inside Nuclear South Asia*, Stanford, CA: Stanford University Press, 2009, pp.106~133.

84 Gordon Corera, *Shopping For Bombs: Nuclear Proliferation, Global Insecurity, and the Rise and Fall of the A.Q. Khan Network*, Oxford: Oxford University Press, 2006, p.9.

반미주의와 심오한 정치적 상관성을 맺고 있다. 공산권 붕괴 이후 극심한 고립 속에서 집단적 기아사태라는 경제적 생존 위기와 함께 미국이 주도하는 전쟁의 위협—그 위협의 최소한 절반은 북한 자신의 선택이기도 했지만—과 씨름해온 이 사회에서 ICBM과 결합한 핵무장은 여러 약소국을 상대로 여러 차례에 걸친 침략 전쟁을 수행해온 미국으로부터 자신을 지키는 생존 무기였다. 동시에 선진 자본주의 국가 대열에 올라섰다고 자부하며 각종 첨단 재래식 무기로 현대화된 군사력을 갖춘 남한과 경쟁에서 자신의 초라해 질대로 초라해진 민족 내적 위상을 부축하는 자존 회복의 무기이기도 했다. 또 미국이라는 적대적 상대와 남한이라는 경쟁적 상대와 관계에서뿐만 아니라 중국과 러시아 그리고 일본을 포함한 지역 질서 전반에서 북한이 좀더 일반적인 의미의 독립성과 자주성 그리고 자존을 표상하는 수단으로 ICBM과 결합한 핵무장에 북한 사회가 전체적으로 부여해온 의미를 간과해서는 안 된다.

갈수록 경제적으로 부강해지고 민주주의도 함께 성숙해가는 남한의 존재로 북한의 정치체제는 군사적 외부 위협 이전에 경제·정치·사회 모든 면에서 언제라도 붕괴되어 남한에 흡수되어버릴 수 있다는 위기의식은 북한 권력엘리트 집단을 괴롭혀왔다. 이런 조건에서 북한의 핵무기 개발 의혹은 한편으로 북한의 생존에 대한 외세의 위협을 심화한 위험도 수반했지만, 그로써 조성된 한미 양국과 군사적 긴장의 전선은 북한 권력집단이 북한을 나머지 세계로부터 격리하고 보호하는 철통같은 울타리 역할을 수행했다. 필자는 북한 권력층이 처음부터 의도적으로 핵무장을 시도하여 그러한 효과를 노렸다고 단정하는 것을 경계한다. 지혜로움과 일관성과는 거리가 먼 미국과 한국의 대북정책도 북한 핵무장과 ICBM 개발을 촉진하고 만 결과를 낳았다는 비판이 가능하기 때문이다. 어떻든 적어도 결과적으로 한미동맹의 대북정책은 북한의 ICBM과 결합한 핵무장을 촉진하는 역할을 했고, 그 결과 북한이 정치사회적 통합과 전체주의적 장치를 유지하는 데 큰 도움을 받은 것도 사실이다.

이제 북한은 ICBM과 결합한 핵무장을 완성했다. 그것을 단순히 방어적 민족주의의 수단으로뿐 아니라 한반도 안의 민족 내부적 차원에서 그리고 미국과 중국 그리고 일본을 포함한 대외적 관계에서 자신의 자주성과 자존을 주장하는, 이를테면 공세적 민족주의의 수단으로 활용할 수도 있는 상황을 만들어냈다.

미국에 적대적인 약소국가가 핵무장과 동시에 미국을 위협할 수 있는 ICBM 체계를 갖추기에 이른 현상은 현대 세계사에서 북한에만 허용된 매우 고유한 조건이라고 할 수 있다. 북한의 이러한 조건은 또한 한반도의 분단국가체제와 결합된 것이어서 그 특수성과 고유성이 더욱 두드러진다. 북한의 핵무기와 미사일 시스템은 한반도에서 유사시 민족 공멸을 불러올 대량살상무기체계임은 분명하다. 그러나 동시에 그것의 주요 타깃이 한반도가 아닌 패권자 미국으로 설정되어 있고, 그것이 일정한 설득력을 획득하기에 이르렀다는 사실도 부인할 수 없다. 이러한 상황은 향후 한국의 평화담론 지형에 지대하고 착종하는 영향을 미칠 수밖에 없을 것이다.

이처럼 ICBM과 결합한 핵무장은 북한에서 민족주의 이념에 관련해 다분히 비극적인 역설을 내포한다. 북한 핵무장이 리선권의 주장처럼 미국의 적대시정책을 무력화하기 위한 것임을 큰 명분으로 내세우고, 그것이 ICBM과 결합함으로써 그 주장이 적어도 이데올로기 차원에서는 상당 부분 정당성을 획득하고 권위를 누릴 조건이 된 것은 부인할 수 없다. 그러나 북한 핵무기들이 현실적으로 어디에서 터질지를 생각하면 그 주장의 이데올로기적 권위는 붕괴하고 만다. 북한이 핵무장을 본격화한 동기가 상당 부분 미국의 위협에 대한 대응이었다 하더라도, 그 핵무기는 결국 북한에서 실수로 터지거나 한반도 전쟁 중 남한을 향해 날아갈 확률이 90퍼센트일 것이라고 생각하지 않을 수 없다. 분단국가체제가 지속되는 한반도 상황에서 그러한 판단은 결코 자의적인 것이 아니다. 여기에 ICBM과 결합한 북한 핵무장이 민족주의 이념과 관련해 내포한 치명적 역설이 놓여 있다.

필자는 북한 핵무장이 미국의 대북 군사행동을 신중하게 만드는 효과가 분명 있다고 생각한다. 그러나 그 점만을 보면 안 된다고 생각한다. 북한 핵무기가 미국이 대북 군사행동을 신중하게 만드는 효과가 있다면, 그 반대도 성립한다. 북한의 핵무장, 특히 ICBM과 결합한 핵무장으로 미국과 북한 사이에 고도한 군사적 긴장이 일상화될 수밖에 없다. 계획된 군사작전 매뉴얼에 따른 것이든 오인과 오판을 포함한 실수에 의한 것이든 북한과 한미동맹 간에 핵공격 교환 가능성 또한 훨씬 높아진 것으로 보아야 하기 때문이다.

A가 자신의 안보를 증진하기 위해 더 큰 무기로 무장하면 당장은 A의 안보가 증진되는 효과가 있는 것으로 보인다. 그러나 상대방 B로 하여금 자신에게 제기된 안보 위협을 상쇄하기 위한 더 많은 자원과 수단을 동원하게 만든다. 그 결과 A와 B 모두 안보가 더 취약해진다. 국제정치학에서 말하는 이른바 '안보 딜레마'다. 북한이 핵무장을 완성한 이후의 북미관계와 남북관계도 그 딜레마를 피해갈 수 없다. 그로써 북미 간에 그리고 한반도 안에서 전쟁 위험은 더 커진다.

유사시 북한에 직접적 위협이 되는 미국의 군사력은 주한미군과 한반도 주변 해상을 배회할 미국의 해상 전술핵무기들이 그 핵심이다. 그러므로 유사시 북한의 핵 공격이 집중될 곳 또한 한반도 내부일 수밖에 없다. 북한의 핵무기 체계가 유사시 미국의 핵무기들을 파괴할 수 있는 대군사력전력(對軍事力戰力, counterforce capability) 수준이라고 하기는 어렵다. 그런 만큼 북한 핵무기는 인구집중도시를 목표물로 삼을 대량파괴와 대량보복 수단일 뿐이다.

그런 점에서도 북한 핵무기는 하루속히 해체되어야 할 괴물이다. 한국이 할 일은 북한이 그 괴물을 평화적으로 해체하는 데 동의할 수 있도록 미국을 비롯한 국제사회를 설득하여 한반도 평화체제를 하루빨리 구축하는 것을 당장의 긴급한 목표로 삼고 최선을 다해 노력하는 것이다.

제2장

선제타격과 참수작전이라는 잠꼬대

1. 스마트 무기들에 의존하는 안전한 전쟁의 위험한 판타지

미국 트럼프 행정부는 2017년 내내 북한 핵문제에 대한 대응으로서 선제타격과 예방전쟁을 거론했다. 2017년 12월 미국 정부가 발표한 「미합중국 국가안보전략 2017」이라는 문건은 북한 핵미사일 위협에 대한 가장 우선적인 행동지침(priority actions)의 첫째 항목으로 미국이 갖추어야 할 미사일방어체계를 제시했다. 그런데 이 체제의 가장 중요한 요건은 '미사일 발사 전 파괴 능력'(the ability to defeat missile threats prior to launch)임을 명시했다.[1] 이는 곧 북한 핵과 미사일에 대한 대응전략으로 선제타격옵션을 공식화한 것이라 할 수 있다.

2017년 12월 하순 영국 매체 『텔레그래프』는 미국 행정부 측 복수의 소식통을 인용해 미국이 북한에 대한 수술적 공습 형태의 선제타격을 기획하고 있다는 사실을 공개했다. 이에 따르면 트럼프 행정부의 백악관은 실질적으로 북핵문제를 군사적으로 해결하기 위한 준비 작업을 강화했으며, 그 일환으로 '블러디 노즈'(Bloody Nose)라고 명명된 작전계획은 북한이 미사일 시험을 준비할 때 발사대를 먼저 타격하는 옵션을 담고 있다고 했다. 『텔레그래프』는 트럼프 행정부의

---

[1] *National Security Strategy of the United States of America*, December 2017, (https://www.whitehouse.gov/wp-content/uploads/2017/12/NSS-Final-12-18-2017-0905.pdf), p.8.

현 관료 한 명과 현 군사전략 담당자들과 가까운 전 미국 관료 두 명이 이 사실을 확인해주었다고 밝혔다.[2] '블러디 노즈'는 2017년 국가안보전략 문서에서 공식화한 북한 미사일에 대한 '발사 전 타격'을 구체화한 것이라고 볼 수 있다.

『텔레그래프』는 대북정책에 관해 미국과 영국의 전·현직 관료 10여 명과 대화하면서 트럼프 행정부는 현재 국제사회에서 광범하게 인식되는 것보다 군사적 옵션을 동원하는 데 더 적극적이라는 사실을 확인했다. 특히 영국 고위 외교관들은 미국이 이미 한반도 주변 지역에서 단계적으로 군사력 구축을 시작했고, 그것이 이 지역에서 군사적 긴장을 더욱 높여갈 위험에 대해 깊이 우려한다는 사실도 확인했다고 이 매체는 밝혔다.[3]

다만 이 매체는 트럼프 대통령이 군사적 압박을 극대화하는 데 몰두하는 것은 확실하지만 실제 군사적 행동을 결행할지는 불확실하다고 했다. 그 이유는 미국이 먼저 도발할 경우(if provoked[by the U.S.]) 김정은이 어떻게 대응할지 확신할 수 없다는 것이며, 북한의 ICBM 능력은 불확실하더라도 적어도 한국과 일본을 타격할 수 있는 많은 탄도미사일을 보유하고 있기 때문이라고 지적했다.[4]

트럼프 국가안보전략 문서는 부시 행정부 군사전략 독트린의 전통을 잇는 것이다. 트럼프 미국 대통령의 안보전략 담당자들은 북한에 대한 선제타격 또는 예방전쟁을 일찍부터 공공연히 거론했다. 국가안보보좌관 허버트 맥매스터(Herbert R. McMaster)는 2017년 12월 2일 캘리포니아에서 열린 '레이건국가안보포럼'에서 "이 공산주의 국가(북한)와 전쟁할 잠재성이 날마다 커지고 있다"고 말했다.[5] 이때는

---

2 Ben Riley-Smith, "Exclusive: US making plans for 'bloody nose' military attack on North Korea," *The Telegraph*, December 20, 2017(http://www.telegraph.co.uk).

3 Ben Riley-Smith, December 20, 2017.

4 Ben Riley-Smith, December 20, 2017.

5 Ryan Browne and Barbara Starr, "McMaster: Potential for war with North Korea

미국과 한국이 북한에 대한 유사시 대규모 침공작전과 선제타격 독트
린을 시현하는 '비질런트 에이스'(Vigilant Ace)라는 이름의 한미합동
공군훈련을 실시하기 위해 미국이 자랑하는 첨단 전략무기 수십 대를
한반도에 집결시키는 시점이었다.

트럼프 대통령은 그 오래전인 2017년 9월 26일 북한에 대한 군사
옵션이 준비되어 있다고 공언했다. 같은 달 18일 제임스 매티스(James
Mattis) 국방장관도 "서울을 심각한 위험에 빠뜨리지 않으면서도 한
반도 핵위기를 처리할 수 있는 대북 군사옵션이 존재한다"고 주장했
다. 미국 정부 안팎에서 대북 군사용 옵션으로 선제타격(preemptive
strike) 내지 '예방전쟁'(preventive war)을 공개적으로 거론하기 시작
한 것은 북한이 미국에 도달할 수 있는 것으로 평가된 ICBM을 연달
아 시험발사한 후인 2017년 8월 무렵이었다. 『뉴욕타임스』에 따르면,
이러한 공개적이고 왕성한 예방전쟁 거론은 2002년 미국이 이라크
침공을 앞두고 그랬던 일 이후 처음이었다.[6]

1990년대 초 아버지 부시 행정부부터 빌 클린턴(Bill Clinton) 행정
부, 아들 부시 행정부 그리고 오바마 행정부에 이르기까지 트럼프의
모든 전임자도 선제타격을 상정한 군사적 옵션을 배제하지 않는다는
태도를 보였다. 그러나 한반도의 경우 2,500만 인구가 밀집한 남한 수
도권에 대한 북한의 보복타격 위험 때문에 이들 행정부에서 선제타격
논리는 그다지 힘을 쓸 수 없었던 게 사실이다. 그러나 트럼프의 국
가안보보좌관 맥매스터는 최후옵션으로 '예방전쟁'을 좀더 공개적으
로 거론했을 뿐 아니라 미군과 한국군 수만 명이 참여한 가운데 확전
을 가상한 컴퓨터 시뮬레이션과 핵무기 탑재 가능한 전폭기들의 북한
상공 접근을 포함한 대규모 군사훈련을 실시했다. 이로써 트럼프 행

---

is 'increasing every day'," CNN(http://edition.cnn.com/2017/12/02), December 3,
2017.

6 David E. Sanger, "Talk of 'Preventive War' Rises in White House Over North
Korea," *The New York Times*, August 20, 2017.

정부는 대북 선제타격이 진짜 옵션이라는 것을 강조해 이전과는 다른 현실성을 띤 것처럼 보인다고 『뉴욕타임스』는 지적했다.[7]

맥매스터가 말하는 예방전쟁은 "북한이 핵무기로 미국을 위협하는 사태를 예방하기 위한 전쟁"이다. 그는 "우리는 예방전쟁을 계획하고 있는가?"라고 묻고는 스스로 답했다. "대통령은 이 점에 관해 매우 분명하다. 그는 북한이 미국을 위협할 수 있게 되는 사태를 용납하지 않겠다고 말했다." 『뉴욕타임스』는 트럼프가 진실로 예방전쟁을 할 각오를 하고 있는지 아니면 단순한 협박인지는 단정할 수 없지만, 대통령을 위한 조언에 참여하는 참모들과 군 관계자들, 전문가들 모두 트럼프 행정부는 다른 행정부들과 다른 방법으로 북한 핵문제에 대처하려 한다는 데에는 의심할 여지가 없다고 분석했다.[8]

『뉴욕타임스』는 트럼프 행정부의 대북정책이 과거와 두 가지 점에서 현저하게 차이가 있음을 주목했다. 첫째, 과거 행정부 고위 정책담당자들은 소련과 중국을 상대로 통했던 봉쇄나 억지를 북한에 적용하면, 갖고 있는 핵무기 수준이 미약하고 경제적으로 파탄에 직면한 북한에도 충분히 통한다고 가정했다. 그러나 맥매스터는 미국이 소련과 중국을 봉쇄하고 억지하던 방법에 의존할 일이 아니라고 본다. 둘째, 맥매스터를 비롯한 트럼프 행정부의 많은 고위 관료는 북한 문제에는 실질적인 군사적 해법이 없다는 오래된 인식을 깨뜨리려 하고 있다. 국방장관 매티스도 그것은 '참혹한'(horrible) 결과를 가져올 것이란 점을 인정하면서도 그렇게 생각한다.

트럼프 행정부가 생각하는 대북 선제타격은 북한 미사일이 발사대를 떠나기 전에 직접적인 공격이나 사이버공격을 해서 그 미사일을 파괴하는 동시에 한국의 이른바 '킬-체인'에 따른 더 큰 군사작전을 벌여 북한의 발사장과 핵시설 그리고 지휘통제본부들을 체계적으로

---

7 Sanger, August 20, 2017.
8 Sanger, August 20, 2017.

휩쓸어버리는 것이라고 『뉴욕타임스』는 설명했다. 이로써 북한이 남한과 일본 그리고 미국을 위협할 수 있는 능력을 체계적으로 제거하려 한다는 것이다.

2017년 7월 말 태평양지구 공군사령관 테런스 오쇼너시(Terrence O'Shaughnessy)는 북한이 "지역 안정에 가장 절박한 위협"이라고 전제하면서 "외교가 여전히 가장 중요하다. 그러나 우리는 우리 동맹국들과 우리나라에 흔들림 없는 공약을 보여줄 책임이 있으며 그런 만큼 최악의 시나리오에 대비해야 한다"고 말했다. 그는 이어서 "우리가 선택한 시간과 장소에서 신속하고 치명적이며 압도적인 무력으로 대응할 준비가 되어 있다"고 밝혔다.[9]

예방전쟁이나 선제타격론을 뒷받침하면서 그간 미 군부에서 흘러나온 좀더 구체적인 대북 선제타격 개념은 북한이 2017년 7월 두 차례에 걸친 ICBM 시험발사를 단행하고 난 8월 미 국방부가 전·현직 고위 장성들의 입을 빌려 밝힌 내용이다. 그것은 대통령이 공격명령을 내리면 괌에 배치된 장거리 전략폭격기 B-1B '랜서'(Lancer)를 동원하여 20여 곳 이상의 북한 미사일기지를 동시에 선제타격하는 작전계획이다.

미국은 2017년 7월 7일 이미 B-1B 2대를 한반도에 출격시켜 대북 정밀타격과 실사격 훈련을 했다. 『연합뉴스』는 이렇게 전했다. "북한이 미국 독립기념일인 지난 4일 ICBM급 '화성-14형' 시험발사를 감행한 데 대해 강력한 경고메시지를 발신한 것이다. 공군은 이날 '미 공군의 B-1B 폭격기 2대가 괌의 앤더슨 공군기지에서 출격해 한반도 상공에 전개됐다'며 '북한의 거듭된 탄도미사일 발사에 강력히 대응하기 위한 것'이라고 밝혔다. 이들 B-1B 편대는 우리 공군의 F-15K 전투기 2대, 미 공군의 F-16 전투기 2대와 함께 강원도 필승사격장

---

9 The Associated Press, "US Bombers Fly Over South Korea After North's 2nd ICBM Test," *The New York Times*, July 30, 2017.

상공에서 북한 핵심시설을 정밀 폭격하는 실사격 훈련을 했다. 실사격 훈련은 B-1B 폭격기가 가상의 북한군 탄도미사일 발사대를 폭격한 다음, F-15K 전투기가 지하시설을 폭격하는 방식으로 진행됐다. B-1B 2대는 2,000파운드(약 900킬로그램)급 LJDAM(레이저통합직격탄)을 한 발씩 투하한 것으로 알려졌다. LJDAM은 기존 JDAM에 레이저 센서를 장착해 정밀도를 높인 무기체계다. 미국 장거리 전략 폭격기가 한반도 상공에서 공개적으로 실사격 훈련을 한 것은 처음이다. B-1B 편대는 동해 상공으로 진입해 북쪽으로 비행하며 실사격 훈련을 한 다음, 군사분계선(military demarcation line: MDL)에 근접해 서쪽으로 비행하며 북한에 무력시위를 하고 우리 영공을 빠져나간 것으로 알려졌다."[10]

『뉴욕타임스』는 이와 관련한 연례적인 한미 연합군사훈련의 핵심 내용을 소개했다. 미 국방부는 그간 복수의 전쟁계획(multiple war plans)을 만들고 다듬어왔는데, 대규모 보복적 침공과 함께 제한적인 선제공격을 담았다고 했다. 한미 양국이 해마다 실시하는 합동군사훈련은 그런 전쟁계획에 기초한다고 밝혔다.[11]

10　이영재, 「美, B-1B 폭격기 한반도 전개···北 타격 실사격훈련(종합)」, 『연합뉴스』, 2017. 7. 8. B-1B는 괌 기지에 배치되어 있는 미국의 초음속 전략폭격기로, 1960년대에 개발에 착수해 실전배치된 것은 1980년대였다. 비행 속도는 마하 1.25(시속 약 1,500킬로미터)이며, 벙커버스터 종류인 GBU-31, GBU-38, GBU-54 및 유도폭탄 등으로 무장했다. B-52, B-2 '스피릿'(Spirit)과 달리 핵폭탄을 장착하지는 않지만 B-52, B-2와 달리 초음속이어서 고속으로 적 전투기를 따돌리고 폭탄을 투하하는 데 최적화된 폭격기라는 평가를 받는다. 2,000파운드급 MK-84 폭탄 24발, 500파운드(약 220킬로그램)급 MK-82 폭탄 84발, 2,000파운드급 GBU-31 유도폭탄 24발 등을 탑재할 수 있다(『연합뉴스』, 2017. 7. 8).

11　Motoko Rich, "In North Korea, 'Surgical Strike' Could Spin Into 'Worst Kind of Fighting'," *The New York Times*, July 5, 2017. 이 언론은 그러한 군사행동 계획들 가운데서 가장 제한적인 공격도 엄청난 사상자를 낳을 것으로 전망된다는 사실을 덧붙였다. 이러한 계획을 승인하고 추진하는 주체인 국방장관 매티스는 북한의 추가 도발을 경고하면서 이렇게 말했다. "북한이 그 무기를 사용한다면, 그 결과는 대부분 인간들의 삶에서 최악의 전쟁이 될 것이다."

미국 NBC 방송에 따르면, 북한이 2017년 5월 14일 IRBM인 화성-12형을 성공적으로 시험발사한 후인 5월 말 이후 8월 초까지 두 달 남짓 사이에 '죽음의 백조'라는 별명을 가진 B-1B 편대가 모두 11차례에 걸쳐 북한 미사일기지 선제타격을 상정하는 연습 출격을 시행했다. 이 방송은 복수의 고위 군 관계자와 제임스 스태브리디스(James Stavridis) 전 북대서양조약기구(NATO) 사령관과 태평양지구 공군사령관을 지낸 오쇼너시 중장 등 퇴역 장성들을 인용하여 그같이 전했다. 실전 상황이 되면 B-1B는 공중급유기, 전자전기, 첩보위성, 드론, 전투기 편대의 지원을 받으며 임무를 수행한다. 미 공군에 따르면 북한에서 2,100마일(약 3,400킬로미터)가량 떨어진 괌에는 현재 B-1B가 6대 배치돼 있다. 아프가니스탄과 이라크 등에서 지난 16년 동안 실전 경험을 쌓은 이 전략폭격기는 현대화를 거쳐 성능이 개량되어 전력이 배가됐다고 미 공군은 밝힌 바 있다.[12]

다시 미국 NBC에 따르면, 미 군부 인사들은 B-1B의 대북 선제타격 목표는 20여 개가 넘는 미사일기지, 발사시험장과 지원시설 등이라면서, 타격 목표를 정확히 파악할 수 있다고 자신감을 표시했다. 미국 정보기관 고위인사는 미국의 대북 군사옵션으로 '좋은 선택은 없는 실정'이라고 말하면서도 특히 한국 내 어떤 자산의 지원도 받지 않은 채 미 공군 폭격기를 동원한 '단독 타격'은 '많은 나쁜 옵션 가운데 최선의 선택'(the best of a lot of bad options)이라고 주장했다.[13] 이후 한국 언론에서도 미국이 동원할 수 있는 군사옵션과 그것을 실행할 무기체계에 대한 논의가 무성해졌다. 그만큼 북한에 대한 군사옵션이 '실행 가능한' 것으로 보는 것이다. 이러한 반복적인 거론과 강조는 미국이 한국에 재앙적 피해를 주지 않는 합리적인 군사적 해법을 정말 갖고 있는 듯한

---

12 김선한, 「NBC, '트럼프 승인하면 B-1B 폭격기로 北 미사일기지 선제타격'」, 『연합뉴스』, 2017. 8. 10.
13 김선한, 2017. 8. 10.

이미지를 창조해낸다. 한국 언론에서 거론되는 가장 유력한 대북 군사 옵션의 물리적 근거는 항공모함이나 구축함에서 발사하는 토마호크 순항미사일과 같은 '스마트 폭탄'(smart bombs) 그리고 무엇보다 일련의 스텔스 폭격기와 스텔스 전투기들이다.

북한이 2017년 들어 세 번째이자 가장 위협적인 ICBM을 발사한 지 약 1주일 만인 12월 4~8일에 걸쳐 한미 양국은 사상 최대 규모의 대북 공중군사훈련을 진행했다. 여기에는 미 공군이 자랑하는 F-22 '랩터'와 F-35A '라이트닝 2'와 같은 스텔스 전투기들을 포함해 한미 양국 공군기 230여 대가 참여했다. 한국 공군작전사령부와 주한 미 7공군사령부가 '한미 공군의 전시 연합작전 수행 능력을 향상'하기 위해 실시하는 '비질런트 에이스' 훈련이었다. 공군이 밝힌 참가 공군력은 "제11, 19, 20전투비행단, 제29, 38, 39전투비행전대 등 한국 공군작전사령부 예하 10여 개 공군 부대와 제8, 51전술전투기 비행단, 해병항공단, 제35방공포병여단 등 미 7공군 및 태평양사령부 예하 부대"였다.[14]

이 훈련은 한미 공군이 해마다 실시해온 것인데, 2017년 훈련은 규모와 강도 면에서 과거와 차원이 다르다고 한국 언론은 보도했다. 미국이 보유한 최첨단 스텔스 전투기들인 F-22와 F-35A 각 6대씩 총 12대가 참여했다. F-35A에 수직 이착륙 기능을 더한 최신예 스텔스기인 F-35B도 12대가 일본에 있는 미 공군기지에서 출격해 한국 상공에 전개됐다가 모 기지로 돌아가는 방식으로 이 훈련에 참가했다. 이 훈련에 참여한 미 공군 스텔스 전투기만 24대에 이른 것이다.[15] 여기에 장거리전략폭격기 B-1B 편대도 한국 상공에 전개돼 폭격 연습을 한다는 사실도 공개되었다. 이 훈련에서 미 공군이 동원하는 특기할 만한 무기는 전자전기 EA-18G '그라울러' 6대였다. 이들은 "전쟁

---

14 이정민, 「한미 공군, 역대 최대 공중훈련…최신예 스텔스 등 230대 참여」, 『조선일보』, 2017. 12. 4.
15 이들은 전투기로 분류되지만 핵공격이 가능한 스텔스 전투기들이다. 따라서 전폭기(戰爆機)라고 하는 것이 더 정확할 수 있다.

초기 적의 방공망과 지휘통신망을 무력화해 공습에 무방비로 노출"시키는 것으로 소개되었다.[16]

이 군사훈련의 성격과 관련해서 한국군이 밝힌 가장 핵심적인 내용은 "유사시 북한 항공기의 공중침투를 차단하고 북한 상공에 침투해 이동식발사차량(TEL) 등 핵·미사일 표적을 정밀타격"하는 것이었다. 특히 "유사시 북한 핵심표적 700여 개 타격 임무를 한미 항공기에 부여하는 연합 작전계획인 '공중임무명령서'(Pre-ATO)를 적용한 작전"이라고 공개했다. 한국 정부가 한미 연합훈련에 공중임무명령서를 적용한다는 방침을 공개한 것은 이례적이라고 『조선일보』는 지적했다. 또 수도권을 위협하는 북한군 장사정포에 대한 정밀타격과 북한군 특수부대의 해상 침투를 차단하는 훈련도 포함되었다. 요컨대 "유사시 선제타격은 물론 확전(擴戰)에 대비한 훈련까지 하는 것"이었다.[17]

이렇게 정밀타격 능력을 앞세운 선제타격을 핵심으로 하는 한미 연합훈련 계획이 공개되자 북한은 대남기구 조국평화통일위원회를 통해 "가뜩이나 첨예한 조선반도 정세를 일촉즉발의 핵전쟁 국면으로 몰아가는 엄중한 군사적 도발"이라고 비판했다. 이어 "강력한 전쟁억제력을 틀어쥔 우리의 인내성과 자제력이 한계를 넘어서게 하고 있다"고 경고했다.[18]

미국과 한국 언론에서 미국의 첨단 스텔스 폭격기인 B-2, 스텔스 전투기인 F-35B와 F-22 등은 북한의 탐지 능력을 무력화하면서 유사시 북한의 보복능력을 깔끔하게 파괴할 것이라는 이미지를 불러일으킨다. '죽음의 백조'로 불리는 미국의 전략폭격기 B-1B도 그 별명만큼이나 단숨에 북한을 초토화함으로써 한국에 피해를 주지 않는

---

16 이정민, 「한미 공군, 역대 최대 공중훈련···최신예 스텔스 등 230대 참여」, 『조선일보』, 2017. 12. 4.

17 이정민, 2017. 12. 4.

18 이정민, 2017. 12. 4.

왼쪽부터 시계 방향으로 B-2, B-1B, F-35B, F-22

'깨끗한 첨단전쟁'을 수행할 수 있는 단골메뉴로 거론된다. 실제 이 초음속 전략폭격기는 한반도에 가장 빈번하게 출격한 '전략자산'이 되어 있다.

『조선일보』는 F-22는 "스텔스 성능이 뛰어나고 최고속력도 마하 2.5(시속 약 3,000킬로미터)를 넘어 적 방공망을 뚫고 은밀하게 침투해 핵심 시설을 정밀타격할 수 있다"고 소개했다. 그래서 "과거 F-22 편대가 한반도에 전개됐을 때 북한은 김정은의 동선을 은폐하는 등 예민한 반응을 보였다"고 평했다. 최신예 스텔스 전투기 F-35A에 대해서는 "스텔스 성능이 뛰어나 적 상공에 침투하는 임무를 수행한다"고 소개했다.[19] 『중앙일보』 또한 F-22는 "북한의 레이더망을 피해 핵심 시설을 타격할 능력을 갖춘 전략무기"이며, F-35B는 "스텔스 성능을 갖추고 최고속도 마하 1.6(시속 약 1,900킬로미터), 최대 작전반경 800여 킬로미터를 자랑한다"고 설명했다.[20]

---

19 이정민, 2017. 12. 4.

20 박상욱, 「北 김정은도 벌벌 떤다는 F-22 6대 한반도 누빈다」, 『중앙일보』, 2017. 12. 2.

『동아일보』에 따르면, "현존 최강 스텔스 전투기인 F-22"는 "250킬로미터 밖의 적을 탐지하는 AESA(다기능위상배열) 레이더와 공대공 AIM-120과 AIM-9 사이드와인더와 공대지 1,000파운드(약 450킬로그램)급 GBU-32 등을 탑재"할 수 있는 것으로, 현재 도쿄 인근의 요코다(橫田) 공군기지와 오키나와의 가데나(嘉手納) 공군기지 등에 24대가 배치돼 있다. 이 기사는 F-22가 "적 레이더망을 회피하는 스텔스 기능에다 초음속 비행을 하는 '슈퍼크루즈' 능력까지 갖췄다"고 소개했다. 이어 유사시 한반도에서 F-22의 용도를 이렇게 평했다. "최대 속력 마하 2.5(시속 약 3,000킬로미터) 이상으로, 작전 반경이 2,000킬로미터를 넘어 일본 오키나와 기지에서 평양으로 날아가 김정은 집무실을 한번에 날릴 수 있다."[21] 『동아일보』는 아울러 전략폭격기들인 B-2와 B-52도 이렇게 소개했다. "미국의 3대 전략폭격기 중 하나인 B-2는 스텔스 기능을 활용해 적진에 몰래 침투해 정밀유도무기로 핵심 시설을 타격할 수 있고, 핵무기도 탑재할 수 있다. B-52도 핵무기 등 최대 31톤의 폭탄을 싣고 6,400킬로미터 이상의 거리를 날아가 폭격한 후 돌아올 수 있다. 사실상 단독 임무 수행이 가능하다." 이러한 설명 끝에 이 기사는 이렇게 결론지었다. "트럼프의 말대로 북한을 완전 파괴할 수 있는 수단은 차고도 넘친다. 선택은 김정은 몫이다."[22]

북한은 이런 보도들을 접할 때 무슨 생각을 할까. 아마도 이렇게 말하지 않을까. "미국이 한국과 함께 우리의 보복타격 능력을 모두 단숨에 초토화하려고 그 정도 공군력을 동원해보아야 언 발에 오줌 누기다." 미국이 북한의 보복능력을 일거에 초토화하려고 한다면 그보다 열 배, 스무 배의 동시적인 대규모 공군력 동원을 해야 할 것이다. 북한의 레이더 장비가 상대적으로 매우 낙후했다 하더라도 그 정도 군

---

21 『동아일보』, 「미국이 北 때린다면⋯'미니트맨Ⅲ'부터 스텔스 전투기까지: 시나리오도 많지만, 때릴 수 있는 수단 차고도 넘쳐」, 2017. 10. 6.
22 『동아일보』, 2017. 10. 6.

사적 움직임은 당연히 포착된다. 북한의 탄도미사일 기술 진척 속도를 감안할 때 미국과 한국 언론에서처럼 북한의 방공감시망 체계를 비웃는 것은 위험한 일이 아닐 수 없다. 미국의 전략폭격기들이 대거 북한 공격 태세를 취하는 사태에 직면하면 김정은은 어떤 결정을 내릴까. 선택은 단 하나라고 생각하지 않을까. "우리에게 선택은 한 가지밖에 없다. 우리가 다 합하면 1,000여 기에 달하는 단거리, 중거리, 중장거리, ICBM들과 수도권을 향한 장사정포 수천 문으로 선제타격할 수밖에 없다." 북한은 핵심적인 전략적 무기들이 적에게 파괴당하기 전에 그것들을 사용할 강력한 압박을 느낄 수밖에 없기 때문이다.

1990~91년 제1차 걸프전 이래 미국이 '좀비국가들'을 대상으로 전개한 선제타격 전쟁의 선봉에 선 것은 토마호크 순항미사일을 탑재한 미국의 구축함과 핵추진 항공모함, 핵잠수함들이었다. 토마호크 순항미사일은 200킬로톤급 핵탄두를 장착할 수 있으며 타격 오차 범위가 10미터 안팎에 불과한 정확성을 확보한 덕에 정밀타격용으로 알려져 있다. 그만큼 전쟁 개시 시점에 상대의 핵심 군사시설을 파괴하여 상대를 군사적으로 무력화하기 위한 선제타격 기능이 부각되어왔다.

토마호크 순항미사일 제조사인 레이시온(Raytheon)은 홈페이지에서 이 미사일을 "군함이나 잠수함에서 발사하여 1,600킬로미터 이상 떨어진 핵심 전략 목표물들을 정밀타격할 수 있는 미사일"로 소개했다. 원거리에서 GPS 유도장치를 이용해 정밀타격할 수 있기 때문에 공격작전에 참여한 미군 인원과 장비를 보호하면서 전쟁을 수행할 수 있다는 장점 또한 앞세우고 있다.[23] 그로써 토마호크 순항미사일은 미국에 '안전하고 깔끔한 첨단전쟁'의 대명사로 통했다.

2014년 미 해군은 구축함과 유도미사일 순양함(guided missile cruiser)을 이용해 시리아 내 IS 세력을 상대로 토마호크 순항미사일을

---

23 레이시온 홈페이지(https://www.raytheon.com/capabilities/products/tomahawk).

47발 발사했다. 2017년 4월에도 미 해군 구축함들은 시리아 공군기지의 목표물들을 향해 토마호크 순항미사일을 58발 발사했다.[24] 2017년 10월 초 부산 해군작전사령부 작전기지에 입항한 바 있는 오하이오급 핵잠수함 미시간호(USS Michigan, SSBN-727, 1만 8,750톤급)는 토마호크 순항미사일을 150발 탑재할 수 있다.

미국이 대북 군사옵션을 뒷받침할 유력한 무기체계로 흘리는 것에는 이른바 '스마트 원폭'이 있다. 북한이 ICBM을 연거푸 쏘아올리고 IRBM '화성-12형'도 성공시킨 후인 2017년 8월 8일 미 공군은 F-15E '스트라이크 이글' 전투기로 'B61-B' 핵폭탄 투하 시험을 했다고 미 핵안전보안국(NNSA)이 발표했다.

B61-12는 '스마트 원폭'으로 알려진 핵폭탄이다. "TNT 폭발력 기준으로 5만 톤(50킬로톤), 무게 350킬로미터의 소형 원자폭탄으로, 첨단 레이더와 GPS를 장착해 터널과 같은 깊은 곳에 있는 목표물을 타격할 수 있고, 목표에 따라 폭발력을 자유자재로 조절할 수 있다." NNSA는 이 시험을 이 핵폭탄의 '비핵 기능'(non-nuclear functions)을 점검하는 한편 미 공군의 주력전투기인 F-15E도 이를 탑재해 제대로 투하할 수 있는지 파악하려고 했다고 설명했다. NNSA에 따르면, B61-12 첫 투하 시험은 미 샌디아 국립연구소와 NNSA가 공동으로 그에 앞선 2017년 3월 네바다에서 시행한 바 있는데, 이때 시험은 비활성화 폭탄(inert bomb)을 이용하여 F-16으로 수행되었다.[25]

---

24 https://www.raytheon.com/capabilities/products/tomahawk/

25 러시아『스푸트니크』의 보도. 김선한, 「美, 北 미사일 위기 상황서 '스마트 원폭' B61-12 투하실험」, 『연합뉴스』, 2017. 8. 30. B61-12는 최근 '한반도 전술핵 재배치' 논란과 관련해서도 '유력 후보'로 거론된 바 있다. 미국 정부는 수년간 B61-12 개발에 전념해왔으며, 지난해 생산 전 최종개발단계인 생산공학단계에 진입했다. 본격적인 생산은 오는 2020년부터 이뤄질 전망이다. 미 공군은 B61-12를 F-35A 스마트 전투기, 차세대 전략폭격기 B-21 '레이더스', 전략폭격기 B-2 등에 탑재해 운영할 계획이다. 미국의 비영리단체인 핵위협방지기구는 미국이 벨기에·독일·이탈리아·네덜란드·터키 등 북대서양조약기구 5개 회원국에 전술핵폭탄인 B61 150여 개를 비축 중이라고 밝혔다(김선한, 2017. 8. 30).

B61-12의 새로움은 그것이 사상 최초의 유도핵무기(guided nuclear weapon)라는 사실에서 비롯되는 크게 향상된 정확성이다. 미국의 일반적 핵탄두의 하나인 B83이 보통 1,200킬로톤(1.2메가톤)에 달하는 데 비해 이 스마트 원폭은 50킬로톤에 불과해 사용가능성(usability)이 그만큼 높아졌다. 이것은 이 무기가 인구집중 도시에 대한 파괴보다 다른 나라의 핵전력을 파괴하는 선제타격 병기로 적합하다는 것을 의미한다. 파괴력은 낮아졌지만 핵무기의 사용가능성과 선제타격전략의 유혹을 높인다는 점에서 위험성이 더 커졌다는 평가를 받는다.[26]

미국은 2010년 타결된 '뉴스타트'(New START) 등과 같이 러시아와 전략핵무기 감축협상을 함으로써 전략핵 규모는 줄이는 대신 핵무기를 현대화하기 위한 대규모 투자를 약속해왔다. 이른바 스마트 원폭 개발은 그러한 미국 핵전력 현대화 작업의 일환이라 할 수 있으며, 그것은 유사시 핵을 실제 사용하기 위한 '유연대응'(flexible response) 전략의 맥락에서 이해될 수 있다.

핵의 유연대응 전략은 1950년대 후반 '대량보복'(massive retaliation) 전략이 융통성이 부족하다는 비판에 직면하면서 당시 하버드대학교 교수였던 헨리 키신저(Henry Kissinger) 등이 거론하기 시작했다. 당시 키신저가 거론한 것은 '제한적 핵전쟁' 개념이다.[27] 1960년대 존 F. 케네디(John F. Kennedy, 1917~63) 행정부가 거론한 유연대응은 핵전략이라기보다는 제3세계에서 빈발하는 게릴라전과 같은 비정규전(irregular warfare)에 대응할 '반란소탕전쟁'(counter-insurgency) 스타일의 군사전략이었다. 핵의 유연대응 전략이 더 구체성을 띠게 된 것은 1970

---

26 Hans M. Kristensen(Director of Nuclear Information Project, Federation of American Scientists), "B61-12: America's New Guided Standoff Nuclear Bomb," May 30, 2013(https://fas.org/programs). 스탠드오프(Standoff) 핵탄두는 폭격기를 목표물의 상공에 진입시키지 않고 원거리에서 목표물을 타격할 수 있는 것으로, guided standoff nuclear bomb은 말하자면 '원격 유도핵무기'라 할 수 있다.

27 Henry A. Kissinger, *Nuclear Weapons & Foreign Policy*, New York: W.W. Norton, 1957.

년대 중엽 이후로, 제임스 슐레진저(James Schlesinger, 1929~2014)
국방장관 등이 주요 당사자였다. 미국의 핵무기체계가 '다탄두체계'
(MIRV[multiple-independently targetable re-entry vehicle]ed Nuclear
Weapon systems) 등을 포함하여 다변화되고 정확성이 고도화되면서
본격 거론되기 시작한 '핵의 유연대응' 전략은 '공포의 균형'을 넘어 '승
리 가능한 핵전쟁'(winnable nuclear war) 개념으로 나아가는 중요한 계
기가 되었다.[28]

이후 미국의 핵전략은 기본적으로 '대량보복을 포함하는 상호확증
파괴라는 공포의 균형'과 함께 선제 핵타격을 포함하는 '핵의 유연대
응' 전략을 두 축으로 포함하고 있다고 할 수 있다. 다만 국제환경과
미국 내 정치적 조건에 따라 강조점이 변해왔다고 할 수 있다. 아울러
로널드 레이건(Ronald Reagan, 1911~2004) 이래 미국의 핵전략이 그
러한 두 가지 요소에 "자신의 핵전력은 유지 강화하면서 다른 나라의
핵전력은 무력화하는 수단"인 미사일방어를 투자함으로써 핵의 공포
로부터 해방을 추구하는 요소가 추가되었다고 하겠다. 그리고 이 새
로운 요소는 21세기에 들어 미국의 군사안보 개념과 군수산업에서 핵
심 축의 하나로 확고히 자리 잡기에 이른다.

미국은 북한이 제6차 핵실험을 하고 ICBM급 미사일을 발사한 뒤
반복적으로 핵추진 항공모함 전단을 한반도 해역에 파견했고, 북한
영토에 가까운 지역에서 한국군과 합동군사훈련을 했다. 북한은 이것
을 핵전쟁 연습이며 핵타격 위협이라고 인식한다. 이와 함께 핵무장
이 불가피하고 옳은 선택이었음을 입증한다는 주장도 되풀이했다.

2017년 11월 13일 미국의 핵추진 항공모함 3척—로널드 레이건호
(USS Ronald Reagan, CVN-76), 시어도어 루스벨트호(USS Theodore
Roosevelt, CVN 71), 니미츠호(USS Nimitz, CVN 68)—이 훈련에

---

28 1970년대 미국의 유연대응 핵전략과 이에 기초한 제한핵전쟁론에 대해서는
이삼성, 『세계와 미국: 20세기의 반성과 21세기의 전망』, 한길사, 2001, 413~421쪽.

참여했으며, 항모 위치는 대체로 북방한계선(NLL)에서 남쪽으로 92
킬로미터, 울릉도에서 동북쪽으로 92킬로미터 떨어진 지점에서 훈련
을 펼친 것으로 알려졌다. 그러자 자성남 유엔주재 북한대사는 안토
니우 구테흐스(Antonio Guterres) 유엔 사무총장에게 서한을 보내서
"언제 핵전쟁이 터질지 알 수 없는 사상 최악의 정세가 조성되고 있
다"고 비판했다. 또 "미국이 우리 공화국을 압살하기 위해 자기의 하
수인과 연중 끊임없이 벌이는 대규모 핵전쟁 연습과 위협 공갈은 우
리가 선택한 길이 천만번 옳았으며 끝까지 가야 할 길임을 더욱 확증
해줄 뿐"이라고 주장했다.[29]

2. 좀더 확실한 공멸전략으로 전락한 남한의 대북 선제타격론

2015년까지 필자가 한미 양국의 대북 선제타격 전략과 미국 미사
일방어망의 한국 편입을 비판한 것은 대북 선제타격이 실제 타당성이
없고, 미사일방어체계가 실효성 있는 대책이 못 되는 가운데 핵무장
확대와 미사일 다종화에 따른 북한의 동시다발적이고 다층위적인 공
격 전략을 재촉할 것이라는 이유에서였다. 이제 북한은 핵무기와 다
종화된 단거리와 중거리 탄도미사일 체계의 대량생산이 가능한 단계
에 들어섰다. 이 상태에서 선제타격론은 북한의 핵무장을 강화하는
데 멈추지 않는다. 한국과 일본, 그 안의 미 군사력까지 동시다발적
대량보복을 더욱 확실하게 초래하는 자살전략에 불과하게 된다. 그러
나 한미 양국은 여전히 "쓸모없이 된 전략과 무기체계를 더 많이 쌓
아두는 것"을 대책으로 삼고 있다는 비판을 피하기 어렵다.

한국 국방부는 '한국형 삼축(三軸)체계'를 말한다. 국방부는 2017
년 4월 14일 발표한 '2018~2022년 국방중기계획'에서 북한의 핵과
미사일 위협에 대응한 한국형 미사일방어체계(Korean Air and Missile

---

29 노지원·이용인, 「미 항모 3척 NLL 근접⋯북, 유엔에 항의서한: 미 동해 북상
훈련 첫 언론 공개; 북 '미 끊임없이 위협·공갈' 반발」, 『한겨레』, 2017. 11. 14.

Defense: KAMD), 킬-체인, 한국형 대량응징보복계획 등 '한국형 삼축 체계' 구축 시기를 최대 2022년까지로 제시했다. 앞으로 4~5년 뒤 유사시 북한의 핵과 미사일 시설을 무력화하는 삼축체계가 구축된다는 얘기다. 국방부는 그나마 구축 시기를 2020년대 중반에서 초반으로 단축했다고 설명했다.[30] 그런데 문제는 이것이 북한의 핵무기국가로서 위상을 타격할 능력을 갖추지는 못한다는 데 있다.

북한 미사일체계는 이미 다각화되어 있고 이동식으로 현대화되어 있다. 북한 산악지대에 흩어진 수많은 터널 안에 감추어져 있다. 북극성 2형(KN-15)은 발사 준비에 몇 시간이 걸리는 액체연료가 아닌 몇 분 안에 발사준비가 가능한 고체연료를 사용한다. 미국의 일본 내 군사기지나 칼빈슨호(USS Carl Vinson, CVN 70) 같은 항공모함에서 발사되는 선제타격에 훨씬 덜 취약하고 즉각 보복타격이 가능해지는 것이다. 이 미사일은 2017년 2월 테스트를 성공적으로 마친 상태였고, 2017년 4월 15일 김일성 생일을 기념하는 태양절 행사의 군사 퍼레이드에 처음으로 모습을 나타냈다.[31]

2017년 3월 중순 미 국무장관 렉스 틸러슨(Rex Tillerson)은 중국 외교부장 왕이(王毅)와 회담한 뒤 기자회견에서 북한을 선제타격으로 위협했다. 그러나 이미 이동식에 고체연료를 사용하는 다변화된 중·단거리탄도미사일 생산체제를 갖춘 북한에 대해 선제타격은 설득력이 없어졌다는 것이 미국 내 전문가들의 판단이다. 그들은 이렇게 말한다. "선제타격은 전쟁을 막는 것이 아니라 오직 전쟁을 확실하게 만들 뿐이다."[32]

---

30 김귀근, 「北 핵무기체계 완성 '코앞'…軍, 대응무기 구비 4~5년 걸려: PAC-3, 2021년 도입완료…사거리 2배 PAC-3 최신형 버전 도입 미정, '김정은 제거부대' 침투헬기 신규 확보 없이 기존 헬기 개량」, 『연합뉴스』, 2017. 4. 15.

31 David E. Sanger and William J. Broad, "A 'Cuban Missile Crisis in Slow Motion' in North Korea," *The New York Times*, April 16, 2017.

32 Max Fisher, "The Risks of Pre-emptive Strikes Against North Korea," *The New York Times*, March 18, 2017.

한미동맹은 이미 오래전부터 대북 선제타격 전략을 확정하고 이에 준하여 군사무기체계를 거래해왔다. 2013년 10월 1일 국군의 날 기념사에서 박근혜 대통령은 "강력한 한미 연합 방위체제를 유지하면서 '킬-체인'과 한국형 미사일방어체계 등 핵과 대량살상무기(Weapons of Mass Destruction: WMD) 대응능력을 조기에 확보하겠다"고 밝혔다. 북한 정권에도 핵과 미사일이 더는 쓸모없다는 것을 스스로 인식하도록 하겠다고 했다. '킬-체인'은 북한이 핵무기 사용 징후를 보일 때 신속히 탐지하여 30분 안에 북한을 '선제타격'한다는 개념이다. 이에 앞서 2013년 2월 6일 정승조 합참의장은 국회 국방위에서 "적이 핵무기를 사용한다는 명백한 징후가 있다면 선제타격하겠다"고 밝혔다. 그는 북한 핵무기에 대한 선제타격은 미국과 협의해야 가능한 것도 아니고 '자위권 차원의 문제'라고 말했다.[33]

한국 정부의 이 같은 공개적인 '선제타격' 논의는 2012년 10월 '워싱턴안보협의회의'에서 한미 양국이 북한의 미사일 도발에 대비해 '발사 전(前) 단계에서 타격'하는 '킬-체인' 시스템을 구축하고, '발사된 미사일을 상공에서 요격하는 한국형 미사일방어체계'도 추진키로 합의한 것에 따른다.[34] 즉 미사일방어(Missile Defense: MD) 시스템은 물론이고, 북한 미사일기지를 선제타격하는 공격적 전략을 2012년 10월에 이미 공식화했다.

선제타격 전략은 2009년 미국이 지하 벙커버스터 폭탄(GBU-28)을 한국에 판매하기로 결정했을 때 이미 한국군에 대한 전시작전권을 가진 미국이 한국에 승인해준 것이었다. 미국은 2011년 말 북한의 미사일 지하벙커들을 타격할 수 있는 강력한 무기(Earth Penetrator

---

33 유용원·전현석, 「탐지부터 타격까지 30분 내 완료 '킬체인(Kill Chain)' 추진」, 『조선일보』, 2013. 2. 8.

34 『중앙일보』, 「북 미사일 발사 전(前) 타격: 한미, 킬 체인 만든다: 워싱턴안보협의회의합의, 한국형 MD도 추진하기로」, 2012. 10. 25.

F-15E에서 발사되는 GBU-28과 GBU-28이 뚫은 구멍.
'벙커버스터'라는 별명처럼 GBU-28은 지하 30미터까지 뚫고 들어가 폭발하는 무기다. 미국이 선제타격용으로 개발한 것이다.

Bombs: GBU bunker buster bombs) 150기의 한국 수출을 승인했다.[35] 한국이 도입한 GBU-28는 지하 30미터에서 폭발하는 5,000파운드(약 2,200킬로그램)급 레이저 유도폭탄이다. 이것은 선제타격으로만 의미가 있는 무기들이다. 따라서 미국의 대한국 GBU 수출은 미국이 한국의 대북 선제타격을 실제 무기체계에서 승인했다는 말이 된다. 『코

---

35 7,100만 달러에 달하는 이 무기들의 대한 판매는 2011년 11월 최종 결정되었고, 2013년에 인도되어 배치될 것이라고 한국 방위사업청 관계자가 밝혔다. 미국은 이란의 WMD 위협을 근거로 이스라엘에 100기의 같은 무기를 수출 승인한 이래 한국이 그 두 번째였다(Lee Tae-hoon, "Seoul to deploy 150 bunker busters," *The Korea Times*, December 7, 2011). 한국 방위사업청은 2014년 1월 벙커버스터의 전력화를 완료했다고 밝힌다. 미국 제조사로부터 2013년과 2014년 초에 걸쳐 모두 200발의 물량을 납품받았으며, 공군 F-15K 최신예 전투기에 장착했다고 밝힌 것이다. 방사청은 "개전 초기, 북한군 지하 핵시설과 미사일기지 등의 전략 표적을 조기에 무력화할 것으로 기대된다"고 설명했다. 한국군은 지난 2007년, 700억여 원을 들여 GBU-28 도입 사업에 착수했다. 미국 역시 북한의 핵 실험과 미사일 발사에 자극받아 한국에 GBU-28의 수출을 허가했다(윤혜진, 「벙커 버스터 전력화 완료, 북한군 지하 핵시설 무력화 가능할 위력」, 『한국경제』, 2014. 1. 16).

리아타임스』보도에 따르면, 이 무기의 대한 판매에 미국이 동의한 것
은 2009년 북한이 제2차 핵실험을 한 뒤였다.[36]

'한국형 미사일방어체계'도 말이 한국형이지 그 실체는 미국의 미
사일방어 장비들을 들여오는 것이었다. 박근혜 정권에서 한국 해군과
공군은 저마다 한반도에 미사일방어를 구축하기 위해 예산이 수조 원
대 투입되어야 할 무기를 구매하려고 미국 군수업체들과 접촉했다.[37]
최첨단무기체계 도입과 '선제타격' 전략 공식화는 한미동맹이 더는
북한과 대화로 푸는 한반도 비핵화를 목표로 하지 않으며, 그 대신 천
문학적 예산 투입을 전제로 한 최첨단무기체계와 공격적 군사독트린
에 본격적으로 의존한다는 것을 뜻했다. 북한은 2012년 12월 12일 은
하-3호(Unha-3)를 다시 발사해 성공시켰다. 2013년 2월 12일 북한
은 제3차 핵실험을 강행한다. 북한의 핵무장 강화 행동은 한미동맹의
공격적 군사독트린과 최첨단 군비강화와 맞물려 가속화했다.

2015년 9월 박근혜 정부가 언론에 밝힌 킬-체인 구축 추진 상황에
따르면, 2016년 국방예산에서 킬-체인 구축에 편성된 예산은 1조 5,292

36 Lee Tae-hoon, "Seoul to deploy 150 bunker busters," *The Korea Times*,
December 7, 2011.

37 안성규·김병기, 「한국 미사일방어망 우주로 확대⋯저층 벗어나 대기권 밖까
지 요격」(『중앙일보』, 2013. 10. 6). 이 보도에 따르면, 이 무렵 한국의 미사일방어
는 패트리엇 3 미사일을 위주로 한 고도 30킬로미터 이하 저층 방어였으나 국방부
정책기조가 바뀌었다. 국방부는 상층 방어가 필요하며 관련 무기가 필요하다는 결
론을 내렸다. 이에 따라 대북 미사일방어를 맡는 한국 공군의 '방공유도탄사령부'
는 미국 MD에서 하강단계의 중·상층 고도(40~150킬로미터)에서 요격하는 미사
일 시스템인 사드에 관심을 갖게 된다. 이 요격체계는 1개 포대에 비용이 약 2조
원 든다고 했다. 한국 해군 역시 이지스함에 장착할 수 있는 MD 시스템인 SM-3
미사일을 구입하려고 움직였다. 해군 관계자에 따르면, 합참과 해군 지도부는 몇
년 전부터 이런 방안을 고려했지만, 2013년 2~3월 북한의 제3차 핵실험과 장거리
미사일 발사 이후인 그해 5~6월경 SM-3로 방향을 굳혔다고 한다. SM-3 미사일
은 미국 MD의 핵심 주축으로 요격 고도 70~500킬로미터, 사거리 500킬로미터로
사드보다 고도와 사정거리에서 성능이 훨씬 더 우월한 것으로 알려져 있다. 이지
스함 세 척의 성능 개량과 SM-3 구입에 소요될 것으로 해군이 추정한 비용은 2조
원에 달한다.

억 원 규모였다. 2015년의 관련 예산 9,298억 원보다 64.5퍼센트 증액이 목표됐다. 킬-체인은 공격할 징후를 보이는 표적을 미리 탐지해 선제공격하는 타격순환체계다. 이를 위해서 고고도 정찰용 무인항공기(HUAV), 중고도 정찰용 무인항공기(MUAV), 장거리 공대지미사일(TAURUS) 등 16개 사업이 진행된다. 또 한국의 공중 미사일방어체계인 KAMD 구축에는 패트리엇 성능개량, 패트리엇 요격미사일, 철매-Ⅱ 성능개량 등 6개 사업이 추진된다.[38] 이 계획은 북한의 핵무장 수준이 높아지면서 2017년에 이르러 원래 일정보다 앞당겨졌다.[39]

2014년 오바마 대통령은 북한 미사일 프로그램에 대한 사이버·전자 공격을 강화하라고 국방부에 지시했다. 북한 미사일 발사시험을 방해하는 작전이었다. 미국사이버사령부(United States Cyber

---

38 손덕순, 「방위력개선비 6% ↑…북핵 대응 킬 체인 체계 구축 '숨통'」, 『중앙일보』, 2015. 9. 14.

39 손효주, 「軍, 북핵-미사일 대응 '한국형 3축 체계' 앞당긴다, 국방비 238조 책정: 2018~2022년 국방중기계획…정찰위성 임차-복합유도탄 도입」(『동아일보』, 2017. 4. 15). 이 기사가 보도한 바에 따르면 2017년 4월 14일 한국 국방부가 밝힌 이른바 '한국형 3축 대응 체계'의 조기 구축을 중심으로 한 '2018~2022년 국방중기계획'은 다음과 같다. 1) 군은 우선 '한국형 3축 대응 체계'의 구축 완료 시점을 2020년대 중반에서 초반으로 앞당기기로 했다. 한국형 3축 대응 체계는 북한 핵·미사일 시설을 정밀 감시하다 도발 임박 시 선제타격하는 킬-체인, 탄도미사일을 요격하는 한국형 미사일방어체계, 북한 지휘부를 응징하는 대량응징보복을 가리킨다. 2) 군은 킬-체인 구축의 기본인 북한 전역에 대한 감시 능력을 강화하기 위해 외국에서 정찰위성 4, 5기를 임차해오는 사업을 내년 초 계약할 방침이다. 우리 군의 자체 감시 자산인 정찰위성 5기를 전력화하는 '425사업'도 2023년까지 마무리할 계획이다. 3) 선제타격에 사용될 정밀유도무기 등의 확보 계획도 밝혔다. 최대 500킬로미터 거리에서 북한 김정은이 숨은 지하벙커 등을 반경 2~3미터 내에서 초정밀타격할 수 있는 장거리 공대지미사일 타우루스를 올해 170여 기 도입하고 추후 90여 기를 추가로 들여올 계획이다. 복합유도폭탄도 신규로 확보할 계획이다. 4) KAMD 구축을 위해서는 20킬로미터 고도에서 탄도미사일을 요격하는 중거리 지대공미사일 '천궁' 개량형(철매-Ⅱ)의 양산 계약을 올해 후반 마칠 계획이다. 5) KMPR 체계를 구축하기 위해 CH-47D 수송 헬기에 이어 UH-60 헬기를 특수전 병력의 적진 침투용으로 개량하는 사업에 새롭게 착수하기로 했다. 군은 중기계획 기간에 소요될 국방비를 238조 2,000억 원으로 책정했다.

Command)와 과학첩보 전문 정보기관인 국가안보국(National Security Agency: NSA)을 통해 사이버공격 능력을 향상하려고 수십억 달러를 투입했다. 이와 함께 북한의 미사일 실험 성공률이 확 낮아졌다는 말이 돌았다. 발사 직후 폭발해버리거나 궤도를 이탈하거나 공중에서 해체되어 바다에 떨어지거나 하는 일들이 잦아졌다는 것이다. 미국 내 사이버전쟁과 관련된 부처들에서는 미국의 사이버공격 능력이 효과를 발휘한 것이라고 주장했다. 그러나 북한은 그 뒤 곧 세 차례에 걸쳐 MRBM 발사에 성공했다. 김정은은 마침내 ICBM 발사시험의 최종단계에 도달했다고 선언하기에 이르렀다. 그러자 트럼프는 최근 미국의 사이버전 능력이 쓸모없는 수준이라는 비판을 쏟아냈다. 『뉴욕타임스』에 따르면, 2017년 트럼프 행정부는 사이버전 능력을 향상하기 위한 대규모 자원투자를 지속할지 중단할지 결정해야 하는 상황에 놓이게 되었다.[40]

2017년 4월 16일 북한 미사일 발사시험이 실패했을 때, 미국에서는 이것이 미국의 사이버공격 효과가 아닌가 하는 논의가 다시 일었다. 북한의 미사일 발사를 저지하는 데 미국 사이버전의 일환인 '레프트 오브 론치'(Left of Launch: 미사일방어 작전의 한 측면. 상대방이 미사일을 발사하기 전에 그 발사 장비를 교란해 무력화하기 위한 사이버공격)가 효과를 발휘하고 있다는 분석도 있었다. 그러나 이후 잇따른 북한의 다양한 미사일 발사 성공은 그러한 평가를 무색하게 만들었다. 더욱이 적의 미사일 발사에 대한 사이버공격은 성공률이 높으면 높을수록, 적의 선제 핵공격 유혹을 높인다는 딜레마를 제기한다. 또 미국이 북한 미사일에 사이버공격을 전개하면, 중국과 러시아도 미국 핵미사일 체계를 대상으로 하는 사이버공격을 전개하는 데 부담감을 덜게 된다. 특히 적의 미사일 체계에 대한 사이버공격이 효

---

40 David E. Sanger and William J. Broad, "Trump Inherits a Secret Cyberwar Against North Korean Missiles," *The New York Times*, March 4, 2017.

과적인 수준이 되면, 나라들은 자신의 핵미사일 체계가 언제라도 상대방의 사이버공격으로 무력화될 수 있다는 두려움을 갖게 된다. 이 경우 나라들은 위기가 발생했을 때 선제공격의 유혹에 직면하게 된다는 것이다. 그러므로 일부 전략가는 모든 핵무기 체계에 대해 사이버 공격을 금지해야 한다는 의견을 제시하기도 했다.[41]

미국의 핵전략 전문가들은 북한에 대한 선제타격이 초래할 위험을 이제 어느 때보다 더 잘 인식하고 있다. 북한 핵과 미사일 시설들을 타격해 무장해제하기 위해서든 응징하기 위해서든 미국이 북한을 공격한다면 북한은 남한에 핵공격을 시도할 수밖에 없으리라는 것을 그들은 안다. 북한에 대한 타격이 일부 성공한다 해도 북한의 핵미사일 몇 개는 서울을 목표로 날아가게 될 것이다. 과연 북한 공격이 그러한 위험을 무릅쓸 만한 가치가 있는가 하는 근본적 질문을 던진다. 그래서 맥스 피셔(Max Fisher)는 북한이 약소국이지만 초강대국인 미국이 북한을 굴복시킬 수 없는 사실을 '노스 코리아 패러독스'(North Korea Paradox)라 불렀다.[42] 북한은 가난하고 약하기 때문에 오히려 더욱 체제 생존을 위해 끝내는 자신도 파멸할 수 있는 전쟁이라는 위험을 무릅쓸 준비가 되어 있다는 것이다. 또 북한은 핵미사일들로 부유한 남한을 인질로 잡고 있다. 이 두 가지 사실이 초강대국 미국도 북한에 대해 마땅한 방법이 없게 만드는 것을 부인할 수 없다. 2017년 5월 21일 북한 MRBM 북극성 2형 발사 시험이 다시 성공한 직후 미 의원 64명은 트럼프의 선제타격론이 지극히 위험하다고 공개 비판하는 성명을 발표했다.[43]

---

41 Choe Sang-Hun, David E. Sanger and William J. Broad, "North Korean Missile Launch Fails, and a Show of Strength Fizzles," *The New York Times* April 15, 2017.

42 Max Fisher, "The North Korea Paradox: Why There Are No Good Options on Nuclear Arms," *The New York Times*, April 17, 2017.

43 Rick Gladstone, "Democrats Warn Trump Against Pre-emptive Attack on North Korea," *The New York Times*, May 23, 2017.

3. 좀비국가에만 통하는 '첨단전쟁', 좀비와는 거리가 먼 북한

미국이 북한에 대한 선제타격옵션을 선언한 가운데 핵무기를 장착하고 투하할 수 있는 전략폭격기와 전투기들을 동원하는 대규모 군사훈련은 어떤 결과를 초래할까. 미국 정부와 군부 관리들 스스로 그것은 위기감에 몰린 북한의 군사행동을 유발하여 걷잡을 수 없는 확전(escalation)을 초래할 수 있다는 것을 인정한다.

2017년 봄 북한에 대한 연례적인 대규모 군사훈련을 실시할 때도 미 국방부 관리들은 그 위험성을 인식했다. 국방부 국제문제 차관보를 지낸 데릭 숄레이(Derek Chollet)는 "(미국) 군부는 한반도에서 강력한 억지 태세를 유지하는 데 초점을 맞추고 있지만, 동시에 에스컬레이션의 위험성을 심각하게 의식하고 있다"고 토로했다. 미국이 시리아를 상대로 하는 위협적 군사행동과 핵무장한 북한을 상대로 그같은 행동을 하는 것은 초래될 결과에서 차원이 다른 일이라고 그는 지적했다.[44]

북한이 침공훈련이며 핵전쟁 연습이라고 인식하고 주장해온 연례적 대규모 합동군사훈련은 2017년 봄에도 강행되었다. 연례적이고 습관적인 군사행동은 마침내 2017년 중엽 북한의 제6차 핵실험과 ICBM 발사 성공으로 이어지는 역사적 인과의 한 고리로 기능한 측면도 있다.

미국의 보수적인 싱크탱크들은 시리아 공습과 같은 대북 미사일 기지 선제타격론을 끊임없이 제기하고 있다. 2017년 11월 29일 북한의 세 번째 ICBM 발사가 성공한 직후 미국기업연구소(AEI)의 마크 티센(Marc Thiessen)은 "트럼프 행정부는 지난 4월 시리아가 무고한 민간인을 화학무기로 공격했던 군사기지를 타격했던 것처럼 북한이 일본 방향으로 발사한 미사일기지를 제거해야 한다"고 주장했다. 그는

---

44 Mark Landler and Choe Sang-Hun, "Move of U.S. Warships Shows Trump Has Few Options on North Korea," *The New York Times*, April 10, 2017.

더 구체적으로 "트럼프 대통령은 북한에 미사일 시험 불가 구역(No-fly zone)과 핵실험 불가 구역(No-test zone)을 설정한 후 이를 어길 경우 해당 시설을 원점타격할 것임을 선언해야 한다"고 주장했다.[45]

2017년 12월 1일 러시아 연방안보회의 니콜라이 파트루셰프(Nikolai Patrushev) 서기는 러시아군은 한반도 전쟁이 실제로 발발할 수 있다고 보고 대비 중이라고 밝혔다.[46] 그는 러시아 『리아노보스티 통신』과 인터뷰에서 러시아가 한반도 전쟁 시 대응책을 마련해 놓았느냐는 질문을 받고 "추산과 준비를 하고 있다. 놀랍진 않을 것"이라고 답했다. 그는 중국만이 아니라 러시아도 북한과 접경하고 있다는 것을 상기시켰다. "어떤 나라들은 군사행동을 배제하지 않고 있다"고 했는데, 그가 말한 '어떤 나라들'은 물론 미국과 그 동맹국들을 가리킨다. 파트루셰프 서기는 이 자리에서 '외교만이 문제의 해법'이라는 러시아의 공식견해를 재확인했다. 러시아는 북핵 해법으로 중국의 '쌍중단'과 같은 '동시 중단', 즉 "북한이 핵미사일 개발을 동결하는 대가로 미국과 한국도 한반도에서 연합군사훈련을 중단해야 한다"는 태도를 취해왔다.[47]

미국이 선제타격 방침의 하나로 북한 발사대에 설치된 미사일을 타격할 경우, 이는 남한의 서울지역에 대한 북한의 보복으로 이어져 확전되는 것은 거의 필연이다. 또 미국이 북한을 선제타격함으로써 북한이 보복하려고 남한을 향해 미사일을 발사할 경우 미국의 미사일 요격 시스템이 완벽하게 작동하리라는 보장은 물론 없다. 설사 성공한다 하더라도 한반도의 육상 영공에서 터지게 되면 어차피 핵폭발은 일어나고 그 피해는 감당하기 어려운 수준이 될 것이다. 오히려 확률

45 정효식, 「美 북폭론 재등장‥'시리아처럼 미사일 기지 원점 타격'」, 『중앙일보』, 2017. 11. 29.

46 이지예, 「파트루쉐프 안보 서기 '러시아군, 한반도 전쟁 대비 중'」, 『뉴시스』, 2017. 12. 1.

47 이지예, 2017. 12. 1.

이 높은 것은 북한 미사일을 미국이 구축한 미사일방어가 요격해내지 못할 가능성이다. 그 경우 미국이 지난 40년간 3,000억 달러를 투입해 구축한 미사일방어 전체의 신뢰성이 땅에 떨어질 것을 미국 정부 안팎의 전문가들은 우려한다.[48]

북한에 대한 선제타격이나 예방전쟁(preventive war) 논의는 대개 토마호크 순항미사일과 같은 미국이 보유한 스마트 폭탄들과 스텔스 전폭기 그리고 스마트 원폭에 의거한 미국의 '깨끗하고 깔끔한 첨단 전쟁' 능력을 과대평가하고 북한의 대응과 보복능력을 과소평가하는 경향을 띤다. 북한에 대한 군사옵션을 거론하는 매티스 미 국방장관 자신도 북한에 대한 이른바 '수술적 타격'(surgical strike)은 '최악의 전쟁'(the worst kind of fighting)을 초래할 것이라고 예상했다.[49] 트럼프 행정부의 육군참모총장 밀리도 2017년 10월 9일 "위험이 없는 대북 군사옵션은 없다"는 사실을 재확인하면서 한반도에서 전쟁은 '끔찍한 것'일 수밖에 없음을 지적한 바 있다.[50]

국가안보보좌관 맥매스터는 트럼프 행정부 안에서 대북 군사옵션의 대표 주창자로 알려져 있다. 오바마 전 대통령은 2016년 이렇게 말했다. "우리 무기는 분명 북한을 파괴할 수 있다. 그러나 그 전쟁은 감당할 수 없는 인간적 대가(unacceptable humanitarian costs)가 따를 것이다. 북한과 붙어 있는 우리 동맹국 남한 사람들을 위험에 빠뜨릴 것이다."[51] 오바마가 한반도의 전쟁이 감당할 수 없는 인간적 대가를 초래할 것이라고 우려한 객관적 조건은 2017년 이후에도 변하지 않았다. 달라진 것이 있다면 북한의 보복 대응능력이 향상된 것뿐이다.

---

48 Peter Baker and David E. Sanger, "White House Weighs Response to North Korea's Threats," *The New York Times*, September 22, 2017.

49 Motoko Rich, "In North Korea, 'Surgical Strike' Could Spin Into 'Worst Kind of Fighting'," *The New York Times*, July 5, 2017.

50 이용인, 「미 육참총장 '위험 없는 대북 군사옵션은 없다'」, 『한겨레』, 2017. 10. 10.

51 John Delury, "Take Preventive War with North Korea off the Table," *Foreign Affairs*, August 22, 2017.

북한에 대한 선제타격이나 예방전쟁을 합리화하는 배경에는 유사시 북한의 보복공격을 미사일방어체계가 막아줄 것이라는 믿음이 자리 잡고 있다. 사드를 포함하여 가급적 많은 미사일방어체계를 미국에서 도입해 배치하면 북한의 보복을 걱정하지 않고 북한을 먼저 공격할 수 있다는 발상이 작용하는 것이다.

남한의 수도권을 단시간에 초토화할 수 있는 장사포 체계와 SRBM 그리고 2016년 이래 개발에 성공해온 북극성-1형 SLBM 등 다종화하고 다변화된 대량보복 능력을 북한이 미국의 선제타격에 답하는 대량보복을 위해 동시다발적으로 동원할 때, 미사일방어가 그것들을 효과적으로 무력화할 수 있다는 기대는 그 자체가 대단한 판타지다. 북한의 탄도미사일 체계들이 고정식에서 이동식으로 전환되고, 액체연료에서 고체연료로 전환됨으로써 발사 준비 시간이 크게 단축되는 추세라는 사실도 북한에 대한 효과적인 선제타격 전략이 무책임한 허풍일 개연성을 높이고 있다.

국회 정보위원장을 맡고 있는 자유한국당 이철우 의원은 북한 ICBM에 대한 미국의 선제공격이 현실적으로 가능하지 않은 이유를 토로했다. 그는 북한이 ICBM급 미사일 시험발사를 한 자강도 무평리 일대는 중국과 국경에서 50킬로미터 이내여서 미국이 선제타격하는 것이 불가능하다고 지적했다.[52]

유사시 북한이 2017년 들어 획기적으로 확대한 한국에 대한 대량보복 능력과 관련해 주목할 것은 이러한 탄도미사일만이 아니다. 북한은 기존에도 사거리 70~80킬로미터의 다연장로켓인 122밀리미터 및 240밀리미터 방사포 수천 문(5,500문)을 휴전선에 배치하고 있었다. 그래서 유사시 서울을 포함한 수도권에 대한 대량공격, 대량보복 능력을 갖추고 있었다. 그런데 북한이 2017년 초 신형 방사포 개발을

---

52 이한승, 「이철우 北, 중국과 접경 50㎞ 내 미사일 쏴…美 선제타격 불가」, 『연합뉴스』, 2017. 7. 30.

완료해 실전배치 단계에 진입하면서 그 위협은 차원이 다른 수준으로 높아졌다.

앞서 제1장에서 언급한 바와 같이, 최근 완성된 300밀리미터 신형 방사포는 두 가지 점에서 차원이 다른 새로운 무기체계로 되었다.[53] 첫째, 사거리가 200킬로미터로 늘었다. 이로써 수도권은 물론이고 한국의 육해공군 본부가 위치한 충남지역까지 공격이 가능하다. 둘째, 방사포에 영상유도장치와 프로그램을 장착해 정확도를 크게 높였다. 정밀타격이 가능한 미사일급 무기로 개량한 것이다.

북한은 이러한 미사일급 방사포를 기존의 구형 방사포 숫자와 같이 수천 문씩 대량생산해 배치하는 단계에 들어서 있다. 이것은 북한이 핵무기 및 탄도미사일 체계들과 결합해 다층적인 대량보복 능력을 갖춘 것을 의미한다. 이 상황에서 미국과 한국의 군 정책결정자들이 더 절실하게 유념해야 할 것은 북한 선제타격론이 얼마나 무모하고 위험한 발상이 되고 있는가 하는 것이어야 한다. 그런데 북한의 신형 방사포 개발을 보도한 이 언론의 기사는 이에 대해 한국 군관계자들이 판에 박힌 선제타격론으로 반응하고 있음을 재확인해준다. 기사는 끝에 이렇게 마무리했다. "방사포는 탄도가 낮고 한꺼번에 여러 발이 날아오기 때문에 미사일과 달리 요격이 어려워 북한이 이를 쏘기 이전에 탐지하고 선제타격으로 발사대를 제거하는 개념의 '킬-체인' 구축이 시급하다는 지적이 나온다."[54]

신형 방사포 역시 수천 문을 대량생산해서 배치할 텐데, 그 많은 방사포가 낮게 날아오는 데다 한꺼번에 날아올 경우 요격이 불가능하다는 것은 당연한 얘기다. 그런데 그 대응이라고 내놓은 아이디어가 가관이다. 요격이 어려우니 선제타격하는 것이 답이라는 얘긴데 어이

---

53 정용수·이철재, 「8발 발사 능력 300㎜ 방사포, 명중률은 미사일 수준」, 『중앙일보』, 2017. 6. 21.
54 정용수·이철재, 「북한, 방사포 로켓에 '눈' 달았다」, 『중앙일보』, 2017. 6. 21.

북한의 신형 300밀리미터 방사포.
이 신형 방사포는 사거리가 200킬로미터로 충남까지 공격할 수 있다. 또한 정밀타격 능력을 대폭 강화했다. 북한은 이런 신형 방사포를 대량생산해 배치 중이다.

없는 논리다. 그 많은 방사포를 선제타격하려면 북한 전역을 쑥대밭으로 만든다 해도 어려운 일이기도 하지만 북한이 쑥대밭이 되기 전에 남한 땅 전체가 벌집이 되고 말 것이다. 이 뻔한 진실을 군 당국자들이 정말 이해하지 못했을 리 없다. 현실과 진실을 모른 체하면서 선제타격론에 매달려야 하는 다른 이유들이 있기 때문이라고 할 수밖에 없다. 북한에 대한 선제타격 논의가 미국에서도 한국에서도 안보와 국방을 책임진 국가권력 기관들의 대내적인 정치적 소용에 불과한 것이 아닌가 하는 의구심을 불러일으킬 수 있는 대목이다.

선제타격 전략은 여러 가지 위험을 가중한다. 쌍방 간 오인과 오산에 따른 군사적 행동과 그로 인한 전쟁 발발 위험성을 높인다. 북한이 자신의 핵무기를 포함한 대량살상무기를 보호하여 유사시 대량보복 수단으로 쓰려면 지구상 어떤 전쟁에서보다 신속한 판단과 발사 결정이 필요하다. 한반도의 지리적 조건상 그러하다. 그러므로 북한 지도부에는 유사시를 대비해 핵미사일 관리와 발사 권한의 사전위임(predelegation)이 필요하다. 그만큼 대량살상무기의 안정적인 중앙집중적 지휘통제체제를 유지하기가 어려워질 수 있다. 특히 한미동맹이 선제타격 독트린을 강조하는 상황일수록 북한은 적의 선제타격 후 살아남을 보복능력을 이중 삼중으로 갖추기 위해 핵무기 다종화와 대량생산, 파괴력 고도화에 부단히 매진할 수밖에 없다.

트럼프 행정부의 선제타격론과 예방전쟁론이 일상화되면서 미국에서도 비이성적인 행위자는 평양이 아니라 워싱턴이라고 지적하는 전문가들이 많아졌다. 트럼프가 계속해온 것처럼 북한을 군사적 행동으로 위협하는 것은 북한 지도자들로 하여금 자신들을 보호하려면 대규모 핵억지력(a nuclear deterrent)이 필요하다는 신념을 더욱 확고히 해줄 뿐이라고 본다.[55]

미국의 선제타격과 그것을 뒷받침하는 토마호크 순항미사일과 스텔스 전폭기 등의 첨단무기체계들이 군사적 합리성을 과시한 것처럼 보인 경우들은 공격 대상 국가들이 1990~91년의 이라크, 1999년의 유고슬라비아, 2001년의 아프가니스탄, 2003년의 이라크 그리고 2014년과 2017년 4월의 시리아와 같이 군사적 보복능력에서 미국과 상대가 되지 않는 이를테면 '좀비국가들'이었다. 북한은 전혀 다른 상대라는 사실이 미국의 현란한 무기체계를 앞세운 대북 선제타격 논의에서는 잘 떠오르지 않을 수 있다. 북한은 적어도 두 가지 점에서 전혀 다른 상대다. 첫째, 북한은 군사적 좀비가 아니라 엄청난 보복능력을 지닌 국가다. 둘째, 이라크, 유고, 아프가니스탄, 시리아와 달리 북한은 보복공격하기 용이한 치명적인 인질이 가깝고 거대하게 존재한다. 그 공격하기 좋은 '앉아 있는 오리'(sitting duck)는 물론 대한민국 수도권이다.

선제타격이 대북 군사옵션으로서 갖는 군사적·정치적 타당성은 미

55 Richard Rhodes and Michael Shellenberger, "Atoms for Pyongyang: Let North Korea Have Peaceful Nuclear Power," *Foreign Affairs*, May 23, 2017.

국과 한국에 서로 다르다. 미국으로서는 그것이 초래할 재앙에도 불구하고 '불량국가의 일탈행위에 대한 징벌적 군사제재'라는 의의를 가질 수 있다. 또 그것이 남한 사회에 초래할 피해는 미국으로서는 감당할 수 있는 부차적 피해(acceptable collateral damage)로 치부될 여지도 없지 않은 게 현실이다. 그러나 한국에는 현재보다 더 큰 위험과 불안정을 초래하는 군사행동은 징벌적 군사제재의 기능을 갖기는커녕 한반도 공멸의 재앙으로 귀착될 확률이 높다. 이 사실은 아무리 강조해도 지나치지 않다.

역사상 강대국들이 전쟁에서 실시한 선제적 공습은 군사력이 비교할 수 없이 허약한 약소국에 대해 전개한 경우에서조차 상대방을 굴복시키는 결과를 도출한 사례가 거의 없다. 존 미어샤이머(John Mearsheimer)는 그 점을 20세기에 걸쳐 일어난 전쟁을 들어 주장했다.[56] 1936년 이탈리아는 에티오피아의 도시와 마을들을 폭격했다. 심지어 독가스도 동원했다. 그러나 에티오피아는 항복하지 않았다. 이탈리아는 지상군을 투입한 지상전쟁을 벌여 에티오피아 전 영토를 점령한 뒤에야 항복을 받을 수 있었다. 일본도 1937~45년 중국의 많은 도시를 폭격해 수많은 인명을 살상했다. 하지만 중국의 항복을 받아낼 수는 없었다. 결국 일본이 패퇴했다. 미국은 1965~68년 북베트남을 대대적으로 폭격했다. 남베트남에 대한 북베트남의 군사개입을 중단하기 위해서였다. 그 목적은 결코 달성하지 못했다. 결국 머지않아 지도에서 사라진 것은 남베트남이다.

1979~89년 소련은 수도 카불에 세워진 친소정권에 저항하는 반군들이 장악한 아프가니스탄의 주요 도시들을 폭격했다. 그러나 결국 전쟁을 포기한 것은 아프간 반군이 아니라 소련이다. 1990년 8월 이라크의 사담 후세인(Saddam Hussein, 1937~2006)이 쿠웨이트를 점

---

56 John J. Mearsheimer, *The Tragedy of Great Power Politics*, New York: W.W. Norton, 2014(Updated Edition), p.103.

령하자 미국은 이라크가 쿠웨이트에서 철수하도록 압박하려고 1991년 초 이라크에 대한 전략적 공습을 전개했다. '스마트 폭탄'으로 불리는 현란한 첨단무기들이 동원되었지만 공습 자체로 목적을 달성할 수 없었다. 후세인은 쿠웨이트를 포기하지 않았다. 미국의 공습 작전에는 후세인을 공습으로 제거하는 참수작전도 포함되어 있었지만, 이 또한 실패했다. 미국이 지상군 중심으로 연합군을 편성해 이라크 영토를 침공한 뒤에야 후세인은 쿠웨이트에서 물러났다.[57]

결국 20세기 전 시기에 걸친 이들 사례가 말해주는 것은 무엇인가. 약소국을 상대로 월등한 첨단무기를 동원해 벌인 강대국의 공습도 그 자체만으로 상대방의 저항 의지를 꺾는다는 것은 거의 불가능하다는 사실이다.

미어샤이머가 지적했듯이 한국전쟁에서도 미국은 북한에 전개한 공습과 폭격에서 위의 다른 역사적 사례들과 마찬가지로 원하는 결과를 얻지 못했다. 미어샤이머는 한국전쟁 기간 미국의 북폭을 세 단계로 구분했다.[58] 제1기는 1950년 7월 말에서 1950년 10월 말까지였다. 이 기간에 미국 폭격기들은 북한의 다섯 개 주요 산업 중심지를 집중 폭격했다. 제2기는 1952년 5월에서 9월 사이였다. 수도 평양과 북한의 수력발전소들을 주로 폭격했다. 제3기는 1953년 5월과 6월 사이로 북한의 저수지들을 집중적으로 폭격했다. 미어샤이머는 북한이 쌀을 수확하지 못하게 해서 북한 인민 전체가 굶주려 항복하게끔 만들기 위해서였다고 지적했다. 이러한 세 차례 주요한 대북 전략 폭격 가운데 첫 번째와 두 번째 폭격은 북한의 행태를 바꾸는 의미 있는 변화를 이끌어내지 못했다고 미어샤이머는 진단했다. 또 북한 사람들을 기아 상태에 빠뜨리기 위한 세 번째 전략 폭격 작전도 성공하지 못했다. 여기서 미어샤이머가 끌어내려는 결론은 재래식 폭격은 상대방을 성공

---

57 Mearsheimer, 2014, p.104.

58 Mearsheimer, 2014, pp.104~105.

적으로 강압(强壓)하지 못한다는 점이다.[59]

그런가 하면 미어샤이머의 견해에는 아주 잘못된 것도 있다. 그는 북한이 휴전에 서명한 것은 폭격 때문이 아니라 드와이트 아이젠하워 (Dwight Eisenhower, 1890~1969) 대통령의 핵무기 사용 위협 때문이었다고 했다.[60] 북한이 휴전에 서명한 이유를 북한과 중국에 대한 미국의 핵위협에서 찾는 것인데, 이것은 대단히 잘못된 분석이다. 러시아 기밀해제 문서들을 보면, 북한과 중국은 1951년 중엽부터 이미 휴전을 원했고 미국이 요구하는 조건들을 수용할 태세였다. 전쟁이 장기화된 까닭은 이오시프 스탈린(Joseph Stalin, 1879~1953)의 고집이 가장 중요한 요인이었다. 1953년 3월 스탈린이 죽으면서 비로소 휴전협상이 실질적으로 진행되기에 이른다.[61]

설사 미어샤이머의 주장처럼 한국전쟁에서 북한과 중국에 대한 미국의 핵무기 사용 위협이 유효했다 하더라도 그것이 2017년의 한반도에서 더는 유효하지 않다는 것은 말할 필요도 없다. 지금은 한국전쟁 때와 적어도 두 가지 점에서 다르다. 첫째, 지금은 북한이 핵무장을 완성한 상태다. 미국이 북한을 핵공격하면 북한 역시 남한과 일본 그리고 심지어 괌의 미군기지와 나아가 미국 본토까지도 사정권에 두는 핵미사일 능력을 갖추었다. 북한의 보복능력은 지금 그때와 천양지차다. 둘째, 1953년에는 북한뿐 아니라 남한도 전쟁 지속으로 더 잃을 것이 딱히 없었다고도 할 수 있다. 하지만 지금은 명백히 다르다. 남한 인구의 절반이 살고 있는 수도권은 북한의 보복공격에 적나라하게 노출된 치명적 약점이다.

---

59 Mearsheimer, 2014, p.105.

60 Mearsheimer, 2014, p.105.

61 이 점은 다음 문헌 참조할 것. 아나토리 바실리예비치 토르쿠노프, 구종서 옮김, 『한국전쟁의 진실과 수수께끼: 김일성-스탈린-모택동 기밀문서』, 에디터, 2003(Anatory Vasilievich Torkunov, *The War in Korea 1950-1953*, 2000), pp.260~271, pp.303~305, pp.318~325, p.337, p.339, p.373, p.399, p.419, p.420.

스티븐 배넌(Stephen Bannon)은 2016년 대선에서 트럼프의 승리를 일궈낸 최고 공신이다. 그는 무역과 이민 문제에 포퓰리즘(populism)적이며 인종주의적 어젠다를 부각해서 트럼프를 대통령으로 만든 핵심 전략가다. 트럼프가 집권한 뒤 그는 2017년 7월까지는 백악관의 수석전략가로 활동했다.[62] 그러나 8월 초 미국 안에서 인종 분쟁이 전개되고 북한 핵위기가 심화되면서 그 해결 전략을 두고 트럼프 및 백악관의 다른 참모들과 배넌 사이에 갈등이 커졌다. 결국 8월 중순 트럼프는 그를 해고했다. 미국에서는 진보적 잡지로 통하는 『아메리칸 프로스펙트』(*American Prospect*)에 배넌이 인터뷰를 자청하여 자기주장을 적나라하게 풀어놓았기 때문이다. 그는 이 인터뷰에서 그 무렵 인종 분쟁을 촉발한 백인 우월주의자들(white supremacists)을 '한 줌의 광대들'(a collection of clowns)이자 '루저들'(losers)이며 미국 사회의 '일부 변방세력'(fringe element)에 불과하다고 말했다.[63]

배넌은 또 트럼프가 북한에 대한 예방전쟁과 선제타격을 공언하는 시점에 북한 문제에 대해서 이렇게 말했다. "전쟁 발발 30분 이내에 재래식 무기만으로도 서울에 사는 1,000만 명이 죽지 않을 것을 보여주는 방정식을 누군가 가져오기 전에는 (선제타격을 운운하는 사람들은) 자기가 무슨 말을 하는지도 모르는 것이다. 이 문제에 군사적 해법은 없다. 우리가 졌다"(Until somebody solves the part of the equation that shows me that ten million people in Seoul don't die in the first 30 minutes from conventional weapons, I don't know what you're talking about, there's no military solution here, they got us). 배넌은 그러면

---

62 Ashley Parker, Philip Rucker, Robert Costa and Damian Paletta, "Trump gets rid of Stephen Bannon, a top proponent of his nationalist agenda: Stephen Bannon is out as White House chief strategist," *The Washington Post*, August 18, 2017.

63 Derek Hawkins, "Steve Bannon says rivals 'wetting themselves,' calls supremacists 'clowns,' contradicts Trump on N. Korea," *The Washington Post*, August 17, 2017.

서 국무부와 국방부 인사들이 "자기 옷에 오줌을 싸는 것"(They are wetting themselves)이라고 공격했다.[64] 그는 이 사실이 『워싱턴포스트』 등 언론에서 거론되며 논란이 되자 그다음 날 해고되었다.

이렇게 배넌이 대북 군사옵션의 타당성에 관해 트럼프와 이견을 보인 탓에 해고된 2017년 8월 국가안보보좌관 맥매스터는 미 군부의 대북 선제타격론에 회의를 제기하는 미국 내 주요 인사들을 강하게 공격했다. 이 과정에서 맥매스터는 미국이 과거에 '(미국인들에게) 깨끗한 첨단전쟁'을 전개하여 '성공적 군사작전'을 기록한 좀비국가들, 즉 1991년의 이라크, 1999년의 유고, 2001년의 아프가니스탄, 2003년의 이라크, 2017년의 시리아 등과 북한을 기본적으로 다를 것이 없는 나라로 인식함을 드러냈다.

오바마 행정부에서 국가안보보좌관을 지낸 수전 라이스(Susan Rice)는 『뉴욕타임스』에 실린 기고문에서 '예방전쟁은 미친 짓'(lunacy)이라고 비판했다. 라이스는 "냉전시기에 소련의 핵무기 수천 발이 제기한 훨씬 더 큰 위협을 우리가 용납(tolerate)했던 것처럼 북한의 핵무기도 용납해야 한다면 용납할 수 있다는 것(we can, if we must, tolerate nuclear weapons in North Korea)을 역사는 보여준다"고 썼다. 그러자 맥매스터는 며칠 후 ABC 텔레비전에 출연해 "그게 북한 같은 정권에 어떻게 적용될 수 있느냐"고 반박했다.

맥매스터를 비롯한 트럼프의 참모들이 백악관 상황실에서 하는 얘기들에 따르면, 김정은은 소련보다 더 '예측불가능한'(unpredictable) 인물이다. 어디로 튈지 모르고 다른 말로 하면 합리적·이성적이지 못하다고 인식한다. 또 김정은이 핵무장에 매진하는 진짜 동기는 협박(blackmail)에 있다고 본다. 이 참모들은 김정은이 로스앤젤레스나 시

---

64 Derek Hawkins, "Steve Bannon says rivals 'wetting themselves,' calls supremacists 'clowns,' contradicts Trump on N. Korea," *The Washington Post,* August 17, 2017.

카고를 위협함으로써 미국의 대북 원조를 강박해내고, 남한과 일본으로 하여금 지역에 전쟁이 났을 때 미국이 그들을 도와줄지를 의심하게 만드는 데 있다고 주장한다. 『뉴욕타임스』에 따르면, 트럼프의 참모들이 거론하는 또 다른 시나리오는 북한에서 반정부 봉기가 일어나 미국·남한·중국의 군대들이 북한에 진입해 핵무기를 찾으러 다니는 것이다. 이 경우 북한 군 일부가 핵무기 발사 버튼을 눌러서 미국이나 그 동맹국들에 보복하는 것이다. 결국 이들 참모들은 김정은이 핵무기를 유일한 안전보장책으로 삼기 때문에 자위(自衛)를 위한 핵억지력을 협상테이블에 내놓을 가능성은 없다. 그러므로 북한 핵문제에 대한 외교적 해법은 불가능하다는 것을 전제하며, 그렇기 때문에 공개적으로 군사행동을 거론한다는 것이다.

백악관 참모들이 거론하는 군사행동의 핵심은 결국 '수술적 공습'일 수밖에 없다. 그리고 그 주요 타깃은 물론 핵무기가 있는 곳을 포함한다. 그런데 미국의 보수적 싱크탱크 랜드연구소(RAND Corporation)의 북한 전문가 브루스 베넷(Bruce Bennett)은 이렇게 말했다. "북한에 대한 수술적 공습이라는 건 있을 수 없다. 그 무기들이 어디에 있는지 우리는 확실히 모르니까."[65] 미국 CIA 부국장을 지낸 마이클 모렐(Michael Morel)은 2017년 7월 4일 북한이 첫 ICBM 시험발사에 성공한 후 CBS 텔레비전과 인터뷰에서 "제2의 한국전쟁으로 이어지거나 김정은 정권이 이웃 국가들을 겨냥해 핵무기를 사용할 우려가 있는 상황에서 군사적 옵션은 없다"고 잘라 말했다.[66]

북한이 미국에 닿을 수 있는 ICBM을 연거푸 시험발사한 2017년 7

---

65 David E. Sanger, "Talk of 'Preventive War' Rises in White House Over North Korea," *The New York Times*, August 20, 2017.

66 이준서, 「前 CIA 부국장 '대북 군사·외교옵션 없다…미사일방어뿐'」, 『연합뉴스』, 2017. 7. 5. 그는 "협상테이블을 통해 북핵 프로그램을 폐기할 수 있는 외교적 해법도 사실상 없어졌다"고도 말했는데, 그가 생각하는 유일하게 남은 할 일은 "북한의 도발 때마다 제재를 가하거나 한국과 하와이·캘리포니아·알래스카에 미사일방어체계를 갖추는 것"이었다.

월 말, 트럼프 행정부 안팎에서 군사옵션을 주창하는 목소리가 한결 높아진 시점에 미 상원에서 정보위원장을 지낸 민주당의 원로 상원의원 다이앤 파인스타인(Diane Feinstein) 역시 "북한의 최근 실험은 미국에 명백하고 현존하는 위험(a clear and present danger)을 제기한다"고 말했다. 그러나 그녀가 이로부터 새삼 깨달았다고 말한 것은 '한 나라를 고립시키는 정책의 위험성'이었다. 이것을 인식할 때 해법은 오직 외교에서 찾을 수밖에 없다고 했다.[67]

4. '김정은 참수작전'은 왜 정치적 기만이며 잠꼬대인가

한국 군 당국은 2017년 7월 5일 가상 평양타격 장면을 담은 영상자료들을 이른바 '참수작전' 영상이라며 대거 공개했다. 여기에는 평양 김일성광장이 초토화되고 인공기가 불타는 장면이 들어 있었다.[68] 한국도 미국도 북한을 정말로 응징할 마땅한 수단이 없자, 상대방을 자극하는 동시에 대내적 카타르시스용 이상이기 어려운 다분히 선정적인 언론 플레이를 하는 것으로 비칠 수 있는 행동이었다. 문재인 정부의 군부도 예외가 아닌 것을 보여준 것이었다.

『연합뉴스』에 따르면, 한국 합동참모본부는 7월 5일 전략무기 동영상을 공개하며 대량응징보복 능력을 과시하고자 했다. 한국 공군의 F-15K 전투기에서 발사한 장거리 공대지미사일 타우러스가 평양의 '인민무력성 지휘부'를 격파하는 장면도 포함되었다. 타우러스는 전투기에서 공중 발사돼 500킬로미터를 날아가 표적을 3미터 이내의 오차로 정확하게 맞히는 초정밀 미사일로 "참수대상자의 집무실 창문을 골라 타격할 수 있다"고 소개되었다. 군 당국은 공개한 영상자료에 대해 이날 실시한 '한미 미사일 연합 무력시위' 참고자료라는 설명

---

67 The Associated Press, "US Bombers Fly Over South Korea After North's 2nd ICBM Test," *The New York Times*, July 30, 2017.

68 박용한, 「합참, 응징보복 '인민무력성' 엉뚱한 곳 공격하나」, 『중앙일보』, 2017. 7. 6.

을 붙였다. 그런데 군 당국에서 엉뚱한 곳을 공격하는 것 아니냐는 지적이 나왔다. 영상에서 인민무력성이라며 평양 위성지도에 표시한 곳은 군사시설이 아니었다. 1948년에 세워진 공예미술 창작기관인 '평양수예연구소'로 밝혀진 것이다. 공격 지점 바로 옆에는 유경호텔 등이 있었고 중국대사관도 불과 300미터밖에 떨어져 있지 않았다. 한국 군은 강력히 경고하되 지나친 자극은 피하려 했다고 해명했다고 한다. 그러나 지나친 자극을 피하려 했다면 그러한 영상을 언론에 공개하지 말았어야 한다.

군부가 참수작전이 정말 실행 가능한 옵션이라고 판단했다면 그런 영상 공개 소동을 과연 벌였을지 의문이다. 실행할 수 있는 작전이고 그럴 의지가 있다면 미리 나팔을 불어대며 선전할 이유가 없다. 한국 군 당국은 다만 국민을 향해서 이렇게 말하고 싶은 것인가. '우리는 무력하지도 무능하지도 않으며, 세금만 축내는 것이 아니다. 우리는 분명 무언가 쓸모 있는 일을 하고 있다.'

사마천은 『사기열전』에서 한비자(韓非子, 기원전 280?~기원전 233)를 논하면서 이런 말을 했다. "대체로 모든 일은 은밀히 진행하면 이루어지고 말이 새어나가면 실패한다."[69] 한국 정부가 참수작전을 대대적으로 홍보하는 이유는 상대방에게 겁을 주어 미사일을 쏘지 않게 하자는 뜻이 있을 테고 또 실제 그런 뜻으로 한 일이라고 해명한 것으로 보도되었다. 그러나 생각해보라. 남한에서 떠드는 참수작전으로 김정은 등 지도부의 동선에 보안을 강화한다면 설사 참수작전이 진행된다 해도 성공하기는 더 어려워질 것이다. 그런 가운데 참수작전 운운으로 더 악화되는 건 적대감일 것이며, 그 결과 북한 핵미사일 팽창을 더 재촉할 따름이다.

한국군은 2017년 12월 1일 '북한 전쟁지도부 제거 임무' 등을 수행하는 이른바 '특수임무여단'을 출범시켰다. 문재인 정부의 송영무 국

---

69 사마천, 김원중 옮김, 『사기열전』(상), 을유문화사, 2002(개정판), 55쪽.

방장관은 2017년 9월 북한 전쟁 지도부에 대한 이른바 '참수작전'과 관련해 '개념 정립 중'이라고 밝혔다. 그때 "2017년 12월 1일부로 부대를 창설해서 전력화할 수 있을 것"이라고 공개했는데 그대로 실행된 것이다. 이 부대는 병력 1,000명 규모로 구성된다. 기존 특수전사령부 내 1개 여단에 인원과 장비를 보강해 개편하는 방식을 취했다. 군 당국이 밝힌 이 부대의 구체적 임무는 "한반도 유사시 평양에 진입해 핵무기 발사명령 권한을 가진 북한 전쟁지도부를 제거하고 전쟁지휘시설을 마비시키는" 일이라고 언론에 공개했다.[70]

한국군은 이 부대가 북한이 공격해올 경우 대규모 보복작전을 펼친다는 계획인 이른바 '한국형 대량응징보복'의 일환이라고 밝혔다. 이 보복전략 개념은 대북 선제타격 개념인 킬-체인 그리고 한국형 미사일방어체계와 함께 이른바 삼축을 구성한다. 한국 정부는 박근혜 정부 때인 2016년 말에 이미 이러한 참수작전 개념을 공개했다. 이때 북한은 "우리(북한)의 최고수뇌부를 노린 특수임무여단 편성 놀음은 사실상 우리에 대한 노골적인 선전포고"라고 규정하면서 "(특수임무여단이) 초정밀 공격수단들의 첫 번째 타격 목표로 되는 것은 물론 그 편성을 고안해내고 거기에 가담한 자들 역시 일차적 처단 대상이 될 것"이라고 위협했다. 한국군은 "북한이 김정은 노동당 위원장의 경호를 대폭 늘렸다"는 첩보가 있음을 지적한 것으로 알려졌다.[71]

참수작전부대를 설립한 것은 박근혜 정부 때 한미 양국이 합의한 작전개념에 의거한다. 한국의 최윤희 합동참모본부 의장과 커티스 스캐퍼로티(Curtis Scaparrotti) 한미연합사령관 겸 주한미군사령관은 2015년 6월 '작계 5027'을 대체하는 '작계 5015'에 서명했다. 이 새로운 작계는 북한 핵과 미사일에 대응해 선제타격 전략과 북한 지도자

---

70 이상현, 「軍, 유사시 '北 전쟁지도부 제거' 특임여단 출범: 특수작전용 유탄발사기·개량형 헬기 등 첨단장비 갖출 전망」, 『연합뉴스』, 2017. 12. 1.

71 정용수, 「은밀히 北 핵시설 파괴…'인간병기' 모은 특임여단 창설: 북한 미사일 발사 이틀 만에 육군 특임여단 떴다」, 『중앙일보』, 2017. 12. 1.

참수작전을 포함한 매우 공격적인 군사작전계획을 담았다.[72]

한국군 관계자가 이와 관련해 2015년 8월 밝힌 바에 따르면, "이번에 합의된 작계는 전쟁 발발 등 유사시 한미 군사력 운용과 관련된 큰 밑그림에 해당"하며, "한미 양군은 새 작계에 따라 제대별로 예하부대까지 적용될 구체적인 작전계획을 연말까지 작업"하여 2016년부터 본격 적용할 예정이었다.[73] 작계 5015에 포함된 김정은 참수작전 계획은 "유사시 우리 측 피해를 최대한 줄이면서 이른바 참수작전 등 북한 정권 수뇌부에 대한 정밀 작전으로 조기에 승전(勝戰)하는 것을 목표로 하는 작전"이라는 명분을 제시했다.[74]

그런데 2016년 9월 국방통합데이터센터(DIDC)가 북한인 추정 해커에게 뚫려 참수작전 계획이 북한에 넘어갔다는 사실이 2017년 10월 국회 이철희 의원에 의해 밝혀졌다. 이 의원은 "군이 참수작전과 관련해 세웠던 김정은 등 북한 지도부 이동 상황 식별·보고, 은신처 봉쇄, 공중 강습작전, 확보·제거 후 복귀 등 4단계 참수작전의 상세한 내용이 모두 유출된 것"이라고 지적했다.

문재인 정부 들어서도 한국 군부가 북한 핵과 미사일에 대응하는 방식은 작계 5015의 매뉴얼에 따라 작동하고 있음을 말해준다. 한국군이 2017년 7월 4일 북한의 ICBM 발사 성공에 대한 대응으로 취한 조치의 하나가 평양의 김일성광장을 초토화하고 주석궁의 김정은 집무실을 타격하는 등의 '김정은 참수작전 영상'을 공개하는 것이었고,[75] 2017년 9월 한국이 '김정은 참수부대'(decapitation unit)를 창설한다는 계획은 해외 언론에도 공개되었다.[76]

---

72 박병수, 「한·미 '작계 5015'…한반도 유사시 북 핵·미사일 선제타격」, 『한겨레』, 2015. 8. 27.

73 박병수, 2015. 8. 27.

74 배재성, 「'김정은 참수계획' 김정은 손에 들어가」, 『중앙일보』, 2017. 10. 10.

75 최락선, 「軍, '평양 김일성 광장 초토화' 참수작전 영상 대거 공개로 '맞불'… 주석궁 김정은 집무실 타격할 '타우러스' 영상도 첫 공개」, 『조선일보』, 2017. 7. 5.

76 Choe Sang-Hun, "South Korea Plans 'Decapitation Unit' to Try to Scare

우리 군이 공개한 '김정은 참수작전 영상'의 한 장면.
김정은 참수작전은 전면전 확전을 유발할 수 있어 국가안보의 차원에서 타당성이 없다.

김정은 참수작전은 북한의 선제 핵공격을 유발할 개연성이 높다. 그 위험한 가능성을 감수하면서 김정은 참수작전을 시도하는 것은 국가안보 차원에서도 타당성이 없다. 김정은 참수작전은 북한 핵심 지도부가 안전에 허점을 드러낼 개연성에 의존하는 것이고, 그것에 의존하는 것은 운에 의존하는 것이다. 운에 의존하고 또 그것이 수반할 북한의 선제타격에 따른 전쟁 위험을 감수하는 것은 합리적인 국가안보 전략이 될 수 없다.

이라크의 후세인이 2003년 12월 체포되어 2006년 12월 30일 교수형에 처해진 것과 2011년 10월 무아마르 카다피(Muammar Qaddafi, 1942~2011) 리비아 대통령이 서방의 후원을 받은 반군세력에 사살된 일은 약소국 지도자들이 강대국들이 주재하거나 후견인으로 행동하는 법정이나 세력에 참수될 수 있음을 보여주었다. 그리고 그것은 지역의 안정과 평화 그리고 국제적 정의에 부합하는 것으로 인식되었다.

아마도 미국이 북한 지도부에 대한 참수를 거론할 때 불러일으키는

North's Leaders," *The New York Times*, September 12, 2017.

이미지는 후세인과 카다피의 운명일 것이다. 그러나 미국이 김정은 참수를 시도한다면 그것은 그 과정이나 결과에서 후세인이나 카다피의 경우가 아니라 쿠바의 피델 카스트로(Fidel Castro, 1926~2016)에 대한 아이젠하워와 케네디의 행정부가 추구했던 참수작전 결과에 가까운 것이 될 개연성이 높다.

적어도 다음 세 가지 점을 주목해야 한다. 첫째, 후세인과 카다피가 체포되어 처형되거나 피살된 것은 이들의 정권과 체제가 전쟁에서 패배하거나 내란으로 붕괴된 이후에야 비로소 가능한 일이었다. 2011년 카다피 피살, 2003년 후세인 체포와 3년 후 교수형 집행은 말할 것도 없이 반란이나 전쟁으로 그들 정권이 붕괴한 뒤의 일이다. 이라크의 후세인이나 리비아의 카다피에 대한 처리는 국방력이 취약한 국가들의 체제가 붕괴된 이후 마무리 수습조치, 즉 비극적인 과정의 매듭짓기라는 성격을 띤 것이다.

둘째, 리비아의 카다피나 이라크의 후세인 참수작전도 정권이 건재한 상태에서 전개되었을 때에는 예외 없이 실패했다. 미어샤이머가 지적했듯이, 1986년 4월 14일 미국은 카다피의 텐트를 폭격했지만 카다피는 무사했다. 미국은 1998년 12월 이라크에 대해 4일간에 걸친 짧은 전쟁을 전개했다. '사막의 여우 작전'(Operation Desert Fox)이라는 암호명이 붙은 작전이었다. 이 작전은 후세인 참수작전을 포함했지만 실패했다.[77] 1961년 봄 쿠바 카스트로 정권에 대한 미국의 침공작전도 실패했고, 그 이후 전개된 이른바 몽구스작전과 연계된 카스트로 암살작전도 통하지 않았다.[78]

셋째, 정권과 체제가 붕괴한 이후 그 지도부에 대한 심판과 참수는 유효했지만, 결집력 있는 정권의 수장에 대한 참수작전은 오히려 커

---

77 Mearsheimer, 2014, pp.108~109.
78 케네디 행정부 시기인 1961년 봄 피그만 침공작전이 실패한 후 쿠바에 대한 경제사회적 교란과 카스트로 암살을 위한 몽구스작전에 대해서는 이삼성, 『세계와 미국: 20세기의 반성과 21세기의 전망』, 한길사, 2001, 535~545쪽 참조할 것.

다란 부작용을 낳았다. 이와 관련해 미어샤이머는 최소한 두 가지 역사적 사례를 언급했다. 하나는 1986년 미국의 카다피 참수작전은 카다피는 죽이지 못하고 그의 딸만 희생시킨 일이다. 2년 후 발생한 팬암 103편 폭파테러는 미국의 실패한 참수작전에 대한 카다피의 보복이라고 추정되었다.

또 한 사례는 러시아가 1996년 4월 21일 체첸지방 반란군 지도자인 조하르 두다예프(Dzhokhar Dudayev, 1944~96)를 죽인 일이다. 러시아는 체첸반군이 전개한 무장 분리주의 운동을 무너뜨리려 한 것이다. 그런데 두다예프가 죽은 뒤 반군은 그의 죽음에 대한 보복을 선언했다. 그리고 불과 몇 달 뒤 러시아군은 체첸에서 철수해야 했다. 러시아가 원한 것과는 다른 결과였다.[79]

우리는 여기에 쿠바 카스트로의 경우를 추가할 수 있다. 미국은 카스트로 정권이 건재한 상태에서 이 정권의 붕괴와 카스트로 개인의 참수를 추구했다. 그 시도는 실패로 끝났을 뿐 아니라 1962년 10월 쿠바 미사일 위기라는 냉전시대 최악의 위기상황을 초래했다.

현재 북한 정권은 건재한 상태다. 설사 한미 양국이 김정은의 전쟁 발발이라는 대가를 각오하면서 '참수작전'을 전개해 만에 하나 성공한다고 하더라도 그것이 곧 북한 정권과 체제 붕괴로 이어진다는 보장은 없다. 또 설사 북한의 체제 붕괴가 현실화된다고 할 때도 그 현실은 예측과 통제가 불가능한 혼란과 비극의 서막일 개연성이 높다.

예컨대 지도자 '참수'에 따른 북한의 정권교체는 비극적 혼란을 초래한 상황에서 여전히 작동하는 북한 체제에 의해 한반도가 예측불가능한 군사적 분쟁의 소용돌이에 휘말리거나, 북한의 정권 붕괴가 한미 양국과 중국의 동시 군사적 개입을 초래하면서 '북한 분단'이라는 '한반도의 이중적 분단'의 비극을 초래할 수도 있다.[80]

---

79 Mearsheimer, 2014, pp.108~109.
80 이삼성, 「광복 70년에 생각하는 한반도의 평화와 통일」, 한국학중앙연구원·국

미어샤이머도 설사 참수작전이 성공한다고 해도 그 뒤 권력을 장악한 세력이 죽은 선임자의 정책과 의미 있게 다를 것이라는 개연성은 적다는 사실을 지적했다. 그는 아돌프 히틀러(Adolf Hitler, 1889~1945) 독일의 예를 들었다. 만일 히틀러 제거 작전이 성공했다면 마르틴 보르만(Martin Bormann, 1900~45)이나 헤르만 괴링(Hermann Göring, 1893~1946)이 권좌에 올랐을 것으로 보았다. 그 어떤 경우에도 이들이 히틀러와 다른 정책을 폈을 것으로는 기대할 수 없었다고 했다. 더욱이 히틀러 같은 사악한 지도자도 자기 국민 사이에서는 광범한 대중적 지지를 누렸다는 점을 주목한다. 특히 강력한 외부 위협이 존재하는 전시 상황에서는 정치지도자들과 대중 사이에 긴밀한 민족주의적 연대감이 더 강하게 형성된다는 사실을 간과해서는 안 된다고 그는 지적했다.[81]

김정은 참수작전을 공개적 독트린으로 포함하는 군사전략은 특히 선제타격 전략과 결합할 경우 그 각각이 실질적·군사적 효용은 없으면서 쌍방 간에 방어적 목적에서든 선제타격의 목적에서든 오인(misperception)과 오산(miscalculation)에 따른 성급한 군사적 행동의 가능성을 높인다. 그럼으로써 군사적 긴장의 에스컬레이션으로 인한 전쟁 발발 가능성을 높이게 된다.

김정은 참수작전론은 미국과 한국 모두에서 실질적 의미보다는 대내적인 정치적 소용을 의식한 것으로 그 폐해의 심각성을 숙고해야

사편찬위원회·동북아역사재단 공동주최 광복 70주년 국제학술대회 '광복 70년의 회고, 광복 100년의 비전', 한국언론진흥재단 프레스센터 19층, 2015. 11. 12. 『자료집』, 73~99쪽.

81 히틀러의 독일에서 지도자와 대중의 연대감에 대해 미어샤이머가 주목한 연구는 Earl R. Beck, *Under the Bombs: The German Home Front, 1942-1945*, Lexington: University Press of Kentucky, 1986; Jeffrey Herf, *Divided Memory: The Nazi Past in the Two Germanys*, Cambridge, MA: Harvard University Press, 1997; Ian Kershaw, *The 'Hitler Myth': Image and Reality in the Third Reich*, Oxford: Oxford University Press, 1987; Mearsheimer, 2014, p.69.

한다. 선제타격 전략의 합리적 타당성도 존재하지 않고 평화적 해법에 대한 비전이나 정치적 의지가 결여된 상태에서 그 공백을 메우기 위한 지극히 정치적인 성격의 군사독트린이라는 성격을 띨 수 있다.

참수작전 개념이 단순히 정치적 기능에 그치지 않고 공개적인 선제타격 전략과 결합할 경우 문제는 더 심각해진다. 상호 간에 군사적 긴장을 극단화하는 가운데 역시 상호 간에 선제타격 유혹을 높인다. 의도적이든 우발적이든 전쟁 발발 가능성은 더 높아질 수밖에 없다.

북한군 총사령관에 대한 참수작전 독트린은 북한의 핵무기와 생화학무기 체계 운용에서 유사시 보복공격을 위한 지휘통제 구조의 분산과 복수화를 촉진할 것이다. 미어샤이머도 이 문제를 지적했다. 군사적 긴장이 높아진 상황에서, 특히 지도부에 대한 적의 수술적 공격을 포함한 참수작전이 예상되는 조건에서는 거의 모든 나라 지도부는 그 작전이 성공하거나 유사시 지도부와 군부의 소통 채널이 단절될 경우를 대비해 특정한 군 사령관들에게 미리 권한을 위임하는 조치를 취한다. 그 단적인 예로 미어샤이머는 냉전 시기 미소 양국은 '핵무기 발사명령권자가 참수되는 상황'(nuclear decapitation)을 대비한 비상조치를 계획했다고 지적했다.[82] 즉 핵무기 발사 권한이 최고지도자 이하 여러 군 장성에게 사전에 위임되는 것이다. 그만큼 참수작전이 공공연히 거론되고 군사독트린으로 존재하는 상황에서는 양측 모두에서 오인과 오산에 따른 대량살상 전쟁의 가능성이 더욱 높아진다.

여기서 다시 루이스의 말을 기억하는 것이 적실해 보인다. 그가 보기에 미국 정치인들과 언론인들은 김정은이 마치 2003년의 후세인인 것처럼 생각하고 북한 정권을 무력으로 단숨에 무너뜨릴 수 있을 것처럼 얘기하는 습관에 젖어 있다. 그러나 김정은은 후세인과 달리 핵미사일

---

82 John J. Mearsheimer, *The Tragedy of Great Power Politics*, New York: W.W. Norton, 2014(Updated Edition), p.110.

을 보유한 지도자라는 사실을 잊어서는 안 된다고 그는 말했다.[83]

이 글의 맨 앞에서 필자는 '블러디 노즈'라는 이름의, 북한이 추가적인 미사일 실험을 할 경우 미국이 제한적인 수술적 공습을 실행하여 북한의 코를 깨뜨리겠다는 발상이 트럼프 행정부 대북 전략의 중요한 요소로 부상해 있음을 지적했다. 미국이 이러한 군사적 옵션으로 이루고자 하는 목표는 물론 북한의 비핵화이며 미국을 위협하는 미사일 체계의 완성을 차단하는 것이다. 또 미국이 이러한 군사적 해법을 앞세우는 논리는 대화와 협상도 실질적인 군사적 압박과 군사적 옵션을 배경으로 둘 때에만 효과를 발휘한다는 것이다.

과거 북한 핵문제에 대해 미국과 한국이 대응한 역사를 돌이켜보면 그 주장이 부적절하다는 것을 확인할 수 있다. 미국과 한국이 북한과 적극적으로 대화를 추구한 시기엔 그나마 북한의 핵무장과 미사일 개발이 동결되거나 지연되었다. 반면에 한미동맹이 북한에 군사적 압박을 높일수록 북한의 핵무장과 미사일 개발은 쫓기듯 촉진되었다. 미국이 북한의 비핵화를 위한 포괄적인 평화적 해법을 미룰수록 블러디 노즈와 같이 선제타격을 내포한 군사적 옵션에 더 기대게 된다. 그러한 군사적 옵션이 안고 있는 근본적 위험성은 애써 외면하게 된다. 그러나 에이브러햄 덴마크(Abraham Denmark)가 지적했듯이, 블러드 노즈 스타일의 선제타격은 미국이 바라는 대로 전면전을 피하면서 북한의 코를 깨는 효과로 끝나기는 기대하기가 쉽지 않다. 미국의 선제타격이 목표물을 파괴한다는 보장도 없을뿐더러, 북한은 미국의 제한적 타격에도 강력하게 대응할 가능성이 높다는 사실을 그 역시 상기시킨다.[84]

덴마크는 이라크전쟁을 예로 들어 전쟁에서 민간인뿐 아니라 미군이 입을 피해도 만만치 않을 것이라고 지적했다. 인구 밀집도가

---

83 Lewis, 2017.

84 Abraham M. Denmark, "The Myth of the Limited Strike on North Korea: Any Attack Would Risk a War," *Foreign Affairs*, January 9, 2018.

한국처럼 심하지 않은 이라크에서도 2003년 이후 2011년까지 전쟁으로 사망한 이라크 민간인 수는 46만 명이 넘는 것으로 집계되었다. 그 이후에도 수천 명이 더 죽었다. 2015년에 실시된 브라운대학교의 한 연구는 이라크와 아프가니스탄에서 97만 명, 그러니까 약 100만 명이 전쟁으로 장애인이 되었다고 밝혔다. 2003년 이후 이라크에서만 미군 약 7,000명이 전사했고, 5만 2,000명이 상해를 입었다. 덴마크는 한반도에서 전쟁이 일어나면 이라크 수준이 아니라 제2차 세계대전 후 일어난 그 어떤 전쟁보다도 더 참혹한 살상과 파괴가 일어날 것이라고 했다.[85]

한반도의 전쟁은 물론 인명 살상으로만 끝나지 않는다. 덴마크는 한반도에서 전쟁이 재발할 경우 미국에도 커다란 경제적 재앙이 될 것이라고 했다. 중국, 일본, 한국은 2016년 기준으로 미국에 각각 제1, 4, 6위의 무역상대국으로서 모두 합하면 8,800억 달러 무역고를 기록했다. 이 세 나라 경제가 한반도 전쟁으로 혼란과 파탄에 직면하면 그것은 미국과 세계경제에도 파국적 결과를 가져올 수 있다는 것이다.

"어떤 공격도 한반도 전체의 전면전으로 확전될 위험성을 안고 있고, 그 전면전은 수백만 명의 인명을 살상할 뿐 아니라 궁극적으로 아시아태평양지역에서 미국의 영향력을 떨어뜨리게 될 것"이라는 그의 경고는 누구도 부인할 수 없는, 오늘 우리가 처한 현실적 조건의 핵심을 재확인해주는 것이다.

---

85 Denmark, January 9, 2018.

제3장

미국 MD와 동아시아 핵군비경쟁 그리고 사드

1. 미사일방어의 환상과 선제타격론은 공생관계

1983년 3월 23일 레이건 미국 대통령은 중대 연설을 했다. 이 연설은 그가 "21세기의 우리 어린이들에게 새로운 희망이 될 결정"을 내렸다는 말로 시작했다.[1] 그 결정이란 미국 전체를 다른 나라들의 핵미사일로부터 보호하는 거대한 방어망을 건설하는 것이었다. 이른바 '전략방어계획'(Strategic Defense Initiative: SDI)이었다. 당시 인기가 높았던 공상과학 드라마 시리즈에 「스타워즈」(Star Wars)라는 게 있었다. 레이건의 SDI는 곧 '스타워즈'라는 별명으로 불렸다. 그가 말한 어린이들을 위한 중대 결정은 실제 어린이들에게 인기가 높았던 그 드라마 시리즈를 현실로 구현해내는 꿈과 같은 것이었던 셈이다.

레이건은 이 연설에서 이렇게 말했다. "나는 여러분과 함께 희망을 주는 미래 비전을 공유하려 합니다. 우리는 소련의 가공할 미사일 위협을 방어적인 수단으로 대응하는 프로그램을 시작합니다. 우리의 위대한 산업기반을 낳고 오늘날 우리가 누리는 삶의 질을 제공한 기술의 강점을 이용합시다. 만일 자유세계 사람들이 그들의 안보가 소련의 공격에 대한 미국의 즉각적 보복을 위협하는 것에 의존하는 대신

---

[1] President Ronald Reagan, "Address to the Nation on Defense and National Security," March 23, 1983(https://www.reaganlibrary.gov/sites/default/files/archives).

우리 땅이나 우리 동맹국들의 땅에 도달하는 전략탄도미사일들을 요격하여 파괴할 수 있다는 사실을 알고 안전하게 살아갈 수 있다면 여러분은 어떠시겠습니까?"

레이건 이전의 미국과 소련 지도자들은 요격체계가 그 자체만 보면 방어적이어서 평화를 위한 좋은 수단이 될 수 있다는 생각을 안 했던 것은 물론 아니다. 그러나 1972년 제1차 전략무기제한협정(Strategic Arms Limitation Talks I: SALT I)의 핵심요소였던 탄도미사일방어제한협정(Anti-Ballistic Missile Treaty: ABM Treaty)에 리처드 닉슨(Richard Nixon, 1913~94) 미국 대통령과 레오니드 브레즈네프(Leonid Brezhnev, 1906~82) 소련 공산당 서기장이 서명한 것은 그러한 요격체계 건설이 초래할 역설적인 평화 파괴 기능 때문이었다.[2] 둘 중 한 나라가 우월한 요격체계를 건설하면 두 나라 사이의 전략적 균형이 깨지고 불안정이 초래된다. 한쪽이 핵무기로 공격하면 다른 쪽도 역시 핵무기로 보복공격을 함으로써 다 같이 공멸하는 것이 확실한 상황에서는 이성적 지도자라면 누구도 먼저 핵무기를 사용하지 않을 것이다. 이것이 핵억지(nuclear deterrence)의 요점이었다. 이러한 핵억지 세계에서는 상대방에 대한 대량보복 수단을 갖고 있다는 사실이 서로 먼저 전쟁을 일으키지 않게 억지하는 전제조건이다. 이것을 전략적 균형 또는 전략적 안정(strategic stability)이라고 말한다.

그런데 만일 미국은 날아오는 핵무기를 맞추어 떨어뜨리는 효과적인 미사일방어 수단을 갖게 된다면, 그래서 소련이 핵무기를 쏘아봐

---

2 「탄도미사일방어체계 제한을 위한 미소 간 협정」(Treaty between the United States and the Union of Soviet Socialist Republics on the Limitation of Anti-Ballistic Missile Systems)은 1972년 5월 26일 미소 두 나라가 서명함으로써 성립했다. 이 협정은 탄도미사일방어체계를 미소가 각기 두 곳에만 제한적으로 설치할 수 있도록 함으로써 전국적인 미사일방어체계를 구축하는 것을 불가능하게 했다. The U.S. Department of State, "Treaty Between The United States of America and The Union of Soviet Socialist Republics on The Limitation of Anti-Ballistic Missile Systems"(www.state.gov/www/global/arms/treaties/abm/abm2.html).

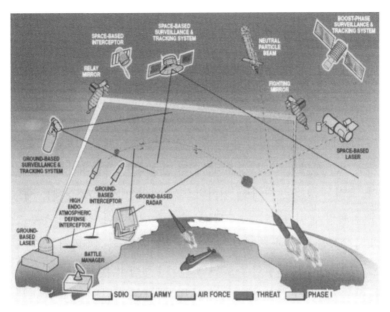

SDI의 간략한 개요도.
레이건 대통령은 SDI를 발표하며 "21세기의 우리 어린이들에게 새로운 희망이 될 결정"
이라고 말했다. 이런 요격체계는 오히려 전략적 균형을 깨뜨리고 만다.

야 미국의 요격체계에 걸려 쓸모없이 되어버린다면 미국은 소련의 보
복을 걱정할 필요 없이 소련에 전쟁을 걸 수 있게 된다. 이것이 '전략
적 불안정'(strategic instability)이다. 1972년 미소 두 나라는 서로 요
격체계 건설이라는 또 다른 차원의 소모적이고 위험한 군비경쟁을 절
제함으로써 전략적 불안정을 예방하고 전략적 안정을 유지하려는 선
택을 했다. 미국이 기술적 우위를 바탕으로 요격체계를 건설하는데
앞장서기를 주창하는 보수적 전략가들의 눈에 그 협정은 '공포의 균
형'에 안주하는 야합이었다. 그러나 대부분 상식이 있는 전략가들에
게 그것은 최선은 아니지만 현실에서 핵전쟁 우려를 줄이고 군비경쟁
을 절제하기 위한 차선의 합리적 선택이었다. 당시는 특히 요격체계
건설에 필요한 기술적 조건이 상대적으로 더 열악했다. 또 미국은 베
트남전쟁으로, 소련은 경제체제 비효율로 어려움이 커지기 시작할 때

였다. 이것이 천문학적 예산이 소요될 요격체계 분야의 군비경쟁을 제한하는 협정에 합의할 수 있었던 기술적·경제적 배경이었다.

레이건의 SDI는 닉슨과 브레즈네프 시대에 미국과 소련이 선택한 차선을 버리고 자신의 핵무기는 계속 현대화하면서 상대방 핵무기는 무력화해 전략적 안정을 파괴하는 결정으로 비칠 수 있었다. 레이건은 이 연설에서 핵무기 감축협상을 제안하면서 공격적 핵무기는 사라지고 착한 방어무기만 존재하는 유토피아를 그려냈다. 그러나 그것은 대체로 '립서비스' 차원의 얘기였고, 실제는 새로운 차원의 군비경쟁이라는 디스토피아를 예고했다. 레이건 정부 안에서 SDI를 주창하는 세력은 소련의 핵무기들을 선제타격할 수 있는 역사상 가장 정확하고 강력한 다탄두체계 ICBM인 MX(Missile Experimental)와 그에 비견하는 SLBM인 트라이던트 II(Trident II)의 개발 배치도 동시에 추진하길 원하는 자들이었기에 그러한 의심은 증폭될 수밖에 없었다.

MX미사일은 10여 개 핵탄두를 동시에 장착하는 최첨단 다탄두체계였다. 당시 미국의 주력 다탄두 ICBM 체계인 미니트맨 III(Minuteman III)보다 더 많은 탄두를 장착할 뿐 아니라 속도와 정확성이 향상되어 소련 핵무기를 선제적으로 파괴하는 군사력파괴전략에 적합한 무기로 평가되었다. 애당초 MX미사일 개발을 시작한 것은 지미 카터(Jimmy Carter) 행정부 때였다. 그러나 군축협상에 장애가 된다는 점과 비용 문제로 의회가 반대하면서 지체되었다. 레이건 행정부는 MX 개발 배치를 강력하게 추진했고, 그 결과 1987년에는 MX 50기 배치를 승인하기에 이르렀다. 이와 함께 레이건 행정부는 MX에 상응하는 최첨단 SLBM인 트라이던트 II의 개발을 추진했다. 이것은 14개 탄두를 동시 장착하는 다탄두체계였다. 원래 SLBM은 ICBM에 비해 상대방 공격을 피해 생존할 수 있는 생존력(survivability)은 우월하지만 정확한 공격력에서는 떨어진다. 그런데 트라이던트 II는 SLBM으로는 드물게 군사력파괴용으로도 사용될 수

있을 만큼 정확성도 뛰어나 획기적인 무기체계로 꼽혔다.[3]

그래서 레이건 행정부가 SDI를 방어적 무기라고 강변해도 그 말을 액면 그대로 받아들이는 전문가는 많지 않았다. 이를 의식한 듯 레이건은 위의 연설에서 이렇게 말했다. "방어체계가 한계가 있고 여러 가지 문제와 애매성을 내포한다는 것을 나는 명백히 인식하고 있습니다. 방어체계들이 공격적 무기들과 결합하면 침략적 정책을 조장하는 것으로 인식될 수 있습니다. 아무도 그것을 원하지는 않습니다. 그러나 이러한 점들을 분명히 염두에 두면서도 나는 우리에게 핵무기를 준 우리나라 과학계에 그들의 위대한 재능을 이제는 인류와 세계평화를 위해 바쳐서 이 핵무기들을 무력하고 쓸모없는 것으로 만들어버릴 수단을 우리에게 줄 것을 촉구합니다."

미사일방어의 판타지는 레이건 연설에서처럼 방어무기라는 명분 뒤에 숨지만, 레이건 행정부가 실제 추진한 정책에서 드러나듯 현실에서는 선제타격론과 상생하고 공생하는 관계를 구성한다. 미사일방어와 선제타격론의 공통점은 그 둘이 모두 공포의 균형이라는 현상의 구조로부터 탈출하려는 강한 욕구를 표현한 것이라는 사실이다. 미사일방어는 발사된 상대방의 핵미사일을 무용지물로 만들어 공포의 균형이라는 현상(現狀)을 파괴하려 한다. 선제타격은 상대방 핵미사일을 발사 전에 파괴함으로써 공포에서 탈출하고 균형을 전복하려는 게 다른 점이다.

미사일방어는 상대방 핵무기를 무력화해 공포의 균형에 의존하는 안보전략의 '창조적 파괴'를 추구하는 것이다. 상대방의 보복능력을 무력화함으로써 상대방을 선제타격할 때 따르는 보복 위험부담을 해소해준다. 이로써 선제타격을 '생각해볼 수 있는 선택'(a thinkable option)으

---

3 David Robertson, *A Dictionary of Modern Defense and Strategy*, London: Europa Publications, 1987, pp.211~212, p.309; 이삼성,『세계와 미국: 20세기의 반성과 21세기의 전망』, 한길사, 339~340쪽.

로 만들어준다. 그래서 미사일방어는 실질적인 군사과학적 타당성과는 큰 상관없이 선제타격론에 정치적·전략적 타당성을 부여한다.

미사일방어는 그래서 선제타격론과 공생관계를 구성한다. 함께 '상호 확증파괴' 내지 '공멸보장' 시대의 노멀(normal)이었던 공포의 균형 상태에서 인류를 해방해줄 것 같은 정치적 매력을 누린다. 그럼으로써 핵무기의 전 지구적 폐기라는 정치적 해법에 따르지 않고도 강대국 국민을 다른 국가들의 핵무기로부터 보호할 수 있다는 환상을 불러일으킨다.

미사일방어의 꿈은 미국 대통령의 SDI 연설에 실려서 현실 정치 영역에 들어선다. 미국 자신뿐 아니라 소련도 중국도 미국을 파괴할 수 있는 핵전력을 보유한 공포의 균형이라는 디스토피아에서 미국의 안전을 확보해야 하는 문제를 정치·외교적 수단이 아닌 군사과학과 돈으로 해결해내겠다는 야망의 표현이었다. 대기권 밖 우주의 군사화도 수반하는 우주를 넘나드는 최첨단 레이더 시스템들과 레이저무기까지 포함한 요격체계를 동원하는 완벽한 미사일방어의 꿈은 어떤 적대세력도 유사시 석기시대로 날려버릴 수 있는 자신의 핵전력 현대화는 지속하되 다른 나라들 핵미사일은 무용지물로 만들어 무장해제할 수 있는 것이었다. 세계에서 가장 발달한 군사과학과 군수산업과 돈을 갖춘 미국만이 누릴 수 있는 사치스러운 판타지였다.

과학기술적 차원에서 실질적으로 완벽하게 작동하는 미사일방어는 환상에 불과하리라는 것은 레이건 행정부의 SDI 구상이 발표된 지 얼마 되지 않았을 때인 1984년에 미국의 대표적 군수업자들 스스로 예견했다. 1984년 초 미국에서 '호프먼 연구보고서'(Hoffman Study)가 작성되었다. 프레드 호프먼(Fred Hoffman)이 의장을 맡은 '미래안보전략 연구팀'(Future Security Strategy team)이 미국 전략방어의 미래를 평가한 것이다. 이 팀의 위원 24명 중 17명은 나중에 SDI 사업의 계약자들이 된다. 이 연구팀의 결론은 레이건 행정부가 구상한 것처럼 1990년대 초에 미사일방어체계를 구축할 가능성을 부정적으로

평가했다. 그뿐만 아니라 더 근본적인 의미에서 문제를 제기한 측면
도 있다. 완전한 미사일방어는 시간이 오래 걸릴 뿐 아니라 미국이 미
사일방어를 구축하더라도 소련이 그에 대응해 미사일방어를 무력화
하는 노력을 감안했을 때 완벽한 미사일방어를 구축하는 것은 실제는
불가능할 것이라고 보았다.[4]

창과 방패로 비유되는 미사일과 요격미사일의 싸움에서 미사일이
우위를 점할 수밖에 없음을 예정하는 세 가지 기본적 이유가 있다. 첫
째, 미사일 자체에 흔히 '미끼'(decoy)라고 불리는 가짜탄두 여러 개
를 핵탄두와 함께 끼워 넣음으로써 요격미사일을 교란한다. 그러면
요격체계의 효율성이 크게 떨어질 수밖에 없다. 둘째, 미사일을 다종
화하고 대량화해서 상대방이 동원할 수 있는 요격미사일을 양적·질
적으로 압도하려 노력하게 된다. 셋째, 요격미사일의 성능을 향상하
는 데 드는 시간과 비용에 비해 그것을 무력화하는 데 드는 시간과 비
용, 필요한 기술력 요건이 훨씬 적다는 것이 일반원칙이다.

그런데도 절대 파괴력을 지닌 아마겟돈 무기에 맞서는 절대 방어
수단에 대한 욕망은 정치적 잠재력이 막강했다. 특히 거대한 부국인
미국의 시민들에게 그 꿈은 돈으로 살 수 있고 또 사야만 하는 매력적
인 상품이 아닐 수 없었다.

20세기 후반부 내내 세계 군비경쟁의 핵심이 핵탄두와 그것을 더
파괴적이고 더욱 빠르며 좀더 정확한 방식으로 실어 나르는 미사일체
계를 두고 벌이는 핵무기 경쟁이었다면, 21세기 군비경쟁의 총아는
미사일방어가 되리라는 것은 거의 필연이었다. 다만 1983년 레이건
행정부가 발표한 SDI 구상은 곧바로 본격 추진되지는 못했다. 기술적
여건도 충분하지 않았지만, 곧 전개된 탈냉전과 공산권 붕괴 그리고
제한적 핵군축과 같은 국제정치적 환경 변화가 큰 원인이었다. 이 때

---

4 Joseph M. Siracusa, *Nuclear Weapons: A Very Short Introduction*, Oxford: Oxford
University Press, 2008, p.98.

문에 레이건이 지펴놓은 스타워즈의 꿈은 잠시 휴면상태로 들어갔다.

그러나 아메리칸 판타지아는 결코 완전히 잠들어버린 적이 없다. 다만 탈냉전 세계에서 그 야망을 꽃피울 계기가 필요했다. 미사일방어를 본격적으로 추구하려면 1972년 5월 미국이 소련과 함께 서명한 탄도미사일방어제한협정을 폐기해야 했다. 이를 위해선 미국 국민을 설득하고, 러시아와 중국에 내세울 명분이 필요했다. 1990년대 북한 핵문제는 그 명분을 제공했다. 1994년 10월 클린턴 행정부는 제네바 북미합의를 끌어내 북한의 핵동결을 얻어냈다. 그러나 1994년 11월 미국 중간선거에서 벌어진 공화당 보수혁명으로 보수세력이 의회를 장악하면서 제네바합의 이행은 자꾸 지체된다. 1994년 11월 중간선거에서 상하 양원을 장악하며 미국 정치에 돌풍을 몰고 온 공화당의 보수적 강령 '미국과 계약'(Contract with America)의 핵심요소 가운데 하나는 미국 본토 전체를 덮는 '국가미사일방어체계' 구축이었다. 그것은 조지프 시라쿠사(Joseph Siracusa)의 지적처럼 미국 공화당 보수주의를 결집한 정치이데올로기의 핵심요소였다.[5]

공화당 보수파들이 의회를 주도하게 된 뒤 국가미사일방어 구축의 더없이 좋은 명분이었던 북한 핵문제를 평화적으로 해결하는 제네바합의가 지체된 것은 우연이었다고 할 수 없다. 그 지체는 북한 핵 프로그램의 군사화 가능성을 촉진하고 만다. 한국의 김영삼 보수정권과 눈에 보이지 않는 일종의 초국적 연합을 형성한 가운데 미국 공화당이 주도한 제네바합의 무력화 작업은 효력을 발휘했다. 1998년 북한이 대포동-1호를 발사한 것은 그러한 사정과 무관하지만은 않았다. 클린턴 행정부 또한 그것을 명분으로 국가미사일방어계획을 정책으로 수립하는 데 속도를 냈다. 그러나 김대중 정권의 햇볕정책은 남북정상회담을 이끌어내고 북미대화로 연결된다. 클린턴 행정부의 미사일방어 구상도 충분한 정치적 동력을 얻기 어려웠다. 클린턴 행정부

---

5 Siracusa, 2008, p.100.

가 국가미사일방어망을 개발하되 개발 속도와 배치 여부에 대한 최종 결정을 차기 행정부로 미루게 된 것도 그것과 무관하지 않았다.

2001년 신보수주의 세력을 등에 업은 부시 행정부가 출범하면서 상황은 급변했다. 아메리칸 판타지아가 부상할 새로운 계기가 마련되었다. 2001년 12월 부시 행정부는 마침내 1972년 미소가 맺었던 탄도미사일방어제한협정의 폐기를 러시아에 통보했고, 그로부터 6개월 뒤인 2002년 6월 미국은 탄도미사일방어제한협정의 구속에서 완전한 자유를 얻었다.[6] 당시 국무장관 콜린 파월(Colin Powell)이 북한은 제네바합의 이행과 관련한 문제를 일으키지 않고 있다고 공개적으로 밝힌 바 있다. 그럼에도 2002년 10월 부시 행정부는 제임스 켈리(James Kelly)를 북한에 보내 북한이 고농축우라늄을 이용한 핵무기 프로그램을 갖고 있다는 자백을 받아냈다고 주장하며 곧 제네바 북미합의를 공식 폐기했다. 그렇게 ABM 폐기와 북미합의 파기는 거의 동시에 이루어졌다.

북미합의 파기는 미국이 21세기 군비경쟁의 핵심 부문에서 혁신적으로 앞서가기 위한 ABM 협정 폐기의 좋은 명분이 되었다. 이후에도 미국의 미사일방어체계 구축의 동력으로서 북한 핵문제는 가장 유력하게 동원된 테마였다. 미국 보수 정치세력이 주도한 가운데 미국 군산정복합체(軍産政複合體)는 21세기 군비경쟁의 꽃인 미사일방어에 대한 천문학적인 투자를 국내 정치적으로 정당화해야 했다. 또 중국과 러시아의 반발에 대응할 명분으로서 북한 핵문제는 안성맞춤의 이슈였다. 경제난에 시달려 언제고 고사하거나 붕괴할 것처럼 보이는

---

6 이 협정은 유효기간을 따로 두지 않았고, 다만 제15조에서 자국의 최고 이익 (supreme interests)을 위협하는 비상한 사태(extraordinary events)가 발생하여 이 협정의 폐기를 원할 때는 6개월 전에 자국의 최고 이익을 위협하는 비상 상황에 대한 설명을 곁들여 상대국에 통보하도록 했다. 미국은 2001년 12월 13일 러시아에 이 협정 탈퇴 의사를 통보했고, 이에 따라 6개월 후인 2002년 6월 이 협정은 정식으로 폐기되었다. The U.S. Department of State, "Treaty Between The United States of America and The Union of Soviet Socialist Republics on The Limitation of Anti-Ballistic Missile Systems(ABM Treaty)"(www.state.gov/t/avc/trty/10188.htm).

북한과 평화적·정치적으로 타협해 문제를 해결할 필요는 없어보였다. 미국의 21세기 군비경쟁 분야에서 가장 역사적인 프로젝트를 위한 정치적·외교적 명분과 동력을 희생할 이유는 더더욱 없었다.

2. 미국의 MD 구축에 대한 중국의 인식과 대응

중국과 러시아는 미국이 1998년 북한의 대포동 미사일 발사를 이유로 국가미사일방어체계 구축을 공식화할 때부터 미국에 강력한 경고를 보냈다. 이들도 미사일방어체계를 구축하려고 나름대로 노력은 하겠지만 무엇보다 군사과학에서 뒤떨어지는 이 나라들의 선택은 미국의 미사일방어망을 뚫고 그것을 무력화할 수 있는 다종화된 핵전력 강화일 수밖에 없었다. 2001년 독일의 민간 평화군축 비정부기구(Non Governmental Organization: NGO)가 중국의 군사전문가들과 함께 상하이에서 개최한 국제평화회의에 필자도 초청을 받아 참석했다. 그 회의에서 중국 측 발표자로 나선 중국 군사전문가들이, 미국이 미사일방어 구축을 강행한다면 중국이 미국을 타격할 수 있는 핵전력을 기존의 10배로 늘릴 것이며, 중국이 그 정도 경제적 자원은 충분히 갖고 있다고 역설했던 기억이 지금도 생생하다. 미국은 러시아의 반발도 중국의 경고도 개의치 않았다. 북한 핵문제와 테러리즘 등을 포함한 여러 명분을 내세우며 미사일방어체계 구축을 추진했다.

미국은 유럽에서 미사일방어를 구축하는 명분으로 이란 같은 중동 국가의 위협을 앞세웠다. 동아시아에서 일본 같은 동맹국과 함께 미사일방어를 구축하는 것에 대해서는 대포동 미사일 등 북한 핵과 미사일 위협을 애당초 명분으로 삼았고, 그 뒤 지금까지도 공식적으로 그 태도를 견지해왔다.[7] 러시아와 중국은 이를 액면 그대로 받아

---

[7] Bureau of European and Eurasian Affairs, U.S. Department of State, "Fact Sheet: U.S. Missile Defense," January 20, 2009(http://www.state.gov/p/eur/rls/fs/83119. htm).

들이지 않았다. 러시아도 중국도 미국의 미사일방어 발전으로 자국의 핵전력이 무력화될 위험을 줄이기 위해 핵전력 현대화에 박차를 가했다. 2015년 블라디미르 푸틴(Vladimir Putin)은 새로이 현대화된 ICBM을 40기 갖추겠다고 선언하기도 했다.[8]

중동을 빌미로 삼은 미국의 유럽 MD에 러시아가 반응하는 것처럼, 북한을 빌미로 한 동아시아의 미사일방어는 중국의 반응을 불러왔다. 미국이 북한의 대포동 미사일 발사를 명분으로 동아시아지역 MD를 본격적으로 거론할 때부터 이미 예정되어 있던 일이다.[9]

2000년 한 중국 관리는 이렇게 말했다. "중국의 최대 우선과제는 경제발전이다. 그러나 미국이 방어망을 구축한다면 미국은 무슨 문제에 대해서든 우리를 협박하고 마음 놓고 공격도 할 수 있다. 중국은 그런 사태를 막아야 한다. 미국의 방어망을 파괴해야 하는데, 이것은 막대한 돈이 든다. 우리는 정말 그렇게 하고 싶지 않다."[10] 그 뒤 미국은 북한 핵과 미사일 프로그램을 명분으로 동아시아 MD 구축을 추진했고, 중국은 그들이 경고한 대로 핵전력 현대화를 실행에 옮겼다.

중국 핵전력은 2000년대 들어서 ICBM 등 전략핵의 현대화와 함께 중거리급 핵전력에서 현저한 질적 다변화와 양적 성장을 보였다. 이러한 변화는 특히 2010년 전후에 가시적으로 확인되었다. 특히 중거리급 핵전력에서 중국이 이룩한 성장은 동아태지역에서 미국의 해상패권과 일본 안보에 대한 중국의 점증하는 도전을 대표한다. 미국은 중국의 중거리급 핵미사일과 첨단재래식 정밀타격 미사일들로부터 동아시아의 미군기지들과 일본을 방어한다는 명분으로 지역 미사

---

8 Neil MacFarguhar, "As Vladimir Putin Talks More Missiles and Might, Cost Tells Another Story," *The New York Times*, June 16, 2015.

9 북한의 미사일 위협을 명분으로 한 미국의 동아시아 미사일방어망 구축에 대한 중국의 경계에 대해서는 2001년의 책에서 상술한 바 있다. 이삼성, 「제4장: 21세기 미국의 군사전략과 미사일방어」, 『세계와 미국』, 한길사, 2001, 특히 368~370쪽, 374~383쪽.

10 이삼성, 2001, 370쪽.

일방어 확대를 서둘러왔다. 이것이 오늘날 동아시아 대분단 기축관계에서 고도화되고 있는 군비경쟁의 한 본질이다. 사드 문제는 이런 맥락에서 주목할 필요가 있다. 그래서 사드 문제는 동아시아 대분단의 기축관계(미일동맹과 중국관계)의 긴장과 한반도 소분단체제의 긴장을 직결하는 고리이자 그것을 심화하는 중요한 현상이 되고 있다.

3. 중국의 핵무기정책과 전략핵(ICBM & SLBM) 현대화

중국이 4~5메가톤급 핵탄두를 장착하고 1만 2,000킬로미터를 날아서 미국 본토를 공격할 수 있는 ICBM인 DF-5를 개발·배치한 것은 1981년이다.[11] 중국의 핵전략 자체는 매우 절제되었다. 1964년 10월 처음 핵실험에 성공한 이래 중국의 핵전략은 핵 선제공격 배제(no-first-use: NFU)에 기초한 '확증보복'(assured retaliation)이었다.[12] 핵무기 보유 숫자도 '최소억지'(minimum deterrence) 개념에서 벗어나지 않았다.

그러던 중국의 군부 안에서 전략 개념 수정 논의가 일어난 것은 1987년이다. '제한적 억지'(limited deterrence) 개념이 그것이다. 앨러스테어 존스턴(Alastair Johnston)은 중국이 말하는 '제한적 억지'가 제2차 공격능력(보복능력)뿐만 아니라 재래식 공격에 대한 핵 선제공격 능력까지도 포괄하는 공세적 핵전략이라고 이해한 바 있다.[13]

그러나 1990년대 말 중국 내 전략가들은 중국에서 제시된 '제한적 억지' 개념은 근본적으로 '보복공격' 원칙에서 벗어나지 않는 것이라고 강조하는 글들을 발표하기 시작한다. 이들에 따르면, 중국의 '제한

---

11 Vipin Narang, *Nuclear Strategy in the Modern Era: Regional Powers and International Conflict*, Princeton: Princeton University Press, 2014, p.126.

12 Narang, 2014, p.129.

13 Alastair Iain Johnston, "Prospects for Chinese Nuclear Force Modernization: Limited Deterrence versus Multilateral Arms Control," *China Quarterly*, no.146(June, 1996), pp.548~576; Narang, 2014, p.131.

적 억지' 전략 개념은 미국의 전략핵무기들이 더욱 정확한 탄도미사일 및 크루즈미사일로 진화하고, 전략적 미사일방어체계 구축이 추진되는 새로운 상황에서 유사시 중국의 유효한 보복공격 능력을 확보하기 위한 것이라고 했다. 이를 위해 중국은 한편으로 자신의 핵무기체계를 미국의 선제타격으로부터 보호하여 생존율을 높이려는 노력을 기울이는데, ICBM 기지의 은폐와 이동식화 그리고 SLBM 시스템의 개발배치 등에 투자해왔다는 것이다. 또 다른 한편으로는 미국의 미사일방어망에 성공적으로 침투하는 핵무기 체계(다탄두체계화 그리고 가짜탄두장치 등 장착)를 개발함으로써 그것을 무력화하는 능력을 향상하려 노력했다.[14]

중국이 미국의 미사일방어망을 뚫고 미국 본토를 공격할 수 있는 추가적인 ICBM 건설을 추진한 것은 이미 2005년 미 국방부 보고서에 나타나 있다. 미국의 미사일방어체계 건설에 대한 대응의 일환으로 중국은 DF-31A와 같이 더 발전된 이동식 대륙간탄도탄 핵무기체계(mobile ICBM systems)를 개발하기 시작한 것이다.[15]

비핀 나랑(Vipin Narang)에 따르면, 중국은 자국이 먼저 핵공격을 받았을 때 보복용으로만 핵무기를 사용한다는 기조를 최근까지도 견지했다. 그래서 핵미사일 총수를 200기 수준에서 유지했다. 2010년 전후까지만 해도 미국 본토를 타격할 수 있는 중국의 유일한 ICBM은 DF-5였고, 그것을 20기 이내로 제한하는 절제를 보였다.[16] 이는 미국

---

14 Narang, 2014, pp.130~135.

15 Office of the Secretary of Defense, "Annual Report to Congress: The Military Power of the People's Republic of China, 2005," Washington DC: Department of Defense, 2005, pp.21~22, pp.28~29. Requoted from Critchlow, p.14. 중국의 DF-31은 DF-5와 같이 미국 본토 공격용이지만 더 발전된 것이다. 고체연료를 택해서 발사 소요 시간이 단축되었다. DF-31 개발이 시작된 것은 1980년대 말이다 (Narang, 2014, p.131).

16 중국이 왜 기본적으로 방어적인 보복공격 전략에 스스로 한정하는지에 대해서는 크게 세 가지 설명이 제시되어왔다. 하나는 중국의 핵무기체계 기술력의 한계를 주목한다. 다른 하나는 마오쩌둥 등 중국 지도부의 핵무기 관련 전략적 사고

과 핵군비경쟁을 자제하려는 의도인 동시에 일본의 핵무장을 예방하기 위한 전략적 선택이기도 했을 것이다. 그러나 만일 미국과 일본의 미사일방어망 구축이 더욱 본격화되고, 그 결과 중국의 제한된 전략적 핵능력이 완전히 무력화될 개연성이 높아진다면, 중국이 DF-31의 개발배치와 해상발사 핵미사일의 본격 확대를 포함한 조치에 나설 수 있다는 우려는 계속 있었다.

이제 그 우려는 현실이 되었다. 중국의 전략핵이 일정한 증가세를 보인 때는 2010년을 전후한 시기로 보인다. 그래도 아직 중국의 핵무기고는 미국의 핵전력과 비교하기 힘들 정도로 규모가 작다. 그런 만큼 중국은 미국과 전면적인 핵전쟁을 대비하기엔 역부족이다. 그래서 미 국방부가 잘 파악했듯이, 중국 핵전략의 기본은 '핵 선제사용 금지' 원칙을 고수하는 가운데, 중국이 핵공격을 받을 경우 공격한 나라에 충분히 보복을 가하는 정책을 견지하는 것으로 파악된다.[17] 다만 중국이 미국의 미사일방어체계가 확장되는 데 대응하여 미사일방어망을 뚫고 보복할 수 있는 현대화된 핵전력을 확보하려 노력하고 있고, 이를 위해 다탄두 미사일체계를 개발하는 점에 미국은 주목해왔다.

미 국방부는 중국의 ICBM이 2015년 현재 50~60개라고 추산했다.

의 특징, 즉 전략문화론이다. 셋째는 나랑이 제시하는 것으로 중국 특유의 당-군 관계론이다. 공산당 최고지도부가 핵무기라는 특수한 무기의 사용 여부에 대한 최종적 결정력을 유지하려면 핵 선제사용 전략은 선택할 수 없다는 것이다. 선제사용은 적의 공격 징후가 보일 때 적의 핵전력에 대한 선제타격을 감행하는 것을 의미하는데, 이를 위해서는 적의 공격 징후를 파악한 즉시 먼저 발사해야 한다. 그만큼 판단과 결정의 신속성을 요한다. 정치지도부의 판단과 결정을 기다릴 여유가 허용되지 않는다. 따라서 핵 선제사용을 염두에 둔 핵정책은 최고지도부가 아닌 야전사령부에 유사시 핵사용 결정 권한을 위임하지 않을 수 없다. 중국은 모든 중요한 결정의 중앙집중적 구조를 핵전략에서도 유지하기 위해서 그러한 권한 위임을 배제했으며, 그 결과 핵 선제사용은 중국의 핵전략에서 제외될 수밖에 없었다는 것이다(Narang, 2014, pp.145~152).

17 Office of the Secretary of Defense, U.S. Department of Defense, *Annual Report To Congress: Military and Security Developments Involving the People's Republic of China 2015*, April 7, 2015(이하 DOD Report, 2015), pp.31~32.

사일로 시스템인 DF-5와 고체연료를 이용하고 도로 이동형(road-mobile)인 DF-31과 DF-31A가 있다. DF-31A는 사정거리가 1만 1,200킬로미터여서 미 대륙 대부분을 타격할 수 있다.[18] DF-5는 1981년부터 배치되어 있었지만, 2015년 4월 공개된 미 국방부 보고서는 DF-5가 이제는 현대화되어 다탄두체계를 장착하고 있다고 밝혔다.[19] 중국이 실전배치한 ICBM 일부가 다탄두체계로 현대화된 사실을 미국 정부가 처음으로 밝힌 것이어서 주목받았다. 미국·러시아·영국·프랑스로 국한되었던 '다탄두체계' 보유 클럽에 중국이 합류했음을 미 국방부가 처음으로 인정한 것이다.[20]

2015년 4월 미 국방부 보고서는 DF-41도 언급했다. 이 보고서는 중국이 "도로 이동이 가능한, 아마도 다탄두체계를 갖춘 ICBM인 CSS-X-2(DF-41)를 새로이 개발하고 있다"고 밝혔다.[21] 중국이 다탄두체계와 미사일방어 침투 장치(penetration aids)를 갖춘 새로운 세대의 첨단 핵미사일체계를 개발해왔다는 사실을 명확히 지적한 것이다. 이는 중국이 최소억지 독트린을 고수하면서도 더욱 발전하고 확대되는 미국의 MD 개발과 배치 강행에 대응한 것이다. 미국의 핵공격을 받더라도 살아남아 미사일방어를 뚫고 보복타격을 할 수 있는 현대화된 핵전력, 즉 '전략적 억지력의 생존력'을 갖추려고 노력하는 것이라고 미국은 파악했다.[22]

미 국방부가 이 점을 확인하기 전에 세계의 핵전략 전문가들은 이미 중국의 다탄두체계를 갖춘 DF-41의 존재를 주목해왔다. 중국이 고

18 DOD Report, 2015, p.8.
19 DOD Report, 2015, p.8.
20 Hans M. Kristensen, "Pentagon Report: China Deploys MIRV Missile," Federation of American Scientists(FAS), May 11, 2015. 크리스턴슨은 "이번 국방부 보고서의 가장 놀라운 점은 중국의 ICBM 전력이 이제 다탄두체계로 장착된 DF-5를 포함하게 되었다고 주장한 점"이라고 파악했다(https://fas.org).
21 DOD Report, 2015, p.8.
22 DOD Report, 2015, p.31.

체연료를 사용하고 이동이 가능하며 미사일 하나에 핵탄두를 10기 장착한 가운데 사정거리가 세계 최장으로 1만 4,000킬로미터인 다탄두 핵미사일체계를 개발한 것이었다. 중국이 DF-41을 개발 시험한 것은 2010년대 초로 알려져 있다. 2012년 8월 중국 공산당 기관지의 하나인『환구시보』(环球时报, *The Global Times*)는 중국이 다탄두 ICBM 체계를 개발하고 있다는 사실을 처음 보도했다.[23]『제인스 디펜스 위클리』(*Jane's Defense Weekly*)가 2012년 7월에 DF-41을 시험발사했다고 밝혔는데,『환구시보』는 시험발사 사실은 부인했지만 중국이 새로운 다탄두 ICBM을 개발하고 있다는 사실을 처음 인정한 것이다.

미 국방부의 2015년 보고서는 미국을 비롯한 다른 나라들의 탄도미사일방어체계에 대응하기 위해서 중국이 기동성 재진입체를 활용한 유도 가능한 재진입 탄도미사일, 다탄두체제, 모의탄두, 연막장치(chaff), 통신교란장치(jamming), 열차단장치(thermal shielding) 등을 포함한 기술을 발전시키고 있다고 밝혔다. 또 중국이 2014년 극초음속 활공체(hypersonic glide vehicle)를 시험했다는 사실을 미국과 중국 모두 인정했다고 지적했다. 이 보고서는 중국의 핵무기체계를 관리하는 제2포병단(Second Artillery Force)이 중국 핵무기체계의 유사시 생존율을 높이기 위한 다양한 형태의 훈련과 작전을 전개하는 사실을 중국 공식매체들이 보도하고 있음을 주목했다.[24] 이를 신호로 해서 미국 언론은 중국의 다탄두 핵미사일체제 개발을 본격적으로 논점화했다.[25]

『환구시보』의 한 기사는 "미국이 미사일방어체계를 발전시키고 있기 때문에 다탄두 탑재가 가능한 제3세대 핵무기를 개발하는 것이 (현재

23 Keith Bradsher, "China Is Said to Be Bolstering Missile Capabilities," *The New York Times*, August 24, 2012.

24 DOD Report, 2015, p.32.

25 David E. Sanger and William J. Broad, "China Making Some Missiles More Powerful," *The New York Times*, May 16, 2015; *The New York Times*, Editorial, "China Buys Into Multiple Warheads," By the Editorial Board, May 20, 2015.

중국의) 대세(the trend)다"라는 중국 군사전문가의 발언을 인용했다.[26] 미 국방부는 중국이 DF-41을 개발 시험한 사실은 중국의 전략핵능력에서 질적인 도약으로 평가하고 있다. 2014년 시점에서 미국은 핵무기를 1,642기 보유한 데 비해 중국은 240기를 갖고 있었다. 중국이 고체 연료를 이용할 뿐 아니라 도로 이동이 가능한(road-mobile) 이동식 다탄두 체계인 DF-41을 개발·배치하면 중국의 핵무기고는 급속하게 팽창할 수 있었다. 이를 두고 미국은 중국과 전략무기 균형에서 질적 변화가 일어날 것을 우려했다.[27] 그간 미국이 중국에 대해 누려온 압도적 우위에 중대한 위협이 제기된 것으로 인식한 것이다.

중국은 또한 해상발사 대륙간탄도미사일을 탑재한 핵추진 잠수함을 갖기에 이르렀다. 진급(JIN-Class) SSBN이 그것이다. SSBN은 탄도미사일 탑재 핵추진 잠수함을 가리킨다. SSBN은 'Submersible Ship, Ballistic-missile, Nuclear-powered'의 첫 글자들을 결합한 것이다. 그래서 '탄도미사일을 장착하여 발사할 능력을 갖춘 핵추진 잠수함'을 가리킨다. 중국의 진급 핵잠수함은 사정거리 7,400킬로미터인 JL-2 SLBM을 탑재할 것으로 예상되고 있었다. 2015년에 4대가 취역했고 한 대가 건조 중이었다. 미 국방부는 이로써 중국이 처음으로 실질적인 장거리 해상발사 핵전력을 처음 갖게 된 것으로 파악했다. 중국의 SSBN들은 남중국해에 면한 하이난섬(海南島)에 배치되는데, 중국은 2015년 처음으로 핵억지력을 가진 해군력을 보유하게 된 것이었다.[28] 중국이 이러한 핵추진 잠수함을 구축하게 된 것은 무엇보다 동아태지역에서의 미일동맹의 해상 패권에 대한 중대한 위협으로 인식되고 있다.

---

26 The Telegraph, "China 'confirms new generation long range missiles'," Reported by AFP, August 1, 2014.

27 Kalyan Kumar, "China Test Launches Deadly DF-41 Multi War Head Super Ballistic Missile: Threat Perceptions Up For USA," *International Business Times*, December 19, 2014.

28 DOD Report, 2015, p.32.

중국의 진급 잠수함.
사정거리 7,400킬로미터인 JL-2 SLBM을 탑재할 것으로 예상된다. 2015년에 4대가 취역했고 2020년까지 8척을 건조할 계획이다.

2015년 9월 미 국방정보국(DIA)은 이 JL-2 SLBM이 2015년 말까지는 실전배치될 것으로 전망했다. 이 미사일은 하와이 동쪽에서 발사되면 미국 본토의 50개 주 모두를 사정거리 안에 둔다는 점을 미 국방정보국은 강조했다. 미 해군정보국(Office of Naval Intelligence: ONI)도 2015년 4월에 공개한 보고서에서 중국 해군이 JL-2 SLBM의 시험발사를 2012년에 이미 성공했다고 밝혔다. 이 새로운 미사일의 사정거리는 중국이 기존에 갖고 있던 SLBM에 비해 3배가 늘어났다고 평가했다.[29]

중국 해군은 이제 미국 본토 공격이 가능한 핵억지력을 갖춘 채 상시 순시 능력을 갖게 되었다. 이것은 "중국의 해군력에서 한 이정표를 세운 것"이라고 미 의회가 설립한 '미중 경제 및 안보 검토위원회'(The U.S.-China Economic and Security Review Committee)의 래

---

29 Anthony Capaccio & David Tweed, "U.S. Says Chinese Sub That Can Hit U.S. on Patrol Soon," September 24,2015(http://www.bloomberg.com).

리 워첼(Larry Wortzel, 전 미 군사정보요원)이 밝혔다. 중국 해군지도부는 JL-2 SLBM이 중국의 해양권력에 갖게 될 의의를 '잠수함과 미사일의 결합'을 처음 실질적으로 이룩한 사실에서 찾았다. 이는 중국의 자랑이고 적에게는 공포가 될 것이라고 보았다. 미국은 2015년 5월 발표된 중국의 국방백서가 중국 해군의 핵심 사명으로 '근해상 방위'(offshore waters defense)라는 과거 역할에 더해 '공해상 방위'(open seas protection, 원양방위)를 추가했다는 사실을 주목했다.[30]

싱가포르 라자라트남 국제문제대학원(Rajaratnam School of International Studies)의 콜린 고 스위 린(Collin Koh Swee Lean)에 따르면, 미국은 중국이 JL-2 SLBM을 12기 탑재할 수 있는 진급 핵잠수함에 더해 그 두 배인 24기를 실을 수 있는 탕급(Tang Class) 핵잠수함을 개발하는 것에 주목했다.[31] 그만큼 중국의 전략핵무기 현대화가 가속화되고 있음을 말해준다. 중국 시진핑(習近平) 주석은 2015년 9월 전승절 행사에서 중국 군병력을 30만 명 줄여 군 구조를 현대화하겠다고 했다. 그러자 미국은 "중국이 병력에 돈을 덜 쓰면 전투기, 잠수함, 순양함, 미사일에 더 많은 돈을 쓸 수 있게 된다"는 것에 신경을 곤두세웠다.[32]

요컨대 중국의 JL-2 SLBM 개발·배치는 미국 본토에 대한 사정거리를 갖춘 잠수함발사핵미사일 시스템을 갖춘 것을 의미한다. ICBM에 비해 적의 선제공격 시 생존력이 더 우수한 SLBM으로 '자신의 핵억지력을 한 차원 높인 것이다. 이렇게 함으로써 중국은 동아태지역 공해상에서도 미국의 해상패권을 의미 있게 제한할 수 있는 중대한 도전을 제기한 것으로 미국은 인식하기에 이르렀다.[33]

---

30 Capaccio and Tweed, September 24, 2015.
31 Capaccio and Tweed, September 24, 2015.
32 Capaccio and Tweed, September 24, 2015.
33 미 하원 '군사위원회의 해군력 분과회의'(House Armed Services Committee's sea power panel)의장을 맡고 있는 랜디 포브스(Randy Forbes) 하원의원은 이러한

4. 중국 중거리급 핵전력 확대와 미국 동아태 패권의 위기

미 국방부가 파악하고 있는 중국의 탄도미사일 현대화의 특징을 요약하면, 중국이 미국 본토를 타격할 수 있는 ICBM은 다탄두체계화 등을 포함하여 그 생존력(survivability)을 높이기 위한 현대화를 서두르지만, 그 숫자는 '최소억지' 독트린의 틀 안에서 대체로 유지되고 있다. 반면 MRBM과 IRBM은 질적 현대화와 함께 개수 증가도 현저하여 큰 주목을 받고 있다. 미 국방부는 중국의 전반적인 군사력 현대화의 일차 목적이 짧은 기간 고강도 지역전쟁(short-duration, high intensity)을 수행하는 능력을 강화하는 데 있다고 본다. 타이완해협에서 잠재적 전쟁을 준비하는 것이 여전히 중국의 군사적 투자의 초점이자 일차적 동기라는 말이다. 그러나 동시에 전력 강화의 강조점이 타이완 이외의 다른 지역분쟁, 즉 동중국해와 남중국해의 비상사태에 대한 대비로 확장되고 있다.[34]

미국은 중국이 동아시아의 타이완 이외 지역분쟁에서도 미국에 대응하면서 권력을 투사하며 미국의 접근을 차단할 능력(anti-access/area denial capability)을 확장하는 데 주목하고 있다.[35] 결국 동아태지역에서 미일동맹이 견지하는 해상패권과 그것의 토대인 동아시아 주둔 미군사력의 안전 그리고 미일동맹 자체의 근본 토대인 일본에 대한 미국의 안전보장을 위협할 수 있는 능력을 중국은 집중적으로 추구하고 있다. 이러한 중국의 노력에서 핵심 부분이 미사일 전력이며, 공군전력과 '원양' 해군전력도 함께 거론된다.[36]

중국이 보유한 IRBM CSS-2는 액체연료를 쓴다. 그러나 MRBM

상황이 미중 군사력 균형을 더욱 변화시키고 있으며 이에 대응해 미국은 잠수함 능력을 더 확대해야 할 필요성이 있다고 주장했다(Capaccio and Tweed, September 24, 2015).

34 DOD Report, 2015, p.i.

35 DOD Report, 2015, p.43.

36 DOD Report, 2015, pp.39~41.

DF-21은 고체연료에 도로 이동형(road-mobile)인 현대화된 시스템이다. 그래서 미국은 중국이 지역적 차원에서 핵억지력(regional deterrence)을 갖춘 것으로 평가한다.[37] 미국이 새롭게 주목하는 또 다른 MRBM에는 DF-21을 개량한 DF-21D가 있다. 이것은 사정거리 1,500킬로미터의 지대함탄도미사일(anti-ship ballistic missile: ASBM)이다. 미 국방부는 이것이 유도조작이 가능한 탄두(maneuverable warhead)를 장착해 서태평양지역 함정들을 타격할 수 있다고 파악한다.[38] 그래서 DF-21D는 '항모킬러'(carrier killer)로 불린다. 미 해군은 이 무기를 적어도 2009년부터 주목했으며,[39] 이를 아태지역 미 해상패권에 대한 중대한 위협으로 간주하고 있다.[40]

2015년 9월 3일 중국의 70주년 전승절 군사 퍼레이드 행사에 모습을 드러낸 탄도미사일에는 DF-21D와 함께 그것을 IRBM으로 개량한 DF-26도 포함되어 세계 언론의 주목을 받았다.[41]『로이터통신』은 DF-26이 괌을 비롯한 미국의 태평양 군사기지들을 위협할 수 있음을 들어 '괌 킬러'(Guam Killer)로 불린다고 했다.[42] 2016년 CNN은 DF-26이 사거리 3,400마일(약 5,400킬로미터)에 달하는 IRBM이라고 확인하면서 괌을 포함한 태평양상의 미군기지들을 타격할 수 있다고 했다. 그래서 중국이 이 무기를 바탕으로 태평양지역 다른 곳에서도 권력 투사에 적극적으로 나설 수 있다는 미국의 우려를 낳고 있다

37 DOD Report, 2015, p.32.

38 DOD Report, 2015, p.38.

39 U.S. Naval Institute, "Report: Chinese Develop Special "Kill Weapon" to Destroy U.S. Aircraft Carriers: Advanced missile poses substantial new threat for U.S. Navy," March 31, 2009(http://www.usni.org).

40 Otto Kreisher, "Panel Says U.S. Missile Defenses Inadequate Against Chinese Threat," *Seapower*, August 19, 2015(http://www.seapowermagazine.org).

41 Reuters, "Confident China Moves to Challenge U.S. in Beijing's Backyard," *The New York Times*, September 9, 2015.

42 Reuters, "Confident China Moves to Challenge U.S. in Beijing's Backyard," *The New York Times*, September 9, 2015.

전승절 70주년 퍼레이드에 모습을 드러낸 DF-26.
DF-26은 사거리 약 5,400킬로미터에 달하는 중장거리탄도미사일이다. 미국의 태평양
군사기지들을 위협할 수 있기 때문에 '괌 킬러'라고 불린다.

고 지적했다.[43]

　이들 MRBM과 함께 주목받는 중국의 미사일들은 공대지크루즈미
사일(air-launched Land-Attack Cruise Missile: LACM)과 같은 장거
리 정밀타격(long-range precision strike) 미사일들이다. 미 국방부는
이러한 위협적인 무기체계를 중국이 보유하게 된 것을 지난 10년 사
이에 일어난 가장 중대한 변화로 지목했다. 중국은 현재 오키나와와
괌에 있는 미군기지들을 사정거리에 두는 정밀타격용 재래식 탄두를
장착한 미사일들을 1,200기 보유하고 있다. 2005년 무렵까지 타이완
을 목표로 한 SRBM들을 주로 보유한 데 그쳤던 것과 비교할 때 크게
달라진 것이다.[44]

43　Brad Lendon, "U.S. must beware China's 'Guam killer' missile," CNN, May
15, 2016.
44　DOD Report, 2015, pp.33~34.

2000년대 들어 중국의 크루즈미사일 프로그램이 괄목할 만하게 성장한 것과 관련해 한 가지 흥미로운 얘기가 있다. 중국의 크루즈미사일은 파키스탄이 2000년대 들어 개발해온 크루즈미사일과 같다. 중국은 인도를 견제하려고 파키스탄의 핵무장과 미사일 개발을 도우면서 파키스탄과 관계가 긴밀해졌다. 그런데 두 나라의 크루즈미사일 프로그램은 모두 미국의 크루즈미사일 기술을 그대로 빼닮은 것으로 알려져 있다. 1998년 8월 21일 아프가니스탄의 한 캠프에 있던 오사마 빈 라덴(Osama bin Laden, 1957~2011)을 죽이려고 미국이 발사한 크루즈미사일들이 파키스탄 영토에 떨어졌다. 페로즈 칸(Feroz Khan)은 파키스탄 미사일 개발 부서를 맡고 있는 무하마드 안와르 준장(Brigadier Muhammad Anwar)을 인터뷰하며 그와 관련한 질문을 했다. 안와르는 이렇게 답했다. "기술은 하늘에서도 떨어질 수 있죠. 신은 파키스탄에 친절했어요."[45]

중국의 미사일 능력 향상이 타이완 문제를 넘어 동아시아 미군기지와 일본 본토에 대해 직접적이고 심각한 위협으로 인식되고, 그럼으로써 미국의 동아태 해상패권에 대한 중대한 위협으로 거론된 것은 적어도 2010년 무렵부터였다. 미 의회는 2000년에 '미중 경제 및 안보 검토위원회'를 설치하여 미중 양국 간 경제·무역관계가 미국의 국가안보에 미치는 영향을 조사·분석하여 해마다 의회에 보고하도록 했다. 2010년 보고서는 처음으로 중국 공군력과 재래식 미사일 전력 팽창이 동아시아 미군기지들에 제기하는 점증하는 위협을 분석한 장(章)을 따로 마련했다.[46]

이 보고서는 그 장에서 중국 공군과 미사일 부대가 이제는 동아시아

---

45 Feroz H. Khan, *Easting Grass: The Making of the Pakistani Bomb*, Stanford: Stanford University Press, 2012, p.294.

46 Robert Haddick, "This Week at War: The Paradox of Arms Control: Even if it passes, New START will only ensure that the U.S. remains dependent on nuclear weapons," *Foreign Policy*, November 19, 2010.

지역 미 공군기지 여섯 개 중 다섯 개를 적어도 일시적으로 폐쇄할 수 있는 능력을 갖추게 되었다고 결론지었다. 문제는 중국 미사일 능력이 날로 확장되고 있다는 것이다. 이 위원회 보고에 따르면, 2010년 현재 중국의 재래식 탄도미사일과 크루즈미사일은 1,764개에 달한다. 그 가운데 1,000기는 타이완을 상대로 배치되었지만, 830개는 한국에 있는 미군기지 두 곳을 공격하는 데 동원될 수 있고, 430개는 오키나와와 일본 본토에 있는 미군기지들을 공격하는 데 쓰일 수 있다고 분석했다.[47] 이 보고서가 나온 2010년 시점에는 중국 육상에서 3,000킬로미터 떨어진 괌의 미 공군기지를 공격할 수 있는 중국 미사일은 소수에 불과한 것으로 평가되었다. 하지만 30개에서 50개 정도 미사일이면 괌의 미군기지를 미사일공격에서 방어하는 체계는 무력화될 수 있다고 판단했다. 이제 중국이 JL-2 SLBM과 함께 '괌 킬러'로 불리는 DF-26을 개발해 배치했으므로 상황이 미국에 더 악화된 것이 아닐 수 없다.

이제 미국이 당면한 근본 문제는 중국의 미사일 공격으로부터 미군기지들을 방어하는 능력이 중국 미사일 전력의 지속적 증강을 따라잡을 수 있느냐는 것이다. 동아시아 미군기지들을 미사일 공격에서 보호하는 일차적 방어수단은 물론 미사일방어라고 미국은 믿는다. 문제는 미국의 미사일방어 포대와 능력이 중국 미사일전력이 향상되고 확대되는 속도에 대응할 수 있느냐였다. 2010년 이 위원회 보고서는 미사일방어 확대와 같은 구체적 조치를 권고했다. 그러나 중국이 미사일 능력을 확대하는 속도와 비용에 비추어 미국이 그에 대응하는 미사일방어 포대들을 더 빨리 그리고 더 싸게 늘려갈 수 없다면, 동아시아에서 미국 패권의 가장 기본적인 물적 토대인 미군기지들의 안전은 보장되지 않는다. 그뿐만 아니라 그로써 일본 등 동맹국들에 대한 안보공약의 신뢰성이 심각한 위협에 직면한다.[48] 그래서 미 해군은 스타워즈 형태의 미

---

47 Haddick, November 19, 2010.
48 Haddick, November 19, 2010.

사일방어, 즉 해상배치 레이저요격 시스템을 구상하지만, 현재 기술 수준으로는 가설에 불과한 것으로 알려져 있다. 한 가지 방안은 동아시아에 전진배치된 기지들을 철수하는 것이지만, 그것은 미국의 동아태 해상패권의 토대인 군사동맹체제의 와해를 불러올 수 있다.[49] 그처럼 미국의 고민은 2010년을 분수령으로 질적으로 깊어져왔다. 동아시아 동맹국들과 협력해 미사일방어체계를 확대함으로써 그 성능을 향상하는 데 미국이 더 절실하게 매달릴 수밖에 없는 상황이다.

5. 미국의 위기의식의 소재와 대응: MD 확대 구축

미국의 미사일방어체계 구축은 중국의 예상했던 대응을 불러왔다. 그리고 중국의 대응은 미국의 MD 강화 욕구를 더욱 증대했다. 에스컬레이션 악순환의 메커니즘이 작동한 것이다. 중국의 핵전력 중 ICBM 현대화와 SLBM 개발·배치는 미국이 MD 건설로 무력화하고자 했던 중국 전략핵의 유사시 위협을 오히려 증가시키는 결과를 초래했다. 더욱이 중국이 지난 10년 사이에 집중 투자한 중거리급 핵미사일 체계와 장거리 정밀타격 미사일체계는 미일동맹의 동아태지역 해상패권 그리고 그 패권의 기초인 동아시아 주둔 미 군사력에 대한 전례 없는 위협을 제기한다는 위기의식이 미국에서 커져왔다. 미국이 일본의 안전을 보장할 능력과 의지가 있는지에 대한 일본의 불안감도 증가했다. 그만큼 미국의 동아태 패권의 절대조건인 미일동맹의 심리적 기초가 타격을 입고 있음을 뜻한다. 이 상황에서 일본 역시 미국과 마찬가지로 북한 핵무장과 탄도미사일 위협을 명분 삼아 집단자위권을 포함한 안보법제 변화를 서둘러왔다.

미 의회가 설치한 '미중 경제 및 안보 검토위원회'의 워첼은 중국이 미사일 하나에 핵탄두를 10개 장착하는데, 그 가운데 몇 개는 가짜탄두(dummy warhead)로 대체해 미국의 미사일방어체계를 무력화할 수

---

49 Haddick, November 19, 2010.

있는 시스템을 개발하고 있다고 밝혔다. 그는 이제 중국이 다탄두체계 미사일 시스템을 배치함으로써 중국의 핵전력에 대한 미국의 모든 평가가 빗나갈 수 있게 되었다고 우려했다.[50] 『뉴욕타임스』에 따르면, 중국은 2012년 여름에 DF-41과 별도로 잠수함발사핵미사일 시스템을 시험했다. 워첼은 이러한 시스템들 역시 미국의 미사일 탐지장치들을 무력화하는 데 효과적인 것들이라고 지적했다. 이 신문은 이러한 중국의 최근 노력은 다른 나라들, 특히 미국의 군비증강에 대한 대응이라는 칭화대학교 국제관계학 순즈(孫哲) 교수의 지적을 인용했다. 이 신문은 또한 중국의 군사비 지출이 급속한 경제력 팽창에 힘입어 2000년에는 1.2조 달러 규모였으나 2011년에는 7.5조 달러로 증가한 사실을 지적했다.[51]

유럽의 유도무기 제조사 MBDA에서 방공 관련 수석고문을 맡고 있는 카를 요제프 달렘(Karl Josef Dahlem)은 『디벨트』(Die Welt)와 인터뷰에서 DF-41을 요격하는 것은 공중에서 총알 하나로 다른 총알을 쏘아 맞추는 것과 같이 어려운 일이라고 밝히고, 현재 미국이 채용하고 있는 미사일방어체계로는 DF-41을 요격하기가 불가능하며, 어떤 경우든 ICBM을 요격하려면 정찰 및 레이더시설에 의한 조기탐지(early detection by reconnaissance and radar facilities)가 필수적이라고 밝혔다.[52]

사드는 한국에 배치되면 동아시아의 전반적인 전역미사일방어체계를 구성함으로써 확보되는 '전략적 ISR 능력'의 전진배치에 따른 대중국 조기탐지능력을 향상하는 데 기여할 것이다. 그런 의미에서

50 Keith Bradsher, "China Is Said to Be Bolstering Missile Capabilities," *The New York Times*, August 24, 2012.

51 Keith Bradsher, "China Is Said to Be Bolstering Missile Capabilities," *The New York Times*, August 24, 2012.

52 *Want China Times*, "Chinese DF-41 missile can penetrate US air defense: German expert," August 4, 2014.

사드의 한국 배치는 대분단체제와 한반도 소분단체제의 직접적 연결고리 역할을 할 것이다.[53] 즉 전역미사일방어체계(Theatre Missile Defense: TMD)를 확장해 미국의 국가미사일방어체계를 보완한다는 의미가 있다.[54]

미국의 사드 요격시스템이 채용하는 레이더 시스템 AN/TPY-2(Army Navy/Transportable Radar Surveillance)는 3,000킬로미터 이상의 거리까지 탄도미사일 발사 감시·탐지 능력을 지닌 것으로 알려져 있다.[55] 제조사인 레이시온은 이 레이더 시스템은 전방배치모드(forward-based mode)와 종말모드(terminal mode)를 취할 수 있다고 밝혔다.[56] 일본과 괌에 배치된 이 형태의 레이더는 전방배치모드지만, 한국에 배치될 경우 종말모드를 취할 것이라는 언론보도나 전문가들의 설명이 많다. 그런데 레이시온이 스스로 꼽은 이 레이더장비의 특징적 장점이 '모든 급의 탄도미사일 방어에 효과적'일 뿐 아니라 '신

---

53 최근 사드의 한국 배치 필요성을 강하게 역설한 헤리티지재단 클리그너의 논거의 하나도 한국·미국·일본 삼국 사이의 통합된 레이더망의 구축 필요성("Need for Allied BMD Interoperability")이었다. Bruce Klingner, "South Korea Needs THAAD Missile Defense," June 12, 2015(http://www.heritage.org/research/reports/2015/06/).

54 2000년대 들어서서 미국은 전역미사일방어체계와 국가미사일방어체계를 통합해 '미사일방어체계'로 통칭하고 있다. 그러나 미국은 실제로는 '지역미사일방어'(regional missile defense)체제와 '본토미사일방어'(homeland missile defense)라는 개념을 구분해서 쓴다. 사실상 '지역미사일방어체계'는 TMD를 대신하고, '본토미사일방어체계'는 과거의 NMD 개념을 대신한다고 할 수 있다. 이런 용어상 변화의 예로는 Frank A. Rose(Assistant Secretary, Bureau of Arms Control, Verification and Compliance, U.S. Department of State), "Missile Defense and the U.S. Response to the North Korean Ballistic Missile and WMD Threat," Washington, DC, May 19, 2015(http://www.state.gov/t/avc/rls/2015/242610.htm).

55 『한겨레』, 2015. 6. 1; 고영대, 「중국 겨냥한 미국의 사드 한국 배치」, 『창작과 비평』, 2015, 가을, 609쪽.

56 Ratheon, "Army Navy/Transportable Radar Surveillance(AN/TPY-2): "Countering the Growing Ballistic Missile Threat"(http://www.raytheon.com/capabilities/products/antpy2/).

사드 요격시스템의 핵심인 레이더시스템 AN/TPY-2.
3,000킬로미터 이상의 거리까지 탄도미사일의 발사를 감시·탐지한다. 전방배치모드와
종말모드를 선택할 수 있다.

속한 재배치'(rapid relocation)가 가능하다는 데 있음을 강조하는 점을 주목할 필요가 있다.[57] 방향도 모드도 신속한 변환이 가능하다는 얘기다. 그만큼 한반도에 배치되는 사드 레이더시스템이 중국 핵전력의 전략적 생존능력을 위협할 가능성에 대한 중국의 우려가 근거 없는 것이 아님을 뒷받침한다.

탄도미사일 발사에 쓰이는 중국군 기지들은 산시성(山西省) 타이위안위성발사센터(太原卫星发射中心, Taiyuan Satellite Launch Center: TSLC), 간수성(甘肅省) 주취안위성발사센터(酒泉衛星發射中心, Jiuquan Space Launch Center: JSLC) 그리고 비교적 최근에 확

---

57 Ratheon, "Army Navy/Transportable Radar Surveillance(AN/TPY-2)": "Countering the Growing Ballistic Missile Threat."

인된 칭하이성(青海省) 더링하(德令哈) 기지[58]와 같이 주로 중국 중북부에 위치한다. 사드가 한반도에 배치되더라도 그 레이더의 3,000킬로미터 이상 감시거리로 이들 중국 내륙 중북부 기지들에서 발사되는 핵미사일을 탐지하고 추적하는 미국 미사일방어체계의 능력이 크게 향상될 수 있다. 더욱이 가급적 가까운 거리에 레이더기지를 설치하려고 노력할 수밖에 없는 이유는 여러 가지다. 우선 발사된 ICBM의 최고고도는 1,200킬로미터 미만이다.[59] 중국의 내몽골 가까운 중북부 지방 기지에서 발사된 탄도미사일이 동아태지역 미 군사기지들 또는 일본을 향할 경우 한반도의 미사일방어 레이더는 일본이나 괌에 배치된 것보다 더 일찍 더욱 정확하게 탐지해 추적할 수 있게 된다. 레이더들의 감시거리가 장차 기술개발로 더 확장될 경우에도 한반도가 일본이나 괌보다는 중국 감시에 더 유리한 장소임이 분명하다.

또 중국은 과거 랴오둥반도와 산둥반도 사이에 있는 보하이만(渤海灣, Bohai Sea)에서 SLBM 발사시험을 한 일이 있다.[60] 좀더 최근인 2015년 1월 중국이 시험발사한 JL-2 SLBM(사정거리 4,600마일, 약 7,400킬로미터)은 미 국방부에서 '중국 최초의 신뢰성 있는 장거리 해상발사 핵억지력'(first credible long-range sea-based nuclear deterrent)

---

58 고체연료를 채용하는 중국의 신세대 ICBM을 발사하는 기지들의 하나로 2007년 이후 주목받고 있는 장소는 중국 북부에 해당하는 칭하이성 더링하로 파악되고 있다(Hans M. Kristensen(Federation of American Scientists), "China Reorganizes Northern Nuclear Missile Launch Sites," July 12, 2007[http://fas.org/blogs/security/2007/07]). 일본이나 괌의 레이더는 이 더링하의 핵군사기지를 감시할 수 없겠지만 한반도에 배치되는 사드 레이더는 이 기지를 감시거리 안에 둘 가능성이 높아진다.

59 미국 핵전력의 대표적 ICBM인 Minuteman 3의 최고고도는 700마일(약 1,120킬로미터)이다. Tariq Malik, "Air Force Launches Ballistic Missile In Suborbital Test," Space.Com, June 30, 2010(http://www.space.com/8689).

60 Bill Gertz, "China Conducts JL-2 Sub Missile Test," *The Washington Times*, February 18, 2015.

이라고 평가했다.[61] 그만큼 중국의 SLBM 활동에 대해 한반도에 배치된 사드 레이더의 역할이 더욱 중요한 의미가 있을 수 있다.

미국이 미사일방어 레이더기지를 한반도에 설치할 경우 대중국 미사일방어에서 미국이 갖는 이점은 또 있다. 미국 전략가들은 중국의 장거리 ICBM 현대화도 물론 경계하지만 중거리급 미사일[62]들의 현대화 양상에도 촉각을 곤두세우고 있다. 미국의 '아시아 재균형' 전략의 토대인 동아시아 주둔 미 군사력에 대한 최대의 직접적 위협으로서 중국의 중거리급 미사일의 첨단화 양상이 주목을 받아왔음은 앞에서 상술한 바와 같다. 지대함탄도미사일로 항모킬러로 불리는 MRBM DF-21D 그리고 사정거리 5,000킬로미터가 넘어 '괌 킬러'로 불리는 IRBM DF-26 등은 그 대표적인 것들이다.

이러한 중국의 도전 앞에서 오바마 행정부는 물론 그간 서태평양지역에서 미국이 행사해온 해상패권을 포기할 의사가 없음을 분명히 했다. 오바마 행정부 때 이미 내세우기 시작한 이른바 '아시아 재균형' 전략은 바로 그러한 중국의 도전에 대한 응전 성격이 강했다.『로이터통신』은 2015년 9월 이렇게 보도했다. "오바마 행정부 아래에서 아시아를 향한 '재균형' 전략을 추구한 미국은 서태평양지역에서 주도적인 해양세력의 위치를 포기할 생각이 없다. 미 해군은 총해군력—함정, 함재기, 해군 및 해병대 병력—의 58퍼센트를 태평양함대에 배치하거나 일본, 괌, 싱가포르 등에 있는 태평양함대 소속 해군기지들을 모항으로 삼

---

61 Bill Gertz, February 18, 2015. 중국은 향후 3~5년 안에 JL-2 SLBM을 12기씩 탑재할 수 있는 진급 핵잠수함을 5척 보유하게 될 것이라고 전망된다.

62 여기서 필자가 말하는 중거리급 탄도미사일에는 중장거리탄도미사일 (IRBM, 사정거리 3,000~5,500킬로미터)과 중거리탄도미사일(MRBM, 사정거리 1,000~3,000킬로미터)이 포함된다. 이들 두 가지 중거리급 탄도미사일과 1,000 킬로미터 이하의 단거리탄도미사일(SRBM)을 모두 포괄하여 전역탄도미사일 (theatre ballistic missile: TBM)로 총칭한다. 1987년 미소 간 '중거리핵폐기협정' (Intermediate Nuclear Forces)의 폐기 대상은 사정거리 500~5,500킬로미터 범위에 속하는 것들이었다.

고 있다. 항공모함 로널드 레이건호가 일본으로 향하고 있고, 또 다른 항공모함 세 척이 미국 태평양 연안에 배치되어 있다."[63]

미국은 2015년 9월 미 해병대 병력의 15퍼센트를 태평양지역에 전진배치할 것이라고 발표했다. 명분은 북핵 대응인 동시에 남중국해 도서 분쟁에 대한 대응이라고 밝혔다. 미국 군사전문지『머린코어타임스』(Marine Corps Times)는 "북한의 핵위협이 고조되고, 남중국해 도서 영유권 분쟁이 확대되는 등 긴장이 고조됨에 따라 미국이 이 같은 재편에 나섰다"라고 아시아·태평양지역 해병대 사령관들의 말을 인용해 전했다. 태평양 해병대 구성군사령부 존 툴란 사령관은 이 군사전문지와 인터뷰에서 "하와이·일본·괌 등을 놓고 새롭게 기지 재편 계획이 있으며 더 많은 지역에서 해병대를 이동 배치하는 방안을 검토 중"임을 밝혔다.[64] 북핵 대응뿐 아니라 남중국해 등에서 중국을 견제하겠다는 의도를 명백히 한 것인데, 결국 동아태지역 해상패권에 대한 중국의 도전에 대응해 미 군사력 전진배치를 강화하는 '아시아 재균형 전략'의 일환인 셈이다.

그간 해외에 배치된 적이 없던 최신예 F-35B 스텔스 전투기 10대를 애리조나주 유마 기지로부터 2017년 초 일본 야마구치현(山口縣) 이와쿠니(巖國) 기지로 이동 배치한 것도 미국 군사 자원이 동아시아로 이동한 한 사례다.[65] 이는 기본적으로 중국이 중거리급 핵전력을 대폭 확대하면서 미국의 동아태 해상패권이 위협받자 동아시아 연해지역에 대한 권력 투사 능력을 보강하기 위한 것으로 해석된다.

미국이 해군력 태반을 동아태지역에 배치하는 것이 아시아 재균형 전략의 일환이라면, 미 국방부 관리들이 명확히 밝혀온 것처럼 이 재

---

63 Reuters, "Confident China Moves to Challenge U.S. in Beijing's Backyard," *The New York Times*, September 9, 2015.

64 채병건,「북핵 대응…미, 해병 15% 태평양 전진 배치」,『중앙일보』, 2015. 9. 25.

65 윤상호,「주일미군 첫 배치 F-35B, 한반도 출격할 듯: 10대 日 기지로 출발… 北-中견제, 3월 한미훈련 지원전력 참가 유력」,『동아일보』, 2017. 1. 14.

균형 전략의 핵심에는 동아태지역에서 미사일방어망을 확대·구축하는 사업이 있다. 사드 한국 배치는 그런 의미에서 동아태지역에서 점증하는 중국의 군사적 도전에 대한 미국의 대응 성격을 동시에 띠고 있다. 종말단계 요격뿐 아니라 부스트단계에서 감시탐지 능력을 향상하기 위한 레이더기지 확충과 끊임없는 개선은 그만큼 절실해졌다.[66] 사드 한국 배치가 미국 그리고 미일동맹에 갖는 전략적 소용은 그런 점에서도 결코 적지 않다.

1990년대 초 아버지 부시 행정부는 탈냉전 상황에서도 레이건 행정부 SDI 프로그램의 축소판을 구상했다. 클린턴 행정부에 들어서는 초기에는 전역미사일방어체계에 한정해 추진하려고 했다. 그러나 클린턴 행정부도 곧 SDI의 변형이라고 할 수 있는 미국 본토 전체를 방어하는 국가미사일방어 구상에 동승하기에 이른다. 많은 평자는 클린턴 행정부의 이 같은 정책 전환이 1998년 북한의 대포동 미사일 발사에 있다고 말한다. 그러나 미국 정치권에서 NMD 구상이 활성화된 것은 그보다 앞선 1995년 무렵이다. 1994년 11월 미국 중간선거에서 공화당이 상하 양원을 장악하고 이후 공화당이 장악한 핵심 위원회들에서 국가미사일방어를 핵심 어젠다로 추진하게 된다.[67] 당시 미국 미사일방어국은 홈페이지에서 NMD 구상의 역사적 발전 경과를 설명하면서 1994~95년

---

66 각종 레이더를 수반한 패트리엇과 사드를 포함한 미사일방어 시스템은 "지금 당장은 중국을 향해 있는 것이 아니라 하더라도 그 확산은 잠재적으로 중국의 전략적 억지력에 영향을 미칠 것이 분명하다"라는 평가는 세계 주요 언론의 시각에서 쉽게 찾아볼 수 있다(Jonathan Marcus(BBC Diplomatic Correspondent), "North Korea threats: Missile defences in the region," BBC News, April 5, 2013). 마르커스는 미국이 주도하는 이들 동아시아 미사일방어 시스템이 중국으로 하여금 북한의 핵무기와 탄도미사일정책을 저지하도록 압력을 행사하게끔 유도할 수 있다고 말한다. 그러나 실제 미국의 미사일방어체계와 사드에 의한 강화는 중국으로 하여금 자신의 핵전력 현대화를 가속화하고, 그것에 대응해 미국이 미사일방어체계를 강화하는 식으로 대분단체제 기축관계의 군비경쟁이 심화되면서, 그 틈바구니에서 북한의 핵무장 강화와 공고화를 초래할 가능성이 더 높은 것이었다.

67 이삼성, 「제4장: 21세기 미국의 군사전략과 미사일방어」, 『세계와 미국』, 한길사, 2001, 특히 357쪽.

무렵을 'NMD'가 부활한 시점이라고 설명했다. 더욱이 그 이유로 '정치적 영향이 크게 작용했다'고 밝히기까지 했다.[68]

이후 클린턴 행정부는 한편으로 공화당이 주도하는 NMD 추진에 저항하기도 했지만, 1998년 8월 '미국에 대한 탄도미사일 위협 평가 위원회'(Commission to Assess the Ballistic Missile Threat to the United States, 럼즈펠드 위원회Rumsfeld Commission)가 발표한 '미국에 대한 탄도미사일 위협 평가 보고서'라는 보고서가 북한과 이란의 장거리 미사일 위협을 강력히 경고하고, 때마침 같은 해 8월 31일 북한이 대포동-1호를 발사함에 따라 공화당의 국가미사일방어 어젠다는 정치적으로 더욱 힘을 받게 된다.[69] 구실은 이처럼 주로 북한과 이란 같은 이른바 '불량국가'들이었지만, 미국 NMD 구상의 심장에 있는 것은 궁극적으로 러시아와 중국이었다.[70] 두 나라가 격렬한 반응을 보인 것은 그 때문이다. 유럽의 나토(NATO) 동맹국들도 미국이 자신의 본토 미사일 방어를 위해 유럽에 엑스밴드(X-Band) 레이더기지들을 설치한다는 발상에 크게 반발했다.[71] 2000년 9월 클린턴 행정부는 NMD를 개발하되 배치 여부 결정은 차기 정부에 맡긴다고 발표했다.[72]

2001년 출범한 부시 행정부는 TMD와 NMD를 구분하지 않고, 지역적 미사일방어와 미국 본토 미사일방어를 하나로 통합한다는 취

---

68 Ballistic Missile Defense Organization, "National Missile Defense(1993~2000): An Overview"(www.acq/osd/mil/bmdo); 이삼성, 2001, 357쪽.

69 Greg Thielmann, "The National Missile Defense Act of 1999," *Arms Control Today*, July 2, 2009.

70 2000년 미 공화당 상원의원 존 킬(John Kyl)은 이렇게 말했다. "사람들은 북한, 이란, 이라크에 대해서 얘기하는 것은 어려워하지 않는다. 반면에 러시아나 중국에 대해서는 얘기하고 싶어 하지 않는다. 그러나 사적인 자리에서는 중국의 위협을 걱정한다. 솔직히 말해서 뒷자리에서는 중국과 같은 궁극적 위협에 대해 거론한다." Elaine Sciolino and Steven Lee Myers, "U.S. Study Reopens Division over Nuclear Missile Threat," *The New York Times*, July 5, 2000; 이삼성, 2001, 351쪽.

71 이 시기 유럽 국가들의 반응과 속내에 대해서는 이삼성, 2001, 364~368쪽.

72 이삼성, 2001, 374쪽.

지에서 MD로 통일했다. 유럽을 위한 또는 동아시아를 위한 미사일 방어와 미국 본토 방어를 위한 미사일방어를 구분하지 않고, 그것들을 함께 통합한다는 개념이었다. 유럽 동맹국들은 이처럼 유럽 방어를 좀 더 적극적으로 포함한 미국 주도 미사일방어체계 개념에 슬며시 동의하기에 이른다. 이러한 통합적 개념을 구체적으로 정식화한 것이 '통합된 다층적 구조'(integrated, layered architecture)라는 것이었다.[73] 물론 이것은 부스트단계, 중간순항단계 그리고 종말단계 등 여러 단계에서 요격을 시도함을 뜻하는 것이지만, 이를 위해서는 미국 본토와 해외 각 지역에 흩어져 있는 미사일방어체계들(BMDS)을 하나로 연결하는 통합된 지휘·통제·전투운영 및 통신체계(integrated Command, Control, Battle Management, and Communications element across the BMDS)가 필수요건으로 간주된다.[74]

따라서 미사일방어용 레이더들은 각각이 특정한 대상만 상대하는 것이 아니라 상호보완적 관계에 있다. 각각의 요격체제와 레이더기지는 궁극적으로 미국 본토와 그 패권에 사활적인 지역들과 동맹국들을 보호하기 위해 하나로 통합된 큰 시스템의 유용한 부품들이다. 그래서 다층적이고 중층적일수록 요격 성공 확률은 높아진다는 개념이 그 밑에 있다. 해외 레이더기지는 미국에 다다익선이다. 미국 '북미 항공방위사령부'(North American Aerospace Defense Command: NORAD) 사령관이자 미국 북부사령부(U.S. Northern Command) 사령관을 맡고 있는 윌리엄 고트니 제독(Admiral William Gortney)은 미국이 일본에 배치하는 두 번째 사드용 레이더망인 AN/TPY-2는 동아태지역에서 기존의 주요 미사일방어 레이더시스템인 이지스 설치 레이더시스템에 대한 의존을 어느 정도 줄일 것이라고 말했다. 고

73 Missile Defense Agency, "Fact Sheet: The Ballistic Missile Defense," October 21, 2013.

74 Missile Defense Agency, "Fact Sheet: The Ballistic Missile Defense," October 21, 2013.

트니는 이와 관련해 미국 미사일방어체계를 '체체들의 체체'(a system of systems)라고 규정했다.[75] 여기서 그가 뜻한 바는 요격미사일체계 자체가 다층적인 것일 뿐 아니라 이것을 뒷받침하는 레이더망들 역시 지상과 해상 그리고 우주에 배치된 것들 그리고 여러 지역에 배치된 레이더기지들로 구성되는 다차원적이고 중층적인 시스템들을 하나로 통합하여 종합적 능력을 극대화하는 시스템이라는 뜻이다.

요컨대 미국이 한반도에 사드를 적극 배치하려는 의지가 강한 것과 관련해 우리는 그것을 위와 같은 동아태지역 차원의 맥락에 비추어볼 필요가 있다. 사드 한국 배치 논의는 동아태지역에 배치된 미 군사력과 미일동맹에 대해 중국의 중거리급 핵전력이 제기하는 도전을 무력화함으로써 동중국해와 남중국해를 포함한 동아태지역에서 미일동맹의 해상패권을 견지하려는 전략과 관계가 깊다. 또 미국의 미사일방어체계 개념이 지역과 본토방어 개념이 나뉜 채 있는 것이 아니라 그것들을 상호보완적으로 하나로 통합하는 시스템을 지향함을 유의할 필요가 있다. 앞으로 더욱 그렇게 될 것이다. 그럴수록 동아태지역 미사일방어체계가 미국의 본토방어용 미사일방어 시설들과 긴밀히 연관될 수밖에 없다.

사드 한국 배치 논의는 그처럼 미국이 점증하는 중국의 도전에 대한 현실적으로 가능한 대응책의 하나로 당장 모색할 수밖에 없는 동아시아 미사일방어체계 확충의 일환이라는 성격도 띠고 있다. 그런만큼 사드 문제는 동아태 해상패권을 둘러싼 미일동맹과 중국대륙 사이의 긴장관계와 무관하지 않다. 한국의 대북정책이 미국이 주도하는 군사적 해결책에 의존할수록 한국이 동아시아 대분단체제의 갈등구조 속에 더 깊숙이 빨려 들어갈 수밖에 없음을 말해준다.

---

[75] Adm. Bill Gortney(Commander of North American Aerospace Defense Command and U.S. Northern Command), "Department of Defense Press Briefing by Admiral Gortney in the Pentagon Briefing Room," April 7, 2015(http://www.defense.gov).

6. 조잡한 미사일 한 발을 다섯 발 쏘고도 못 맞힌 패트리엇

2017년 11월 『뉴욕타임스』와 CNN, BBC 등 해외 주요 언론은 모두 사우디아라비아의 미사일방어체계가 예멘의 후티 반군이 사우디 수도 리야드를 향해 발사한 장거리미사일을 리야드 동북부 상공에서 요격하는 데 성공했다는 사우디 국방부 발표를 크게 보도했다. 리야드를 향해 1,200킬로미터를 날아온 미사일은 예멘에서 제작된 장거리급 미사일 부르칸-2H(Burqan 2H)였다. 영웅이 된 사우디 요격미사일은 사우디가 미국 록히드마틴사에서 구입한 패트리엇 시스템이었다.[76] 국내 언론도 이 소식을 크게 부각하면서 미사일방어체계 구축에 대한 사우디의 적극적 노력과 사드에 대한 현 한국 정부의 소극성을 대조했다.[77]

트럼프 미국 대통령은 이 소식을 미국 패트리엇 미사일의 우수성을 홍보하는 절호의 기회로 최대한 활용했다. 그는 "우리는 세계에서 최우수 군사장비를 만든다. 미사일 박살나는 거 봤지? 우리 미사일방어 시스템이 그 미사일을 공중에서 요격한 것이다. 우리가 얼마나 잘 만드는지 보여준다. 아무도 우리처럼 만들지 못한다. 이제 우리는 그걸 전 세계에 팔고 있다."[78] 그는 그 한 달 전인 2017년 11월에도 숀 해니티(Sean Hannity)와 인터뷰하면서 이렇게 주장했다. "우리의 요격미사일은 97퍼센트 성공률을 자랑한다. 그러므로 우리가 요격미사일 2개를 발사하면 어떤 미사일이든 확실히 박살난다."[79]

76 Tim Lister, Ammar Albadran, Hakim Al-Masmari, Sarah El Sirgany and Eric Levenso, "Saudi Arabia intercepts ballistic missile over capital," CNN, November 5, 2017.

77 채인택, 「한반도 미사일 전쟁의 미래⋯지금 사우디에선 '실화'다: 내 돈 주고 미국 사드 사서 배치한다, 미사일방어 위한 사우디의 선택, 패트리엇으로 방어하다 사드까지 사들이기로 결정⋯외교정책도 바꾸며 국민 지키는 미사일 안보에 올인」, 『중앙일보』, 2017. 11. 17.

78 Tim Lister et al., CNN, November 5, 2017.

79 Cristina Maza, "NORTH KOREAN MISSILES COULD HIT THE U.S. AND TRICK MISSILE DEFENSE SYSTEMS, EXPERTS WARN," *Newsweek*,

그러나 바로 한 달 뒤인 2017년 12월 4일 『뉴욕타임스』는 한 달 전 사우디의 성공적인 요격에 대한 자사 보도를 정면으로 부정하는 소식을 전했다. 미국의 미사일 전문가들이 사우디 현장에서 사람들이 소셜미디어에 올린 사진과 비디오를 분석한 결과 사우디 국방부가 발표한 11월의 성공 스토리와 트럼프의 자랑이 거짓으로 드러났다는 것이다.[80] 이 분석에 따르면, 미사일 탄두는 방해받지 않은 채 사우디 방공시스템을 넘어 목표물인 리야드의 공항을 거의 맞힐 뻔했다. 탄두는 킹칼리드 국제공항의 국내선터미널 가까운 곳에서 폭발했다. 요격미사일에 맞아 상공에서 파괴된 것이 아니다. 국내선터미널 승객들이 놀라서 황급히 자리를 떠나는 장면도 포착되었다.[81]

특히 미들베리국제문제연구센터의 미사일 전문가 루이스는 처음부터 사우디 국방부 발표를 믿기 힘들었다고 밝혔다. 그에 따르면, 사우디 요격미사일은 예멘 후티 반군이 발사한 미사일의 뒷부분 일부를 살짝 맞혔을 뿐 그 미사일에 어떤 실질적 손상도 입히지 못했거나 아예 완전히 빗나갔거나 둘 중 하나라고 판정했다. 『뉴욕타임스』는 사실을 확인하려고 사우디 담당자들을 접촉했으나 이들은 답변을 거부했고, 미국 관리들 일부도 사우디가 실제 요격에 성공했다는 증거를 내놓은 것은 없다고 밝히면서 성공 주장에 의문을 표시했다.[82]

사우디는 문제가 된 후티 반군의 미사일을 요격하려고 다섯 차례 요격미사일을 발사한 것으로 알려져 있다. 그런데 결국 한 발도 맞히지 못한 것이다. 『뉴욕타임스』가 인터뷰한 미국 참여과학자연맹(Union of

---

December 4, 2017. "We have missiles that can knock out a missile in the air 97 percent of the time, and if you send two of them, it's going to get knocked out," Trump said.

80 Max Fisher, Eric Schmitt, Audrey Carlsen, and Malachy Browne, "Did American Missile Defense Fail in Saudi Arabia?" *The New York Times*, December 4, 2017.

81 Max Fisher et al., December 4, 2017.

82 Max Fisher et al., December 4, 2017.

Concerned Scientists)의 미사일 전문가 로라 그레고(Laura Grego)는 이 일을 '충격적인 실패'로 규정했다. 그녀는 "이 미사일에 다섯 차례 요격했는데, 모두 빗나갔다는 건 충격적인 일"이라며 놀라워했다.[83]

조지프 시린시온(Joseph Cirincione)은 이 사태를 두고 1991년 아버지 부시 행정부 때 미국이 제1차 이라크전쟁을 벌이는 과정에서 이라크가 쏘아올린 스커드미사일들에 대한 미국 패트리엇의 요격률을 크게 과장했던 일을 상기시키면서 이렇게 평했다. "그때나 지금이나 대중과 관료들은 요격 성공에 대한 신속한 가짜 주장에 속고 만다. 그때도 지금처럼 언론인들은 그런 잘못된 주장을 확인 없이 대대적으로 보도했다. 정부는 그런 보도를 활용하여 미사일방어 예산 대폭 증액을 정당화한다. 정부가 그릇된 성공 소식을 이용해 미국 미사일방어가 제대로 작동한다고 주장하는 것은 그때나 지금이나 똑같다."[84]

2017년 12월 4일 사우디 패트리엇이 예멘 반군의 미사일을 요격했다는 것이 미국 전문가들 사이에서 허위로 드러난 지 보름이 지난 12월 19일 『뉴욕타임스』는 사우디의 패트리엇이 예멘의 시아파(Shiite) 반군이 리야드로 또다시 발사했다는 미사일을 이 도시 남부지역에서 요격하는 데 성공했다는 보도를 전했다. 그러나 이 언론은 동시에 12월 4일 사우디 정부의 요격 성공 주장이 허위로 드러난 점을 지적하면서 이번에도 그것이 사실이 아닐 가능성을 염두에 둔 듯 사우디 정부 주장에 긍정적 평가도 부정적 평가도 하지 않는 신중한 태도를 보였다. 예멘 반군과 사우디가 주도하는 연합군의 대립으로 늘어나는 민간인 피해만 집중 보도했다.[85] 사우디 정부가 12월 19일 요격에 성공했다고 주장하는 것이 설사 사실로 확인된다 하더라도 12월 4일,

---

83 Max Fisher et al., December 4, 2017.

84 Joseph Cirincione, "Why the Patriot Missile Might Fail America's Military," The National Interest, December 6, 2017(http://nationalinterest.org).

85 The Associated Press, "Saudis Intercept Yemen Rebel Missile Targeting Royal Palace," *The New York Times*, December 19, 2017.

사우디가 비싸게 구매해 설치한 패트리엇 시스템이 예멘 반군이 조립한 원시적 수준의 미사일 하나를 요격미사일 다섯 발로도 맞히지 못했다는 '5 대 0 스코어'는 지울 수 없는 역사로 남게 되었고, 그 점은 달라지지 않는다.

7. 북한 미사일이 패트리엇과 사드를 무력화할 수 있는 이유

예멘 반군이 직접 제작한 것으로 알려진 장거리미사일이 사우디 수도 리야드 국제공항 한쪽을 거의 타격하다시피 했으며, 사우디의 패트리엇 미사일이 다섯 발로도 그것을 사실상 맞히지 못했다는 점이 북한 미사일에 대한 미국 미사일방어체계의 실효성에 깊은 의문을 불러일으키고 있다. 만일 북한이 만든 첨단무기에 가짜탄두와 함께 핵탄두가 장착된 미사일이 서울이나 인천공항에 떨어졌다면 한국에 배치된 미국의 패트리엇이 무슨 소용이 있었을까. 그리고 어떤 일이 벌어졌을까.

시린시온은 예멘 반군이 쏜 미사일은 크기가 크고 속도가 느려서 상대적으로 맞히기 쉬운 목표물인데, 패트리엇 미사일이 다섯 발로도 맞히지 못했다는 사실을 주목하면서, 그렇다면 북한이 시험한 것과 같이 속도가 빠른 첨단 장거리미사일을 요격하는 것은 거의 불가능한 일이라고 지적했다.[86] 영국 국제전략문제연구소의 미사일 전문가 엘레먼도 『뉴스위크』와 인터뷰에서 이렇게 말했다. "요격미사일 실험을 하면 목표물을 맞힐 확률은 50퍼센트다. 그런데 그것은 시험할 때 통계가 그렇다는 얘기다.… 통계를 놓고는 뭐든지 말할 수 있다. 나는 이 요격시스템을 신뢰하지 않는다." 아울러 엘레먼은 이렇게 지적했다. "만일 북한이 미국을 향해 미사일 한 개를 발사하면 우리는 아마 요격할 수 있을 것이다. 그러나 북한 미사일은 매우 간단한 가짜탄두를 함께 장착할 수 있다. 그 경우 미국의 요격미사일은 진짜탄두와 가

---

86 Cirincione, December 6, 2017.

짜탄두 그리고 부스러기들을 구분할 능력이 없다.'[87]

엘레먼을 비롯한 영미권의 미사일 전문가들은 북한이 미국의 미사일방어체계를 무력화할 수 있는 매우 간단한 기술로 가짜탄두를 함께 장착해 요격체계를 교란하는 것 외에 한 가지를 더 거론했다. '냉각덮개'(cooled shroud)로 탄두를 감싸면 탄두 표면의 온도를 떨어뜨린다. 요격미사일은 로켓 발사 때 발생한 열을 탐지해 탄두를 식별한다. 그러므로 온도가 떨어진 탄두는 요격체계가 정확히 식별해내기 어렵게 된다는 것이다.[88]

박근혜 정부 이래 문재인 정부에 이르기까지 한국에 대한 미국의 미사일방어체계 구축 문제는 패트리엇에 더해 사드라는 고고도미사일방어체계로 집중되어왔다. 사드와 같은 무기체계로 북한 핵과 미사일의 위협을 해결한다는 것은 천문학적 비용이 드는 데 비해 효과가 지극히 의심스러운 것임은 그간 많은 논의에서 제기되었다.[89] 필자는 사드 한국 배치 논의를 본격화할 무렵인 2015년 9월 발표한 글에서 사드 한국 배치가 초래할 치명적인 부정적 결과 내지 함정을 다음과 같이 두 가지로 요약했다.

첫째, "사드 한국 배치가 한반도 안보에 나타낼 가장 뚜렷하고 확실한 효과는 북한이 동원 가능한 탄도미사일의 종류와 숫자를 늘려 유사시 동시다발적 공격을 꾀하는 전략적 선택을 하도록 촉진할 것이라는 점이다. 말할 필요 없이 한국의 안전은 더 위태로워질 뿐 아니라

---

87 Maza, December 4, 2017.

88 Maza, December 4, 2017.

89 다음 논의들 참조할 것. 서재정, 「사드와 한반도 군비경쟁의 질적 전환」, 『창작과비평』, 2015, 여름; 김종대, 「사드 논란의 숨은 뜻, 한·미·일 미사일방어 공동작전」, 『허핑턴포스트』, 2015. 7. 17; 서재정, 「한반도, 새로운 길을 찾자: 사드를 넘어 공동안보로」(『창작과비평』에 실은 글의 수정), 역사문제연구소와 참여연대 등 주최 학술세미나 '해방·분단 70년 2015 평화기행', 참여연대 회의실, 2015. 8. 8; 고영대, 「중국 겨냥한 미국의 사드 한국 배치: 미·중 간 전략안정 흔들기」, 『창작과비평』, 2015, 가을; 정욱식, 『사드의 모든 것』, 유리창, 2017; 고영대, 『사드배치: 거짓과 진실』, 나무와숲, 2017.

중국과 같은 주변국의 심각한 우려를 불러일으킴으로써 한반도 평화와 통일의 국제적 조건을 그 근본에서부터 위협하는 또 하나의 장애물이 될 것이다."

둘째, "사드는 일단 배치된 후에는 한국 정부가 그 부작용들을 깨닫더라도 미국과 관계 때문에 물리는 일은 지극히 어려울 것이다. 그래서 사드는 한국의 안보와 외교에 심각한 골칫덩이로 전락할 것이 뻔히 보인다. 그러나 아마도 사드 배치가 초래할 무엇보다 치명적인 함정은 북한과 평화체제를 모색하지 않더라도 북한의 핵과 미사일에 대처할 수 있는 더 확실한 과학기술적·군사적 해결책이 있다는 환상, '잘못된 안전의 환상'(illusion of false security)을 불러일으킬 것이라는 점이다. 그 결과 진정 필요한 평화정착을 위한 정치적 결단과 치열한 외교적 노력을 경원하고 폐기하면서 귀중한 역사적 시간을 허비하게 만들 것이라는 점이다."[90]

---

90 이삼성, 「한반도 평화협정체제와 비핵화 그리고 동북아 비핵무기지대화: 상호의존성의 인식과 연계의 비전」, 참여연대-평화통일연구소공동주최 학술회의, 2015. 9. 18, 국회 의원회관.

제4장
한반도 핵문제의 위기와 기회의 역사

1. 1958년 이후 33년간 미국 전술핵무기기지였던 한국

한국전쟁 후 미국이 정립한 핵무기 전략은 '대량보복'이었다. 이것은 한국전쟁과 같이 소련이나 소련과 연결된 국가가 재래식 군사력으로 침략해올 경우에도 미국은 핵무기 선제사용으로 대량보복을 하여 퇴치하겠다는 전쟁 개념이었다. 한국전쟁에서처럼 미국이 적의 재래식 침략에 지상군 파견에 의지한 재래식 대응을 되풀이하면 인적 희생과 경제적 비용이 크고 그로써 정치적 희생도 크다는 계산이 그 배경이었다. 이 개념에 따라 미국은 어디에서보다 먼저 유럽의 방위를 급속하게 핵무기화(nuclearize)했다. 서유럽은 소련의 재래식 군사 개입에 특히 취약하다고 판단해 막대한 재래식 군사력 확충이 필요하다고 느끼고 있었다. 그러나 NATO 회원국들은 비용 때문에 그 계획을 선뜻 감당하기 힘들어했다. 미국은 유럽에 대한 소련의 재래식 침략을 핵무기 선제사용옵션으로 억지하겠다는 계획을 1950년대 중엽부터 실행에 옮겼다. 저비용 고효율을 노린 전략이었다.

1950년대 유럽 다음으로 미국이 전술핵무기를 대거 배치하여 저비용 고효율 방위를 추구한 곳이 한반도를 포함한 동아시아 지역이었다. 미국이 한반도에 핵무기를 갖다 놓기 시작한 것은 1958년이다. 1991년 9월 27일 부시 미국 대통령이 냉전기에 미국이 전 세계에 배치한 지상발사 단거리 전술핵무기들, 즉 핵폭탄과 SRBM 핵탄두들을 모두 본토로 소환하여 해체할 것이라고 선언한 이후 한반도에 배치되었던 미국의 전술핵도 1991년 12월까지는 모두 철수하게 된다. 그사이 33년간 한반도는 아마도 독일 다음으로 핵무기 밀도가 높은 땅이었다. 한국에 핵무기가 가장 많이 있던 때는 1967년으로 약 950기에 달했던 것으로 파악된다.[1]

더욱 놀라운 사실은 미국이 한반도에 배치한 전술핵무기들 가운데는 단지 북한의 재남침을 억지한다는 목표 외에도 중국을 목표물로 삼은 것들도 포함되어 있었다는 사실이다. 동아시아적 차원에서 미국 핵무기 전략에 따라 한국이 핵무기 전진배치기지로 기능한 것이다.

1990년대 말 로버트 노리스(Robert Norris), 윌리엄 아킨(William Arkin), 윌리엄 버(William Burr) 등은 정보자유법(Freedom of Information Act)에 의거한 정보공개를 요구한 끝에 일본, 그린란드, 아이슬란드 그리고 타이완을 포함한 미국의 전술핵무기 배치지역 리스트가 담긴 문서를 확보했다. 「핵무기 저장과 배치의 역사: 1945년 7월에서 1977년 9월까지」(History of the Custody and Deployment of Nuclear Weapons: July 1945 through September 1977)라는 문건이었다. 이것은 그때까지 미국의 안보 관련 기밀문서들 가운데도 가장 철저하게 은폐되어 있던 비밀을 담고 있었다.[2]

이 문서의 기록에 따르면, 아이젠하워 행정부 말기인 1950년대 말 미국 핵무기는 괌과 오키나와의 미군기지들뿐만 아니라 한국, 타이완, 필리핀에도 배치되었다. 이때 이미 이들 지역에 배치된 핵무기가 1,700개에 달했다. 타이완에 12기, 필리핀에 60기, 괌에 225기, 한국에는 무려 600기, 오키나와 가데나 공군기지에는 가장 많은 800기 정도가 배치되어 있었다는 것을 위의 기밀문서가 밝혀주었다. 케네디 행정부에 들어서는 동아태지역에 대한 미국 핵무기 배치가 더 늘어났

---

1 Hans M. Kristensen and Robert S. Norris, "A History of U.S. Nuclear Weapons in South Korea," *Global Research*, December 25, 2017(www.globalresearch.ca).

2 Robert S. Norris, William M. Arkin & William Burr, "Where They Were," *The Bulletin of the Atomic Scientists*, November/December, 1999, p.26.

▲▲ 어니스트 존 지대지미사일
▲ 데이비 크로켓 미사일
▼ 서전트 미사일

다. 1963년 초가 되면 괌, 오키나와, 필리핀, 타이완에 배치된 지상배
치 전술핵만 2,400기로 팽창했다. 이 문서에 따르면 1967년 중엽 동
아태지역에 배치된 지상배치 전술핵이 3,200기로 늘었는데, 그 가운
데 대부분인 2,600기가 한국과 오키나와에 배치되었다.[3]

　1958년 1월 미국은 핵탄두를 약 150개 갖춘 다양한 핵무기체계를
한국에 들여왔다. 어니스트 존(Honest John) 지대지미사일 그리고 원
자파괴무기(Atomic Demolition Munition)라는 이름의 핵지뢰(nuclear
landmine)와 함께 두 가지 핵포탄(nuclear artillery)이었다. 핵포탄 하나
는 280밀리미터 대포(gun)였고, 다른 하나는 8인치(203밀리미터) 곡

3　Norris, Arkin & Burr, 1999, p.30.

사포(howitzer)였다.[4] 이어서 1958년 3월에는 전폭기 탑재용 핵폭탄들이 한국에 도착한다. 1960년 7월과 1963년 9월 사이엔 세 가지 미사일 시스템—라크로스(Lacrosse), 데이비 크로켓(Davy Crockett), 서전트(Sergeant)—이 한국에 배치되었다. 이로써 1958~63년 한국에 배치된 미국의 전술핵무기 숫자는 총 600기에 달하게 된다.[5]

나이키 허큘리스(Nike Hercules) 미사일은 지대공미사일과 지대지미사일 양쪽으로 다 쓰이는데, 이것이 1961년 1월 한국에 도착했다. 1964년 10월에는 155밀리미터 곡사포도 들어온다. 그래서 1967년 한반도의 핵무기고는 최고에 달해 총 950기를 기록하게 되었다. 한국에 들어온 다양한 전술핵무기체계 가운데 33년 내내 한국에 있었던 것은 8인치 곡사포를 이용한 핵무기체계였다.[6]

1970년대 들어선 이후 한국에 있는 미국 전술핵 숫자는 감소하는 추세를 보인다. 1974년에는 640기로 줄었고, 1982년에는 150기로 줄었다. 1977년을 전후해 어니스트 존, 나이키 허큘리스, 서전트 미사일 체계들이 한국에서 철수했다. 필리핀에서 핵무기 140개를 철수한 것도 이 무렵이었다. 1991년 미국이 전술핵폐기선언을 하는 시점에 한국에 남아 있던 핵무기는 100기 정도로 추산된다. 특히 1970년대부터 동아태지역에서 전술핵 규모를 감축한 미국의 정책 배경에 관해 한스 크리스턴슨(Hans Kristensen)과 노리스는 여러 가지 해석을 언급했다. 이 지역에 배치된 전술핵의 안전에 문제가 있었으며, 그 숫자도 전쟁계획이 요구하는 수준을 과도하게 초과했다는 인식도 있었다

---

4 Kristensen and Norris, 2017, p.4. 크리스턴슨과 노리스는 한 가지가 더 1958년 한국에 들어온 것으로 판단한다. 이들의 근거는 미군이 발행하는 『퍼시픽 스타스 앤 스트라입스』(*Pacific Stars and Stripes*)가 같은 해 한국의 유엔군사령부가 '마타도어 크루즈미사일'(Matador Cruise Missile)을 확보했다는 내용을 보도한 것이다(*Pacific Stars and Stripes*, "UNC in Korea Gets Matador Missiles," December 18, 1958, pp.1~2).

5 Kristensen and Norris, 2017, pp.4~5.

6 Kristensen and Norris, 2017, p.5.

고 한다. 또 첨단 재래식 무기들이 도입되면서 핵무기에 대한 의존을 상대적으로 줄일 수 있었다는 해석도 있다.[7] 아울러 곧 상술하겠지만 1976년부터 괌을 발진기지로 삼아 한국 진해항을 방문하기 시작한 미국의 핵추진 잠수함들이 탑재한 전략핵무기가 전술핵 상당부분을 대체하는 효과도 있었을 것으로 추정할 수 있다.

1977년 중엽 미 태평양사령부 사령관은 당시 전술핵무기가 배치된 한국의 미군기지는 세 곳이라고 밝혔다. 대전의 캠프 에임스(Camp Ames) 그리고 군산과 오산의 공군기지가 그것이었다.[8] 군산 공군기지는 미 공군 제8전술전투기 비행단의 본부였다. 오산기지는 핵폭탄들을 저장하고 있었다.[9] 크리스턴슨과 노리스는 이들 핵무기들 중 일부가 단순히 북한을 향한 것이 아니라 중국과 소련도 염두에 둔 전략적 무기의 성격을 지녔다는 사실을 밝혀냈다. 이들이 파악한 한 가지 중요한 사례로 1974년 미 공군은 전북 군산(群山) 공군기지 활주로 끝에 세워둔 제8전술전투기 비행단(8th Tactical Fighter Wing)의 F-4D 팬텀 제트기들의 날개 밑에 핵폭탄들을 묶는 일을 했다. 이 전투기들은 당시 '신속대응경보'(Quick Reaction Alert)로 알려진 출동준비태세에 놓여 있었다.[10]

크리스턴슨과 노리스에 따르면, 군산 공군기지의 제8전술전투기 비행단은 오키나와 가데나 공군기지에 있는 제19전술전투기 비행단 그리고 필리핀 클라크(Clark) 공군기지에 있는 제3전술전투기 비행단과 함께 중국을 상대하는 '3기지 타격대'(a three-base strike force against China)를 구성했다. 더욱 중요한 것은 미 군부가 수립한 전

---

7 Kristensen and Norris, 2017, pp.7~8.

8 Kristensen and Norris, 2017, p.8.

9 Kristensen and Norris, 2017, p.15.

10 US Pacific Command, *Command History 1974*, Camp Smith, Hawaii, vol. 1, 1975, Partially Declassified and Obtained under FOIA(Freedom of Information Act) by Peter Hayes, Excerpts, vol.1, pp.264~265; Kristensen and Norris, 2017, p.5.

략핵전쟁 계획인 '단일통합작전계획'(Single Integrated Operational Plan: SIOP)에서 위의 '3기지 타격대'가 그 일익을 담당했다는 것이다. 동아태지역의 이 세 기지는 보통 비경계태세로 운영되었지만, 당시 군산 공군기지 제8전술전투기 비행단만 신속대응경보 태세를 유지했다는 것이 특이했다. 군산은 베이징과 거리가 1,000킬로미터 이내이고, 러시아 태평양함대 사령부가 있는 블라디보스토크와는 890킬로미터 이내에 있다. 크리스턴슨과 노리스는 이러한 지정학적 위치가 작용했다고 암시했다.[11]

이 지점에서 크리스턴슨과 노리스는 미국의 동아태지역 핵무기 전략에서 중요한 이슈를 하나 언급했다. 1972년 6월 미국은 오키나와에 대한 주권을 일본에 반환했다. 그와 함께 오키나와의 핵무기를 철수한 것으로 알려져 있었다. 그런데 1974년까지도 오키나와 가데나 미 공군기지 제18전술전투기 비행단이 미 군부의 전략핵전쟁 통합계획의 일부로 역할을 계속했다는 것은 미국이 유사시 오키나와로부터도 중국에 대한 핵무기 타격 작전을 벌이는 것을 상정했음을 뜻한다. 그래서 크리스턴슨과 노리스는 미국과 일본 사이에 오키나와 반환과 핵무기 철수 후에도 중국과 관계에서 위기상황이 발생하면 미국이 오키나와의 미국 전술전투기들이 핵무기를 탑재하고 작전을 수행할 수 있도록 허용하는 비밀협정이 있었을 것이라고 추정했다.[12]

크리스턴슨과 노리스는 미국의 한반도 핵무기정책과 관련하여 또 하나 중요한 사실을 지적했다. 그것은 한국 땅에 배치된 전술핵과 별개로 주로 괌을 기지로 해서 동아태지역에 배치된 전략핵무기들의 역할이었다. 먼저 미 해군이 운영하는 '핵추진 탄도미사일 잠수함들'(SSBN)이 탑재한 전략핵무기들이 있다. 크리스턴슨과 노리스는 미국 핵잠수함들이 한국 진해항을 방문하기 시작한 것이 1976년부터임을

---

11 Kristensen and Norris, 2017, p.6.

12 Kristensen and Norris, 2017, p.6.

파악했다. 1978년에도 몇 차례 있었는데 1979년과 1980년에는 그 횟수가 더 빈번해졌다. 1976년에서 1980년까지 5년 동안 미국 핵잠수함들은 진해항을 총 35차례 방문했다. 이들은 모두 '폴라리스 핵잠수함'(Polaris nuclear submarine)이었다. 이 핵잠수함은 핵미사일을 16개 탑재했다. 이 핵미사일들은 핵탄두를 각각 3개씩 장착할 수 있었다. 미국의 이런 움직임을 두고 크리스턴슨과 노리스는 박정희 정권의 핵무장을 억지하면서 한국에 대한 안보공약을 강조하려는 목적과 관련이 있었다고 보았다.[13]

북한 핵무장이 더욱 진행되는 가운데 2016년 10월 31일 핵잠수함 펜실베이니아호(USS Pennsylvania, SSBN-735)가 괌에 도착해 '한국과 일본에 대한 미국의 안보공약'을 강조한 것은 최근 사례다.[14] 한편 미 공군도 괌에 B-2와 B-52 같은 핵무기 탑재용 폭격기들을 순환배치(rotational deployments)하고 있다. 크리스턴슨 등에 따르면, 특히 2004년 이후 미국은 지속적으로 3대에서 6대에 이르는 핵폭격기 편대의 괌 배치 상태를 유지하고 있다.[15]

2. 박정희와 제주도의 미국 핵무기·군사기지화 시도

한반도를 밀도 높은 핵무기의 그물망으로 엮은 것은 앞에서 설명한 바와 같이 미국이다. 그것은 한국전쟁과 그에 대한 미국의 전략적 대응의 부산물이기도 했다. 그래서 한국은 1960년대 말 900기가 넘는 핵무기를 껴안고 살았다. 바로 그 시점에서 자칫하면 한국은 동아태 지역에서 가장 많은 미국 핵무기를 품고 있던 오키나와를 대신해 그곳이 갖고 있던 핵무기까지도 떠안게 될 뻔했다. 박정희 정권은 1960년대 말에서 1970년 초에 걸친 시기에 제주도를 미국의 군사기지로

---

13 Kristensen and Norris, 2017, p.10.
14 Kristensen and Norris, 2017, p.11.
15 Kristensen and Norris, 2017, pp.11~12.

헌납하려고 했다. 그렇게 되면 오키나와의 핵무기들을 그대로 제주도에 옮겨놓는 상황도 벌어질 수 있었다. 박정희는 그 점도 명백히 수용하면서 미국에 그 제안을 했다.

한국 정부가 자발적으로 제주도를 오키나와를 대신한 핵무기기지로 미국에 바치려 한 기막힌 사태는 인도차이나에서 공산주의가 민족주의와 결합해 전개한 사회혁명의 성공을 봉쇄함으로써 동아시아대륙 전체의 공산화를 막고자 했던 미국의 베트남전쟁 개입이 파탄에 직면한 상황과 긴밀히 연관되어 있었다.

1960년대 말이 되면 미국은 남베트남 정권을 위한 군사 개입이 거의 완전히 실패했다는 현실을 받아들여야 했다. 미국은 베트남에서 명예롭게 철수하려고 기획했다. 이를 위해 적어도 일정 기간 북베트남이 남베트남을 군사적으로 점령하지 않도록 하는 평화협정을 타결할 필요가 있었다. 그러한 협상테이블에 북베트남 정부와 남베트남의 공산세력을 끌어내리려면 중국의 도움이 필요했다. 1969년 7월 25일 닉슨 대통령은 괌에서 이른바 '닉슨독트린'을 발표했다. '베트남전쟁의 베트남화'와 '아시아 안보의 아시아화'라는 메시지가 들어 있었다. 지역 동맹국들에 미국이 기존의 안보공약 의무를 이행하고 핵우산은 계속 제공하겠지만, 각국이 자국 방위를 위한 맨파워(manpower)는 스스로 책임져야 한다는 내용을 담았다.[16] 중국에 타협과 협상을 위한 신호를 보낸 것이기도 했다.

1960년대 말 이래 인도차이나 사태가 한반도에 준 충격은 두 가지 측면이 있었다. 하나는 닉슨독트린 자체의 충격파였다. 한국에는 거

---

16 Guam Doctrine(Nixon Doctrine): First, the United States will keep all of its treaty commitments; Second, we shall provide a shield if a nuclear power threatens the freedom of a nation allied with us or of a nation whose survival we consider vital to our security; Third, in cases involving other types of aggression, we shall furnish military and economic assistance when requested in accordance with our treaty commitments. But we shall look to the nation directly threatened to assume the primary responsibility of providing the *manpower* for its defense.

대하고 위협적인 공산주의 대국이었던 중국과 타협한 미국이 아시아에서 철수할 것 같은 정책변화에 박정희 정권은 심각한 위기의식을 느꼈다. 또 하나는 한국과 같은 분단 상태였던 베트남이 미국의 동맹국이 아닌 공산주의 세력에 통일되는 사태가 한반도의 남북 경쟁 구조에 던지는 충격이었다.

이 상황에 대한 박정희 정권의 대응은 두 가지 측면을 보였다. 박정희 정권이 처음 시도한 것은 제주도를 일본의 오키나와를 대체하거나 보완하는 군사기지로 미국에 제공함으로써 미국의 동아시아 군사기지로서 한국의 역할을 유지하려고 한 것이다. 박정희는 제주도를 미국 군사기지로 제안할 때 제주도가 미국 전술핵무기의 기지가 되는 것을 명확히 인식했다.

필자는 미국 유학 시절인 1980년대 중엽 베트남전쟁과 관련한 미국 외교정책의 시각 변화를 다룬 학위논문을 쓰려고 예일대학교의 정부 공문서 도서관인 실리멋 라이브러리(Sealy Mudd Library)에서 1970년대에서 1980년대 전반에 걸친 미 의회 본회의 회의록과 각종 청문회 자료들을 열람하곤 했다. 그러다 우연히 발견한 것이 1970년 2월 미 상원 외교위원회의 '미국안보협정·대외공약 소위원회'(Subcommittee on US Security Agreements and Commitments Abroad)가 연 한 청문회 기록이다. 당시 주한 미국대사 윌리엄 포터(William Porter, 1914~88)가 한국의 박정희 대통령과 면담한 내용을 밝힌 증언이 담겨 있었다. 1960년대 중엽 이래 미국은 오키나와에 대한 주권을 일본 정부에 반환해야만 하는 상황에 처해 있었다.[17] 고민에 빠진 미국에 박정희는 제주

---

17 1965년 일본 총리 사토 에이사쿠(佐藤榮作, 1901~75)가 오키나와를 방문하여 "오키나와가 일본에 반환되지 않는 한 일본의 '전후'(戰後)는 끝나지 않는다"고 선언했다. 그 후 일본과 미국 간에 협상이 진전되었다. 1969년 미일공동선언으로 오키나와를 1972년 일본에 반환하기로 했다. 이 선언에는 오키나와 미군기지에 핵무기를 배치하지 않는다는 것과 오키나와 주둔 미군기지의 밀도를 일본 본토의 미군기지 밀도와 동등한 수준으로 축소 조정한다는 내용이 포함되었다. Arasaki Moriteru, ed., *Profile of Okinawa: 100 Questions and Answers*, Tokyo: Techno

도를 미국 군사기지로 제공하겠다고 나섰다. 이 일로 박정희는 주한 미국대사를 만나서 다음과 같은 대화를 나누었다.

> **포터** 당신은 미국이 오키나와에서 포기해야 할 것들을 대체할 수 있도록 남한에 새로운 해군과 공군기지를 건설하라고 제안하는 것인가?
>
> **박정희** 이 점에 관한 한 우리 태도는 명백하다. 오키나와가 어떻게 되든 우리는 제주도를 기꺼이 새로운 미군기지로 제공할 것이다.
>
> **포터** 만일 미국이 오키나와에서 핵무기를 옮겨다 놓으면 남한은 미국의 핵무기 전진기지가 될 텐데.
>
> **박정희** 만일 제주도가 미국의 군사기지로 이용되면 핵무기를 설치하는 것은 불가피할 수도 있다.
>
> **포터** 한국 국민이 이를 환영할 것인가?
>
> **박정희** 환영하지는 않겠지만 허용은 할 것이다.[18]

때는 1969년 10월 17일 박정희 정권이 국민투표로 '3선 개헌'을 강행한 직후였다. 또 1969년 7월 25일 닉슨 행정부는 '괌독트린'을 발표했다. 이로써 주한미군 철수에 대한 박정희 정부의 우려가 높아지던 시점이었다. 미국에 제주도를 군사기지로 헌납함으로써 정권안보를 꾀하고 주한미군 철수를 막고자 역사적 거래를 시도한 것으로 볼 수 있다.

미국은 1968년 8월 소련군이 체코슬로바키아에 개입하면서 소련

Marketing Center, 2000, p.81.

18 United States Senate, Subcommittee on US Security Agreements and Commitments Abroad of the Committee on Foreign Affairs, February 1970, Part 6, p.1663. 필자는 이 자료와 그 의미에 대해 귀국 후 초기에 쓴 글들 중 하나인 1990년의 글에서 처음 논의한 바 있다. 이삼성, 「핵의 위기」, 『창작과비평』, 1990, 겨울, 382~383쪽.

1971년 베이징에서 저우언라이 공산당 총리와 밥을 먹는 키신저.
1971년과 1972년은 미국과 중국의 관계가 정상화된 해다. 미국은 중국과의 관계개선을
위해 제주도를 군사기지로 헌납하겠다는 박정희의 제안을 거절했다.

과 관계가 긴장되어 있었다. 1969년에는 중소분쟁이 심해진 기회를
틈타 중국과 관계정상화를 노리며 중국에 대한 경제제재를 완화하고
있었다. 1971년 4월 미국 탁구선수들은 중화인민공화국 선포 이후 처
음으로 중국을 방문한 미국인들이 된다. 키신저가 1971년 7월과 10월
두 차례 베이징을 방문하고 마침내 1972년 2월 닉슨 대통령이 베이징
을 방문하여 미중관계정상화 협상이 본격 시작된다. 이처럼 박정희가
미국에 제주도를 군사기지로 헌납하려 한 시점은 다행히 미중관계정
상화가 암중모색되는 때였다. 그 바람에 미국은 중국과 관계를 고려
해 박정희의 치명적인 범죄적 제안을 거절했다.

미국이 1972년 오키나와의 일본 '반환'(return or reversion)과 그
조건에 관해 일본과 정식으로 합의한 것은 1969년 11월이다. 이때 미
국은 오직 '공식적 주권'이라는 형식에서만 오키나와를 일본에 반환

했다. 실질적으로 미국 군사기지로서 오키나와의 역할은 변함이 없었다. 일본 정부 역시 오키나와를 동아태지역에서 미국의 핵심적 군사기지로 유지하려고 거의 노예적 멘탈리티로 노력했다. 일본은 당시 가치로는 엄청난 액수인 6억 8,500만 달러를 미국에 지급했다. 그런데 일본이 이 돈을 지불한 이유는 오키나와를 반환해주어 고맙다는 뜻에서가 아니었다. 미국이 오키나와를 군사기지로 계속 이용해달라는 요청의 의미가 강했다. 일본이 미국 못지않게 미군 주둔을 원하는 모습을 보고 미국이 '반환' 대가로 그러한 엄청난 금액을 요구한 결과였다는 것을 거번 매코맥(Gavan McCormack) 등이 밝혀냈다. 매코맥 등은 그 액수가 일본이 40년간 식민통치를 한 대가로 1960년대에 한국에 지불한 5억 달러보다 많은 돈이라는 사실에 놀라워했다.[19]

매코맥 등은 2010년 2월 『세카이』(世界)에 실린 니시타니 오사무(西谷修)가 제기한 비판, 즉 오키나와 문제를 포함한 미일동맹 전반에서 일본의 대미 태도를 "자발적 자유와 자발적 예종(spontaneous servitude)이 구분되지 않는 상태"로 묘사한 것을 주목했다.[20] 일본이 오키나와 반환 대가로 미국에 지불한 돈이 한국에 지불한 돈과 달랐던 점은 오키나와를 계속 미국의 군사적 식민지로 유지하기 위한 '자발적 예종'의 멘탈리티가 발현된 것이었다는 사실이다. 박정희가 제주도 도민들의 의사는 물론 한국 국민 누구의 의사도 묻지 않은 채 제주도를 미국에 핵무기를 포함한 군사기지로 헌납하려 했던 시도 역시 일본의 그것과 결코 다르지 않은, 웃기에도 울기에도 너무나 슬픈 자발적 예종의 몸부림이었다.

미일 양측의 상호 간 이해관계 일치에 따라 오키나와는 형식적 '반환'에도 불구하고 미국의 실질적인 군사적 식민지로 유지되었다. 그

---

19 Gavan McCormack and Satoko Oka Norimatsu, *Resistant Islands: Okinawa Confronts Japan and the United States*, Lanham: Row & Littlefield, 2012, p.59.

20 McCormack and Notimatsu, 2012, p.68.

런 만큼 미국은 박정희가 소망했던 제주도라는 또 하나의 미군기지가 절실하게 필요하지 않았다. 더욱이 중국과 관계개선을 추구하고 '아시아 안보는 아시아인에게'를 슬로건으로 내세우던 시점에 닉슨 행정부가 아시아에 대한 군사적 현존의 수준을 더 높일 이유가 없었다. 이런 사정이 일본의 노예적 멘탈리티와 결합하여 참으로 다행히도 제주도는 또 하나의 오키나와가 되는 사태를 피해갈 수 있었다.

3. 1970년대 박정희 정권의 핵무장 시도와 좌절

제주도를 미국의 군사기지 및 전술핵무기기지로 만들려는 시도가 중국과 관계개선에 사활을 건 미국의 거절로 무산되자 박정희 정권이 대안으로 추진한 것은 독자 핵무장이었다. 이것이 한반도 내부에서 비롯된 핵확산 위기의 기원이었다. 1972년 한국은 핵무기 원료인 플루토늄을 제조하기 위한 재처리시설을 획득하려고 프랑스와 협력하기 시작했다. 1974년 한국은 플루토늄을 해마다 20킬로그램 생산할 수 있는 재처리 공장의 기술적 디자인을 확보한다. 20킬로그램이면 히로시마급 원폭 두 개를 만들 수 있는 분량이었다.[21]

1970년대 전반기는 남아시아의 인도와 파키스탄 그리고 리비아를 포함한 중동의 이슬람 국가들이 핵무기를 열망하며 그것을 획득하려고 저마다 동분서주하는 시기였다. 1968년 핵보유국들이 핵 확산을 막기 위해 핵확산금지 레짐(Nuclear Non-Proliferation regime)을 구축했지만, 그만큼 비핵국가들 사이에 핵무기에 대한 열망이 고조되어 있었다. 인도는 1962년 중국과 국경분쟁을 짧게 겪었는데, 1964년 핵무장을 한 중국에 자극받았다. 인도는 1974년 5월 18일 라자스탄의 사막 도시 포크란(Pokhran)에서 첫 핵실험을 한다. 인도 정부는 그것에 '평화적인 핵폭탄'(peaceful nuclear explosive)이라는 모순에 가득

---

21 Don Oberdorfer, *The Two Koreas: A Contemporary History*, Reading, MA: Addison-Wesley, 1997, p.69.

찬 이름을 붙였다.[22] 인도 핵실험에 가장 큰 충격을 받은 나라는 이웃한 파키스탄이다.

1970년대 초반에서 중엽에 세계는 이처럼 많은 곳에서 핵무기 개발 열정이 넘쳤다. 많은 나라가 한편으로 1973년 석유파동을 겪으며 값싼 에너지원으로서 상업적인 동기와 함께 유사시 핵무기 개발의 토대가 된다는 전략적 동기로 핵에너지 프로그램을 원했다. 1975년 이란의 샤(Shah)가 대규모 핵발전소 계획을 밝혔고, 이에 자극받은 이라크는 곧 프랑스와 원자로 도입 계약을 맺었다. 남아시아와 중동에서뿐 아니라 라틴아메리카의 브라질과 아르헨티나 그리고 동아시아의 타이완도 핵에너지 프로그램을 시작했는데, 이는 핵무기 개발로 이어질 수 있었다.[23]

그런 맥락에서 본다면 1970년대 초반에 박정희 정부가 인도차이나 사태와 미국의 닉슨독트린에 직면한 상태에서 독자적인 핵무기 개발에 나선 것이 놀랄 일은 아니었다고 할 수도 있다. 그렇게 진행되던 한국의 핵무장 움직임을 미국이 경각심을 갖고 주목하게 된 것은 1974년 5월 인도가 핵실험을 한 이후였다.

1974년 11월 주한 미국대사관은 한국이 "핵무기 개발 프로그램의 초기단계를 거치고 있다"고 워싱턴에 보고했다. 키신저 국무장관은 서울로 비밀전문을 보내 한국 핵무장이 초래할 엄중한 결과를 경고했다. 그는 한국의 핵무장 시도가 미국의 안보공약에 대한 불신 그리고 미국에 대한 군사적 의존을 줄이려는 목적에서 비롯했다고 파악했다. 한국 핵무장은 한국의 전략적 위치 때문에 특히 심각한 문제라고 보았다. 그것이 주변 국가들, 특히 북한과 일본에 미칠 영향을 우려했다. 키신저는 또한 한반도에서 분쟁이 발생했을 때 소련과 중국이 북한에

22　Gordon Corera, *Shopping For Bombs: Nuclear Proliferation, Global Insecurity, and the Rise and Fall of the A.Q. Khan Network*, Oxford: Oxford University Press, 2006, p.13.

23　Corera, 2006, p.19.

핵무기 지원을 보장하게 될 것이라고 보았다.[24]

미국은 1975년 7월 이후 박정희 정권의 핵무장 시도를 중단시키려는 다양한 외교적 압력을 행사했다. 1975년 8월 슐레진저 국방장관도 방한하여 박정희에게 핵무기 프로그램 중단을 요구했다. 1976년 5월에는 슐레진저의 후임이 된 도널드 럼즈펠드(Donald Rumsfeld) 국방장관이 박정희 정부에 한미 경제 및 안보관계 재검토를 강력하게 위협했다. 그 결과 한국은 프랑스와 맺은 핵 프로그램 협정을 취소했다.[25] 돈 오버도퍼(Don Oberdorfer)에 따르면 박정희 정권이 겉으로는 취소했지만 내밀한 핵무장 시도를 계속했을 가능성을 미국은 의심했다. 오버도퍼는 박정희 정권에서 보안사령관을 지낸 강창성의 증언을 근거로 들었다. 1978년 9월 박정희가 강창성에게 핵무기 개발이 95퍼센트 완료되었으며 1981년 상반기에는 원폭을 생산하게 될 것이라고 밝혔다는 것이다.[26]

1970년대 한국의 핵무장 소동은 한편으로는 한미 안보동맹 관계에 긴장을 초래했다. 그러나 다른 한편 미국은 안보공약에 대한 한국의 불안을 잠재우기 위해서 그리고 좀더 큰 맥락에서는 베트남 공산화 이후 아시아에서 미국이 겪게 된 이른바 '신뢰성 위기'(credibility crisis)에 대한 대응으로서, 한반도의 군사적 긴장을 증폭하는 중요한 조치들을 취했다. 그중 하나가 미국 전술핵무기가 한반도에 존재한다고 공개하면서 북한에 대한 핵무기 위협을 노골화한 것이다. 1975년 6월 방한한 슐레진저 국방장관은 북한이 남침할 경우 "미국은 핵무기를 사용하거나 더 많은 지상군을 투입할 계획을 갖고 있다"고 밝혔다. 『뉴욕타임스』는 슐레진저의 이 발언이 미국의 한반도 핵무기 배치를 미국 정부가 처음으로 공식 확인한 것이라고

---

24 Oberdorfer, 1997, pp.69~70.
25 Oberdorfer, 1997, pp.71~72.
26 Oberdorder, 1997, pp.73~74.

보도했다.[27] 바로 며칠 뒤 제럴드 포드(Gerald Ford, 1913~2006) 대통령도 "미국은 한국에 강력한 억지력(a strong deterrent force)을 갖고 있다"고 밝힌다. 여기서 강력한 억지력은 물론 핵무기를 의미했다. 이때 한 기자가 미국이 한국의 방위를 위해 핵무기를 사용할 용의가 있는지 물었다. 포드는 "무엇이 미국의 국익인지 결정할 때 최대한 융통성을 유지한다는 것이 미국의 정책"이라고 답변했다. 이 발언은 북한에 대한 핵 선제사용옵션을 천명한 것과 다름없는 것으로 주목받았다.[28]

또 미국은 같은 시기에 북한에 대한 공격적인 전쟁계획을 노골적으로 공개하고, 이를 반영한 한미 합동군사훈련을 시작한다. 1975년 8월 방한한 슐레진저 국방장관에게 주한미군 제임스 홀링스워스(James Hollingsworth, 1918~2010) 소장이 '9일 전쟁계획'이라는 것을 보고했고, 미군 당국은 그 내용을 언론에 공개했다. 홀링스워스는 "만일 북한이 공격을 개시하면 전쟁은 폭력적이지만 매우 단시간에 끝날 것"이라고 공언했다. "적에 대해 포격과 함께 매일 700~800회의 시간차 공습을 실시할 것"이며 "북한이 공격하면 임진강을 건너 적 군사력의 심장부를 공격할 것"이라고 밝혔다. 슐레진저는 이러한 공격적 전략을 '매우 훌륭한 구상'이라고 격려했다.[29]

그와 같은 공격적인 전쟁계획을 반영한 한미 합동군사훈련인 팀스피리트 훈련이 1976년 시작되었으며, 그 뒤 훈련에 참가하는 한미 양국 군대의 규모가 꾸준히 늘었다. 1986년의 경우 한미 양국에서 20만 명이 참가했다. 주한미군 외에 미국 본토와 태평양의 미군기지들에서 6만 명이 파견되었다. 미 7함대는 군함을 25척 참여시켰다. 이 훈련은

27 *The New York Times*, June 21, 1975.

28 *The New York Times*, June 26, 1975; 이삼성, 『미국의 대한정책과 한국 민족주의』, 한길사, 1993, 306~307쪽.

29 Claude A. Buss, *The United States and the Republic of Korea: Background for Policy*, Stanford: Hoover Institution Press, 1982, pp.145~146; 이삼성, 1993, 286~287쪽.

1986년의 팀스피리트 훈련에서 공군기지 방어훈련 중인 미군 병사.
팀스피리트 훈련은 1976년 처음 시작된 후 규모가 점점 증가한다. 1986년에는 한미 양
국 군대를 통틀어 20만 명이 참가했다. 이 중 6만 명은 미국 본토와 태평양의 미군기지들
에서 파견되었다.

일반적으로 모의상륙공격(mock amphibious assaults)과 공중폭격 그
리고 화학 및 핵전쟁 훈련 등을 포함한 것으로 알려졌다.[30]

　　인도차이나 사태를 배경으로 한반도에서 박정희 정권이 선도한 군
비경쟁에는 탄도미사일 개발 경쟁도 있었다. 북한이 소련에서 스커드
미사일을 도입하여 자체 생산을 시작한 것은 1984년이지만, 남한은
그보다 5년 앞선 1979년에 탄도미사일 개발을 완료했다.[31] 1990년대
에는 공산권이 붕괴되면서 국제적 고립에 직면한 북한의 핵 프로그램

30　Stephen Goose, "The Military Situation on the Korean Peninsula," in John
Sullivan and Roberta Foss, eds., *Two Koreas-One Future?*, University Press of America,
1989, p.79; 이삼성, 『한반도 핵문제와 미국외교: 북미 핵협상과 한국 통일정책의
비판적 인식』, 한길사, 1994, 257~258쪽.

31　탄도미사일 개발 첫해인 1979년 한국은 미국과 탄도미사일 사거리 제한협정
을 맺는다. 그때는 180킬로미터로 제한했다. 2001년에는 300킬로미터로 늘어났
다. 2012년에 다시 800킬로미터로 확장되면서 러시아와 중국의 항의도 촉발한다.
Defense Update, "U.S. and South Korea Agree to Extend Missile Range," October 8,
2012(http://defense-update.com/20121008).

과 탄도미사일 개발이 한반도의 긴장과 동아시아 대분단체제 사이에 상호작용을 이룬다. 긴장 조성의 주체는 다르지만 그 원형을 우리는 1970년대에 목도했다. 이때 인도차이나의 완전한 공산화를 배경으로 남한은 핵무기와 탄도미사일 개발을 선도했다.

미국은 박정희 정권의 핵무장을 저지하는 대신 북한에 대한 공격적인 전쟁계획을 수립하고 이를 반영한 합동군사훈련을 시작했다. 중국은 이 시기에 미국과 데탕트를 추구하면서도 다른 한편에서는 북한과 동맹관계를 유지하고 북한의 불안을 잠재우기 위해 북한에 대한 경제·군사원조를 늘렸다.[32]

4. 1990년대 초 북한 핵시설 개요

미 의회조사국의 닉시가 2002년 작성한 보고서에 따르면, 1994년 제네바합의에 따라 활동이 정지되어 봉인 상태로 있는 북한의 주요 핵시설로 미국이 특히 중요하다고 파악한 영변의 시설들은 다음과 같다.[33]

1) 1980년에서 1987년 사이에 건설된 5메가와트급 원자로: 이것은 우라늄 연료를 태워서 플루토늄을 연간 7킬로그램 생산할 수 있는 능력을 갖추었다. 북한은 1989년 약 70일간 이 원자로 운전을 정지한 기록이 있다. 미국 정보기관들은 이때 북한이 연료봉(fuel rods)을 원자로에서 꺼내 재처리하여 핵무기급 플루토늄을 생산했을 것으로 의심했다. 1994년 5월에도 북한은 이 원자로 가동을 중지하여 연료봉을 약 8,000개 꺼냈다. 이 연료봉들을 재처리하면 핵무기 4~5개를 만드는 데 필요한 플루토늄을 확보하

---

32 Xia, Yafeng & Shen, Zhihua, "China's Last Ally: Beijing's Policy toward North Korea during the U.S.-China Rapprochement, 1970-1975," *Diplomatic History*, Nov. 2014, vol. 38 Issue 5, pp.1083~1113.

33 Larry Niksch, "North Korea's Nuclear Weapons Program," CRS Issue Brief for Congress(Order Code IB91141), Updated March 5, 2002, p.1.

게 될 것으로 평가되었다.

2) 50메가와트급 원자로와 200메가와트급 원자로: 이 두 종류 대
규모 원자로는 1984년부터 북한이 추가로 건설하고 있었다. 미국
은 이 원자로들이 완공될 경우 여기서 나오는 사용후 핵연료를 재
처리하면 플루토늄을 연간 200킬로그램 생산할 수 있는 것으로
파악했다. 그것은 해마다 원자탄을 30개 만들 수 있는 양이었다.
1994년 10월 제네바합의로 이 시설들은 건설이 중단된다.

3) 플루토늄 재처리시설: 길이 180미터에 높이가 몇 개 층인 건
물이다. 1992년 5월 이 시설을 사찰한 바 있는 국제원자력기구
(International Atomic Energy Agency: IAEA) 사무총장 한스 블
릭스(Hans Blix)에 따르면, 이 건물은 원자로에서 나온 사용후
핵연료로부터 무기급 플루토늄 239를 분리해내는 플루토늄 재
처리공장 규격에 들어맞는 것이었다. 북한은 1993년 재처리 생
산라인을 한 개 완성했고, 1994년 3월 국제원자력기구 사찰단이
방문했을 때는 이 건물 안에 두 번째 재처리 라인을 건설하고 있
었던 것으로 파악되었다. 이 시설 역시 1994년 10월의 제네바합
의에 따라 봉인된다.

닉시의 보고서는 이 시설들 가운데 5메가와트급 실험실 원자로를 제
외한 50메가와트급 및 200메가와트급의 새로운 대규모 원자로와 핵재
처리시설은 북한 자체의 자재와 기술로 건설되었던 것으로 파악했다.
이들 원자로는 2002년 3월 닉시가 이 보고서를 작성하는 시점까지도
전력선이 연결되지 않아 가동되지 않은 게 확인되는 상태였다.[34]

---

34 Niksch, "North Korea's Nuclear Weapons Program," 2002, p.2.

5. 1990년대 초 북한 핵 프로그램의 성격:
평화적 이용과 군사적 전용 사이에서

1) 북한 핵 프로그램의 시작과 그 성격

헤커에 따르면 북한의 핵 프로그램은 1960년대에 시작되었다. 이 시기에 북한은 원자력의 평화적 이용을 추구했고 소련이 이를 지원했다. 소련은 북한의 기술진과 과학자들을 교육했다. 소연방이 붕괴된 1991년 후에도 러시아와 우크라이나의 미사일 공장들은 북한과 협력관계를 한동안 유지했다. 또 북한은 핵분열물질 생산에 필요한 핵심 물자들, 특히 우라늄농축에 필요한 가스-원심분리기를 획득하려 노력하면서 국제수출통제 시스템의 허점을 활용했다. 그러나 전반적으로 볼 때 평양이 구축한 핵시설과 핵무기 생산능력은 북한의 독자적 힘으로 형성해온 것으로 헤커는 판단했다. 그는 특히 2017년 현재 시점에서 북한의 핵 프로그램은 거의 전적으로 자립적인 것(self-sufficient)이라고 규정했다.[35]

북한은 1950년대부터 많은 우수한 인재를 소련에 보내 핵 관련 지식과 기술을 축적한 것으로 알려져 있다. 북한이 오늘날 보이는 핵 및 미사일 개발 능력은 몇 가지 요소에서 비롯된 것으로 보인다.

첫째, 1950년대부터 국가가 체계적으로 핵 관련 인재를 양성했다. 특히 1956년 소련은 모스크바 인근 도시 드브나에 공산주의 국가 12개국이 공동으로 참여하는 '연합핵연구소'를 세웠다. 북한은 그 창립 멤버의 하나였고, 그때부터 교수와 학생을 계속 보내 선진적인 핵 관련 기술을 습득한 것으로 알려져 있다.[36]

둘째, 정치사회 체제의 성격상 과학기술 인재들에 대한 체계적 우대

---

35 Siegfried S. Hecker, "What We Really Know about North Korea's Nuclear Weapons: And What We Don't Yet Know for Sure," *Foreign Affairs*, December 4, 2017.

36 전현석, 「北 핵기술자·해킹 영재는 출신성분 안 따지고 중학생 때부터 키워」, 『조선일보』, 2017. 12. 23.

와 국가 주도 인센티브 시스템으로 사회의 우수한 인력자원을 핵 관련 분야에 집중 배치할 수 있었다. 1970년대 남한의 박정희 정권이 1966년 2월 한국과학기술연구소(KIST)를 설립한 것도 북한의 그러한 과학 인재 양성 시스템에서 자극받은 점도 없지 않을 것이다. 북한에서 일반 서민 자녀가 출신 성분과 무관하게 계층 상승을 할 수 있고 우수한 인재로 인정받으면 신분이 비교적 잘 보장되는 유일한 사다리가 과학영재였다. 이 점은 북한 사회의 맥락에서는 특히 의미가 컸을 것이다.[37]

셋째, 미국과 군사적 긴장이 높아지면서 전개된 국가 생존의 위기에서 우수한 인력들이 사활을 건 헌신적인 노력으로 핵의 군사적 이용과 미사일 개발 능력이 발전해간 측면도 간과할 수 없다.

이런 사정들을 헤아려보면, 헤커가 특히 2010년대 들어서 북한의 핵 및 미사일 프로그램이 거의 100퍼센트 자립적 기반 위에 서 있다고 한 것은 결코 놀라운 일이 아니다.

2) 1990년대 초 핵위기 시작 시점에서 북한 핵 프로그램의 성격

1980년대 중엽에서 1990년대 초에 이르는 시기에 북한이 갖고 있던 핵 프로그램은 에너지 생산이라는 평화적 목적과 유사시 군사적 목적 모두를 포함했을 가능성이 높다. 평화적 핵 이용의 동기는 공산

---

37 전현석, 2017. 12. 23. 전현석에 따르면, 북한은 중학생일 때부터 핵·미사일 개발자와 사이버테러 요원으로 양성한다. 1985년 김정일이 주도하여 북한 전역의 시, 군, 구역 단위마다 '제1중학교'라는 영재교육기관을 설립했다. 이 중 최고로 꼽히는 평양제1중학교의 경우 항일투사나 6·25 참전 군 장성 자손, 중앙당과 중앙부처 고위직 자녀, 평양시 갑부 자녀가 주로 다녀 귀족학교로 꼽히지만, 수학이나 과학 성적 우수자는 전국에서 집안 배경과 상관없이 실력으로 입학할 수 있다. 이런 국가교육체제로 최첨단 과학기술 분야에서 세계적 경쟁력을 갖춘 인재들이 줄을 잇고 있다. 김책공업종합대학 학생인 문소민(24)은 그 좋은 예이다. 그는 세계적으로 유명한 '컴퓨터 프로그래밍 스타'가 되어 있다. 2011년 국제수학올림피아드(IMO) 금메달 수상자이고, 국제 인터넷 프로그래밍 대회인 '코드셰프'에서 2014년 10월과 2015년 4월에 연속 우승을 차지했으며, 2017년 4월엔 전 세계 프로그래머가 인터넷상에서 코딩 실력을 겨루는 러시아 사이트 '코드포스'에서 미국 IT 기업 드롭박스와 구글 팀을 이겼다(전현석, 2017. 12. 23).

권 붕괴 이후 심화된 북한의 에너지난을 해결하기 위해서 그리고 군사적 핵 이용의 동기는 미국이 1990~91년 제1차 걸프전쟁에서 보여준 원거리 정밀타격(smart bombs)에 따른 첨단전쟁 능력의 시현(示顯)에 자극받았을 수 있다. 또 소련의 붕괴와 중국의 개혁개방 체제개혁으로 북한은 중국을 더는 충분히 신뢰할 수 있는 군사동맹국으로 간주할 수 없었다. 경제적으로 부유해서 날로 재래식 전력이 현대화되는 남한과 함께 미국의 재래식 첨단전쟁 능력과 핵위협에서 안전을 보장할 신뢰할 수 있는 동맹이 더는 존재하지 않았던 것이다. 이러한 고립감이 북한의 대외 인식을 싸늘하게 감쌌을 것이다.

카르시카 사시쿠마르(Karthika Sasikumar)와 크리스토퍼 웨이(Christopher Way)는 인도와 파키스탄의 핵무기 개발 동기를 분석하면서 흔히 핵무기 확산의 주요 변수로 거론되는 세 가지 요소, 즉 기술적 조건, 안보 상황 그리고 국내정치적 상황을 비교했다.[38] 통계적 방법을 동원한 이들 연구에서 가장 중요한 요소로 꼽힌 것은 안보 상황이다. 외부로부터 엄혹한 군사안보적 도전에 직면한 나라가 다른 나라에서 핵우산을 제공받을 수 없는 조건이 그 나라 핵무장 추구 여부를 결정하는 가장 중요한 요소라는 것이다. 이들 연구에 따르면, 기술적 수준이나 국내정치적 요소는 그렇게 결정적인 것은 아니다. 흔히 민주주의가 발전할수록 그 사회의 제한된 자원을 핵무장에 쏟는 것에 대한 민주적 제약이 더 많을 것으로 가정하는 경향이 있다. 그러나 굳이 어느 쪽인지 밝힌다면 민주주의는 오히려 핵무장을 선호하는 경향이 있다는 것이 이들의 견해다. 그러나 동시에 이들은 군부와 과학계의 자율성과 영향력이 큰 경우 핵무장 가능성이 높다는 점도 어느 정도는 유의미하다고 인정했다. 북한의 궁극적인 핵무장을 이해하는 데 사시쿠마르 등의 연구

---

38 Karthika Sasikumar and Christopher R. Way, "Testing Theories of Proliferation: The Case of Nuclear South Asia," in Scott D. Sagan(ed.), *Inside Nuclear South Asia*, Stanford, CA: Stanford University Press, 2009.

1991년 1월 18일 위스콘신호에서 발사되는 토마호크 미사일.
제1차 이라크전쟁에서 미국은 토마호크 미사일 등 스마트 폭탄들을 앞세워 첨단전쟁을
시현했다. 북한은 1970년대의 남한처럼 핵무장의 유혹을 받지 않을 수 없었다.

는 이론적·현실적 시사점이 크다고 생각된다.

3) 북한 핵무장의 귀결에 대한 근본주의 시각과 상호작용주의적 인식

1970년대에는 인도차이나 공산화와 닉슨독트린에 불안해진 남한 정권이 고립감을 느낀 가운데 핵무장 유혹에 시달렸다는 것은 앞서 살핀 바와 같다. 1990년대에는 북한이 비슷한 처지에 놓이게 되었다. 소연방을 비롯한 공산권이 붕괴했다. 러시아뿐 아니라 중국도 시장화 개혁에 나선 지 10년이 넘은 상태였다. 남한은 눈부신 경제성장을 발판으로 재래식 군사력 현대화에서 북한과 현격한 격차를 벌리고 있었다. 남한의 군사동맹국인 미국은 지구 유일의 슈퍼파워로 남은 가운데 중동에서 이라크를 상대로 토마호크 순항미사일이라 불리는 스마트 폭탄들을 앞세워 첨단전쟁을 과시했다. 북한 역시 1970년대의 남한 정부와 같이 핵무장의 유혹을 받지 않았다면 거짓일 것이다.

필자는 핵에너지가 이 시기 북한에 두 가지 의미가 있었다고 전제한다. 한편으로 국제적 고립으로 심화되던 경제난의 한가운데에 에너지난이 있었다. 북한의 핵 프로그램은 일차적으로 에너지난을 해결하

기 위한 핵의 평화적 이용이라는 동기가 분명히 있었다고 본다. 다른 한편으로 북한은 유사시 핵에너지의 군사적 전용을 꿈꾸었다고 볼 수 있다. 이중성을 안고 있었다고 전제할 수 있는 것이다. 그런데 결과적으로 북한 핵 프로그램은 핵무장의 길을 걸어갔다. 우리 질문은 이것이다. 북한이 1990년대 초부터 핵무장 의지를 갖고 비밀 핵무기 프로그램을 일관되게 추진했을까? 1990년대 초의 북한 핵 프로그램이 군사용으로 귀결된 것은 초지일관 북한의 의지에서 나온 산물일까? 아니면 북한 대외관계의 핵심인 북미관계와 남북관계라는 국제적 환경과 상호작용 속에서 핵의 평화적 이용과 잠재적인 군사적 목표 가운데 결국 군사적 용도가 중요해졌을까?

러시아 대통령 푸틴은 2017년 10월 4일 모스크바에서 열린 국제 에너지 포럼 전체회의에서 자신이 2001년 일본으로 가는 길에 북한을 방문했을 때 김정일 북한 국방위원장이 원자탄을 갖고 있다고 밝히면서 "단순한 대포로도 그것을 서울까지 쉽게 날려 보낼 수 있다"고 말했다고 주장했다.[39] 많은 사람이 이로부터 북한의 핵무장이 제네바합의 파기 이전에 이미 진행되었다는 심증을 굳히기도 한다.

그러나 우리는 한 걸음 물러서서 이 문제를 좀더 차분하게 판단할 필요가 있다. 필자는 1990년대 초 시점에서 북한의 핵 프로그램이 평화적 지향과 군사적 전용 잠재성을 함께 갖고 있었다고 전제한다. 그 군사적 전용이 처음부터 확정적이었다는 근본주의적 해석에 동의하지 않는다. 북한의 핵 프로그램이 전력난을 해결하기 위한 핵의 평화적 이용이라는 용도는 분명했지만, 군사적 전용 잠재성은 북미관계와 남북관계 등 국제환경과 국제적 상호작용의 향방에 따라 좌우될 수 있었다. 무엇보다 이 시기에 북한은 미국과 외교정상화, 경제관계정상화를 열망했으며, 이를 위해 미국과 협상하는 데 열려 있었다는 것

---

39 유철종·이광빈, 「푸틴, '2001년 방북 때 김정일이 원자탄 보유 밝혀…이제 수소탄'」, 『연합뉴스』(『타스·리아노보스티 통신』), 2017. 10. 5.

또한 분명하다.

레온 시걸(Leon Sigal)이 1998년의 연구서에서 지적했듯이, 북한이 처음부터 핵무장을 향해 매진했다는 표준적 설명은 지나치게 단정적이다. 물론 북한이 그러한 의도도 있었을 가능성은 배제할 수 없지만, 북한의 의도는 최악의 시나리오를 가정한 설명보다 훨씬 모호하고 불확정적이었다.[40] 그만큼 진지한 협상에는 열려 있었다는 뜻이다.

이미 지적한 것처럼 1990년대 초 북한이 마주한 국제적 현실은 엄중했다. 그럼에도 북한의 핵 프로그램이 평화적 이용에 한정될 가능성도 있었다고 믿는다. 탈냉전이라는 전 지구적 흐름 속에서 1991년 9월 18일 열린 제46차 유엔 총회에서 남북한이 각기 별개 의석을 가진 회원국으로 유엔에 가입했다. 같은 달 28일 미국이 일방적으로 전술핵폐기선언을 한 뒤 그 일환으로 한국에서 전술핵을 철수한다고 발표했다. 미하일 고르바초프(Mikhail Gorbachev) 소련 공산당 서기장은 10월 6일 미국의 조치에 상응하는 전술핵폐기선언으로 화답했다. 이러한 역사적 변화를 바탕으로 남북한은 1991년 12월 31일 '한반도 비핵화공동선언'에 합의하기에 이른다. 이러한 냉전 해체의 물결이 지속되고 그것이 한반도에서도 유지되면서 구체화되었다면 북한도 자신의 핵 프로그램에서 군사적 용도가 희석되고 탈냉전과 함께 악화된 에너지난을 해결하기 위한 평화적 목적으로 한정했을 가능성이 있었다고 본다.

오늘날 북한 핵무장이라는 결과를 보고 그것이 처음부터 정해진 일이었다는 판단은 지나치게 근본주의적인 시각이다. 그보다는 북한이 걸어간 길을 국제적 상호작용의 결과로 이해하는 상호작용주의 관점에서 바라볼 필요가 있다. 북한은 1994년 제네바합의가 타결되었을 때 한미 양국 못지않게 북한 안보문제의 평화적 해법에 희망을 가졌

---

40 Leon V. Sigal, *Disarming Strangers: Nuclear Diplomacy with North Korea*, Princeton: Princeton University Press, 1998, p.6.

제4장 한반도 핵문제의 위기와 기회의 역사 199

다고 생각한다. 그러나 불행히도 그 합의가 제대로 이행되지 못하면서 북한 핵 프로그램은 군사적 전용 가능성이 높아져갔다고 본다. 그리고 마침내 2002년 부시 행정부가 농축우라늄 문제를 빌미로 그 합의를 공식 폐기하면서 북한 핵 프로그램의 군사적 전용은 잠재성에서 현실로 급속하게 진전되었다고 이해한다. 이렇게 해석하는 것이 왜 더 합리적이고 타당한지를 이제부터 짚어보겠다.

6. 1994년 북한 핵능력에 대한 미국의 판단

2002년 미 의회조사국의 닉시 보고서에 따르면, 1994년 5~6월 시점에서 미국이 판단한, 북한이 가진 핵무기 제조용 핵물질 규모는 1개에서 5개까지 다양했다. 2001년 8월 부시 행정부의 국방장관 럼즈펠드가 모스크바에서 밝힌 바에 따르면, 북한은 "두세 개에서 많게는 네다섯 개 핵탄두를 만들 수 있는 플루토늄을 보유"하고 있었다. 닉시에 따르면 이것은 1994년에서 2002년에 이르는 기간에 미국 정부가 북한의 핵무기 제조 능력에 대해 제시한 공식적인 최대치였다.[41]

1994년에서 2002년에 이르는 동안 미국 정부가 북한의 핵무기 제조 역량에 대해 제시한 추정치는 모두 1989년 북한 영변의 5메가와트 원자로를 약 70일간 가동정지하고 꺼낸 사용후 핵연료를 재처리했을 경우 북한이 얻을 수 있었던 플루토늄 최대치를 얼마로 계산하느냐에 좌우되는 것이었다. 이때 얻은 플루토늄을 당시 미 국무부가 평가한 대로 6~8킬로그램으로 보면 핵무기 1개 정도를 만들 수 있는 양이었다. 반면 미 CIA와 국방정보국(DIA)이 1993년 말 평가한 바에 따르면, 북한이 그때 추출한 플루토늄의 양은 12킬로그램에 달했다. 이것은 핵무기를 1~2개 제조할 수 있는 양으로 평가되었다. 그런가 하면 과학국제안보연구소의 올브라이트는 북한이 1989년 원자로 가동정지 기간에 모든 연료봉을 꺼내서 재처리하는 데 성공했을 경우 플루

---

41 Niksch, "North Korea's Nuclear Weapons Program," 2002, p.3.

토늄을 최대 14킬로그램 확보할 수 있었을 것이라고 평가했다.[42]

닉시의 2002년 보고서에서는 1993~94년 시점에서 북한이 보유한 플루토늄의 양에 대한 한국과 일본 정부의 추정치가 더 높았다고 지적했다. 한국 정부는 적게는 7킬로그램에서 많게는 22킬로그램까지 가능한 것으로 보았고, 일본 정부는 그보다 더 많은 16~24킬로그램을 제시했다. 두 나라 정부의 추정치가 미국 것보다 더 많았던 이유는, 일본과 한국은 북한이 1989년 가동정지 기간뿐 아니라 1990년과 1991년 5메가와트 원자로의 가동 속도를 늦춘 기간에도 연료봉을 일부 꺼내 재처리했을 가능성을 염두에 두고 계산했기 때문이다. 닉시는 북한이 최적의 조건에서는 1989년 이후 플루토늄을 최대 20킬로그램 추출했을 가능성을 러시아 국방부가 1993년 말에 제기한 사실이 있으며, 미국 정부 안에서도 일부 전문가들은 마찬가지로 20킬로그램이라는 수치에 동의했다는 사실도 언급했다.[43]

또 1994년 1월 미국 에너지부(US Department of Energy)는 작은 원자탄을 하나 만드는 데 필요한 플루토늄의 양을 8킬로그램에서 그 절반인 4킬로그램으로 낮춰 발표했다. 그해 여름 뉴욕에 본부를 둔 비영리 국제환경단체 '국가자원방위협의회'(National Resources Defense Council)는 1994년 여름에 발간한 보고서에서 북한과 같은 '저급 기술' 수준에 머물러 있는 비핵무기 국가도 플루토늄 3킬로그램만 있으면 1킬로톤급의 작지만 그래도 수만 명을 살상할 수 있는 원자탄 1개를 만들어낼 수 있으며, '중급 기술'을 가진 비핵국가는 그 절반인 1.5킬로그램만 있어도 1킬로톤급 원폭을 만들 수 있다는 결론을 내렸다. 그러자 IAEA 대변인 데이비드 키드(David Kyd)도 1994년 8월 이 기구가 핵무기 하나를 만드는 데 필요한 플루토늄 수준을 8킬로그램으로 책정한 것은 실제보다 높게 설정한 수치라고 인정했다. 그는 그럼

---

42 Niksch, "North Korea's Nuclear Weapons Program," 2002, pp.3~4.

43 Niksch, "North Korea's Nuclear Weapons Program," 2002, p.4.

에도 IAEA가 그 수치를 바꾸지 않는 이유는 이 기구의 회원국들이 그 기준을 유지하기를 원해서라고 밝혔다. 1994년 7월 미 국방장관 윌리엄 페리(William Perry)는 "북한이 만일 선진 기술을 습득했다면 현재 우리가 북한이 갖고 있을 것으로 추정하는 수준의 플루토늄만으로도 원폭을 다섯 개 만들 수 있을 것"이라고 발언했다.[44]

닉시의 이 보고서는 1992년 3월에 미국이 그보다 더욱 심상찮은 정보, 즉 북한이 핵실험을 하지는 않았지만 시험적인 핵무기를 만든 상태일 수 있다는 정보들을 접했음을 지적했다. 1992년 3월 10일자 러시아 신문 『논쟁과 사실』(*Argumenty I Fakty Arguments and Facts*)이 보도하고 1994년 6월 24일에는 『이즈베스티야』(*Izvestiya*)에도 다시 실리게 되는 소련 정보기관 국가보안위원회(Committee for State Security: KGB)의 보고서였다. 이 보고서는 KGB가 1990년 소련 공산당 중앙위원회에 제출한 것이었다. 이 보고서는 "북한의 첫 핵무기 개발은 영변의 북한 핵연구센터에서 완성되었다"고 밝혔다. 또 북한은 다만 국제적인 탐지를 피하기 위해 그 핵무기를 실험하지 않기로 결정한 것이라고 판단했다.[45]

이에 덧붙여 닉시의 보고서는 북한이 자신의 원자로에서 추출한 플루토늄 외에도 러시아를 포함한 해외에서 플루토늄을 밀수해 더 갖고 있을 가능성에 대한 정보가 1994년 상반기에 존재했다고 지적했다. 닉시는 당시 미국이 접한 각종 보고서와 증거들에 비추어 북한이 러시아에서 플루토늄을 밀수했을 것이라는 정보는 '중간 정도 사실일 가능성'이 있다고 주장했다. 1994년 6월 소련 KGB의 후신인 러시아 방첩대(Counterintelligence Service) 대장이 기자회견에서 밝힌 내용이 또한 미국의 주목을 끌었다. 그 방첩대장은 '핵무기 생산용 부품들'을 북한이 밀수하려고 시도해서 러시아가 특별히 골치를 앓고 있

---

44 Niksch, "North Korea's Nuclear Weapons Program," 2002, p.4.

45 Niksch, "North Korea's Nuclear Weapons Program," 2002, p.4.

다고 발언했다. 또 같은 해 8월에는 독일 연방의회 의원들과 헬무트 콜(Helmut Kohl, 1930~2017) 수상의 정보조정관이 1994년 5월 러시아로부터 플루토늄을 소량 밀수해 갖고 있던 한 독일 시민이 체포되었는데, 그가 북한과 연계된 증거가 있다고 말했다. 이후 미국 정부 관리들은 북한이 러시아에서 플루토늄을 밀수했을 가능성에 대한 우려를 표명하기 시작했다. 특히 1993년 3월에 이미 독일의 뉴스잡지 『슈테른』(Stern)이 북한이 러시아에서 플루토늄 56킬로그램을 밀수했을 가능성이 있다는 러시아 방첩대 보고서를 인용 보도한 사실을 닉시는 적시했다. 북한이 러시아에서 플루토늄을 밀수했을 가능성은 그 무렵 러시아의 플루토늄 관리가 매우 허술하다는 여러 보고와 결합해서 미국 정부에 큰 우려 사항이 되어 있었다고 닉시는 지적했다.[46]

닉시가 부각한 평가와 우려는 1993~94년 당시 미국에 존재한 이를테면 '최악의 시나리오'들이었다. 당시 미국에는 북한이 핵무기를 한두 개 만들 만한 플루토늄을 갖고 있을 가능성조차 회의하는 시각도 있었다. 미 CIA는 1994년 전쟁 위기가 지나간 다음 내놓은 북한 핵프로그램에 대한 재평가에서 1989년 북한이 5메가와트 원자로의 가동을 정지하고 사용후 핵연료를 꺼내는 작업을 한 기간을 처음에 110일간으로 주장했다가 이제는 북한이 주장한 60일로 수정했다. 그렇게 수정한 전제에서 다시 계산해보았을 때는 북한이 핵무기를 제조했을 가능성이 훨씬 줄어들었다.[47]

더욱이 미국의 『핵과학자협회보』(Bulletin of Atomic Scientists)는 CIA의 평가는 '최악의 시나리오'를 넘어서 '최악의 공포-나리오'(worst-case scare-nario)로 과장된 것이라고 비판했다. 이들은 북한이 60일간 원자로 가동을 멈추고 사용후 핵연료봉들을 신속하게 성공적으로 꺼

---

46 Niksch, "North Korea's Nuclear Weapons Program," 2002, p.5.
47 Don Oberdorfer, *The Two Koreas: A Contemporary History*, Reading, MA: Addison-Wesley, 1997, pp.306~307.

내서 완벽하게 재처리하는 공정이 지극히 효율적으로 진행되었을 때만 비로소 핵무기 한두 개를 만들 만한 플루토늄을 얻을 수 있었을 거라고 지적했다. 만일 이러한 신중한 평가가 맞는다면 북한이 핵무기를 하나라도 제대로 만들 수 있는 플루토늄을 확실히 확보했는지조차 분명한 것이 아니었다. 그래서 오버도퍼에 따르면 이 무렵 클린턴 대통령에게 제출된 북한 핵 프로그램 관련 평가는 같은 날 국무부와 CIA가 제출한 보고서들이 완전히 다른 경우가 많았다.[48]

7. 1994년 전쟁 위기의 출발점: IAEA와 미국 강경파의 동맹

미국과 북한은 1993년 12월 3일에서 그달 말에 이르는 기간에 고위급대화를 하고 일정한 합의에 이른다. 북한이 IAEA에 신고한 영변의 7개 핵시설들에 대해 5개 시설에 대해서는 무제한 사찰을 받아들이되, 5메가와트 원자로와 재처리시설로 간주되는 방사화학실험실(radio-chemical laboratories) 등 두 시설에 대해서는 일정한 제한사찰을 허용하며, 나머지 미신고시설들에 대해서는 북미 고위급회담에서 논의한다는 것이었다. 그 구체적인 세부사찰 문제는 IAEA와 북한 간의 협의에서 다루도록 했다.[49]

문제는 IAEA가 북한과 실무협의를 하는 과정에서 본격화했다. IAEA는 5메가와트 원자로와 방사화학실험실에서 핵연료봉 샘플 채취를 요구했다. 7개 시설 모두에 대한 실질적인 전면적 완전사찰을 요구하고 나선 것이었다. 미국 내 강경파들은 원래 북한이 이해한 합의와 달리 IAEA의 주장을 지지했다. 이들 매파는 미국 정부가 북한에 지나치게 양보했다고 비판했다. 그러자 클린턴 행정부도 IAEA의 전면사찰 주장을 지원하는 쪽으로 방향을 선회했고, 대북 경제제재와 군사적 압박을 강화하기로 결정했다.[50]

---

48 Oberdorfer, 1997, p.307.

49 이삼성, 1994, 109쪽.

1993년 12월 김일성과 만나는 부트로스갈리 UN 사무총장.
미국과 북한은 1993년 12월 동안 고위급대화를 열어 어느 정도 합의를 이끌어낸다. 부트
로스갈리 UN 사무총장도 같은 기간 북핵문제를 해결하기 위해 평양을 찾는다.

이 지점에서 당시 북한의 상황을 북한 외교부 대변인 성명에서 확
인해둘 필요를 느낀다. 1994년 1월 31일 북한 외교부의 성명은 다음
과 같이 주장했다.

지난해 말(1993년 12월) 조-미 쌍방은 3단계 회담을 열어 핵문
제를 '일괄타결'하기 위한 당면조처로서 미국은 1994년도 팀스
피리트 훈련을 그만두며 우리는 우리의 핵대상들에 대한 국제원
자력기구의 담보 연속성을 보장하는 데 필요한 한정된 범위의
사찰을 받을 데 대하여 합의한 바 있다.
그러나 원자력기구는 우리의 특수한 지위를 의도적으로 무시하
고 담보의 연속성 보장을 위한 사찰이 아니라 조-미 회담을 통
해(서만) 해결될 수 있는 (NPT)조약 복귀에 맞먹는 전면사찰을

50 이삼성, 1994, 110쪽.

실현해보려고 어리석게 시도하였다. 이것은 조-미 합의에 어긋날 뿐 아니라 우리의 (NPT)조약 탈퇴를 촉발한 미국의 핵위협이 제거되지 않고 기구의 불공정성 문제도 해소되지 않은 현 시점에서 애당초 토의의 대상조차 될 수 없는 문제이다.

더욱이 엄중시하지 않을 수 없는 것은 미국이 우리의 핵활동과는 아무런 인연도 없는 북의 군사대상에 대한 특별사찰문제까지 또다시 꺼내가지고 우리에 대한 국제적 압력 소동을 전면에서 주도해 나서고 있는 것이다. 이것은 대화상대방에 대한 파렴치한 배신행위이다.

이렇게 놓고 보면 원자력기구가 우리와의 협상을 의도적으로 지연시키면서 우리의 핵대상들에 설치된 감시카메라들의 필름과 전원이 소모되기를 기다렸다가 추가사찰이라는 음모적 방법으로 전면사찰을 시도해 나선 것도 미국의 계획적인 술책에 따른 것이었다는 것이 명백하게 되었다.

이에 우리는 미국이 우리와 한 약속을 끝내 뒤집어엎는다면 우리도 더 이상 미국과 한 약속에 구속되지 않을 것을 밝히며, 아울러 미국의 강경보수파들은 도래할 파국적 사태에 대한 전적인 책임을 져야 하며, 이에 분별없이 추종하고 있는 남조선 당국자들도 이 책임에서 결코 벗어날 수 없다.[51]

북한 외교부 성명이 나온 직후 미 상원은 클린턴 행정부에 대북 강경노선 채택을 촉구하는 결의안을 통과시켰다. 이것을 주동한 이는 공화당의 존 매케인(John McCain) 의원이었다. 그가 입안한 이 결의안은 대북 경제제재와 패트리엇 한국 배치 그리고 팀스피리트 훈련을 재개해 북한에 대한 공세적 자세를 취하라고 촉구했다. 이 결의안은 또한 클린턴 행정부가 '배짱이 없다'(failure of nerve)고 비판했다. 클린턴 행정

---

51 『한겨레신문』, 1994. 2. 2; 이삼성, 1994, 110쪽, 각주 88.

부가 유약한 태도를 보여 북한에 끌려 다니므로 북한이 미국을 핵무기 개발로 협박하기에 이른 것이라고 주장했다. 이 결의안은 또한 한국에 전술핵무기를 재배치할 것도 적극 고려하라고 주문했다.[52]

미 상원의 이 결의안이 나오면서 클린턴 행정부의 대북 강경노선 선회는 본격화했다. 미 국방부는 한반도에서 유사시 작전개념인 '작계 5027'이 최근 방어적 골격을 벗어나 평양 점령과 김일성 정권 전복 작전을 포함한 공격적 개념으로 바뀐 사실을 미국 언론에 공개했고, 『뉴욕타임스』가 이것을 보도한 것은 2월 6일이다.[53] 2월 7일자 『워싱턴포스트』는 미국 정부는 IAEA 이사회가 끝나는 1994년 2월 22일까지 북한이 IAEA가 요구하는 핵사찰을 수용하지 않을 것에 대비해 팀스피리트 훈련 실시를 준비하기 시작했다고 보도했다. 훈련에 참가할 미군과 예비 병력 1,000명 이상을 2월 22일 한국으로 수송하기 위한 명령이 준비되었다고 했다.[54]

바로 이러한 시점에서 1994년 봄 한반도 전쟁 위기의 시발점이 어디였는지 보여주는 대단히 중요한 지적을 2월 11일자 『뉴욕타임스』가 사설에서 제기했다. 이 사설은 1993년 12월에 북미 간 타결된 합의 내용을 확인해주었다. 즉 "핵폭탄을 제조하기 위한 핵물질 전용을 차단하려는 더욱 철저한 일반사찰은 북미 간의 고위급회담이 재개되기 전에는 하지 않을 것"이고 "핵물질 전용 여부를 확인해줄 핵폐기물 저장소 사찰 문제"는 북미 간에는 아직 협상테이블에도 오르지 않았다고 밝혔다. 그렇게 미국 정부가 북한과 이미 합의한 내용을 그 후 IAEA가 북한과 핵사찰 실무회담을 하는 과정에서 무시하고 북한에 대한 완전사찰을 요구하면서 위기가 커진 것을 이 사설이 지적한 것

---

52 『한겨레신문』, 1994. 2. 3; 이삼성, 1994, 110~111쪽.

53 『동아일보』, 1994. 2. 7; 이삼성, 1994, 111쪽.

54 R. Jeffrey Smith, "US orders readiness for Team Spirit: As time for N.K. nuclear talks running out," Washington Post Service, *The Korea Herald*, February 8, 1994; 이삼성, 1994, 111~112쪽.

이다. 그리고 클린턴 행정부가 IAEA에 미국의 대북정책을 하청한 꼴이라고 비판했다.

이 사설의 제목은 「우리(미국)의 한반도정책을 누가 움직이는가」였다. 그 제하에 이렇게 말했다. "클린턴 정부는 자신의 대외정책을 결코 어떤 국제기구에도 하청 주지 않을 것이라고 강조한 바 있으나 북한과 핵외교에서 바로 그런 일이 벌어지고 있다." 그리고 이 사설은 "원자력기구는 북미 간 합의사항의 조건을 변경함으로써 미국이 한반도에서 위험한 무력 충돌을 하도록 이끌 것"이라고 경고했다. 아울러 이 사설은 IAEA가 자신의 회원국들로부터 비웃음을 사지 않으려고 북한이 미국 정부에 합의해준 수준을 훨씬 넘어서는 핵사찰을 요구함으로써 북한의 비난을 초래했다고 지적했다.[55]

『뉴욕타임스』가 이 비판을 제기한 것과 때를 같이해 미국 정부 안팎에서는 다시 협상론이 고개를 들기 시작한다. 1994년 2월의 위기 해소에는 이 무렵 미국을 방문해 합리적인 온건 대응을 이끌어내려고 노력한 한승주 외무장관의 노력도 일조했다. 이것이 계기가 되어 북미 간 대화가 다시 진행되었다. 그리고 북한은 남북 간 특사교환에 협조하기로 약속하기에 이른다. 이때 북한은 남한이 제안한 남북특사 교환이 평화적 해결에 도움이 되려면 한국 정부가 미국이 추진하는 패트리엇 한국 배치에 분명한 반대 의사를 밝혀야 한다고 주문했다. 이 문제에 대한 남북 간 합의는 불투명한 채 북한과 IAEA 사이에 사찰 관련 협의가 재개되었다. 그래서 3월 3일 IAEA 사찰단이 북한에 입국해 사찰을 시작했다. 이와 때를 같이하여 미국은 팀스피리트 훈련의 조건부 중단을 선언하고 북미 고위급회담 일정을 발표했다.[56]

북한이 IAEA의 사찰을 다시 받아들인 것은 1993년 12월 북미합의의 취지를 다시 살린다는 것을 전제로 했다. IAEA가 북미합의 수준을

---

55 『한겨레신문』, 1994. 2. 13; 이삼성, 1994, 112~114쪽.
56 이삼성, 1994, 115쪽.

넘어선 완전사찰 요구를 관철하려다 북한의 저항에 부딪히면서 위기가 조성되어 교착상태에 빠지자 미국이 강경 입장을 일부 수정해 사찰이 재개된 것이다. 그러므로 이때 북한의 핵사찰 재수용이 5메가와트 원자로와 방사화학실험실에 대해서는 일정한 제한사찰만 허용한다는 데 미국과 IAEA도 원칙적으로 동의하여 이루어진 것이라는 사실은 1994년 2월 18일자 『동아일보』에 실린 비엔나 발 『AP통신』 기사에 잘 나타나 있다. "IAEA는 이번 주말 실시할 북한 핵사찰을 통해 사찰의 핵심 부분으로 그동안 논란을 빚어왔던 실험용 원자로의 연료봉을 조사하지는 않을 것 같다고 IAEA 소식통이 2월 16일 밝혔다. 이 소식통은 연료봉의 조사는 연료봉 교환 시에만 가능하다고 지적하고 북한이 이번 IAEA의 사찰기간 동안 영변에 있는 5메가와트급 실험용 원자로의 연료봉 교체 계획을 밝히지 않았기 때문에 이에 대한 조사는 없을 것 같다고 설명했다. 소식통은 IAEA 사찰단이 감시카메라와 원자로의 봉인상태만을 조사할 것이라고 덧붙였다."[57]

이러한 진전은 북핵문제의 평화적 해법을 찾기 위한 미국 국무부와 한국 외무부의 노력이 결실을 본 것을 뜻했다. 그러는 사이에도 미 국방장관 페리는 여전히 대북 군사적 압박의 필요성을 강조했다. 페리는 2월 13일 미국 ABC 방송에 나와서 이렇게 밝혔다. "게리 럭(Gary Luck) 주한미군 사령관으로부터 패트리엇 배치 요청을 받았으며, 나는 이 요청을 받아들여 배치 시기와 수송 문제 등을 한국 정부와 협의하도록 지시했다."[58] 또 2월 14일 『월스트리트저널』은 미 국방부 고위 관리들이 냉전시대에 제조된 미국 첨단무기의 상당부분을 한국을 포함한 동맹국들에 판매할 계획을 수립했다고 보도했다. 「재고 무기 판매계획」이라는 제목의 이 미 국방부 계획은 미 공군이 보유한 F-16 전투기 400대를 약 48억 달러에 매각할 예정이며, 록히드사의 C-130

---

57 이삼성, 1994, 117~118쪽.
58 『동아일보』, 1994. 2. 15; 이삼성, 1994, 118~119쪽.

수송기를 비롯해 군함, 탱크, 장갑차 등도 이 판매계획에 포함시킨다는 내용을 담고 있었다.[59]

이처럼 미 국방부와 주한미군 사령부를 포함한 클린턴 정부 안의 강경파들이 매케인 상원의원을 비롯한 미국 정치권의 매파 세력과 동맹해 IAEA의 대북 완전사찰을 관철하려 시도하고 있었다. 그런 가운데 미 국방부는 패트리엇을 포함한 미국 첨단무기들을 한국에 배치하고 판매하려는 움직임을 보였다. 이것은 북한이 핵사찰 재수용의 전제로 삼았던 패트리엇 한국 배치 반대와 정면충돌했다. 그리고 이것이 마침내 한반도 전쟁 위기를 본격적으로 조성하게 되었다.

결국 3월 초 북한에 다시 들어가 사찰을 시작한 IAEA가 북한이 사전에 양해한 수준을 넘어서 방사화학실험실에 대한 완전사찰 요구를 다시 고집했고 이에 북한이 반발하면서 위기의 막이 본격적으로 오르게 된다.[60] 이를 빌미로 미국 국방부가 주동해서 패트리엇 배치를 다시 추진했고, 북한이 더 강경하게 반발하면서 한반도는 전쟁 위기로 치닫게 되었다.[61]

필자는 1994년 출간한 『한반도 핵문제와 미국외교』에서 북미협상 교착과 한반도 핵위기 발생의 반복적 사이클을 다음과 같이 정리한 바 있다.[62]

첫째, 미 행정부가 온건파의 주도 속에 북한과 일정한 타협에 이른다.

---

59 『동아일보』, 1994. 2. 16; 이삼성, 1994, 119쪽.

60 이삼성, 1994, 120쪽.

61 1994년 3월의 파국에서 패트리엇 미사일 한국 배치 문제가 담당한 역할에 대한 자세한 논의는 이삼성, 1994, 「제3장: 1994년 3월 파국과 패트리어트 미사일」(137~149쪽) 그리고 1994년 5월의 핵연료봉 교체를 둘러싼 위기의 발전 과정에 대해서는 같은 책 「제4장: 1994년 5월 핵연료봉 논쟁과 전쟁불사론」(151~188쪽) 참조할 것.

62 이삼성, 1994, 132~133쪽.

둘째, 핵사찰에 관한 구체적인 실무협의가 북한과 국제원자력기구 사이에 진행된다. 국제원자력기구는 북미 간 합의 수준을 넘어서는 더 철저한 사찰을 고집한다.

셋째, 한미 양국 내부의 강경파들—주로 국방부를 포함한 군부와 CIA 등 정보기관들—이 국제원자력기구의 완전사찰 주장을 지원하면서 미 행정부의 강경 대응을 압박한다. 이와 함께 미국과 한국 내부의 강·온파 간 역학관계가 강경파에 유리하게 기울어진다.

넷째, 미국이 국제원자력기구를 지지하면서 북한이 반발하고 사찰이 중단되며 위기가 조성된다.

다섯째, 미국과 한국 안에서 온건론이 다시 부상하면서 미 국무부와 한국 외무부가 중심이 되어 새로운 타협안을 만들어낸다.

여섯째, 다시 사찰에 임한 국제원자력기구는 미국 내 강경파의 지원을 등에 업고 원래의 완전사찰을 다시 고집한다. 북한은 반발하고 위기가 다시 조성된다.

일곱째, 미국 정부는 이를 빌미로 북한에 대한 군사적 압박을 강화하고 이 분위기를 한국에 대한 대규모 무기 판매의 기회로 삼는다. 이 위기는 때로 전쟁 위기로까지 발전한다.

8. 1994년 5월 북한의 핵연료봉 교체 작업과 IAEA 사찰 문제의 진상

북한은 1985년 소련에서 평화적 목적의 핵 이용 관련 기술을 이전받기 위해 소련이 제시한 조건에 따라 그해 12월 핵확산금지조약(Nuclear Nonproliferation Treaty: NPT)에 가입했다. 즉 북한은 NPT에 가입했고 그런 조건에서 소련으로부터 평화적 목적의 핵시설을 건설하고 이용할 국제적 권리를 갖고 있었다. 그런데 1992년 미국이 북한 핵시설의 군사적 이용에 관한 의혹을 제기하면서 영변 핵시설 사찰 범위를 놓고 북미 간에 군사적 긴장이 커졌다. 1991년의 남북한 관계 발전에 따라 1992년 초에는 연례적인 한미 합동군사훈련 팀스피리트가 일시 중단되었는데, 사찰에 대한 북한의 부분적 비협조, 즉 지극히 침투적인 특별사찰 허용 문제를 두고 북한과 갈등을 빚은 한미 양국은 북한의 비협조를 문제 삼아 1993년 팀스피리트 훈련을 재개해 군사적 압박으로 이 문제를 해결하려 했다.

이에 북한은 1993년 3월 팀스피리트 군사훈련 시작과 때를 같이해서 NPT에서 탈퇴했다. 이로써 1년 반에 걸쳐 군사적 긴장이 심화되었고 전쟁 위기에 다가서기도 했다. 1994년 5월 하순에서 6월 중순 사이에 미국이 마침내 북한에 대한 전쟁 계획을 구체적으로 진행하는 사태로까지 발전했다. 1991년 초 미국이 후세인의 이라크에 대해 전개한 첨단전쟁의 위력을 목도한 북한은 스스로 미국의 전쟁 위협에 직면하게 된 사태에서 깊은 충격을 받았을 것을 짐작할 수 있다. 이 충격적 경험은 북한 핵 프로그램의 성격에도 영향을 미쳤을 것이다.

1994년 5~6월의 위기는 그해 3월 IAEA 사찰단이 영변에서 진행할 사찰의 범위와 강도를 둘러싼 갈등에서 시작했다. IAEA 사찰단은 여섯 개 장소에서 벌인 사찰 활동은 원활히 진행할 수 있었지만, 일곱 번째 가장 민감한 시설인 플루토늄 재처리공장의 주요 부분에 대한 정밀 측정 작업을 북한이 반대하고 나섰다. 북한은 IAEA가 법적인 사찰 허용 범위를 벗어나는 측정을 강행하고 있다고 반발했다. IAEA는 이 시설에 대한 정밀 측정 작업을 수행하면 북한이 핵무기를 생산하려고 핵물질을 전용(轉用)했는지 판단할 수 있다고 보고 그러한 측정 작업이 사찰의 기본이라고 주장했다.

1994년 3월 북한 영변 핵시설들에 대한 IAEA의 사찰에 북한이 취한 태도는 다음과 같다. 북한이 IAEA에 핵 프로그램 관련 시설로 신고한 7개 가운데 6개 시설은 IAEA 사찰단에 완전 개방하되 재처리시설인 방사화학실험실에 대해서는 제한사찰만 허용한다는 것이다. 북한이 이러한 조건을 제기한 것은 미국과 IAEA가 요구하는 모든 시설에 대한 완전한 사찰에 동의하되, 미국도 북미 간 외교관계정상화와 한미동맹의 대규모 합동군사훈련인 팀스피리트 훈련을 영구히 중지한다는 약속을 받기 위한 것이었다. 한편 미국과 한국 정부는 북한이 먼저 완전한 사찰을 받아서 핵무기 개발 의혹을 해소한 뒤에만 그러한 요구를 검토할 수 있다는 태도를 고집했다. 북한이 IAEA가 요구하는 거의 무조건적 완전사찰을 회피하는 것은 핵무기 개발 상황을 은폐하려는 술수로밖에 보지 않는다는 태도였다.[63]

한미 양국이 북한이 IAEA가 요구하는 완전한 사찰에 응해서 모든 의혹이 해소된 연후에야 관계개선을 고려하겠다는 '선(先) 사찰 후(後) 보상 검토'를 내세웠다면, 북한은 동시적인 상호행동을 담은 포괄적인 '일괄 타결'을 원했다. 북한을 위협하는 미국의 군사행동 가능성에서 안전을 보장받는 길은 북한 관점에서는 북미 간 외교관계정상화와 공격적인 작계 5027을 반영하는 팀스피리트 훈련 정지와 같은 중요한 정책변화로만 가능한 일이었다. 그럴 때만 북한은 NPT에 완전히 복귀할 수 있다는 태도였다. 이러한 동시적인 상호행동을 담은 '일괄 타결'이 현실화되기 전에는 미국과 IAEA가 정상적인 NPT 회원국들에 요구하는 완전한 사찰 조건을 북한에 모두 한꺼번에 강요하는 것은 부당하다고 북한은 항변했다. 요컨대 "일괄 타결 전에는 제한 사찰만 허용한다"는 것이 북한의 마지노선이었다.[64]

이러한 근본적인 견해 차이는 쉽게 해소되지 못했다. IAEA는 3월 15일 사찰단철수를 명령했다. IAEA는 북한이 사용후 핵연료를 재처리해 핵무기급 플루토늄을 생산하려는 핵물질 전용이 없었다는 사실을 검증할 수 없었다고 발표했다.[65] 그것은 곧 북한이 비밀리에 핵무기 생산을 시도한 의혹이 있다고 선언한 것과 같은 취지였다.

미국은 이에 대응하여 북한과 협상 계획을 취소하고 한미 합동군사훈련인 팀스피리트 훈련 재개를 결정했다. 그리고 유엔 안보리의 대북 제재를 추진했다. 북한은 이에 대응하여 4월 19일 IAEA에 5메가

---

63 이삼성, 『한반도 핵문제와 미국외교: 북미 핵협상과 한국 통일정책의 비판적 인식』, 한길사, 1994, 184~185쪽.

64 이삼성, 1994, 185~186쪽.

65 Oberdorfer, 1997, p.307.

와트 원자로에서 사용후 핵연료를 꺼내는 작업(defueling)을 이른 시일 안에 진행할 계획이라고 통보했다. 북한은 아울러 IAEA에 그 작업을 참관할 사찰팀을 파견하라고 초대했다. 다만 참관해서 지켜볼 수 있는 범위는 밝히지 않았다. 이에 따라 북한과 IAEA 사이에 사찰관들이 핵연료봉 제거 작업 과정에서 측정에 참여할 수 있는 범위를 놓고 다툼이 이어졌다. IAEA는 연료봉들을 분리해서 샘플링할 수 있도록 허용하라고 요구했다. 그래야만 연료봉들의 과거 흔적을 파악해 핵물질 전용 여부를 판단할 수 있다는 이유에서였다. 북한은 일부 측정은 허용했지만 분리와 샘플링은 거부했다. 미국 정부에서도 일부 인사들은 IAEA가 북한에 지나치게 경직된 요구를 한다고 지적했으나 미국 정부는 결국 IAEA를 편들었다.[66]

1994년 5월 6일 북한은 5메가와트 원자로 핵연료봉 교체를 안전상 더는 연기할 수 없다고 판단했다. 교체작업을 시작하겠다는 뜻을 IAEA와 미국 측에 전달했다. IAEA는 여전히 입회 사찰단을 보내지 않겠다는 거부 의사를 밝혔다.[67] 이때 미국 견해는 국무부와 국방부 사이에 차이가 있었다. 국무차관보 로버트 갈루치(Robert Gallucci)는 5월 초에는 북한이 IAEA의 요구 조건에 부응하도록 압력을 가하는가 하면, 5월 5일 회견에서는 "북한의 핵개발 저지가 전쟁을 감수해야 할 만큼 중요한 문제는 아니다"라고 했다. 또 "미국은 공습이나 일방적 경제제재와 같이 모든 희생을 감수하면서 문제 해결을 추진해서는 안 된다"라는 유화적 발언을 하기도 했다.[68] 반면 국방장관 페리는 5월 6일 IAEA와 북한 간의 핵 줄다리기가 아주 위험한 상황에 와 있다고 지적하고, 국제사회가 북한의 핵연료봉 교체와 관련한 전면사찰을 관철하지 못하면 유엔 제재가 뒤따를 것이라고 경고하는 강경론을

---

66   Oberdorfer, 1997, p.309.
67   『동아일보』, 1994. 5. 8; 이삼성, 1994, 167쪽.
68   『동아일보』, 1994. 5. 8; 이삼성, 1994, 167쪽.

유지했다.[69] 한국 정부는 5월 7일 통일안보정책조정회의를 열고, 북한이 IAEA와 합의 없이 연료봉 교체를 강행할 경우 유엔 안보리를 통한 대북 제재가 불가피하다는 태도를 확인했다.[70] 5월 10일을 전후한 시기 IAEA의 태도는 여전히 강경했다. 연료봉 교체 시 IAEA의 완전사찰 허용이 관철되지 않을 경우 유엔 안보리 회부를 위협했다.[71]

북한은 애당초 핵연료봉 교체 시점을 5월 4일로 통보했지만, 5월 10일까지도 이를 강행하지 않았다. 그러나 IAEA의 입회사찰 조건에 대한 타결이 지연되자 북한은 5월 11일 단독으로 연료봉 교체를 시작하고 이를 IAEA에 알렸다. 5월 13일 미 국방장관 페리는 "북한이 최근 핵폭탄을 다섯 개 만들 수 있는 충분한 양의 사용후 핵연료를 원자로에서 빼냈으며 이로써 북한의 핵무장 가능성에 따른 한반도 긴장이 고조될지도 모른다"고 주장했다.[72] 북한은 5월 14일과 15일 발표한 외교부 대변인 성명에서 안전상의 이유 때문에 5메가와트 원자로의 봉인 제거와 연료봉 교체 작업을 시작할 수밖에 없었다고 주장했다. 이 성명에서 북한은 "연료봉 교체 작업은 IAEA가 설치한 감시용 카메라가 작동하는 가운데 이뤄지기 때문에 교체된 연료봉이 다른 목적으로 전용될 수 있다는 우려는 근거가 없다"고 주장했다. 이어서 "북미 간 회담에서 핵문제가 원활히 해결될 경우 사용후 핵연료를 모두 IAEA의 엄격한 감시하에 저장하고 이를 계량할 수 있도록 완전 허용할 용의가 있다"고 밝혔다.[73]

북한이 핵연료봉 교체를 시작하자 미국과 IAEA는 북한이 감시장비 설치 및 교체 등의 입회사찰을 허용할 의사를 밝힌 만큼, 우선은

69 『조선일보』, 1994. 5. 8; 이삼성, 1994, 167쪽.

70 『조선일보』, 1994. 5. 8.

71 Reuter, "IAEA may turn to UNSC over North intransigence," *The Korea Herald*, May 11, 1994; 이삼성, 1994, 168쪽.

72 Reuter, "P'yang removes enough fuel for 5 N-bombs: Perry," *The Korea Herald*, May 15, 1994.

73 『동아일보』, 1994. 5. 17; 이삼성, 1994, 168~169쪽.

그 점을 최대한 이용하기로 결정한다. 그래서 IAEA는 사찰단을 급히 북한에 파견했다. 방사화학실험실에 대한 완전한 추가사찰과 동시에 5메가와트 원자로의 핵연료봉 교체 상황을 실지 확인하고자 한 것이다. 우선 필요한 실익을 챙기는 것이 중요하다고 판단한 것이다. IAEA 사찰단은 5월 17일 영변에 도착했다. 도착한 날 IAEA 대변인 키드는 "연료봉 교체 작업이 이미 심각한 단계에 도달해 있으면, 사찰단은 즉각 활동을 중지하고 비엔나로 돌아갈 것"이라고 미리 밝혔다.[74]

5월 18일 IAEA 사찰단은 북한이 유엔과 미국이 거듭 경고했는데도 아무런 표시나 분리 작업을 하지 않은 채 영변의 5메가와트 원자로에서 사용후 핵연료봉을 꺼내는 작업을 시작한 것이 확인되었다는 제1차 보고서를 IAEA에 제출했다.[75] 5월 20일 한승주 외무장관은 연료봉 일부가 인출된 사실이 확인되었지만 아직 위험한 상황은 아니라고 밝혔고, IAEA는 그날 오전 핵연료봉 교체 작업에 대한 입회사찰 조건을 협의할 협상단을 북한에 파견하겠다는 텔렉스를 보냈다.[76]

북한은 IAEA의 긴급 중단 요구를 받아들이지 않고 교체 작업을 계속했다. 주중국 북한대사 주창준은 5월 20일 베이징에서 기자회견을 열고 북한이 그렇게 행동한 이유를 설명했다. "북한은 핵물질이 비평화적 목적으로 전용되었는지를 검증할 수 있도록 연료봉들을 봉인하여 안전한 장소에 저장할 것"이며, "북미 간에 다음 3단계 회담이 진행되고 기술적 해결책이 발견되면, 그때 가서 IAEA가 이 저장된 연료봉들에서 시료를 채취할 수 있을 것"이라고 했다.[77] 즉 북한은 차후에라도 IAEA가 북한이 핵물질을 전용하지 않은 사실을 확인할 수 있도

74 『조선일보』, 1994. 5. 17; 이삼성, 1994, 170쪽.

75 『조선일보』, 1994. 5. 17; 이삼성, 1994, 170쪽.

76 『동아일보』, 1994. 5. 21; 이삼성, 1994, 171쪽.

77 Charles Aldinger(Reuter), "U.S. to proceed with talks with N. Korea: Pleased with IAEA report that no fuel has been diverted to N-arms production, Reuter, *The Korea Herald*.

록 연료봉 교체와 저장을 실시하되, 그 방식은 북한이 결정할 것이며, 이에 대한 IAEA의 사찰 조건은 북미 고위급회담 이전까지는 제한적인 것으로 하겠다는 원칙을 재확인한 것이다.[78]

이때 북한의 연료봉 교체와 저장이 추후 계측을 가능하게 했는지 아닌지는 미국에서 강경론과 온건협상파의 시각이 갈리는 중요한 지점이었다. 오버도퍼는 1997년 펴낸 책에서 북한이 의도적으로 추후 계측을 불가능하게 교체 작업을 진행했다는 시각을 따랐다. 그는 북한이 5월 8일 IAEA의 승인도 참관도 없는 상태에서 사용후 핵연료봉들을 제거하는 작업을 시작했는데 그 속도가 IAEA의 예상을 뛰어넘을 만큼 신속했다고 주장했다. 다급해진 IAEA는 5월 말 고위급사찰단을 파견해서 원자로의 과거 가동 역사를 파악할 최소한의 자료라도 얻고자 시도했지만 여의치 않았다고 했다. 오버도퍼는 북한 기술진이 매우 능숙하게 사찰관들이 이 원자로의 과거 운전 경력을 파악하기 힘든 방식으로 연료봉 제거 작업을 진행했기 때문이라고 했다.[79]

그러나 북한은 5월 31일 오후 영변 원자로의 연료봉 교체 작업을 계속하고 있음을 재확인하는 자리에서 다시 한번 IAEA의 추후 사찰이 가능하도록 연료봉 샘플을 보관하고 있다고 밝혔다. 빈 주재 북한 대사관의 윤호진 참사관은 기자회견에서 "우리는 연료봉을 무작정 꺼내놓는 것이 아니라 감시카메라가 작동하는 가운데 연료봉 위치와 일련번호를 명기해 40개씩을 한 단위로 묶어 방사선 차례 수조에 집어넣고 있다"고 밝혔다. 따라서 북미합의에 따라 핵문제가 일괄타결될 경우 IAEA는 기록을 대조하면서 필요한 위치의 연료봉들을 임의 선정해 계측할 수 있는 여지가 충분히 있다고 했다. 같은 날 IAEA도 성명을 내어, "북한이 빠른 속도로 연료봉들을 교체하고 있지만, 핵무기로 전용했는지 확인하는 일은 아직 가능하다"고 밝혔

---

78 이삼성, 1994, 172~173쪽.
79 Oberdorfer, 1997, pp.309~311.

다.[80] 그렇다면 IAEA가 왜 처음에는 북한이 계측 가능성을 파괴하는 방식으로 연료봉을 교체하고 있다고 주장했는지 모를 일이었다. 이것은 IAEA의 태도가 객관적인 과학기술적 판단에 따르기보다는 일단 즉각적인 완전사찰의 필요성을 정당화하는 결론을 제시하여 미국 강경파들의 주장을 뒷받침하는 정치적 선택을 하는 경향이 있음을 말해주는 것이었다.

북한이 연료봉을 60퍼센트 꺼낸 상태였던 6월 2일, IAEA 사무총장 블릭스는 유엔 안전보장이사회에 북한에 대한 제재를 강력하게 촉구하는 서신을 보냈다. 블릭스는 이 서신에서 원자로 노심의 모든 주요 부분이 이미 제거된 상태이고 이로써 IAEA가 과거에 이 원자로의 연료가 비밀리에 핵무기 제조용으로 전용되었는지 확인할 방도가 '완전히 사라졌다'고 주장하고, 이제 '돌이킬 수 없는 상태'(irreversible)라고 선언했다.[81]

북한이 핵연료봉 교체를 '추후 계측'이 불가능한 방식으로 진행했다는 IAEA와 미국 강경파들의 주장은 반드시 미국 정부 전체의 견해는 아니었다. 워런 크리스토퍼(Warren Christopher, 1925~2011) 국무장관은 "원자력기구가 문제시하는 북한 핵연료봉 계측은 아직도 가능하다"고 밝혔다.[82] 또 미 국무부와 연결된 미국의 한 소식통은 "연료봉이 적절히 보존되고 핵폐기물 소재를 확인할 수 있는 조건이 유지되면, IAEA가 문제 삼는 1989년 이후 핵연료의 군사전용 여부를 계측하는 것이 가능하다"고 지적했다.[83]

오버도퍼도 당시 미국 정부 안팎의 다른 인사들도 IAEA와 블릭스 사무총장이 지나치게 강경 일변도 태도를 보임으로써 북한과 불필요

---

80 이삼성, 1994, 172~173쪽, 각주 67.

81 Oberdorfer, 1997, pp.310~311.

82 일본 『아사히신문』이 파리 발로 보도. 『동아일보』, 1994. 6. 9; 이삼성, 1994, 181쪽.

83 『동아일보』, 1994. 6. 9; 이삼성, 1994, 181쪽.

한 마찰을 불러일으키고 있다는 불만을 제기하는 인사들이 있었음을 지적했다. 예컨대 갈루치는 IAEA가 5월에 취한 태도를 '중세적이고 탈무드적'이라고 비판했다. 지나치게 교조적이라는 얘기였다. 또 주한 미국대사를 지낸 도널드 그레그(Donald Gregg, 재임 1989~93)는 IAEA 사찰관들의 행태를 "북한에 대한 반대급부는 배려하지 않으면서 고통스럽게 (항문) 검사를 진행하는 항문과 의사들"에 비유했다. 그러나 미국 정부는 블릭스 사무총장을 지지하면서 유엔 안보리 대북 제재를 위한 외교 활동을 본격화하는 동시에 북한에 대한 전쟁을 준비하는 군사행동 계획 수립에 나섰다.[84] 이로써 한바탕 전쟁 위기가 한반도를 휩쓸게 된다.

결국 1994년 한반도 전쟁 위기는 IAEA가 지나치게 교조적인 태도를 취하고 미국 내 강경파들과 한국 정부가 합작해 IAEA의 강경 주장을 뒷받침하면서 본격화된 것이다. 필자는 1994년 펴낸 책에서 그 정치적 배경으로 해석될 수 있는 한미 양국 내 정치적 상황을 언급했다. 필자는 영국의 저명한 경제전문지 『이코노미스트』가 1994년 6월 4일자 커버 스토리에서 클린턴 대통령이 자신의 과거와 관련한 두 가지 문제로 정치적 위기에 직면한 사실을 다루었다. 첫째, 클린턴 부부의 부동산 투기 스캔들인 화이트워터 사건에 대한 특별검사의 최초 보고서가 곧 발표될 예정이었다. 둘째, 클린턴이 폴라 존스(Paula Jones)라는 여성과 벌인 성 스캔들이 다시 클로즈업되는 국면이었다. 클린턴 정부가 이러한 정치적 위기에서 벗어나는 유력한 방법으로 이 경제지가 추천하고 또 예상한 것은 '북한 핵문제에 대한 단호한 대처'였다. 이 점에서 클린턴이 가시적 효과를 낸다면 미국 국민이 그를 용서할 것이 확실하다고 이 영국 언론은 지적했다. 이 잡지는 바로 이어진 칼럼에서 이 국면에서도 북한과 대화 가능성을 타진하는 미 국무부를 신랄하게 비난했다.[85]

---

84 Oberdorfer, 1997, pp.310~311.

85 *The Economist*, June 4, 1994, p.11; 이삼성, 1994, 182쪽.

한국의 김영삼 정부도 클린턴과 유사한 정치적 스캔들로 결코 가볍지 않은 정치적 위기를 맞이할 수 있는 상황에 놓여 있었다. 김영삼 정권 출범 과정에 개입된 것으로 의심받는 상무대 정치자금 수수 의혹에 대한 국정조사가 진행 중이었다. 그런데 북핵문제가 대화 국면에서 대결 국면으로 전환되면서 상황이 김영삼 정권에 유리하게 바뀌었다. 그 단적인 양상으로 『동아일보』는 국회 법사위에 정치자금 수수 의혹 문제로 출두한 증인들이 현저하게 더 오만해진 태도를 보인 것에 주목했다. 수백억대 국방비를 유용한 사기혐의자로 거론되어온 조기현 전 청우종합건설 회장이 대표적인 사례였다. 그는 질문하는 국회의원들에게 으름장을 놓았다고 했다. 법사위원장과 국회의원들은 그의 오만 앞에서 너무나 무기력한 모습을 보였다고 이 신문은 지적했다.[86]

필자는 1994년 책에서 이렇게 지적했다. "만일 김영삼 정부가 문민정부답게 이러한 정치적 의혹사건들에 대한 국민의 의구심을 선명하고 분명하게 해소시켜주려는 태도를 보였다면 정부가 이 문제에 대한 국민의 관심을 호도하기 위해 남북 간 긴장 분위기를 앞장서 조성했다는 의심을 훨씬 적게 불러일으켰을 것이다."[87]

9. 1994년 6월 중순의 한반도 전쟁 위기의 전개

1994년 6월 미국 국방장관이었던 페리는 1998년 12월 8일 서울에서 김대중 대통령을 면담했다. 이 자리에서 그는 1994년 클린턴 행정부가 실제 전쟁을 계획했다는 사실을 확인했다. 페리는 김대중 대통령에게 이렇게 말했다. "북한에서 핵위기가 전개될 때인 1994년 6월 저는 국방장관으로 재임명되었습니다. 우리는 전쟁을 계획했습니다. 물론 한미 연합군사력으로 우리는 의심할 여지없이 승리할 수 있습니다. 그러나 전쟁은 그 과정에서 많은 사상자를 냅니다. 저는 국방장관

---

86 『동아일보』, 1994. 6. 10; 이삼성, 1994, 182쪽.
87 이삼성, 1994, 182~183쪽.

으로서 전쟁의 부정적인 면을 잘 알고 있습니다. 그래서 전쟁을 피하기 위해 최선을 다할 겁니다."[88]

1994년 6월의 한반도 전쟁 위기는 세 국면으로 구성된다. 첫 국면은 한미동맹이 1993년 말에서 1994년 초에 걸친 시기에 공세적인 대북 군사전략을 구체화한 것이다. 두 번째 국면은 5월 18~19일경이었다. 세 번째 국면이자 이 시리즈의 클라이맥스는 6월 15~16일경이었다.

한미동맹의 대북 군사전략은 1990년대 초에 여러 차례 수정을 거치면서 공격적 전략으로 확장되었다. 한미동맹은 대북 군사전략 독트린을 담은 문서인 기존의 5027이라는 번호는 유지하되 실질적 내용을 방어적인 것에서 공격적인 것으로 전환해오고 있었다. 그 핵심은 분쟁 발생 시 휴전선을 넘어 평양을 점령해 북한 정권을 붕괴시키는 작전을 포함하게 되었다는 데 있었다. 즉 분쟁 발생을 북한 체제 전복을 수반하게 될 북한 점령으로 확장했다는 것이다.

1994년 2월 6일 『뉴욕타임스』는 미국은 북한이 남침할 경우 이를 저지·격퇴한다는 전술적 방어계획을 갖고 있었으나, 최근 이 방어적 계획을 수정했다고 밝혔다. 격퇴할 뿐 아니라 강력한 역공을 펴서 평양을 점령하고 김일성 정권을 무너뜨린다는 계획을 세워놓았다는 것이다. 이 신문은 클린턴 대통령이 이미 존 샬리캐슈빌리(John Shalikashvili, 1936~2011) 합참의장과 만나 이 새 계획을 논의했고, 1993년 당시 국방장관 레스 애스핀(Les Aspin, 1938~95)이 서울을 방문했을 때 한국 정부와 이 문제를 협의했다고 밝혔다. 이 신문은 또한 미 국방부는 북한과 외교관계 개선을 논의하는 고위급회담에서 북

---

88 Cable, Amembassy Seoul 6928 to Secretary of State, December 8, 1998, Subject: Former Secretary Perry's Meeting with President Kim(Confidential). From Robert A. Wampler, "Engaging North Korea II: The Clinton Administration's Experience," "Engaging North Korea II: Evidence from the Clinton Administration," National Security Archive at George Washington University(https://nsarchive.gwu.edu/briefing-book/korea/2017-12-08).

한에 대해 NPT 완전복귀뿐만 아니라 휴전선에 배치한 포대와 병력들을 후방으로 철수하라고 요구할 것을 주장하고 있다고 보도했다.[89]

오버도퍼에 따르면, 1990년대 초 이러한 작전 개념 확대를 주도한 인물은 당시 주한미군사령관 로버트 리스카시(Robert RisCassi)였다. 한미연합사는 그의 지휘 아래 공세적 반격에 나서 평양을 점령하여 북한 정권을 전복시킬 뿐 아니라 더 북진하여 중국 접경지역까지 진격해 한반도를 남한 주도하에 통일한다는 작전 개념을 구체화했다. 1994년 시점에서 작계 5027은 한반도에서 전면전이 일어났을 때 미군 40만 명을 한반도에 증파하는 내용을 담고 있었다. 이 작계는 또한 실제 군사적 분쟁이 발발하기 전이라도 북한에 대해 적극적인 군사적 조치들을 취하는 전략을 강조했다.[90]

이러한 작전 개념 확대는 소련의 붕괴와 중국의 변화에 따라 북한이 고립된 상황을 적극적으로 고려한 것이었다고 할 수 있다. 이러한 작전 개념 확대가 북한 핵 프로그램의 군사적 지향을 촉진하는 것은 사실상 필연에 가까웠다고 할 수 있다. 북한이 IAEA와 사찰 범위를 둘러싸고 갈등하다 사찰단 철수를 요구한 지 일주일 뒤인 1994년 3월 23일 한국 국방장관 이병태(李炳台)는 국회에 출석해 작전계획 5027에서 변화된 내용의 요지를 공개했다. 오버도퍼는 한국 국방장관의 이러한 작계 내용 공개가 미군 사령관들을 놀라게 했다고 지적했다.[91]

이병태가 공격적인 내용으로 바뀐 작계 5027을 공개하기 4일 전인 3월 19일, 남북은 판문점에서 남북 간 특사 교환 문제에 대한 실무회담을 열고 있었다. 이 회담에서 남북대표가 설전을 벌이는 가운데 북한대표 박영수의 '서울 불바다' 발언이 나왔다. 그때 박영수는 북한에

---

89 『동아일보』, 1994. 2. 7; 이삼성, 1994, 111쪽.

90 Oberdorfer, 1997, p.312, p.325.

91 Oberdorfer, 1997, p.312.

"여기서 서울이 멀지 않습니다. 전쟁이 일어나면 불바다가 되고 말아요."
1994년 3월 국회 국방위에서 박영수 북한대표의 발언 장면을 보고 있다. 한국 정부는 앞뒤 맥락을 자른 이 장면만을 전국 언론사에 배포했고, 당연히 여론은 북한에 대한 강경한 대응을 주장하는 쪽으로 흘러갔다.

대한 완전사찰을 요구하는 취지에서 북한을 다그치는 남한대표를 향해 이렇게 말했다. "여기서 서울이 멀지 않습니다. 전쟁이 일어나면은 불바다가 되고 말아요. 송 선생도 아마 살아남기 어려울 게요." 한국 대표로 나선 통일원 차관 송영대가 "그걸 말이라고 합니까. 가만있을 거 같아요?"라며 언성을 높였다. 그러자 박영수는 "이에 대해서 심사숙고를 해야 된다는 거예요"라고 대꾸했다. 송영대는 "지금 전쟁하자는 겁니까?"라고 소리쳤다. 박영수는 "그쪽에서 전쟁 선언을 했다는 거예요. 말을 왜 듣지 않고… 뭐 졸고 있어요?"라고 힐난했다. 송영대가 다시 "전쟁에는 전쟁으로 대응한다?"라고 반문하자 박영수는 "그렇죠"라고 말했다.

한국 정부는 판문점에 설치된 폐쇄회로 텔레비전에 찍힌 이 장면을 발췌하여 전국 언론사에 배포했고, 한국의 방송과 신문은 그 가운데서도 박영수의 '서울 불바다' 발언 부분을 뽑아서 연일 대대적으로 보도했다. 이와 함께 남한 언론을 지배한 것은 북한에 대한 강경 대응만이 해결책이라는 논리였다. 이병태 국방장관의 작계 5027 공개 발언도 그런 맥락에서 이해될 수 있었다. 남북 간에 고조된 긴장 분위기 속에서 한국의 국방장관이 국회에서 공격적인 대북 작전계획을 공개한 것이 북한의 안보 위기의식을 더욱 깊게 했을 것은 불을 보듯 뻔한 일이었다.

한반도가 1994년 6월의 전쟁 위기를 향해 한 걸음 더 다가간 것은 5월 18~19일을 전후해서였다. 북한이 IAEA 사찰단이 입회하지 않은 상태로 원자로에서 핵연료봉을 교체하는 작업을 시작한 지 일주일이 지났을 때인 5월 18일, 미 국방장관 페리와 합참의장 샬리캐슈빌리가 육군과 해군을 통틀어 모든 현직 4성 장군을 펜타곤 회의실에 소집했다. 럭 주한미군 사령관이 세운 한반도 전쟁계획을 미군 전체가 군대와 군수물자와 병참에서 어떻게 효과적으로 지원할지가 회의 주제였다. 이들은 다른 부대들에 속한 군대와 물자의 수송, 미국 항모들의 위치 이동과 전폭기들의 한반도 근접 배치 그리고 미국의 모든 전투 부대의 절반을 동원한 대대적 증원 계획 등을 상세하게 검토했다.[92]

5월 19일 페리, 샬리캐슈빌리 그리고 럭 세 사람은 이 회의 결과를 갖고 백악관을 찾아 클린턴 대통령에게 보고했다. 이 자리에서 이들 세 사람은 전쟁이 나면 첫 3개월 안에 예상되는 미군 사상자는 5만 2,000명, 한국군 사상자는 49만 명에 달할 것이며, 여기에 더해 남북한 민간인의 엄청난 희생과 610억 달러를 넘는 재정 지출이 초래될 것이라고 보고했다. 이러한 계산에는 북한 군사력에 대한 미국의 평가가 전제되었다. 1994년 시점에서 미국은 물론 북한이 병력을 110만 명 보유한 것도 의식했지만 남한에 대한 가장 위협적인 북한 군사력으로 파악한 것은 대포 8,400대와 다연장로켓포(multiple rocket launchers 또는 장사정포) 2,400문이었다. 이들의 65퍼센트가 비무장지대에서 60마일(약 100킬로미터) 이내에 배치되어 있어 개전(開戰) 12시간 안에 포탄 5,000여

92 Oberdorfer, 1997, p.315.

발을 서울에 퍼부을 수 있다고 미국은 판단했다.[93]

이 보고를 받은 클린턴은 5월 20일 이 문제를 협의하기 위해 고위급 외교보좌관 회의를 소집했다. 그런데 이 회의가 끝난 뒤 클린턴은 외교적 협상 쪽으로 방향을 선회했다. 평양과 고위급대화를 재개한다고 결정한 것이다. 이렇게 해서 일단 전쟁 위기는 한 차례 연기된 셈이었다.[94]

전쟁 위기의 클라이맥스는 6월 15~16일에 있었다. 6월 중순 미 국방장관 페리는 영변 핵시설을 폭격하기 위한 상세한 비상계획을 주문하고 보고받았다. 미 공군은 영변 핵시설들을 방사능이 멀리 그리고 넓게 퍼지는 것을 막으면서 신속하게 효과적으로 파괴할 기술적 능력이 있다고 보고했다. 이즈음 주한미군 사령관 럭은 베트남전쟁과 걸프전쟁의 경험을 기초로 도시화된 한국적 조건에서 현대 첨단무기들이 초래할 치명적 파괴력으로 한반도에서 전면전이 일어나면 100만 명이 사망할 것이며, 그 희생자에는 미국인도 8만~10만 명 포함될 것이라고 예상했다. 또 미국이 치러야 할 직접적 비용은 1,000억 달러가 넘고, 재산 파괴와 경제활동 중단으로 관련 국가들이 치르게 될 비용은 1조 달러에 이를 것이라고 했다.[95]

이를 전제로 페리와 합참은 한반도에 대한 미군 배치를 확대하는 세 가지 옵션을 준비했다.[96] 오버도퍼 기자가 정리한 세 가지 옵션 중 첫째는 차후에 더 많은 증원군을 파견할 수 있도록 준비작업을 하는 부대 2,000명을 즉각 한국에 파견해 럭 사령관이 일차적으로 요청한 병참, 행정, 보급 지원과 포격용 레이더와 정찰체제를 구축하는 것이었다.

두 번째 옵션은 F-111 스텔스 전폭기와 장거리 폭격기 편대들을 한국 근역에 배치해 작전 투입이 즉각 가능하게 하는 것이었다. 또 당시 3만 7,000명에 달한 주한미군 병력 외에 1만 명 이상의 병력을 한

---

93 Oberdorfer, 1997, pp.313~315.

94 Oberdorfer, 1997, p.315.

95 Oberdorfer, 1997, pp.323~324.

96 Oberdorfer, 1997, pp.324~325.

국에 증파하는 것이었다. 페리 국방장관이 이 옵션 2로 내심 기대한 것은 북한에 미 군사력과 전쟁 의지를 과시하는 효과였다.

세 번째 옵션은 육군과 해병대를 포함한 지상군 수만 명과 함께 더 많은 공군력을 한국에 투입하는 것이었다. 이 역시 한반도에서 전면 전을 상정한 전쟁 계획에 해당하는 것은 아니었다고 할 수 있다. 작계 5027에 따르면 한반도에서 전면전이 일어났을 때 미군 증파 규모를 40만 명으로 설정했기 때문이다. 그런데 오버도퍼에 따르면, 페리는 이 무렵 북한에 대한 미국의 공습은 (그것이 제한적인 것이라도) 전 면전을 촉발할 가능성이 높다는 것을 의식하고 있었다.[97]

오버도퍼에 따르면, 미 군부의 이 같은 단계적 미군 증파 계획이 내 포한 딜레마는 미국의 대규모 증원군 파병은 그 자체만으로도 북한에 는 도발적인 것으로 인식될 수밖에 없다는 점이었다. 따라서 그 같은 대 규모 군사력 증강을 전제한 미국의 군사행동이 실행되기 전에 북한이 선수를 치고 나올 가능성이 컸다. 미군이 한반도에 투입되기 시작하면 북한은 그 이상의 본격적인 군사력 증파와 군사행동에 나서기 전에 신 속한 선제타격 필요성을 느끼게 될 터였다. 그러한 딜레마에도 미 군부 는 실질적인 전쟁 준비에 나설 수밖에 다른 도리가 없는 상황이라고 판 단했다고 한다. 그러나 주한미군 사령부의 고위급인사들 중 일부는 페 리와 합참이 준비한 증파 계획을 접했을 때 북한의 반응을 지극히 우 려했다. 북한 동향에 대한 정보를 가장 많이 접하고 있던 주한미군 사 령부의 한 장성은 1991년 미국이 '사막의 폭풍작전'(Operation Desert Storm)이라는 이름으로 전개한 대이라크 전쟁을 북한은 미군보다 더 철저하게 분석했다고 했다. 그 결과 북한군 당국이 얻은 결정적 교훈은 "미국이 증원 군사력을 구축하는 것을 두고 보아서도 안 되고, 그렇게 북한에 대한 전쟁을 도발하는 것을 기다려서도 안 된다"는 것이었다고 이 장성은 밝혔다. 그래서 이 장성은 북한은 어떤 경우에도 미군이 대규

---

97 Oberdorfer, 1997, p.323, p.325.

모 군사력 증원을 실행하는 것을 지켜보고만 있지는 않을 것이라고 확신했다. 이 장성은 아울러 그해 5월 판문점에서 미군 장교 한 명이 북한군 대령에게서 들었다는 얘기를 오버도퍼 기자에게 털어놓았다. 그 미군 장교가 들은 얘기는 "우리는 당신들 증원군이 올 때까지 기다리지 않는다"라는 것이었다.[98]

나중에 페리는 오버도퍼 기자와 인터뷰에서 그 자신도 군부가 우려한 위험성을 의식했다고 말했다. 그럼에도 페리는 그러한 군사력 전개로 북한에 미국의 결의를 과시할 필요가 있었다고 말했다.[99]

주한미군 사령관 럭은 5월 18일 미국이 기획한 대북 전쟁 계획에서 중심 역할을 맡았다. 그런데 6월 중순의 미군 증파와 전쟁 계획은 국방장관과 합참이 만들어 럭에게 통보한 것이었다. 럭이 통보받은 시점도 이 계획의 실행 시점으로 지정된 6월 16일부터 불과 몇 시간 전이었다. 이 계획을 실행하자마자 북한은 미군 증파를 북한 정권을 파괴하려는 미국의 결정으로 인식하고 대응할 것이었다. 그런데 당시 한국에 있던 미군 가족 등 민간인을 포함한 미국인 8만 명을 철수시킬 계획이 진지하게 준비되지 않은 상황이었다. 그래서 럭이 매우 당황했다고 오버도퍼는 말했다. 갑작스럽게 미국인 철수를 실행에 옮기면 미국 시민들뿐 아니라 한국인들 역시 패닉에 빠질 것을 그는 두려워했다는 것이다. 이 모든 우려에도 럭 사령관은 제임스 레이니(James Laney) 주한 미국대사와 함께 6월 16일 아침 비밀 회합을 하고, 미국인 철수작전을 긴급하게 실행하는 수밖에 없다고 결론지었다. 그리고 레이니 대사는 우선 당시 서울을 방문하고 있던 자신의 딸과 손자 세 명에게 3일 안에 한국을 떠나라고 말했다.[100] 당시 주한 미국대사 레이니는 럭에게서 전쟁이 발발하면 8만

98 Oberdorfer, 1997, pp.325~326.

99 Oberdorfer, 1997, p.325.

100 Oberdorfer, 1997, p.326.

에서 10만에 이르는 미국인을 포함하여 100만 명이 살상될 것이라는 얘기를 들었다.[101]

한국에 비해 13~14시간 늦은 시간대에 있는 미국 워싱턴에서는 6월 16일 아침 백악관 장관실(Cabinet Room)에 클린턴 행정부 대외정책의 최고결정자들이 모두 모여 대북 제재와 전쟁 계획을 점검했다. 이 자리에는 클린턴 대통령, 앨 고어(Al Gore) 부통령, 크리스토퍼 국무장관, 페리 국방장관, 샬리카슈빌리 합참의장, 제임스 울시(James Woolsey) CIA 국장, 매들린 올브라이트(Madeleine Albright) 주유엔 대사, 앤서니 레이크(Anthony Lake) 국가안보보좌관 그리고 기타 외교·국방 관련 고위급관료들이 참석했다. 맨 먼저 클린턴이 유엔 안보리 대북 제재결의안을 초안대로 추진하라는 최종 결정을 내렸다. 이어서 샬리카슈빌리 합참의장이 페리 국방장관과 함께 마련한 한반도에 대한 군사력 증강 계획을 설명하기 시작했다.[102]

6월 초순까지만 해도 한국 언론들은 한국 국민의 '안보 불감증'을 개탄했다.[103] 반면에 한국 국방부는 6월 13일 '전군 군수품 현장조사'에 나섰고,[104] 치안당국은 "북한 주장에 동조하는 세력은 엄단한다"고 선언하면서 공안정국이 심화될 조짐을 보였다. 이런 가운데 정부와 언론이 개탄하던 한국 국민의 안보 불감증이 깨진 것은 6월 14일 아침 북한이 IAEA에서 탈퇴한다는 소식이 전해지면서였다. 부유층이 집중된 서울 강남 일대의 고급백화점과 슈퍼마켓에 평소보다 사람이 네 배 이상 몰려들어 쌀, 라면, 생수 등을 사재기하는 대소동이 벌어졌다. 그런데 서민층이 많은 영등포지역 백화점들은 평일과 같은 수준이었다. 이를 두고 『동아일보』는 "일부 중산층이 '지나치게 투철한

---

101 James T. Laney and Jason T. Shaplen, "How to Deal With North Korea," *Foreign Affairs*, March/April, 2003.
102 Oberdorfer, 1997, pp.329~330.
103 『조선일보』, 1994.6. 5; 이삼성, 1994, 180쪽.
104 『동아일보』, 1994.6. 13; 이삼성, 1994, 180쪽.

228

안보의식'을 드러냈다"고 평했다.[105]

10. 전쟁 위기 해소 과정: 북한의 제안을 주목한 해리슨과 카터

1994년 6월 중순의 전쟁 위기가 해소되게 된 것은 주로 두 가지 차원에서 이해할 수 있다. 첫 번째 차원은 이 전쟁 위기의 한가운데서 대결한 당사자인 미국과 북한 모두 전쟁이라는 군사적 파국을 막기 위한 상호접점을 찾을 필요성을 인식했고, 그 실마리는 1994년 4월부터 이미 존재했다는 사실이다. 두 번째 차원은 중국의 선택이었다. 중국은 한편으로는 북한에 타협을 종용하는 압력을 행사했고 다른 한편으로는 미국의 군사적 행동을 견제하는 행동을 취했다.

북미 간 접점 찾기의 첫 실마리는 북한 주석 김일성의 편지에서 나왔다. 자신의 생일인 1994년 4월 15일 『워싱턴타임스』에 보낸 서신에서 김일성은 만일 미국이 북한에 경수로를 제공한다면 북한은 재처리시설이 '필요하지 않을 수 있다'고 밝혔다. 그러나 오버도퍼가 지적했듯이 이 사실은 북미 간 갈등이 심화되어가는 국면에서 주목을 받지 못했다. 두 번째 실마리를 푼 것 역시 북한이었다. 북한은 6월 3일 방송에서 강석주 이름으로 된 성명을 하나 발표했다. 4월에 김일성이 한 발언의 연장선에 있는 것이었다. 북한의 기존 핵시설들을 경수로 사업으로 교체한다면 북한은 재처리시설인 방사화학실험실을 해체할 수 있다는 내용이었다.[106]

미국 측에서 이것을 실마리 삼아 평화적 해결책을 모색하고 나선 사람은 민간연구소인 카네기국제평화기금의 학자 셀리그 해리슨(Selig Harrison, 1927~2016)이었다. 그는 1970년대 초까지는 『워싱턴포스트』의 동북아시아 담당 기자로 활동하면서 북한을 방문해 김일성을 인터뷰한 일이 있었다. 해리슨은 강석주의 성명이 있은 다음

---

105 『동아일보』, 1994. 6. 15; 이삼성, 1994, 181쪽.
106 Oberdorfer, 1997, p.321.

날인 6월 4일 평양에 도착했다. 해리슨은 먼저 강석주를 만나 재처리 시설을 포기할 수 있다는 발언의 진의를 파악했다. 미국이 경수로 제공을 약속하면 북한이 재처리시설과 그밖의 모든 핵 프로그램을 동결할 것인지 북한의 태도를 확인했다. 그 뒤 해리슨이 강석주와 함께 김일성을 면담한 때는 6월 9일이었다. 이 만남에서 김일성은 이렇게 말했다. "그것 좋은 생각이오. 만일 미국이 우리가 믿을 수 있게 확고히 공약하면 우리도 그 방안을 받아들일 수 있소." 이 자리에서 김일성은 북한에 핵무기가 없거니와 그걸 만들 의사도 없다는 말을 되풀이하면서 다음과 같이 덧붙였다. "우리가 갖고 있지 않은 것을 자꾸 내놓으라고 하니 골치가 아픕니다. 마치 달을 보고 짖어대는 개들 같아요. 당신들이 핵무기 만 개와 우리는 없는 미사일들을 갖고 있는데 우리가 핵폭탄 한두 개 만든다고 무슨 의미가 있겠소? 웃음거리밖에 더 되겠소?" 해리슨이 이 말을 듣고 평양을 떠난 때는 6월 11일이었다.[107]

해리슨의 바통을 이어받은 사람은 카터 전 대통령이었다. 그는 1991년, 1992년 그리고 1993년에 김일성에게서 평양 방문 초청을 받았다. 그러나 그때마다 응할 수 없었는데, 미 국무부가 반대하면서 그를 만류했기 때문이다. 한국 정부도 그때는 카터의 북한 방문을 반대했다고 오버도퍼는 지적했다.[108]

클린턴의 자서전에 따르면, 카터는 6월 1일 클린턴에게 전화해서 북한 방문을 희망했다. 이에 클린턴은 갈루치 국무차관보를 카터에게 보내 '북한의 위법적 행위들의 심각성'을 브리핑하도록 했다. 그래도 카터는 북한 방문을 원했다. 클린턴은 부통령 고어와 국가안보보좌관 팀의 의견을 들은 뒤 '시도할 가치가 있다'는 판단을 했다. 클린턴은 그런 판단을 한 이유로 자신이 3주 전에 받은 보고를 언급했다. '전쟁이 날 경우 양측이 입게 될 엄청난 손실에 대한 섬뜩한 평가(sobering

---

107 Oberdorfer, 1997, p.322.
108 Oberdorfer, 1997, p.317.

estimate)'에 관한 것이었다.[109]

클린턴은 당시 유럽에 있었기 때문에 고어가 클린턴을 대신해서 카터에게 전화를 걸었다. 북한이 사찰관들의 작업을 방해하지 않고 핵 프로그램을 동결하며, 북한 비핵화를 위해 미국과의 새로운 고위급회담을 받아들이는 조건에서만 미국은 북한에 대한 제재를 중단할 것이란 점을 김일성 주석(President Kim IL Sung)이 이해한다면 대통령은 카터의 북한 방문을 반대하지 않는다는 뜻을 카터에게 전달했다.[110] 오버도퍼에 따르면, 이때 백악관은 카터에게 공식특사 자격이 아닌 사적 시민의 자격임을 명심한다는 다짐을 받은 뒤 그의 방북을 허락했다고 한다. 이때 클린턴 행정부는 유엔 안보리를 통해 최종적으로는 북한에 대한 해상봉쇄까지도 포함하는 3단계 대북 제재를 관철하기 위한 외교적 행동에 나서고 있었다.[111]

카터는 평양으로 가기 전 서울에 먼저 들렀는데, 그가 서울에 도착한 6월 13일 한국에서는 전쟁에 대비한 사상 최대 규모의 민방공 훈련을 실시하고 있었다.[112] 카터가 부인 로잘린 여사 그리고 미 국무부 한국과장 딕 크리스턴슨(Dick Christensen)과 함께 김일성을 만나러 가려고 한국의 비무장지대를 통과한 때는 6월 15일이다. 카터가 먼저 만난 사람은 김영남 외상(外相)인데, 그의 경직된 태도에서 카터는 실망감을 느꼈다. 그러나 다음 날인 6월 16일 김일성과 만나면서 희망을 찾았다. 오버도퍼 기자가 정리한 두 사람의 대화는 다음과 같다.[113] 카터는 먼저 북미 두 나라는 정치체제에 차이가 있음에도 우호관계를 구축할 수 있으며, 이번 핵문제가 해결되면 외교관계정상화를 위한 고위급협상이 가능하다고 김일성에게 말했다. 김일성은 북한은 핵무

---

109 Bill Clinton, *My Life*, New York: Alfred A. Knopf, 2004, p.603.

110 Clinton, 2004, p.603.

111 Oberdorfer, 1997, p.318.

112 Oberdorfer, 1997, p.318.

113 Oberdorfer, 1997, p.327.

카터와 김일성.
민간인 자격으로 북한을 방문해 김일성을 만난 카터는 결과적으로 전쟁위기를 해소시키
는 데 중요한 매개 역할을 했다.

기를 만들 능력이 없을뿐더러 그게 필요하지도 않다고 말했다. 북한
이 필요한 것은 핵무기가 아니라 원자력이라고 했다. 이 말 끝에 김일
성은 미국이 경수로를 제공하면 북한은 흑연감속 원자로들을 해체하
고 NPT 체제로 돌아갈 것이라고 선언했다. 김일성은 또한 미국이 북
한에 핵공격 위협을 하지 않겠다는 보장을 주문했다. 그는 아울러 전
례에 비추어 북미 간 대화와 협상에 대한 남한 정부의 방해 공작에 깊
은 불만과 우려를 토로했다.

　카터가 김일성에게 요구한 것은 두 가지였다. 그것은 평양으로 출
발하기 전 갈루치와 통화하면서 국무부의 동의를 확인한 내용이었다.
북미 사이에 핵협상이 진행되는 동안 북한은 핵 프로그램을 일시적
으로 동결할 것과 북한이 추방을 명령하여 북한을 떠나기로 되어 있
던 IAEA 사찰단 가운데 아직 영변에 남아 있던 사찰관 두 명을 현장
에 남게 허용해달라는 것이었다. 김일성은 강석주의 의견을 물은 뒤

북한은 이전의 결정을 번복하여 사찰관들의 잔류를 허용할 것이라고 약속했다. 오버도퍼가 보기에 이 에피소드는 그때까지 김일성이 김정일을 포함한 누구와도 협의하지 않고 가장 중요한 결정을 내릴 수 있는 권력과 위상을 유지했음을 말해주는 것이었다. 어떻든 카터는 이 회담 결과를 그의 평양 방문을 취재하기 위해 동행한 CNN의 마이크 치노이(Mike Chinoy) 기자와 인터뷰할 때 밝히기로 결정했다.[114]

카터가 이 방법을 선택한 것은 북한 최고지도자의 타협적 태도를 부각함으로써 전쟁을 피할 수 있는 평화적 해법이 엄연히 존재한다는 사실을 모든 미국인에게 깨우쳐주는 다분히 충격적인 방식이 군사적 파국을 향해 달려가던 클린턴 행정부의 돌진을 멈추는 가장 효과적인 방법일 수 있다고 판단했기 때문일 것이다.

카터는 CNN 방송이 나가기 전 김일성과 회담한 결과를 백악관의 갈루치에게 전화로 설명했다. 갈루치가 이 전화를 받은 때는 미국 시간으로 6월 16일 오전이었다. 그때는 백악관 장관실에 대통령과 국무장관, 국방장관을 포함해 미국의 안보 관련 최고 정책결정자들이 모여 한반도 전쟁 계획을 점검하는 순간이었다. 샬리캐슈빌리 합참의장이 한반도에 미군을 증파하기 위한 3개 옵션 중 두 번째에 대한 설명을 막 끝내고 마지막 세 번째 옵션을 설명하려던 참이었다. 회의 참석자들 모두에게 갈루치가 전한 소식은 폭탄 같은 충격을 주었다고 오버도퍼는 말했다.[115]

오버도퍼에 따르면, CNN이 카터와 인터뷰한 방송을 내보내기 전 카터가 전화로 브리핑한 김일성의 약속을 갈루치를 통해 전해들은 백악관 장관실의 참석자들은 상당수가 카터에 대해 비판적이었다. 그동안 일괄타결을 주장해온 북한 주장에서 크게 새로운 것이 무엇이냐는 반응도 있었고, 더 나아가 카터를 '매국적'이라고까지 비난하는 인사

---

114 Oberdorfer, 1997, p.329.
115 Oberdorfer, 1997, p.330.

도 있었다. 곧 전 세계로 전파를 탄 CNN 인터뷰에서 카터는 김일성이 제시한 방안과 약속을 "현재 위기를 진정시킬 대단히 중요하고 대단히 긍정적인 조치"라고 평가했다. 백악관 회의 참석자들도 물론 이 방송을 함께 시청했다. 그러고 난 이후에도 많은 참석자는 미국의 정책을 정부가 아니라 이제는 한 민간인에 불과한 인사가 전 세계에 보내는 방송으로 결정한다는 불만을 토로했다.[116]

그러나 이 방송이 나간 뒤 한반도에서 또 하나의 전쟁에 미국이 개입하는 것을 뜻할 수 있는 정책을 둘러싼 미국 내외의 정치적 환경은 크게 변했다. 클린턴 행정부 고위관료들은 갑자기 중대한 정치적 도전에 직면했다는 사실을 깨닫지 않을 수 없었다. 자신들이 기존의 전쟁 계획을 고집하려면 카터가 김일성과 함께 제시한 평화적 해법에 비해 왜 전쟁이 더 합리적인지를 설득력 있게 설명하지 않으면 안 되는 처지에 놓이게 된 것이다.

결국 CNN 방송이 나간 뒤 백악관이 선택한 것은 북미 고위급회담에 따른 관계개선 논의와 경수로 제공에 대한 대가로 북한이 취할 핵 프로그램 동결의 내용을 좀더 구체화해서 북한의 서면 약속을 받아내는 것이었다. 김일성은 오래 망설이지 않고 미국의 요구에 동의했다. 이로써 한반도의 전쟁 위기는 막을 내렸다.[117]

1994년 6월 카터의 방북을 가장 반긴 사람은 한국의 김대중 전 대통령이다. 그는 1994년 당시 그가 그해 1월 27일 설립한 '아시아·태평양평화재단'의 이사장이었다. 2010년에 간행한 자서전에서 그는 1994년 5월 12일 워싱턴 내셔널프레스클럽에서 한 연설에서 북한 핵 문제를 해결하기 위한 방안으로 '매우 위험한 핵 줄다리기'를 하고 있는 북한과 미국에 일괄타결을 촉구하고, 이를 위한 구체적 실천 방법으로 '미국이 국제적으로 존경받고 특히 중국과 북한에서 신뢰를 받

---

116 Oberdorfer, 1997, pp.330~331.

117 Oberdorfer, 1997, p.332.

으며 클린턴 대통령과 성격이 유사한 원로 정치인을 북한에 보낼 것'을 제안했다고 밝혔다.[118] 그의 기조연설이 끝난 뒤 그에게 '특사로 가장 적임자로 생각하는 인물'을 거명해달라는 질문이 있었고, 김 이사장은 카터 전 대통령이 가장 적합한 인물이라고 답변했다는 것이다. 그는 이런 질문을 예상하고 연설하기 전날 카터 전 대통령에게 전화를 걸어서 그를 설득했다고 한다. 카터는 흔쾌히 동의했다고 한다.[119]

한편 한승주 전 외무장관은 자신의 회고록에서 카터의 방북 배경으로 조지아라는 지역적 연고 때문에 카터와 가까웠던 레이니 당시 주한 미국대사를 꼽았다. 한승주 전 장관은 레이니 대사와 대북특사 문제로 여러 번 의논했는데, 샘 넌(Sam Nunn) 상원의원이나 카터 전 대통령을 거명했다는 것이다.[120] 한승주 전 장관은 북한이 카터의 방북을 어려운 상황을 타개하기 위한 방편으로 이용했다고 지적했다. 그런데 앞서 지적했듯이 김일성은 1991년부터 해마다 여러 번 카터의 방북을 요청했으나 그것을 막은 것은 미국 정부였다. 한국 정부도 그전에는 반대했다는 오버도퍼의 지적은 이미 언급한 바와 같다.

어려운 상황에 놓여 출구가 필요했던 것은 북한도 미국도 마찬가지였다. 서로 최악의 상황을 피하기 위한 계기가 필요했다. 카터 방북이 제네바합의라는 일괄타결의 실마리를 풀어냈다는 점에서 북한이 일찍부터 희망했던 결실을 가져왔지만, 궁극적으로 그것은 북한과 미국 모두에게 막다른 골목에서 탈출하기 위한 명분과 실리를 제공했다. 그뿐 아니라 그것은 남북 모두의 한국인에게 지극히 다행한 일이 아닐 수 없었다.

오버도퍼에 따르면, 김일성 주석과 김영삼 대통령 간의 남북정상회담도 카터 방북 중에 있었던 매우 우연한 상황에서 성사되었다. 6월

---

118 김대중, 『김대중 자서전 1』, 삼인, 2010, 634~635쪽.
119 『김대중 자서전 1』, 2010, 636쪽.
120 한승주, 『외교의 길: 평화를 위한 여정』, 올림, 2017, 99~100쪽.

17일 김일성은 카터를 대동강 요트놀이에 초대했다. 부인 로잘린과 함께 온 카터를 배려해 김일성은 부인 김성애를 대동했다. 이 놀이 중 카터는 김일성에게 두 가지를 제안했다. 하나는 미국민에 대한 선의의 표시로 한국전쟁 중 전사한 미군 유해 발굴과 반환을 위한 북미 합동발굴단을 구성하는 것이 어떠냐고 건의한 것이다. 김일성은 처음에는 머뭇거렸다. 그러자 옆에 있던 김성애가 그것 좋은 생각이라고 거들었다 그러자 김일성은 즉각 "좋습니다"라고 말했다.[121]

다른 하나는 남북관계를 개선하기 위해 김영삼 대통령과 정상회담을 하는 것이 어떠냐고 제안한 것이다. 그러자 김일성은 북한이 남북관계를 개선하려고 노력했으나 번번이 좌절되었다고 했다. 그러나 곧 김일성은 남북관계가 풀리지 않은 데는 남북 모두 책임이 있다고 말해서 카터 전 대통령을 놀라게 했다. 그러고는 곧 김영삼 대통령을 만날 용의가 있다고 했다. 또 카터에게 김영삼 대통령에게 조건 없는 남북정상회담의 뜻을 전달해달라고 요청했다. 카터는 귀국길에 청와대에 들러 김영삼 대통령을 만났다. 오버도퍼의 설명에 따르면, 김영삼은 처음에는 자기가 참여하지 않은 상태에서 북미 간의 대화로 문제가 해결되는 것에 심사가 편치 않았기 때문인지 카터에게 냉담한 태도를 보였다. 그러나 김일성의 남북정상회담 제안을 전달하자 눈에 띄게 흥분하며 한 시간도 되기 전에 조건 없는 남북정상회담의 조기 개최를 수용했다.[122]

한승주 당시 외무장관이 2017년 펴낸 회고록에서 밝힌 바에 따르면, 카터가 김일성과 대화하면서 남북정상회담을 제안한 것은 오버도퍼의 설명이 암시하듯 우연한 일이 아니었다. 한승주 전 장관에 따르면, "카터 전 대통령이 북한에 가는 길에 한국에 들렀을 때, 우리 외무부는 물론 대통령도 한국의 우려 사항, 즉 북한하고 협상하는 데서는 검증이 매

---

121 Oberdorfer, 1997, pp.332~333.

122 Oberdorfer, 1997, pp.333~334.

우 중요하며, 또 북한의 제안에는 여러 가지 함정이 있을 수 있다는 점을 카터에게 주지시켰다." 이와 함께 카터에게 주문한 가장 중요한 사항은 김영삼 대통령이 "김일성 주석과 만날 용의가 있다. 필요하면 평양에 가서 만나도 좋다"라고 말한 것이었고, "그것을 김일성 주석에게 전해달라"고 부탁한 것이라고 한승주 전 장관은 밝혔다.[123]

11. 중국의 조용한 양면 외교

오버도퍼 기자의 설명을 보면, 중국은 1994년 6월 한반도의 전쟁 위기 기간에 미국과 관계를 고려하여 북한을 압박해 타협하도록 하는 데만 신경 쓴 것처럼 인식할 수 있다. 중국은 분명 한반도의 전쟁 위기를 막기 위해 북한에 압력을 행사했다. 북한이 2006년 10월 첫 핵실험을 한 이후 오늘에 이르기까지 중국은 북한을 비판하고 유엔의 대북 제재에 소극적이지만 동참했다. 그러나 중국은 다른 한편으로는 전쟁과 함께 북한의 붕괴를 초래할 미국의 군사적 행동은 강력하게 반대하고 견제하는 정책을 취해왔다. 이러한 중국의 태도는 1994년이라고 해서 근본적으로 다른 것은 아니었다.

전쟁을 피하려면 미국과 북한 모두 타협해서 절충점을 찾아야만 하기 때문에 중국이 한편으로 북한에 유형무형의 압력을 행사하는 것은 당연한 일이다. 미국 클린턴 행정부 또한 중국을 대북 압박 대열에 끌어들이려고 무진 노력했다. 대표적인 예가 중국의 인권문제와 노동문제를 명분으로 중국에 최혜국대우(Most-Favored Treatment: MFN) 연장 문제를 끌어오던 클린턴 행정부가 1994년 4월부터는 태도를 바꾸어 중국에 최혜국대우 연장을 적극 고려하는 쪽으로 방향을 튼 것이다.[124] 그리고 마침내 5월 26일에는 클린턴 대통령이 기자회견에서 크리스토퍼 국무장관의 건의를 받아들여 중국이 인권문제에서 중요

---

123 한승주, 2017, 108쪽.

124 陶文釗,『中美關系史(下卷), 1972-2000』, 上海: 上海人民出版社, 2004, 250쪽.

하고 전면적인 진전이 없지만 미국과 중국 모두의 다른 이익들을 장기적이고 지속적으로 발전시키기 위해 중국에 대한 최혜국대우를 연장할 것이라고 발표했다.[125] 미국은 이 문제를 지렛대 삼아 중국을 대북 제재에 동참시키려 한 것이다.

그러나 동시에 염두에 두어야 할 것은 중국의 대북정책은 그렇게 일면적인 것은 아니라는 사실이다. 미국의 최혜국대우 연장을 받아내는 것은 중국에 지극히 중요한 외교적 목표였던 것은 사실이지만, 그것 때문에 한반도에서 미국이 군사적 행동을 해도 좋다는 시그널을 보낼 의도는 없었다. 중국은 한반도에서 미국의 군사적 행동을 견제하려고 무시할 수 없는 역할을 했다.

1994년 6월 미국은 분명 북한과 타협이 아닌 군사적 강압으로 북한을 굴복시키려는 의도와 준비를 갖추었던 것이 사실이다. 미국이 결국 군사적 행동을 포기하고 평화적 협상을 선택한 데에는 중국의 그러한 조용하지만 양면적인 외교가 수행한 역할도 유의할 필요가 있다. 1950년 중국은 한반도에서 당시 세계에서 유일하게 대규모 핵무기를 보유한 슈퍼파워였던 미국을 상대로 전쟁을 벌여 미국을 38선 부근으로 다시 밀어내린 당사자였다. 1994년의 중국은 여전히 미국에 열세일 수밖에 없었지만 미국도 1950년 10월의 경우처럼 중국의 경고를 무시할 수 있는 처지가 아니었다.

한편으로 중국은 오버도퍼가 지적했듯이 북한에 대한 미국 주도 제재에 참여했다. 북한이 미국의 위협을 무시하는 것의 위험성을 일깨우려는 노력의 일환이기도 했을 것이다. 6월 10일 중국이 한편으로 북한에 대한 유엔 제재에 반대한다는 견해를 표명했지만, 북한에도 강력한 경고를 보냈다. 핵문제에 대한 국제사회의 요구를 수용하는 것이 북한의 이익이며, 그렇지 않을 경우 벌어질 사태에서 중국은 북한을 보호하지 않겠다는 뜻을 다양한 방식으로 전달했다. 그

---

125 陶文劉, 2004, 251쪽.

러한 뜻을 행동으로 보여준 사례 가운데 하나가 6월 10일 IAEA 이사회에서 중국이 취한 태도였다. IAEA는 그간 북한이 원자력을 평화적으로 이용하도록 해왔던 연간 50만 달러 상당의 기술적 지원을 중단하는 안을 표결에 부쳤다. 중국 대사는 반대표를 던지지 않고 기권하는 데 그쳤다.[126]

한승주 당시 외무장관의 회고록에 따르면, 그는 그해 6월 초 베이징에 가서 첸치첸(钱其琛, 1928~2017) 외교부장과 외교부 아시아지역 담당 부부장 탕자쉬안(唐家璇)을 만나 유엔 안보리에서 중국이 북한을 위해 거부권을 행사하지 않을 것이라는 점을 북한에 인식시킬 필요성을 설득했다. 6월 12일 장팅옌(張庭延) 당시 주한 중국대사가 한승주 전 장관을 찾아와 탕자쉬안 부부장이 6월 10일 주중 북한대사에게 북한 핵문제에 관해 중국 정부의 의사를 통보했다고 했다. 그 요지는 두 가지였다. 첫째, 중국은 북한의 핵연료봉 인출을 불만족스럽게 생각한다. 둘째, 국제사회가 북한을 규탄하고 북한이 신뢰할 수 없는 나라라고 하는 것에 중국은 더는 북한을 변호하기 곤란하다. 그러므로 북한이 핵문제에 더 신축성을 보이지 않으면 중국은 유엔 안보리 제재결의안 통과를 막을 수 없다. 한승주 전 장관은 이러한 중국의 대북 통고가 북한에 '큰 임팩트를 주었다'고 보았다.[127]

그런가 하면 중국이 다른 한편에서는 북한에 대한 미국의 군사적 행동을 견제하는 시그널을 보낸 것도 사실이다. 중국 군부의 최고위급인사들이 북한군 수뇌부를 초청하여 북중 간의 전통적인 군사적 우호관계를 과시하는 것이 그 대표적 행동이었다. 미국이 북한에 대한 군사적 압박을 강화하던 시점인 6월 6일 중국 인민해방군 총참모장 장완녠(張萬年, 1928~2015)은 중국을 방문한 북한 인민군 총참모장 최광(崔光, 1918~97)이 이끌고 온 북한 군사대표단과 회담했다. 이

---

126 Oberdorfer, 1997, p.320.
127 한승주, 2017, 98~99쪽.

회담에서 장완녠은 양국과 양국 군대의 '피로 굳어진 우호관계'를 재확인했다. 일본『교도통신』이 중국『중국신문사』의 보도를 인용해 보도한 내용이었다.『교도통신』은 중국의 이 행동을 "북한 핵문제로 한반도 정세가 긴박해지는 가운데 양국의 군 최고 간부들이 '혈맹관계'를 내외에 과시한 것이며, 이는 북한에 경제제재를 가하려는 국제사회의 움직임을 견제하려는 목적을 가진 것"이라고 분석했다.[128]

6월 11일 홍콩의 외교소식통들은 미국이 군사행동을 했을 때 중국이 취할 구체적 행동에 관한 정보들을 주목하기 시작했다. 이들에 따르면, 중국은 한반도에서 전쟁이 재발하면 8만 5,000명 규모의 지상군 병력을 북한에 파병할 것을 약속했다. 또 유엔이 북한에 대한 경제제재를 실행하면 북한에 에너지 등을 유상지원하기로 했다. 중국과 북한의 이러한 합의는 6월 초 북한의 당정 핵심 지도자들이 대거 중국을 방문하여 중국의 당군(黨軍) 고위인사들을 만났을 때 이루어졌다. 그리고 6월 6일 최광 북한군 총참모장 방중 기간에 이에 대한 최종 합의가 성립되었다고 했다.[129]

중국 외교부는 유사시 북한에 파병한다는 보도를 부인했다. 그러나 가장 결정적이고 미묘한 시기에 중국 정부가 북한 당정 주요 지도자들을 초빙하고, 이어 북한 인민군 총참모장의 방문을 받아들여 '혈맹관계'를 확인한 것은 중국 외교부의 부인에도 불구하고 유사시 중국의 북한에 대한 경제적·군사적 협력과 지원 가능성을 강력하게 시사하는 것이었다. 비록 유사시 명시적인 대북 군사지원 표명은 아니었다 하더라도 적어도 '전략적 모호성'을 유지함으로써 미국의 군사행동을 견제하는 동시에, 실제 미국의 군사적 행동이 실행되면 상황 전개에 따라 중국이 한반도에 개입해 북한의 붕괴를 막고 한반도에 대한 자신의 지정학적 이익이나 목표를 관철할 행동과 선택의 여지를

---

128 『동아일보』, 1994. 6. 8; 이삼성, 1994, 343~344쪽.
129 『조선일보』, 1994. 6. 12; 이삼성, 1994, 344쪽.

유지한 것이라고 해석할 수 있다.

김일성과 덩샤오핑이 살아 있던 시대까지는 이종석의 표현을 빌리면, 과거 양국 지도부 사이의 관계는 '친척관계'로 표현될 만큼 인적으로 밀접한 유대를 맺고 있었다. 이 두 지도자의 퇴장은 곧 '양국 혁명 1세대의 퇴장'을 의미해 이후 북한과 중국 사이에 더는 '정의적(情誼的) 인맥관계'는 존재하지 않는다.[130] 그렇다면 두 지도자가 살아서 실질적 지도자로 활동하는 기간까지는 북한과 중국 사이에 혁명 1세대 지도자들 사이의 정의적 인맥으로 보완되는 혈맹 의식이 잔존했을 거라고 추정할 수 있다. 1994년 6월 중순 카터 전 미국 대통령을 만난 김일성은 즉석에서 중대 결정을 직접 내리는 모습을 보여주었다. 그는 북한 주석으로서 그리고 실질적 지도자로서 '살아' 있었다. 중국 또한 덩샤오핑이 적어도 상징적인 차원에서 최고지도자로 건재했다.[131] 마오쩌둥과 함께 중국 대륙과 한반도에서 공산주의 운동을 이끈 혁명 1세대 지도자들의 시대가 아직 끝나지 않았던 것이다. 그만큼 양국 군부 사이의 혈맹 의식은 비록 퇴색했을망정 사라진 것은 아니었다고 보는 것이 타당하다.

중국의 대북 군사지원 계획의 가능성 그리고 유엔의 대북 경제제재를 무력화할 수 있는 에너지를 포함한 경제적 지원 움직임은 미국 내 강경론을 약화시키는 데 무시할 수 없는 영향을 미쳤을 것으로 생각된다.[132]

---

130 이종석, 『북한-중국관계, 1945-2000』, 중심, 2001, 290쪽.
131 덩샤오핑은 1992년 고령인 87세에 남순강화를 해서 천안문사태로 멈칫했던 중국의 개혁과 개방노선 견지를 확인했다. 1992년 중국 공산당 정치국은 덩샤오핑의 정책을 따르는 인물들로 채워졌다. 덩샤오핑은 1994년 신년행사를 마지막으로 공식석상에서 모습을 감추었고 파킨슨병과 폐렴으로 1997년 2월 사망했다(Ezra F. Vogel, *Deng Xiaoping, and the Transformation of China*, Cambridge, MA: Harvard University Press, 2011, pp.686~687, p.690). 그러므로 1994년 5~6월은 덩샤오핑이 적극적 역할을 하지는 않더라도 여전히 중국 공산당 최고지도자로서 위상을 갖고 있을 때였다.
132 이삼성, 1994, 344쪽.

12. 1994년 한국과 북한의 외교 그리고 김일성 사후 한국

1) 한국, 북한, 미국의 외교전략을 바라보는 시선

한국은 통일부와 외무부 같은 일부 부처의 평화적 해법 위주의 외교적 노력과 별개로 김영삼 대통령의 청와대와 안기부는 대북 강경론의 진원지 역할을 했다. 한승주 당시 외무장관은 자서전에서 1994년 한국 외교 내부의 강온기류를 다음과 같이 회고했다. "부처 간에 뚜렷한 차이는 없는 편이었으나 다만 통일부에서는 남북 간 대화와 협상을 선호하는 편이었으나, 안기부와 청와대는 외무부보다는 북한에 다소 강경한 상황이었다. 대통령은 특히 협상 과정에서 한국이 배제되고 미국과 북한이 직접협상하게 될 가능성을 우려했다."[133]

당시 김영삼 대통령이 한국이 빠진 북미직접협상에 대해 품은 경계심은 북한과 미국을 협상테이블에 불러 모으는 적극적 역할로 표현되지는 않았다. 김영삼 전 대통령은 북미 두 나라가 긴장하고 갈등하는 상황을 편하게 생각하는 쪽이었다. 반면 두 나라가 대화하고 협상하는 것은 불안한 눈으로 바라보았다. 그 결과 자연스럽게 북한과 대화나 협상을 할 때의 위험성이나 함정을 강조하고 경계하는 미국 내 강경파들의 주장을 뒷받침하는 경향으로 나타나곤 했다.

한승주 전 장관은 그해 봄 전개된 위기 속에서 북한이 펼친 협상 양상을 세 가지로 요약했다. 첫째는 '벼랑 끝 전술'이라고 부를 수 있는 극단적인 모험주의적 전술'이다. 북한의 두 번째 전술을 한승주 전 장관은 '살라미 전술'이라고 표현했다. "겉으로는 일괄 타결이나 포괄적 타결을 선호하는 것처럼 보이지만, 실제로는 살라미 전술을 사용함으로써 언제나 합의에서 합의 이전 원상으로 복귀할 가능성을 보유하려는 행태를 보이곤 한다"고 설명했다. 셋째 요소를 한승주 전 장관은 "작은 양보나 합의는 초기에 실행하고 중요한 상호조치는 뒤로 미루

---

133 한승주, 2017, 90쪽.

어두는 전술"이라고 설명했다.[134]

한승주 전 장관의 이 지적은 그전에도 후에도 한국 정부, 언론 그리고 학계 전반에서 북한의 행태를 설명할 때 일반적으로 자주 언급되는 매우 보편적인 인식 틀이기도 하다. 그런 만큼 이에 대해 다소 언급할 필요를 느낀다. 한승주 전 장관은 이것들을 북한의 '세 가지 특유의 전술'이라고 평했다.[135] 그런데 대부분 외교관이나 협상 전문가들이 과연 그것을 북한 특유의 전술이라고 보는 데에 동의할지는 의문이다. 작은 양보나 합의는 초기에 실행하고 중요한 상호조치는 뒤로 미룬다는 것도 그렇겠지만 특히 '벼랑 끝 전술'이라는 개념은 흔히 군사적 긴장이 동반되는 갈등관계 속에서 국가들이 대개 의존하게 되는 일반적 협상 행태라고 할 수 있다. 국제정치학에서 곧잘 거론되는 '치킨 게임'이라고 하는 게 바로 그것이다. 북한의 벼랑 끝 전술과 미국의 벼랑 끝 전술은 물론 차이가 있다. 북한의 치킨 게임이 '벼랑 끝 버티기'라면 미국의 그것은 압도적인 군사적 압박과 군사력 과시 그리고 IAEA와 같은 국제적 제도와 여러 국가와 국제공조를 동원하는 가운데 상대인 약자를 벼랑 끝으로 밀어붙이는 '벼랑 끝 몰기'형이라고 할 수 있겠다.

북한에도 그들의 협상전략에 관해서 좀더 공정한 표현은 시걸이 지적했듯이 '팃포탯'(tit-for-tat)이 아닐까 생각한다. 북한의 경우에 그것은 "미국이 협력의 몸짓을 보이면 그에 상응해 협력하고 미국이 약속을 폐기하면 보복하는 것"을 뜻했다.[136] '팃포탯'은 우리말로는 '맞대응' 전략 또는 '이에는 이, 눈에는 눈'식의 대응으로 번역된다.

시걸은 북한이 1991년 이후 1994년 5월 이전까지는 한 번도 재처리작업을 하지 않았다는 점을 주목했다. IAEA는 원자로의 운전주기로 볼 때 북한이 1993년 봄에는 원자로에서 연료봉을 제거하는 작업

---

134 한승주, 2017, 91~92쪽.

135 한승주, 2017, 91쪽.

136 Sigal, 1998, p.8.

을 해야 할 시점이라고 판단했지만, 북한은 그 작업을 1994년 5월까지 연기했다. 북한은 물론 IAEA와 사찰 범위를 놓고 갈등했다. IAEA가 미국의 압박을 등에 업고 요구하는 전면사찰에 북한은 저항했다. 그러나 연료봉 제거 작업을 강행하지 않고 북한 나름으로는 최대한 연기했던 것이다. 시걸은 북한이 사찰단이 입회하지 않은 상태에서는 원자로에서 연료봉을 꺼내 재처리를 하지 않는다는 것을 보여주기 위해 노력한 것이라고 해석했다.[137]

시걸에 따르면, 그러한 '부분적 동결'(partial freeze)은 미국이 안전보장과 정치적·경제적 관계정상화를 제공할 경우 북한은 핵무장을 포기할 용의가 있다는 것을 보여주려는 행동이었다. 핵무장을 포기할 용의가 있지만, 아무것도 얻지 않고 벌거벗을 수는 없다는 것이 북한의 입장이었다는 얘기다. 미국의 불가침(不可侵)을 포함한 관계정상화가 북한이 핵무장을 포기하는 대가로 요구하는 조건이었다. 북한의 협상전략은 서로 그러한 본질적인 요구, 미국이 북한에 요구하는 핵무장 포기 그리고 북한이 미국에 요구하는 관계정상화를 주고받는 일괄타결을 내세우고, 그것을 위해 팃포탯 전략으로 맞대응하는 것이었다.[138]

반면에 시걸이 파악한 미국 대북정책의 골격은 최후 순간에 북한과 협상한 것을 제외하고는 기본적으로 외교적인 주고받기(diplomatic give-and-take)를 수용하지 않는다는 것이었다. 미국은 항상 진지한 협상의 전제조건(precondition)을 내세워 북한이 먼저 무언가 행동으로 보여줄 것을 요구했다. 그것은 대개 북한이 먼저 미국이 만족할 만한 수준으로 NPT 체제와 IAEA 요구에 순응하라는 것이었다. 북한이 거부하면 경제적 제재 그리고 공습(空襲)이라는 군사행동까지도 위협하는 것이 미국 외교전략의 특징이었다.[139]

---

137 Sigal, 1998, p.6.
138 Sigal, 1998, p.6.
139 Sigal, 1998, p.7.

시아누크와 김일성.
"저 사람들은 우리에게 셔츠를 벗으라고 합니다. 그다음엔 코트를 벗으라 하고, 또 그다음엔 바지를 벗으라고 합니다. 우리는 차라리 전쟁을 선택할 겁니다. 그들이 전쟁을 결정하면 우리도 전쟁을 받아들이겠다는 겁니다."

　북한이 내세운 일괄타결은 외면상으로만 그러할 뿐 실제는 '살라미 전술'을 구사했다고 한승주 전 장관은 설명했지만, 6월 위기를 넘긴 8월의 북미합의와 10월의 제네바합의의 본질은 일괄타결이었다. 역지사지하여 북한 측 견지에서 미국과 IAEA 그리고 한국 정부의 태도를 어떻게 인식했는지 볼 필요도 있다. 오버도퍼가 인용한 김일성의 당시 발언이 생각할 거리를 던져준다. 그 무렵 김일성은 캄보디아 국가수반으로 북한을 방문한 노로돔 시아누크(Norodom Sihanouk, 1922~2012)에게 북한이 처한 상황을 다음과 같이 비유했다고 한다. "저 사람들은 우리에게 셔츠를 벗으라고 합니다. 그다음엔 코트를 벗으라 하고, 또 그다음엔 바지를 벗으라고 합니다. 마침내 우리는 벌거벗은 꼴이 됩니다. 완전한 벌거숭이가 되는 거지요. 그들이 원하는 것은 자신을 지킬 비밀이 없는 인간입니다. 우리는 그것까지는 받아들일 수 없습니다. 우리는 차라리 전쟁을 선택할 겁니다. 그들이 전쟁을 결정하면 우리도 전쟁을 받아들이겠다는 겁니다."[140]

140　Oberdorfer, 1997, p.311.

안기부와 대통령이 주도한 한국의 대북 강경론은 미국 내부의 강경론을 지원하는 태도를 보임으로써 한반도 전쟁 촉발 위험을 내재한 미국의 군사적 압박을 옆에서 부추기는 효과를 낳았다. 그러나 한국과 일본 정부는 전쟁 위기가 현실화되는 것처럼 보이는 마지막 순간에 미국의 군사적 행동을 말리고 나선다. 중국이 북한을 압박하고 미국을 견제하는 행동을 동시적으로 병행하는 양면 외교를 펼쳤다면 한국과 일본은 시간적 선후로 양면성을 드러낸 것이라 할 수 있었다. 또위기가 가라앉고 얼마 뒤 김일성이 사망한 일을 계기로 한국에서는 한바탕 공안정국이 휩쓸고 갔다. 이후 김영삼 정부는 또다시 북미협상을 비판하는 데 몰두했다.

2) 위기의 심각성을 뒤늦게 깨달은 청와대

클린턴 행정부가 강경파들 주도하에 한반도 전쟁계획을 세우고 추진하려 할 때 미국 정부 안에서는 이미 지적한 바와 같이 국방장관 페리를 중심으로 한 강경파와 크리스토퍼 국무장관을 중심으로 한 온건 협상파 사이에 갈등과 긴장이 있었다. 김영삼 정부는 대체로 미국의 강경파와 보조를 맞추는 쪽이었다.[141] 당시 한국의 대북 핵 외교가 미국 내 강경파와 공동보조를 취했다는 사실은 1994년 5월 말에서 6월 초에 이르는 시기 한미 간 북핵정책 조율을 담당한 김삼훈 핵담당 대사의 행보가 대변한다. 우선 이 무렵 한국 정부의 기본 견지는 북미 간 고위급회담이 진행될 가능성에 대비해 이 회담이 북한이 원하는 일괄타결 방식으로 진행되는 것을 반대한다는 태도였다. 한국은 이러한 견해를 여러 가지 방식으로 미국에 전달했다. 미국과 의견을 조정하려고 미국에 갔다가 5월 26일 귀국한 김삼훈 대사는 3단계 북미회담의 목표는 북한 핵문제를 완전히 해결하는 데 있다고 강조했다. 이 회담으로 미국은 북한의 NPT 완전복귀, 미신고 시설에 대한 특별사

---

141 이삼성, 「제4장: 1994년 5월 핵연료봉 논쟁과 전쟁불사론」, 1994 참조할 것.

찰, 5메가와트 원자로 핵연료봉 교체에 대해 IAEA가 요구하는 완전 사찰 등을 북한에 요구해 관철시키는 데 목적을 둔다고 했다. 그 대가로 미국은 북미관계 개선과 경제지원 문제를 포괄적으로 논의할 수 있다고 김삼훈 대사는 밝혔다.

여기서 중요한 점은 미국이 북미관계 개선을 포함한 반대급부를 고려할 수 있지만, 북한이 요구하듯이 서로 요구사항을 동시에 맞바꾸는 일괄타결은 안 된다는 것이 한미 양국의 기본 입장이라고 김삼훈 대사가 밝힌 것이다.[142] 또 북한이 일괄타결로 해결을 요구하는 북미관계 문제는 핵문제뿐만 아니라 북한의 미사일, 인권, 테러 문제 등이 함께 연관되어 있기 때문에 본격적인 관계개선 문제는 북미회담에 이어 별도 정치협상으로 미루어질 가능성이 점쳐졌다. 그래서 『동아일보』 5월 28일자 3면의 중심기사 중간 헤드라인은 "특별사찰-관계개선 일괄타결 반대"였다. 그리고 이것이 북미회담에 대한 한국 정부의 기본 입장이라고 김삼훈 대사가 밝힌 대목이었다. 이것은 한국 정부가 북한의 일괄타결 요구를 거부하는 미국 내 강경기류에 동조하는 노선을 기본으로 했음을 확인해준 것이다.[143]

그런데 문제는 김영삼 정부가 자신이 지지하는 미국 강경파가 주도한 일괄타결 반대로 북한과 대치가 지속되고, 이를 명분으로 미국 강경파가 수립하고 추진한 한반도 전쟁계획이 실행 일보 직전까지 진행되는 동안 그 전쟁 계획과 실행 움직임을 전혀 파악하지 못했다는 것이다. 이 사실은 당시 박관용 대통령 비서실장이 2003년 한 방송에서 증언함으로써 일반에 알려지게 되었다. 2003년 7월 9일 KBS 1 라디오와 인터뷰에서 박관용 전 비서실장은 국회의장 신분으로 1994년 6월의 일을 증언했다. 그에 따르면, 한국 정부는 미국의 전쟁 계획을 지극히 우연한 경로로 알게 되었다. 당시 정종욱 외교안보수석이 한

---

142 『동아일보』, 1994. 5. 28; 이삼성, 1994, 177~178쪽.

143 이삼성, 1994, 178쪽.

국에 거주하는 미국민 소개(疏開) 계획을 미8군 인사와 대화하다가 우연히 듣게 된 것이다. 정종욱 수석의 보고를 들은 김영삼 대통령은 미국 백악관에 전화를 걸어 항의했다.

결국 더욱 심각한 문제는 "한반도 전쟁이라는 극단적인 사태를 몰고 올 사안조차 미국이 한국 정부와 일언반구 협의나 통보도 없이 진행했다는 사실"이라고, 대통령 비서실장으로서 당시 김영삼 대통령이 백악관에 전화하는 현장에 있었다는 박관용 자신이 직접 증언했다.[144]

당시 한국의 외교정책 담당자들이 이 문제를 어떻게 인식했는지는 한승주 외무장관이 2017년 펴낸 회고록에서 그 편린을 엿볼 수 있다. 한승주 장관은 우선 1994년 6월의 전쟁 위기가 얼마나 심각한 일이었는지에 두 가지 다른 견해가 있었다고 지적했다. 한편으로는 한반도 전쟁 가능성을 심각하게 보면서 "미국이 한국과 충분한 협의 없이 한반도를 전쟁 위기로 몰아갔다"라고 비판하는 시각이 있었지만, 다른 한편에 존재했던 시각을 한승주 전 장관은 이렇게 정리했다. "그렇게 전쟁 직전까지 가는 위기는 아니었다. 이미 북핵문제 해결에 일정한 로드맵을 갖고 있었고, 한미 양국이 제재와 협상의 두 국면을 동시에 추진하는 것이었기 때문에 미국의 군사훈련이나 민간인 소개(疏開) 훈련 등을 너무 확대해석해서는 안 된다."[145]

한승주 전 장관 본인 판단은 후자에 가까운 쪽이었다. 그는 이렇게 말했다. "나의 결론은 다음과 같은 것이다. 그 당시에 컨틴전시 플랜(긴급사태 대책)이라는 것이 있었는데, 그것은 페리의 말에 따르면 '내 책상 서랍에는 있었지만, 대통령에게 보고한 것도 아니고 그것을 책상 위에 꺼내놓은 것도 아니다'라고 표현할 수 있는 것이

---

144 한국방송공사(KBS) 1라디오 박관용 국회의장(2003년 당시) 인터뷰, 2003년 9월 7일; 이삼성, 「한미동맹의 유연화(柔然化)를 위한 제언」, 『국가전략』 제9권 제3호(통권 제25호, 2003, 가을), 14쪽.

145 한승주, 2017, 103~104쪽.

었다. 미국의 외교안보 당사자들도 하나같이 미국 정부가 북한을 공격하기로 방침을 정하는 단계까지는 간 일이 없고, 실제로 클린턴 대통령에게는 보고도 되지 않은 상태였다고 강조한다. 무엇보다도 그러한 계획을 한국의 동의 없이 강행하는 것은 있을 수 없는 일이라는 것이다."[146]

한승주 전 장관의 설명에서 눈에 띄는 것은 6월 15일경 국방장관 페리가 합참의장과 함께 검토하고 6월 16일 백악관 캐비닛 룸에서 클린턴 대통령을 포함한 미국 정부 최고 정책결정자들이 모인 자리에서 논의된 미 군사력의 한반도 증파와 전쟁 계획을 '페리의 서랍에 머물러 있던 군사훈련과 소개훈련' 계획 정도로 정의했다는 점이다. 앞서 언급했듯이 페리는 1998년 김대중 대통령과 면담할 때 1994년 전쟁을 계획한 사실을 털어놓았다.[147] 또 페리 국방과 샐리캐슈빌리 합참의장이 럭 주한미군 사령관에게 그 전쟁계획을 통보했고 럭은 레이니와 함께 심각한 분위기에서 회의를 했다.

당시 한국 외교안보의 책임자들로서는 한국과 사전에 충분한 협의도 하지 않고 미국 국방장관과 합참의장이 주한미군 사령관에게 통보한 전쟁계획 그리고 주한미군 사령관과 주한 미국대사가 그 계획 실행의 전제로 급박하게 한국 거주 미국인들의 소개 작전을 협의한 사실이 내포한 충격적인 요소를 해명할 필요를 느낄 수밖에 없다. 그런데 주요 인사들의 해명 방식은 서로 다를 수 있다. 박관용 전 비서실장은 그 사실을 직시하고 다시는 그런 상황이 재연되어서는 안 된다는 인식에서 출발한 것으로 느껴진다. 한편 한승주 전 외무장관은 그 상황의 심각성을 부인하는 방식으로 문제를 해명하려 한 것으로 해석할 수 있다. 한국 외교가 한승주 전 장관도 인지했던 '미국의 군사적 과잉 반응'의 가능성을 충분히 경계하는 가운데 우리 대미외교가 좀더 쌍방향적이었다

---

146 한승주, 2017, 104~105쪽.
147 Cable, Amembassy Seoul 6928 to Secretary of State, December 8, 1998, *op.cit.*

면 과연 그러한 정보 부재 상황이 초래되었을지도 돌이켜볼 필요가 있다. 많은 국민이 무엇이 어디에서 부족했는지에 대한 좀더 진지한 성찰과 설명이 있어야 하는 것은 아닌가 하고 생각하지 않을까.

3) 위기 진정 후 한국: 김일성 사망과 김영삼 정부

1994년 7월 8일 북한 주석 김일성이 사망한 이후 북한 핵문제에 대한 대응에서 미국과 한국은 상당히 다른 행로를 걸었다. 미 클린턴 행정부는 김일성 주석이 사망했음에도 대북협상기조를 유지했다. 클린턴 대통령은 그의 사망에 공식적인 애도를 표명했다. 미 국무부는 김정일 체제가 김일성 주석의 대미협상 외교노선을 지속할 것으로 보고, 대북 회담을 차분히 준비했다. 미국은 김일성 주석 사망이 북한의 개혁과 개방을 촉진하는 계기가 될 것이라는 기대를 내비치기도 했다.[148]

반면에 한국에서는 김일성 주석 사망을 보수 언론과 김영삼 정부 청와대 주도하에 김일성과 북한 지도부의 역사적 죄과를 단죄하는 계기로 활용했다. 김일성 주석 장례식에 조문할지를 둘러싼 조문 논쟁을 기화로 조문을 주장한 이부영 의원 등에 대한 정치 공세가 전개되었다. 한국전쟁이 이 사회에 남긴 역사적 상처와 유산이 그만큼 깊었다는 것을 말해주는 대목이기도 하다.

한국 외무부는 언론과 정부 내 강경론자들의 독촉을 받는 가운데 러시아 정부와 한 약속을 깨고 한국전쟁 발발 과정에서 김일성과 스탈린, 마오쩌둥 사이에 오고 간 외교문서들을 공개했다. 뒤이어 대학가의 이른바 주사파 세력에 대한 대대적 공격을 비롯한 공안정국이 시작되었다. 국가안전기획부는 탈북인 강명도가 북한이 이미 핵폭탄을 5개 보유하고 있다고 주장하는 회견을 대대적으로 하게 했다.[149]

---

148 이삼성, 1994, 191쪽.
149 이삼성, 1994, 191~192쪽.

13. 1994년 8월 북미 공동성명과 10월 제네바합의: '일괄타결'

1994년 6월 중순을 넘어가면서 대북 강경 제재론을 포기하고 온건협상 국면에 들어선 미국 정부는 김일성 주석 사후 한국 안의 감정적·비이성적 대북 논의와 공안정국에 비판적 시선을 보냈다. 미국과 북한은 실용적 협상 자세를 유지했다. 이런 기조 아래 북미회담을 진행해 양국은 8월 12일 결국 역사적 합의에 도달했다. 8월 13일 북미 양국이 발표한 공동성명의 핵심 내용은 네 가지였다.[150]

> 첫째, 북한은 흑연감속로들을 동결하는 대신 미국은 경수로 발전소들을 북한에 제공한다. 좀더 구체적으로 미국은 가능한 한 이른 시일 안에 200만 킬로와트(2,000메가와트) 발전 능력을 갖춘 경수로 발전소를 북한에 제공한다.
>
> 둘째, 미국은 경수로 건설을 완성해 북한에 제공하기 전까지 북한의 전력 생산 차질을 보상할 대용 에너지를 북한에 제공한다. 대용 에너지 제공에 대한 미국의 보장을 받는 대가로 북한은 5만 킬로와트(50메가와트)와 20만 킬로와트(200메가와트) 발전 능력을 갖춘 흑연감속로들의 건설을 동결하고, 재처리하지 않으며, 방사화학실험실을 봉인하고 IAEA의 감시 밑에 둔다.
>
> 셋째, 북한과 미국은 정치·경제관계를 완전히 정상화하기 위한 조처로서 각기 상대 수도에 외교대표부를 설치하고 무역·투자 장벽을 완화한다.
>
> 넷째, 한반도 비핵화와 평화, 안전을 이룩하도록 미국은 북한에 핵무기를 사용하거나 핵무기로 위협하지 않는다는 보장을 제공할 용의를 표명했다.

이것은 기본적으로 북한이 일관되게 요구해온 '일괄타결' 방식에

---

150 이삼성, 1994, 192~193쪽.

따른 평화적 해법이 결실을 본 것이었다. 미국은 북한 핵 프로그램의 군사적 전용 의혹을 키울 수 있는 흑연감속로 방식을 북한이 포기하게 하는 대신 군사적 이용에 적합하지 않은 경수로 발전소를 건설해 제공하는 부담을 떠안았다. 외교관계정상화와 경제제재 완화를 약속하고, 또 북한이 내내 요구해온 대북 핵위협 배제를 보장했다.

한승주 당시 외무장관은 최근 펴낸 회고록에서 제네바합의라는 결과에 다른 해석을 제시했다. 그는 "여하간 북한이 군사적으로 미국의 압력을 받고 외교적으로 중국의 회유를 받아 카터의 북한 방문을 시작으로 핵문제 해결을 향한 발걸음을 내딛기 시작한 것은 사실"이라고 설명했다.[151] 이 말을 들으면 북한이 외부 압력을 받아 굴복한 것으로 비쳐질 수 있겠다. 그러나 이 합의의 근본적 특징은 북한도 양보했지만 미국도 내용에서뿐 아니라 '일괄타결' 내지 포괄적 협상에 따른 타결이라는 점에서 북한의 핵심 요구사항을 수용한 것이었다.

북한이 내용에서 양보한 점들이 있는 것은 미국이 북한이 요구한 일괄타결 해법을 수용한 데 대한 북한 나름의 보상이라고 할 수 있었다. 북한은 미국을 그러한 일괄타결로 이끌어내기 위한 나름의 매력적인 제안을 4월 15일 김일성 발언에서 그리고 6월 3일 강석주 발언에서 이미 제시했다. 미국 강경파들은 IAEA와 함께 북한이 내내 거부한 특별사찰 또는 완전사찰의 우선 관철을 내세우며 군사적 압박과 나아가 전쟁계획 내지 그 위협에 의존했다. 이들의 전쟁 불사 노선은 카터 방북과 중국의 양면 외교 같은 변수들에 의해 힘을 잃었고, 결국 북한이 제시한 일괄타결의 틀에 클린턴 행정부가 합의한 것이었다.

미국은 북한이 먼저 특별사찰을 포함한 완전사찰을 받아 핵무기 개발 의혹을 스스로 벗어내야만 북한에 대한 외교관계정상화와 군사적 위협 해소라는 보상을 제공하거나 검토할 수 있다는 기본 입장을 포기하고 동시적인 상호보장과 상호행동이라는 원칙을 수용했다. 그런

---

151 한승주, 2017, 105쪽.

의미에서 제네바합의는 이후 북한 핵문제를 둘러싼 합의 가능한 평화적 해법이 무엇이냐에 대해 대단히 중요한 역사적 선례와 교훈을 남겼다. 동시적인 상호행동과 보장의 상호교환이라는 포괄적 해법만이 북한의 참여를 이끌어낼 수 있다는 것이다.

일괄타결의 틀을 담아 8월 13일 발표된 북미 공동성명은 10월 17일 제네바에서 '합의틀'(Agreed Framework)이라는 이름의 협정으로 정식 타결되고, 10월 21일 양국이 서명하기에 이르렀다. 그 내용은 다음과 같다.

* * *

합의문 전문

조선민주주의인민공화국 대표단과 미합중국 정부 대표단은 1994년 9월 23일부터 10월 17일까지 제네바에서 한반도 핵문제의 전면적 해결을 위한 협상을 진행했다. 쌍방은 비핵화된 한반도의 평화와 안전을 확보하려면 1994년 8월 12일 미합중국과 조선민주주의인민공화국 간의 합의 발표문에 포함된 목표의 달성과 1993년 6월 11일 미국과 북한 간 공동발표문상의 원칙 준수가 중요함을 재확인했다. 쌍방은 핵문제를 해결하기 위해 다음과 같은 조치들을 취하기로 결정했다.

I. 쌍방은 조선민주주의인민공화국의 흑연 감속로와 관련 시설들을 경수로 발전소들로 교체하기 위하여 협조한다.[152]

1) 미합중국은 1994년 10월 20일부 미합중국 대통령의 담보서한에 따라 2003년까지 총 2,000메가와트(200만 킬로와트) 발전 능력의 경수로들을 조선민주주의인민공화국에 제공하기 위한 조치들을 책임

---

152 Both sides will cooperate to replace the DPRK's graphite-moderated reactors and related facilities with light-water(LWR) power plants.

지고 취한다.[153]

O 미합중국은 경수로의 재정조달과 공급을 담당할 국제컨소시엄을 구성한다. 이 국제컨소시엄을 대표하는 미합중국은 경수로 제공사업에서 조선민주주의인민공화국의 기본 상대자로 된다.[154]

O 미합중국은 국제컨소시엄을 대표하여 이 합의문이 서명된 날부터 6개월 안에 조선민주주의인민공화국 경수로 공급계약을 체결하기 위하여 최선을 다한다.

O 조선민주주의인민공화국과 미합중국은 필요에 따라 핵에너지의 평화적 이용 분야에서 쌍무적 협조를 위한 협정을 체결한다.

2) 미합중국은 1994년 10월 20일부 대체에너지 보장에 대한 미합중국 담보서한에 따라 국제컨소시엄을 대표하여 1호 경수로발전소가 완공될 때까지 조선민주주의인민공화국 흑연감속로와 관련 시설들의 동결에 따른 에너지 손실을 보상하기 위한 조치들을 취한다.[155]

O 대체에너지는 난방과 전력 생산을 위해 중유로 제공한다.

O 중유 납입은 이 합의문이 서명된 날부터 3개월 안에 시작하며 납입량은 합의된 공급일정에 따라 연간 50만 톤 규모까지 공급된다.[156]

---

153 In accordance with the October 20, 1994, letter of assurance from the U.S. president, the U.S. will undertake to make arrangements for the provision to the DPRK of a light-water project with a total generating capacity of approximately 2,000 MW(e) by a target date of 2003.

154 The U.S. will organize under its leadership an international consortium to finance and supply the light-water reactors to be provided to the DPRK. The U.S., representing the international consortium, will serve as the principal point of contact with the DPRK for the project.

155 In accordance with the October 20, 1994, letter of assurance concerning interim energy alternatives, the U.S., representing the consortium, will make arrangements to offset the energy forgone due to the freeze of the DPRK's graphite-moderated reactors, pending completion of the first LWR unit.

156 Deliveries of heavy oil will begin within three months of the date(will reach a

3) 경수로 제공과 대체에너지 보장서한을 접수한 즉시 조선민주주의인민공화국은 흑연감속로 관련 시설들을 동결하고 궁극적으로 해체한다.[157]

○ 조선민주주의인민공화국의 흑연감속로와 연관시설들에 대한 동결은 이 합의문이 서명된 날부터 1개월 안에 완전히 이행된다. 동 1개월간과 그 이후 동결 기간에 조선민주주의인민공화국은 IAEA(국제원자력기구)가 동결상태를 감시하도록 허용하며 이를 위해 IAEA에 전적인 협조를 제공한다.

○ 경수로 대상(代償)이 완전히 실현되는 때에 조선민주주의인민공화국의 흑연감속로와 관련 시설들은 완전히 해체된다.[158]

○ 미합중국과 조선민주주의인민공화국은 경수로 건설기간에 5MW 시험원자로에서 나온 폐연료봉을 안전하게 보관하고, 조선민주주의인민공화국에서 재처리를 하지 않고 다른 안전한 방법으로 폐연료봉을 처분하기 위한 방도를 강구하려고 협조한다.

4) 미합중국과 조선민주주의인민공화국은 이 합의문이 서명된 후 될수록 빠른 시일 안에 두 종류의 전문가협상을 진행한다.

○ 한 전문가협상에서는 대체에너지와 관련한 연관 문제들과 흑연감속로 계획을 경수로로 교체하는 데서 제기되는 관련 문제들을 토의한다.

○ 다른 전문가협상에서는 폐연료봉의 보관과 최종 처분을 위한 구체적 조치들을 토의한다.

---

rate of 500,000 tons annually in accordance with an agreed schedule of delivery)

157 Upon receipt of U.S. assurances for the provision of light-water reactors and alternatives, the DPRK will freeze its graphite-moderated reactors and related facilities and will eventually dismantle these reactors and related facilities.

158 Dismantlement of the DPRK's graphite-moderated reactors and related facilities will be completed when the LWR project is completed.

Ⅱ. 쌍방은 정치·경제관계를 완전히 정상화하는 데로 나아간다.[159]

1) 쌍방은 이 합의문이 서명된 후 3개월 안에 통신 및 금융결제에 대한 제한을 포함하여 무역·투자제한을 완화해나간다.[160]

2) 쌍방은 전문가협상(expert-level discussions)에서 영사와 기타 실무적 문제들이 해결되는 데 따라 서로 상대방 수도에 연락사무소(liaison office)들을 개설한다.

3) 미합중국과 조선민주주의인민공화국은 상호관심사로 되는 문제들의 해결에서 진전이 이루어지는 데 따라 쌍무관계를 대사급으로 승격한다.[161]

Ⅲ. 쌍방은 한반도의 비핵화, 평화와 안전을 위해 공동으로 노력한다.[162]

1) 미합중국은 조선민주주의인민공화국에 핵무기를 사용하지 않으며 핵무기로 위협하지도 않는다는 공식보장을 제공한다.[163]

2) 조선민주주의인민공화국은 '한반도비핵화공동선언'(North-South Joint Declaration on the Denuclearization of the Korean Peninsula)을 이행하기 위한 조치들을 일관성 있게 취한다.

3) 조선민주주의인민공화국은 이 합의문으로 대화를 도모하는 분위기가 조성되는 데 따라 남북대화를 진행할 것이다.

---

159 The two sides will move toward full normalization of political and economic relations.

160 Within three months of the date of this document, both sides will reduce barriers to trade and investment, including restrictions on telecommunications services and financial transactions.

161 As progress is made on issues of concern to each side, the U.S. and the DPRK will upgrade bilateral relations to ambassadorial level.

162 Both sides will work together for peace and security on a nuclear-free Korean Peninsula.

163 The U.S. will provide formal assurance to the DPRK against the threat or use of nuclear weapons by the U.S.

Ⅳ. 쌍방은 국제 핵전파 방지체계(the international nuclear nonproliferation regime)를 강화하기 위하여 공동으로 노력한다.

1) 조선민주주의인민공화국은 NPT(핵확산금지조약) 당사국으로 남아 동 조약의 안전조치협정(safeguards agreement under the treaty) 이행을 준수한다.

2) 경수로 제공 계약이 체결되면, 동결되지 않은 시설들에 대한 조선민주주의인민공화국과 국제원자력기구 사이의 안전조치협정에 따르는 임시·일반사찰(ad hoc and routine inspections)이 재개된다. 계약이 체결될 때까지는 동결되지 않은 시설들에 대한 안전조치의 연속성(continuity of safeguards)을 위해 국제원자력기구의 사찰이 계속된다.

3) 경수로 사업의 상당한 부분이 완료된 다음 그리고 주요 핵 관련 부품들이 납입되기 전에, 조선민주주의인민공화국은 국제원자력기구와 조선민주주의인민공화국 내 핵물질에 관한 최초 보고서의 정확성과 완전성을 검증하는 것과 관련하여 IAEA와 협의를 거쳐 IAEA가 필요하다고 판단하는 모든 조치를 취하는 것을 포함하여 IAEA 안전조치협정을 완전히 이행한다.[164]

미합중국대표단 단장 미합중국 순회대사 로버트 L. 갈루치

조선민주주의인민공화국대표단 단장 조선민주주의인민공화국 외교부 제1부부장 강석주

1994년 10월 21일 제네바

* * *

---

[164] When a significant portion of the LWR project is completed, but before delivery of key nuclear components, the DPRK will come into full compliance with its safeguards agreement with the IAEA, including taking all steps that may be deemed necessary by the IAEA, following consultation with the agency with regard to verifying the accuracy and completeness of the DPRK's initial report on all nuclear material in the DPRK.

북한의 핵무기 개발 시점과 의도에 대해 근본주의적(fundamentalist) 시각을 취하는 사람들은 북한이 어떤 합의도 깨뜨리거나 위반할 예정이었으며, 따라서 제네바합의는 애당초 잘못된 합의라고 주장한다. 그러나 앞서 소개한 레이니 전 주한 미국대사는 2002년 부시 행정부가 이 합의를 실질적으로 파기하기에 이르기까지 제네바합의가 수행한 긍정적 역할을 상기시킨 바 있다. 그에 따르면 다른 무엇보다도 제네바합의가 1994년 여름 한반도 전쟁 위기를 평화적으로 수습하는 역할을 했다는 것 자체가 지극히 중요한 의의가 있었다.

레이니는 제네바합의 덕분에 한반도가 전쟁 위기를 넘겼고, 2002년에 이르기까지 8년간 한국, 중국 일본이 모두 안정과 번영을 누릴 수 있었다고 지적했다. 1994년 한국의 국민총생산(GDP)은 323조 원이었는데, 그 평화 덕분에 1997년에 벌어진 금융위기에도 한국은 544조 원에 이르는 국민총생산을 기록하기에 이른다. 레이니는 중국 또한 이 기간에 폭발적인 경제 성장을 이룩해서 동아시아 다른 국가들의 동반 성장도 추동할 수 있었다고 보았다(Laney and Shaplen, 2003). 만일 한반도에서 전쟁이 벌어졌다면 가능하지 않았던 일이라는 얘기다.

또 제네바합의는 전쟁을 피하면서도 북한의 핵 프로그램이 군사적 이용 쪽으로 노골적으로 본격화되는 것을 막았다. 플루토늄을 이용한 핵무기 프로그램은 사찰의 제도화로 더는 진전될 수 없게끔 봉인되었고, 고농축우라늄을 이용한 핵무기 프로그램을 비밀리에 추진할 의도가 있었다 하더라도 적어도 미국이 공식적으로 이를 폐기하기 전까지는 지극히 제한된 수준으로밖에는 진행될 수 없었을 것이다.

무엇보다 우리가 인식해야 할 점은 미국과 한국이 제네바합의를 이행하려고 노력하여 북한과 합의에 대한 한미 양국의 공약의 신뢰성을 쌓았다면 북한이 애당초 국제사회의 제재와 또 다른 전쟁 위기를 무릅쓰면서 군사적 핵 프로그램에 집착할 필요성을 느끼지 못했을 것이라는 사실이다.

또 북한이 경수로를 완성해서 에너지난을 극복하고 에너지 자립에 더 가까이 갔다면 북한의 경제발전이 촉진되고 남북 간 경제 교류와 협력이 제도화되면서 남북한 경제적 상호의존이 심화되는 가운데 한반도 경제공동체의 기반이 구축될 수 있었다. 그것은 한반도의 평화적 통합으로 가는 지름길인 동시에 북한의 경제와 사회의 개방성을 확장해 북한 인권문제를 궁극적으로 해결하는 기반을 닦게 되었을 것이었다.

14. 공화당 보수혁명과 함께 시작된 제네바합의의 시련

제네바합의가 서명된 1994년 10월 21일부터 보름 뒤인 11월 초에 미국에서 중간선거가 실시되었다. 이 선거 결과는 미국 정치의 중대한 역사적 전환점의 하나가 되었다. 뉴트 깅그리치(Newt Gingrich)가 주도한 이른바 '공화당 혁명'(Republican Revolution)이 일어난 것이다. 이 선거 결과를 놓고 『뉴스위크』는 '미국은 러시 림보(Rush Limbaugh)를 선택'했으며,[165] '그 선택은 전국적·심층적'이었고, '민주당에 대한 거부는 총체적'이었다고 평했다. 기존 공화당 의원은 한 명도 빠짐없이 재선에 성공한 가운데 공화당은 1954년 이래 40년 만에 처음으로 상하 양원을 장악하는 데 성공했다. 그뿐만 아니라 주지사 선거와 주 의회 선거에서도 돌풍을 일으키며 휩쓸었다. 연방의회 상원은 공화당 대 민주당 의원 비율이 44 대 56에서 53 대 47로 역전

---

165 림보는 특히 1990년대 초 시점에서부터 미국의 보수적 백인 남성들의 우상으로 떠오른 라디오 대담프로의 호스트였고, 미국에서 가장 높은 애청자를 거느려왔다. 2011년에도 매주 누적 청취자 수가 1,500만 명으로 1위를 기록했다. 2위를 기록한 해니티는 매주 누적 청취자가 1,400만 명이었는데, 그 역시 보수적인 정치평론가다. *Talkers Magazine*, "The Top Talk Radio Audiences," 2011(http://www.talkers.com). 림보의 토크쇼 주제는 세금을 많이 거두어 사회적 약자들을 위해 써야 한다는 리버럴리즘과 '큰 정부'(big government)를 비판하는 말 폭탄을 쏟아내는 것이었다. 미국의 안전을 위해 '불량국가'들과 외교적 협상을 벌인다는 것은 그에게 둘도 없는 조롱거리였고 유일한 대책은 미국의 군사력을 강화하는 것뿐이었다.

되었고, 하원은 178 대 256에서 227 대 199로 역시 역전되었다. 주지사 선거 결과도 20 대 29에서 30 대 17로 역전되었다.[166] 이 공화당 혁명을 주도한 깅그리치는 새 의회의 하원의장이 된다.

이 공화당 혁명이 내건 슬로건은 깅그리치가 주도한 가운데 선거에 나선 모든 공화당 후보들이 서명한 이른바 '미국과 계약'이었다. 이것은 두 부분으로 구성되어 있었다. 하나는 하원의 규칙과 운영방식을 바꾸는 8개 약속이었다. 더 핵심적인 다른 하나는 새 의회 출범 100일 이내에 10개 법안을 하원 표결에 부친다는 것이었다.[167]

공화당이 약속한 그 10개 법안 가운데는 '국가미사일방어(National Missile Defense: NMD)에 대한 공약'이 들어 있었다. 그리고 하원의장 깅그리치를 포함한 상하 양원의 공화당 의원들은 모두 국가미사일방어 구축을 공화당의 핵심 정치 어젠다로 삼아 '일관성 있고 집요하게 추구'했다. 그리고 마침내 결실을 보게 된다. 1999년 의회를 통과한 '국가미사일방어법'(National Missile Defense Act of 1999)이 그것이다.[168]

여기서 중요한 것은 미국 보수 정치세력에 제네바합의와 국가미사일방어는 긴밀하게 연관된 의제였다는 점이다. 북한과 합의를 존중한다는 것은 핵확산 위험에서 미국을 지킬 수 있는 평화적 해법이 있음을 인정하는 것이었고, 그런 만큼 천문학적 액수의 미국민 세금을 쏟아 부어야 할 국가미사일방어 구축에 대한 정치적 기반은 약화되는 것이었다. 불량국가의 핵위협은 과장되어야 하고 그것을 미국에 대한 '현존하고 임박한 위험'으로 규정해야만 했으며 그 위협에 대해서는 불량국가들과 협상이 아니라 더 많은 군사적 압박과 함께 미국 본토 전체를 보호할 국가미사일방어가 필수적인 것으로 인식되어야 했다.

---

166 Howard Fineman, "Revenge of the Right," *Newsweek*, November 20, 1994(http://www.newsweek.com).

167 Republican Contract with America(http://www.house.gov/house/Contract).

168 Greg Thielmann, "The National Missile Defense Act of 1999," *Arms Control Today*, July 2, 2009.

시린시온이 지적했듯이 공화당이 양원을 장악한 미 의회가 1995년 1월 출범하면서 공화당은 핵심 위원회들을 장악했고, 이 힘을 바탕으로 국가미사일방어를 핵심 의제로 밀어붙이는 동시에 북한과 이룬 제네바합의의 이행을 막아섰다.[169]

그 결과는 북한이 마침내 미국을 위협하는 ICBM을 연거푸 쏘아올린 후인 2017년 8월 시점에서 영국 매체 『인디펜던트』가 제네바합의가 실패한 이유를 논하면서 지적한 미국의 합의 불이행 목록으로 귀결되었다. 이 영국 언론이 지적한 미국의 주요한 불이행 사항들을 미국 군비통제협회의 '팩트 시트'(fact sheet)로 보완해 정리하면 다음과 같다.

1) 제네바합의의 이행을 관리하는 미국 측 관리들은 1998년 미 의회에서 북한은 "제네바합의를 어떤 측면에서도 근본적으로 위반한 것이 없다"(no fundamental violation of any aspect of the framework agreement)고 증언했다.

반면에 미국은 약속을 제대로 이행한 것이 없다. 2003년까지 경수로형 원자력 발전소 두 기를 건설해주기로 약속했지만, 이 발전소들은 끝내 건설되지 않았다. 공화당이 장악한 미 의회는 경수로 발전소 건설비용을 클린턴 행정부가 애당초 지나치게 낮게 예상했다는 등의 불평을 앞세우며 그 약속의 이행을 방해했다. 특히 공화당원들은 제네바합의가 불량국가의 불량한 행동을 보상한다면서 제네바합의 자체를 인정하려 들지 않았다.

경수로 발전소 건설을 담당할 한반도에너지개발기구(Korean Peninsula Energy Development Organization: KEDO)를 미국과 한국, 일본이 몇몇 다른 나라와 함께 설립한 때는 1995년 3월 9일이다. 1,000메가와트급 경수로 두 기를 건설해주기 위한 이 사

---

169 Greg Thielmann, "The National Missile Defense Act of 1999," *Arms Control Today*, July 2, 2009.

업은 미국 의회의 방해로 미국이 사실상 발을 빼게 된다. KEDO는 경수로 건설의 재정과 공급 책임을 주로 한국과 일본에 떠넘긴 상태였고, 그로써 제대로 진척될 수 없었다.[170]

1994년 시점에서 경수로 건설에 소요될 비용 예상액은 46억 달러였다. 그러나 55~60억 달러로 늘어날 것이라는 평가도 제기되었다. 이 비용 부담 문제가 KEDO에서 해결된 것은 1998년 11월 9일이다. 김대중 정권이 햇볕정책을 추진하면서 비로소 해결의 실마리가 풀리기 시작한 것이다. 한국은 33.2억 달러를 부담하기로 했고, 일본은 10억 달러 그리고 유럽연합은 7,600만 달러를 내기로 했다.[171]

오랜 지체 끝에 북한 금호리에서 기공식을 하게 된 것은 김대중 정부 시절인 2001년 8월이다. 경수로를 건설하기 위한 콘크리트 타설 작업이 처음 시작된 것은 그로부터 1년 후인 2002년 8월이다. 그해 10월 부시 행정부가 제네바합의 파기를 선언했고, 2003년 12월 1일 KEDO 사업은 공식적으로 중단된다.[172]

2) 경수로 발전소들을 완성하기까지 북한의 전력난을 해소하기 위해 미국이 약속한 매년 50만 톤 중유 제공도 제때 이루어진 일이 거의 없었다. 국무차관보 러스트 데밍(Rust Deming)은 의회에서 "솔직히 우리는 중유 제공 일정을 잘 맞추지 못했다"고 증언했다. 갈루치도 "우리가 약속한 것을 하지 않으면 이 합의는 실패할 것"이라고 경고하곤 했다. 그만큼 북한 측이 합의를 이행하는 것에 비해 미국 측 약속 이행은 제대로 되지 않았다는 것을 실토한 것이었다.

---

170 Kesley Davenport, "The U.S.-North Korean Agreed Framework at a Glance," Arms Control Association, August 2017(https://www.armscontrol.org).

171 Niksch, "North Korea's Nuclear Weapons Program," 2002, pp.7~8.

172 Davenport, August 2017.

3) 경제제재와 테러지원국 명단 제외 등도 약속했지만, 북한이 원하는 폭넓은 해제가 이루어진 것은 제네바합의 후 6년이 지난 2000년이다. 테러지원국 명단에서 북한이 제외된 것은 합의 후 14년이 지난 2008년이다.

제네바합의에 따라 미국 정부가 해제할 의무를 지게 된 경제제재는 한국전쟁 기간에 미국이 북한에 부과한 전면적인 경제적 금수(禁輸)였다. 미국 정부는 1995년 1월 20일 일부 초보적인 조치를 취했다. 이때 미국이 허용한 것은 북한과 전신전화 연결, 북한에서 미국 시민의 신용카드 사용, 미국 언론 매체의 북한 사무실 개설, 제3국과 금융거래 시 북한의 미국 은행 이용 그리고 미국 철강회사들의 북한 마그네사이트 수입 등이었다. 북한은 전면적 해제를 요구했지만 미국은 받아들이지 않았다. 1999년 9월 미국은 북한이 미사일 시험을 중단할 경우 더 폭넓게 경제제재를 해제할 것에 합의했다. 클린턴 대통령이 마침내 폭넓은 경제제재 해제를 명령하게 된 때는 김대중 정부가 추진한 남북정상회담이 성사된 후인 2000년 6월 19일이었다. 북한은 이에 반응하여 미사일 발사시험을 연기하는 데 동의했다.[173]

4) 휴전상태를 해소하기 위한 평화협정체제로 전환하기는커녕 1990년대 내내 미국 군부는 유사시 '두 개의 전쟁'을 동시에 수행한다는 군사독트린을 유지했는데, 그 두 개 전쟁이란 노골적으로 이라크와 함께 북한을 상대로 하는 것이었다. 이런 위협적 군사독트린과 함께 클린턴 행정부는 계속해서 북한을 '불량국가'(rogue state)로 지목했다.[174]

---

173 Niksch, "North Korea's Nuclear Weapons Program," 2002, p.9, p.11.

174 Maria Ryan, "Why America's 1994 deal with North Korea failed, and what Trump can learn from it," *The Independent*, August 4, 2017(http://www.independent.co.uk).

이미 지적한 바와 같이 제네바합의 지연에는 미 의회를 장악한 공화당이 있었다. 미 의회는 행정부의 제네바합의 이행을 장기적 측면에서 더욱 불투명하게 만드는 또 하나의 중요한 행동을 취했다. 2000년 5월 15일 미 하원이 통과시킨 결의안 4251(H.R. 4251)은 의회로 하여금 행정부가 체결한 핵 관련 협력에 관한 협정의 승인 여부를 반드시 표결에 부치도록 했다. 이것이 입법화되면 북미 제네바합의에 대해서도 그 이행을 계속할지 의회가 표결에 부쳐야만 할 상황이 된 것이다.[175]

제네바합의 불이행은 북한의 좌절과 반발을 초래했다. 북한은 제네바합의의 명시적 대상이 아니었던 미사일 개발을 지속했고, 한미 양국은 이를 이유로 제네바합의 이행을 더욱 지연했다. 북한은 마침내 1998년 대포동 미사일 발사시험을 했다. 클린턴 행정부의 국무장관 올브라이트는 2000년 평양을 방문해 김정일과 나눈 대화를 훗날 공개했다. 그녀는 2003년 미국 공영방송 PBS(Public Broadcasting Station)와 인터뷰에서 북한의 1998년 대포동 미사일 시험을 제네바합의 파기와 기만으로 보는 시각에 대해 이렇게 말했다. "북한 측도 할 말이 많았다. 미국이 제네바합의를 제대로 이행하고 있는지에 대해 김정일도 나에게 문제를 제기했다. 실제 미국의 약속이행이 일정과 달리 늦어졌다. 주로 기금 조성 문제 때문이었는데, 미국의 문제는 아니었다. 한국과 일본 때문이었다. 우리도 경수로 핵심 부품을 끝내 북한에 넘겨주지 않고 있었다."[176]

미국은 이를 국가미사일방어망 추진의 주요 명분으로 삼았다. 그것은 중미 간 긴장과 2000년대 동아시아에서 새로운 차원의 핵무기 군비경쟁의 조건을 조성하는 계기가 된다. 그러한 중미 간 틈새는 북한이 미국의 군사적 압박을 견디고 피하면서 장차 핵무장을 추진해가는

---

175 Niksch, "North Korea's Nuclear Weapons Program," 2002, p.13.

176 PBS FRONTLINE, "Kim's Nuclear Gamble: Interview with Madeleine Albright," March 27, 2003(http://www.pbs.org)

국제적 조건의 하나가 되기도 했다. 이것은 동아시아 대분단체제에서 대분단 기축과 소분단 사이에 작동하는 상호유지적 상호작용 패턴의 적실한 사례이기도 했다.[177]

2002년 부시 행정부가 북한의 농축우라늄 핵 프로그램을 문제 삼으며 제네바합의를 폐기하려고 결정한 직후, 1993~97년 기간 주한 미국대사를 지낸 레이니는 북한이 고농축우라늄을 이용한 핵무기 프로그램을 추진하고 있다는 부시 행정부 주장을 사실로 전제하더라도, 북한의 그러한 행동은 제네바합의의 핵심 조항들인 경수로 제공 사업과 북미관계정상화가 진행되지 않음에 따라 북한이 미국에 기만당하고 있다는 두려움이 커졌기 때문이라고 해석한 바 있다. 북한이 '만일의 대비책'(a hedge)으로 선택한 것일 개연성이 있다고 본 것이다.[178]

15. 럼즈펠드 보고서와 대포동 발사로 확인된 북한 미사일 능력

1994년 '공화당 혁명'이 약속한 국가미사일방어체계를 구축하기 위한 입법은 마침내 1999년 미 의회를 통과한 '국가미사일방어법'으로 실현된다. 이것은 "제한적인 탄도미사일 공격—우발적인 것이든 승인되지 않은 것이든 또는 의도적인 것이든(accidental, unauthorized, or delieberate)—으로부터 미국 영토를 방어할 수 있는 효과적인 국가미사일방어시스템을 기술적으로 가능한 한 최단시일 안에 배치하는 것"을 미국의 명시적 정책 목표로 부과한 것이었다. 이 법은 이후 미국이 전개하는 모든 미사일방어 구축 작업의 법적 토대가 되었다.[179]

이 법을 추진한 세력의 중심에는 상원 외교위원장을 맡은 공화당 보

---

177 이삼성, 「전후 동아시아 국제질서의 구성과 중국: '동아시아 대분단체제'의 형성과정에서 중국의 구성적 역할」, 『한국정치학회보』 제50집 제5호(2016. 12), 163~189쪽.

178 James T. Laney and Jason T. Shaplen, "How to Deal With North Korea," *Foreign Affairs*, March/April, 2003.

179 Greg Thielmann, "The National Missile Defense Act of 1999," *Arms Control Today*, July 2, 2009.

수파 원로 제시 헬름스(Jesse Helms, 1921~2008)가 있었다. 이 법의 통과는 1972년 미국과 소련이 서로 미사일방어체계 구축을 제한하기로 합의하여 체결한 탄도미사일방어제한협정을 미국이 2002년 공식적으로 폐기할 수 있게 만든 징검다리였다. 1999년에 이 법의 통과가 가능했던 정치적 조건은 물론 1994년 선거에서 공화당이 의회를 장악한 사태였다. 그 내용을 채워준 것은 미국 정치권 안팎에서 꾸준히 지펴온 북한의 핵과 미사일 위협을 부각하는 활동이었다. 1998년 럼즈펠드는 '럼즈펠드 위원회' 의장이 되어 보고서를 작성했다. 이 보고서는 그러한 활동의 대표적·결정적인 것이었고, 이 보고서는 이란과 북한 등 이른바 불량국가들이 제기하는 장거리미사일 위협에 대한 평가에 집중했다.[180]

럼즈펠드는 1975년 11월 슐레진저 후임으로 포드 행정부의 국방장관이 되어 1977년 1월까지 재임한 인물이다. 그는 2001년 부시 행정부 출범과 함께 다시 국방장관에 취임했다. 그는 포드 행정부에서 국방장관으로 재임할 때 슐레진저와 마찬가지로 제한적 핵전쟁 개념을 채택해 핵 선제공격을 포함한 핵의 유연대응 전략을 모색하고 이를 구현할 수 있는 핵무기체계 개발에 힘쓴 바 있는, 미 군산복합체의 핵심 인물의 하나였다. 1998년 8월에 발표된 럼즈펠드 위원회 보고서는 서두 요지문에서 북한과 이란은 5년 이내에 미국에 중대한 피해를 줄 수 있는 미사일 능력을 갖추게 될 것이라고 전망했다. 또 이 두 나라는 미국 영토에 대한 직접적 위협을 가할 수 있는 탄도미사일 능력을 추구하고 있다고 단언했다.

마침 북한은 1998년 8월 31일 대포동-1호를 발사했지만 실패로 끝났다. 미사일 시험에 핵심 부분인 재진입체 실험이 없었고, 이 로켓의 추진력도 핵무기를 탑재하기에는 부족한 것으로 판명되었다. 그럼에도 이 로켓 발사의 정치적 충격이 대단했다고 틸만은 지적했다. 그는 럼즈펠드와 깅그리치를 비롯한 전략미사일방어(strategic missile

---

180 Thielmann, July 2, 2009.

1998년 8월 31일 발사되는 대포동-1호. 대포동-1호 발사는 실패로 끝났지만 그 정치적 충격은 대단했다. 이 사건을 계기로 미국은 NMD 구축에 관한 법적 문제를 모두 해결했다.

defense) 구축을 주창해온 인물들이 북한의 로켓 발사를 럼즈펠드 위원회의 보고서 결론을 입증한 것으로 능숙하게 활용했다. 클린턴 대통령은 공화당이 의회에서 추진하는 전략미사일방어법안을 비토하겠다고 위협했지만, 의회의 민주당 의원들은 공화당의 국가미사일방어 구상을 지지하는 여론의 압박을 받았다. 그들은 결국 이 법안을 반대하기보다는 부분적인 수정을 가해서 받아들이는 쪽을 선택했다. 국가미사일방어를 위한 예산은 해마다 승인받도록 하고 러시아와 전략무기 감축협상도 지속한다는 조건을 덧붙인 대신 법안 통과에 동의한 것이다. 이에 따라 국가미사일방어체계의 배치 일정은 명시되지 않았다. 그러나 이 법으로 미국이 NMD를 개발하여 배치하는 것을 지체시킬 명분으로 이제 남은 것은 기술적 문제들밖에는 없게 되었다. 이 법은 1999년 3월 17일 상원을 97 대 3으로 압도적으로 통과했고, 하원도 이튿날 317 대 105로 통과시켰다.[181]

미 의회조사국 닉시의 2002년 보고서는 1998년이 북한의 탄도미사일 개발 역사에서 새로운 장이 열린 해라고 지적했다. 1998년 6월

---

181 Thielmann, July 2, 2009.

과 7월에 윌리엄 코언(William S. Cohen) 국방장관을 비롯한 여러 군부 지도자는 북한이 사정거리가 중거리급인 600마일(약 1,000킬로미터)에 달해 남한과 일본 일부 지역을 사정권에 둘 수 있는 노동미사일을 개발하는 데 성공했다고 밝혔다. 1998년 말이 되면 북한은 이 노동미사일들을 실전배치하기 시작했다.[182] 닉시의 보고서에 따르면, 미국은 1994년 3월부터 북한이 대포동 미사일 두 종류를 개발하고 있다는 사실을 주목했다. 첫 단계 대포동 미사일은 오키나와를 포함한 일본 전역을 타격할 수 있는 중장거리급이었고, 두 번째 단계 대포동 미사일은 하와이와 알래스카를 포함한 서태평양지역의 미국 영토들을 사정권에 두는 장거리탄도미사일이었다. 북한은 1998년 8월 31일 처음으로 3단계 로켓인 대포동-1호를 시험발사했다. 이 로켓의 3단계는 위성을 발사하려는 시도였다고 닉시의 보고서는 인정했다. 이를 두고 미국 정보기관들은 "이 미사일은 사정거리가 알래스카, 괌 그리고 북부 마리아나제도에 이른다"고 결론지었다. 1998년에 북한이 보인 이러한 미사일 기술의 진전에 기초하여, 미국은 2000년 초에는 북한이 미사일 비행 시험을 더 거치지 않고도 알래스카, 하와이 그리고 미국의 서해안을 타격할 수 있는 ICBM을 배치할 수 있게 될 것이라고 평가하기에 이른다.[183]

16. 기로에 선 클린턴 행정부의 선택: 1999~2000년의 북미대화

닉시에 따르면, 북한 미사일 기술의 그러한 진전은 미국에 큰 위기의식을 불러일으켰지만, 다른 한편으로 미국으로 하여금 북한과 좀더 적극적으로 대화할 필요성을 인식하게 하는 계기로도 작용했다. 그렇게 해서 열린 1999년 3월과 2000년 7월 협상에서 북한은 미사일을 해외로 수출하지 않겠다는 약속 대신 해마다 10억 달러를 지불할 것

182 Niksch, "North Korea's Nuclear Weapons Program," 2002, p.3.
183 Niksch, "North Korea's Nuclear Weapons Program," 2002, p.3.

을 미국에 요구했다.[184] 닉시에 따르면, 이러한 북미 간 협상 내용은 2000년 7월 러시아 푸틴 대통령이 밝힌 것인데, 미국 측은 1999년 협상에서 북한이 요구한 10억 달러 보상을 거부한 것으로 알려졌다. 미국은 그 대신 북한이 미사일 시험 중단을 합의하면 대북 경제제재를 해제하겠다고 제안했다. 이것이 바탕이 되어 1999년 9월 베를린에서 열린 북미회담에서 북한의 미사일 시험 중단과 미국의 대북 경제제재 해제를 교환하기로 합의하기에 이른다.[185]

1998년에 북한이 보여준 탄도미사일 기술의 진전은 북한이 보유하고 있을지도 모르는 핵무기 능력과 결합하여 클린턴 행정부로 하여금 북한의 핵미사일 능력을 좀더 실질적으로 우려하게 만들었다. 클린턴 행정부는 1999년 북한과 대화해서 대북 경제제재를 해제하는 대신 북한의 미사일 프로그램 동결이라는 약속을 얻어냈다. 이 시점에서 미국은 근본적으로 다른 대안 두 가지 가운데 선택을 강요받았다. 하나는 북한과 주고받기를 해서 북한 핵무기 프로그램 동결과 함께 미사일 프로그램 동결을 이끌어내는 협상론이었다. 다른 하나는 북한과 협상을 거부하고 강한 경제제재와 군사적 압박을 동원하는 강경론이었다. 클린턴 행정부는 결국 협상론을 선택했다.

닉시의 2002년 보고서에 따르면, 클린턴 행정부는 2000년 3월에 이미 북한이 플루토늄을 이용한 핵 프로그램 외에 우라늄농축 기술을 이용한 핵무기 프로그램을 갖고 있을지 모른다는 강한 의문을 품기 시작했다. 닉시에 따르면 2000년 3월 클린턴 대통령은 의회에 "북한이 핵무기 생산용 농축우라늄을 획득하지 않았다는 것을 확증할 수 없다"고 통보했다. 닉시는 비슷한 시기인 2000년 6월 9일자 일본의 보수 언론 『산케이신문』이 북한의 천마산에 있는 비밀 우라늄농축 시설에 관한 중국 정부의 상세한 보고서라는 것을 보도했음을 또한 지

---

184 Niksch, "North Korea's Nuclear Weapons Program," 2002, p.3.
185 Niksch, "North Korea's Nuclear Weapons Program," 2002, p.3.

적했다. 북한의 이 같은 우라늄농축 핵 프로그램 의혹에 대해 2000년 클린턴 행정부가 선택한 것은 역시 협상이었다. 클린턴 행정부는 협상으로 북한의 미사일 프로그램 동결 상태를 이끌어내 유지하고, 그럼으로써만 북한의 플루토늄을 이용한 핵 프로그램을 동결하고 있던 제네바합의의 명맥을 유지할 수 있으며, 또 그런 한에서만 북한이 가지고 있을지 모를 우라늄농축 핵 프로그램의 본격적인 진전도 예방할 수 있다고 판단하고 있었다.

클린턴 행정부의 이 같은 선택은 2000년 김대중 정부의 햇볕정책과 결합하면서 좀더 확실한 대북정책 노선으로 굳어지고, 이로써 2000년 3월 김대중 정부의 베를린선언과 뒤이은 6·15남북정상회담이 가능하게 된다. 이것은 다시 2000년 가을 한 차원 높은 북미대화로 이어진다.

17. 페리 프로세스, 남북정상회담 그리고 북미대화

북한 핵문제를 평화적으로 해결할 틀을 담았던 1994년 제네바합의는 김영삼 정부 기간에 거의 사문화(死文化)의 길을 걷고 있었다. 그것을 건져낸 것은 1997년 12월 대선에서 탄생한 김대중 정권과 햇볕정책이었다. 한국 정부가 내건 햇볕정책은 북한 핵문제를 평화적으로 해결할 실마리를 구하던 클린턴 행정부에 효과는 의문시되면서 큰 위험 부담이 따르는 군사적 압박 옵션을 접고 협상이라는 평화적 접근을 좀더 쉽게 선택할 수 있도록 이끌게 된다.

필자는 2001년 펴낸 책에서 김대중 정부 햇볕정책의 핵심을 김영삼 정부의 그것과 큰 틀에서 다음과 같이 비교한 바 있다.

1994년 10월 북미 간 제네바합의에도 불구하고 한국의 김영삼 정부가 대북 강경책을 채택함에 따라 남북관계는 최악의 상황을 맞을 수밖에 없었다. 그리고 그 직후 미국 정치권의 중요한 변동으로 북미관계마저 교착상태에 빠지고 만다. … 많은 사람은 제네바합의 이후 북한의 내부사정과 경직된 태도 변화를 주목한다. 그러나

김대중과 김정일.
2000년의 남북정상회담은 김대중 정부의 햇볕정책과 클린턴 행정부의 페리 프로세스가
함께 빚어낸 결과였다. 이로써 거의 사문화될 뻔한 제네바합의가 재생의 기회를 얻게 되
었다.

그러한 경직성은 북한에서 먼저 본격화된 것이 아니었다. 남한 김
영삼 정부의 경직성에서 그리고 또한 제네바합의 직후 본격화된
공화당혁명이라는 미국 정치권의 변동으로 말미암은 바가 컸다.
이러한 상황은 북한의 식량난이 그 후 기아사태로 악화되는 중요
한 배경의 하나가 되었다는 사실을 잊어서는 안 된다.

… 한편, 김대중 정부 이후 한국의 대북정책기조가 된 햇볕정책의
핵심은 북한과 국제사회의 만남을 가급적 차단하려 했던 김영삼
정권의 대북정책을 대폭 수정한 것이었다. 과거 남한의 대북정책
은 북미관계를 격리시키는 원심력으로 작용했다. 반면 김대중 정
부는 북미관계정상화를 촉진함으로써 북한과 국제사회 관계의 전
반적 정상화를 돕는 구심력으로 작용했다. 이러한 정책기조의 변
화는 2000년 6월 남북정상회담이라는 역사적 변화를 이끌어내는

바탕이 되었다. 이렇게 하여 절연되었던 남북 간의 관계축이 형성되었고, 이것은 북미관계와 한미관계의 지형에 중대한 변화를 가져오게 되었다. 그 결과 북한의 국제사회 접근의 전략에서 남한은 비로소 의미 있는 역할을 할 수 있게 되었다. 이제는 미국보다 남한의 대북정책이 더 유연해졌음을 의미했다. 김영삼 정권 때는 대북정책에서 이른바 미국의 포용정책에 한국이 저항하여 '한미공조'가 불편해지기도 했다. 이제는 오히려 남한의 대북 포용정책의 속도를 미국이 조절하고자 했다.[186]

1998년 11월 클린턴 대통령은 1994년 당시 국방장관 페리를 대북정책조정관(North Korea policy coordinator)으로 임명하고 북한에 대한 새로운 해법을 제시하라고 주문했다. 북한도 마침 미국이 그간 사찰을 요구해온 북한 자강도(慈江道) 금창리 핵시설에 대한 사찰을 수용했다. 북한의 관점에서 보면 한미 양국이 북한에 대한 적대정책을 내려놓는다면 북한도 그에 상응하는 자세를 보일 수 있음을 나타낸 한 예였다. 미국 강경파들이 제네바합의 이행 지연의 구실로 삼았던 '금창리 비밀 핵무기 시설' 주장의 실체는 1999년 5월 말 공허한 것임이 드러났다. 『뉴욕타임스』는 이렇게 보도했다. "미국이 이 나라의 핵무기 프로그램을 부활하는 데 사용될 수 있다고 의심한 북한의 지하 장소에서 미국 사찰관들이 발견한 것은 하나의 거대한 텅 빈 굴(a huge, empty tunnel)에 불과했다."[187] 나중의 클린턴 행정부 외교문서들은 이 사실을 재확인했다.[188]

---

186 이삼성, 『세계와 미국: 20세기의 반성과 21세기의 전망』, 한길사, 2001, 307~308쪽.

187 Philip Shenon, "Suspected North Korean Atom Site Is Empty, U.S. Finds," *The New York Times*, May 28, 1999.

188 Robert A. Wampler, "Engaging North Korea II: The Clinton Administration's Experience," "Engaging North Korea II: Evidence from the Clinton Administration," National Security Archive at George Washington University, December 8,

이러한 긍정적 조건을 바탕으로 페리는 한국, 일본과 협의를 거친 후 1999년 9월 클린턴 대통령에게 새로운 대북정책 로드맵을 제시하기에 이른다. 그 요점은 북한이 핵과 미사일 프로그램을 중단하는 조치를 취하는 데 맞추어 단계적으로 미국이 북한과 외교관계와 경제관계개선으로 부응하되, 만일 북한이 그러한 조치들을 취하지 않을 때는 더 강력한 제재를 가한다는 것이었다. 페리의 이 구상은 그가 2015년 출간한 회고록에서 밝혔듯이, 궁극적으로 북한은 '핵무기 제조 가능한 시설들의 해체'를 향해 그리고 미국은 '포괄적인 관계정상화와 평화협정'(comprehensive normalization and a peace treaty)을 향해 (그것들을 서로 연결하여) '단계적으로 전진'(step-by-step progress)한다는 비전을 담고 있었다.[189]

클린턴 대통령은 '페리 프로세스'를 즉각 수용하고 북한에 대한 경제제재를 일부 해제하는 조치를 취했다. 이런 국면에서 김대중 대통령은 2000년 3월 베를린 연설에서 남북정상회담을 제안했다. 그 결과가 2000년 6월 15일 남북정상회담이었다. 결국 남북정상회담은 김대중 정부의 햇볕정책과 클린턴 행정부의 '페리 프로세스'의 합작품이었다고 할 수 있다. 이것은 거의 사문화 위기에 처했던 제네바합의가 재생할 기회를 갖게 된 것을 의미했다. 북한 핵문제를 평화적으로 해결할 두 번째 기회가 찾아온 것이다.

2000년 6월 15일 김대중 대통령과 김정일 국방위원장 명의로 발표된 '남북공동선언'은 5개 항으로 구성되었다.

1. "남과 북은 나라의 통일 문제를 그 주인인 우리 민족끼리 서

2017(https://nsarchive.gwu.edu).

189   William Perry, *My Journey at the Nuclear Brink*, Stanford Security Studies, 2015. Chapter 22, "The North Korean Policy Review: Triumph and Tragedy." 이 내용은 '윌리엄페리프로젝트' 웹사이트에도 공개되어 있다(http://www.wjperryproject.org/notes-from-the-brink).

로 힘을 합쳐 자주적으로 해결해나가기로 하였다."

2. "남과 북은 나라의 통일을 위한 남측의 연합제 안과 북측의 낮은 단계의 연방제 안이 서로 공통성이 있다고 인정하고, 앞으로 이 방향에서 통일을 지향해나가기로 하였다."

3. "남과 북은 올해 8·15에 즈음하여 흩어진 가족, 친척 방문단을 교환하며 비전향장기수 문제를 해결하는 등 인도적 문제를 풀어나가기로 하였다."

4. "남과 북은 경제 협력을 통하여 민족 경제를 균형적으로 발전시키고 사회, 문화, 체육, 보건, 환경 등 제반 분야의 협력과 교류를 활성화하여 서로의 신뢰를 다져나가기로 하였다."

5. "남과 북은 이상과 같은 합의 사항을 조속히 실천에 옮기기 위하여 이른 시일 안에 당국 사이의 대화를 개최하기로 하였다."[190]

김대중 전 대통령은 자서전에서, 남북정상회담 직후 실시된 여론조사 결과 '정상회담에 만족한다'와 '남북공동선언을 지지한다'는 의견이 93~98퍼센트였으며, 두 정상이 합의한 김정일 위원장의 답방(答訪)에 대한 지지도 70퍼센트 안팎이었다는 사실을 특기했다. 또 클린턴 미국 대통령이 남북공동선언에 대한 지지 성명을 발표하여 "역사적인 정상회담은 한반도의 평화와 화해를 향한 희망적인 첫발"이라는 소감을 밝혔다는 점을 언급했다.[191]

남북정상회담이 있은 지 한 달 후인 2000년 7월 미 국무장관 올브라이트와 북한 외무장관 백남순이 태국 방콕에서 회담을 했다. 북한은 곧 인민군 차수(次帥, vice marshall)이자 국방위원회 제1부위원장 조명록(趙明祿, 1928~2010)을 워싱턴에 특사로 파견했다. 조명록은 올브라이트 국무장관뿐 아니라 클린턴 대통령도 면담했다.

---

190 김대중, 『김대중 자서전 2』, 삼인, 2010, 299쪽.
191 『김대중 자서전 2』, 2010, 311쪽.

2000년 10월 올브라이트 국무장관이 평양을 방문해 김정일 국방위원장을 만났다. 이 자리에서 두 사람은 북한의 미사일 프로그램 중단과 미국의 대북 재정 지원 그리고 클린턴 대통령의 북한 방문을 논의했다.

2000년 11월 초 미국 대선에서 공화당의 부시 후보가 민주당 후보로 나선 클린턴 행정부의 부통령 고어를 누르고 대통령에 당선되면서 상황은 급변했다. 12월 말 클린턴은 곧 출범할 부시 행정부의 반대를 의식해 평양을 방문하기 어렵다고 밝혔다.[192] 클린턴은 그의 자서전에서 그때 평양 방문을 포기한 이유를 설명했다. 자신은 북한의 장거리 미사일 생산을 금지하는 합의를 위해 북한 방문을 매우 원했다고 밝혔다. 그는 국무장관 올브라이트가 북한을 방문했을 때 클린턴 대통령이 북한을 다시 방문하면 북한과 미사일 관련 합의를 이뤄낼 것이라고 확신했기 때문에 더욱 자신은 북한을 방문해서 북한 미사일 프로그램 중단을 매듭짓고 싶었다는 것이다. 그러나 중동에서 이스라엘과 팔레스타인 사이의 평화 중재가 막 성공을 눈앞에 둔 상황이어서 평양에 갈 수 없었다고 설명했다.[193] 클린턴이 중동문제 해결을 더 중시했던 셈이다.

클린턴이 평양 방문을 포기했지만 이때까지만 해도 아직 희망은 있었다. 어떻든 2000년 3월 김대중 대통령의 베를린선언에서 비롯된 6월 15일 남북정상회담과 그것이 주춧돌이 되어 진행된 2000년 가을의 북미대화가 고사 위기에 있던 제네바합의를 다시 살려낸 것은 분명했다.

그러나 결과적으로 클린턴 대통령이 회고록에서 밝힌 주장대로라

---

192 클린턴은 "남은 임기 안에 미국의 국익을 증진하고 내 평양 방문의 기초를 제공할 합의 방안을 준비하기엔 시간이 충분치 않다"고 했다. 그러나 그는 후임자인 부시 대통령에게 자신의 노력을 바탕으로 해서 북한의 미사일과 핵 확산을 중지할 수 있는 노력을 전개해줄 것을 촉구했다. BBC News Online, "Clinton will not visit North Korea," December 28, 2000.

193 Clinton, 2004, p.938.

면 그는 이스라엘-팔레스타인 평화 중재 문제에 밀려서 평양 방문을 포기했다. 그 결과 클린턴 행정부의 외교는 대북정책에서도, 이스라엘-팔레스타인 평화 중재 역할에서도 모두 참담한 실패작으로 끝나게 된다. 당시 클린턴은 자신의 중재 노력으로 팔레스타인 서안(West Bank)의 97퍼센트에 해당하는 지역과 가자지구(Gaza Strip)에 팔레스타인 국가를 세우는 것에 에후드 바라크(Ehud Barak) 수상이 이끄는 이스라엘의 온건파 정부가 기본적으로 동의한 상태였고, 팔레스타인 자치정부 수반 야세르 아라파트(Yasser Arafat, 1929~2004)의 동의 절차만 남겨두고 있었다고 인식했다.[194]

아라파트는 결국 그 방안을 수용하지 않았다. 아라파트가 거부도 하지 않았지만 단호하게 '예스'를 하지도 않았기 때문에 이스라엘에서는 바라크 정부가 무너졌다. 그 대신 2001년 2월 선거에서 압도적인 지지를 받아 들어선 아리엘 샤론(Ariel Sharon, 1928~2014) 정부는 팔레스타인 국가 수립을 결사반대하는 강경파였다.[195] 샤론 정부와 부시 행정부는 팔레스타인의 이상을 배척하는 점에서 환상의 파트너십을 구성했다. 팔레스타인 민족은 풀뿌리 저항운동인 제2의 인티파다(Intifada)를 벌인다. 중동에서 폭발한 이 비극은 장차 9·11사태의 거의 직접적인 역사적 배경의 하나가 되고 말았다고 할 수 있다. 그뿐만 아니라 한반도에서는 결국 북한이 미국을 위협하는 ICBM과 핵무장의 완성을 위해 돌진하게 만드는 제네바합의 파기 사태가 벌어지고 만다.

18. 대북송금의 의미: 북미 미사일협상 타결의 대가

2000년 김대중 정부의 대북송금은 흔히 남북정상회담을 이루기 위한 북한 매수자금이었다고 간주된다. 그런데 제네바합의 이행을 지

---

194 Clinton, 2004, pp.943~944.

195 Clinton, 2004, p.944.

연하고 북미관계 진전을 가로막던 북미 미사일협상의 문제를 짚어보지 않으면 남북정상회담이 어떻게 가능해졌는지 그리고 북미관계 개선이 어떻게 가능했는지를 이해하기 어렵다. 북미 미사일협상 타결은 북미관계 교착을 푸는 열쇠였고, 그것 없이는 남북정상회담이 가능하지 않았다. 이 과정에서 김대중 정부의 대북송금은 어떤 역사적 의미가 있는지를 또 다른 각도에서 돌이켜볼 필요가 있다.

1994년 10월 제네바 북미합의가 이루어진 뒤 이 합의의 실천이 지연되면서 북미 간 긴장을 유지시킨 가장 중대한 이슈는 제네바합의에서 다루지 않았던 주제인 북한 미사일 개발 문제였다. 제네바합의문에 미사일 문제에 대한 것이라고 해석할 수 있는 언급은 '상호관심사'(issues of concern to each side) 정도에 불과했다.

제네바합의에 따라 미국은 점진적으로 북한에 대한 경제제재를 풀고 외교관계정상화를 향해 나아가는 조치를 취해야 했지만, 제네바합의에 명시적 조건으로 포함되지 않았던 미사일 문제를 미국이 제기하면서 그 문제에 대한 북한의 양보를 경제제재, 외교정상화의 조건으로 내걸었다. 북한은 미사일 문제는 별개이므로 이를 양보하려면 미국이 별도로 경제적 지원 등 보상을 해야 한다고 맞섰다. 미국은 제네바합의에 서명한 지 얼마 되지 않아서 미사일 문제를 북한에 대한 외교관계정상화의 새로운 전제조건으로 내세웠다. 이에 따라 북미 양자 사이에 제1차 미사일협상이 시작된 때는 1996년 4월이다. 이 회담에서 미국은 북한이 '미사일 기술통제체제'(Missile Technology Control Regime: MTCR)를 준수하라고 촉구했다. 그러나 MTCR은 개별 국가들의 자발적 의사에 기초한 국제협약(voluntary international agreement)이었다. 북한은 MTCR을 따르는 문제에 대해 협상할 용의가 있다고 한 것으로 알려졌다. 다만 북한이 미사일 기술 수출로 벌어온 외화수입(lost missile-related revenue)에 대한 보상을 제공하라고 요구했다.

미국은 제네바합의와 미사일 문제를 별개로 보는 북한의 인식과 요구를 거부했다. 제1차 미사일협상이 끝난 뒤인 1996년 5월 미국은 이란에 대해서와 마찬가지로 북한에 대해서도 기존의 전반적 경제제재를 강화했다. 미국은 이처럼 제네바합의와 별도 사항인 미사일 문제를 관계정상화의 새로운 전제조건으로 내세우는 반면, 별도 보상이 없는 한 미국의 요구에 응하지 않겠다는 북한 사이의 긴장은 북한이 제네바합의에 따라 핵동결을 유지해갔음에도 북미관계와 남북관계가 진전되지 못한 중대한 요인이 되었다.

북한은 어떤 국제협약이나 미국과 양자협상에 따라 구속받은 것은 아니었음에도 1993년 5월 23일 이후 1998년 8월 31일 사이, 즉 5년이 넘는 동안 한 번도 미사일 발사시험을 하지 않았다. 이것은 북한이 상당 기간 자제한 것을 뜻했다.[196] 그러나 결국 북한은 1998년 8월 31일 사거리가 1,500~2,000킬로미터로 추정된 대포동-1호 발사를 강행했다. 미국이 금창리에 대한 의혹을 끊임없이 제기하면서 그에 특별사찰을 요구함으로써 이미 제네바합의에서 약속한 관계정상화 노력을 지연하고 아울러 미사일 문제에 대해서도 미국이 별도 보상 없이 관계정상화의 새로운 전제조건으로 삼는 태도가 지속되던 시기에 벌어진 일이다.

북미 간 미사일협상은 그로부터 1년여 뒤인 1999년 9월 약간 진전을 볼 수 있었다. 북한은 미국과 미사일협상이 진행되는 기간에는 장거리미사일 시험을 하지 않는다는 모라토리엄에 합의했고, 그 대신 미국은 경제제재의 부분적 해제를 약속했다. 이것은 북미 사이에 제네바합의의 일환으로 해제되어야 할 경제제재를 그와 별도인 북한의 미사일 개발을 통제하는 새로운 목적에 연계하려는 미국의 전략이 부분적으로 성공한 것을 뜻했다. 1999년 12월 15일, 한반도에너지개발기구가 제네바합의의 핵심부분 가운데 하나인 북한 금호에 경수로 두 개를 건설하는 턴키 계약을 한국전력과 서명하기에 이른다. 이는 제

---

196 Leon V. Sigal, "How to end North Korea's missile program?," June 2, 1999. From Napsnet@nautilus.org(Napsnet).

네바기본합의가 있은 지 5년여가 지나서야 이루어진 일이었다.[197]

　김대중 정부가 남북관계를 개선하고 북미 갈등 해소를 촉진하기 위해 대북송금을 했다고 할 때 이를 이해하기 위한 또 한 가지 측면은 2000년 3월 북한이 제기한 새로운 이슈와 관련된 것이다. 제네바합의에서 미국 측이 약속한 경수로 건설 제공이 2003년까지 마무리되었어야 하는데, 2000년이 되도록 첫 삽조차 뜨지 못함으로써 북한의 전력난이 심화된 데 대해 북한은 미국이 보상하라고 요구했다. 미국이 주도하는 KEDO에 대해 북한이 보상금으로 요구한 금액은 7억 5,000만 달러였다. KEDO는 물론 이 요구를 거부하고 있었다.[198]

　미국이 북한에 대한 경제·외교관계정상화의 전제조건으로 제네바합의 이후 새롭게 제기한 미사일협상에 새로운 전기가 된 계기는 분명 2000년 6월 15일의 남북정상회담이었다. 그 효과는 즉각적인 것은 아니었다. 닉시는 2002년 보고서에서 클린턴 대통령이 2000년 6월 19일 폭넓은 경제제재 해제를 명령했다고 했지만, 그것은 남북관계 개선을 고려하면서 북한이 미사일 시험을 연기한 것에 대한 일시적 약속일 뿐이었다. 그래서 미국 군비통제협회는 2000년 6월 시점에서 미국은 북한에 대한 경제제재를 오히려 강화한 것으로 파악했다.[199]

　2000년 7월 12일 쿠알라룸푸르에서 북미 간에 제5차 미사일 회담이 있었다. 북한은 제네바합의에 따른 북한의 핵동결에 부응해 미국이 관계정상화에 응해야 하며 미사일 문제에 대한 미국의 요구에 응하려면 별도 보상이 필요하다는 주장을 되풀이했다. 반면에 미국은 별도 보상을 거부했을 뿐 아니라 미사일 문제 해결이 북미관계정상화의 추가 전제조건임을 분명히 했다. 북한이 미사일 수출을 중단하는 대가로 미국에 별도로 해마다 10억 달러를 요구한 것으로 알려져 있

197　Arms Control Association, "Chronology of U.S.-North Korean Nuclear and Missile Diplomacy," June 2003.

198　Niksch, "North Korea's Nuclear Weapons Program," 2002, p.8.

199　Arms Control Association, "Chronology," June 2003.

었다.[200]

그러나 남북정상회담으로부터 1개월여 뒤인 2000년 7월 19일부터 10월 24일에 이르는 3개월은 북미관계의 잠재적인 근본적 변화 가능성을 보여준 시간이었다. 그것은 북한의 태도 변화로 시작되었다. 구체적인 실마리는 김정일이 러시아 푸틴 대통령과 회담에서 미사일 문제 해결 방안으로 미국에 요구했던 거액의 별도 보상 조건을 사실상 철회할 용의를 보인 사실이었다. 김정일은 북한 미사일 프로그램을 우려하는 나라들이 위성 발사를 대신해준다면 미사일 프로그램을 중단하겠다고 약속한 것으로 전해졌다. 미국 정부는 2000년 8월 28일 웬디 셔먼(Wendy Sherman) 대사를 모스크바에 파견해 김정일이 푸틴에게 말한 미사일 관련 제안을 확인했다. 9월 8일 미 국무부 고위관리는 미국 정부는 북한의 제안을 '매우 진지하게' 받아들이고 있다고 말했다.[201]

그 결과가 2000년 9월 27일 뉴욕에서 열린 북미회담이다. 이 회담에서 북미 양국은 테러리즘에 대한 공동성명을 발표했다. 이것은 미국 정부가 북한을 테러지원국 명부에서 제외하는 계기가 될 수 있었고, 미국의 대북 경제제재와 외교관계정상화의 전제조건이기도 했다. 이어서 10월 9~12일 김정일 다음의 군부 책임자인 조명록 원수가 특사로 워싱턴을 방문했다. 그는 클린턴에게 김정일의 친서를 전달했고 국무장관, 국방장관과 만났다. 조명록의 방미 마지막 날인 12일 북미 양국은 공동성명을 발표했다. 미사일 문제 해결이 양국 간에 '근본적으로 개선된 관계에 핵심적 기여를 할 것'이라는 점과 제네바합의에 대한 양국의 공약을 재확인했다. 또 이 공동성명은 올브라이트 국무장관이 곧 북한을 방문하여 클린턴 대통령의 방북 가능성을 모색할 것이라는 내용도 담고 있었다. 실제 올브라이트 국무장관은 10월 24일 평양을 방문해 김정일을 만났다. 거기서 김정일은 대포동-1호 미

---

200 Arms Control Association, "Chronology," June 2003.

201 Arms Control Association, "Chronology," June 2003.

올브라이트와 김정일.
2000년 10월 평양을 방문한 올브라이트는 김정일에게 더 이상 대포동-1호 미사일을 실험하지 않겠다는 약속을 받아낸다. 이후 북미 간 논의된 클린턴의 평양 방문 또는 김정일의 미국 방문이 성사되었다면 북핵문제는 큰 전환점을 맞게 되었을 것이다.

사일을 더는 실험하지 않을 것이라는 약속과 함께 북한의 미사일 기술 수출, 핵투명성 그리고 아울러 북미관계정상화와 클린턴 대통령의 방북 등이 논의되었다.[202]

이러한 획기적이고 긍정적인 발전은 2000년 11월 1~3일 열린 제7차 북미 미사일협상이 합의 없이 끝남에 따라 잠시 주춤하는 듯했다. 그러나 북미 간 미사일 문제를 근본적으로 해결하고 두 나라의 관계정상화 전망을 결정적으로 깨뜨린 것은 제7차 미사일협상과 거의 때를 같이하여 미국 정치에 일어난 전례 없는 파란이었다. 이른바 '플로리다 재검표'(Florida Recount)와 뒤이은 정치적 소용돌이 속에서 클린턴 행정부는 북한과 미사일협상을 매듭지을 정치적 의지를 상실해간 것으로 볼 수 있다. 마침내 2000년 12월 28일 클린턴 대통령은 그의 임기 안에 북한을 방문하지 않겠다는 성명을 발표했다. "북한을 방문하지 않겠다. 차기 행정부가 내가 이루어놓은 성과 위에서 북한과

---

202   Arms Control Association, "Chronology," June 2003.

협상을 완결 지을 것으로 확신한다.'[203]

김대중 전 대통령에 따르면, 클린턴 대통령은 그 대신 김정일 위원장에게 편지를 보내 미국 방문을 요청했다. 그러나 북한은 초청에 응하지 않았다. 김 전 대통령은 '체면을 중시하는 그들의 외교 스타일로 보아 충분히 예견된 일'이었다고 평했다. 그럼에도 김 전 대통령은 김정일 위원장이 클린턴의 초청에 응하지 않은 것을 탄식해마지 않았다. "만일 김 위원장이 미국을 방문했다면 관계정상화가 이루어졌을 것이고, 그런 상태에서는 차기 부시 정권도 이를 인정할 수밖에 없었을 것"이며, 그렇게 되었다면 "북미 간에 대결은 없었을 것이고, 남북관계도 상상할 수 없는 변화를 맞았을 것"이라는 아쉬움을 토로했다.[204]

1994년 10월 제네바합의 이후 2000년 가을에 이르기까지 미국이 새롭게 미사일 문제를 북미관계정상화의 조건으로 제시하면서 전개된 긴장과 협상의 과정을 돌이켜보면, 두 가지 생각이 떠오른다.

첫째, 클린턴 행정부는 제네바합의와 미사일협상을 새롭게 연계함으로써 제네바합의와 그 이행이라는 문제에 대해 일관성과 신뢰성을 확보하지 못했다. 또 2000년 7월 이후 시작된 새로운 해결의 실마리는 2000년 11월 미국 정치 지형의 변화 때문에 다시 근본적인 단절에 부딪치게 되었다는 사실이다.

둘째, 미국이 미사일 문제 해결의 전제로 북한이 요구한 별도 보상 문제에 해결의 실마리를 제공해 북미 외교관계가 해결될 새로운 전기를 마련한 것은 남북정상회담이었다. 후일 드러난 것처럼 남북정상회담 시점에 김대중 정부가 북한에 수억 달러를 제공한 것은 결과적으로 본다면 북한이 미사일 통제에 대한 미국의 요구를 수용하는 조건 또는 제네바합의 지연에 따른 경수로 발전 건설 지체로 북한이 계속 겪게 된 전력난에 따른 경제적 손실에 대한 '재정적 보상'을 한국의

---

203 김대중, 『김대중 자서전 2』, 삼인, 2010, 380쪽.
204 『김대중 자서전 2』, 2010, 381~382쪽.

김대중 정부가 대신 부담한 셈이 되었다고 할 수 있다.

미국은 북한의 미사일 통제에 별도 보상을 하지 않는다는 자신의 원칙을 지켰고 북한은 미사일 통제 문제가 제네바합의에 포함된 것이 아니므로 미사일 문제에 대한 미국 요구에 응하려면 재정적 보상을 별도로 받아야 한다는 주장을 결과적으로는 관철한 셈이 되었다. 다만 그 보상 제공자가 미국이 아니라 한국이었을 뿐이다. 그 수단과 방법의 위법성과 비정상성 여부와 별개로 김대중 정부의 대북송금 결정과 실행이 제네바합의를 고사 위기로부터 구해낸 현실적인 방법의 하나로 작용한 사실은 깊이 생각해볼 여지가 있다.

제5장

제네바합의는 어떻게 파괴되었나

1. 2001년 3월의 김대중-부시 면담: 파국의 예고

2000년 가을 북미대화에서 북한이 제안한 클린턴 대통령의 평양 방문에 미국은 동의했다. 하지만 클린턴의 방북은 무산되었다. 곧 출범할 부시 행정부의 반대를 의식하면서 클린턴이 그해 12월 말 평양 방문 계획을 취소했기 때문이다. 이때부터 2001년 1월 20일 부시 행정부가 출범한 직후까지 클린턴 행정부와 부시 행정부 간에 대북정책 인수인계를 담당한 사람은 페리다. 인수인계 과정에서 겪은 일을 페리는 자신의 회고록에 기록해두었다.

부시 행정부 국무장관으로 내정된 파월은 페리가 클린턴 행정부의 국방장관을 할 때 합참의장이었다. 그래서 둘은 서로 잘 아는 사이였다. 페리가 파월을 만나 그간 클린턴 행정부에서 진척된 대북협상 내용을 전달했다. 그때 파월이 페리에게 준 대답은 "클린턴 행정부의 대북협상을 이어가 그 협상을 성공적으로 매듭짓도록 노력할 계획"이라는 것이었다.[1] 부시가 대통령 취임식을 한 뒤 6주가 지났을 때인 2001년 3월 초 김대중 대통령은 페리가 시작한 대북협상을 부시 행정부가 이어갈 것인지 확인받을 목적으로 워싱턴을 방문했다. 파월 국무장관은 김대중 대통령에게 그렇게 하겠다고 확인해주

---

[1] William J. Perry, *My Journey at the Nuclear Brink*, Stanford: Stanford University Press, 2015, p.168.

었다. 『워싱턴포스트』는 다음 날 아침 「부시는 (북한 미사일 문제에 대해) 클린턴의 협상을 이어간다」(Bush to Pick up Clinton Talks)라는 헤드라인을 뽑았다.[2]

『워싱턴포스트』의 보도가 있은 그날 파월은 김대중 대통령과 부시 면담에 참석하려고 백악관으로 갈 준비를 하다가 국가안보보좌관 콘돌리자 라이스(Condoleezza Rice)의 전화를 받았다. 그녀는 분노한 음성으로 부시 대통령도 그 기사를 보고 몹시 불쾌해했다고 말했다. 파월은 CNN 기자 치노이에게 그날을 회고하면서 '(그때) 다 망가진 것'(all hell breaks loose)이라고 표현했다.[3]

그날 김대중 대통령을 만난 자리에서 부시는 '북한과 모든 대화를 중단한다'고 딱 잘라 말했다. 이 사실을 접한 페리는 "우리가 오랜 시간 조심스럽게 진행해온 외교가 단번에 내동댕이쳐진 것에 나는 당혹스러웠고 화가 났다. 이 외교적 기회를 놓치면 장차 한국의 앞날이 어떻게 될지 낙담했다"고 말했다. 그는 오랜 친구들인 국무부의 파월 장관과 리처드 아미티지(Richard Armitage) 차관에게 하소연해보았다. 그러나 두 사람 모두 "대통령 결정에 따르는 것 외에 다른 옵션이 없었다"라고 페리는 회고했다.[4]

CNN의 치노이 기자는 2008년의 저서에서 그날의 김대중-부시 만남이 북한과 김정일 그리고 한국의 햇볕정책에 대한 부시의 개인적인 혐오에 미친 부정적 영향을 상세히 논했다.[5] 그러나 치노이 자신이 지적했듯이 부시의 북한 김정일 혐오와 햇볕정책에 대한 반감은 결코 그때 비롯된 것은 아니었다. 그가 김대중 대통령을 만나기 전에 이미 갖고 있던 클린턴 행정부의 정책 전반에 대한 거부감의 연장선에 있는 것

---

2 Perry, 2015. p.168.

3 Mike Chinoy, *Meltdown: The Inside Story of the North Korean Nuclear Crisis*, New York: St. Martin's Press, 2008, p.54.

4 Perry, 2015. p.168.

5 Chinoy, 2008, pp.54~60.

김대중과 부시.
2001년 3월 7일 두 정상이 만난 자리에서 부시는 제네바합의와 햇볕정책에 대한 비판을
쏟아냈다. 이 사실을 접한 북한은 미국이 제네바합의를 폐기하려 한다고 생각했을 것이다.

이었다. 김대중 대통령과 면담을 하루 앞둔 3월 6일 라이스 보좌관은
『뉴욕타임스』의 데이비드 생어(David Sanger) 등을 비롯한 언론인들을
앞에 놓고 "북한 정권은 문제다. 그리고 김정일도 문제다"(The North
Korean regime is a problem, and Kim Jong IL is a problem)라고 말했다.[6]
생어 기자는 김대중–부시 만남이 약속된 날 아침 『뉴욕타임스』 기사에
서 부시 행정부는 북한을 '중대한 위협'(a major threat)으로 보며, "김
대중 씨의 평화정책(Mr. Kim's peace initiatives)이 북한의 양보는 거의
받아내지 못하면서 너무 많이 나갔다"고 우려했다고 보도했다.[7]

치노이 기자에 따르면, 김대중 대통령은 부시와 만남에서 우선 김정
일의 최고 목적은 체제 생존(regime survival)이며 관여(engagement)가

---

6   David Sanger, "Korean to Visit Bush, but They Could Be at Odds," *The New York
Times*, March 7, 2001; Chinoy, 2008, p.53.
7   Sanger, March 7, 2008; Chinoy, 2008, p.53.

북한 위협을 다루는 최선의 방안이라고 역설했다. 그는 이 대목에서 북한이 한반도 통일 후에도 미군의 한국 주둔을 받아들일 용의를 표명했다고 말했다. 결국 김대중 대통령은 북한은 미국과 관계개선을 갈망한다는 것, 그러므로 북한 핵과 미사일 문제는 대화로 해결할 수 있다고 부시에게 역설한 것이었다. 치노이는 부시가 김대중 대통령의 설명을 자신을 향한 훈시 내지 강의로 느꼈을 것이라고 말했다. 부시는 김대중 대통령의 말을 듣기는 했지만, 의자에 구부정하게 파묻힌 자세를 유지한 가운데 김대중 대통령 주장의 기본 전제들을 문제 삼으며 북한에 대한 적대감과 햇볕정책에 대한 회의를 표시하는 발언을 쏟아냈다.[8]

낮 12시경 부시와 김대중 대통령이 오찬을 하러 가기 전 백악관 집무실에서 짧은 기자회견이 있었다. 이 자리에서 부시는 김대중 대통령을 '이 사람'(this man)이라고 지칭하면서 말을 시작했고, 이것만으로도 큰 논란을 불러일으켰다.[9] 부시는 이어서 말했다. "나는 북한 지도자에 대해 회의(some skepticism)를 갖고 있습니다. 우리는 그들이 모든 합의의 모든 조건을 준수하는지 확신하지 못합니다."[10] 김대중 대통령도 그날 기자회견에서 부시의 핵심 메시지는 북한 김정일 위원장을 '독재자'(a dictator)로 규정하면서 그를 비판하는 데 집중되었다고 기억했다.[11] 이 기자회견 후 파월 국무장관은 국무부 동아시아 담당 부차관보를 맡은 토머스 허버드(Thomas Hubbard)에게 "눈앞이 캄캄해졌다"(He said he'd been blindsided)고 토로했다.[12]

2001년 3월 7일에 있었던 김대중-부시의 만남은 그렇게 끝났다.

---

8 Chinoy, 2008, p.56.

9 몇 년 후 김대중 대통령은 치노이 기자와 인터뷰에서 그 일을 이렇게 회상했다. "그는 나를 '이 사람'으로 불러서 나를 모욕했다." 치노이 기자에 따르면, 당시 한국인들은 김대중 대통령을 싫어하는 사람들까지도 부시가 김대중 대통령을 대하는 태도에서 심한 모욕감을 느꼈다. Chinoy, 2008, pp.57~58.

10 Chinoy, 2008, p.57.

11 Chinoy, 2008, p.57.

12 Chinoy, 2008, p.58.

북한 지도부는 물론 이날 백악관에서 벌어진 일들에 대한 미국의 언론 보도를 접했을 것이다. 그들은 어떻게 판단하고 어떤 선택을 준비하기 시작했을까. 북한은 필시 부시 행정부가 북한이 제네바합의를 심각하게 위반하고 있다는 어떤 명확한 근거도 확보하기 전에 협상을 중단하고 나아가 제네바합의를 폐기하는 수순에 들어간 것이라고 판단했을 확률이 매우 높다. 실제 부시 행정부는 미리 정책의 기본 방향을 정해놓고 그것을 정당화할 명분을 찾아나서는 행보를 보였다.

부시 행정부는 2002년 10월 켈리 방북을 계기로 결정적인 명분을 찾기 전부터 이미 제네바합의 폐기를 위한 준비 작업에 돌입했다. 부시 행정부는 9·11과 함께 이른바 대테러전쟁을 전개하면서 예방전쟁론과 선제타격정책을 채택했다. 2002년 3월 언론에 공개된 부시 행정부의 「핵태세검토 2001」(NPR 2001)은 이란·이라크·리비아·시리아·러시아·중국 등과 함께 북한을 '핵무기 사용 비상사태 계획'(contingency plans to use nuclear weapons) 수립의 대상 국가로 명시했다.[13] 또 2002년 1월 부시 대통령은 연두 시정연설에서 이란·이라크와 함께 북한을 '악의 축'(axis of evil)으로 규정했다.[14] 부시 행정부는 마침내 2002년 10월 켈리 방북을 계기로 제네바합의를 파기했다.[15]

2002년 여름 CIA는 북한이 농축우라늄을 이용한 비밀 핵 프로그램을 구축하고 있다는 정보를 확보했다고 주장했다. 만일 그게 사실이었다면, 북한의 우라늄농축 시설이란 제네바합의가 2001년 초에 이미 사실상 폐기 위기에 처하면서 북한이 모색했을 대응책과 관계가 있을 수도 있었다. 북한은 한편으로 미국이 공식적으로 제네바합의를 파

13 William M. Arkin, "Secret Plan Outlines the Unthinkable: A secret policy review of the nation's nuclear policy puts forth chilling new contingencies for nuclear war," *Los Angeles Times*(latimes.com), March 10, 2002.

14 George W. Bush, "State of the Union Address," *The New York Times*, January 29, 2002.

15 David E. Sanger, "U.S. to Withdraw from Arms Accord with North Korea," *The New York Times*, October 20, 2002.

기하기 전까지는 그 합의에 따라 봉인된 플루토늄 시설은 그대로 둔 채 제2의 대안을 추구할 강력한 인센티브를 갖게 된 셈이었다. 그것은 미국이 경수로 건설 약속을 지키지 않을 것에 대비한 자체적인 경수로 건설과 그 연료로 쓰일 저농축우라늄을 생산하기 위한 것이기도 했을 것이다. 또 다른 한편으로는 당시 이미 예상되고 현실화되어가는 미국의 대북 강경정책에 대응하는 제2의 핵무장 프로그램을 의식하며 준비하던 것일 수도 있었다. 정말 그게 사실이었다면 부시 행정부는 출범 초인 2001년 초부터 북한을 긴장시킴으로써 대안적인 핵 프로그램을 마련하기 위해 동분서주하게 만들었고, 미국이 그러한 움직임을 포착하기에 충분한 시간이 흐른 2002년 여름에서 가을에 그것을 명분으로 삼아 제네바합의를 파기한 꼴이 된다.

출범 후 첫 1년 동안 대북 선제 핵타격을 담은 핵전략, 선제공격과 예방전쟁을 담은 군사전략 그리고 북한 등을 겨냥한 불량국가론을 앞세운 부시 행정부를 마주한 북한에 우리는 어떤 선택을 기대할 수 있었을까.

2. 부시 행정부의 강경파와 협상파 그리고 라이스

2002년 10월 부시 행정부는 국무부의 동아태 담당 차관보 켈리를 대북특사로 평양에 파견했다. 그와 북한대표들 사이에 어떤 대화가 오고 갔는지는 지금까지도 해소되지 않은 논란의 대상이다. 국가안보보좌관 라이스를 포함한 부시 행정부 관리들이 제시한 공식스토리는 다음과 같다. 2002년 여름 CIA는 북한이 우라늄농축 프로그램을 갖고 있다는 정보를 입수한다. 이를 확인하기 위해 켈리를 북한에 특사로 파견하여 북한 당국에 이를 추궁하자, 외무성 부상(副相) 강석주가 처음에 당황해하다가 곧 그 프로그램의 존재에 대한 미국의 주장을 '인정했다'(acknowledging our claims)는 것이다. 북한은 당시 시점에서 미국이 의심하는 것과 같은 핵무기 개발을 위한 우라늄농축 '프로그램'을 인정한 사실이 없다고 일관되게 부인해왔다. 그런데 미국 정부 주장을 대변한 라이스 자신이 2011년 간행한 회고록에서 스스로 밝힌 경위를 차분히 뜯어보면 부시 행정부 주장을 액면 그대로 믿을 수 없다는 것을 알 수 있다.

라이스는 켈리의 2002년 방북 시점에서 부시 행정부 안에 존재한 협상파와 강경파의 갈등을 먼저 언급했다. 협상파는 파월 장관을 중심으로 국무부에 포진해 있었다. 강경파는 딕 체니(Dick Cheney) 부통령, 럼즈펠드가 장관인 국방부 그리고 국무부의 일부 인사 등으로 구성되어 있었다. 라이스에 따르면 체니 부통령과 국방장관 럼즈펠드는 불량국가들과는 흥정할 가치가 없다고 믿었으며, '체제변화'(regime change)를 이끌어내야 한다고 믿었다. 그러기 위해 제재를 강화해서 북한을 더욱 고립시켜야 한다는 것이 이들 강경파의 기본 주장이었다. 라이스는 "솔직히 부시 대통령도 매파들의 편에 서 있었다"고 말했다.[16] 사실 2002년 부시 행정부의 대북정책은 이들 강경파가 주도했다. 그들은 제네바합의를 어떻게 처리할지를 두고 깊은 고민에 빠져 있었다. 좀더 정확히 말하면 제네바합의를 어떤 방식으로 폐기하고 그들이 선호하는 더 강경한 정책틀을 어떤 외교적 절차를 거쳐서 본격화할지를 고민했다.

라이스는 파월이 장관으로 있는 국무부는 외교적 해법을 모색하는 쪽이었다고 보았다. 그러나 국무부 자체도 내부에 온건파와 강경파로 분열되어 있었다고 그녀는 지적했다. 특히 군비통제·국제안보 담당 국무차관을 맡은 볼턴은 국무부에서 핵확산 대책을 개발하는 부서를 이끌었다. 파월은 볼턴이 네오콘이라는 것을 알면서도 대통령 성향을 존중하여 임명했다. 그런데 볼턴은 자신을 임명해준 파월 장관이 아닌 행정부 내 네오콘들에 충성하는 바람에 국무부 안의 중요한 갈등 요인이었다고 라이스는 밝혔다.[17]

---

16 Condoleezza Rice, *No Higher Honor: A Memoir of My Years in Washington*, New York: Crown Publishers, 2011, pp.158~159.

17 Rice, 2011, p.158.

라이스 자신은 불량국가들에 가차 없는 압박을 가하는 쪽으로 기울어 있었지만 그런 접근으로 일관하는 것도 문제가 있다는 생각을 했다고 한다. 강경정책의 문제를 라이스는 두 가지로 보았다. 첫째, 클린턴 행정부가 1994년 제네바합의에 응할 때 일부 정책결정자들의 생각은 미국이 북한에 합의를 이행해주기 전에 북한이 붕괴할 것이라고 전망했지만, 북한 정권은 무너지지 않았다. 북한 주민들이 영양실조와 억압 그리고 고립에 시달리면서도 김정일 정권에 반란을 일으킬 것으로는 보이지 않았다. 결국 북한 정권을 어떻든 외교상대로 인정하지 않을 수 없다는 것이 라이스 본인의 판단이었다. 둘째, 북한을 완전히 고립시키려는 미국의 정책은 동아시아의 다른 국가들, 특히 중국과 한국의 협력을 확보할 수 없어서 미국과 이들 사이의 지속적인 긴장을 유발할 것이라고 우려했다.[18]

3. 2002년 10월 켈리 방북의 원래 목적과 그 변질

부시 행정부에도 강온파 갈등이 있었다. 그러나 역시 강경파가 크게 우세했던 것은 분명했다. 2002년 3월 부시 행정부가 의회에 통보한 대북정책은 북한이 제네바합의를 이행하지 않는다는 내용을 담았다. 북한이 핵 활동을 완전하고 정확하게 공개하지 않고 있다고 주장했다. 이런 상황에서 켈리 국무차관보를 북한에 특사로 파견하게 된것은 원래는 파월 국무장관이 북한과 외교적 대화를 모색하기 위한 방편이었다. 아버지 부시 행정부 때 주한 미국대사를 지낸 그레그가 평양을 다녀오면서 북한의 메시지를 갖고 온 것이 그 계기였다. 미국이 특사를 보내면 북한이 환영한다는 메시지였다고 한다. 파월 국무장관은 북미가 서로 일련의 단계적 조치들을 해서 북한과 협상을 전개하는 대담한 관여(bold engagement)정책을 주장했고, 그런 맥락에서 파월은 켈리의 평양 방문을 강력하게 주장했다. 부시 대통령은 내

---

18 Rice, 2011, p.159.

켜하지 않았지만, 라이스 보좌관이 그의 승인을 받아냈다. 이제 문제는 켈리가 평양에 가서 어떤 대화를 하느냐였다.[19]

켈리의 방북을 성사시켜 부시 행정부가 공식적으로 북한과 양자 접촉을 하게 된 것은 협상파인 국무장관의 뜻이 관철된 셈이다. 그런데 상황은 역설적으로 변하고 말았다. 실제 켈리가 북한에 가서 한 행동의 내용은 강경파들이 짜놓은 틀이 결정하기 때문이다. 2002년 켈리 방북의 아이러니였다. 이 역전(逆轉)은 CIA가 시작했다. 국무부가 켈리 방북을 준비하던 중 "정보기관들로부터 폭탄이 하나 날아들었다"라고 라이스는 표현했다. 파키스탄 핵무기 프로그램의 대부 압둘 카디르 칸(Abdul Qadeer Khan)이 구축한 핵 확산 네트워크와 북한의 관계에 대한, 라이스가 '불완전하지만 심상찮은 보고들'(incomplete but troubling reports)이라고 표현한 정보를 CIA가 대통령에게 제출한 것이다. 북한이 "전 세계에 걸쳐 우라늄농축을 위한 장비들을 구하는 것으로 의심된다"라는 내용이었다. 9월 초순 CIA 부국장 존 매클로플린(John McLaughlin)이 '생산 규모'(production-scale)—농축우라늄 생산이 가능한 규모—의 우라늄농축 시설을 북한이 건설했다는 평가를 또한 보고했다. 부시 행정부는 제네바합의가 북한의 플루토늄 프로그램을 지연시키는 사이에 북한이 핵무기를 개발하는 다른 수단을 추구하는 것으로 판단했다.[20]

라이스에 따르면, 그때 부시 행정부 안에서는 그 위협이 얼마나 심각한 것이냐를 놓고 상반된 이견이 팽팽하게 맞섰다. "북한이 미국을 심각하게 기만하고 있다(seriously cheating)"는 데에는 모두 같은 의견이었다. 그러나 파월 국무장관은 그것 때문에 북한과 대립함으로써 한반도에서 새로운 위기를 촉발하는 것은 원치 않았다. 다만 파월도 그 시점에서는 켈리 방북을 취소하는 데 동의할 수밖에 없었다.

---

19 Rice, 2011, pp.159~160.
20 Rice, 2011, p.160.

그런데 켈리 방북은 다시 추진된다. 일본과 북한 관계에 일어난 변화가 계기였다. 북일 관계의 변동은 일본인 납북자 문제에서 비롯되었다. 고이즈미 준이치로(小泉純一郎) 수상은 일본인 납북자 문제를 해결하고 북일관계정상화를 모색하기 위해 2002년 9월 17일 평양을 방문했다. 그리고 김정일 위원장과 역사적인 첫 북일정상회담을 했다. 이 만남에서 김정일은 1970년대와 1980년대에 북한 간첩에게 일본어를 교육할 목적으로 일본인들을 납치했다는 사실을 인정했다. 그리고 그 일본인들의 출국을 허용하기로 약속했다. 납북된 13명 중에서 생존자는 5명이었다. 이들 문제는 일본 사회에서 폭발성이 있었다. 일본 외상 가와구치 요리코(川口順子)는 파월 국무장관과 라이스 보좌관에게 미국대표단을 북한에 보내달라고 요구했다. 고이즈미 수상 또한 부시 대통령에게 전화를 걸어 같은 요청을 했다. 백악관 국가안보회의실의 누구도 긍정적이지 않았지만 파월 국무장관은 다시 켈리 방북을 주장했다. 라이스 본인도 북한을 고립시키는 정책은 미국만이 일방적으로 고집하는 한 어떤 결과도 얻을 수 없다고 판단했다. 그녀는 부시 대통령에게 켈리 방북을 건의했다. 이런 우여곡절 끝에 켈리 방북은 마침내 2002년 10월로 확정된다.[21] 이제 문제는 켈리를 통해 북한에 어떤 메시지를 전달할 것인가였다.

미국 외교관이 외국과 민감한 협상을 할 때는 미국 정부의 합의된 정책에 따라 협의를 진행한다. 라이스에 따르면, 백악관 국가안보회의실(NSC)이 협상 의제(talking points)를 포함한 지침을 제시했다. 라이스의 국가안보회의실이 처음에 작성한 지침은 강경파들의 강한 반발을 불렀다고 한다. 너무 '온건하다'(soft)는 것이었다. 특히 체니 부통령과 럼즈펠드의 국방부 그리고 국무부의 볼턴이 분노했다고 한다. 그 바람에 부시 행정부 첫 임기 때 라이스 밑에서 국가안보 부보좌관을 맡고 있던 스티브 해들리(Steve Hadley)—부시 행정부 두

---

21 Rice, 2011, pp.160~161.

번째 임기 때는 라이스가 국무장관을 맡으면서 해들리가 국가안보 보좌관을 맡는다─와 NSC 아시아담당국장인 마이클 그린(Michael Green)이 나서서 훨씬 강경한 지침을 다시 작성했다.[22]

일반적으로 정부에서 켈리와 같은 믿을 만한 협상가를 파견할 때는 굳이 상세한 지침(script)을 내리기보다는 참고사항(points of reference) 정도를 주지만, 이때 백악관이 켈리에게 내린 지침은 '단어 하나하나 그대로'(verbatim) 준수해야 하는 사항으로 주어졌다고 라이스는 밝혔다. 그렇게 지시받은 사항 외에는 북한 사람들과 "어떤 대화도 어떤 방식으로도 해서는 안 되었다." 그것은 "북한대표들과 대화를 피하기 위해 켈리를 테이블 구석으로 몰아낸 꼴"이었다고 라이스는 평했다. 그 지침에 따르면 켈리는 북한 당국자들과 '사교적으로 어울리는 시간'도 가져서는 안 되었다. 그래서 라이스는 평양에서 미국대표단이 북한대표단과 저녁 만찬을 같이하기로 잡았던 일정도 취소하라고 파월 국무장관에게 요청했다. 파월은 불만스러웠지만 그렇게 했다. 라이스는 자신이 깊이 관련된 당시 상황을 이렇게 표현했다. "파월 장관과 국무부는 짧은 고삐에 묶여 있었다. 내 마음속에서는 국무장관이 이런 식으로 취급되어서는 안 되는데 하고 느꼈다."[23]

4. 2002년 10월 평양에서 오간 대화: 미국의 설명

2002년 10월 3~5일에 켈리가 이끄는 미국특사단이 평양에서 한 대화와 그 결과에 대해서도 라이스 회고록은 주목할 정보를 담고 있다. 켈리는 북한이 우라늄농축 프로그램을 갖고 있다는 미국의 의심을 제기하고, 그 프로그램을 해체하기 전에는 대화가 더는 진전될 수 없다고 발언했다. 이에 대한 북한의 반응을 라이스는 이렇게 적었다. "북한 사람들은 우리가 그들의 프로그램을 발견했다는 뉴스에 대비

---

22 Rice, 2011, p.161.
23 Rice, 2011, pp.161~162.

강석주와 김정일.
켈리는 강석주가 북한이 우라늄농축 프로그램을 비밀리에 진행 중임을 시인했다고 주장
했다.

가 되어 있지 못했다. 그들은 처음엔 그 프로그램의 존재를 부인했다. 그러나 다음 날 외무성 제1부상(副相) 강석주가 우리 주장을 사실상 시인하는 프레젠테이션(a presentation effectively acknowledging our claims)을 했다.”[24]

이후 미국 측 대응을 라이스는 이렇게 설명했다. 켈리는 파월 장관과 통화했다. 강석주가 북한 우라늄농축 프로그램의 존재를 인정하는 말을 미국대표단 모두가 들었으며, 한국어 원어민 통역들이 북한 사람들이 비밀 우라늄농축 프로그램을 갖고 있음을 사실상 인정(admit)했다는 데 의견을 같이했다고 전한 것이다. 주어진 대화 지침이 대단히 엄격했기 때문에 켈리는 북한이 그것을 인정한 후 그에 대한 대화를 더 나누지는 못했다고 한다. 그는 그렇게 제한된 대화 중 일어난 상황을 워싱턴에 보고한 것이다. 그 정보는 부시 행정부 안의 누군가에 의해 곧 언론에 유출되었다. 라이스는 정보 유출 배경을 이렇게 밝혔다. “더 협상하는 것에 대한 희망을 완전히 끝장내기 위해 강경파들

---

24 Rice, 2011, p.162.

이 그 전문(電文)을 유출한 것이 나에게는 분명해 보였다."[25]

2002년 10월 초 평양에서 강석주가 미국대표단에게 밝혔다고 미국이 주장하는 북한의 우라늄농축 장비들이 비록 미미했다 하더라도 엄격히 말하면 제네바합의 위반이었다고 할 수 있다. 그러나 그것이 무기급 고농축우라늄을 생산할 목적으로 구축된 본격적인 '프로그램'이었다는 증거는 없었다. 북한이 우라늄농축 장비를 러시아와 중국 등에서 구하고자 노력한 정황은 미국 정보기관이 파악한 대로 사실일 수 있었다. 그러나 그것이 곧 북한이 무기를 생산하기 위한 고농축우라늄 시설을 본격적으로 구축한 것처럼 규정하는 것은 왜곡일 확률이 높았다. 북한의 플루토늄 핵시설 동결 대가로 미국이 제네바합의상 이행해야 할 중유 공급은 늦어지기 일쑤였다. 전력 생산을 위한 경수로 제공 약속 이행도 대단히 지체되었다. 미국 역시 제네바합의를 충실히 이행한 것은 아니다. 그렇다면 북한의 초보단계 우라늄농축 시설에 대한 의혹은 북미 양측 모두 제네바합의를 좀더 완전하고 정확하게 이행하기 위해 정치외교적 협상의 대상으로 삼는 것이 합리적 선택일 수 있었다.

강석주의 '프레젠테이션'이라는 것에 대한 켈리 버전은 그가 평양에서 돌아온 지 약 2주 뒤 한 기자회견에서 언론에 공개되었다. 켈리에 따르면, 북한은 그 (미미한) 우라늄농축 프로그램을 포기할 것이라고 말했다. 그 대신 미국이 북한을 침략하지 않을 것을 보장하고 평화조약을 체결하여 북한 정권을 인정할 것을 요구했다. 켈리는 그 제의를 단호하게 거부했다고 밝혔다. 켈리는 또한 북한이 우라늄농축 시설을 갖고 있다는 증거 때문에 북미관계 개선을 위한 협상은 더 없다는 점을 분명히 밝혔다고 말했다.[26] 시걸은 이때 북한이 밝힌 대미 요

---

25 Rice, 2011, p.162.

26 Doug Struck, "Nuclear Program Not Negotiable, U.S. Told N. Korea," *The Washington Post*, October 20, 2002.

구조건을 다음과 같이 재정리했다. "북한은 플루토늄 생산과 우라늄 농축 시설 모두를 포기하는 대신 미국에 외교적 승인과 핵무기 불사용을 포함한 법적인 불가침보장 그리고 북한 경제발전을 방해하는 행위 중단 등을 요구했다. 켈리는 이 제안을 거부했다."[27]

5. 제네바합의 파기와 북한의 대응:
핵 보유는 주장하고 우라늄 핵 프로그램은 부인

켈리의 방문으로 확보된 '북한의 시인'으로 미국 강경파들이 숙원(宿願)했던 '북한과 모든 대화의 완전한 끝장'이라는 염원은 마침내 달성되었다. 미국은 2002년 11월 해마다 북한에 보내기로 되어 있던 중유(heavy oil) 50만 톤의 공급을 중단하는 조치를 취했다.

이에 대한 북한의 맞대응도 이어졌다. 2003년 1월 9일 북한은 핵비확산금지조약에서 탈퇴한다고 선언했다.[28] 평양은 2003년 2월 재처리 시설을 가동한다는 계획을 발표하면서 2002년 12월 31일 영변 핵시설을 감시하는 역할을 맡아 상주하던 IAEA의 사찰관들을 추방했다. 이어 핵시설들에 설치된 봉인과 감시카메라들을 제거했다. 그리고 저장고에 보관되어 있던 사용후 핵연료봉들을 꺼내기 시작했다.

그러자 미국은 2003년 1월 22일 북한에 다자협의를 처음으로 제의했다. 1월 23~25일 그 첫 출발이라 할 수 있는 북한·미국·중국이 참여하는 3국 회담이 베이징에서 열렸다. 이 회담장에서 북한은 핵무기를 보유하고 있다고 미국대표단에 밝혔으며 핵무기를 다른 나라에 이전할 수 있다는 위협도 했다고 파월 미 국무장관이 2003년 4월 30일 열린 미 상원 예결위원회에서 밝혔다.[29]

---

27 Sigal, August 22, 2017.

28 Laney and Shaplen, 2003.

29 이 회담 중 북한대표단은 미국대표단에 북한은 핵무기 프로그램들을 제거하고 미사일 수출도 중단할 용의가 있음을 밝혔다고 미국무부의 바우처 대변인이 한국의 주유엔대사에게 2003년 4월 28일 밝힌 바 있다. 그 대가로 북한이 요구한 것

2003년 10월 2~3일에 북한은 두 가지 성명을 냈다. 먼저 사용후 핵연료인 폐연료봉에 대한 재처리작업을 2003년 6월 완료했다고 밝혔다. 또 사용후 핵연료를 북한의 핵억지력을 증대하는 방향으로 전환 사용하겠다고 했다. 앞으로도 필요하다고 판단되면 사용후 핵연료봉을 추가로 재처리하겠다고 선언했다. 그러나 북한은 2002년 10월 켈리 방북 당시 켈리에게 북한의 농축우라늄을 이용한 비밀 핵무기 프로그램을 시인했다는 사실을 누누이 부인했다. 미국 정부가 왜곡했다는 것이다. 북한 스스로 '핵억지력'을 보유하고 있다고 선언한 이후에도 농축우라늄을 이용한 핵무기 프로그램의 존재는 일관되게 부정했다. 플루토늄을 이용한 핵무기 프로그램을 스스로 인정하고 선언한 반면에 농축우라늄 핵 프로그램은 부인한 것이다.

이 과정에서 우리는 북한이 제네바합의 파기 이후 자신의 핵 프로그램에 대해 크게 두 가지 견해를 표명해온 것을 파악할 수 있다. 첫째, 북한은 자신의 핵무기 보유를 공개적으로 내세웠다. 그로써 2003년 3월에 미국이 이라크에 대해 전개한 침략전쟁이 북한에도 전개될 위험을 억지하려는 수단으로 삼았다고 볼 수 있다. 북한이 스스로 공개적으로 밝힌 '핵무기 보유'는 미국이 제네바합의를 파기하는 데 따른 정당한 대응일 뿐이라고 주장했다. 둘째, 북한은 다른 한편으로는 자신이 고농축우라늄을 이용한 비밀 핵무기 프로그램을 운영하고 있다는 미국 주장을 거짓과 왜곡으로 규정했다. 북한이 고농축우라늄 프로그램을 일관되게 부인한 것이다.

이로부터 우리는 2000년 10월 강석주가 켈리에게 시인했다는 북한의 우라늄 프로그램의 성격이 무엇이었는지 짚어볼 필요가 있다. 후술하겠지만 2010년 북한의 우라늄농축 시설이 세상에 공개되었다. 북

은 중유공급재개, 제네바합의에서 약속한 모든 원자로 완성, 북미관계정상화 그리고 불가침보장 등이었다. Paul Kerr, "The North Korea Crisis: A Chronology," *Arms Control Today*, 2004(www.armscontrol.org).

한은 그 시설을 전력 생산을 위한 경수로 발전소에 저농축우라늄 연료를 공급하기 위한 것으로 평화적 핵 이용 시설이라고 주장했다.

2002년 10월 시점에서 강석주가 우라늄 프로그램의 존재를 인정하고 그것을 포함한 핵무장 포기를 대가로 미국에 외교관계정상화와 불가침 보장을 요구했다는 켈리 주장이 사실이라고 전제하면, 북한이 그 시점에서 일정한 우라늄 프로그램을 갖고 있었다고 보는 것이 합리적이다. 그러나 북한이 플루토늄에 기반한 핵 보유를 주장한 반면, 우라늄농축을 이용한 비밀 핵무기 프로그램은 일관되게 부인해왔다는 사실 또한 유념하면, 강석주가 '시인'한 우라늄 프로그램은 매우 초보적인 수준의 그리고 평화적 이용을 염두에 둔 저농축우라늄 생산용의 아주 제한된 시설이었을 것이라고 판단할 수 있다.

그렇다면 미국은 강석주가 부분적으로 인정했을 법한 제한된 수준의 저농축우라늄 프로그램에 대한 북한의 '시인'을 빌미로 북한이 '고농축우라늄을 이용한 핵무기 프로그램'을 비밀리에 운영해오다가 켈리가 제시한 미국의 정보에 굴복해 그 사실을 인정했으며, 그것으로 미국과 협상하려 했다는 식으로 과장하고 왜곡하는 길을 선택했을 가능성을 완전히 배제할 수는 없다.

부시 행정부는 2002년 10월 '북한의 시인'을 근거로 제네바합의를 정식으로 폐기하기 전에 그리고 그러한 정책 전환을 뒷받침할 만한 대북 정보를 확보하기 전에 이미 2001년 정권 출범 초부터 북한과 협상을 중단하고 제네바합의를 폐기할 작정을 하고 있었다. 그 증거는 앞에서 이미 논의한 바로도 충분하다고 생각한다. 부시 행정부는 그러한 목적을 관철하기 위해 매우 미미한 수준의 정보를 빌미로 2002년 10월 켈리를 파견해 북한을 압박했고, 강석주가 인정한 제한적인 전력 생산 목적의 우라늄 프로그램을 비밀 핵무기 프로그램으로 과장해 제네바합의 자체를 파기하는 명분으로 삼았을 개연성이 있다고 필자는 판단한다. 그렇게 제네바합의가 파괴된 결과 북한은 제네바합의에 따라 봉인했던 플루토늄 핵시설을 가동해 플루토늄 기반의 핵무장으로 나아갔고, 우라늄농축 프로그램도 본격화해 8년 후에는 대규모 시설로 확장되기에 이르렀다고 생각된다.

이러한 판단이 타당성이 있을 가장 기본적 요건은 2002년 10월 이전에 CIA가 북한의 우라늄 프로그램에 대해 갖고 있던 정보란 지극히 미미하고 불완전한 것이었다는 점을 밝히는 일이다. CIA가 제네바합의 파기라는 목표와 결론을 먼저 정해놓고 미미한 정보를 과장해 북한을 압박하고 그 결과를 왜곡한 것으로 판단하는 근거는 세 가지다.

첫째, 2003년에서 2004년에 이르는 기간에 미국이 북한의 우라늄 무기 프로그램 의혹을 빌미로 제네바합의를 파기한 이후, 중국 정부는 미국이 그러한 정책을 정당화할 수 있는 신뢰할 만한 근거를 제시하지 못하는 것을 강력하게 비판했다. 미국 내 언론들도 미국 정부가 갖고 있는 정보의 문제점들을 날카롭게 지적했다.

둘째, 2004년 3월 미 의회조사국이 북한 우라늄농축 프로그램에 대해 미국 정부가 갖고 있는 정보 수준을 평가해 제출한 보고서다.

셋째, 칸이 북한과 농축우라늄 기술을 거래했다는 자백을 둘러싼 논란 그리고 그에 대한 페르베즈 무샤라프(Pervez Musharraf) 당시 파키스탄 대통령의 회고록은 2002년 10월 시점에서 미국의 관련 정보는 라이스 표현 그대로 지극히 '불완전한 것'이었음을 재확인해준다.

이 포인트들을 각각 절을 달리해서 짚어본다.

6. 2003~2004년 미국의 정보평가에 대한 중국과 미국 언론의 문제 제기

자연 상태의 우라늄은 핵분열 가능한 동위원소 $U235$를 0.7퍼센트라는 아주 낮은 농도로 포함하고 있다. 나머지는 모두 $U238$이다. 그 것을 가공해서 $U235$의 비중을 높이는 작업이 농축(enrichment)이다. $U235$의 비중을 5퍼센트까지 높이면 원자력 발전에 필요한 저농축우라늄이 된다. 무기급 핵물질이 되려면 $U235$의 비중이 90퍼센트까지 높아져야 한다. 그렇게 농축하는 시설의 하나가 원심분리기

(centrifuge)다. 원심분리기 실린더 안의 회전자가 우라늄 가스를 초고속으로 회전시킴으로써 U238 성분에 비해 미세하게 더 가벼운 U235를 분리해낸다. 각 원심분리기는 지극히 적은 양의 우라늄 가스를 농축할 수 있다. 그래서 사용 가능한 농축우라늄을 생산하려면 원심분리기가 수천 개 필요하다.[30] 이 원심분리기가 불러일으킨 북미 간 논란이 2002년 한반도 핵문제의 향방을 결정하게 된다.

북한이 오늘날 대규모 우라늄농축 시설을 갖고 있다는 것은 2010년 이후 분명해진다. 그러나 그것이 미국 주장대로 핵무기용 고농축우라늄 시설인지는 현재까지 단정하기 어렵다. 북한이 2006년 이래 2017년 9월까지 행한 여섯 차례 핵실험이 고농축우라늄을 이용한 것이라는 명백한 증거를 미국을 포함한 국제사회는 확보하고 있지 않다. 2013년 2월 12일 제3차 핵실험 때 해외 전문가들은 이 실험이 우라늄 프로그램을 내포했을 가능성에 의문을 많이 제기했지만, 2017년 9월 제6차 핵실험이 이루어진 뒤까지도 북한이 고농축우라늄을 이용한 핵실험을 했다는 명확한 증거는 제시된 일이 없다.[31] 북한은 2010년 우라늄농축 시설을 공개하면서 그것은 전적으로 핵을 평화적으로 이용하기 위한 시설이라고 강조해왔다. 미국의 비영리단체 군축협회가 2017년 10월 현재까지 파악한 바로는 북한이 우라늄농축 시설을 갖고 있으나 그것이 핵무기용 고농축우라늄 프로그램인지는 확인된 바 없다고 보았다.[32]

해리슨이 2008년 글에서 지적했듯이, 핵비확산금지조약은 비핵국가들이 원자력 발전을 평화적으로 이용하려고 저농축우라늄 시설을 갖추는 것을 금지하지 않는다. 다만 제네바합의에서 북한은 '모든 핵

---

30 Gordon Corera, *Shopping For Bombs: Nuclear Proliferation, Global Insecurity, and the Rise and Fall of the A.Q. Khan Network*, Oxford: Oxford University Press, 2006, p.6.

31 BBC, "North Korea nuclear tests: What did they achieve?" September 3, 2017(http://www.bbc.com/news/world-asia-17823706).

32 Arms Control Association, "Nuclear Weapons: Who Has What at a Glance," *Arms Control Today*, Updated October 2017(https://www.armscontrol.org/factsheets).

프로그램'을 공개할 의무가 있는 것으로 했기 때문에 2002년 당시 우라늄농축 시설을 갖고 있었다면 그것을 공개할 의무가 있었던 것도 사실이다.[33]

미국은 북한의 우라늄농축 무기 프로그램에 대한 자신의 주장을 뒷받침할 설득력 있는 근거를 국제사회에 제시하지 못했다. 미국은 한국과 일본을 포함한 동맹국들에 그리고 6자회담에 참여하는 중국에도 설득력 있게 제시하지 않았다. 2004년 6월 중국 외교부 부부장(副部長) 저우원중(周文重)은 북한이 농축우라늄을 이용한 핵무기 프로그램을 갖고 있다는 부시 행정부 주장을 공개적으로 비판했다. 저우원중은 북한 핵문제를 다루는 6자회담을 두 차례에 걸쳐 주최했으며 세 번째 6자회담을 준비하는 중국에 북한이 핵무기를 개발하기 위한 우라늄과 플루토늄 프로그램들을 모두 갖고 있다는 사실을 미국이 설득하지 못했다고 주장했다. 그는 이렇게 말했다. "우리는 우라늄 프로그램에 대해 아무것도 알지 못한다. 그것이 존재하는지 우리는 모른다. 지금까지 미국은 이 프로그램에 대해 믿을 만한 증거를 제시하지 않았다."[34] "만일 북한이 우라늄 프로그램을 갖고 있는 것으로 판명되면 그 문제도 6월 말까지는 개최하고자 힘쓰는 핵 회담의 안건으로 포함시키는 데 중국도 동의할 것이다. 그러나 그런 프로그램이 존재했다는 좀더 결정적인 증거를 제시할 수 없다면 부시 행정부는 그 프로그램에 대한 주장을 핵 회담을 막는 구실로 이용하는 일을 중단해야 한다." 이것이 저우원중의 공개적 주장이었다.

북한의 우라늄 핵무기 프로그램과 관련한 부시 행정부 주장은 미국에서도 많은 의문을 불러일으켰다. 카네기국제평화기금의 한 분석보고서는 미국 정부가 북한이 우라늄농축 장비를 수입했다는 증거를 갖고

---

33 Selig S. Harrison, "What A.Q. Khan Knows," *The Washington Post*, January 31, 2008.

34 Joseph Kahn and Susan Chira, "Chinese Official Challenges U.S. Stance on North Korea," *The New York Times*, June 9, 2004.

있다고 주장하지만 그 정보를 동맹국들과 공유하지 않았으며 (칸이 했다는 진술 이외에 독립적으로) 북한에 농축시설이 있다는 어떤 직접적 증거도 아직까지 발견한 바가 없다는 사실을 지적했다. 그렇기 때문에 "중국과 남한의 관리들도 이제는 북한에 비밀 우라늄농축 능력이 있다는 미국 주장에 공개적으로 의문을 제기하고 있다"고 했다. 바로 이점이 핵위기를 해결하려는 한국의 노력을 막고 있다고 지적했다.[35]

미국 정부가 북한 농축우라늄 프로그램에 대한 증거를 갖고 있다면 그것을 왜 동맹국을 비롯한 국제사회에 공개하지 못했는가. 적어도 두 자기 설명이 제시되었다. 하나는 2004년 3월 2일 미 상원 외교위원회 증언에서 켈리가 말한 것이다. 리처드 루가(Richard Lugar) 위원장이 북한 농축우라늄 프로그램이 어떤 상태에 있느냐고 물었고, 켈리는 이렇게 답했다. "지난주 베이징 회담에서 … 사실은 김계관 북한대표가 개인적으로 내게 '왜 당신들은 우리의 우라늄농축에 대해 증거를 대지 않느냐?'고 물었다. 본인은 이렇게 답해주었다. '김 부장, 우라늄을 농축하려는 나라들은 그것을 숨기기가 플루토늄보다 훨씬 쉽다. 우리가 알고 있는 정보를 다 알려주면 당신들이 그것을 숨기기가 더 쉬워질 것 아니냐.'"[36] 또 하나는 케네스 퀴노네스(Kenneth Quinones)의 설명이다. 퀴노네스는 "미국이 고농축우라늄에 대해 파키스탄의 칸 박사 진술 외에 추가 증거를 보여주면 북한이 미국과 고농축우라늄 문제를 논의할 것이라고 확신한다. 그러나 미국이 그 증거를 제시하면 파키스탄 정부가 연루된 것이 드러나게 되는데 지금은 파키스탄을 보호해야 하기 때문에 그렇게 하지 못한다."[37]

35 Jon Wolfsthal and Joseph Ciricione, "The President's Proliferation Pitch," Carnegie Analysis, Carnegie Endowment for Intgernational Peace, July 13, 2004(www.ceip.org).

36 Kison(korean information service on net), ifins.org/pages/kison-archive-kn545.htm.

37 『연합뉴스』, 「미, 북핵이냐 파키스탄 보호냐 아직 선택 못했다」, 2004. 6. 30.

둘 모두 설명이라고 하기에는 궁색하기 짝이 없었다. 켈리의 말은 미국 정부가 북한의 농축우라늄 프로그램에 대한 어떤 실질적 증거도 북한 당국에 제시한 일이 없다는 것을 인정한 것과 다름없었다. 그렇다면 2002년 10월 켈리가 북한을 방문해 미국이 갖고 있는 변명의 여지없는 증거를 들이대자 북한이 당혹 속에 농축우라늄 프로그램의 존재를 시인하고 말았다는 부시 행정부 주장은[38] 근거 없는 것이었다는 말이 된다.

퀴노네스의 설명 역시 설득력이 없었다. 미국 정부가 파키스탄과 북한 사이의 농축우라늄 거래에 대한 증거를 공개한다고 해도 파키스탄 정부를 보호하는 방식으로 할 방도는 있었다고 볼 수 있다. 파키스탄의 칸연구소(Khan Research Laboratories: KRL)가 이란·리비아와 농축우라늄 거래를 했다는 사실이 공개된 2004년 2월 미국 무부는 그것은 이미 과거 일이라면서 파키스탄 정부를 두둔한 적이 있다. 파키스탄과 북한의 거래에 대해서도 그런 사실이 있다면 그역시 과거 일로 치부하면 되었다. 9·11 이후 미국의 대테러전쟁에 파키스탄 정부가 얼마나 긴밀한 동맹국이 되었는지를 강조함으로써 면죄부를 부여할 수도 있었다. 파키스탄 무바라크 군부 정권이 1998년 핵폭탄 실험을 하여 세계의 핵비확산체제를 위기에 빠뜨렸을 때조차 미국은 미미한 제재를 하는 데 그친 바 있다. 9·11 직후 미국은 아프가니스탄전쟁을 벌이는 과정에서 그나마 있던 파키스탄에 대한 제재조차 완전히 해제했다. 그런 미국 정부가 북한에 대한 농축우라늄 거래와 관련해 파키스탄 정부를 면책할 방도가 없어서 대

---

38 미국 공영방송 PBS에 따르면, 켈리의 북한 방문은 북한이 고농축우라늄 방식의 핵무기 개발 프로그램을 진행하고 있다는 증거에 기초해 이를 확인하기 위한 것이었다고 한다. 켈리가 북한 당국자들에게 미국이 갖고 있는 증거를 제시하자, 북한 관리들은 "미국이 얼마나 많이 알고 있는지에 대해 명백히 놀라서 고농축우라늄 핵무기 프로그램의 존재를 시인했다"라고 했다. PBS, "Kim's Nuclear Gamble: Could North Korea Have a Bomb?," April 11, 2003.

칸과 칸연구소의 마크.
미국은 파키스탄 핵무기 프로그램의 대부 칸이 북한
에 핵무기 관련 정보를 넘겼을 것이라고 생각했다. 하
지만 결정적인 증거는 찾지 못했다.

북 국제압력 행사에 결정적 지렛대가 될 증거를 공개하지 못한다는
추정은 설득력이 없었다.

미국 정보기관은 미국이 2002년 여름부터 북한이 파키스탄에 탄
도미사일과 그 청사진을 주는 대신 파키스탄에서 고강도 알루미
늄(high-strength aluminum)을 구해갔다고 흘리기 시작했다.[39] 미
CIA는 2002년 6월, 미국 정부 내부의 극히 제한된 부서에만 배포되
는 '1급비밀 민감 정보'(Top Secret S.C.I.[sensitive compartmented
information])로 분류된, 대통령에 보고하는 '국가정보평가'(National
Intelligence Estimate: NIE)에서, 북한이 핵무기 제조용 우라늄을 생
산할 수단을 비밀리에 얻고 있으며, 탄두 디자인 정보와 무기 실험 데
이터 등을 포함한 기술을 1997년부터 파키스탄이 북한에 제공하고
있다고 보고했다.[40] 또 2002년 10월 시점에서 미국 정부가 언론에 공

39 PBS, "Kim's Nuclear Gamble: Could North Korea Have a Bomb?," April 11, 2003.

40 Seymour Hersh, "The Cold Test," *The New Yorker*, January 20, 2003.

개한 내용은 북한이 우라늄을 핵폭탄으로 농축(enrich)하는 장비를 생산하는 데 필요한 고강도 알루미늄 다량을 '수입하려 시도한다'는 사실을 발견했다는 것이다.[41]

그런데 미국이 우라늄농축용 원심분리기 시설에 쓰인다고 주장한 알루미늄관(aluminum tubes)은 핵무기용뿐 아니라, 예컨대 로켓포(artillery rockets)와 같은 재래식 무기를 제조하는 데에도 쓰인다고 무기 전문가들이 지적하고 나섰다.[42] 2002년 미국은 이라크를 공격할 준비를 하면서 그 명분을 찾으려고 이라크가 해외에서 알루미늄관을 수천 개 획득하려 했다고 주장하면서 그 근거 문서들을 IAEA에 제출했다. 그러나 IAEA가 이라크에 대해 몇 년간에 걸쳐 실시한 사찰 끝에 2003년 3월 7일 발표한 보고서가 내린 결론은 "미국이 제공한 이라크 핵무기 개발 프로그램에 대한 증거는 IAEA의 검토 결과 신빙성이 없다"라는 것이었다. 미국은 이라크가 농축 프로그램을 위해 사용할 목적으로 알루미늄 튜브를 수입하고 특수자석을 생산하거나 수입하려 했다고 주장했으나, 그런 증거가 없다는 것이었다. 또 이라크가 농축우라늄을 수입하려고 니제르(Niger)와 접촉했다는 증거라고 문서를 제시했으나, 이 문서들은 미국 정부가 위조했다는 사실이 드러났다. 미국 언론인 시모어 허시(Seymour Hersh)에 따르면, IAEA의 한 고위관리가 그 문서들이 너무나 조잡하게 조작되어 미국 CIA 같은 중요한 정보기관이 어떻게 그리 허술하게 문서를 조작했는지 놀랐다는 취지의 말을 할 정도였다.[43] 핵무기는 물론이고 생화학무기 의혹에 대한 미국의 주장과 증거라는 것들 역시 그런 수준일 가능성이 있었다.[44]

---

41 Joby Warrick, "U.S. Followed the Aluminum: Pyongyang's Effort to Buy Metal Was Tip to Plans," *The Washington Post*, October 18, 2002.

42 Warrick, 위의 기사.

43 The Sunflower(Online Newsletter of the Nuclear Age Peace Foundation), April 2003(No.71).

44 이라크의 대량살상무기 폐기 계획 담당 대통령 보좌관이었던 알 사디 중장은 2003년 4월 12일 미군에 자수했다. 그는 미군에 자수했으면서도 "이라크에는 생

2002년 6월 대통령에 대한 CIA 정보보고는 북한의 핵무기 개발 문제가 심각한데도 부시 행정부가 이라크전쟁에 집중하면서 북한 핵무기 의혹에 적절히 대처하지 못한다는 논란까지도 미국 행정부와 정치권 안팎에서 불러일으켰다.[45] 그 CIA 보고서를 처음으로 보도한 허시 기자도 북한의 핵무기 개발 행위에 대해 부시 행정부의 일관성 있고 확고한 대응을 촉구했다. 그런데 허시 자신도 2002년 6월 CIA 정보보고가 북한 핵무기 개발 의혹의 실제에 대해 여러 가지 모순되고 모호한 해석의 여지를 두었다는 사실을 지적했다. 그에 따르면, 이 CIA 보고서는 "1994년의 경우에도 북한이 실제 핵탄두를 만들기 시작했는지 알 수 없었으며, 그것은 현재도 마찬가지"라고 밝혔다. 또 허시 기자는 "북한이 핵탄두를 몇 개 만들 능력이 있는지 그리고 북한이 현재 실제 핵탄두를 만들고 있는지에 대해 CIA, 국방부, 국무부, 에너지부(핵무기관리 담당)가 저마다 서로 모순되게 평가한 것을 그 보고서는 담고 있다"라고 실제 그 보고서를 읽은 관계자들을 인용해 밝혔다.[46]

이외에도 2002년 켈리 방북을 계기로 북한과 제네바합의를 파기하기에 이른 것이 확고한 증거에 기초했다는 부시 행정부 주장이 근거가 없음을 시사하는, 당시 미국은 북한의 농축우라늄 프로그램에 대해 신빙성 있는 증거를 확보한 것이 아니었음을 말해주는 증언은 더 있다. 2003년 미국의 한 주요 일간지는 1989년 CIA에서 은퇴한 후 주한 미국대사로 근무한 적이 있는 그레그가 '북한은 추적하기가 비상하게 어려운 대상'이라고 한 말을 빌려 북한에 대한 미국 정보기관의 분석은 '추정'(guessing) 수준이라는 것을 강하게 시사했다.[47] 2004

물무기나 화학무기가 없으며 따라서 미국이 이라크를 공격할 이유가 없었다"고 밝혔다(『동아일보』, 2003. 4. 13). 후세인 정권의 몰락과 패전에 이르도록 이라크는 그러한 무기를 사용하지 않았으며, 미군이나 영국군은 그들이 전쟁 명분으로 삼았던 그 무기들의 존재를 아직도 입증하지 못하고 있다.

45 Hersh, 앞의 글.
46 Hersh, 앞의 글.
47 "N.Korea Keeps U.S. Intelligence Guessing," *USA Today*, March 11, 2003.

년 3월 미 의회조사국의 북한 대량살상무기 관련 미국의 정보 분석에 대한 평가보고서가 그런 맥락에서 이 언론의 지적을 상기한다는 사실은 매우 의미심장한 것이다.[48]

7. 2004년 3월 미 의회조사국 보고서

2004년 3월 미 의회조사국은 파키스탄과 북한 사이의 핵무기와 미사일 관련 거래의 진상에 대해 미국 정보기관들이 갖고 있는 정보의 설득력을 평가하는 보고서를 의회에 제출했다. 미국이 칸의 자백이라고 하는 새로운 근거를 내세우기 전에 미국 정보기관들이 갖고 있던 정보의 신빙성을 미 의회조사국이 평가한 것이었다. 매우 흥미로운 점은 이 보고서가 기본적으로 북한이 미국 정부가 주장하는 수준의 농축우라늄 프로그램을 갖고 있는지에 대해 그리고 파키스탄 칸연구소와 북한의 관계에 대해 CIA가 갖고 있던 정보의 객관성을 회의했다는 사실이다.

이 보고서에 따르면, CIA가 북한의 농축우라늄 프로그램에 대해 확증이 있는 것처럼 주장하기 시작한 때는 2004년 들어서였다. 2002년 11월에 CIA가 의회 참모진에게 배포한 보고서 내용은 그러한 확신을 제시하지는 않았는데, 이런저런 증거라는 것들을 열거했다. 2002년 11월의 CIA 보고서에서는 "미국은 북한이 지난 몇 년에 걸쳐 우라늄농축 작업을 해왔다고 의심해왔으며, 북한이 원심분리기 시설을 건설하기 시작했다는 분명한 증거를 '최근에' 확보했다"고 밝히고, 북한이 2000년 원심분리기에 기초한 우라늄농축 프로그램을 시작했다고 주장했다.[49] 더 나아가 이 CIA 보고서는 북한이 "원심분리기 관련 재료를 대량으로 찾기 시작했고, 또한 우라늄의 투입과 회수 시스템

---

48 CRS report by Squassoni, 2004, p.6.
49 Untitled working paper on North Korea's nuclear weapons and uranium enrichment distributed by CIA to Congressional staff on November 19, 2002. From CRS report by Squassoni, p.2.

(uranium feed and withdrawal systems)에서 사용하는 데 적절한 장비를 확보했다"고 지적했다. 이 보고서는 또 "북한은 풀가동하게 되면 —풀가동 시기는 빠르면 2005년경(mid-decade)—해마다 두 개 이상의 핵무기를 만들 수 있는 핵무기급 우라늄을 생산할 수 있는 공장을 건설하는 것을 파악했다"고 주장했다.

그러나 부시 대통령과 CIA의 이 같은 주장에도 불구하고 위의 의회조사국 보고서에 따르면, 미 정보기관들이 제시하는 근거들은 다분히 '추정' 수준에서 크게 벗어나지 못하는 것이었다. 마치 CIA가 북한의 우라늄농축 시설 건설과 장비 획득에 대한 증거를 확보한 것처럼 언론에 보도되었지만, '명백한 증거'로 제시된 것들이 근거로서 가진 한계를 날카롭게 지적했다. CIA가 말한 원심분리기 시설 건설에 관한 '분명한 증거'라고 한 것이 건설현장 사진들을 의미할 수도 있지만, CIA가 북한이 공장을 건설하기 시작했다는 것을 알게 되었다 (learned)고 한 표현이 매우 애매하여 그러한 정보가 탈북자에게서 얻어들은 것에 불과할 개연성이 있다고 지적한 것이다. 또 미국 정보기관 관리들에 따르면, 이 보고서는 또한 CIA가 북한이 어디에서 우라늄을 농축하는지 모른다는 점에 주목했다. 국무부의 한 관리는 북한 농축우라늄 시설 현장일 가능성이 있는 곳을 세 군데로 압축해서 보고 있다고 했다. 그런가 하면 외부관찰자들은 용조리, 하갑, 태천, 평양, 천마산이 모두 잠재적인 농축시설 현장일 가능성이 있다고 주장한다는 것이다. 1999년 중국 관리들에 심문을 당한 한 탈북자는 북한이 천마산 밑에서 비밀리에 우라늄 처리작업을 하고 있다고 주장한 바 있다고 했다. 말하자면 미국 정보기관들이 갖고 있다는 '증거'라는 것들이 증거로서 갖는 한계를 이 의회조사국 보고서가 예시한 것이다. 더구나 이 보고서는 하갑을 촬영한 상업위성 사진들도 터널 입구를 보여줄 뿐 그 이상 아무것도 드러내지 못했다고 지적했다.[50] CIA

---

50 CRS report by Squassoni, p.6.

의 2002년 11월 문건 역시 북한이 우라늄농축 시설 장비를 구하러 다닌다는 것과 실제 그런 장비를 확보했느냐는 별개 문제라는 것을 인정했다고 이 의회조사국 보고서는 밝혔다.

아울러 이 의회조사국 보고서는 북한의 농축우라늄 핵무기 개발 프로그램에 대한 미국의 정보평가가 갖는 한계를 지적하기 위해서, 비밀 우라늄농축 프로그램은 비밀 플루토늄 생산 프로그램에 비해서 탐지하기 훨씬 어렵다는 사실을 강조했다. 플루토늄 생산에 필요한 원자로와 재처리시설은 원거리 탐지가 가능한 특징이 있다. 반면에 우라늄농축 시설은 사용되는 기술에 따라 차이가 있을 수 있지만 기본적으로 그러한 특징이 없어 위성 탐지가 어렵다. 특히 원심분리기를 이용하는 농축시설은 규모가 작고 환경적으로 표시 나는 배출물이 거의 없으며 작업하는 데 필요한 에너지가 소량에 불과하다.[51]

이 의회조사국 보고서는 북한이 파키스탄에서 농축우라늄 기술과 시설을 제공받았다는 정보들 역시 명백히 제시된 증거들이 없다고 말했다. 결론적으로 이 보고서는 "현재로서는 파키스탄이 (북한에) 어떤 지원을 제공했는지를 밝힐 만한 비밀 해제된 상세한 정보는 없다"고 말했다.[52] 파키스탄이 북한에 핵기술을 제공했다는 언론 보도들은 모두 확인되지 않았다고 했다.[53] 또 대부분 분석에 기초할 때, 북한은 현재 완성

---

51 CRS report by Squassoni, p.6.
52 CRS report by Squassoni, p.6.
53 이 보고서는 서방에서 이런저런 정보관리들이 흘렸다는 정보에 기초한 언론보도들을 소개했다. 원심분리기 회전자(centrifuge rotor) 조립에 관한 완전한 설계 패키지를 파키스탄이 북한에 넘겼다는 보도가 있는가 하면, 한 일본 언론은 파키스탄이 2,000~3,000개 정도 원심분리기 회전자를 북한에 수출했다고 보도하기도 했다("CIA Assessment on DPRK Presumes Massive Outside Help on Centrifuges," *Nuclear Fuel*, November 25, 2002). 그런가 하면 미국의 『워싱턴포스트』는 북한이 고강도 알루미늄과 상당한 건설 활동을 한 것 때문에 미국이 경계심을 갖기 시작했다고 보도하기도 했다("U.S. Followed the Alluminium; Pyongyang's Effort to Buy Metal was Tip to Plans," *Washington Post*, October 18, 2002). 2004년 2월 『로스엔젤레스타임스』는 칸에 대한 조사에 참여한 파키스탄 관리가 북한이 1997~2000년에 P-1 원심분리기 부품들을 주문했다고 말한 것으로 보도했다

된 농축우라늄 공장을 갖고 있지 않다고 이 보고서는 결론지었다.[54]

다만 이 보고서 역시 북한이 실제 농축우라늄을 이용한 비밀 핵무기 개발 프로그램을 추진해왔을 가능성을 상정했다. 물론 그것은 가정이라는 전제하에서였다. 주목할 점은 북한이 플루토늄을 이용한 핵무기 개발을 해왔다고 하면 농축우라늄을 이용한 핵무기 개발 프로그램의 의미는 무엇이냐는 의문을 이 보고서가 검토했다는 것이다. 2002년 10월 이후 미국은 북한이 농축우라늄을 이용한 비밀 핵무기 개발 프로그램을 추진함으로써 제네바합의의 취지를 위반했다고 주장하면서 중유 공급 중단 등 강경책을 썼고, 그 결과 북한은 NPT를 탈퇴했다. 이 탈퇴는 2003년 4월 10일 공식적으로 발효되었다. 북한은 2003년 4월 플루토늄 재처리를 성공적으로 진행하고 있다고 선언했다. 2004년 1월에는 재처리작업이 2003년 1월 중순에 시작되어 2003년 6월 말에 종료되었다고 미국에서 온 비공식 방문단에 밝혔다.[55] 북한이 핵무기를 하나 또는 두 개 제조했거나 적어도 그에 필요한 플루토늄을 확보했다고 미국이 '믿어왔다'는 점에 비추어보면, 북한은 2003년 추가 재처리로 핵무기를 5개 내지 6개 더 만들 수 있는 상황으로 나아간 셈이다.[56] 그러나 이 보고서는 2003년 북한의 재처리 주장을 미국이 확인하지 못했다는 점도 분명히 했다.[57]

플루토늄을 이용한 핵무기 제조 프로그램과 별도로 북한이 핵무기를 1~2개 만드는 데 필요한 50킬로그램 정도 고농축우라늄을 생산하

("Scientist Claimed Nuclear Equipment Was Old, Official Says," *Los Angeles Times*, February 10, 2004).

54 CRS report by Squassoni, p.7.

55 이 비공식 방문단에는 미국 로스 알라모스 국립연구소(Los Alamos National Laboratory) 소장인 헤커도 포함되어 있었는데, 이들 방문단에 북한은 사용후 핵연료를 담고 있던 연못이 텅 비어 있는 현장을 보여주었다. 그러나 재처리작업을 완료했다는 북한의 주장을 뒷받침할 증거를 더는 찾지 못했다고 미 의회조사국 보고서는 밝혔다. CRS report by Squassoni, p.3.

56 CRS report by Squassoni, p.3.

57 CRS report by Squassoni, p.7.

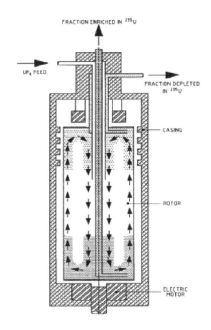

FRACTION ENRICHED IN ²³⁵U

UF₆ FEED

FRACTION DEPLETED IN ²³⁵U

CASING

ROTOR

ELECTRIC MOTOR

가스 원심분리기 단면도.
우라늄을 농축하기 위해서는 가스 원심분리기가 사용된다. CIA는 북한이 이런 가스 원심분리기를 파키스탄에서 들여와 비밀 핵무기 프로그램을 가동하고 있다고 주장했다. 그러나 미국의 정보는 추정에 불과했다.

려면 원심분리기가 수천 개 필요하다. 북한이 자력으로 원심분리기 회전자를 생산할 능력을 갖추었거나 조립을 이미 완료했다면, 플루토늄을 이용한 것에 비해 더 쉬운 핵무기 생산수단을 갖게 된 것을 말한다. 앞서도 상술한 바 있듯이 CIA가 2002년 공개한 보고서에서는 북한이 우라늄농축 시설을 갖추어 풀가동하게 되면 해마다 두 개 이상의 핵무기를 만드는 데 충분한 고농축우라늄을 생산할 수 있게 될 것이라고 평가했다. 그런데 CIA가 이러한 평가에 어떻게 도달하게 되었는지 역시 분명치 않다고 의회조사국 보고서는 지적했다.[58] 파키스탄이 P-1 또는 그보다 개량된 P-2 원심분리기 기술을 북한에 제공한 증거라는 것을 CIA가 2002년 평가에 반영하여 그런 결론에 도달했는지 분명치 않다고 이 보고서는 지적했다. 그런데 2004년 3월 시점까지도 북한의 농축우라늄 핵무기 프로그램이라는 것에 대한 미국의 정보평가는 기본적으로 추정

---

58 CRS report by Squassoni, p.7.

에 불과한 것이었음을 이 보고서가 확인해준 것이다.

참고로 2004년 6월 IAEA는 북한이 농축우라늄 핵 프로그램과 관련해 리비아에 원석상태의 우라늄(raw uranium)을 보낸 증거가 있다는 주장을 제기했다. 그런데 미국의 주요 언론은 이를 '확인되지 않은 증거'(unconfirmed evidence)라고 지적했다.[59] 더구나 리비아, 파키스탄, 이란, 북한 등 사이에 우라늄이 이동한 증거라고 파악되는 것들이 핵무기 프로그램과 관련되었는지 아니면 평화적 핵 이용과 관련된 다른 장비들이 이동하는 과정에서 이들 장비에 묻어 들어왔는지에 대해 전문가들은 여러 가지 의문을 제기했다. 한 예로 2004년 8월 유엔 핵사찰단이 이란에서 발견한 농축우라늄 흔적은 파키스탄의 핵 암시장을 오가는 중개상들을 통해 구입한 오염된 장비에 묻어 들어온 것에 불과하다고 결론지었다.[60]

8. 2004년 초 칸의 자백을 둘러싼 논란

칸은 파키스탄 핵무기 개발의 대부로 통한다. 부시 행정부 출범 전인 1999년 북한이 이미 핵폭탄을 여러 개 보유한 것을 목격했다는 자백을 그가 내놓았다는 시점은 2004년 2월이다. 칸의 진술이 공개된 이후 미국 전문가들 사이에서 북한 핵무기 개발 가능성에 대한 의문이 증폭되었다. 1994년 제네바합의 당시 미국 쪽 수석대표였던 갈루치도 칸의 진술을 신빙성이 있다고 보았다. 그는 "미국은 북한이 파키스탄에서 원심분리기 부품들과 기술을 획득했다는 데 대한 매우 좋은 증거를 갖고 있다. 우리는 우리 자신의 정보에 근거해 그 사실을 이미 알고 있다. 파키스탄의 농축 프로그램과 원폭의 대부인 칸이 원심분리기 기술을 북한에 팔아넘겼다고 시인했다는 것을 유념해야 한다"

---

59 David E. Sanger, "U.S. to Offer North Korea Incentives in Nuclear Talks," *The New York Times*, June 23, 2004.

60 Dafna Linzer, "Findings Could Hurt U.S. Effort On Iran: UN Traces Uranium to Tainted Equipment," *Washington Post*, August 11, 2004.

고 주장했다.[61] 이 인터뷰에서 갈루치는 북한이 그것을 왜 시인하기를 거부하는지 이유는 모르겠다고 말했다. 칸의 고백이 있은 지 얼마 뒤 중국을 방문한 미 부통령 체니는 후진타오(胡錦濤)를 비롯한 중국 지도자들에게 북한 핵무기 프로그램에 대한 새로운 증거를 제시하면서 대북 압력에 동참하라고 촉구했다.[62] 미국은 2004년 6월 하순에 열린 제3차 베이징 6자회담에서 농축우라늄 비밀 핵 프로그램을 북한이 '자백'할 것을 대화 진전의 핵심적 전제조건으로 삼았다.

2004년 당시 칸 진술의 신뢰성 여부를 단정할 방도는 없었다. 그러나 적어도 두 가지 점에서 의문을 제기할 수 있었다.

첫째, 카네기국제평화기금의 분석보고서가 주목했듯이, 칸의 자백이란 미국 관리들이 칸과 직접 접촉해 확보한 정보가 아니었다. 파키스탄 정부 관리들이 칸을 심문한 내용을 전해들은 것에 불과했다.[63]

둘째, 칸의 진술에 대한 파키스탄 정부의 발표 내용이 번복되었다. 2004년 2월까지 파키스탄 정부는 칸연구소가 북한과 그런 거래를 한 일이 없다고 분명히 밝혔다. 그런데 2004년 4월 말을 바꾸었다. 이러한 파키스탄 정부의 말 바꾸기 경과를 되짚어볼 필요가 있다.

미국은 켈리 방북 후인 2002년 10월 북한이 비밀 우라늄농축 프로그램을 추진해왔다고 공식 발표했고 그 며칠 뒤부터 미국 정보기관들은 특히 파키스탄이 북한의 비밀 핵무기 프로그램에 관여해왔다는 정보를 흘렸다.[64] 또 파키스탄과 북한의 관계는 북한이 파키스탄에 미사

---

61 *The Chosun Ilbo*(English Edition), "North Korea Pursuing Two Paths Toward Nuclear Weapons," June 22, 2004.

62 Joseph Kahn, "Cheney Urges China to Press North Korea on A-Bombs," *The New York Times*, April 15, 2004.

63 Jon Wolfsthal and Joseph Ciricione, "The President's Proliferation Pitch," Carnegie Analysis, Carnegie Endowment for Intgernational Peace, July 13, 2004(www.ceip.org).

64 "A Nuclear North Korea: Intelligence; U.S. Says Pakistan Gave Technology to North Korea," *New York Times*, October 18, 2002. From Sharon Squassoni, "Weapons of Mass Destruction: Trade Between North Korea and Pakistan," CRS Report for

일 기술을 제공하고 파키스탄은 북한에 농축우라늄을 이용한 핵무기 개발을 돕는 '핵-미사일 기술 거래'(missiles-for-nuclear technology trade)였다는 보도가 이어졌다.[65] 그러나 파키스탄 정부는 그러한 거래 사실을 부인했다. 바로 그 당시 미 국무부 역시 북한과 파키스탄 사이의 협력은 과거 일에 불과하다고 밝혔다.[66]

부시 행정부는 2003년 3월 북한의 창광신용회사와 미사일 협력을 한 것과 관련해 파키스탄 칸연구소에 제재를 가했다. 사실 이 연구소에 미국이 제재를 가한 것은 1993년부터였다. 이 연구소가 중국에서 M-11 미사일 기술을 수입한 사실에 제재를 가한 것이다. 1998년에는 북한의 창광회사와 미사일 관련 협력을 한 것에 제재를 가했다. 그러나 미국 정부는 북한이 미사일 기술을 제공하는 것을 대가로 파키스탄에서 농축우라늄을 이용한 핵무기 개발 기술을 제공받았는지는 밝혀내지 못한 상태였다. 그래서 의회에 제출한 보고서에서 미 국무부는 다음과 같이 말하지 않을 수 없었다. "파키스탄에서 북한으로 핵무기 기술이 이전되었을 가능성에 관련된 사실들은 적용 가능한 미국법 아래에서 제재를 부과할 근거가 되지 못한다."[67]

2003년 12월 미국 정부는 리비아가 대량살상무기 개발계획을 포기한다고 선언한 이후 획득된 정보에 기초해 파키스탄 과학자들이 이란과 리비아 그리고 북한에 핵무기 기술을 제공했다는 증거를 확보했다는 주장을 내놓게 된다. 특히 2004년 2월 초 칸이 정부에 알리지 않은 채 핵무기 기술을 다른 나라들에 제공했다는 사실을 파키스탄 정부에 고백했다는 얘기와 함께 그 대가로 파키스탄 무샤라프 대통령이 즉각 그에 대해 사면을 선언하는 일이 벌어졌다. 2004년 2월 17일 무샤

Congress, Updated March 11, 2004, p.2.

65 "Pakistan's Benazir Oversaw Korea Nuclear Dear—sources," *Reuters News*, November 20, 2002. From CRS report by Squassoni, p.2.

66 CRS report by Squassoni, p.2.

67 CRS report by Squassoni, p.2.

라프 대통령은 칸을 비롯한 파키스탄 과학자들의 핵무기 기술 수출에 대한 조사를 벌인 결과, 이란과 리비아 외의 다른 나라에 핵무기 기술을 이전한 증거를 발견하지 못했다고 밝혔다.[68] 즉 칸의 이른바 고백 이후에도 파키스탄 정부는 북한에 대한 핵무기 기술 이전에 대해서는 여전히 인정하지 않았다.

그런데 칸이 북한에 농축우라늄 기술을 제공한 사실을 파키스탄 정부가 자백했다는 보도가 2004년 4월부터 세계 언론을 장식했다. 파키스탄 정부는 왜 말을 바꾸었을까. 이를 이해하려면 적어도 두 가지 사실을 주목할 필요가 있다. 첫째, 파키스탄 정부가 부인했는데도 미국 정부는 칸연구소가 북한에 농축우라늄 기술과 장비를 제공했다는 주장을 견지했다. 이러한 주장은 부시 행정부 대북정책의 핵심요소로 작용했다. 파키스탄 정부의 일관된 부인에도 부시 대통령은 2004년 2월 11일의 한 연설에서 칸을 비롯한 파키스탄 과학자들이 "북아프리카에서 한반도에 이르기까지 불량국가들에 핵무기 기술과 장비를 팔았다"고 단정했다. 이어서 그는 "칸과 그의 동료들은 파키스탄의 구식 원심분리기 설계도뿐 아니라 더 개량되고 효율적인 모델 설계도를 이란, 리비아 그리고 북한에 제공했다"고 주장했다.[69]

이어 2월 24일에는 CIA 국장 조지 테닛(George Tenet)이 미 상원 정보위원회에서 "평양은 칸이 제공한 기술에 기초해 생산 가능 규모의 우라늄농축 프로그램을 추진하고 있으며 이로써 북한은 핵무기 개발의 대안을 갖게 될 것이라고 우리는 믿는다"고 주장했다. 이 문제에 대해 부시 행정부와 파키스탄 무샤라프 정부가 언제까지나 평행선을 달릴 수는 없었다. 한쪽이 다른 한쪽의 주장이나 진실에 적응해야만

---

68 CRS report by Squassoni, p.2.

69 "President Announces New Measures to Counter the Threat of WMD," Remarks by the President on Weapons of Mass Destruction Proliferation, Fort Lesley J. McNair, National Defense University, Washington, D.C. From CRS reprrt by Squassoni, p.2.

했을 것이다. 당시 무샤라프 군부 정권은 파키스탄 국내는 물론이고 아랍 세계 전반에서 가열한 비판에 직면해 있었다. 자신의 정치 생명을 무릅쓰면서까지 미국과 관계를 위해 아프가니스탄전쟁을 비롯한 이른바 대테러전쟁에 적극 협력했기 때문이다. 북한 농축우라늄 프로그램 개입에 칸연구소가 관련되었다는 미국의 주장에 무샤라프가 말을 바꾸어 동조하게 되었다 해도 그러한 국제정치적 조건에서는 사실 놀랄 일은 아니었다.

9. 2006년 무샤라프 회고록이
2002년 미국이 가진 정보의 실체를 말해준 것

2002년 시점에서 북한이 갖고 있었을 것으로 합리적으로 추정할 수 있는 농축우라늄 시설은 소규모 실험적 수준의 시설이었을 것으로 볼 수 있고, 아직 핵무기를 생산하기 위한 고농축우라늄 시설로 방향이 확정된 것은 아닐 수 있는 것이었다. 파키스탄 대통령 무샤라프는 2006년 펴낸 회고록에서 칸이 북한에 우라늄농축 실험에 쓰이는 원심분리기 20여 개를 북한에 제공했다고 주장했지만, 해리슨이 지적했듯이 무샤라프 주장을 뒷받침할 만한 어떤 구체적 증거도 파키스탄 정부가 제시한 것은 없었다.[70] 무샤라프 주장이 사실일 경우에도, 칸이 북한에 넘긴 것은 원심분리기 견본품 20여 개에 지나지 않는 것이었다. 핵무기급 고농축우라늄을 생산할 수 있는 농축시설은 수천 개가 필요하다. 또 파키스탄의 핵무기 역사를 서술하는 데서 칸은 신뢰성이 가장 떨어지는 인물로 간주된다는 점도 유의할 필요가 있다.[71]

무샤라프와 칸의 진술이 신빙성이 있다고 해도 미국이 칸의 진술을

---

70 Selig S. Harrison, "What A.Q. Khan Knows," *The Washington Post*, January 31, 2008.

71 Michael Krepon, "South Asia's Distinctive Arms Race," *Arms Control Today*, November 5, 2012(www.armscontrol.org).

확보한 시점은 2004년 2월이었으며, 무샤라프 회고록은 2006년 처음 출간되었다. 그렇다면 2002년 10월 켈리 방북 이전에 미국이 파악한 북한의 '비밀 우라늄 핵무기 프로그램'은 어떤 것이었을까.

2010년에 북한이 스탠퍼드대학교의 헤커를 초빙해 공개한, 원심분리기를 수천 개 갖춘 우라늄농축 시설은 분명 무기급 우라늄농축 능력을 북한이 이미 구축했다는 의심을 하게 만들 수 있는 수준이었다. 그러나 그러한 시설을 2002년 시점에서 북한이 이미 갖고 있었다고 볼 근거는 없었다. 미국이 2008년에 이르기까지 북한의 우라늄농축 시설에 관해 갖고 있던 정보의 실체는 2007~2008년 국무부 동아시아국장을 맡으며 대북협상을 담당한 크리스토퍼 힐(Christopher Hill)이 2007년 2월 브루킹스연구소(Brookings Institution)에서 행한 연설에서 드러났다. 당시까지 미국이 파악한 정보는 북한이 알루미늄관을 포함한 우라늄농축 장비를 러시아에서 구입했다는 사실이라고 밝힌 것이다. 그는 "무기급 농축 시설에 필요한 원심분리기를 수천 개 만들려면 북한이 실제 구입한 것으로 우리가 알고 있는 것보다 훨씬 더 많은 장비가 필요하다"고 인정했다.[72]

2002년 10월 켈리가 북한 당국자들을 대상으로 고농축우라늄 프로그램의 존재를 추궁하자 북한이 당황해서 자백하고 말았다는 미국 주장이 언론에 대서특필된 직후 북한의 반응에 대해서는 현재까지도 서로 다른 두 가지 설명이 있다. 하나는 북한의 주장으로, 북한은 그러한 자백을 한 사실이 없다는 것이다. 다른 하나는 북한은 실제 고농축우라늄 핵 프로그램의 존재를 시인했으며, 그것을 대미협상 카드로 활용했다는 인식이다. 클린턴 행정부 제1기에 해당하는 1993~97년에 주한 미국대사를 지낸 레이니는 북한의 자백을 주장한 켈리의 설

---

72 Selig S. Harrison, "What A.Q. Khan Knows," *The Washington Post*, January 31, 2008. 그러나 무샤라프는 2004년 『뉴욕타임스』와 인터뷰에서 미국 CIA의 주장, 즉 파키스탄이 북한에 핵무기 기술을 제공했다는 주장을 정면으로 반박했다. 무샤라프가 주장을 번복한 것은 그가 한 말의 신뢰성을 크게 손상시킨 것이 사실이다.

명을 받아들여 이후 북한의 행동을 다음과 같이 설명했다. 북한은 자신이 고농축우라늄 프로그램의 존재를 인정했다는 미국 언론 보도가 나가자, 곧 고농축우라늄 프로그램을 중단하겠다고 미국에 제안하면서 그 대신 미국에 불가침협정을 요구했다는 것이다. 미국은 '나쁜 행동에 대한 보상'을 거부하면서 북한이 먼저 고농축우라늄 프로그램을 폐기하지 않으면 대화는 없다고 통보한 것이라고 했다.[73] 북한은 대외적으로는 그 설명과 달리 당시 고농축우라늄 프로그램의 존재를 인정한 사실이 없다고 주장했다. 앞서 지적한 대로 북한은 2010년 농축우라늄 시설을 공개하긴 했지만 평화적 핵 이용을 위한 저농축우라늄 시설임을 역설해온 것이다.

2012년 보고서에서 『38노스』 연구진은 미국 등이 제네바합의에 따라 뒤늦게 건설을 시작한 경수로 건설을 2002년 중단한 뒤, 북한 스스로 소규모 경수로를 건설해왔다고 파악했다. 그리고 이 경수로들에 원료를 공급하려고 우라늄농축을 했다고 보았다. 『38노스』의 이 보고서는 북한이 건설한 경수로는 전력 생산이라는 기능과 함께 이 경수로에서 나오는 사용후 핵연료를 이용해 무기급 플루토늄을 생산하는 이중적 기능을 수행할 가능성이 높다고 주장한 것은 앞서 언급한 바 있다.[74]

이 지점에서 2002년 전후 북한이 가지고 있었을 우라늄농축 프로그램의 수준과 그 의도된 기능의 향방을 다음과 같이 추정할 수 있다. 첫째, 북한이 2002년 시점에 갖고 있던 우라늄농축 프로그램은 규모가 미미한 수준이었다. 둘째, 당시 미국이 주장한 것처럼 북한이 가진 제한적인 우라늄 프로그램이 고농축우라늄 시설을 의도했는지 아니

---

73 James T. Laney and Jason T. Shaplen, "How to Deal With North Korea," *Foreign Affairs*, March/April, 2003.

74 David Albright and Christina Walrond, "Weapon-Grade Uranium and Weapon-Grade Plutonium: Current and Projected Stocks," *38North*, October 24, 2012(www.38north.org).

면 북한이 훗날 공개하면서 주장했듯이 전력 생산용의 저농축우라늄 시설을 의도했는지는 당시 시점에서 분명한 것이 아니었다. 다만 미국과 한국이 1994년 제네바합의 이후 그 이행을 지체하자 북한이 합의 이행의 궁극적 미래를 확신하지 못하고 불안에 빠지면서 전력 생산을 위해서도 그리고 자신의 안보를 위해서도, 즉 평화적 목적과 군사적 이용을 함께 염두에 둔 우라늄농축 프로그램을 갖고 있었다는 추정은 충분히 합리적이라고 본다. 그러나 이 시점에서 이미 북한이 핵무기를 제조하기 위해 고농축우라늄 프로그램을 본격 추진했다고 보는 것은 성급하고 지나친 단정이라고 해야 할 것이다.

결국 그 프로그램이 미미한 수준으로 그대로 남을 것인가, 아니면 북한 스스로 건설하는 경수로를 통한 전력 생산에 쓰일 저농축우라늄뿐 아니라 무기급 플루토늄 생산에 쓰일 고농축우라늄을 생산하는 군사적 역할을 하는 프로그램으로 확대되고 확장될 것이냐는 미국과 한국이 기본적으로 제네바합의의 틀을 계속 존중할지에 따라 좌우될 수 있는 상황이었다고 할 것이다.

북한이 제네바합의의 불이행에 대한 불만과 불안이 가장 심했던 1990년대 말에 농축우라늄 프로그램을 시작했다고 추정하는 것은 그런 점에서 유의할 필요가 있다.[75] 2000년 남북정상회담이 이루어지고 북미관계 개선이 시야에 들어오면서 북한의 농축우라늄 프로그램은 장롱 속에 잠긴 채 오직 잠재적 대안으로만 남을 수도 있었을 것이라는 추정도 그래서 가능해진다.

북한의 우라늄농축 시설의 기원에 대해 미국 정부가 제기해온 주요 의혹에 헤커가 주목한 내용은 다음과 같다. 먼저 2001년 말 미 CIA가 미 의회에 보고한 내용이다. 북한이 우라늄농축 프로그램을 뒷받침하기 위해 원심분리기와 관련된 물품들을 러시아와 독일에서 대량으로 획득하려고 시도했다는 정보였다. 또 다른 근거는 무샤라프 전 파키

---

75 Laney and Shaplen, 2003.

스탄 대통령이 2006년 출간된 회고록에서 칸이 2000년경에 원심분리기 24개를 북한에 제공했다고 시인한 일이었다.[76]

헤커는 무샤라프가 회고록에서 칸이 원심분리기를 북한에 넘긴 시점이 2000년경이라고 밝힌 것처럼 얘기했다. 그러나 실제 무샤라프 회고록에서는 칸이 그 물자를 북한에 넘긴 시점을 2000년경이라고 명시하지는 않았다. 무샤라프는 그 시점을 특정하지 않은 채 이렇게 말했을 뿐이다. "칸은 P-1과 P-2 원심분리기 두 다스(two dozen)를 북한에 넘겼다. 그는 또 북한에 유속측정기(a flow meter) 한 개, 원심분리기에 쓰이는 특수 오일 몇 개와 함께 (파키스탄의) 일급비밀인 원심분리기 공장에 대한 (북한 전문가들의) 방문을 포함하여 원심분리기 기술 자문을 제공했다."[77] 무샤라프가 파키스탄 대통령이 된 것은 1999년 10월 12일이다. 그는 2001년 3월 30일 칸이 파키스탄 핵무기 프로그램을 포함한 다목적 연구소인 칸연구소 의장직에서 해임되어 파키스탄의 무기 프로그램에서는 어떤 역할을 할 수 없게 되었다고 말했다. 그래서 무샤라프는 칸이 불법적 활동에 개입했다면 그것은 2001년 3월 이전일 것이라고 밝혔다.[78]

그렇다면 칸이 북한에 원심분리기를 넘긴 일이 사실이라고 받아들일 때, 그가 그 거래를 한 시점은 2001년 이전 1990년대 어느 시점이라고 할 수 있겠으나 2000년경이라고 특정하기는 어렵다. 이 사실은 북한의 핵 프로그램이 지닌 두 가지 목적 가운데 군사적 목적이 구체적으로 추구된 시점이 1994년의 제네바합의 이행과 관련한 한미 양국의 대북정책의 추이와 어떻게 관련되는지, 아니면 한미 양국의 대북정책과 상관없이 북한의 핵 프로그램이 군사적 목적을 일관되게 추구했는지를 밝히는 데 중요하다.

---

76 Siegfried S. Hecker, "What I Found in North Korea: Pyongyang's Plutonium Is No Longer the Only Problem," *Foreign Affairs*, December 3, 2010.

77 Pervez Musharraf, *In the Line of Fire: A Memoir*, New York: Free Press, 2006, p.296.

78 Musharraf, 2006, pp.289~291.

헤커는 2002년 들어서 미국은 북한이 2000년대 중엽이 되면 고농축우라늄을 이용한 원자폭탄을 해마다 두 개 정도 만들어내게 될 것이라고 의심했다고 보았다. 헤커에 따르면 미국 CIA가 2002년 시점에서 그런 결론에 도달한 증거는 다분히 정황적인 것들이었다. 헤커는 칸이 미국의 압력으로 파키스탄 정부에 의해 가택연금에 처해진 2004년 이전에 북한 과학자들이 파키스탄의 칸연구소와 긴밀하게 협력했다는 정보를 파악했다고 했다.

그런데 무샤라프 회고록을 보면 미국이 칸의 활동과 북한의 우라늄농축 프로그램의 연관성을 구체적으로 파악한 때는 2002년 10월 이전이 아니라 그 이후, 특히 2003년 이후였다는 것을 알 수 있다. 우선 무샤라프는 '2002년 말'(2002년 10월) 미국이 북한과 대화 중 북한이 '더 발전된 기술도 있다'고 밝혔고, 미국은 이를 곧 '우라늄농축 기술을 암시'한 것이라고 받아들였으며, 이에 따라 파키스탄을 제재하려고 했다고 밝혔다. 그러나 자신이 부시 대통령과 신뢰관계를 구축한 상태였기 때문에 미국의 제재는 칸연구소에만 한정되었다고 말함으로써 이 부분에 대한 자신의 외교적 업적을 강조했다.[79]

또 파키스탄 정부가 칸에 대해 본격적으로 조사를 시작한 것은 2003년 9월 유엔정상회의(UN Summit)에서 부시 미국 대통령과 만난 뒤라는 것을 알 수 있다. 그는 그 정상회의장에서 부시 대통령이 자신을 한쪽으로 끌어내서 다음 날 미 CIA 국장 테닛을 만날 시간을 내줄 수 있는지 물으면서 이렇게 말했다고 했다. "내 관점에서는 지극히 심각하고 매우 중요한 일입니다." 그래서 무샤라프는 그다음 날 아침 테닛을 만났다. 테닛은 무샤라프에게 몇 가지 서류를 꺼내 보여주었는데, 칸이 파키스탄 우라늄농축 프로그램 초기에 개발한 P-1 원심분리기 사진이었다. 이때 무샤라프는 칸이 파키스탄 기밀에 해당하는 기술을 퍼뜨려 파키스탄을 위기에 빠뜨렸다는 생각에 칸에 게 엄청난

---

79   Musharraf, 2006, p.292.

무샤라프.
2006년 출간한 회고록에서 무샤라프는 칸이 북한에 원심분리기를 제공했다고 썼다. 그의 증언을 토대로 살펴보면 초보적인 형태로 북한이 가지고 있었을 우라늄농축 프로그램을 미국이 구체적으로 파악하게 된 건 2002년이 아니라 2003년임을 알 수 있다.

분노를 느꼈다고 말했다.[80]

무샤라프의 파키스탄 정부가 칸을 상대로 그의 핵무기 확산 활동에 대해 본격적으로 조사하기 시작한 것은 2003년 말이다. 그는 회고록에서 이렇게 말했다. "우리는 2003년 11월 초에 조사를 시작했다. 우리는 칸이 1987년부터 주로 이란과 관련해 그의 활동을 시작했다는 것을 밝혀냈다. 1994~95년 칸은 파키스탄이 1980년대 중엽에 이미 폐기한 P-1 원심분리기 200기를 제조하라고 명령했다. 이것들은 두바이로 보내져 다른 곳으로 분배되었다. 전체적으로 드러난 상황은 더러웠다. 칸은 두바이에 자신이 구축한 기지에서 전 세계에 기술을 이전하기 위한 개인적인 지하 네트워크를 가동했다. 칸 네트워크의 한 지부가 칸연구소 안에 있었다. 이 연구소에서는 수천 명이 일했지

---

80   Musharraf, 2006, pp.292~293.

만 그 가운데 이 네트워크에 속한 인물은 과학자 넷에서 여섯 명 정도에 불과했다. 그들도 대부분 그 목적이나 결과가 무엇인지 모르면서 그냥 칸의 지시에 따라 행동한 부지중(不知中) 참여자에 지나지 않았다."[81] 그다음에 이어지는 문장에서 무샤라프가 역설한 것은 파키스탄의 우라늄농축 기술을 해외에 퍼뜨린 활동은 파키스탄 정부와 전적으로 무관한 칸 개인의 일탈행위였다는 것이다.[82]

그렇다면 무샤라프 회고록은 2002년 10월 켈리가 북한을 방문했을 때 북한에 제기한 의혹은 지극히 초보적 수준의 정황적 의심에 불과했을 가능성이 높다는 사실을 재삼 확인해주는 결정적 자료와 다름없다.

10. 2010년 헤커가 목격한 북한 우라늄농축 시설이 말해주는 것

미국 국립핵연구소인 알라모스연구소 연구자이기도 했던 스탠퍼드대학교 핵물리학자 헤커는 동료들인 존 루이스(John Lewis), 로버트 칼린(Robert Carlin)과 함께 2010년 11월 북한 외무성의 초청을 받아 영변 핵시설을 직접 관찰했다. 이때 북한은 소규모지만 산업적 규모로 최근 완성한 우라늄농축 시설과 함께 북한이 독자적으로 건설 중인 실험적인 경수로를 이들에게 보여주었다.[83]

헤커는 두 줄로 길게 늘어선 원심분리기 2,000개와 초현대식 통제실을 보고 놀라움을 금치 못했다고 했다. 그가 본 원심분리기는 제1세대 기술이 적용된 낡은 시설이 아닌 첨단기술로 만든 것이었다. 북한 외무성 관계자는 이 시설이 2009년 4월 건설하기 시작해 헤커 일행 방문 며칠 전 완공되었다고 설명했다. 그러나 헤커는 그 말을 믿을 수 없었다고 했다. 헤커는 그러한 첨단시설이 그토록 단시일 안에 구축되었다고 믿

---

81 Musharraf, 2006, p.293.

82 Musharraf, 2006, p.294.

83 Hecker, December 3, 2010.

기가 어려웠다. 더욱이 헤커는 미국 정부가 파키스탄의 핵무기 프로그램 대부인 칸을 통해 파악한 것으로 주장한 정보를 떠올렸다.

어떻든 헤커는 미국 정부 주장을 받아들이면서 2002년 10월 부시 행정부가 북한을 상대로 추궁한 정보가 틀리지 않았다고 말했다. 그러나 주목할 점은 헤커가 부시 행정부가 그런 정보를 갖고 북한과 대립하면서 내린 결정, 즉 제네바합의 폐기가 과연 현명한 정책이었는지에 대해 그 나름의 근본적 의문을 제기하고 비판했다는 사실이다. 그는 부시 행정부의 결정을 "그 결과를 대비하지 않은 상태에서 (무조건) 제네바합의를 끝장내려는 잘못된 정치적 고집"에서 비롯한 것으로 규정했다.

헤커는 북한의 핵 프로그램 가운데 우라늄농축 프로그램은 처음부터 전력 생산이라는 평화적 목적과 더 깊은 관련이 있다고 보았다. 핵무기를 만들려면 플루토늄을 이용하는 것이 훨씬 더 합리적이며, 북한은 이미 플루토늄 생산에 적합한 실험용 원자로를 갖고 있었기 때문이라는 것이다. 북한의 우라늄농축 시설은 1985년 북한이 경수로 건설을 추구할 때 그 시설과 깊이 연관되어 있었고, 그것이 핵무기보다는 전력 생산에 적합했다고 본 것이다.

북한의 핵 프로그램에 대한 헤커 인식의 출발점은 1990년대 초부터 북한이 플루토늄 프로그램과 우라늄 프로그램을 갖고 있었고, 처음부터 둘 모두 전력 생산과 핵무기 제조에 쓰일 수 있는 이중사용모드(a dual-use mode)였다는 것이다. 그러나 헤커는 북한이 1990년대 초에는 무기나 전력 생산에서 플루토늄 프로그램을 선호했다고 판단했다. 그럼에도 북한은 1994년 10월 제네바합의에 서명했다. 그것은 미국이 전력생산용 경수로 2기를 제공해주는 것을 대가로 플루토늄을 이용한 핵무기 프로그램을 포기할 용의가 북한에 있었음을 말해주는 것이라고 헤커는 파악했다. 헤커는 그러한 북한이 우라늄 프로그램을 다시 추진하기 시작한 때는 1990년대 말경이라고 보았다. 이때는 칸이 북한에 접근한 시점인 동시에 제네바합의의 이행이 지체되던

때였다는 점을 헤커는 주목했다.[84]

그 결과 헤커에 따르면, 북한은 2002년 무렵에는 우라늄농축에 필요한 원심분리기와 부품들을 대량 확보하는 작업을 했다. 그런데 여기서 헤커가 논의하지 않는 점은, 2000년 남북정상회담이 이루어지고 그것을 계기로 북미관계정상화의 희망이 보이기 시작하면서 북한이 우라늄농축을 이용한 핵무기 프로그램 추진을 보류했을 가능성이다. 그러던 북한은 2001년 부시 행정부가 출범하면서 추진한 대북 적대 정책이 모습을 드러내자 제네바합의가 더 지체되거나 파기될 경우 스스로 건설해야 할 경수로를 이용한 전력생산을 위해서든 무기용으로든 이중사용모드의 우라늄농축 시설을 확보하는 데 다시 박차를 가했을 가능성이 있다. 이렇게 본다면 부시 행정부는 처음부터 제네바합의 파기 의사를 내비침으로써 북한을 긴장시켰고, 더 불안해진 북한은 우라늄농축 시설을 확보하려고 러시아와 중국에 접근했을 가능성이 있다. 2001년 말 미 CIA가 북한이 러시아에서 우라늄농축 관련 물자들을 확보하려 시도했다는 정보를 의회에 보고했다는 것은 그런 맥락에서 이해될 수 있을 것이다.

북한의 농축우라늄 프로그램의 성격에 관한 헤커 분석에서 우리가 특히 주목할 부분은 다음 두 가지다. 첫째, 헤커는 자신이 북한 영변에서 목격한 원심분리기들은 핵무기가 아니라 (경수로) 원자로 연료를 만들기 위한 것일 가능성이 가장 많다고 밝혔다. 만일 그것이 무기용이라면 과거에 IAEA의 사찰을 받은 장소에 그것을 건설해놓고 외국인 방문자들에게 공개할 이유가 없다고 본 것이다. 만일 북한이 고농축우라늄을 이용한 비밀 핵무기 프로그램을 갖고 있다면 북한 내 다른 지역에 그런 시설을 두었을 가능성을 배제할 수 없다고 보았다.

둘째, 북한은 이미 플루토늄 프로그램을 갖고 있었다. 그리고 2010년 현재 헤커는 초보적인 핵무기를 4개 내지 8개 만들 수 있는

---

84 Hecker, December 3, 2010.

플루토늄을 북한이 이미 갖고 있었다고 보았다. 북한이 자신의 우라늄농축 시설에서 고농축우라늄을 생산한다 해도 그것을 만들 수 있는 무기급 고농축우라늄은 양이 많지 않다. 따라서 북한의 핵무기 프로그램에 대단한 플러스는 아니다. 더욱이 고농축우라늄(HEU)은 초보적 원폭을 만드는 데는 용이하지만 더 정교하고 소형화된 핵무기 디자인에는 별 도움이 안 된다는 사실을 헤커는 지적했다. 그러므로 만일 북한이 현재 제조 가능한 핵무기 규모에 만족하거나 그것을 완만한 속도로 늘릴 의도가 있었다면, 기존에 갖고 있는 플루토늄 생산 원자로를 재가동하는 것이 여러 면에서 훨씬 자연스럽다. 그러나 만일 북한이 핵무기 숫자를 크게 늘릴 의도가 있었다면 현재 우라늄농축 시설을 확장하거나 다른 곳에 고농축우라늄을 생산할 비밀 시설을 따로 건설할 것이라고 보았다. 그런데 북한이 그렇게 하는 데에는 여러 가지 제약이 따른다고 헤커는 판단했다. 핵심 물자와 부품을 수입할 필요성이 커지기 때문이다.

결국 2010년 12월 시점에서 헤커가 『포린어페어스』에 기고한 글에서 하고자 한 얘기의 요점은 이것이었다. 북한의 우라늄농축 시설은 핵무기 생산으로 전용될 수 있는 이중사용모드의 일환이지만, 북한에는 전력생산을 위한 경수로 연료를 공급하기 위한 저농축우라늄을 생산할 필요와 의도가 분명히 있었다는 것이다. 이런 맥락에서 헤커는 북한이 1985년 이래 경수로 건설 프로그램을 진지하게 추구했다고 보았다. 이때 구소련은 경수로 두 개를 북한에 제공하기로 약속했다. (구소련이 붕괴되면서 경수로 제공 약속은 실현되지 못했다. 북한은 그보다 오래전 구소련에서 제공받은 실험용 5-메가와트 원자로를 영변에 갖고 있었고, 추가로 가스-흑연감속로 원자로gas-graphite reactors 몇 기를 건설하고 있었다.) 저농축우라늄을 이용한 경수로는 무기 생산에 부적합하기도 하지만 북한이 당시 동원할 수 있는 기술력과 자본으로는 무리였기 때문일 수도 있었다. 흑연감속로는 전력생산에는 부적합하고 핵무기 제조에는 적합한 원자로였다. 1994년 제네바합의는 그 가스-흑연감속로를 폐기하고 그 대신 미국이 경수로를 제공하기로 약속한 것이다. 경수로는 핵무기 제조에는 부적합하지만 전력 생산에는 훨씬 좋은 것이었다.[85]

미국에서 제네바합의를 파기한 이후 북한은 결국 우라늄농축 시설을 완성하려는 노력을 본격적으로 전개한 것으로 볼 수 있다. 헤커는 북한의 우라늄농축 시설이 전력 생산이라는 북한의 절실한 경제적 필요와 관계가 깊었다고 진지하게 판단한다. 2009년 4월 5일 북한이 로켓을 발사한 뒤 유엔의 비난이 뒤따랐다. 곧 북한은 "우리는 100퍼센트 우리 원료와 기술로 운영하는 경수로를 갖게 될 것"이라고 발표했는데, 2010년 12월 헤커는 북한이 25~30메가와트의 전력을 생산할 수 있는 소규모의 실험적 경수로를 건설하기 시작했다는 것을 확인할 수 있었다고 말했다.

이러한 분석을 바탕으로 2010년 12월 시점에서 헤커가 전달하려는 메시지는 분명했다. 그는 북한의 핵 프로그램, 특히 농축우라늄 프로그램의 향방이 그때 중대한 갈림길에 있다는 것을 강조하려고 했다. 북한이 플루토늄을 생산하는 원자로의 본격적인 가동에 덧붙여 헤커 등이 목격한 우라늄농축 시설이 전력생산을 위해서뿐만 아니라 핵무기를 제조하기 위한 고농축우라늄 프로그램으로 확대·발전하느냐 하는 중대한 분수령에 있었다는 것이다. 미국이 북한이 원하는 내용의 대화와 협상에 나섰다면, 북한의 플루토늄 생산 프로그램을 동결하고, 우라늄농축 시설의 군사적 전용을 막을 가능성이 존재했다는 것이 당시 헤커의 판단이었다.

헤커를 초빙한 북한 외무성 관리들은 헤커 등에게 북한은 2005년 9·19 6자 공동성명에서 재확인한 한반도 비핵화를 여전히 지지한다고 밝혔다. 헤커에 따르면 북한은 그 실현을 위한 출발점으로 2000년 10월 북미 간 공동성명에서 천명했던 내용, 즉 "북미 양측은 서로 상

---

[85] Hecker, December 3, 2010.

대방을 적대시하지 않으며 과거의 적대정책에서 벗어난 새로운 관계를 구축하기 위해 모든 노력을 다한다"라는 약속을 상기시켰다.[86]

2010년의 이 글 말미에서 헤커가 제안한 북핵문제 해법은 "Three Nos and One Yes"였다. 한반도 비핵화를 근본적이고 변함없는 목표로 유지하되, 북한에 대해 한 가지, 즉 과거 공동성명의 취지를 따라 미국이 북한의 근본적인 안보불안(fundamental insecurity)을 해소하기 위한 진지한 노력에 예스를 하는 대신 북한도 더는 핵무기 제조와 핵무기 성능 개선을 중지하고 핵물질을 수출하지 않는 것(no more bombs, no better bombs, no exports)이었다. 헤커가 이런 해법을 북한이 수용할 수 있는지 묻자 북한 외무성 당국자는 미국이 그럴 용의가 있다면 북한도 "수직적·수평적 핵확산을 멈춘다"(no vertical or horizontal proliferation)는 말로 화답했다고 헤커는 밝혔다.[87] 북한이 수직적 핵확산을 중지한다는 것은 북한 국내에서 핵무기고를 늘리거나 더 발전시키지 않는다는 뜻이고, 수평적 핵확산을 중지한다는 것은 북한 자신의 핵무기들을 다른 나라에 확산하지 않는다는 것을 뜻한다.

헤커는 북한이 자신들에게 최근 완성하기에 이른 우라늄농축 시설을 공개함으로써 미국에 무엇을 선택할지 묻는 것이라고 해석했다. 그 시점에서 헤커는 미국이 어느 때 못지않게 그 질문을 던지고 답해야 할 더 심각한 도전에 직면했다고 지적했다.[88] 그러나 그로부터 7년이 지난 2017년에 이르기까지 한미 양국의 외교는 북한에 기본적으로 북한의 비핵화 의지 표명과 그것을 입증할 (미국이) 신뢰할 만한 조치가 선행될 때 미국이 그에 대한 보상으로 대화와 협상에 나서겠다는 것이었다. 북한이 비핵화 약속의 전제로 삼는 포괄적 평화체

---

86 Hecker, 2010.

87 Hecker, 2010.

88 Hecker, 2010.

제 구축의 비전과 의지를 일관성 있고 신뢰성 있게 보여준 일은 없었다. 2005년 9·19성명은 그 가능성을 보였지만, 그 성명에 동의한 부시 행정부 자신이 곧바로 BDA(Banco Delta Asia) 사태를 일으켜 그것을 또다시 휴지조각으로 만들어버렸다. 부시 행정부 안의 협상파와 강경파 대립에서 강경파가 훨씬 강하다는 것, 제네바합의식의 포괄적 평화를 구축하기 위한 대화와 협상을 미국은 북한과 진지하게 진행할 의지가 없다는 것, 그런 의지를 표명하는 일이 간혹 있더라도 그것을 미국 행정부가 일관성 있게 유지하고 추진할 것이라고 더는 신뢰할 수 없는 것을 드러냈을 뿐이라고 말하지 않을 수 없다.

2017년 12월『포린어페어스』인터넷판은 헤커가 기고한 두 번째 글을 실었다.[89] 이 글에서 헤커는 "2004년 내가 북한을 방문해서 목격한 그 어떤 것도 평양이 핵무기를 만들고 그것을 운반(deliver)할 능력이 있다고 믿을 만한 것은 없었다"고 했다. 헤커에 따르면 2004년 1월 북한 영변을 방문했을 때, 영변핵과학연구센터 소장이 그에게 플루토늄이 들어있는 봉인된 유리병을 보여주었다고 한다. 헤커는 이것이 북한이 '핵억지력'을 갖고 있음을 세계에 보여주기 위한 노력으로 읽혔다고 말했다. 헤커는 핵무기 원료의 생산, 강력한 원폭의 제조 그리고 다양한 미사일 시험발사에서 북한이 이룩한 인상적인 진전을 확인한 것은 추가적인 북한 방문 등 그 이후 일이라고 말하고 있다.

2004년이면 미국이 이미 아프가니스탄을 무력으로 점령하고 이어서 대량살상무기 확산 저지를 주된 명분으로 내세우며 이라크를 상대로 전쟁을 벌여 그 나라를 완전히 점령한 뒤 그 지도자인 후세인을 체포하여 재판에 넘긴 시점이었다. 북한은 아프가니스탄이나 이라크가 그런 운명에 처하게 된 것은 핵무기를 갖고 있지 않기 때문이라고 확신했다. 북한은 이미 부시 행정부에 의해 이라크와 같은 '악의 축'으로 규정된 상태였고, 핵 선제타격 대상으로 함께 거론되는 나라였다.

---

[89] Hecker, 2010.

2003년 5월 에이브러햄 링컨호에서 승전 연설을 하는 부시.
미국은 대량살상무기를 은닉했다는 이유로 2003년 이라크를 침공했다. 그해 12월 미국
은 후세인을 체포해 재판에 넘겼고, 3년 후 교수형에 처했다.

북한은 자신이 갖고 있는 모든 능력을 과시해 핵억지력을 이미 보유하고 있다고 강변하고 싶어 하는 처지에 있었다는 얘기다. 북한은 그 이후에도 자신이 가진 핵심적 핵 프로그램 자산들을 외국의 비정부 전문가들을 초빙하여 관찰할 기회를 제공했을 뿐 아니라 핵시설과 미사일 발사장을 위성들이 확연히 확인할 수 있는 방식으로 건설했다. 그리고 무기와 관련 시설들을 지도자들이 시찰하는 장면을 담은 사진들을 일상적으로 공개했다. 헤커는 이 모두가 자신의 억지력을 사전에 과시함으로써 자신의 안보에 대한 외세의 위협을 견제하기 위한 전략이라고 인식했다.

헤커 역시 2001년 김정일에게서 핵무기를 갖고 있다는 얘기를 들었다는 푸틴 주장을 알았을 시점인 2017년 12월의 글에서 자신이 직접 북한의 핵시설들을 관찰한 결과 2004년 시점까지도 북한이 핵무기를 제조할 능력이 있다는 증거를 찾지 못했다고 판단한 것에 비추어볼 때, 2001년 김정일이 푸틴에게 했다는 얘기와 칸이 2000년 이전에 북한이 핵무기를 갖고 있는 것을 보았다고 했다는 얘기 등은 헤커가 북한이 자신을 보호하는 능력을 과장하려는 심리에서 비롯한 근거가 희박한 에피소드로 해석했음을 뜻한다.

11. 제네바합의 파기는 정당하고 현명한 선택이었나

제네바합의의 폐기는 그렇게 신속히 진행되었다. 그 결과가 무엇이었는지에 대해 시걸은 이렇게 평했다. "부시 행정부 관리들은 북한이 농축 '프로그램'을 갖고 있다고 '인정했다'고 주장하면서 북한을 응징해야 한다고 말했다. 그들은 한국과 일본의 만류를 뿌리치면서 (제네바합의에 따른 미국의 의무사항인) 대북 중유 선적을 중단했다. 그럼으로써 이미 너덜너덜해져 있던 제네바합의의 흔적마저 찢어버렸다. 이후 미국의 군사력이 이라크 침공 준비를 위해 묶여 있는 동안 북한은 원폭 대여섯 개를 제조할 수 있는 플루토늄을 재처리함으로써 보복하게 된다. 북한은 그것으로 최초 핵실험을 할 수 있었다. 북한은 또한 플루토늄 원자로를 재가동했다. 우라늄농축 장비도 대규모로 수입하기에 이른다. 더 나아가 북한은 시리아의 원자로 건설을 지원하러 나섰다. 약 10년간 협상을 해서 대체로 동결되어 있던 북한 핵 프로그램이 마침내 고삐가 풀려버린 것이다."[90]

2002년 10월 이후 부시 행정부에서 파월 국무장관 같은 온건협상파는 CIA의 북한 농축우라늄 관련 정보라는 것들로 입지가 크게 좁아진 것이 사실이다. 그래서 강경파들이 주도하는 가운데 부시 대통령의 제네바합의 파기 결정을 이끌어냈다고 할 수 있다. 미국 강경파는 2002년 시점에서 북한이 갖고 있었을 미미한 수준의 우라늄농축 장비를 무기급 고농축우라늄 생산을 위한 대규모 시설일 것으로 인식하고 그런 단정 위에서 제네바합의 파기 결정을 이끌어낸 것이다. 과연 그것이 현명한 결정이었나. 그로부터 4년 뒤인 2006년 시작된 북한의 첫 핵실험에서 2017년 수소폭탄실험에 이르기까지 현실 역사의 진행을 보면 그 결정은 결코 현명했다고 할 수 없다. 미국이 북한과 대화를 거부한 채 대북 압박과 제재에 집중하는 사이에 북한은 플

---

90 Leon V. Sigal, "Bad History," *38North*, August 22, 2017(www.38north. org/2017/08).

루토늄 기반 핵 프로그램의 군사화를 본격화했고, 동시에 국제사회에 공개하지 않은 가운데 구성된 농축우라늄 시설은 그것이 처음부터 군사용이었는지 평화적 목적에 한정했는지 확인할 길은 없지만, 북한은 그 역시 본격적으로 구축하러 나섰다. 사실 이보다 더 최악의 결과는 있을 수 없었다. 그렇다면 2002년 부시 행정부의 제네바합의 파기 결정은 가장 어리석은 선택이었다고 말할 수밖에 없다.

2002년 시점에서 북한이 우라늄농축과 관련된 장비를 실험실 수준에서 갖고 있었던 것은 사실이며, 미국 정보기관이 북한이 러시아와 중국에서 우라늄농축 장비를 구한다는 정보를 입수한 것도 사실로 보인다. 그러나 그 정보 수준은 라이스도 회고록에서 밝혔듯이 '불완전한' 것이었다. 2004년 3월 제출된 미 의회조사국 보고서가 지적했듯 '추정'에 불과한 것이었다.[91] 그럼에도 부시 행정부는 그 같은 단서만으로 북한을 압박했다. 그 과정에서 북한이 핵무기용 고농축우라늄 프로그램의 존재를 스스로 자백했다고 강변했다. 그리고 그것만으로 제네바합의의 완전한 폐기를 단행했다. 그러나 그것만으로 미국이 제네바합의 자체를 파기할 국제법적 명분이 되었는지 그리고 그러한 조치가 미국 자신의 제네바합의의 불이행과 지체에 비추어 형평성에 맞았는지는 '다툼의 여지'가 있었다.

미국의 결정은 오히려 북한으로 히여금 자신들이 실험실 수준에서 가지고 있었을 우라늄농축 프로그램을 평화적 목적과 군사적 목적 모두를 포함한 본격적인 핵 프로그램으로 발전시킬 수 있는 계기가 되었다. 부시 행정부의 정책은 결과적으로 북한이 동결했던 플루토늄 핵 프로그램을 재가동해 핵무기 실험으로 나아가게 했다. 그뿐만 아니라 북한이 그전에 갖고 있던 것으로 보이는 초보적 수준의 우라늄농축 프로그램을 본격적인 무기프로그램으로 발전시켰을

---

91 Sharon Squassoni, "Weapons of Mass Destruction: Trade Between North Korea and Pakistan," CRS Report for Congress, Updated March 11, 2004.

가능성도 있었다. 이것이 2002년 10월을 전후한 시기 미국 대북정책의 비극이었다.

12. 2002년 미국이 불충분한 증거를 갖고 제네바합의 파기를 서두른 이유

그렇다면 미국은 왜 2002년 10월 켈리 방북을 추진했고 이를 계기로 제네바합의 파기를 이끌어냈을까. 이 의문에 대한 정답은 없다. 다만 당시 동아시아와 한반도 주변정세는 부시 행정부 대북정책의 기조, 즉 북한의 국제적 고립을 강화하는 전략이 심각한 도전에 직면하고 있었다는 사실은 유의할 필요가 있다. 그리고 그 위기는 다름 아닌 미국의 동맹체제 안에서 전개되었다. 한반도에너지개발기구가 제네바합의에 따라 미국이 약속한 첫 경수로를 건설하기 위한 콘크리트 기초를 타설하는 의식을 한 것이 2002년 8월 7일이다. 제네바합의에 근본적으로 회의하던 미국에 그것은 결코 경사스러운 기공식이 아니었다. 그보다 더 중요한 일은 바로 그다음 달인 9월 17일에 일어났다. 일본의 고이즈미 총리가 북한을 방문해 북일정상회담이 열리고 북일공동선언이 발표되었다. 북일 평양선언으로 불린 이 선언에서 일본은 북일수교를 약속하고 북한은 미사일시험 유예조치를 무기한 연장한다고 공표했다.[92] 이것은 북일 관계정상화의 결정적 계기가 될 사건이었다. 부시 행정부 출범 이후 최고위급 미국 관리로 켈리가 갑자기 방북하고 그것이 제네바합의 자체의 파기로 나아가는 계기가 된 것이 북일 평양선언이 있고 나서 3주 만인 2002년 10월 초였다는 사실은 유심히 돌이켜볼 필요가 있다.[93]

---

92 Arms Control Association, "Chronology of U.S.-North Korean Nuclear and Missile Diplomacy," Fact Sheets, January, 2003(www.armscontrol.org).

93 2002년 가을 '북일 평양선언'이 북일 관계정상화로 나아가지 못하고 만 것은 켈리 방북과 그 후 미국의 태도에 크게 기인하지만 그와 별도로 일본 국내적 요인도 작용했음을 유의할 필요가 있다. 와다 하루키(和田春樹) 교수는 이렇게 적었다.

미국이 2002년 여름에 북한의 비밀 핵무기 프로그램에 대한 신빙성 있는 증거를 갖고 있었다면 한반도 핵문제에 사활적 이해관계가 있으며 미국의 긴밀한 동맹국 가운데 하나인 일본과 그 정보를 공유했을 것이 틀림없다. 그런 증거가 있는데도 고이즈미 일본 총리가 평양을 방문해 김정일과 함께 "한반도 핵문제를 포괄적으로 해결하기 위한 모든 국제협정을 준수한다는 약속을 확인한다"며 북일 평양선언을 발표한다는 것은 이치에 맞을 수 없다. 이 점에 비추어서도, 미국이 2002년 여름 북한의 농축우라늄 비밀 프로그램에 대한 신빙성 있는 근거를 갖고 있었다고 보기 어렵다. 켈리가 방북해서 북한 당국자들에게 결정적 증거를 제시했더니 북한이 당혹하여 시인했다고 했는데, 이후 미국이 북한의 우라늄 핵무기 프로그램에 대한 결정적 증거라고 주장하는 것은 '북한의 시인'으로 변해 있었다. 그 결정적 근거를 잃지 않으려고 부시 행정부는 시인 사실 자체를 북한이 일관되게 부인했는데도 북한의 '자백'을 움직일 수 없는 최대 증거로 주장하게 된 것이다.[94]

"미국이 북한의 우라늄농축 계획을 공개함으로써 북일관계 진전을 가로막은 측면도 부인할 수 없지만, 북일 국교 조기수립이라는 평양합의가 중단된 최대 요인은 일본 국내의 격앙된 대북감정 때문이다. 이러한 분위기 조성은 텔레비전 방송과 주간지가 주도했다. 지금까지 과거청산 없이 적대관계에 있던, 다시 말해 상호신뢰가 전혀 없던 양국이 문제를 해결하고 관계를 정상화할 수 있도록 성부를 측면에서 도와주는 국민적 분위기 조성은 전혀 보이지 않았다. … 텔레비전 프로그램 제작자나 시청자 모두 이런 국가와는 국교를 수립할 가치가 없을뿐더러 아예 체제를 붕괴시켜야 하며, 그러려면 전쟁도 불사해야 한다는 분위기를 조장하는 듯했다." 와다 하루키, 이원덕 옮김, 『동북아시아 공동의 집: 신지역주의선언』, 일조각, 2004, 176~177쪽.

94 북한의 고농축우라늄 비밀프로그램의 존재에 대한 증거로 미국 정부가 북한 자신의 '시인'에 부여하는 중요성은 2004년 7월 9일 한국 통일연구원에서 열린 토론회에서 미 국방연구원 오공단 박사와 토론에서도 확인할 수 있었다. 이 토론회에서 오 박사는 켈리와 북한 당국자 사이의 대화에 배석한 미국 쪽 통역이 유능한 일급 통역이었다는 사실을 강조했다. 그러나 같은 문화, 같은 언어권 인간 사이에서도 의사소통상 오해와 오류는 얼마든지 있다는 것을 우리는 안다. 이 때문에 통역의 능력이나 성실성 여부와 전혀 별개로 오해와 왜곡은 언제든 일어날 수 있다는 점을 유의해야 한다.

필자가 이러한 논점을 2004년 논문에서 처음 제기했을 때, 필자가 주장하는 요점은 북한의 농축우라늄 비밀 핵 프로그램 의혹과 관련해 미국의 정보가 틀렸고 북한의 부인이 옳다는 데 있는 게 아니었다.[95] 한반도의 전쟁과 평화를 가름할 수 있는 미국의 대북정책이 불충분한 증거에 기초한 추정을 근거로 결정된다는 사실에 주목한 것이다. 이라크의 비극이 바로 그 같은 정보오류나 정보의 정치적 왜곡에 근거했음이 드러났기에 특히 부시 행정부의 대북 정보평가의 신뢰성 위기는 진정 심각한 문제가 아닐 수 없었다. 그것은 결국 북한이 마침내 수소폭탄실험을 성공시키고 미국 본토를 위협하는 핵미사일 개발에 성공한 2017년 상황으로 이어지는 데 의미심장한 계기로 작용했다고 하지 않을 수 없다.

2001년 초 부시 행정부는 출범하자마자 클린턴 행정부가 막판에 북한과 합의한 상호적인 관계개선 약속을 사실상 폐기하는 수순을 밟았고 북한에 대한 적의를 숨기지 않았다. 그리고 마침내 북한이 판단하기에 매우 불충분하고 불확실한 정보를 가진 상태에서 2002년 10월 북한 당국을 다그쳤고 그 대화 내용에 대한 일방적 주장에 기초해 제네바합의를 공식 폐기하는 수순을 밟았다. 이것은 북한의 인식에서는 추정 수준의 의혹으로 그토록 중요한 합의를 순식간에 폐기하는 정책을 정당화하는 것과 다름없었다.

이후 미국이 추진하는 정책의 일관성과 신뢰성에 대한 북한의 기대는 땅에 떨어질 수밖에 없었다. 올브라이트 전 국무장관도 북한 김정일은 이런 상황을 잘 이해하기 힘들었을 것이라는 소회를 훗날 피력했다. 2003년 PBS와 인터뷰에서 올브라이트는 이렇게 말했다. "미국의 정치를 이해하기 어려운 것은 단지 독재자뿐만 아니다. 많은 다

---

95 이삼성, 「미국의 대북 정보평가 및 정책의 신뢰성 위기와 북핵문제 해결방향: '한반도 평화협정'체제 전환이 유일한 대안인 또 하나의 이유」, 『현대북한연구』 제 7권 제2호(2004. 9).

른 나라도 이해하기 어렵다. 우리의 정치생활은 4년 단위로 쪼개진다. 특히 다른 정당이 정권을 잡으면 외교정책도 바뀐다. 이것은 자신이 모든 것을 결정하는 북한의 김정일에게는 특히 낯선 일이었을 것이다. 왜 우리가 협상했던 것들이 모두 취소되는지에 대해 김정일은 오해를 많이 했을 것이다."[96] 이러한 상황은 미국 정치의 투명성은 다른 사회들로 하여금 미국 외교를 신뢰하게 만든다는 존 아이켄베리(John Ikenberry)의 논리를 무색하게 만드는 것이었다.[97]

13. 2002년 3월~2003년 봄 대북송금 폭로와 특검수사의 의미

2003년 한국의 노무현 정권은 미국발 강경론과 국내정치적 요인에 밀려서 대북송금 문제의 국내정치화를 통제하지 못했다. 노무현 정부의 정치적 한계이기도 했다. 집권당의 분열과 분당과 같은 국내정치적 요인이 함께 작용했다. 결과적으로 6·15남북정상회담의 성과를 노무현 정부는 지켜내지 못했다. 남북합의의 신뢰성을 전제하는 북한 안보의 비핵화(非核化) 가능성 또한 근본적으로 훼손되었다. 여기에 2003년 3월 미국의 이라크 침공과 2003년 12월 13일 하수구 같은 구멍에 숨어 있다 체포되어 재판에 회부된 후세인의 운명(그는 2006년 12월 30일 교수형에 처해진다)은 북한 안보전략 핵무기화의 필연성을 더욱 심화했다.[98] 이로써 북한 안보의 비핵화 유지 가능성은 근본적으로 소멸했다고 할 수 있다. 리처드 로즈(Richard Rhodes)와 마이클 셸런버거(Michael Shellenberger)의 지적처럼, 북한이 이라크 후세인의 실수는 핵무기를 추구했다는 사실이 아니라 핵무기를 건설하는 데 실패한 데 있었다고 결론지은 것은 북한 관점에서는 의심할 바 없

---

96 Albright, 2003, interview with PBS.

97 이삼성, 2004. 9.

98 리비아 지도자로서 WMD 프로그램을 포기한 후 2011년 서방 국가들이 촉진한 내란에 시달리다 그해 10월 민병대에 잡혀 얻어맞아 죽고 만 카다피의 운명도 북한 지도자들에게 큰 충격을 주었음에 틀림없다.

이 합리적 판단일 수 있었다.[99]

2002년 10월 이후 2005년 여름까지 약 3년은 부시 행정부 강경파가 승리를 구가한 시간이었다. 이들은 북한이 보유했던 것으로 보이는 초보적 수준의 우라늄농축 시설을 위협적인 비밀 핵무기 프로그램으로 확대 해석하고, 이를 과장함으로써 한국 김대중 정부가 추구한 햇볕정책과 클린턴 행정부의 유산인 제네바합의를 일거에 무너뜨릴 수 있었다. 이 기간 전반부는 노무현 정권이 김대중 정권이 추구했던 햇볕정책이 남긴 유산과 부시 행정부의 제네바합의 파기정책 사이에서 방황하며 힘겨워했던 시간이기도 했다.

노무현 정부가 김대중 정부의 햇볕정책을 이어받아 평화적 노선에 의거한 북한 비핵화를 유지하는 정책을 추구하는 데에는 세 가지 강력한 장애물이 있었다. 하나는 말할 것도 없이 북한의 우라늄농축 시설 의혹을 빌미로 한 부시 행정부의 제네바합의 파기정책이었고, 다른 하나는 김대중 정부의 4억 달러 대북송금 의혹이 불러온 한국 내부의 대북정책을 둘러싼 남남갈등이었다. 셋째는 미국의 대북 강경정책에 대한 북한의 강경 대응이었다. 북한은 2003년 3월 미국의 이라크 침공 직후인 그해 4월부터 이미 핵무기를 보유하고 있다고 주장했다. 북한은 마치 그것만이 자신에 대한 미국의 군사적 행동을 억지할 수 있다고 믿는 것처럼 행동하기 시작했다.

부시 행정부의 대북 강경 노선 선회와 이에 대한 북한의 핵보유 주장을 포함한 강경 대응은 한국 보수파에 김대중 정부의 대북송금 문제를 공격할 국제적 환경을 마련해주었다. 또 보수파가 제기한 대북송금 의혹과 북한의 핵보유 주장은 미국뿐 아니라 한국 안에서도 햇볕정책 전반과 제네바합의에 대한 부시 행정부의 대대적 공세를 도덕적으로 정당화하는 역할을 수행했다. 그런 의미에서 노무현 정부가

99 Richard Rhodes and Michael Shellenberger, "Atoms for Pyongyang: Let North Korea Have Peaceful Nuclear Power," *Foreign Affairs*, May 23, 2017.

이어가고자 했던 햇볕정책의 대내외적 환경은 크게 변해 있었다.

2000년 김대중 정부 대북송금의 본질은 미사일 문제로 북미 간에 발전한 갈등으로 제네바합의가 가사상태에 놓이게 되자 미사일 문제를 김대중 정부가 떠안아 해소함으로써 북미 간 갈등을 해결해 제네바합의를 되살리려는 데 있었다. 미사일 문제는 제네바합의에서 '상호 관심사' 수준에서 언급된 것에 불과했다. 따라서 북한으로서는 이 문제를 빌미로 미국이 제네바합의 이행을 지체하는 것은 부당했다. 만일 북한의 미사일 개발을 동결하려면 미국이 제네바합의와 별도로 대북 보상을 하라고 추가로 요구한 것이다. 북한이 요구한 보상액은 10억 달러에 이르렀다. 김대중 정부가 5억 달러 안팎의 대북 경제 지원을 했다면, 그 돈의 결과적 의의는 한국이 북미 간 관계개선을 가로막는 걸림돌을 대신 제거해 북미 간 미사일협상을 진전시킴으로써 제네바합의를 되살리려 한 것이라고 볼 수 있었다. 김대중 대통령의 대담한 정치적 결단이었지만, 그 방법이 공개되어서는 커다란 남남갈등을 불러일으킬 수 있었다. 보수적인 부시 행정부와 한국의 햇볕정책 사이의 간극을 증폭할 수 있어서 그 방식은 분명 문제를 안고 있었다. 김대중 전 대통령은 훗날 간행한 자서전에서 대북송금 문제에 대해서도, 그에 대한 수사에 대해서도 전혀 언급하지 않았다.[100]

김대중 정부의 대북송금 문제는 곧 폭로되어 정치문제가 되었고 노무현 정부 출범 초기 새 정부의 대북정책에서 운신의 폭을 크게 제약하는 역할을 했다. 이 사태의 첫 불을 댕긴 것은 2002년 4월 3일 미 의회조사국의 닉시가 한미관계에 대해 작성한 보고서였다.[101] 문제가 된 부분은 부시 행정부가 김대중 정부의 햇볕정책에 대해 갖고 있는 유보적 시각을 설명하는 페이지에 있었다. 해당 문단은 먼저 부시와

---

100 김대중, 『김대중 자서전 2』, 삼인, 2010.

101 Larry A. Niksch, "Korea: U.S.-South Korean Relations—Issues for Congress," Congressional Research Service, CRS Issue Brief for Congress, Updated April 3, 2002, p.10.

김대중 대통령 사이에 '미국 테러지원국 리스트'(U.S. terrorism list)에 북한을 포함시키는 것에 대한 이견을 언급했다. 이어 닉시의 보고서는 "주한미군 사령부와 미 CIA는 북한이 1999~2000년 기간에 금강산 관광사업 운영권에 대한 대가로 현대에서 받은 거의 4억 달러에 이르는 돈으로 군사무기 구매에서 더 많은 재정적 여유(financial flexibility)를 획득한 것으로 믿고 있다"라고 밝혔다. 그리고 괄호 안에 이렇게 적었다. "정통한 소식통(informed sources)에 따르면, 현대는 북한에 추가로 비밀리에 송금을 했다. 현대는 비밀 송금을 부인하고 있다."[102]

닉시는 이 보고서에 바로 뒤이어 2001년 2월 25일자 『조선일보』를 인용하여, 미국 정부 인사들이 임동원 국정원장이 워싱턴을 방문한 시점에 그 문제에 대한 우려를 밝혔으며, CIA는 한국 정부에 북한이 최근 해외에서 구매한 무기 리스트를 담은 메모를 전달했다고 언급했다. 이어서 닉시는 주한미군 사령부 대변인이 "나는 미 국내외 전문가들이 평양 정권이 현대에서 받은 현금을 군사적 목적에 전용할 가능성을 우려한다는 것을 알고 있다"고 발언했으며, 2001년 2월 5일 『코리아 헤럴드』가 그 발언을 보도한 사실을 지적했다.[103]

말하자면 2002년 한국에서 대북송금 문제가 커다란 정치 이슈로 떠오르게 불을 댕긴 것은 주한미군 사령부와 부시 행정부의 CIA였다는 것을 닉시의 이 보고서는 분명하게 보여주었다. 이후 한국에서 현대상선의 4,000억 원 대북송금 문제를 중요한 정치적 이슈로 맨 처음 본격 제기한 것은 『월간조선』 2002년 5월호다.[104] 이 매체는 현대그룹 정몽헌 회장의 소개로 김대중 당시 대통령이 김정일 위원장과 만나기 위해 막후 흥정하는 과정에서 북한에 4억 5,000만 달러를 보내기로 약속했

---

102 Niksch, "US-South Korean Relations," 2002, p.10.

103 Niksch, "US-South Korean Relations," 2002, p.10.

104 최우석, 「회고록을 통해 15년 만에 열린 진실의 문: 엄낙용 전 산업은행 총재는 1998년 김대중 정부의 대북송금 의혹을 왜 터뜨렸을까?」, 『월간조선』, 2017. 12.

으며, 자금은 산업은행으로 하여금 현대상선을 거쳐 현대아산으로 대출해주도록 한 뒤 이 돈을 달러로 환전해 국가정보원 등을 통해 해외의 김정일 비자금 계좌로 불법 송금했고, 그 결과 평양에서 남북정상회담이 가능해졌다고 주장했다. 당시 한나라당 엄호성 의원은 이 기사를 근거로 현대상선의 4억 달러 대북송금을 추적했고, 2002년 9월 25일 국회 정무위원회가 금융감독위원회에 대한 국정감사를 하는 자리에서 『월간조선』 2002년 5월호와 미 의회조사국 닉시의 한미관계 보고서를 근거로 제시하면서 현대의 대북 불법 송금 의혹을 추궁했다. 엄호성 의원은 이렇게 따졌다. "현대가 지금까지 금강산 관광 대가로 지급한 4억 달러 외에 비밀리에 4억 달러를 웃돈으로 주었고, 이 돈이 군사비로 전용되었을지도 모른다." 닉시는 『월간조선』과 통화에서 이렇게 말한다. "비밀자금 제공 정보는 한국 측 소스에서 들었으며 믿을 만하다. 한국 국회에서 조사하면 사실 여부가 밝혀질 것이다."[105]

이후 한나라당의 강력한 요구와 2003년 2월 출범한 노무현 정부의 동의로 김대중 정부의 대북송금 문제는 특검 조사 대상이 되었다. 2003년 4월 23일 오전 엄낙용 전 산업은행 총재가 소환되었고 송두환 특별검사의 수사가 시작되었다. 특검은 곧 박지원 당시 문화부장관, 이기호 당시 청와대 경제수석, 임동원 당시 국정원장 등을 조사해 5억 달러 대북 불법 송금 의혹을 밝혀냈고, 결국 박지원, 이기호, 이근영 씨 등이 구속 기소되었다.[106]

결국 이 사태는 주한미군 사령부와 미 CIA를 비롯한 미국 정부 관리들이 김대중 정부의 대북 햇볕정책을 공격하는 과정에서 정치문제로 발전했다고 할 수 있다. 부시 행정부는 이 장 앞부분에서 논의한 것과 같이 2001년 3월 초 김대중-부시 회담에서부터 이미 햇볕정책과 북미대화에 명백히 비판적이고 부정적인 시각을 갖고 출발했다.

---

105 최우석, 2017. 12.
106 최우석, 2017. 12.

따라서 대북송금 문제는 부시 행정부의 햇볕정책과 제네바합의 거부의 중요한 원인이었다고 할 수는 없다. 그러나 대북 불법송금 문제는 부시 행정부의 햇볕정책 비판과 제네바합의 파기정책을 정당화하는 데 일익을 담당했다고 할 수 있다. 또 노무현 정부의 대북정책이 초기에 보인 혼란상의 한 정치적 배경이 된 측면도 부인하기 어렵다.

대북송금은 이미 지적한 바와 같이 북미관계 진전을 가로막았던 미사일 문제 해결의 한 방편으로 기능한 측면이 있다. 그래서 역사적인 남북정상회담을 이끌어냈고, 북미대화의 전기를 마련함으로써 북한 핵문제를 평화적으로 해결할 유일한 희망이었으며 김영삼 정부에서 가사(假死)상태에 빠져 있던 제네바합의를 되살려낼 수 있었다. 그런데 그 방법이 햇볕정책의 발목을 잡고 만 것이다. 김대중 대통령은 남북관계의 이중성과 북한의 폐쇄성을 들어 대북송금 방식을 해명하려 했던 것으로 알려져 있다.[107] 김 전 대통령 관점에서는 당시 제때 제네바합의를 살려내지 않으면 북한 핵 프로그램의 재가동과 나아가 북한의 핵무장과 미사일 프로그램이 촉진될 테고, 그 결과는 한반도 전쟁 위기의 일상화(日常化)일 수밖에 없다고 판단했을 것이다. 대통령의 비상한 결단이 불가피하다고 생각했을 것이다.

결과적으로 보면, 마치 남북관계와 북미관계가 그러한 초법적 결단이 없이는 획기적 출구가 보이지 않았던 것처럼, 한미관계와 한미동맹의 구조 그리고 한국 정치사회 내부의 이른바 남남갈등은 한국 대통령의 그만한 결단도 용납하지 않았던 것이다.

---

107 이종호, 「대북 지원 자금 군비 전용 의혹 짙어: 진실은 밝히되 DJ 사법처리는 반대」, 『오마이뉴스』, 2003. 2. 15.

제6장
북한 핵무장의 시작과 완성을 재촉한 또 하나의 10년

1. 북한 핵무장의 시작에서 완성에 이르는 또 다른 10년

미국이 제네바합의를 파기한 뒤 북한이 NPT 체제에서 탈퇴하고 더 나아가 '핵 보유'를 선언한 것은 앞서 논의한 바와 같다. 2002년 말에서 2003년에 이르는 그 시기는 미국이 대테러전쟁이라는 이름 아래 아프가니스탄과 이라크를 상대로 침략전쟁을 벌일 때였다. 이 정세 속에서 북한이 핵무장에 나섰을 뿐 아니라 아예 '핵 보유'를 내세운 것은 미국 침략전쟁의 총포가 자신을 향해서도 전개되는 사태를 억지해보려는 몸부림인 측면이 없지 않았다.

북한은 2003년 초 그전까지 제네바합의에 따라 동결했던 5메가와트 원자로를 재가동하여 플루토늄을 생산하는 작업에 돌입하겠다고 선언했다. 북한이 공개적으로 핵무장의 길에 본격 나선 것인데, 이 상황에서 미국과 한국의 외교는 어떻게 대처했을까. 북한이 2006년 10월 첫 핵실험을 강행하게 되는데 그전에 적어도 한 차례 평화적으로 해결할 기회가 주어졌다. 2005년 6자회담을 이용한 9·19공동선언이 성립했을 때가 그것이다. 그러나 이것은 부시 행정부의 양면성 때문에 무위로 돌아간다. 그렇게 됨으로써 북한 핵무장의 공식적 '시작'을 알리는 첫 핵실험이 진행되는 것이다.

북한이 첫 핵실험을 한 뒤 한국에는 연거푸 보수정권이 들어섰다. 이명박 정권과 박근혜 정권이다. 이 두 정권의 대북정책과 대미외교는 북한의 핵무장 속도를 줄이기는커녕 가속화하는 결과를 가져왔다.

2009년 제2차 핵실험이 실시되었다. 김정일에서 김정은으로 정권이 교체되는 시기에 한동안 주춤했던 북한 핵실험은 2013년 재개되었고 2016년에는 두 차례 연거푸 강행되었다. 그리고 마침내 2017년 9월 3일 수소폭탄을 터뜨리는 제6차 핵실험이 진행되었다. 2017년 두 차례 IRBM 시험발사와 세 차례에 걸친 ICBM 시험발사도 성공시켰다. 그렇게 해서 북한의 핵무장, ICBM과 결합한 핵무장이 완성되었다.

이렇게 된 데에는 앞서 제4장과 제5장에서 거론한 1994~2003년에 이르는 10년에 걸친 한미동맹의 대북정책 난맥상에 일차 책임이 있다. 그러나 못지않게 그 이후 또 다른 10년 한국과 미국의 대북정책 또한 직접적 책임에서 자유로울 수 없다. 무엇이 문제였을까. 이 질문에 대한 답을 생각해본다.

2. 북한 최초 핵실험 전야의 기회와 상실:
2005년 9·19공동선언과 BDA 사태

부시 행정부는 북미 제네바합의를 처음부터 파기할 작정을 하고 그 명분을 찾아 목표를 실행한 당사자다. 그 선택은 2006년 10월 북한의 첫 핵실험을 불러온 가장 중요한 요인이었다. 그러나 부시 행정부 기간에도 북한 핵무장이 현실로 되는 것을 피할 기회는 한 번 더 있었다. 2005년 7월에서 9월에 걸쳐 열린 제4차 6자회담에서 북한의 평화적 비핵화를 위한 9·19공동선언이 도출되었다.[1] 일정한 창의적 대안을 갖고 특히 중국과 외교적 협력관계를 구축해 미국의 일방적인 대북 압박 전략을 견제하려는 노무현 정부의 노력이 있었다.[2]

9·11 이후 미국은 전 지구적 대테러전쟁을 주도했고, 중국과 러시아도 일단 동참하는 상황이었다. 미국은 중국과 러시아도 대북 다자적 압

---

[1] 9·19공동성명은 북한이 모든 핵 프로그램을 포기하고 NPT 체제에 복귀하여 한반도비핵화공동선언을 이행하는 대신, 미국과 일본이 북한에 경수로 제공을 논의하고 외교관계정상화를 위해 노력한다는 내용 등을 담았다.

[2] 이종석, 『칼날 위의 평화: 노무현시대 통일외교안보 비망록』, 개마고원, 2014.

박에 합류시킬 목적으로 6자회담을 구성했다. 그러나 2005년 여름 노무현 정부의 외교는 중국과 전례 없이 긴밀하게 협력했다. 6자회담은 이제 동아시아에서 미국의 일방주의를 견제하고 실질적인 다자외교로 조정해내는 채널로 활용될 수 있음을 보여주었다. 미국도 응하면서 9·19공동선언에 일단 서명했다. 그러나 미국은 다른 한편에서 BDA 사태를 벌였다. 9·19공동선언은 휴지가 되었다. 당시 노무현 정부 NSC 사무차장으로 일한 이종석 박사는 훗날 "이 소중한 합의가 강대국의 일방주의로 그렇게 쉽게 유린될 줄은 몰랐다"는 소회를 남겼다.[3]

부시 행정부가 한편으로는 북한과 협상을 진행해 9·19공동선언이라는 합의에 도달하는 동시에 다른 한편으로는 그러한 합의를 철저하게 유린하는 BDA 사태를 벌인 이중적 행동은 어떻게 설명해야 할까? 이 문제의 해명은 부시 행정부 안에도 대북정책을 둘러싸고 강경파와 온건파 사이에 갈등과 긴장이 존재했다는 사실에서 찾을 수 있다. 부시 행정부 제1기(2001년 1월~2005년 1월) 때 강온파 갈등과 인적 구성에 대해서는 앞서 라이스의 설명을 소개한 바 있다. 2005년이 속해 있는 부시 행정부 제2기(2005년 1월~2009년 1월)의 강온파 구성을 보면 강경파는 그냥 자리에 있거나 승진한 반면, 제1기에서 협상파 역할을 했던 인물들은 파월 국무장관을 포함하여 대거 물러났다는 것을 알 수 있다.

2005년 1월에 출범한 제2기 부시 행정부에서도 매파들의 인적 구성은 크게 달라지지 않았다. 국무차관 볼턴, 국가안보회의 핵비확산 책임자 로버트 조지프(Robert Joseph), 부통령 체니와 그의 참모들 그리고 국방부의 럼즈펠드 장관과 고위간부들이었다.[4] 매파는 평양과 경제적 또는 정치적 협상은 사악하고 위험한 정권의 생명을 연장할 뿐이라

---

3 이종석, 2014, 339쪽.

4 Michael J. Mazarr, "The Long Road to Pyongyang," *Foreign Affairs*, September/October, 2007.

고 확신했다. 북한 핵문제는 협상을 통한 해결 전망이 전무하다고 주장했다. 이들에게 제네바합의는 중대한 실수였기에 그것이 폐기된 것은 참으로 잘된 일이었다. 이런 관점은 특히 1990년대 말부터 미국 학계와 정치권 안팎에서 유력했던 북한 붕괴론과 결합해 큰 힘을 발휘했다. 북한 경제의 목을 졸라서 북한을 붕괴시키는 데 도움이 되는 일은 그것 자체로 평화에 기여한다고 보았다. 미국의 대표적인 보수적 싱크탱크인 '미국기업연구소'의 니콜라스 에버스타트(Nicholas Eberstadt) 등이 역설한 북한 붕괴론이 부시 행정부의 매파에게 맞춤한 논리적 근거를 제공했다.[5] 붕괴 직전에 있는 독재정권의 수명을 연장시킬 뿐인 원조와 투자는 그들의 눈에 죄악이었다. 이들은 중국을 압박해 대북 제재에 동참시키면 북한은 곧 붕괴할 것이라고 믿었다.[6]

한편 보수적이면서도 북한과 협상이 핵문제 해결에 일정한 역할을 할 수 있다고 본 온건한 협상론을 펴는 인물들이 있었다. 마이클 마자르(Michael J. Mazarr)가 말하는 부시 행정부의 협상파는 1, 2기를 막론하고 북한에 대해 정권교체(regime change)나 고립시키는 방안 대신에 '강경한 대화 전략'을 지지하는 '실용적 협상파'를 뜻했다. 이들은 동아시아에서 미국의 동맹국들과 관계를 고려할 필요성을 인식하고 있었다. 이들은 주로 국무부 인사들이었다. 부시 행정부 제1기 때 협상파를 이끌었던 국무부의 파월 장관과 아미티지 차관 그리고 동아태 담당 차관보 켈리는 2기에 들어서는 그 자리에 없었다. 물러난 파월을 대신해 국무장관을 맡은 라이스는 마이클 마자르의 분류에 따르면 매파와 온건파의 중간 지점에 위치하되, 매파보다는 협상파에 더 가까웠다.[7]

---

5 Nicholas Eberstadt, "The Persistence of North Korea: What has been keeping Pyongyang afloat?" *Policy Review*(Hoover Institution), October & November 2004; Nicholas Eberstadt, *The End of North Korea*, American Enterprise Institute Press, 1999.

6 Mazarr, 2007.

7 Mazarr, 2007.

라이스 밑에서 국무차관을 맡은 이는 로버트 졸릭(Robert Zoellick) 이다. 그는 2005년 초부터 라이스를 도와 한반도 평화협정 카드를 만지작거린 국무부 내 협상파의 한 명이었다. 2005년 9·19공동선언 성립에 역할을 한 것으로 볼 수 있다.[8] 켈리를 대신해 제2기에 동아태 담당 차관보를 맡은 사람은 힐이었다. 그도 협상파에 속했다. 국가안보회의실의 그린도 마자르 분류에서 협상파에 속했는데 2기에서는 자리를 잃었다. 1기 때는 없었지만 2기에 NSC에 합류한 인물로 빅터 차(Victor Cha)가 있다. 마자르는 그도 협상파로 분류했다.[9]

제2기 부시 행정부도 내부에 일정한 노선 갈등을 안고 있었던 만큼, 국면에 따라 일방적 제재를 밀어붙이기도 하고 또 다른 국면에서는 협상을 수용하는 태도를 보이기도 했다고 할 수 있다. 2005년 9~10월 부시 행정부는 그 노선 갈등이 더욱 치열했다고 할 수 있다.

---

8 졸릭은 9·19공동선언 발표 며칠 전인 2005년 9월 15일 행한 연설에서 한반도 문제에 관해 이렇게 말했다. "이제 50년에 걸친 한반도의 정전체제를 넘어 지역안보와 발전을 동반하는 진정한 평화(a true peace)로 나아가야 한다." Robert B. Zoellick(Deputy Secretary of State), "Whither China: From Membership to Responsibility?" Remarks to National Committee on U.S.-China Relations, New York City, September 21, 2005(https://2001-2009.state.gov). U.S. Department of State Archive.

9 Mazarr, 2007. 차 교수는 2017년 8월경 트럼프 행정부의 주한 미국대사로 내정되어 문재인 정부의 동의(agrément)를 받은 상태였다. 그러나 2018년 1월 말 트럼프 정부는 차 교수 내정을 철회했다. 차 교수가 트럼프 행정부가 대북정책으로 내세워온 선제타격 전략을 "한국 내 미국 시민들의 안전을 위협한다"는 등의 이유로 반대하고 한미 FTA 파기론에도 반대하는 발언을 공개석상에서 한 일들이 유력한 원인으로 지목되었다. 그는 실제 대사 내정이 철회된 후 『워싱턴포스트』에 보낸 기고문에서 이렇게 지적했다. "일부에서는 한반도에서 미국인 사상자들이 나고 심지어 더 큰 전쟁이 벌어져도 (북한 핵)문제의 심각성을 고려하면 그러한 위험을 무릅쓸 가치가 있다고 주장한다. 그러나 (선제)타격은 북한의 미사일 구축과 핵 프로그램을 단지 지체시키는 역할밖에 하지 못할 것이다. 북한 미사일과 핵무기는 벙커버스터로도 접근할 수 없는 미지의 장소들에 깊이 묻혀 있기 때문이다. (선제)타격은 핵무기 확산 위협을 저지하기보다는 더 악화시키고 말 것이다. (…)" (Victor Cha, "Victor Cha: Giving North Korea a 'bloody nose' carries a huge risk to Americans," *The Washington Post*, January 30, 2018.

그 결과 한편으로 전례 없는 내용을 포함한 9·19공동선언에 합의하는가 하면, 그와 거의 동시에 그것을 휴지조각으로 만든 BDA라는 강력한 대북 금융제재조치를 취했다. 대북협상파에 대한 강경파의 궁극적 승리를 보여준 일이었다.

2002년 10월 켈리 방북을 추진한 주체는 애당초 대북협상파였던 파월 국무장관이었지만, 그의 방북이 결국 북미대화를 완전히 '끝장내고' 제네바합의를 정식으로 폐기하는 결정적 계기로 활용되고 말았던 것은 앞서 논의한 바와 같다. 이것은 부시 행정부 안에서 협상파과 강경파의 권력균형이 강경파에 현저하게 기울었던 사실과 관련이 깊었다. 2005년에도 9·19공동선언이 부시 행정부 안의 협상파 의지로 가능했다. 그러나 그 선언이 곧 BDA 사태로 한순간에 휴지조각이 되고 마는 것도 2002년 때와 마찬가지로 부시 행정부의 대외정책 주도권이 부시 대통령 본인과 체니 부통령을 포함해 강경파에 있었던 것과 불가분한 현상이었다.

또 한 가지 유념할 점이 있다. 2005년 9·19공동선언은 라이스의 표현대로 "핵문제가 만족스럽게 해결된다면 평화 안보 메커니즘(peace and security mechanism)을 구축할 것을 상정하는 것"이었다.[10] 앞에서 논의한 바와 같이 부시 행정부가 일방주의와 어울리지 않아 보이는 이런 비전을 담은 공동선언을 수용한 행동은 BDA에 대한 금융제재로 그 선언을 휴지조각으로 만든 행동과 모순되는 것이 사실이다. 그런데 라이스와 부시 대통령 그리고 럼즈펠드를 포함한 이 행정부의 주요 인물들에게 그 두 가지는 사실상 모순이 아니었다고 해석할 수 있는 실마리를 라이스 회고록은 담고 있다.

라이스는 9·19공동선언이 나오게 된 배경을 설명하면서 라이스 자

---

10 Condoleezza Rice, *No Higher Honor: A Memoir of My Years in Washington*, New York: Crown Publishers, 2011, p.524. 라이스는 이 대목에서 "우리는 '만족스럽게' (satisfactorily) 해결되는 것의 타이밍과 정의를 열린 상태로 남겨둠으로써 융통성 (flexibility)을 견지하려 했다"고 밝혔다.

신을 그 발상의 실마리를 제공한 당사자로 제시했다. 라이스는 2005년 초에 NSC 회의에서 북핵문제 해결을 위한 '새로운 접근법'(new approach)을 자신이 제기해서 처음 토의했다고 밝혔다. 그 새 접근법이란 6자회담을 '궁극적으로는 한국전쟁의 최종적 해결, 심지어 평화조약(even a peace treaty)으로 이끌어갈' 통로로 이용하는 것을 뜻했다. 라이스는 그런 발상은 당시 부시 행정부의 정책과는 동떨어진 것이어서 '커다란 도약'이 필요했지만 '생각해볼 가치가 있는 것이었다'고 말했다. 라이스의 그 발상이란 이런 질문을 던지는 것이었다고 한다. "만일 북한이 검증 가능한 방식으로 진정 핵무기를 포기하는 것과 한국전쟁을 법적으로 종결함에 따른 (외교적) 승인을 교환하도록 설득하게 된다면 어떻게 될까? 김정일의 이 독재정권은 그러한 조치로 더 강해질 것인가 아니면 분쟁의 종식으로 말미암아 이 독재자의 존재이유가 박탈되어 냉전이 끝나 동독(東獨)이 붕괴된 것과 마찬가지 결과가 될 것인가? 김정일이 북한 인민의 생활을 개선하려고 세계은행(World Bank) 같은 국제제도에 북한을 개방하면 그 결과로 뱀파이어 같은 그의 정권이 밝은 햇빛 아래서 녹아버리지 않겠는가?" 라이스는 이러한 '대담한 아이디어'를 김정일에 대한 혐오를 감추지 않는 부시 대통령이 과연 받아들일지 자신이 없었다고 했다.[11]

그런데 뜻밖에도 라이스는 부시 행정부 안에서 누구 못지않은 강경파였던 럼즈펠드 국방장관 그리고 부시 대통령 본인에게서 동의를 얻어내기에 이른다. 2005년 초 NSC 회의에서 럼즈펠드는 라이스의 제안을 당장 받아들이지는 않았지만 그 발상을 일축하지는 않았고, 오히려 놀라울 정도로 지지해주었다고 한다. 럼즈펠드는 "(북한 핵문제처럼) 해결할 수 없는 문제에 봉착했을 경우에는 때로 그 문제를 확대해서 더 크게 만들어보는 것이 최선이다"라는 말로 지원해주었다고 한다. 이때 럼즈펠드는 국방부에서 '포스트-한국전쟁

---

11   Rice, 2011, p.524.

안보체제(post-Korean War security arrangements)가 양자적·다자적으로 어떤 것이 가능할지'를 검토해보도록 하겠다고 약속했다. 럼즈펠드가 이 새로운 접근법에 관심을 보인 이유는 "한국은 자기를 방위하기 위해 더 많이 책임져야 하며, 그럼으로써 (주한)미군을 놓아주어야 한다(free up our forces)"는 생각이 평소 그의 지론이었기 때문이라고 라이스는 해석했다.[12]

라이스는 이어서 부시 대통령에게도 6자회담을 통해 북한의 비핵화를 대가로 궁극적으로 한반도의 평화조약까지 나아가는 아이디어에 대해 동의를 얻게 된 경위를 설명했다. 앞서 언급한 NSC 회의에서 부시 대통령은 처음에는 얘기를 많이 하지 않고 주로 듣기만 했다. 그런데 백악관의 한 저녁 만찬에서 부시 대통령이 먼저 라이스에게 "우리가 김정일을 생존하게 내버려두면 김은 그 무기들을 포기할까요?"라고 물었다. 라이스는 이 독재자가 그럴 가능성이 있는지 테스트해보아야 답을 알 수 있을 것이라고 대답했다. 그러자 부시가 "그럼 김정일을 시험해봅시다"라고 말했다는 것이다. 그런데 그때 국가안보보좌관을 맡고 있던 해들리와 부시 대통령 사이에 오고 간 대화가 의미심장했다. 해들리가 그렇게 되면 '체제변화'(regime change)는 미국의 정책옵션에서 제외할 수밖에 없다는 점을 상기시키면서 "그럴 경우 우리가 해야 할 일들 때문에 불편하지 않을까요?"라고 부시에게 물었다. 그러자 부시는 "아니요. 그것은 다만 '다른 수단에 따른 체제변화'(regime change by other means)일 뿐이오. 김정일은 그 나라가 개방되면 결코 살아남지 못할 거요"라고 말했다.[13]

여기서 우리는 2005년 9월 9·19공동선언을 수용한 부시 행정부의 결정과 BDA 금융제재로 그 선언을 무효화한 행동이 겉으로는 매우 달랐지만 그 저변에서는 근본적으로는 동일한 목표와 동기가 작용했

---

12 Rice, 2011, p.524.
13 Rice, 2011, p.525.

노무현과 김정일.
2006년 북한이 제1차 핵실험을 하고 1년 뒤 남북정상회담이 열렸다. 하지만 북한의 미국에 대한 신뢰는 이미 땅에 떨어진 뒤였다. 북한은 핵무기 완성의 길을 걸어간다.

다는 사실을 확인할 수 있다.

예상된 불행한 결과였지만, 미국의 일방주의는 북한 핵무장을 저지하기보다는 촉진했다. 한국 정부가 6자회담을 통해 초강대국의 일방주의를 견제하면서 분쟁의 평화적 해결에 기여할 수 있는 다자적 장치로서 잠재적 효용을 드러낸 것은 그나마 이 시기에 남은 것이었다. 그 장치 안에서 한국이 평화적 해결의 촉진자요, 외교적 균형자로 행동할 수 있는 가능성을 보여주었다.

북한은 2006년 10월 9일 제1차 핵실험을 했다. 제1차 핵실험 뒤인 2007년 10월 한국의 노무현 대통령과 북한 김정일 위원장은 역사상 두 번째 남북정상회담을 열었다. 10월 4일 두 지도자는 "남과 북은 현 정전체제를 종식하고 항구적인 평화체제를 구축해나가야 한다는 데 인식을 같이하고 직접 관련된 3자 또는 4자 정상들이 한반도에서 만나 종전을 선언하는 문제를 추진하려고 협력"할 것을 약속하는 공동선언을 발표했다. 그러나 한미 양국 대북정책의 일관성에 대한 북한의 신뢰는 기대할 수 없는 상황이었다. 북한은 자신의 생존에 절대적

이라고 판단한 핵무기 국가의 지위를 굳히려고 자신의 길을 걸어갔다. 북한은 2009년 5월 25일 두 번째 핵실험을 했다.

3. 이명박 정부: 2009~10년의 북미대화와 천안함 사태 처리

2008년 2월 이명박 정권이 출범한 이후 남북 간에는 긴장이 고조되었다. 이러한 조건에서 2010년 3월 천안함(天安艦) 침몰 사건이 일어났다. 이로써 북미 간 평화협상 기회도 결정적으로 사라졌다. 그런데 미국에서도 한국에서도 거의 주목받은 일이 없는 일정한 과정이 있었다. 부시 행정부가 끝나고 민주당 오바마 행정부가 출범한 2009년 그해 가을에서 2010년 초에 걸친 시기에 비록 희미했지만 불빛이 남아 있었다. 이명박 정부는 대화를 배제했다. 그러나 오바마 행정부는 멈칫멈칫하면서도 협상의 길을 탐색하려고 했다. 필자는 그것이 북한이 핵무장 완성을 본격화하기 전에 북한 핵문제를 평화적으로 해결하기 위한 실오라기 같은 희망이나마 남아 있던 마지막 기회였다고 생각한다. 그러나 그 역시 속절없이 무너지고 말았다. 천안함 사태와 그것을 한미 양국이 처리한 방식은 북한이 어떤 경제적·정치적·외교적 대가를 치르더라도 핵무장 완성을 향해 나아가게끔 박차를 가한 결정적인 역사적 계기로 작용했다고 생각되는 것이다.

앞서 언급했듯이, 북한 핵문제를 평화적으로 해결할 첫 기회는 1994년 말에 있었는데, 그 기회를 파탄시킨 것은 미 의회 안의 권력 변동이었고, 김영삼 정부가 미 정치권에서 부상한 보수파와 합류한 탓이었다. 2000년에 만들어진 두 번째 기회는 미국의 정권교체로 무산되었다. 2005년의 세 번째 기회도 부시 행정부 강경파의 사보타지로 쓸모없이 되었다. 2009~2010년 초에 네 번째 평화적 해결의 실마리가 마련될 법했던 기회는 논란과 해석의 여지가 남아 있지만, 미국 내 보수파의 반발과 득세, 그들과 한국 보수정권 사이의 협력이 그 원인이었다고 볼 소지가 없지 않다.

2002년 제네바합의를 공식 폐기하고 부시 행정부가 모색한 대안은 북한에 대한 다자 압박 외교였다. 당시 미국 대외정책의 일차적 초점이었던 아프가니스탄과 이라크에서 대테러전쟁이 수렁에 빠지면서 북한에 대한 효과적인 다자적 압박정책은 힘을 잃었다. 급기야 2006년 북한의 핵실험 사태로 귀결되었다. 2009년 출범한 오바마 행정부는 부시 행정부의 명백한 대북정책 파탄이라는 유산을 물려받은 채 새로운 암중모색의 시기로 들어갔다. 그러나 2009년 5월 25일 북한 김정일 정권은 제2차 핵실험을 강행했다. 이에 대응해 바로 다음 날 한국은 '대량살상무기 확산방지구상'(Proliferation Security Initiative: PSI)에 대한 참여를 공식화했고 6월 12일 유엔 안보리는 북한에 대한 제재를 더 강화하는 '결의안 1874'를 통과시켰다.

그럼에도 오바마 행정부는 과거 부시 행정부와 달리 조기에 북미 간 직접대화를 모색하려고 했다. 그 신호탄은 2009년 9월 11일 미 국무부 필립 크롤리(Philip Crowley) 대변인이 미국은 6자회담 재개를 위한 선행조치로 '북한과 양자협의에 들어갈 용의가 있다'고 밝힌 것이었다.[14] 이후 북미 간에 일정한 교감이 있었다는 사실은 그해 10월 5일 북한 김정일이 북미 간 양자대화가 유익한 결과를 낳으면 6자회담에 복귀할 것이라고 중국 원자바오(溫家寶) 총리에게 밝힌 사실에서 알 수 있다.[15] 10월 20일 미 국무부 이언 켈리(Ian Kelly) 대변인은 미국의 대북정책 특별대표를 맡고 있던 스티븐 보즈워스(Stephen Bosworth, 1939~2016)가 평양을 방문해달라는 북한의 초청장을 받았다고 밝혔다.[16] 이어 11월 9일에는 보즈워스가 북한 정부와 '직접대화'를 위해 평양 방문단을 이끌 것이라고 국무부가 발표했다.

그로부터 열흘 뒤인 2009년 11월 19일 오바마 대통령은 서울에 있

---

14 ACA(Arms Control Association), "Chronology of U.S.-North Korean Nuclear and Missile Diplomacy," Updated April, 2013(http://www.armscontrol.org/factsheets/dprkchron).

15 ACA, 2013.

16 ACA, 2013.

었다. 그는 이날 이명박 대통령과 공동 기자회견을 열고 북핵문제 해결을 위한 양국 간 협력을 강조했다. 그러나 그의 강조점은 북핵문제를 평화적으로 해결하기 위한 북미 간 직접대화 의지를 밝히는 데 있었던 것이 분명했다. 오바마는 이렇게 말했다. "나는 핵문제의 명확하고 포괄적인 해결을 달성하기 위해 6자회담에서 공동 노력할 것임을 재확인한다. 이러한 노력의 일환으로 우리는 북한과 직접대화에 임하기 위해 12월 8일 보즈워스 대사를 북한에 파견할 것이다." 그는 아울러 "만일 북한이 의무를 충족하고 핵무기 프로그램을 제거할 구체적이고 불가역적인 조치들을 취한다면 미국은 북한에 경제지원을 하고 북한이 국제사회에 완전히 통합될 수 있도록 도울 것"이라고 밝혔다.

같은 기자회견에서 이명박 대통령은 오바마와 마찬가지로 북한 핵문제의 '포괄적 해결'에 동의하고, 그 자신 나름의 '대흥정'(grand bargain)을 언급했다. 그러나 이명박 대통령은 북미 간 직접대화에 찬동한다는 뜻을 밝히지는 않았다. 그가 강조한 것은 한미군사동맹 강화였다. 그는 '(핵)연장억지를 포함한 공고한 한미 방위태세' 그리고 '21세기 전략동맹'(a strategic alliance of the 21st century)을 역설했다.[17] 오바마가 11월에 서울을 방문한 목적은 이전 10년간에 걸친 김대중-노무현 정부의 햇볕정책을 폐기하는 데 힘을 쏟고 있던 한국의 보수정권에 북미 간 직접대화의 필요성을 설득하여 이해를 얻고자 한 데 있었다. 여기에 한국 정부는 다분히 소극적으로 반응했다.

2009년 12월 8~10일 미국대표들은 평양에서 북한 정부와 첫 고위급회담을 했다. 보즈워스 대사는 김정일에게 오바마 대통령의 친서를 전달했다. 2010년 1월 11일 북한 외무성은 1953년의 정전협정을 평화협정으로 대체하기 위한 대화를 제안하는 성명을 발표했다. 한편 1

---

17 "Remarks by President Barack Obama and President Lee Myung-bak Republic of Korea in Joint Press Conference," Blue House, Seoul, South Korea, November 19, 2009(http://seoul.usembassy.gov/p_pv_111909.html).

월 하순 남북한 사이엔 험악한 상호위협이 교환되었다. 북한의 핵무기 타격 위협이 있을 경우 북한을 (선제)공격하겠다는 남한 발표가 있었다. 그러자 북한은 전쟁을 위협했다. 그러나 2월 9일 중국『신화통신』은 북한이 한반도 비핵화(denuclearization)를 위해 노력할 용의가 있다는 뜻을 김정일이 중국 정부에 전달했다고 보도했다.[18]

그리고 3월 26일 천안함 침몰 사건이 일어났다. 한반도 서해상 북한 접경지역에 있는 백령도 앞바다에서 한국 해군 쾌속호위함(corvette) 천안함이 두 조각으로 갈라지며 침몰했다. 북한 해안에서 16킬로미터 거리에 있는 해상이었다. 승선해 있던 승조원 104명 중 46명이 사망하는 비극이 따랐다. 약 두 달 뒤인 5월 20일 한국 정부는 국제민관합동조사단의 결론에 근거해 북한을 범인으로 지목했다. 중국과 러시아를 제외하고 미국을 중심으로 한 국제사회는 한국 정부의 결론을 지지했다. 북미 간 직접대화는 더 진전될 수 없었다. 그해 7월 21일 미국은 대북 제재를 강화했다. 미국은 이어서 7월 25일 한국과 함께 천안함 사건에 대한 대응 차원에서 4일간에 걸쳐 합동군사훈련을 동해에서 실시했다. 8월 30일 오바마 대통령은 대북 제재를 더욱 강화하는 행정명령(executive order)을 발령했다.

한편 북한은 8월 25일 북한 국경을 침입한 혐의로 억류되어 있던 미국 시민 아이잘론 고메스(Aijalon Gomes, 1979~2017)를 석방하기 위한 카터 전 미국 대통령의 평양 방문을 수용했다. 카터는 9월 15일『뉴욕타임스』에 기고한 글에서 자신의 북한 방문 중 북한은 미국과 협상 재개를 원한다는 '명백하고 강력한 신호'를 보냈다고 밝혔다. 그러나 같은 날 미국 보즈워스 대사는 미국 견해는 부정적임을 확인했다.[19]

이어 2010년 11월에 벌어진 두 가지 사건으로 북미 간 직접대화를 통한 북한 핵문제 해결 모색 가능성은 당분간 완전히 사라지게 된다.

---

18   ACA, 2013.
19   ACA, 2013.

첫째, 11월 12일 북한은 스탠퍼드대학교의 핵과학자 헤커를 초청했다. 그리고 영변의 우라늄 핵시설을 그에게 보여주었다. 헤커는 미국의 핵연구소인 로스 알라모스 국립실험실 소장을 지낸 인물이다. 북한은 헤커에게 그 우라늄 시설은 1994년 제네바합의에서 미국이 북한의 핵 프로그램 동결에 대한 보상으로 북한에 제공하기로 했던 경수로를 운영하는 데 필요한 저농축우라늄을 생산하기 위한 시설이라고 설명했다. 군사용이 아님을 역설한 것이다. 북한 경수로는 2012년 완공 목표라고 밝혔다.[20] 헤커는 자신이 북한에서 목격한 시설은 군사용의 고농축우라늄이 아니라 경수로 발전용 저농축우라늄 시설이었다고 확인했다. 다만 그는 당시 북한이 고농축우라늄 시설을 별도로 갖고 있는지는 의심할 여지는 있으나 알 수 없다고 말했다.[21]

북한이 이 시점에 공개한 우라늄 핵시설은 한편으로는 2002년 10월 부시 행정부가 제네바합의를 파기하면서 제기한 의혹의 실체를 확인해준 것으로 해석되었다. 다른 한편에서 보면 북한은 의혹의 대상을 투명한 협상의 대상으로 공개했다는 의미도 있었다. 실제 북한은 2011년 3월 15일 러시아 정부 인사들에게 "6자회담에 복귀하고 우라늄 핵시설에 대해 협상할 용의가 있다"는 뜻을 밝혔다.[22] 북한이 이때 공개한 우라늄 핵시설이 2002년 10월 이전에 이미 상당 부분 진행된 것이었는지, 아니면 부시 행정부의 제네바합의 파기 이후 본격적으로 구축된 것인지는 명확하지 않았다. 그러나 어떻든 북한 핵 프로그램의 다면성과 그 잠재적 위협이 더욱 부각되기에 이른 것은 분명했다.

---

20 ACA, 2013.

21 Siegfried S. Hecker, "Redefining Denuclearization of North Korea," *Bulletin of Atomic Scientists*, December 20, 2010. 일부 학자들은 북한이 2009년 이후 핵무기용으로 사용되는 고농축우라늄 프로그램을 시인했다고 설명한다. 안드레이 란코프 (Andreii Lan'kov) 교수의 설명도 그런 오해를 드러냈다(Lankov, 2013, p.153).

22 ACA, 2013.

두 동강 나 침몰한 천안함과 포격당
하는 연평도.
천안함 침몰은 북한 잠수정의 어뢰
공격이 원인으로 지목됐으나 많은 의
혹을 불러일으켰다. 연평도 포격은
남한 측의 무리한 포격 훈련이 빌미
가 되었다.

둘째, 2010년 11월 25일 북한의 '연평도 포격' 사건이 벌어졌다. 이를 두고 남북한 간에 책임 공방이 이어졌다. 남한은 북한의 도발행위로 규정했다. 그러나 북한은 남한의 선제 포격에 대한 자위조치였다고 주장했다. 사건 다음 날 국회에서 야당이 정부 발표에 의문을 제기했다. 국방부는 사건 당일 한국 측이 포격 훈련을 실시했으며, 포탄 일부가 북한의 작전 통제선을 침범했을 개연성이 있다고 인정했다. 또 국방부가 국회 국방위원회에 제출한 자료에는 "북한은 사건 당일 오전 8시 20분 '남북 장성급 군사회담'의 북측 단장 명의로 '북측 영해에 포 사격이 이루어질 경우 즉각적인 물리적 조치를 경고한다'며 남측에 통지문을 발송했다"는 내용이 들어 있었다.[23] 북한의 사전 경고가 있었음에도 남한 측이 무리하게 포격 훈련을 강행한 정황이 드러난 것이다.

연평도 포격사건이 초래한 한반도 긴장 상태에 대처하기 위해 중국은 6자회담 비상회의를 제안했다. 그러나 미국과 일본은 한국과 함께

---

23 구혜영, 「野가 본 연평도 의혹 3대 쟁점」, 『서울신문』, 2010. 11. 26.

6자회담 이전에 남북관계 개선이 선결조건이라는 이유를 들어 중국 제안을 거부했다.[24]

이후 한반도 상황은 두 가지 점에서 더 불안정하고 더욱 위험한 방향으로 전개되었다. 첫째, 북미 간 직접대화의 실질적 가능성이 사라졌다. 북미대화가 간헐적으로 시도되기는 하지만 미국도 북한도 대화에 무게를 두지는 않았다. 미국도 오바마 행정부 초기에 모색했던 북한과 진지한 직접대화는 사실상 배제한 분위기였다. 북한 역시 2012년 '2·29합의'를 했으나 한 달이 지나기도 전에 그 합의를 파기했다.[25] 한국은 북미 간 직접대화를 더욱 반대하는 태도를 취했다. 둘째, 이제 남북한에 남은 대안은 저마다 일방적인 군비경쟁을 강화하는 것이었고, 그 후 실제로 한반도 군비경쟁이 가속화했다.

---

24 ACA, 2013.

25 천안함 사건으로 중단되었던 북미 간 직접대화가 다시 시작된 것은 2011년 7월 말 보즈워스와 북한 김계관의 뉴욕회담에서였다. 뒤이어 2011년 8월 24일 러시아 대통령 드미트리 메드베데프(Dmitry Medvedev)와 김정일이 회담한 뒤 북한은 6자회담 재개를 전제로 핵무기와 미사일 생산과 시험의 유예(모라토리엄)를 준수할 뜻을 밝혔다. 9월 24일에는 북한 총리 최영림이 중국을 방문하여 같은 뜻을 전달했다. 이어 10월 24~25일에는 제네바에서 6자회담을 재개하기 위한 북미 접촉이 있었다. 그해 12월 17일 김정일이 사망하고 그의 막내아들 김정은이 권력을 계승하는 변동이 있었다. 2012년 2월 29일 북미 양국은 베이징에서 만나 '2·29합의'에 이른다. 북한은 영변 우라늄농축시설 가동을 중단하고, 핵실험과 장거리미사일 테스트를 유예하기로 했다. 미국은 24만 톤의 식량원조를 엄격한 모니터링을 전제로 북한에 제공하기로 했다. 그러나 이 합의는 결국 지켜지지 않았다. 2012년 3월 16일 북한은 4월 중순에 김일성 탄신 100주년을 맞아 위성을 발사한다는 계획을 발표했다. 미국은 그것을 2·29합의 위반으로 규정했다. 4월 13일 북한은 예정대로 3단계 액체연료 로켓인 은하-3호를 발사했다. 하지만 발사 90초 만에 1단계에서 추락해 실패했다. 미국은 경고한 대로 북한에 대한 식량원조 중단을 발표했다. 2012년 12월 12일 북한은 다시 은하-3호를 발사했다. 이번엔 궤도에 진입하는 데 성공했다고 발표했다. 2013년 1월 22일 유엔 안보리는 은하-3호가 탄도미사일에 적용될 수 있는 기술을 사용함으로써 유엔 안보리의 2006년 결의안 제1718호와 2009년 결의안 제1874호를 위반했다고 판정하고 결의안 제2087호를 통과시켜 대북 제재를 강화했다(ACA, 2013). 2013년 2월 12일 북한은 제3차 핵실험을 강행했다. 유엔 안보리는 2013년 3월 7일 결의안 제2094호를 통과시켜 금융제재(financial sanctions)와 무역제재 등을 기존보다 더 강화했다.

4. 천안함 침몰, '어뢰에 의한 폭침' 결론에 대한 해소되지 않는 의문

2010년 초 타결될 예정이었던 북미 평화협상을 무산시킨 천안함 사건의 진실은 아직도 의문과 논란의 대상으로 남아 있다.[26] 논란의 핵심에는 사건의 실체가 좌초나 기뢰(機雷, mine)와 같이 북한의 행동과 무관한 이유에 따른 침몰인가, 아니면 북 잠수정의 어뢰(魚雷, torpedo) 발사에 의한 폭침(피격)인가를 둘러싼 판단 차이가 있다. 그러나 논란이 유발된 첫째 원인은 한국 정부와 주한미군 측 발표의 비일관성에 있었다. 처음에는 북한 어뢰가 원인일 것이라는 추정이 보도되기도 했다. 그러나 한국 국방부가 첫 언론 브리핑에서 발표한 내용은 북한 개입을 의심할 만한 증거는 없다는 것이었다. 3월 29일 김태영 국방장관은 한국전쟁 시기에 남겨진 북한 기뢰가 원인일 것이라는 추정을 제기했다. 3월 30일에도 국방부 원태재 대변인은 잠수함이 발사한 어뢰로 천안함이 침몰했을 가능성은 없다고 밝혔다. 국가정보원장 원세훈도 4월 7일 발언에서는 천안함이 침몰한 날 근역에서 북한이 특별한 활동을 벌인 증거는 없다고 밝혔다. 이런 공격은 김정일 국방위원장의 승인 없이는 있을 수 없는 일인데, 당시 북한 내부 사정으로 보아 김정일이 이런 일을 승인했을 가능성은 없다는 것이 국정원장의 견해였다.[27] 같은 무렵 북한의 어뢰 공격이 원인일 가능성을 제기한 김태영 국방장관의 주장과 정면으로 배치되는 해석이었다.

2010년 5월 20일 정부의 공식발표가 신뢰받지 못한 중요한 이유는 천안함이 침몰한 그 시각과 장소에서 '키-리졸브'(Key-Resolve)와 '독수리 훈련'(Foal-Eagle)이라는 두 개의 한미 합동군사훈련이 진행

---

26 천안함 '폭침론'에 대해 제기되는 의문과 관련 기록 그리고 증언에 관해서는 다음 책을 주목할 것. 조현호, 『천안함 7년, 의문의 기록: 사건의 재구성과 57명의 증언』, 생각비행, 2017.

27 *The Hankyoreh*, "NIS says N.Korean attack on Cheonan impossible sans Kim Jong-il approval," April 7, 2010.

되고 있었기 때문이다. 그 훈련 내용에는 대잠수함 작전도 포함되어 있었다. 천안함 역시 첨단 수중음파탐지기인 '소나'(Sonar)를 핵심으로 한 대잠수함 장비를 갖춘 전함이었다. 한미 양국의 해상 군사작전이 전개되는 조건에서 북한이 공격적 행동을 취했을 가능성은 누구라도 상상하기 쉽지 않았다.[28]

또 한 가지 중요한 계기는 2010년 8월 말 『뉴욕타임스』와 『인터내셔널 헤럴드 트리뷴』에 실린 그레그 전 주한 미국대사의 기고문이었다. 그는 여전히 활동적인 대표적 친한(親韓) 인사였다. 그는 이 글에서 한미 양국이 주도한 합동조사단의 결론에 의문을 제기하면서 러시아 전문가들의 문제의식을 주목했다. 그리고 이명박 정부의 대북 강경노선을 비판했다.[29] 그는 한미 양국이 만들어낸 보고서의 문제점은 "모든 사람이 천안함이 북한에 피격당한 것이라는 데 동의하는 것은 아니라는 사실"이라고 지적했다. 그레그는 이어 "북한은 일관되게 책임을 부인하고, 중국과 러시아는 유엔 안전보장이사회가 북한에 책임을 지운 결의안을 채택하는 것을 반대했다"는 점을 상기시켰다. 또 러시아가 해군 전문가 팀을 한국에 파견해서 한국 정부가 북한 책임의 근거로 내세운 증거들을 조사하고 보고서를 작성한 사실을 지적했다. 그 보고서는 공개되지 않았지만 천안함 침몰 원인이 어뢰보다는 기뢰

---

28 중국 정부는 천안함 침몰 시각에 미 군함 4척이 독수리 훈련의 일환으로 근처에서 작전을 펼친 사실을 중시했다. 미 해군 함정 살보르(Salvor)는 12명의 다이버를 동원해 해저에 기뢰를 설치하고 있었다. 2010년 5월 5일 김정일의 베이징 방문은 북한 소행이 아님을 명확히 하려는 것이었고, 중국은 그를 믿었다. 중국이 파악한 바로는 한미 양국이 증거로 제시한 어뢰는 독일제였고, 독일은 북한에 어뢰를 판 일이 없었다. 이 사태를 미국 군부가 주도적으로 공모해 북한 소행으로 위장했을 가능성을 중국은 의심했다. 북미 대화를 모색한 오바마 행정부의 정책을 사보타주했을 가능성 그리고 오키나와에서 미 해병대 철수를 요구한 하토야마 유키오(鳩山由紀夫) 정권이 천안함 사태 후 미국에 굴복한 것도 주목받았다. Wayne Madsen, "Beijing suspects false flag attack on South Korean corvette," *China Daily*, May 28, 2010(http://bbs.chinadaily.com.cn).

29 Donald P. Gregg, "Testing North Korean Waters," *The New York Times*, August 31, 2010; *International Herald Tribune*, September 1, 2010.

일 가능성이 높으며, 이 배는 폭발이 일어나기 전에 좌초했고 어망과 얽히게 되었으며, 그 어망이 끌어당긴 기뢰가 폭발하면서 배가 두 동 강 난 것으로 결론지었다는 사실을 언급했다. 그레그는 러시아 사정 에 정통한 지인에게 그 보고서가 공개되지 않은 이유를 물었다. 그 답 은 '보고서가 이명박 대통령과 오바마 대통령 모두에게 큰 정치적 타 격을 줄 것'을 우려했기 때문이라는 것이었다.

두 가지 가능성을 생각해볼 수 있다. 첫째는 사건 발생 약 두 달 뒤 한미 양국이 내린 결론처럼 북한 소행일 가능성이다. 북한 김정일 정권 이 그토록 원하던 북미 평화협상의 기회를 북한 스스로 파괴하는 행동 을 했다는 것은 언뜻 납득하기 어려운 일이었다는 점에서 그 가능성은 신빙성이 떨어졌다. 북한 내부에 북핵의 평화적 해체에 반대하는 세력 이 존재했을 가능성도 없지는 않다. 그러나 북한 권력 중심의 거의 단일 체적 양상을 볼 때 그 가능성도 유의미해보이지는 않는다.

둘째는 북미 평화협상의 진전에 불만을 품은 한미 양국 내부의 강 경 그룹이 불명확하고 의심스러운 증거를 근거로 북한 책임론을 관 철했을 가능성이다. 오바마 행정부 초기였던 만큼 미국 정보조직들과 군사정책결정의 핵심 부서들에는 8년에 걸친 부시 공화당 집권기에 자리 잡은 사람들이 북한 관련 정보판단에 깊은 영향력을 행사했을 가능성이 있다.

2009년 말에서 2010년 초는 북한의 체제 안전에 북한 내부에서 심 오한 도전이 제기된 시기였다. 미국과 한국의 권력 핵심부 일각에서 는 북한의 붕괴 가능성을 심각하게 받아들였다. 2009년 말 김정일 정 권은 그 이전 10여 년간의 경제위기 속에서 태동해 확산된 시장(市場, 장마당)과 그 안에서 형성된 독립적인 사적 부의 형성 메커니즘을 파 괴하고자 했다. 이로써 국가가 경제와 사회를 철저히 통제하는 과거 시스템을 복원하려 했다. 이를 위한 특단의 조치가 화폐개혁이었다. 시장 메커니즘에 대한 이해가 없는 김정일이 주도한 이 개혁은 그 시 작과 끝에 이르기까지 공식매체에는 전혀 보도되지 않은 채 진행되었다. 이 위험한 실험은 그나마 존립하던 국가 부문을 포함한 경제 근간을 무너뜨릴 위기를 초래한 철저한 실패작이었다. 그만큼 북한 엘리트집단의 공개적 반발을 불러일으킨다.[30]

평양의 특권 엘리트집단이 외국인들 앞에서도 김정일 비판을 서슴지 않고 하게 된 것은 2010년 1~2월이었다. 북한의 한 정보기관 관리는 서방 외교관에게 자기 정부는 스스로 무엇을 하는지 모른다고 비판했다. 북한 붕괴론이 큰 설득력을 얻으며 급속하게 확산된 것은 당연했다.[31] 치명적 실수를 깨달은 김정일은 2010년 2월 화폐개혁을 중단한다. 4월이 되면 북한 경제는 개혁 시도 이전으로 돌아가 아무 일도 없었던 것처럼 되었다. 사설 시장들은 예전과 다름없이 열리게 되었다.[32]

미국의 친한파 인사조차 믿지 않게끔, 한미 양국의 조사가 처음과 달리 북한 소행으로 신속하게 결론을 바꾸는 과정이 진행된 2010년 4~5월은 서방에서 북한 붕괴론이 확산된 시기였다. 이 사실은 의미심장하다. 미국과 한국 내 강경파들은 위기에 처해 곧 붕괴할 것으로 예상된 북한 체제를 북미대화로 살려줘서는 안 된다고 생각했을 것이다. 그들의 바람대로 남북관계와 북미관계는 파국을 맞았다. 그러나 북한은 붕괴하지 않았다. 오히려 핵무장 완성을 향해 매진할 명분만 주었다. 2012년 4월 13일 개정된 북한 헌법은 '핵 보유'를 국시로 명문화했다. 2013년 2월 12일에는 제3차 핵실험을 강행했다.

한편 동아시아 대분단체제 전반에서도 2010년은 주목할 만한 분기점이 되었다. 2010년 9월 센카쿠(댜오위다오)열도에서 중국 어선과 일본 해상보안청 순시선이 충돌하는 사태가 발생했다. 이 섬을 둘러싼 중일 간 영토 갈등이 본격화되었다. 이후 사실상 중국에 대

---

30 Andrei Lankov, *The Real North Korea: Life and Politics in the Failed Stalinist Utopia*, Oxford University Press, 2013, pp.126~132.

31 Lankov, 2013, pp.129~130.

32 Lankov, 2013, p.130.

한 견제와 포위를 근본 목적으로 하는 오바마 행정부의 '아시아의 전략적 재균형'(strategic rebalance to Asia) 전략이 중일 간 영토분쟁 그리고 남중국해 영유권 분쟁과 긴밀한 연관을 맺으며 제기되었다. 천안함 사태로 북미대화가 실종된 한반도 소분단체제의 긴장이 중요한 명분을 제공하면서 대분단 기축관계의 긴장에 한몫했음은 물론이다.

천안함 침몰 원인을 규명하기 위해 이명박 정부가 구성한 민군합동조사단에서 민간위원으로 활동한 신상철 서프라이즈 대표는 정부 발표에 의문을 표시하고 '좌초 및 충돌 가능성'을 제기했다. 그리고 정부가 신속하게 행동했으면 천안함 승조원 46명의 희생을 크게 줄일 수 있었음에도 무슨 이유 때문인지 구조 활동이 부실했던 사실을 문제 삼았다. 그러자 국방부장관, 해군참모총장, 국방부조사본부장 등 장성급 인사들이 신상철 전 위원을 '허위사실 유포에 의한 명예훼손 혐의'로 검찰에 고발했다. 검찰은 2010년 8월 신상철 전 위원을 명예훼손 혐의로 불구속기소해 형사재판에 회부했다. 한국 사법부는 5년 6개월이 걸린 1심 재판 끝인 2016년 1월 25일 그에게 징역 8월에 집행유예 2년을 선고함으로써 검찰 측 손을 들어주었다.[33]

『미디어오늘』의 조현호 기자는 이 재판이 진행된 5년 6개월간 법정을 지키면서 재판에서 이루어진 57명의 증언을 기록으로 남겼다. 이 모든 검토 끝에 그는 이렇게 말했다. "정부는 사고 해역에서 올렸다는 이른바 '1번 어뢰' 추진체(CHT-02D) 잔해를 결정적 증거물이라고 주장해왔다. 그러나 이 어뢰가 천안함을 침몰시킨 그 어뢰인지는 여전히 의문투성이다."[34] 조 기자는 또한 "정부 발표를 믿지 않는 증거를 대라고 하면서 정작 정부는 국민이 원하는 기본적 자료를 공개하지 않았다. 정부가 내놓은 것은 자신들이 발표한 보고서('천안함 피격사건 합동조

---

[33] 조현호, 2017, 383~385쪽.
[34] 조현호, 2017, 23쪽.

사결과 보고서')와 백서(『천안함 피격사건 백서』)가 전부였다"라고 지적했다. 공개되어야 하는데도 공개되지 않는 기본적 자료들로 '사고 순간 현장을 촬영했거나 그럴 가능성이 있는 TOD(열상감시장비) 동영상 기록 일체, 사고 전후 모든 교신 내용, 사고 해역 주변의 선박 존재 여부와 천안함의 항적을 실시간으로 기록한 레이더 데이터 및 AIS(선박자동식별장치, 천안함이 스스로 발신한 위치 신호) 일체, 천안함 함내 CCTV 일체, 감사원의 천안함 감사결과 보고서' 등과 '한미합동훈련 진행 상황 및 결과, 지진파 및 공중음파 데이터 원본'을 들었다. 조 기자에 따르면, 국방부를 포함한 정부도 검찰도 이 자료들을 '국가기밀'이라는 이유로 대부분 공개하지 않았다. 정부가 TOD 영상을 일부 공개했지만, 거기에는 가장 결정적으로 중요한 자료가 될 '반파 순간'의 모습은 들어 있지 않았다.[35]

정부가 구성한 민군합동조사단(합조단)의 결론은 북한 잠수함정이 전혀 들키지 않고 기습적으로 어뢰 작전을 하여 천안함을 폭침하고 감쪽같이 돌아갔다는 것이다. 천안함의 음파탐지장치(소나)는 북한 잠수함정의 그와 같은 움직임을 포착한 바가 없다. 북한 잠수함정은 천안함에 가까이 접근해 어뢰를 쏘고 갔는데 천안함의 음파탐지 장치가 어뢰의 스크루 소리 등을 파악하지 못했다면 천안함은 애당초 그러한 음파탐지 기능이 없어야 말이 된다. 그런데 조현호 기자가 법정에서 기록한 증언 중에는 천안함의 음파탐지를 담당했던 홍승현 하사의 증언이 들어 있다. 홍 하사는 천안함의 소나는 스크루 소리를 듣기 어렵지만 소나를 '액티브 모드'(청음모드)로 하면 제한적이지만 어뢰의 스크루 음파를 탐지할 수 있다고 증언했다.[36] 이것은 조 기자가 법정에서 확인한 많은 '의문'의 하나에 불과하다.

필자는 2013년과 2014년에 발표한 글들에서 천안함 침몰 원인에

---

35 조현호, 2017, 22~23쪽.
36 조현호, 2017, 614~617쪽.

대한 이명박 정부의 발표에서 해소되지 않는 의문을 지적하면서 재조사의 당위성을 제기했다.[37] 그런 맥락에서 조현호 기자가 그의 책을 맺으며 언급한 다음 지적에 깊이 공감한다. "군이 아닌 독립적인 곳에서, 아니면 의문을 제기했던 사람들이 천안함 조사 결과를 새롭게 검증하고 진짜 원인이 있는지 살펴볼 필요가 있다."[38]

5. 2018년 2월 김정은은 왜 김영철을 대표로 서울에 보냈나

천안함 침몰을 한미 양국이 북한 소행으로 결론을 내린 시점인 2010년 5월 22일 『뉴욕타임스』는 그러한 공격 명령을 내린 인물이 김정일이라고 미국 정보기관들이 결론지었다고 보도했다. 그런데 그러한 결론이 '명확한 증거'(hard evidence)가 아닌 '(북한 내부의) 정치적 동태'(political dynamics)에 바탕을 둔 추정이라는 사실을 지적했다. 미국 정보기관들이 김정일이 자신의 가장 어린 아들을 후계자로 만들려는 과정에서 일으킨 범행일 것이라고 판단했다는 것이다.[39] 그러나 미국 정보기관들은 그와 같은 사태를 일으키는 것이 왜 김정은으로 권력을 승계하는 데 그토록 도움이 되는지 설득력 있는 설명을 제시한 것은 없었다.

『뉴욕타임스』에 따르면, 특급비밀로 분류된 이 정보평가에 깊숙이 개입한 미국 정보기관 고위관계자가 미국의 16개 정보기관 다수가 참여하여 수집한 정보들을 기초로 작성한 그 평가에 대해 이렇게 밝혔

---

37 이삼성, 「한반도와 동아시아, 평화와 민주주의」, 민주화운동기념사업회 주최 '2013 Seoul Democracy Forum: Peace, Development, and Democracy in Asia', 2013. 10. 22(서울: 올림픽파크텔), 『자료집』, 25~44쪽; 이삼성, 「동아시아 대분단체제와 출구 모색의 방향」, 2014 한겨레-부산 국제심포지엄 제10회 '아시아가 주도하는 새로운 아시아는 가능한가', 2014. 11. 19~20(부산: 파라다이스호텔부산, 그랜드볼룸), 『자료집』, 46~120쪽.

38 조현호, 2017, 767쪽.

39 David E. Sanger, "U.S. Implicates North Korean Leader in Attack," *The New York Times*, May 22, 2010.

다. "우리는 그것이 '확립된 사실'이라고 말할 수 없다"(We can't say it is established fact). 그 대신 이 고위관계자는 이렇게 말했다. "북한 지도부와 군부의 현재 상태에 대해 우리가 아는 것에 비추어볼 때 의심할 여지가 없다."[40] 이것은 미국 정보기관들이 구체적이고 명확한 증거는 없지만 북한 지도부의 정치적 필요와 군부 상황을 볼 때 그것이 김정일 소행이라고 '단정할 수밖에 없다'는 지극히 정치적 판단이었음을 확인해준다. 이 기사를 작성한 데이비드 생어 기자는 그러한 미국 정보기관의 태도가 함축하는 정치적 의미를 이렇게 요약했다. "그 평가의 결론과 타이밍은 북한에 반대하는 여론을 결집하려는 미국에 유익할 수 있다."[41]

평창동계올림픽이 열린 2018년 2월 9일 김정은은 개막식에 참석하도록 자신의 동생이자 노동당 중앙위원회 제1부부장인 김여정(金與正)을 파견했다. 같은 달 25일에 열린 폐막식에 참석하는 북한대표단 단장으로 김정은이 선택한 인물은 김영철이다. 김영철은 서울 방문 때 북한 노동당 중앙위원회 부위원장이었다. 그는 8년 전인 2010년 3월 천안함 사태가 일어날 당시 정찰총국장이었다. 유동열 자유민주연구원장이 지적했듯이 정찰총국장은 북한군 총참모부장 밑에서 부총참모장을 겸직하는 자리이면서도 대남 공작에서는 김정일의 직접 지휘 아래 있는 정찰총국 수장이있다.[42]

2010년 5월 20일 공개된 합동조사단 발표문에 따르면, 천안함의 작전지역은 수심이 얕아 북한 해군 소속으로 되어 있는 1,800톤급의 로미오급 잠수함이나 300톤급의 상어급 잠수함정은 혐의를 두기 어려웠다. 따라서 130톤급의 연어급 소형 잠수정이 그 작전에 개입했을 가능성이 높으며, 그게 정찰총국 소속이라는 것이었다. 합동조사단은

---

40 Sanger, May 22, 2010.

41 Sanger, May 22, 2010.

42 유동열, 「김영철이 천안함 주범인 결정적 이유」, 『주간조선』, 2018. 3. 5.

또 "서해의 북한 해군기지에서 운용되던 일부 소형 잠수함정과 이를 지원하는 모선이 천안함 공격 2~3일 전에 서해 해군기지를 이탈했다가 천안함 공격 2~3일 후에 기지로 복귀했다"고 주장했다.[43]

이렇게 해서 천안함은 북한 잠수정에 '폭침'되었고 그 폭침을 수행한 잠수정이 김정일의 직접 지휘를 받아 대남사업을 전개하는 정찰총국 소속이며 그 총국장이 김영철이었으므로 김영철은 '천안함 폭침의 주범'이라는 결론이 확립된 것이다.

이 김영철이 2018년 2월 서울 방문단의 대표로 나서자 자유한국당은 그를 받아들인 문재인 정부의 결정을 '이적행위'라고 규탄했다. 그뿐만 아니라 2월 24일 밤부터 홍준표 대표를 포함한 한국당 의원들은 김영철 일행의 방남(訪南) 경로로 예상한 통일대교 남단을 막고 철야농성을 했다. 북한대표단은 이들을 피해 전진교를 이용해 들어왔다. 그러자 한국당은 '살인마 전범 김영철'에게 '샛문'을 열어준 문재인 정권의 행동을 '국정 농단이며 반역행위'라고 비난했다.[44] 자유한국당 김성태 원내대표는 김영철을 '민족의 원흉'으로 규정했다. 그리고 만일 문재인 정권이 끝내 천안함 46용사의 죽음을 외면한 채 '살인 전범 김영철'을 비호하려 든다면 '대한민국 자유민주주의 체제를 수호하기 위한 체제 전쟁'에 나설 수밖에 없다고 주장했다.[45] 그러자 여당인 더불어민주당 의원들은 박근혜 정권 때인 2014년에 열린 남북 군사회담에서 김영철이 북측 대표로 나왔으며, 이때 자유한국당과 바른미래당의 전신인 당시 새누리당은 남북관계를 위해 '환영'한다는 태도를 보인 사실을 환기했다. 보수진영의 이중기준을 비판한 것이다.[46]

---

43 유동열, 2018. 3. 5.

44 배영경, 「한국당, '김영철 방남' 강력 반발…정부에 '이적행위' 비난」, 『연합뉴스』, 2018. 2. 25.

45 김범현·이슬기, 「김성태 '文 정권, 김영철 비호하면 체제전쟁 할 수밖에'」, 『연합뉴스』, 2018. 2. 26.

46 배영경·이신영·설승은·이슬기, 「민주 '한국당, 남남갈등 조장' vs 한국 '文 정권, 김영철 알현'」, 『연합뉴스』, 2018. 2. 28.

천안함 폭침 김영철 주범론을 확립한 이명박 전 대통령은 김영철이 서울에 들어온 다음 날 경기도 평택의 '천안함기념관'을 찾아 이런 소회를 남겼다. "천안함의 처참한 잔해와 산화한 용사들의 얼굴을 바라보다. 천안함 폭침 주범에게 국빈대접을 하는 이 나라의 현실이 부끄럽게 느껴졌다."[47] 이때는 그가 자기 형들인 이상은·이상득 형제와 함께 얽힌 수백억 또는 수천억대에 달할 수 있는 대통령 취임 전후 비리 혐의로 검찰에 소환될 운명에 처해 있던 시점이었다. 한편 김영철의 서울 방문에 대한 입장을 묻는 기자들의 질문에 미 국무부 헤더 나워트(Heather Nauert) 대변인은 "(김영철이) 천안함 기념관을 방문해 '그에게 책임이 있는 것으로 여겨지는 것'(파괴된 천안함 선체)을 보는 기회로 삼길 바란다"[48]고 논평했다.

김정은을 비롯한 북한 지도부는 김영철을 대표로 파견할 때 이보다 더한 소동도 각오했을 것이다. 그럼에도 왜 그를 보냈을까. 두 가지 뜻이 담겨 있다고 생각한다.

첫째, 북한은 천안함 '폭침'과 '북한 소행'이라는 한미 양국의 결론을 일관되게 '모략극'이라고 비판해왔다. 자유한국당의 김영철 규탄 소동을 두고 북한 매체 『우리민족끼리』는 "차마 눈뜨고 보지 못할 해괴망측한 광대극"이었다고 비난했다. 아울러 "'천안'호 침몰 사건으로 말하면 이명박 역적 패당이 그 진상이 밝혀지지 않음에도 불구하고 북남관계를 결딴내고 통치 위기를 모면하기 위해 무작정 '북 소행'으로 몰아간 반(反)공화국 특대형 모략극"이라고 주장했다.[49] 어제 오늘의 일이 아닌 이런 견해를 가진 북한이 정상회담을 비롯한 남북

47 배영경, 「MB, 천안함기념관 찾아 '폭침 주범 국빈대접 현실 부끄러워': 3월 초 검찰 소환조사 전망 속 '안보 행보' 눈길」, 『연합뉴스』, 2018. 2. 26.

48 남민우, 「美 국무부 '北 김영철, 천안함 기념관 방문 기회로 삼아라'」, 『조선일보』, 2018. 2. 23.

49 김효정, 「北매체, '김영철 방남 반대' 보수진영 비난…천안함엔 '모략극'」, 『연합뉴스』, 2018. 3. 3.

관계 개선과 함께 북미관계 개선의 실마리를 풀려면 천안함 문제로 얽혀버린 실타래를 '폭침 주범'으로 지목된 당사자를 파견해서 자신과 북한의 견해를 전달할 필요를 느꼈을 것이다. 북한은 정공법을 택한 것이다.

김영철은 25일 서울에 들어와 27일 귀환했다. 2박 3일간 남한에 머무른 것이다. 그는 26일 서훈 국정원장과 비공개 회합을 했다.[50] 김영철은 천안함 문제에 대한 북한의 의견과 그것을 뒷받침하기 위한 근거들을 두고 한국 정부와 대화할 기회가 있었을 것이다. 한미 양국에 의해 천안함 폭침의 주범으로 '확정'된 인물이 서울에 와서 한국의 국정원장과 비밀리에 회동했는데 천안함 문제에 대해 아무런 얘기도 하지 않았다고 하자. 그건 북한 스스로 폭침론을 인정하는 것과 다름없다. 그러므로 김영철이 대표로 나서서 국정원장과 단둘이 마주앉았다는 사실은 북한 입장을 그 어떤 말보다 명확하게 밝히려 한 행동이라고 볼 여지가 있다.

둘째, 북한은 '폭침 주범'을 내세움으로써 문재인 정부가 천안함 문제를 넘어 남북관계 개선을 위한 어떤 의지와 비전이 있는지를 확인해본 것이라 할 수 있다. 북한 관점에서는 천안함 문제의 진실을 직시할 정치적 의지를 문재인 정부가 갖고 있는지 확인하고 싶었을 것이다. 천안함 문제에 대한 문재인 정부의 인식을 확인하는 것은 북한으로서는 남한의 새 정부와 함께 진정한 평화체제를 구성할 논의를 시작해도 되는지 그 가능성을 탐색하는 문제였을 것이다. 김정은과 그의 주요 참모들은 그것을 확인하는 한에서만 북한이 비핵화 문제를 남한과 진지하게 논의할 수 있다고 생각했을 것이다.

---

50 정용수, 「서훈, 김영철과 26일 비공개 만찬…국정원 남북대화 전면에 나서」, 『중앙일보』, 2018. 3. 1.

6. 민주주의와 평화

필자가 천안함 침몰 원인에 대한 재조사 필요성을 제기한 것 가운데 하나가 2013년 10월 민주화운동기념사업회가 주최한 한 국제포럼에서 발표한 글이었다. 그 발표의 서두를 필자는 '민주주의와 평화'라는 소제목으로 시작했다. 특히 한반도 분단국가체제에서 남한이 북한과 함께 평화를 파괴하는 자가 아니라 평화를 촉진하는 주체가 되려면 남한만이라도 민주주의가 제대로 작동해야 함을 강조한 것이다. 그 얘기를 하기 위해서 1964년 베트남 통킹만 사건의 진실과 거짓의 문제를 거론했다.

그 글에서 내가 아래와 같이 통킹만 사건을 언급한 것은 그에 앞서 천안함 침몰 원인을 두고 합리적으로 제기되고 있는 의문들을 지적한 후였다. 만일 천안함 침몰을 북한 소행으로 단정한 것이 한미 양국이 공모한 조작이라면 그것에 대한 규명 없이는 한국 민주주의는 텅 빈 껍데기요 거대한 기만 덩어리에 불과할 것이다. 이제 논하고자 하는 통킹만 사태 조작 사건이 세계 현대사에서 베트남전쟁이라는 대비극의 서막이었다면, 천안함 사태를 둘러싼 이명박 정권과 미국 군부 강경파들의 조작 공모는 그 못지않은 거대한 사기극이자, 북한 핵무장 완성에 가장 결정적인 역할을 한 희대의 초국적 조직범죄라고 해야 할 것이다. 그만큼 천안함 사태에 대한 철저한 재소사가 필요함을 역설하려는 취지의 글이었다. 여기에 그 소절(小節)을 원문 그대로 옮긴다.[51]

* * *

20세기형 전쟁은 두 국면으로 나눌 수 있다고 생각한다. 우선 20세기 전반부에 속하는 1, 2차 세계대전과 태평양전쟁 그리고 한국전쟁

---

51 이삼성, 「한반도와 동아시아, 평화와 민주주의」, 민주화운동기념사업회 주최 '2013 Seoul Democracy Forum: Peace, Development, and Democracy in Asia', 2013. 10. 22(서울: 올림픽파크텔), 『자료집』, 25~44쪽.

이다. 미국 패권이 확고해진 시기에 속하는 20세기 후반을 대표하는 전쟁은 베트남전쟁이다. 이 형태의 전쟁은 어떤 의미에서 21세기 초 미국이 대테러전쟁의 명분하에 전개한 아프가니스탄전쟁과 이라크전 쟁을 포함한다.

동아시아의 19세기형 전쟁들과 20세기형 전쟁들 사이에 가장 핵심 적인 차이는 무엇일까. 19세기형 전쟁들은 전쟁을 도발한 국가들이 승리했고 커다란 전리품을 차지했다. 반면에 20세기형 전쟁들에서는 전쟁을 도발한 국가는 예외 없이 패배하거나, 깊은 수렁에 빠져 허우 적거려야 했다.

19세기형 동아시아의 전쟁들은 문명과 미개, 신질서와 구질서 사이 의 전쟁으로 간주되었다. 승리는 당연히 이른바 "문명"의 편에 선 쪽 이었다. 20세기 초에 들어선 세계에서는 더 이상 "문명과 미개"의 전 쟁은 없었다. '미개사회'들은 모두 식민지나 반식민지의 운명에 떨어 졌기 때문에 전쟁의 주체는 더 이상 아니었다. 제국주의 국가들의 팽 창에 추가적으로 노출되어 추가적인 피해를 보았다고 할 수 있을 뿐 이다. 20세기 전반에서 중엽에 이르는 시기에 벌어진 네 차례의 커다 란 전쟁들은 전쟁의 도발자들이 궁극적으로 패배했다는 점에 그 특징 이 있다. 이들 전쟁은 또한 영국을 대체해 세계 패권국으로 발돋움하 는 단계에 있던 미국을 적으로 삼았다는 점에서도 공통적이었다.

전쟁의 도발자들이 스스로 기대했던 것과는 정반대의 결말에 이르 렀다는 것은 그들의 전쟁도발이 오산과 오판에 기초했었다는 것을 뜻 한다. 이 전쟁들의 경우 그것은 두 가지를 내포했다. 하나는 전쟁을 주도한 지도자들이 증명해준 인간의 취약성(human frailty)이다. 인간 은 오판하기 쉽고 스스로 자기의 무덤을 파기 쉽다는 것을 웅변해준 다. 20세기 전반에서 중엽까지의 주요 전쟁들은 그러한 인간의 취약 성과 함께 인간 제도(human institutions)의 문제를 상기시켜준다. 이 전쟁들은 모두 다 권위주의적이고 폐쇄적인 정책결정 시스템을 가진 국가들에 의하여 시작되었다. 그것은 곧 인간의 취약성이 초래하는 그릇된 판단과 결정을 바로잡을 수 있는 견제와 균형의 제도적 장치가 존재하지 않는 사회들에 의해서 전쟁 결정이 시작되었음을 말해준다. 결국 인간의 실존적 약점과 인간의 제도의 취약성이 최악의 조합을 이룸으로써 이들 전쟁은 일어났다.

20세기 후반의 베트남전쟁과 21세기 초의 아프가니스탄전쟁과 이라크전쟁은 시대와 배경은 다르지만, 패권국가 미국이 시작했다. 미국은 엄청난 화력의 우세에도 불구하고 깊은 수렁에 빠지고 말았다는 점에서 공통적이다. 이 전쟁들을 시작할 때는 미국은 뚜렷하고 고상한 목적을 가지고 있었다. 그러나 전쟁의 도발과 수행 그리고 그 결과에는 심각한 오판과 기만(deception)이 개입해 있었다. 세계 패권국의 최고위 지도자들도 역시 피할 수 없었던 인간의 실존적 약점이 관련되어 있었다. 문제는 미국의 민주주의가 지도자들의 오판과 기만을 견제하고 균형을 취할 수 있는 제도적 장치로서 기능하지 않았다는 사실이다.

2003년 3월 미국이 이라크에 대한 전쟁을 시작할 때 명분으로 내세운 이라크의 대량살상무기는 실재하지 않았음이 밝혀진 것은 우리가 잘 알고 있는 바와 같다. 다만 미국 정책결정자들의 단순한 정보판단 오류인지, 아니면 전쟁을 벌이기 위한 의도적인 기만이었는지에 대해선 아식 논란이 있다. 의도적인 대국민 기만행위는 아니었다 하더라도, 이라크가 대량살상무기를 갖고 있는지에 대한 상충하는 증거들(conflicting informations)로 인해 결론짓기 어려운 상황에서 전쟁을 정당화하기 위해 한 방향으로 단정하고 전쟁을 강행한 것일 가능성이 높다.

베트남에서 미국이 본격적인 전쟁을 개시한 시점은 1964년 8월이었다. 린든 존슨 대통령에게 인도차이나에서 전쟁을 수행할 전권을 의회가 부여한 것이 그해 8월 6일과 7일 미 의회 상하 양원이 통과시킨 '통킹만 결의안'(Tonkin Gulf Resolution)이었다. 이 결의안의 통과는 8월 2일과 4일에 베트남 통킹만에서 북베트남 해군이 미 구축함 매독스호(USS Maddox)를 공격했다는 존슨 행정부의 결론에 따른 것이었다. 그러나 머지않아 밝혀진 진실은 두 가지였다. 첫째, 미국은 북베트남을 폭격하기 위한 명분을 찾고 있었으며, 이를 위해 미 국가안보회의, 태평양사령부(CINCPAC) 그리고 CIA와 DIA 등이 함께 깊숙이 개입하여 북베트남 해군에 대한 도발행위를 벌였다는 것이다. 미국이 북폭(bombing the North Vietnam)을 위한 명분을 만들고자 한 것은 남베트남 정부가 북베트남과 타협하지 않고 강력하게 맞서 싸우도록 독려할 정세를 조성한다는 목적도 포함되어 있었다.[52]

둘째, 미국 해군의 도발에 대해 북베트남이 응수한 것은 8월 2일이지만, 미미한 것이었다. 미국이 의회에 제시한 결정적인 명분은 8월 4일 매독스함에 대한 북베트남의 공격이었다. 그러나 이날 북베트남의 공격은 없었다. 몇 가지 정보해석상의 혼란스러움은 있었으나, 최소한 분명한 것은 아니었다. 그러나 존슨 행정부는 서둘러 바로 다음 날인 8월 5일 인도차이나에서 전쟁을 할 수 있는 권한을 의회가 행정부에 부여하는 결의안 초안을 의회에 제출한다. 상원과 하원의 심의 과정에서 행정부는 마치 확실한 증거가 있는 것처럼 의회와 국민을 기만했다. 행정부 스스로 북베트남의 공격이 없었다는 의심이 증대했음에도 불구하고, 북베트남에 대한 폭격을 추진하기로 결정했기 때문이었다.[53]

미국의 국가권력은 전쟁이라는 목적을 위해 진실을 왜곡하고 국민을 기망했으며, 미국 민주주의는 그 기망 앞에서 속수무책이었다. 미국이라는 세계 최대의 민주정치에서 이처럼 중대한 일을 두고 정부가 국민을 속일 리 없다는 방심과 자기만족(complacency)은 그 기망을 오히려 쉽게 만들어주었다. 그 결과 미국인들은 그 후 약 10년에 걸쳐서 엄청난 희생을 치러야 했고, 무엇보다도 베트남의 수백만 인민이

---

52 William Conrad Gibbons, *The U.S. Government and the Vietnam War: Executive and Legislative Roles and Relationships, Part II: 1961-1964*, Princeton, NJ: Princeton University Press, 1986, pp.280~292, esp., p.283.

53 Gibbons, 1986, esp., p.299.

목숨을 잃고 수천만 인간의 삶이 유린되었다. 그 여파는 인도차이나 전반에 미쳐서 캄보디아의 킬링필드라는 또 다른 역사적 참사의 환경을 조성했다. 미 의회는 뒤늦게 진실을 파악했으며, 그래서 '통킹만 결의안'을 1970년 취소했다.[54]

요컨대 20세기형 전쟁의 특징은 전쟁의 궁극적 결과에 대한 지도자들의 치명적인 오판에 기초해 도발되었으며, 그 전반부의 경우는 도발국가의 권위주의 체제로 인해 지도자들의 오판을 바로잡을 장치의 부재가 비극의 주요 원인이었다. 후반부의 전쟁에서는 민주주의에서도 민주적 제도 그 자체만으로 지도자들의 오판과 기만에 대한 안전보장의 장치가 되지 못한다는 것이 여실히 그리고 되풀이 입증되었다. 인간의 정치사회적 제도로서의 권위주의와 민주주의는 저마다의 방식으로 정책결정자들의 오판과 기만이 비극적인 폭력으로 발전하는 사태를 차단하기보다는 뒷받침하거나 조장하였던 것이다.

한편 권위주의와 민주주의가 지도자들의 오판을 견제하지 못한 이유는 서로 근본적으로 다르다. 권위주의는 그 체제 본질에 충실할수록, 즉 더 폐쇄적인 정책결정구조를 가진 권위주의일수록 지도자들의 결정과 오판이 초래할 비극을 촉진할 가능성은 높아진다. 반면에 민주주의는 이 제도가 내포한 잠재적 역량을 충분히 발현하지 못할 때, 지도자들의 오판과 기만이 초래할 비극을 방조하고 촉진할 수 있다.

민주주의가 가진 잠재적 역량의 본질은 자유로운 비판정신과 대안적 사유의 자유로운 유통 그리고 비판적 공동행동이다. 민주주의의 요체는 다수에 의한 결정과 함께 소수의 의견을 그들의 표현자유를 보장함으로써 존중해주는 데 있다. 민주주의가 단지 다수결의 원칙으로 정의된다면, 지도자들의 오판과 기만이 비극적 폭력으로 발전하는 사태를 막을 가능성에 있어서 권위주의와 민주주의 사이엔 양적인 차이는 가능해도 질적인 근본적 차이를 기대할 수는 없다. 다수

---

54 Gibbons, 1986, p.333.

민중이 지도자들의 편견과 오판을 공유한다면 민주주의도 비극을 막는 장치로 기능할 수 없다. 민주주의도 권위주의 못지않게 포퓰리즘(populism)의 폐해로부터 안전할 수 없는 것과 마찬가지이다.

민주주의의 또 다른 주요 원칙으로서 소수의 의견에 대한 존중과 그들의 표현의 자유가 보장된다면 포퓰리즘의 폐해와 다수의 편견에 의한 비극의 가능성은 줄일 수 있다. 다만 잠재적인 가능성이다. 민주주의가 권력엘리트의 편견과 오판을 견제할 기능을 수행하는 것은 제도적 장치 그 자체가 아니라, 그 장치에 의해 보장된 대안 개발과 비판적 공동행동의 잠재성을 소수가 내용으로써 채우려 노력할 때이다. 그렇게 본다면 민주주의는 그 자체가 무언가를 보장하는 내용이 아니다. 다만 그 내용을 담아낼 수 있는 그릇이요 형식일 뿐이다. 내용을 채우는 것은 그 시대 그 장소에서 권력으로부터 독립된 시민들의 비판적인 역사적 사유와 행동이다.

* * *

7. 박근혜 정부: 대북 선제타격론 본격화와 그 결과

박근혜 정부는 출범 초반에 중국에 접근했다. 그 결과 2015년 9월 3일 열린 중국 인민해방군의 항일 전승 70돌 기념 열병식에서 시진핑 중국 국가주석과 함께 천안문 성루에 올랐다. 많은 중국인에게 '파오다제'(朴大姐, 박근혜 누나)로 불리며 친근함을 불러일으켰던 그녀의 대중국 외교 제스처는 노무현 정권이 중국에 접근한 이유와는 그 동기가 매우 달랐다. 중국을 북한에서 더 멀리 분리해 북한을 국제사회로부터 더욱 고립시켜보려는 의도가 앞섰던 것이다. 박근혜 정권과 중국 시진핑 정부는 한중관계의 미래에 대해 동상이몽을 했다. 박근혜 정부의 속셈을 시진핑이 명확하게 깨달은 것은 박근혜 정부가 사드 배치를 전격 결정했을 때였다.[55] 결과적으로 박근혜의 대중국 접근

---

[55] 김외현, 「특파원 칼럼: 황개의 고육책과 체면총량 보존의 법칙」, 『한겨레』,

은 한국 외교에 대한 중국의 불신을 초래하고 북한을 더 긴장시킨 가운데 독자적 핵무장 완성을 향한 북한의 노력을 더욱 가속화했다.

한국은 박근혜 정부 시기에 킬-체인이라는 이름으로 대북 선제타격 전략을 매우 구체화하고 또한 공식화했다. 이른바 한국형 미사일 방어체계 계획 또한 추진되었다. 마침내 사드 배치 또한 결정되었다. 이러한 한반도 군비경쟁에서 북한의 핵무장과 다종화된 미사일 개발 또한 더욱 촉진되었다. 박근혜 정부의 대북정책과 대중국 외교는 2010년 무렵 수면 위로 이미 떠올랐지만 2012년 이후 본격화되었다고 말할 수 있는 미국의 '아시아 재균형'(Rebalancing Asia) 전략과 맞물려 돌아갔다. 미국은 박근혜 정부의 한국에 파괴적인 첨단무기체계를 대량 이전하면서 한국을 중국을 견제하는 대중국 미사일방어 전초기지로 만들기를 원했고, 그것을 포함한 군사적 수단들로 북핵문제에 대응하는 전략으로 삼았다. 이것은 오바마 행정부의 동아시아정책에서 정치·외교적 상상력을 억압하는 가운데 군사적 상상력의 과잉을 불러왔다. 그것은 궁극적으로 중국과 미국 사이에 어떤 신뢰할 만한 협력의 장치도 만들어놓지 못한 채 그 틈바구니에서 북한이 핵무장을 완성해갈 수 있는 국제정치적 조건을 만들었다.

2012년 미 국방차관 애슈턴 카터(Ashton Carter)는 미국의 아시아 재균형 전략의 핵심을 요약했다. 부시 행정부가 중시했던 대테러전쟁에는 투자를 줄이고, 그 자원과 첨단무기체계를 동아시아에 배치함으로써 이 지역의 미국 동맹 네트워크 강화를 뒷받침한다는 것이었다.[56] 더 구체적으로는 두 가지였다. 하나는 미국의 동아태 해상패권을 강화하기 위한 해군력 증강배치였다. 다른 하나는 특히 일본, 한국과 미사일방어망 구축을 강력하게 추진한다는 것이었다. 그는 "이 지역에

2017. 6. 8.

56 오바마 행정부의 '아시아 재균형' 전략의 구체적인 내용은 2012년 8월 미 국방차관 카터가 행한 연설이 잘 밝혀준다. Ashton Carter, "The U.S. Strategic Rebalance to Asia: A Defense Perspective," 2012.

서 미국의 미사일방어 태세를 강화하기 위해 일본, 한국과 함께 미사일방어 기술에 관해 협력하고 있다. 우리는 일본의 레이더 센서들(sensors)을 미국의 우주감시네트워크에 통합하고 우주 능력과 관련해 호주와 협력하고 있다"고 말했다.[57] 천안함 사건으로 다시 원점으로 돌아간 한반도 소분단체제의 긴장은 동아시아에서 미사일방어를 구축하기 위해 일본·한국과 협력하고, 이 지역에 대한 해군력 증강에 좋은 명분을 제공했다.

북한 핵위협이 현실화됨에 따라 한국의 대미 동맹 의존도는 높아질 수밖에 없었다. 마침 미국의 동아시아 전략은 '아시아 재균형'이라는 이름 아래 동아시아 동맹체제를 재정비하고, 그 안에서 일본과 한국 등 동맹국들의 역할을 확대하려 나섰다. 한국의 군비증강정책은 자신의 의도와 무관하게 동아시아 대분단 기축관계의 긴장과 더욱 깊이 얽히게 되었다.

미 태평양사령부 사령관 사무엘 로클리어(Navy Admiral Samuel Locklear)는 2013년 초 미국의 태평양 중시정책은 호주·일본·한국·필리핀 그리고 태국과 군사동맹을 현대화하고 강화하는 것이 핵심이며 이 노력은 이미 적극적으로 추진되고 있다고 밝혔다.[58] 여기서 미국이 말하는 군사동맹 현대화와 강화란 동맹국들로 하여금 미국 첨단 무기체계를 더 많이 구입해 전력을 강화하는 것을 포함했다. 짐 울프에 따르면, 오바마 행정부에서 미국의 무기판매는 세계 전역에서 미

---

[57] Ashton Carter, 2012. 이 연설에서 카터는 미국 해군력의 60퍼센트를 아시아-태평양지역에 배치한다는 계획이라고 밝혔다. 공군 역시 폭격기 등 공군력을 미 본토에서 아시아-태평양지역으로 이동 배치할 계획이라고 했다. 서태평양지역의 전략적 허브로서 괌의 역할을 높일 것이라고 했다. 일본의 가데나 기지에 F-35를 영구배치한 데 이어 F-22 편대도 배치할 것이라고 했다. 동아시아와 관련해서 미국은 전통적인 동북아 중심에서 벗어나 동남아시아와 인도양도 함께 중시한다고 했다. 이를 위해 '연해지대 전투함대'(Littoral Combat Ships)를 구성하여 괌에 전진배치하고 싱가포르에 그 기지를 구축한다는 것이다.

[58] Jim Wolf, "Analysis: U.S. arms sales to Asia set to boom on Pacific 'pivot'," *Reuters*, January 1, 2013.

국의 이익을 방어하는 데 점점 더 중요한 수단이 되었다. 미 국무부의 앤드루 셔피로(Andrew Shapiro)는 2012년 12월 5일 연설에서 미국 무기의 판매는 미국 동맹국들로 하여금 더 많은 역할을 담당하게 함으로써 미국이 짊어진 짐을 덜어준다고 말했다.[59]

미국의 이른바 '아시아 주축'(Pivot to Asia) 전략은 2012년 1월 공식화되었지만, 2011년부터 본격 거론되었다.[60] 이와 함께 한국, 일본, 타이완 등 동북아 국가들과 인도네시아와 필리핀을 비롯한 동남아 국가들에 대한 미국의 무기판매는 양적으로 그리고 질적으로 크게 확대되었다. 그리고 미국 군수업체들이 해외에서 무기를 판매하도록 미국 정부가 브로커 역할을 하는 비중이 커졌다고 평가되었다. 이것은 이 지역의 대분단 구조가 또한 한반도와 타이완해협의 소분단 상황과 직접적으로 상호영향을 미친다는 것을 말해준다.

그 결과 동아태지역은 미국 무기의 최대 수출지역으로 떠오른다. 2007년 이래 중동이 최대 수출지역이었지만 2012년 들어 처음으로 아태지역이 중동을 대체했다. 2012년에 미국 무기구매 신청 액수가 가장 많은 5개 나라 가운데 3개 나라가 아태지역에 있었다. 중동의 카타르가 1등으로 236억 달러, 바로 다음이 88억 달러어치를 신청한 한국이었다. 82억 달러어치를 신청한 3위 사우디아라비아를 앞질렀다. 4위와 5위는 각각 17억 달러의 호주와 16억 달러의 일본이었다.[61] 한국은 2001~2008년에도 미국 전체 무기 수출액의 13퍼센트를 차지하

---

59 Wolf, "Analysis," 2013.

60 Hillary Clinton, "America's Pacific Century: The future of politics will be decided in Asia, not Afghanistan or Iraq, and the United States will be right at the center of the action," Foreign Policy(November 2011: http://www.foreignpolicy.com).

61 The Arms Control Association, "Proposed U.S. Arms Export Agreements From January 1, 2012 to December 31, 2012"(http://www.armscontrol.org), Updated: January, 2013. 일본의 군사대국화를 운위하지만 한국이야말로 가장 빠르게 군비 증강에 박차를 가하고 있음을 보여준다.

여 미국 무기에 관한 한 최대 수입국으로 꼽혔다.[62] 2014년에도 한국은 미국 무기를 70억 달러어치 구입했다.[63]

사실 미국의 '아시아 주축' 전략은 미국의 국방비 삭감 추세로 실질적 내용은 별로 없다는 지적을 받아왔다.[64] 그래서 그 실질적 내용은 우선 미국 주도 동맹체제 안에서 일본과 한국 등 주니어 파트너의 역할 강화에 있다고 지적되었다. 일본이 '집단적 자위권'(collective self-defense)을 획득하고[65] 공격적 무기체계도 확보하여 '전쟁을 할 수 있는 나라'로 도약하는 것을 미국이 옹호하고 지원했다.[66] 이와 함께 미국은 센카쿠(댜오위다오)열도 분쟁에 개입할 의지도 표명했다.[67]

---

62 *Statistics Brain*, "Military Arms Sales Statistics," April 25, 2012. Source: CRS & SIPRI.

63 Jeff Abramson, "U.S. Remains Top Arms Provider," *Arms Control Today*, March, 2016. 애브람슨의 이 글에 따르면, 2014년 한 해에 미국이 세계를 상대로 한 무기판매 총액은 362억 달러에 이르는데, 그 가운데 300억 달러가 한국, 사우디아라비아, 이라크, 카타르 네 개 국가에 집중되었다.

64 Stuart Grudgings, "As Obama's Asia 'pivot' falters, China steps into the gap," *Reuters*, October 6, 2013(http://www.reuters.com). See also, Thom Shanker, "Study Criticizes Pentagon Over Its Plans for a Greater Focus on Asia," *The New York Times*, July 31, 2012.

65 집단적 자위권은 동맹국에 대한 공격을 자국 일본에 대한 공격으로 간주해 반격할 수 있는 권리를 말한다. 미국은 2013년 10월 4일 척 헤이글(Chuck Hagel) 국방장관의 발언으로 일본의 집단적 자위권을 공식 지지했다. 북한이 미국으로 미사일을 발사했다고 판단되면 일본은 집단적 자위권에 근거해 북한을 공격할 수 있게 된다는 것을 의미한다.

66 2013년 10월 3일 미일동맹 개편 내용은 일본과 미국 사이 역할분담의 근본적 변화를 담고 있다. 그중 하나가 일본도 공격능력을 보유하도록 한다는 것이다. '일본국제문제연구소' 고타니 테츠오(小谷哲男) 연구원은 이때 합의된 새로운 미일동맹의 본질을 이렇게 요약했다. "지금까지는 미국이 공격적 능력을 제공하고, 일본이 방어적 능력만 보유한다는 것이었다. 말하자면 '미국은 창, 일본은 방패'(spear and shield division of labor)식 역할분담이었다. 이제부터는 일본이 방어능력과 함께 공격능력을 갖춤으로써 미국과 더 동등한 파트너가 된다는 얘기다" (Daniel Schearf, "Kerry in Asia to Discuss Security, Trade," *Voice of America*, October 2, 2013. www.voanews.com).

67 2013년 10월 4일 헤이글 미 국방장관은 센카쿠열도에 대한 일본의 영토적 권

2016년 9월 13일 열린 제41회 국무회의.
제41회 국무회의에서 박근혜 전 대통령은 "주한미군의 고고도 미사일 방어체계(사드)
배치와 함께 우리 군이 독자적으로 추진하는 북한 핵·미사일 위협 대응책도 더욱 신속
하게 추진하기를 바란다"고 지시했다.

북한의 핵무기 개발과 미국의 아시아 재균형 전략을 배경으로 미국
이 박근혜 정부에 도입을 촉구한 미사일방어체제의 핵심은 '종말단계
고고도지역방어' 시스템인 사드였다. 사드는 1996년 당시 미국 미사일
방어국이 전역미사일방어체계 시스템으로는 가장 위협적인 최종단계
로 기획한 것이었다. 강력한 X-Band 레이더와 긴 사정거리를 바탕으로
적의 탄도미사일을 세 단계에 걸쳐 요격하는 시스템이다. 먼저 적의 미
사일이 대기권 밖에 있는 상태(at the end of the mid-course stage)에서
요격을 시도한다. 레이더망으로 요격 여부를 확인할 수 있으며, 요격되
지 않았으면 종말단계(terminal stage)에서 두 번째 요격을 시도한다. 이
두 단계 요격 모두 성공하지 않았다면 사드는 패트리엇 미사일을 이용
해 마지막인 세 번째 요격을 시도한다는 것이다.[68]

리를 미국이 공동으로 방어하는 것은 미일동맹의 집단방위 대상이라고 밝혔다.
68 이삼성, 「제4장: 21세기 미국의 군사전략과 미사일방어」, 『세계와 미국』, 한길

한국 정부는 적어도 2013년 하반기부터 사드 시스템에 깊은 관심을 보이기 시작했다. 마침내 2014년 6월 스캐퍼로티 주한미군 사령관은 한국에 대북 억지력으로 사드의 한국 배치를 권고했다고 밝힌다.[69] 고고도다층방어 시스템인 사드 도입 가능성을 둘러싸고 중국과 러시아 등 한반도 주변 국가들은 민감하게 반응했다. 시진핑 중국 국가주석은 2014년 7월 초 서울에서 열린 한중정상회담에서 사드 문제에 대해 한국 정부에 직접 강한 반대 의사를 밝혔다. 중국은 러시아와 또 달리 전략 핵무기 체계에서 미국과 심한 불균형을 겪고 있다. 이런 조건에서 중국 심장부 바로 코앞인 한반도에 미국의 미사일방어체계의 일환으로 기능할 능력과 잠재력을 갖춘 강력한 레이더 시스템과 고고도요격미사일 체계가 배치된다면, 그것은 대북 억지력을 넘어 미일동맹에 대한 중국의 전략적 억지력까지 더욱 무력화할 것을 중국은 우려한 것이다.

박근혜 정부가 추진한 한국형 미사일방어체계가 사드 체계를 포함하게 되었고 결국 2017년 배치됨에 따라 이제 그것은 한반도 소분단 체제의 군비경쟁 차원을 넘어서 동아시아 대분단 기축관계의 군비경쟁 일부로 깊이 접속되었다. 북한의 핵무기 개발이 현실화되면서 거의 불가항력적으로 미국이 주도하는 미사일방어망 체계에 한국이 직접 편입되어가고 있다. 한국은 그 결과 대분단체제 기축관계의 전략적 균형에 더 직접 영향을 미치는 변수로 되었다.

아울러 주목할 점은 북한 핵무기 개발 이후 더 깊어진 한국의 미국 핵우산 의존현상이다. 충분히 예상된 일이지만 실제 현실화되었고, 그 의미는 결코 가볍지 않다. 미국은 북한에 대한 핵 선제사용(nuclear

사, 2001, 특히 346~348쪽.

69 Ashley Rowland, "Top US general backs new missile defense in South Korea," *Stars and Stripes*, October 1, 2014. KBS 방송은 같은 무렵 한국 정부가 미국에 사드에 관한 정보를 요청했다고 보도했다(KBS World, "S.Korea Requested Information on THAAD to Develop L-SAM," June 5, 2014).

first-strike) 위협을 더 쉽고 더 공개적으로 했다.[70] 한미 합동군사훈련에서 북한에 대한 핵타격(nuclear attack) 훈련을 더 노골적으로 하였다.[71] 한미 양국의 군사적 접근은 당연히 북한의 핵무기 개발과 확장 의지를 심화한다. 한국뿐 아니라 일본의 미국 핵우산 의존을 강화하게 되고, 아울러 미일 간 미사일방어망 공동구축을 촉진한다. 한국의 미국 핵우산 의존은 단순히 한반도 소분단체제 문제로만이 아니라 미일동맹과 중국 사이의 핵무기, 미사일방어 군비경쟁으로 직결되면서 동아시아 대분단체제에 내재하는 전략적 불안과 지정학적 긴장을 가중한다.

한국의 대미 의존 심화와 미국의 아시아 재균형 전략이 서로 상승작용을 일으킨 결과는 전시작전권 문제에서도 나타났다. 한국전쟁 이래 미국이 갖고 있는 한국군에 대한 전시작전권의 2015년 한국 이양 계획은 박근혜 정권에서 다시 연기되었다. 2014년 10월 23일 미국 워싱턴에서 열린 한미안보협의회의(SCM)에서 한미 양국은 전작

---

70 파네타 전 미국 국방장관은 2014년 10월에 간행된 자신의 회고록 『값진 전투들』(*Worthy Fights*)에서 당시 김관진 국방장관을 포함한 한국 고위당국자들과 만났을 때, "북한이 침략한다면 남한을 방어하기 위해 필요하면 핵무기를 사용하는 것을 포함해 한반도 안보에 대한 우리의 오랜 공약을 확인했다"고 밝혔다. 또 파네타가 CIA 국장을 맡고 있던 2010년 방한했을 때 월터 샤프 주한미군 사령관은 북한 침략에 따른 비상계획을 보고했다. 이 보고에서 샤프는 "만일 북한이 남침한다면 우리의 전쟁계획은 미군 사령관이 한국과 미국의 병력에 내한 모든 명령권을 갖고 한국을 방어하도록 돼 있으며, 필요할 경우 핵무기 사용도 포함된다"라고 말한 사실도 공개했다. 디지털뉴스팀, 「美 "북한 남침 시 필요하면 핵무기 사용" 2011년 밝혀」, 『경향신문』, 2014. 10. 9.
71 한국군은 '키-리졸브' 한미 합동군사훈련이 진행 중이던 2014년 2월 6일 "미국의 B-52 전략폭격기 1대가 5일 한반도 서해 상공으로 출격했다"고 밝혔는데, 이것은 한국 서해 상공에서 타격연습을 했다는 북한 주장을 인정한 것이라고 『조선일보』가 보도했다. 한국군 관계자에 따르면 B-52 전략폭격기는 괌에서 출격해 전라북도 군산의 직도 상공 일대에서 북한의 도발에 대비한 훈련을 한 것이었다(『조선일보』, 「美 B-52 전략폭격기 한반도 상공서 훈련…北 주장 사실로」, 2014. 2. 6). 이에 앞서 북한 언론들은 같은 날 기사에서 미국이 핵 전술 훈련의 일환으로 B-52 전략폭격기를 동원하여 북한에 대한 '핵 타격 훈련'을 했다고 비판하고, "조선반도의 평화와 안전을 위협하는 재앙거리는 다름 아닌 미국"이라고 주장했다(『경향신문』, 「北 "美 B-52 전략폭격기, 서해서 핵 타격 연습"」, 2014. 2. 6).

권 이양의 재연기를 합의한 양해각서를 체결했다. 이양 시점은 대체로 2020년대로 상정하되 '한국군이 능력을 갖출 때까지'라고 모호하게 정함으로써 사실상 무기한 연기를 한 셈이다.[72]

한국이 북한 핵문제의 평화적 해결을 포함하여 한반도 평화체제에 대한 창의적 모색을 포기할수록 전시작전권 회복을 포기하는 것과 같이 미국에 대한 의존이 높아졌다. 이러한 의존은 한국의 대북정책 비전 불모화를 가져온다. 그럴수록 한국의 안보정책은 미국의 아시아 재균형 전략의 일부로 더 충실하게 기능하게 된다. 동아시아 대분단 체제의 악순환 장치의 더욱 핵심 부품으로 되는 것이다.

8. 한국 대북정책의 분열, 미국 대외정책의 분열, 그 둘의 파괴적 교차

미국에서 대단한 국제정치학자로 통하는 아이켄베리는 미국 패권이 장기적으로 지속되는 이유를 정치적 다원주의에서 비롯한 개방적 정치 제도에서 찾았다. 그러한 정치질서는 정책결정 과정이 투명하다. 다른

---

72 2014년 한 언론은 다음과 같이 분석했다. "공교롭게도, 우리 정부가 천문학적인 돈이 소요되는 미 첨단무기들을 구매하기로 결정한 시점은 지난해 말부터 올해 초다. 우리 정부는 지난해 11월 말 차기전투기 사업의 작전 요구 성능에 스텔스 기능을 넣음으로써 유일한 후보인 미 록히드마틴의 F-35를 사실상 낙점한 데 이어, 올해 3월 40대(약 7조 3,418억 원)를 구입하기로 결정했다. 또 수년간 끌어오던 무인정찰기 글로벌호크를 4대(약 9,000억 원)를 도입하기로 올해 3월 결정했으며, 4월에는 패트리엇(PAC)-3 미사일(약 1조 3,000억 원)도 도입하기로 결론 내렸다. 『월스트리트 저널』은 21일 '일부 분석가들은 한국이 자국의 국방에 충분히 투자하고 있는지 의문을 제기한다'며 '이에 대해 한국 정부 관리들은 정찰 능력(글로벌호크)과 정밀타격 능력(F-35)을 강화하는 조처를 취한 점을 언급한다'고 전했다. 여기에다 올해 1월 타결된 한-미 방위비분담 협정 개정에서 우리가 지난해보다 5.8 퍼센트(505억 원)나 늘어난 9,200억 원을 부담하기로 한 것도 미국 내 분위기를 바꾸는 데 영향을 끼친 것으로 알려졌다. 우리 국회는 이를 오바마 대통령이 방한하기 10일 전인 올해 4월 16일에 비준했다. 전작권 전환 재연기에 대한 미국의 동의가 공식화한 시점은 2014년 4월 25일 한미정상회담 때였다. 두 정상은 이때 전작권 전환 시기를 재검토하기로 합의했다. 한국 정부의 미 첨단무기 구매 및 방위비 분담 협정 비준과 절묘하게 시기가 맞물린다"(박현, 「"미, 작년만 해도 (전시작전권) 재연기 반대…한국 무기 대량 구입에 '급선회'」, 『한겨레』, 2014. 10. 24).

나라들에 미국의 정책결정은 그래서 예측가능하다. 갑작스러운 정책변동으로 상대 국가를 지배하려 하거나 배신할 가능성이 낮다. 그래서 미국의 대외정책은 단기적 이익이 아니라 장기적이고 거시적인 국익 개념에 바탕을 두고 전개된다는 것이다. 다른 나라들은 미국의 정책 일관성에 신뢰를 갖게 되고, 미국과 동맹을 선호한다는 것이다. 이것이 미국 패권의 장기적 지속을 이끈다.[73] 아이켄베리의 주장은 그러했다.

그러나 1994년 이후 북한 핵실험을 거쳐 2010년에 이르는 15년 동안 미국이 보인 대북정책은 일관성이나 신뢰성과는 거리가 멀었다. 그것은 아이켄베리가 일관성과 신뢰성의 근거로 지목한 미국 정치질서 자체와 관련이 깊다.[74] 북한 정권과 달리 미국은 민주당과 공화당이 세계전략에서도 대북정책에서도 다른 철학에 기초한 다른 정책을 내세웠을 뿐 아니라, 의회에서 수시로 벌어지는 여야 권력균형의 변화 그리고 결정적으로는 선거에 따른 정권교체로 말미암아 정책 일관성도 신뢰성도 찾아볼 수 없었다. 아이켄베리는 미국 정치제도는 갑작스러운 정책변동을 방지한다고 했으나 정권교체에 따른 '갑작스러운 정책변동'이야말로 북한이 경험한 미국 정치질서의 현저한 특징이었다.

상황을 더 복잡하게 한 것은 바로 매우 다른 철학을 갖고 대외정책을 펼치는 세력들 사이의 정권교체 현상이 한국 민주주의도 예외가 아니어서, 북한을 이중석 혼란에 빠뜨렸다는 사실이다. 그리고 더욱 불행한 것은 미국과 한국이 서로 철학과 접근법이 다른 정권들이 교차하면서 일관성과 신뢰성 파탄의 가능성을 더욱 높였다는 데 있다.

요컨대 한미 양국 외교 실패의 본질은 북한이 대량살상무기 개발이

---

73 G. John Ikenberry, "Institutions, Strategic Restraint, and the Persistence of American Postwar Order," *International Security*, vol.23, no.3, Winter 1998/1999; 이삼성, 「미국의 대북 정보평가 및 정책의 신뢰성 위기와 북핵문제 해결방향: '한반도 평화협정'체제 전환이 유일한 대안인 또 하나의 이유」, 『현대북한연구』, 제7권 제2호(2004), 9~11쪽.

74 이삼성, 2004, 10~12쪽.

라는 극단적인 비대칭전략에 의지하지 않아도 에너지난과 안보불안을 해결할 수 있도록 이끌어가는 한미 양국의 일관성 있는 대북정책이 불가능했다는 데에 있었다.

첫째, 한국 대북정책 내부의 분열이었다. 한국의 보수정권은 북한에 대한 불신을 앞세워 북한과 협상 자체에 부정적이었다. 진보적 정부가 추진했던 대북협상은 보수정권이 들어서면 백지화되었다.

둘째, 1990년대 이래 미국 정치권도 세계전략을 둘러싸고 철학적 분열 상태에 놓여왔다. 민주당 정부들의 자유주의적 다자주의와 공화당 정권들이 추구하는 현실주의적 일방주의 사이에서 미국 대북정책 또한 요동쳤다. 민주당 정권이 타결한 대북협상은 공화당 정권으로 바뀌면 무용지물이 되었다.

이런 조건에서 북한의 안보불안을 해소할 한반도 평화체제 구축이 성공할 가능성은 한국과 미국 모두 진보적 또는 리버럴한 세력이 집권했을 때에 한정된다. 그런데 불행히도 그런 조건은 1998~2000년 3년에 불과했다. 이런 상황이 북한 핵문제의 평화적 해결을 좌절시키는 주요 변수로 작용했다는 사실은 결코 간과할 수 없을 것이다. 2017년에 들어 한국은 시민들의 촛불혁명으로 박근혜 정권이 무너지고 진보적 정권이 들어섰다. 반면 미국에는 상대적으로 다자주의적이며 자유주의적인 오바마 정권을 이어 보수적 강경파가 포진한 트럼프 행정부가 들어서 있다. 불행한 구도가 되풀이되는 것이다. 결국 한국 외교의 과제는 한국의 진보정권이 미국 보수정권의 대북정책이 한반도 평화에 초래할 수 있는 파괴적 영향을 어떻게 통제하면서 한반도 문제의 평화적 해결을 견인해낼 수 있을 것인가 하는 문제로 귀결된다.

제7장

한국 핵무장과 전술핵 재배치는 왜 답이 아닌가

1. 2017년 9월 이후 크게 확산된 한국 핵무장·전술핵 재배치론

2017년 여름부터 그리고 2018년에 들어서도 한국에서는 독자 핵무장 또는 미국의 전술핵무기 한반도 재배치를 주장하는 목소리가 커지고 있다. 한국의 제1야당인 자유한국당은 그것이 당론이 되어 있다. 2018년 2월 1일에도 자유한국당 김성태 원내대표는 국회 교섭단체 대표연설에서 "전술핵 재배치가 북핵위협에 대응하는 가장 실효적인 군사적 대책"이라고 말했다. "남북 간 핵균형을 통해 한반도 핵폐기 협상에 돌입하는 것만이 파국적인 무력분쟁 없이 핵문제를 종국적으로 해결할 수 있는 길"이라고 주장했다.[1] 김성태 원내대표는 전술핵 재배치를 한반도 핵폐기협상의 평화적 지렛대라고 규정함으로써 그것을 평화 구축의 무기로 둔갑시켰다.

그런데 북한이 자신의 핵무장을 정당화하는 주된 명분은 '미국의 핵위협'이라는 것은 누구나 잘 아는 사실이다. 그렇다면 북한이 자신의 핵무기와 ICBM을 지렛대 삼아 협상하고자 할 대상은 미국의 핵위협 자체와 그것을 담은 이른바 '적대시정책'을 억지하고 해소하는 문제이지 남한에 대한 일부 전술핵의 배치 또는 철수 여부는 아니다. 미국 본토의 전략핵들과 동아태지역 미군기지들에 순환배치되는 전략핵 그리고 한

---

1 유병훈, 「김성태 '전술핵 재배치, 가장 실효적인 북핵 대책'」, 『조선일보』, 2018. 2. 1.

반도 주변 해상을 포함한 동아태지역 해상에서 핵잠수함 형태로 이미 활동하는 전략핵, 트럼프 행정부가 추가로 증강 배치를 계획하는 해상 전술핵 등이 모두 북한에는 이미 '미국의 핵위협'을 구성하는 실체다.

북한이 자신의 핵무기까지도 내려놓을 수 있게 이끌 진지한 평화 협상의 전제는 대북 핵위협의 실체를 구성하는 그 같은 이른바 '전략 자산'들과 기타 첨단 전쟁능력에 기대는 미국의 '적대시정책' 철회라는 것이다. 그런데 전술핵 재배치는 북한으로서는 핵위협과 적대시정책의 추가 요소가 될 뿐이다. 한국에 전술핵을 몇 개 더 갖다놓는다고 해서 그것들을 북한이 자신의 핵무기와 맞바꿀 협상 대상으로 여길 수 있다고 생각하는 것 자체가 매우 심한 착각이다.

현재 우리에게 남아 있는 평화 구축의 실마리는 북한이 더는 핵무장을 확대하지 않도록 막고 동결을 이끌어낼 수 있는 평화체제협상이며, 그 체제를 구성해가는 과정에서 북한 핵무장 해소를 추구하는 데 있다. 남한에 대한 전술핵 재배치는 북한 핵무장의 급속한 팽창을 촉진하고 정당화하는 역기능만 초래할 뿐이다. 그러므로 전술핵 재배치는 기왕에 한반도를 짓누르고 있는 군사적 긴장도를 한층 더 고도화하는 조치가 될 뿐 북한 핵폐기협상 수단과는 거리가 멀어도 한참 멀다. 그것은 효과적 평화협상의 지렛대는커녕 한반도 핵전쟁 자체의 위험성만 더 높이는 조건이 될 뿐이다.

그러므로 김성태 의원의 논리는 핵심에서 벗어나 있고 앞뒤가 맞지 않는다. 하지만 독자 핵무장 또는 전술핵 재배치론은 북한의 수폭실험이 IRBM과 ICBM 같은 장거리미사일 발사시험들과 함께 성공한 이래 한국에서도 미국에서도 공공연히 거론되었다.

2016년 11월 대선 선거유세 기간에 공화당 도널드 트럼프 후보는 북한의 핵위협에 대응하기 위해 한국과 일본의 독자적 핵무장 가능성을 열어둘 필요가 있다고 말한 바 있다.[2] 북한이 ICBM 발사와 수폭실

2　Adam Taylor, "South Korea will not develop or possess nuclear weapons,

험에 성공한 뒤인 2017년 9월 초순 트럼프 미 대통령은 한국이 원하면 전술핵을 한반도에 재배치할 수 있고, 더 나아가 한국과 일본의 핵무장도 반대하지 않을 것이라고 말했다. 북한이 미국 본토를 위협하는 ICBM을 연거푸 쏘아올리고 수폭실험을 성공시킨 뒤 한국에서 독자 핵무장 또는 전술핵 재배치를 지지하는 여론이 높아졌다. 이와 때를 같이하여 미국 행정부 안팎과 정치권에서도 한국의 독자 핵무장이나 전술핵 재배치를 은근히 흘리거나 공개적으로 주장하는 움직임이 일었다. 2017년 9월 초 트럼프 행정부의 여러 관리가 한국과 일본의 핵무장 가능성을 용인할 듯한 발언을 했다.[3]

북한이 2017년 들어 세 번째로 더욱 위협적인 ICBM을 발사한 뒤인 2017년 12월 초 미 백악관 국가안보보좌관 맥매스터는 『폭스뉴스』와 인터뷰에서, "북핵은 직접적인 위협일 뿐만 아니라, 일본이나 한국, 다른 국가들이 자체적으로 핵무장할 가능성을 제기한다"고 말했다. 북핵을 방치하면 중국이 가장 예민하게 여기는 한국·일본·타이완의 자체 핵무장을 미국이 용인할 수 있다는 메시지였다. 중국이 대북 유류 제품 공급의 축소와 해상차단에 동참하도록 압박하기 위한 것으로 해석되었다.[4]

사실 한국 보수정치권에서 전술핵 재배치 목소리는 북한에서 김정은이 집권한 뒤 제3차 핵실험을 단행한 2013년 이후 시작되었다.[5] 북한이 두 차례 ICBM 발사, 괌을 위협하는 IRBM과 수폭실험을 성공시킨 후인 2017년 9월 초 미국 정치권 안팎에서는 한국 핵무장 용인 가능성 논의와 함께 전술핵(Tactical Nuclear Weapons: TNW)의 한국

president says," *The Washington Post*, October 31, 2017.

3 Josh Rogin, "A South Korean delegation asks Washington for nuclear weapons," *The Washington Post*, September 14, 2017.

4 이용인, 「미국 대북 강경 분위기 '9월의 데자뷔': 대북 선제타격·전쟁 가능성 거론하고 한·일 자체 핵무장 가능성 언급하며 중·러에 대북 유류 공급 축소 등 압박」, 『한겨레』, 2017. 12. 4.

5 Richard Sokolsky, "The Folly of Deploying US Tactical Nuclear Weapons to South Korea," *38North*, December 1, 2017.

재배치 논의도 쏟아져 나왔다. 한국의 보수정치세력은 워싱턴을 방문하여 미국의 전술핵 한국 재배치를 촉구하고 나섰다. 자유한국당 홍준표 대표가 앞장서서 한국의 독자적 핵무장 목소리를 높였다. 북한이 제6차 핵실험을 한 뒤인 2017년 9월 초순 홍준표 대표는 "국민 여론의 60퍼센트가 전술핵 재배치를 찬성한다"고 지적했다. 또 "핵에는 핵으로 대응하지 않으면 살길이 없다"고 했다. 그는 "(미국이) 전술핵 재배치를 해주지 않으면 '핵우산으로 한국을 보호하겠다'는 말은 공허한 공약에 불과하다"는 주장도 했다. 자유한국당은 곧 당론으로 미국의 전술핵 재배치를 촉구하고 그것이 받아들여지지 않을 경우 독자적 핵무장을 해야 한다고 주장하고 나섰다.[6]

집권당인 더불어민주당은 한국 핵무장에 반대하지만 민주당 지지층 가운데도 절반 이상이 핵무장을 찬성한다는 여론조사가 나왔다.[7] 한국 언론 일각에서도 핵무장 또는 전술핵 재배치를 고려할 것을 촉구했다.[8] 더불어민주당의 유력 의원 가운데 한 명인 이종걸 의원도 같은 주장을 할 정도로 정치권 전반에 여야를 가리지 않고 전술핵 재배치와 독자 핵무장 주장이 힘을 얻기 시작했다. 일반 여론의 62퍼센트가 한국의 독자 핵무장에 찬성했으며, 상대적 진보세력인 문재인 대통령 지지층 안에서도 찬성 목소리가 53퍼센트로 반대하는 42퍼센트보다 높았다.[9]

---

6 그러면서 홍준표 대표는 "우리가 원자력(발전)을 한 지 30년이 됐기 때문에 북한과는 비교가 안 되는 플루토늄을 갖고 있다. 일본도 수만 톤의 플루토늄을 갖고 있고 결심만 하면 1년 이내에 1,000개 이상의 핵탄두를 개발할 수 있다"라고 주장하고, "우리나라도 플루토늄을 재처리하기만 하면 된다. 정 안되면 우리가 살기 위해서라도 파키스탄식 핵개발정책을 하지 않을 수 없다"라고 말했다. 고상민·이슬기 기자, 「洪, 언론장악문건 국조 추진…독자핵무장론 제기」, 『연합뉴스』, 2017. 9. 9.

7 최선욱, 「갤럽 '민주당 지지층 52%가 핵무장 찬성」, 『중앙일보』, 2017. 9. 10.

8 『조선일보』는 사설에서 "어떤 최악의 경우에도 흔들리지 않을 한·미 동맹을 재확인"하는 가운데 "미국이 보장한다는 핵우산 외에 전술핵 재배치나 핵 공유 전략도 진지하게 검토해야 한다"라고 주장했다. 『조선일보』 사설, 「'核 무력 완성' 선언 北, 美 선제타격 막는다는 韓」, 2017. 11. 30.

9 2017년 8월 14~15일간 『문화일보』와 엠브레인이 한국인을 대상으로 실시한 여론조사에 따르면, 한국의 핵무장에 '매우 찬성'이 25.1퍼센트, '찬성하는 편'이

『워싱턴포스트』는 북한이 제6차 핵실험이자 수폭실험을 감행한 2017년 9월 3일 직후 한국에서 실시된 한국갤럽 여론조사를 인용했다. 북한의 거듭된 핵실험에도 한국인들은 북한이 전쟁을 일으킬 것으로는 믿지 않았다. 그러나 응답한 시민의 60퍼센트는 한국 독자의 핵무기를 원했다. 미국 전술핵의 한반도 재배치를 찬성하는 여론은 이보다 더 높았다. 2017년 8월 YTN이 실시한 한 여론조사에서는 응답자 68퍼센트가 미국이 1991년 한반도에서 철수해간 전술핵무기의 한국 재배치를 원한다고 답했다.[10]

미 공화당에서 군사안보 문제에 관해 영향력이 가장 큰 매케인 상원의원은 CNN과 인터뷰에서 이렇게 말했다. "며칠 전 한국 국방장관이 핵무기 재배치를 촉구했다. 우리는 한때 거기에 핵무기를 배치했다. 나는 그것을 진지하게 고려해야 한다고 생각한다."[11] 이 무렵 국회 정보위원회 위원장 이철우 의원이 이끄는 자유한국당 의원들이 워싱턴을 방문해 전술핵 재배치를 촉구하는 활동을 벌였다.[12] 홍준표 대표는 문재인 대통령이 중국 시진핑 주석의 국빈방문 요청을 받아 베

37.7퍼센트로 찬성 쪽이 전체의 62.8퍼센트에 달했다. '반대하는 편'은 22.1퍼센트, '매우 반대'는 12.7퍼센트에 불과했다. 한편 '예방적 대북 선제공격'에 대해서는 매우 찬성 8.5퍼센트, 찬성하는 편 22.2퍼센트 그리고 매우 반대는 24.0퍼센트, 반대하는 편은 40.8퍼센트로 찬성보다 반대가 30.7 대 64.8로 반대가 압도했다. 『문화일보』, 「핵무장 찬성 62.8퍼센트, 선제공격 반대 64.8 퍼센트」, 2017. 8. 16. 한편 북한의 수소탄 개발 성공 후인 2017년 9월 5~7일 한국갤럽이 조사한 여론에 따르면, 한국 핵무장에 대한 찬성 비율은 비슷하게 60퍼센트를 기록했다. 반대 의견은 35퍼센트였다. 보수적인 자유한국당 지지층에선 찬성이 82퍼센트였고, 더불어민주당 지지층에서도 찬성이 52퍼센트로 반대한 43퍼센트보다 높았다. 같은 조사에서 북한의 실제 전쟁 도발 가능성에 대해 묻는 질문에 58퍼센트는 없다고 답해 있다고 답한 37퍼센트보다 높았다. 최선욱, 「갤럽, '민주당 지지층 52퍼센트가 핵무장 찬성」, 『중앙일보』, 2017. 9. 10.

10 Michelle Ye Hee Lee, "More than ever, South Koreans want their own nuclear weapons," *The Washington Post*, September 13, 2017.

11 Michelle Ye Hee Lee, September 13, 2017.

12 Josh Rogin, "A South Korean delegation asks Washington for nuclear weapons," *The Washington Post*, September 14, 2017.

이징에서 한중정상회담을 하는 시각에 일본 도쿄에서 아베 신조(安倍晉三) 총리를 면담했다. 그는 이 자리에서 이른바 '한·미·일 자유주의 핵무기 동맹'을 주장했다고 스스로 밝혔다.[13]

2. 독자 핵무장이 필요하다는 논리와 그 허구성

한국 독자 핵무장론의 이 같은 확산은 북한의 수소폭탄 개발이 미국을 위협할 수도 있는 ICBM 시험 성공과 결합한 사태가 던진 정치적 충격에서 비롯했다. 이 사태는 한국과 일본에 대한 미국의 안보공약, 즉 한미동맹과 미일동맹의 신뢰성에 대한 의문을 불러일으켰다. 어떤 의미에서 ICBM과 결합한 북한 핵무장이 그만큼 의미심장한 정치적 충격을 유발하는 데 성공했단 얘기다.

핵무장 주창자들은 북한이 ICBM을 갖고 미국 본토 핵공격을 위협하면 미국이 꼼짝하지 못할 것처럼 말한다. 미국이 적어도 아무런 주저 없이 한국과 일본을 보호하기 위해 필요한 모든 선택을 하기는 어려울 것이라고 생각한다.

물론 이런 의구심은 단지 일부 핵무장 주창자들만의 것은 아니다. 한국과 미국 내 상당수 전문가는 미국의 대한 공약이 구조적으로 약화될 수밖에 없다고 결론지었다. 미국 언론도 그런 움직임을 주목했다. 북한이 공격을 받거나 공격이 임박한 상황이라고 판단하면 보복타격뿐 아니라 선제타격도 할 수 있다고 할 때, 북한이 핵 선제타격을 감행할 수 있는 상황은 어떤 것일까. 미국의 한 언론은 남한 군대의 비정상적인 대규모 이동, 일본 내 미군기지의 수상한 움직임, 핵타격용 전략폭격기 B1-B가 괌 기지로부터 북한 영공에 접근하는 행위 등을 거론했다.[14]

---

13 홍준표 대표는 일본에서 한 기자회견에서 "문재인 정부가 시진핑 (중국) 주석을 알현하러 가는 날, 우리는 한·미·일 자유주의 핵 동맹을 맺어서 북·중·러 사회주의 핵 동맹에 대항하자는 취지로 일본에 왔다"고 말했다. 김남일·조기원, 「홍준표 '문 대통령이 시진핑 알현 청 황제와 조선 왕 빗대'」, 『한겨레』, 2017. 12. 14.
14 Eric Talmadge, "Analysis: Is North Korea Winning Deterrence War With

북한이 미국의 본격적인 대북 공격을 견제하는 수단으로 시카고나 로스앤젤레스 공격을 위협할 경우 미국은 어떤 선택을 할까. 저명한 핵전략 전문가인 나랑은 북한을 보복타격하는 대가로 시카고나 로스앤젤레스에 대한 북한의 핵공격 위험을 감수해야 할 경우 미국은 주저할 것이라고 보았다.[15]

그래서 한국의 독자 핵무장 주창자들은 북한의 대남 공격에 대한 미국의 억지력을 신뢰할 수 없게 되었다고 말한다. 그런데 따져보자. 북한이 수폭과 ICBM을 개발했다고 해서 북한의 대남 공격은 어떤 점에서 더 자유로워졌다고 할 수 있을까?

제1장과 제2장에서 이미 논의했듯이 필자는 북한 ICBM은 적어도 부분적으로 미국의 대북 핵공격을 억지하는 효과가 있음을 지적했다. 그러나 그러한 힘이 곧 북한이 미국의 대한 방위공약에 방해받지 않고 남한을 공격할 수 있는 새로운 능력을 갖게 된 것을 의미하는 것은 아니다. 북한이 미국의 보복을 두려워할 필요 없이 남한에 대한 재래식 또는 핵공격을 위협할 수 있는 새로운 능력을 갖게 된 것을 의미하지는 않는다. 이 두 가지를 구분해 생각하는 것은 매우 중요하다.

왜 그럴까. 북한이 자신이 가진 핵무기와 ICBM을 믿고 남한에 대해 재래식 또는 핵 선제공격을 위협하면 미국은 북한에 대한 핵 선제공격의 명분과 정당한 이유를 갖게 된다. 이 가능성은 북한의 ICBM이 미국의 대북 핵 선제공격을 견제하는 기능과 효과를 상쇄하게 될 것이다.

핵무장 주창자들은 북한이 미국을 두려워하지 않고 남한을 공격할 자유를 얻었다고 생각하지만 이 문제를 다른 각도에서 바라볼 필요가 있다. 한미동맹이 과거에는 북한에 대해 좀더 쉽게 선제타격을 상

US?" Associated Press, *The Fox News*, August 30, 2017(http://www.foxnews.com/world/2017/08/29).

15 Talmadge, August 30, 2017.

상했고 또 실제 그런 태도를 보였다. 그러나 사실은 필자가 앞서 누누이 강조했듯이 북한이 ICBM과 결합한 핵무장을 완성하기 전부터도 한미동맹의 대북 선제타격은 남북의 공멸을 초래할 참혹한 전쟁 위험을 무릅쓰는 어리석기 짝이 없고 위험한 행동이었다. 북한 핵무장이 완성됨으로써 달라진 점은 그처럼 한반도에서 북한이든 미국이든 남한이든 어느 일방의 선제타격이 남북 공멸로 직결되는 위험한 상황이 더 고도화되고 고착되었다는 데서 찾을 수 있다. 과거에도 미국의 대북 선제타격 위협은 한반도에 치명적인 전쟁을 초래할 위험하고 무모한 옵션이었지만, 북한이 핵무기를 장착한 장거리미사일들을 확보하게 됨으로써 그 옵션이 내포한 위험성과 무모함이 더 커지게 된 것이라는 데에 변화의 본질이 있다는 말이다.

예를 들어보자. 김정은이 미쳤다고 가정하는 것이다. 북한이 남한을 향해 연평도를 점거할 테니 그 섬에서 모든 남한 병력을 철수하라고 요구한다. 남한이 몇 월 며칠까지 이 섬과 주변의 각종 군사력을 비우지 않으면 핵무기로 서울을 타격하겠다고 위협한다. 미국에 대해서는 ICBM으로 위협하면서 남북 간 문제이니 개입하면 쏘겠다고 위협한다. 한국도 미국도 당연히 북한과 전쟁을 불사한다고 나설 것이다. 전쟁을 각오해야 전쟁을 막을 수 있다고 항상 말해온 대로 말이다. 미국과 한국은 북한에 대한 대량보복은 물론이고 북한이 실제 핵무기를 사용할 기미가 보이면 선제타격하겠다고 위협할 것이다. 생각해보라. 이 상황에서 미국은 물론 북한 ICBM의 대미 위험성이 높아졌다고 할 것이다. 그렇다고 미국이 그 위협에 굴복해서 한국을 향해 우리는 개입하지 않을 것이라고 발표함으로써 북한에 그렇게 해도 좋다는 시그널을 보낼 수 있다고 생각하는가.

그리고 북한이 남한을 상대로 실제 핵무기를 사용하거나 미국을 향해 ICBM을 날린다면 그 순간 국방장관 송영무가 어떤 공식석상에서 했다는 말마따나 북한은 지도에서 사라지게 될 것이다.

위에서 연평도를 예로 들어 가상한 경우 같은 김정은의 행동은 전쟁을 각오하는 행위이고, 실제 그렇게 행동했을 때 남북 공멸을 확실하게 초래하는 것일 수밖에 없다. 북한이 핵무기와 ICBM을 가졌다고 해서 그렇게 할 수 없으며, 남한 역시 미국의 핵무기와 자신이 가진 미사일이나 '한국형 미사일방어체계'라는 것을 믿고 북한을 함부로 도발할 처지가 아니다. 서로 마찬가지다. 여기서 우리가 확인해야 할 것은 한반도 상황은 어느 쪽도 일방적으로 도발할 수 있는 환경이 아니라는 점이다. "상호억지 상태를 유지하거나 아니면 어느 일방의 도발로 남북 공멸이 초래되거나" 둘 중 하나다.

요컨대 북한이 ICBM과 함께 핵무장을 완성한 상태를 두 가지 측면에서 이해해야 한다. 첫째, 북한의 핵무장과 탄도미사일 체계 발전으로 한미동맹에 기울어져 있던 전략적 우위가 약화된 것은 사실이다. 그러나 북한이 함부로 남한을 핵무기로 위협할 수 있는 자유를 얻게 된 상황과는 거리가 멀다. 둘째, 북한이 핵무장을 완성함으로써 상호 억지에 따른 전략적 균형이 더욱 성립한 것으로 볼 수 있으나, 이 상황은 내재적으로 위험하다. 이 상황을 평화체제를 구축해 타개하려는 노력을 하지 않고 여기에 안주하면서 북미 간 '핵억지' 상태를 유지하는 것은 '한반도 아마겟돈 위험의 일상화'를 유지하고 거기에 안주하는 것을 뜻한다. 이를 타개할 수 있는 유일한 방도는 남북관계와 북미관계 모두에서 대결과 적대의 관계를 넘어설 수 있는 포괄적이고 일괄적인 평화협상을 통한 한반도 평화체제를 구축하려는 노력과 발상의 전환에 있다.

한국의 독자 핵무장을 주창하는 논리는 또 다른 자기모순도 내포하고 있다. 독자 핵무장론자들은 대부분 한미동맹을 한국 안보의 주춧돌로 여긴다. 그런데 한국 독자 핵무장 논리는 한국이 가장 큰 위기에 처했을 때 미국의 동맹 공약을 신뢰할 수 없다는 것을 전제한다. 그 자체가 자기모순이다.

만일 미국이 주도하는 패권적 군사동맹 체제와 그 일부인 NPT 체제가 아니었다면, 남북한은 모두 일찍이 동시에 핵무장을 했을 것이다. 한국은 미국이라는 동맹국과 미국 주도 국제질서의 결과로 핵무장을 자제해왔다. 그런데 NPT 체제 밖에 있는 북한이 핵무기를 '미국의 적대시정책'으로부터 자신을 보호하는 방어용 무기로가 아니라 남한이나 일본에 대한 영토적 침략을 위해 그 무기 사용을 위협하고, 나아가 자신의 얼마 안 되는 ICBM을 믿고 미국을 위협한다고 가정하자. 그러한 사태를 미국이 용인하는 상황은 상정하기 어렵다. 그런 상황이 우려된다면 한국과 일본은 미국과 동맹체제를 해체하거나 무시하고 독자 핵무장에 나서게 될 것이다. 그런 상황에서는 미국의 전술핵 재배치 정도로는 안심할 수 없을 것이기 때문이다.

북한 핵무기가 한반도와 일본의 평화와 번영에 전혀 위협이 되지 않고 궁극적으로 평화적으로 해체되는 상황, 즉 한반도 평화체제가 성립되기 이전까지 한국은 기본적으로 미국과 동맹체제를 유지할 것이다. 미국이 한국·일본과 동맹을 유지하는 한 북한이 공격적인 목적으로 핵무기 위협을 동원하는 것을 미국은 용인할 수 없다. 동맹의 존재이유가 사라지기 때문이다. 그런 의미에서 한국 핵무장 주창자들이 한미동맹을 유지하는 동시에 한국 핵무장을 주창하는 것은 자기모순이다.

3. 한국 독자 핵무장: 쉬운 답이지만 현실성 없고 위험한 선택

한국의 독자 핵무장은 그 근거 논리가 허구적인 것임에도 '핵균형'을 이룬다는 일견 그럴듯해 보이는 명분으로 포장되어 있다. 얼핏 누구라도 동의할 수 있는 명쾌한 답, 그래서 아무나 풀 수 있는 질문에 대한 쉬운 답처럼 보인다. 그러나 조금만 따져보아도 대단히 현실성 없고 위험한 선택이라는 것을 알 수 있다. 한국이 미국과 동맹을 유지하면서도 독자적 핵무장을 고집한다고 할 때, 실현 가능성이 있을까. 결론부터 말하면 불가능한 일이다. 동맹국인 미국조차 실제는 특히 한미동맹이 존재하는 한에서는 한국의 독자적 핵무장을 용인할 가능성은 제로다. 북한이 핵무장과 동시에 미국 본토 타격 능력을 가진 ICBM을 갖게 된 상태에서는 더더욱 한반도 위기가 미국 자신에 불똥이 될 가능성이 있다. 한국 핵무장에 대한 미국의 계산은 더 복잡해질 수밖에 없다. 또 중국과 러시아의 반대가 명약관화하다.

특히 중국의 대한국 제재조치들은 강력한 효과를 발휘할 것이다. 중국은 오늘날 한국 대외 경제관계의 4분의 1을 통제한다. 중국은 한국과 경제 관계를 완전히 보이콧할 가능성이 높다. 한국의 핵무장은 일본 핵무장을 정당화해서 실현할 것이 거의 100퍼센트라고 중국은 믿을 것이다. 미국이 한국 핵무장은 용인하면서 일본 핵무장은 봉쇄할 명분도 이유도 없을 테니 말이다. 중국은 그런 사태를 결코 용납할 수 없다는 태도를 취하고 그에 따라 행동할 것이다. 중국의 대응으로 한국 경제는 흔들릴 수밖에 없다. 한국 국민경제는 치명상을 입을 것이다. 한국인의 여론 역시 요동칠 수밖에 없다.[16]

한국 핵무장 주창자들은 한국이 핵무장을 함으로서 북한 핵을 폐기하기 위한 협상 지렛대를 확보할 수 있다고 주장한다. 그러나 실질적으로 동아시아지역과 국제적 여건상 실현 가능성이 극히 낮은 강경론을 앞세워 향후 오랜 시간 군사적 긴장을 높이고 주변 강대국들과 군사적·외교적·경제적 마찰로 극심한 혼란을 초래하는 가운데 평화적 해법 가능성은 무기한 지연되고 말 것이다. 그런 가운데 북한 핵무장 수준은 급팽창의 길을 걸어갈 것이다. 한반도는 세계에서 핵무기 밀도가 가장 높은 저주받은 땅이 되고 말 것이다.

미국은 왜 한국의 독자적 핵무장을 허용하지 않을까. 남북 양측이 핵무장한 상태에서는 남북한 간 군사적 긴장이 더욱 고도화되고 고착화될 수밖에 없다. 군사적 충돌 위험성은 높아진다. 남북이 핵무장한 상태이므로 그것은 곧 상호핵공격(nuclear exchange)을 포함한 전쟁 위험성이 구조적으로 높아진다는 것을 말한다. 이러한 상황은 한미동맹이 존재하는 한, 남한 핵무기에 대한 북한의 핵보복이 남한

---

16 Andrei Lankov, "Should South Korea have a nuclear Weapon of its own?" CNN, September 26, 2017.

만의 문제로만 끝나지 않는다. 이웃한 일본과 미국까지 북한으로부터 핵보복 공격 위험에 노출된다. 미국은 이러한 상황을 원하지 않는다. 미국은 불가피한 상황에서 전술핵무기를 한국에 재배치해 한국에 대한 핵우산을 강화하는 한이 있더라도 한국의 독자적 핵무장은 묵인하지 않을 것이 확실하다.

중국이 오늘날까지 핵무기 숫자를 대폭 늘리지 않는 이유는 일본 핵무장을 자극하지 않기 위해서다. 제임스 굿비(James Goodby)와 시드니 드렐(Sidney Drell, 1926~2016)은 일본의 핵무장 자제와 중국 핵무기고의 절제는 상호적인 연관성이 있다고 본다.[17] 그런데 한국이 북한 핵무장에 대한 대응을 이유로 독자 핵무장의 길을 걸으면 일본은 차원이 다른 핵무장 압박을 느끼게 될 것이다. 일본의 핵무장 절제는 한반도의 비핵화 상태를 전제한다. 남북한 모두 핵무장을 하는 상태에서는 일본의 절제가 무너질 것이다. 이미 엄청난 양의 플루토늄을 축적한 만큼 일본 핵무장은 기술적으로 신속하게 진행될 수 있고, 한국마저 핵무장하게 되면 그간의 절제를 풀어헤칠 정치적 환경이 조성될 것이다. 일본의 핵무장은 중국이 핵무기 숫자에서 지켜오던 절제를 또한 무너뜨릴 수 있다. 미국은 이 점을 깊이 의식하고 있다.

트럼프 행정부 고위관리들이 2017년 말 한국·일본·타이완 등의 핵무장을 용인할 수 있다는 말을 흘리고 다닌 깃은 이렇게 이해해야 할까. 이것은 중국으로 하여금 북한 핵과 미사일 개발 진전에 대한 대응으로 미국이 주도하는 유엔의 대북 경제제재, 특히 결정적 경제제재가 될 수 있는 대북 원유 제공을 중단하거나 실질적으로 축소할 것을 촉구하는 것과 함께 나온 행동이다. 그러한 제재에 중국의 협력을

---

17 James E. Goodby and Sidney D. Drell, "Rethinking Nuclear Deterrence," in George P. Shultz, Steven P. Andreasen, Sidney D. Drell, and James E. Goodby, *Reykjavik Revisited: Steps Toward a World Free of Nuclear Weapons*, Complete Report of 2007 Hoover Institution Conference, Stanford: Hoover Institution Press, 2008, p.453.

2014년 12월 23일, 다네가시마우주센터에서 소행성 탐사선 '하야부사2'를 장착한 H2A 로켓이 발사되고 있다. 일본은 마음만 먹으면 언제든 핵무기를 만들 수 있다. 중국이 핵무기 숫자를 대폭 늘리지 않는 이유 중 하나는 일본의 핵무장을 자극하지 않기 위해서다.

이끌어내기 위한 정치외교적 압박으로서 미국이 한국 등의 독자적 핵무장을 묵인할 가능성을 띄워본 것에 불과하다. 실질적으로 미국이 그러한 선택을 할 가능성은 없다. 미국이 그러한 위협을 가한다고 해서 중국이 북한의 경제사회적 붕괴를 가져올 위험이 현실화되는 수준으로까지 대북 원유의 실질적 차단 조치를 취할 가능성은 높지 않기 때문이기도 하다.

요컨대 일본·미국·중국·러시아는 한국마저 핵무장하는 상황을 용납할 가능성이 없다. 한국의 핵무장 노력은 주변 강대국들 모두의 강력한 저항에 부딪칠 것이다. 한국의 핵무장은 일본의 핵무장을 불가피하게 만든다. 그리고 일본의 핵무장은 한반도 비핵화 가능성을 영구히 매장할 것이다. 일본의 핵무장을 정당화하고 촉진할 한국 핵무장은 중국, 러시아와 경제관계를 파탄으로 몰고 갈 수 있다. 중일관계, 미중관계, 미러관계 등 한반도 평화의 골격을 결정하는 주변 4강의 관계가 격동하면서 한반도의 평화적 통합은 물론이고 한반도 평화 자체의 기본 환경은 훨씬 더 열악해질 것이다.

4. 미국의 전술핵무기정책: 오바마 행정부와 트럼프 행정부

미국은 1991년 전술핵 폐기를 선언한 이래 자신이 보유했던 전술핵무기 규모를 대폭 줄였다. 그러나 다 없앤 것은 아니다. 「핵태세검토 2010」(Nuclear Posture Review 2010)이 밝혔듯이 오늘날도 미국은 제한된 수의 핵무기를 유럽에 전진배치하고 있다. 또 미국 본토에도 소규모 전술핵무기를 저장했는데, 이는 전 세계 동맹국과 동반자 관계 국가들에 '연장억지'(extended deterrence)를 지원하기 위해 해외 배치 가능성을 염두에 둔 것이라고 밝혔다. 이 핵태세검토 문건은 러시아가 미국보다 더 많은 전술핵무기를 유지하고 있고, NATO 여러 회원국 영토와 가까운 지역에 러시아의 전술핵무기가 상당수 배치되어 있다는 사실을 지적하고 있다.[18]

이 핵태세검토는 미국의 전술핵무기 운용정책을 다음과 같이 밝혀두었다. 첫째, 전술핵무기를 전술전폭기(tactical fighter-bombers)와 전략폭격기에 전진배치하는 능력을 유지하고, B-61 폭탄의 수명을 연장해 그 안전성과 사용·통제 능력을 향상한다. 둘째, 핵무기 장착용 해상발사 크루즈미사일인 토마호크 함대지 순항미사일(Tomahawk Land Attack Missile: TLAM-N)은 퇴역시킨다. 셋째, 미군 해외 주둔(forward military presence)을 보완하고 지역적 억지(regional deterrence)를 강화할 수 있는 장거리 타격능력을 유지하고 발전시킨다. 넷째, 연장억지력(extended deterrent)의 신뢰성과 효율성을 확보하기 위해 동맹국, 동반자 관계 나라들과 협의를 계속하고 필요할 때는 확대한다. 동맹국들과 긴밀한 협의 없이 미국의 연장억지 능력을 변화시키는 일은 없을 것이다.[19] 이 문건에서 미국은 필요한 상황에서는 B-61을 포함한 전술핵무기들을 언제든 다시 필요한 동맹국가를

---

18 U.S. Department of Defense, *Nuclear Posture Review Report*, April 2010(www.defense.gov/npr), p.ix.

19 U.S. Department of Defense, *Nuclear Posture Review Report*, April 2010(www.defense.gov/npr), pp.xiii-xiv.

위해 재배치할 수 있도록 예비해두었음을 명시했다.

트럼프 행정부는 2017년 9월 한반도에 대한 전술핵 재배치를 북한 핵무장에 대한 공세적 대책의 하나로 거론한 바 있다.[20] 2017년 11월 15일 미국 하원을 통과한 「2018 국방수권법안」(National Defense Appropriation Act 2018. 2017년 10월~2018년 9월 해당)은 2018년 미국방예산을 6,190억 달러에서 7,000억 달러로 증액했다. 그런데 이 법안이 우리의 특별한 관심을 끄는 이유는 트럼프 행정부가 북한 핵위협을 이유로 미국의 미사일방어체계 예산을 대폭 늘리고, 아태지역에 대한 핵무기 배치 강화를 요구하는 의원들의 권고를 담았다는 데에 있다.

이 법안은 '아시아·태평양지역 핵전력을 강화하기 위해 잠수함발사 핵순항미사일을 아태지역에 재배치'하는 내용을 포함한 것으로 알려졌다. 동맹국들과 군사협력·훈련과 통합방어 능력을 늘리고, 재래식무기와 함께 핵무기도 탑재할 수 있는 최신 전략폭격기 배치와 훈련 계획을 수립하여 아태지역 전력을 강화하라고 국방부에 요구하는 내용을 담았다. 아울러 북한 핵위협에 맞서 미사일방어 능력을 증강

---

20 트럼프 행정부가 한국에 전술핵을 재배치하는 문제를 거론한 것은 북한의 제6차 핵실험 직후에 나왔다. 트럼프 행정부는 한국 내 전술핵 재배치와 한국 및 일본의 핵무장 용인 검토 등을 제시한 것으로 미 NBC 뉴스가 보도한 것이다(김아람, 「트럼프, 韓 전술핵배치·핵무장 등 '공격적' 대북옵션 검토」, 『연합뉴스』, 2017. 9. 9). 이날 NBC는 미 백악관이 북한 제6차 핵실험 후 대북 사이버공격과 정찰강화 등을 포함한 대북옵션을 거론하면서 한국의 요청이 있으면 미국은 한국에 전술핵을 재배치하는 방안도 배제하지 않는다는 뜻을 밝혔다. 하지만 NBC는 이는 30여 년에 걸친 미국의 한반도 비핵화정책과 배치되는 것으로서 많은 전문가가 그 가능성이 없다고 본다는 사실도 지적했다. 한편 미국이 이러한 한국 전술핵 재배치를 중국에 대한 외교적 압박 수단으로 사용한다는 점도 지적되었다. 중국이 대북 원유 수출을 차단하지 않을 경우 미국은 한국과 일본이 독자적 핵무장을 추구하는 것을 막지 않겠다는 의사를 중국에 전달했다는 것이다. 이날의 NBC 보도는 미국이 동북아에 지역 미사일방어체계를 강화하는 방안도 거론했음을 말해준다. 미국이 이와 관련해 검토하는 옵션의 하나는 유럽에서 미사일방어용으로 운용 중인 해상기반 요격미사일 체제인 SM-3(Standard Missile 3)를 동북아에도 배치하는 방안이었다.

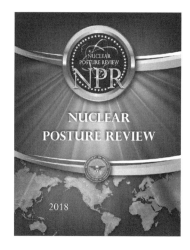

「핵태세검토 2018」.
트럼프 행정부의 전반적인 핵정책 노선을 정
리한 문건으로, 오바마 행정부 시절의 핵무기
정책을 롤백해 역주행할 것을 예고하고 있다.

하는 데 필요한 예산으로 123억 달러가 책정됐다. 이는 당초 트럼프
정부가 요청했던 99억 달러보다 24억 달러가량 늘어난 것이다.[21] 이
법안은 2017년 12월 12일 트럼프 대통령이 서명함에 따라 법으로 확
정되었다.[22]

이로써 한국이 반대하지 않을 경우 미국이 한반도 해역을 포함한
동아태지역에 핵잠수함을 포함한 미 해군 함정들이 필요시 핵을 탑재
하는 형태로 한반도에 대한 실질적 전술핵 재배치를 하게 될 가능성
이 높아졌다. 또 농해 등에서 한국·일본과 협력하여 단거리뿐 아니라
IRBM에 대처하려는 해상기반 요격미사일 체계인 SM-3 배치를 강
화할 가능성도 높아졌다.

2018년 2월 2일 미 국방부는 「핵태세검토 2018」(Nuclear Posture
Review Report[NPR] 2018)을 공개했다. 트럼프 행정부의 전반적인
핵정책 노선을 정리한 문건이다. 이것은 위에서 지적한 미국의 움직

21 국기연 기자, 「美 하원 '아태 핵전력 강화' 국방예산 통과」, 『세계일보』, 2017.
11. 15.

22 Jim Garamone, "Trump Signs Fiscal Year 2018 Defense Authorization," *DoD
News*, Defense Media Activity, December 12, 2018(https://www.defense.gov/News).

임을 잘 반영하고 있다.[23] 그 내용은 전체적으로 트럼프 시대 미국의 핵무기정책이 오바마의 그것을 롤백하여 역주행할 것을 예고했다. 또 북한 핵무장과 그 여파로 한국과 일본 정치권 안팎 일각에서 일고 있는 독자 핵무장론을 염두에 두면서 미국 나름의 대응책을 강력히 시사하는 내용을 담았다.

트럼프 행정부의 「핵태세검토 2018」은 우선 핵무기가 미국의 안보전략에서 수행할 핵심적 역할을 네 가지로 정리했다. 1) 핵공격과 재래식 공격 모두를 억지한다. 2) 동맹국과 동반자 국가들을 안심시킨다(Assurance of allies and partners). 3) 억지가 실패해 분쟁이 발생했을 때 미국의 목표를 관철한다. 4) 불확실한 미래에 대한 대비책(hedge)이다.[24] 이를 위해 미국은 기존의 전략핵 삼축(三軸, strategic nuclear Triad)[25]과 전술핵무기를 지속적으로 현대화할 것이다.[26]

「핵태세검토 2018」에서 한반도에 깊은 함의를 갖는 것으로 생각되는 특기할 요소는 전술핵무기의 규모와 다양성을 확충하여 제한전(limited war) 상황에서 좀더 적극적으로 핵무기를 활용하겠다는 의지다. 미국은 핵무기의 융통성과 신속대응능력을 높이려 한다. 이 문서는 미국의 핵무기 삼축(US nuclear Triad)이 이미 다재다능함과 융통성을 확보해서 부분적 보완만으로도 더 도전적인 국제환경에 대처할수 있다고 전제한다. 그러면서도 주로 저용량 전술핵무기(low-yield nuclear options)의 추가 개발과 확대 그리고 그 활용도를 높이겠다는

---

23 Office of the Secretary of Defense, *Nuclear Posture Review*, February 2018(https://media.defense.gov/2018/Feb/02/2001872877/-1/-1/1/EXECUTIVE-SUMMARY.PDF)(이하 DOD, *Nuclear Posture Review 2018*).

24 DOD, *Nuclear Posture Review 2018*, p.3.

25 「핵태세검토 2018」은 미국의 전략핵 삼축을 SLBM으로 무장한 핵추진 잠수함들(SSBNs), 지상 기반 ICBM 그리고 항공발사 크루즈미사일(ALCMs)을 탑재한 전략폭격기로 규정했다(DOD, *Nuclear Posture Review 2018*, p.5).

26 DOD, *Nuclear Posture Review 2018* p.2, pp.5~7.

것이 그 요점이다.[27]

「핵태세검토 2018」이 내세운 일차 명분은 러시아가 제기하는 새로운 형태의 도전이다. 러시아는 현재 미국에 비해 더 많고 다양한 전술핵무기를 갖고 있는 점을 기화로 저강도 분쟁에서 자신이 유리하다는 착각을 하고 있다고 이 문서는 지적했다. 미국이 더 효과적인 억지 능력을 갖추려면 미국도 저용량 전술핵 부분의 융통성을 더 확보할 전략적 숙제가 부상했다고 밝혔다.

미국의 핵무기옵션에서 유연성을 확대하기 위해 「핵태세검토 2018」이 제시한 방법론은 핵폭격기(nuclear bombers)들과 재래식 전투용이면서 동시에 핵무기 탑재도 가능한 이중능력 전투기(dual capable aircraft: DCA)들을 세계 전역에 전진 배치하는 것이다. 기존에 미국의 주요 이중능력 전투기들(F-15E, F-16 전투기 등)은 주로 스마트 원폭으로 불리는 B61 같은 저용량 핵폭탄(B61 gravity bombs)을 탑재한다. 그런데 「핵태세검토 2018」은 이들 전투기들이 오래되어 낡아감에 따라 핵무기 탑재가 가능할 뿐 아니라 스텔스 기능도 갖춘 첨단 전투기인 F-35로 교체해 업그레이드하고 있음을 밝혔다.[28]

또 미국은 기존의 SLBM 핵탄두 일부를 저용량 핵탄두로 개량하고, 장기적으로는 해상에서 발사하는 순항미사일인 SLCM 체계를 발전시킬 것이라고 「핵태세검토 2018」이 밝혔다. 이 문서는 특히 이러한 저용량 핵탄두를 장착한 SLBM과 SLCM의 장점을 지적했다. 그것은 다름 아니라 이 핵무기체계들이 "동맹국의 지원을 받을 필요 없이 그 동맹국을 위한 억지 효과를 제공할 수 있다"는 것이었다. 그래서 미 국방부와 국가핵안전청(National Nuclear Security Administration: NNSA)은 신속히 대응하여 적의 방공망을 침투할

---

27 DOD, *Nuclear Posture Review 2018*, pp.7~9.

28 DOD, *Nuclear Posture Review 2018*, p.8.

수 있는 저용량 SLBM에 장착할 핵탄두들의 개발·배치에 나설 것이라고 했다.[29]

이 부분과 관련해「핵태세검토 2018」은 좀더 명시적으로 오바마 행정부의「핵태세검토 2010」에서 천명된 정책을 변경하는 내용을 담았다. 오바마 행정부는「핵태세검토 2010」에서 아시아에 배치되어 있던 핵무장한 SLCM — 토마호크(Tomahawk) — 들을 퇴역(retirement)시킨다는 계획을 명시했다. 이것을 비판하면서「핵태세검토 2018」은 그 크루즈미사일들이 수십 년간 특히 아시아에서 동맹국들을 안심시키는 억지 역할을 담당해왔다고 주장했다. 즉 오바마 행정부가 핵무기 탑재 SLCM들을 퇴역시킨 것은 잘못이라고 규정한 것이다. 트럼프 행정부는 이제 다시 현대화된 SLCM을 신속하게 개발하여 핵무기 탑재 해상발사 크루즈미사일 능력을 '즉각' 회복하겠다고 밝혔다.[30]「핵태세검토 2018」은 한반도 주변을 포함한 동아태지역에서 해상발사 크루즈미사일을 이용한 전술핵무기 배치를 재개해 지역 수준에서 제한적 핵 대응 능력을 확충하겠다는 계획을 명확히 밝힌 것이다.

트럼프 공화당 행정부의 이 같은 핵무기정책은 북한의 핵무장 완성으로 한국과 일본에서 유력해질 수 있는 독자적 핵무장론을 진정하는 동시에, 남중국해와 동중국해 그리고 한반도에서 발생할 수 있는 군사적 분쟁에서 미국이 '유연하고 다양한 핵무기옵션'을 행사하려는 복합적 목적을 담고 있다. 미국이 핵무기를 사용할 수 있는 비상사태(contingencies)의 범위는 그만큼 광범해진다. 그래서 더 쉽게 핵무기를 사용할 수 있게 된다. 상대방이 핵무기를 사용하지 않는 재래식 분쟁에서도 미국이 핵무기를 사용할 옵션을 더 쉽게 정당화한다. 저용량 핵무기를 사용하면 그 공격을 받은 상대방의 핵 대응도 더 제한적이 될 것이라는 근거가 희박한 가정을 근거삼고 있다. 저용량이라도 핵무기인

---

29 DOD, *Nuclear Posture Review 2018*, p.8.

30 DOD, *Nuclear Posture Review 2018*, pp.8~9.

만큼 전면적 핵전쟁으로 확전(擴戰)될 위험은 항상 따르기 마련이다. 그래서 더욱 위험한 가정 위에 서 있는 전략적 발상이다.

트럼프 행정부의 새로운 핵정책 방향에 대해 미국 안팎의 많은 전문가가 깊은 우려를 표명하고 있다. 미국 군축협회의 킴볼은 트럼프 행정부가 미국 핵무기고에 새로운 무기들을 개발해 추가하겠다고 한 것은 '위험한 냉전사고'의 표현이라고 비판했다. 그는 "미국은 이미 다양한 각종 핵무기 능력을 갖고 있기 때문에 사용하기 더 편리한 핵무기를 개발한다고 해서 '적들'에 대한 억지력을 더 강화한다고 믿을 근거가 없다"고 말했다. 그는 "다양한 형태의 위협에 대해 핵 공격을 위협하는 것은 실제 핵무기 사용의 위험성을 높일 뿐 아니라 다른 나라들의 군사전략에서 핵무기의 역할을 과도하게 높이는 것을 훨씬 더 정당화하고 촉진할 뿐"이라고 지적했다.[31] 미국의 억지 능력을 높이는 것이 아니라 제한적 분쟁을 핵공격이 교환되는 핵전쟁으로 확전할 가능성을 높이는 것이며, 그럼으로써 다른 나라들의 안보만이 아니라 미국의 안보도 오히려 더 위험하게 만들 것이라는 비판이다.

한반도 주변 해상을 포함한 동아태지역 해상 전반에 대한 트럼프 행정부의 전술핵 증강 배치 계획은 한국과 일본의 육상(陸上)에 전술핵을 재배치할 필요성을 대신하는 효과를 노린 것일 수도 있다. 한국이나 일본 정부의 동의를 얻을 필요도 없이 미국이 할 수 있는 옵션이다. 그래서 트럼프 행정부가 동아태지역에 전술핵을 증강 배치하는 일차적 작업으로 해상 배치 전술핵 증강을 추진하려는 것이다. 그러나 만일 한국이 국내적인 정치적 요인으로 전술핵의 지상배치까지 요구하게 된다면 미국이 그렇게 할 가능성도 배제할 수는 없다. 미국으로서는 실질적인 전략적 관점에서는 불필요한 일이라고 판단하면서도 한미동맹과 미일동맹을 공고히 하고 안정화할 필요성과 명분 때문

---

31 Julian Borger, "U.S. to loosen nuclear weapons constraints and develop more 'usable' warheads," *The Guardian*, January 9, 2018(http://www.theguardian.com).

에 그렇게 할 수도 있게 된다.

5. 유럽의 경험에 비유한 미국 전술핵 한국 재배치 논의의 실과 허

『워싱턴포스트』에 따르면 미국에서 전술핵 한국 재배치를 지지하는 인사들이 내세우는 논리는 세 가지였다. 첫째, 북한이 ICBM과 SLBM까지 개발함에 따라 한반도에서 전략적 억지(strategic deterrence)의 방정식이 바뀌었다. 한국에 전술핵을 재배치함으로써 한국과 미국의 보복능력을 강화해 억지력을 보강해야 한다. 둘째, 중국은 물론 전술핵 한국 재배치를 강력히 반대하겠지만, 전술핵 재배치는 그 가능성을 검토하는 것만으로도 중국을 압박할 것이며 대북제재에 대한 중국의 더 적극적인 참여를 이끌어낼 수 있다. 셋째, 북한은 이제 사실상 핵보유국이므로 한국에 핵무기를 재배치함으로써 장차 북한과 협상에서 흥정수단(bargaining chip)으로 삼을 수 있다.[32]

이러한 논리는 유럽의 사례를 한국 핵무장이나 전술핵 재배치를 정당화하는 역사적 근거로 동원할 수 있다. 분석가들은 1950년대 프랑스 그리고 1980년대 유럽 NATO 국가들이 미국 핵우산의 신뢰성에 의문을 제기한 사실을 떠올린다. 프랑스는 샤를 드골(Charles de Gaulle, 1890~1970) 대통령 아래에서 1960년 첫 핵실험을 했다. 드골 정부가 내세운 명분은 소련이 프랑스 등 유럽을 핵공격할 경우 유럽을 보호하기 위해 미국이 소련과 핵전쟁을 무릅쓸지 확신할 수 없다는 것이었다.[33]

또 1980년대 중엽에 유럽 NATO 국가들은 미국에 중장거리 핵무기들을 유럽 지상(地上)에 배치하라고 요구했다. 당시 미국은 유럽 해역에 배치된 해상배치(sea-based) 핵무기들이 유럽을 방위하는 미국의 핵억지력으로 충분하다는 태도를 보였다. 그러나 유럽 국가들은

---

32 Rogin, September 14, 2017.
33 Sokolsky, December 1, 2017.

소련의 새로운 중장거리 핵미사일 위협에 대한 미국 핵우산의 신뢰도를 높이려면 중장거리 핵무기 체계를 유럽 지상에 배치해야 한다고 주장했다. 북한이 남한을 공격했을 때 북한 ICBM의 표적이 될 수 있는 로스앤젤레스나 시애틀을 위험에 빠뜨리면서까지 미국이 한국 서울을 보호하려 나설 것인가 하는 질문도 유럽에서 과거에 제기된 문제의 재판(再版)이라는 말이다. 그래서 미국 일부 전문가들은 한국인들이 미국 핵우산의 신뢰성에 의문을 제기하는 것은 유럽의 경험에 비추어 놀랄 일은 아니라고 말한다.[34]

한반도에 미국 전술핵을 재배치하기 위해 유럽의 경험을 빗대는 사람들은 미국이 유럽의 요구를 받아들여 1970년대 말 1980년대 초 유럽에 IRBM들을 배치한 것이 결국 소련을 압박해 1987년 중거리 핵폐기협정(Treaty Between The United States Of America And The Union Of Soviet Socialist Republics On The Elimination Of Their Intermediate-Range And Shorter-Range Missiles: INF Treaty)을 이끌어낸 지렛대가 되었다고 주장할 수 있다.

그러나 필자가 판단하기로는 2017~18년의 한반도와 냉전기 유럽의 경험을 동일시하는 것은 적어도 다음 세 가지 측면에서 볼 때 역사에서 잘못된 교훈을 얻는 것이며 어긋난 비유다.

첫째, 유럽에 미국의 전술핵무기들이 대거 배치되기 시작한 것은 1950년대 중엽부터였다. 그것은 소련의 핵무기에 대응하기 위한 것이 아니었다. 당시 미국은 핵무기 전력에서 소련에 압도적 우위를 장악했다. 당시 유럽 안보를 위협한 것으로 인식된 소련 군사력은 핵무기가 아니라 재래식 군사력이었다. 미국은 소련의 재래식 군사력 위협에서 서유럽을 보호하는 방편으로 NATO 동맹국들과 미국에 재정적 부담이 과중하다고 판단된 재래식 군사력 건설 대신 값싸게 핵무

---

34 Richard Sokolsky, "The Folly of Deploying US Tactical Nuclear Weapons to South Korea," *38North*, December 1, 2017.

기 몇 발로 대응한다는 전략을 채택했다. 유럽에서 안보정책의 핵무기화(nuclearization of European security)를 선도한 것은 그런 점에서 미국 아이젠하워 행정부가 선택한 '대량보복' 전략의 결과였다. 이후 소련도 동유럽에 전술핵을 많이 배치함으로써 대응했다.

유럽은 소련에 대해 미국이 가진 압도적 핵무기 위력의 우위를 등에 업고 전술핵 무장을 한 것이다. 그럼으로써 동유럽에 대한 소련의 전술핵 배치를 앞당겼다. 반면에 북한의 핵무장은 자신을 위해 주변 강대국이 핵우산을 제공하는 상황이 사라진 상태에서 미국의 핵공격 위협을 명분으로 한 것이다. 그런 점에서 우선 유럽의 경험과 맥락이 매우 다르다.

둘째, NATO 국가들이 미국에 중장거리 핵미사일을 유럽 지상에 배치해달라고 요청하고 미국이 그 실행을 계획한 것은 1970년대 말에서 1980년대 초에 걸친 시기였다. 위에서 지적한 것처럼 소련 핵공격 위협에서 유럽 도시들을 지키려면 미국 본토의 전략핵과 유럽의 전술핵만으로는 불안하다는 이유에서였다. 그런데 유의할 점은 1970년대 유럽 국가들이 두려워한 대상은 미국과 어깨를 나란히 하는 핵무기 초강대국 소련이었다. 이때 소련은 1950년대의 소련이 아니었다. 북한의 매우 제한된 ICBM과 아직은 초보 상태인 핵무기 전력을 명분으로 하여 한국 지상에 미국 전술핵 재배치를 요구하는 것은 맥락이 매우 다른 얘기다.

핵무기 규모와 ICBM 등 북한 핵무장의 현 수준에 비추어볼 때, 미국 전술핵을 재배치하는 것은 북한 핵무장의 급속한 팽창을 재촉하는 결과를 가져와 그야말로 북한 핵위협을 더욱 키우는 셈이 될 것이다. 앞서 지적한 바와 같이 지금 단계에서 우리에게 필요한 것은 전술핵 재배치로 대응해 북한 핵무장 팽창을 더욱 자극하는 일이 아니다. 북한이 핵무장 수준을 동결하고 나아가 자신의 안보 불안을 해소함으로써 한반도 비핵화를 앞당길 수 있는 평화체제 건설을 위해 노력하는 일이야말로 우리에게 절실히 필요한 일이다.

셋째, 1980년대 미국 중장거리 핵미사일들의 유럽 배치는 나중에 소련의 IRBM을 함께 제거하는 협상의 지렛대가 되었다는 역사해석의 문제다. 이 글 서두에서 김성태 자유한국당 원내대표의 발언을 비판하면서 지적했듯이, 북한이 핵무장을 하는 명분은 한국에 일부 배치될 수 있는 전술핵무기들이 아니다. 미국이라는 핵무기 초강대국이 북한에 제기하는 첨단전쟁과 핵공격 위협이며, 그 모든 것의 원인으로 북한이 지목하는 '적대시정책'이다. 북한이 자신에 대한 핵위협의 실체로 생각하는 것은 미 본토의 전략핵과 동아태해상을 배회하는 미국의 해상 전략핵과 전술핵들을 포함한 핵무기 전체이자 그 무기들로 북한을 겨냥하는 미국의 '정책'이다.

그러므로 진정 한반도 평화를 위해 북한과 협상하고자 한다면 전술핵을 재배치하려 동분서주할 일이 아니다. 북한이 핵무장과 그 강화의 명분으로 삼는 미국의 적대시정책을 해소하고 그것을 제도적으로 보장하여 남북과 북미가 서로 위협을 느끼지 않는 평화체제를 구축하는 일이다. 전술핵 재배치는 북한의 핵무장 포기를 이끌어낼 협상 수단이 되는 것이 아니라 북한이 애당초 핵무장을 추구했던 이유를 오히려 더 재확인해주고 강화해주는 결과를 초래한다. 그러면 북한 핵무장은 더한층 가속화될 수밖에 없다.

미국과 NATO 국가들이 미국의 IRBM 퍼싱 II(Pershing II) 108기와 지상발사 크루즈미사일(Ground-Launched Cruise Missiles: GLCMs) 464기를 서독·벨기에·영국·네덜란드·이탈리아 다섯 개 나라에 1983년부터 배치하기로 결정한 것은 1979년이다. NATO 국가들과 미국이 이를 정당화하려고 제시한 명분은 소련이 사정거리가 5,000킬로미터인 IRBM SS-20를 서유럽을 겨냥해 배치했다는 것이었다. 동유럽에 배치된 것이 아니라 소련 영토 안에만 배치된 SS-20가 유럽 전 지역을 사정권에 두는 것은 사실이었지만 소련은 그 핵무기가 유럽을 위협하기 위한 것이라는 NATO와 미국의 주장을 인정하지 않았다. 유럽의 평화운동도 이를 인정하지 않았다. 미국은 소련 주변의 수많은 동맹국에 설치한 미군기지들로부터 소련을 공격할 수 있었다. 반면에 소련은 미국 주변에 그와 같은 동맹국과 군사기지를 확보하지 않았다.

그러자 미국과 NATO 국가들이 제시한 타협안은 IRBM을 유럽에 배치하되, 소련과 군비통제협상을 시작한다는 이른바 '이중접근결정'(dual-track decision)이었다.[35]

그 이전에 유럽에 소련 모스크바를 사정권에 둔 핵미사일이 없었던 것도 아니고 SS-20도 그전에 있던 소련의 IRBM인 SS-4와 SS-5가 낡음에 따라 이를 대체한다는 것이었다. 없던 IRBM이 갑자기 새로 나타난 것은 아니었다. 근데 그 성능이 크게 향상되었다는 것을 서방은 문제 삼았다. 이동식으로 현대화되었고 정확성이 향상되었으며 미사일 하나에 탄두를 3개 장착하는 다탄두체계(MIRV)였다.[36] 그러나 자신의 핵미사일들을 다탄두체계로 개량하며 이 분야의 군비경쟁을 선도하는 쪽은 미국이라는 사실은 그때 이미 잘 알려져 있었다. 1979년 미국 측이 퍼싱-II의 유럽 배치를 결정하기 이전에 소련이 실전배치한 SS-20의 숫자는 많지 않았다. 그러나 그 뒤 소련에서 SS-20 배치가 크게 늘어 1987년에는 441기에 이르게 된다.

미국은 1981년 소련에 중요한 제안을 했다. 소련이 SS-20와 함께 SS-4와 SS-5를 포함한 모든 IRBM을 해체하면 미국은 유럽에 대한 퍼싱 II IRBM과 GLCMs의 배치계획을 철회하겠다는 것이었다. 이른

---

35 Janne E. Nolan, "The INF Treaty: Eliminating Intermediate-Range Nuclear Missile, 1987 to the Present," in Richard Dean Burns(ed.), *Encyclopedia of Arms Control and Disarmament*, vol.2, New York: Charles Scribner's Sons, 1993, p.958; 이삼성, 『세계와 미국』, 한길사, 2001, 433쪽.

36 U.S. Department of State, Bureau of Arms Control, Verification and Compliance, "Treaty Between The United States Of America And The Union Of Soviet Socialist Republics On The Elimination Of Their Intermediate-Range And Shorter-Range Missiles(INF Treaty)," Signed December 8, 1987(https://www.state.gov/t/avc/trty/102360.htm).

바 '제로-제로 제안'(zero-zero offer)이다. 소련은 SS-20가 기존의 낡은 미사일을 교체하는 것에 불과하므로, 그것을 빌미로 미국이 유럽에 새로운 핵미사일 체계를 추가하는 것은 부당하다고 주장했다. 소련은 미국에 새 핵미사일 체계들의 유럽 추가 배치계획을 철회하라고 요구했다. 그 대신 소련의 IRBM 숫자와 서방 전체의 미사일 숫자(미국, 영국, 프랑스의 IRBM 숫자를 합한 것)의 상한을 동일하게 축소 조정하자고 역으로 제안했다.[37]

미국은 1983년 3월 초 전략방어계획(SDI) 개발을 추진하겠다고 발표했다. 그럼으로써 1972년 미소가 맺은 탄도미사일방어제한협정(ABM Treaty)을 사실상 무력화하려 했다. 세계 전반에서 신냉전이 불붙고 있었다. 양측은 실질적으로 핵무기 감축협상에 진지하지 않았다. 이 상황을 변화시킨 것은 유럽에서 타오른 전례 없는 반핵평화운동이 유럽 주요 국가의 정부정책을 전환한 정치적 상황,[38] 1985년 소련 공산당 서기장에 취임한 고르바초프의 '신사고'(New Thinking)[39] 그리고 미국 권력의 심장부에서 터진 이란-콘트라 스캔들로 레이건 행정부의 강경파가 퇴진하고 그전엔 존재감이 없던 협상파인 조지 슐

37 U.S. Department of State, Bureau of Arms Control, Verification and Compliance, "Treaty Between The United States Of America And The Union Of Soviet Socialist Republics On The Elimination Of Their Intermediate-Range And Shorter-Range Missiles(INF Treaty)," Signed December 8, 1987(https://www.state.gov/t/avc/trty/102360.htm).

38 Egbert Jahn, "The Role of Governments, Social Organizations, and Peace Movements in the New German and European Detente Process," in Mary Kaldor, Gerard Holden, and Ricahrd Falk(eds.), *The New Detente: Rethinking East-West Relations*, London: Verso, 1989; 이삼성, 2001, 161~164쪽. 1980년대 유럽과 미국에서 전개된 핵군축 평화운동 제2차 물결(the Second Wave)에 대해서는 Andrew Futter, *The Politics of Nuclear Weapons*, Los Angeles: Sage, 2015, pp.176~178.

39 Thomas G. Paterson and J. Garry Clifford, *America Ascendant: U.S. Foreign Relations Since 1939*, Lexington, Mass.: D.C. Heath and Company, 1995; Roger C. Peace III, *A Just and Lasting Peace: The U.S. Peace Movement from the Cold War to Desert Storm*, Chicago: The Noble Press, 1991; 이삼성, 2001, 159~161쪽.

중거리핵폐기협정에 서명하는 고르바초프와 레이건.
1987년 12월 8일 미소 양국은 유럽에 배치된 사정거리 500~5,500킬로미터의 모든 미사일을 제거하기로 약속한다.

츠(George Schultz) 국무장관이 미국 외교의 열쇠를 쥐게 된 새로운 사태 반전이었다.[40]

1986년 10월 아이슬란드의 레이캬비크(Reykjavik)에서 열린 고르바초프 소련 공산당 서기장과 미국 레이건 대통령의 정상회담이 역사적인 고비였다. 1987년 12월 8일 미소 양국은 유럽에 배치된 사정거리 500~5,500킬로미터 사이의 모든 지상배치 미사일과 크루즈미사일을 제거하기로 약속한 '중거리핵폐기협정'(INF Treaty)에 서명했다.

미소 사이에 체결된 중거리핵폐기협정이 현재 한국과 미국에서 거론되는 전술핵 재배치 논의에 던지는 시사점은 무엇일까. 그것은 한국에 대한 미국 전술핵 재배치가 북한을 비핵화협상에 끌어내는 효과적인 압박 수단이 될 거라고 증명하는 게 아니다. 핵무기 전력에서 이미 중복적 파괴력(over-kill)을 축적한 나라들 사이에서는 전략핵 이하의 전술핵들을 다 같이 폐기해도 두 나라가 서로 공격할 수 없는 전략적 균형 상태는 훼손되지 않는다는 판단이 가능하다. 또 그런 판단에 따른 군비

---

40 이삼성, 2001, 164~166쪽; Sokolsky, December 1, 2017.

감축이 가능하다는 것을 증명한 것에 그 의미가 있다.

또 미소 간 중거리핵폐기협정은 제한적 핵폐기협정이다. 일정한 범주의 핵무기에 한해 상호폐기를 합의한 것이다. 미국이 자신이 본토에 갖고 있던 일부 전술핵을 한국에 가지고 와서 그것으로 북한의 핵무장과 맞바꿔 북한 비핵화협상의 무기로 쓸 수 있다고 생각하는 것은 무리한 상상이다. 다시 강조하지만 북한의 핵무장을 해소할 방도는 북한에 대한 더 많은 핵무기 위협이 아니다. 그것은 지금도 이미 차고 넘친다. 미국으로서는 한국에 전술핵을 더 갖다 놓는다고 해서 미국이 북한 행동에 영향을 미칠 수 있는 힘이 더 향상되지 않는다. 한미동맹의 대북 적대시정책을 북한에 더욱 확인해줄 뿐이다. 그래서 북한으로 하여금 핵전력에서 미국과 전략적 균형을 이루기 위한 핵무력 팽창 욕구를 북돋울 게 분명하다.

미국이 한국에 갖다놓을 전술핵은 여전히 미국의 핵무기다. 북한은 그 미국과 더 안전한 '전략적 균형'을 이루기 위한 핵무장 팽창에 더 진력할 것이다. 북한이 현재 갖고 있는 상당한 규모의 우라늄농축 시설이 주로 경수로 발전용이라는 평화적 목적에 집중된 상황이라도 남한에 전술핵이 재배치되면 그 시설은 곧 고농축우라늄(HEU) 생산시설로 본격 전환될 가능성도 배제할 수 없다.

요컨대 전술핵 재배치가 북한에 '압박'이 된다면 그것은 북한으로 하여금 핵무기를 포기하게 이끄는 압박이 아니라 거꾸로 그들의 핵무장 규모를 팽창하도록 압박하고 정당화하는 요인이 될 가능성이 더 크다. 그러므로 북한을 비핵화협상으로 이끌 수 있는 유일한 방도는 한국에 전술핵을 재배치하는 데에 있지 않다. 북한에 미국이 적대시정책을 철회했다는 것을 명확하고 지속가능하게 제도적으로 보장하는 장치를 내포한 매력적인 평화체제 구축의 청사진이다.

6. 한국은 한반도 비핵화 노력의 중심을 지켜야 한다

전술핵의 한반도 재배치는 북한 핵무장과 핵보유 상태를 정당화하고 고착화할 것이다. 그것은 한반도 비핵화 희망을 사장시키는 것과 다름없다. 전술핵 재배치가 '핵 대 핵' 구도를 세워 장차 북한 비핵화를 유도하는 협상 지렛대가 될 것이라는 주장이 있으나, 위에서 논의한 것처럼 협상 지렛대가 되기보다는 한반도 핵무장과 핵대치 상태를 영속화할 가능성이 더 높다. 전술핵 재배치 상태에서 장기적으로는 한반도 비핵화를 위한 협상이 시작된다 해도, 그것은 지극히 먼 미래의 일이며, 그렇게 되기까지 핵공격 교환(nuclear exchange) 가능성까지 포함한 한반도 전쟁 위험의 고도화는 피할 수 없다.

지금은 미국에 집중되었던 한반도의 전쟁과 평화를 결정하는 힘을 한국에 가져와야 할 시점이다. 북한 핵무장을 계기로 미국 전술핵이 재배치된다면, 한반도 평화 문제는 다시 미국전역 사령관들의 인식과 판단에 따라 결정되는 상황이 심화된다. 그런 가운데 북한이 적어도 중국과 러시아에서 '사실상의'(de facto) 핵보유국으로서 지위를 인정받는 계기로 작용할 가능성마저 배제할 수 없다.

요컨대 북한 핵무장에 대한 대응책으로 남한의 독자 핵무장이나 미국 전술핵의 한반도 재배치를 실행해 '핵 균형'을 이룬다는 발상은 누구나 도달하기 마련인 손쉬운 해법이다. 그것은 그만큼 조건반사적이고 무성찰적인 동물적 대응과 다름없다. 한국의 핵무장 과정이나 전술핵 재배치는 한반도의 군사적 긴장을 더욱 고도화·고착화하고 말 것이다. 한국의 전략가들에게 주어진 진정한 숙제는 그 손쉬운 해법이 내장하는 함정을 냉엄하게 직시하고 궁극적으로 한반도 비핵화를 이룰 수 있는 평화적 해법을 찾아내 추구하는 것이다.

한국이 덩달아 핵무장을 향해 돌진하여 한반도가 공멸할 확률을 높일 수밖에 없는 남북 간 핵 군비경쟁 구조를 초래하기보다는 한반도 비핵화의 토대로 한국의 비핵 상태를 유지하면서 평화적 해법을 찾는 것이 순리다. 그런 가운데 중단기적으로 남북관계와 북미관계를 평화적으로 관리하고, 이로써 궁극적으로 북한 핵무장의 점진적·평화적 해체를 한반도 평화협정체제와 동북아 비핵지대 구성과 연결해 이루어낼 방법을 찾아내야 한다.

2017년 『38노스』에 기고한 글에서 리처드 소콜스키(Richard Sokolsky)는 미국 전문가들에게 전술핵 한반도 재배치가 왜 한반도 평화에 해로울 수밖에 없다는 부정적 평가를 받는지 그 이유를 네 가지로 요약했다. 필자가 앞서 지적한 문제점과 겹치는 부분이 있지만 추가로 고려할 점들을 담고 있어 여기에 옮긴다.[41]

첫째, 이미 서태평양 해역에 배치되어 있는 미국의 해상배치 핵무기들이 제공하는 핵우산과 주한미군 군사력은 북한 핵위협에 대한 억지력으로 충분하다. 만일 이러한 핵우산과 주한미군 군사력이 북한의 전쟁 도발을 억지하는 힘이 없다면, 남한 땅에 핵무기를 더 가져다놓는다고 해서 상황이 달라질 것은 없다.

둘째, 미국이 한국에 전술핵을 재배치할 경우 이 무기들의 운용정책결정과 사용결정권을 어떻게 할지를 두고 한미 간에 심각한 갈등이 야기될 것이다. NATO의 경우는 이른바 '이중키' 방식(dual key arrangements)을 채택했다. 핵무기 발사를 명령하려면 미국과 현지 국가들이 모두 동의해야 한다는 규칙이다. 한국도 그러한 이중키 방식을 원할 것이 틀림없다고 소콜스키는 말했다. 그런데 주한미군 사령관은 한반도에 배치된 전술핵무기 사용 권한을 독점하려 할 것이 확실하다. 더욱이 북한에서 남한까지 거리가 짧은 만큼 발사 결정도 더욱 시간을 다투게 되므로 주한미군 사령관들이 사전위임된 발사권한(pre-delegated launch authority)을 갖게 될 것이다.

이렇게 되면 북한 핵무기도 한국 전술핵무기도 상대방의 선제핵공격에 대단히 취약해진다. 선제공격해서 상대방 핵무기를 파괴하지 않으면 선제공격을 받아 자기 핵무기들이 파괴되어버릴 확률이 그만큼 더 높아진다. 그래서 서로 극도로 불안해진다. 이는 곧 한국에 전술핵을 재배치하는 목적은 북한 핵공격을 억지하려는 것이지만, 실제는

---

41 Sokolsky, December 1, 2017.

핵전쟁 위험을 더 높이는 결과가 된다.

셋째, 남한의 전술핵 재배치에 대한 북한의 대응 전략은 남한을 겨누는 핵무기와 단거리미사일들의 숫자를 대폭 늘리는 것이 될 것이다. 그 결과 군비경쟁 속도를 가속화해서 한반도의 군사적 긴장이 더 깊어진다. 또 이들 전술핵무기들을 안전하게 유지하기 위한 군사비 부담도 한국과 미국에 더욱 높아질 수밖에 없다.

넷째, 미 의회가 전술핵 한국 재배치에 반대할 확률이 높다. 미국 대통령이 가진 무제한적 핵무기 발사 권한과 그로서 더 높아질 한반도 핵전쟁 위험에 대한 의회의 경계심과 반대여론이 이미 높아져 있다.

1958년 이래 33년에 걸쳐 한반도가 미국 전술핵무기 기지로서 겪어온 역사적 진상을 밝혀온 크리스텐슨과 노리스도 2017년 12월 발표한 글에서 이즈음 미국과 한국의 정치권 안팎에서 일고 있는 미국 전술핵무기의 한반도 재배치 논란에 대해 깊은 우려를 표시했다. 이들은 전술핵 재배치는 북한 핵무기를 둘러싼 위기를 해소하지 못할 뿐 아니라 오히려 북한 핵무기 팽창을 가속화할 것이라고 지적했다. 남한은 더 안전해지기는커녕 더욱 위험해질 것이라고 경고했다.[42]

냉전기에 미군 전술핵을 품은 한국의 미 공군기지들은 주로 군산과 오산이었다. 군산은 휴전선에서 200킬로미터 미만이며, 오산 공군기지는 휴전선에서 그 절반도 안 되는 80킬로미터 이내에 있다. 이렇게 초근접(超近接)한 위치에 핵무기들이 재배치되면 과잉대응과 확전 위험성이 그만큼 커진다는 데 크리스텐슨과 노리스는 주목했다. 또 한반도에 대한 미국의 전술핵 재배치는 북한에 대해서뿐 아니라 중국과 러시아에 대한 미국 핵무기의 근접 배치를 의미하게 된다. 군산 공군기지는 베이징과 1,000킬로미터 이내에 있고, 러시아 태평양함대 사령부가 위치한 블라디보스토크까지의 거리는 그보다도 가깝다. 중

---

42 Hans Kristensen and Robert S. Norris, "A History of U.S. Nuclear Weapons in South Korea," *Global Research*, December 25, 2017(www.globalresearch.ca), p.15.

국과 러시아는 미국이 한반도 전술핵 재배치로 그들에 대해 기존의 전략적 타격옵션에 더해 유사시 전술적 핵무기 타격옵션까지도 추가한 것으로 경계하게 될 것이다.[43]

전후 세계 국제정치학을 풍미한 구조적 현실주의 이론의 대부라고 할 케네스 왈츠(Kenneth Waltz, 1924~2013)는 세계정치에서 핵무장을 한 나라가 많아질수록, 그러니까 핵무기 확산이 심화될수록 국제질서는 안정된다는 논리를 편 것으로 유명하다. 그는 핵무기가 전쟁을 억지하는 기능을 한다고 보고 그 확산의 효과를 세계평화에 긍정적으로 본 것이다. 미어샤이머도 그러한 논리적 전통에 서 있다. 그런데 그러한 논리는 왈츠의 구조적 현실주의의 가장 핵심 명제의 하나와 중요한 모순과 긴장을 내포할 수밖에 없다. 그의 구조적 현실주의에 따르면, 국제정치의 안정과 평화는 양극질서에서 유지되기 쉽고, 다극질서에서는 깨지기 쉽다. 국제질서에서 권력 분포가 다극적인 상황에서는 상호작용의 패턴이 다원적이어서 갈등의 통제가 복잡하고 불가예측적 변수들이 크게 늘어 국제질서가 불안정해지며, 그 결과 전쟁 가능성이 높아진다는 것이다.

그러한 왈츠 자신의 논리에 따르면, 핵은 전쟁과 평화를 결정하는 힘의 결정체다. 따라서 핵무기 보유 여부는 국제 권력질서의 극성(polarity)에 영향을 미칠 수밖에 없다고 보아야 한다. 핵무장 확산은 권력판도의 다극화, 즉 질서의 다극화를 일정하게 초래한다고 보아야 한다. 그러한 질서는 왈츠 자신의 논리에 따르면 핵무장 국가가 제한된 경우에 비해 다극성이 증가하는 것이므로, 안정과 평화보다는 불안정과 폭력적인 전쟁 위험이 높아진다고 해야 앞뒤가 맞는 얘기가 될 것이다.

한반도 비핵화는 한반도 평화뿐만 아니라 동아시아에 공동안보의 질서를 구축하는 시금석이다. 뒤에서 곧 논의할 동북아 비핵무기지대

---

43 Kristensen and Norris, 2017, p.16.

화는 동아시아 공동안보의 시발점이자 그 초석과 다름없다. 그런 맥락에서 우리가 한반도 비핵화라는 대원칙을 견지할 필요성에 관한 몇 가지 오래된 생각을 재확인해두고자 한다.

한반도의 남북 일방 또는 쌍방이 핵무장을 하거나 외국의 전술핵무기를 반입해 배치한 상태는 동북아지역 차원에서 심화되고 있는 미중 간 패권경쟁 구조와 맞물려 한반도가 핵전쟁의 시발점이 되거나 미중 간 군사적 위기가 발생할 경우 중국의 일차적 핵공격 대상으로 될 가능성이 질적으로 높아진다. 이러한 가능성을 제도적으로 통제하려면 한반도와 일본의 영토와 해역에서 모든 핵무기가 제조, 보유, 사용 또는 사용 위협뿐 아니라 상시적 반입은 물론이고 일시적 반입도 모두 금지하는 장치로 동북아 비핵지대를 목표로 나아가는 것이 절실하게 필요하다.

핵무기가 평화를 가능하게 한다는 핵무기주의(nuclearism)의 미망(迷妄)에 대한 비판적 자세를 견지하는 것이 옳다. 핵보유 국가들을 제외한 인류의 보편적인 국제적 규범은 핵무기의 궁극적 폐기를 지향하는 것이다. 동북아에서 한반도의 국가는 그 원칙을 견지해야 한다. 한반도의 국가는 비핵(非核) 3원칙을 지키는 이웃 일본과 협력하고 공동 노력하여 동북아시아 비핵무기지대를 건설하고 유지함으로써 이 지역 전체에서 핵무기의 역할을 제한하고 장차 추방해나가는 동아시아 평화 구축의 중심으로 되어야 한다.

한반도 안보와 평화를 위한 백년대계의 원초적 기초는 한반도에서 적대하는 두 정치사회를 평화적으로 통합하는 것이다. 그 통합을 평화적으로 이루는 데 남북한 어느 한쪽이나 남북한 모두의 핵무기 추구는 근본적인 장애가 된다. 적어도 두 가지 점에서 그러하다. 첫째, 일방 또는 쌍방의 핵무장은 군비경쟁의 질적인 상승을 초래한다. 그만큼 상호불신과 불안, 적대의식이 심화될 수밖에 없다. 이는 대화와 협력에 근거한 평화적 통합 과정에 독이 될 수밖에 없다. 둘째, 핵무장을 했거나 그 의혹을 받는 한반도 국가들의 통일을 주변 국가들은 더욱 경계할 수밖에 없다. 그러한 주변 국제환경은 한반도의 평화적 통일에 지대한 악재다.

동북아 안보질서에서 최악의 상황은 한반도의 국가(들)와 일본 사이에 핵무장경쟁을 본격화하는 시나리오다. 한반도에서 핵무장의 추구는 일본에 우리보다 더 빠르고 비교할 수 없이 더 큰 규모의 본격적인 핵무장 명분을 주게 된다. 그것은 우리 안보에 플러스가 아니라 심오한 안보 상실의 시작이 될 것이다.

21세기 동북아 군비경쟁의 새로운 초점이 되고 있는 미사일방어체계 건설 경쟁과 그것에 대항하는 핵무기체계 첨단화 경쟁이 전개되고 있다. 북한 핵문제가 조속히 평화적으로 해결되지 못함으로서 또는 그것에 책임이 있으면서도 그것을 명분으로 하는 미일동맹의 미사일방어구축과 이에 따른 중국과 러시아의 군비증강이 현재 동북아질서의 주요한 측면으로 되었다. 한반도 비핵화 여부는 일본의 핵무장 명분 여부를 결정할 뿐 아니라 향후 동북아 군비증강 추세의 바로미터가 될 미사일방어체계 구축 속도와 규모 그리고 방식에 중요한 영향을 미칠 것이다. 우리가 비핵화 원칙을 고수하고 이행하는 것은 일본의 비핵화를 유지하면서 동아시아 공동안보의 초석이 된다.

이러한 비전은 궁극적으로 동아시아에서 핵보유 국가들의 군사안보선략이 한반도와 일본을 포함한 비핵국가들이 관련된 영역에서뿐만 아니라 이 지역에서 핵보유국가들 상호 간에도 핵무기의 역할을 축소해가도록 하는 과정의 중요한 출발점이라는 의미가 있다. 이것이 귀중한 출발점이 되어 핵무기 영역뿐 아니라 다른 군사안보 영역을 포괄하는 동아시아 공동안보의 영역을 넓혀갈 수 있을 것이다.

필자는 이 책 제1장 말미에서 북한의 핵무장 현황에 대한 얘기를 끝맺으면서 밝힌 생각을 되새겨본다. 북한이 2018년 1월 9일 판문점에서 열린 남북장관급회담에서 대표로 나선 조국평화통일위원장 리선권의 입을 통해 주장한 것처럼, 그들의 핵무기는 "동족을 겨누는 것이 결코 아니고 철저하게 미국을 겨냥한 것"이라고 강변했다. 북한은 한반도 경계를 훌쩍 넘어 오키나와와 괌의 미군기지들을 타격할 수 있는 IRBM과 미국 전역을 사정권에 두는 ICBM 개발에 성공함으로써 북한 핵무기에 민족주의적 이념의 관(冠)을 씌울 수 있게 되었다. 그러나 이미 지적한 것처럼 실제 북한 핵무기가 터질 곳이 어디인지 결정하는 구조는 북미관계 자체가 아니라 그 북미관계와 결합한 한반도 분단국가체제일 개연성이 훨씬 더 높다. 북한 핵무기를 장악한 지도자나 실무자들이 실수로 터뜨리든, 전쟁이 나서 사용하게 되든 그 핵무기들이 터지는 전장(戰場)은 한반도가 중심일 수밖에 없다. 그 희생자 집단도 북한이든 남한이든 이 땅에 살고 있는, 리선권이 말한 '동족'일 것이며 남북 모두일 가능성이 높다. 그 가능성이 90퍼센트라고 보아야 한다.

북한 핵무기가 비록 미국의 군사 위협에 대응하려고 만들었다는 목적을 분명히 한다 하더라도, 또 위에서 말한 이유를 굳이 거론하지 않더라도, 분단국가체제가 엄연한 한반도 상황에서 그 무기는 하루속히 한반도 평화체제 구축과 연계해 반드시 해체해야 할 괴물이라고 규정하지 않을 수 없다. 북한 핵무기가 괴물인 만큼 남한 책임도 못지않게 엄중하다. 북한의 괴물을 탄생시키는 데 한국 외교는 미국의 그것과 함께 철저한 실패작이었을 뿐 아니라 그 탄생을 촉진한 책임이 있다. 한국은 북한이 그 괴물을 평화적으로 해체하는 데 동의할 수 있도록 필요한 모든 노력을 다해야 한다. 미국을 비롯한 국제사회를 설득해 한반도 평화체제를 하루빨리 구축하는 것을 당장의 목표로 삼고 최선을 다해 노력해야 할 긴급한 이유의 하나다.

제8장

비핵국가의 핵무장과 승인을 둘러싼 권력정치의 지정학

1. 비핵국가의 핵무장 패턴

1968년 미국·소련·영국·프랑스·중국 등 5대 핵보유국은 그들이 과점한 핵보유국 지위를 유지하면서 더 이상의 핵무기 확산을 방지하기 위해 핵확산금지조약(NPT) 체제를 마련한다. 자신들은 공식적인 핵보유국(Nuclear Weapon State: NWS)으로 유지하고, 나머지 모든 나라는 비핵국가(Non-Nuclear Weapon State)로 남아야 한다는 것이었다. 그러나 이 장치가 마련되기 전에도 그리고 그 뒤에도 핵무기를 개발하는 나라들이 생겼다. 어떤 나라들은 핵실험을 하지는 않았지만 세계가 다 아는 핵보유국이 되기도 했고, 어떤 나라들은 버젓이 핵실험을 단행했다. 이들이 군사적인 약소국 위치에서 자타가 인정하는 핵무장국가로 탈바꿈하는 패턴은 크게 세 가지로 나뉜다.

첫째, 미국을 비롯한 서방 국가들이 공동으로 서방 패권을 유지하고자 하는 지역들이 있다. 그곳에서 사방으로 반서방적인 사회들에 둘러싸인 친서방적인 국가들이 있다. 그 나라들에 서방은 핵무장을 지원한 사례들이 있다. 중동의 유일한 백인 국가 이스라엘과 아프리카의 유일한 백인 정권 아파르트헤이트 체제 시기의 남아공이 이 범주에 속한다. 이 경우 미국 등 서방 국가들은 이들 나라의 핵무장을 지원하되, 핵실험을 하지 않는다는 조건을 부과했다. 그리고 이들 나라의 핵무장 사실은 '시인도 부인도 하지 않는'(neither confirm nor deny: NCND) 태도로 일관했다.

둘째, 서방 국가들이 중국을 견제하는 지정학적 이해관계 때문에 핵무장을 묵인한 경우가 있다. 이 나라의 핵무장을 제재하는 척하다가 슬그머니 묵인하고 사실상 핵보유국 클럽 회원으로 받아들인 경우다. 1974년 첫 유사 핵실험(quasi-nuclear test)을 하고 1998년엔 실질적인 핵실험을 한 인도의 핵무장이 그런 사례다. 미국은 2006년 인도와 핵관련 협력 협정을 체결함으로써 인도의 핵보유국 지위를 공인해주었다.

셋째, 중국과 인도 사이의 지정학적 긴장의 틈바구니에서 중국의 지원을 받아 핵무장을 하고, 그 뒤에는 미국이 자신의 지정학적 필요에 따라 묵인하고 지원한 경우다. 파키스탄이 이런 사례에 해당한다.

이들 외에도 많은 나라가 핵무기 프로그램을 가동해 핵무장을 시도한 사례들이 있다. 아르헨티나·브라질·리비아·한국·스웨덴·스위스·타이완 그리고 시리아와 이라크가 그러했다. 이 나라들은 대부분 미국을 비롯한 외부의 외교적 압력과 함께 자발적 선택으로 평화적 핵 이용에 집중하고 무기 프로그램은 포기했다. 위의 나라들 대부분이 이에 해당한다. 다만 시리아와 이라크는 서방의 경제제재와 무력으로 핵무기 개발이 중단된 경우에 속한다.[1] 이란은 평화적 목적이라고 주장한 핵 프로그램을 발전시켰는데, 군사적 목적이라는 의심을 빈아 서방에서 각종 제재를 받았다. 마침내 2015년 미국과 협상을 타결해 역시 평화적 핵 이용에 국한한 프로그램으로 한정하고 군사적 이용은 포기했다. 그러면 2006년에 처음 핵실험을 한 뒤 2017년 수폭 실험에까지 이른 북한 핵무장의 국제적 지위는 어떻게 귀결될까. 그것이 우리에게 초미의 관심사다. 핵무장을 하고 비공식적이나마 핵보유국으로 인정받기에 이른 나라들의 역사적 경험을 검토함으로써 북한의 미래를 생각해본다.

---

1 Andrew Futter, *The Politics of Nuclear Weapons*, Los Angeles: Sage, 2015, p.55.

2. 이스라엘의 핵무장과 미국-이스라엘 비밀협정

이스라엘은 세계에서 중국 다음 여섯 번째로 핵무장을 했다. 이스라엘이 핵무장을 한 동기는 다수의 적대적 아랍국가에 둘러싸여 있다는 데서 찾을 수 있다. 이스라엘이 핵무장을 추진하기 시작한 건 다비드 벤구리온(David Ben-Gurion, 1886~1973)이 이스라엘의 첫 수상으로 재임할 때(1948. 5~1954. 1)로 거슬러 올라간다. 그 프로그램이 구체적으로 추진된 것은 벤구리온이 다시 수상이 된 1955~58년이다.[2] 이스라엘 핵무장 과정에는 서방 국가들이 대거 참여한다. 가장 먼저 협력에 나선 나라는 프랑스였다. 1956년 수에즈 위기(Suez Crisis)를 계기로 프랑스와 이스라엘이 긴밀한 유대관계를 형성했기 때문이기도 했다.[3] 이때 수상 벤구리온과 수석 과학자 에른스트 다비드 베르그만(Ernst David Bergmann, 1903~75) 그리고 국방차관 시몬 페레스(Shimon Peres, 1923~2016) 세 사람이 이스라엘 핵무기 프로그램을 주도했다. 이들은 의회나 여론의 승인 없이 이 일을 추진했다. 1957년 이스라엘은 프랑스와 핵 분야 협력에 관한 비밀협정을 맺었다.[4]

프랑스뿐 아니라 영국과 미국 그리고 남아공도 이스라엘 비밀 핵무기 프로그램 개발에 음양으로 개입했다. 우선 미국은 1955년 이른바

---

2 Richard D. Burns and Philip E. Coyle III, *The Challenges of Nuclear Non-Proliferation*, Lanham: Row & Littlefield, 2015, pp.11~12.

3 1956년 이집트 대통령 가말 나세르(Gamal Abdel Nasser, 1918~70)가 영국이 통제하고 있던 수에즈운하를 국유화했다. 이스라엘이 1956년 10월 말 이집트를 침공했다. 뒤이어 영국과 프랑스가 같은 해 11월 초 수에즈운하에 대한 통제권을 되찾으려고 이집트를 침공했다. 그러나 미국과 소련이 나서서 영국, 프랑스, 이스라엘의 철수를 촉구하고 영국 등 세 나라는 그 압력에 굴복해 퇴각한다. 이는 세계적 강대국의 하나로서 영국이 누렸던 위상이 추락한 역사적 분수령으로 기록된다. 반면에 이 사태를 계기로 이집트의 나세르는 아랍 세계 지도자로서 위상을 높였다.

4 Avner Cohen, *Israel and the Bomb*, New York: Columbia University Press, 1998; Michael Karpin, *The Bomb in the Basement: How Israel Went Nuclear and What That Means for the World*, New York: Simon & Schuster, 2006; Burns and Coyle III, p.12.

'평화를 위한 원자력'(Atoms for Peace)이라는 프로그램을 명분으로 이스라엘에 소규모 연구용 원자로를 제공했다. 원폭을 위한 핵물질을 제공할 만한 규모는 아니었다. 그러나 이스라엘 과학자들을 훈련할 수 있는 계기가 된다. 1956년에는 프랑스가 이스라엘 네게브핵연구센터에 디모나 원자로(Dimona nuclear reactor)를 설계하고 건설하는 데 도움을 주었다. 우라늄 연료와 플루토늄 재처리 기술도 제공했다. 영국은 핵물질과 화학기술을 지원했다. 또 노르웨이를 통해 중수(heavy water)를 공급했다. 남아공은 비밀 핵무기 프로젝트를 시작하면서 이스라엘과 긴밀한 협력관계를 구축했으며 디모나 원자로에 우라늄 연료를 공급해주었다.[5]

미국은 애당초 이스라엘에 실험용 원자로를 제공해준 당사자다. 그러나 디모나에 유럽 국가들이 지원한 별도 원자로가 비밀리에 건설되어 가동되고 있다는 사실을 미국이 확인한 때는 1958년이다. 미국 첩보기는 디모나 원자로를 항공사진으로 촬영했다. 미 국무부는 1960년 12월 2일 이스라엘이 비밀 원자로를 갖고 있다는 사실을 밝히는 성명을 발표했다.[6] 아브너 코언(Avner Cohen)에 따르면 이스라엘이 처음 핵무기를 갖게 된 것은 1967년 아랍 국가들과 '6일 전쟁'을 벌이기 직전이었다.[7] 3년 뒤인 1970년 『뉴욕타임스』는 이스라엘이 '불투명한 핵보유국'(opaque nuclear weapons nation)의 지위를 갖고 있다고 폭로했다.[8]

미국이 그간 이스라엘의 핵무기 프로그램을 잘 몰랐다거나 반대했던 건 아니다. 미국은 1960년대 말 이후 이스라엘이 핵무기를 개발하는 사실을 알고도 이스라엘과 비밀협정을 맺었다. 미국은 그로부

---

5 Burns and Coyle III, 2015, p.12.

6 Burns and Coyle III, 2015, p.12.

7 Eli Lake, "EXCLUSIVE: Secret U.S.-Israel nuclear accord in jeopardy," *The Washington Times*, May 6, 2009.

8 Burns and Coyle III, 2015, p.12.

디모나 원자로.
디모나에 원자로가 비밀리에 건설되어 가동되고 있다는 사실을 미국이 확인한 때는
1958년이다. 이스라엘이 처음 핵무기를 갖게 된 것은 이후 10여 년이 지난 1967년으로
아랍 국가들과 '6일 전쟁'을 벌이기 직전이었다.

터 40년 넘도록 이스라엘이 2009년 현재 80~200개에 이르는 핵무기
를 제조해 갖고 있는 사실에 침묵하는 대신 이스라엘은 핵무기 실험
을 하지 않기로 약속했다. 미국은 아울러 이스라엘의 NPT 서명을 압
박하지 않기로 했다.[9] 『이스라엘과 핵폭탄』[10]의 저자로 이스라엘 핵무
기 역사에 가장 정통한 전문가로 평가받는 코언에 따르면, 이 비밀협
정은 1969년 9월 25일 닉슨 미국 대통령과 이스라엘 수상 골다 메이
어(Golda Meir, 1898~1978) 사이에 체결되었다. 그 요지는 "(미국은)
묻지 않고, (이스라엘은) 말하지 않는다"(Don't Ask, Don't Tell)는 것
이었다. 코언은 자신의 저서에서 이런 협정이 있었다는 것은 최근 공

9　Lake, May 6, 2009.
10　Avner Cohen, *Israel and the Bomb*, New York: Columbia University Press, 1999.

개된 미국 정부 문서에 들어 있어서 확인할 수 있지만 협정 내용은 여전히 비밀로 남아 있다고 밝혔다.[11]

미국은 그처럼 1969년에 이스라엘의 핵실험 자제를 조건으로 이 나라의 핵무장을 묵인하고 침묵하기로 비밀협정을 맺은 상태였다. 그런데 이스라엘은 결국 그 약속을 지키지 않았다. 1979년 9월 이스라엘은 남아공과 공동으로 핵실험을 해서 성공했다. 미국 지미 카터 행정부는 이 사실을 파악했지만 오히려 은폐하는 데 힘을 쏟았다는 사실을 허시 기자가 밝혀냈다.[12] 허시에 따르면, 카터 대통령은 1980년 대통령 선거에서 재선하려면 이스라엘과 이집트 사이의 캠프 데이비드 평화협상을 성공시켜야 했다. 만일 이스라엘의 핵실험 사실이 폭로되면 평화협상은 결렬될 것이 뻔했다. 이집트는 물론이고 아랍세계 전체가 평화협정의 기본 전제로 이스라엘 핵무장의 해체를 요구할 것이기 때문이었다. 더욱이 1979년은 회교혁명이 이란을 휩쓴 해였다. 그 혁명이 중동 전체로 파급되는 것을 이스라엘과 미국을 포함한 서방세계 전체가 위기의식을 갖고 바라보았다. 이스라엘 핵무장은 이란 혁명을 더욱 정당화하고 그 확산을 촉진할 확률이 높았다. 허시는 이렇게 평했다. "미국 관료집단은 30년이 넘도록 이스라엘의 핵무기 개발에 대해 모르는 체하도록 훈련받아왔다. 미국 관료체제는 한결같이 이스라엘과 남아공의 핵무기 실험을 핵무기 실험이라고 부르지 않는 방법을 찾으려 노력해왔다."[13]

이스라엘 핵무기 프로그램이 세계적으로 주목받게 된 때는 1986년 10월 5일이다. 이스라엘 디모나 핵시설에서 9년 동안 일한 기술자 모르데차이 바누누(Mordechai Vanunu)가 찍어온, 핵무기를 제조하는

11 Lake, May 6, 2009.

12 Seymour M. Hersh, *The Samson Option: Israel's Nuclear Arsenal and American Foreign Policy*, New York: Vintage Books, 1992, p.275; 이삼성, 『한반도 핵문제와 미국외교: 북미 핵협상과 한국 통일정책의 비판적 인식』, 한길사, 1994, 277~278쪽.

13 Hersh, 1992, p.275; 이삼성, 1994, 278쪽.

과정이 담긴 사진들이 런던의 『선데이타임스』에 실렸다. 이 용기 있는 행동의 결과로 바누누는 이탈리아에서 이스라엘 정보기관에 납치되어 이스라엘로 잡혀갔다. 그리고 징역형을 살았다.[14]

엘리엇 에이브럼스(Elliott Abrams)는 부시 행정부 때 국가안보담당 부보좌관을 지냈다. 그는 2009년 5월 이스라엘이 핵무장을 해체하도록 미국이 압력을 가해야 한다는 국제사회의 요구를 부시 행정부가 거부했다는 사실을 털어놓았다. 백악관 국가안보회의실에서 중동과 남아시아를 담당했던 브루스 리델(Bruce Riedel)은 이란의 핵무기 개발 의혹을 해소하기 위해 미국이 이란과 진지하게 협상하려면 이스라엘 문제를 골방에서 끌어내야 한다고 주장했다. 그는 "픽션과 이중 잣대에 기초한 정책은 조만간 실패할 수밖에 없다"고 말했다. 오바마 행정부에 들어서 미국은 처음으로 이스라엘 핵무기 문제를 공론화하려는 움직임을 보였다. 워싱턴의 싱크탱크인 핵비확산정책교육센터 소장 헨리 소콜스키는 "오바마 대통령은 이란에 대해 새로운 정책(평화적 협상-필자)을 펼치려고 한다. 그렇게 하려면 이스라엘 핵무기 프로그램에 대해서도 무언가 새로운 입장(비판과 공론화-필자)을 취하게 될 것"이라고 말했다. 오바마 행정부의 국무차관보 로즈 고테묄러(Rose Gottemoeller)는 2009년 5월 유엔에서 열린 NPT를 다룬 한 회의에서 이스라엘도 이 조약에 동참해야 한다고 말했다. 고테묄러는 "인도, 이스라엘, 파키스탄, 북한을 포함해 NPT에 대한 보편적 참여는 미국의 근본적 목표로 남아 있다"고 밝힌 것으로 『로이터통신』이 보도했다.[15]

2009년 봄 오바마 대통령은 프라하에서 행한 유명한 연설에서 '핵무기 없는 세계'의 비전을 설파했다. 이 연설에서 그는 전 세계적인 '핵분열물질' 통제 조약(fissile material treaty)을 미국이 지지한다는 말도 했다. 이 발언을 두고 미국 언론은 이스라엘 핵무기 프로그램에

---

14 Burns and Coyle III, 2015, p.13.
15 Lake, May 6, 2009.

대해서도 미국이 과거 행정부들과 다른 태도를 취할 것을 시사한 것으로 해석했다. 과학국제안보연구소 소장 데이비드 올브라이트는 "그러한 (핵물질을 통제하기 위한) 조약은 이스라엘의 핵무기 프로그램을 제한하려는 조치의 첫걸음이 될 것"이라고 말하고, "그 관건은 오바마 행정부가 그 문제에 얼마나 우선순위를 둘 것이냐"라고 말했다. 그런데 부시 행정부 때 국무차관으로 2002년 북미 제네바합의를 파기하는 데 앞장선 인물인 볼턴은 이스라엘 핵무기는 미국이 건드려서는 안 될 문제라는 태도를 취했다. 그는 2009년 오바마 행정부가 이란과 핵협상을 위한 전제조건으로 이스라엘 핵무기를 문제 삼으려는 태도를 조금 보였을 때 이렇게 말했다. "내가 이스라엘 정부라면 오바마 행정부가 이스라엘의 (핵)억지력에 대해 취하고 있는 태도를 매우 우려할 것이다."[16]

2009년 5월 당시 이스라엘 수상 베냐민 네타냐후(Benjamin Netanyahu)는 워싱턴을 방문해 오바마와 회담하기로 되어 있었다. 네타냐후는 미국이 이스라엘과 지난 40년 동안 지켜온 비밀협정을 유지하라고 요구할 작정으로 이 회담에 나섰다. 이스라엘 핵 프로그램을 이란 핵 프로그램을 폐기하게 하려고 희생하지 말라는, 즉 둘을 맞바꾸는 거래를 하지 말라고 촉구하려는 것이었다. 코언은 "이번의 오바마-네타냐후 회담은 오바마가 이란과 얘기하기 전에 이루어진 만큼 이스라엘로서는 미국과 이스라엘 사이의 오래된 양해가 여전히 유효하다는 재보장을 받아낼 기회"라고 평했다.[17] 두 사람이 만난 결과는 무엇이었을까. 분명한 것은 이제 오바마는 일반 시민이 되어 있고, 이스라엘 핵무기는 그 어떤 제재도 받지 않은 채 유지되고 있다는 사실이다. 오바마 행정부의 백악관 고위인사는 1969년의 미국-이스라엘 간 비밀협약에 관한 의견을 물었을 때 그의 반응은 '노 코멘트'였

---

16 Lake, May 6, 2009.

17 Lake, May 6, 2009.

다. 미국은 중동지역에서 아랍 국가들이 꾸준히 제기한 '중동 비핵화' (nuclear-free Middle East) 요구를 일관되게 거부했다.[18]

3. 남아공의 아파르트헤이트 백인 정권

1993년 3월 24일 남아공 대통령 프레데리크 드클레르크(Frederik de Klerk)는 의회 연설에서 깜짝 발표를 했다. 남아공의 아파르트헤이트(Apartheid) 백인 정권이 1974년부터 15년에 걸친 비밀 핵무기 프로그램으로 핵폭탄을 6개 제조했으며, 1989년 그 자신이 대통령이 되었을 무렵 7번째 핵무기를 제조하는 중이었다는 사실을 스스로 밝혔다. 그는 아파르트헤이트 정권이 국제사회에서 고립되고 아프리카 남부지역의 공산주의 세력에 대한 공포 때문에 핵무기 프로그램을 운영했다고 말했다. 아울러 그는 자신이 대통령이 된 뒤 핵무기를 파괴했으며, 무기 제조에 쓰인 고농축우라늄을 만드는 공장을 폐쇄하고, 고농축우라늄은 무기급에 부적합한 저농축우라늄으로 전환했으며, 핵무기 시설 설계도들을 파쇄했다고 말했다.[19]

이날 드클레르크가 의회에서 밝힌 남아공의 핵무기 전략에는 한 가지 흥미로운 점이 있었다. 그는 남아공이 핵무기를 제조하긴 했지만 핵실험을 한 일은 없으며, 핵무기를 사용할 의도도 없었다고 주장했다. 다만 남아공이 외부의 공격을 받았을 때 핵무기를 실험하여 능력을 보여준 다음, 미국이 남아공을 지원하러 오지 않으면 그때 핵무기 사용을 위협한다는 것이 남아공 전략이었다고 주장했다.[20]

이를 보도한 『뉴욕타임스』는 15년 동안 남아공의 핵무기 프로그램

---

18 Lake, May 6, 2009.

19 Bill Keller, "South Africa Says It Built 6 Atom Bombs," *The New York Times*, March 25, 1993.

20 Keller, March 25, 1993. 남아공이 핵실험을 한 일이 없다는 드클레르크의 주장은 앞서 소개한 허시 책에서 밝혀진 내용에 비추어보면 허위라는 점을 유의할 필요가 있다.

에 참여한 인력이 1,000명 이상인데도 정보가 새어나간 일이 한 차례도 없었다면서 이 나라 관료들이 스스로 놀라워한다고 말했다. 드클레르크는 핵무기 프로그램 운영에 든 정부 예산 2억 5,000만 달러는 모두 원자력 개발 관련 예산과 국방예산 등에 숨겨져 지출되었다고 밝혔다. 그는 아울러 외국인들이 남아공에 핵무기 프로그램이 존재하는지에 대해 의문을 제기했을 때 이 나라 관료들이 한결같이 "우리가 핵무기를 만드는 기술력은 있지만 그것을 군사적 목적으로 쓰는 것은 지지하지 않는다"라고 답했는데, 그것은 NCND에 해당하는 표현을 한 것일 뿐 거짓말은 아니었다고 강변했다.[21]

남아공 관리들이 나중에 밝힌 데 따르면, 1974년 국방장관 피터르 보타(Pieter Botha, 1916~2006)가 핵무기 개발을 강력히 주창했고, 수상 존 포스터(John Vorster, 1915~83)가 추진 결정을 내렸다. 드클레르크는 이 프로그램은 장관급 인사들 소수만 알고 있었으며, 그 자신이 알게 된 것도 1980년대 초라고 말했다. 애당초 핵무기 개발을 주창한 보타는 1978년에서 1989년까지 12년 동안 수상으로서 그리고 나중에는 대통령으로서 남아공 최고권력자였다.

드클레르크는 1993년 3월 연설에서 남아공이 핵무기를 개발한 동기를 적극적으로 변호했다. 그에 따르면, 핵무기를 7개 제조한 것은 '신뢰할 만한 억지력'에 필요한 최소 수준이었기 때문이다. 이는 아프리카 남부에서 소련 팽창주의의 위협에 대응한 것이었다. 남아공이 겪고 있던 상대적인 국제적 고립 때문에 외부 공격을 받았을 때 외부 지원을 기대할 수 없다는 판단 때문에 핵무기 개발에 나선 것이라고 주장했다.[22]

드클레르크는 2013년 『로스앤젤레스타임스』에 기고한 글에서, 남아공이 1974년 핵무기 개발을 결정한 것과 1989년 자신이 대통령으

---

21 Keller, March 25, 1993.
22 Keller, March 25, 1993.

로서 핵무기 해체를 결정한 배경을 거듭 변호했다. 그는 먼저 1974
년 "아프리카 남부지역에서 소련의 영향력이 팽창하기 시작했다"고
지적했다. 또 "1975년 아프리카에서 포르투갈 제국(the Portuguese
empire)이 무너지면서 남아공의 산업 심장부가 갑자기 이 지역 소련
동맹국들의 공격에 취약해졌다"고 했다. 특히 1975년부터 앙골라에
쿠바 군사력이 주둔하게 된 일을 강조했다.[23]

과학국제안보연구소장 올브라이트는 1994년에 작성한 한 보고서에
서 남아공의 핵무기 개발 목적과 동기에 관한 다른 해석도 있다고 말했
다. 드클레르크가 앞세운 지정학적 요소만이 아니라 아파르트헤이트 정
권이 국내에서 직면한 위기의식과도 관련이 있다고 했다. 흑인 민족해
방 운동 지도자 넬슨 만델라(Nelson Mandela, 1918~2013)가 속해 있
던 '아프리카민족회의'(African National Congress)에서 과학기술정책
국의 전국 코디네이터를 맡은 로저 자르딘(Roger Jardine)은 남아공의
핵무기 프로그램을 '아파르트헤이트를 보호하기 위한 첨단 방패막'(a
high-tech laager for Apartheid South Africa)이었다고 비판했다. 올브
라이트에 따르면, 자르딘 외에도 아프리카민족회의의 많은 인사가 아파
르트헤이트 정권이 체제를 보호하기 위해 필요할 경우 남아공 흑인들
을 향해 핵무기를 사용하고도 남을 세력이라고 믿었다.[24]

1989년 9월 자신이 대통령에 당선된 후 핵무기 해체를 결정한 경
위에 대해서도 드클레르크는 주로 국제환경 변화를 강조했다. 그가
열거한 것은 1988년 12월 미국이 앙골라, 쿠바와 맺게 된 협정이었다.
실제로 앙골라에 주둔해 있던 쿠바군 5만 명을 철수시킨다는 데 쿠바
가 동의하고 이듬해에는 앙골라에서 휴전협정이 체결된다. 또 1989

---

23 F.W. de Klerk, "South Africa, the nation that gave up its nukes," *The Los Angeles Times*, December 22, 2013(http://www.latimes.com/opinion).

24 David Albright, "South Africa's Secret Nuclear Weapons," A Report by ISIS(Institute for Science and International Security), May 1994(http://www.isis-online.org).

년 11월 베를린장벽이 무너지면서 소련 공산주의가 몰락함에 따라 전 지구적인 전략적 환경이 완전히 일신했다. 남아공에 중대한 걱정거리가 사라져 핵무기 폐기를 결정할 수 있었다는 것이다.[25] 그런데 드클레르크가 이 대목에서 함께 언급한 내용을 주목할 필요가 있다. 그는 자신이 대통령이 되자 외무장관 픽 보타(Pik Botha)가 남아공의 대외 관계를 개선하기 위해 필요한 두 가지 결정적인 정책 전환을 건의했다고 했다. 첫째는 핵무기를 해체하고 NPT에 가입하는 것이었고, 둘째는 만델라를 석방하는 것이었다.[26]

이것은 다시 말하면 핵무기 해체 결정에 만델라가 대표하는 아프리카민족회의가 주도하는 남아공 내 흑인민족해방운동 세력의 정치적 도전이 중요한 결정적 요인이었음을 강하게 시사한 것이다. 탈냉전과 함께 이 나라 안팎의 흑인민족해방운동 세력의 성장으로 아파르트헤이트 백인 정권은 앞날을 자신할 수 없게 된 것이다. 소련과 그 동맹국 쿠바의 군사력이 아프리카에서 물러나고 아예 공산권 자체가 해체되고 있었다. 소련 팽창주의를 명분으로 말이 비밀이지 사실은 세계가 다 아는 핵무기 프로그램을 유지하면서 장차 남아공에서 흑인민족해방 세력이 백인 정권에 더욱 본격적인 도전을 제기해올 때 앞서 언급한 자르딘이 말한 것처럼 핵무기를 흑인 저항세력을 상대로 사용하는 것은 더욱 불가능한 일이 되었다. 더욱이 아파르트헤이트 체제가 무너지고 흑인 정권이 들어섰을 때 이 핵무기들은 누구 손에서 누구

25 F.W. de Klerk, December 22, 2013. 드클레르크는 이 기고문을 다음과 같은 주장으로 끝맺었다. "국제사회는 핵무기를 통제하고, 결국에는 '상상가능한 옵션'으로서 핵무기를 제거하기 위한 단계적인 조치를 취해야 한다. 이를 위해서는 NPT 체제가 더 강한 지지를 받아야 하고 기존의 핵 보유국가들이 그들의 핵무기고를 축소하고 해체하도록 더 빠르게 나아가야 한다. 진정한 안보는 우리가 다른 사람들을 파괴하는 힘을 더 늘리는 데 있는 것이 아니라 평화와 정의를 기초로 우리가 다른 사람들과 함께 살아가는 능력에 있다는 것을 세계가 절감해야 한다"(F.W. de Klerk, December 22, 2013).

26 F.W. de Klerk, December 22, 2013.

를 돕게 될까. 이러한 고민이 1989년 드클레르크의 핵무기 포기 결정에 무시할 수 없는 영향을 미쳤을 것이다.

앞서 언급한 올브라이트의 보고서는 의미심장한 질문을 던진다. 이 보고서에 따르면, 남아공의 드클레르크 정권이 1993년 3월 과거 핵무기 프로그램의 존재를 공개한 것이 반드시 이 정권의 자발적 의사에 따른 것만은 아니라는 의혹을 낳았다. 남아공 정부는 1991년 NPT에 가입해 IAEA의 사찰을 그해부터 받기 시작했다. 이때 남아공 정부는 IAEA 사찰팀에 자국의 핵무기 프로그램의 과거 존재를 밝히지 않았다. 남아공 정부가 침묵했지만 사찰팀은 이 나라 핵 프로그램이 핵무기 개발도 포함했다고 의심하기 시작했다. 남아공의 핵 프로그램을 관장하는 정부기관인 원자력공사(Atomic Energy Corporation: AEC)의 펠린다바 원자력연구센터(Pelindaba Nuclear Research Center)가 무기급 우라늄을 다량 저장하고 있는 사실을 확인한 것이다.[27]

남아공 정부는 사찰 허용을 대가로 비밀 유지를 요구했다. IAEA 헌장에도 사찰 과정에서 얻은 정보를 일반에 공개하지 않는다는 규정이 있었다. 그래서 사찰팀이 품은 의문은 비밀에 붙여졌다. 그러나 곧 정보가 유출되었다. 일부 언론이 무기급 농축우라늄의 존재를 보도했다. 아프리카민족회의는 1992년 말부터 핵무기 프로그램의 실체를 드러내려고 치열하게 노력했다. 또 정부가 일부 무기급 핵물질을 IAEA 사찰 대상에서 제외해 숨겼다는 의문을 제기했다. 드클레르크는 1993년 3월 의회 연설에서 처음으로 이 나라에 핵무기 프로그램이 존재했던 사실을 공개할 때, 그러한 아프리카민족회의 등의 문제 제기가 자신의 공개 결정에 영향을 미쳤음을 시인했다.[28] 남아공이 과거 역사를 진실로 고백하고 핵무기 프로그램에서 완전히 손을 썻은 것은 결국

---

27 Albright, May 1994.
28 Albright, May 1994.

아파르트헤이트 백인 정권이 해체되는 과정에서 불가피해진 측면이 있었던 것이다.

남아공 관리들이 1993년 밝힌 바에 따르면, 이 나라가 핵무기를 제조하는 데 성공한 것은 1970년대 말이다. 익명을 요구한 이 나라의 한 관리가 『뉴욕타임스』에 밝힌 바에 따르면, 남아공이 만든 핵폭탄은 20킬로톤급으로 히로시마에 투하된 것과 같은 수준이었다. 드클레르크는 남아공이 지하핵실험을 계획하고 아프리카 남부의 보츠와나(Botswana), 나미비아, 남아공에 걸쳐 있는 칼라하리(Kalahari)사막에 약 150미터 깊이의 콘크리트 구멍을 판 일은 있지만 실제 터뜨리지는 않았다고 말했다.[29] 올브라이트에 따르면, 남아공이 칼라하리사막에 핵실험장을 조성한 것은 1976년과 1977년이다. 하나는 385미터 깊이였고, 다른 하나는 216미터 깊이였다. 1977년 8월 이 나라는 이 실험장에서 우라늄 235를 넣지 않은 상태에서 하는 '냉식(冷式) 핵실험'(cold test)을 계획했다. 이 실험이 취소된 것은 남아공 정부 자의가 아니었다. 소련 정보기관이 먼저 이 핵실험 준비상황을 탐지해 미국 정부에 알렸다. 그해 미국 관리는 "우리는 원폭실험 준비가 진행되고 있다는 것을 99퍼센트 확신한다"고 『워싱턴포스트』에 밝혔다.[30] 이후 소련과 서방 정부들이 남아공 정부에 외교적 압력을 가했다. 소련이 주도한 국제적 압력에 못 이겨 남아공의 원폭실험이 취소된 것이다.[31]

그런데 1979년 인도양에서 번쩍이는 이중 불꽃을 미국 위성이 포착했다. 미국 정보당국은 그것이 원폭실험일 것이라고 결론지었다. 소련이 먼저 발견해 국제사회에 경고한 1977년의 칼라하리사막 핵실험은 결국 저지되었다. 그러나 미국이 처음 발견한 인도양 원폭실험에 대해 미국은 침묵을 지켰다. 미국이 인도양의 원폭실험 사실을 파

---

29 Keller, March 25, 1993.

30 Murray Marder and Don Oberdorfer, "How West, Soviets Acted to Defuse S. African A-Test," *The Washington Post*, August 28, 1977; Albright, May 1994.

31 Albright, May 1994.

악했지만 침묵을 지켰다는 사실은 앞서 소개한 것처럼 허시 기자가 밝혀냈다. 이 점을 『뉴욕타임스』 기사도 언급했다.[32] 아프리카민족회 의의 자르딘 등을 포함한 여러 명은 1993년 12월 『포린어페어스』에 기고한 글에서 1979년 인도양에서 미국 위성이 파악한 이중 불꽃의 정체는 1993년 당시까지 의문이 완전히 풀리지 않은 채 남아 있다고 지적했다. 카터 행정부가 소집한 한 과학자 패널은 그 불꽃이 위성과 충돌한 유성(流星, meteor) 때문에 생겼을 것이라고 결론을 내렸지만, 이런 문제에 정통한 많은 전문적 옵서버는 그것은 실제 파괴력이 낮 은 핵폭발이었을 것으로 판단했다.[33]

남아공의 핵무기 프로그램과 관련해 중요한 이슈는 어떤 외부 세력 의 지원과 정치·외교적 비호가 작용했느냐는 것이다. 드클레르크는 1993년 3월 의회 연설에서 남아공의 핵무기는 어떤 외부 세력의 도움 없이 스스로 개발하고 구축한 것이라고 강조했다. 그러나 많은 전문 가와 외교관들은 이스라엘이 남아공의 우라늄을 확보하려고 남아공 핵무기 프로그램에 적극 협력하고 지원한 것으로 의심한다고 『뉴욕 타임스』가 밝혔다.[34] 앞서 언급한 1993년 12월 『포린어페어스』에 실 린 글의 저자들은 우선 미국과 프랑스를 비롯한 여러 나라가 민간 핵 기술과 지원을 남아공에 제공한 사실을 지적했다. 이러한 지원 자체 는 핵무기 프로그램으로 직결되는 것은 아니지만 남아공 핵 프로그램 기술진의 능력을 향상한 것은 물론이다. 무엇보다 군사적 핵 프로그 램에서 직접 도움이 된 것은 이스라엘의 협력이었다. 1979년 인도양 에서 핵실험으로 의심되는 사태도 남아공과 이스라엘의 공동 작업으 로 의심받았다. 더욱이 독일은 남아공에 우라늄농축 기술을 제공함으 로써 남아공이 고농축우라늄을 생산해 핵무기를 제조하는 데 직접적

---

32 Keller, March 25, 1993.

33 J.W. de Villiers, Roger Jardine, and Mitchell Reiss, "Why South Africa Gave Up the Bomb," *Foreign Affairs*, November/December 1993, p.104.

34 Keller, March 25, 1993.

인 역할을 한 것으로 의심받고 있다.[35]

사실 당시 남아공 정도 나라가 자신의 기술력과 자본에 이스라엘과 독일 등의 협력을 받아 핵무기를 개발하려고 적극 나설 때에 기술적 난관이나 경제적 어려움은 없었다고 보아야 한다. 중요한 것은 이 나라의 핵무장을 미국을 비롯한 서방이 용인하느냐는 세계 권력정치의 향방이었다. 이 점에서 미국 태도는 결정적이었다. 허시 기자가 지적했듯이 미국 정보당국은 남아공이 인도양에서 핵실험을 한 증거를 포착하고도 묵인하고 침묵을 지켰다. 중동에서 이스라엘 핵무장을 묵인하고 방조했듯이, 미국은 아프리카 남반부에서 유일하게 확신할 수 있는 반소 반공 친서방 세력인 남아공의 전략적 가치를 중시했다. 그래서 이 나라의 핵무장을 냉전기간 내내 묵인하고 침묵을 지킨 것이다.

올브라이트가 1994년 보고서에서 이미 지적했듯이, 남아공의 핵무기 프로그램 중단과 공개 그리고 그 뒤의 완전한 포기는 드클레르크 정부의 완전히 자발적인 결정은 아니었다.[36] 국제적 압박과 남아공 내에서 아파르트헤이트 정권에 대한 저항세력의 도전과 압박이 성공한 덕분이었다. 남아공의 핵무기 프로그램 폐기 과정은 그러한 노력의 성공담이기도 하지만 다른 한편으로는 일정한 수준의 기술력을 확보하고 핵무기를 획득하려는 강한 의지를 지닌 나라의 핵무기 프로그램을 꺾는 것이 얼마나 지난한 일인지 새삼 확인해준 것이었다는 올브라이트의 지적은 새겨들을 필요가 있다.[37] 드클레르크는 1993년 3월 의회 연설에서 핵무기 프로그램을 1989년에 중단하고 이미 모든 핵무기를 해체했다고 주장했지만, 실제로 남아공의 핵무기들이 모두 해체된 때는 1994년이다.[38]

---

35 Villiers, Jardine, and Reiss, 1993.

36 Albright, May 1994.

37 Albright, May 1994.

38 Robert Farley, "The Story of How South Africa Voluntarily Gave Up Its

요컨대 1977년 소련 정보기관은 칼라하리사막에서 남아공의 핵실험 계획을 밝혀냈다. 뒤이어 1979년 인도양에서 남아공과 이스라엘의 합동 핵실험이 진행된 사실은 미국이 먼저 파악했다. 그러나 남아공이 그 뒤 핵무기를 최소 6개 제조할 때까지 미국이 그것을 저지하기 위해 어떤 실질적 노력을 했다는 증거는 없었다. 1980년대 말에 이르자 남아공의 아파르트헤이트 정권은 지속가능성이 의문시되었다. 중장기적으로 예상되는 정치적 혼란 그리고 그 뒤에 도래할 새로운 남아공의 정치 지형에서 이 나라 핵무기의 미래에 대해 미국을 비롯한 서방 국가들은 깊은 고민에 빠지지 않을 수 없었다. 그때에야 비로소 남아공이 핵무기를 포기하도록 미국이 진정한 압력을 행사하기 시작했다고 말할 수 있다.

4. 인도의 핵무장과 미국의 묵인과 협력

1964년 중국이 핵무기 실험에 처음 성공했을 때 미국은 중국을 비난했다. 그로부터 8년 뒤 1972년 미국은 중국과 외교관계정상화를 위한 협상을 벌이고, 타이완이 아닌 마오쩌둥 정부를 중국의 유일 합법 정부로 인정하는 상하이 코뮤니케를 발표했다. 미국의 지정학적 이해 관계가 변했기 때문이다. 중소 분쟁을 이용해 그 틈을 벌려 소련을 공동견제하고자 하는 의도가 있었다. 그리고 미국은 수렁에 빠진 베트남에서 '명예로운 후퇴'를 모색하고 있었다. 이를 위해 북베트남에 압력을 행사하려면 중국의 협력이 절실했다.

인도는 유사 핵실험을 1974년에 한 차례 하지만, 핵무기 실험을 본격적으로 한 것은 1998년이다. 그로부터 7년 뒤인 2006년 미국은 인도와 핵 관련 협력을 위한 법안을 통과시켰다. 인도의 핵무장을 미국이 용인하고 더 나아가 전략적 연대를 맺고자 한 것 역시 미국의 지정

Nuclear Weapons," *The National Interest*, December 1, 2017(http://nationalinterest. org).

학적 이해관계에 기인했다. 1990년대 말은 1995~96년에 타이완해협에서 미국이 중국과 미사일 위기를 겪은 지 몇 년 안 된 시점이었다. 또 북한 핵문제를 둘러싸고 미국의 군사행동 가능성을 견제하는 거의 유일한 세력으로 떠오른 중국을 미국이 불안하게 바라볼 때였다. 2000년대 들어 미국이 중동과 남아시아에서 대테러전쟁을 수행하는 동시에 중국을 견제하는 데서 인도와 협력하는 것이 불가결한 요소로 부상했다.

1950년대에 인도는 핵에너지의 평화적 이용을 강조했고 무기 프로그램은 비판했다. 또 전 지구적인 핵군축과 핵무기비확산을 주창했다.[39] 1960년대 들어 인도의 태도는 근본적으로 변해갔다. 인도가 핵무기 프로그램을 계획한 결정적 동기는 중국과 지정학적 긴장 때문이었다. 인도는 1962년 중국과 국경 분쟁을 겪었다. 짧지만 결정적인 국경 분쟁에서 인도는 패배했다. 인도는 당시 중국이 핵실험을 하지 않은 상태인데도 중국의 우월한 재래식 군사력에 대응하려면 핵무기를 개발해야 한다고 느끼기 시작했다. 2년 뒤인 1964년 10월 중국이 핵실험에 성공하자 큰 충격을 받은 나라에는 인도도 있었다. 인도는 핵무기 프로그램을 서둘렀다. 그래서 1965년 호미 바바(Homi Bhabha) 박사의 주도 아래 핵무기 설계와 제조 작업을 시작했다. 인디라 간디(Indira Gandhi, 1917~84, 수상 제임 1966~77/1980~84) 수상 때 박차를 가했다. 간디 수상은 인도 국민의 핵무기 개발 지지여론을 등에 업었다. 또 1971년 파키스탄과 전쟁을 치르는 동안 중국이나 미국의 개입을 우려했다. 그래서 더욱 핵무기 개발을 서둘렀던 것으로 해석된다.[40] 인도는 또한 중국이 파키스탄과 동반자 관계를 발전시키는 것에 경계심을 품었다. 중국-인도-파키스탄 삼각관계가 인도의 핵무기

---

39 Burns and Coyle III, 2015, p.14.

40 Akhilesh Pillalamarri, "India's Nuclear-Weapons Program: 5 Things You Need to Know," *The National Interest*, April 22, 2015(http://nationalinterest.org).

프로그램 형성에서 핵심 요인이었다.

인도 핵 프로그램은 이스라엘 경우와 마찬가지로 1950년대에 캐나다와 미국이 '평화를 위한 원자력'(Atom for Peace) 프로젝트의 일환으로 인도에 제공한 바 있는 사이러스 원자로(CIRUS reactor)가 출발점이 되었다. 이 원자로에서 생산된 플루토늄은 결국 1974년 인도가 처음 실시한 핵실험에 쓰였다. 1968년 NPT 조약이 성립될 무렵 간디는 여러 가지 구실을 대면서 NPT에 서명하기를 거부했다. 포괄적 핵실험금지조약(Comprehensive Nuclear Test Ban)에도 참여하지 않았다. 그리고 마침내 1974년 5월 18일 첫 핵실험을 했다. 이 핵실험에 '붓다의 미소'(Smiling Buddha)라는 암호명을 붙인 인도 정부는 그것을 '평화적 핵폭'(Peaceful Nuclear Explosion: PNE)이라고 우겼다. 이 억지는 사실 미국과 소련을 본뜬 것이었다. 미국과 소련이 종종 운하나 항구를 조성한다는 명분으로 핵실험을 하면서 그것을 '평화적 핵폭'이라고 강변했기 때문이다. 특히 미국은 '곡괭이 프로젝트'(Project Plowshare)라는 오웰리안적(Orwellian) 명칭을 붙여 스물일곱 차례에 걸쳐 핵실험을 했다. 인도가 그런 식의 개념을 빌려 쓴 것이라고 번즈와 코일은 지적했다.[41] 인도가 미국을 흉내 낸 것까지는 그렇다 쳐도 거기에 '붓다의 미소'라는 이름을 붙인 것은 불교에 대한 힌두적 모욕을 의도한 것은 아닌지 의문을 품는 사람도 없지 않았을 것이다.

인도가 핵무기 프로그램을 진행한다는 사실을 미국은 물론 모르지 않았을 것이다. 그러나 인도 핵무기 프로그램을 저지하려는 어떤 노력도 하지 않았다. 인도가 '붓다의 미소'를 실험하기 4개월 전인 1974년 1월 워싱턴의 미국 관리들은 인도가 핵실험을 결정했다는 어떤 증거도 없다고 말했다. 인도의 핵무기 프로그램에 대해 미국이 침묵을 지킨 것이다.

1974년 첫 핵실험을 할 때 인도 집권당은 국민회의당(Congress

---

41 Burns and Coyle III, 2015, pp.14~15.

Party)이었고 수상은 간디였다. 훗날인 1998년 5월 인도가 완전한 핵실험을 할 때 집권당인 바라티야자나타당(Bharaiya Janata Party: BJP)의 전신은 자나상(Jana Sangh)이었다. 자나상은 1974년 인디라 간디의 핵실험을 찬양했다. 그러나 이후 국민회의당이 추가 핵실험을 하지 않고 소극적이 되자 자나상은 간디를 비난했다.[42] 자나상은 곧 다른 군소정당들을 흡수하여 자나타당(Janata Party)을 결성했고 1977년 총선에서 국민회의당을 물리쳤다. 1980년 자나타당은 해체되었고 그 세력이 재결집해 새로운 정당 BJP를 구성했다. 1980년대에 BJP는 세력이 약했지만, 1996년에는 인도 의회에서 최대 정당이 되었다. 그러나 안정적인 다수 연립정권을 구성하는 데 실패해서 정권 수명은 며칠 가지 못했다. BJP 당수이자 수상이었던 아탈 바즈파이(Atal Vajpayee)는 오랫동안 공공연한 핵무장론자였던 인물답게 수상 취임 첫날 과학자들에게 핵실험을 지시했지만, 곧 핵실험 준비를 중지시켰다. 국제사회의 비난이 거셀 것에 대한 우려가 있었고, 의회에서 그에 대한 불신임 투표가 예정되어 있었기 때문이다.

1998년 바즈파예는 BJP를 중심으로 한 연립정권 '민족민주연합'(National Democratic Alliance: NDA)을 구성해 재집권에 성공했다. 수상에 취임한 다음 날인 1998년 3월 20일 그는 과학자들을 불러보아 인도 핵무기 프로그램 현황을 점검했다. 파키스탄이 미사일 시험을 하고 3일 뒤인 4월 9일 바즈파예는 국가안보보좌관이자 열렬한 핵무장론자인 브라제시 미스라(Brajesh Mishra, 1928~2012)에게 과학자들과 함께 핵실험 날짜를 정하도록 지시했다.[43]

1998년 5월 11일과 13일에 걸쳐 인도는 자라스탄(Rajasthan)사막에서 핵무기 5개를 연거푸 실험했다.[44] 그러고는 다시는 핵실험을 하

42 Kanti Bajpai, "The BJP and the Bomb," Scott D. Sagan(ed.), *Inside Nuclear South Asia*, Stanford: Stanford University Press, 2009, p.41.

43 Bajpai, 2009, p.33, p.41.

44 Bajpai, 2009, p.25.

인도의 아그니-4(Agni-IV) 미사일.
핵탄두를 장착할 수 있는 사거리 4,000킬로미터의 IRBM이다. 아직 실전배치되지는 않았다.

지 않겠다고 선언했다.[45] 1998년 인도 핵실험에 대한 미국 태도 역시 1974년 핵실험 때와 크게 다르지 않았다. 미국은 인도가 더는 핵실험을 하지 않는 조건으로 인도의 핵무기 보유를 묵인하고 받아들였다. 생색내기용 제재가 있었지만 일시적인 것에 불과했다. 미국은 인도의 핵무장에 대한 이 같은 태도로 핵무기비확산 문제에서 이중적이라는 비판을 받을 수밖에 없었지만 개의치 않았다.

'핵공급자그룹'(Nuclear Suppliers Group: NSG)이라는 것이 있다. 이것은 일명 '런던클럽'(London Club)이라고도 불린다. 이는 1974년 인도의 첫 핵실험에 경각심을 느낀 주요 핵 에너지산업 공급자들이 1975년 비공개적인 원자력 수출 가이드라인을 제정하면서 시작되었다. 그보다 앞선 1971년 창설된 '장거위원회'(Zangger Committee)도 있다. 장거위원회는 NPT 조약 제3조에서 촉구한 대로 7개 주요 원자력 수출국이 군사적 이용 가능성이 높은 물품들의 거래를 금지한 것이다. 이에

---

45   Burns and Coyle III, 2015, p.15.

비해 런던클럽은 더 강력한 원자력 관련 수출 규제조항을 추가했다. 군사용과 민간용으로 이중적 이용이 가능한 항목들도 규제 대상에 포함한 것이다.[46] 장거위원회나 런던클럽이나 모두 NPT 가입국이 아닌 나라에는 원자력 제품을 팔거나 기술협력을 제공하는 것을 금지했다.

그런데 미국은 2005년 런던클럽 회원국들이 인도에는 민수용(民需用, civil) 원자력 협력 사업을 할 수 있도록 예외를 인정하라고 요청했다. 다른 회원국들은 그러한 예외가 핵무기비확산 체제를 훼손할 것이라고 비판했지만 미국은 듣지 않았다.[47] 미국이 2005년 3월 인도에 제시한 이 '전례 없는 핵 거래'는 2006년 '하이드법'(Hyde Act)으로 불리는 '미국-인도 간 평화적 원자력 협력법'(U.S.-India Peaceful Atomic Energy Cooperation legislation)으로 열매를 맺었다.[48]

인도가 그토록 부드럽게 미국을 비롯한 서방으로부터 핵보유국 지위를 실질적으로 인정받게 된 것은 무엇보다 미국을 비롯한 서방에 가지는 인도의 전략적 가치와 중요성 때문이었다. 아킬레시 필라라마리(Akhilesh Pillamarri)는 인도가 국제사회에서 갖고 있는 신뢰성과 안정성의 이미지도 추가 요인이라고 지적했다.[49]

인도의 핵무장 동기에 관해서는 물론 중국이라는 외부적 안보 위협 요인이 많이 거론되지만, 다른 한편에서는 인도 지도자들의 주권국가 의식 그리고 '강대국을 자임하는 의식'이 크게 작용했다는 지적이 많다. 인도 핵무장을 추동한 동력에 대한 국제정치학계의 의견은 크게 세 갈래로 나뉜다. 먼저 현실주의적 시각에서는 1990년대 중엽에서 1998년에 이르는 동안 인도가 처한 국제정치적 환경을 주목했

46 Sharon Squassoni, Steve Brown, and Steven A. Hildreth, "Proliferation Control Regimes: Background and Status," CRS Report for Congress, Congressional Research Service, December 26, 2006, p.21.

47 Squassoni, Brown, Hildreth, 2006, p.22.

48 Feroz Hassan Khan, *Eating Grass: The Making of the Pakistani Bomb*, Stanford: Stanford University Press, 2012, p.277.

49 Pillalamarri, 2015.

다. 1995년 국제사회는 NPT를 영구적인 조약으로 무기한 연장했다. 1996년엔 포괄적 핵실험금지조약(CTBT)이 성립한다. 이 조약은 주요 국가의 비준이 지연되면서 발효되지 못했으나 장차 이 조약이 발효되면 인도는 영원히 핵무장 가능성이 사라지게 될 것이었다. 그리고 1962년 인도를 침공한 적이 있는 중국이 파키스탄과 군사적 협력을 강화하고 있었다. 이러한 안보적 요인들이 현실주의 시각에서는 인도 핵무장을 촉진한 중요한 국제환경적 요인이었다.[50]

한편 자유주의적 시각은 인도의 경우 국내정치와 관료정치적 동인들이 중요했다고 지적했다. 인도 국민회의당(Congress Party)이 전통적으로 신중한 대외정책기조를 보인 반면에, BJP는 핵무장에 적극적이었다. 이 당이 승리한 것이 중요했다는 것이다. 특히 칸티 바즈파이(Kanti Bajpai)는 1998년 3월 집권한 BJP의 리더이자 수상인 바즈파예가 펼친 '정치적 생존의 정치'가 결정적 변수였다고 주장했다. 바즈파예는 자신의 BJP가 주도해 구성한 연립정권인 민족민주연합(NDA)의 결속을 유지하고 야당을 견제해야만 했다. 또 자신의 정당인 BJP 안에서 준동하는 극우파와 경쟁해서 살아남아야 했다. 그래서 신속한 핵실험이 필요하다고 판단했다는 것이다.[51] 스콧 세이건(Scott Sagan)도 유사한 견지에서 인도 핵실험을 이끈 국내정치적 요인을 강조했다.[52]

나랑도 인도 핵무장의 경우는 국내정치와 정당 이념이 일차적 동기였다고 결론지었다. 1990년대 이래 두 주요 정당인 국민회의당과 BJP는 핵무장 문제, 파키스탄과 대립을 포함한 중요한 이슈에서 근본적인 이념적 차이가 있었다. 선거에서 누가 승리하느냐가 인도 핵실

---

50 Vipin Narang, "Pride and Prejudice and Prithvis: Strategic Weapons Behavior in South Asia," Scott D. Sagan(ed.), *Inside Nuclear South Asia*, Stanford: Stanford University Press, 2009, p.140.

51 Kanti Bajpai, 2009, p.42.

52 Scott D. Sagan, "Why Do States Build Nuclear Weapons?" in Victor Utgoff(ed.), *The Coming Crisis: Nuclear Proliferation, U.S. Interests, and World Order*, Cambridge, MA: MIT Press, 1999, pp.17~50.

험에 결정적 변수일 수밖에 없었다는 것이다.[53] 한편 조지 퍼코비치 (George Perkovich)는 인도 과학계 커뮤니티의 이익집단적 이해관계 도 중요한 역할을 했다고 보았다.[54] 현실주의 시각이 국가를 통일된 단일체이자 합리적 행위자로 본다면, 자유주의 시각에서 국가는 일종 의 해체론적 관점에서 파악된다. 국가와 정부 내부의 이해관계가 다 양한 상이한 요소들이 작용하여 국가정책이 형성되고 결정된다. 퍼코 비치의 견해도 국가에 대한 자유주의적 시각의 관점에서 인도 핵무장 동인을 해석한 것이라고 할 수 있다.

나랑은 인도 핵무장 동기를 바라보는 또 하나의 시각으로 구성주의 적 시각을 주목했다. 이 시각에서는 국제사회에서 글로벌 강대국으로 서 위상과 자존을 구축하는 것이 인도 핵무장의 중요한 추동 요인이 라고 본다. 인도는 유엔 안보리 5개 상임이사국이 모두 핵보유국들이 라는 점에 주목하고, 안보리 상임이사국을 지향하는 인도로서는 핵무 장이 그 길로 가는 중요한 요건이라고 인식했다는 것이다.[55]

이들 외에도 다른 핵무장 국가들에 비해 인도 핵무장에 대한 해석 에서는 특히 구성주의적 설명이 많이 제기되어왔다. 인도 정부는 핵 무장을 하긴 했지만 핵무기 체계를 구체적인 전략적 운용에 연결하는 데는 큰 관심이 없거나 체계적이지 않았다는 점을 주목하면서. 인도 의 핵무장은 실질적인 핵억지력을 갖춘다는 데 있는 것이 아니라 '강 대국 지위'라는 국제정치적 위상과 상징성에 치중한 것이었다는 베르 기스 코이사라(Verghese Koithara)의 주장도 그런 맥락이다.[56] 또 아브

53 Narang, 2009, pp.168~170.

54 George Perkovich, *India's Nuclear Bomb*, Berkeley: University of California Press, 1999; Narang, 2009, p.141.

55 Jaswant Singh, "Against Nuclear Apartheid," *Foreign Affairs*, vol. 77, no. 5(September/October 1998), pp.41~52; Narang, 2009, pp.140~142.

56 Verghese Koithara, *Managing India's Nuclear Forces*, Brookings Institution Press, 2012; Michael Krepon, "South Asia's Distinctive Arms Race," *Arms Control Today*, November 5, 2012(www.armscontrol.org).

라함은 탈식민 국가(a post-colonial state)로서 인도의 '핵무기 발전주의'(nuclear developmentalism)를 주목했다. 스스로 글로벌 파워를 자임하면서 기술적·상징적 차원에서 형성된 인도의 발전주의가 핵무장으로 연결되었다는 인식이다. 아브라함에 따르면, 인도인들에게 다른 강대국들이 달성한 핵무기 보유를 자신도 추구하는 것은 그것 자체로서 '주권적인 인도 국가'(a sovereign Indian state)를 구성하는 데 필수적인 사업이었다.[57]

5. 파키스탄의 핵무장과 중국 그리고 미국

인도와 파키스탄은 원래 한 덩어리로 여겨진 사회였다. 그러다가 1947년 영국이 식민통치를 중단하면서 이들 사회가 두 국가로 분할된다. 이때 인도 땅에 남겨진 이슬람교도들은 파키스탄으로 그리고 파키스탄에 남겨진 힌두교도들은 인도로 추방되거나 도망쳐야 했다. 그 과정에서 수백만 명이 살해되는 비극이 전개되었다. 두 사회의 사이키에 깊은 상처가 파인 것은 말할 것도 없었다.

파키스탄은 영국 식민지에서 독립한 때부터 인도를 가운데 두고 동서로 나뉘어 있었다. 수도가 있는 서파키스탄과 동파키스탄으로 분리되어 있었던 것이다. 1964년 중국이 핵무장을 한 이후 인도의 핵무기 개발 움직임이 분주해지자, 파키스탄 정치인들은 자극을 받았다. 1965년 파키스탄 외무장관 부토는 유명한 말을 남겼다. "만일 인도가 핵무기를 개발하면 우리는 풀과 나뭇잎을 먹으며 굶더라도 우리 핵무기를 만들 것이다. 다른 선택은 없다."[58]

1971년 인도와 파키스탄 사이에 전쟁이 벌어졌다. 동파키스탄 주

---

57 Itty Abraham, "Contra-Proliferation: Interpreting the Meanings of India's Nuclear Tests in 1974 and 1998," in Scott D. Sagan(ed.), *Inside Nuclear South Asia*, Stanford, CA: Stanford University Press, 2009.

58 Gordon Corera, *Shopping For Bombs: Nuclear Proliferation, Global Insecurity, and the Rise and Fall of the A.Q. Khan Network*, Oxford: Oxford University Press, 2006, p.9.

민들은 서파키스탄 사람들에게 차별당하고 억압받았다. 동파키스탄 인들이 독립을 외치며 궐기했다. 1971년 3월 서파키스탄은 동파키스탄에서 잔혹한 반란 진압 작전에 나섰다. 인도가 동파키스탄의 반란을 지지하면서 인도-파키스탄 전쟁이 벌어졌다. 1971년 12월 16일 동파키스탄을 맡고 있던 파키스탄군 사령관은 인도군 앞에서 항복문서에 서명했다. 동파키스탄 사람들은 인도의 지지를 받으며 서파키스탄에서 독립한 방글라데시 정부를 수립했다. 파키스탄은 이 패배의 여파로 1971년 12월 20일 대통령 야히아 칸(Yahya Khan, 1917~80)이 퇴진하고 부토가 대통령이 된다.[59]

부토는 취임하자마자 핵무기 프로그램을 키우려고 동분서주했다. 1969년 리비아에서 왕정을 무너뜨린 쿠데타가 있었다. 그 지도자는 젊은 대령 카다피였다. 그는 1960년대에 이미 비밀리에 핵무장을 한 이스라엘에 대항해 '이슬람의 핵폭탄'(Islamic Bomb)을 열망했다. 사우디아라비아인들도 마찬가지였다. 이슬람 세계는 특히 1973년 이스라엘과 전쟁에서 처참하게 패배한 이후 자신들의 핵무기를 갈망했다.[60] 카다피가 파키스탄 핵무기 프로그램의 출발을 위해 제공한 재정 지원 규모는 최소 1억 달러에서 최고 5억 달러로 추산되고 있다.[61] 1979년 한 해에만 리비아가 파키스탄에 제공한 차관과 투자가 1억 3,300만 달러에 달한다는 평가도 있다.[62]

파키스탄 수상 부토는 이들 이슬람 민족주의의 후원을 받으며 핵무기 프로그램을 키우기 시작했다. 훗날 서방이 사상 최악의 국제적 핵무

---

59 줄피카르 부토는 1973년 8월까지 대통령직을 수행하고 그 뒤에는 수상으로 재임한다. 그는 1977년 7월 무함마드 지아울하크(Muhammad Zia-ul-Haq, 1924~88) 장군이 이끈 군부 쿠데타로 실권(失權)했다.

60 Corera, 2006, p.12.

61 F.H. Khan, 2012, p.111.

62 Wyn Q. Bowen, Libya and Nuclear Proliferation: Stepping Back from the Brink, *Adelphi Paper* #380(London: International Institute for Strategic Studies, 2006), pp.30~31; Feroz H. Khan, 2012, p.111.

기 확산 주범으로 꼽는 압둘 아디르 칸은 이 무렵 네덜란드에서 야금학으로 학위를 받고 원심분리기 등 우라늄농축 기술 분야에서 유럽에서 가장 중요한 연구개발 기관이자 영국·독일·네덜란드의 컨소시엄인 유렌코(URENCO)에서 일했다. 그는 1974년 파키스탄 수상 부토에게 '조국을 위해' 핵무기 개발을 위한 스파이 역할을 자청하는 편지를 보냈다. 파키스탄의 핵무기 개발은 이 청년의 도움을 받아 빠르게 성장해 갔다.[63]

중국과 파키스탄의 전략적 관계는 1960년대에 시작되었다. 동맹조약을 공식적으로 맺은 일은 없기 때문에 그 관계에는 부침이 있었고, 미적지근할 때도 있었다. 중국은 인도와 파키스탄 사이에 군사적 위기가 발전했을 때 파키스탄 편을 들면서 군사적으로 직접 개입한 일은 없었다. 1965년 인도와 전쟁에 돌입한 파키스탄이 중국의 지원을 요청했을 때 베이징은 오히려 파키스탄에 인도 땅에서 군대를 철수하라고 권고했다.[64] 1999년 인도와 파키스탄이 카르길(Kargil)에서 국경분쟁을 벌일 때 미국이 파키스탄을 향해 카르길고원에서 군대를 철수하라고 촉구했다. 그러자 중국도 미국을 지지하면서 그 의사를 파키스탄 지도자들에게 전달한 것으로 알려져 있다. 2001~2002년 인도와 파키스탄 간 군사적 위기가 재연되었을 때도 중국은 중립을 유지하면서 양측에 자제를 권고했다. 중국은 '두 나라 모두 이웃이자 친구'라고 자신의 태도를 정리했다.[65]

---

63 Corera, 2006, pp.5~17.

64 Mark Fitzpatrick, *Nuclear Black Markets: Pakistan, A.Q. Khan and the Rise of Proliferation Networks*, London: The International Institute for Strategic Studies, 2007, p.36; Lisa Curtis and Derek Scissors, "The Limits of the Pakistan–China Alliance," The Heritage Foundation Report, January 19, 2012(http://www.heritage.org/asia/report).

65 Paul J. Smith, "The China–Pakistan–United States Strategic Triangle: From Cold War to the 'War on Terrorism'," *Asian Affairs: An American Review*, vol. 38, no. 4(2011), pp.197~220; Curtis and Scissors, January 19, 2012.

파키스탄의 샤힌-1 미사일.
중국의 도움을 받아 개발한 이 미사일은 사거리 750킬로미터에 고체연료를 사용하는 것으로 당시에는 첨단 탄도미사일이었다.

그러나 파키스탄의 핵무장 과정에서 가장 결정적이고 분명한 지정학적 후견자로 행동한 세력이 중국이었다는 것도 분명한 사실이다. 중국은 남아시아와 접경지대가 길게 이어져 있다. 특히 인도와 접경선이 길고 그만큼 인도와 영토분쟁이 있었다. 중국은 인도를 견제하는 수단으로 그리고 중국에 대한 인도의 군사적 압력을 다른 방향으로 돌리는 수단으로 파키스탄의 전략적 가치를 인식하고 활용했다.[66]

1980년대에서 1990년대에 이르기끼지 중국은 파키스탄의 핵무기와 미사일 프로그램에 깊숙이 관여했다. 남아시아의 전략적 균형에서 파키스탄의 위상을 높여주려는 것이었다고 헤리티지재단(Heritage Foundation) 보고서는 설명했다. 이 보고서에 따르면 중국과 파키스탄의 군사적 협력관계에서 가장 의미 있는 사건은 1992년 중국이 SRBM인 M-11 34기를 파키스탄에 제공한 일이다. 베이징은 또한 파키스탄의 라왈핀디(Rawalpindi) 근처에 탄도미사일 제조 시설을 턴키(turn-key) 방식으로 건설해주었다. 파키스탄은 그 덕에 샤

66 Curtis and Scissors, January 19, 2012.

힌-1(Shaheen-1) 탄도미사일을 개발할 수 있었다. 이 미사일은 사거리 750킬로미터에 고체연료를 사용하는 것으로 당시로는 첨단 탄도미사일이었다.[67]

칸이 2004년 무샤라프 군사정권의 정보기관에 연금된 상태에서 자백한 내용이라는 것에 따르면, 중국은 1980년대 초 저농축우라늄 상당량을 파키스탄에 제공했다. 파키스탄은 이를 바탕으로 무기급 고농축우라늄을 개발하는 데 박차를 가할 수 있었다.[68] 페로즈 칸에 따르면, 1976년 5월 부토 파키스탄 수상은 중국과 전략적 협정을 맺었다. 이것은 민간 부문 외에도 군사적 협력과 함께 핵 프로그램도 포함한 것이었다. 1980년대 중엽에 들어서자 국제적인 핵무기비확산 레짐이 강화되었다. 서방의 핵 프로그램 기술에 접근하기는 더욱 힘들어졌다. 그래서 파키스탄에 중국과 협력하는 것이 더 결정적인 중요성을 갖게 되었다.[69] 중국은 파키스탄에 UF6(Uranium hexafluoride 6)와 함께 고농축우라늄(HEU)을 약간 제공했다. 중국은 또한 자신이 1966년에 만든 핵무기 설계도를 1980년대 초 압둘 아디르 칸이 소장으로 있는 칸연구소(KRL)에 제공했다. 칸연구소는 또한 중국에서 중수(heavy water)를 40톤 수입했고, 1994~95년에는 링 마그넷을 5,000개를 수입했다.[70]

파키스탄이 핵실험을 한 것은 1998년이다. 인도가 핵실험을 본격적으로 한 것과 같은 해다. 중국은 파키스탄이 핵실험을 해서 핵무장을 완성한 뒤에도 파키스탄 핵 프로그램을 확대하려고 계속 협력했다. 중국도 2004년에는 '원자력공급자그룹'(NSG, London Club)에 가입했다. 이 그룹의 원칙에 따르면 중국은 NPT 가입국이 아닌 파키

---

67 Curtis and Scissors, January 19, 2012.

68 C. Raja Mohan, "Eastern Alliance," *Indian Express*, September 28, 2011(http://www.indianexpress.com); Curtis and Scissors, January 19, 2012.

69 F.H. Khan, 2012, p.171.

70 F.H. Khan, 2012, p.171.

스탄에는 원자력 관련 장비나 기술을 제공해서는 안 된다. 그러나 중국은 파키스탄에 새로운 원자로 두 개를 건설해줄 계획을 세웠다. 그러자 미국은 중국이 파키스탄에 핵 기술을 추가로 이전을 하려면 '런던클럽'에서 구체적인 예외를 인정받아야 한다고 지적했다. 그러나 중국은 그 원자로 건설 협력 사업은 2004년 중국이 '런던클럽'에 가입하기 이전에 체결된 협정에 따랐으므로 NSG 규정의 제약을 받을 필요가 없다고 주장했다.[71]

2015년 8월 미국의 두 싱크탱크가 합동으로 펴낸 한 보고서는 파키스탄이 매년 핵탄두를 20개 제조하고 있으며, 10년 안에 세계에서 미국과 소련 다음인 세 번째로 많은 핵무기를 갖게 될 것이라고 전망했다. 카네기국제평화기금(Carnegie Endowment for International Peace)과 스팀슨센터(Stimson Center)는 파키스탄이 인도에 대한 두려움 때문에 자신의 핵무기를 급속하게 확대하고 있다고 결론지었다. 그 결과 핵무기 개발에서 파키스탄은 인도를 훨씬 앞지르고 있다고 분석했다.[72] 칸연구소는 2010년대 들어서도 해마다 최소한 100 킬로그램의 고농축우라늄(HEU)을 생산할 뿐 아니라 신세대 가스 원심분리기들인 P-3와 P-4를 도입하여 생산능력을 늘리고 있었다.[73]

위의 보고서에 따르면 2015년 현재 파키스탄은 핵무기 숫자에서 인도를 앞질렀는데, 인도가 100개를 갖고 있는 데 비해 파키스탄은 120개를 갖고 있었다. 인도는 파키스탄보다 플루토늄을 훨씬 더 많이 보유하고 있다. 그러나 인도는 그것을 주로 원자력에너지 생산에 사용한다. 반면에 파키스탄은 플루토늄뿐만 아니라 무기급 고농축우라늄을 다량 보유한 가운데 그 두 종류 핵물질을 핵무기 제조에 사용한다. 더욱이 파키스탄은 최근 네 번째 플루토늄 생산용 원자로를 건설한 것으로 알려

71 Curtis and Scissors, January 19, 2012.

72 Tim Craig, "Report: Pakistan's nuclear arsenal could become the world's third-biggest," *The Washington Post*, August 27, 2015.

73 F.H. Khan, 2012, pp.386~387.

졌다. 이러한 파키스탄 핵시설 기반을 고려할 때, 핵무기 제조에서 인도에 대한 파키스탄의 우세는 극적으로 강화되는 것으로 평가되었다. 이러한 조건과 추세로 볼 때 파키스탄은 향후 5년 내지 10년 안에 핵무기를 350개 갖게 될 것이며, 그 결과 미국과 소련 다음으로 큰 핵무기고를 갖게 될 것이라고 이 보고서는 전망했다.[74] 이 보고서를 보도한 『워싱턴 포스트』가 인용한 미국과학자연맹(Federation of American Scientists: FAS)의 자료에 따르면, 2015년 현재 핵무기 보유 숫자에서 세계 3위인 프랑스는 약 300개, 중국은 약 250개 그리고 영국은 약 215개를 가진 것으로 알려져 있었다.

파키스탄이 이처럼 핵무기고를 늘리는 데 진력하는 이유를 이 보고서는 '외세 침략에 대한 믿을 만한 억지력은 핵무기라는 신념'이 군부 주도 아래 파키스탄 사회 전반에 하나의 '문화'로 굳어져 있다는 사실에서 찾았다. 인도의 군사독트린은 핵 선제사용-배제(no-first-use)를 내세우는데 파키스탄은 핵 선제사용을 배제하지 않는다. 인도가 1971년에 그랬던 것처럼 월등한 재래식 군사력으로 파키스탄을 다시 공격할 경우 재래식 군사력이 훨씬 열세한 파키스탄으로서는 핵무기를 선제사용해 대응한다는 전략을 갖고 있다고 했다.[75]

파키스탄이 1970년대부터 핵무기 개발에 본격 뛰어들고 마침내 1998년 핵실험을 성공하기까지 그리고 2000년대 들어 가장 빠르게 핵무기 숫자를 늘리는 나라가 되기까지는 중국만의 지원으로는 불가능했을 것이다. 미국의 묵인과 방조 그리고 경제적 지원도 그 배후에 있었다.

1971년 인도와 파키스탄 사이에 전쟁이 벌어졌을 때 미국 닉슨 행정부는 파키스탄을 공개적으로 지원했다. 닉슨 정권은 인도가 소련의 지원을 받아 남아시아를 지배하려고 파키스탄을 불안정하게 만

---

74 Craig, August 27, 2015.
75 Craig, August 27, 2015.

들려 한다고 우려했다.[76] 1970년대 후반 카터 행정부 때 파키스탄을 1978년부터 10년간 통치한 지아울하크 정권하에서 악화된 인권 유린과 은밀한 핵무기 개발 움직임 때문에 두 나라 관계가 악화되었다. 그러나 그것은 일시적이었다. 1979년 1월 16일 이란의 샤(Shah) 무하마드 레자 팔레비(Mohammad Reza Pahlavi, 1919~80)의 친미적 왕정(王政)이 아야톨라 루홀라 호메이니(Ayatollah Ruhollah Khomeini, 1902~89)가 이끄는 회교혁명으로 붕괴되었다. 같은 해 12월 아프가니스탄에서는 소련이 지지하는 친소 좌파 정권이 이슬람 근본주의자들의 도전에 직면하면서 이 정권을 보호하기 위한 소련의 군사 개입이 시작되었다. 남아시아에서 파키스탄의 전략적 중요성은 미국에 새삼 커보였다. 카터 정권은 파키스탄 인권문제를 더는 거론하지 않았다. 그뿐만 아니라 1959년에 미국이 파키스탄에 제공한 바 있는 안보 공약을 되살려주었다. 그리고 군사원조를 4억 달러 제공했다. 레이건 행정부가 들어선 1981년 미 의회는 파키스탄에 향후 5년에 걸쳐 32억 달러에 달하는 대규모 군사경제원조 패키지를 승인했다. 1987년 그 원조가 마감되자 미 의회는 더 많은 규모의 군사원조를 추가로 승인했다.[77]

미국이 파키스탄에 핵무기 개발 포기를 강하게 요구하고 나선 때는 1980년대 말이다. 고르바초프 소련 공산당 서기장은 1988년 아프가니스탄에서 군대를 철수하기로 미국에 약속했고 1989년 2월 그 약속을 이행했다. 그러자 비로소 미국은 파키스탄 정부에 핵무기 개발 포기를 요구했다. 1990년 10월 미 의회는 프레슬러 수정안(Pressler Amendment)을 통과시켰는데, 이것은 파키스탄에 대한 군사원조를 핵무기 개발 포기를 충분히 보장할 때로 한정하는 내용이었다.[78] 그러

---

76 Ted Galen Carpenter, *A Search for Enemies: America's Alliances after the Cold War*, Washington, D.C.: Cato Institute, 1992, p.114; 이삼성, 1994, 280쪽.

77 Carpenter, 1992, pp.114~115; 이삼성, 1994, 280쪽.

78 Carpenter, 1992, 115쪽; 이삼성, 1994, 279쪽.

나 파키스탄은 1998년 핵실험을 공개적으로 하기 전 이미 핵무장을 완성한 것이나 다름없는 상태였다. 미국은 1970년대부터 파키스탄 핵무기 프로그램을 알면서도 중동과 남아시아에서 인도와 소련을 견제하고 이슬람혁명의 확산을 저지하는 데 파키스탄의 억압적인 군부정권과 협력이 필요하다고 생각했다. 그래서 파키스탄의 핵무기 프로그램을 묵인하고 방조하는 태도를 취했다. 더욱이 미국은 대규모 군사·경제 원조를 해서 파키스탄 핵무장을 실질적으로 뒷받침하는 역할을 한 것은 부인할 수 없다.

미국은 2001년 9·11테러를 주도한 알카에다의 배후로 지목된 아프가니스탄을 폭격하고 침공하는 대테러전쟁을 벌였다. '지속적 자유'(Operation Enduring Freedom)라는 이름의 침략전쟁이었다. 뉴욕 테러 후 채 한 달이 지나지 않았을 때인 2001년 10월 7일 그 전쟁이 시작되었다. 이와 동시에 미국은 파키스탄에 그 어느 때보다 많은 돈을 제공하는 후견국이 되었다. 미국이 아프가니스탄전쟁을 지속하려면 파키스탄의 협력이 긴요했다. 인도양과 아프가니스탄 사이에는 이란과 파키스탄이 가로막고 있다. 부시 미국 대통령은 파키스탄에 알카에다와 탈레반의 편에 서든지 미국 편에 서든지 분명히 하라고 경고했다. 파키스탄은 미국을 선택했다. 2018년 1월 1일 트럼프 대통령이 자신의 트위터에서 밝혔듯이 미국은 2002년부터 2017년에 이르는 15년간 무려 330억 달러에 달하는 막대한 군사·경제 원조를 파키스탄에 제공했다.[79]

문제는 파키스탄 군부와 정보기관들이 아프가니스탄과 카시미르 그리고 파키스탄 안에서 활약하는 이슬람테러집단들과 음양의 긴밀한 관계를 유지한다는 사실이었다. 『뉴욕타임스』는 사설에서 2001년 파키스탄은 미국과 긴밀한 동맹자가 된 처음부터 이중 게임(a double

---

79 The Editorial Board, "Pakistan, the Endlessly Troublesome Ally," *The New York Times*, January 8, 2018.

game)을 해왔다고 지적했다. 미국의 돈을 받는 다른 한편에서는 아프가니스탄과 카시미르에서 파키스탄의 이익을 보호하는 무장세력들을 지원했다는 것이다. 2014년부터는 군부도 어느새 파키스탄 국가를 위협하기에 이른 파키스탄 탈레반(Pakistan Taliban)에 대해 본격적인 군사행동을 개시했다. 그 결과 정부 측도 인명 피해를 많이 입었다. 그럼에도 파키스탄 정보기관들은 여전히 하카니(Haqqani) 세력에 대한 지원은 중단하지 않았다. 하카니는 『뉴욕타임스』가 지적한 대로 아프가니스탄에서 미군과 전투를 벌이고 아프간 도시들을 공격해온 탈레반의 한 분파였다. 파키스탄 정보기관들은 또한 주로 카시미르와 인도에서 테러활동에 관여해온 라시카르-에-타이바(Lashkar-e-Taiba)라는 극단주의 세력을 지원하는 것으로 파악되었다.[80]

이런 사정으로 미국과 파키스탄의 관계는 일종의 롤러코스터형에 가깝다. 그동안 해마다 13억 달러에 달하는 군사·경제 원조를 해오다 2018년 1월 1일 트럼프 대통령은 트위터에서 이제 못 참겠다면서 더는 파키스탄을 원조하지 않겠다고 선언했다. 그런데 이것은 파키스탄에 대해 미국이 느끼는 좌절감의 한 최근 사례일 뿐이다. 트럼프가 그런 식으로 불만을 토로하긴 했으나 미국은 파키스탄 군부와 관계를 그렇게 쉽게 정리하지는 못한다. 미국이 외면하면 파키스탄 군부는 중국과 관계를 더욱 긴밀하게 할 것이나. 인도와 관계에서 더 강경해지고, 그와 함께 핵무장 속도도 더 가속화할 수 있다. 그래서 『뉴욕타임스』 지적대로 파키스탄은 미국에 '끝없는 말썽꾸러기 동맹국'이다.[81] 그러나 파키스탄이 오늘의 괴물로 성장하기까지 미국의 돈과 국제정치적 후견이 결정적 역할을 했다는 사실이 어디로 가는 것은 아니다.

한편 코이사라는 파키스탄의 핵무장이 인도의 핵무장에 대한 대응이라기보다는 인도의 압도적인 재래식 군사력에 대응한 것이라고 주

---

80 *The New York Times*, January 8, 2018.

81 *The New York Times*, January 8, 2018.

장했다. 그러나 페로즈 칸과 마이클 크레폰(Michael Krepon)에 따르면, 파키스탄의 핵무기는 단순히 인도의 재래식 무력에 대한 대응 차원을 이미 넘어서 있다. 또 파키스탄 군부는 인도에 비해 '선제적 방위'(proactive defense) 개념을 취하고 있다.[82] 이 지적은 파키스탄 핵무장 과정과 오늘날 핵무기 규모에서 세계 3위를 바라보는 상황에 비추어 타당해 보인다.

마이클 크레폰은 인도의 핵무장도 파키스탄에 비해 속도가 느리지만 역시 확대 추세를 보인다는 점을 유의했다. 파키스탄이 인도의 재래식 군사력 우위에 대처하는 방편의 하나로 단거리 핵미사일 확충에 나서는 가운데 인도 역시 그 추세를 따른다는 것도 주목을 끌고 있다.[83] 미소가 핵 군비감축을 해온 추세였다면 파키스탄과 인도 사이의 핵무장 경쟁은 오히려 본궤도에 올라 있는 셈이다.

6. 비핵국가 핵무장 승인의 정치적 성격

이상에서 살펴본 바와 같이 비핵국가로서 핵무장을 추진하고 그럼에도 국제사회의 제재를 받지 않는 나라들이 존재해왔다. 핵무기비확산 체제에 매머드급 구멍이 뚫려 있는 꼴이다. 이들은 NPT 조약에 의거한 국제법적 규범에서는 공식적 핵보유국으로 인정받지 않지만 실질적으로는 핵보유국으로 인정받고 그렇게 당당하게 행세한다. 이런 나라들을 보면 다음 세 가지 요인과 관련이 있음을 확인할 수 있다.

첫째는 지정학적 중심성 내지 배후 후견세력의 존재 여부다. 중국과 인도처럼 가난하지만 인구와 영토 규모가 큰 나라이거나 주변에 인접한 후견인 국가가 존재하거나 둘 중 하나다. 파키스탄 뒤에는 중국과 미국이 있었고, 이스라엘 배후에는 프랑스, 영국, 독일, 미국이 있었다.

---

82 Michael Krepon, "South Asia's Distinctive Arms Race," *Arms Control Today*, November 5, 2012(www.armscontrol.org).

83 Krepon, November 5, 2012.

둘째는 대외정책의 정체성이다. 대국이 아닌 나라로서 핵무장을 하고 비공식적인 핵보유국으로 통하는 나라들(이스라엘, 파키스탄)은 미국을 비롯한 서방을 적대하지 않는 나라들이다.

셋째는 정당방어의 명분이다. 지정학적 조건에서 주변 국가(들)에 생존을 위협받는다는 사실이 비교적 인정될 수 있는 경우로 이스라엘과 파키스탄이 해당한다.

비핵국가의 핵무장을 둘러싼 후원과 제재가 어떻게 결정되는지는 결국 세계 권력정치의 편향이라는 현실을 적나라하게 드러낸다. 국제사회가 일정하게 합의한 규범은 모든 나라에 동일하게 적용되어야 한다는 것이 보편주의이자 이상주의다. 이 보편주의가 세계 권력정치의 구조와 정면으로 그리고 가시적으로 충돌하는 대표적 영역의 하나가 핵무기비확산 레짐이다.

미국은 핵무기비확산을 사활적인 외교 목표의 하나로 내세우고 있다. 그러나 지난 반세기에 걸친 핵무기 확산의 세계사를 돌이켜보면 미국에 핵무기비확산 자체는 지상 목표가 아니다. 오히려 미국은 지정학적 이유로 미국에 우호적인 국가가 반서방적인 국가들에 둘러싸여 있거나 지역 차원의 지정학적 권력균형을 미국에 유리하게 만들기 위해 일부 국가들의 핵무장을 묵인했고 은밀하고 간접적인 방식으로 지원한 사례들이 있었다.

친서방적인 정권이 지역적 권력균형의 조건에서 필요한 경우 미국은 핵무장을 묵인하고 방조했다. 하지만 미국에 적대적인 정권이 추구하는 핵무장에는 얘기가 완전히 달라져 전쟁도 불사하면서 저지해왔다. 리비아는 일찍 미국의 압박에 굴복했다. 이라크는 두 차례에 걸쳐 미국의 침략을 받았다. 이란에는 전쟁 위협까지 가하면서 압박했고 결국 핵에너지의 군사적 이용을 차단하는 형태의 핵협상을 2016년 타결했다. 어떻든 이란의 핵무장은 일단 저지한 셈이다.

그렇다면 북한의 경우는 어떠한가. 북한은 중국과 관계에서 볼 때 한국전쟁 이래 두 나라 모두 서로 '혈맹'으로 간주했다. 탈냉전 후 많이 약화되었다고 인식되지만 공식적으로는 여전히 군사동맹을 유지하는 상태다. 그럼에도 중국은 북한의 핵무장을 공식적으로나 실질적으로 반대하는 쪽이다. 미국이 주도하는 유엔 안보리의 각종 대북 제재를 일정하게 이행한다. 중국은 파키스탄에 대해서는 핵무장을 계획적으로 도와주었다. 그런데 북한에 대해서는 왜 그렇게 하지 않을까.

중국의 관점에서 북한의 핵무장은 파키스탄의 경우와 다르다. 파키스탄은 이미 핵무장한 인도를 견제하지만, 북한의 핵무장은 현재 비핵국가인 일본의 핵무장을 자극할 수 있다. 또 미국의 미사일방어망 확대와 구축을 촉진해 미중 간 전략적 균형을 중국에 더욱 불리하게 훼손할 수도 있다. 그런 부정적 측면이 있을 뿐 북한 핵무장은 중국을 위해 봉사하는 기능은 찾기 어렵다. 그래서 핵무장에 관한 한 중국이 북한을 매우 불만스럽게 생각하는 것은 당연하다.

더욱이 전 지구적 차원에서 헤게모니 국가의 위상을 아직은 유지하는 미국이 파키스탄에 대해 갖는 인식과 북한에 대해 갖는 견해와 이해관계는 더 크게 다르다.

첫째, 파키스탄이 핵무장을 한 동기가 되는 지정학적 적대국가는 미국이 아니라 인도다. 반면 북한의 핵무장으로 위협을 받는 곳은 미국과 그 동맹국인 한국과 일본이다.

둘째, 파키스탄은 미국과 전쟁을 한 일이 없다. 그러나 북한은 한국전쟁에서 미국과 싸웠다. 한미동맹과 주한미군은 그 유산이다.

셋째, 파키스탄의 핵무장은 남아시아에서 미국의 이익에 직접 위협을 가하는 것이 없고, 인도의 지역적 패권을 견제하는 역할을 한다. 반면 북한의 핵무장은 한국과 일본에 대한 미국 핵우산의 신뢰성을 약화함으로써 동아태지역에서 미국 주도의 동맹네트워크에 의미심장한 긴장을 조성할 수 있다. 특히 북한이 오키나와와 괌을 위협하는 IRBM과 함께 미국 본토를 위협하는 ICBM을 개발한 상황에서는 일본과 한국에 대한 미국 핵우산의 신뢰성 훼손이라는 우려를 낳을 수 있다.

그런 의미에서 북한이 오늘날 일단 핵무장에 성공하기에 이른 상황은 그 자체로 이미 전후 세계 핵무기 확산 역사에서 지극히 고유하고 의미심장한 도전을 세계와 미국에 제기한다. 이 상황에서 북한 핵무장에 대한 미국과 중국의 대응을 결정할 큰 틀의 구조는 어떻게 이해할 수 있을까.

우선 기억할 것은 미국도 중국도 핵무기 확산 자체를 지상목표로 삼는 것은 아니라는 것이다. 핵무장을 추구하는 비핵국가가 그 지역에서 자신의 지정학적 이해관계에 어떤 영향을 미치는지에 대한 판단이 결정적인 변수다. 북한 핵무장을 예방전쟁을 포함한 군사적 해법을 동원해서라도 반드시 해체해야 할는지에 대한 미국의 계산은 결국 그러한 행동이 성공할 가능성과 그러한 행동이 미국과 한국·일본 등에 초래할 이득과 손실에 대한 지정학적 계산에 따라 달라진다.

파키스탄의 핵무장은 인도를 가상 적으로 하는 데 비해 북한의 핵무장은 미국과 그 동맹국들인 한국과 일본을 가상 적으로 한다는 점에서 북한 핵무장은 미국의 묵인을 받아내기가 거의 불가능하다는 점은 이미 지적했다. 그런데 북한에는 그것을 상쇄할 수 있는 지정학적·전략적으로 유리한 조건도 있다.

하나는 파키스탄과 달리 북한은 자신이 갖고 있는 제한된 핵무력으로도 보복타격을 가해서 '감당할 수 없는 손해'(unacceptable damage)를 입힐 수 있는 '쏘그린 오리' 같은 목표물이 있다는 점이다. 한국의 수도권이 그러하고 가까운 일본의 존재가 그러하다.

다른 하나는 중국과 군사동맹 관계다. 파키스탄은 중국과 군사적 협력관계를 맺어왔지만 공식적 혈맹관계는 아니다. 북한과 중국의 관계는 아직까지 공식적인 군사동맹 관계를 맺고 있지만 미국의 한 전문가가 "북중 사이엔 이미 잃어버릴 애정 자체가 없다"라고 말했듯 과거와 같은 혈맹관계는 분명 아니다. 그럼에도 중국에 북한은 남아시아의 파키스탄이 갖고 있지 않은 지정학적 요충지라는 의의가 있다. 태평양과 면한 동해안은 중국에 '해양의 레벤스라움(Lebensraum)'이다. 미국과 일본이라는 해양세력의 중국에 대한 현재적·잠재적 위협 그리고 잠재적으로는 러시아의 동아시아 진출을 통제하는 데 한반도가 갖는 중요성은 중국에 치명적이다. 그 한반도를 반분하는 두 한국 가운데도 중국·러시아와 접경하고 있는 북한의 지정학적 중요성은 말할 수 없이 크다. 이 중요성을 가볍게 생각하는 사람들이 많지만 이 점을 절대 간과해서는 안 된다.

그렇다면 북한이 사실상 핵보유국으로 취급될 가능성은 결국 북중 관계, 특히 그 경제관계와 군사동맹 관계의 향방에 달려 있다고 할 수 있다.

추가로 북한이 갖고 있는 잠재적 옵션의 하나는 러시아와 관계다. 제한적이지만 중국과 러시아는 미국이 주도하는 국제사회의 대북 경제제재와 군사적 압박을 견제하는 역할을 해왔다. 대외정책의 정체성에서 북한은 미국에 적대하지만, 중국과 러시아에 대해서는 그렇지 않다. 오히려 북한이 핵무장 명분으로 삼아온 미국의 군사적 위협을 중국과 러시아가 인정하면서 북한 핵무장을 정당방어의 일환으로 인정하는 부분이 없지 않다는 점도 유의해야 한다. 2017년 말 현재까지 러시아가 중국과 함께 북한 핵문제에 대한 미국의 군사적 해법 논의와 제재 강화를 일관되게 비판한다는 점은 이런 맥락에서 여전히 유의할 필요가 있다.

제9장

중국의 대북 경제관계와 군사동맹의 향방

1. 2017년 북중 경제관계의 추이

북한의 대외무역에서 중국이 차지하는 비중은 90퍼센트에 달한다. 미국 MIT 대학에 '경제복합성관찰'(Observatory of Economic Complexity)이라는 프로젝트 사업단이 있다. 이 사업단이 분석한 것에 따르면, 2015년 기준으로 북한의 대외수출에서 중국이 차지하는 비중은 83퍼센트였다. 금액으로는 28억 3,000만 달러였다. 두 번째로 큰 무역 파트너인 러시아가 북한의 대외수출에서 차지하는 비중은 3.5퍼센트로서 금액으로는 9,780만 달러였다. 북한의 최대 수출 품목은 석탄으로 10억 달러 비중이다.[1] 중국은 2017년 2월 26일 북한 석탄 수출을 제재했다. 중국 항구에서 북한 석탄 200만 톤의 하역을 거부하고 북한으로 돌려보낸 것이다. 그런데 역설적이게도 『뉴욕타임스』에 따르면, 그러한 제재에도 2017년 1사분기 북중 교역량은 2016년 같은 기간에 비해 37.4퍼센트 증가했다. 특히 2017년 1월과 2월 중 북한 철강의 대중국 수출은 270퍼센트 증가했다.[2]

중국은 2017년 2월 북한 석탄 수입을 2017년 말까지 중단하겠다고 미국에 약속한 것으로 알려졌다. 그러나 2017년 8월 중국은 그 약

---

[1] Greg Price, "Why China Remains North Korea's Biggest Ally," *Newsweek*, April 13, 2017(http://www.newsweek.com).

[2] Price, April 13, 2017.

속을 깨고 북한에서 다시 석탄을 수입하기 시작했다. 1억 3,800만 달러에 달하는 북한 석탄 164만 톤을 다시 수입한 것이다.[3] 2016년 11월 유엔이 북한 석탄 수입을 제한하는 결의를 하고 2017년 8월에는 북한 석탄 수입 전면 금지를 결의했지만, 중국이 그것을 지키지 않은 것으로 밝혀진 것이다. 미국 전문가들은 2017년 8월 중국의 북한 석탄 수입 재개는 유엔 대북 제재를 준수할 의사가 애당초 없었다는 증거라고 인식했다. 피터슨국제경제연구소의 켄트 보이드스턴(Kent Boydston)은 '중국이 왜 다시 북한 석탄을 수입하느냐를 묻기보다는 중국이 수입하지 않았다고 보고한 기간에도 중국은 여전히 북한 석탄을 수입한 것이 아닌지 의심해야 할 지경'이라고 말했다.[4]

북한의 대외수출에서 중국이 차지하는 비중은 그처럼 83퍼센트 정도지만, 북한 경제에 필요한 물자를 구입해가는 물량, 즉 북한의 수입에서 중국이 차지하는 비중은 90퍼센트가 훨씬 넘는다. 그 결과 수출과 수입을 합한 북한의 총교역량에서 중국의 비중은 90퍼센트가 넘는다. 2017년 전반기 북중 교역 총량은 26억 달러에 달했다. 이것은 2016년 같은 기간에 비해 10퍼센트 늘어난 것이라고 미국외교협회(Council on Foreign Relations: CFR)는 밝혔다.[5]

한국무역진흥원(KOTRA)이 제시한 자료에 따르면, 북중 간 총무역고는 2000년 4억 9,000만 달러에서 2005년 15억 8,000만 달러로 3배 증가했다. 2006년 10월 9일 북한이 첫 핵실험을 했지만, 2007년 북중 무역고는 19억 7,000만 달러로 늘었고, 불과 1년 뒤인 2008년에는 27억 9,000만 달러로 대폭 증가했다. 북한이 제2차 핵실험을 강행한 2009년의 총무역고는 26억 8,000만 달러로 약간 주춤했다. 그러나

---

3 Daniel Shane, "Did China just break its promise not to buy North Korean coal?" CNN, September 27, 2017.

4 Shane, September 27, 2017.

5 Eleanor Albert, "The China–North Korea Relationship," Council on Foreign Relations, September 27, 2017(https://www.cfr.org/backgrounder).

중조우의교.
단둥과 신의주를 연결하는 이 다리는 북중 무역의 상징으로, 북중 무역 물자의 70퍼센트가 이 다리를 거친다. 북중 무역고는 북한이 제4, 5차 핵실험을 단행했을 때도 60억 6,000만 달러를 기록했다.

2010년에는 34억 7,000만 달러로 다시 크게 늘었다. 2011년에는 56억 3,000만 달러로 급성장했다. 2013년 2월 12일 북한은 제3차 핵실험을 했다. 그해 북중 무역고는 65억 4,000만 달러였다. 2014년은 현재까지 북중 무역고로는 최고인 68억 6,000만 달러를 기록했다. 2015년 57억 1,000만 달러로 다소 내려앉았던 북중 무역고는 2016년 북한의 두 번에 걸친 제4차와 제5차 핵실험에도 60억 6,000만 달러를 기록했다.[6]

북중 무역고의 대체로 꾸준한 성장세는 최소한 두 가지를 말한다고 판단한다. 첫째, 중국은 북한 핵과 미사일을 문제 삼는 미국을 비롯한 국제사회의 대북 경제제재와 큰 상관없이 북한 경제사회를 떠받치는 버팀목 역할을 하며, 그러한 역할을 포기할 의사가 없어 보인다는 점이다. 그것은 미국외교협회 엘리 래트너(Ely Ratner)가 "중국에는 한

6   Bilateral trade between China and North Korea. Source: Korea Trade-Investment Promotion Agency(KOTRA); Albert, September 27, 2017.

반도의 안정이 한반도 비핵화보다 우선순위가 더 높다"고 지적한 것과 관계가 있어 보인다.[7] 둘째, 북한 경제 자체의 규모가 상당히 빠른 속도로 커지고 있다는 사실이다. 그것은 북한 경제의 시장화 추세와 관계가 있다고 본다.

북한 핵 프로그램과 미사일 개발에 대한 국제사회의 분노와 그것을 반영하는 유엔안보리의 잇단 대북 제재조치에도 중국은 일반경제적 대북 무역에서는 북한 경제에 중대한 타격이 될 만한 무역 중단 조치를 취하기를 꺼린다. 이런 태도는 위에서 일별한 2000~2016년의 북중 무역고 추이에서 확인된다. 그뿐만 아니라 중국은 꾸준히 북중 경제관계를 확대하고 제도화하려는 일련의 조치를 취해온 것을 알 수 있다. 이것은 중국이 장기적으로 북한과 경제관계를 제도적으로 결속시키는 역할도 염두에 둔 것이 아닐까 생각하게 만드는 대목이다.

미국외교협회도 주목했지만, 2015년 9월 북중 양국은 중국에 대한 북한의 석탄 수출을 증진할 목적으로 벌크화물(bulk cargo)을 위한 항로를 개설했다. 벌크화물은 곡물과 석탄을 비롯한 광물과 같이 포장할 필요가 없는 화물을 대량으로 실어 나르는 선박을 가리킨다. 이뿐만 아니라 중국은 북한과 교역 통로인 단둥(丹東)과 랴오닝성 수도인 셴양을 연결하는 고속철을 개통했다.[8] 같은 2015년 10월 단둥시 관내 궈민완(國門灣)지역의 2만 4,000제곱미터 부지에 북중 양국 주민 간에 무관세 교역을 허용하는 '호시무역구'(互市貿易區)라는 이름의 국경무역지대(border trade zone)가 설치되었다. 이는 100년 만의 부활이라고 언론에 보도되었다. 이 호시무역구는 "북중 국경지역 20킬로미터 이내에 거주하는 양국 주민에게 상품 교환 활동을 허용하고 하루에 8,000위안, 우리 돈으로 140여 만 원 이하 상품에 대해 수입 관세와 과징금을 면제"한다. YTN에 따르면, 이 호시무역구 개장에 맞

---

7 Albert, September 27, 2017.

8 Albert, September 27, 2017.

취 단둥에서 '제4회 북중무역박람회'가 열렸다. 여기에 북한은 100개 기업의 대표 400명을 파견했다.[9]

여전히 활발한 북중 교역의 현실을 보도한 위의 『뉴스위크』 기사가 지적한 것처럼 중국은 북한의 경제사회적 붕괴를 원하지 않는다. 현재 2,490만 명으로 추산되는 북한 인구가 전쟁이나 정치사회적 붕괴로 중국 국경을 넘어 난민으로 쏟아질 경우를 우려하는 것이기도 하고, 한국전쟁에서 미국이 38선을 넘어 북진하고 압록강으로 다가오던 1950년 10월 초순 마오쩌둥이 주재한 중국 공산당 정치국 회의가 북중 관계를 '순치상의의 이웃'(脣齒相依的鄰邦)임을 앞세워 군사개입을 결정했던 것처럼,[10] 중국에 북한이 갖는 지정학적 의미는 쉽게 사라지지 않는다는 것을 뜻하는 것이기도 하다.

이러한 지정학적 이해관계뿐만이 아니다. 북한에는 1990년대 고난의 행군시대를 거치면서 풀뿌리 자본주의라 할 수 있는 시장경제가 성장했다. 이제 북한의 국가와 경제의 절반은 그러한 시장 메커니즘에 힘입어 지탱되고 있다. 그만큼 경제 규모가 커졌다. 중국 동북지역, 특히 북한과 접경한 지역들의 경제도 시장화되어가는 북한과 교역에서 경제적 활력의 많은 부분을 의존하게 되었다고 할 수 있다. 북한 경제사회가 정상적으로 유지되는 것은 중국 경제에도 도움이 되는 상황이며, 그만큼 북한 경제와 사회가 붕괴됨으로써 촉발될 위기는 중국에도 여러 가지 의미에서 무시할 수 없는 경제적 재앙이 될 수 있다는 얘기다.

2. 2017년 8월과 9월 유엔의 대북 경제제재결의안

2017년에 들어서, 특히 북한이 ICBM을 두 차례 쏘아올린 7월 이후 8월의 유엔 결의안 그리고 북한이 수폭실험을 한 9월 초 이후의 유

---

9 YTN News, 「북·중 접경 단둥에 국경 무역지대 부활」, 2015. 10. 15.

10 中國人民解放軍軍史 編寫組 編, 2011, 『中國人民解放軍軍史』 第四卷, 北京: 軍事科學出版社, 2011, 188쪽.

엔 제재결의안은 역사상 유례없는 강력한 것이었다. 8월 5일 유엔 안보리 15개 회원국이 만장일치로 채택한 대북 제재결의안이 통과된 후 니키 헤일리(Nikki Haley) 유엔 주재 미국대사는 "지난 한 세대 동안 한 나라에 대해 내려진 가장 강력한 제재"라고 자평했다. 헤일리는 또한 "이 제재는 북한 지도자들에게 그들이 북한 인민에게 가한 박탈의 맛을 보게 할 것"이라는 호언장담도 아끼지 않았다.[11] 이 제재는 당시까지 북한이 대외 경제관계에서 확보하는 연간 30억 달러의 외환 수입을 그 3분의 1인 10억 달러 규모로 축소하는 것을 목표로 삼았다. 이 제재는 북한의 석탄·철광석·납 그리고 모든 수산물의 수출을 금지했다. 또 북한의 대외무역은행에 대해 새로운 제재를 추가했다. 해외파견 노동자 숫자를 제한했고, 북한 해운산업에 대한 제재도 강화하는 내용을 담았다. 아울러 북한에 대한 새로운 투자나 공동사업도 상한선을 설정했다.[12]

그러나 이 제재로 북한의 대외무역 소득을 3분의 1로 찌그러뜨리겠다는 목표가 과연 달성 가능한지에 대해서는 회의적인 전문가들이 많았다. 워싱턴의 연구기관인 민주주의방위재단(Foundation for Defense of Democracies) 선임연구위원 엔서니 러기로(Anthony Ruggiero)는 "트럼프 행정부가 제시한 (10억 달러로 줄인다는) 수치는 중국과 러시아가 이 결의안을 이행한다는 것을 가정한 것이다. 지난 11년 동안 시행된 북한에 대한 유엔의 대북 제재결의안의 역사는 중국과 러시아 두 나라는 이행하지 않을 것이라는 걸 증명한다."[13] 이 결의안이 통과된 직후 헤일리 대사는 "우리는 이제 더는 북한과 놀고 있는 게 아니다"(We're not playing anymore with North Korea)라고

11 Rick Gladstone, "U.N. Security Council Imposes Punishing New Sanctions on North Korea," *The New York Times*, August 5, 2017.

12 Jane Perlez and Rick Gladstone, "North Korea Rails Against New Sanctions. Whether They Will Work Is Unclear," *The New York Times*, August 7, 2017.

13 Perlez and Gladstone, August 7, 2017.

말했다.[14] 미국의 다부진 결의를 드러낸 것이기는 하지만, 그동안 유엔 제재결의안들이 이빨 빠진 호랑이 같은 것으로 비치게 만든 역사에 대한 미국 관리들의 자괴감을 표현한 것이라고도 할 수 있었다.

2017년 9월 3일 북한이 수폭실험을 한 뒤 유엔이 만장일치로 통과시킨 제재결의안 2375는 북한의 생명줄인 정유(精油, refined petroleum) 제품의 대북 수출을 제한하는 내용을 담았다는 점에서 새로웠다. 정유에는 휘발유(gasoline)와 경유(diesel) 그리고 항공기 연료로 쓰이는 항공유(aviation fuel) 등이 포함된다. 9월 11일 유엔 안보리는 북한에 대한 정유제품 수출을 연간 200만 배럴로 상한선을 정해 제한했다. 미국이 처음 주장한 것은 모든 석유제품에 대한 완전한 금수조치(full oil embargo), 북한 해외 자산 동결, 김정은에 대한 여행 제한, 해외 파견 북한 노동자들의 추방 등이었다. 그러나 중국과 러시아의 반대로 관철하지 못했다. 북한에 대한 정유 제품 수출을 연간 450만 배럴에서 200만 배럴로 제한함으로써 정유는 55퍼센트 축소 효과를 보게 되었다. 연간 400만 배럴로 추산된 원유(原油, crude oil)의 대북 수출은 현 수준을 유지하는 것으로 했으므로, 정유와 원유를 합한 석유제품 전체로 보면 대북 석유 수출 총량의 30퍼센트만 줄어드는 것이었다.[15]

또 북한 섬유제품의 수입을 전면 금지했다. 헤일리 대사는 2016년 기준으로 북한이 벌어들이는 외화는 7억 6,000만 달러라고 파악했다. 섬유산업은 북한 경제에서 가장 비중이 큰 부문인데, 과거의 유엔 경제제재는 이 부문은 건드리지 않았다. 또 연간 5억 달러의 외화를 벌어들이는 것으로 추산된 해외 파견 노동자들의 해외 경제활동도 중단시켰다.[16] 원유는 예년 수준의 수입을 계속하면서 25만 톤가량 기준에 받아오던 무상지원도 계속 받을 수 있게 되었다는 점 그리고 북한이

14 Perlez and Gladstone, August 7, 2017.

15 Zachary Cohen and Richard Roth, CNN, "UN passes fresh sanctions on North Korea," CNN, September 12, 2017.

16 Cohen and Roth, September 12, 2017.

현재 1년 정도 사용할 수 있는 원유를 비축한 상태여서 이 제재가 북한에 미칠 당장의 효과에는 회의적인 전망도 즉각 제기되었다.[17]

3. 2017년 11월 미국, 북한을 테러지원국으로 재지정

트럼프 행정부는 여전히 성이 차지 않았다. 미국이 원하는 만큼 충분한 대북 제재를 관철할 수 없었다. 유엔을 통한 대북 제재의 한계를 느끼면서 북한에 대한 독자적 제재를 강화할 방안을 모색했다. 트럼프 미국 대통령은 2017년 11월 19일 북한을 '테러지원국 명단'(list of state sponsors of terrorism)에 다시 올린다고 공식 발표했다. 1987년 11월 29일 KAL 858기가 폭파되어 승객 115명이 사망한 사건이 있었다. 한국이 그것을 북한의 범행으로 규정하면서 1988년 미국은 북한을 테러지원국 명단에 올린 바 있다. 부시 대통령은 자신이 제네바합의를 폐기한 이후 북한 핵무장이 오히려 본격화된 이후인 2008년, 대화로 북한 비핵화를 이루겠다고 한때 희망했다. 북한이 핵 프로그램을 중단하는 조건으로 테러지원국 명단에서 제외했다. 체니 부통령은 강력히 반대했다. 부시 대통령이 결단을 내린 것으로 알려졌다. 북한은 그에 부응하여 영변 원자로의 냉각탑을 해체했다.[18]

2017년 2월 말레이시아 쿠알라룸푸르에서 김정은의 이복형 김정남이 북한 요원들의 주도 아래 독극물로 살해되었다. 미국 청년 오토 웜비어(Otto Warmbier, 1994~2017)가 북한에서 억류생활을 한 끝에 미국에 돌아온 지 6일 만에 사망하는 사건도 벌어졌다. 이 일로 북한을 테러지원국 명단에 다시 올려야 한다는 미국 정치권 안팎의 압력이 높아졌다. 한편 이에 대한 회의론도 없지는 않았다. 1994년 제네바합의를 탄생시킨 주역 가운데 한 명인 갈루치는 『뉴욕타임스』와 인터

---

17 김상진, 「안보리 새 대북 제재결의안 만장일치 통과…'석유수출량 제한'」, 『중앙일보』, 2017. 9. 12.

18 Michael D. Shear and David E. Sanger, "Trump Returns North Korea to List of State Sponsors of Terrorism," *The New York Times*, November 20, 2017.

암살당한 김정남(왼쪽에서 네 번째).
공격당한 직후 공항 직원에게 피해 사실을 알리고 있다. 이 사건은 북한이 다시 테러지원국 명단에 오르는 데 영향을 끼쳤다.

뷰에서 김씨 집안에서 암살은 김정은과 그 정권의 잔인성을 증명해주는 일이지만 그것을 곧 국제테러리즘 지원으로 연결하는 것이 합당한 지는 의문이라고 말했다.[19]

어떻든 트럼프의 결정은 북한에 대한 각종 제재와 압박을 극대화하려고 명분을 쌓는 의미가 컸다. 2017년 현재 미국의 테러지원국 명단에 오른 나라는 이란·수단·시리아 등이다. 테러지원국으로 지정되면 행정부는 해당 국가에 대해 미 재무부의 금융 제재를 포함한 각종 제재를 강화할 명분과 미국 국내법적 뒷받침이 따른다. 트럼프 행정부가 북한을 테러지원국 명단에 다시 올린 뒤 취한 조치 가운데 하나가 북한의 해상무역에 대한 강력한 제재 시도였다. 미국 재무부는 이날 "북한 핵·미사일 개발 프로그램으로 자금이 유입되는 것을 차단하기 위해 개인 1명과 기관 13곳, 선박 20척을 제재한다"라고 밝혔다. 해사감독국 등 북한 정부 기관, 릉라도선박과 릉라도 룡악무역 등 무역회

---

19 Shear and Sanger, November 20, 2017.

사 그리고 선박·운송회사 등 9곳을 제재 명단에 올렸다.[20]

미 재무부는 성명에서 "미국은 북한의 핵·미사일 프로그램을 개발하기 위한 불법적 돈줄을 봉쇄하려고 다자간 또는 독자적 조치를 계속 취해왔다"며 "이번 제재는 북한의 수익 창출에 도움을 주는 교통·운송 네트워크뿐 아니라 북한과 오랫동안 거래해온 제3국인까지 겨냥한 것"이라고 밝혔다. 트럼프 정부는 출범 이후 지금까지 총 6차례에 걸쳐 46개 기관과 개인 49명, 선박 20척을 대북 제재대상으로 지정했다. 스티브 므누신(Steve Mnuchin) 재무장관은 이 조치들이 "국제적 평화와 안보를 위협하는 북한을 무역과 수익원으로부터 고립시키기 위한 경제적 압박을 최대화하겠다"는 결의의 표현이라고 밝혔다.[21]

미국은 북한을 테러지원국으로 재지정함으로써 북한에 대한 제재 폭을 넓혀 북한과 거래하는 중국 기업들에도 압박을 강화하는 명분으로 사용하고 있다. 유엔을 거치지 않고 제3국 기업들을 대상으로 제재를 확대하는 것, 즉 미국 국내법에 근거해 경제제재의 외연을 확대한 것이다. 미 재무부는 북한의 불법적인 핵·미사일 개발 프로그램으로 불법적 자금이 유입되는 것을 차단한다는 목표로, 중국의 개인 1명과 기관 13곳, 선박 20척을 제재 대상에 포함시킨 것이다. 여기에 단둥 둥위안 실업의 쑨쓰둥(孫嗣東) 대표 그리고 단둥 둥위안을 포함한 중국 무역회사 4곳이 포함됐다.

중국 외교부는 강하게 비판하고 나섰다. 루캉(陸慷) 중국 외교부 대변인은 2017년 11월 22일 정례 브리핑에서 중국은 다른 국가가 자국법을 적용해 일방적인 제재로 확대 관할하는 잘못된 행동을 일관되게 반대해왔다고 강조했다. 그는 "중국 공민이나 기업이 중국 영토에서 법규를 위반한다면 법에 따라 조사해 엄격히 처리할 것"이

---

20 박영환,「북한에 대한 '최대의 압박' 수위 높여가는 미국」,『경향신문』, 2017. 11. 22.

21 박영환, 2017. 11. 22.

라면서 "만약 다른 국가가 이 문제에 대해 확실한 정보를 갖고 있다면 중국은 정보를 공유해 유관 문제를 협력해 처리할 수 있다"고 덧붙였다.[22] 중국의 관영 영자매체인 『글로벌타임스』는 더 강한 목소리로 미국을 비판하고 나섰다. 이 매체는 이날 논평을 내서 미 재무부의 추가 대북제재가 "유엔 안전보장이사회의 대북 제재결의안을 훨씬 넘어서는 것"이라고 지적하고, "이젠 중국마저 미국이 주제넘다 (presumptuous)고 느낀다"고 주장했다.[23]

2017년 11월 28일 북한이 세 번째 ICBM인 화성-15형을 발사한 뒤 미국은 북한에 대한 해상봉쇄 등 강력한 추가 제재를 거론하며 한반도에서 위협적인 군사훈련들을 연거푸 실시했다. 중국 정부는 분명하게 거부 의사를 표명했다. 중국의 관영매체의 하나로, 중국공산당 기관지 『인민일보』의 자매지인 『환구시보』는 12월 3일 '사평'에서 중국이 북한에 우호적인 국가임에도 유엔 안보리의 대북 제재에 참여하긴 했지만, 중국은 여전히 북한에 최대 무역상대국이라는 점을 상기시켰다. 그리고 "대북제재가 북한 인민을 겨냥해서는 안 된다"는 점을 지적해왔다고 강조했다. 이 사평은 중국이 북중 관계에 타격을 입는 대가를 치르면서까지 '미국에 할 만큼 했다'고 주장하면서, "북핵문제는 제재와 함께 대화 양방향으로 가야 하지만 미국과 한국은 이를 도외시하고 북핵문제 해결을 중국에만 의존하고 있다"고 비판했다. 이 신문은 또 "북한이 무슨 잘못을 했든 간에 전면적인 무역운송금지 등 북한을 고립시키는 행위 역시 잘못된 것"이라고 지적했다. 또 "중국은 미국의 이런 비현실적 구상에 협력할 의무가 없고 미국이 중국과 안보리를 통제할 지휘권을 갖고 있는 것도 아니다"라고 주장했다.[24]

22 심재훈, 「中, 대북제재 명단에 중국기업 포함한 美 겨냥 '일방제재'에 반대: 美, 선박 20척 등 무더기 대북 제재…中기업 4곳 포함」, 『연합뉴스』, 2017. 11. 22.

23 박상욱, 「中 관영지 '美 지나친 대북제재, 주제넘어'…美 재무부 추가제재 비판」, 『중앙일보』, 2017. 11. 23.

24 문병주, 「中 관영매체 '중국은 할 만큼 했다'…추가 대북 제재 거부: '북한도

이 무렵 러시아도 미국의 추가적인 대북 제재 강화와 군사적 압박 전략이 초래할 부정적 효과를 강조하면서 미국을 비판했다. 러시아 외무장관 세르게이 라브로프(Sergei Lavrov)는 12월 2일 벨라루스 매체와 인터뷰에서 "우리는 북한의 핵·미사일 도박을 규탄하지만, 미국의 도발적 행동 역시 비판할 수밖에 없다"고 말했다. 그는 미국과 함께 일본과 한국을 가리키면서 "이들은 한반도에서 전쟁이 날 경우 첫 번째 희생자가 될 나라들"이라고 주장했다. 라브로프 장관은 특히 "북한 지도자는 이전 두 달 동안(11월 28일 화성-15형 발사 이전 두 달 간)은 어떤 무모한 계획에도 관여하지 않았다"고 말하고, "미군이 10월과 11월에 갑자기 한반도 해상에서 추가 훈련을 하고 12월에 또 하는 게 김정은을 의도적으로 도발하려고 한다는 인상을 준다"고 말했다. 이로써 러시아 정부는 북한이 11월 28일 화성-15형을 발사한 것을 그 두 달 동안 미국이 추가적인 대북 제재조치와 군사훈련을 강화한 것에 대한 대응으로 인식하고 있음을 보여주었다. 라바로프 장관은 이 대목에서 "위협과 모욕을 중단하고 대화를 재개하기 위한 길을 찾아야 한다"고 강조했다. 그는 중국이 제시한 '쌍중단' 해법과 같은 취지인, 북한이 핵·미사일 개발을 동결하는 대가로 미국과 한국도 연합군사훈련을 중단해야 한다는 견해를 밝혔다.[25]

4. 미국의 세 방면에 걸친 북한 경제 옥죄기와 중국

2017년 들어서 미국은 북한 경제의 목을 더욱 조르려고 위에서 언급한 대로 북한과 중국의 개인과 기업들에 대한 제재를 강화했다. 2017년 하반기에 미국 전문가들은 북한에 대해 제재할 대상이랄 게 더는 남아 있지 않다고 진단할 정도였다. 2017년 가을에 들어서 미국

제재 감수해야 하지만 대북 봉쇄는 잘못', '북한과 미국 스스로 책임지지 않고 중국에만 의존' 비판」, 『중앙일보』, 2017. 12. 3.

25 문병주, 2017. 12. 3.

이 북한에 부과한 제재는 크게 세 가지 방면에서 기존 제재를 강화하는 데 초점을 두었다. 모두 중국의 협조 여부가 관건인 분야였다. 첫째는 금융제재였다. 중국 은행들은 북한이 국제사회의 금융제재를 따돌리는 핵심 경로라는 게 미국 정부의 인식이다. 둘째는 북한에 대한 석유 공급을 차단하거나 최소한 크게 축소하는 것이었다. 셋째는 북한의 해운산업(shipping industry)의 목을 조이는 일이었다.[26]

금융제재 방법은 미국 재무부가 북한과 거래하는 중국 은행들을 미국의 금융시스템에 접근하지 못하게 차단하고 미국 금융시스템에 들어와 있는 중국 은행들의 자산을 동결하는 것이 전형적이다. 이란에 대한 제재에 협조하지 않았던 유럽 은행들에 대해 미국은 벌금을 부과한 바 있다. 북한과 거래를 계속하는 중국 금융기관들에도 미국은 같은 조치를 취할 수 있다.[27]

2005년 9월 부시 행정부는 6자회담에서 타결된 9·19공동성명에 합의했다. 이 합의는 북한의 비핵화 약속을 전제로 북미관계정상화를 포함하는 한반도 평화체제를 구성하기 위한 포괄적인 로드맵을 미국이 수용한 것이었다. 그러나 곧 같은 부시 행정부의 재무부는 마카오의 BDA가 북한의 검은 돈을 세탁하는 역할을 했다면서 BDA에 대한 금융제재를 발표했다. 그 결과 9·19공동성명은 허무한 해프닝이 되고 말았다. 이 과정에 대해 당시 국무장관을 맡고 있던 라이스는 2011년 출간한 자신의 회고록에서 자세한 설명을 하지 않았다. 국무부가 주도해 이룩한 한반도의 평화적 해법을 뒤집어엎은 BDA 사태의 엄중한 중요성에도 불구하고 그에 대한 해명을 생략해버린 것이다. 그 대신 그녀는 BDA 사건을 다른 나라 금융기관들이 미국의 국익을 해치는 불법적인 활동에 개입할 경우 그 외국 은행들이 미국 금융시스

---

26 Daniel Shane, "North Korea's economy: What's left for Trump to sanction?" CNN, November 30, 2017.

27 Shane, November 30, 2017.

템에 접근할 권리를 박탈하는 것이 얼마나 강력한 효과가 있는지를 보여주는 사례로 자랑삼아 언급하는 데 그쳤다.[28]

라이스는 이렇게 썼다. "나는 굳이 유엔에 가지 않고도 북한에 대한 국제적인 금융 조치를 동원할 수 있는 우리 능력에 강한 인상을 받았다. 내가 국무장관으로 있는 동안 동아시아 문제 선임보좌관이자 대북정책조정관을 맡은 데이비드 에셔(David Asher)는 이러한 접근법의 강점을 설득력 있게 요약해주었다. 그 과정은 다음과 같다. 미국 재무부는 테러리즘이나 무기 확산을 지원하거나 311조 제재(패트리엇법Patriot Act 311조에 따른 제재)의 경우 '주요 돈세탁 요주의 대상'으로 지명한 기관들을 지정한다. 그 리스트에 올라간 기관은 미국의 금융시스템에 접근할 수 없다. 예를 들어 만일 독일의 어떤 은행이 그 리스트에 올라 있는 기관과 거래하면 그 독일 은행 역시 미국 시장에 접근이 차단된다."[29]

이렇게 설명한 뒤 라이스는 미 재무부가 2005년 가을 마카오에 기반을 둔 BDA를 '북한 정권을 위한 의심스러운 거래를 도와준 주요 돈세탁 요주의 대상'으로 지정하자 그 효과는 '극적이었다'고 말했다. 세계의 많은 금융기관들 북한과 관계를 끊었다는 것이다. 미국의 금융시스템에 접근할 권리 상실을 무릅쓰면서까지 존재가 미미한 이 '은자의 왕국'과 거래를 계속할 배짱이 있는 해외 은행은 거의 없기 때문이라고 라이스는 자랑스럽게 말했다.[30]

석유는 북한의 경제와 군대가 움직이는 데 결정적인 요소다. 중국은 북한에 대한 최대 석유 공급자다. 유엔 주재 미국대사 헤일리는 북한에 대한 석유 공급을 차단하는 것이 북한의 숨통을 죄는 가장 핵심적인 일이라고 지적했다. CNN이 보도한 것과 같이 중국은 2017년 들어 북한

---

28 Condoleezza Rice, *No Higher Honor: A Memoir of My Years in Washington*, New York: Crown Publishers, 2011, p.521.

29 Rice, 2011, p.521.

30 Rice, 2011, p.521.

에 대한 석유 공급을 줄였지만 완전히 차단하는 데는 반대해왔다. 이 분야 전문가 시에 얀메이(Yanmei Xie)는 중국으로서는 북한에 대한 실질적인 석유수출 축소는 넘을 수 없는 레드라인이라고 지적했다. 석유수출 금지는 북한을 벼랑으로 몰고 가는 일이며, 그 예상되는 결과는 중국이 감당할 수 없는 악몽이다. 북한의 경제사회적 붕괴는 곧 중국에 수백만 난민의 중국 유입사태를 말하는 동시에 미국 군사력이 휴전선을 넘어 중국 접경지역까지 다가서는 것을 말한다. 중국은 그런 사태를 추호도 원치 않는다고 시에 얀메이는 강조했다.[31]

2017년 11월 틸러슨 미 국무장관은 북한 해운회사들과 무역회사들에 제재를 강화한다고 밝혔다. 그러나 전문가들은 이 역시 실질적 효과는 거의 없을 것이라고 본다. CNN은 로버트 허이시(Robert Huish)의 말을 빌려 북한의 대외무역에 활용되는 선박들은 대부분 해외에 등록되어 있고 다른 나라 국적을 갖고 있기 때문에 제재가 효율적으로 관철되기 어렵다고 지적했다.[32]

미국은 2017년 하반기에 북한 해운을 차단하려는 고육책으로 해상봉쇄(naval blockade)와 유사한 조치를 거론했다. 그러나 이는 실질적 성과는 없으면서 북한 함정들과 군사적 충돌 가능성을 내포한 지극히 위험한 행동으로 인식된다. 그 결과 적어도 그 시점에서는 곧 흐지부지되는 것처럼 보였다. 중국의 대북 석유금수 조치의 실질적 축소는 기대하기 어려운 일이었다. 그런가 하면 중국 은행들에 대한 미국의 제재조치는 중국 정부의 조직적 반발을 불러일으키면서 유엔의 대북 제재조치들에 중국이 제공한 협조마저 겉으로 잘 드러나지 않는 방식으로 후퇴시킬 위험부담이 있었다.

문재인 대통령은 2017년 12월 14일 베이징에서 시진핑 중국 국가주석과 정상회담을 했다. 여기서 한반도 비핵화 목표를 견지하면서도

---

31 Shane, November 30, 2017.

32 Shane, November 30, 2017.

한반도 전쟁은 절대 용납하지 않는다는 원칙을 전면에 내건 '한반도 4대 원칙'에 합의했다.[33] 거의 같은 시각 미국 맥매스터 국가안보보좌관은 워싱턴 D.C.에서 열린 한 영국 싱크탱크의 포럼에서 북한에 대한 해상차단 계획을 구체적으로 언급했다. "정제연료 제품이 (공해에서) 선박 대 선박으로 (북한으로) 전달되는데 여기에 관여한 기업은 가장 가혹한 경제적 제재에 직면할 것"이라고 말했다. 북한은 '해상봉쇄는 선전포고'라며 '무자비하게 대응하겠다'는 반응을 보였다. 미국이 해상 차단을 강행할 경우 군사적 충돌 가능성은 매우 높아진다. 미국의 해상 차단 작전은 미 해군 함정, 해상헬기, 특수부대 등을 투입해 일단 북한 선박을 장악하게 된다. 북한 선박에는 대부분 무장요원들이 승선하므로 대응할 것이 틀림없다. 이것은 국지전으로 번질 수 있고, 미국은 대북 선제공격을 강행할 수 있다.[34]

『중앙일보』 김민석 논설위원은 미국이 북한을 상대로 해상 차단을 하는 데 필요한 국제법적 근거는 충분하다고 말했다. 특히 2017년 9월 3일 북한의 수폭실험을 한 이후 유엔안보리가 통과시킨 결의안 제2375호는 북한에 대한 석유제품 이동과 석탄 수출 그리고 귀금속을 포함한 다양한 물품의 대북 무역을 금지했다. 그 이전의 대북 제재결의안들(제1718호와 제2270호 등)에 따라 한국 해경도 2016년 3월에 이미 이에 대비한 훈련을 실시한 것으로 알려졌다. 금지화물을 적재하고 북한을 오가는 것으로 의심되는 제3국 선박을 차단하고 검색하는 훈련을 한 것이다. 김민석 위원에 따르면, 당시

---

33 한중 정상이 2017년 12월 14일 베이징에서 합의한 한반도 4대 원칙은 ▲ 한반도에서 전쟁은 절대 용납할 수 없다. ▲ 한반도의 비핵화 원칙을 확고하게 견지한다. ▲ 북한의 비핵화를 포함한 모든 문제는 대화와 협상을 통해 평화적으로 해결한다. ▲ 남북한 간의 관계개선은 궁극적으로 한반도 문제를 해결하는 데 도움이 된다 등이었다. 노효동·이상헌, 「한중정상, 한반도 4대원칙 합의…전쟁불가·비핵화·평화적 해결」, 『연합뉴스』, 2017. 12. 14.

34 김민석, 「미국의 대북 최후통첩, 다음은 해상차단과 선제공격」, 『중앙일보』, 2017. 12. 15.

훈련에서 해경은 북한 남포항으로 들어가는 것으로 가상한 화물선을 부산항 인근에서 해경 함정 10척과 헬기 4대를 동원해 차단하는 작전을 벌였다.[35]

여기서도 김민석 위원이 지적한 것처럼 문제는 역시 중국이며 또한 러시아다. 왜냐하면 북한의 해상무역과 그 대부분이 중국과 진행되고 있고 또 일부는 러시아와 일어난다. 두 나라 모두 북한과 접경하고 있다. 북한 영해는 이들 두 나라 영해와 서로 직접 연결되어 있다. 한국 군사문제연구소 김열수 안보전략실장의 말이다. "북한 선박이 대부분 중국과 러시아로 물동량을 이동하기 때문에 발해만을 거쳐 중국으로 오가거나 청진에서 곧바로 블라디보스토크로 출입할 수 있다." 북한은 중국과는 중국 영해와 가까운 발해만 공해상에서 선박 대 선박으로 금지물품을 교환할 수 있다. 이런 조건에서 한국은 물론이고 미국도 중국과 러시아 연안에까지 해군 군사력을 투입해 작전을 벌이는 것은 사실상 불가능한 일이다.[36] 이것은 결국 북한의 해상무역을 차단하는 것 역시 중국과 러시아, 특히 중국의 동의와 협력 없이는 불가능하다는 것을 말한다.

5. 2017년 12월 유엔의 대북 제재결의안

2017년 12월 23일 유엔 안전보장이사회는 이해 들어 세 번째 그리고 가장 강력한 대북 경제제재를 담은 결의안 제2397호(UN Resolution 2397)를 통과시켰다. 표결 결과는 중국과 러시아를 포함한 15개 이사국 만장일치인 15 대 0이었다. 정유 제품의 대북 수출을 50만 배럴로 축소하며 원유는 연간 400만 배럴로 상한선을 둔다는 것이 핵심이었다. 또 해외에서 일하는 북한 노동자들은 2년 이내에 귀국하도록 한다는 내용도 담았다. 아울러 기계와 전자장비 분야 북한 상

---

35 김민석, 2017. 12. 15.
36 김민석, 2017. 12. 15.

결의안 제2397호 표결 당시 거수로 의사를 표시하는 주유엔 미국대사 헤일리.
결의안 제2397호는 2017년 들어 세 번째로 채택된 그리고 가장 강력한 대북 경제제재 내용을 담고 있다.

품의 수입도 금지했다.[37]

　2017년 9월에 채택된 유엔 결의 제2375호는 대북 정유 수출 상한선을 200만 배럴로 줄인 바 있다. 그것을 다시 50만 배럴로 더 대폭 줄인 것이다. 결과적으로 정유 제품에 관한 한 9월 제재결의안 이전의 450만 배럴에서 이제 50만 배럴로 줄이면 2017년 한 해에 두 차례에 걸친 유엔 제재결의안으로 89퍼센트가 축소되는 것이었다.[38]

　그간 북한은 유엔 제재를 피하려고 선박에서 선박으로 연료를 옮기는 방식을 써왔다. 이번 제재안은 북한으로 향하는 모든 선박을 검색하고 선박 대 선박을 통한 기름 거래도 중단하도록 촉구하는 조항도 담았다. 다만 이 결의안은 트럼프 행정부가 2017년 9월 제안한 내용인 각국의 영해가 아닌 공해상에서 북한 선박을 정지시키고 승선하여 검색하는 것을 허용하지는 않았다. 만일 그것을 허용했다면, 미 해

---

37 BBC, "North Korea: UN imposes fresh sanctions over missile tests," December 23, 2017(http://www.bbc.com).
38 Nicole Gaouette and Elizabeth Joseph, "UN adopts tough new sanctions on North Korea," CNN, December 22, 2017.

군과 동아태지역 미국 동맹국들이 북한에 대한 해상 차단(creating a cordon around North Korea)을 하는 결과가 되었을 것이라고 『뉴욕타임스』는 지적했다.[39]

2017년 8월의 유엔 제재결의안은 북한의 석탄·철·철광석·납 그리고 해산물 수입을 중단하는 내용이었다. 한 달 뒤인 9월에 유엔 안보리를 통과한 결의안은 북한 섬유제출 수출을 금지하고 석유 수입을 축소하며, 북한 항구에 입항한 적 있는 선박들을 검색하도록 하는 것이었다. 그때마다 역사상 가장 강력한 대북 경제제재들이었으나 12월의 제재결의안이야말로 결정판이었다.

『뉴욕타임스』에 따르면, 미국은 원래 더 강력한 제재안을 준비했다. 그러나 중국과 러시아를 설득해 동참시키는 과정에서 일부 내용을 완화했다. 가장 공을 많이 들여 설득한 곳은 중국이었다. 중국 역시 더 강력한 제재가 필요하다는 데에 공감한 탓이 컸다고 할 수 있다. 이 결의안이 통과된 직후 주유엔 중국 차석대사 우하이타오(吳海濤)는 이 결의안이 '국제사회의 일치된 견해'임을 북한이 새겨들어야 한다고 말했다.[40]

또 원래 초안은 해외에 파견된 북한 근로자들을 1년 이내에 추방하도록 하는 것이었다. 다만 러시아 항의 때문에 2년 이내로 기한에 여유를 두기로 했다. 2017년 9월 결의안 제2375호에서 이미 북한의 해외 파견 노동자들의 경제활동을 제한한 바 있다. 12월 결의안에서는 이들 노동자들에 대한 추방 시한을 명시했다. 9만 3,000명으로 추산된 해외 북한 노동자들 가운데 4만 명이 러시아에 있는 것으로 알려져 있다.[41]

---

39 Rick Gladstone and David E. Sanger, "Security Council Tightens Economic Vise on North Korea, Blocking Fuel, Ships and Workers," *The New York Times*, December 22, 2017.

40 Gladstone and Sanger, December 22, 2017.

41 Gaouette and Joseph, December 22, 2017.

헤일리 주유엔 미국대사는 이 결의안이 통과한 직후 중국에 깊은 감사를 표했다고 한다. 이 결의안은 11월 29일 북한의 화성-15형 발사에 대한 대응으로 나온 것이다. 북한이 ICBM을 발사한 뒤 헤일리 미국대사는 김정은 정권을 향해 "자기 국민이 굶어죽고 군인들이 탈영하는 주제에 강대국으로 행세하려는 또 하나의 시도"라고 비판했다.[42] 한편 북한은 이 새 유엔 결의안에 앞서 기왕의 경제제재들이 이미 북한 인민의 삶에 미치는 파괴적 영향에서 '잔인하며', '제노사이드'에 해당한다고 주장했다.[43]

2017년 12월 유엔이 결의한 대북 제재는 여행금지와 자산동결이 부과되는 개인들 16명을 명시했다. 이들은 북한 미사일 개발의 주역들이거나 자금조달책으로 지목된 인물들이었다. 리병철과 김정식은 노동당 군수공업부 제1부부장과 부부장이다. 이번 안보리 결의안은 특히 김정식을 '북한 WMD 개발을 주도한 인물'로 지목했다. 리병철과 김정식은 장창하 국방과학원장과 전일호 군 중장 등과 함께 북한의 '미사일 4인방'으로 불린다.[44]

유엔 제재 명단에 새로 오른 금융기관 관계자들은 조선무역은행, 조선대성은행, 동방은행, 일신국제은행, 조선통일발전은행, 고려은행, 고려신용개발은행 등에서 주로 해외 관련 업무를 담당한 핵심 관계자들이었다. 이들은 모두 미국과 한국의 독자적 제재 리스트에 이미 등록된 상태였다. 2017년 11월 한국 정부는 특히 리은성, 주혁, 문경환 등을 제재 명단에 올렸다. 이들은 '해외에 소재한 북한 은행의 대표 등으로 활동하면서 북한의 WMD 개발을 위한 자금 조달에 관여한

<hr>

42 Gladstone and Sanger, December 22, 2017.

43 Carol Morello, "U.N. imposes new sanctions on North Korea over missile tests," *The Washington Post*, December 22, 2017.

44 조준형, 「北 미사일 개발 주역·자금조달책 대거 제재명단에: 자취 감춘 리병철·김정식도 이름 올려…14명 北 은행 해외책임자 '블랙리스트'」, 『연합뉴스』, 2017. 12. 23.

인물'이었다. 2017년 6월 1일 이미 미국의 독자 제재 대상에 올라 있던 인민무력성은 12월 유엔 제재결의안에도 반영되었다. 이로써 안보리 대북결의 제재 리스트에 오른 개인은 현재 총 79명으로 늘었다. 모두 북한 인사들이다. 단체는 북한 소속 52개와 제3국 소속 2개로 모두 54개에 이르렀다.[45]

공식적으로는 이와 같이 중국이 유엔과 미국의 대북 제재에 협상으로 다소 완화된 형태로 동참한다는 것을 알 수 있다. 그럼에도 중국이 과연 진심으로 협조하는 것인지는 여전히 의문을 불러일으키고 있다. 2017년 12월 미 정찰위성은 한반도 서해의 공해상에서 중국 선박들이 북한 선박들에 석유를 공급하는 장면을 포착하고 이 사실을 한국과 일본 정부에 통보했다. 이러한 거래 방식은 2017년 9월 유엔 안보리 결의가 석유 정제품의 대북 수출 상한선을 연간 450만 배럴에서 200만 배럴로 대폭 낮춰 제한한 이후 급증한 것으로 파악되었다. 또 일본『요미우리신문』은 2017년 12월 23일 북한이 공해상 등에서 선박 간 적재물을 옮기는 방식으로 항공유를 비롯한 석유 정제품 등을 밀수한다고 보도했다. 이러한 광범한 밀교역이 중국 당국 모르게 진행되었다고는 물론 믿기 어려운 일이다.[46] 그뿐만 아니라 중국 기업들이 북한에 미사일 부품이나 소재들을 공급한다는 사실도 드러났다.[47]

---

45 조준형, 2017. 12. 23.

46 유용원, 김진명, 「北·中, 서해상서 30여 차례 유류 밀거래…美 위성에 딱 걸렸다」, 『조선일보』, 2017. 12. 26.

47 미국 국방문제연구센터(C4ADS)와 세종연구소가 2017년 말에 공동 발표한 '북한 외환거래 분석 보고서'는 중국 기업들이 북한 정찰총국이 운영하는 것으로 지목된 군사용 장비업체들이 홍콩 등에 있는 유령 회사들을 통해 GPS 수신기 및 안테나 등 미사일 개발에 필요한 부품을 공급한 것으로 사들이고 있다고 밝혔다. GPS 수신기 등은 민간 사용 물자이지만 군사용으로 전용될 수 있는 이른바 '이중용도(dual-use)' 품목이다. C4ADS는 2017년 6월에도 발표한 보고서에서 중국 기업인 '단둥 둥위안실업'이 북한에 탄도미사일 부품으로 전용할 수 있는 레이더 항법장치나 로켓추진수류탄(RPG-7) 등을 수출하고 있다고 밝힌 바 있다. 이민석, 「북한, 핵·미사일 부품도 중국기업 통해 사들여: 정찰총국, 유령회사들 앞세워 GPS 수신기·안테나 등 수입」, 『조선일보』, 2017. 12. 26.

이러한 현실은 중국 정부와 시진핑 주석이 미국이 주도하는 유엔의 대북 제재에 동참하는 듯한 외관만으로 중국의 대북정책을 일면적으로 이해하면 곤란하다는 것을 일깨워준다. 내면적으로는 북한을 압박하는 동시에 북한과 동맹관계의 최소 기본은 유지한다는 양면성을 중국이 견지한다는 것을 말해준다.

6. 나선 경제특구와 중국의 한반도 전략

북한 동해안의 맨 북쪽 두만강 하류와 가까운 나진-선봉지역은 1991년 특별경제구역(Special Economic Zone: SEZ)으로 지정되었다. 이제는 두 도시를 하나로 묶어 나선시로 불린다. 나선은 동아시아 최북단의 부동항(ice-free port)이다. 시베리아 횡단철도의 극동 종착역이자 러시아 태평양함대기지가 있는 블라디보스토크도 이제는 부동항이다. 그러나 겨울에는 얼음 깨는 선박들(ice breakers)의 도움을 받아야 한다. 중국은 북한의 두만강 유역과 접경한 지린성(吉林省)의 경제개발에 박차를 가하려면 이 지역이 북한 북부의 나진-선봉지역을 통해 태평양으로 연결되어야 한다고 판단했다. 그래서 나선지역에 관심을 가졌다. 러시아도 마찬가지였다.

나진항에는 부두 세 개가 건설되어 있다. 북한은 중국과 러시아에 각각 하나씩 임대했고 나머지 하나는 북한이 쓴다. 러시아는 나진항과 하산(Khasan)을 연결하는 50킬로미터 철로를 건설했다. 러시아가 제3부두와 주변지역에 2011년까지 투자한 금액은 22억 루블(6,600만 달러) 정도였다. 중국도 나진과 지린성 훈춘을 연결하는 약 50킬로미터 고속도로를 완공했는데, 『포브스』(Forbes)는 2013년 말 시점에서 나선과 중국 사이의 교역은 연간 60억 달러에 이른다고 평가했다.[48]

2015년 3월 주한 러시아대사 알렉산더 티모닌(Alexander Timonin)

---

48 Kate Whitehead, "Things Are Brewing In North Korea's Rason Zone," November 20, 2013, *Forbes*(https://www.forbes.com).

은 러시아가 2016년부터 나진-선봉 자유경제무역지대에 전력을 공급할 예정이라고 밝혔다. 러시아가 북한과 경제협력을 지속하는 이유는 북한에 대한 영향력을 늘리기 위한 것이 아니라 한반도의 평화와 번영을 돕기 위한 것이라고 말했다.[49] 2017년 『뉴스위크』에 따르면, 주로 중국과 경제협력이 핵심을 이루는 나선 특구는 다른 도시들에 비해 도로 위에 차량이 더 많았다. 그러나 빌딩들을 짓는 많은 공사장에서 크레인들이 멈추어선 채 건설이 중단되어 있었다.[50] 유엔 제재가 강화된 것과 무관하지 않을 것이다.

그렇다고 해서 중국과 러시아, 특히 중국의 나선지역에 대한 경제적·지정학적 관심이 위축되었다고 단정하기는 어렵다. 나선지역에 대한 외국인 투자가 지지부진한 이유로 루디거 프랑크(Ruediger Frank)는 북한 당국이 외국인들의 투자 유치를 매우 열망하면서도 중국인 사업가들을 포함한 외국 투자자들을 다른 한편으로 매우 경계하면서 거칠게 취급한다는 사실을 언급했다. 안정적인 투자를 뒷받침할 수 있는 제도적 장치와 행정적 투명성이 결여되어 있다는 것이다. 이것은 북한 경제 전반의 개혁과 맞물려 있는 문제라고 프랑크는 진단했다. 또 북한이 직면한 안보 위협으로 인한 안전 문제도 작용한다고 보았다.[51]

2010년 북한은 나선 특구의 자율성을 높이는 제도 개선을 했다. 법률을 개정해 나선의 경제 관련법이 중국의 법체계와 조화되도록 고쳤다. 그 결과 나선 특구에 대한 중국 기업가들의 투자가 늘어나기 시작했다고 한다. 나선은 중앙정부의 직할도시다. 2013년 11월 김정은

---

49 Korea Economic Daily, "South Korean Participation Essential for Success of Rajin-Sonbong Project...Russian Amb.," March 8, 2015(http://english.hankyung.com).

50 Jessica Kwong, "People in North Korea East Coast Suffer as Kim Jong Un Prioritizes Nuclear Weapons, Photos Show," *Newsweek*, December 5, 2017(www.newsweek.com).

51 Ruediger Frank, "Rason Special Economic Zone: North Korea as It Could Be," *38North*, December 16, 2014.

은 나선 특구와 같은 경제특구를 더 많이 만들 계획을 발표했다. 이러한 경제특구들을 전담하는 기관으로 '조선경제개발협회'(Korean Economic Development Association)를 새로 설립했다.[52]

프랑크가 관찰한 바에 따르면, 나선 특구는 평양을 포함한 북한의 다른 도시들에서는 상상할 수 없는 경제적 개방성이 자리 잡았다. 북한 화폐인 원과 유로, 달러, 중국의 위안화(렌민비) 사이의 환율을 평양 등 다른 도시들에서는 실제 거래되는 암시장 환율을 무시하고 북한 당국이 내건 공식환율을 고집한다. 그러나 나선에서는 암시장 환율이 실제 환율로 공개되고 그렇게 거래된다. 평양의 호텔이나 은행에서 유로와 북한 원화의 환율을 물으면 아무 주저 없이 공식환율인 1 대 132라는 답변이 돌아온다. 실제 그렇게 거래되지 않는 것을 잘 알면서도 눈 하나 깜짝 않고 그렇게 대답한다. 만일 그대로 하게 되면 '오리온 초코 파이' 하나가 미국 돈으로 10달러나 된다. 실제 거래되는 암시장 환율은 1달러에 8,000원이다. 1유로는 북한 돈으로 1만 476원이다. 그런데 미국의 일부 언론인들이 평양에서 말하는 공식환율을 적용해 초코파이 가격을 보도한 적이 있다. 그래서 북한 물가는 살인적이라는 오보가 나온 일이 있었다고 프랑크는 말했다. 그런데 나선 특구에서 그가 들른 '황금의 삼각주 은행'(Golden Triangle Bank)에서 공시한 환율이 1유로에 1만 476원으로 실제 거래 환율 그대로였고 또 그대로 환전해주었다. 다른 도시에서는 외국인이 북한 주민들과 자유롭게 섞여 대화하는 것이 불가능했다고 한다. 나선에서는 그런 제약 없이 개방적이었다.[53] 북한에서 청소년들을 위한 '비즈니스와 법률 훈련' 서비스를 하는 싱가포르 비영리단체 '조선 익스체인지'(Chosun Exchange)의 안드레이 아브라하미안(Andray Abrahamian)은 중앙정부가 나선 특구에 자율성을 얼마나 부여하는지에 따라 나선 특구의

---

52 Whitehead, November 20, 2013.
53 Frank, December 16, 2014.

발전이 판가름 날 것이라고 지적했다.[54]

2015년 11월 18일 북한은 나선 경제특구를 발전시키기 위한 포괄적인 계획을 발표했다. 경제특구로 지정한 지 24년 만에 비로소 북한 당국은 나선지역에서 북한 회사들이 외국인 투자를 받아 스스로 경영하고 이윤을 낼 수 있도록 허용했다.『한겨레』는 이 계획이 세밀함과 실현가능성 그리고 적극성을 내포한 것이라는 전문가들의 평가를 소개했다.[55] 북한이 나선 경제특구에서 외국인 기업들과 북한 기업인들의 활동을 제약하는 환경을 과감하게 개선하고 시장화에 어울리는 제도적 장치를 허용하게 된 것은 아주 최근 일이라는 얘기다.

이것은 다른 말로 하면, 북한이 그 이전 24년 동안 나선지역을 경제특구로 지정하고 나서도 중국인이 대부분인 외국 기업인들의 경제 활동에 대한 북한 국가권력의 직접적 통제 그리고 나선 특구 경제 인프라에 대한 중앙정부 투자와 지원의 제한성 등의 요인으로 중국의 국가와 기업가들이 나선 특구를 활용하는 수준이 뚜렷한 한계가 있었음을 말해준다. 북한이 중국과 러시아의 나선지역에 대한 지경학적(地經學的) 관심을 이용하여 이 지역을 경제특구로 조성해 북한 경제 발전의 한 계기로 삼고자 했지만, 그렇다고 당장의 경제적 이익을 위해 이 지역에 대한 중국과 러시아라는 외세의 지배력이 확장되는 것을 북한 중앙 국가권력이 허용하지는 않았으며, 오히려 지나칠 정도로 엄격하게 제한해왔다는 것을 말해준다.

이러한 북한 국가권력의 강한 통제가 작동함에 따라 중국이 나진-선봉지역을 지경학적으로 이용하는 범위는 그렇게 폭넓은 것이 아니었다. 그러나 만일 북한에 이른바 급변사태가 발생하여 북한 중앙권력이 붕괴한다면 중국이 이 지역에 대한 직접적 통제를 추구하려 시

---

54 Whitehead, November 20, 2013.
55 Kim Jin-cheol, "North Korea releases detailed plan fro Free Trade Zone," *Hankyoreh*, November 19, 2015.

도할 가능성은 배제할 수 없을 것이다.

7. 두만강 하류 북·중·러 국경문제와 중국의 동해 출해권

북한의 나선 경제특구에 대한 중국의 관심은 단순히 나선지역의 값싼 북한 노동력과 항구가 갖는 경제적 이점에 머물지 않는다. 심오한 지정학적 차원이 있다. 두만강 하류와 인접하여 중국 동북지방과 태평양을 직접 연결하는 전략적 위치에 있기 때문이다. 두만강 하류를 거쳐 태평양으로 항행할 수 있는 중국의 출해권(出海權)은 역사상 중요한 이슈였다. 나진항에 대한 중국의 관심은 북·중·러 삼국의 국경선이 교차하는 이 삼각주지역과 맞물려 있다. 이 삼각주는 중국의 드넓은 만주 땅의 인간과 물류가 태평양과 통할 수 있는 결정적인 회랑(回廊)이기 때문이다.

중국의 만주지역이 태평양과 직접 연결되는 통로가 원래 봉쇄되어 있었던 건 아니다. 만주지역을 태평양에 직접 연결하는 지역인 우수리강 동쪽 태평양 연안지대를 중국이 상실한 것은 청나라 때인 19세기 중엽이다. 20년에 걸쳐 두 차례 아편전쟁이 전개되면서였다.[56] 서양 제국주의 열강이 침투하는 과정에서 러시아에 탈취당한 것이다.

1858년 5월 28일, 영국과 프랑스 연합군이 톈진(天津)을 공격했다. 러시아의 동시베리아 총독 니콜라이 무라비요프(Nikolai Muraviev, 1850~1908)는 몽골에서 발원해 만주 북부를 관통하는 흑룡강(黑龍江: 아무르강) 연안 지대를 관할하던 청의 장군 혁산(奕山)을 협박했다. 그리고 아무르강 연안에 있는 아이훈(愛琿)에서 '아이훈조약'을 체결했다. 1689년에 체결했던 네르친스크조약에서 확정된 바 있는 중

---

56 우수리강은 사실상 아무르강(흑룡강, 헤이룽장)의 하류를 가리킨다. 아무르강은 몽골에서 발원해 동쪽으로 직류하며 하바롭스크에서 기역자로 굽어져 남쪽으로 방향을 틀어 블라디보스토크와 두만강 하류에 이른다. 몽골 발원지에서 하바롭스크에 이르기까지는 우무르강이라 하고, 하바롭스크에서 블라디보스토크 및 두만강 하류에 이르는 부분은 우수리강이라 한다.

러 간 국경을 수정하여 흑룡강 북쪽의 광활한 영토를 중국이 러시아에 할양하는 내용이었다. 중국은 흑룡강 북안(北岸)에서 외흥안령(外興安嶺)에 이르는 60만 제곱킬로미터를 러시아에 할양했다. 그리고 두만강 하류와 블라디보스토크를 거쳐 하바롭스크에 걸쳐 있는 우수리강 동쪽의 광대한 지역, 그러니까 태평양 연안지대를 러시아가 중국과 공동으로 관리할 권리를 주었다.[57] 이에 관한 혁산의 보고가 청나라 조정에 도착하기 하루 전인 1858년 6월 13일 중국 주재 러시아 공사 엡피미 푸탸틴(Yevfimiy Putyatin, 1803~83)은 러시아를 대표해 중국과 '톈진조약'을 체결했다. 이 조약에서 러시아 측의 일방적인 요구를 청나라 조정이 받아들였다. 다음 날 혁산의 보고를 받은 중국은 그날로 이 조약을 비준했다. 이로써 우수리강 이동(以東)의 태평양에 면한 영토에 러시아가 진출할 수 있게 되었다. 영국과 프랑스 등 다른 유럽 제국주의 국가들이 톈진조약에서 기왕에 확보한 여러 특권을 최혜국조대우 조항에 의거해 러시아도 향유하게 되었다.[58]

1859년 10월 6일에는 영국과 프랑스 연합군이 다시 베이징 서쪽 교외에 있는 황실 정원 원명원(圓明園)을 점령하고 대대적으로 약탈과 방화를 자행했다. 장엄한 모습이었던 이 황실 정원은 잿더미로 변했다. 10월 31일에는 베이징 전체가 함락되고 황제는 지금의 허베이성(河北省) 동북부에 위치한 청더(承德)시를 가리키는 열하(熱河)의 피서산장으로 도망쳤다. 이후 영국과 프랑스 연합군은 중국을 강요하여 베이징조약(北京條約)을 체결했다. 이 틈에 러시아도 니콜라이 이그나티예프(Nikolay Ignatiev, 1832~1908) 공사를 앞세워 황제 대신 정사를 맡고 있던 공친왕의 동생 혁흔(奕訢, 1833~98)을 압박해 러

---

57 표교열, 「제1, 2차 중영전쟁」, 서울대학교 동양사학연구실 편, 『강좌 중국사 V: 중화제국의 동요』, 지식산업사, 1989, 59쪽; 이삼성, 『동아시아의 전쟁과 평화 2: 근대 동아시아와 말기조선의 시대구분과 역사인식』, 한길사, 2009, 285~286쪽.
58 왕소방(王紹坊), 한인희 옮김, 『중국외교사, 1840~1911』, 지영사, 1996, 111~112쪽.

왼쪽부터 무라비요프, 푸탸틴, 이그나티예프.
이 셋은 19세기 중국에 대한 러시아의 영토적 야망을 관철시킨 인물들이다. 이들의 압박
으로 맺은 각종 조약으로 중국은 만주지역을 태평양과 연결하는 방대한 영역을 상실하
고 만다.

시아의 영토적 야망을 관철하려 했다. 마침내 1860년 11월 14일 러시
아는 중국과 '베이징계증조약'(北京繼增條約)을 체결하는 데 성공했
다. 이 조약으로 러시아는 신장(新疆) 서부지역에 대한 중국의 영토적
권리를 약화시키고 자신의 영토적 권리를 주장하게 된다. 또 앞선 아
이훈조약에서 러시아가 중국과 공동관리 대상으로 했던 우수리강 이
동의 방대한 지역을 아예 자기 영토로 만들었다.[59] 중국은 이로써 만
주지역을 태평양과 연결하는 방대한 영역을 상실하고 말았다.

　현대 중국이 동북지역을 태평양과 직결하는 데 어려움을 느끼게 된
상황은 이처럼 19세기 중엽에서 20세기 중엽까지 1세기에 걸친 제국주
의 시대에 대한 중국의 역사적 울분이 내포된 문제다. 중국은 우수리강
이동의 태평양 연안지대를 러시아에 빼앗긴 이후 러시아와 협상해 중
국 훈춘지역에서 두만강을 거쳐 동해로 나아가는 출해권을 획득하려고
노력했다. 러시아에 사정해서 출해권만이라도 확보하려고 애쓴 꼴이다.
1886년 러시아는 청나라 북양대신 우다정(吳大徵, 1835~1902)과 회
담에서 중국에 두만강을 통한 동해 진출권을 허용했다. 그러나 중국이

59　왕소방, 1996, 123~124쪽.

태평양 출해권을 구체적으로 실행할 수 있게 된 것은 1910년 5월 중국이 훈춘현 팡촨(防川)에 항구를 개설하면서였다.[60]

1964년 2월 중국은 소련과 국경회담을 벌여 두만강을 통한 태평양 진출권을 확보하려 했다. 중국 선박이 두만강을 통해 동해로 나갈 수 있는 출해권 문제를 제기했고, 북한에도 동시에 이 문제를 제기했다. 그러나 이에 관한 협의는 중소분쟁이 심해지면서 진전이 없었다.[61] 북·중·러 삼국 사이에 이 문제가 다시 협의되기 시작한 것은 1987년 이후였다. 1987년 재개된 중소 국경회담에서 소련은 중국 선박이 두만강을 통해 동해로 출해하는 것에 긍정적 의사를 표시했다. 북한도 1988년 중국 선박의 두만강을 통한 출해에 동의하면서도 향후 3국간 협의의 필요성을 지적했다. 그러나 다시 1991년 말 소연방이 해체되면서 공식적인 국경회담은 진행되지 않았다. 다만 러시아는 소련이 과거 중국과 진행한 국경협상에서 합의된 사항들을 존중하겠다고 천명했다.[62]

북한 전문가로 노무현 정부에서 통일원장관을 지낸 세종연구소의 이종석 박사는 2017년 중국의 동해 출해권의 현주소에 대해 "현재 중국 정부는 법률적으로 러시아로부터 (동해) 출해권을 확보하고, 북한으로부터는 정치외교적 차원에서 긍정적 답변을 받아놓은 상태"라고 판단했다. 다만 그는 외교적 교섭만으로 중국의 출해가 가능한 것은 아니고 두만강의 지형적 여건과 북한과 러시아가 이미 맺은 국경협정과 저촉되는 문제 등이 정식으로 해소되어야 하는 숙제가 남아 있는 것으로 보았다.[63]

이종석 박사는 두만강 하류 북러 국경 구간의 지형 조건상 대형 선박이 동해로 항행해 나가는 데 어려움이 있고, 중국 팡촨지역에 대규

---

60 이종석, 「두만강 하류 북·중·러 국경 획정과 중국의 출해권 전망」, 「세종정책 브리핑」(No.2017-33: 2017. 12. 21), 10쪽.

61 이종석, 2017, 11쪽.

62 이종석, 2017, 12쪽.

63 이종석, 2017, 12쪽.

모 항만시설을 건설하는 것도 쉬운 일이 아니라는 점을 주목했다. 또 현재 중국 동북지역 물류가 태평양으로 이동하는 데 러시아의 극동 항구들과 북한의 나진항 등 북부해안 항구들이 큰 역할을 하는데 두만강 중류에 위치한 중국 훈춘현 팡찬에 대규모 항만시설이 따로 건설되면 러시아와 북한 항구들이 기존에 누리는 경제적 가치가 급락할 것을 러시아와 북한이 우려한다고 했다.[64]

북한과 러시아가 1990년 체결한 '북한과 소련 간 국경제도 협정'에서 "국경하천인 두만강의 주 하상(河床) 상태와 방향은 가능한 한 변경하지 않은 상태로 유지해야 한다"라고 규정했다. 중국의 대형 선박이 두만강을 통해 동해로 항행해 나가려면 해마다 두만강 하류에 쌓이는 엄청난 토사 퇴적을 준설해야 하는데, 그 작업이 북러 국경제도 협정 때문에 어렵다는 것이다. 이런 점들에 비추어 중국이 두만강을 이용해 출해하는 데는 적지 않은 난관이 있다는 얘기다. 그래서 '중국 정부는 출해 전략 실현이 현실적으로 어렵다고 인식'하며, 최근 들어 중국은 '북한과 러시아의 항구를 이용하여 동해로 진출하는 차항출해(借港出海) 전략'을 본격 추진하는 것으로 이종석 박사는 결론지었다.[65]

이러한 상황은 평화로울 때는 중국이 북한과 군사적 동맹관계와 최소한의 경제적 협력관계를 유지함으로써 나선 특구를 포함한 북한 북동부 해안지역에서 중국의 경제적·지정학적 이해관계를 유지하려고 노력하게 만들 것이다. 그리고 다음 장에서 논의하겠지만, 북한 급변사태 때는 중국이 최소한 북한 동북부지역을 포함한 일부 지역을 신속하게 장악해 중국의 전략적·지정학적 이익을 보호하고 확보하며 나아가 그것을 확대하는 기회로 삼을 가능성도 배제할 수 없다는 것을 시사한다.

---

64 이종석 박사는 다음 문헌을 예시했다. 보리스 이바노비치 트카첸코, 성종환 옮김, 『러시아-중국: 문서와 사실에 나타난 동부국경』, 동북아역사재단, 2010, 258~259쪽; 이종석, 2017, 13쪽.

65 이종석, 2017, 13쪽.

8. 경제제재와 봉쇄의 효과는 왜 제한적인가

미국이 주도하는 경제제재가 북한에 잘 통하지 않는 근본적 이유는 무엇일까. 다음 몇 가지를 우선 떠올릴 수 있다.

1) 경제제재가 가해질수록 체제 안전보장을 위한 북한의 핵·미사일 개발과 확장 요구는 커진다.

2) 경제제재가 가해질수록 북한 권력엘리트를 중심으로 내부 결속력이 강화된다.

3) 경제제재가 강화되면 중국에서 북한의 경제사회적 붕괴 위기감이 높아지고 중국은 그러한 최악의 상황은 피하고자 한다.

4) 북한은 세계사상 가장 고립되고 가장 오래 경제제재에 시달려왔다. 그 결과 경제와 사회가 운영되는 방식이 그러한 고립과 제재에 적응할 수 있는 체질로 변했다.

5) 북한 경제질서가 풀뿌리 자본주의를 포섭한 상태여서 국민경제에 국가 책임이 크게 완화되어 있다. 그만큼 외부의 경제제재가 북한 국가권력의 정책에 충격을 주는 데 완충장치가 마련된 셈이다.

경제제재의 최종적이면서 가장 극단적인 형태는 봉쇄(blockades)다. 그런데 역사적으로 봉쇄는 상대방 국가를 굴복시키는 데 별 효과를 보지 못했다는 것이 국제정치학에서 유력한 견해다. 우선 강대국들 사이의 전쟁에서 봉쇄의 효과는 제한적이었다. 그 이유를 미어샤이머는 이렇게 요약했다. 대상 국가의 해상무역로를 완전히 차단해야 하지만, 역사적으로 보면 그러한 완전한 봉쇄는 지극히 어렵다. 나폴레옹전쟁 때 프랑스가 영국과 유럽 대륙의 교역을 차단하려고 시도한 봉쇄도 완벽하지 못했다. 시간이 가면서 프랑스가 주도한 대륙체제는 붕괴했다.

설사 대상 국가의 해상무역을 완전히 차단한다 하더라도 봉쇄효과

는 제한적일 수밖에 없다고 미어샤이머는 지적했다.[66]

첫째, 특히 강대국들의 경우 상대방의 봉쇄 시도를 무력화할 수 있는 여러 가지 방법이 있다. 원자재의 재활용, 축적 그리고 대체(代替) 능력을 가리킨다. 대표적인 예로 제1, 2차 세계대전 중 영국은 독일의 봉쇄로 고무가 부족해지자 합성대체제(a synthetic substitute)를 개발해냈다.

둘째, 미어샤이머는 맨커르 올슨(Mancur Olson, 1932~98)의 연구를 근거로 근대적인 관료국가의 능력을 들었다. 이것은 강대국뿐 아니라 북한과 같이 상대적인 약소국이라도 적용될 수 있는 점이므로 주목할 필요가 있다. 올슨은 『전시 결핍의 경제학』이라는 책에서 역사적 경험에 근거해 봉쇄의 일반적 효과에 중요한 의문을 제기했다.[67] 독일은 나폴레옹전쟁, 제1, 2차 세계대전 때 영국을 봉쇄했다. 봉쇄로 영국이 식량 공급에서 타격이 가장 컸던 것은 제2차 세계대전, 제1차 세계대전, 나폴레옹전쟁 순이었다. 그리고 영국의 식량 수입 의존도가 가장 높았던 것도 제2차 세계대전 때였고, 그다음이 제1차 세계대전, 마지막이 나폴레옹전쟁 때였다. 그런데 봉쇄로 인한 식량 부족 사태로 영국인이 고통을 가장 크게 겪은 순서는 이와 거꾸로였다. 나폴레옹전쟁 때가 영국인에게 가장 고통스러웠고, 그다음이 제1차 세계대전 때였으며, 제2차 세계대전 때는 식량 부족으로 인한 고통이 상대적으로 가장 적었다는 것이다.

왜 그럴까. 올슨은 그 이유를 영국 국가의 관리능력이 현대에 올수록 크게 향상되었다는 사실을 주목했다. 전시 경제를 재편해서 봉쇄효과를 완충해내는 능력이 나폴레옹 시기에는 가장 낮았다. 제1차 세계대전 때는 더 향상된 상태였다. 그리고 제2차 세계대전 무렵에는 영국 국가의

---

66 John J. Mearsheimer, *The Tragedy of Great Power Politics*, New York: W.W. Norton, 2014(Updated Edition), pp.94~96.

67 Mancur Olson, Jr., *The Economics of the Wartime Shortage: A History of British Food Supplies in the Napoleonic War and in World War I and II*, Durham, NC: Duke University Press, 1963, pp.132~133, p.142; Mearsheimer, 2014, p.95.

경영능력이 과거 어느 때보다 높은 최고 수준이었다는 것이다.

셋째, 근대 국가의 국민이 자국 정부에 대한 반란을 일으키지 않으면서도 봉쇄의 고통을 견디는 데 놀랄 만한 능력을 발휘한다는 점은 로버트 페이프(Robert A. Pape)의 연구로 밝혀졌다.[68] 페이프에 따르면, 봉쇄나 전략폭격이 대상 국가 국민들 안에서 자국 정부에 대한 의미 있는 대중적 항거를 유발한 예는 역사상 한 건도 없었다. 더 일반적인 현상은 봉쇄나 전략 폭격에 고통받는 나라 국민이 자국 정부보다는 공격한 나라에 대중적 분노를 보인다는 것이다. 태평양전쟁에서 일본 국민은 미국의 전략 폭격으로 수십만 명이 죽어갔다. 그러나 일본 정부가 항복하도록 일반 국민이 압력을 넣는 일은 거의 없었다.[69] 스티븐 호스머(Stephen Hosmer)의 연구 그리고 어빙 제니스(Irving Janis, 1918~90)의 연구도 같은 결론을 도출한 바 있다.[70]

넷째, 전쟁 중 통치엘리트는 국민의 희생 때문에 전쟁을 포기하는 일은 거의 없다는 사실이다. 전쟁으로 인한 국민의 고통이 클수록 통치엘리트가 전쟁을 중단하기는 오히려 더 어려워진다. 국민의 희생이 큰 상태에서 전쟁에 패배할 경우 전후에 국민은 그렇게 고통스러운 패배를 초래한 지도자들을 응징할 가능성이 높아지기 때문이다. 그러므로 지도자들은 국민의 고통을 무시하면서 최후까지 버틸 확률이 높아진다.[71]

---

68 Robert A. Pape, *Bombing to Win: Air Power and Coercion in War*, Ithaca, NY: Cornell University Press, 1996, pp.21~27; Mearsheimer, 2014, p.95.

69 Pape, 1996, chapter 4; USSBS, *The Effects of Strategic Bombing on Japanese Morale*, Pacific War Report 14, Washington, D.C.: U.S. Government Printing Office, June 1947; Mearsheimer, 2014, pp.95~96.

70 Stephen T. Hosmer, *Psychological Effects of U.S. Air Operations in Four Wars, 1941-1991: Lessons for U.S. Commanders*, RAND Report MR-576-AF, Santa Monica, CA: RAND Corporation, 1996; Irving L. Janis, *Air War and Emotional Stress: Psychological Studies of Bombing and Civilian Defense*, New York: McGraw-Hill, 1951; Mearsheimer, 2014, p.108.

71 Mearsheimer, 2014, p.96.

2016년과 2017년은 북한에 대해 미국이 최대한의 군사적 압박과 함께 유엔과 중국에 대한 외교적 압력으로 경제적 제재를 최대한 가한 시기다. 이러한 경제제재가 효과가 있다면 2017년 말 정도에는 그 파괴적 영향이 상당히 현저하게 현실에 반영이 되어 있을 시점이다. 그런데 실제는 어떠했을까. 미국의 『유에스에이 투데이』가 2017년 11월 26일자로 실은 리포트는 그 제목부터 「북한 경제는 가장 철저한 제재에도 아랑곳없이 계속 굴러간다」였다.[72]

이 신문은 존스홉킨스대학교 국제문제대학원(School of Advanced International Studies: SAIS)의 커티스 멜빈(Curtis Melvin)의 말을 빌려 2011년 김정은이 권력을 장악한 이래 북한에 들어서기 시작한 수많은 정유소가 2017년 4월부터 문을 닫기 시작한 사실을 주목했다. 2017년 유엔의 대북 제재는 원유 공급 차단에 집중했다. 그것이 북한 주민들의 삶에 적지 않은 압박이 되었음을 말해준다. 그럼에도 이 신문은 전체적으로 북한 경제가 휘청거리는 일 없이 굴러갔음을 객관적 데이터로 조명했다. 중국 관세청의 무역통계에 따르면 중국과 북한의 무역은 2017년 첫 3분기 동안 지난해 같은 기간에 비해 3.7퍼센트 증가했다. 북한의 대중국 수출은 16.7퍼센트 감소했지만 중국의 대북 수출이 20.9퍼센트 증가했기 때문이다. 이것은 북한 대외무역의 90퍼센트를 차지하는 중국과 무역이 큰 변화가 없는 한 북한 경제 역시 안정을 유지할 것임을 확인해주었다.

이 신문은 또한 북한 암시장에서 달러 대비 북한 화폐의 가치가 7,000원에서 8,000원 사이에서 안정되어 있다고 밝혔다. 워싱턴에 소재한 피터슨국제경제연구소 연구원 보이드스턴의 평가가 그랬다. 보이드스턴에 따르면 북한 화폐 가치와 쌀값이 안정세를 유지하는 한 가지 이유는 북한 경제의 달러화(dollarization)에 있다. 북한에서 대

부분 자산이 달러나 위안화로 거래된다는 뜻이다. 따라서 수입품도, 그것을 구입하는 데 필요한 외화도 부족한 사태는 발생하지 않는다는 것이다. 북한을 방문한 외국인들의 보고와 위성사진에 근거해 멜빈이 파악한 현실이다.

북한에 대한 테러지원국 재지정 등 미국 트럼프 행정부의 제재 강화 충격을 최소화하려고 북한은 이미 물품과 현금을 축적해왔다. 동시에 수입품에 대한 의존을 줄이기 위해 북한 주민들의 생필품을 북한 공장들이 자체 생산하도록 노력해왔다고 멜빈은 지적했다.

『유에스에이 투데이』의 이 리포트는 두 가지 의미심장한 관찰을 보탰다. 첫째, 컬럼비아대학교 법과대학 한국법연구소 앙리 페론(Henri Féron)의 분석을 소개했다. 페론은 "북한 경제는 중국의 원조와 무역뿐만 아니라 재래식 군비지출에 쓰일 자원을 민간경제로 재배치한 덕분에 제재를 극복하고 있는 것으로 보인다"고 분석했다. 그는 『38노스』에 기고한 글에서 북한에서 무엇이 일어나는지 파악하기 위한 수단으로 상세한 위성사진과 분석을 제시했다. 그는 김정은이 2017년 김일성의 105회 생일을 기념한 방식은 수도 평양에 3,000가구 이상의 주택을 건설해 입주식을 하는 것이었다는 사실을 주목했다. 김정은 정권이 북한의 국가안보 전략으로 재래식 군비확충은 포기한 채 핵과 미사일이라는 이른바 '핵무력' 완성에 집중한 것이었다. 그 결과 북한은 국가자원의 중요한 부분을 군비가 아닌 민간경제에 투입할 수 있는 것으로 보인다고 파악했다. 이 관점은 흔히 미국과 남한에서 전문가와 언론이 습관적으로 되뇌듯이 북한 인민을 굶기면서 무기개발에만 자원을 투자한다는 통설과 의미심장한 차이가 있다.

둘째, 외부세계의 북한 경제제재가 지속될수록 북한 경제는 생존을 위한 자기혁신을 불가피하게 추구할 수밖에 없고, 그 결과 북한 경제는 더 건강한 체질을 갖게 될 수 있다고 전망한 점이다. 국가 관료계층이 운영하는 경제는 예외 없이 그 내면이 각종 심각한 부패로 썩어 있기 마련이다. 그것은 수많은 경제적 비효율성을 낳는다. 북한 경

평양의 려명거리를 채운 초고층 아파트들.
2017년 김일성 생일 105주년을 맞아 2016년 4월 착공해 1년 만에 완공했다. 미국의 대
북 경제제재가 한창일 때, 역설적으로 북한은 국가자원의 중요한 부분을 군비가 아닌 민
간경제에 투입한 것이다.

제는 그만큼 수십 년 계획경제의 적폐가 쌓여 있을 수밖에 없다. 그런
국가가 국제사회의 높아가는 경제제재를 극복하려면 불가피하게 경
제개혁을 추진할 수밖에 없다는 것이다. 국가가 해줄 수 있는 게 많지
않기에 그만큼 인민의 이니셔티브와 창의에 기댈 수밖에 없다. '밑으
로부터 시장화' 내지 풀뿌리 자본주의는 그 결과이지만, 경제제재의
파고가 높아갈수록 그러한 밑으로부터 시장화의 물결은 더 거세질 것
이다. 그런 점에서 북한 경제는 고립되어 있지만, 근본적인 경제적 전
환의 조건도 성장하고 있다는 해석도 가능하게 된 것이다.

9. 대북 경제제재의 인간적 대가의 인식

2017년 12월은 북한 김정은 정권이 미국을 위협하는 ICBM과 수
폭실험을 강행한 후 수 개월에 걸쳐 유엔의 여러 제재결의안과 미국
의 독자적인 대북 제재가 발효되고 있던 시점이었다. 날이 갈수록 제
재의 여파가 일반 주민들에게 파고들었다. 『워싱턴포스트』의 아나 필
드 기자는 북한에서 활동하는 국제구호단체들과 유엔인권위원회 북

한 담당관을 만나 제재가 어떻게 작동하는지를 확인했다.[73] 필드에 따르면 2017년 겨울 현재 북한에서는 유엔세계식량계획(U.N. World Food Program), 유니세프(UNICEF), 세계보건기구(WHO), 유엔개발계획(U.N. Development Plan)과 미국 등 여러 나라에 기반을 둔 소수의 국제 인도주의 단체가 음식과 의약품 그리고 농업지원과 같은 활동을 벌이고 있었다.

필드 기자는 상황이 과거와 크게 달라진 점을 확인했다. 강화된 제재들이 국제적 구호단체들의 활동을 크게 제약했다. 중국이 유엔 안보리 제재를 엄격하게 집행하는 것도 큰 차이를 낳았다. 특히 의료 지원에 나선 국제기구 활동가들이 치명적인 타격을 받았다. 유엔의 평양주재 조정관으로 활동하는 타판 미스라(Tapan Mishra)는 2017년 10월 유엔 본부에 편지를 썼다. 북한에서 활동하는 유엔 기구들에 제재가 갈수록 심각한 문제가 된다고 했다. 제재품목 리스트에 올라 있지 않은 의료장비와 의약품을 포함한 필수적 구호품들도 필요한 서류를 갖추어 반입을 신청한 경우에도 몇 달씩 통관되지 않았다. 통관이 정지된 품목에는 응급수술에 쓰이는 마취장비와 결핵진단에 쓰이는 엑스레이 장비들도 있었다. 미국 구호단체들은 북한에서 활동에 필요한 물품들을 보내려면 미 상무부나 재무부의 허가를 얻어야 한다. 북한 국적기인 고려항공이 제재를 받는 상황이어서 시간이 급한 의약품들을 항공편으로 보내려면 특별허가를 받지 않으면 안 된다고 했다.

필드 기자의 취재에 따르면, 중국이 제재에 동참해 엄격하게 집행하면서 상황은 더욱 나빠졌다. 중국 세관원들은 북한으로 가는 화물을 철저하게 검색했다. 모든 품목의 제조사와 원료 목록을 요구하는 등 화물 운송 절차가 훨씬 까다로워졌다. 미국인 구호 활동가들은 과거에 중국이 마지못해 유엔 제재에 참여한 것과 달라서 크게 놀라워

---

[73] Anna Fifield, "Sanctions are hurting aid efforts and ordinary people in North Korea," *The Washington Post*, December 16, 2017.

하고 있다고 했다. 남한 구호단체가 보낸 휠체어들이 실린 컨테이너와 홍수 피해자들을 구호할 때 필요한 정수용 약제도 중국이 차단했다. 북한의 국제 구호활동가들에게 물품을 공급하던 중국 회사들은 스스로 알아서 더 조심하는 상황이었다. 물품을 공급하던 중국 측 공급자들이 아예 연락을 끊었다고 했다. 중국 은행들은 북한과 관련된 돈은 거래하지 않았다. 의약품 구입 대금을 중국 공급자들에게 보내야 하는 인도적 구호활동가들이 그로써 큰 어려움을 겪었다.

북한에서 국제구호사업이 그러한 어려움에 처하게 된 것은 유엔 제재가 초기에 핵무기 프로그램에 소용될 수 있는 장비들과 돈줄을 차단하는 데 초점을 맞춘 이른바 '스마트 제재'(smart sanctions)에서 벗어나 전반적인 금수조치(a general trade embargo)로 확대되면서 벌어진 일이었다. 이러한 제재정책변화는 유엔 북한 인권문제 담당자로 하여금 유엔 안보리에 강한 항의편지를 보내게 만들었다. 유엔의 북한인권특별보고관(U.N. special rapporteur on North Korean human rights)인 토마스 오제아 킨타나(Tomás Ojea Quintana)는 "핵문제에 대처해야 한다. 그러나 그 목적을 달성하는 수단이 적절한지는 깊이 생각해야 한다"고 지적했다.

필드 기자가 파악한 바에 따르면, 북한 국민이 약 70퍼센트가 이미 매순간 굶주림에 시달리는 상태를 뜻하는 '식량불안'(food insecurity) 상태에 놓여 있다. 어린이 4명 중 하나는 영양부족으로 인한 성장장애를 겪고 있다. 이런 가운데 현재 가중되는 제재들은 어린이들의 식량불안과 심각한 영양실조 비율을 높일 수밖에 없다. 이러한 통계를 제시하면서 킨타나는 "이것은 단순한 통계가 아니라 북한의 현실입니다. 내 책임의 하나는 이 제재가 어떤 충격을 초래할지 포괄적 검토를 하도록 유엔 안전보장이사회에 촉구하는 것입니다"라고 밝혔다.

북한에서 의료구호 활동을 하는 미국 신경외과의사인 박기(Kee Park) 씨는 평양 이외 지역에 사는 주민들이 유엔 제재로 가장 피해를 본다고 말했다. 그는 "정부정책변화를 이끌어내려고 제재를 하는 것

502

일 텐데 정작 피해보는 것은 엉뚱한 사람들"이라고 비판했다. 그런데 틸러슨 미 국무장관은 2017년 12월 15일 유엔 안전보장이사회 회의에서 이렇게 말했다. "북한 정권은 무기 개발보다 국민 복지를 선택하면 여성, 어린이 그리고 일반 시민들을 먹이고 돌볼 수 있다. 정책을 바꾸어 불법적인 핵무기 프로그램을 포기하고 국제사회에 동참할 수도 있다. 그렇지 않으면 북한 국민은 계속 가난과 고립의 저주에서 벗어나지 못할 것이다." 북한 권력엘리트를 겨냥한 제재가 통하지 않으면 북한 주민 일반에게 가난과 고립의 저주를 부과해서라도 북한 정권의 정책을 변화시키겠다는 것이 미국의 정책이라는 것을 틸러슨 미 국무장관의 발언은 정확하게 확인해주었다.

10. 북중군사동맹 관계의 향방

중국은 2018년 현재 여전히 북한의 공식적 군사동맹국이다. 1961년 체결된 '중조 우호협력상호원조조약'은 2021년까지 유효하다.[74] 이 조약 제2조의 내용은 이렇다. "조약 당사국들은 조약 당사국의 어느 한쪽이 다른 나라에 침략당하지 않도록 예방하기 위해 모든 조치를 함께 강구한다. 조약국 중 하나가 다른 나라 또는 나라들에 무력 공격을 당하여 전쟁상태에 돌입할 때는 다른 조약 당사국은 즉각 자신이 가진 모든 수단을 다하여 군사적 및 여타 지원을 제공한다."[75]

미국 워싱턴에 있는 전략국제문제연구소(CSIS) 보니 글레이서(Bonnie Glaser)는 중국 정부가 2021년 이 조약을 갱신하되, 중국이 전시에 북한을 돕도록 의무화한 조항을 삭제하자고 북한에 제의했다고 주장했다. 또 브루킹스연구소 제프리 베이더(Jeffrey Bader)는 북중동맹은 이제 '과거사'(a thing of the past)에 지나지 않는다고 단언했

---

74 Albert, September 27, 2017.

75 Ankit Panda, "China and North Korea Have a Mutual Defense Treaty, But When Would It Apply?," *The Diplomat*, August 14, 2017 (https://thediplomat.com/).

다. 베이더는 특히 '북한이 먼저 전쟁을 시작하면 중국은 동맹조약에 따르지 않을 것'을 이미 북한에 알렸다고 했다.[76] 이명박 전 대통령이 회고록에서 밝힌 내용은 그런 맥락에서 주목을 받았다. 2010년 말 중국의 다이빙궈(戴秉國)는 북한을 방문했을 때 김정일에게 "북한이 남한을 먼저 공격하여 전쟁이 나면 중국은 북한을 돕지 않을 것"이라고 통보했다고 했다.[77]

러시아는 1996년 북한과 군사동맹을 폐기했고 2000년 들어 새로운 친선조약을 맺었다. 중국은 그와 달리 기존의 상호원조조약이 내포한 군사동맹 관계를 유지하고 있다. 그러나 중국이 1992년 한국과 수교한 이후 한중 간 교역이 확대되면서 북한과 동맹관계는 소홀해진 것으로 인식되고 있다.[78]

홍콩 링난대학교 정치학 교수 장바오후이(張泊匯)는 중국이 북중 군사동맹조약에 거리를 두는 이유를 두 가지로 요약했다. 중국을 황폐화할 큰 대가를 치러야 할 분쟁에 빠져들 것에 대한 공포가 그 하나이고, 북한이 중국과 군사동맹을 믿고 무모한 행동을 할 가능성에 대한 경계가 그 둘이다. 그래서 국지전적 상황이 벌어지면 중국은 군사동맹조약을 무시할 가능성이 있다고 보았다. 그러나 전면전이 벌어져 한미동맹군이 북한 전역을 점령할 우려가 있는 상황에서는 반드시 미군과 전투를 벌이기 위해서가 아니라도 완충지대를 확보하기 위해 중국과 북한의 접경지역을 점령하는 행동을 취할 수 있다고 보았다.[79]

글레이서는 중국 안에서 북한에 대한 전략을 놓고 두 시각 사이에 논쟁이 뜨거워져왔다고 말했다. 한편에는 한국전쟁에 개입할 때 마오쩌둥이 거론했던 '순망치한' 관점을 계승하면서 북한을 완충지대, 즉 '전략

---

76 Albert, September 27, 2017.

77 Panda, August 14, 2017.

78 이종석,『북한-중국관계, 1945-2000』, 한길사, 2001, 290쪽.

79 Jesse Johnson(Reuters), "For North Korea and China, defense pact proves a complicated document," *The Japan Times*, April 18, 2017(https://www.japantimes.co.jp).

적 자산'(strategic assets)으로 인식하는 부류가 있다. 다른 한 쪽은 북한을 '전략적 부담'(strategic liability)으로 인식하는 부류다. 글레이서에 따르면, 중국 정부 안에는 북한을 전략적 자산으로 인식하는 세력이 여전히 광범위하게 포진해 있다. 이들은 북한을 중국 상황에서 미국 내지 한미동맹에 대한 완충지역으로 볼 뿐 아니라 남중국해 같은 곳에서 중국의 핵심이익(core interests)을 위협할 수 있는 미국의 관심과 힘을 분산하는 역할도 한다고 믿는다. 다른 한편에서는 특히 중국의 국제문제 전문가들 사이에서 북한을 전략적 부담으로 인식하는 목소리가 커지고 있다고 보았다. 글레이서에 따르면 2017년 봄 시점에서 시진핑은 둘 가운데 어느 한쪽을 명백히 선택하지 않은 상태라고 판단했다.[80]

2017년 12월 중순 중국 『환구시보』가 주최한 한 토론회에서 중국 내 안보전문가들은 중국이 북한 핵보유를 용인할 수 있는지에 대해 상반된 견해를 나타냈다. 난징(南京)대학교 국제관계학원 주펑(朱鋒) 교수는 "중국이 파키스탄의 핵보유에 반대한 적이 없다"고 말하면서 "중국은 북한의 핵보유 사실을 받아들여야 한다"고 주장했다. 이중기준에 반대한다고 덧붙였다. 푸단(復旦)대학교 선딩리(沈丁立) 교수도 "북한 핵무기는 자기방어를 위한 것이지 남을 공격하기 위한 것이 아니다"라고 주장하면서 "북한은 풀을 먹더라도 핵무기를 개발하려는 갈망이 강한데 이미 여섯 차례나 핵실험을 한 것을 포기하겠는가. 핵 포기를 목적으로 하는 협상은 시간 낭비일 뿐 성공하지 못한다"고 말했다. 반면 난징(南京)군구 부사령관을 지낸 왕훙광(王洪光) 예비역 중장은 "북한 핵은 한국, 일본, 베트남, 타이완까지 핵개발 명분을 줄 수 있으며 중국 동북지역에 실질적 위협이 된다"고 전제하고, "북한의 핵 무장을 절대 용인할 수 없다"고 말했다. 많은 청중이 그에게 박수갈채를 보냈다고 한다.[81]

---

80 Jesse Johnson, April 18, 2017.
81 예영준, 「전쟁 가능성 지금 최고⋯중국이 되돌리기엔 늦었다」, 『중앙일보』,

필자가 보기에는 글레이서 같은 미국 전문가들 일각의 평가는 북중 관계에 대한 서방적 시각의 합리주의적인 희망적 사고(wishful thinking)와 무관치 않아 보인다. 만일 중국이 북한 지도부에 중조군사동맹이 더는 구속력이 없다고 통보한 것이 사실이거나 그럴 가능성을 강하게 시사했다면, 그것은 안킷 판다(Ankit Panda)의 말처럼 북한으로 하여금 핵무장 완성을 더 절박하게 추구할 원인이자 명분으로 작용했을 수 있다.[82] 중국이 북한에 대한 안보공약을 약화할수록 북한의 독자적 핵무장 완성과 강화를 위한 행보의 절실함은 더 커질 수밖에 없다. 이것은 현재 중국의 대북정책이 직면한 풀기 어려운 딜레마라 할 수 있다.

시진핑을 비롯하여 그간 중국 정부가 취해온 태도를 보면 중국은 북한이 중국을 믿고 무모한 행동을 할 가능성을 우려하며, 그런 사태를 방지하기 위해 북한과 군사동맹에 거리를 두려고 하는 것은 의심할 여지가 없다. 그런데 동시에 중국은 미국과 한국·일본이 북중 관계 약화를 믿고 북한에 대한 군사적 해법과 일방적인 제재 강화로 북한 붕괴를 촉진하려는 것에 대해서도 강하게 경계한다는 것 또한 엄연한 사실이다. 중국의 그러한 태도는 지난 20년간 일관되었고, 최근 시진핑 정부의 언행에서도 재확인되고 있다. 중국이 최근 한미동맹이 한미일동맹으로 발전하는 양상을 강하게 경계하면서 한국 정부로 하여금 '3불'(三不, Three Nos)의 하나로 한미일동맹 배제에 대한 확실한 약속을 강하게 요구하는 것은 그런 맥락에서 유의할 필요가 있다.

한반도 전체가 중국에 대해 갖는 지정학적 중요성 그리고 특히 중국의 권력과 군사안보의 심장부인 베이징을 코앞에 두고 중국의 동해를 둘러싼 형세인 한반도가 미국과 일본이라는 강력하고 위협적인 해

2017. 12. 17.

[82] Panda, August 14, 2017.

양동맹 세력의 비수가 되어 작동하는 상태를 중국이 얼마나 민감하게 인식하고 반응하는지를 한국 외교는 한시도 잊어서는 안 될 것이다. 이 점을 이해하지 못하면 중국을 이해할 수 없고, 중국을 이해하지 못하는 한 한국 외교는 실패할 수밖에 없다.

중국 시진핑 국가주석은 2017년 11월 29일 북한이 화성-15형 ICBM을 발사한 직후인 30일 반기문 전 유엔 사무총장과 하토야마 유키오(鳩山由紀夫) 등 전직 국가원수들의 모임인 '마드리드 클럽' 회원들을 면담한 자리에서 "북한과 협력관계가 변했다. 하지만 북한은 중국의 이웃국가임에 변함이 없다"는 취지로 말했다. 이를 두고 『동아일보』는 "시진핑 주석이 혈맹(血盟) 대신 '이웃국가'라는 표현을 썼지만 대북 원유 공급 중단 등 김정은 체제를 무너뜨릴 수준의 대북 제재에는 동참하기 어렵다는 뜻"이라고 해석했다. 이 자리에서 반기문 총장은 "북한이 도발을 계속하는 경우 최대 압박 외에 다른 방법이 없다. 북한은 중국에 대한 의존도가 압도적인 만큼 중국 역할이 중요하다"고 강조했다. 그러나 시 주석은 "북한 핵문제와 관련한 유엔 안전보장이사회 결의를 성실히 이행하겠다"면서도 '대문에 불이 나면 집이 위험해진다'는 중국 속담을 인용했다. 또 "한반도에서 전쟁이 일어나선 안 되고, 혼란도 안 된다"는 뜻을 밝혔다.[83] 마오쩌둥이 말한 '순치상의(脣齒相依)의 이웃[隣邦]'의 다른 표현이다.

시진핑 중국 국가주석은 2017년 7월 북한이 두 차례에 걸쳐 미국 본토를 사정권에 둔 ICBM을 시험발사한 다음 달인 8월 1일 중국 인민해방군 건군(建軍) 90주년 기념 경축대회 연설에서 이렇게 말했다. "인민군대가 사회주의 건설과 혁명에 적극 투신하고 조국과 인민을 지키는 기능을 전면 이행하며 항미원조(抗美援朝)전쟁과 여러 차례 변경의 자위(自衛) 작전을 승리로 이끌어 국위와 군위(軍

---

83 문병기·윤완준, 「北 ICBM 쏴도 시진핑 '변함없는 이웃'」, 『동아일보』, 2017. 12. 13.

威)를 떨쳤다.” 항미원조전쟁이란 한국전쟁을 가리키는 중국 측 개념이다. 중국이 한국전쟁을 미국에 대항해 북한을 도와 승리한 전쟁이라고 규정한 것이다. 시진핑은 이어서 중국 인민해방군은 “조국 만리 변경과 넓은 해역을 지킨 데 이어 새로운 인민 정권을 확고히 하고 중국의 대국 위상을 형성하며 중화민족의 존엄을 유지하는 데 굳건한 뒷받침을 했다”고 주장했다.[84] 이는 의례적인 경축사 의미를 넘어서 최근 북한의 미사일 발사를 계기로 더욱 강해지는 미국의 군사적 압박과 제재 상황에서 한국전쟁이라는 역사적 사태 이래 북중 양국이 맺어온 군사적 동맹 관계를 상기시킨 발언이라는 해석을 낳을 수 있었다.

미국은 2017년 11월 19일 북한을 ‘테러지원국가’ 리스트에 다시 올리고 유엔을 거치지 않은 독자적 제재를 강화했다. 또 북한과 거래하는 것으로 의심된 중국 기업들을 추가로 제재 대상에 올렸다. 그 직후인 11월 28일 북한은 세 번째 ICBM을 쏘아 올렸다. 미국은 북한에 대한 선제타격을 포함한 군사적 옵션을 더욱 강하게 거론하고 12월 들어 230대가 넘는 전폭기와 전투기를 동원하여 북한에 위협적인 한미 합동공중훈련을 실시했다. 그 무렵 중국 외교부장 왕이는 베이징의 ‘중국국제문제연구기금회’(中國國際問題硏究基金會)가 주최한 ‘2017년 국제정세와 중국외교 토론회’(2017年國際形勢與中國外交研討會) 강연에서 “무력을 동원하는 선택은 절대 용납할 수 없다”(動武的選擇絶不可接受)는 태도를 확인했다. 아울러 북한이 핵미사일 개발 시험을 중단하는 것과 동시에 한미 양국의 군사훈련도 중단하는 이른바 ‘쌍잠정’(雙暫停)을 재차 촉구했다. 안보리 결의안은 국제사회의 동의를 대표하는 것이므로 중국도 이를 준수하겠지만 “(미국이) 안보리 결의 이외의 조치를 실시하여 독단적인 행동을 취한다면 그리고

---

84 『조선일보』, 「시진핑 ‘항미원조 전쟁서 인민해방군 승리해 국위 떨쳤다’」, 2017. 8. 1.

'2017년 국제정세와 중국외교 토론회'에 참석한 중국 외교부장 왕이.
토론회에서 그는 "무력을 동원하는 선택은 절대 용납할 수 없다"는 태도를 분명히 밝혔다.

안보리 단결을 해치고 다른 나라의 정당한 권익을 파괴한다면, 우리
는 결코 찬동하거나 용납할 수 없다"고 말했다.[85]

11. 북한 급변사태 가능성과 중국의 대북 동맹정책

중국이 북한과 군사동맹을 적어도 공식적으로 폐기할 확률이 낮다고
볼 수 있는 이유 가운데 하나는 북한 급변사태 가능성 때문이다. 그 경
우 중국은 북한에 개입하여 자신의 지정학적 이익을 확보하거나 보호
하기 위한 행동을 하게 된다. 그때 북중동맹조약은 중요한 군사정치적·
국제적 명분과 수단이 될 것이다. 우리는 이 점을 유의해야 한다.

북한이 붕괴할 경우 미국과 중국 모두 북한에 군사력을 투입할 것이
다. 중국은 중국과 접경지역에 가까운 북한 핵실험장소에 먼저 도착할

---

85 外交部部長 王毅, "在2017年國際形勢與中國外交硏討會開幕式上的演講,"
2017. 12. 9(外交部網站: http://www.fmprc.gov.cn/web/wjbzhd/t1518042.shtml).

확률이 높다. 나진-선봉지구에 중국이 투자하는 이유에는 태평양으로 열린 항구를 포함한 지정학적·전략적 의미가 있는 북한 지역에 대한 중국의 이해관계가 결코 가볍지 않다. 중국은 나진-선봉지구와 함께 핵 실험 장소로 알려진 풍계리를 포함한 청진 이북 나진-선봉지구까지는 최소한 군사적으로 장악하러 나설 것이다. 그래서 동서로는 청천강~청진 라인, 동해안은 청진-나진 라인을 장악하려 시도할 것이다. 중국은 또 북한 내부 친중 정치세력과 합작할 것이다.

미국은 북한 급변사태 시 중국과 군사적 충돌을 피하는 데 유의할 것으로 보인다. 미국은 북한 핵과 미사일 등 WMD 제거가 최대 목표다. 그 목적을 달성하기 위해서라도 중국과 충돌을 피하려 함은 물론이고 사전에 협력을 모색할 것이다. 유사시 대규모 군대를 북한 북부에 파견하는 능력은 중국이 앞선다. 이 점은 오리아나 마스트로 (Oriana S. Mastro)의 논문이 잘 드러내준다.[86]

중국은 최소한 청천강 이북 압록강 접경지역을 장악하고 일정 기간 뒤 철수할 수도 있다. 그러나 완전 철군의 대가로 결국 동서로는 백두산에서 청진을 잇는 백두산~청진 라인, 동해안은 나선(나진-선봉지구)을 포함한 청진 이북의 동해안지역을 중국령으로 통합하는 방안도 배제하지 않을 옵션의 하나가 될 수 있다. 마스트로의 말은 일리가 있고, 그런 점에서 북한 급변사태 시를 대비한 미중 간 밀약이 가능하다. 그 결과는 북한의 분단으로, 한반도의 이중 분단이 되고 만다.

중국은 북한과 군사동맹을 폐기하지 않는다. 다만 북한이 선제공격을 해서 전쟁이 벌어질 경우 중국은 개입하지 않는다는 비공식적 단서를 달 것이다. 이명박이 회고록에서 밝혔다는 다이빙궈의 말, 즉 2010년 말 중국이 북한 지도부에 전달했다는 내용은 그런 점에서 신빙성이 있다. 만일 북한이 전쟁 발발에 책임이 있을 경우에도 중국은

---

86 Oriana Skylar Mastro, "Why China Won't Rescue North Korea: What to Expect If Things Fall Apart," *Foreign Affairs*, January/February 2018.

공식적인 동맹관계를 앞세워 붕괴될 북한의 난민통제와 대량살상무기 통제 등의 명분으로 북한에 개입하기 용이해진다.

만일 한미동맹 측이 전쟁 발발에 책임이 있을 경우에도 중국은 미국과 본격적인 군사적 충돌은 피하면서도 군사동맹국 자격으로 북한의 주요 지역을 전략적으로 장악하기 위한 개입을 할 것이다. 그래서 중국은 북한과 군사동맹을 폐기하지 않는다. 북한 붕괴 시 한미동맹이 북한 전역을 장악할 경우 나진-선봉지구를 통해 태평양과 직접 연결을 추구한 중국의 동북지구 해양진출 전략은 차질을 빚는다. 중국은 단연코 그것을 원하지 않는다고 보아야 한다.

그러므로 중국이 북한의 핵·미사일 개발이 부담이 되어 군사동맹을 폐기할 것이라는 주장은 설득력이 없다. 중국의 속내를 충분히 고려한 결론이라고 할 수 없다. 이 문제는 북한 급변사태 시 한반도 운명을 검토하는 다음 장에서 더 상세히 살펴본다.

12. 북핵문제에 대한 중국의 기본 태도

중국은 "대화와 협상을 해서 평화적인 방식으로 한반도 비핵화를 실현한다는 것은 중국의 일관된 입장이며 주장"이라고 누누이 강조해왔다.[87] 그런 만큼 중국은 어떤 경우에도 북한 경제를 고사할 수 있는 극단적 경제제재엔 응하지 않을 것이다. 2017년 4월 12일은 트럼프 미국 대통령이 시진핑 주석과 미국에서 정상회담을 하면서 중국에 강력한 대북 제재 요구를 하고 난 직후였다. 이날 중국 외교부가 정례 기자회견에서 밝힌 중국의 기본 입장은 전혀 달라지지 않았다. 중국은 북한과 '서로 이웃나라'(中朝是隣國)로서 정상적인 전통적 우호관계를 유지하며 그것은 정상적 경제무역관계를 포괄한다(中朝是隣國, 兩國之間本來就有著正常的傳統友好往來, 包括正常的經貿往來)고 했

---

87 『人民網』(來源: 新華社), 「外交部: 對話協商是解決朝鮮半島核問題的唯一有效途徑」, 2017. 4. 13.

다. 그러므로 유엔 안보리의 요구를 준수한다는 전제하에 중국과 북한이 유지하는 정상적 관계는 경제무역관계를 포함하는 것은 두말할 나위가 없다(在遵循安理會決議要求的前提下, 中朝維持正常關系包括經貿關系, 本身無可非議)고 강조했다.[88]

같은 4월 12일 기자회견에서 중국이 미국 요구에 따라 대북 석유 제재에 나설 것이라는 보도가 사실이냐는 한 기자의 질문에 중국 외교부 대변인 루캉은 지난 역사를 상기시키는 것으로 답을 대신했다. 그는 북한이 진지하게 비핵화에 임한 것은 대화가 진행될 때였으며, 북한이 핵무기 개발을 진행한 것은 대화가 중단된 가운데 가혹한 제재가 가해졌을 때라고 말했다.[89] 『뉴욕타임스』도 한 기사에서 중국은 어떤 경우에도 북한을 질식시키는 제재에는 단호히 반대할 것이라고 전망했다.[90] 중국은 2017년 5월 24일 북한에 대한 유엔 안전보장이사회의 추가 제재를 반대했는데 그러한 연장선에서라고 하겠다.[91] 중국 시진핑 주석은 그로부터 약 40일 뒤인 2017년 7월 4일 북한이 ICBM 발사 성공을 발표한 후에도 한편으로 그것이 유엔 안보리 결의안 위반임을 지적하면서도 바로 그날 열린 러시아 푸틴 대통령과 정상회담에서 관련 국가들의 자제를 권고하면서 대화와 협상이 유일한 해결책

---

88 『人民網』, 2017. 4. 13.

89 『人民網』, 2017. 4. 13.

90 Gerry Mullany and Chris Buckley, "China Warns of 'Storm Clouds Gathering' in U.S.-North Korea Standoff," *The New York Times*, April 14, 2017.

91 유엔 안전보장이사회는 2017년 5월 23일(현지시간) 긴급회의를 열고 북한의 미사일 시험발사에 따른 대응 방안을 논의했다. 그러나 중국의 반대로 북한 추가 제재는 무산됐다. 미국, 영국, 프랑스 등 서방 3국은 추가 제재를 주장했지만 중국은 반대했다. 이견을 좁히지 못해 규탄 성명만 발표하는 것으로 끝났다. 회의에서 미국의 니키 헤일리, 영국의 매슈 라이크로프트, 프랑스의 프랑수아 드라크르 등 3국 주유엔 대사들은 '더욱 실질적이고 의미 있는 제재 수단을 마련해야 한다'고 주장했다. 그러나 중국의 류제이 유엔대사는 '대화로만 북한 문제를 풀 수 있다'며 '선(先) 대화' 주장을 굽히지 않았다. 한준규, 「中, 안보리 추가 대북제재 반대… 美·英·佛과 北규탄 성명만 발표; 美는 선제타격론 놓고 균열: 美청문회 "北미사일 능력 향상"…민주당 "북한과 먼저 대화" 촉구」, 『서울신문』, 2017. 5. 24.

임을 강조했다.[92] 다음 날인 7월 5일 열린 유엔 안보리에서도 미국 측
이 북한에 대한 송유관 폐쇄를 촉구한 데 대해 중국은 거부 의사를 보
였고, 러시아도 중국을 두둔했다.[93]

북한의 ICBM 발사 뒤 열린 2017년 7월 독일 G20 정상회의에 앞
서 열린 한중정상회담에서 시진핑 주석은 '북한은 혈맹관계'라고 확
인하면서 "많은 관계변화가 있었지만, 관계가 근본적으로 변하는 것
은 아니다"라고 밝혔다. 미국이 주도하는 대북 제재 강화 움직임에 중
국은 반대한다는 견해를 분명히 한 것이다. 이날 중국 관영 『환구시
보』는 북한의 민생과 관련된 인도주의적 무역은 유엔 안보리의 제재
에 구속되어서는 안 된다고 주장했다. 모두 중국이 북한에 대한 미국
의 군사적 압박 노선을 내심 강하게 경계한다는 것을 말해준다.

중국 외교부장 왕이는 2017년 3월 20일 한반도 평화의 장기적인
근본 해결책(半島長治久安的根本之策)으로 이른바 '쌍궤병행'(雙軌
並行)을 제시했다. 그가 말한 쌍궤병행이란 한반도 비핵화 실현을 한
반도 평화체제와 결합해 추진하는 것(將實現半島無核化和建立半島和
平機制結合)을 말한다. 그것은 정치외교적 수단으로 한반도 비핵화
[無核化]를 달성하자는 말이다. 왕이는 그 목표를 향한 제1보로서 '쌍
잠정'을 제안했다. 북한은 추가적인 핵과 미사일 활동을 중단하고, 그
대신 미국과 한국도 대규모 군사훈련을 동시에 중단하는 것을 말한
다. 이 과정을 양측이 보조를 맞추어 대등하게(同步對等地) 해결에 임
해야 한다고 주장했다.[94]

왕이는 같은 기자회견에서 궁극적인 해결책으로서 한반도 평화체

---

92 예영준 기자, 「ICBM에도 대화협상 반복한 중국 입장…왜?」, 『중앙일보』,
2017. 7. 5.

93 심재훈·최현석 기자, 「안보리 논의 대북제재 핵심은 '원유 끊기'…美 vs 中·러
대립」, 『연합뉴스』, 2017. 7. 6.

94 人民網, 「中國外長王毅高'言値'應對中外記者提問」, 2017. 3. 9(http://world.
people. com. cn/ n1/ 2017/ 0309).

제 구성 당사자와 관련해 주목할 발언을 했다. 그는 한반도 핵문제의 주요 당사자로 북한과 미국(半島核問題的主要當事方是朝美兩家)을 지목했다. 그러나 동시에 그는 '한반도와 순치상의의 이웃'(半島脣齒相依的近鄰) 관계에 있는 중국도 한반도 핵문제 해결 과정에 빠질 수 없는 중요 당사자라고 규정했다(中國當然也是解決半島核問題不可或缺的重要一方). 왕이는 결국 한반도 평화협정의 당사자로 북한, 미국, 중국을 거론한 것이다. 그런데 한국 역시 북한과 마찬가지로 한반도 평화의 당연한 당사자인 만큼 한국을 제외한 것이라고는 할 수 없다. 다만 한국 정부가 지난 10년간 북한 핵문제의 평화적 해결에 소극적이거나 부정적이었던 사실을 의식한 발언이라고 해석해야 할 것이다. 결국 중국이 염두에 둔 한반도 평화협정은 남북한과 함께 미국과 중국이 당사자로 참여하는 4자회담 성격을 띤 것이라 할 수 있다.

2017년 4월 초순 열린 중미정상회담 후 중국 외교부는 2017년 4월 12일 루캉 대변인의 기자회견에서 같은 해법을 재확인했다. '정치적 해법', 즉 '대화와 협상만이 한반도 핵문제의 유일하게 유효한 해법'임을 재차 강조한 것이다.[95] 쌍궤병행과 쌍잠정 원칙하에 한반도 핵문제를 해결하기 위한 담판과 대화의 궤도로 하루속히 돌아가도록 함께 노력해야 한다는 기존 견해를 재천명했다.[96]

중국은 북한 핵문제의 정치외교적 해결에 미국이 동의하면 북한도 핵무기와 현재 갖고 있는 핵 프로그램들을 폐기할 의사가 있음을 이미 증명해 보인 바 있다고 말했다. 2005년 6자회담의 틀 안에서 북한이 참여한 9·19공동성명을 그 근거로 들었다.[97] 중국 사회과학원 아태 및 지구전략연구원 왕쥔성(王俊生) 부연구원은 『환구시보』에 실린 한 평론에서, 중국의 한반도 정책 3원칙은 한반도 비핵화, 한반도 평화와 안정,

---

95 『人民網』, 2017. 4. 13.

96 孫辰茜, 「外交部 : 希望各方共同推動朝核問題早日重返談判對話軌道」, 『人民網』(來源: 新華社), 2017. 4. 13.

97 人民網, 「外交部 : 中方對巴西部分肉類產品出現質量問題表示關切」, 2017. 3. 21.

대화와 협상을 통한 문제 해결이라고 지적했다. 중국의 장기적인 한반도 정책은 그러한 반면 미국의 한반도 장기 전략은 북한의 붕괴라고 주장했다. 그런가 하면 북한과 한국 양국은 모두 단기목표에 집착한다고 주장하면서 북한의 목표는 국제사회로부터 핵보유국가로 인정받는 것이고, 남한은 북한의 붕괴를 기다리는 것이라고 지적했다.[98]

러시아도 중국과 동일한 태도를 보이고 있다. 주중국 러시아대사 안드레이 데니소프(Andrei Denisov)는 "미국의 대북 군사압박은 북한의 대응 행동만 초래한다"고 주장하고, 북한이 미국의 대북 적대시 정책과 한미 연합훈련 강행 등을 자신의 핵무장 원인으로 주장한다는 사실을 상기시켰다.[99]

북한이 2017년 7월 두 차례 ICBM 발사를 성공시키고, 8월에는 IRBM을 그리고 9월에는 수폭실험을 성공시켰다. 이와 함께 미국과 유엔의 대북 제재는 한 차원 높게 강화된 것이 사실이다. 중국도 결국 동참하기에 이르렀다. 2017년 11월 29일 북한이 더 위협적인 ICBM을 쏘아 올리면서 미국과 유엔의 제재는 더한층 강력해졌고 중국도 일부 완화를 관철하긴 했지만 크게 보아 보조를 맞추었다. 그러나 중국이 2017년 3~4월에 밝힌 기본 태도에 근본적 변화가 있다고는 말하기 어렵다. 앞서 논의한 바와 같이 중국에 한반도가 갖는 지정학적·지경학적 의미가 갑자기 본질적 변화를 겪은 게 아니기 때문이다.

13. 중국 대북전략의 딜레마:
강력한 제재 동참은 북한의 자주외교 촉진

중국은 한편으로 북한의 붕괴를 막기 위해 국제사회의 대북 제재에 오랜 기간 소극적이었다. 또 북한에 대한 미국의 군사적 옵션을 견

---

98 王俊生, 「中國對朝鮮政策錯了嗎？」『環球網』(http://www.huanqiu.com/), 2016-09-14.

99 유철종, 「주중 러 대사 '美 대북 군사압박, 北 대응 행동만 초래' 비판」,『연합뉴스』, 2017. 5. 1.

제해내는 데 중요한 역할을 했다. 그러나 중국 역시 북한 핵무장과 ICBM 개발 등을 막고자 나름대로 노력했다. 그로써 심화되는 미국과 군사적 긴장은 중국의 지정학적 이익과도 충돌한다. 미국이 한국과 일본의 핵무장 유혹을 차단하기 위해 동아태지역에서 자신의 해상 전술핵과 전략핵의 역할을 확대할 것이며, 동아시아지역에 사드를 포함한 미사일방어체계 구축을 본격화하고 거기에 일본과 한국을 더욱 깊숙이 편입하려 할 것이기 때문이다.

2017년 들어 북한이 ICBM 개발을 거의 완성단계에 끌어올리고 수폭을 성공시키자 중국이 미국과 유엔의 대북 제재를 한편으로는 견제하면서도 다른 한편으로 전례 없는 수준으로 동참하기에 이른 것은 그러한 맥락과 관련이 깊다. 그래서 중국은 북한과 군사동맹에 대해 표면적으로도 거리를 두어왔다. 그렇다고 해도 중국은 북한과 군사동맹을 해체하거나 북한에 대한 제재와 압박에 더 동참하기는 어렵다. 북한은 이미 중국에 의존하지 않는 독자적인 생존의 길을 모색할 수밖에 없게 된다. 미국과 직접 거래를 유인할 수 있는 과감한 조치를 해서 미국과 타협할 수 있다. 그럼으로써 중국과 미국 사이에서 '자주외교'의 공간을 열어가고자 노력할 수 있다. 이러한 시도는 북한에 두 가지 의미를 갖게 될 것이다. 한편으로 미국과 대흥정이 성립한다면 그것 자체로 북한의 전략은 성공하는 것이다. 다른 한편으로 그러한 노력이 수포로 돌아간다 해도 그 과정에서 북한은 중국의 제재 동참을 견제하는 효과를 볼 수 있다. 중국으로 하여금 고민하게 만들 수 있다. 이를테면 성동격서(聲東擊西)와 성서격동(聲西擊東)이 모두 가능해질 수 있다.

중국은 미국의 극단적인 대북 제재와 군사적 옵션을 견제함으로써 북한이 ICBM과 결합한 핵무장을 완성하기에 이르는 데 필수적인 외적 조건을 제공했다. 그 결과 북한은 ICBM 능력과 결합한 핵무장을 실질적 협상 무기로 삼아 미국과 대타협을 추구하고 그것을 통해 미국의 군사적 위협을 통제할 가능성이 높아졌다. 동시에 그간 미국의 '적대시정책'으로 불가피했던 중국에 대한 경제적 종속과 군사·외교적 의존 상황에서 벗어나 미국과 중국 모두로부터 자주성을 재확립할 수 있는 정치적 공간이 생겨났다. 이 공간에서 미국이 어떻게 행동할 것이냐는 물론 중대한 변수를 구성할 수밖에 없다. 그러나 어떤 경우든 향후 중국의 대한반도정책과 북중 관계가 그런 의미에서도 질적으로 새로운 국면에 접어들었다고 생각된다.

제10장

북한 급변사태 시 미국과 중국 그리고 한반도의 운명

1. 한국 통일담론에서 군사적 상상력의 압도와 북한 붕괴론

동독이 허물어지기 시작한 때는 1989년 5월이다. 그렇게 시작된 독일 재통일 과정은 1990년 10월 3일 공식적으로 그리고 평화적으로 매듭지어졌다. 독일의 재통일은 국내외적 조건이 유리했다. 소련을 비롯한 공산권이 실질적인 해체 과정에 들어서고 있었다. 미국을 비롯한 서방은 공산권 해체를 촉진하고 싶어 했다. 독일 통일은 공산권이 해체된 결과이자 그 결정적 촉매제였다. 반면 오늘날 동아시아의 국제환경은 1990년대 유럽과 크게 다르다. 해양동맹 반대편에 있는 중국 대륙은 갈수록 더 강해지고 있고, 이에 따른 동아시아 대분단체제의 지정학적 긴장은 더 심화되었다.

더욱이 분단된 한반도는 동아시아의 발칸이자 화약고의 하나다. 이런 조건에서 한반도는 항상 전쟁과 평화의 난간에 서 있다. 동시에 동아시아 평화에 대한 위협의 진원지가 되고 있다. 한반도가 동아시아의 가장 위험한 화약고로 기능하는 운명에서 근본적으로 벗어날 수 있는 유일한 길은 평화적 통합이다. 그것은 동시에 동아시아 대분단체제 극복의 필수적 전제조건이다. 그런데 한반도 통일은 독일의 경우와 달리 국제환경의 도움을 받기 어렵다. 따라서 한반도 평화적 통합의 동력은 한반도 내부에서부터만 기대할 수 있다. 한반도 통일의 내적 동력은 두 방향에서 올 수 있다. 하나는 북한의 붕괴이고, 다른 하나는 남북 협력에 따른 평화체제 구축과 그에 기초한 평화적 통합이다.

북한의 붕괴를 기다리면서 그것을 촉진하고자 하는 노선은 한미군사동맹과 그 강화를 추구하는 방법이다. 이 방법은 동아시아 대분단의 기축관계에서 미일동맹이 선호하고 환영하는 방법이다. 그러나 중국의 반대와 경계심을 촉발한다. 남북 협력에 따른 평화적 통합 노선은 한미군사동맹의 질적 변화를 초래하는 길이기도 하다. 이 때문에 미국이 앞장서서 이 길을 촉진할 가능성은 없다. 문제는 북한의 붕괴를 기다리면서 그것을 촉진하고자 하는 노선이 한반도 통일을 위한 현명한 길인지, 아니면 전쟁 위험성을 수반할 뿐 아니라 통일이라는 목표를 이루는 데에도 불확실성으로 가득한 것인지를 성찰하는 일이다.

오늘날 남한의 통일 담론에서 통일에 대한 기대는 은연중 '북한 붕괴'에 대한 기대와 불가분한 채로 있다. 북한의 붕괴에 대한 그와 같은 기대가 통일에 대한 우리 관념을 지배할 때, 통일전략이란 곧 군사전략일 수밖에 없다. 북한의 붕괴에 대비하고, 나아가 북한의 붕괴를 촉진함으로써 남한이 북한을 접수할 수 있게 될 거라는 기대다. 그때 군사전략의 핵심은 결국 한미군사동맹 강화다. 북한 붕괴 시 그것을 한국에 의한 흡수통일이 되도록 하는 준비의 핵심은 결국 군사전략이고, 그 핵심은 다시 한미군사동맹이라는 것이 된다. 이러한 사고에서는 한미군사동맹을 상대화하는 행위, 그것을 하나의 절대적 전제가 아니라 상대적 선택으로 취급하거나 훼손하고 약화할 수 있는 사고는 이적시된다. 이러한 전략적 사고의 틀에서는 북한과 평화협상은 사실상 불가능하다. 서로 상대에게 제기하는 '본질적 요구'를 모두 테이블에 올려놓고 협상 대상으로 인정하는 평화협상은 불가능한 것이다.

미국과 한국의 근본적 요구는 북한 핵무기 프로그램의 포기, 즉 비핵화다. 미국과 남한은 그것에 '보상'을 하겠지만 일단 북한의 '조건 없는 핵 포기' 의지가 그 전제로 된다. 한편 북한이 미국에 제기하는 근본적 요구는 북한의 안보를 위협하는 요소들을 제거하는 것이다. 북한이 말하는 미국의 적대적 정책 중단이다. 그것은 결국 평화협정 문제로 연결된다. 북한의 관점에서 미국의 대북 전쟁 위협을 제거하는 것은 주한미

2016년 10월 11일 국무회의에서 발언하는 박근혜 전 대통령.
이날 그는 "자유와 인권을 찾아 올 북한 주민들을 수용할 수 있는 체계와 역량을 조속히 갖춰나가기를 바랍니다"라고 말하며 은연중에 '북한 붕괴'에 대한 기대감을 드러냈다.

군 철수 내지 성격 변동이라는 문제와도 불가분하게 된다.

북한 시각에서 볼 때 주한미군 지속 여부는 미국이 북한에 대해 첨단전쟁 또는 핵공격을 가할 의지 여부로도 연결된다. 북한에 대한 안보 위협을 제거하는 제도적 장치로서 평화협정 문제는 그래서 주한미군 문제와 얽혀 있다. 그러기에 미국과 한국은 북한이 요구하는 평화협정에 원천적인 거부감을 갖고 있다. 이것이 오늘날까지 한미 양국과 북한 사이에 근본적 협상, 즉 평화협정협상이 성립하지 않는 이유가 되어왔다. 주한미군 철수 등 한미군사동맹의 근본 요소들을 약화할 수 있는 북한의 요구는 원천적으로 배척된다.

남은 선택은 한미군사동맹의 강화밖에 없게 된다. 군사전략의 공세적 측면은 갈수록 강화되어왔다. 2000년대 초 미국 부시 행정부는 북한에 대한 선제 핵공격 전략을 채택했을 뿐 아니라 오바마 행정부도 2009~2010년을 전후해 한국군에 대해서도 선제타격 전략을 공식적으로 허용했다. 이 시기 미국이 한국에 벙커버스터(Bunker-Buster) 무기를 판매하는 결정을 한 것은 그것을 상징했다. 이후 이른바 '킬-체인' 구축 계획이 그것을 보완하고 있다. 최근 작계 5027이 5015로 바뀌면서 선제타격 전략 채택은 더욱 본격화되었다. 그럴수록 첨단무기체계 구축과 확대를 위한 군비경쟁은 가속화된다. 이명박·박근혜 정권 9년에 걸쳐 한반도 통일문제에서 군사적 상상력은 비대해진 반면 평화협상을 포함한 정치적 상상력은 왜소해질 대로 왜소해졌다.

2. 북한 붕괴는 한국 주도 흡수통일로 연결될까

2015년 11월 12일 한국의 국책 역사연구기관을 대표하는 세 연구원(한국학중앙연구원·국사편찬위원회·동북아역사재단)은 광복 70주년을 기념해 '광복 70년의 회고, 광복 100년의 비전'이라는 제목의 국제학술대회를 개최했다. 필자는 이 자리에 초청을 받아 「광복 70년에 생각하는 한반도의 평화와 통일」이란 제하의 발표를 했다.[1] 발표 요지는 한국 보수 세력의 대북정책이 궁극적으로 기대고 있는 북한 붕괴 시나리오는 보수적 정권들이 희망하는 결과와 정반대 사태를 초래할 것이라는 경고였다.

여기에 해당 부분 일부를 발췌하여 옮긴다.

* * *

미국과 군사동맹에 전적으로 의존하면서 그런 가운데 군사적 상상력이 비대화하고 정치적 상상력이 왜소해질수록, 남한의 통일 담론을 음양으로 지배하는 것은 북한 붕괴에 대한 기대였다. 남한의 많은 사람에게 북한 붕괴는 그것 자체로 환영할 만한 일이다. 군사적 상상력이 압도하는 현실에서 통일 가능성은 그것 외에 달리 전망이 보이지 않기 때문이다. 문제는 설사 북한이 머지않은 장래에 붕괴한다고 하더라도 북한 붕괴가 곧 남한에 의한 흡수통일로 직결될 가능성은 높

---

1 이삼성, 「광복 70년에 생각하는 한반도의 평화와 통일」, 한국학중앙연구원·국사편찬위원회·동북아역사재단 공동주최 광복 70주년 국제학술대회 '광복 70년의 회고, 광복 100년의 비전', 한국언론진흥재단 프레스센터 19층, 2015. 11. 12. 『자료집』, 73~99쪽.

지 않다는 데 있다.

북한이 붕괴한다는 것을 현실적으로 얘기한다면 북한이 심각한 정치적 혼란 상태에 빠지는 사태를 말한다. 정치적 혼란 상태는 북한 정치질서에 정치적 구심점이 해체됨으로써 군대와 경찰에 대한 효과적인 지휘통제가 존재하지 않는 경우다. 이러한 정치적 혼란은 심각한 경제사회적 실패 또는 북한 권력엘리트 내부의 정치적 분열로 발생할 수 있다. 이 경우 북한 상황은 크게 두 가지 방향으로 전개될 수 있다. 체제 붕괴(또는 정권 해체) 그리고 체제 전환(또는 정권교체)이다. 이들 각각의 경우 그러한 사태가 곧 남한에 의한 흡수통일로 연결될지에 대한 비판적 검토가 필요하다.

1) 체제 붕괴(정권 해체)

새로운 정치적 구심점이 신속하게 구성되지 않는 가운데 휴전선과 북중 국경지대에서 군대와 경찰이 통제능력을 상실한다. 정치적 혼란에 뒤따르는 경제 붕괴와 혼미를 수습할 수 있는 국가 기능이 상실된다. 이 상태에서 북한 향방을 결정하는 가장 중요한 변수는 중국의 움직임이다. 중국의 행동을 결정할 요인은 북중 국경지대의 난민 상황, 북한 핵·미사일 무기체계 확보 필요성 그리고 한미동맹의 움직임이다. 중국은 특히 한미동맹의 움직임에 민감하게 반응할 것이다. 북한 무기체계에 대한 통제를 명분으로 한미동맹이 대북 개입을 추진할 경우 중국 역시 그렇게 할 것이다. 한미 양국과 중국이 대북 군사개입을 하게 될 때, 그 결과 초래될 가장 가능성이 높은 상황은 북한의 남북 분열이다. 북한의 남부를 한미동맹이 장악할 경우 일본도 미일동맹 장치에서 한반도 남부에 군사적·외교적 개입을 함으로써 일정한 지분을 갖게 될 수 있다.

2) 체제 전환(정권교체)

북한에서 내부 분열로 인한 정치적 혼란이 일어나되 비교적 빠른 시일 안에 새로운 정치적 구심점이 재구성되는 경우다. 새로운 정치적 구심점을 형성하는 세력은 개혁과 개방을 명분으로 내세울 것이다. 이 새로운 정치세력의 대외정책 노선으로 가장 가능성이 높은 것은 친중국(親中國) 노선이다. 그 이유는 북한이 체제 전환을 초래하는 혼란을 겪기 전의 상태에서 북한 정치체제 안에서 미국이나 한국과 통하는 세력은 존재할 수 없는 반면에 중국과 소통하는 세력은 충분히 있을 수 있기 때문이다.

이들 정치엘리트 집단은 한편으로 중국을 경계하는 면이 있다 하더라도 한국에 의한 흡수통일 시 자신들이 처할 수 있는 처참한 운명에 대한 더 큰 불안 때문에 중국과 전략적 관계를 중시할 가능성이 높다. 친중국 세력은 정치적 혼란을 겪고 난 후 북한에서 새로운 질서의 중심이 될 수도 있다. 북한을 장악한 새로운 정치세력은 친중국 노선을 취하는 가운데 중국이 원하는 비핵화를 받아들이면서 중국의 광범한 경제·군사원조와 군사안보동맹 강화를 꾀할 수 있다. 그 결과 북한은 중국의 보호국(protectorate)이 될 가능성도 배제할 수 없다. 결국 북한이 정치적 혼란을 겪을 경우 초래될 상황은 북한 안에서 새로운 분단 상황, 아니면 북한의 중국 보호국화로 귀결될 가능성이 높아 보인다. 요컨대 통일된 강한 중국과 미일 해양동맹이 양립하는 '동아시아 대분단체제'에서 북한 붕괴는 반드시 한국에 의한 흡수통일을 의미하는 것이 아니다. 그렇지 않을 가능성이 더 많다.

북한 체제가 붕괴하거나 전환하는 경우도 그러한 문제들을 담고 있지만, 북한 체제는 반드시 남한 정치권력의 기대처럼 그렇게 붕괴하거나 전환하지 않을 가능성도 많다. 중국은 핵무장한 북한을 원하지 않는다. 그러나 미국과 일본이 중국을 포위하는 '태평양동맹'의 구축을 포함한 '재균형전략'을 본격화하는 상황에서 중국은 북한의 약화를 방관하지 않을 것이다. 북한의 지속뿐 아니라 발전을 꾀하는 행보를 보일 것이다.

북한 사회는 1990년대 중엽 이래 경제위기를 겪으면서 배급체계 등 국가의 경제 능력이 크게 해체되었다. 그 공백을 '사적 경제'의 성장이 메꾸었다. 2009년 말에서 2010년 초에 걸쳐 김정일 정권은 사적 경제를 파괴하고 전체주의적 사회 통제를 재구축하기 위해 화폐개혁을 시도했지만 철저하게 실패했다. 2011년 출범한 김정은 정권은 사적 경제와 대결하기보다 그것을 인정하고 체제 안에 통합하려 하고 있다. 이러한 선택이 북한 경제와 사회에 어떤 결과를 초래할지 단정할 수 없지만, 북한 경제가 이로써 활력을 얻는 것은 이미 사실로 나타나고 있다. 이는 북한 체제의 변화와 함께 지속가능성의 근거가 될 수 있다. 북한이 지속가능한 경제를 구성하게 되면 중국과 러시아 등과 북한의 경제관계가 본격적으로 발전하면서 북한은 붕괴가 아닌 발전의 길을 걸을 수도 있다.

* * *

이상이 2015년 11월 발표한 논문의 북한 붕괴론 관련 부분이다. 필자는 이 발표를 한 이후 미국에서 진행된 연구들을 접하게 되었다. 그리고 미국에서도 2010년대 들어 이미 북한 붕괴가 적어도 초기에 북한의 분할 상황을 불가피하게 초래할 것이라고 전망하는 연구들이 제기되고 있다는 것을 알게 되었다. 더욱이 이들 미국 전문가들은 미국 정부로 하여금 오히려 적극적으로 북한 붕괴 시 각자 진입한 북한 안에서 중국과 군사적 충돌 위험을 줄이기 위해 자발적으로 북한 분할을 제안하고 협의할 것을 주문했다. 이러한 연구들은 필자가 2015년 위의 학술회의에서 발표한 글에서 전망하고 우려한 내용을 더욱 명백하게 확인해주는 것이었다. 이하에서 미국의 관련 연구들을 논의한다.

3. 북한 리더십의 미래 유형

지난 10년에 걸쳐 미국에서 북한 붕괴 시나리오를 집중적으로 연구한 학자가 있다. 냉전시대부터 미국의 군사안보전략 형성에 큰 영향력을 준 보수적 싱크탱크로 통하는 랜드연구소(Rand Corporation)를 기반으로 활동하는 베넷이다. 그는 제니퍼 린드(Jennifer Lind)와 함께 2011년 발표한 논문에서 북한의 정치적 미래를 크게 세 유형으로 분류했다.[2] 첫째는 김씨 정권이 생존하는 시나리오다. 향후 상당 기간 김정일에 이어 현재 김정은 정권이 지속될 가능성이 높다고 보는 시각이다. 상당히 많은 학자가 여기에 베팅한다.[3]

둘째는 정권교체(leadership change)다. 정권교체는 다시 둘로 나뉘는데, 하나는 김씨 정권이 무너지고 새로운 독재자가 나타나 북한 정부와 체제를 유지하는 경우다. 다른 하나는 정권이 교체되어 남한과 통일에 나서는 시나리오다. 동독의 에리히 호네커(Erich Honecker, 1912~94, 재임 1971~89) 정부가 서독과 통일에 나섰던 것과 유사한 시나리오다. 베넷과 린드는 그렇게 될 현실적 확률은 높지 않다고 보았다. 다만 이론적 분류상 언급한 것이다.

셋째가 정부 붕괴(government collapse)다. 북한 사회 전체를 통제하는 중앙정부가 무너지고 그것을 대체할 통합적 국가권력이 재구성되지 못하는 상황이다. 베넷과 린드가 말하듯 이것은 북한이 '실패 국가'(a failed state)의 상황에 놓이는 것을 말한다. 이것이 한국 사회에서 '북한 붕괴'라고 할 때 해당하는 시나리오라 하겠다. 베넷과 린드는 이러한 정부 붕괴시나리오를 다시 몇 가지로 나누었다. 여러 가지 정부 붕괴 시나리오 가운데 가장 위험한 케이스로 베넷과 린드는 복수의 강력한 정치세력이나 군부 지도자들이 경쟁하면서 북한이 일종

---

2 Burce W. Bennett and Jennifer Lind, "The Collapse of North Korea: Military Missions and Requirements," *International Security*, vol. 36, no. 2(Fall 2011), pp.87~88.

3 김씨 정권의 지속가능성을 주장한 대표적 논의들로 베넷과 린드는 다음을 예시했다. Daniel L. Byman and Jennifer Lind, "'Pyongyang's Survival Strategy: Tools of Authoritarian Control in North Korea," *International Security*, vol. 35, no. 1(Summer 2010), pp.44~74; Stephan Haggard and Marcus Noland, *Famine in North Korea: Markets, Aid, and Reform*, New York: Columbia University Press, 2007; Marcus Noland, "Why North Korea Will Muddle Through," *Foreign Affairs*, vol. 76, no. 4(July/August 1997); Mark McDonald, "Hardships Fail to Loosen Regime's Grip in N. Korea," *The New York Times*, February 24, 2011.

의 군벌국가(a warlord state)로 되는 상황을 상정했다.[4]

필자는 앞서 '정권교체'의 경우 남한과 통합을 추구하는 세력보다는 중국과 연결된 정치세력이나 군부 세력이 헤게모니를 장악할 가능성이 높다고 보았다. 북한 권력엘리트들로서는 남한으로 흡수될 경우 자신들의 설 자리가 보장되지 않는다는 불안감이 무엇보다 크게 작용할 것으로 믿어지기 때문이다. 베넷과 린드는 '정부 붕괴'의 경우 복수의 군벌세력이 경쟁하는 상황을 상정했다. 그 경우에도 어떤 형태로든 중국과 연결된 세력이 가장 유력한 군벌세력을 형성할 가능성이 크다. 그만큼 북한이 적어도 부분적으로 중국의 군사정치적 영향권에 놓이게 될 가능성이 높다고 생각된다.

4. 북한 정부 붕괴 시 중국의 개입 유인

베넷은 2013년에는 북한 붕괴 상황에서 어떤 문제들이 발생할지, 미국과 한국은 어떻게 대비할지를 논한 376쪽에 달하는 연구 결과를 랜드연구소 보고서 형식으로 내놓았다.[5] 이 연구에서 필자가 특히 주목한 점은 베넷이 북한 붕괴 시 중국의 개입 가능성과 그 양상을 어떻게 볼지 본격적으로 논의하기 시작한 사실이다.[6]

베넷은 우선 북한 정부가 붕괴할 때 중국은 개입할 강한 유인(誘因)들이 있다고 보았다.[7] 첫째, 중국이 일관되게 명시적으로 표명해왔듯이 대량 난민 유입 사태에 대한 관심이다. 대량 난민 사태는 그것 자체로 문제지만, 그 결과는 중국에 지정학적 함의까지 갖는다는 것이 베넷의 생각이다. 북한 난민들이 압록강과 두만강을 넘어 만주로

---

4 Bennett and Lind, 2011, p.88.

5 Bruce W. Bennett, *Preparing for the Possibility of a North Korean Collapse*, Prepared for the Smith Richardson Foundation, RAND National Security Research Division, 2013(www.rand.org).

6 Bennett, 2013, pp.259~279.

7 Bennett, 2013, pp.260~261.

대거 쏟아져 들어갈 경우 만주에 이미 수백만이 존재하는 한국계 주민들의 수가 갑자기 팽창하게 될 것이다. 이것이 만주지역에 불안정을 조성할 것을 중국은 우려하지 않을 수 없다는 것이다.

둘째, 북한 핵과 미사일을 포함한 대량살상무기들이 북한 정권이 붕괴한 상황에서 중국을 향해 의도적이든 우발적이든 사용될 가능성을 중국은 우려하지 않을 수 없다. 이것은 중국이 정부 붕괴 상태의 북한에 개입할 중요한 유인이자 명분이 된다.

셋째, 북한에 중국이 갖고 있는 경제적 이해관계다. 베넷은 중국이 북한에 막대한 경제적 이해관계를 갖고 있다는 점에 주목한다. 여기에는 중국이 이미 구매한 북한의 광물자원들과 북한 항구 임차권이 포함된다.

넷째, 미군과 남한 군대가 북한에 진입하면 그 이유만으로도 중국 역시 북한에 진입할 이유와 명분이 생긴다.

다섯째, 중국은 한국군과 미군이 중국 접경지역에까지 접근하는 것을 차단하고 싶어 할 것이다. 이것 자체가 중국이 군사적으로 개입할 강력한 유인이 된다.

여섯째, 베넷은 중국이 동중국해에서 센카쿠(尖閣列島)·댜오위다오(釣魚台列嶼)에 개입하고 남중국해에서 공세적 태도를 보인 사실을 주목한다. 이는 중국의 민족주의와 관련이 있다고 베넷은 판단한다. 그러한 태도와 경향이 북한 붕괴 상황에서도 나타날 수 있다고 본다. 명색이 군사동맹국인 북한 정부가 붕괴하면 미군과 한국 군대가 북한 전역을 접수하러 나설 것이 명백한 상황에서 중국이 이를 옆에서 지켜보기만 할 것이라고 생각한다면 그보다 멍청한 일은 없을 것이다.

5. 중국이 한미동맹보다 더 신속하게 개입할 수 있는 이유

북한 붕괴 시 중국의 개입과 관련해 베넷 연구에 또 한 가지 주목할 점이 있다. 그는 중국이 한국군과 미군이 개입하기 전에 먼저 사태를 파악하고 더 신속하게 개입할 가능성이 있다고 보았다. 그 이유를 베

북한 급변사태 시 중국에서 가장 먼저 북한으로 진입할 78집단군.
북한 정부가 붕괴하면 미군과 한국 군대가 북한 전역을 접수하러 나설 것이 명백한 상황에서 중국이 이를 지켜보기만 할 것이라고 생각한다면 그보다 멍청한 일은 없을 것이다.

넷은 다음과 같이 설명했다.[8]

① 중국 정부는 미국이나 한국보다 북한 상황에 대해 더 많은 정보를 갖고 있다. 특히 북한 정권이 붕괴할 징후에 대한 정보를 두 가지 면에서 중국은 더 일찍 획득할 수 있다. 첫째, 북한 엘리트 내부에서 김정은에 대한 불만 수준 그리고 그에 따라 암살을 포함한 김정은에 대한 쿠데타 움직임 정보를 중국이 더 빨리 확보할 수 있다. 둘째, 암살이 성공할 경우 그 뒤 벌어지는 사태 전개에 중국은 더 빠르고 정확한 정보를 확보할 것이다.

② 중국은 정보가 빠른 만큼 개입해야 할 시기와 방식에 관해 좀 더 정확한 판단을 빨리 내릴 수 있다. 또 북한 붕괴가 중국에 불러일으킬 위기의식에 비추어볼 때 중국은 한미 양국보다 더 빨리 개입 결정을 할 것이다.

③ 중국은 북한 붕괴 관련 정보를 입수한 즉시 중국 동북지역을

---

8 Bennett, 2013, p.267.

관할하는 셴양 군구(瀋陽軍區)에 대한 동원령을 발동하여 신속하게 개입할 것이다.[9]

④ 중국도 특히 북한 정부가 붕괴한 상황에서 북한의 WMD를 위험하게 생각한다. 그러므로 중국은 영변 핵시설을 포함한 주요 장소를 미국이 장악하기 전에 먼저 확보하려 할 것이다. 필자 생각을 덧붙이면, 특히 한국군이 먼저 그러한 주요 시설을 장악하는 것을 중국 정부가 방관할 가능성은 제로다.

⑤ 중국은 신속한 정보 획득과 빠른 개입 결정에 힘입어 북한 내 중국인과 함께 북한에서 중국이 이미 확보하고 있는 경제적 이해관계와 권리들을 보호하려고 북한의 특정 파벌이나 한미 양국이 이를 방해하기 전에 신속하게 개입할 것이다.

이러한 점들을 지적한 뒤 베넷은 이렇게 말했다. "한미동맹이 개입하기 전에 중국이 먼저 신속하게 개입하리라는 것은 보장은 할 수 없지만 가능성이 높다."[10]

6. 북한 개입 후 중국의 선택에 대한 전망

베넷은 중국이 북한에 개입한 뒤 어떻게 행동할지를 네 가지 시나리오로 정리했다.[11]

① 중국은 북한 정치세력 중 특정한 파벌을 북한 전역에서 유일한 합법정부로 승인하고 지지한다. 이 파벌이 세력이 약할 경우 중국은 사실상 중국 군대로 떠받치는 괴뢰정부를 수립하는 것이 된다.

---

9 영국의 국제전략문제연구소(IISS)에 따르면, 2012년 현재 중국의 셴양군구 병력은 기갑부대 3.7개(3-2/3) 사단과 보병 4.3개 사단(4-1/3)으로 구성되어 25만 명 수준이다. 인접한 베이징군구는 기갑부대 6개 사단과 보병 2.3개(2-1/3) 사단으로 구성되어 30만 병력이 있다. 그 외에 지난군구에 19만, 난징군구에 25만 병력이 있다. Bennett, 2013, p.263.

10 Bennett, 2013, p.267.

11 Bennett, 2013, p.269.

② 중국은 북한 주요 지역을 장악한 뒤 합병하여 중국의 한 성(省)으로 만든다.

③ 중국은 북한 일부 지역들을 장악한 뒤 통일 한국의 모습과 조건을 두고 협상을 벌이기 위한 지렛대로 활용한다.

④ 중국은 북한 일부 지역을 방어적 목적에서 장악한 다음, 한국군이 이 지역들을 모두 확실하게 장악할 수 있도록 도우면서 한반도 통일을 지원한다.

필자 판단으로는 그 시점에서 한국 정부가 어떤 성격의 정부이냐에 따라 달라질 수 있겠지만, 중국이 북한 장악 후 자발적으로 남한 주도 한반도 통일을 도울 가능성은 매우 낮다.

남은 세 가지 선택 가운데 첫째와 둘째는 중국이 결국 한국에 의한 한반도 통일을 저지하는 것이 된다. 이 경우 중국은 이득과 함께 부담을 안게 된다. 광물자원과 항구를 확보하고 현재 나진-선봉지구에서 중국 기업들이 누리는 것처럼 북한의 저렴한 노동력을 활용할 수 있다. 반면에 치안유지 부담과 함께 북한 주민들의 반란도 각오해야 한다. 말할 것도 없이 한국과 관계는 지극히 험악해질 것이다. 한국이 중국에 북한에서 철수할 것을 요구하면 중국도 북한에서 한국군 철수를 요구할 수 있다.

베넷이 지적하는 또 한 가지 문제는 중국은 개입 초기 북한 상황이 안정을 찾으면 곧 철수할 것이라고 밝힐 수 있지만, 그것이 진심인지 아니면 본심을 숨기고 그렇게 호도하는 것인지 확신할 수 없을 것이라는 점이다. 설사 중국이 처음에 개입할 때는 북한이 안정되면 떠난다는 의도를 가졌더라도 북한에서 사태가 전개되는 양상에 따라 얼마든지 태도와 정책을 바꿀 수 있다. 또 중국의 처음 의도는 일정 지역을 장악한 뒤 통일 한국의 성격을 두고 협상 지렛대로만 사용할 생각이었더라도, 한국과 협상이 여의치 않거나 중국이 원하는 모습이 아니라고 판단되면 자신이 장악한 북한지역에 친중 정권을 유지하거나 아예 중국에 합병할 가능성도 배제할 수 없다고 베넷은 분석했다. 왜냐하면 한반도에 대한 중국의 가장 본질적 관심은 이 반도가 자신이 생각하는 지역안정, 즉 중국의 지정학적 핵심이익을 침해하지 않도록 확실히 해두는 데 있기 때문이다.[12]

여기서 유념할 것은 북한이 붕괴해 중국이 개입한 상황에서 베넷이 열거한 위의 여러 가능한 옵션 가운데 중국이 어떤 선택을 할지는 북한의 붕괴 사태 이전까지 한국이 북한에 대해 그리고 중국에 대해 어떤 관계를 경영했느냐가 중국에는 가장 직접적이고 중요한 판단 근거가 될 것이라는 점이다.

어떻든 베넷은 이러한 추론을 전제하면서 한미 양국이 중국의 북한 개입 시나리오에 어떻게 대응하고 준비해야 하는지 다음 네 가지를 지적했다.[13]

> 첫째, 중국군과 분쟁을 피해야 한다. 그런 분쟁은 중국과 전쟁으로까지 발전할 수 있다.
> 둘째, 남한이 북한 전역을 통일하려면 가급적 많은 지역을 한국군이 장악해야 한다.
> 셋째, 북한을 한국과 미국이 신속하게 장악할 수 있는 능력을 증명해야 한다.
> 넷째, 북한의 대량살상무기를 신속히 장악해야 한다. 이 무기들은 한국과 미국뿐 아니라 중국에도 위협적이다.

베넷의 이러한 논의와 관련해 여기서 다시 유의할 점은 한국군이 유사시 북한 전역을 장악할 수 있는 능력 여하는 한국의 군병력 자체만으로는 턱없이 부족하다는 사실이다. 가장 중요한 것은 북한 민중이 자신

---

12 Bennett, 2013, p.270.

13 Bennett, 2013, p.270.

들의 발로 어떤 선택을 하느냐일 것이다. 또 한국이 북한지역 대부분을 장악할 능력이 있다 하더라도 중국이 자신이 장악한 지역을 한국에 넘겨주지 않으면 아무런 소용이 없다. 북한이 안정되면 중국이 안심하고 철군하게 하려면 북한 붕괴 이전에 한국이 중국과 관계를 어떻게 경영해야 할지가 가장 근본적이고 중요한 문제가 아닐 수 없다. 그런데 이에 대한 논의는 미국 전문가들이 할 수 있는 게 없으며 하지도 않는다.

7. 중국 개입 시 예상되는 미중의 북한 '분할'협상: 한반도 재분단

정부가 붕괴된 상태인 북한에 중국이 개입할 경우 미국은 어떻게 대응할까. 미국 전문가들이 이 문제를 두고 공통적으로 앞세우는 가장 중요한 명제는 중국과 군사적 충돌을 최대한 피해야 한다는 것이다. 그럼 어떻게 그러한 충돌을 피할 것인가. 이에 대한 답에서 이들 전문가들이 빠지지 않고 지적하는 권고 사항이 있다. 그것은 중국과 충돌을 피하기 위해 적당한 위치에서 미리 '분할선'(a separation line)을 설치하자는 것이다. 베넷이 작성한 랜드연구소 보고서도 그렇고, 2018년『포린어페어스』1·2월호에 실린 마스트로의 논문도 그렇다.[14]

베넷은 그의 연구에서 물론 일시적 용도라고 전제했지만 북한을 어떤 선에서 분할하여 중국과 직접적인 군사적 충돌을 막기 위해 노력해야 할지 논했다. 그는 2013년 논문에서는 가능한 분할선을 세 가지 라인으로 압축했다. 베넷이 제1분할선으로 든 것은 가장 위쪽에 그은 것인데, 북중 국경에서 대체로 50킬로미터 진출한 선이다. 신의주에서 50킬로미터 거리에 있는 평안북도 송천에서 자강도의 강계 밑을 지나 양강도의 갑산을 지나고 함경북도의 항구 청진 부근으로 빠지는 선이다. 이를테면 송천-청진 라인이다. 제2분할선으로 베넷이 상정한 것은 평양에서 50킬로미터 북쪽에 위치한 평안남도의 평원과 순천 부

---

14 Oriana Skylar Mastro, "Why China Won't Rescue North Korea: What to Expect If Things Fall Apart," *Foreign Affairs*, January/February 2018.

근에서 함경남도의 흥남으로 연결되는 선이다. 이를테면 평원-흥남 라인이라고 할 이 선은 평양의 북쪽에 그은 것이다. 이 경우 핵시설이 집중된 영변은 중국이 장악하게 된다. 가장 남쪽으로 치우쳐 그은 제3 분할선은 중국군이 평양을 장악하려 할 때 성립할 수 있는 라인이다. 평양에서 원산으로 직결되는 평양-원산 라인이다.[15]

여기서 제3분할선인 평양-원산 라인은 한미동맹군과 중국군이 평양과 원산에 모두 진입하여 이들 두 도시에서 서로 대치하는 경우도 포함한다. 베넷은 한국군이 최대한 신속하게 북한에 진입한다면 가장 가능성이 높은 것은 제2분할선에서 중국군 점령지역과 한국군 점령지역이 나뉘는 시나리오라고 본다. 중국이 최소한의 완충지대만 점령하기를 원한다면 제1분할선이 가능하겠지만, 중국이 그렇게 선택하리라는 보장은 없다. 더욱이 중국이 북한 주요 파벌의 협력을 확보한다면 평양공항에 신속하게 진입할 수 있을 것이라고 베넷은 지적했다. 그 경우 한미동맹은 평양과 원산을 잇는 제3분할선을 받아들일 수밖에 없을 것이다. 한미동맹이 제2분할선인 평원-흥남 라인을 확보하려면 북한 서해안에 대한 신속한 상륙작전을 전개해야만 할 것이라고 베넷은 주장했다.[16]

분할선을 설정한다는 것 자체가 한국으로서는 받아들이기 어려운 일일 수 있다. 그러나 북한 붕괴 사대 속에서 전쟁을 피하려면 불가피한 선택일 것이다. 일단 설정된 분할선은 존중할밖에 다른 도리가 없어진다. 분할선과 관련한 협상은 그것 자체로 어려운 과제다. 각자 점령지역에서 짊어져야 할 책임과 행동 범위에 대한 협상도 간단치 않은 일이다. 각자가 점령한 지역에서 확보한 대량살상무기를 어떻게 처리할지 그리고 혼란 수습과 인도적 재난에 대한 대처 문제도 중요하고 어려운 협상 대상이 될 것이다.

---

15 Bennett, 2013, p.275.
16 Bennett, 2013, p.276.

더 어려운 문제는 북한에 진입한 군사력을 어떤 조건에서 어떻게 철수할 것이냐가 될 것이다. 이것은 중국의 지정학적 이해관계 그리고 북한 정치세력들과 연계 여하에 따라 다양한 가능성이 복잡하게 제기될 수 있다. 중국의 군사 점령이 단기간에 마무리될 수도 있지만, 그것은 그저 한미동맹의 희망사항에 지나지 않을 수도 있다.

마스트로도 한반도에서 북한과 한미동맹 사이에 군사적 충돌이 일어날 경우, 그래서 북한 정권 붕괴가 임박한 상황에서 중국이 한반도에 군사 개입할 가능성이 거의 확실하다고 보았다.[17] 중국은 최소한 북한 핵무기기지들을 포함한 핵심지역을 장악하기 위해 개입하리라는 것이다. 반드시 김정은 정권을 유지하기 위해서라는 게 아니다. 김정은 붕괴 이후 북한의 미래를 중국이 원하는 방향으로 영향력을 행사하기 위해서다. 마스트로 생각도 마찬가지다.

이런 상황은 한반도에서 대규모 중국군과 미군이 다시 대치하면서 누구도 원하지 않는 전쟁으로 비화할 분쟁 원인이 될 수 있다고 마스트로 역시 판단했다. 다만 마스트로는 베넷과 달리 중국과 북한 사이에 긴밀한 관계는 끝났다고 보면서, 그 결과 미중 사이에는 보기보다 훨씬 더 광범한 공통의 이해관계가 있을 수 있다고 말한다. 그만큼 미중은 북한 붕괴 상황에서 한반도에서 제2의 한국전쟁이 우발적으로 발생할 가능성을 포함한 군사적 충돌을 예방하려고 사전에 중국과 긴밀히 협의할 필요가 있다고 말한다.[18] 결국 베넷이 검토했던 것과 같은 사전 분할선 설정 문제도 포함하게 된다.

마스트로는 아예 중국 개입을 미군 작전에 대한 제약으로 보지 말고 좋은 기회로 활용하자고 제안한다. 특히 유사시 북한 핵시설을 장악하는 것이 미국과 중국 모두의 공통 관심사인 만큼 중국이 먼저 그 시설들을 장악하면 미군은 작전계획을 변경하여 그것을 돕는 쪽으로

---

17 Mastro, 2018.
18 Mastro, 2018.

노력해야 한다고 말했다. 심지어 중국에 유사시 신속히 장악해야 할 북한 핵시설에 대한 정보를 제공해주자고 제안했다. 이러한 급변사태 대응책(contingency plans)을 협의하기 위해 평화 시에 미리 미중 간에 긴밀한 협의체제를 구축하라고 제의했다. 마스트로는 2017년 9월 '동아시아 포럼'(East Asia Forum)에서 베이징대학교 쟈칭궈(賈慶國) 교수가 이렇게 말한 사실을 주목했다. "한반도 전쟁 조짐이 날이 갈수록 커지고 있다. 전쟁이 실제 가능해지므로 중국도 준비해야 한다. 이걸 염두에 두고 중국은 관련된 나라들과 비상사태 대비책을 기꺼이 협의해야 한다." 마스트로는 만일 중국이 이런 문제들에 관한 협의에 나서지 않으면 미국이 먼저 급변사태 대비책을 세운 뒤 그것을 중국에 알려줄 필요가 있다고 주장했다.

마스트로는 한국의 반대가 예상되지만 미국은 유사시 한반도에서 중국과 충돌을 피하기 위해서 비상계획을 세워 서로 소통하고 협의해야 한다고 말했다. 말하자면 한국을 제쳐놓더라도 중국과 협의해서 급변사태 시 북한에 미군과 중국군이 동시에 개입해 협력할 수 있는 방안을 협의하자는 얘기다. 그는 이러한 미국의 행동이 한미관계에 손상을 가져올 수 있다는 것을 인정한다. 그러나 개의해서는 안 된다고 주장했다. 궁극적으로 미국이 원하는 것은 통일된 한반도에 미군이 존재하지 않는 것이기 때문에 그것도 미국은 수용할 준비가 되어야 한다는 취지로 논지를 전개했다. 그렇다면 북한 붕괴 시 북한에서 미중 간 협의와 타협 방안에는 베넷이 얘기하는 분할선 협의도 포함될 수밖에 없다.

2017년 12월 미 국무장관 틸러슨은 워싱턴에서 미국 싱크탱크인 애틀랜틱 카운슬(대서양협회)과 한국국제교류재단이 공동 주최한 '환태평양 시대의 한·미 파트너십 재구상'이라는 토론회에서 북한 내부 유사시에 대해 중국 쪽과 대화를 나눴다고 밝혔다. 그는 "우리는 정권교체나 붕괴를 추구하지 않는다"는 기존 태도를 재확인했다. 그러나 북한 체제가 정변이나 내부 소요 사태로 자체 붕괴할 가능성에 대해 중국과 2016년 6월 외교·전략대화와 다른 고위급대화에서 논의한 바 있다고 밝혔다. 특히 "일종의 불안정한 상황이 유발된다면 미국에 가장 중요한 것은 북한 핵무기들이 원하지 않는 사람들 수중에 들어가지 않도록 하는 것"이므로, 미중 양국은 그러한 사태에 어떻게 대처할지 논의했다고 말했다. 틸러슨은 중국과 대화에서 "무슨 일이 발생해 우리가 38선 북쪽으로 넘어가더라도 다시 38선 이남으로 돌아올 것이라고 중국에 약속했다"고 하였다.[19]

2017년 12월 25일 일본의 『아사히신문』은 미국과 중국이 북한에 대한 경제제재 이행 상황과 김정은 정권 붕괴 시 핵무기 확보 문제에 대한 정보 공유에 합의했다고 보도했다. 2017년 11월 트럼프 대통령이 베이징을 방문했을 때 두 정상 사이에 합의했다는 것이다. 이 회담에서 중국은 유엔의 대북 제재결의를 충실히 이행하겠다고 약속했으며, 중국 측 이행의 투명성을 높이는 방법의 하나는 중국이 실행한 대북 제재 내용을 몇 주 내지 몇 개월 간격으로 중국의 무역, 세관, 재정 부문 담당자들이 미국 정부에 제출하는 것이 될 것이라고 지적했다.[20] 이 신문은 또한 미국 외교관들의 말을 인용하여 2017년 12월 강력한 대북 제재결의에 중국이 동의한 것은 11월의 미중정상회담에서 대북 제재를 강화하기로 합의한 데에 따른 것이라고 보도했다. 이러한 미중 정상 간 합의에 따라 최근 미중 간에 이루어진 정보 공유 합의는 북한 핵무기와 탄도미사일 프로그램에 대한 정보를 포함하며, 유엔의 대북 제재가 북한 경제에 미치는 효과에 대한 것도 포함한다고 했다. 나아가 미중이 합의한 정보 공유 대상에는 북한과 군사적 충돌이 일어나거나 김정은 정권이 무너질 경우 북한 핵무기를 확보하는 것과 북한 난민 대처를 위한 것들을 포함한다고 했다.

---

19 이용인, 「미 국무 '38선 넘더라도 다시 내려오겠다고 중국과 약속': 북·중 예민해하는 '북한 급변사태' 논의 이례적 공개」, 『한겨레』, 2017. 12. 13.
20 Kenji Minemura, "U.S., China link up on N. Korean sanctions, share intelligence," *The Asahi Shimbun*, December 25, 2017.

2017년 8월 16일 중국 북부전구사령부를 방문한 던포드 합참의장.
그해 12월 주한미군 사령부와 북부전구사령부는 핫라인을 설치했다는 『아사히신문』 보
도가 있었다. 사실 미국과 중국은 북한 급변사태에 어떻게 대처해야 할지 다양하게 논의
중이며, 그중 하나가 북한의 '분할'이다.

    2017년 12월 미국과 중국은 또 양국의 군부와 정보기관 간에 고위
급협의를 정기적으로 하는 것뿐만 아니라 서울의 주한미군 사령부와
중국 랴오닝성 셴양에 위치한 중국 북부전구사령부(北部戰區司令部,
Northern Theater Command) 사이에도 핫라인을 설치하기로 했다고
『아사히신문』이 밝혔다. 북한에 군사적 비상사태가 발생하면 셴양의
북부전구사령부가 일차적 대응을 하게 된다. 이 신문은 이러한 협의
들에서 미국 측 관리들은 북한 관련 문제들을 대화로 해결한다는 중
국의 정책을 미국이 이해했음을 표명한 것이라고 전했다.

    『아사히신문』은 이러한 소식을 전하면서 조지타운대학교 마스트로
교수 의견을 첨부했다. 마스트로는 '중국은 미국의 주요한 전략적 경
쟁자'라는 점을 상기시키면서, 이러한 미중 간 협의는 아직 서로 비상
계획에 관한 실질적 디테일에 관한 것은 아니었을 것으로 짐작한다고
말했다. 『아사히신문』은 실제 미중 사이에 이번 합의된 일들이 얼마

나 실행되느냐는 중국이 대북 경제제재를 얼마나 충실하게 이행하느냐가 그 바로미터이며, 비상사태 시 미중 간 협력과 실질적 정보 공유도 그 이행 여부에 좌우될 것이라고 보았다.[21]

요컨대 미국 정부는 미국 내 전문가들 못지않게 유사시 중국이 북한에 개입할 것을 상정하고 미중 간 협의 필요성을 인식하고 있으며, 실제 협의하려 노력하고 있다는 것을 알 수 있다. 그러나 북한 급변사태라는 유사시가 닥치기 전에 중국이 북한 개입 문제에 대한 자신의 전략과 계획을 미국 정부에 밝힐 가능성은 높지 않다는 것이 지배적인 평가다. 명색이 군사동맹국인 북한의 급변사태인 만큼 중국이 이 문제를 지극히 민감해하고 속내를 거의 내비치지 않는 사실은 잘 알려져 있다. CSIS의 글레이서는 북한 내부 문제와 같이 지극히 민감한 문제에 대해 중국은 미국을 불신한다고 전제했다. 글레이서는 "중국이 자신의 비상사태 대비책을 갖고 왜 미국과 협력하겠는가?"라고 반문했다.[22]

중국 외교부 소속 중국외교학원(中國外交學院)의 수하오(蘇浩) 교수는 중국도 유사시 난민 문제와 잠재적 핵확산 등 최악의 시나리오에 대한 대비책을 마련하고 있다고 밝히면서도, "중국이 한국이나 미국과 그 문제를 거론하는 것은 전략적으로 시기상조"라고 주장했다. 글레이서와 수하오의 말을 인용한 『재팬타임스』 지적과 같이 중국 정부에 북한에 관한 최대 터부는 김정은 이후를 거론하는 것이다.[23] 이것은 미국과 협의 문제에도 적용될 것이다. 중국 또한 미국이 자신의 진정한 전략의 전모를 중국에 미리 밝힐 것이라고는 기대하지 않을 것이다. 다만 급변사태가 발생할 경우 적어도 임시방편임을 명분으로 하여 북한을 어떤 선에서 분할해 '분담'할지에 대한 협의는 유사시 비

21 Minemura, December 25, 2017.

22 David Tweed and Ting Shi, "China's biggest North Korea taboo: Discussing life after kim," *The Japan Times*, September 27, 2017.

23 Tweed and Shi, September 27, 2017.

교적 빠르게 할 수 있을 것이다.

한편 중국 공산당 기관지의 하나인 『환구시보』는 "미국과 중국이 조선(북한)을 담당하는 중국 북부전구가 서울의 주한미군 사령부와 핫라인(熱線電話)을 개통하여 긴급상황(緊急情況)에 대응하기로 결정했다"는 『아사히신문』 보도는 '완전히 사실무근'(完全不屬實)이라고 주장했다. 『환구시보』가 파악한 바로는 중국 북부전구는 주한미군과 직접 관계하지 않을 뿐 아니라 중국의 어떤 군사조직도 그런 일이 없다고 했다. 또 중국군 측은 금후에도 미군과 군사적 핫라인을 설치할 계획이 없다는 사실을 확인했다고 밝혔다. 『환구시보』는 한국의 『중앙일보』가 "핫라인 개통 후 조선(북한)에 사회격변(社會激變)이 발생하면 미중이 군사적 소통을 하는 통로로 이용할 것"이며, 이는 "북한에 문제적 상황이 생겼을 때 미중이 한국을 배제할 가능성을 의미한다"라는 취지로 보도한 것을 주목했다. 그러면서 『환구시보』는 익명을 요구한 한 중국 군사학자의 말을 인용했다. 이 중국 학자는 일본 언론이 그러한 '가짜뉴스(假消息)를 퍼뜨리는 의도'는 '중조(중국-북한) 관계를 파괴'하고 '한국의 시선을 혼란에 빠뜨리려는 음모(圈套)'라고 비판했다.[24]

일본 언론과 중국 관영 언론 중 어느 쪽이 사실인지를 우리가 확인할 수는 없다. 다만 분명한 것은 북한 급변사대와 관련한 미중 간 긴밀한 협의와 정보 공유에 관한 미국 내의 일부 회의적 시각 그리고 중국 언론의 부인에도 불구하고 미국 정부 관리들과 많은 학자는 한반도에서 미국이 원하지 않는 중국과 군사적 충돌과 그로부터 제2의 한국전쟁이 발발하는 사태를 막기 위해 미국이 중국과 긴밀한 협의와 협력을 모색할 필요성을 강조한다는 사실이다. 그러한 협력과 관련해 미국 측이 이미 북한 붕괴 시 북한 분할을 불가피할 뿐 아니라 당연한 문제로 거론하는 태도를 보인 것이다.

---

24 郭媛丹,「北部戰區與駐韓美軍建熱線? 假消息!」,『環球時報』, 2017. 12. 26.

사실 그러한 논의는 미국 입장에서 충분히 합리성과 타당성이 있다는 것을 우리는 부정할 수 없다. 문제는 이로부터 우리가 무엇을 생각해야 하느냐다. 북한 정부가 붕괴된 상태에서 한미동맹과 중국 사이의 군사적 충돌을 회피할 목적으로 분할선을 검토하고 중국과 협상하는 것은 피할 수 없는 선택이 될 것이다. 문제는 그것 자체가 아니다. 북한 붕괴에서 북한 핵문제의 궁극적 해결을 구하는 한미동맹의 인식과 정책기조가 근본적으로 자가당착의 모순을 안고 있다는 사실이 문제다. 미국이 북한 붕괴를 촉진하려 북한에 대한 경제제재와 군사적 압박을 극대화하고, 그 결과 미국이 바라는 대로 북한이 붕괴되면, 미국은 거의 틀림없이 북한에 군사적으로 개입할 중국과 충돌을 피하기 위해 또 하나의 분단선을 북한에 두는 문제로 중국과 협상할 것이라는 걸 의미한다. 이것이야말로 우리가 북한 붕괴론에 기대는 대북정책을 비판적으로 돌이켜보고 한반도 평화체제를 통한 '민족의 평화적 통합'을 추구해야 할 절실한 필요성을 새삼 확인해주는 것이 아닐 수 없다.

앞 장에서 이미 언급했듯이, 중국은 북한 정부 붕괴를 포함한 급변사태 시 북한에 대한 군사개입의 편리와 명분을 위해서도 북한과 군사동맹을 적어도 공식적으로 폐기할 가능성은 없으리라는 점도 함께 유념할 필요가 있다.

8. 북한 정부 붕괴 시 혼란과 핵무기: 1991년 러시아의 교훈

민주적인 정치질서가 정착되고 안정되어 있는 사회도 핵무기와 같은 절대적 파괴력을 지닌 무기를 보유한다는 것 자체가 자신과 이웃 사회 모두에 심오한 위험을 제기한다. 북한은 말할 것도 없지만 남한 역시 안정된 사회라고는 할 수 없다. 전쟁과 평화의 경계가 모호한 회색지대에서 남북 어느 쪽도 언제든 과도기적 혼란에 직면할 수 있다. 때로 준(準) 전시상태가 발령되는 한반도에서 정치도, 군사도, 사람들의 심리상태도 이성과 비이성의 경계는 모호하기 짝이 없다.

더욱이 급변사태 시 혼란과 긴장 속에서 북한의 핵무기 관리자들이나 그 발사를 결정할 인물들이 어떤 심리상태에서 어떻게 행동할지 아무도 예단하지 못한다. 슐로서는 냉전과 탈냉전의 경계를 넘고 있던 1991년 8월 소련에서 벌어진 사태를 상기시켰다. 고르바초프는 크리미아의 별장(dacha)에서 휴가를 보내고 있었다. '국가비상사태를 위한 국가위원회'를 자처한 세력이 그 별장을 점거했다. 그리고 고르바초프에게 계엄을 선포하거나 사퇴하라고 요구했다. 고르바초프는 둘 다 거부했고 인질 신세가 되었다. 쿠데타가 일어난 것이다. 국가 원수 이동 시 항상 수행(隨行)하는 핵무기 지휘통제 장비인 '풋볼'(football)과 핵무기 코드를 소지한 고르바초프의 군 참모들은 근처 게스트하우스에 머물고 있었다. KGB는 고르바초프의 별장으로 통하는 통신라인을 차단했다. 그 결과 소련의 핵무기 지휘통제 장비는 작동을 멈추었다. 소련이 보유한 수많은 핵무기가 최고지도부의 통제에서 벗어나 있게 된 것이다. 국방장관과 합참의장도 각각 핵무기 코드와 풋볼을 갖고 있었지만, 그들 역시 쿠데타 가담 세력이었다.

공군참모총장은 나중에 자신과 해군참모총장 그리고 전략로켓부대(Strategic Rocket Forces) 사령관 등 셋이 핵무기 지휘통제 시스템을 장악해서 미국에 대한 핵공격을 막고 있었다고 주장했다. 그러나 쿠데타가 진압되고 고르바초프의 별장과 통신라인이 회복되기 전인 8월 21일까지의 3일간 소련 핵무기 지휘통제 체제가 위험하기 짝이 없는 혼란에 빠져 있었던 것은 분명했다.[25] 그리고 만일 이 상태가 더 길어졌다면 미국과 소련 사이에 긴장이 고도화된 가운데 핵전쟁의 재앙을 내포한 일촉즉발의 위기 상황이 벌어질 수도 있었다.[26] 한반도에서

---

25 1991년 소련 쿠데타 발생과 그것이 소련의 핵무기 통제 상태에 초래한 혼란상에 대한 이상의 묘사는 슐로서 설명을 옮긴 것이다. Eric Schlosser, *Command and Control: Nuclear Weapons, The Damascus Accident, and the Illusion of Safety*, New York: Penguin Books, 2014, pp.457~458.

26 슐로서가 지적했듯이 이 사태는 미국 부시 행정부 1991년 9월 말 일방적인

북한의 핵보유가 굳어지고 확대되거나 심지어 남북 쌍방이 핵무장한 상태에서는 이러한 종류의 일촉즉발 위기상황이 더욱 일상화할 수밖에 없을 것이다.

전술핵폐기선언을 하게 된 가장 중요한 배경이었다. 이로써 소련의 전술핵폐기를 이끌어내고자 했던 것이며, 고르바초프 역시 같은 위기의식을 갖고 이에 호응하게 된다. 1991년 말 이후 미국과 러시아의 전술핵폐기 및 축소와 그 후에 잔류한 전술핵무기 상황에 대해서는 Nilolai Sokov, "Tactical Nuclear Weapons Elimination: Next Step for Arms Control," *The Nonproliferation Review*(Winter 1997), pp.17~18 참조할 것.

제11장
미국의 핵전략과 비핵국가에 대한 핵테러 외교사

1. 핵무기 시대의 본질: 한 인간의 순간적 결정이 세상의 끝

2018년 1월 1일 북한 김정은 노동당 위원장은 자신의 육성으로 발표한 신년사에서 평창올림픽에 참가하겠다는 의사를 밝혔다. 그리고 남북관계개선을 향한 강한 의지를 표시했다. 그러나 미국에는 '핵위협'을 서슴지 않았다. 김정은은 2017년 북한이 이룩한 "국가 핵무력 완성"을 "국가와 인민이 쟁취한 특출한 성과"라고 지적하면서, "우리 국가의 핵무력은 미국이 모험적인 불장난을 할 수 없게 제압하는 강력한 억제력이 된다"고 주장했다. 이어 "미국 본토 전역이 우리의 핵 타격 사정권 안에 있으며 핵단추가 내 사무실 책상 위에 항상 놓여 있다. 이는 결코 위협이 아닌 현실임을 똑바로 알아야 한다"고 했다. 그는 이어서 "핵탄두들과 탄도로케트들을 대량생산하여 실전배치하는 사업에 박차를 가해 나가야 한다"고 역설했다.[1]

다음 날 미국 트럼프 대통령은 트위터에 이렇게 적었다. "찌그러져 곪어 죽어가는 그 정권의 누구든지 김정은에게 나도 핵 버튼이 있고, 이건 더 크고 더 강력하며 잘 작동하는 거라는 걸 제발 전해주시게!"[2]

---

[1] 김재중, 「김정은 신년사: 김정은 '우리 민족끼리 북남관계 출로 과감하게 열어나가야': '핵단추가 내 책상에 항상 있다' 미국 향해선 압박 지속」, 『경향신문』, 2018. 1. 1.

[2] Peter Baker and Michael Tackett, "Trump Says His 'Nuclear Button' Is 'Much Bigger' Than North Korea's," *The New York Times*, January 2, 2018. 트럼프 트윗의

트럼프의 이 말을 미국 언론은 반드시 농담으로만 받아들이지는 않았다. 짧은 시간에 아무런 제약 없이 트럼프 대통령이 혼자서 아마겟돈의 전쟁을 결정할 수 있다는 사실을 상기하며 전율한 사람들도 있었다. 트럼프가 발언한 뒤 『뉴욕타임스』는 미 연방 의회에서 캘리포니아를 대표하는 민주당 상원의원으로 수십 년을 지낸 원로 여성 정치인 파인스타인이 2016년에 한 말을 상기시켰다. 그녀는 이렇게 말했다. "나는 상원의원으로서 시간이 지날수록 누군가 큰 실수를 할 수 있다는 사실이 자꾸 더 두려워진다. 대통령 한 사람이 책임이 있는데, 그가 실수를 하면 누가 알겠는가, 그것이 이 세상의 끝(Armageddon)이 될지…".[3]

『뉴욕타임스』는 '핵 버튼'으로 상징되는, 미국 대통령 한 사람이 순간적으로 핵전쟁을 결정하고 실행할 수 있는 시스템을 상기시켰다. 미국 대통령이 가는 곳마다 미국 군부를 대표한 보좌관 한 명이 들고 따라다니는 것은 '핵 축구공'(a nuclear football)이라고 불리는 20킬로그램 무게의 서류가방이다. 이 가방 안에는 핵 타격에 관한 안내서와 1,000개 이상의 핵 공격 목표물 리스트가 있다. 라디오 송신기(a radio transceiver)와 암호 확인기(code authenticator)도 있다. 대통령이 핵 공격을 원하면 그가 항상 소지하게 되어 있는 암호를 말함으로써 자기 신분을 먼저 확인시킨다. 그 암호 카드는 '비스킷'이라는 별명으로 불린다.[4]

이 언론이 밝혔듯이 대통령이 핵 공격을 지시할 때 그는 누구의 승인도 필요 없다. 의회와 협의할 필요도 없고 군부의 의견을 청취할 의

영어 원문은 다음과 같다. "Will someone from his depleted and food starved regime please inform him that I too have a Nuclear Button, but it is a much bigger & more powerful one than his, and my Button works!"

3 Russell Goldman, "The 'Nuclear Button' Explained: For Starters, There's No Button," *The New York Times*, January 3, 2018.

4 Goldman, January 3, 2018.

트럼프 대통령 뒤로 '핵 축구공'을 든 병사가 보인다. 20킬로그램에 달하는 이 서류가방에는 핵 타격에 관한 안내서와 1,000개 이상의 핵 공격 목표물 리스트가 있다. 라디오 송신기(a radio transceiver)와 암호 확인기(code authenticator)도 있다.

무도 없다. 오직 한 사람 자신의 결정이다. 핵무기와 핵전쟁의 성격상 지도자는 순간적으로 결정을 내리지 않으면 안 된다는 전제를 모두가 받아들이기 때문이다. 미국 의회에서 일부 정치인들이 대통령의 핵무기 발사 명령 절차를 좀더 복잡하게 만들려는 시도가 없지는 않았지만 실제 관철된 일은 없었다.[5]

핵무기 전략가들은 상대국이 ICBM으로 선제타격하여 미국의 ICBM을 포함한 주요 전략핵무기들을 전부 또는 적어도 일부를 파괴하는 일이 15분 이내에 가능하다는 계산을 하고 있다. 이런 핵무기의 특성상 미국이 자국 핵무기를 상대방 핵공격으로부터 보호하고 대응·보복할 수 있는 유일한 방법은 즉각적으로 자신의 핵무기를 발사하는 것밖에 없다는 생각을 핵보유국들 지도자와 일반 시민 모두 체념한 상태에서 받아들이고 있다는 것을 뜻한다.

2017년 11월 14일 미 상원 외교위원회는 의미심장한 청문회를 열

---

5 Goldman, January 3, 2018.

었다. 미국의 핵무기를 통제하는 부서인 미국전략사령부(U.S. Strategic Command)는 대통령의 핵무기 발사 명령을 무조건 수행해야 하는가 하는 문제가 이 청문회 주제였다. 이 청문회가 열린 이유는 북한과 관련한 트럼프의 언행이 드러내온 지극히 불안정한 기질과 돈키호테적인 정책결정 과정에 대한 민주당 상원의원들의 불안감 때문이었다. 존 머피(John Murphy) 상원의원은 트럼프가 미국의 안보이익에 어긋나는 핵무기 발사 명령을 내릴 수 있다는 우려를 숨기지 않았다. 2011년 1월에서 2013년 11월간 전략사령부 사령관을 지낸 퇴역장성 로버트 켈러(Robert Kehler) 등이 청문회 증언대에 섰다. 그는 미국 군대 일반과 같이 합법적 명령은 따르고 불법적 명령은 거부할 수 있다고 했다. 핵무기 발사 명령의 합법성 기준은 군사적 필요성, 분별력과 비례성(military necessity, distinction and proportionality)이라고 그는 밝혔다.[6]

그런데 문제는 그렇게 간단치 않다는 것이 이 청문회에서 드러났다. 대통령의 핵무기 발사 명령이 비례성과 합법성의 기준에 어긋난다고 판단될 경우 전략사령부는 그 명령을 거부할 수 있는가 하는 벤 카딘(Ben Cardin) 의원의 질문에 켈러는 "그렇다"고 대답했다. 하지만 그는 그 경우 매우 복잡한 상황이 초래될 것이라고 덧붙였다. 오바마 행정부에서 국방부 정책담당 차관 대행을 지낸 브라이언 매키언(Brian McKeon)은 그 경우 대통령이 자신의 명령을 집행할 다른 인물로 전략사령관을 교체할 수 있다고 증언했다.

전략사령부에서 핵미사일 발사 임무를 맡은 바 있고 현재는 핵무기 폐기 운동인 '글로벌 제로'(Global Zero)에 참여하고 있는 브루스 블레어(Bruce Blair)는 전략사령관을 맡은 4성 장군이 대통령의 발사 명령이 불법하다고 판단한 경우에도 그 명령의 실행을 저지하기는 매우

---

6 Robert Burns & Richard Lardner, "Retired US General Says Nuclear Launch Order Can Be Refused," Associated Press, November 15, 2017(http://www.military.com/daily-news).

어렵다고 증언했다. 왜냐하면 대통령의 발사 명령은 전략사령관과 함께 실제 발사 임무를 맡은 담당관에게 동시에 하달되기 때문이라고 했다. 사령관은 담당관에게 '발사중단명령'(launch termination order)을 내릴 수 있긴 하지만, 때는 이미 늦게 될 것이라고 했다.

더욱이 대통령의 핵무기 발사 명령이 선제 핵타격 명령인 경우에도 그것이 불법이라고 결정할 분명한 이유가 없는 한 그 누구도 대통령 명령의 이행을 방해할 수 없다. 2008년 당시 부통령 체니가 말했듯이 대통령은 의회는 물론이고 국방장관을 포함한 그 누구와도 협의할 필요가 없다. 핵무기 관련 정책결정 메커니즘은 그 디자인에서부터 '토론'이 아니라 '신속한 결정'이 목표이기 때문이다.[7]

미국 정치학계에서 왈츠 등 구조적 현실주의자들이 금과옥조로 여기는 '핵억지'론, 즉 핵무기가 전쟁을 억지하고 평화를 더 잘 보장한다는 논리를 가장 치열하게 비판해온 학자 세이건은 최근 '한국 미사일 위기'라는 글에서 2017년 7월 호주국립대의 한 세미나에서 벌어진 일을 언급했다. 미국태평양함대(U.S. Pacific Fleet) 사령관 스콧 스위프트 제독(Admiral Scott Swift)은 이 세미나에서 한 참석자의 질문을 받았다. "만일 다음 주에 트럼프가 당신에게 중국을 향해 핵무기를 발사하라는 명령을 내린다면 그 명령을 따를 것이냐"라는 질문이었다. 세이건이 그와 같은 인물에게서 기대한 정상적 반응은 "그러한 가정적 시나리오는 우스운 일"이라고 일축하는 것이었다. 그런데 스위프트 제독의 답변은 "예스"였다. 세이건은 이 에피소드를 소개하면서 미국 군 지휘관들은 정치적 권위자가 내린 명령이 명백히 반헌법적인 것이 아니라면 그 명령을 따르게 훈련되어 있다고 전제했다. 문제는 대통령의 명령이 '합법적이지만 동시에 광적(狂的)인' 것일 때 군인이 어떻게 해야 하는지에 대해 헌법은 아무것도 말해주지 않는 데 있다.[8]

---

7 Burns & Lardner, November 15, 2017.

8 Scott D. Sagan, "The Korean Missile Crisis: Why Deterrence Is Still the Best

핵보유 국가의 최고지도자를 항상 따라다니는 '축구공'이라 불리는 '핵가방'(nuclear suitcase)이 열린 일이 있다. 시린시온에 따르면, 1995년 1월 세계 핵전쟁이 실수로 일어날 뻔했다. 러시아 군부는 노르웨이가 발사한 기상 로켓을 미국 잠수함이 발사한 탄도미사일로 오인했다. 보리스 옐친(Boris Yeltsin, 1931~2007)은 자신 앞에 열린 핵가방을 마주한 첫 러시아 대통령이 되었다. 일단의 핵미사일을 발사할지 몇 분 안에 결정해야 했다. 그의 고위 군부 관료들은 옐친에게 핵무기 발사를 권한 것으로 추정된다. 그러나 옐친은 다행히도 러시아의 레이더 시스템이 오류를 범한 것으로 판단했고, 결국 핵가방은 다시 닫혔다.[9]

옐친은 엄중하기 짝이 없는 순간 지혜롭게 판단했다. 그런데 예컨대 북한에서 발사된 시험 로켓이나 기상 로켓을 미국 레이더 시스템이 핵미사일로 오인하여 경보를 발령했을 때, 트럼프 같은 지도자가 옐친처럼 미국의 레이더 시스템을 불신하고 핵가방을 다시 닫을 가능성은 과연 얼마나 될까? 또 김정은과 그의 참모들은 북한 레이더 시스템의 오인으로 핵 버튼 앞에 섰을 때 그리고 스스로 오인과 오판의 가능성이 50 대 50이라는 가능성을 의식할 때, 오인일 50퍼센트의 가능성을 위해 미국의 진짜 핵공격일 50퍼센트의 가능성을 무시하고 핵가방을 다시 닫을 수 있을까?

2. 다른 핵보유국에 대한 미국 핵전략의 진화

핵무기를 어떤 조건에서 어떤 상대에게 어떻게 사용할지에 대한 명시적 원칙이나 기본적 발상을 가리켜 핵전략(nuclear strategy)이라고 한다. 미국이 1945년 7월 16일 미국 뉴멕시코주 사막에서 첫 원폭실험을 성공시킨 이래 형성되어온 미국의 핵무기전략은 크게 세 가지 측면

Option," *Foreign Affairs*, November/December 2017(www.foreignaffairs.com).

9 Joseph Cirincione, *Nuclear Nightmares: Securing the World Before It Is Too Late*, New York: Columbia University Press, 2013, p.53.

에서 그 본질적 특징을 해명할 수 있다. 미국이 자신과 마찬가지로 일정한 규모의 핵무기를 개발하여 갖게 된 핵보유국들과 관계에서 발전시켜온 핵전략 개념들이 한편에 있다. 다른 한편에는 핵무기를 갖고 있지 않은 비핵국가들을 상대로 핵무기 사용을 위협하는 전략이 있다. 이것은 핵무기테러주의(nuclear terrorism)라고 할 수 있다. 마지막으로 신생 핵무장국에 대한 미국의 핵전략은 무엇인지도 생각해본다.

1) 1950년대 미국의 '대량보복' 독트린과 대공산권 핵전쟁 계획의 실체

소련도 핵무기를 보유하게 된 이래 소련에 대한 미국의 군사전략에서 핵무기를 어떻게 활용할지에 대한 전략적 인식은 크게 세 단계로 진화해왔다.

첫째, 소련이 핵무기를 개발했지만 미국 핵전력(核戰力)이 압도적 우위를 점했던 1950년대 초반 미국은 대량보복(massive retaliation)이라는 개념을 핵전략으로 채택했다. 1945년 미국이 제조한 원폭은 모두 6개였다. 1947년 미국이 보유한 원폭은 30개였다. 1948년엔 110개였다. 소련이 원폭실험에 성공한 1949년 말 미국이 가진 원폭은 235개였다. 소련의 원폭실험 성공 그리고 한국전쟁의 발발과 함께 해리 트루먼(Harry Truman, 1884~1972, 재임 1945~53) 대통령은 대규모 군비증강을 승인했고 미국 핵무기고(庫)도 가파른 속도로 팽창했다.[10]

아이젠하워 대통령은 한국전쟁이 한창이던 1952년 11월 합참의장 아서 레드포드(Arthur Radford, 1896~1973) 제독에게 미국 군사전략에서 핵무기 역할을 증대하는 '뉴룩'(New Look) 개념을 추진하라고 지시했다. 1953년 10월 30일 작성된 국가안보회의 문서(NSC 162/2)는 대량보복 독트린을 담고 있었다. 재래식 분쟁에서도 '핵무기 대응'(a nuclear response)을 강조한 것이었다. 이 문서는 "분쟁 발생 시 미국은

---

10 Joseph M. Siracusa, *Nuclear Weapons: A Very Short Introduction*, Oxford: Oxford University Press, 2008, p.44.

핵무기를 다른 무기들과 마찬가지로 사용을 고려한다"고 밝혔다.[11]

그런데 유의할 것은 재래식 분쟁 발생 시에도 미국이 핵무기로 대응하겠다는 대량보복 독트린이 1953~54년 무렵 문서로 공식화되기 이전에 현실에서는 그 전략이 이미 실행에 옮겨지고 있었다는 점이다. 미국은 한국전쟁이 시작되자마자 핵무기 해외 배치를 추진했다. 초기에는 핵탄두를 제외한 '비핵 핵무기 장비들'(non-nuclear components)만 전진배치했다. 그 첫 번째는 한반도가 속한 동아태지역인 괌(Guam)과 유럽의 지중해지역이었다. 1950년 7월 1일 트루먼 대통령은 핵탄두만 제외한 핵무기 발사 장치들을 괌에 배치하는 것을 승인하는 조치를 취했다. 동시에 그와 같은 비핵 핵무기 장비 15세트를 실은 항모 코랄시호(USS Coral Sea)가 지중해로 향했다. 이 과정에서 공포스러운 사고도 발생했다. 핵탄두만 제외된 핵발사 장치들을 탑재하고 괌으로 향하던 B-29 폭격기가 캘리포니아의 한 공군기지에서 이륙 후 5분 만에 추락해 폭발하는 바람에 탑승자 12명이 사망하고, 추락 지점에 있던 19명이 더 희생되었다. 핵탄두는 아니었지만 이 폭격기가 싣고 있던 폭발물 5,000파운드가 터져 그 진동이 반경 50킬로미터까지 느껴졌다고 보고되었다. 만약 핵탄두까지 싣고 있었다면 어떤 일이 벌어졌을지 관계자들을 공포로 전율시킨 사태였다.[12]

미국이 처음으로 미국 전술핵무기를 해외로 배치한 것은 한국전쟁에서 중국이 군사개입한 뒤인 1951년 4월 6일이다. 이날 트루먼 대통령은 핵무기 캡슐을 괌에 이전하는 것을 승인했다. 6월 말 9개 핵무기 캡슐이 괌에 도착했다. 유럽에 대한 미국 핵무기의 본격 배치는 공식적인 대량보복 전략에 따라 1955년에 시작되었다. 유럽에 배치된 미국 핵무기는 급속하게 팽창해 1960년에는 3,000기에 달하게 되

---

11 Sandia National Laboratories, "U.S. Strategic Nuclear Policy: An Oral History, 1945-2004-Part 1," 2005, Released by the National Security Archive.

12 Robert S. Norris, William M. Arkin & William Burr, "Where They Were," *The Bulletin of the Atomic Scientists*, November/December 1999, pp.27~28.

고, 5년 뒤인 1965년에는 6,000기에 이르렀다. 절정은 1971년으로 약 7,300기에 달했다. 그 약 절반은 독일에 배치되었다.[13]

특히 서유럽에서 미국은 소련이 서유럽을 상대로 배치한 재래식 군사력에 핵무기로 대응할 목적으로 전략핵무기와 전술핵무기를 대폭 늘리기 시작했다. 포드 행정부에서 국방장관을 지낸 슐레진저는 "소련이 동유럽에 배치한 거대한 재래식 군사력에 서방은 대응하기 어려웠다. 핵무기는 서방에 필요한 대규모 재래식 군사력의 대용물이었다"라고 증언했다.[14] 덕 로슨(Doug Lawson)에 따르면, 1950년대 중엽 핵무기가 처음 유럽에 배치되면서 핵무기는 매우 신속하게 NATO 군사전략의 핵심으로 자리 잡았다. "핵무기들을 언제 어떻게 사용할지 그 정확한 역할에 대한 개념은 자주 혼란스럽고 모호한 상태인 채로였다."[15]

이렇게 내부적으로는 1953년에 구체화되고 실행되기 시작한 대량보복 독트린은 1954년 존 포스터 덜레스(John Foster Dulles, 1888~1959) 국무장관이 일반에 공개했다. 이 전략은 한국전쟁의 경험에 크게 기인했다. 한국전쟁은 소련이나 동맹국이 지상군으로 미국 동맹국을 침공했을 때 미국 지상군 개입이 초래하는 인명 희생과 경제적 비용 그리고 그것이 불러일으키는 미국 내의 정치적 부담이 얼마나 클 수 있는지를 보여주었다. 미국은 이제 미국의 동맹국이 공산국가와 분쟁을 벌일 때 감당할 수 없는 인적·물적 희생을 치러야 하는 지상군 개입 대신 핵무기 몇 발로 대응하기로 결정한 것이다.

이때 대량보복 개념은 1960년대 이래 정식화되는 핵억지론(nuclear deterrence)과 공멸보장 전략(또는 '상호확증파괴', Mutual Assured Destruction: MAD)에 포함된 대량보복의 개념과 다르다. 공멸보장 전략에서 대량보복은 상대 핵보유국이 먼저 핵무기로 공격해왔을 때

13 Norris, Arkin & Burr, 1999, p.29.
14 Sandia National Laboratories, 2005.
15 Sandia National Laboratories, 2005.

핵무기로 대량보복을 한다는 것을 주로 뜻했다. 그러나 1954년 미국의 대량보복 개념은 소련이 재래식 공격을 해오는 경우에도 핵무기로 대량보복을 위협하는 것이었다. 즉 핵 선제사용 전략으로 소련을 위협해 유럽이나 중동 또는 동아시아에서 소련이나 그 동맹국의 재래식 침략도 저지하겠다는 발상이었다.

아이젠하워 행정부의 이 같은 발상은 미국 군사전략에서 핵무기의 역할을 강조하여 비교적 적은 비용으로 미국의 세계적인 군사적 리더십을 뒷받침하려는 것을 의미했다. '뉴룩'으로 불린 이 전략적 개념에 따라 아이젠하워 행정부는 육군과 해군의 예산을 삭감하는 대신 핵무기를 관장하는 전략공군사령부(Strategic Air Command: SAC)를 위한 예산을 대폭 증액해 핵무기고 확장에 몰두했다.[16] 그 결과 1950년 300개 정도였던 미국 핵무기 숫자는 1960년에는 2만 2,000개에 이르게 된다.[17]

그런데 이 대량보복 전략은 단순히 핵 선제사용을 위협해 소련의 재래식 침략도 막는다는 데 그치지 않았다. 실제 재래식 분쟁이 발생해 전면전으로 비화할 수 있는 상황에서 미국이 핵을 선제사용하여 소련과 그 동맹국들의 주요 도시들을 일거에 초토화한다는 핵전쟁계획으로도 확장되었다. 1950년대에 아이젠하워 행정부가 수립한 대량보복 전략의 구체적 실체는 전략공군사령부가 1956년 작성한 「1959년 핵부기 요선 연구」(Atomic Weapons Requirements Study for 1959)라는 보고서에 잘 드러나 있다.

이 문건은 작성 시점에서 3년 뒤인 1959년에 소련이 유럽 등에서 재래식 무기로 대규모 침략을 감행함으로써 미국이 소련과 전면전(all-out war)을 벌여야 하는 상황을 가정하고, 미국이 어떻게 핵무기를 선제사용할지를 구체적으로 계획한 것이었다. 그것은 중국과 동독 그리고 헝가리 등 공산국가들의 수도와 주요 도시를 상대로

---

16 Siracusa, 2008, p.67.
17 Sandia National Laboratories, 2005.

대규모 핵 선제사용을 하는 것으로, 대량보복 전략을 반영한 것이라 할 수 있었다.[18]

이 문건에서 미국이 일차적인 핵타격 대상으로 삼은 것은 소련의 공군기지들을 포함한 군사 시설과 산업기반들이었다. 미국의 핵 선제 사용에 보복하기 위해 소련 폭격기들이 핵무기를 탑재하고 출격하는 것을 차단하기 위한 목적이었다. 이러한 목표물들에 대한 핵공격만으로도 수백만 명이 희생될 것이 분명했다. 그런데 이 계획은 동시에 수많은 인구집중 도시도 핵공격 대상 목록에 올려놓았다. 목표물에는 '그라운드 제로 지정물'(Designated Ground Zero: DGZ)이라는 이름이 붙여졌다. 첫 번째 핵 타격 대상 목록에는 3,400개 DGZ가 올라 있었다. 그 가운데 1,100개는 공군기지였다. 이처럼 목표물 자체는 군사·산업 시설들이었지만, 이것들이 많은 경우 대도시들에 있었기 때문에 결국 인구집중 도시들에 대한 핵공격을 의미했다. 이 목록에 올라 있는 도시들과 각 도시 안에 파괴할 대상으로 지정된 목표물의 숫자는 다음과 같았다.

도시	인구	핵타격 목표물 수
모스크바	500만 명	149개
상트페테르부르크	300만 명	145개
부다페스트	180만 명	120개
동베를린	120만 명	91개
프라하	100만 명	72개
탈린(Tallinn)	23만 8,000명	28개
베이징	1,900만 명	23개
세바스토폴(Sevastopol)	180만 명	23개
바르샤바	100만 명	15개

---

18 Ollie Gillman, "The Soviet cities that America would have wiped off the map in a nuclear war: Newly declassified target list shows how US planned to target capitals purely to kill their populations," *The Daily Mail*, December 24, 2015(http://www.dailymail.co.uk).

영국 매체 『데일리메일』에 따르면, 도시별로 핵무기를 몇 개 사용하려고 계획했는지는 아직 공개되지 않았다. 다만 분명한 것은 각 목표물에 대해 한 개 이상의 핵무기를 사용할 계획이었을 것으로 이 영국 언론은 파악했다. 그렇다면 모스크바는 최소한 149개 이상 그리고 서베를린과 붙어 있는 동베를린에도 91개 이상의 핵무기를 사용할 계획을 세웠다는 얘기가 된다.

그뿐만 아니라 미국의 대량보복 전략을 담은 1956년의 이 문건은 제2의 핵타격 목표물 목록도 언급했다. 이 목록에는 1,209개 DGZ가 '체계적 파괴'(systematic destruction) 대상으로 올라 있었다. 이것은 동독에서 러시아 극동지역에 이르는 1,200개 도시 목록이었다. 이 도시들 각각에 핵무기를 몇 개 사용할 계획이었는지는 밝혀지지 않았다. 그런데 이 도시들을 '체계적 파괴' 대상으로 지목한 만큼 도시마다 한 개 이상의 핵무기를 사용할 것을 계획했을 것은 분명하다.[19]

미 전략공군사령부가 작성한 이 문건에 따르면, 이 핵무기들을 영국·스페인·모로코 등에 위치한 공군기지들에서 발진하는 중거리폭격기 B-47 스트라토제트(Stratojet) 그리고 미국 공군기지에서 발진하는 장거리폭격기 B-29로 운반할 계획이었다. 『데일리메일』은 만일 미국이 실제 이 계획을 실행했다면 수억 명이 희생되었을 것이라고 말했다. 소련 또한 미국의 핵공격을 견디고 살아남은 해무기로 대응했을 텐데 그 경우 물론 인명 피해가 더 많이 났을 것이다. '대량보복'이라는 이름의 이 같은 미국의 선제 핵공격 전략은 냉전기 핵무기를 보유한 강대국들의 전략적 사고가 담고 있던 가공할 야만을 충격적으로 보여준다.

---

19 『데일리메일』은 1956년 당시 미국이 갖고 있는 핵탄두 숫자를 1만 2,000개에서 2만 2,000개 사이였을 것으로 추정했다.

B-47(위)과 B-29.
미국 전략공군사령부가 1956년 작성한 「1959년 핵무기 요건 연구」라는 보고서는 유사시 수천 개에 달하는 인구집중 도시에 대한 핵공격을 계획했다. B-47과 B-29가 그 임무를 맡았다.

2) 1960년대 '핵억지'론의 구성: 공포의 균형과 핵억지

미국은 1950년대에 소련과 같은 다른 핵보유국이 관련된 재래식 분쟁에서도 미국이 핵을 선제사용한 대량보복을 위협해 침략을 억지하겠다는 발상을 보였다. 그런데 이러한 전략은 소련이 미국을 직접 타격할 수 있는 대륙간탄도탄이나 핵을 탑재한 채 장거리 비행을 할 수 있는 전략핵폭격기 같은 무기체계를 갖추지 않은 상태에서만 설득력이 있었다. 만일 유럽에 전쟁이 났을 때 미국이 소련에 핵무기 공격을 위협하면 소련도 미국 본토에 대한 즉각적인 핵 보복을 위협할 능력이 있다면, 핵 선제사용을 내포한 대량보복 전략은 성립하기 어려워진다. 바로 그러한 가능성은 1957년 10월 4일 소련이 스푸트니크(Sputnik) 위성을 지구 궤도에 올리는 데 성공하면서 현실화되었다. 펜실베이니아대학교의 역사가인 월터 맥두걸(Walter A. McDougall)은 소련의 스푸트니크 성공이 그 시대 미국인들에게 던진 충격을 일본의 진주만 공격에 비견할 만한 것으로 묘사했다.

2000년대 미국인들에게는 9·11의 충격에 비유할 수 있는 것이라고 맥두걸은 평가했다.[20]

스푸트니크 사태는 그 두 달 전인 1957년 8월 소련이 ICBM을 처음으로 시험 성공한 것과 맞물려 그 충격이 더했다.[21] 스푸트니크의 성공은 '우주 시대'(space age)의 개막을 알렸다. 또 미소 간 탄도미사일 경쟁이 본격화된 계기였다. 소련은 전략폭격기보다는 상대적으로 ICBM에 치중했다. 미국은 전략폭격기 능력에서 앞서 있었던 데다 소련 주변의 미국 동맹국 영토에 소련을 비행 사정거리 안에 둔 공군기지들을 다수 확보했다. 반면에 소련은 미국 본토 가까운 곳에 공군기지를 갖고 있지 않았다. 소련의 대안은 장거리탄도미사일을 개발하는 것이었다. 실제 당시에도 소련이 ICBM 능력에서 미국을 실질적으로 앞선 것은 아니었다. 그러나 스푸트니크의 성공은 미국 안팎에서 로켓 기술에서 소련이 앞서 있다는 인식을 낳았다. 그러한 인식은 미국의 미사일 군비증강에 중대한 군사적·정치적 배경이 되었다. 1960년대 들어서 케네디 행정부가 소련이 미국에 미사일 능력이 앞서 있다는 '미사일 갭' 논쟁을 불러일으키는 데 앞장선 배경이 된다.[22]

1950년대 후반 시점에서도 미국은 핵무기 숫자에서 여전히 소련을 크게 앞서 있었다. 그러나 스푸트니크 사태는 소련이 개입한 재래식 분쟁에서 미국이 먼저 핵무기 사용을 위협하는 대량보복 전략의 신뢰성을 크게 떨어뜨렸다. 스푸트니크 발사 직후 아이젠하워 대통령은 로완 가이서(Rowan Gaither, 1909~61)를 위원장으로 하는 위원회를 설치해 미국이 처하게 된 위험을 분석하게 했다. 1957년 11월 7일에 공개된 '가이서 보고서'(Gaither Report)의 제목은 '핵무기 시대의 억지와 생존'(Deterrence and Survival in the Nuclear Age)이었다. 가

---

20 John Noble Wilford, "With Fear and Wonder in Its Wake, Sputnik Lifted Us Into the Future," *The New York Times*, September 25, 2007.

21 Siracusa, 2008, p.67.

22 Wilford, September 25, 2007.

이서 보고서는 소련이 1년 이내에 실전배치 가능한 ICBM을 10여 개 갖게 될 것으로 예상했다. 미국이 소련을 따라잡는 데는 2~3년 걸릴 것이며, 따라서 미소 간에 '미사일 격차'(missile gap)가 존재한다고 주장했다.[23] 1958년 7월 아이젠하워 대통령에게 제출된 또 다른 보고서는 소련이 핵 선제공격을 해오고 미국이 보복 핵공격을 하면 소련이 입는 피해가 미국에 비해 훨씬 커서 약 3배에 달할 것으로 평가했지만, 미국도 1억 7,800만 명 가운데 거의 65퍼센트가 희생될 것으로 전망했다. 이에 따라 아이젠하워 대통령의 인식도 극적으로 변했다. 미소가 전면전을 벌이면 어느 쪽도 승자가 될 수 없다는 판단을 굳혔다고 한다. 이때 비로소 아이젠하워는 수소폭탄은 오로지 '억지'에만 사용되어야 한다고 결론지었다.[24]

미국이 소련과 같은 핵보유국을 상대로 한 핵 선제타격옵션을 배제하는 것을 원칙으로 하는 핵억지론을 굳히게 된 더 결정적 계기는 1962년의 쿠바 미사일 위기였다. 쿠바 미사일 위기로 당시 미 국방장관 맥나마라는 그 무렵 미소 간에 존재했던 핵무기 능력에서 현격한 격차가 있는데도 두 나라는 실질적으로는 '전략적 균형'(strategic parity) 상태에 들어섰다고 결론지었다. 당시 핵무기 규모에서 미국은 소련에 압도적 우위를 점하고 있었다. 1962년 미국의 핵무기 숫자는 2만 7,297개에 달했다. 소련은 3,322개로 매우 열세였다. 또 미국의 경우 그 가운데 소련을 직접 타격할 수 있는 전략핵무기가 5,000기에 달했다. 반면에 소련이 미국을 타격할 수 있는 핵무기는 600개를 넘지 않았다는 것이 맥나마라의 계산이었다.

1962년 소련군 장성으로서 쿠바에 핵미사일을 배치하는 이른바 '아나디르'(Anadyr) 작전의 계획과 집행을 담당한 사람은 아나톨리 그리브코프(Anatoli I. Gribkov, 1919~2008)였다. 그는 당시 소련이 미국

---

23 Siracusa, 2008, p.68.

24 Siracusa, 2008, p.68.

을 공격할 수 있는 전략핵무기 숫자를 맥나마라가 파악한 것의 절반에 불과한 300기라고 파악했다.[25] 그러한 현격한 차이에도 당시 맥나마라가 내릴 수밖에 없었던 결론은 미국이 "핵전력 우위를 점했으나 사용할 수 있는 핵무기는 없었다"(nuclear superiority but no usable nuclear power)라는 역설이었다. 맥나마라는 그것을 "정치적 목적을 달성하는 데 사용할 수 있는 핵무기는 없었다"라는 말로 표현했다.[26]

맥나마라는 당시 핵전력에서 미국이 소련에 비해 8 대 1 내지 9 대 1이라는 현격한 차이로 우세했지만, 그것은 '전략적 관점에서는 우위가 아니었다'고 했다. 그 말은 "실제 사용할 수 있는 군사력의 우위가 아니었다"라는 얘기였다. 좀더 구체적으로 그 말은 맥나마라 본인의 표현을 빌리면 "미소 어느 쪽도 전략무기를 먼저 사용하는 것이 자신에게 이득이 되지 않았다"는 뜻이었다.[27] 그래서 맥나마라는 미국이 수적으로는 압도적 우세였지만 미소 간에는 이미 '전략적 균형'이 성립한 상태였다고 진단했다. 미국이 소련의 핵공격을 억지(deter)하는 데 충분한 핵전력을 갖고 있지만, 소련 역시 미국의 핵공격을 억지할 수 있는 충분한 핵전력을 확보했다는 얘기였다.[28]

서로 간에 핵 선제공격을 하기 어려워진 전략적 균형 상태에서 미소 양국의 핵전략은 상대방이 핵 선제공격을 감행했을 때 상대방에게 감당할 수 없는 피해를 입히는 대량보복을 실행할 '제2차 공격능력'(second-strike capability)을 확보하는 데 초점을 두는 것이었다. 이것이 곧 공포의 균형(balance of terror)이라고도 불리는 '공멸보장' 내지 '상호확증파괴'의 논리였다. 이것은 미소의 전략적 관계 현상을 묘사하는 사실적 규정이었던 동시에, 미소 두 나라 정부가 그러한 현실 인

---

25 Antoli I. Gribkov and William Y. Smith, *Operation ANADYR: U.S. and Soviet Generals Recount the Cuban Missile Crisis*, Chicago: edition q, 1994, p.167.

26 A Video Interview with Robert McNamara in 1986.

27 A Video Interview with Robert McNamara in 1986.

28 A Video Interview with Robert McNamara in 1986.

식을 바탕에 두고 각자의 핵무기체계와 핵무기 사용 원칙을 규율하는 핵전략 독트린이기도 했다.

MAD는 한편으로는 자신의 핵 선제사용을 모두의 공멸을 초래할 자해적 행위로 규정했지만 동시에 상대방의 핵 선제공격을 가정한 핵전략이기도 했다. 이 핵전략은 상대방의 선제 핵공격에도 자국의 핵무기들이 살아남아 상대방을 괴멸할 것을 상정했다. 그러려면 상대방의 핵공격을 피하거나 견딜 수 있는 핵무기체계가 필요했고, 그 공격으로 상당수가 파괴될 것을 전제하고 그런 상실에도 불구하고 상대방에 보복공격을 가하여 감당할 수 없는 피해를 입히는 데 충분한 규모의 핵무기 숫자를 확보하는 것이 필요하다고 여겼다. 그래서 MAD는 미소 두 나라가 모두 '미친 듯이' 핵무기 숫자 늘리기 경쟁을 하도록 강요하는 것이기도 했다.

보복공격을 해서 상대방에 '감당할 수 없는 손해'(unacceptable damage)를 준다는 것은 무슨 말인가? 이 질문에 맥나마라는 당시 국방장관으로서 자신이 계산한 것을 밝혔다. 그는 소련 산업시설의 50퍼센트와 1억 내지 1억 2,500만 소련 시민의 생명을 파괴하는 것이라고 했다.[29] '핵억지'(nuclear deterrence)라는 개념은 이처럼 주로 소련이라는 핵보유국에 대한 핵전략으로서 수억 명에 이를 수 있는 인명파괴를 담보로 한 핵 보복 개념을 중추로 하여 정립되기 시작했다.

맥나마라 국장방관이 미국의 핵정책을 '대량보복'에서 '확증 파괴'(Assured Destruction)라는 개념으로 공식적으로 교체한 것은 1967년이다. 도널드 브레넌(Donald Brennen)이라는 비평가는 맥나마라가 말한 'Assured Destruction' 앞에 'Mutual'이란 접두사를 붙여 '미쳤다'는 뜻을 지닌 시니컬한 줄임말 'MAD'를 탄생시켰다.[30] 맥나마라가 1967년 MAD로 전환한다고 공식 천명하게 된 것은 소련이 미국의 선제공

---

29 A Video Interview with Robert McNamara in 1986.
30 Siracusa, 2008, p.68.

쿠바 미사일 위기가 터진 1962년 케네디 전 미국 대통령과 회의 중인 맥나마라.
맥나마라는 쿠바 미사일 위기를 겪으며 핵무기 숫자가 더는 중요하지 않으며, 미국이 소
련을 상대로 먼저 쓸 수 있는 핵무기는 없다는 인식에 도달했다.

격을 견뎌내고 미국에 보복공격을 하여 미국이 감당할 수 없는 피해를
줄 정도로 핵무기를 갖추게 된 시점이 그때라는 취지였다. 그러나 이러
한 공식적 천명과 달리 앞서 살펴본 것처럼 맥나마라는 1962년 쿠바 미
사일 위기 때 이미 핵무기 숫자가 더는 중요하지 않으며 미국이 소련을
상대로 먼저 쓸 수 있는 핵무기는 없다는 인식에 도달해 있었다.

3) 1970년대 핵의 유연대응 독트린과 '군사력파괴전략'의 등장

MAD는 '승리하는 핵전쟁'(winnable nuclear war)은 있을 수 없다

는 인식에 기초한 것이었다. 그것은 이 전략을 정식화하고 공식화한 맥나마라 국방장관이 몸소 현장에서 체험했던 1962년 공포의 10월 트라우마를 투영한 것이었다. 또 1960년대까지 미국 핵미사일들은 인구집중 도시들을 타격하는 데는 정확성이 충분했지만 소련 핵미사일들을 찍어내듯 파괴하기에는 정확성이 충분치 않았다는 판단도 작용했다. 상대방 보복을 걱정할 필요 없이 자유롭게 선제타격을 할 수 있으려면 상대방 핵무기들을 먼저 파괴할 수 있는 정확한 공격무기 체계가 필수적이기 때문이다.

1970년대에 들어 미국 핵무기들은 다탄두체계(MIRV systems)로 발전해갔다. 그것은 많은 목표를 동시에 정확하게 타격하는 정밀도를 갖춘 것이었다. 이러한 새로운 능력은 미국 군사정책 담당자들에게 유사시 선제 핵공격으로 상대방 핵무기체계를 파괴해 보복능력까지도 제거하는 핵전쟁, 즉 승리하는 핵전쟁을 상상하는 유혹을 불러일으켰다.

1960년대에 정립된 핵억지 개념은 소련과 핵전쟁을 벌일 때 주로 소련의 인구집중지역인 도시를 목표물로 하는 '도시파괴전략'(countercity strategy, countervalue strategy)이었다. 이에 비해 상대방 핵무기 발사기지를 비롯한 군사시설들을 파괴하는 군사력파괴전략(counterforce strategy)은 도시파괴전략에 비해 훨씬 정확하고 속도가 빠른 핵무기체계를 필요로 했다. 미국 정부가 다탄두 핵무기 체계를 중심으로 한 군사력파괴전력(counterforce capability)을 대규모로 배치하면서 내세운 논리는 "효과적으로 억지하려면 도시파괴전력(countercity capability)뿐만 아니라 군사력파괴전력에서도 소련에 우위를 점하거나 적어도 균형을 이루어야 한다"라는 것이었다. 마이클 낙트(Michael Nacht)가 일찍이 지적한 바와 같이, 미국은 군사력파괴전력이라는 새로운 개념과 무기의 개발과 배치를 전통적인 억지전략의 일환으로 정당화하려 했다.[31]

---

31 Michael Nacht, *The Age of Vulnerability: Threats to the Nuclear Stalemate,*

1972년 닉슨 행정부가 소련과 맺은 제1차 전략무기제한협정 (SALT I)은 전략 핵미사일의 숫자에 상한선을 두었지만, 미사일 하나에 장착할 수 있는 핵탄두 숫자는 제한하지 않았다. 그로써 하나의 미사일에 많게는 15개까지 장착이 가능한 다탄두 핵미사일체계 (Mutiple Independently-Targetable Re-endtry Vehicles: MIRVs)의 개발을 촉진하는 결과를 가져왔다. MIRV는 이미 지적한 바와 같이 군사력파괴전력의 핵심이다. 애당초 키신저가 구상한 협정은 MIRV 개발을 제한하는 내용도 담았다고 한다. 그러나 미 국방부와 의회 보수 세력이 모스크바에서 협상하던 키신저에게 메시지를 보냈다. 그리고 "MIRV를 금지하는 협정을 갖고 돌아올 생각은 말라"라고 경고했다. 그런데 소련도 불과 3년 뒤인 1975년 MIRV를 개발 배치하기에 이른다. 그로써 미국의 ICBM도 소련의 선제타격에 취약해지게 되었다.[32] 결국 미국 보수 세력이 MIRV 개발을 제한하는 협정을 방해함으로써 미소 두 나라가 서로 선제타격을 조장할 수 있는 불안정한 전략적 환경이 촉진된 것이다.

한 가지 유의할 점이 있다. 엄격히 말하면, 미국이 핵 선제공격을 내포한 공격적인 군사력파괴전략이 1970년대에 비로소 부상한 것은 아니다. 미국이 소련의 도시들에 대한 공격 못지않게 군사목표물들을 선제공격할 수 있는 무기체계를 개발하는 데 일찍부터 관심을 가져온 것이 사실이기 때문이다. 미국 정부는 공개적으로는 보복에 의존하는 억지이론을 강조했다. 그러나 실제로는 공격적인 핵전략을 동시에 모색하면서 그 사실을 비밀에 부쳐온 것이라고 지적된다.[33]

Washington, D.C.: Brookings Institution, 1985, p.92; 이삼성, 2001, 419쪽.

32 Siracusa, 2008, pp.77~78.

33 Lynn Davis, "Limited Nuclear Options, Deterrence, and the New American Doctrine," Adelphi Papers, no. 121, London: Institute for Strategic Studies, 1975/1976, p.1; Richard Falk, *Indefensible Weapons: The Political and Psychological Case Against Nuclearism*, by Robert Jay Lifton and Richard Falk, New York: Basic Books, 1982, Section II, p.176.

미국이 1960년대에 채택한 MAD 전략은 선제핵공격보다는 보복에 중점을 두는 방어적 억지전략이라고 할 수 있다. 그러나 그것은 어떤 의미에서 공식정책일 뿐이었다. 미국은 실제로는 그러한 대량보복을 핵심으로 하는 방어적인 억지전략에 만족하지 않았다. 제한핵전쟁의 개념과 선제핵공격의 가능성을 내포한 유연대응의 핵전략 그리고 군사력파괴전략을 동시에 추구한 측면도 있었다.

3. 비핵국가에 대한 미국의 핵전략: 핵무기테러주의의 역사

1945년 7월에서 1949년까지는 미국의 핵독점(nuclear monopoly) 시대였다. 이 시기에 미국은 핵무기의 압도적 파괴력을 앞세워 재래식 무기만 있는 적국을 굴복시키는 무기로 사용했다. 1945년 8월 6일과 9일 각각 히로시마와 나가사키에 대한 원폭으로 일본의 항복을 앞당겼다. 미국이 며칠을 사이에 두고 연거푸 두 번 원폭을 터뜨린 것은 일본의 항복을 앞당겨 받아낸다는 목표 자체로 미국에 중요했다. 그러나 미국이 그렇게 했던 또 하나 중요한 목적은 소련이 극동에서 영향력을 확대하기 전에 일본에 대한 미국의 단독 점령을 관철하는 것이었다. 일본도 당시에 원폭을 개발한 상태였다면 미국이 히로시마와 나가사키에 연거푸 원폭을 투하하는 대담한 행동은 하지 않았을 것이다.

미국이 핵 독점 시기에 핵무기 또는 핵위협을 동원한 또 다른 사례는 1948~49년의 제1차 베를린 위기 때였다. 1948년 초 소련과 서방 국가들 사이에 긴장이 고조되었다. 그 배경을 미 국무부의 '역사서술국'(Office of the Historian)은 이렇게 설명했다. "1948년 초에 미국·영국·프랑스는 서방 동맹국들이 점령한 독일지역들을 통합한 새로운 독일 국가의 창설을 비밀리에 추진하기 시작했다. 3월에 소련은 이러한 계획을 알게 된다. 종전 후부터 점령정책 조정을 위해 정규적으로 회합을 한 '연합국 통제위원회'(Allied Control Council)에서 소련은 탈퇴했다. 6월에는 미국과 영국이 소련 측에 알리지 않은 채 새로운 독일 마르크화(貨)를 양국의 점령지역(Bizonia)과 서베를린에 도입했다. 이 화폐 개혁의 목표는 서베를린에 대한 소련의 경제적 통제를 빼앗아옴으로써 마셜플랜에 따른 원조를 원활하게 하고 서베를린 암시장을 억제하려는 것이었다. 그러자 소련도 소련 점령지역에서 비슷한 조치로 대응했다. 소련은 자신들이 만든 화폐인 오스트마르크(Ostmark)를 도입하고 서 베를린으로 통하는 도로·철도·운하를 봉쇄해 전기와 식량과 석탄 공급 을 차단했다.[34]

이에 미국은 서베를린에 대한 필수품 공수(airlift) 작전을 전개함과 동시에 "핵무기 운반 능력이 있는 전략폭격기 B-29 편대를 영국에 파 견했다.[35] 미국은 필요하다면 소련에 핵무기를 사용하겠다는 결의를 표명한 것으로 해석되었다. 이것은 '냉전의 핵무기화'(nuclearization of the Cold War)를 처음으로 암시한 일이었다. 서방 연합국들의 공수 작전은 성공적이었고, 서방도 동독을 봉쇄하면서 동독에서 물자 부족 사태가 심각해졌다. 소련은 동독 안에서 정치적 봉기가 발생할 것을 우려했다. 1949년 5월 11일 소련은 서베를린 봉쇄를 해제했다. 베를 린 봉쇄 해제 직전인 1949년 4월 서방 국가들은 NATO를 창설했고, 봉쇄 해제 2주 뒤에는 서독이라는 국가를 출범시켰다. 이후 베를린은 서방 세계에서는 독일 파시즘의 본고장이라는 이미지를 씻고 '공산주 의와 투쟁하는 자유세계의 상징'으로 재탄생했다.[36]

결국 미국은 소련의 베를린 봉쇄를 무력화하고 서독 국가 창설이라 는 목표를 달성했다. 대대적인 공수작전과 함께 B-29의 유럽 파견에 따른 핵위협도 일조한 것으로 볼 수 있다. 다른 말로 하면 미국이 동 서 진영 분리에 바탕을 둔 냉전을 본격 주도하면서 그에 대한 소련의 반발을 은근한 핵위협으로 처리해낸 것이었다. 그런 의미에서 미국의

---

34 The Office of the Historian, U.S. Department of State, "The Berlin Airlift, 1948–1949"(https://history.state.gov/milestones). (2018. 1. 1. 검색)

35 The Office of the Historian, "The Berlin Airlift, 1948–1949."

36 The Office of the Historian, "The Berlin Airlift, 1948–1949."

핵무기는 냉전 시작과 내밀한 관련을 맺고 있었다. 소련은 1949년 8월 29일 첫 원폭실험에 성공했다. 그해 10월에는 중국 공산당이 장제스 군대와 내전에서 승리를 공식 선포하고 베이징 천안문광장에서 중화인민공화국을 수립했다. 그러자 스탈린은 1950년 1월 말 김일성에게 그의 전쟁계획을 승인하는 시그널을 보냈다. 미국의 핵 독점을 허물기 시작한 것을 배경으로 스탈린이 불과 1년 전 베를린에서 당한 수모에 대한 되치기를 시도한 것이라고도 할 수 있었다.

1949년 8월 29일 카자흐스탄의 세미팔라틴스크에서 소련이 첫 원폭실험에 성공함으로써 미국의 핵독점은 형식적 의미에서는 깨진 것으로 볼 수 있다. 그러나 미국의 핵 독점이 실질적으로 그날 즉시 끝났다고 보기는 어렵다. 첫 원폭실험에 성공한 것과 상당한 규모의 핵무기고를 구축하는 것은 또 다른 문제였기 때문이다. 1950년 6월에서 1953년 7월에 걸친 한국전쟁 기간은 미국의 핵 독점과 소련과 핵 과점(寡占) 사이의 과도기적 시기에 속한다. 우선 소련의 핵무기 생산능력이 제한적이었다. 그리고 한국전쟁에 대한 소련의 군사개입은 공군력 지원에 한정한 가운데 은밀하고 제한적인 형태였다. 그래서 한국전쟁에서 미국의 주요 상대는 핵무기가 없는 중국 공산당 정부였다.

한국전쟁 기간에 미국이 북한과 중국에 대해 핵무기 사용을 기획하고 또 위협한 사정은 결코 비밀이 아니다. 트루먼 행정부 안에서는 한국전쟁이 발발한 직후부터 핵무기를 사용할 것이냐가 중요한 문제로 떠올랐다. 공군참모총장 호이트 반덴버그(Hoyt S. Vandenberg, 1899~1954)는 육군참모총장 로튼 콜린스(Lawton Collins, 1896~1987)와 함께 1950년 7월 13일 도쿄에서 더글러스 맥아더(Douglas MacArthur, 1880~1964)를 만났다. 반덴버그가 중국 공산당이 싸움에 끼어들면 그들을 어떻게 잘라낼 계획이냐고 묻자, 맥아더는 그 경우 북한에서 중국군을 고립시키는 데 '원자탄을 사용할 적절한 기회'(a unique use for the atomic bomb)가 될 것이라고 대답했다. 맥아더는 만일 반덴버그가 B-29을 맥아더 지휘하에 있도록 조치

인천상륙작전을 실시간으로 지휘하는 맥아더 원수.
한국전쟁이 발발한 지 채 한 달도 안 되었을 때 그는 이미 소련이나 중국이 싸움에 끼어
들면 원자탄을 사용해야 한다고 생각하고 있었다.

를 취해주면 그렇게 할 수 있다고 말했다. 반덴버그는 즉각 그렇게 하
겠다고 약속했다.[37]

　1950년 7월 15일 폴 니츠(Paul Nitze, 1907~2004)가 국장으로
있는 국무부 정책기획국(Policy Planning Staff)이 보고서를 작성했
다. 소련이나 중국이 한국전쟁에 개입하면 원폭을 사용할 수 있을
것이라는 내용이었다.[38] 니츠는 7월 17일 딘 애치슨(Dean Acheson,
1893~1971) 국무장관에게 한국에서 원자탄을 전술적으로 사용할 문

37　Minutes of MacArthur-Collins-Vandenberg conference, July 13, 1950,
Ops 333 Pacific (1950~1951), case 3, RG 319, NA; Roger Dingman, "Atomic
Diplomacy During the Korean War," *International Security*, vol. 13, no. 3(Winter
1988/89), p.62.

38　Carleton Savage to Paul Nitze, July 15, 1950, Atomic Energy-Armaments folder,
1950, Box 7, Policy Planning Staff Papers, RG 59, NA; Dingman, 1988/89, p.60.

은 열려 있다는 뜻을 전달했다.[39]

7월 마지막 주에 들어서면서 북한군이 파죽지세로 남진하자 미국은 더 다급해졌다. 타이완해협의 방위도 책임지면서 한국 전선에서도 작전을 펴야 했던 미 해군 제7함대(The Seventh Fleet) 사령관은 한국에서 싸우면서 동시에 중국군의 타이완 침공을 막아내는 것은 불가능하다고 주장했다. 한편 CIA는 타이완을 마주보고 있는 중국 해안지대에 중국군 상륙부대와 공수부대가 증강되고 있다는 정보를 접했다. 국무장관 애치슨은 중국의 타이완 침공을 저지하는 임무를 영국에 요청하지만 영국은 거부했다. 이런 시점에 핵무기 탑재 가능한 B-29 폭격기들을 괌에 이동 배치하는 방안이 검토되고 실행되기에 이른다. 이 방안을 강력 주창한 것은 공군참모총장 반덴버그였다.[40]

B-29들을 괌에 배치하는 계획은 처음에는 미국이 한국에 집중하는 사이 벌어질 수 있는 중국의 타이완 침공을 견제하려는 목적에서 출발했다. 그러나 한국 전황이 더욱 급박해지면서 그 성격이 바뀌게 된다. 공군참모총장 반덴버그는 합참의장 오마르 브래들리(Omar Bradley, 1893~1981)에게 전략공군사령부(Strategic Air Command: SAC)가 관할하는 B-29 폭격기들을 한국에 보내 북한의 도시들을 초토화해야 한다고 주장했다. 브래들리는 처음엔 미온적이었지만 7월 28일경에는 각 군 참모총장들과 회합에서 적극적인 태도로 바뀌었다. 그래서 29일 합참은 10대의 B-29 폭격기들을 태평양지역으로 이동하는 것에 합의했다.[41] 국방장관 루이스 존슨(Louis Johnson, 1891~1966)은 쉽게 동의했다. 7월 30일 존슨 장관은 트루먼 대통령

39 Nitze to Acheson, July 17, 1950, Atomic Energy-Armaments folder, 1950, Box 7, Policy Planning Staff Papers, RG 59, NA; Dingman, 1988/89, p.61.

40 Dingman, 1988/89, pp.61~62.

41 General Omar N. Bradley, Chairman Joint Chiefs of Staff, Diary, July 28-29, 1950, Box 107, Omar N. Bradley Papers, U.S. Military Academy Library, West Point, New York; Dingman, 1988/89, p.62.

을 만나 그 방안을 강력히 건의했다. 트루먼은 핵탄두를 탑재하지 않은 상태의 폭격기들을 군부에 이관해 괌에 배치하는 것을 승인했다.[42]

로저 딩맨(Roger Dingman)은 그날 트루먼이 B-29들의 괌 이동을 승인한 동기는 두 가지였을 것으로 판단했다. 바로 그날 전개된 북한군의 공세로 미군이 한국에서 완전히 밀려날 것 같은 위기에 처하자 군부가 한국에서 핵무기를 사용할 가능성을 내포한 대응이라고 생각하고 승인한 측면이 있었다고 보았다. 동시에 한국과 함께 타이완해협에서 중국의 행동을 억지하기 위한 핵위협으로서 그 용도를 승인한 것이기도 했다는 것이다. 딩맨에 따르면, 국무장관 애치슨은 분명히 그러한 목적들을 염두에 두었다. 애치슨은 특히 중국의 한반도 개입을 차단하기 위해 미국이 핵무기를 사용할 수 있다는 위협을 드러내고자 했다.[43] 그의 의도대로 B-29들의 괌 이동 배치는 7월 31일『뉴욕타임스』에 보도되었다.[44] 애치슨의 고의적인 정보 유출은 핵위협으로 중국의 행동을 견제하려는 목적이었고 그런 의미에서 분명 '원자탄 외교'(atomic diplomacy)의 한 사례였다.

위의 내용은 중국이 한반도에 개입하지 않은 상태에서도 미국이 한반도에서 핵무기 사용을 검토하거나 적어도 그 사용을 위협하는 '원자탄 외교'를 전개한 것을 의미한다. 중국이 개입하는 상황에서 미국은 이제 핵탄두를 탑재하지 않은 상태의 폭격기뿐 아니라 아예 핵폭탄까지도 동아태지역에 배치하는 방안을 추구하기에 이른다.

1950년 9월 인천상륙작전 이후 미군이 38선을 넘어 압록강에 접근하자 그해 10월 중국이 한반도에 개입해 유엔군을 남쪽으로 밀어붙였다. 트루먼 행정부는 맥아더 총사령관의 촉구 아래 북한지역과 중국

---

42 *Truman Public Papers*, 1950, p.562; Richard Hewlett and Francis Duncan, *A History of the United States Atomic Energy Commission*, University Park: Pennsylvania State University Press, 1969, vol. 2, p.525; Dingman, 1988/89, p.63.

43 Dingman, 1988/89, p.63.

44 *The New York Times*, July 31, 1950; Dingman, 1988/89, p.63.

에 대한 원자탄 공격을 고려했다. 브루스 커밍스(Bruce Cumings)는 이 무렵 미국의 원폭 사용은 거의 실행에 옮겨질 뻔했다고 말했다.[45] 당시 핵무기를 관장하던 원자력위원회(Atomic Energy Commission)는 9개 '마크 IV' 핵탄두를 미 공군 제9폭탄 그룹(Ninth Bomb Group)에 전달하기로 결정했다. 이 공군 부대는 괌 미군기지에 배치된다. 1951년 4월 미 합참의장 브래들리는 원폭을 원자력위원회에서 미 군부로 이전하는 데 대통령의 승인을 받았다. 트루먼은 중국과 북한의 목표물들을 공격하기 위하여 원폭을 사용하라는 명령에 서명했다. 그런데 이 명령은 전달되지 않았다. 이 무렵 트루먼 대통령이 맥아더 사령관을 해임하는 정치적 사건이 벌어졌기 때문이다. 또 한국전선이 교착상태에 접어들어 더는 확전되지 않았기 때문이다.[46] 딩맨도 한국전쟁 기간에 미국의 핵무기 사용 가능성이 실제 가장 높았던 시점은 1951년 봄이었다고 판단했다.[47]

한국전에서 미국의 원폭 사용 기획은 거기서 끝나지 않았다. 1951년 9월과 10월에 '허드슨항 작전'(Operation Hudson Harbor)이라는 이름으로 한국에서 원폭 사용을 준비하는 작전을 전개했다. 오키나와에 배치되어 있던 B-29 폭격기들을 북한에 보내 모의원폭이나 대규모 TNT 폭탄을 투하하는 '모의원폭훈련'(simulated atomic bombing runs)을 실시한 것이다.[48]

1953년 1월 출범한 아이젠하워 행정부는 적어도 세 군데에서 원폭 사용을 고려했다. 우선 전후 인도차이나에 대한 재식민지화를 꾀해온 프랑스 제국주의자들이 호찌민(胡志明, 1890~1969)이 이끄는 베트남독립동맹 '베트민'(Viet Minh)과 1954년 봄 베트남 북부의

45 Bruce Cumings, *Korea's Place in the Sun: A Modern History*, New York: W.W. Norton, 1997, pp.290~293.
46 Cumings, 1997, p.292.
47 Dingman, 1988/89, p.89.
48 Cumings, 1997, pp.292~293.

요충지 디엔비엔푸에서 결전을 벌였다. 1954년 3월 베트민이 디엔비엔푸를 포위하고 디엔비엔푸의 프랑스군 활주로를 모두 파괴하는 데 성공했다. 프랑스군 보급로는 차단되었다. 디엔비엔푸 전투가 진행되는 기간 매월 최고 4,000톤에 이르는 보급품을 제공한 중국의 지원에 힘입어 베트민은 프랑스군 요새를 초토화했고 5월 들어 프랑스군은 괴멸 위기에 처했다. 프랑스군 참모총장 폴 엘리(Paul Ély, 1897~1975)는 워싱턴을 급거 방문해 디엔비엔푸에 대한 미국의 공습 지원을 요청했다.[49]

합참의장 래드포드 제독은 마닐라 클라크 공군기지의 B-29 폭격기들을 파견하자고 제안했다. 그 뒤 래드포드는 미 국무부와 국방부의 소수 고위인사를 상대로 디엔비엔푸에서 전술핵무기를 사용하는 것에 대해 프랑스의 동의를 얻어낼 가능성을 잠정적으로 탐문했다. 그 뒤 국방부에 연구팀이 차려졌다. 이 연구팀은 원폭 3개를 쓰면 '그곳의 베트민을 싹 쓸어버릴 수 있다'는 결론을 제시했다. 그러나 이 원폭 사용옵션은 승인되지 않았다. 프랑스 측과 논의하는 단계에 이르기 전에 포기했다. 래드포드는 그 대신 미 공군이 재래식 폭격을 위해 직접 개입하는 방안을 제기했지만 미 합참은 그것도 승인하지 않았다. 결국 엘리가 워싱턴에서 확보한 미국의 지원은 프랑스 공군에 폭격기를 25대 제공하는 것으로 그쳤다.[50]

인도차이나에서 원폭을 사용한다는 래드포드의 제안은 당시 국방부 고문으로 있던 맥아더에게도 구두로 전달되었다. 아마도 래드포드는 한국전쟁에서 원폭 사용을 적극 고려했던 맥아더 의견을 듣고 싶어 했던 것이라고 생각된다. 맥아더는 그 발상에 반대하면서 프랑스 측과 논의하는 것도 말렸다. 맥아더가 덜레스 국무장관에게 보낸 메시지는 "그럴

49   Barbara W. Tuchman, *The March of Folly: From Troy to Vietnam*, New York: Random House, 1984, pp.280~281.

50   Tuchman, 1984, p.281.

경우 이 이야기가 새어 나갈 테고 그러면 자유세계의 모든 의회에서 큰 소란이 일어날 것"이라는 취지였다. NATO 국가들 중에도 특히 영국이 반대할 것이 확실했다. 영국은 더 나아가 장차 미국이 원폭을 사용하려면 사전에 NATO 회원국들과 협의를 거칠 것을 요구하게 될 것이라고 맥아더는 판단했다. 그렇게 되면 장차 미국이 원폭을 꼭 사용하고 싶을 때도 선택의 자유를 제한받게 될 것이라고 맥아더는 우려했다. 또 소련은 모든 선전 도구를 가동하여 "미국이 인도차이나 원주민들을 상대로 원폭실험을 하려 한다"라고 선동할 것이라고 맥아더는 말했다. 이후 덜레스의 참모가 작성한 메모에서는 "덜레스 장관은 지금 래드포드와 이 문제를 거론하기를 원하지 않는다"고 밝혔다.[51]

1954년 말에서 1955년에 걸쳐 발생한 타이완해협 위기 때 아이젠하워 행정부는 중국이 타이완해협에 위치한 장제스 정부 통제하의 진먼도(金門島)와 마쭈군도(馬祖群島), 심지어 타이완 자체까지도 공격할 수 있다고 우려했다. 그래서 중국에 대해 핵사용을 위협했다. 이를 위해 미국은 1954년 12월 오키나와에 완전한 핵무기 세트를 배치했다. 같은 달 미국은 핵무기를 탑재한 항모 미드웨이호(USS Midway)를 타이완해협에 배치했다. 미국이 핵탄두만 제외한 핵무기 장비들을 일본 본토의 기지들에 이전배치하는 것을 승인한 것도 같은 1954년 12월이었다. 중국이나 소련과 전쟁이 일어날 경우에는 일본을 미국의 핵무기 발진기지로 활용할 계획이었다.[52]

미국이 베트남에 본격적인 군사 개입을 하기 전인 1961~62년 미국의 아시아정책에서 라오스는 베트남보다 더 시급한 문제로 떠오른다. 1950년대 후반 아이젠하워 행정부는 라오스를 동남아시아 전체의 공산화를 저지할 전략적·상징적 보루로 간주했다. 1958년 치러진 라오스 선거에서 미국이 지원하는 우파 반공 세력이 좌파와 격돌했다. 이

---

51 Tuchman, 1984, p.281.
52 Norris, Arkin & Burr, 1999, p.30.

선거에서 좌파는 21석 가운데 13석을 차지했다. 이후 미국은 더 직접적으로 개입하게 된다. 미국은 스스로 직접 친미 정당을 설립하고 군대를 키웠다. 이 친미 반공 세력은 1960년 쿠데타를 일으켜 라오스 정부를 장악했다. 그렇게 함으로써 미국은 라오스를 15년에 걸친 내전 상태로 몰고 가게 된다. 미국은 신식민주의(neocolonialism)라는 비난에도 개의치 않고 그 길을 꿋꿋이 걸었다.[53]

라오스를 그렇게 장악하여 동남아시아에서 미국의 교두보로 삼으려던 전략은 베트남의 경우처럼 라오스 좌파의 강력한 저항에 직면했고, 친미 정권은 오직 미국의 돈과 무기로 지탱되었다. 세스 제이콥스(Seth Jacobs)는 19세기 말에서 20세기 초에 이르는 시기에 필리핀과 식민주의 전쟁을 벌인 미국에 대해 미국의 한 비평가가 "미국은 필리피노들이 없는 필리핀을 원했다"라고 비판했던 일을 상기하면서, 라오스에서도 미국은 "라오스인들이 없는 라오스를 원했다"고 말했다.[54]

아이젠하워 행정부 때 이미 미국은 라오스 정부의 군사비를 100퍼센트 담당했다. 그러나 공산주의 세력이 미국이 지원하는 친미정권의 억압에도 불구하고 라오스를 장악해갔다. 1961~62년 북베트남의 지원을 받은 공산당 세력 '파텟 라오'(Pathet Lao)가 라오스의 수도 비엔티안(Vientiane)에 접근해갔다. 공산당의 수도 장악을 막기 위해 미합참은 라오스에 대한 원폭 사용을 강력히 건의했다.[55] 원폭 사용은 실행되지 않았다. 그리고 이후 베트남전쟁 기간에 이르기까지 라오스에서 미국이 지원하는 정부군과 공산당 세력인 라오 사이의 내전은 지속되었다. 여기에서도 남베트남의 경우처럼 공산당 세력의 확산은 북베트남의 개입 때문이라기보다는 미국의 원조에 기생하여 부와 권력을 누리는 관료 지배층의 부패와 억압에 기인했다.

53 Seth Jacobs, *The Universe Unraveling: American Foreign Policy in Cold War Laos*, Ithaca: Cornell University Press, 2012, pp.80~81.

54 Jacobs, 2012, pp.272~273.

55 Jacobs, 2012, p.4.

파텟 라오.
"라오스인들이 없는 라오스"를 원한 미국은 북베트남의 지원을 받은 공산당 세력이 라오스의 수도 비엔티안에 접근하자 원폭 사용을 진지하게 고려했다.

　미국은 자기 뜻대로 라오스를 경영할 수 없었다. 남베트남에서 미국이 직면했던 딜레마와 유사한 것이었다. 미국이 동남아시아에서 공산주의 세력의 확장을 막을 마지노선은 남베트남으로 이동한다. 제이콥스는 미국이 베트남에 그토록 집착해 마침내 10년에 걸친 피비린내 나는 전쟁을 이어나가는 배경을 이해하려면 미국이 원폭 사용까지도 검토했던 1960년대 초 라오스를 주목해야 한다고 지적했다.[56]

　미국의 대규모 지상군이 베트남 땅을 밟은 것은 미 해병대가 다낭(Da Nang)에 내린 1965년 3월이었다. 이후 미국은 수차례 베트남에서 핵무기 사용을 검토했다. 당시 미국은 괌과 한국뿐 아니라 오키나와와 필리핀 등에 총 3,000기 안팎의 전술핵무기를 배치하고 있었다. 특히 1962년 이래 미국은 소련과 관계에서 핵무기를 오직 상대방의 핵공격 억지용으로만 사용한다는 전략을 전제하게 된다. 그러나 그 이외 상황에서 벌어질 수 있는 제한전쟁(limited war)에서 핵무기 선

56　Jacobs, 2012, p.4.

제사용은 결코 배제하지 않았다. 미국은 어떤 경우에도 핵 선제사용 옵션(nuclear first-use option)을 정책적으로 포기한 일이 없었다. 인도차이나에 군사적으로 개입한 후 미국은 중국이 베트남에 개입할 경우 핵무기를 사용한다는 전략을 세우고 있었다.

중국도 1964년 10월 16일 첫 핵실험을 해서 핵무기 국가 클럽에 진입하지만, 핵무기고는 미미한 상태였다. 특히 미국에 상대가 되지 않았기에 가능한 전략 수립이었을 것이다. 『펜타곤 페이퍼스』 (Pentagon Papers) 가운데 1964년 11월에 미 국방부가 작성한 문서는 '작계(作計) 3264'(OPLAN 32-64)와 '작계 3965'에 따라 재래식 옵션이나 핵무기옵션을 선택할 수 있다고 했다. "합참 지시에 따라 중국 내부의 선별된 목표물을 핵무기와 재래식 무기 중 하나를 선택하거나 둘 모두를 이용하여 타격하기 위해 전략공군사령부(Strategic Air Command)가 활용될 수 있다"고 명시했다.[57] 잘 알다시피 전략공군사령부는 미국 핵무기를 관장하는 곳이었다.

니나 타넨월드(Nina Tannenwald)의 연구에 따르면, 베트남전쟁 기간에 중국이 개입하지 않은 상황에서도 미국이 가장 심각하게 전술핵무기 사용을 고려한 때는 1968년 베트콩의 구정공세(Tet Offensive)로 케산(Ke Sanh)에 주둔하던 미 해병대가 포위되었을 때였다.[58] 타넨월드는 이 시기에 린든 존슨 행정부 최고위 관료들이 전술핵사용 문제를 여러 회의에서 심각하게 토의했다고 밝힌다. 백악관에서 이 문제를 가장 적극적으로 검토한 이들은 국가안보좌관을 맡고 있던 월트 로스토우(Walt Rostow, 1916~2003)와 그의 바로 밑에 있던 부보좌관 로버트 긴스버그(Robert Ginsburgh, 1923~92)였다. 긴스버그가 로스토우와 협의를 거친 뒤 1968년 1월 31일 합참의장 얼 휠러(Earle Wheeler,

---

57 *The Pentagon Papers: The Defense Department History of United States Decisionmaking on Vietnam*, Volume III, The Senator Gravel Edition, Boston: Beacon Press, 1971, p.639.

58 Nina Tannenwald, "Nuclear Weapons and the Vietnam War," *The Journal of Strategic Studies*, vol. 29, no. 4(August 2006), p.702.

1908~75)에게 보낸 문서는 미 해병대원 6,000명이 1만 5,000명 내지 2만 명의 북베트남 군대에 포위된 케산에서 상황이 악화되면 전술핵사용 문제가 제기될 것이라는 내용을 담았다.[59]

휠러는 베트남에서 미 지상군 사령관을 맡고 있던 윌리엄 웨스트모어랜드(William Westmoreland, 1914~2005)와 해군사령관 율리시스 샤프(Ulysses Sharp, 1906~2001) 제독에게 의견을 구했다. 웨스트모어랜드는 핵무기옵션을 검토하기 위해 비밀연구팀을 조직했다. 그러나 2월 11일 존슨 대통령이 베트남에서 핵무기 사용에 관한 컨틴전시 플랜을 중지하도록 명령함에 따라 미국의 핵무기 사용은 포기된다.[60] 타넨월드의 분석을 따르면, 미국이 결국 베트남전쟁에서 핵무기 사용을 포기한 것은 두 가지 요소가 결합한 결과였다. 베트남 상황에서 한꺼번에 핵무기를 다수 사용하지 않고는 원하는 군사정치적 효과를 보기가 불가능하다는 것을 미국은 깨닫는다. 그런데 그러한 스케일의 핵무기 사용은 미국 내외에서 정치적·규범적으로 용납되기 어려웠다는 것이다.[61]

1972년 4월 25일 백악관 집무실에서 닉슨 대통령과 국가안보보좌관 키신저가 대화를 나눈다. 그 대화 내용은 2002년 3월 미국 국가기록문서보관소(National Archives)가 공개한 500시간 분량의 테이프 가운데 포함되어 있었다. 이 대화에서 키신저는 베트남에서 미국의 전쟁 노력을 확대하는 여러 가지 옵션을 대통령에게 보고했다. 북베트남의 발전소와 항구들을 공격하는 방안을 담고 있었다. 그러던 중 닉슨이 키신저에게 말했다. "나는 핵폭탄을 사용하고 싶소"(I'd rather use the nuclear bomb). 키신저는 "그건 내 생각엔 너무 지나친 것 같습니다"라고 말했다. 닉슨이 되물었다. "핵폭탄, 당신은 그게 부담스럽소? 난 당신이 크게 생각했으면 하오"(The nuclear bomb. Does that

---

59 Tannenwald, 2006, p.703.

60 Tannenwald, 2006, p.704.

61 Tannenwald, 2006, p.718.

bother you? I just want you to think big).[62]

이날 키신저와 나눈 대화 가운데는 베트남에 대한 폭격으로 민간인 피해가 큰 사실에 대해 주고받은 말도 있었다. 닉슨이 키신저에게 말했다. "당신과 내가 의견이 다른 것은 폭격에 관한 부분이네요. 당신은 민간인들을 너무 지나치게 신경 써요. 나는 그건 추호도 관심 없어요. 나는 신경 안 씁니다"(The only place you and I disagree…is with regard to the bombing. You're so goddamned concerned about the civilians and I don't give a damn. I don't care).[63] 닉슨 행정부가 실제 핵폭탄을 동원하지는 않았다. 그러나 그다음 달 닉슨은 1968년 이래 최대의 전쟁 확대를 지시했다.

1985년 닉슨은 『타임』과 인터뷰에서 그때 자신이 핵무기 사용을 고려했다는 사실을 시인했다. 그는 말했다. "나는 댐들을 폭격하는 것을 거부했어요. 100만 명이 물에 빠져 죽었을 테니까요. 같은 이유로 나는 핵무기옵션도 거부했습니다. 제시된 목표물들이 군사적인 것들이 아니었기 때문이죠."[64]

미국이 1972년 베트남에서 원폭 사용을 검토했다는 보도를 2002년 3월에 접한 베트남 정부는 외교부 대변인을 통해 이렇게 말했다. "베트남에 대한 미국의 침략전쟁 기간에 미국 정부 일부 매파 세력이 베트남 인민을 상대로 보인 극악한 잔인성을 보여주는 증거다."[65]

닉슨이 1972년 전쟁이 진행 중인 베트남에서 핵사용을 거론한 일은 사실 그렇게 놀라운 일은 아니다. 사이공이 함락되어 베트남 공산화가 완료된 뒤 휴전 상태지만 전시상태는 아니었던 한반도에서 미국

62 The Associated Press, "Nixon Proposed Using A-Bomb In Vietnam War," *The New York Times*, March 1, 2002.

63 David Usborne, "Nixon wanted to drop nuclear bomb on Vietnam," *The Independent*, March 2, 2002(www.independent.co.uk/news).

64 The Associated Press, March 1, 2002.

65 Usborne, March 2, 2002.

포드 행정부는 느닷없이 한국에 핵무기가 있다고 공개했다. 그리고 언제라도 북한을 상대로 그 무기들을 사용할 수 있다고 위협했다. 이것을 생각하면 전쟁 중이었던 베트남에서 미국이 핵사용을 검토한 사실은 놀라운 일이 더욱 아니었다.

아이젠하워 행정부가 지상배치 전술핵을 한국에 배치하기 시작한 때는 1958년 1월이다. 나중에는 군산 공군기지에 항공 전술핵(air-delivered weapons)을 추가로 배치했다. 1960년대 중엽에는 거의 1,000기에 가까운 핵무기가 배치되어 있었던 것으로 파악되었다.[66] 1975년 6월 21일자 『뉴욕타임스』는 포드 행정부의 국방장관 슐레진저가 "북한이 남한을 침략할 경우 미국은 핵무기를 사용하거나 더 많은 지상군을 투입할 옵션을 갖고 있다"고 발언한 사실을 보도했다. 이 신문에 따르면, 슐레진저 발언은 한국에 미국의 핵무기가 배치되어 있음을 미국 정부가 공식 확인한 첫 사례로서 주목할 만한 일이었다.[67] 슐레진저는 1970년대 들어 그전의 맥나마라가 정식화한 MAD 전략에 머물지 않고 좀더 본격적으로 핵 선제사용을 내포한 제한핵전쟁론을 모색한 주역의 하나였다.[68] 한반도와 관련한 그의 발언이 그가 앞장서 주창한 핵의 유연대응 논리와 잘 부합한다는 점은 기억해둘 필요가 있다.

---

66 Andrew O'neill, *Asia, The US and Extended Nuclear Deterrence: Atomic Umbrellas in the Twenty-First Century*, New York: Routledge, 2013.

67 *The New York Times*, June 21, 1975; 이삼성, 『미국의 대한정책과 한국민족주의』, 한길사, 1993, 306쪽.

68 Sandia National Laboratories, 2005. 슐레진저는 2000년대에도 미국 핵전략가들의 우상으로 남아 활동을 계속해왔다. 오바마 대통령이 2009년 프라하에서 '핵 없는 세계'를 궁극적인 이상으로 천명한 이후 모스크바에서 러시아 대통령 메드베데프와 핵감축을 위한 협상을 위해 정상회담을 할 때 슐레진저는 버지니아주 맥클렌의 숲이 우거진 자신의 사무실에 많은 사람을 모아놓고 이렇게 말했다. "핵무기는 매일 사용되고 있다. 잠재적인 우리 적들을 억지하기 위해서 그리고 우리가 보호하는 많은 동맹국을 안심시키기 위해서 핵무기는 매일 사용되고 있다." Melanie Kirkpatrick, "Why We Don't Want a Nuclear-Free World: The former defense secretary on the U.S. deterrent and the terrorist threat," *The Wall Street Journal*, July 13, 2009(https://www.wsj.com).

슐레진저 발언이 있은 며칠 뒤에는 포드 대통령이 나서서 "미국은 남한에 강력한 억지력(a strong deterrent force)이 있다"라고 밝혔다. 여기서 '강력한 억지력'이란 미국의 군사·외교 용어에서 핵무기를 가리킴은 말할 필요가 없다. 그 말을 들은 한 기자가 "전쟁이 나면 미국은 남한 방위를 위해 핵을 사용할 것이냐"라고 포드 대통령에게 질문했다. 포드 대통령의 답은 다음과 같았다. "무엇이 우리 자신의 국익인가를 결정함에 있어 우리는 최대한의 융통성을 유지한다는 정책을 갖고 있다."[69] 미국의 일관된 입장인 '핵 선제사용옵션 유지'를 재천명한 것이었다.

1950년대 말 이후 한반도에 핵무기를 배치한 이후 유지했던 '핵무기 배치 여부에 대해 시인도 부정도 하지 않는다'는 NCND(Neither Confirm Nor Deny)정책을 미국은 베트남 공산화 직후 한국에서 아예 폐기하고 북한을 향해 공개적으로 핵위협을 한 것이었다. 중국이 개혁개방에 나서고 소련이 1985년 고르바초프 서기장의 취임과 함께 신사고를 외치며 세계질서에 냉전 해체의 움직임이 시작되던 1980년대 후반에 이르러 한미 합동군사훈련의 규모는 오히려 더 확대되었다. 그리고 이 훈련과 결합한 미국의 대북 핵위협도 더 노골적으로 되었다.

이 대목에서 필자가 1994년에 출간한 『한반도 핵문제와 미국외교』의 한 부분을 되새겨본다. "팀스피리트 훈련은 1976년 시작된 이후 1980년대 들어 꾸준히 그 규모가 증가하여 1986년 20만 명의 한미 양국 군대가 참여하였다. 여기에는 주한미군 외에도 미국 본토와 태평양의 미국기지들로부터 파견된 6만의 군대가 포함되어 있다. 하와이의 제25보병사단, 캘리포니아의 제7보병사단, 워싱턴주의 제9보병사단이 그중에 속한다. 미 7함대로부터 25척의 군함도 참여하였으며, 1986년 팀스피리트의 경우 처음으로 900명이 넘는 한미 양국의 공수

---

69 *The New York Times*, June 26, 1975: 이삼성, 『미국의 대한정책과 한국민족주의』, 1993, 306~307쪽.

1983년 열린 팀스피리트 훈련.
한미 양국 군대가 상륙작전을 펼치고 있다. 팀스피리트 훈련은 중국과 소련이 미국과 냉전적 대결에서 탈피를 모색하던 시점에 오히려 그것을 기회로 대북 군사적 압박을 강화하는 장치였다.

부대 낙하훈련도 실시되었다. 이 팀스피리트 훈련이 매년 일반적으로 포함하고 있는 훈련 내용은 모의상륙공격(mock amphivious assaults), 공중폭격 및 함포사격, 대잠수함작전, 특전단작전(commando/special forces operations), 야전군사작전(field maneuvers) 그리고 화학 및 핵전쟁 훈련 등이었다.'[70]

말하자면 중국과 소련이 미국과 냉전적 대결에서 탈피를 모색하던 시점에 미국은 오히려 그것을 기회로 핵위협을 포함한 대북 군사적 압박을 강화한 모양새였다. 소련 고르바초프 서기장은 마침내 1989년 10월 26일 이른바 '시나트라독트린'(Sinatra Doctrine)을 발표함으로써 냉전시대의 '브레즈네프독트린'을 대체했다. 공산권 다른 나라의 내정이나 지역 분쟁에 개입하지 않겠다는 천명이었다.[71] 이로써 공산권 국가

---

70 이삼성, 『한반도 핵문제와 미국외교: 북미 핵협상과 한국 통일정책의 비판적 인식』, 한길사, 1994, 257~258쪽. 참고한 자료는, Stephen Goose, "The Military Situation on the Korean Peninsula," in John Sullivan and Roberta Foss(eds.), *Two Koreas, One Future?*, University Press of America, 1987, p.79.
71 Bill Keller, "Gorbachev, in Finland, Disavows Any Right of Regional

들에 대한 소련의 내정간섭 우려도 사라졌지만 국제공산주의라는 연대의 단위 또한 정치적·군사적 차원에서 해체되었다. 이러한 새로운 세계 속에서 북한의 고립감은 더욱 커질 수밖에 없었을 것이다.

유의할 점은 미국은 역사상 단 한 번도 재래식 분쟁 여하를 떠나서 자신의 핵무기를 선제사용할 수 있다는 옵션(nuclear first-strike option)을 공식적으로 포기한 일이 없다는 사실이다. 오바마 행정부 때 발표된 「핵태세검토 2010」도 NPT 규범을 준수하는 비핵국가에 대한 핵 선제사용옵션을 배제한다고 명시했지만, 이 경우에도 NPT 체제 바깥에 있는 북한과 같은 나라에 대해서는 이른바 '예외적 상황들에서' 핵 선제사용옵션을 배제하지 않는다고 밝혔다.

1988년 연구에서 딩맨은 일찍이 미국이 특히 핵무기를 갖지 않은 나라들을 상대로 전개해온 '원자탄 외교'의 성격을 간파했다. 그는 예컨대 한국에서 원폭을 실제 전술적으로 사용하지는 않았지만, 미국의 정치 지도자들은 "전쟁의 정치와 외교를 운영하는 수단으로서 핵무기를 반복적으로 사용했다"고 지적했다. 아이젠하워 행정부만이 아니라 트루먼 행정부도 핵무기를 정치적이고 외교적으로 활용했다는 것이다. 딩맨에 따르면, 그 방법은 여러 가지였다. 핵무기의 잠재력을 언급하는 행위, 핵탄두를 탑재하지는 않았지만 핵 탑재 능력을 가진 폭격기 등을 배치하면서 그 이동을 긴접적으로 공개하는 행위, 폭격기

Intervention," *The New York Times*, October 26, 1989. 고르바초프 소련 공산당 서기장은 핀란드를 방문 중이던 이날 "소련은 동유럽의 이웃 나라들 내정에 간섭할 어떤 도덕적 정치적 권리도 없다"라고 선언하고, 중립국 핀란드를 유럽 안정의 모델로 예찬했다. 그의 대변인인 겐나디 제라시모프(Gennadi I. Gerasimov, 1930~2010)는 스스로 시나트라의 노래 가사 "I Did It My Way!"를 인용하면서 이제 모스크바가 동유럽에서 '시나트라독트린'을 채택한 것이라고 설명하고, "나는 브레즈네프독트린은 죽었다고 생각한다"라고 덧붙였다. 이때는 이미 고르바초프가 대외적인 군사 개입을 하지 않겠다는 불개입정책(policy of noninterference)을 누차 천명한 상태였고, 동유럽에서는 폴란드에 이어 헝가리가 공산주의 이념을 폐기하고 있었으며, 동독은 정치적 자유에 대한 요구로 들끓고 있었다(Keller, October 26, 1989).

들과 핵폭탄을 동시에 미국 밖으로 이동시키면서 그 출발을 알리는 행위 등이 그러했다. 결국 미국은 다른 나라들과 군사적 분쟁을 유리하게 운영하려고 핵무기 사용 위협을 다양한 방식으로 적극 동원하는 행동을 주저하지 않았던 것이다.[72]

4. 신생 핵무장국에 대한 미국의 핵전략

북한 이전의 신생 핵무장국들, 그러니까 1964년 중국, 1960~70년대 이스라엘, 1980년대 남아공, 1990년대 말 이후 인도와 파키스탄 등에 대한 미국의 정책은 많은 경우 이들 나라의 핵무장을 저지하기 위해 핵무기로 위협하기는커녕 묵인하거나 심지어 지원하는 것이었다. 저마다 미국에 지정학적 차원의 이점이 없지 않았기 때문이다. 중국의 핵무장은 소련을 견제하는 효과가 있었고, 인도의 핵무장은 중국의 핵무장을 견제해주었다. 파키스탄의 핵무장은 또한 인도를 견제해주었다. 이스라엘의 핵무장은 중동 아랍세계의 민족주의 정권들과 이슬람 세계로부터 이 지역의 유일하게 믿을 만한 친서방 국가인 이스라엘의 안보를 지켜주었다. 남아공의 아파르트헤이트 정권이 무너지기 전 이 백인 정권의 핵무장은 아프리카 대륙에서 소련 및 쿠바와 연결된 공산주의 세력의 영향력을 견제하는 이점이 또한 있었다.

그런 점에서 2006년 처음 핵실험을 한 이래 2017년 드디어 수폭실험까지 성공리에 마친 또 다른 신생 핵무장국 북한이 미국 등 국제사회에 던지는 도전은 대단히 고유한 것이다. 다른 신생 핵무장국들은 미국에 적대적인 불량국가(rogue state)가 아니었다. 오직 북한만이 미국에 적대하는 불량국가로서 핵무장을 완성하기에 이르렀다. 이것이 핵무기의 세계사적 맥락에서 북한의 핵무장이 갖는 매우 특별한 점이다.

이제 미국이 북한이라는 신생 핵무장국에 대해 자신의 핵무기 전략을 포함한 군사전략을 어떻게 재구성할지 앞으로 지켜볼 일이다.

---

72 Dingman, 1988/89, p.89.

5. 핵무기 시대에 '핵무기 없는 세계'의 꿈과 현실

케네디 미국 대통령은 1961년 9월 25일 유엔에서 행한 연설에서 이렇게 말했다. "이 지구의 모든 거주민은 이 지구가 더는 거주할 수 없는 곳으로 될 수 있다는 것을 오늘 깊이 생각해야 합니다. 모든 남자와 여자 그리고 어린이도 가장 가느다란 실에 매달린 다모클레스의 칼 아래서 살고 있습니다.[73] 그 실은 우발적 사고 또는 오판 또는 광기에 의해 언제라도 끊어질 수 있습니다. 이 전쟁 무기들이 우리를 파괴하기 전에 우리가 먼저 그것들을 폐기해야 합니다."

핵무기가 폐기된 세계에 대한 케네디의 열망은 진정이었을 것이라고 믿는다. 그러나 그의 지휘 아래 미국의 핵군비 증강은 사상 최고 수준을 향해 치달았다. 1960년 2만 기 남짓이던 미국의 핵탄두 숫자는 그가 암살되는 1963년 말이 되면 약 3만 기로 팽창해 있었다. 1960년 러시아의 핵무기는 1,600기였다. 미국이 러시아를 더욱 따돌리기 위해 핵무기 증강에 박차를 가하자 러시아도 이에 대응했다. 1963년 러시아의 핵탄두는 4,200여 기로 증가했다. 미국의 핵탄두 숫자가 가장 많았던 1964~67년 시기엔 3만~3만 1,000개에 달했다. 케네디 정부 스스로 과장하고 왜곡한 소련과 '미사일 갭'에 대한 논란 속에서 핵무기와 각종 미사일 증강정책이 강화된 탓이었다. 러시아는 미국의 선제적인 핵군비 증강을 열심히 추격했다. 1980년 소련 핵무기는 마침내 3만 기를 넘게 된다. 1986년에는 드디어 사상 최대 숫자인 4만 기에 이르렀다. 그해에 세계 핵 보유 국가들이 가진 핵탄두 총수는 역시 사상 최고인 6만 5,000여 기에 달했다.

---

73 다모클레스는 기원전 4세기 시칠리아 시라큐스의 전제군주였던 디오니시우스 2세(Dionysius II, 기원전 397~기원전 343)의 아첨꾼 신하로 알려진 인물이다. 그는 왕좌를 영광에 넘치는 자리라고 칭송했다. 그러자 디오니시우스는 다모클레스에게 단 하루 왕과 신하의 처지를 바꾸어보자고 제안했다. 다모클레스는 흔쾌히 응했다. 그런데 다모클레스가 앉은 왕좌 바로 위에는 말의 털 한 가닥으로만 묶어 놓은 커다란 칼이 걸려있었다. 이 '다모클레스의 칼'(Sword of Damocles)은 권력에는 큰 위험이 따름을 일깨워주기 위한 것으로 회자되어왔다.

탈냉전 이후 미국과 러시아는 전술핵 폐기와 단계적인 전략핵 감축 협상을 진행했다. 그 덕에 2000년대 들어 세계 전체의 핵탄두 숫자는 많이 줄었다. 그러나 2002년에도 그 숫자는 2만 기를 기록했다. 미국 『원자력과학자회보』(*Bulletin of Atomic Scientists*)에 따르면, 2017년 말 현재 세계 전체의 핵무기 총수는 1만 4,550기에 달했다. 그 93퍼센트는 미국과 러시아가 보유했다.[74] 2014년 시점에서 미국은 미국 안의 11개 주에 12개 핵무기기지 그리고 유럽의 5개 국가에 6개 핵무기기지를 운영했다.[75]

2017년 현재 세계 핵무기 보유 상태(단위: 기)

나라	전략핵무기 배치상태	전술핵무기 배치상태	예비용 비배치 상태(reserve/undeployed)	군부 관할하의 핵무기고(military stockpile) ⓐ	총보유고 (total inventory) ⓑ
러시아	1,710	0	2,590	4,300	6,800
미국	1,650	150 ⓒ	2,200	4,000	6,600
프랑스	280	미상(n.a.)	10	300	300
중국	0	?	270 ⓓ	270	270
영국	120	미상	95	215	215
이스라엘	0	미상	80	80	80
파키스탄	0	미상	130~140	130~140	130~140
인도	0	미상	120~130	120~130	120~130
북한	0	미상	?	10~20	10~20
총계	3,760	150	5,515	9,450	14,550

ⓐ '군부 관할하의 핵무기고'는 실전배치 상태의 전략핵, 전술핵탄두에 배치되지 않았지만 군이 관장하는 저장고에 보관 중이어서 언제라도 실전배치될 수 있는 것들을 합한 수치다.
ⓑ '총보유고'는 '군부 관할하의 핵무기고'에 군부 관할을 벗어나 해체 대상으로 지정되었지만, 아직 사용가능한 핵무기를 합한 수치를 가리킨다. 사실 미국과 러시아의 경우에

---

74 Hans M. Kristensen and Robert S. Norris, "Status of World Nuclear Forces," Federation of Atomic Scientists, December 2017(https://fas.org/issues/nuclear-weapons). (검색: 2018. 1. 25)
75 Hans M. Kristensen and Robert S. Norris, "Status of World Nuclear Forces," Federation of Atomic Scientists, 2014(https://fas.org/issues).

만 해당하는 것으로, 이 두 나라의 경우는 핵감축협상에 따라 해체 대상 핵무기들이 생겨난 탓으로 총보유고와 '군부 관할하의 핵무기고' 숫자가 다르다.

ⓒ 실전배치 상태로 파악된 미국의 전술핵 150기는 주로 유럽의 다섯 나라(독일, 이탈리아, 네덜란드, 벨기에, 터키)에 전진배치되어 있는 이른바 스마트 원폭 B61을 가리킨다.

ⓓ 중국 핵무기들은 대체로 실전배치되어 있지 않고, 중앙 통제하의 저장고에 보관된 상태로 파악된다. 인도와 파키스탄의 경우도 마찬가지다(Kristensen and Norris, "Status of World Nuclear Forces," December 2017).

6. 2000년대 미국 핵정책의 진동

2000년대 들어서 미국의 장기적 핵전략은 두 극단에서 진동했다. 9·11 이후 부시 행정부는 새로운 핵탄두와 수소폭탄을 개발하려 시도했다. 미국이 재래식 무기나 생화학 무기로 공격을 받았을 때 핵무기를 선제사용(preemptive use of nuclear weapons)할 수 있다는 정책을 채택했다. 선제공격의 속성은 대(對)군사력 전략(counterforce strategy)일 수밖에 없다.[76] 상대방의 핵무기나 생화학무기기지를 선제적으로 파괴하려는 것이기 때문이다. 선제타격 전략은 양 진영 사이에 긴장과 위기감을 고도화한다. 소통 오류와 오판에 따른 핵무기 발사의 위험성은 배가된다.

2009년 4월 1일 오바마 미국 대통령은 메드베데프 러시아 대통령과 함께 런던에서 회담을 했다. 미국과 러시아가 핵무기 감축을 선도하여 양국은 '핵무기 없는 세계'를 달성할 것을 서약한다는 공동 성명을 발표했다. 며칠 뒤인 4월 5일 오바마는 프라하의 연설에서 '핵무기 없는 세계'를 추구하겠다는 의지를 강조했다. 그는 전 지구적 핵전쟁 위협은 감소했지만, 핵공격 위험성은 오히려 증가했다고 말했다. 인류는 핵무기가 확산되는 세계에 살 수밖에 없다는 운명론은 '핵무기 사용은 불가피하다'는 숙명론을 받아들이는 것을 의미한다고 지적했다. 2009년 말 유엔 안전보장이사회도 전 지구적 핵 폐기(abolition)가 궁극적인 목표가 되어야 함을 재확인하는 표결을 했다.

---

76 Schlosser, 2014, p.483.

케네디 대통령도 1961년 유엔 연설에서 '핵무기가 폐기된 안전한 세상'을 말했다. 하지만 케네디 자신이 주도한 '미사일 갭' 논리로 그의 행정부 때 핵 군비증강은 최고조로 치닫고 말아 케네디의 비전은 결국 백일몽에 불과했다. 2009년 4월 5일 오바마의 '핵무기 없는 세상'의 천명도 적어도 두 가지 '현실과 타협'으로 희석되었다. 그는 같은 프라하 연설에서 다음과 같은 의지를 표명했다. 첫째, "지구에 핵무기가 존재하는 한 미국은 적성국을 억지하는 데 필요한 안전하고 효과적인 수준의 핵무기를 보유할 것이며, 체코를 포함한 동맹국들을 보호할 것"이라고 밝혔다. 둘째, '이란의 위협'을 명분으로 내세우면서 '효과와 경제성이 입증된 미사일방어체계 건설'을 추진할 것이라고 했다. 미국이 미사일방어를 더욱 발전시키면 경쟁국들은 자신들의 핵무기 숫자를 늘려야 하는 압박에 시달리게 된다. 유사시 상대방의 미사일방어를 무력화하는 확실한 방법의 하나가 핵무기 숫자를 대폭 늘리는 것이기 때문이다.

1990년대 이후 미국과 러시아는 일련의 전략핵감축협상을 벌였다. 그것은 일정한 성과와 함께 한계도 있었다. 미국은 러시아와 함께 2010년 4월 프라하에서 '신전략무기감축조약'(New Strategic Arms Reduction Talks: New START)에 조인했다. 미국과 러시아는 실전배치되는 전략핵탄두(ICBM, SLBM, 핵무기용 전략폭격기에 장착되는 핵탄두)의 총 숫자를 1,550기 이내로 제한했다. 그리고 실전배치되는 ICBM, SLBM, 핵무기 장착용 전략폭격기를 모두 합해 700기 이내로, ICBM 발사대와 SLBM 발사대 그리고 핵무기 장착용 전략폭격기 등을 포함한 전략핵무기 발사대(strategic launcher)는 배치된 것과 비배치(non-depoyed)된 것을 합해 800기 이내로 제한했다. '뉴 스타트'(New START)는 부시 행정부 때인 2002년에 러시아와 체결한 모스크바조약(Moscow Treaty)이 종료된 2011년 발효되었다. 이 조약은 유효기간이 10년이어서 2021년에 만기가 된다. 미국과 러시아는 유효기간 종료 때 이를 연장하고자 할 경우 5년 이내로 연장이 가능하

2011년 '뉴 스타트' 조약에 서명하는 오바마 전 미국 대통령.
이 조약은 유효기간이 10년이어서 2021년에 만기가 된다. 미국과 러시아는 5년 이내로 연장할 수 있다. '뉴 스타트' 조약은 전략핵폭격기를 경계상태(alert)로 두는 것을 금지한다.

다.[77] '뉴 스타트' 조약은 또한 전략핵폭격기를 경계상태(alert)로 두는 것을 금지했다.[78]

이로써 핵미사일 숫자는 이전의 절반 그리고 실전배치 핵탄두 숫자는 1991년 서명되고 1994년 발효된 원 전략무기감축조약(original START)에 비해 3분의 1 수준으로 감축하는 내용을 담았다. 오바마 행정부는 이 조약에 즈음하여 미국의 모든 ICBM을 다탄두체계를 해제하여(de-MIRVed) 단탄두체계로 전환해 안정성을 높일 것이라고 밝혔다. 전략적 안정성을 높인다는 취지였다.[79]

그러나 이것이 '핵 없는 세계'를 향한 미국의 견고한 행보인지는 여

---

77 U.S. Department of State, "New START"(https://www.state.gov/t/avc/newstart/).

78 Christopher Woody, "The Air Force and US Strategic Command say they aren't planning to put nuclear bombers on 24-hour alert," *Business Insider*, October 24, 2017(http://uk.businessinsider.com).

79 U.S. Department of Defense, *Nuclear Posture Review Report*, April 2010(www.defense.gov/npr), p.ix.

전히 의문을 남겼다. 왜냐하면 오바마 행정부는 의회로부터 이 조약에 대한 비준을 받기 위해 미국의 기존 핵무기들을 '현대화'하기 위한 사상 최고 수준의 예산 투입을 약속했다.

미국과 러시아는 냉전이 종식된 뒤에도 냉전시대의 핵무기 운용체계를 크게 변화시키지 않았다. "냉전시대에 구축된 핵무기 운용구조가 여전히 적실한가?"(Is the Cold War Architecture Still Relevant?)라는 질문이 2000년대 들어 미국의 핵전략과 핵무기 지휘통제 체제에 관련한 미국 의회 문건에서 논의되었다.[80] 미국과 러시아는 2001년 11월 서로 적이나 위협으로 간주하지 않는다고 선언했다. 그러나 미국의 「핵태세검토 2001」(Nuclear Posture Review 2001)에서도 확인되었듯이 미국의 전략핵무기 배치구조와 '즉응발사체제'(ready-to-launch, operationally deployed nuclear forces)는 그대로 유지되었다.[81]

미국은 러시아와 함께 탈냉전 이후에도 핵무기를 국가안보정책의 주춧돌(cornerstone)로 간주했다. 상대방 미사일이 발사되었다는 경보가 있으면 즉시 핵미사일을 발사하는 것을 뜻하는 '경보즉시발사'(launch on warning)정책을 유지했다. 이것은 경보 착오로 인한 핵전쟁 발발 위험성을 내포했다. 국제사회는 미국과 러시아에 그 전략의 수정을 요구해왔다. 하지만 미국과 러시아 모두 그러한 요구를 묵살했다.[82]

탈냉전 후 미국의 핵전략 역사에서 중요한 문서의 하나는 1997년 11월 작성된 「대통령령 60」(Presidential Decision Directive 60)이다.

---

80 Robert D. Critchlow(National Defense Fellow), "Nuclear Command and Control: Current Programs and Issues," CRS Report for Congress, Congressional Research Service of the Library of Congress, May 3, 2006.

81 Sidney D. Drell and James E. Goodby, *What Are Nuclear Weapons For: Recommendations for Restructuring U.S. Strategic Nuclear Forces*, An Arms Control Association Report, April 2005, Section 2, "Nuclear Deterrence in the 21st Century," p.10.

82 Colonel Daniel Smith, "Results of the Nuclear Non-Proliferation Treaty Review Conference," *Weekly Defense Review*, May 25, 2000; 이삼성, 『세계와 미국』, 한길사, 2001, 452쪽.

이에 바탕을 두고 미 국방부는 '단일통합작전계획'(Single Integrated Operational Plan: SIOP)을 수립했다. SIOP는 전쟁 발발 시 우선 공격할 러시아와 중국의 목표물 목록(target list)을 담았다. 미국이 러시아와 전략무기감축협상(START)을 할 때, 미국이 유지해야 할 최소한의 핵무기 규모를 판단하는 기초가 되는 것이기도 했다.

미국은 1979년 중국과 국교정상화를 하면서 핵공격 목표에서 중국을 제외한 바 있다. 그러나 1997년 대통령령의 핵전략 지침에 따라 중국도 SIOP에 포함되었다. 정식으로 SIOP에 포함된 러시아와 중국의 목표물 외에도 추가 목표물이 수백 개나 되는 목록이 있다. 이것을 '비SIOP 목표물'(non-SIOP tragets)이라고 한다. 여기에는 중국과 러시아의 추가 목표물 그리고 북한, 이란, 이라크의 목표물들이 포함되어 있었다.[83] 이러한 상황은 2000년대 들어서도 지속되었다.[84] 이런 맥락에서 보면 부시 행정부의 「핵태세검토 2001」이 중국과 북한을 포함한 7개 국가를 잠재적 핵공격 대상으로 지목한 것은 반드시 부시 행정부의 유다른 신보수주의정책 때문이 아니라, 그보다 뿌리가 오래된 전통의 연장선에 있는 것이었다.

1990년대 말 시점에서 중국의 목표물들이 미국의 '핵무기 즉응발사체제'의 타격대상에 다시 포함된 데에는 1995~96년의 타이완 미사일 위기로 표출된 미중 간의 지정학적 긴장의 표면화가 중요한 배경일 것이다. 미국은 아이젠하워 행정부 이래 타이완에서 분쟁이 벌어질 경우 핵무기를 사용하겠다는 위협을 하지는 않았다. 그러나 유사시 타이완에 대한 중국의 공격을 다른 수단으로 억지할 수 없다고 판단할 때 미국이 핵무기 사용을 전적으로 배제하지는 않을 것이라는 게 일반적 평가였다.[85]

83 Bruce Blair, "START III, Nuclear War Plans and the Cold War MIndset," *The Defense Monitor*, vol. 29, no. 5, 2000; 이삼성, 2001, 448~449쪽.

84 Drell and Goodby, 2005, p.11.

85 Drell and Goodby, 2005, p.11.

부시 행정부 시절 미 국방부는 미국의 많은 핵무기가 즉응발사체제에 있다는 사실을 부인하는 성명을 발표한 바 있다. 2007년 10월 9일에 열린 유엔 군축회의에서 미국대표 크리스티나 로카(Christina Rocca, Permanent Representative of the United States to the Conference on Disarmament)는 세 가지를 주장했다. 첫째, "미국 핵무기는 즉응발사체제(hair-trigger alert)에 있은 일이 없으며, 현재도 아니다"라고 했다. 둘째, 미국 핵무기는 대통령에게 '최대한의 결정시간과 융통성'을 허용할 수 있도록 기획되어 있다고 했다. 셋째, 우발적 발사나 허가되지 않은 발사(accidental or unauthorized launch)를 막기 위한 다양하고 엄격한 절차적·기술적 보호장치가 마련되어 있다고 했다.

부시 행정부의 주장에 대해 국제적으로 저명한 핵군축 전문가인 블레어는 위의 첫 번째와 두 번째 주장은 전적으로 허위이며, 세 번째 주장은 사실을 호도하는(misleading) 주장이라고 반박했다. 그는 무엇보다 미국과 러시아가 오늘날에도 그들 전략 핵무기의 3분의 1 이상을 즉응발사태세(launch-ready alert)에 두고 있다고 말했다. 여기서 블레어가 말하는 미국의 즉응발사태세는 미국이 가동하는 각종 조기경보체제(early warning systems)가 발사된 걸로 파악한 적 미사일이 미국에 도착하기 전에, 그러니까 마사일 비행시간인 12~30분 이내에 미국 핵무기들을 대량 발사하게끔 준비하고 프로그램해놓고 있음을 말했다.[86]

'적의 핵미사일 공격'을 보고받은 대통령은 지극히 짧은 시간에 핵미사일 발사 결정(quick launch decision)을 내려야 하는 엄청난 압박 속에 놓이게 된다. 경보가 울렸을 때 인간의 오류나 기술적 오작동(human error or technical malfunction)을 체크할 여유는 거의 없다. 그런 의미에서 핵전쟁 장치(nuclear war machinery)가 '극도로 예민한

---

86 Bruce G. Blair, "De-alerting Strategic Forces," in George P. Shultz, Steven P. Andreasen, Sidney D. Drell, and James E. Goodby, *Reykjavik Revisited: Steps Toward a World Free of Nuclear Weapons*, Complete Report of 2007 Hoover Institution Conference, Stanford: Hoover Institution Press, 2008, p.47.

격발장치'(hair-trigger) 성격을 갖는다는 사실은 오늘날에도 여전하다. 또 우발적이거나 허가받지 않은 핵미사일 발사를 예방하기 위한 여러 가지 장치도 결코 충분하다고 할 수 없다. 그 결과 국가나 테러 집단 같은 비국가적 행위자들이 정보기술을 활용해 핵보유 국가들의 핵발사를 유도할 위험성도 존재한다고 블레어는 지적했다.[87]

냉전시대부터 부시 행정부 시기까지 큰 변화 없이 즉응발사체제를 유지했던 미국 전략핵무기들은 오바마 행정부에 들어서 그 운영 체제에 일정한 변화를 보인다. 2010년 4월 공개된 「핵태세검토 2010」은 "미국 전략무기의 현재 경계태세를 현재 상태로 유지해야 한다"고 결론지었다. '현재 상태'란 "전략폭격기는 상시경계태세 해제(off full-time alert)로, ICBM은 거의 대부분 경계태세(nearly all ICBMS on alert)로 그리고 SSBN(SLBM을 탑재한 핵잠수함)은 상당수 지정된 시간(at any given time)에 경계태세를 유지하는 것"을 의미했다. 다만 "사고(accidents), 허가받지 않은 행동, 오인(misperceptions)으로 인한 핵무기 발사 가능성을 줄이고, 핵무기 사용을 승인할지를 생각할 시간을 대통령이 최대한으로 확보하도록 노력해야 한다"고 결론지었다. 이를 위한 조치로서 모든 ICBM과 SLBM을 '공해상 타깃팅'(open-sea targeting) 자세로 유지하기로 했다. 허가받지 않았거나 우발적인 발사가 발생했을 때, 핵미사일이 공해상에 떨어지도록 한다는 말이었다. 아울러 러시아도 이러한 방침에 대한 공약을 재확인할 것을 요구했다.[88]

오바마 행정부는 핵 선제사용을 배제하는 '소극적 안전보장'을 재확인했다. 미국이 핵공격을 받지 않은 상황에서 미국이 먼저 핵공격을 하지 않겠다는 것이었다. 비핵국가에 대한 핵무기 사용이나 위협도 하지 않겠다는 얘기였다. 그러나 오바마 행정부의 핵태세검토 문

---

87 Bruce G. Blair, "A Rebuttal of the U.S. Statement on the Alert Status of U.S. Nuclear Forces," World Security Institute, October 13, 2007.

88 U.S. Department of Defense, *Nuclear Posture Review Report*, April 2010(www. defense.gov/npr), p.x.

건은 두 가지 중요한 예외를 명시했다.

첫째, NPT 체제 밖에 있는 국가들에 대해서는 핵 선제사용을 배제하지 않는다고 밝혔다. 이 문서의 표현을 따르면 "핵 선제사용 배제를 적용하지 않는다"라는 것이었다. 이로써 북한에 대한 미국의 핵 선제사용 위협은 변함이 없었다. 그래서 이를 두고 『뉴욕타임스』는 사실상 북한에 대한 핵 선제사용 위협을 강조한 것이라고 분석했다.[89]

둘째, 이 핵전략 문서는 '극단적인 상황에서는'(in extreme circumstances) 핵공격 상황이 아니더라도 미국이 핵무기를 선제사용할 수 있다고 밝혔다. 그런 경우로 이 문서가 예로 든 것은 화학무기 또는 생물무기(Chemical or Biological Weapons: CBW)를 이용한 공격이 우려되는 상황을 들었다.[90] 이 문서가 명확히 밝히지는 않았지만, 미사일이 다수 동원되는 상황도 미국은 '극단적 상황'으로 규정하고 핵무기 선제사용을 정당화할 수 있는 것이었다. 미국은 전통적으로 미사일을 화생방무기와 함께 대량살상무기(Weapons of Mass Destruction)로 규정해왔기 때문이다. 결국 상대국가가 비핵국가이거나 핵무기를 사용하지 않은 상황에서도 미국은 여전히 핵 선제사용옵션을 견지했음을 재천명한 것과 다름없었다.

상당수 전문가는 2010년에 타결된 미소 간 '뉴 스타트'가 핵 군비 감축의 마지막이 될 것으로 전망했다. 우선 유럽과 러시아가 모두 더 큰 비용이 드는 재래식 군사력을 확대하거나 유지하는 것보다는 핵무기에 의존한 억지를 선호한다. 러시아도 재래식 군 병력을 재건하고 확대할 자신이 없으면 현 수준의 핵전력 유지에 매달릴 수밖에 없다. 만일 러시아가 재래식 군사력을 확대하고 나서면, 유럽 국가들은 지금 남아 있는 전술핵무기를 계속 유지하거나 확대할 것이다.[91] 핵무기

---

89 David E. Sanger and Thom Shanker, "Obama's Nuclear Strategy Intended as a Message," *The New York Times*, April 6, 2010.

90 US Department of Defense, *Nuclear Posture Review 2010*, p.viii.

91 Robert Haddick, "This Week at War: The Paradox of Arms Control: Even if it

에 의지하여 러시아의 군사력 증강에 대응하는 것이 비용도 싸고 정치적 부담도 덜하다는 인식이 유럽의 안보전략을 여전히 지배하고 있다. '뉴 스타트'가 현실적으로 가능한 미소 간 핵군비통제협상의 마지막이 될 것이라는 전망이 설득력 있게 퍼져 있는 이유다.

2018년 2월 초 공개된 트럼프 행정부의 「핵태세검토 2018」은 트럼프 시대 미국의 핵무기 정책이 오바마의 그것을 롤백하여 역주행할 것을 예고했다.[92] 「핵태세검토 2018」은 오바마 행정부의 「핵태세검토 2010」이 작성된 8년 전에 비해 국제안보 환경이 크게 악화되었다고 주장했다. 이 보고서는 러시아와 중국을 '적'으로 간주할 생각은 없다고 밝혔지만, 바로 다음 쪽에서 러시아와 중국 등을 가리키는 문맥에서 이들을 '잠재적 적들'(potential adversaries)로 규정했다. 또 '잠재적 적들'이 오판하지 않도록 하기 위해서 유럽과 아시아에서 핵억지에 의한 '전략적 안정'을 추구할 것이라고 밝혔다.[93]

이 잠재적 적들에는 러시아, 중국과 함께 북한과 이란이 포함되었다. 이 보고서는 러시아와 중국이 새로운 형태의 핵무기 능력을 추가했고 군사전략에서 핵무기 역할을 늘렸으며, 우주와 사이버공간을 포함한 다양한 영역에서 침략적 행태를 보였다고 지적했다. 그런가 하면 북한은 유엔 안보리 결의들을 위반하면서 불법적인 핵무기와 미사일 능력을 계속 추구하고 있다고 했다. 이란은 2016년 미국과 러시아, 중국 그리고 유럽연합 등과 함께 타결한 '공동의 포괄적 행동계획'(Joint Comprehensive Plan of Action: JCPOA)에 합의했지만 이란이 결심하면 1년 안에 핵무기를 개발할 수 있는 기술과 시설을 갖추

passes, New START will only ensure that the U.S. remains dependent on nuclear weapons," *Foreign Policy*, November 19, 2010.

92 Office of the Secretary of Defense, *Nuclear Posture Review*, February 2018(https://media.defense.gov/2018/Feb/02/2001872877/-1/-1/1/EXECUTIVE-SUMMARY.PDF)(이하 DOD, *Nuclear Posture Review 2018*).

93 DOD, *Nuclear Posture Review 2018*, pp.2~3, p.8, p.4.

고 있다고 주장했다.[94]

이런 이유들을 전제한 뒤, 트럼프 행정부의 「핵태세검토 2018」은 향후 미국 핵정책을 이끌 근본적 전제를 재확인했다. "미국의 핵전력 (核戰力)과 억지전략이 미국과 동맹국 그리고 동반자국가들의 안보에 필요한 근본적 이유는 매우 명백하다. 미국의 핵전력은 핵무기에 따른 침략과 재래식 무기에 의한 침략 모두를 억지하는 데 불가결한 기여(essential contributions)를 한다. (특히) 미국의 최고 우선순위인 적의 핵공격 예방에 핵무기가 제공하는 억지 효과는 고유하고 불가결하다."[95]

이 전제를 바탕으로 미국은 기존의 전략핵 삼축(strategic nuclear Triad)과 전술핵무기(non-strategic nuclear forces)를 꾸준히 유지하고 새것으로 교체해나갈 것이며, 그것들을 지원하는 핵무기 지휘·통제·통신 체계(Nuclear Command, Control, and Communications: NC3)를 지속적으로 현대화하고, 아울러 미국 핵무기체계의 다양성과 융통성을 향상할 거라고 밝혔다.[96] 요컨대 러시아와 중국과 같은 전략적 경쟁자들과 북한, 이란과 같은 현재적·잠재적 핵무기 확산 세력의 위협을 명분으로 삼아, 트럼프 행정부하에서 핵무기는 미국의 군사안보 전략에서 과거에 비해 더 큰 비중을 갖게 될 것이 분명해졌다.[97]

---

94 DOD, *Nuclear Posture Review 2018*, p.1, p.12.

95 DOD, *Nuclear Posture Review 2018*, p.2.

96 DOD, *Nuclear Posture Review 2018*, p.5.

97 David E. Sanger and William A. Broad, "To Counter Russia, U.S. Signals Nuclear Arms Are Back in a Big Way," *The New York Times*, February 4, 2018.

제12장

핵억지는 지속가능한가: 유토피아와 디스토피아

1. 핵무기의 세계와 케네스 왈츠의 유토피아

세계 국제정치학계에서 왈츠는 구조적 현실주의 시각의 대부로 불린다. 그는 핵무장을 한 나라들은 서로 전쟁이 없고 평화를 누리기 쉽다고 생각한다. 영국의 철학자 버트란트 러셀(Bertrand Russell, 1872~1970)이 핵무기 시대에 인류가 세계대전을 피할 수 있는 유일한 길은 세계정부를 구성하는 것이라고 한 말을 왈츠는 비판했다. 오히려 세계정부에 대한 대안으로서 '핵억지'(nuclear deterrence)가 필요하며, 이 핵억지 덕분에 냉전시대 이래 강대국들 사이에 전쟁이 없었다고 주장했다.[1]

왈츠는 오늘날에도 폭력적인 분쟁은 존재하지만 국제정치의 주변부에서만 벌어진다고 보았다. 특히 미국은 가난하고 약한 나라들을 두들겨 패는 것을 좋아해서 1983년 이후 20년 동안 이라크를 포함해 가난하고 약한 나라를 6곳 침략했지만, 핵무기를 보유한 국가들 사이에서 전쟁은 전혀 없었다는 사실을 부각했다. 그런 의미에서 왈츠는 핵무기가 최고의 평화유지 무기(the best peacekeeping weapon)라고 주장했다.[2]

---

1 Kenneth N. Waltz and Scott D. Sagan, "The Great Debate: Is Nuclear Zero the Best Option?" *The National Interest*, September/October 2010, p.91.

2 Waltz and Sagan, 2010, p.92.

이처럼 핵무기가 평화를 지키는 무기가 되는 이유는 그것이 "인간이 발명한 무기로는 유일하게 자신이 실제 사용되지 않게끔 작용하는 무기"이기 때문이라고 왈츠는 주장했다. 그는 '핵무기 없는 세계'라는 이상의 허구성을 공격했다. 그에 따르면, 과거 역사가 보여준 것은 재래식 무기에 의한 전쟁 억지는 실패하기 마련이라는 것이다. 그러므로 핵무기 없는 세계는 오히려 전쟁이 더 많아지는 폭력적인 세계가 될 것이기에 바람직하지 않다고 했다. 또 '핵무기 제로'를 위한 합의가 성립한다고 해도, 그 합의를 깨고 속이는 나라가 반드시 나타날 것이라고 왈츠는 주장했다.

2009년 프라하 연설에서 오바마 대통령이 미국은 핵무기 없는 세계를 지향할 것이라고 선언했지만, 그것은 수사에 불과하다고 왈츠는 일축했다. 미국은 어떤 경우에도 제2차 공격(보복공격)을 할 수 있는 수준의 핵전력을 포기할 생각은 추호도 없다고 단언했다. 오바마가 프라하 연설에서 본인 스스로 "오해하지 말기 바랍니다. 이 세상에 핵무기가 존재하는 한 미국은 안전하고 확실하며 효과적인 핵무기를 유지하여 어떤 적도 억지할 것이며, 우리 동맹국들에 대한 방위도 보장할 것입니다"라고 말했다는 사실을 왈츠는 상기시켰다. 미국은 선제 공격을 받으면 상대방을 초토화하는 데 충분한 핵무기를 유지할 테고 또 그렇게 해야 한다고 그는 강조했다. 만일 세계 지도자들이 어떻게 실수해서 핵무기 제로 상태로 가기로 합의했다 하더라도, 분별력 있는 지도자가 취할 유일한 대응은 '속이는' 것(cheating)이라고 주장했다. 핵무기는 작고 가벼워 숨기고 이동하기 쉽기 때문에 속이는 것은 얼마든지 가능하다며 왈츠는 그렇게 말했다.

왈츠는 가난하고 약한 나라들도 미국과 같은 패권 국가의 위협에 대처하려면 가장 좋은 그리고 유일한 방법은 핵무장이라고 명시적으로 말했다. "부시 대통령이 2002년 1월 이라크·이란·북한 세 나라를 '악의 축'(axis of evil)으로 지명하고, 그중 한 나라—이라크—에 대한 침공을 명령했을 때 다른 두 나라는 무엇을 생각했을까. 그들은 당연히 자신들이 다음 차례일 것이라고 믿을 수밖에 없었다. 그럼 어떻게 할까? 어떤 나라가 세계를 지배하는 나라를 억지할 수 있을까? 재래식 무기로 미국(의 침략)을 막아내는 것은 불가능하다. 더욱이 역사상 재래식 억지(conventional deterrence)는 번번이 실패했다. 핵무기만이 미국이 다른 나라들을 강박하지 못하게 할 수 있는 유일한 무기다."[3]

요컨대 왈츠에게 핵무기 없는 세계를 위한 노력은 현명한 것도 아니고 실현 가능한 것도 아니다. 또 약한 나라가 강한 나라의 강박을 막아낼 아무런 방법이 없는, 그런 의미에서 더 적나라한 약육강식의 질서일 수밖에 없다. 그렇다면 세계질서의 민주화는 핵무기 확산으로 가능해진다는 논리가 성립하게 된다. 왈츠에게 핵무기 확산은 전쟁도 약육강식의 지배도 최소한으로 줄어드는 유토피아를 실현하는 유일한 현실적 방도가 되는 셈이다.

2. 스콧 세이건에게 핵무기 확산은 디스토피아

세이건은 일찍이 핵무기 안전성의 한계를 설파했다. 핵무기는 그 자체가 인간 이성으로 통제가 불가능하며, 의도적이든 실수로든 폭발할 경우에 그것이 초래할 재앙의 크기로 보아 내재적으로 재앙의 원천일 수밖에 없음을 강조했다. 의도적인 핵전쟁이 초래할 재앙은 말할 것도 없지만, 그가 제기하는 더 근본 문제는 의도하지 않은 우발적 핵폭발과 핵전쟁 가능성이다.

그는 이 문제를 인간사회를 구성하는 조직(organizations)의 일반적 본질을 직시함으로써 해명하려 시도했다.[4] 핵무기 확산의 세계를 유토피아로 묘사한 왈츠는 핵무기를 관리하는 주체를 합리적이고 통일적인 이성적 주체로서의 국가라고 상정했다. 그러나 세이건에게 핵

---

3 Sagan and Waltz, 2010, p.92.

4 Scott D. Sagan, *The Limits of Safety: Organizations, Accidents and Nuclear Weapons*, Princeton, NJ: Princeton University Press, 1993.

무기를 관리하는 주체는 국가와 군부를 구성하는 다양한 조직과 그들 내부의 상호작용이다. 왈츠에게는 합리적 일관성을 갖고 통일적으로 사고하고 결정하는 행위자로서 국가가 가공할 위험을 내포한 핵무기를 관리하는 주체이지만, 세이건에게는 그것이 아니다. 그는 국가 자체가 통일된 이성적 행위자라는 것을 부정한다. 세이건에게 국가는 자기중심적인 다양한 이해관계와 행동 패턴을 지닌 조직들의 집합체일 뿐이며, 이들 조직에 '안전'은 반드시 가장 중요한 가치가 아니라 여러 관심사의 하나일 뿐이다.

좀더 넓게 보면 세이건의 시각은 그레이엄 앨리슨(Graham T. Allison)이 쿠바 미사일 위기라는 역사적 경험을 계기로 제시한 자유주의적인 대안적 국가 인식의 연장선에 서 있다.[5] 그것은 1960년대 말까지도 미국 국제정치학에서 전통적 주류를 형성하던 현실주의 시각의 철학적 전제를 비판하는 것이었다. 앨리슨은 국가의 본질을 통일된 합리성에서 찾지 않았다. 이를테면 국가를 해체해서 보았다. 국가에 관한 일종의 해체주의적(deconstructionist) 시각이었던 셈이다. 이런 관점의 하나인 조직 과정 모델(organizational process model)에서 보는 국가는 다양한 대규모 조직으로 분해된다. 이 관점에서 국가정책은 '조직적 결과물'과 다름없다. 또 '관료정치적 모델'(bureaucratic politics model)은 조직 과정 모델과 상통하지만, 조직 과정 모델이 조직 자체에 초점을 두는 데 비해 관료정치적 모델은 대규모 조직들의 수장들인 정부 지도자들의 개인적 성향과 선택에 초점을 맞춘다.[6]

또 군사적 위기와 같은 스트레스가 심한 상황에서 긴급한 결정을 해야 하는 지도자 개인들과 집단들의 심리적 조건과 그러한 비합리적이며 주관적인 요소들이 국가의 대외정책결정에 미치는 영향에 주목

---

5   Graham T. Allison, "Conceptual Models and the Cuban Missile Crisis," *The American Political Science Review*, September 1969.

6   이삼성, 1993, 75쪽.

한 로버트 저비스(Robert Jervis) 등 인지이론(Cognitive Theories)도 국가의 본질에 대해서는 해체적 관점에 서 있다고 할 수 있다.[7]

현실주의 시각에서 보면 국가들은 힘의 강약에서만 차이가 있을 뿐 당구공처럼 모습이 동일한 존재들이다. 그러나 자유주의적 시각에서 보면 국가는 그 구성요소들의 차이로 저마다 다른 다양성을 갖는다. 그 다양성이 그 나라의 정책결정에 영향을 미친다. 현실주의 시각에서는 국내정치나 각 국가의 정치체제는 중요한 변수가 아니다.[8] 그러나 자유주의적 시각에서는 국내정치적 요인도 중요한 변수로 간주된다.

세이건이 왈츠의 핵억지론에 제기하는 비판을 이해하려면 먼저 국가의 본질에 대한 이러한 자유주의적 비판 시각의 전통을 염두에 두어야 한다. 그 전통의 연장선에서 세이건은 개성이 강한 지도자들의 성향, 국내 정치적 압박, 우발적 사고, 조직들 내부의 강박적 우선순위 그리고 현장 실무자들의 실수들(screwups)이 한데 얽혀 작용하면서 국가들이 가진 핵무기는 전쟁을 억지하는 게 아니라 그 억지(deterrence)를 파괴하는 사태가 언제든 일어날 수 있다고 경고한다.

미국의 핵무기 관리체계에서 이런저런 사고들이 발생했음에도 핵

---

7 Robert Jervis, *Perception and Misperception in International Politics*, Princeton: Princeton University Press, 1976.

8 국가에 대한 현실주의적 시각에 유의할 점이 있다. 현실주의자로서 국가를 하나의 통일적인 행위자로 본다고 해서 반드시 그것을 합리적 행위자로 보는 것만은 아니다. 스티븐 크래스너(Stephen D. Krasner)는 국가를 하나의 단일한 실체로 파악하는 점에서 현실주의적 시각을 보이지만, 그는 국가가 반드시 경제적·전략적 이익과 비용에 대한 합리적 계산과 판단에 따라 행동하는 것은 아니라는 점을 주목했다. 그는 과거 미국이 과테말라와 이란 등에 정치군사적 개입을 한 원인을 분석하면서 개입 결정의 주요 동기가 경제적·전략적 이익에 대한 판단 때문이었다는 시각을 비판했다. 그보다는 미국 국가의 관리자들이 공유한 '무정형적인 국가이념으로서 반공 이데올로기'라는 요소를 중요하게 부각했다. 국가를 통일된 단일한 행위자로 보면서도 그 사고와 행동의 비합리성 내지 비논리성을 주목하는 대표적 예로 볼 수 있다. Stephen D. Krasner, *Defending the National Interest: Raw Materials Investments and U.S. Foreign Policy*, Princeton: Princeton University Press, 1978; 이삼성, 『현대 미국외교와 국제정치』, 한길사, 1993, 72쪽.

폭발이나 핵전쟁이 일어나지 않은 것을 두고 미 군부가 합리적인 핵무기 통제에 성공하고 있으며, 이것은 핵무기가 그만큼 안전하다는 증거라고 보는 시각이 있다. 이런 시각은 '고도 신뢰성 이론'(high reliability theory)이라고 불린다. 적절한 조직 설계와 관리로 위험한 기술에 대한 안전한 통제가 가능하다는 관점이다. 이 관점에서는 조직(organizations)은 작은 실수에서 배우고 더 큰 실수를 예상해 재앙을 피할 능력이 있다고 가정한다. 이것과 정반대되는 시각이 있다. 세이건이 말하는 '정상적 사고이론'(normal accidents theory)이다. 사고는 안 나는 것이 정상이 아니라 나는 게 정상이고 또 나게 되어 있다는 것이다. 이것은 인간사회의 모든 조직은 사실 '조직적인 아나키'(organized anarchies)와 다름없다는 시각을 담고 있다.[9]

3. 스리마일아일랜드에서 체르노빌과 후쿠시마를 예견한 '정상사고'론

세이건의 관점은 예일대학교 사회학과 찰스 페로(Charles Perrow)의 '정상사고'(正常事故, normal accidents)라는 개념을 출발점으로 삼는다. 정상사고 개념은 페로가 1979년 미국 펜실베이니아 해리스버그의 '스리마일아일랜드'(Three Mile Island: TMI) 핵발전소에서 벌어진 폭발사고를 연구하는 과정에서 나왔다. 핵발전소와 같은 위험한 시설에서 일어나는 기술적 실패는 고립된 장비 고장이나 작업자의 실수, 아니면 신의 장난으로 치부하는 것이 페로 이전에는 일반적 인식이었다. 페로가 1984년 처음 출간한 『정상사고』는 그런 실패로 일어나는 사고들을 인간사회에 형성된 복잡한 조직 사이의 복잡한 상호작용체계의 결과로 바라보는 인식의 대전환을 촉발했다.[10]

---

9 Theo Farrell, A Book Review, *International Affairs*, vol. 70, Issue 3, July 1994, pp.537~538.

10 Charles Perrow, *Normal Accidents: Living with High-Risk Technologies*, Basic Books, 1984; Charles Perrow, *Normal Accidents: Living with High-Risk Technologies*, Reprinted by Princeton University Press, 1999.

1979년 4월 1일 스리마일아일랜드 핵발전소를 둘러보고 떠나는 카터 전 미국 대통령. 스리마일아일랜드 핵발전소에서는 3월 28일 노심 파손 사고가 일어났다. 압력 이상에 대비한 안전판도 제대로 작동하지 않고 근무자까지 조작에 실수해 폭발 위험에 처했다.

    1979년 3월 28일 펜실베이니아 미들타운의 스리마일아일랜드 핵발전소의 2호기 원자로가 '부분적 멜트다운'(partial meltdown) 사고를 일으켰다. 발전소 근로자나 주변 주민들에게 심각한 건강상 피해를 입히지는 않은 것으로 밝혀졌으나 미량이나마 방사능이 유출된 것으로, 미국의 상업원자력발전소 역사에서 가장 큰 사고로 기록되어 있다. 주요 급수펌프(main feedwater pumps)에 작은 기계적 또는 전기 문제가 발생하여 원자로 노심(reactor core)의 열을 제거하는 증기발생기(steam generator)에 급수를 할 수 없게 된 것이다. 그러자 이 발전소의 터빈발전기가 정지했고, 원자로도 자동으로 가동 정지되었다. 이에 원자로 내부 압력이 높아지기 시작했다. 이 압력을 통제하려고 가압기 꼭대기에 있는 밸브가 열렸다. 일단 압력이 정상으로 돌아가면 밸브가 닫혀야 했다. 그런데 그게 열린 채로 있었다. 그럼에도 통제실의 계기판은 밸브가 닫힌 상태를 가리켰다. 그 결과 발전소 직원들은 냉각수가 밸브 밖으로 쏟아져 나오는 상황을 의식하지 못했다. 노심을 담고 있는 냉각수 수치가 얼마인지 정확하게 알려주는 장치도 없었다.[11]

직원들은 가압기 수위가 높은 상태이므로 노심을 담은 냉각수도 충분한 것으로 단정했다. 경보가 울리고 경고등이 번쩍거렸지만, 작업자들은 냉각수가 상실되는 사태가 벌어지는 사실을 인식하지 못했다. 그런 가운데 직원들은 문제를 더 악화하는 조치를 취했다. 가압기의 열린 밸브로 물이 빠져나가 가압기 압력이 낮아지면서 위험한 수준으로 진동하자 이를 진정시키기 위해 원자로 냉각수 공급 펌프를 꺼버렸다. 가압기가 완전히 채워지는 것을 막기 위해 직원들은 원자로로 공급되는 비상 냉각수의 양을 줄이려 한 것이다. 그로써 원자로 노심은 냉각수가 말라버려 과열되었다. 급수가 끊기자 핵연료가 과열되어 그 핵연료를 붙잡고 있는 금속관이 파열되었고, 연료봉이 녹아내렸다. 멜트다운이 발생한 것이다. 결국 노심의 절반 정도가 녹았다. 이러한 멜트다운은 핵발전소 사고로는 가장 위험한 종류인데, 다행인 것은 이 TMI 2호기를 감싸는 격납용기 건물(格納容器建物)은 손상되지 않았고, 그 결과 이 사고로 발생한 방사능 물질을 미량을 제외하고는 모두 가둘 수 있었다. 이것이 체르노빌과 후쿠시마 원전사고와 다른 점이었다.[12]

이 사고는 어떤 큰 원인이 한 가지 있었던 것이 아니라 외관상 작은 문제들이 발전소 설계자들이 예측하지 못한 방식으로 서로 연결되면서 다중적인 안전 체제를 무너뜨린 것이었다. 그래서 페로는 스리마일아일랜드의 실패는 조직 체계의 '거대한 복잡성'(immense complexity of the system)의 산물이라고 결론지었다. 그는 핵발전소와 같은 고도의 현대적인 고위험 조직체계들은 아무리 잘 관리한다 하

11　U.S. Nuclear Regulatory Commission(NRC), "Backgrounder on the Three Mile Island Accident"(https://www.nrc.gov).

12　U.S. Nuclear Regulatory Commission(NRC), "Backgrounder on the Three Mile Island Accident"(https://www.nrc.gov).

더라도 실패들이 일어나기 마련이라고 보았다. 사고가 나는 게 정상이라는 얘기였다. 그러므로 그 사고는 '정상사고'였다. 페로는 사고를 방지할 방법은 두 가지밖에 없다고 보았다.[13] 그전 조직체계를 완전히 급진적으로 재설계하거나, 그것이 어차피 불가능하다면 그러한 고도의 복잡한 조직체계를 요하는 고위험 기술체계를 아예 포기하거나 할 수밖에 없다는 것이었다.

닉 피전(Nick Pidgeon)은 1984년 페로의 책은 2011년 후쿠시마(福島) 원전사고의 패턴을 이미 예견한 것이었다고 말했다.[14] 사용후 핵연료를 저장하는 물탱크는 상시적인 냉각과 주의가 필요하다. 그런데 원자로에 작은 사고가 생기면 그 건물 전체에서 인력이 즉각 철수하거나 핵연료 냉각시스템에 대한 전원을 차단하게 된다. 그 결과 핵연료가 가열되면서 불이 나거나 사용후 핵연료 저장탱크에서 방사능이 유출될 것이라고 페로는 1984년에 이미 지적했다. 1992년 IAEA가 작성한 체르노빌 원전사고에 관한 보고서도 그리고 2015년 IAEA가 작성한 후쿠시마 원전사고에 대한 보고서가 밝힌 사고 원인도 그걸 재확인해준다. 페로 자신도 2012년에 쓴 글에서 자신의 1984년 저서는 1986년 체르노빌 사태와 2011년 후쿠시마 사태의 패턴을 이미 예견한 것이라고 지적했다.[15]

1992년 IAEA 보고서에 따르면, 1986년 4월 26일 체르노빌 원전 기술자들은 원자로를 테스트하기 위해 11시간 넘도록 '비상 노심 냉각장치'를 차단한 채 있었다. 이것은 안전을 생각하면 있을 수 없는 일이었지만, 체르노빌 원전에서는 수석기술자(Chief Engineer)가 승인하면 그렇게 할 수 있었다는 게 더 큰 문제였다. 냉각장치가 가동되지

---

13 Nick Pidgeon, "In retrospect: Normal Accidents," *Nature* 477, September 22, 2011, pp.404~405(https://www.nature.com).

14 Pidgeon, September 22, 2011.

15 Charles Perrow, "Getting to Catastrophe: Concentrations, Complexity, and Coupling," *The Montréal Review*, December 2012.

않은 채 오랜 시간이 지나가면서 노심이 과열되어 사고가 발생했다. 이 보고서 작성자들에 따르면, 그것은 체르노빌 원전을 포함한 소련 핵발전소 전반에 만연한 '안전문화 부재'(an absence of safety culture) 현상의 결과였다. 체르노빌 사고는 통제·안전장치의 설계 자체도 문제를 안고 있었다. 문제는 그러한 설계 결함으로 인한 사고가 그전에도 몇 차례 체르노빌을 포함한 소련의 여러 원전에서 일어났다는 것이다. 그러나 소련의 원전 관리자들은 그로부터 충분한 교훈을 얻지 못하고 임시방편의 수정만 한 채 지나치곤 했다.[16]

2011년 3월 11일 동일본 대지진이 일어나면서 벌어진 후쿠시마 원전사고에 대한 IAEA의 설명은 다음과 같다. 북아메리카 지각판과 태평양 지각판이 부딪치면서 생긴 에너지 때문에 넓이 200킬로미터에 길이 500킬로미터에 이르는 땅이 파열되면서 규모 9.0의 지진과 높이 10미터를 넘는 쓰나미를 일으켰다. 지진과 쓰나미로 1만 5,000명 이상이 사망하고 2,500명이 실종 상태이며 6,000명 이상이 부상을 입은 대참사가 발생했다. 도쿄전력이 운영하는 후쿠시마 원전에서는 지진 때문에 원전으로 가는 전력 공급선이 손상되었고 쓰나미는 이 원전의 운전과 안전 기반시설 상당 부분을 파괴했다. 이로써 원전 안팎의 전력 공급망이 파괴되어 가동 중이던 3개 원자로의 냉각 기능이 상실되었다. 원자로 1, 2, 3호기의 노심이 과열되면서 핵연료봉들이 녹아내렸고(meltdown), 이들을 감싸는 격납용기(containment vessel) 3개가 모두 깨졌다. 원자로 압력용기에서 수소가 유출되어 1호기와 3호기 그리고 4호기 원자로 빌딩 안에서 폭발이 일어났다. 구조와 장비가 파괴되고 부상자도 발생했다. 그 결과 방사성 핵종(核種, radionuclides)이 대기에 방출되어 땅과 해양에 스며들었다.[17]

---

16 International Atomic Energy Agency, "The Chernobyl Accident: A Report by the International Nuclear Safety Advisory Group," Vienna, 1992, Safety Series No. 75-INSAG-7.

17 International Atomic Energy Agency(IAEA), "The Fukushima Daiichi Accident:

4. 세이건과 '안전의 한계'의 정치적 차원

세이건은 핵억지론에 대한 자신의 비판이 페로의 '정상사고' 개념
에서 출발한다는 사실을 분명히 했다. 세이건이 파악한 페로의 『정상
사고』의 요점은, 핵발전소나 석유화학산업, 첨단 생명과학기술 그리
고 유조선과 같은 위험한 기술들을 관리하기 위해 창조된 대규모 조
직은 그 기술들을 관리하는 데 필요한 복잡다단한 시스템을 충분히
이해하기에는 내재적 한계가 있다는 명제였다. 만일 조직들이 전지전
능하다면 그들이 만든 시스템에 잠재한 실패의 패턴들을 예상해 미리
고칠 수 있을 것이다. 그러나 현실 세계에서 조직들의 합리성은 제한
되어 있기 때문에 시간이 흐르면 심각한 시스템적 사고들이 필연적으
로 일어날 수밖에 없다. 페로는 조직들이 두 가지 구조적 특성을 갖게
되기 때문이라고 했다. 하나는 고도의 상호작용적 복잡성(interactive
complexity)이다. 시스템들은 상호연관적이지만 설계자들 계획에는
들어 있지 않았다. 그래서 미리 파악할 수 없는 상호작용이 일어나는
것을 가리킨다. 다른 하나는 '경직된 연관'(tight coupling)이다. 이것
은 시스템들이 꽉 짜인 시간적 틀 안에 획일적인 생산 일정으로 서로
경직되게 묶여 있는 구조를 가리킨다.[18]

세이건은 자신이 1993년 출간한 『안전의 한계』는 페로의 '정상사
고 이론'에 '정치적 차원'을 추가한 것이라고 요약했다. 자신이 밝힌
정치적 차원의 요소가 페로의 구조적 분석과 결합하면 조직들이 피할
수 없는 사고들에 관한 더 심각한 비관적 판단을 할 수밖에 없다고 그
는 지적했다. 핵발전소나 핵무기 같은 위험한 기술을 관리하는 모든

Report by the Director General(Yukiya Amano)," March 2015(http://www-pub.
iaea.org). 가동 중이지 않았던 4호기에서 폭발이 일어난 원인에 대해서는 오시카
야스아키, 한승동 옮김, 『멜트다운: 도쿄전력과 일본 정부는 어떻게 일본을 침몰시
켰는가』, 양철북, 2013, 144~151쪽 참조할 것.

18 Scott D. Sagan and Kenneth N. Waltz, *The Spread of Nuclear Weapons: An
Enduring Debate*, New York: W.W. Norton, 2013, Third Edition, p.68.

대규모 조직에는 필연적으로 상충하는 목표들이 공존할 수밖에 없다. 경영진 일부는 안전에 높은 우선순위를 둘 수 있다. 그러나 다른 경영 진이나 그 아래 단계 하급 관리자들은 생산량 제고라든가, 자신이 속한 하부조직의 확대라든가, 자기 개인의 승진 같은 좀더 편협한 목표에 더 많은 가치를 둘 수 있다. 갈등하는 목표들 사이에 어떤 것을 선택하고 추구하게 되는지는 결국 정치적 과정이다. 그로써 위험한 구조적 성격을 가진 시스템이 구축될 수 있고, 그 조직이 안전 문제에 관해 학습하는 능력은 심각하게 제한될 수 있다.[19]

세이건은 조직들이 작은 실수들에서 배워 큰 실수를 예상하고 그것에 대비한 조직적 적응을 하는 능력이 근본적으로 부족하다고 보았다. 조직 전체 또는 그 하부조직의 이익을 위해 진실은 은폐되고, 안전 최우선의 가치는 각종 정치적 계산과 관료정치적 과정에 뒷전으로 밀려나기 일쑤다. 이처럼 세이건은 조직과 그 내부 '정치적 차원'의 요인들을 강조했다. 후쿠시마 원전이 지진과 쓰나미의 여파 속에서 끝내 멜트다운을 일으켜 대재앙을 초래하게 된 데에도 그러한 정치적 과정이 중요한 작용을 했다는 것이 드러났다. 한 예로 이 원전을 운영한 도쿄전력은 죠에쓰 앞바다 지진의 진원 단층으로 보이는 F-B 단층을 2003년 은밀히 조사한 결과 길이 20킬로미터가 넘는 활성단층이라는 사실을 파악했다. 그러나 경영진은 이를 계속 감췄다. 오직 지진이 발생해 재앙이 벌어진 다음에야 그 사실을 공개했다.[20] 이들은 안전 우선이 아닌 경영상 이유로 후쿠시마 원전에서 '플루서멀' 방식을 적용하고 싶어 했다. 그러려면 그 원전이 대규모 활성단층 위에 서 있다는 사실을 숨겨야 했다.

후쿠시마 원전사고에서 멜트다운을 겪은 원자로의 하나인 원전 3호기는 플루서멀(Plu-Thermal) 방식을 채택했다. 플루서멀은 일반적

---

19 Sagan and Waltz, 2013, pp.68~69.
20 오시카 야스아키, 2013, 41~42쪽.

으로 경수로에서 사용하는 저농축우라늄을 이용한 연료가 아니라 독성이 훨씬 높고 위험한 플루토늄을 섞은 목스(MOX: Mixed Oxide, 혼합산화물)를 연료로 사용한다. 플루토늄 성분이 1퍼센트 정도 포함되어 있는 사용후 핵연료(spent fuel)를 재처리해서 플루토늄을 추출해낸다. 그리고 이산화플루토늄과 이산화우라늄을 섞어 플루토늄 농도를 4~9퍼센트로 높이면 플루서멀 연료가 된다. 후쿠시마 원전사고가 체르노빌과 같은 원전사고 최악을 가리키는 '레벨 7'이 된 데에는 플루서멀 방식의 3호기가 대폭발을 일으켜 맹독성 플루토늄이 섞인 방사성 물질들을 대량 방출한 탓이 컸다.[21]

도쿄전력이 플루서멀 방식을 채택할 수 있었던 데는 일본 정부 경제산업성장관을 포함한 고위 관료집단 안에서 핵발전소의 안전성보다는 다른 정치적 요인을 우선시한 인물들이 전력업계와 이해관계가 맞아떨어진 것도 한 요인이었다. 플루서멀 방식은 사용후 핵연료를 재처리해서 플루토늄을 추출하는 것을 내포하므로, 이른바 '핵연료사이클계획'의 일환으로서 의미도 있었다. 그런데 일본 에너지청의 젊은 관료들이 핵연료사이클계획에 관련된 아오모리현 롯카쇼무라 핵재처리 공장을 가동하는 것이 효과 대비 비용이 너무 많이 든다는 이유를 들어 반대하면서 정책 전환을 촉구했다. 경제산업성 사무차관 무라타 세이지(村田成二)는 이들 젊은 개혁파 관료들을 지지했지만, 경제산업상 나카가와 쇼이치(中川昭一, 1953~2009)의 벽을 넘지 못했다. 나카가와는 일본의 독자 핵무장을 지지하는 인물로, 플루토늄을 추출할 수 있는 핵연료사이클계획을 지지했다.[22] 이 모든 것은 위험한 기술을 장악한 대규모 조직 안팎에서 안전에 치명적 영향을 미치는 주요 정책결정의 정치적 성격을 새삼 확인해주는 사례들이다. 세이건이 말하는 핵시설을 담당한 조직들의 안전관리 체계의 한계는 결국 인간 이성의 한계의 정치적 차

---

21   오시카 야스아키, 2013, 127~128쪽.
22   오시카 야스아키, 2013, 229쪽.

그린란드 툴레의 조기경보체제 레이더 근처에 추락한 B-52.
만일 이 폭격기가 레이더 위에 추락했거나 싣고 있던 수폭 중 하나라도 폭발했다면, 미국 전략공군사령부(SAC)는 소련이 핵공격을 감행했을 때와 동일한 신호들을 받았을 것이다. 그 경우 미소 간에 핵전쟁이 발발할 수도 있었다.

원을 직시한 것이라 하겠다.

5. 핵무기 세계에서 안전과 억지의 한계

　세이건은 핵무기를 관리하는 조직들이 실제로 빚어낸 과거 실수들을 분석함으로써 핵무기 세계에서도 고도 신뢰성 이론이 아니라 '정상사고 이론'이 현실을 더 잘 설명해준다는 것을 설득력 있게 제시했다. 그가 주목한 사건은 1968년 1월 11메가톤급 수소폭탄 4개를 장착한 B-52가 그린란드(Greenland)의 툴레(Thules)에 있는 미국 탄도미사일 조기경보체제(Ballistic Missile Early Warning System: BMEWS) 레이더 가까운 곳에서 추락해 폭발한 일이었다.[23] 세이건은 이 사건에서 만일 이 폭격기가 레이더 시스템 위에 추락했거나 그것이 싣고 있던 수폭 중 하나라도 폭발했다면, 미국 전략공군사령부(SAC)는 소련

23　Scott D. Sagan, *The Limits of Safety: Organizations, Accidents, and Nuclear Weapons*, Princeton: Princeton University Press, 1993, Chapter 4, pp.156~203. 특히 pp.180~186.

의 핵공격이 발생했을 때와 동일한 신호들을 받았을 것이라고 판단했다. 그 경우 미소 간에 핵전쟁이 발발할 수도 있었다.

그런데 문제는 전략공군사령부가 이 사건에서 아무런 교훈도 얻지 못했다는 것이다. 1968년 말까지, 그러니까 툴레 사고가 난 뒤에도 오랫동안 전략공군사령부는 비무장 급유기(tanker aircraft)를 툴레의 레이더기지 바로 위에서 모니터링 작전을 수행하도록 했다. 폭격기를 띄우지 않은 것은 다행이지만, 이 급유기도 사고를 일으켜 레이더기지 위에 떨어지면 잘못된 경보를 촉발할 가능성이 있었다. 그 결과로 벌어질 사태에 전략공군사령부는 여전히 신경을 쓰지 않았다는 얘기가 된다. 더욱이 급유기 대신에 B-52로 다시 바꾸어 레이더기지 주변에서 공중경계(airborne alert) 상태를 유지하는 방안을 주장하기도 했다. 실제 전략공군사령부는 장차 위기 상황에서는 폭격기들을 그런 상태로 띄워놓을 계획을 세우기도 했다. 1971년 전략공군사령부가 작성한 공중경계 태세 관련 지도들은 B-52 폭격기와 급유기 KC-135기가 툴레 레이더기지 위에서 공중 급유 작전을 전개하는 계획을 담고 있었다. 1973년에 폭격기들이 경계상태를 유지하며 비행하는 루트를 표시한 문건은 폭격기들이 여전히 레이더기지가 있는 툴레지역 상공을 지나는 것으로 되어 있었다.[24]

이처럼 조직은 과거 실수에서 무엇을 배워야 할지에 대한 자기 역사 서술에서도 정직하지 못함으로써 차후에 동일한 실수를 반복하게 되는 것이다. 세이건에 따르면 이러한 종류의 실수들은 1962년 쿠바 미사일 위기 때도 있었는데, 1968년에 되풀이되었고, 그 뒤인 1973년과 1979년 그리고 1980년에도 역시 되풀이되었다.[25]

세이건이 이러한 연구 결과에 바탕을 두어 제기하는 중요한 명제는 핵무기 확산은 왈츠가 말하는 유토피아가 아니라 핵무기 운영에 잠재

---

24 Sagan, 1993, p.200.
25 Sagan, 2013, pp.219~233.

한 각종 위험의 확산과 증폭과 다름없게 된다는 것이다. 핵무기 버튼을 누를 수 있는 주체들의 증가로 계획적인 핵공격 가능성도 증가할 수 있는데다가 오인과 오판에 따른 의도적 핵무기 사용 가능성도 높아진다. 페로와 세이건이 부각한 '정상사고'의 일환으로서 우발적인 핵폭발과 핵무기 발사 위험도 높아진다. 특히 쿠바 미사일 위기에서 실증된 것과 같이 군사적 긴장이 높아진 상태에서 그 위험은 더욱 증폭될 수밖에 없으며, 앞으로도 마찬가지일 거라는 얘기다. 그러므로 핵무기의 존재와 그 확산은 전쟁을 억지하기보다 억지를 더 약화하고 파괴할 수 있다는 것이다.

세이건은 특히 핵무기 확산이 테러집단이 핵무기나 핵물질을 취득할 가능성을 높인다는 사실과 그에 대한 경계 필요성을 역설해왔다. 세이건은 핵무기 확산의 조건 속에서 테러리즘이 핵무기와 결합할 가능성이 높아진다는 점에 대한 문제의식을 왈츠에게서는 전혀 찾아볼 수 없다고 비판했다.[26]

6. 인도와 파키스탄의 동시 핵무장은 어떤 결과를 가져왔나

인도와 파키스탄의 핵무장은 두 나라의 전쟁과 평화에 어떤 영향을 미쳤을까. 핵 확산 그리고 핵무장한 국가들 사이의 관계에 대한 왈츠식 핵억지론이 내포한 낙관론과 세이건의 비관론 가운데 어떤 것이 남아시아 현실을 더 잘 설명하는가. 이것은 2000년대 들어 핵억지 이론가들 사이에 초미의 관심사 중 하나로 부상해 있다. 왈츠와 세이건도 이 문제를 놓고 격돌해왔다.

---

26 Sagan and Waltz, 2010, 특히 p.95. 세이건의 비판에 대해 왈츠는 테러집단은 물론 위험한 것이지만 국가들이 가진 핵무기에 비해 상대적으로 안심할 부분이 있다고 했다. 테러주의자들은 사회 전체의 기반을 무너뜨리거나 한 나라 영토를 점령하지는 못한다는 것이다. 그래서 핵무기가 국가들 사이에 확산되는 상황은 서로 전쟁하는 강한 적들(국가들)이 약한 적들로 대체되는 것을 의미한다고 주장했다 (Sagan and Waltz, 2010, p.96).

인도-파키스탄 문제를 두고 다시 격돌한 논쟁에서 왈츠가 먼저 포문을 열었다. 인도와 파키스탄은 '객관적 교훈'을 제공한다고 말문을 연 왈츠는 1998년 두 나라가 핵실험을 했을 때 언론인과 학자 그리고 관료들은 모두 남아시아를 전쟁과 혼란이 휩쓸 것이라고 떠들어댔지만, 결과는 자신이 이미 예측한 대로 독립 후 세 차례 전쟁을 거듭하고 카시미르(Kashmir) 분쟁으로 피를 흘렸던 두 나라 사이에 비로소 장기적 평화가 찾아왔다고 주장했다. "핵능력을 지닌 나라들끼리는 서로 싸우지 않는다"라는 자신의 명제는 미국과 소련, 소련과 중국 관계에 이어 이제 인도와 파키스탄 관계에서도 재확인되었다는 것이다.[27]

국가들 사이의 관계가 서로 핵무장을 한 뒤에는 오히려 안정화되는 것은 비단 미국, 소련, 중국 같은 강대국들에만 국한되는 것이 아니라 신생 핵무장국 사이에서도 마찬가지로 성립한다고 왈츠는 생각했다. 이들 신생 핵무장국 정부들이 안정적이고 지도자들은 분별력이 있는지에 많이들 불안해하지만 과거에는 평판이 나빴던 나라도 핵무장을 한 뒤에는 오래된 핵보유국들과 다를 바 없이 신중하게 행동했다는 것이다. 그러므로 각 나라 정권이나 지도자 성격과 무관하게 핵보유가 그 나라 정책에 대한 더 결정적 변수로 작용한다고 왈츠는 주장했다. 그래서 핵보유국은 (다른 핵보유국에 대해) 핵을 사용하기는커녕 재래식 공격도 자제하게 된다는 것이다. 핵을 가진 상태에서 전쟁하게 되면 생존하거나 파멸당하거나 둘 중 하나이기 때문에 신중해진다는 것이 그 이유였다. 쿠바 미사일 위기도 따지고 보면 미소가 핵을 갖고 있었기에 서로 조심해서 전쟁이 없었다는 것이고, 중국은 문화대혁명 기간 국내정치에서는 광란의 시대였음에도 대외정책에서는 지극히 신중했다는 사실을 왈츠는 상기시켰다.[28]

그런데 세이건이 보기에 "핵무기 국가들은 서로 싸운 일이 없었다"

---

27 Sagan and Watlz, 2010, 93쪽.

28 Sagan and Waltz, 2010, 93~94쪽.

라는 왈츠의 명제는 그 자체가 틀린 얘기였다. 그는 인도와 파키스
탄이 모두 핵무장한 뒤인 1999년 두 나라 사이에 벌어진 카르길전쟁
(Kargil War) 그리고 그 전쟁에서 군인이 1,000명 이상 전사했다는 사
실을 상기시켰다. 이것은 핵무장 국가들 사이에서도 작은 재래식 분
쟁이 발생할 수 있음을 보여준 것인데, 그런 종류로는 1969년 중소 간
에 벌어진 국경분쟁에 이어 두 번째 역사적 사례라고 할 수 있었다.
이 전쟁은 파키스탄 군인들이 인도가 장악한 카시미르에 잠입함으로
써 시작되었다. 파키스탄이 왜 그렇게 행동하는지는 세이건 해석으로
는 파키스탄 군부 지도자들이 그렇게 해도 파키스탄의 핵무기가 방패
가 되어줄 것이라는 잘못된 믿음을 갖게 된 탓이었다.[29] 세이건에 따
르면 결국 핵무장에서 비롯된 파키스탄의 자만심이 위험한 군사적 모
험주의를 불러일으켰고 그것이 전쟁과 희생을 불러온 것이었다.

인도와 파키스탄의 핵무장이 두 나라 사이에 재래식 분쟁이 일어
날 가능성을 오히려 높였다는 인식은 비단 세이건만의 견해는 아니
다. S. 폴 카푸르(S. Paul Kapur)의 지적과 같이, 많은 학자는 두 나라
가 핵무장을 한 이후에도 지속된 재래식 분쟁이 핵무장에 조장된 측
면이 있다는 데 동의했다.[30] 그래서 사람들은 일찍이 글렌 스나이더
(Glen Snyder, 1924~2013)가 냉전기 미국과 소련이라는 두 핵보유
초강대국 사이의 재래식 분쟁 가능성에 관해 제시한 '안정·불안정 역
설'(stability/instability paradox)을 떠올린다. 이에 따르면, 핵무장국들
사이에는 핵억지 효과로 대규모 재래식 분쟁이 예방된다는 믿음이 형
성된다. 그 결과 이 나라들은 저강도 분쟁을 일으켜도 안전하다는 자
신감을 갖게 된다. 그래서 역설적으로 수준이 낮은 재래식 분쟁이 오
히려 조장되는 경향이 있다는 것이 그 역설의 내용이다.[31]

---

29 Sagan and Waltz, 2010, 94쪽.

30 S. Paul Kapur, *Dangerous Deterrent: Nuclear Weapons Proliferation and Conflict in South Asia*, NUS(National University of Singapore) Press, 2009, p.34.

31 카푸르는 이 역설이 남아시아 상황을 적절히 설명한다고 해석하는 주요 학자

문제는 그렇게 해서 핵무장 상태가 조장하는 수준 낮은 재래식 분쟁이 전면적 재래식 전쟁, 그러니까 핵전쟁까지 초래할 수 있는 '수준 높은 전쟁'으로 확전될 가능성이 있다고 볼 것인가, 아니면 정말 핵전쟁까지 초래할 전면적인 재래식 전쟁으로 확전되지 않고 수준 낮은 재래식 분쟁에 그칠 것인가. 이에 대한 답 역시 핵억지론의 철학적 토대인 '합리적 행위자 모델'을 받아들이느냐 부정하느냐에 따라 달라진다.

왈츠는 스나이더의 안정·불안정 역설에 근거해 인도-파키스탄 사이의 카르길전쟁을 설명했다. 그는 그 역설에 따라 수준 낮은 재래식 분쟁이 일어날 수 있지만, 역시 핵억지 효과로 수준 높은 전쟁, 즉 핵전쟁으로 확전할 수 있는 전면적 재래식 전쟁은 일어나지 않는다고 생각했다. 합리적으로 계산할 때 그런 확전은 누구에게도 명백한 손해이기 때문에 국가들은 핵전쟁으로 비화할 수 있는 대규모 재래식 분쟁을 자제한다는 것이다. 왈츠에 따르면, '핵억지가 가져다주는 수준 높은 전쟁의 불가능성(impossibility of fighting at high levels)에 비하면, 다소의 재래식 분쟁은 그것을 위해서 치러야 할 결코 나쁘지 않은 대가'다.[32]

피터 라보이(Peter Lavoy)는 왈츠적인 핵억지론이 카르길전쟁에서 인도-파키스탄의 행태를 잘 설명해준다고 보았다. 핵무장 국가들의 군대도 서로 싸울 때는 있지만 사활적 이익이 걸려 있지 않은 수준에서만 싸운다는 '일종의 느슨한 핵억지 이론'의 타당성을 카르길에서 두 나라 행태가 확인해주었다는 것이다.[33] 수미트 간걸리(Sumit Ganguly)에 따르면, 카르길 사태를 촉발한 파키스탄 군부의 행동은 핵무장이 국가관계에 초래하는 안정·불안정 역설을 확인해준다. 또 비록 초보적인 것이었지만 파키스탄이 핵능력을 갖고 있다

들로 David J. Karl, Feroz Hasan Khan, Jeffrey Knopf 등을 들었다. Kapur, 2009, p.35.

32 Kapur, 2009, p.35.

33 Peter R. Lavoy(ed.), *Asymmetric Warfare in South Asia: The Causes and Consequences of the Kargil Conflict*, Cambridge: Cambridge University Press, 2009.

는 이미지는 인도가 재래식 군사력의 우위를 믿고 더 적극적인 군사행동을 하는 것을 억제하는 역할을 했다. 간결리는 로드니 존스(Rodney Jones)와 공동연구에서도 파키스탄이 가진 것으로 인식된 핵능력 때문에 인도 지도자들은 카르길 사태에서 놀라운 자제력을 보였다고 지적했다.[34]

그러나 합리적 행위자 모델의 한계를 강조하는 학자들은 그간의 작은 분쟁들이 작은 것으로 끝났다고 해서 앞으로도 그럴 것이라는 보장은 없다고 본다. 이들은 핵무장 국가들의 행태 가운데 합리적 행위자 모델로는 납득하기 어려운 측면들을 주목하게 되면 얘기는 매우 달라진다고 본다. 작은 분쟁들을 안전하게 생각하면서 도발적 행동을 서슴지 않게 되면 인간 이성의 제한성과 비이성적 사고와 행동, 복잡한 조직 내부의 예상치 못한 상호작용과 실수들 그리고 다양한 국내 정치적 요소로 작은 분쟁이 언제든 지도자들의 이성적 통제를 벗어나 큰 분쟁으로 발전할 수 있다. 그것은 곧 핵전쟁으로 비화할 가능성도 배제할 수 없다는 것이다.

세이건은 인도-파키스탄 분쟁이 핵억지를 붕괴시키는 방식으로 전개될 수 있는 다양한 가능성을 지적했다. 그는 우선 국내정치적 변수가 핵무장 국가의 군사정책에 영향을 미친다는 사실을 부각했다. 파키스탄과 같이 군부가 국가정책을 좌우하는 나라에서는 직업적 군부 조직의 편협한 이해관계로 합리적 핵억지(rational nuclear deterrence)에 필요한 운영 요건을 충족하기 더욱 어렵다고 보았다. 그로써 '억지 실패'(deterrence failures)가 벌어지기 더 쉽다고 했다. 좀더 구체적으로 파키스탄 군부는 인도가 장악한 카시미르에서 이슬람주의자들의 테러공격을 지원하면 인도 군사력을 카시미르에 묶어둘 수 있고 인도의 국가체제를 약화시킬 수 있다고 믿었다. 또 파키스탄 군부는 인도

---

34 Scott Gates and Kaushik Roy, *Limited War in South Asia: From Decolonization to Recent Times*, New York: Routledge, 2017.

와 군사적 위기를 지속함으로써 파키스탄 사회에서 자신이 누려온 전통적 권위와 특권을 유지할 수 있다고 믿었다.[35]

인도와 파키스탄의 경우 오인(誤認)에 따른 핵전쟁 위험성도 무시할 수 없다는 점을 세이건은 주목했다. 두 나라 핵무기 관리자 집단 모두 상호오인 가능성을 최소화하려는 노력이 태부족인 상태라고 그는 판단했다. 그 단적인 증거로 세이건은 군사적 위기 상황에서 미사일 시험발사가 선제 핵공격의 시작으로 오인될 가능성을 충분히 경계하지 않는다는 점을 들었다. 두 나라 모두 기존의 미사일 시험발사용으로 쓰는 기지들을 실제 군사적 위기 때 핵미사일을 발사하는 장소로 사용할 계획인 것으로 파악되었다. 인도의 경우는 이 나라 북부 동해안의 휠러 아일랜드(Wheeler Island)를 미국 캘리포니아의 반덴버그 공군기지가 그렇듯이 평시(平時)에 미사일 시험장으로 쓰는 동시에 전시(戰時)에도 핵미사일 발사장으로 사용할 계획이라는 것이다.[36]

1999년 1월 인도와 파키스탄은 '라호르협정'(Lahore Accord)을 맺어 미사일 시험의 경우 상호통보하기로 합의했다. 그러나 세이건은 그러한 협정만으로는 미사일 시험이 실제 핵공격으로 오인되는 사태를 막기에 부족하다고 지적했다. 그는 1995년 1월 러시아와 노르웨이 사이에 벌어진 일을 예로 들었다. 노르웨이가 기상위성 로켓을 발사하면서 러시아에 사전 통보를 했다. 그런데 모스크바 담당자들은 관료주의적 태만으로 제때 관련 부서에 그 메시지를 전달하지 않았다. 그래서 미국이 러시아를 향해 핵미사일을 쏜 것으로 오인하는 소동이 벌어졌다.[37] 이처럼 작은 실수나 태만이 오인과 오경보(誤警報) 발령으로 이어져 핵전쟁으로 비화되는 위험을 예방하기 위한 최소한의 조

35　Sagan and Waltz, 2013, pp.155~156.

36　Sagan and Waltz, 2013, p.153.

37　Sagan and Waltz, 2013, p.153.

치 가운데 하나가 평시의 미사일 시험장과 전시의 핵미사일 발사 사용 장소를 구분하는 것이다. 그러한 최소한의 노력조차 핵무장 국가들이 게을리한다는 사실이 여실히 드러난 것이었다.

세이건에 따르면, 인도의 핵전략 독트린은 초기에는 핵 선제사용을 배제(no-first-use)했다. 그러나 파키스탄이 '최소억지'(minimum deterrence)를 내용으로 하는 절제와는 거리가 먼 방향으로 나아가고 파키스탄 군부의 군사적 모험주의가 명백해지자 인도도 핵 선제사용 배제 원칙을 철회하고 있다. 그래서 세이건은 인도-파키스탄의 유서 깊은 경쟁적 관계와 핵보유의 만남은 위험한 결합이라고 결론지었다.[38] 두 나라 사이에 나쁜 방향의 악순환 장치가 작동하면서 언제든 작은 분쟁이 큰 분쟁으로 비화될 수 있다고 본 것이다.

그럼 다른 학자들은 인도와 파키스탄 관계에 상호 간의 핵무장이 어떤 결과를 가져왔다고 볼까? 1999년의 카르길전쟁을 포함해서 핵무장 후 두 나라의 군사적 긴장 문제를 어떻게 볼까? 한편에서 '핵억지'를 믿는 사람들은 핵무장 상태는 두 나라 사이에 재래식 전쟁도 억제하는 효과를 낼 것으로 기대했다. 그러나 다른 한편에서 핵억지를 회의하는 사람들은 두 나라의 고질적인 재래식 전쟁 위험이 핵무장 후에는 핵전쟁으로까지 번질 가능성을 우려했다. 더욱이 2001년 9·11 이후 많은 사람은 이슬람 근본주의자들이 파키스탄 핵무기 시스템에 접근하기 쉽다는 사실을 주목해왔다.

하시 팬트(Harsh V. Pant)는 1998년 이래 인도-파키스탄의 카르길전쟁에 관한 그간의 연구를 종합했다. 그는 두 나라의 핵무장 상태가 제한적 분쟁은 막지 못했지만 그 분쟁의 확산은 막아내는 역할을 했다고 결론지었다. 고전적 핵억지 이론이 기초하는 합리적 행

---

38 Scott D. Sagan, "The evolution of Pakistani and Indian nuclear doctrines," in Scott D. Sagan(ed.), *Inside Nuclear South Asia*, Stanford, CA: Stanford University Press, 2009.

카르길전쟁에 참전한 인도군.
1999년 인도와 파키스탄이 카르길전쟁을 벌이자 많은 국가가 우려를 표했다. 이 분쟁이 전면전으로 비화하진 않았지만, 핵보유국 사이에 전쟁은 없다는 명제는 또다시 시험대에 올랐다.

위자 모델(rational actor model)은 적어도 현재까지는 핵무장 후 인도-파키스탄 관계에 대한 설명력을 갖고 있다고 본 것이다. 그러나 팬트는 설사 국가들 간의 관계에서는 합리적 행위자 모델이 적용되어 핵억지가 작동한다 하더라도, 테러집단과 같은 비국가 행위자들이 개입할 경우 핵억지론은 중대한 도전에 직면할 수밖에 없다고 지적했다.[39]

파키스탄 정부가 카시미르에서 이슬람 성전주의자(Jihadist) 집단을 지원해온 남아시아적 상황의 특수성은 많은 학자의 주목을 받고 있다. 특히 파키스탄을 통해 이슬람 테러집단이 핵무기를 획득할 경우 이들에게까지 합리적 행위자 모델을 적용하기는 어렵다는 것이다. 그래서 남아시아의 핵무기 확산은 기존 '핵억지론'이 기대고 있는 합리적 행위자 모델에 차원이 다른 도전을 제기하는 것으로 인식한다. 그처럼 핵무

---

39 Harsh V. Pant, "Causes and Consequences of Nuclear South Asia: The Debate Continues⋯," *India Review*, vol. 9, no. 3, July-September 2010, pp.386~387, p.395.

기 확산과 테러리즘이 만나는 남아시아적 맥락은 팬트와 같이 핵억지론을 일정하게 수용하는 학자들과 처음부터 핵억지론의 근본적 한계를 역설하는 세이건 같은 비판자들이 합류하는 지점이다.

그런데 세이건의 관점에서 본다면, 인도와 파키스탄의 핵무장이 핵전쟁 위험을 안게 되는 것은 주로 인도나 파키스탄의 고유한 특성이 기존의 다른 핵보유국들보다 더 질적으로 심각한 문제를 불러일으키기 때문은 아니다. 그것이 가장 근본적 문제는 아니라는 것이다. 그는 "핵무장한 남아시아가 위험한 지역이 된 것은 정부 지도자들의 악의나 비합리성 또는 이 두 나라의 고유한 문화적 특성으로 이 두 나라 지도자들이 전략적 사고를 할 능력이 특별히 없어서가 아니다. 오히려 이들 두 나라가 다른 핵무기 국가들과 마찬가지로 되었기 때문"이라고 주장했다. 인도와 파키스탄 지도자들도 '안전한 핵억지'(secure nuclear deterrence)를 추구하지만 "불완전한 조직들 안에서 불완전한 인간들이 핵무기를 통제하고 있다"라는 전 세계 핵보유국들에 공통적인 상황이 남아시아 나라들에도 역시 적용되기 때문이라는 것이다. 그는 이렇게 결론지었다. "만일 내 이론들이 맞는다면, 이 조직들은 언젠가 안전한 핵억지를 지속하는 데 실패할 것이다. 정확하게 어떤 경로로 '억지'가 붕괴할지 예측할 수는 없다. 그러나 핵무장 후 지난 몇 년 산 남아시아 역사는 불행하게도 비관론적인 조직이론이 예측하는 것들이 사실로 드러날 가능성이 높다는 것을 보여주고 있다."[40]

결론적으로 말한다면 인도-파키스탄의 전쟁과 평화는 핵무장 이후 두 가지 조건에 영향을 받는다고 생각된다. 한편으로는 왈츠 등의 핵억지론이 기대하는 것과 같은, 핵무장 상태에서 서로 신중해지는 효과가 한편에 있을 수 있다. 다른 한편으로 세이건이 강조한 핵무기를 장악한 불완전한 조직들의 불완전한 인간들의 문제로 핵전쟁 가능성까지도 포함한 위험이 증가했다고 말할 수 있다. 이 두 가지 영향이

---

40 Sagan and Waltz, 2013, p.153.

교차하고 착종하면서 인도-파키스탄의 전쟁과 평화 문제는 미래를 예측하기 어렵다.

이러한 상황은 북한이 핵무장을 완성한 것으로 볼 수 있는 2017년 이후 북미관계를 포함한 한반도의 전쟁과 평화에도 적용할 수 있다. 한미 양국 지도자들이 냉철한 이성을 갖고 있다면 그간 습관적으로 진행해온 연례적인 한미 합동군사훈련에서 핵공격과 선제타격 훈련 그리고 지도자 참수작전 등 특전단 훈련을 포함한 공격적 군사전략에 일정한 자제를 할 필요성을 북한 핵무기가 깨닫게 할 수 있다. 한미동 맹이 대북 군사적 압박에서 좀더 신중하도록 압박하는 효과가 있을 수 있는 것이다. 그러나 동시에 세이건이 지적한 바와 같은 위험은 북 미관계와 남북관계에도 모두 작용하게 될 것을 의심하기 어렵다. 이 두 상충하는 요인들 간의 교차와 착종이 또한 향후 한반도의 전쟁과 평화, 그 운명에 영향을 미칠 것이다.

7. 1962년 쿠바 미사일 위기의 기원과 전개 그리고 결말

쿠바 미사일 위기는 1962년 10월 14일(일요일) 막이 올랐다. 이날 미국의 U-2 정찰기는 쿠바 상공에서 사진을 찍었다. 미국 정보기관 은 곧 쿠바에 소련의 핵미사일과 폭격기가 배치되어 있는 것을 알게 되었다. 미국이 파악한 쿠바의 소련 미사일은 중거리급이었다. 미국 의 대서양 연안 도시들을 겨냥해서 적어도 미국인 9,000만 명이 위험 에 처했다는 것을 의미했다.[41]

1) 위기의 기원

쿠바 미사일 위기의 근본적 기원은 두 가지였다. 하나는 쿠바와 미 국의 관계에서 파생된 것이었고, 다른 하나는 소련과 미국 핵전략의

---

41 Robert S. McNamara, *Argument Without End: In Search of Answers to the Vietnam Tragedy*, New York: PublicAffairs, 1999, p.9.

충돌이었다. 우선 쿠바를 보자. 쿠바와 미국 플로리다의 가장 가까운 거리는 103마일(160여 킬로미터) 정도에 불과하다. 그토록 가까웠고 미국 자본을 사랑한 풀헨시오 바티스타(Fulgencio Batista, 1901~73) 친미 독재정권이 통치하던 쿠바는 1959년 1월 카스트로가 이끄는 사회주의 혁명으로 무너졌다. 미국 기업들의 쿠바 내 자본이 국유화되기 시작했다. 1959년 3월 미 백악관 국가안보회의에서 아이젠하워 대통령은 카스트로 정권을 전복할 목적으로 쿠바 망명인 25명을 훈련시킨다는 소규모 CIA 계획을 승인했다. 이들이 다시 다른 쿠바 망명자 집단을 훈련하고, 이들이 쿠바에 침투해 쿠바 내부의 반카스트로 저항세력과 협력해 봉기를 유발한다는 작전 개념이었다.[42]

그러나 곧 쿠바 내부의 반카스트로 저항세력이 보잘것없음이 드러났다. 그래서 미국의 카스트로 정권 전복 음모는 CIA가 주도하는 대규모 쿠바 침공계획으로 확장되었다. 1960년 11월 대통령에 당선된 케네디는 이 작전에 대한 브리핑을 받은 즉시 승인했다. 마침내 1961년 4월 15일 쿠바 공습으로 막이 올랐다. 그러나 미국 침공군은 쿠바 공군과 육군에 완전 포위당해 패주했고, 다수 패잔병이 항복했다. 이걸로 끝이 아니었다. 미국은 몽구스(Mongoose)작전이라는 비밀공작을 끈질기게 계속했다. 쿠바가 카스트로 혁명 정권 아래서 아메리카 대륙 전체에서 새로운 사회 건설의 모델로 성공하는 사태를 막아야 했다. 그래서 쿠바 경제와 사회를 혼란에 빠뜨리고자 했다. 카스트로 암살작전도 포함되어 있었다.[43] 요컨대 쿠바와 그 지도자 카스트로는 바로 이웃한 미국으로부터 실존적 위협에 직면했다.

둘째, 1950년대 말에서 1960년대 초에 미국은 공식적으로 핵 선

---

42 Thomas Powers, *The Man Who Kept The Secrets: Richard Helms &The CIA*, New York: Alfred Knopf, 1979, p.103.

43 U.S. Senate Select Committee on Intelligence *Activities, Interim Report, Alleged Assassination Plots Involving Foreign Leaders*; 이삼성, 『세계와 미국』, 한길사, 2001, 538~545쪽.

제사용을 포함한 대량보복 전략을 유지했다. 이 전략에 따라 소련 주변의 미국 동맹국들 영토에 전술핵무기를 다량 배치한 상태였다. 반면 소련은 미국을 위협할 수 있는 위치에 미국이 가진 것과 같은 군사기지들을 확보하지 못했다. 특히 소련은 터키에 배치되어 있는 미국의 핵미사일 부대를 목의 가시로 여겼다. 사거리가 1,500~3,000 여 마일(2,400~4,600킬로미터)이어서 IRBM인 주피터(Jupiter)는 원래 육군이 개발했지만 공군이 통제권을 갖게 된 핵무기였다. 1956 년 미 해군은 고체연료를 이용한 잠수함발사 탄도미사일인 폴라리 스(Polaris)를 성공적으로 실험했다. 주피터는 그다음으로 미국이 1956~57년에 걸쳐 성공적으로 시험을 마친 지대지미사일이었다. 그런데 1957년 10월 소련의 스푸트니크 위성 발사 성공 이전에는 주피터의 본격적인 생산과 실전배치가 불투명한 상태였다. 스푸트 니크 발사 6일 뒤인 10월 10일 아이젠하워 대통령은 주피터의 본격 생산을 명령했다.[44]

　미 공군은 주피터의 미국 내 배치와 동시에 유럽 배치를 계획했다. 1958년 봄 미국은 주피터 핵미사일 배치를 희망하는 NATO 국가들 과 협상을 시작했다. 처음에는 프랑스에 배치하려고 했다. 그러나 프 랑스와 협상은 곧 무산되었다. 미국은 이탈리아와 터키를 대안으로 모색했다. 1958년 말 이탈리아는 주피터 미사일 두 개 편대를 받아들 이기로 했는데, 조건은 이탈리아 공군이 그 부대를 관장하는 것이었 다. 한편 1959년 10월 말 터키 정부도 주피터의 자국 배치에 합의했 다. 이탈리아 공군 요원들이 미국에서 미사일 훈련을 마친 것은 1960 년 7월이었고, 이탈리아에 배치된 첫 주피터 미사일 3기는 1960년 7 월 처음으로 실전 운용에 들어갔다. 터키의 경우 처음에는 미국 공군 요원들이 터키에 배치된 미사일 부대를 운용하면서 터키 요원들을 훈 련하고 나중에는 이 미사일 부대에 대한 통제권을 터키 공군에 넘기

44　Global Security, "Jupiter"(https://www.globalsecurity.org).

는 것으로 했다. 터키 시글리(Cigli) 공군기지의 주피터 미사일 1개 편대가 실전운용에 들어간 것은 1962년 4월이었다.[45]

소연방 해체 후인 1994년 그리브코프 장군이 미국의 윌리엄 스미스(William Y. Smith, 1925~2016) 장군과 같이 쓴 책에서 밝힌 바에 따르면, 니키타 흐루쇼프(Nikita Khrushchev, 1894~1971)가 당시 소련 미사일을 쿠바에 배치할 필요성에 대해 공산당 정치국원들을 설득하면서 밝힌 가장 중요한 이유는 쿠바에 대한 미국의 침략을 막아야 한다는 것이었다. 케네디는 소련이 쿠바에 핵미사일을 배치한 동기를 '미국에 대한 핵타격 능력'을 향상하려는 것이었다고 단정했다. 그러나 그것은 유일하거나 주된 동기가 아니었다고 그리브코프는 지적했다. 하지만 그도 소련의 두 번째 동기는 역시 당시 소련이 ICBM에서 미국에 비해 상대적으로 낙후했기 때문에 그것을 보완함으로써 '핵테러의 균형'(balance of nuclear terror)을 맞추기 위한 것이었다는 사실도 인정했다. 그래서 그는 결국 이 위기가 해소되면서 소련이 미사일들을 철수하여 두 번째 목적은 이루지 못했지만, 첫 번째 주된 목적은 달성했다고 주장했다.[46]

2) 쿠바 내 소련 미사일 발견과 미사일 위기의 전개

1962년은 그런 점에서 쿠바 카스트로 정권과 소련 흐루쇼프 공산당 서기장이 저마다 쿠바에 소련 핵무기를 배치하는 위험을 무릅쓸 동기를 갖게 된 때였다. 케네디 대통령이 쿠바에 소련의 핵미사일이 배치되어 있다는 사실을 세상에 공표한 때는 1962년 10월 22일이다. 소련 장군 그리브코프는 그 5개월 전 이미 쿠바에 건너가 MRBM급인 R-12와 IRBM급인 R-14배치를 준비하는 일을 시작했다.[47]

---

45 Global Security, "Jupiter"(https://www.globalsecurity.org).

46 Antoli I. Gribkov and William Y. Smith, *Operation ANADYR: U.S. and Soviet Generals Recount the Cuban Missile Crisis*, Chicago: edition q, 1994, p.4.

47 Gribkov and Smith, 1994, p.4.

그리브코프에 따르면, 1962년 9월 중순 R-12 미사일 36기가 쿠바에 도착했다. R-14 미사일 24기가 쿠바를 향해 항해를 시작한 것은 R-12에 비해 한 달 늦은 10월 중순이었다. R-12 미사일들에 장착할 핵탄두들이 쿠바에 도착한 것은 10월 4일이었다. 이 핵탄두들을 실은 화물선 인디기르카호(Indigirka)에는 KGB 부대들도 함께 승선해 크루즈미사일 FKR에 장착할 80개 핵탄두와 일류신-28(Ilyushin-28) 전투기에 장착될 6개 핵폭탄 그리고 SRBM인 루나(Luna)에 쓰일 12개 핵탄두를 경비했다. 이와 별도로 또 다른 화물선 알렉산드로프스크호(Alexandrovsk)에는 R-14 미사일에 장착될 24개 핵탄두가 실려 있었다.[48]

이 가운데 알렉산드로프스크호는 쿠바 북부 해안의 고립된 작은 항구 라 이사벨라(La Isabela)에 묶이게 된다. R-14 미사일이 도착하지 않은 상태에서 핵탄두를 하역하는 것은 무의미했으므로 배에 탄두를 실은 채였다. R-14 미사일들을 실은 배는 그때 항해 중이었고, 결국 미국의 해상봉쇄로 쿠바에 올 수 없게 된다.[49]

케네디 대통령은 1962년 9월 4일 쿠바에 소련의 핵미사일이 배치된 사실에 대한 구체적 정보가 없는 상태에서 소련에 공개적으로 경고했다. 공격적 무기체계를 쿠바에 들여오지 말라고 한 것이다. 그로부터 40일이 지난 10월 14일 쿠바 상공을 날던 미국의 U-2 정찰기는 소련제 중거리급과 중장거리급 핵미사일기지를 건설 중임을 포착했다. 이 사진들은 다음 날인 15일 백악관에 전달되었다. 이로써 쿠바 미사일 위기가 막이 올랐다.

케네디 행정부가 검토한 대응책은 여섯 가지였다.[50] 1) 소련 미

---

48 Gribkov and Smith, 1994, pp.45~46.

49 Michael Dobbs, *One Minute to Midnight: Kennedy, Khrushchev, and Castro on the Brink of Nuclear War*, New York: Alfred A. Knopf, 2008, p.62.

50 Graham T. Allison and Philip D. Zelikow, *Essence of Decision: Explaining the Cuban Missile Crisis,* New York: Addison Wesley Longman, 1999(Second Edition),

사일이 미국에 제기하는 위협은 어제오늘의 일이 아니므로 대응하지 않는다(do nothing). 2) 소련이 미사일을 제거하도록 외교적 압력을 행사한다(diplomacy). 3) 카스트로를 비밀리에 접촉해 러시아와 관계를 끊든지 미국 침공을 감수하든지 선택하라고 요구한다(secret approach). 4) 쿠바를 전면적으로 침공해 카스트로 정권을 무너뜨린다(invasion). 5) 공군이 쿠바 내 모든 미사일기지를 공격한다(air strike). 6) 해군이 쿠바 주변을 봉쇄해 미사일이 쿠바에 도착하는 것을 막는다(blockade).

이들 가운데 케네디 행정부가 실제적으로 고려한 방안은 두 가지로 압축되었다. 하나는 공습과 침공을 결합하는 강경책, 다른 하나는 상대적으로 온건한 해상봉쇄(naval quarantine)였다.[51] 그런데 이 두 방안은 서로 연결된 것이기도 했다. 해상을 봉쇄해 소련 미사일 철수가 관철되지 않으면 공습을 시작으로 하는 쿠바 침공이라는 좀더 단호한 행동을 취한다는 것이었다.

케네디 대통령이 쿠바에 대한 해상봉쇄를 명한 것은 10월 22일이다. 그날 케네디는 흐루쇼프에게 전문을 보냈다. 미국은 쿠바에 소련의 공격적 무기가 배달되는 것을 묵과할 수 없으며, 기왕에 완성되었거나 건설 중인 미사일기지들을 해체하고 모든 공격적 무기를 소련으로 철수하라는 내용이었다. 미 합참은 이와 동시에 전군에 '데프콘 3'를 발령했다.[52] 이틀 뒤인 10월 24일 흐루쇼프가 미국 통첩에 회신했다. 그는 미국의 해상봉쇄 조치는 '침략행위'(act of aggression)이며,

---

pp.111~116.

51 케네디 행정부는 실제는 naval blockade인 것을 naval quarantine이란 용어로 표현했는데, 이는 naval blockade는 대체로 전시상태를 내포한 개념이기 때문이다.

52 DEFCON(Defense Readiness Condition)은 미군이 사용하는 경계태세 지표다. 가장 낮은 수준인 5에서 가장 높은 수준인 1까지 있다. 5: 가장 낮은 경계상태로 정상적 태세(normal readiness). 4: 정상적 태세 이상으로 강화된 안보 조치. 3: 공군이 15분 내 동원 태세를 취한다. 2: 핵전쟁 이전의 상태. 1: 핵전쟁이 임박한 상태를 가리킨다.

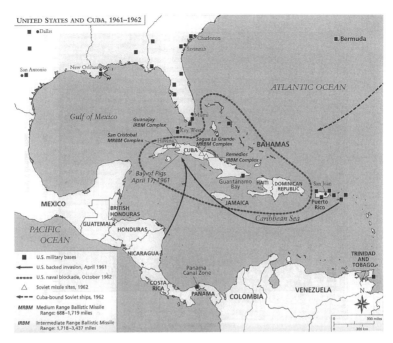

쿠바 미사일 위기 당시 미국이 설정한 해상봉쇄선.
흐루쇼프는 미국의 해상봉쇄 조치가 '침략행위'이며, 쿠바행 소련 선박은 예정대로 항해할 것이라고 밝혔다.

쿠바행 소련 선박은 예정대로 항해할 것이라고 했다. 이날 미국 핵무기를 관장하는 전략공군사령부(SAC)는 '데프콘 2'로 경계태세를 높였다. 미군의 다른 부대들은 데프콘 3를 유지했다. 전략공군사령부는 데프콘 2를 11월 15일까지 유지하게 된다. 10월 24일과 25일 쿠바로 향하던 소련 선박들 일부는 해상봉쇄 라인에서 회항(回航)했다. 다른 선박들은 미 해군이 정지시켜 검색했지만 핵미사일 같은 공격적 무기를 싣고 있지 않은 게 확인되어 항해를 계속할 수 있었다.

10월 25일 밤부터 미국은 전략폭격기 1,500대를 상시 경계태세에 두었다. 이들 모두 핵무기를 장착한 상태였다. 이 가운데 200대는 항상 상공에 뜬 상태를 유지했다. ICBM 145기가 발사 준비 태세에 돌입했다. 이들 모두는 소련을 목표로 삼았다. 미국이 이러한 상태에 돌

입한 것은 전무후무한 일이었다.[53]

10월 26일 금요일 케네디 대통령은 참모들에게 "이제 쿠바에 대한 침공만이 미사일을 제거할 수 있을 것 같다"고 말했다. 이날 쿠바와 소련 정보기관들은 미국이 쿠바에 대한 대규모 침공을 준비하는 상세한 내용을 보고했다. 이날 오후 쿠바의 소련군은 상당수 핵무기를 저장고에서 꺼내 발사대로 옮겼다. 그리고 쿠바 주재 소련대사는 흐루쇼프에게 "우리는 모든 필요한 조치를 취했다"는 전문을 보냈다.[54] 핵전쟁을 위한 준비를 끝냈다는 뜻이었다.

미국은 10월 26일 오후, 그처럼 쿠바 침공과 함께 소련과 핵전쟁을 각오했다. 소련 또한 미국의 쿠바 침공 계획을 파악하고 이에 대비한 핵전쟁 태세를 갖추었다. 쿠바 미사일 위기가 결정적으로 고조된 것이다. 그런데 이날 오후는 동시에 미소 간 상호타협을 위한 은밀한 접촉이 시작된 시점이기도 했다. 소련 측은 이날 두 가지 방식으로 미국에 타협안을 제시한 것으로 파악된다. 먼저 한 소련 요원이 미국의 대표적 텔레비전 방송사인 ABC 뉴스의 존 스칼리(John Scali, 1918~95) 기자에게 접근했다. 이 요원은 "만일 미국이 쿠바를 침공하지 않을 것을 약속하면 소련 미사일을 쿠바에서 철수하겠다"고 제안했다.[55]

미 백악관이 뒷문으로 들어온 그 제안을 검토하던 26일 저녁 흐루쇼프는 케네디에게 메시지를 하나 보냈다. 감정이 많이 섞인 이 메시지에서 흐루쇼프는 '핵 홀로코스트'(nuclear holocaust)에 대한 두려움을 피력하면서 소련 요원이 그날 스칼리 기자에게 제안했던 내용과 거의 완전히 같은 타협안을 제시했다. 이 메시지를 접한 백악관은 평화적 해결에 대한 기대를 잠시 가졌다. 그러나 이러한 낙관은 곧 사그라지고 말았다.

---

53 Peter Jennings Reporting, "The Missiles of October: What the World Didn't Know," From the ABC TV Documentary aired in 1992.

54 Jennings, "The Missiles of October," 1992.

55 Jennings, "The Missiles of October," 1992.

다음 날인 27일 쿠바 미사일 위기 기간 중 가장 위험한 날로 기록될 일들이 벌어졌기 때문이다. 10월 27일 토요일 세 가지 사태가 전개되었다. 첫째, 흐루쇼프는 미국이 생각지 않았던 새로운 조건을 내건 메시지를 미국에 타전했다. 터키에 있는 미국의 주피터 미사일을 철수하라는 것이었다.

둘째, 쿠바 상공을 날던 미국 U-2 첩보기가 격추되는 사건이 벌어졌다. 군사적 충돌이 시작된 셈이었다. 케네디 대통령과 참모들은 며칠 내로 쿠바 침공을 단행하는 것을 불가피하게 여기는 분위기가 되었다. 이때 케네디를 포함한 미국 지도자들은 쿠바의 소련군 사령관이 침공하는 미군을 상대로 전술핵을 사용할 권한을 갖고 핵전쟁을 준비한다는 사실은 까맣게 몰랐다.[56]

셋째, 미국의 U-2 첩보기 한 대가 소련 영공인 시베리아 동북부 추코츠크(Chukhotsk) 반도에 침입해 들어가면서 그 지역 소련 방공체제의 대응을 불러일으키는 사태가 발생했다. 이 첩보기는 나중에 미국 측이 제시한 설명에 따르면 일상적인 핵무기 탐지를 위한 공기 샘플 채취 작업을 하던 중이었다. 조종사가 항해 실수를 한 것이었고 미국 전투기의 에스코트를 받아 알래스카의 미 공군기지로 무사히 귀환했다. 그런데 소련 측은 이 사건을 미국이 자신의 전략적 우월성을 과시한 행위로 인식했다. 침투 위치가 그렇게 민감한 지역은 아니었지만 어떻든 쿠바 위기가 절정에 달했던 시점에 벌어졌고 그만큼 긴장을 높이는 사태가 아닐 수 없었다.[57]

당시 백악관에서 미국 첩보기가 소련 영공을 침범한 사태를 대통령에게 보고한 당사자는 1961~63년 기간 국무부 정보분석국장(Director of the Bureau of Intelligence and Research)을 맡고 있던 로

---

56 Jennings, "The Missiles of October," 1992.
57 Raymond L. Garthoff, *Reflections on the Cuban Missile Crisis*, Revised Edition, Washington, D.C.: The Brookings Institution, 1989, pp.89~90.

저 힐스만(Roger Hilsman, 1919~2014)이다. 그는 대통령이 국가안보 보좌관 참모 맥조지 번디(McGeorge Bundy, 1919~96) 등과 함께 있는 방에 들어가 그 소식을 전했을 때 방안엔 '무서운 침묵'(a terrible silence)이 내려앉았다고 회고했다. 그는 미국 공영방송 PBS가 1992년에 방영한 다큐멘터리 「벼랑에서」(At The Brink)에 삽입된 인터뷰에서 당시 모두가 "소련은 미국이 선제타격을 위한 준비로 정찰기를 보낸 것이라고 해석했을 것"이라고 우려했기 때문이었다고 말했다. 미국의 여러 정책결정자도 그날 저녁 '전쟁이 불가피하다'고 느꼈다고 회고했다. 국방장관 맥나마라도 그중 하나였다. 그는 위의 PBS 다큐멘터리에서 이렇게 말했다. "나는 그 토요일 저녁에 백악관을 떠나던 때가 기억나요. 그것은 아름다운 황혼이었습니다. 나는 '저게 내가 보는 마지막 해넘이겠구나'라고 생각했습니다.'**58**·

27일은 그처럼 '검은 토요일'(Black Saturday)로 불린 가장 위험한 날이었던 동시에 케네디 대통령이 소련이 제기한 두 가지 협상 조건에 대해 해결책을 모색한 날이기도 했다. 가장 고조된 위기의 순간에 해결의 실마리를 찾은 셈이었다. 그날 밤 케네디는 공식채널과 비공식채널 두 가지를 모두 동원함으로써 미국의 체면을 유지하는 동시에 소련의 협상 조건을 충족하는 방법을 선택했다. 우선 케네디는 흐루쇼프에게 만일 소련이 유엔 감독하에 쿠바에서 소련 미사일을 철거하겠다고 약속하면 미국은 쿠바를 공격하지 않을 것을 보장하겠다는 메시지를 보냈다. 다른 한편으로 케네디는 당시 검찰총장을 맡고 있던 자신의 동생 로버트 케네디(Robert Kennedy, 1925~68)를 주미 소련 대사 아나톨리 도브리닌(Anatoly Dobrynin, 1919~2010)에게 보냈다. 그는 도브리닌에게 미국은 터키의 주피터 미사일을 철거하겠다고 약속했다. 단 이 흥정에 대해서는 소련도 비밀로 해달라고 요구했다.

---

58 The Public Broadcasting Service(PBS), "At the Brink," Aired on PBS on February 10, 1992.

다음 날인 28일 아침 흐루쇼프는 소련은 쿠바에서 소련 미사일들을 해체하여 철거할 것이라는 공식성명을 발표했다. 이렇게 해서 결정적 고비는 넘어갔다. 미국이 쿠바에 대한 해상봉쇄를 푼 것은 11월 20일이다. 소련이 쿠바에서 일류신-28 폭격기들을 철수한 날이었다. 미국이 주피터 미사일을 터키에서 철거한 것은 그로부터 5개월 뒤인 1963년 4월이다.

흐루쇼프는 훗날 자신이 쿠바 미사일 위기에서 두 가지 목적을 다 이루었다고 주장했다. 미국은 쿠바를 다시는 괴롭히지 않았고, 터키의 주피터 미사일을 철수시켰기 때문이라고 했다. 그러나 당시 쿠바 미사일 위기에서 영웅으로 떠오른 것은 존 F. 케네디였다. 로버트 케네디가 소련에 전달한 약속이 비밀에 부쳐졌기 때문이다. 공통된 것은 두 지도자 모두 머지않아 불행한 결말을 맞이했다는 것이다. 흐루쇼프는 1964년 서기장 자리에서 퇴진해야 했다. 존 F. 케네디는 그보다 전인 1963년 11월 22일 텍사스주 댈러스에서 암살당하고 말았다.

8. 미사일 위기 속 카스트로와 쿠바인들의 인식과 행동

미국 ABC 방송은 1992년 저명한 앵커 피터 제닝스(Peter Jennings, 1938~2005)가 리포트하는 형식을 취한 다큐멘터리에서 그때로부터 30년 전 벌어진 쿠바 미사일 위기의 진실과 교훈을 탐색했다. 이 다큐는 당시 쿠바 정부와 군 인사들을 인터뷰해 그 위기의 날들에 관해 물었다. 당시 쿠바 방첩부대를 책임졌던 파비안 에스칼란테(Fabian Escalante)는 ABC와 인터뷰에서 "나는 금요일(10월 26일) 밤을 기억합니다. 우리는 모두 서로에게 '굿바이'라고 인사했어요. 아무도 다음 날 햇빛을 보게 되리라 생각지 않았기 때문이죠. 매우 극적인 순간이었고, 아주 아름다운 순간이었어요. 아무도 두려워하지 않았거든요." 이때 분명 쿠바인들은 미국이 불과 몇 시간 안에 침공할 것이라고 믿었다.[59]

---

59 Jennings, "The Missiles of October," 1992.

쿠바의 소련군 인사들도 이날 쿠바인들의 태도를 인상 깊게 기억했다. 소련 육군 소속 기술자였던 빅토르 세미킨(Victor Semykin)은 ABC와 인터뷰에서 이렇게 회고했다. "쿠바인들은 우리가 우리 무기(핵미사일)들을 사용해야 한다고 정말로 고집했어요. 그들은 그렇지 않다면 뭐 하러 여기 왔냐고 우리에게 말하곤 했죠. '너희 무기를 사용해라. 우리는 전쟁할 준비가 되어 있다'라고 말이죠. 그 사람들은 자신을 희생할 준비가 되어 있다고 정말 강하게 믿었던 것 같아요. 또 그 사람들은 말하곤 했죠. '쿠바는 사라져도 사회주의는 승리할 것이다'라고 말이죠. 그 사람들은 정말 자신들을 희생할 각오였어요."[60]

26일 밤이 지난 다음 날 새벽 3시에 카스트로는 소련 대사관에 들러 흐루쇼프에게 격한 감정으로 적극적인 핵무기 사용을 호소한 것으로 알려져 있다. 옆에서 소련대사 알렉산더 알렉세이예프(Alexander Alexeyev, 1913~2001)가 진땀을 흘리며 카스트로의 말을 러시아어로 통역하자 흐루쇼프는 카스트로에게 물었다. "소련이 먼저 핵공격을 해야 한다는 뜻입니까?" 카스트로는 이렇게 답했다. "이걸 직접 말하고 싶지는 않습니다. 그러나 그들(미국)이 쿠바를 공격하면 우리는 그들을 지구상에서 완전히 날려버려야 합니다"(We should wipe them off the face of the earth).[61]

10월 27일 밤에서 28일 아침 사이 미소 간에 비밀스러운 협상이 오고 갈 때, 쿠바 지도자 카스트로는 협의 과정에서 배제되었다. 쿠바 주재 소련대사 알렉세이예프는 나중에 밝히기를, 흐루쇼프는 카스트로 의견을 듣기를 의도적으로 피했는데, 케네디에게 답신 보내는 일이 몇 시간 더 늦어질 것을 우려했기 때문이라고 했다. 카스트로가 소련의 결정을 알게 된 것은 라디오 뉴스를 통해서였다. 카스트로는 분

---

60 Jennings, "The Missiles of October," 1992.

61 Jennings, "The Missiles of October," 1992.

쿠바 미사일 위기가 한창이던 1962년 10월 23일, 텔레비전에 나와 미국의 해상봉쇄 조치를 강력히 항의하는 카스트로.

노에 휩싸였다. 카스트로는 "소련은 쿠바를 흥정 칩(bargaining chip) 으로 취급했다"며 화를 냈다. 그는 쿠바를 침공하지 않을 거라는 미국 의 약속을 믿을 수 없었다. 그래서 소련이 쿠바에서 핵미사일을 철수 하는 것을 '배신'으로 간주했다.[62]

그리브코프 장군에 따르면, 카스트로는 케네디와 흐루쇼프의 협상 결과에도 화를 냈지만, 그를 정말 분노하게 만든 것은 역시 흐루쇼프 가 쿠바에 미사일을 배치할 때와 달리 철수 결정을 하면서 그와 아무 런 협의를 하지 않았다는 사실이었다. 그리브코프는 한편으로 카스트 로를 이해한다고 했다. 그러나 그는 다른 한편으로 쿠바인들도 당시 미소 두 나라가 전 지구적인 핵 재앙에서 반걸음밖에 떨어져 있지 않 았으며, 따라서 '(케네디와 흐루쇼프 중) 누구도 1분도 낭비할 수 없 는' 처지였다는 것을 이해해야 한다고 지적했다.[63]

장차 만일 북한과 미국 사이에 1962년 10월 쿠바 미사일 위기 같은

---

62 Jennings, "The Missiles of October," 1992.

63 Gribkov and Smith, 1994, p.72.

상황이 벌어진다면 김정은과 그의 참모들도 카스트로와 그의 부하들이 빠졌던 심리상태를 겪는 순간이 있을 수 있다. 그들은 조선민주주의인민공화국이 지구상에서 사라지는 한이 있더라도 전쟁을 피할 수 없으며, 그러므로 핵무기를 날려야 한다고 생각하는 순간 말이다. 그런데 김정은은 카스트로와 다른 사정도 있다. 카스트로는 쓰고 싶은 핵미사일이 쿠바에 있었지만 그건 자신의 것이 아니었고 흐루쇼프와 소련 사령관들이 통제했다. 그래서 카스트로는 흐루쇼프에게 한 밤중에 전화를 걸어 소련 핵무기를 사용해달라고 눈물로 호소해야만 했다. 김정은은 그와 달리 자신의 핵무기를 갖고 있다.

일제강점기인 1926년 발표된 번안가요 「사(死)의 찬미(讚美)」는 이오시프 이바노비치(Iosif Ivanovic, 1845년경~1902)가 작곡한 「도나우강의 푸른 물결」에 윤심덕(尹心悳, 1897~1926)이 자기 심정을 담은 가사를 붙인 것이다. 여기에 "세상의 것은 너에게 허무니 너 죽은 후에 모두 다 없도다"라는 구절이 있다. 카스트로는 1962년 10월 미국의 침공으로 자신의 정권이 무너진다면 쿠바는 존재할 가치가 없는 것처럼 생각했다. 핵전쟁으로 쿠바가 그 땅에 사는 수많은 인생과 함께 지구상에서 사라져도 좋은 것처럼 행동했다. 카스트로의 생각과 행동은 김정은과 그의 부하들도 유사시 그들이 없는 한반도는 존재할 가치가 없다고 생각하고 행동할 가능성을 배제할 수 없음을 보여주는 슬픈 역사의 거울인 것은 아닐까.

9. 쿠바 위기의 교훈 1: 불완전 정보와 오인투성이

쿠바 미사일 위기 당시 국방장관 맥나마라는 현장에서 핵무기 버튼 앞에 대통령과 함께 서 있었다. 수십 년이 흐른 뒤 맥나마라는 1962년 10월 당시의 진실에 뒤늦게 접근하여 추가로 깨닫는 중요한 교훈이 있었다. 그는 위기의 현장에 있을 때는 자신이 상대방 의도와 움직임에 대한 충분한 정보를 갖고 이성적으로 판단하며 상황을 통제한다고 믿었다. 그러나 미소 양측 지도자들이 서로의 의도와 상황에 대하여 얼마나 무지한 상태에서 핵무기 버튼 앞에 서 있었는지 맥나마라는 무려 30년이 지난 뒤에야 절실하게 깨달았다. 위기가 마지막 순간에 해소되기 직전까지 미국 정책결정자들의 머릿속은 투명한 정보와 명철한 이성이 아닌 제한된 정보에 바탕을 둔 오인과 오산으로 가득 차 있었다.

10월 24일(수요일) 케네디 행정부가 소련 핵미사일들의 즉각 철거를 요구하며 쿠바에 대한 해상봉쇄를 강행하면서 미사일 위기가 고조되었다. 해상봉쇄와 함께 미국 정부는 쿠바 미사일기지들에 대한 공습과 상륙 침공 작전을 위한 준비를 시작했다. 맥나마라에 따르면, 미국이 작성한 비상계획은 공습을 강행하는 첫날 공습을 1,080회 실시하는 엄청난 스케일의 군사작전이었다. 침공 작전에 참여할 18만 병력이 미국 동남부 항구들에 집결했다. 이런 가운데 10월 27일(토요일)과 28일(일요일) 위기는 절정에 달했다. 맥나마라는 만일 이때 소련 지도자 흐루쇼프가 28일 일요일 쿠바의 소련 미사일들을 철거하겠다는 공개적인 발표를 하지 않았다면 바로 그다음 날인 29일(월요일) 케네디 행정부 참모진 대다수는 군부와 민간인 모두 쿠바에 대한 공격을 강행하라고 건의했을 것이라고 단언했다.[64]

이상은 맥나마라가 당시 미국이 알고 있던 정보에 근거하여 전개했던 행동과 계획의 핵심이었다. 위의 내용만으로도 당시 인류가 전면적인 핵전쟁 위험성에 지극히 근접했다고 믿을만하다. 문제는 그것이 당시 위기의 실체의 전모이냐다. 미국, 소련, 쿠바 세 나라 지도자는 상대국이 어떤 의도와 어떤 군사행동 계획을 준비하고 실행하는지 서로 충분히 인식할 수 있는 상호소통과 정보 공유를 하지 않았다. 각자 군사행동 계획이 어떤 결과를 가져올지 가늠할 수 없는 조건에서 최악의 시나리오에 대비한 극단의 군사작전 계획을 갖고 서로 압박했다. 흐루쇼프의 결단으로 위기는 해소의 전기를 마련했지만, 그 직

---

64   McNamara, 1999, p.9.

전까지 당시 인류가 직면했던 위기의 전모를 이해하려면 당시 미국뿐 아니라 소련과 쿠바 지도자들이 어떤 자세와 준비를 갖추었는지 확인할 필요가 있다.

미사일 위기 당시 미국과 러시아, 쿠바 세 나라에서 중요한 정책결정자 위치에 있던 여러 인사와 전문가들이 맥나마라 전 국방장관 주도하에 1987년에서 1992년에 걸쳐 다섯 차례 공동회의를 조직했다. 1992년에 열린 마지막 회의는 쿠바 대통령 카스트로가 의장을 맡았다. 그 위기의 시점에서 상호 간에 존재한 오해와 오판 여부와 그 내용을 파악함으로써 위기의 실체를 좀더 정확하게 규명하고 이해해 훗날 교훈으로 삼고자 하는 이른바 '비판적 구술사'(critical oral history) 접근법을 적용해본 것이다.[65]

1989년 모스크바에서 열린 제3차 회의의 결론은 미사일 위기의 전과 위기 기간 그리고 위기 이후 모두에서 세 나라의 정책결정이 잘못된 정보와 오산(誤算)과 오판으로 왜곡되었다는 것을 확인해주었다. 정보 부족과 오산 그리고 그에 기초한 오판은 위험을 줄일 기회를 차단하고 오히려 증폭하게 됨은 말할 필요도 없다. 이 모스크바 회의와 쿠바 하바나에서 열린 다섯 번째 회의는 당시 케네디 대통령과 맥나마라 국방장관이 인식한 것보다 핵전쟁 위험성이 훨씬 더 심각했다는 것을 밝혀주었다고 맥나마라는 증언했다.

맥나마라가 지적하는 내용에 비추어 당시 양측 지도자들이 충분히 인식하지 못했던 위기의 실체는 적어도 세 가지를 포함했다.

첫째, 위기 당시 CIA 정보 분석을 바탕으로 미국 정부는 쿠바에 소련의 미사일기지와 미사일들이 배치되어 있다는 사실은 알고 있었다. 그러나 실제 그 미사일들에 핵탄두가 장착되어 있는 사실은 몰랐다. 그런데 바르샤바조약기구(Warsaw Pact)의 참모총장을 지낸 그리브코프는 1962년 당시 쿠바에 배치된 소련군은 미국 도시들을 겨냥

---

65 McNamara, 1999, pp.8~9.

쿠바 미사일 위기 당시 쿠바에는 일류신-28 폭격기(위)와 루나 미사일도 있었다. 모두 미국에 핵공격을 할 수 있는 무기들로서, 당시 미국은 이 사실을 제대로 파악하지 못했다.

한 MRBM에 장착될 핵탄두들은 물론이고 핵폭탄과 전술핵탄두들까지도 갖고 있었다고 증언했다. 1992년 11월 러시아 언론이 밝힌 추가 정보에 따르면, 미사일 위기가 최고조 상태에 있을 때 쿠바의 소련군이 보유한 핵탄두는 162개에 달했고 그 가운데 적어도 90개는 전술핵탄두였다.[66]

케네디가 쿠바에 대한 해상봉쇄를 명령할 때 쿠바에 배치된 핵무기의 실체에 대해 그리브코프 장군이 1994년 저서에서 밝힌 바에 따르면, 쿠바의 소련군은 앞서 언급한 MRBM과 IRBM뿐만 아니라 25마일(40킬로미터) 사거리에 고체연료를 사용하는 SRBM인 '루나'들이 22킬로톤급 핵폭탄을 장착한 채 대기했다. 이 무기들은 쿠바를 침공하는 미군에 사용될 계획이었다. 또 일류신-28 폭격기 6대가 핵폭탄과 16개 크루즈미사일 발사대를 장착하고 있었다. 일류신-28 폭격기

---

66 James G. Blight, Bruce J. Allyn, and David A. Welch, *Cuba on the Brink: Castro, the Missile Crisis, and the Soviet Collapse*, New York: Pantheon, 1993, pp.56~63; McNamara, 1999, pp.9~10.

는 6킬로톤급 핵폭탄을 싣고 200마일(약 320킬로미터)을 날 수 있었다. 크루즈미사일 발사대는 각기 5개 크루즈미사일을 장착했다. 결국 일류신-28 6대가 이 크루즈미사일을 모두 80기 발사할 수 있었고, 이 크루즈미사일의 사거리는 90마일(150킬로미터)이었다. 그래서 루나 미사일은 쿠바의 서해안과 동남해안에 배치되어 침공해오는 미국 함대들을 타격할 수 있었고, 일류신-28 폭격기들은 침공군이 집결해 있는 미국 항구들을 공격할 수 있었다.[67]

둘째, 쿠바의 소련군은 10월 26일 미국의 쿠바 침공작전을 예상하고 핵탄두들을 저장고에서 꺼내 미사일과 폭격기에 더 가까운 위치로 이동했다. 이것은 그리브코프가 1994년 4월 워싱턴에 소재한 우드로 윌슨센터에서 밝힌 내용이라고 맥나마라는 설명했다.[68] 쿠바 주차 소련군 사령관 이사 플리예프(Issa Pliyev, 1903~79)는 10월 27일 자신이 취한 그 같은 조치를 국방장관 로디온 말리놉스키(Rodión Malinovsky, 1898~1967)에게 전보로 보고했다. 말리놉스키에게서 그 전문을 건네받은 흐루쇼프는 그 문서에 '승인함'(Approved)이라고 서명했다. 당시 미국은 소련이 미사일 철거를 공개적으로 약속하지 않을 경우 공습을 포함한 쿠바 침공작전을 실행할 준비를 했다. 맥나마라에 따르면, 당시 군부 지도자들과 민간인 참모진 모두 쿠바 침공을 케네디 대통령에게 건의할 것이 확실시되었다. 그렇다면 미국이 쿠바를 공격했을 때 쿠바의 소련군은 그들이 보유한 핵무기를 사용할 가능성이 매우 높았다.[69]

알렉산드르 푸르센코(Aleksandr Fursenko, 1927~2008)와 티모시 나프탈리(Timothy Naftali)가 한 저서의 제목으로 달았듯이 당시 미

---

67 Gribkov and Smith, 1994, p.4.

68 McNamara, 1999, p.10.

69 Aleksandr Fursenko and Timothy Naftali, *One Hell of a Gamble: Khrushchev, Castro, and Kennedy, 1958-1964: The Secret History of the Cuban Missile Crisis*, New York: Norton, 1997; McNamara, 1999, p.10.

국과 소련은 형언하기 어려울 정도로 위험한 도박에 골몰해 있었다. 맥나마라가 분명히 언급했듯이, 당시 쿠바 침공에 임한 미군이 전술 핵탄두를 갖고 가는 것은 아니었지만, 만일 미국 침공군이 쿠바에서 소련의 전술핵무기 공격을 받았다면 미국 역시 핵무기로 대응할 수밖에 없었을 것이다.[70]

셋째, 카스트로를 포함한 쿠바 정부 인사들과 군부 지도자들이 당시 갖고 있던 인식과 행동에도 주목할 필요가 있다. 맥나마라는 특히 카스트로 발언에서 전율할 정도의 충격을 받았다고 밝혔다. 하바나 회의에서 맥나마라는 카스트로에게 두 가지 질문을 던졌다. 1) 당신은 당시 소련이 전술핵탄두를 배치하고 사용할 계획을 했다는 사실을 알고 있었는가, 2) 핵무기 사용이 쿠바에 미칠 영향에 대해 어떤 생각과 기대를 갖고 있었는가. 또 그 경우 미국은 어떻게 대응할 것으로 생각했는가. 그리고 그러한 미국의 대응이 쿠바와 세계에 던지는 의미에 대해 어떤 생각을 했는가.

맥나마라의 질문에 대한 카스트로 답변의 요지는 다음과 같았다. 미국이 쿠바를 침공해서 핵전쟁이 있어났다고 전제할 때, 자신들은 쿠바가 지구상에서 사라질 것이 확실하다고 생각했다고 말했다. 그럼에도 카스트로는 핵무기 사용에 동의했을 것이라고 말했다. "당신이 말하는 침공이 벌어졌을 때 나는 전술핵무기를 사용하는 데 동의했을 것이다. 만일 맥나마라 씨나 케네디 씨가 우리 처지에 놓였다면 그래서 그들 나라가 침략을 당하고 점령당할 처지에 있다면 그들도 전술핵무기를 사용했을 것이라고 나는 믿는다."[71]

맥나마라는 카스트로 발언을 인용한 뒤 케네디 대통령은 그런 상황, 즉 미국이 침략과 점령을 당할 상황에 처했더라도 카스트로 말처럼 핵무기를 사용하지는 않았기를 '희망'한다고 말했다. 그러나 동시

70　McNamara, 1999, p.10.

71　Blight, Allyn, and Welch, 1993, p.252; McNamara, 1999, p.11.

에 그는 "모든 인간은 잘못을 범하고 실수를 하는 존재"임을 상기했다. 재래식 전쟁에서 실수는 때로 수천 명을 희생하지만, 핵무기 사용 여부가 관계된 결정에서 발생하는 실수는 나라들 전체를, 나아가 인류 문명의 존폐를 가를 수 있다. 그래서 맥나마라는 인간의 오류 가능성(human fallibility)과 핵무기가 결합할 때 고도한 핵 재앙의 위험성이 현실화될 수 있다는 점을 상기시켰다.[72]

여기서 맥나마라가 언급하지 않은 또 하나 치명적인 위기 요인이 있었다. 이 역시 그리브코프 장군이 1994년의 저서에서 밝힌 내용이다. 그는 이렇게 말했다. "미국 정보기관은 (위에서 언급한) 무기들을 포착해서 알게 되었을 것이다. 그러나 워싱턴의 그 누구도 흐루쇼프가 쿠바 주차 소련 군단 사령관 플리예프 장군에게 전투가 가열된 비상 상황에서 모스크바와 통신이 불가할 때는 쿠바에 배치된 무기들과 핵폭탄을 사용할 권한을 부여한 사실은 몰랐을 것이다. 사실 소련 안에서도 '루나' 미사일용 핵무기가 쿠바에 보내진 것이나 흐루쇼프가 '극단적인 상황에서' 핵무기를 사용할 권한—어떤 다른 소련 사령관에게도 준 일이 없는 종류의 재량권—을 7,000마일(1만 1,265킬로미터) 떨어진 곳에 있는 플리예프에게 위임한 사실을 아는 사람은 극히 제한된 소수 지도자뿐이었다."[73]

제닝스의 다큐멘터리에서 맥나마라 전 국방장관은 쿠바 미사일 위기 때 미소가 핵전쟁을 피할 수 있었던 것은 인간의 이성이 아니라 운(luck)이었다고 결론지었다. 결국 1962년 쿠바 미사일 위기가 남긴 중요한 교훈의 하나는 핵무장 상태에서 군사적 대결로부터 인류를 멸망 위기에서 구한 것은 불완전하기 짝이 없는 인간의 이성이 아니라 그냥 '운'(luck)이었을 뿐이라는 사실이었다.

---

72 McNamara, 1999, p.11.
73 Gribkov and Smith, 1994, p.4.

10. 쿠바 위기의 교훈 2: 군사적 긴장 속 전쟁의 우발성

1993년 발간된 세이건의 책 『안전의 한계』는 쿠바 미사일 위기 기간에 미국의 핵무기 관리 실태를 추적했다. 그래서 의도하지 않은 우발적 핵전쟁의 위험성도 크게 도사렸다는 사실을 밝혀냈다.[74] 『워싱턴포스트』는 세이건의 책이 밝힌 이 사실을 크게 주목했다.[75] 세이건은 이 책에서 쿠바 미사일 위기 기간에 핵무기를 담당했던 조직들과 담당자들 사이에 '수많은 안전규칙 위반, 예상치 못한 오작동, 위험한 상호작용, 지시받지 않은 위험한 행동'이 있었다고 밝혔다. 그리고 이러한 행동 패턴은 1960년대 말과 1970년대에도 계속되었다는 사실을 밝혀냈다. 그는 이런 사건들이 핵전쟁으로 직결되지는 않았지만 일반 국민은 물론이고 고위 군부 지도자들이 인식하는 수준보다 더 위험한 순간이 많았다고 지적했다. 또 발생한 모든 사건이 고위층에게 보고되어 적절한 사후 조치가 취해지지 않은 일도 많았다고 밝혔다.

쿠바 미사일 위기 기간에 벌어진 것으로 세이건이 밝혀낸 그런 종류의 사례들로 『워싱턴포스트』가 주목한 일들은 다음과 같다. ICBM인 미니트맨 미사일 기술진은 일부 미사일들을 열쇠가 아닌 철사로 시동을 걸었다(hot-wire). 발사에 문제가 생기지 않도록 한 행동인데, 이것은 안전규칙을 위반한 것이었다. 방공(防空) 임무에 투입된 일부 전투기들이 핵무기를 장착한 채 흩어져 있었고, 공대공미사일들에 대한 안전통제장치가 풀려 있었다. 또 유럽에 배치된 미국 핵무기들은 미 합참이 승인한 수준보다 더 높은 전쟁대비 태세를 취하도록 지시받았다. 터키의 인실리크(Incirlik) 공군기지에서는 핵무기를 장착한 F-100 전투기 조종사들이 몇 시간 동안 조종석에 앉아 있다가 밤에는 비행기 밑에서 잠을 잤다. 당시 인실리크 공군기지의 F-100 편대

---

74 Sagan, 1993.

75 R. Jeffrey Smith, "Misssteps by U.S. Military Posed Threat During Cuban Missile Crisis, Book Says," *The Washington Post*, September 20, 1993.

사령관이었던 로버트 멜가드(Robert Melgard)는 이 기지에서 핵무기 관리는 상상을 초월할 정도로 느슨했다고 증언했다.

케네디 대통령이 핵무기를 관리하는 민간인과 군인들에게 소련이 미국의 핵공격이 임박했거나 시작했다는 오인을 초래할 수 있는 불필요한 행동을 취하지 말라고 지시했지만, 전략공군사령부가 데프콘 2를 발령하고 이틀 뒤인 10월 26일 공군 장교들은 쿠바 미사일 위기가 벌어지기 오래전에 짜놓은 계획대로 캘리포니아주 북부에 위치한 반덴버그 공군기지 미사일실험장에서 ICBM을 태평양으로 시험발사하는 일정을 그대로 진행했다. 이 공군기지 미사일실험장에 함께 있던 다른 미사일들도 핵무기를 장착하고 있었다. 세이건은 당시 미국 정부의 누구도 소련 정보기관이 이 미사일 발사를 파악하고 미국이 실제 소련에 핵공격을 한다고 인식했을 가능성에 대해 걱정한 흔적이 없다고 지적했다.

또 한 가지 심각한 사태는 같은 10월 26일 오후 플로리다주에서 또 다른 미국의 ICBM이 쿠바 상공을 넘어 대서양 남쪽으로 시험발사된 일이었다. 미 대륙 한가운데에 위치한 네브래스카주 오마하(Omaha)에 있는 전략공군사령부는 뉴저지주 무어스타운에 임시 설치한 레이더기지에 있는 전략공군사령부 파견대로부터 미사일 하나가 공중을 날고 있다는 연락을 받았다. 그 발사 사실을 사전에 통보받지도 못했던 오마하 사령부 장교들은 처음엔 그 미사일이 플로리다에서 발사된 것이 아니라 플로리다를 향해 오는 소련 미사일로 착각하기도 했다.

더욱이 10월 25일 자정에는 미네소타주 둘루스(Duluth)의 핵무기 기지에서 또 하나의 심각한 사태가 벌어졌다. 군 사령부 건물을 지키던 보안대 장교가 펜스를 넘어오려는 침입자를 발견했다. 그는 그것을 소련이 관련된 테러공격 시도로 인식했다. 그는 기지 전체에 경보를 발령했다. 그 바람에 이웃인 위스콘신주 볼크 공군기지(Volk Air Field)의 공습 사이렌이 울렸다. 그러자 이 기지의 핵무기를 장착한 F-106A 전투기 조종사들은 전투기에 탑승해 이륙을 시도했다. 기지

활주로 끝까지 달려 나갔을 때에야 간신히 중지되었다. 침입자는 곧 한 마리의 곰이었던 것으로 밝혀졌다.

세이건은 책 출간 뒤 『워싱턴포스트』와 한 인터뷰에서 말했다. 그가 쿠바 미사일 위기와 관련해 밝혀낸 사태들은 핵무기 운영과 관련해 언제라도 발생할 수 있는 잠재적 상황이라고 말이다. 그와 같은 예상치 못한 상황은 군사훈련 중에도 벌어질 수 있으며, 핵무기를 저장소로 이동할 때도, 미사일 발사시험을 할 때도 그리고 평상시 미사일을 점검하는 과정에서도 얼마든지 발생할 수 있다고 지적했다. 대규모 핵무기를 보유해 관리한 수십 년 경험이 있는 미국도 그러한 문제들을 노정했다는 사실은 특히 핵무장 역사가 짧은 신생 핵보유국과 핵무기 규모가 작은 나라들의 핵무기 사고 발생 위험에 관해 더 심각한 경고를 보내는 일이라고 세이건은 지적했다.[76]

11. 쿠바 위기의 교훈 3: 악마와의 협상과 약속이 때로 인류를 구한다

1962년 흐루쇼프와 함께 아마겟돈으로 가는 통로를 막는 가느다란 실을 붙들고 있던 케네디 대통령은 그 이듬해인 1963년 6월 10일 아메리칸대학교(American University) 졸업식 연설에서 이렇게 말했다. "우리는 우리 사이의 차이에 눈을 감지는 맙시다. 그러나 동시에 우리 모두의 공동 이익과 우리 사이의 차이를 해소할 수 있는 수단에도 주목합시다. 우리가 그 차이를 지금 당장 없앨 수 없겠지만 적어도 우리는 이 세계를 다양성에 열린 곳(safe for diversity)이 되도록 도울 수 있습니다. 궁극적으로 우리를 서로 연결하는 가장 기본적 연대는 우리 모두 이 작은 행성 안에서 함께 살고 있다는 사실입니다. 우리는 같은 공기를 호흡하며 우리 어린이들의 미래를 다 같이 소중하게 여깁니다. 그리고 우리 삶은 다 같이 유한합니다."

여기에서 케네디가 말하는 핵심은 '차이'를 핑계 삼아 상대를 악마

---

[76] Smith, September 20, 1993.

로 규정하고 대화와 협상을 거부하며 경멸하기보다는 차이를 때로는 다양성으로 인식할 필요가 있으며, 그러한 차이가 있는 상대들과도 공동 이익을 찾고 그것을 함께 모도하기 위해 협력할 수단을 찾아야 한다는 것이었다. 곧 악마와 협상하는 데 열려 있어야 하고, 약속으로 문제를 풀어나가야 한다는 것이라고 하겠다.

그런 의미에서 미소 양국 지도자들이 위기를 해소한 직후 그 경험에서 얻은 중요한 교훈의 하나는 서로 악마로 인식하는 국가들 사이에서도 협상과 타협과 약속은 의미가 있으며, 그것이야말로 모두에게 끔직한 재앙을 초래할 위기를 극복할 유일한 수단이라는 사실이었을 것이다. 협상과 타협과 약속은 또한 미래의 더 큰 위기를 예방하는 데 유의미한 수단이 될 수 있다는 것이다. 일련의 군축협상이 미소 협력과 협상으로 일정하게 진전한 것은 그런 점에서 우연이 아니었다. 쿠바 미사일 위기 이후 타결된 중요한 군축 협상으로는 1963년 7월 25일 모스크바에서 미소가 서명하고 두 달 뒤인 10월에 발효된 '제한적 핵실험 금지조약'(Limited Test Ban Treaty: Treaty Banning Nuclear Weapon Tests in the Atmosphere, in Outer Space and Under Water)이 있으며, 1968년 서명에 개방되고 1970년 발효된 '핵확산금지조약'(NPT)도 있다. 1972년 미소가 타결한 제1차 전략핵무기제한협정(SALT I)도 그러한 인식의 연장선에서 이루어질 수 있었다.

쿠바 미사일 위기와 그 결과는 한반도의 핵위기에도 두 가지 근본적인 교훈을 던져준다고 생각한다. 첫째, 핵무장한 두 나라 사이의 군사적 위기가 핵전쟁으로 치닫지 않은 것은 그 위기들이 언제나 이성적으로 관리되고 통제될 수 있었기 때문이 아니라 운일 뿐이었다. 그러므로 핵무장 상태에서 당사국 정부들은 핵재앙으로 직결될 수 있는 일촉즉발의 위기와 그러한 위기를 조장하는 공격적 군사전략을 최대한 배제해야 한다. 그리고 궁극적으로는 적어도 한반도 비핵화를 실현해야 한다.

둘째, 쿠바 미사일 위기 해소 조건으로 소련이 요구한 조건의 하나였던 쿠바 불침공 약속을 미국은 그 후 50년간 지켰다. 그리고 궁극적으로는 오바마 행정부에서 두 나라가 관계정상화를 이루었다.[77] 북한 핵문제를 평화적으로 해결하는 과정, 즉 한반도 평화협정 핵심 조건의 하나로 미국이 북한에 불가침을 약속한다면, 또 그것이 남북한과 미국·중국이라는 4국간 협정으로 상호 간의 안전보장이 제도화된다면, 미국은 북한에 대한 불가침 약속을 지킬 것이라는 점을 시사한다.

그리브코프는 케네디 대통령이 흐루쇼프와 쿠바 불침공을 약속한 뒤에도 미국이 쿠바에 대한 경제봉쇄를 풀지 않았고, 쿠바를 교란하는 공작들의 배후에 미국이 있었다는 사실을 지적했다. 이를 견제하기 위해 쿠바 미사일 위기 이후 소련은 쿠바 요청으로 1963년 5월 29일 모스크바에서 맺은 협정에 따라 소련은 기동보병여단(a motorized rifle brigade)을 편성해 쿠바에 파견한다. 이 여단은 1990년 미국의 압력으로 고르바초프가 일방적 철수를 결정할 때까지 약 30년간 양국 연대의 상징으로 그리고 미국의 대쿠바 침공에 대한 방패 역할을 담당했다고 그리브코프는 지적했다.[78]

그런 의미에서 미국이 1962년 10월 말 소련에 제공한 쿠바 관련 약속이 지켜진 데에는 소련이라는 동맹국의 존재가 중요했다고 할 수 있다. 그런데 유의할 것은 쿠바 미사일 위기를 해소하기 위해 미소 두 나라 정상이 합의한 것은 공식적인 국제적 조약 형태는 아니었다는 점이다. 만일 북한의 안전에 대한 미국의 보장이 평화협정이라는 조약 형태를 취한다면 좀더 다른 의미에서 그러한 보장이 더 확실한 제도적 의미가 있을 것이다.

---

77 Peter Baker, "U.S. to Restore Full Relations With Cuba, Erasing a Last Trace of Cold War Hostility," *The New York Times*, December 17, 2004.

78 Gribkov and Smith, 1994, pp.163~164.

12. 핵 없는 세계를 향한 세 가지 방면의 노력과 그 현주소

핵 없는 세계라는 지난한 목표를 향한 인간의 노력은 크게 세 가지 방면에서 이루어져왔다. 첫째는 핵무기를 보유한 초강대국들 사이의 양자 간 핵군비감축협상이다. 주로 냉전기에는 미국과 소련, 탈냉전기에는 미국과 러시아 사이에 이루어져왔다. 앞서 살핀 바와 같이 감축에는 상당한 노력이 있었지만, 핵무기 강대국들의 노력이 폐기에까지 실제 이어질지는 많은 사람이 여전히 회의적인 것이 사실이다.

두 번째 방면에서는 핵의 군사적 이용을 통제하기 위한 다자간 제도를 구축하기 위한 노력이다. 1963년 미국, 소련, 영국이 서명하고 비준한 '부분적 핵실험금지조약'(Partial Test Ban Treaty, PTBT. 또는 Limited Test Ban Treaty: LTBT)이 그 최초였다. 이 조약의 공식명칭이 말해주듯이 지하핵실험은 금지 대상에서 제외하고, 대기 중 핵실험, 우주상 핵실험 그리고 수중 핵실험을 금지했다. 현재 핵무기를 보유한 국가로서 서명하지 않은 나라는 중국, 프랑스, 북한이며, 대부분 나라는 이 조약에 가입했다. 1968년 서명을 받기 시작해 1970년에 발효된 'NPT'는 핵군비 확산을 막기 위한 대표적인 다자간 제도다. 현재 190개국이 가입했다. 인도, 파키스탄, 이스라엘, 남수단은 가입한 일이 없다. 북한은 2002년 미국이 제네바 북미합의를 폐기하자 2003년 초 NPT를 탈퇴했고 2018년 2월 현재 복귀하지 않았다.

유엔 총회는 '부분적 핵실험금지조약'의 한계를 넘어서기 위해 1996년 '포괄적 핵실험금지조약'(Comprehensive nuclear-Test Ban Treaty: CTBT)을 채택했다. 이 조약은 군사용이든 민간용이든 모든 핵폭발(nuclear explosions) 행위를 금지한다. '부속조항 제2항'(Annex 2)에서 채택 당시 핵발전 원자로 내지 연구용 원자로를 보유한 나라들을 포함한 44개국이 모두 비준을 완료할 때 발효한다고 규정했다. 2018년 현재 166개국이 비준했다. 꼭 비준을 해야 이 조약이 발효되는 44개국 가운데 아직 비준하지 않은 나라는 8개국이다. 인도와 파키스탄 그리고 북한이 서명도 하지 않은 나라이고, 중

1996년 CTBT를 채택하는 유엔 총회.
이 조약은 군사용이든 민간용이든 모든 핵폭발(nuclear explosions) 행위를 금지한다. '부속조항 제2항'(Annex 2)에서 채택 당시 핵발전 원자로 내지 연구용 원자로를 보유한 나라들을 포함한 44개국이 모두 비준을 완료할 때 발효한다고 규정했다.

국과 미국은 이란, 이집트, 이스라엘과 함께 서명은 했으나 비준은 하지 않은 나라다.

　미국이 이 조약을 비준하지 않는 핵심 이유는 미국의 핵억지력을 유지하려면 기존 핵무기 체계들의 안전성과 신뢰성을 유지해야 하고, 핵무기 체계를 지속적으로 현대화할 필요가 있다고 보기 때문이다. CTBT는 그에 필요한 최소한의 핵실험도 불허한다. 미국은 1992년 이래 핵실험을 중단했다. 기존의 핵무기들이 노후화되면서 그 신뢰성을 보장하기 어려운 실정이라고 미국은 우려했다. 핵폭발 실험을 하지 않아도 과학적 시뮬레이션으로 핵무기 체계의 효능을 확인하기 위해 미국 에너지부는 '핵무기 관리 프로그램'(Stockpile Stewardship and Management Program)을 운영한다. 그런데 이러한 장치가 실제 핵실험을 대체할 수 있는지 미국 정부는 자신하지 못했다. 클린턴 행정부는 1999년 상원에 CTBT 비준안을 상정한 바 있다. 그러나 위의 이유를 내세운 공화당의 반대에 부딪혀 거부되었다. 미국 군산정복 합체의 반대는 여전히 지속되고 있다.[79] 또 미국을 포함한 핵 강대국들은 국지적인 지역전쟁에 활용할 수 있는 제3세대 핵무기로 불리는 '저용량탄두'(low-yield warheads) 개발에 관심이 많다. 이러한 노력을 CTBT가 방해하게 될 것을 우려하기도 한다.[80]

영국과 프랑스는 1998년 4월 6일 이 조약을 비준했다.[81] 러시아연방(Russian Federation)은 2000년 6월 30일 비준을 마쳤다. 오바마 행정부의 핵정책을 정리한 「핵태세검토 2010」은 "미국은 핵실험을 하지 않을 것이며 CTBT의 비준과 발효를 추구할 것"이라고 밝혔다.[82] 그러나 2017년 12월 31일 현재 미국 상원은 이 조약을 비준하지 않았다. 중국도 현재까지 비준하지 않았다. 중국과 미국의 비준 거부는 서로 상대방이 비준을 거부할 결정적 명분을 준다.

한편 핵실험뿐만 아니라 군사용으로 악용될 수 있는 모든 핵분열물질의 생산 자체를 금지한다는 더 본질적인 목표를 담은 조약도 제안되었다. 미국과 러시아 등이 1995년 공동으로 제안한 '핵분열물질 차단조약'(Fissile Material Cutoff Treaty: FMCT)이 그것이다. 그러나 미

---

79 미국의 전문가 집단 일각에서는 미국이 CTBT를 비준하더라도 추가 핵실험 없이 미국 핵무기들의 능력과 효율성을 유지하는 데 문제가 없다는 평가를 제시하고 있다. Raymond Jeanloz, "Comprehensive Nuclear-Test-Ban Treaty and U.S. Security," in Shultz et al.(eds.), *Reykjavik Revisited: Steps Toward a World Free of Nuclear Weapons*, op. cit., 2008, pp.391~392.

80 이삼성, 2001, 454쪽.

81 CTBTO Preparatory Commission, "Status of Signature and Ratification," https://www.ctbto.org/the-treaty/status-of-signature-and-ratification/(2017. 12. 31 검색).

82 U.S. Department of Defense, Nuclear Posture Review Report, April 2010(www. defense.gov/npr), p.xiv. 이 「핵태세검토 2010」은 같은 페이지에서 다음과 같이 밝혔다. "미국은 새로운 핵탄두를 개발하지 않을 것이다. 기존 핵무기에 대한 '수명연장 프로그램'(Life Extension Programs)은 과거에 실험된 디자인에 기초한 핵무기 부품만 사용할 것이며, 새로운 군사작전을 지원하거나 새로운 군사적 능력을 제공하지 않을 것이다."

래의 핵물질 생산뿐 아니라 핵무기 강대국들과 일본 등이 이미 보유한 막대한 양의 핵물질은 어떻게 할지에 대한 문제도 정리되어 있지 않다. 각국이 제시한 버전이 저마다 다르다. 그래서 이 조약은 협상조차 시작해보지 않은 상태다.

2017년 7월 7일 유엔은 '핵무기금지조약'(Treaty on the Prohibition of Nuclear Weapons)을 통과시켰다. 192개 유엔 회원국 가운데 3분의 2에 해당하는 124개국 대표가 이날 협상을 마무리하고 표결했는데, 122개국이 찬성했다. NATO 회원국으로서 유일하게 이 협상에 참여한 네덜란드는 결국 반대표를 던졌다. 싱가포르는 기권했다.[83] 이 조약은 핵무기 사용, 사용 위협 행위, 이 무기 개발·생산·보유·이전 그리고 다른 나라에 배치하는 행위 등 모든 차원에서 핵무기를 불법화한다. 또 핵보유국으로서 이 조약에 참여할 나라에 대해서는 핵무기를 해체하고 비핵 상태를 유지하도록 강제하는 절차를 규정하고 있다. 이 조약은 2017년 9월 20일 유엔 총회에서 회원국들의 서명에 개방되었고, 50개국 이상이 비준을 마치면 그로부터 90일 뒤 발효된다.[84]

그런데 이 조약은 치명적 맹점을 안고 출발했다. 유엔 안보리 5개 상임이사국을 포함한 현재 9개 국가에 이르는 핵보유국 모두 이 조약을 아예 협상단계에서 보이콧했다. 특히 미국과 서방 동맹국들이 이 조약을 공개적으로 비판했다. 미국이 이 조약을 반대한 가장 주된 명분은 북한이었다. 헤일리 주유엔 미국대사는 2017년 3월 유엔에서 이 조약에 관한 협상이 시작되었을 때 이렇게 말했다. "우리는 현실적이어야 한다. 북한이 핵무기를 금지하리라고 누가 생각할 것인가?" 미

---

83 Rich Gladstone, "A Treaty Is Reached to Ban Nuclear Arms. Now Comes the Hard Part," *The New York Times*, July 7, 2017.

84 2017년 12월 25일 현재 56개국이 서명을 마쳤고, 비준까지 한 나라는 가이아나(Guyana), 홀리 시(Holy See), 태국이다. 한국은 서명하지 않았다. International Campaign to Abolish Nuclear Weapons(iCAN), "Signature/ratification status of the Treaty on the Prohibition of Nuclear Weapons"(http://www.icanw.org).

국, 영국, 프랑스는 2017년 7월 유엔에서 이 조약이 채택된 직후 공동 성명을 발표했다. 그들은 "우리는 이 조약에 서명도, 비준도 하지 않을 것이며 결코 참여하지 않을 것"이라고 밝혔다. 그리고 이렇게 주장했다. "핵억지의 필요성을 지속시키는 안보적 관심사를 고려하지 않는 핵무기 금지는 단 하나도 제거할 수 없다. 어떤 나라의 안보도 국제평화와 안보도 증진하지 못한다."[85] 일본의 아베 총리도 이 조약을 공개적으로 거부했다. "핵무기를 제거하는 것은 바람직하지만 일본 동맹국들의 일방적 군축은 북한과 중국만 도울 뿐"이라는 게 그의 주장이었다.[86]

이 조약을 추진해온 세계의 반핵평화운동과 다양한 군축운동 세력은 핵보유국의 어느 누구도 이 조약에 참여할 것으로 기대하지 않았다. 그럼에도 그들이 이 조약에 공을 들인 이유는 세계의 많은 국가가 이 조약에 참여하면 핵무기를 갖거나 그 사용을 위협하는 행위에 야만의 낙인을 찍는 효과를 노린 것이다. 그럼으로써 핵보유국들에 정책을 변경하도록 전 지구적인 공적 압박을 가할 수 있다고 믿는 것이다.[87]

요컨대 핵무기를 이미 보유한 강대국들은 핵군비 통제와 감축에서 분명한 한계를 보이고 있다. 그뿐만 아니라 이들 강대국의 안보전략에서 핵무기의 중심적 역할은 여전하다. 이 같은 국제정치 현실은 어제오늘의 일이 아니다. 비핵국가들은 핵보유국들의 각종 핵실험과 핵무기 위협에 직면해왔다. 이런 현실적 구조 속에서 비핵 국가들이 핵무기의 횡포로부터 자신들의 영토와 지역을 보호하기 위해 그리고 지역 내 국가들 내부에서 야기될 수 있는 핵무기 개발 경쟁 가능성을 원천 차단할 목적으로 스스로 추구한 대안이 비핵무기지대였다.

---

85 Gladstone, July 7, 2017.

86 Jonathan Soble, "Japan Marks Hiroshima Anniversary, with North Korea on Its Mind," *The New York Times*, August 6, 2017.

87 Gladstone, July 7, 2017.

13. '핵무기 없는 세계'로 가는 두 가지 방법론의 긴장

세이건은 핵무기를 안전하게 관리할 수 있는 조직과 인간의 능력에 근본적 회의를 제기했다. 그런데 많은 나라가 핵무기를 보유하고 있고, 그것을 당장 폐기하게 이끌 수 있는 구속력 있는 국제적 규범이나 강제력이 존재하지 않는 상황에서 핵무기 없는 세계를 어떻게 추구할까. 이 질문은 세이건에게도 핵무기를 관리하는 인간의 능력에 대한 문제 못지않게 중요한 도전이 아닐 수 없었다. 이 질문에 대한 세이건의 답은 즉각적인 핵무기 제로를 향한 노력일 것 같지만 흥미롭게도 그렇지 않다. 그래서 세이건은 테오 파렐(Theo Farrell)과 같은 학자에게서 '핵무기주의'(nuclearism)에서 탈피하지 않았다는 지적을 받았다. 파렐은 세이건이 핵무기를 모두 제거하자는 것이 아니라 핵무기 확산을 제한하는 동시에 핵무기와 공존하는 법을 배우는 수밖에 없다는 시각으로 귀결된다는 점에서 이상하게 모순적이라고 지적했다.[88]

사실 세이건도 궁극적 목표는 전 지구적 '핵무기 제로'(Nuclear Zero)에 두고 있다. 그래서 2009년 오바마 대통령이 프라하 연설에서 밝힌 '핵무기 없는 세계'(a nuclear weapons-free world)의 천명을 지지했다. 그리고 오바마 견해를 일종의 위선이나 수사적 차원의 의미 없는 정치적 제스처로 취급하는 왈츠를 비판했다. 또 세이건은 '핵무기 없는 세계'를 이룩할 인류의 궁극적 능력에 희망을 거는 낙관론자다. 그는 '핵무기 없는 안전한 세계를 창조'하는 데 인류가 직면한 진정한 전략적 도전들은 충분한 검증, 위반에 대한 제재 강제 그리고 상호 방어적 무기체계의 배치(mutual-defense deployments)라고 규정하고, 이러한 과제들은 인류가 시간이 가면 풀어낼 수 있다고 했다. "상호적이며 검증 가능한 (핵)군축을 위한 안전한 경로를 발견하지 못할 때 우리가 도달할 세계는 핵무기 국가들과 테러주의적 유혹으로 가득

---

88 Farrell, 1994, p.538.

한 세계로 훨씬 더 위험한 세계일 것"이라고 그는 역설했다.[89]

그처럼 궁극적인 '핵무기 제로' 세계를 그리면서도 세이건은 '전 지구적 핵무기 제로'(Global Zero)를 목표로 삼아 활동해온 '핵무기 폐기를 위한 국제운동'(International Campaign to Abolish Nuclear Weapons: ICAN)이 주도한 가운데 2017년 7월 유엔에서 채택된 '핵무기금지조약'에 비판적 태도를 표명했다. 그에 따르면, 이 조약은 핵무기를 지금 당장 '불법화'하는 효과를 노렸는데, 주요 핵보유국들이 반발하기 때문에 실질적 불법화는 하지 못하면서도, 점진적으로 핵무기 감축으로 나아가기 위한 핵보유국들의 노력을 합리적으로 진작하는 역할을 오히려 포기한 것이라고 주장했다.[90]

세이건은 또한 2001년 아프가니스탄의 토라 보라(Tora Bora) 암벽들 깊이 자리한 알카에다 소굴들을 파괴하고자 저용량 핵무기를 사용했을 때 그것의 적법성에 관해 이렇게 주장했다. 한편으로 그는 그런 상황에서도 미국이 핵무기를 사용하는 것은 지극히 신중치 못한 일이라는 생각을 먼저 밝혔다. 미국이 히로시마와 나가사키 이후 70년 동안 핵무기를 사용하지 않은 전통을 끝내는 것이고, 이 행동은 장차 다른 나라들의 더 무차별적인 핵무기 사용을 유발할 위험이 있기 때문이라고 했다. 그러나 동시에 세이건은 그렇다고 해서 그것이 국제법상 '불법적'인 것은 아니라고 주장했다. 9·11테러를 범한 알카에다 소굴에 대한 핵무기 사용은 전쟁에 관한 국제법이 요구하는 '비례성'(proportionality)의 기준에 어긋나지 않았을 거라는 얘기다. 만일 미국 정부의 일부 인사들이 의심한 것처럼 알카에다가 그곳에서 대량살상무기를 준비했다면 그러한 핵무기 사용의 적법성은 더 커졌을 것이라고 말했다.[91]

세이건은 또한 ICAN이 핵무기의 즉각적 불법화를 주장하는 명분

89 Sagan and Waltz, 2010, p.91.

90 Scott Sagan and Benjamin A. Valentino, "The Nuclear Weapons Ban Treaty: Opportunities Lost," *The Bulletin of the Atomic Scientists*, July 16, 2017.

91 Sagan and Valentino, July 16, 2017.

으로 국제여론을 근거로 드는 것에도 비판적이다. 2008년 일부 핵보유국들을 포함한 21개 나라를 대상으로 실시한 국제 여론조사에서 대부분 나라는 국민 대다수가 모든 나라가 일정한 일정표에 따라 핵무기를 제거하도록 요구하는 데 찬성했다. 프랑스 국민 86퍼센트, 영국 국민 81퍼센트와 함께 미국 국민도 77퍼센트가 찬성한 것이다. 그런데 세이건은 여기서 중요한 반론을 제기했다. 특히 지상군을 개입시켜 치러야 하는 전쟁 대신 핵무기를 사용하여 다수 미국민의 생명을 아낄 수 있다면 핵무기 사용에 찬성할 것이냐는 질문에 미국인 대다수가 찬성한다는 것이다. 2015년 실시된 인도의 여론조사에서도 같은 결과가 나왔다는 점도 지적했다. 핵무기 사용은 그 나라에서 민간인이 수만 명 이상 희생될 것이라는 사실을 상기시킨 경우에도 결과는 마찬가지였다는 사실을 세이건은 주목했다.[92]

더욱이 이러한 조약이란 핵보유국들의 진심어린 동의를 구해야만 의미가 있는데, 핵보유국들이 모두 다른 나라들의 준수 가능성을 제로로 인식하는 상황에서 그러한 조약은 점진적이고 단계적인 핵군축 규범을 강화하기보다 약화할 우려가 크다고 지적했다. 핵군축에 관한 세이건의 점진주의적 견해는 핵무기를 갖게 된 나라들의 핵무기 관리를 강화해 우발적 사고의 가능성을 가급적 줄이면서 '글로벌 제로'라는 궁극적 목표를 점진적으로 추진하는 것이 필요하다는 것으로 귀결된다. 세이건이 2017년 북한이 수소폭탄과 ICBM 시험을 성공시킨 뒤 쓴 글에서 북한에 군사적 압박을 가해 당장 핵무장 해체를 강요하기보다는 대화를 통한 평화적 관리를 현명한 대책으로 추천한 데서도 엿볼 수 있다.[93]

세이건은 핵무기와 그 확산의 위험성을 강조했지만 '사악하고 강

---

92 Sagan and Valentino, July 16, 2017.

93 Scott D. Sagan, "The Korean Missile Crisis: Why Deterrence Is Still the Best Option," *Foreign Affairs*, November/December 2017(www.foreignaffairs.com).

력한 세력이 위협하는 침략'을 막아내는 핵무기가 효과적인 억지력이 될 수 있다는 사실은 부정하지 않았다. 그는 왈츠와 논쟁하는 가운데 이렇게 말했다. "만일 오늘 미국이 히틀러 같은 침략적 지도자와 맞닥뜨린다면 나는 분명히 미국이 '억지'를 위해 핵무기고를 유지해야 한다고 주장할 것이다." 그는 다만 오늘의 현실에서 러시아와 중국은 그러한 위협을 제기하지 않는다고 했다.[94]

전 지구적 핵군축의 방향과 그 가능성에 대한 세이건의 생각은 대체로 다음 네 가지 내용으로 되어 있다.

첫째, 일방적 군축이 아니라 모두가 참여해 함께 협력해서 같이 가는 핵군축이 필요하다는 것이다. 2009년 오바마 대통령이 제기한 '핵 없는 세계'의 이상을 세이건이 지지한 것은 오바마가 미국은 결코 일방적인 군축을 하지는 않을 거라는 점을 명백히 밝힌 것을 전제한 것이었다. 그것을 전제로 미국은 다른 핵보유국들과 다자적 군축 협정을 협상하여 새로운 검증 기술을 기초로 안전하고 확실한 군축을 추진하는 것이 가능하다고 믿는다는 것이었다. 오바마는 이 가능성을 진지하게 믿고 좀 더 현실적인 과정을 거쳐 목표를 이루고자 노력하려는 것일 뿐이지, 왈츠 비판처럼 오바마 선언이 단순한 정치적 수사에 불과한 기만적 제스처인 게 아니라고 세이건은 주장했다.[95]

둘째, 핵 없는 세계를 일단 이루게 되면 과거에 핵보유국이었던 강대국들은 다른 나라들이 핵무기를 개발하려는 시도를 예방하고 감시하며 처벌하는 데 훨씬 더 강력한 공동의 인센티브를 갖게 될 거라고 했다. 세이건은 오늘날 핵보유 강대국들이 일부 신생 핵보유국을 용인하는 경향을 보이는 것은 이들 강대국들이 자신들은 이미 너무나 많은 핵무기를 보유해서 신생 핵보유국의 핵무기 개발을 크게 두려

---

94 Sagan and Waltz, 2010, p.95.
95 Sagan and Waltz, 2010, p.95.

위하지 않기 때문이라고 보았다.[96] 강대국들이 자신들도 핵을 포기하면 다른 나라들의 핵무기 보유를 예방하기 위해 더 철저하게 노력하게 될 거라는 얘기다. 세이건 생각으로는 이란의 마무드 아마디네자드(Mahmoud Ahmadinejad) 같은 지도자들의 핵무기 개발을 차단하려면 전 세계적 노력이 필요하다. 그런 전 지구적 노력은 러시아와 중국을 포함한 모든 나라가 핵군축에 참여해 강대국 모두가 비핵국가가 될 때에야 가능할 것이라고 했다. 그때에야 비로소 세계 모든 강대국이 어떤 나라도 핵무기 보유를 감히 상상하지 못하도록 철저한 전 지구적 핵무기금지체제를 구축하는 데 적극적일 것이라는 얘기였다.

셋째, 왈츠가 핵무기 없는 세계가 실현 불가능하다고 본 이유 가운데 하나는 핵을 없애도 핵무기 제조 기술은 어디에나 널려 있기 때문에 특히 강대국은 쉽게 다시 핵무장을 할 수 있다는 사실이었다. 먼저 개발하기 위한 속임수가 언제나 가능하다는 것이다. 그런데 세이건은 오히려 그처럼 나라들이 잠재적 핵무기 재무장 가능성을 옵션으로 남겨두었을 때 그들은 더 쉽게 핵무기 없는 세계를 위한 협력에 동참할 것이라고 주장했다. 세계적인 '완전한 핵무장 해체'(total nuclear disarmament)를 향해 함께 노력하다 일부 국가가 최종단계에서 역진(逆進)하면 다른 나라들도 그 사실을 금방 파악하고 곧 다 같이 핵무장을 할 것이라고 세이건은 말했다. 그렇다면 핵무장을 해체한 세계에서도 잠재적으로는 '핵억지'(nuclear deterrence)가 성립한다는 것이 세이건의 주장이다.[97]

넷째, '핵무기 제로' 세계를 적어도 궁극적으로 인류가 추구할 이상으로 지지하는 세이건의 논리에 한 가지 특기할 점은 그러한 완전한 핵군축을 위한 노력이 광범한 지지를 획득하려면 탄도미사일방어체계에 대한 인식을 바꾸어야 한다고 주장하는 점이다. 그는 총체적 핵

---

96 Sagan and Waltz, 2010, p.90.
97 Sagan and Waltz, 2010, p.90.

군축을 향해 나아가는 과정에서 일부 국가가 규칙을 위반하고 다시 핵무장을 시도할 가능성에 대한 두려움을 줄이려면 협력적인 '상호적 미사일방어 배치체제'(managed mutual-missile-defense deployments)를 구상할 필요가 있다고 주장했다.[98] 이를테면 MAD(mutual assured destruction)를 MMD(mutual missile defense)로 바꾸자는 얘기가 되겠다. 누군가의 핵공격에 대비한 대량 핵보복에 의존하는 세계에서는 완전한 핵군축에 모든 나라가 기꺼이 협력할 확률은 낮다고 그는 생각한 것이다.

'핵무기 제로'를 향한 노력의 관점에서 미사일방어 문제를 어떻게 인식할지 필자 나름으로 생각해본다면 이렇다. 앞서 제3장에서 미사일방어의 본질을 논의했지만 강대국들이 자신들의 핵무기 체계를 기본적으로 유지하는 기존 정책을 지속하는 상태에서 미사일방어는 핵군비경쟁의 이중적 차원을 강화할 뿐 그것을 완화하는 장치는 될 수 없으며, 또한 완전한 미사일방어는 구축하기가 불가능하다. 그러나 핵보유 강대국들이 다자적 협력의 장치를 구성해 함께 핵무기 제로를 향해 노력해가는 과정에서 그러한 노력을 보완하는 장치로 "상호협력해 관리하는 상호적 미사일방어"라는 개념이라면 긍정적으로 검토할 가치가 있지 않을까 생각한다. 즉 공격적인 핵무기 체계에서 핵군비경쟁과 결합한 미사일방어에는 분명히 반대하되 '핵무기 글로벌 제로'를 향한 다자적 협력과 결합하여 다자적 협력에 따라 관리될 수 있는 방어적 요격체계의 구성은 진지하게 다양한 각도에서 평가할 필요가 있다고 생각하는 것이다.

미국이 사드를 한국에 배치해 한편으로는 북한 핵미사일 체계의 다종화와 대량화를 촉진하는 가운데 다른 한편으로는 중국과 미국 사이의 전략적 균형에 부정적 영향을 미침으로써 한반도 평화에 역기능을 하는 미사일방어체계는 긍정적으로 평가할 수 없다. 다만 다자적 협력으

---

98 Sagan and Waltz, 2010, pp.90~91.

로 핵무기 제로를 향해 함께 노력하는 핵군축과 병행하는 미사일방어에 관한 세이건의 발상은 검토할 여지가 없지 않다고 생각한다. 그러나 현재 미국이 주도하는 미사일방어체계 구축 방식에 비추어볼 때, 세이건의 비전이 예측 가능한 미래에 현실성을 띨 가능성은 너무 멀리 있다.

14. 미국 일각에서 제기되는 최소억지론

미국 한쪽에서 일단의 유력 인사들이 중심이 되어 대안을 모색하는 움직임도 있다. 이른바 최소억지(theory of minimum deterrence)론이다. 샌디아 국립연구소(Sandia National Laboratories)는 핵무기 관련 미국의 국가안보 문제에 대한 학제적 연구를 담당하는 국립연구기관이다. 그 부소장을 지낸 로버트 퓨리포이(Bob Peurifoy)는 대표적인 최소억지론자다. 퓨리포이가 미국에 제안하는 원칙은 세 가지다. 첫째, 대(對)군사력 전략을 포기하고 모든 ICBM을 제거할 것.[99] 둘째, 모든 핵무기를 경계상태에서 해제할 것. 셋째, 잠수함발사 탄도미사일만 수백 기 유지할 것 등이다.[100]

퓨리포이가 최소억지의 주된 요건으로 SLBM만 보유하고 ICBM 등의 다른 전략핵과 전술핵무기는 폐기하자고 주장하는 데는 물론 이유가 있다. 일반적으로 잘 알려진 얘기지만, SLBM은 ICBM에 비해 선제공격(first-strike)에는 부적합하고 보복공격, 즉 제2차 타격(second-strike)에 더 적합하다. 상대적 얘기지만 SLBM은 그래서 방어형 무기로 간주된다. ICBM은 지상발사대에서 발사되기 때문에 정확성이 뛰어나다. 적의 핵무기를 포함한 군사기지를 정확하게 타격하는 능력에서 SLBM보다 유리하다. 그런 만큼 선제공격에 적합하여 공격적 무기로 통한다. ICBM은 또 지상의 일정한 지역 안에 위치한 만큼 상대방

---

99 지상발사형 탄도미사일인 ICBM은 잠수함발사형인 SLBM에 비해 정확성이 높기 때문에 대군사력전략은 주로 ICBM에 의존하게 된다.

100 Eric Schlosser, *Command and Control: Nuclear Weapons, The Damascus Accident, and the Illusion of Safety*, New York: Penguin Books, 2014, pp.483~484.

의 선제공격으로 파괴되기 쉽다는 약점이 있다. 적이 선제공격을 감행할 경우 생존력(survivability)이 떨어진다는 얘기다. 그러므로 선제공격을 견뎌내고 제2차 공격에 따른 보복용으로 부적합하다고 말해진다. 반면 SLBM은 바닷속에서 발사되는 만큼 정확성이 떨어진다. 그 대신 기동성과 은폐 능력이 뛰어나다. 그러므로 선제공격에는 불리하지만 적의 선제공격을 피하여 살아남는 생존력은 ICBM에 비해 크게 우수하다. 그래서 SLBM은 선제공격이 아닌 보복공격용으로 간주된다. 좀더 전형적인 방어적 핵억지용 무기체계로 꼽히는 것이다.

그러므로 퓨리포이가 ICBM을 폐기하고 SLBM만 남겨두자고 한 것은 선제공격 여지가 있는 핵전략을 명백히 폐기하고 더 철저하게 '제2차 공격능력 보유'에만 집중하는 방어적인 핵전략을 채택하라고 촉구한 것을 뜻한다.

미국에 최소억지론 문제는 물론 미국이 적의 공격이 임박했다고 판단될 때 그 공격을 막을 방법은 보복 위협밖에는 없다는 데 있다. 공격을 받고 난 뒤 미국이 할 수 있는 일은 적국의 수백만 민간인을 죽여 보복하는 일뿐이다.[101] 그래서 어떤 사회든 강경파는 적의 공격 자체를 차단할 수 있는 전략의 유혹에 사로잡힌다. 그 하나가 적의 공격무기들을 선제타격하는 대군사력전략의 유혹이다. 다른 하나는 적이 핵미사일을 발사하더라도, 그것을 요격할 수 있는 미사일방어체계 구축의 유혹이다.

핵보유국들이 대군사력전략의 유혹에 굴복하면 저마다 핵무기를 수천 기 유지하는 상태에서 벗어날 수 없다. 인류는 늘 핵무기에 의한 재앙 가능성을 지근거리에 두고 살아가야 한다. 미사일방어는 또 다른 딜레마를 제기한다. 그것을 구축하기 위해 천문학적 자원을 쏟아부어도, 서로 핵무기를 수천 기 보유하는 한 완벽한 미사일방어체계란 존재할 수 없다는 사실이다. 미사일방어체계가 발전할수록 그것을

---

101 Schlosser, 2014, p.484.

침투하여 무력화할 수 있는 더 스마트한 핵무기체계 개발과 확대 배치는 촉진된다.[102]

그러므로 인류 최선의 목표는 다시 핵무기 폐기로 모일 수밖에 없다. 핵무기 폐기가 궁극적인 목표라는 데에 많은 사람이 동의한다. 그러나 그것이 지난한 과정일 수밖에 없다는 점 또한 인정하지 않을 수 없다. 그렇다면 전면적 핵무기 폐기로 나아가는 중간 매개로 최소억지론을 활용할 필요도 있다고 하겠다. 일차적으로 최소억지론에 기초하여 전 지구적 및 지역질서에서 일정한 군비통제 체제를 구축하는 것이 좀더 용이할 수 있기 때문이다.

15. 신의 가호에 의지하는 '핵억지'와 '핵안전'

핵무기의 목적이 사용되는 데 있는 것이 아니라 상대방의 전쟁 도발을 '억지'하는 데 있다고 주장하는 논리가 핵억지론이다. 핵억지론은 핵무기 보유를 정당화하는 가장 핵심적인 명제로 견지되고 있다. 그런데 핵억지론의 근본적 문제는 세 가지다. 첫째, 핵억지에 설득력을 부여하는 절대 조건은 '유사시' 핵을 사용한다는 객관적 준비와 주관적 의지의 확고한 존재. 둘째, 적이 핵을 사용하는 '정당한 유사시'가 아니라도 핵무기는 책임 있는 지도자들의 통제에서 벗어나 폭발하거나 사용될 수 있다. 지휘통제와 안전관리 체계는 기술적·인간적 요소들이 관련된 수많은 함정을 안고 있다. 핵무기 통제를 책임진 지도자들은 핵무기 사용 여부를 결정해야 할 상황에서는 상상하기 힘든 긴장과 심리적 스트레스에 직면한다. 인류가 그들에게 완벽한 합리적 판단을 기대할 심리학적 근거나 인류학적 조건은 어디에도 없다. 셋째, 무책임한 인간들이 핵무기 버튼을 장악한 사태 또한 배제할 수 없는 것이 인간 세계의 현실이다.

1945년 이래 미국 혼자서 생산한 핵탄두만 7만 개에 달한다. 슐로

---

102 이삼성, 2001, 378~379쪽.

서가 지적한 것처럼 다행히 그중 어느 하나도 비의도적이거나 승인 없이 발사되는 일은 벌어지지 않았다. 이 무기들에 대한 기술적·행정적 통제도 때로 불완전하긴 했지만 기본적으로는 작동했다. 문제는 그러한 '사고 부재'가 실제 사고들이 없어서가 아니었다는 점이다. '결정적인 사고'로 이어질 수 있었던 수많은 작은 사고가 '운 좋게' 대형 사고로 이어지지 않았을 뿐이다. 슐로서는 600여 쪽에 달하는 그의 저서에서 미국 핵무기 관리체계가 안고 있던 수많은 기술적·인간적 함정을 지적했다. 그는 "미국은 매우 긴 일련의 핵 재앙들을 간신히 회피했다"라고 말했다. "승인 없는 핵무기 사용을 막기에 가장 안전하고 가장 선진적으로 구축된 미국 핵무기" 관리체계에서도 "안전은 환상일 뿐이었다"는 것이 그의 결론이다.[103]

냉전 종식 직후인 1991년 1월 미국 전략공군사령부(Strategic Air Command) 사령관으로 취임한 조지 리 버틀러(George Lee Butler)는 냉전 시기 유사시 핵 타격 리스트 등 미국의 핵정책 전반을 검토했다. 훗날 그는 이렇게 술회했다. "우리가 냉전을 핵 재앙(nuclear holocaust) 없이 벗어난 것은 기술, 행운 그리고 신의 가호(divine intervention)가 합해진 결과였다. 그중에서도 신의 가호 덕분이 가장 크지 않았나 의심된다."[104]

한 사회가 위험한 무기를 관리하는 기술적 능력을 슐로서는 그 사회에서 일어나는 산업사고(industrial accidents) 발생률에 비추어 추론했다. 미국에 비해 인도의 산업사고 발생률은 두 배, 이란은 세 배 그리고 파키스탄은 네 배다. 미국에서도 큰 재앙을 초래할 뻔한 수많은 사고가 있었는데, 이들 나라에서는 어떨까. 중국의 핵무기는 그리고 북한의 핵무기는 얼마나 안전할 것인가라고 슐로서는 물었다.

---

103 Eric Schlosser, *Command and Control: Nuclear Weapons, The Damascus Accident, and the Illusion of Safety*, New York: Penguin Books, 2014, pp.480~489.

104 Schlosser, 2014, p.457.

제13장
한국의 선택

1. 북한 핵이라는 '전갈의 독침': 우화와 동화 사이

북한과 같이 소규모 핵무기를 가진 나라는 전쟁이 발발할 경우 핵무기를 더 쉽게 사용할 수 있다. 그들은 갓 만들어낸 작은 전략무기들이 손쉽게 파괴될 것을 우려한 나머지 신속하게 핵미사일을 발사해야 한다는 강박에 시달리기 때문이다. 이것은 조지워싱턴대학교 카이틀린 탈마지(Caitlin Talmage)가 연구한 결과라며 『뉴욕타임스』가 보도한 내용이다. 벼랑 끝 같은 상황에서 상대방 공격이 임박해 보이면 전쟁에서 질 것을 알면서도 그 나라 지도자는 핵미사일을 발사할 가능성이 높다는 말이다.[1]

피셔가 주목한 탈마지 연구는 우리에게 직접적이고 중요한 시사점을 던진다. 전쟁에 질 것을 알면서도 핵무장한 약소국의 핵무기는 사용될 가능성이 높다는 말이다. 그것은 죽어가면서 독침을 내뿜는 전갈을 연상시킨다. 여기서 '전갈'을 들먹이는 것은 국내 한 언론의 칼럼이 생각나서다. 『조선일보』 이한수 차장은 「독사를 품으면 물려죽을 뿐」이라는 칼럼에서 중국의 초등학교 교과서에 실린 '동곽선생'이라는 전래 동화를 언급했다. "한 농부가 추위에 꽁꽁 언 독사를 가엾이 여겨 가슴에 품고 따뜻하게 녹여주려다가 결국 물려 죽는다는 내

---

1 Max Fisher, "North Korea's Nuclear Arms Sustain Drive for 'Final Victory'," *The New York Times*, July 29, 2017.

용이다. 독사인지 모르고 품었더라도 어리석은 일이지만 알고도 품었다면 상대의 본질을 파악하지 못하는 무지한 사람일 뿐이라는 교훈을 준다."[2]

이한수 차장은 이 동화에서 과거 김대중·노무현 정부가 추구했던 햇볕정책의 바탕이 된 이솝우화, 즉 나그네 옷을 벗긴 건 바람이 아니라 햇볕이라는 이야기에 반대되는 교훈을 이끌어냈다. 이 차장이 이끌어내는 교훈은 이렇다. "선(善)의 정책을 펴면 선한 결과가 나올 것이라고 여기는 이는 '정치적 어린아이'(막스 베버)일 뿐이다. 어린아이의 무지는 동정을 받을 수 있지만 나라 운명을 책임진 이는 어린아이 같아서는 안 된다. 먼저 독(毒)이 뚝뚝 떨어지는 독사의 이빨부터 뽑아야 한다. 따뜻하게 품는 것은 그다음 일이다."

이한수 차장이 소개한 중국의 전래동화는 바람이 아닌 햇볕이 나그네 옷을 벗기는 이솝 우화 못지않은 단순명쾌한 호소력을 갖고 공감을 이끌어낸다고 나는 느낀다. 그런데 그것을 북한 핵문제에 적용하는 방향과 관련해서는 완전히 동의하기 전에 두 가지 반문이 필요해 보인다.

첫째, 독사를 품기 전에 독사 이빨을 뽑아야 한다는 것은 맞는 말이다. 그런데 독사 이빨을 어떻게 뽑느냐가 관건이다. 군사적 압박정책은 이를테면 독사 이빨을 뽑으려고 또 다른 독사 이빨을 들이대는 방법에 비유될 수 있다. 그러다 모두 서로 독에 맞아 죽는 어리석음은 피해야 한다는 게 햇볕정책의 논리다. 햇볕정책은 선한 응답을 기대하고 선을 베푸는 것이 아니다. 그것은 서로 철저하게 계산한 절차에 따라 독이 든 이빨에 일정한 족쇄를 채우고 만나자는 전략이다. 햇볕을 구사하자는 논리는 독사 이빨을 신경 쓰지 말고 독사를 먼저 품으려는 농부의 행동이 아니다. 햇볕은 상대방이 독으로 무장한 현실을 외면한 것이 아니라 양측 모두 독으로 범벅이 되어 공멸하는 것을 피하면서 상대방 무장을 해체하기 위한 방법론이다.

---

2 이한수, 「독사를 품으면 물려 죽을 뿐」, 『조선일보』, 2017. 7. 19.

662

과거 부시 대통령은 독사 이빨을 뽑는다며 미국의 핵 선제공격 대상국에서 북한도 예외가 아님을 공공연히 거론했다. 북한과 맺은 제네바합의를 파기한 뒤 북한이 공개적으로 본격 핵무장에 나섰지만, 미국 전문가들이 지적하듯 "북한의 도발적 행동을 비난하는 것 외에 부시는 아무것도 할 수 없었다."[3] 요컨대 터프가이를 연기하며 전쟁 불사론을 내뱉기는 쉽다. 미국 정치가들이 '전쟁 불사'를 헤프게 말하는 것은 적어도 미국까지 불똥이 튀지 않을 것임을 아는 미국인 사이에서는 정치적으로 가장 안전한 언술이기 때문이기도 하다. 하지만 우리에게 한반도는 할리우드의 서부활극 무대가 아니다. 역대 최고의 터프가이를 자처한 부시도 5,000만 한국 시민에게 치명적인 피해를 주지 않으면서 북한의 독니를 무력으로 뽑아낼 방법은 찾아낼 수 없었다.[4]

둘째, 북한 핵무기는 한미 양국에 독사 이빨인 것은 분명하다. 다만 우리는 여기서 최소한의 역지사지(易地思之) 여유를 허락해야 한다. 미국의 핵무기와 재래식 첨단전쟁능력 그리고 한국의 재래식 첨단무기들은 북한에는 마찬가지로 독사 이빨이다. 북한이 한미 양국 국민에게 '근본적 악'으로 비치는 것은 물론 이해할 만한 여러 가지 중요한 근거가 있다. 그러나 절대 선과 절대 악의 이분법으로 이 문제를 대하면 평화적 해결책에 대한 원천적 봉쇄를 추구하는 근본주의적 논리의 함정에서 헤어날 수 없다.

---

3 Philip Gordon and Amos Yadlin, "Will Iran Become the Next North Korea? Avoiding a Nuclear Nightmare in the Middle East," *Foreign Affairs*, August 1, 2017(https://www.foreignaffairs.com).

4 고든과 야들린은 '북한에 대한 미국의 선제공격(military preemption)'은 '남한 인구 대부분이 북한의 수천 개 로켓의 사정권 안에서 살고 있다는 전략적 현실'로 배제될 수밖에 없었다고 말한다. 그래서 남한을 포함한 북한의 이웃나라들은 모두 북한에 대한 미국의 군사행동을 반대한다는 것이다. 반면에 이들은 이란에 대한 미국의 선제공격은 비록 비용이 많이 들고 문제가 있긴 하지만, 이란과 이웃한 많은 나라로부터 지지를 받을 것이라는 점에서 현실성 있는 옵션이라고 주장했다(Gordon and Yadlin, August 1, 2017).

이한수 차장은 "상대가 고집스러운 나그네인지, 이빨을 드러낸 독사인지는 이미 명확하다"고 단언했다. 그런데 국제정치 문제는 우리는 선이고 상대방은 독사 같은 절대 악이라는 선입견을 내려놓을 때 이성적 판단도, 평화적 해법도 가능성이 좁게나마 열릴 수 있다. 그 선입견을 견지하는 한 남북이 그리고 북미가 서로서로 독사인 최악의 상황은 결코 변하지 않는다. 그것을 알면서도 서로 오직 상대방만 독사라면서 상대방 독니만 부러뜨리려 몰두하는 가운데 서로 독니는 더 커지고 독은 더 치명적이 되고 마는 게 현실이다. 서로 독사로서 마주하는 두 존재가 저마다 최악의 독을—남한은 미국의 독까지 합해서—뿜어내는, 그래서 미국은 살아도 남북은 공멸하는 최악의 상황에서 벗어나기 위한 노력은 어떻게든 시작해야 한다.

요컨대 북한 핵무기가 북한 정권이 스스로 파괴되면서 한국의 수도권을 향해 내뿜어질 전갈의 독침들이 될 것이냐 아니냐는 북한의 이성에도 달려 있지만, 북한의 그 이성이 작동하도록 하는 한미 양국의 지혜 여부에 달린 문제이기도 하다.

2. 북한은 한반도 비핵화를 궁극 목표로 받아들일까

우리가 말하는 대안적 대북정책은 북한이 한반도 비핵화를 적어도 궁극직 목표로 받아들이는 것을 말한다. 그리고 한반도에서 평화협정 체제가 완성되고 동북아 비핵지대라는 동아시아 공동안보의 제도적 장치가 갖추어지면서 남북이 평화적으로 통합되는 미래를 상정한다. 북한이 그 과정에 참여하며 그 과정과 연결된 북한의 궁극적 비핵화를 받아들일까. 이 질문에 대한 답은 북한 핵무장의 근본적 동기가 무엇이냐에 대한 인식에 좌우된다.

2017년 시점에서 북한의 공식적 견해는 북한의 대미정책을 총괄하는 인물로 알려진 최선희 북한 외무성 북미국장의 발언에서 확인된다. 2017년 10월 열린 '2017 모스크바 국제비확산회의'에 참석한 최선희는 미국이 북한의 핵보유국 지위를 인정하지 않는 한 북한은 미

북한의 대미정책을 총괄하는 인물로 알려진 최선희 북한 외무성 북미국장.
그녀는 '2017 모스크바 국제비확산회의'에 참석해 미국이 북한의 핵보유국 지위를 인정
하지 않는 한 북한은 미국과 협상하지 않을 것이라고 밝혔다. 한편 김정은은 핵무력 완성
후엔 경제발전에 집중하겠다고 밝혔다.

국과 협상하지 않을 것이라고 밝혔다. 이 자리에서 최선희는 북한의
핵과 탄도미사일은 오로지 외부 위협에 대응하기 위해 개발됐고, 선
제타격용이 아니라는 기존 주장을 반복했다. 그녀는 "우리는 핵과 탄
도미사일을 보유했다. 하지만 위협이 없다면 우리는 사용하지 않을
것이다"라고 말했다. 10월 20일 러시아 『리아노보스티 통신』은 최선
희가 이 회의에서 "(북한의) 핵보유국 지위 인정이 한반도와 동북아
안정과 안보를 유지하는 데 필수"라는 주장을 펼친 것으로 보도했다.
최선희는 또한 한미군사훈련을 겨냥해 "우리는 미국의 지속적 핵위
협 속에 살고 있다. 미국을 잠재우고 불에는 불로써 대응하겠다는 우
리의 입장을 우리 지도자께서 밝히셨다"고 주장했다.[5]

　그간 미국 정부 안팎에서 지배적 인식은 북한 핵무장 동기는 미국

5　박광수, 「대미총괄 北 최선희 '북핵, 美와 협상 안 해…핵보유국 지위 인정해
야'」, 『중앙일보』, 2017. 10. 20.

과 그 동맹국들의 위협으로부터 북한을 보호하기 위한 근본적으로 방어적 목적이라는 것이었다. 그러나 이제 미국 정부 안팎의 강경파는 북한 핵무장이 방어적 목적 이상의 공격적 성격을 갖고 있다고 주장한다. 북한의 진정한 동기는 미국을 협박하는 수단을 가짐으로써 미국이 유사시 한국과 일본을 도울 수 없게끔 위협하는 것이며, 그럼으로써 미국과 한국, 일본 사이의 동맹을 와해하는 데에 있다는 것이다. 그런 가운데 트럼프 대통령은 대선 유세 당시 태평양에서 미군을 철수하겠다고 선언한 바 있다. 이런 조건에서 한국과 일본은 미국이 과연 위기 상황에서 그들을 도울지에 의구심을 갖고 있다는 사실도 부각했다. 그래서 북한이 미국 로스앤젤레스에 도달하는 핵미사일을 확보하는 순간 미국 주도 동아태지역 군사동맹의 결속력은 와해될 가능성이 높아진다는 것이다.[6] 이러한 주장은 곧 북한의 ICBM을 비롯한 미사일 위협을 분쇄할 수 있는 강력한 군사적 조치를 조기에 취할 필요성을 압박하는 논리로 작용해왔다.

한국 안팎의 전문가들도 북한이 남한과 군사 분쟁 상황에서 미국이 개입할 경우 샌프란시스코를 타격하겠다고 위협할 때 미국이 어떤 선택을 할지를 묻는다. 그들 가운데 상당수는 미국은 "서울과 샌프란시스코 중에서 당연히 샌프란시스코를 선택할 것"이라는 결론을 내놓기에 주서하지 않는다고 『뉴욕타임스』는 지적했다. 국민대학교 교수로 활동하는 북한 전문가 란코프도 이 언론과 인터뷰에서 그렇게 말했다. 그는 북한이 남한에 대해 분쟁을 일으키면서 미국을 향해 개입하지 못하도록 최후통첩을 보낼 가능성이 있다고 주장했다. 북한은 이런 상황을 이용해 힘으로 남한을 재통일하려 시도할 가능성은 비록 낮지만 그래도 '실재(實在)하는 위협'이라는 것이었다.[7]

---

6 Motoko Rich and David E. Sanger, "Motives of North Korea's Leader Baffle Americans and Allies," *The New York Times*, September 3, 2017.

7 Rich and Sanger, "Motives of North Korea's Leader Baffle Americans and Allies," September 3, 2017. 이런 주장에 대해 필자가 제시한 상세한 비판은 이 책

그러나 이 미국 언론도 지적했듯이, 북한이 그렇게 행동할 경우 미국이 그러한 북한의 협박에 굴복할 가능성은 없다. 그것은 NATO 회원국부터 남태평양의 뉴질랜드에 이르기까지 미국이 동맹국들에 약속한 안보공약을 공허하게 만들 것이기 때문이다. 또 실제 북한이 대남 적화통일을 말로는 주장하지만 그러한 주장은 북한이 핵무기를 갖고 있든 그렇지 않든 실현할 수 없는 환상에 불과하다.[8]

『핵비확산 리뷰』편집자 조슈아 폴락(Joshua Pollack)은 북한의 의도는 매우 명백하다고 지적했다. 북한은 미국을 비롯한 국제사회가 북한을 완전히 정상적인 국제사회 구성원으로 인정하도록 하고 미국·남한과 북한이 원하는 조건에 따라 화해하기를 원한다는 것이다. 북한은 자신이 더는 핵무기와 첨단전쟁 능력으로 강박할 수 있는 대상이 아님을 미국에 인식시키는 것이 목표다. 그런 인식을 바탕으로 미국이 북한에 대한 제재를 풀고 주한미군의 전부 아니면 일부라도 철수하는 상황을 북한은 목표로 한다고 폴락은 이해했다.[9]

피셔는 북한이 국제사회로부터 자신들이 희망하는 인정을 받을 가능성은 거의 없다고 했다. 다만 국제사회가 '할 수 없어 마지못해 북한의 핵보유국 지위를 받아들일 가능성'(a grudging global acceptance)은 없지 않다고 보았다. 북한 지도자들이 국제사회의 인정을 받아내는 데 성공할 가능성은 높지 않다고 판단하면서도 북한은 그 길만이 북한이 장기적으로 생존할 수 있는 유일한 길이라고 믿을 가능성이 높다고 보았다. 결국 폴락의 인식도 북한의 핵무기 프로그램은 장기적인 체제 유지 방법론이라는 데로 귀결된다.

피셔는 이 대목에서 중국이 걸어간 길을 북한이 염두에 두었을 것이라고 말했다. 중국이 1964년 첫 핵실험을 했을 때 중국은 세계정치

제7장 「한국 핵무장과 전술핵 재배치는 왜 답이 아닌가」참조할 것.

8 Rich and Sanger, September 3, 2017.

9 Fisher, July 29, 2017.

의 낙후된 변방 국가의 하나였다. 끊임없이 미국의 생존 위협에 직면해 있는 고립된 왕따국가(a pariah state)였다. 그러던 중국이 1970년대 국제사회의 당당한 일원으로 인정받기에 이른다. 중국이 그처럼 국제사회의 당당한 일원으로 서게 된 것은 낙후된 핵무기의 역할보다는 다른 요인이 작용했다. 중국이 미국과 소련 사이에서 국제정치적 게임을 한 것도 주효했다. 무엇보다 중국이 인구와 영토에서 대국이었다는 사실이 중요한 요인이었다. 북한은 중국이 가진 그러한 행운 요소를 갖고 있지 못하다. 그럼에도 북한은 중국의 길을 꿈꾸는 것처럼 보였다.

많은 전문가는 공통적으로 북한이 핵무기를 수단으로 삼아 북한의 안보를 이룩하고 미국과 관계정상화를 이끌어내려 한다고 본다. 그것이 효과를 발휘할지에 대해 피셔는 이렇게 말했다. "북한의 전략은 실패할 가능성이 높지만, 북한은 그럼에도 그 시도를 계속할 것이다."

북한의 전략이 성공하기 힘든 이유로 피셔는 핵무기의 국제정치를 연구하는 학자들의 연구 결과를 제시했다. 토드 섹서(Todd Sechser)와 매튜 퍼먼(Matthew Fuhrmann)의 연구에 따르면, 핵무기로 위협하는 것은 상대방의 양보를 갈취해내는 데 효과적이지 않다. 핵무기 위협은 '그냥 믿기 어렵기 때문'(simply not believable)이라는 것이다. 한편 핵무기가 개입될 경우 양측의 군사적 긴장은 고도화된다. 그 결과 현상 변화가 아닌 현상 고착화가 초래된다. 핵무기로 현상을 변화하려 하는 북한의 목표와 상충된다는 것이다. 섹서와 퍼먼의 연구를 근거로 해서 피셔는 두 가지 결론을 말했다. 첫째, 북한은 핵무기를 개발해서 미국의 침략을 억지하는 능력은 향상했다고 할 수 있다. 둘째, 북한이 더 나아가 핵무기를 이용해 미국의 정책변화를 이끌어내기를 희망한다면 북한은 실망할 수밖에 없을 것이다.

피셔는 북한은 그럼에도 핵무기로 상대방의 정책변화를 얻어내려는 시도를 멈추지는 않을 것이라고 보았다. 조지타운대학교 콜린 칼(Colin H. Kahl)이 2014년 발표한 연구는 핵무기가 실제로 양보를 얻어내는 데 효과가 있느냐와 무관하게 신생 핵무기 국가들은 핵무기가 효과가 있다고 믿고 행동한다는 것을 말해준다. 이러한 논의 역시 북한이 국제적 압력을 견디며 어렵게 만들어낸 핵무기고를 쉽게 포기하지 않을 것임을 뜻한다.

그런데 북한이 2017년 여러 차례 ICBM 시험발사를 성공한 뒤 미국의 침략을 억지할 수 있는 "로켓 무기 체계 개발 완성이라는 목표를 달성했다"고 선언한 사실을 헤커는 주목했다. 북한은 2013년 미국에 대항할 핵억지력을 개발한 뒤 경제발전에 집중하겠다고 밝힌 바 있다. 그렇다면 북한이 핵억지력 완성 목표를 달성했다고 선언한 것은 이제 북한이 경제발전에 집중하기를 원하며 그러기 위해 미국과 외교협상에 나설 준비가 되었음을 선언한 것일 수 있다는 말이 된다. 헤커의 판단으로는 북한이 미국 본토 전체를 실질적으로 위협할 수 있는 ICBM을 완성하는 데에는 더 많은 시간이 필요하다. 그러나 북한이 아시아의 미국 동맹국들과 미국기지들을 파괴할 수 있는 핵무력을 갖추게 되었다는 사실만으로도 김정은이 대화를 시작하는 데 충분한 자신감을 갖게 되었을 것이라고 헤커는 판단했다. 김정은도 현재의 긴장 상태를 완화해서 오해와 오판으로 인한 전쟁 가능성을 낮추려고 노력할 필요를 느낄 시점이라는 것이다.[10]

북한은 한편으로 일정하게 완성된 핵무력 유지를 양보할 수 없는 근본 조건으로 삼는 것처럼 보인다. 그러나 북한에게 그보다 더 근본적인 목표는 미국의 대북 적대시정책을 무력화하는 것이다. 핵무기 자체가 목표는 아니라고 할 수 있는 것이다. 그렇다면 미국이 적대시정책을 철회한다면 핵무력 자체 또는 그 존재방식을 두고 협상할 수 있다는 것을 의미한다.

2013년 1월 북한은 외무성 성명을 발표해 "조선반도 비핵화는 종

---

10 Siegfried S. Hecker, "What We Really Know about North Korea's Nuclear Weapons: And What We Don't Yet Know for Sure," *Foreign Affairs*, December 4, 2017.

말을 고했다"고 선언했다. 그러나 북한은 바로 그해 6월 16일 '국방 위원회 대변인 명의의 중대 담화'에서 북미 고위급회담을 제안하면서 "조선반도의 비핵화는 우리 수령님(김일성)과 우리 장군님(김정일) 의 유훈이며 우리 당과 국가와 천만 군민이 반드시 실현해야 할 정책 적 과제다"라고 천명했다. 북미회담에서 한반도 정전체제를 평화체제 로 전환하는 것을 논의하자는 제안이었다.[11]

2000년 북한의 김정일 국방위원장은 평양을 방문한 남한의 한 언론 인에게 이렇게 말했다. "우리 미사일들은 미국에 닿지 않을 뿐 아니라 내가 미사일을 쏘면 미국은 1,000개 미사일로 우리를 공격하리라는 것 을 나는 잘 압니다. 그러나 나는 내가 미사일을 갖고 있다는 것을 미국 이 알게 해야 합니다. 내가 미사일을 만드는 이유는 그래야만 미국이 나 와 대화할 것이기 때문이죠."[12] 얼마 뒤 매들린 올브라이트 미 국무장 관이 평양을 방문했고, 김정일 위원장은 미사일 개발 시험에 대한 모라 토리엄(moratorium, 유예)에 합의했다. 물론 이제 북한은 미국에 닿는 ICBM을 갖게 되었다. 그렇다고 해서 북한이 ICBM으로 미국을 먼저 공격하거나 위협하는 것은 미국으로부터 수십 배 보복을 초래하는 자 살행위일 수밖에 없다는 사실에는 변함이 없다. 김정일이 잘 인식했던 그 현실구조는 근본적으로 하등 달라진 것이 없다. 그런 만큼 김정은의 전략 방정식에서도 북한의 핵과 ICBM을 포함한 미사일들이 방어용에 서 공격용으로 그 근본이 바뀌었다고는 할 수 없다.

2016년 7월 6일 북한은 한 걸음 더 나아가 '조선반도 비핵화'를 위 한 좀더 구체적인 협상 조건을 다섯 가지 제시했다. 이날 북한 정부 대변인 성명은 북한이 말하는 비핵화는 '조선반도 전역의 비핵화'라 고 밝히면서, 그것은 북한뿐 아니라 '남핵 폐기와 남조선 주변의 비

11 이승재, 「北 '비핵화는 유훈'…북미 고위급회담 제안」, SBS 뉴스, 2013. 6. 17.
12 Richard Rhodes and Michael Shellenberger, "Atoms for Pyongyang: Let North Korea Have Peaceful Nuclear Power," *Foreign Affairs*, May 23, 2017.

핵화'를 포함하는 것이라고 했다. 그것을 전제로 이 성명은 '비핵화를 위한 원칙적 요구'라면서 다음 다섯 가지 조건을 제시했다. 1) 남한 내 미국 핵무기 공개, 2) 남한 내 핵무기 및 기지 철폐, 3) 핵타격 수단을 한반도에 끌어들이지 않겠다는 미국의 담보, 4) 핵위협과 핵사용을 하지 않겠다는 미국의 확약, 5) 미군 철수 선포 등이다.[13]

이 성명은 우선 북한이 핵무장 자체를 절대적 목표로 삼는 것이 아님을 보여준 것이었다. 미국의 핵타격 위협 등 적대적 군사정책 철폐를 평화협정협상을 통해 제도적으로, 즉 국제법적 구속력이 있는 장치로 보장한다면 북한은 비핵화를 받아들일 수 있다는 견해를 밝힌 것이다. 미군 철수 문제와 관련해서도 철수가 비핵화의 전제조건이 아니고, 철수 의사를 밝히는 것을 그 조건으로 삼았다는 점도 유의할 대목이다. 그러나 한국 언론은 이러한 북한의 제안을 대개 '중국과 관계개선 목적'을 위한 전술적인 제스처 정도로 해석하는 경향을 보였다.

2017년 두 번째 ICBM을 성공 발사한 뒤인 7월 31일 북한 『노동신문』은 「민족사적인 대승리를 안아온 긍지 드높이 연속공격 앞으로」라는 사설을 실었다. 이 사설은 "세계는 모진 광풍과 시련 속에서도 더 높이, 더 빨리 비약하는 주체 조선의 눈부신 성과들을 계속 보게 될 것"이며, '화성-14형' 2차 시험발사 성공은 "미제가 시대착오적인 대조선(대북) 적대시정책을 철회하고 우리 민족에게 들씌운 고통에 대하여 무릎 꿇고 사죄할 때까지 연속 타격전을 들이대려는 우리 당과 인민의 혁명적 신념의 힘 있는 과시"라고 주장했다. 이는 북한 당국이 미국이 대북 적대정책을 철회할 때까지 지속해서 핵·미사일 능력을 과시할 것임을 위협한 것으로 해석되었다.[14] 다른 말로 하면 미국의

---

13 이상현, 「北 '한반도 비핵화' 주장 노림수는…'북중관계 겨냥'」, 『연합뉴스』, 2016. 7. 7. 이 성명을 통해 북한이 집중 거론한 미국의 대북 핵타격 위협과 남한 내 핵무기 존재 문제는 미국의 대규모 전략무기가 동원된 가운데 한미 양국이 실시하는 공격적인 합동군사훈련의 일상화와 깊은 관련이 있다고 할 수 있다.

14 김효정, 「北 신문 '美 적대정책 철회까지 연속 타격…성과 계속 볼 것'」, 『연합

대북 적대정책에 믿을 만한 변화가 일어난다면 북한이 미국과 비핵화 협상에 나설 수 있음을 시사하는 것이었다.

1993년 이래 본격화된 북한 핵문제를 궁극적으로 해결할 실마리도 어쩌면 위기의 절정이라 할 수 있는 북한 핵무장 완성과 이에 대한 미국의 극단적인 군사적 압박 국면에서 싹틀 수도 있다. 북한은 미국의 군사적 위협에 대항하기 위해 핵무장의 길을 걸었고 그것을 완성하기에 이르렀다. 그러므로 북한은 미국이 군사적 위협을 계속하는 한 결코 핵무장을 포기하지 않을 것이다. 북한이 핵무장 해체 가능성을 협상테이블에 올리게 되는 것은 미국이 북한에 대한 군사적 위협을 가할 수 없는 제도적 장치를 내용으로 하는 평화체제 구축 가능성이 명확해진 상황에서만 상상할 수 있을 것이다.

역사는 아이러니로 가득하다. 에곤 바르(Egon Bahr, 1922~2015)는 독일의 평화적 재통합의 역사적 계기는 분단 독일 위기의 최절정이었던 순간인 베를린장벽 설치였다고 말한 바 있다.[15] 한반도의 평화적 비핵화와 재통합의 역사적 계기 역시 북한 핵무장 사태라는 위기의 절정에서 생성되는 역사적 아이러니도 불가능한 일은 아닐 것이다. 다만 독일의 경우와 같이 위기의 절정이 그 위기 구조를 궁극적으로 해체하는 결정적인 역사적 계기로 되는 아이러니가 성립한 것은 그 위기의 근본적 해결을 위한 창의적이고 자주적인 평화적 해법을 집요하게 추구한 빌리 브란트(Willy Brandt, 1913~92)와 바르라는 인물이 있었기 때문이라는 사실을 물론 잊어서는 안 된다.

북한 핵무장 완성이라는 상황에서 전쟁을 피하면서도 북한 비핵화를 이끌어내려면 미국은 결국 북한에 대한 안전보장과 외교정상화를 포함한 평화체제 구축이라는, 1994년 제네바합의 그리고 2000년 남

뉴스』, 2017. 7. 31.

15 에곤 바, 박경서·오영옥 옮김,『독일 통일의 주역, 빌리 브란트를 기억하다: 빌리 브란트 비서실장·동방정책의 설계자 에곤 바의 생애 마지막 회고』, 북로그컴퍼니, 2014, 51쪽.

바르(왼쪽)와 브란트.
독일 통일은 위기의 근본적 해결을 위한 창의적이고 자주적인 평화적 해법을 집요하게
추구한 브란트와 바르라는 인물이 있었기 때문에 가능했다는 사실을 잊어서는 안 된다.

북정상회담 직후 클린턴 행정부의 대북정책에서 채택된 방법론이었
으나 실제 제대로 이행된 일이 없고, 2001년 부시 행정부 이래 근본적
으로는 폐기되었던 방법론을 다시 수용할 수밖에 없다.

북한이 미국을 위협할 수 있는 ICBM을 연거푸 쏘아올린 지 일주
일쯤 뒤인 2017년 8월 7일 미국 대통령 트럼프는 북한을 향해 "세상
에 본 적이 없는 화염과 분노(fire and fury)에 휩싸일 것"이라는 '말폭
탄'을 퍼부었다.[16] 트럼프의 수사에 걸맞은 벼랑 끝 전술 같은 미국의
군사적 압박은 북한으로 하여금 핵무장을 포기하게 만들기는커녕 핵

16 Peter Baker and Choe Sang-Hun, "Trump Threatens 'Fire and Fury' Against
North Korea if It Endangers U.S.," *The New York Times*, August 8, 2017. 마이클 월
프(Michael Wolff)는 2018년 초 *Fire and Fury*라는 제목으로 책을 출간했다. 북한은
이 책을 크게 상찬(賞讚)했다(Gerry Mullany, "North Korea Praises 'Fire and Fury'
Book on Trump Administration," *The New York Times*, January 11, 2018).

무장 강화에 더욱 매달리게 하는 압박이 될 것이다. 북한은 그 나름대로 화염과 분노로 대응했다. 같은 달 29일 북한은 괌을 타격할 수 있는 IRBM을 북태평양을 향해 날려 보냈다.

북한 김정은은 2017년 10월 7일 열린 노동당 제7기 2차 전원회의에서 "경제 건설과 핵무력 건설의 병진노선을 따라 전진해온 것이 천만번 옳았으며 앞으로도 변함없이 이 길로 나아가야 한다"고 했다. 『조선일보』는 김정은이 이 회의에서 '국가 핵무력 건설의 역사적 대업 완수'를 역설한 것을 두고 북한이 '핵무기를 절대 포기하지 않을 것임을 재확인한 것'이라고 해석했다.[17]

김정은이 10월 7일 북한 핵무력 건설 노선에 대한 '확고한 입장'을 밝힌 것은 미국의 대북 적대적 정책이 근본적 변화가 없다는 북한 지도부 인식을 반영한 것이다. 일시적 변화가 있다 하더라도 그 정책의 일관성을 북한은 신뢰할 수 없다고 본 것이다.

북한 핵문제의 평화적 해결을 주도하기 위해서 한미 양국에 필요한 것은 북한이 자신의 관점에서 핵무장을 고집하는 합리적 이유가 있다는 것을 일정하게 인정하는 일이다. 북한은 자신의 안전보장을 위협하는 상황에 처하지 않는 한 한국과 일본, 심지어 미국을 선제타격할 이유가 없다. 북한은 선제타격이나 핵사용 위협이 남북 공멸을 초래할 사살행위라는 것을 잘 인식한다고 보아야 한다. 예컨대 적화통일과 같은 팽창적 내지 공격적 목적을 위해서 핵무기를 사용할 것이라고 믿는다는 것은 북한이 자살적 행위를 마다하지 않을 매우 비이성적 행위자라고 보는 것을 의미한다.

중동과 남아시아를 포함한 세계 핵무기 확산 과정을 연구한 『핵성전주의자』(*Nuclear Jihadist*)의 저자들인 더글러스 프란츠(Douglas Frantz)와 캐서린 콜린스(Catherine Collins)는 지난 수십 년간의 핵무기 확산과 그 확산을 막지 못한 실패가 우리에게 던지는 교훈을 논했

---

17 『조선일보』 사설, 「'핵무력 건설 절대 포기 않는다' 선언한 김정은」, 2017. 10. 9.

다. 이들에게 그 교훈의 요체는 "핵무기 확산을 방지하고 상상할 수 없는 사태를 피하려면 왜 그 나라들이 핵무장을 추구했는가 하는 근본 원인을 직시해야 한다는 것"이다. 단순히 NPT 조약과 IAEA라는 국제법적 차원의 문제를 넘어서는 일이라는 것이다. 물론 NPT와 그 이행을 담당한 국제원자력기구의 역할은 중시되어야 한다. 그러나 동시에 "미국을 비롯한 세계정치의 주요 행위자들이 핵무장을 추구한 국가들의 안보와 자존이라는 문제를 주목해야 한다"고 프란츠와 콜린스는 지적했다.[18]

나라마다 핵무장을 추구한 동기는 복합적이다. 그래도 가장 중요한 것은 역시 이들은 하나같이 '핵 보복'이라는 강력한 대항 위협 수단으로만 억지할 수 있다고 믿을 만한 강력한 적을 갖고 있었다는 사실이다. 파키스탄은 인도를 두려워했고, 인도는 중국을 두려워했다. 이스라엘은 적대적인 아랍 국가들에 포위되어 있었다. 남아공의 아파르트헤이트 백인 정권은 소련이 남아공 주변에서 영향력을 강화할 때 이 정권의 인종주의정책에 대한 국제사회의 제재로 극심한 고립감에 시달렸다. 그리고 북한이 핵무장을 추구한 뿌리는 수십 년에 걸친 미국에 대한 공포라고 프란츠와 콜린스는 지적했다.[19] 핵무장을 추구하는 나라에 공포의 대상인 국가와 적대적 관계를 해소하는 제도적 장치를 구축할 때만 핵확산 문제의 해결이 가능하다는 얘기다. 거꾸로 말하면 그러한 제도적 장치가 마련된다면 핵확산 문제는 근본적 해결의 희망도 있다는 뜻이다.

북한이 핵무기를 자살행위를 하려고 보유한다고 믿는다면 그것은 김정은을 포함한 북한 지도부를 비이성적인 니힐리즘 세력으로 간주하는 것과 다름없다. 냉엄한 현실주의적 시각은 오히려 그러한 대북

---

18 Douglas Frantz and Catherine Collins, *The Nuclear Jihadist: The True Story of the Man Who Sold the World's Most Dangerous Secrets...and How We Could Have Stopped Him*, New York: Twelve, 2007, p.197.

19 Frantz and Collins, 2007, p.198.

인식을 비판하지 않을 수 없다. 북한이 비록 미국의 핵전력으로부터 자신을 보호할 수 있는 일정한 핵억지력을 확보했다고 할 수 있으나, 그것은 오직 방어적 차원에서만 그러하다고 할 수 있다. 북한이 그것을 방어가 아닌 공격 무기체계로 이용하는 순간 북한 핵무기는 자살 무기로 화할 것이다. 그 사실을 북한 지도부가 망각할 수 없다.

헤커가 지적했듯이 "대화(talking)는 보상이나 양보가 아니며 북한 핵무장을 미국이 용납한다는 신호가 아니다." 헤커는 이어서 말했다. "대화는 핵전쟁의 재앙 위험을 낮추고 상호이해를 증진하기 위한 첫 걸음일 뿐이다. 그러나 대화를 통한 상호이해의 증가는 궁극적으로 북한의 핵무기 프로그램을 중단하고 후퇴시키며 종국에는 제거할 협상 전략을 찾아가는 데 도움이 될 것이다."[20]

우리가 정치외교적 대안을 추구하지 않는다면 현재 미국이 주도하고 일본이 옆에서 북을 치며 응원하는 군사적 압박 중심의 대북정책 노선이 지속된다. 그것이 초래할 한반도의 미래는 암울하기 짝이 없다. 북한 핵무장을 빌미로 미국의 이른바 전략자산이 끊임없이 한반도를 배회하면서 한국은 세계 최고의 미국 무기 수입국가로 지속될 것이다. 미중 간 긴장이 고조되며, 일본의 전쟁국가화가 가속화된다. 일본의 독자 핵무장까지도 거론되는 최악의 시나리오가 유력해진다. 그런 과정에서 기획에 따라 또는 오인과 오산에 의한 오판으로 또는 우발적 사건으로 군사적 충돌이 발생해 제2의 한국전쟁 가능성마저 배제할 수 없게 된다.

3. 우리가 가야 할 길, 한반도 평화협정

'핵무기국가 북한'을 마주하게 된 우리에게 근본적 문제는 이 상황에서 미국 군사력에 의존한 군사적 압박 일변도와 선제타격론을 앞세운 공격적 군사독트린은 인간안보 관점에서든 국가안보 관점에서든

---

20 Hecker, December 4, 2017.

위기와 위험을 영속화하고 확대재생산할 뿐이라는 사실이다. 대안은 한미동맹의 유연화(동맹의 점진적 탈군사화)도 포용하는 한반도 평화협정체제를 모색하는 길이다.[21]

미국은 때때로 북한에 대해 핵무기 프로그램을 포기하면 안전을 보장한다고 말해왔다. 그러나 어떻게 안전을 보장할지 그리고 그러한 안전보장 장치를 구축하는 과정이 핵 프로그램을 미국이 원하는 수준으로 폐기해가는 과정과 어떻게 합리적으로 연결되어 북한이 핵 프로그램을 안심하고 포기할 수 있게끔 유도할 수 있을지에 대한 진지하고 합리적인 대화는 사실상 존재하지 않았다. 그런 상태에서 '대북 압박과 제재를 통한 외교적 해결'을 운위해왔지만, 북한에 신뢰를 주어 핵 프로그램을 안심하고 포기할 수 있게 하는 인센티브를 제공하는 데는 지극히 인색했다. 이러한 미국의 제재 중심 대북정책과 동아시아 대분단체제라는 지역 질서의 구조가 결합해 마침내 북한이 미국 본토까지 타격할 수 있는 ICBM과 그 미사일에 장착 가능한 소형화된 수소폭탄 개발에까지 이른 것이다.

문제 해결의 실마리는 남북한 사이에 한반도 평화체제 구축을 위한 공감대를 형성하는 일이다. 남북한 두 사회 사람들이 생각을 바꾸고, 두 사회 정치 지도자들의 생각이 바뀌는 것, 그것이 실마리다. 북한이 핵무장을 동결하는 데 동의할 수 있는 평화체제의 틀이 성립하려면 북한의 대외관계정상화와 주한미군사력의 존재 또는 성격에 관한 미국의 정책변동에 관한 약속과 단계적 이행이 필수적이다. 그러므로 미국 역시 한반도 평화 구축에 대한 국제법적 구속력을 가진 의무를 짊어져야 한다. 그 책임을 규정하는 것이 평화협정의 주요 내용 가운데 하나다. 중국 역시 한국전쟁 당사자로서, 북한의 공식적 군사동맹자로서 그리고 한반도의 전쟁과 평화에 영향력 있는 실체로서 한반도

---

21 이삼성, 「한미동맹의 유연화(柔然化)를 위한 제언」, 『국가전략』 제9권 제3호 (2003, 가을), 7~38쪽.

평화체제 전환에 필요한 행동을 약속하고 이행해야 할 당사자다.

한반도 평화협정은 남북한과 미국 그리고 중국이 한반도 평화체제를 구축하기 위해 각자 약속하고 이행해야 할 의무를 규정할 것이며, 그 이행 내용과 과정은 단계적으로 규정될 것이다. 그래서 평화협정을 모색한다는 것은 세 가지 원칙을 전제한다. 한미 양국이 원하는 북한의 비핵화 그리고 북한이 원하는 관계정상화와 북한 안보, 그 두 가지를 포괄적으로 동시적으로 교환하는 일괄타결이 그 첫 번째 요소다. 두 번째 원칙은 그 약속들을 이행해 평화체제를 구축하는 과정을 몇 가지 단계로 나눠 상응하는 행동을 동시적으로 교환하는 단계적 실천이다. 세 번째 원칙은 그와 같은 포괄적인 청사진에 대한 일괄타결과 그 단계적이며 동시적인 이행의 약속을 평화조약이라는, 당사국 모두 입법부의 비준절차를 거쳐 정권 변동의 영향을 받지 않는 국제법적인 장치로 구속력 있게 제도화하는 것이다. 요컨대 포괄적 일괄타결, 동시적인 단계적 이행 그리고 구속력 있는 국제법적 장치, 이 세 원칙이 필자가 생각하는 한반도 평화협정론의 요체다.

다양한 방식이 있겠지만 네 단계에 걸친 평화체제 구축 과정을 담은 평화협정의 한 잠정적 모델을 다음과 같이 생각해볼 수 있다.

제1단계에서 북한은 핵무장을 현 상태에서 동결한다. 즉 더는 핵물질 생산과 미사일 실험을 중단한다. 미국과 한국은 한미 연합훈련을 중단함과 아울러 일정한 수준에서 북한에 대한 경제제재를 해제하는 것도 이 단계에서 고려할 수 있다. 아울러 북한은 핵무기 불사용 원칙을 천명하고 미국 또한 「핵태세검토 2001」과 「핵태세검토 2010」에서 북한을 핵무기 선제타격 대상에 사실상 포함해온 기존의 위협적 정책을 명시적으로 철회하는 내용 또한 담아야 할 것이다.

제2단계에서는 북한은 핵무기들을 봉인하고, 미국과 한국을 포함한 국제사회가 그것을 신뢰할 수 있도록 하는 일정한 사찰을 포함한 조치를 취한다. 이와 함께 미국과 한국은 대북 외교관계를 정상화한다. 남북한은 이 단계에서 각 방면에서 경제공동체 구축을 시작하게 될 것이다.

제3단계에서는 북한이 핵무기의 핵물질을 분리하고 남북한이 함께 공격적 무기체계들을 봉인하는 조치를 취하면서 주한미군은 철수를 시작한다. 또는 주한미군의 역할과 규모를 포함한 존재방식의 질적인 변화를 시작한다.

마지막 제4단계에서는 미국이 주한미군 철수를 완료하거나 성격 전환을 완수하고, 북한은 핵물질을 IAEA에 넘겨준다.

이것은 잠정적 예시에 불과하다. 어떤 단계에서 구체적으로 어떤 요건을 주고받을지는 남북한과 미국 그리고 중국 등 당사자들 사이의 협상으로 결정될 일이다. 예컨대 위의 제1단계로 설정한 조치는 남북한과 미국, 중국 등 한반도 평화협정 당사자로 구성된 4자회담을 본격 시작하기 전에 그 협상의 전제로 미국과 북한 양자회담을 통한 공동선언 수준의 합의 대상으로 삼을 수도 있을 것이다. 또 남북한 각기 미국, 중국과 맺고 있는 군사동맹과 핵우산 체제 해소는 어떤 단계에서 어떻게 주고받을지 등의 문제도 평화협정을 위한 4자회담에서 협상 대상이 될 수 있다.[22]

아울러 2016년 7월의 북한 정부 대변인 성명이 주한미군 철수 문제와 관련하여 철수 자체를 비핵화 조건으로 내걸기보다는 철수 의사

---

22 '한반도 평화협정'의 당사자 문제와 그것이 담아야 할 핵심 의제들에 대해서는 필자가 기왕에 발표한 글에서 가져왔다. 다만 '핵무기국가 북한'의 완성이라는 2017년 현실을 고려해 주요 의제의 단계별 배치에 변화와 수정을 가했다. 이삼성, 「미국의 대북 정보평가 및 정책의 신뢰성 위기와 북핵문제 해결방향: '한반도 평화협정'체제 전환이 유일한 대안인 또 하나의 이유」, 『현대북한연구』 제7권 제2호, 2004. 9; 이삼성, 「한반도 평화협정: 북한 핵문제 근본해결로서의 평화협정의 틀과 윤곽」, 평화·통일연구소/평화와통일을여는사람들 주최 평화·통일연구소 창립 1주년 토론회 '한반도 평화협정 체결 및 평화군축 방안', 2005년 10월 7일, 기독교 회관 구관 2층. 이 발표문은 동일한 제목으로 다음 간행물에 전재했다. 『평화누리 통일누리』 통권 제57호, 2005. 9. 10, 40~86쪽; 이삼성, 「한반도 평화협정체제와 비핵화 그리고 동북아 비핵무기지대화: 상호의존성의 인식과 연계의 비전」, 참여연대·평화와통일을여는사람들 주최 세미나 '9·19공동성명에 비춰본 한반도 평화협정과 비핵화 방안', 2015. 9. 18, 국회 의원회관 제2세미나실, 『자료집』, 6~152쪽.

를 밝히는 것(철수 선포)을 그 조건으로 삼았다는 사실을 유의할 필요가 있다. 미국이 북한에 대해 핵 타격 등 군사적 위협을 하지 않을 것을 약속하고 그것이 평화협정에 확실히 반영된다면 미국이 주한미군 철수가 아닌 철수 의사나 철수 계획과 일정을 밝히는 정도에서 북한은 비핵화에 임할 수 있다는 얘기다. 그렇다면 한미 양국은 주한미군 문제에 더 큰 유연성을 갖고 협상에 임할 수 있을 것이다.

이 대목에서 2000년 6월 평양에서 열린 사상 첫 남북정상회담 석상에서 김정일 국방위원장이 주한미군 문제에 대해 한 발언을 언급해 두는 것도 의미가 있을 것 같다. 김대중 전 대통령의 자서전에 따르면, 6월 14일 평양 백화원에서 열린 남북정상회담의 제2차 회의 중 김정일 국방위원장은 김대중 대통령이 유도하지 않은 상태에서 주한미군에 관해 이렇게 발언했다. "제가 대통령께 비밀 사항을 정식으로 말씀드리겠습니다. 미군 주둔 문제입니다. 1992년 초 미국 공화당 정부 시기에 김용순 비서를 미국에 특사로 보내 '남과 북이 싸움 안 하기로 했다'고 말했습니다. 그러면서 '미군이 계속 남아서 남과 북이 전쟁을 하지 않도록 막아주는 역할을 해달라'고 요청했습니다. 역사적으로 주변 강국들이 한반도의 지정학적 위치의 전략적 가치를 탐내어 수많은 침략을 자행한 사례를 들면서 '동북아시아의 역학관계로 보아 조선반도의 평화를 유지하면서 미국이 와 있는 것이 좋다'고 말했습니다. 제가 알기로 김대중 대통령께서는 '통일이 되어도 미군이 있어야 한다'고 말씀하셨는데, 그것은 제 생각과도 일치합니다. 미군이 남조선에 주둔하는 것이 남조선 정부로서는 여러 가지로 부담이 많겠으나 결국 극복해야 할 문제가 아니겠습니까."[23]

김정일 위원장이 뜻밖의 발언을 한 뒤 김대중 대통령은 "그런데 왜 언론 매체를 통해 계속 미군 철수를 주장합니까?"라고 물었다. 그러자 김정일 위원장은 "그것은 우리 인민들의 감정을 달래기 위한 것이

---

23 김대중, 『김대중 자서전 2』, 삼인, 2010, 290쪽.

니 이해해주시기 바랍니다"라고 답변했다고 김대중 대통령은 적어두었다. 김정일 위원장의 위 발언은 다양한 각도에서 해석할 수 있겠다. 미국과 관계개선을 절실하게 원하던 북한으로서는 주한미군 문제에 대한 일정한 타협적 자세를 밝힘으로써 미국과 관계개선을 위한 강한 메시지를 보내고 싶어 했던 것이 아닌가 생각할 수도 있다.

더 나아가 좀더 적극적인 해석도 해볼 수 있다. 김대중 대통령이 자서전에 기록한 김정일 발언이 한반도와 동아시아에서 미국의 역할에 대한 내밀한 흉심(胸心)을 담았을 가능성을 배제할 필요는 없다. 미국의 적대시정책으로 북한은 중국밖에는 의지할 데가 없었던 게 사실이다. 그러한 대중국 의존 상황을 가장 불안하게 생각하는 집단은 북한 지도부 자신이 아닐까. 김정일과 그의 아들 김정은이 바라보는 중국은 마오쩌둥이나 덩샤오핑과 인적인 유대관계와 함께 혈맹의식을 가졌던 김일성이 바라보는 중국과는 분명 다를 것이란 점도 유의해야 할 것이다. 김정일은 그 문제의 발언에서 한반도에서 미국과 주한미군이 남북 간 전쟁을 억지하는 역할을 할 수 있음을 인정한 것이다. 또 동아시아에서 중국과 일본을 견제하는 미국 역할을 긍정한 것이다. 물론 이것은 미국이 북한에 대한 적대시정책을 철회할 의사와 가능성이 있을 때 얘기다. 그럼에도 이 발언은 북한이 중국에 대한 경제적 예속이 심화되는 것에 깊은 불안감을 갖고 있으며, 그것이 중국에 대한 자신들의 정치적 예속으로 연결될 수 있다는 점도 크게 우려한다는 것을 강력하게 시사한 것이라고 할 수 있다

그렇다면 북한은 미국이 북한에 대한 적대시정책을 해제하는 것을 전제로 미국과 대타협에 응할 가능성이 높아진다. 김정일 발언은 북한이 핵무장을 하기 전 일이다. 김정은 정권은 핵무장을 완성했다. 그러나 김정은은 선대인 김정일의 지정학적 인식을 계승했을 가능성이 있다. 미국과 관계를 정상화하기 위해 김정은은 궁극적인 비핵화 목표를 받아들이고 그럼으로써 중국에 대한 일방적인 경제적 예속과 군사정치적 의존에서 벗어나 실질적인 자주외교를 할 수 있는 처지에

김정은 위원장과 정의용 청와대 안보실장.
김정은은 비핵화가 '선대의 유훈'이라고 밝혔다. 이 '선대의 유훈'에는 지난 2000년 남북
정상회담에서 김정일 위원장이 밝힌 지정학적 인식도 담겨 있을지 모른다.

서는 것을 원할 수 있다.

어떤 경우든 2000년 남북정상이 나눈 그 대화는 장차 한반도 평화
협정협상이 진행될 경우 주한미군 문제에 북한 지도부가 반드시 경직
된 태도를 고수하지 않을 수도 있음을 시사한다. 김정은 정권의 '핵무
력 완성'은 미국과 군사적 긴장의 밀도를 높였다. 그러나 동시에 북한
의 대미협상력도 상대적으로 크게 높아진 것 역시 부인할 수 없는 사
실이다. 이런 상황에서 한국 외교는 북한이 갖게 된 새로운 협상 수단
과 흉중(胸中)에 있는 대중국 자주외교의 열망을 바탕으로 미국과 대
타협을 이뤄 한반도 평화협정체제로 나아가도록 더욱 노력할 필요가
있다. 한국의 균형외교는 북한의 자주외교를 촉진할 것이며, 그 둘이
결합할 때 북한의 궁극적 비핵화를 포함하는 북미 간 대타협이 더는
몽상에 그치지 않게 될 것이다.

4. 한반도 평화협정체제를 견인할 수 있는 균형외교와 그 의미[24]

한반도 평화구축 과정을 이끌어낼 수 있는 한국 외교는 '자강·균형 (自彊·均衡)의 외교'일 수밖에 없다. 우리의 자강과 균형의 외교는 한 국이 한반도에서 평화협정체제를 견인하는 외교이며, 그것을 바탕으 로 동아시아 공동안보의 길을 개척하는 '지적·외교적 균형자'(知的· 外交的 均衡者) 역할을 자임하는 것이다.[25]

자강·균형의 길은 한반도 평화체제 구축에 기여하고, 또 그 구축 의 결과로서 더욱 힘을 얻게 될 것이다. 그때 한국은 동아시아 대분단 체제에서 더는 어떤 군사동맹의 하위 파트너로 다른 세력을 위협하는 수단이 되지 않을 수 있다. 한국은 자주적 안보의 '합리적 적정 능력' 을 가지면서 동아시아 지역질서에서 양극화된 군사동맹 체제의 지속 이 아닌 공동안보의 질서를 구축하는 창의적인 외교적 행위자로 존재 하게 될 것이다. 합리적 적정 능력이 무엇인지는 열린 문제다.

자강·균형의 외교는 군사동맹에 일방적으로 의존하지 않지만 반드 시 전형적인 중립을 의미하지도 않는다. 중립은 동맹이나 연합과 양 립할 수 없지만, 균형외교는 시대적 조건에 따라서 동맹이나 연합과 때로 양립할 수 있고, 특히 특정한 목적과 기능을 가진 각종 양자·다 자주의적 제도와 공존하고 또 그것들로 보완된다.

한국 안보와 평화의 백년대계를 논할 때 이제 한미동맹을 '이념'의 굴레에서 놓아주어야 한다. 한미동맹을 이념의 잣대로 근본주의적 비판 대상으로 삼는 것도 적절하지 않으며, 어떤 절대적이고 이념적인 가치 를 앞세워 한미동맹을 무조건 성역시하는 이데올로기적 집착 또한 내

---

24 '균형외교' 개념에 대해 필자는 다음 발표문에서 밝힌 바 있다. 이삼성, 「'핵무기 국가 북한' 앞에 선 한국의 선택」, 한국정치연구회 창립 30주년 기념 세미나 '우리 시 대의 진보와 민주주의의 과제'(동국대학교 사회과학관 첨단강의실, 2017. 6. 16).
25 필자가 말하는 '균형자'란 좁은 의미에서 힘의 균형을 이루어내는 주체를 가 리키는 것이 아니다. 2005년의 다음 글에서 '균형외교'와 연결된 '외교적 균형자' 의 의미를 논했다. 이삼성, 「동아시아에서 균형자 역할을 한다는 것」, 『서울신문』, 2005. 4. 15.

려놓아야 한다. 한반도의 평화적 통합을 이루기까지 우리에게 한미동맹은 한반도의 평화와 통일이라는 목표를 달성하는 데 그것이 갖는 기능과 역기능에 대한 냉철한 대전략적 검토 대상이 되어야 한다. 그 검토에 따르는 전략적 논쟁은 아무리 치열해도 지나치지 않을 것이다.

자강·균형의 외교는 말기조선에서 고종이 추구했던 이른바 '균세' 논리와 두 가지 점에서 근본적으로 다르다. 첫째, 고종의 균세는 내정개혁을 통한 사회 내적 자강은 결여한 채 외세 의존으로 일관한 것이었다. 둘째, 고종의 균세 전략은 제국주의 세력 간 패권투쟁과 길항의 한가운데에서 한국이 특정한 어떤 세력을 위한 장기판의 졸(卒)을 자임한 것과 다름없었다. 21세기 한국의 선택으로서 '균형외교'는 사회 내적 자강을 바탕으로 하여 동아시아 대분단체제에 내재한 지정학적 긴장 구조로부터 자신을 최대한 분리하려는 부단한 노력을 내포한다. 양극화된 군사동맹의 질서 안에서 어느 한 세력 편에 가담해 다른 세력의 목을 겨눈 비수가 되는 '원교근공'이 아니라 대분단체제를 극복해 평화적 지역질서를 지향하는 '원교근친'(遠交近親)을 원리로 한다.

5. 브란트의 '접근을 통한 변화', 그 본질은 원교근친

브란트가 1960년대 초 서베를린 시장일 때부터 그의 비서실장으로 동방정책의 설계도를 그려낸 이가 바르다. 브란트와 바르가 구상한 동방정책의 개념적 토대는 '접근을 통한 변화'였다. 바르는 자신이 그 개념을 떠올린 때는 1963년이었다고 말했다. 그 개념에 바탕을 두고 한 걸음 더 나아가 그때까지 독일 대외정책의 근간을 단호하게 전환하는 구상을 담은 동방정책의 구체적 청사진을 180쪽에 달하는 원고에 그려낸 것은 1966년 3월 말이다.[26]

브란트가 바르의 조력을 받아 구성한 동방정책의 요체는 두 독일 사이에 그리고 동서 간에 긴장완화를 추구해 그것을 통일의 밑거름으

---

26 에곤 바, 2014, 55쪽.

로 삼는다는 것이었다. 그리고 그러한 긴장완화를 통한 독일 문제 해결의 열쇠를 '유럽안전보장체제'에서 찾았다. 독일의 안전보장을 미국과 소련 사이의 긴장완화 기반 위에 성립하는 유럽의 안전보장문제와 연결한다는 것이었다. 그 전제는 양 독일 국가 사이의 평화적 공존이었고 그 공존을 바탕으로 통일을 지향한다는 발상이었다. 그 과정에서 미국이라는 서독의 우방뿐 아니라 소련을 그 전체 여정의 파트너로 포함시킨다는 것이었다.[27] 그것은 필자 표현대로 하면 '원교근친'(遠交近親) 바로 그것이었다. 이 원교근친이 '접근을 통한 변화'를 내건 브란트 동방정책의 본질이었다.

바르와 브란트는 모두 미소 양 대국과 영국, 프랑스 등 전승국들은 분단 독일의 현상을 유지하는 데에 기득권을 가진 세력이라고 인식했다. 이들 4개국의 독일 문제에 대한 '현상유지'적 태도를 바르는 '문서화되지 않은 합의'라고 파악했다. 브란트가 1963년 12월 "올 크리스마스 주말은 우리가 한민족이고 한 국가임을 분명하게 보여주는 날이 될 것"이라고 선언했을 때 그는 전승국들의 독일에 대한 현상유지정책을 비판하면서 그것을 자신이 바르와 함께 추구해온 '접근을 통한 변화'의 비전과 명백히 대립시킨 것이었다.[28] 그것은 또한 양 독일 사이의 긴장완화 그리고 접근을 통한 변화를 주도할 책임은 독일 자신에 있다고 믿은 것을 의미했다.[29]

6. 북한의 대중국 자주외교와 북미 대타협의 공간

2000년 남북정상회담 석상에서 김정일 국방위원장은 김대중 대통령에게 1992년 미국에 특사를 파견해 전달한 메시지를 재확인한 사실을 앞서 언급했다. 그 메시지의 요점은 남북 간 군사적 긴장을 통제

---

27 에곤 바, 2014, 55쪽.
28 에곤 바, 2014, 47쪽, 50쪽.
29 에곤 바, 2014.

하고 전쟁을 예방하는 기능을 주한미군이 가질 수 있음을 인정한 것
이었고, 또한 동북아에서 미국의 군사적 균형자로서 역할을 인정한다
는 데 있었다. 김정일의 발언은 중국을 포함한 한국의 주변 강국들에
대한 한국인 공통의 경계심을 북한 지도부 역시 공유하고 있음을 드
러냈다. 북한 핵개발 문제가 불거진 이래 북한은 경제적으로나 군사
적 안보에서나 중국을 거의 유일한 보호막 삼아 지탱해왔다. 그것은
북한에 고마운 일이지만 동시에 중국에 대한 경제적 종속과 그에 따
른 정치군사적 예속의 위험을 북한 지도자들은 두려워할 수밖에 없을
것이다.

그만큼 북한 지도부에는 미국의 적대시정책을 극복해 미국에 대해
서나 중국에 대해서나 자주외교를 펼칠 수 있는 수단과 공간에 대한
열망이 클 수밖에 없었다. 미국의 대북 적대시정책과 군사적 압박은
중국의 견제로 자주 무력화되었다. 때때로 북미 간 일괄타결이 이루
어졌으나 북한과 합의를 부정적으로 인식하는 강경파가 주도한 가운
데 미국은 그 합의를 파기했다. 1994년 제네바합의도 2005년의 9·19
공동성명도 미국 주도로 공식 폐기되었다. 이후 북한 핵무장은 본격
화되었고 마침내 2017년 장거리미사일 능력과 결합한 완성단계에 이
르게 되었다. 이 과정에서 중국의 존재를 포함한 대분단체제로서의
동아시아 질서는 결정적 환경이 되었다. 이렇게 해서 완성된 북한 핵
무장은 이제 북한이 중국의 그늘에서 벗어나 미국을 협상에 끌어들이
고 경우에 따라서는 북미 간 대타협을 촉진해 한반도 평화체제를 구
축하는 수단으로 작용할 수 있다. 말하자면 북한의 자주외교 가능성
이 현실화될 수 있는 것이다.

중요한 것은 한국의 선택이다. 한국이 미국 강경파가 주도하는 군
사적 압박 위주 정책에 끌려 다닌다면 북한 핵무장 상태는 확대재생
산될 뿐 아니라 경제와 군사 모든 면에서 북한의 대중국 예속이 심
화될 수밖에 없다. 한미동맹과 북한 사이에 군사적 긴장이 극단화되
고 전쟁 위기는 영속화될 것이다. 한국이 미국 강경파를 견제하고 협

상파에 명분과 힘을 실어주는 균형외교를 전개할 경우는 결과가 크게 다를 수 있다. 한국의 균형외교는 북한의 핵무장 완성이라는 상황을 전화위복의 계기로 전환할 수 있다. 한국의 균형외교가 작동할 때만 북한 핵무장은 북한의 궁극적 비핵화와 북미관계정상화를 포함하는 북미 간 대타협을 이끌어내는 수단으로 작용할 수 있다. 그렇게 되면 북한은 비로소 미국뿐 아니라 중국에 대해서도 자주외교를 확립할 수 있게 된다. 이때 한국의 균형외교는 북한의 자주외교와 서로 지지하고 촉진하는 상생효과를 발휘하게 될 것이다. 한반도의 평화체제 그리고 나아가 동아시아 평화를 견인할 수 있는 한반도 국가의 균형자적 역할은 그렇게 해서 초석이 마련될 것이다.

7. 평화협정은 출구일 수는 있어도 '입구'는 아니라는 오해

학계와 시민사회 일각에서 평화협정은 대화를 시작하는 입구가 아니라 대화 결과물이므로 출구에 해당하며, 우리에게 당장 필요한 것은 입구가 무엇인지 찾는 데 있다는 주장을 제기했다. 그런데 이 주장은 지난 사반세기 동안 한미 양국이 주장해온 기울어진 단계적 접근과 북한이 제기해온 동등한 포괄적 해법 사이의 근본적 차이가 무엇인지 아직도 이해하지 못한 데서 비롯되는 잘못된 주장이다.

여기서 필자가 말하는 '기울어진 단계적 접근'이란 북한에게 선행조건 이행을 요구하는 것을 말한다. 북한이 그 조건을 먼저 충족시키지 않으면 다음 단계로 나아가는 것을 원천 거부하는 태도다. 이와 달리 동등한 포괄적 일괄타결은 평화체제의 시작과 완성의 전체상과 그 단계적 실현에 관한 포괄적인 로드맵을 일괄적으로 합의해 타결하는 것을 말한다.

평화협정이 입구가 아니라 출구라는 관점은 한미 양국의 단계적 접근법의 토대를 이루는 사고방식이다. 그것은 필자가 평화협정을 북한 핵문제의 근본해결책으로 주장할 때 극복하고자 한 단계론적 사고의 연장선에 있다. 평화협정의 요체는 북한의 비핵화 약속과 그 단계적 이행 및 미국과 한국의 북한에 대한 외교정상화를 포함한 대북 안전보장의 약속과 이행을 어떻게 연결할지에 대한 청사진이다. 이 청사진의 필요성에 합의하지 않으면 북한은 비핵화 협상테이블에 나오지 않는다.

그렇기 때문에 한반도에서 남북한 모두의 안전을 보장하기 위해 한국전쟁 당사국들이었던 남북한과 미국, 중국을 포함하는 4국간 포괄적 합의틀로서 평화협정의 필요성에 대한 인식 공유는 북미 간에 그리고 남북 간에 의미 있는 대화의 출발점이다. 군이 구분한다면 평화협정을 위한 대화에 임한다는 자세 공유가 입구이고, 그렇게 해서 시작된 대화와 협상으로 타결되는 평화협정의 구체적 내용을 출구라고 할 수 있겠다.

단계적 협상이 아니라 포괄적 협상의 개념에 설 때 대화의 '입구'와 '출구'를 구분하는 논리는 무의미하다. 그 경직된 구분의 논리는 문제의 본질을 오해하거나 오도하기 쉽다. 궁극적 지향점에 대한 전체적이고 포괄적인 상호이해에 접근했을 때 유의미한 대화와 협상이 시작될 수 있기 때문이다. 평화협정의 구체적 내용은 그 대화와 협상의 결과물로 나타날 것이다. 평화협정이라는 형식과 그 핵심적 내용의 골격에 대한 전체적 합의 내지 인식 공유가 없으면 대화의 출발점 또는 '입구'는 찾을 수 없다는 뜻이다.

1994년 6월의 한반도 전쟁 위기에서 출구는 단계적인 어떤 입구를 발견해서가 아니라 장차 제네바합의로 구체화되는 전체적이고 포괄적인 합의틀에 대해 미국과 북한이 함께 접근했기 때문에 가능했다. 그러므로 평화협정에 따른 평화체제 구축 필요성에 대한 합의 내지 인식의 공유가 그 어떤 진지한 대화에서도 전제가 되는 출발점이다. 즉 일부 논자들이 취하는 어법에 따르면 그것이 바로 출구가 아닌 입구인 것이다.

8. 한국 균형외교의 관리 대상인 미국 동아시아 군사전략의 관성

부시 행정부는 「핵태세검토 2001」에서 북한을 중국·이라크·이란 등과 함께 미국이 핵무기 선제타격 대상으로 삼을 수 있는 7개 국가의 하나로 지목했다. 오바마 행정부도 부시 행정부가 대테러전쟁을 내세우며 공식화한 선제타격(preemptive strike) 노선을 물려받았다. 그래서 이명박 정부와 협력하며 벙커버스터(GBU) 같은 선제타격용 무기를 한국에 수출하기 시작한 것은 오바마 행정부였다. 오바마 행정부의 「핵태세검토 2010」도 북한에 대해 핵 선제타격옵션을 유지했다.[30]

2001년 부시 행정부가 출범할 때 그 핵심에 포진한 네오콘들(Neo-Cons)은 중국 견제를 21세기 미국 대외정책 최우선 순위의 하나로 올려놓았다.[31] 그러나 부시 행정부 시기 그것은 한동안 중심 의제에서 밀려났다. 2001년 9월 11일 뉴욕과 워싱턴이 이슬람 근본주의자들에게 테러 공격을 받은 이후 부시 행정부의 일차적 외교목표는 대테러전쟁이 되었다. 아프가니스탄과 이라크 전쟁으로 날이 새고 졌다.

오바마 행정부는 아프가니스탄·이라크·시리아·이슬람국가(Islamic State in Iraq and Syria: ISIS) 등 부시 행정부가 이슬람 세계를 들쑤셔 벌여놓았던 일들을 뒷정리하는 데 많은 시간을 보내야 했다. 그런 가운데서도 오바마 행정부는 2010년을 전후해 이른바 '아시아 재균형'

---

30 미국 오바마 행정부는 2010년 4월 공개된 「핵태세검토 2010」에서 비핵국가에 대한 핵 선제사용을 배제하는 '소극적 안전보장'을 재확인했다. 그러나 NPT 체제 밖에 있는 국가들은 대상에서 제외한다는 점을 분명히 했다. 이로써 북한에 대한 미국의 핵 선제사용 위협은 변함이 없다. 「핵태세검토 2010」은 북한을 포함한 동아시아적 상황에서는 별 의미 없는 '소극적 안전보장'을 재확인하면서 그 예외를 강조했다고 할 수 있다. 그래서 사실상 북한에 대한 핵 선제사용 위협을 강조한 것이라는 분석이 나왔다(David E. Sanger and Thom Shanker, "Obama's Nuclear Strategy Intended as a Message," *The New York Times*, April 6, 2010). 이 문서는 또 미국이 '극단적인 상황에서는'(in extreme circumstances) 핵공격 상황이 아니더라도 미국이 핵무기를 선제사용할 수 있다고 밝혔다. 그런 경우로 화학무기 또는 생물무기(Chemical or Biological Weapons: CBW)를 이용한 공격이 우려되는 상황을 들었다(「핵태세검토 2010」, p.viii). 결국 미국의 소극적 안전보장 공약은 미국의 상황 판단 여하에 따라 얼마든지 지켜지지 않을 수 있음을 뜻한다.

31 Robert Kagan and William Kristol(eds.), *Present Dangers: Crisis and Opportunity in American Foreign and Defense Policy*, San Francisco, CA: Encounter Books, 2000.

2014년 1월 2일 시리아 북부의 텔 아비야드(Tel Abyad) 마을을 행진하는 ISIS 대원들. 오바마 행정부는 ISIS 등 부시 행정부가 이슬람 세계를 들쑤셔 벌여놓았던 일들을 뒷정리 하는 가운데서도 2010년을 전후해 군사력 자원 상당 부분을 동아시아로 이동시키려 했다.

(Rebalancing Asia)정책을 내세우며 군사력 자원 상당 부분을 동아시아 로 이동시키려 했다. 이는 동아시아 대분단체제 안에서 중국의 부상으 로 점증하는 지정학적 긴장이 일본과 영토분쟁으로 표면화된 것과 때 를 같이했다. 이 무렵 한반도에서도 천안함 사태가 벌어졌고, 중국과 영 토분쟁에 직면한 일본의 안보 불안이 증가했다.

　오바마는 특히 임기 말년에 북한 핵과 미사일 능력이 급속히 향상 되는 것에 깊은 좌절감을 토로했고, 성공할 수만 있다면 북한 지도부 나 핵과 미사일 같은 무기를 파괴할 선제타격과 같은 '새로운 대안'을 모색하라고 지시했다. 그렇게 하지 못한 것은 표적을 정확히 특정하 기가 어렵고, 선제타격을 했지만 효과적 타격에 실패했을 때는 제2의 한국전쟁이 발생할 확률이 높다는 판단 때문이었다.[32]

32　David E. Sanger and William J. Broad, "Trump Inherits a Secret Cyberwar

트럼프 행정부는 출범 초부터 한반도 주변에 군사력을 집중하고 북한에 대한 선제타격 위협을 강화했다. 미국 언론은 이러한 미국 행태를 불안한 눈으로 지켜보았다. 미국의 리버럴한 언론들은 트럼프 행정부 외교노선이 치밀하게 검토된 일관성 있는 원칙에 입각하기보다는 본능적 조건반사(instinctive reflexes)의 성격을 띤 것으로 보았다.[33] 피터 베이커(Peter Baker)는 트럼프 외교가 임기응변적이며 상황주의적이라서 불가예측성이 높아졌다고 했다.[34]

트럼프가 무언가 새로운 접근과 행동을 하는 것처럼 압박 강도를 높이지만, 실제는 사태 해결에 도움은 되지 않으면서 지역 긴장을 심화할 뿐이라는 비판이 미국 안에서 제기되었다. 특히 『뉴욕타임스』는 사설에서 "애당초 북한이 핵무기 개발에 전력투구하게 만든 이유였던 미국의 공격에 대한 북한의 두려움"을 심화해 문제를 더욱 악화할 뿐이라고 트럼프의 대한정책을 비판하기도 했다.[35]

트럼프 행정부에 들어서 미국은 국가안보 전략에서 중국을 경쟁국으로 명시하고 모든 분야에서 중국에 대한 견제를 중요하고 명시적인 정책 목표로 삼겠다는 태도를 분명히 하고 나섰다.[36] 중국 견제는 부

Against North Korean Missiles," *The New York Times*, March 4, 2017.

33 Fareed Zakaria, CNN, April 9, 2017.

34 Peter Baker, "The Emerging Trump Doctrine: Don't Follow Doctrine," *The New York Times*, April 8, 2017.

35 The Editorial Board, "President Trump's Loose Talk on North Korea," *The New York Times*, April 17, 2017.

36 권영석, 「트럼프, 새 국가안보전략에 '중국은 경쟁국' 명시…18일 발표: 내년 美中 무역전쟁 본격화 전망…미·중관계 험로 예고, 中 대형은행 제재도 검토, 국가안보전략서 기후변화는 빠질 듯」, 『연합뉴스』, 2017. 12. 17. 이 보도에 따르면, 영국 『파이낸셜타임스』도 트럼프 대통령이 이번 국가안보 전략 발표로 중국이 '경제적 침략'에 개입하고 있다고 비난하는 등 중국에 대해 이전 행정부보다 훨씬 강경한 입장을 취할 것이라고 전망했다. 트럼프 행정부의 한 당국자는 "이번 국가안보전략은 모든 분야에서 중국을 미국의 경쟁국으로 규정할 것"이라면서 "그것도 단순한 경쟁국이 아니라 위협국이며 따라서 행정부 내 대다수는 적으로 간주할 것"이라고 강조했다.

시 행정부의 애당초 정책 우선순위였다. 그러나 9·11사태 이후 대테러전쟁으로 지연되다가 중동문제가 어느 정도 수습된 트럼프 행정부에 들어서 중국에 대한 신보수주의적 대외정책이 마침내 꽃을 피우려 하는 것이었다.

그런 의미에서 트럼프의 대북정책이 군사적 압박에 의존하는 것은 결코 놀라운 일이 아니다. 군사 압박 강화 제스처들이 미국의 전형적인 정책수단일 수밖에 없는 이유는 미국이 취할 수 있는 '정치적으로 올바른'(politically correct) 대안이 딱히 없기 때문이다. 그뿐만 아니라 군사압박 지속 정책은 미국에 여러 가지 기득권을 보장하고 추가 이득을 가져다주기 때문이다. 미국에는 북한을 사실상 핵무장 국가로서 인정하고 대화를 시작하기보다 그것을 부정하고 군사압박을 지속하는 것이 훨씬 손쉽고 안전하다. 그래서 미국 안 정치지형에서나 국제사회에서 '정치적으로 올바른' 선택이다. 그만큼 북한 핵문제의 평화적 해법을 모색하고자 하는 한국인에게 그와 같은 미국의 동아시아 정책의 관성은 가장 커다란 숙제가 아닐 수 없다.

좀더 구체적으로 정리해본다면, 미국의 대북정책이 앞으로도 기본적으로 경제제재와 함께 군사적 압박을 강화하는 틀에서 벗어나기 힘든 것은 한반도와 동아시아 전반에서 미국이 추구하는 기본적 목적과 이해관계와 관련이 있다. 다음 세 가지를 지적할 수 있다.

첫째, 미국은 아시아 대륙 통제와 경영을 위한 동맹 네트워크를 확고히 유지하기를 원한다. 미국의 동아시아 경영의 핵심은 무엇보다 일본과 동맹을 견지하는 것이다. 한국과 동맹도 중요하게 여긴다. 미국은 한국과 동맹에 대해 그 자체로도 필요하게 여기지만 미국의 리더십에 대한 일본의 신뢰를 유지하는 데도 한미동맹은 큰 의의가 있다. 한반도에 대한 미국의 개입과 안보공약은 일본 안보의 직접적 외연(外延)으로서 중요한 의미가 있다.[37] 미국과 일본에는 모두 한국이 미국의 동맹국으

---

37 1890년 수상 야마가타 아리토모(山縣有朋, 1838~1922)는 제국의회에서 유

로 남아 있는 것이 대단히 중요한 전략적 의의가 있다.

한국이 동맹에서 떨어져나가면 중국의 영향권에 들어간다고 미국과 일본은 믿게 된다. 그것은 일본에는 커다란 지정학적 위험으로 다가서게 된다. 미국은 한국을 동맹국으로 유지함으로써 미일동맹을 안정화할 수 있다. 미국에 한국은 아시아대륙을 통제하고 경영하는 데 한국이 그 자체로서 갖는 의의도 중요하지만 동아시아·태평양지역에서 미국 패권의 기초인 미일동맹을 뒷받침하는 것으로서 한미동맹의 의의 또한 각별하다.

미국은 또한 타이완과 비공식적이지만 실질적인 군사협력 관계에 있고, 필리핀과 인도네시아를 포함한 아세안 국가들과 구축한 동반자 관계도 미국은 중요하게 여긴다. 이 모두가 미국이 동아시아·태평양지역에서 추구하는 해상패권 유지에 결정적 요소들이다.

북한 핵문제에 대한 미국 주도의 군사적 대응은 무엇보다 동아시아에서 미국 중심 동맹네트워크의 유지와 강화를 돕는다. 미국이 말하는 아시아 재균형 전략에는 인도와 인도네시아 같은 동남아시아와 남아시아 국가들과의 군사협력 관계를 증대하는 노력을 포함한다.[38] 그러나 일본·한국과 군사동맹 그리고 필리핀·타이완 등과 사실적 군사동맹 유

명한 주권선·이익선 연설을 했다. 그는 '국가 독립 자위의 길'은 주권선(主權線)을 수호하고 이익선(利益線)을 보호하는 것이라고 선언했다. 주권선의 바깥에 이익선을 배치했는데, 조선이 바로 일본의 이익선이라고 정의했다. 조선을 보호하는 것은 제국주의의 길을 향하는 열강들로부터 일본의 독립을 유지하는 불가결의 조건이라고 강조했다. 따라서 주권선 수호에서 한 걸음 더 나아가 이익선까지 '보호'한다는 목적과 명분을 내세워 일본은 군비 확대를 기획하고, 그 이익선의 핵심인 한반도를 자기 영향권으로 만드는 목표를 무력으로 추진할 의지를 공식화했던 것이다(후지무라 미치오, 허남린 옮김, 『청일전쟁』, 소화, 1997, 35쪽; 이삼성, 『동아시아의 전쟁과 평화 2: 근대 동아시아와 말기조선의 시대구분과 역사인식』, 한길사, 2009, 405~406쪽). 19세기 말에서 20세기에 이르는 동안 한반도 향방을 자국 안보의 치명적 일부로 인식한 일본의 지정학적 인식은 전후 오늘에 이르기까지도 근본적으로는 변한 것이 없다고 해야 할 것이다.

38 Jeffrey A. Bader, "U.S. Policy: Balancing in Asia, and Rebalancing to Asia," The Brookings Institution, September 23, 2014 (https://www.brookings.edu/).

2014년 5월 9일 필리핀 삼발레스 근처에서 합동훈련 중인 미군과 필리핀군.
일본·한국과 군사동맹 그리고 필리핀·타이완 등과 사실상의 군사동맹 유지는 미국이 추구하는 대중국 대책의 가장 핵심적 전제조건이다.

지는 미국이 추구하는 대중국 대책의 가장 핵심적 전제조건이다.

둘째, 미국에 적대적인 국가의 핵과 미사일 개발을 저지하는 것은 미국에 매우 중요한 외교목표다. 북한과 같이 미국에 적대하는 나라의 핵과 미사일 등 대량살상무기는 이 지역에서 미국의 직접적인 안보적·상업적 이익을 위협할 수 있다. 그뿐만 아니라 한국과 일본 같은 동맹국들에 대한 위협을 높이는 것이므로, 이들 동맹국에 제공해야 할 안보공약 비용이 증가한다. 그러나 다른 한편으로 북한 위협이 커지면 미국이 동아시아에서 일본·한국과 동맹을 강화해주는 효과가 있다. 그래서 미국이 동아태지역에서 해상패권을 유지하는 데 필수적인 군사력 전진배치를 유지할 수 있고 또한 그 비용을 동맹국들에 분담시키는 것이 더 쉬워진다. 북한의 대량살상무기 해체를 명분으로 한 군사적 압박정책은 그래서 미국으로선 일거양득이다. 미국으로서는 북한에 대한 군사적 압박은 미국의 패권 유지와 당장의 직접적 국익에도 선순환(善循環) 기능이 있다.

셋째, 미국은 동아태지역에서 미국의 해상패권에 도전하는 중국의 핵전력에 대응하기 위해서도 사드를 포함한 미사일방어망을 확충해 나가야 한다. 한국과 일본을 미국 미사일방어체계에 완전히 편입해 중국의 중거리급 핵전력 확대로 위기에 처한 미국의 동아태지역 해상 패권 방어를 시도한다. 이를 위해 북한의 핵무장 상황을 최대한 활용하는 것은 미국에 피할 수 없는 강력한 유혹으로 남을 것이다. 박근혜 전 대통령에 대한 탄핵 정국에서 사드의 한국 배치가 전격적으로 그리고 정치적으로 가능했던 것은 북한의 잇따른 미사일 실험과 트럼프 행정부의 전쟁 위기 조성 국면에 힘입은 바 크다. 트럼프 행정부는 이미 소기의 목적을 달성했다.

미국의 21세기 군사안보 중심에는 미사일방어체계를 최대한 발전시키려는 목표가 있는데, 이를 위해 동아시아에 레이더를 포함한 미사일방어기지들을 구축할 필요가 있다. 중국의 핵미사일 역량이 2010년을 전후로 대폭 강화됨으로써 동아태지역에서 미국의 해상패권은 심각한 위협에 직면해 있다고 미국은 인식한다. 이에 대한 적극적 대응의 하나가 미사일방어 확충이다. 이를 위해서는 북한의 핵미사일 위협에 대한 군사적 접근을 유지할 때 한국과 일본을 미국의 미사일방어체계에 확실히 편입하는 것이 쉬워진다.

넷째, 대테러전쟁이 일단락된 이후 무기 수출로 지탱되는 미국 군산복합체를 위한 젖줄은 동아시아지역의 긴장이다. 북한 핵무장 상황을 미국은 또한 한국과 일본에서 미군주둔 비용을 동맹국들에 더욱 전가하는 방위비분담 압력을 강화하는 데 사용할 것이다.[39] 동아시아 대분단체제의 성격상 이 상황은 지속성을 띨 수 있다.[40]

39 한국의 주한미군 방위비분담 문제에 대한 치밀하고 체계적인 분석은 박기학, 『트럼프 시대, 방위비분담금 바로 알기: 한미동맹의 현주소』, 2017(forthcoming).

40 이삼성, 「동아시아 국제질서의 성격에 관한 일고: '대분단체제'로 본 동아시아」, 『한국과 국제정치』, 제22권 제4호(2006, 겨울), 41~83쪽; 이삼성, 「전후 동아시아 국제질서의 구성과 중국: '동아시아 대분단체제'의 형성과정에서 중국의 구

끝으로, 미국이 한반도에 대한 전술핵 재배치,[41] 더 나아가 한국과 일본의 핵무장 용인 가능성을 암시하거나 거론할 가능성이 있다.[42] 이로써 한국과 일본을 더욱더 미국의 MD 체계에 통합하는 가운데 중국을 다방면에서 압박하는 수단으로 삼을 수 있다. 이것은 미국이 북한의 핵무장을 용인하는 '정치적으로 잘못된'(politically incorrect) 입장으로 전환하지 않는 한, 미국이 선택하기 쉬운 길이다. 오바마는 2009년 프라하연설에서 밝힌 '궁극적인 핵무기 폐기' 비전이 있는 인물이었지만 트럼프는 그러한 이상주의 신념에서 더 자유롭다.

9. 한국이 미국을 설득해 이끌어야 하고 또 그렇게 할 수 있는 이유

아무리 보수적인 정권이라도 미국 정부 안에는 온건협상파와 강경파 사이의 갈등과 긴장이 있다. 군사적 옵션을 강조하는 강경파가 보수정권에서는 득세하기 마련이다. 그러나 그들이 주장하는 군사적 옵

성적 역할」, 『한국정치학회보』 제50집 제5호(2016. 12), 163~189쪽.

41 2017년 4월 7일 미국 언론들은 트럼프 행정부가 한반도에 전술핵을 재배치하고 김정은 참수를 포함한 계획을 세우고 있다고 보도했다. 『동아일보』, 「트럼프 對北 옵션에 핵무기 재배치·김정은 참수 포함」, 『뉴시스』, 2017. 4. 8. 이 신문은 미국 NBC 뉴스가 복수의 고위 미군 관계자와 정보기관 소식통을 인용해 미 국가안보회의(NSC)가 미중정상회담 전 트럼프 대통령에게 한반도 미 핵무기 재배치와 김정은 제거 등을 포함한 대북 전략옵션을 제시했다고 보도한 사실을 전했다.

42 한 예를 들면, 트럼프 미국 대통령의 인수위 선임 고문으로 활동했고 지금도 트럼프 정부를 외곽에서 돕고 있는 에드윈 퓰너 헤리티지재단 전 회장의 발언을 들 수 있다. 그는 2017년 4월 11일 틸러슨 국무장관의 발언을 빌려 북한 핵무장이 지속될 경우 한국의 핵무장을 미국이 용인함으로써 이를 부추길 가능성이 있다는 것을 시사했다. 강인선, 「중국, 北 문제 안 나서면 핵무장한 한국 보게 될 것」, 『조선일보』, 2017. 4. 17. 에드윈 퓰너의 발언: "틸러슨 국무장관은 만일 중국이 북한에 대해 강력한 행동을 취하지 않으면 중국은 '핵무장한 한국'을 보게 될 것이라고 했다. 한국이 핵무기를 다시 들여오든지 독자적 핵국가가 될 수도 있다고 했다. 트럼프 대통령이 이 내용을 시 주석에게도 강조했을 것이다. 내 생각엔 일본이나 타이완도 한국과 같은 길을 갈 것이다. 중국은 국경 서쪽에서 러시아와 파키스탄 등 많은 핵 국가와 상대하고 있다. 동쪽에까지 줄줄이 핵국가를 두고 싶지는 않을 것이다."

션은 감수해야 하는 군사적 위험성과 경제적 비용 그리고 유사시 감당해야 할 간과할 수 없는 인간적 대가가 있기 마련이다. 그래서 항상 정치외교적 해결에 희망을 거는 온건협상파가 같은 정부 안에 동거하게 된다. 대개는 외교를 책임진 국무장관이 온건협상파를 대변하기 마련이다. 때로 국방부 안에도 군사적 옵션이 초래할 위험부담을 고려해 군사적 압박 일변도에 부담을 느끼는 신중파들이 또한 있기 마련이다. 보수정권 안에서 강경 매파와 협상파의 동거는 네오콘이 득세했던 부시 행정부에서도 예외가 아니었다. 트럼프 행정부의 경우에도 틸러슨 전(前) 국무장관은 협상에 무게를 두려고 했다. 때로는 '조건 없는 대화'를 거론하기도 했다.

트럼프 행정부를 상대로 한 한국 외교가 미국을 대북대화로 견인하는 데는 적어도 다음 세 가지를 유념하는 것이 필요해 보인다.

첫째, 선제타격론을 포함한 군사적 압박 일변도 정책은 그 자체가 남북한의 7,500만 한국인과 1억 수천만 일본인의 삶에 치명적 영향을 미칠 제2의 한국전쟁을 유발할 위험성을 언제나 내포한다. 미국 본토에 대한 위협까지도 이제는 배제할 수 없다. 그러므로 미국에 마땅한 군사적 옵션은 실재(實在)하지 않는다. 많은 경우 미국이 군사적 옵션을 고집하고 군사적 압박 위주로 나아가는 것은 그것이 미국의 대외정책 명분과 국내정치적 담론에서 '정치적으로 올바른'(politically correct) 노선이기 때문이다.

그러나 미국 행정부 안팎에는 군사적 옵션의 위험성과 한계를 명확히 인식하고 이를 공개적으로 밝힌 인사들이 많다. 트럼프 행정부 백악관에서 그런 목소리를 낸 사람으로는 제2장에서 이미 언급한 바 있는 배넌이 대표적이다. 그는 트럼프가 북한에 대한 예방전쟁과 선제타격을 공언하는 시점에 북한 문제에 대해 이렇게 말했다. "전쟁 발발 30분 이내에 재래식 무기만으로도 서울에 사는 1,000만 명이 죽지 않을 것을 보여주는 방정식을 누군가 가져오기 전에는 (선제타격을 운운하는 사람들은) 자기가 무슨 말을 하는지도 모르는 것이다. 이 문제에 군사적 해법은 없다." 그러면서 배넌은 국무부와 국방부 인사들이 '자기 옷에 오줌을 싸는 것'(They are wetting themselves)이라고 공격했다.[43] 냉전시대 이래 미국 안보정책에 깊이 간여해온 보수적 싱크탱크 '랜드연구소'(RAND Corporation)의 북한 전문가 베넷은 이렇게 말했다. "북한에 대한 수술적 공습이란 건 있을 수 없다. 그 무기들이 어디에 있는지 우리는 확실히 모르니까."[44] 미 CIA 부국장을 지낸 마이클 모렐도 2017년 7월 4일 북한이 첫 ICBM 시험발사에 성공한 뒤 CBS TV와 인터뷰에서 "제2의 한국전쟁으로 이어지거나 김정은 정권이 이웃 국가들을 겨냥해 핵무기를 사용할 우려가 있는 상황에서 군사적 옵션은 없다"라고 잘라 말했다.[45]

1994년 6월 중순 클린턴 행정부의 국방부와 합참, CIA, 백악관의 강경파는 자신들이 표방해온 정책적 일관성을 유지하려면 한반도 전쟁을 기획하는 것이 불가피하다고 판단했다. 그렇게 강경파가 스스로 재촉한 한반도 전쟁 위기를 마주한 상황에서 카터 전 대통령의 방북과 김일성 회담은 이들 강경파에 전쟁을 선택해야 하는 함정에서 빠져나올 명분과 실리를 제공했다. 지금은 북한이 핵무장을 완성한 상태다. 따라서 미국 현 행정부의 고민은 더 깊을 수밖에 없다. 이런 조건에서 한국 정부가 적극적인 대북 평화적 접근을 일관성 있게 추구하면 진퇴양난에 처한 트럼프 행정부의 강경론자들이 자기가 파놓은 함정에서 탈출할 출구와 명분을 제공해주는 격이 된다.

---

43 Derek Hawkins, "Steve Bannon says rivals 'wetting themselves,' calls supremacists 'clowns,' contradicts Trump on N. Korea," *The Washington Post*, August 17, 2017.

44 David E. Sanger, "Talk of 'Preventive War' Rises in White House Over North Korea," *The New York Times*, August 20, 2017.

45 이준서, 「前 CIA 부국장 '대북 군사·외교옵션 없다…미사일방어뿐'」, 『연합뉴스』, 2017. 7. 5. 모렐은 "협상테이블을 통해 북핵 프로그램을 폐기할 수 있는 외교적 해법도 사실상 없어졌다"고도 말했는데, 그가 생각하는 유일하게 남은 할 일은 "북한의 도발 때마다 제재를 가하거나 한국과 하와이·캘리포니아·알래스카에 미사일방어(MD) 체계를 갖추는 것"이었다.

만일 한국에 여전히 보수 우파 정권이 들어서 있어서 미국의 강경론을 부추긴다면 미국은 그런 방향에서 헤어나기 어려울 것이다. 진퇴양난인 채 계속 군사적 압박으로 일관하면서 한국에 미사일방어를 구축하고 첨단무기를 한국과 일본에 대량 판매해 현실적 이득을 보는 것으로 위안을 삼을 것이다. 한국에 이명박·박근혜 정권이 들어서 있을 때 오바마 행정부의 대북정책이 강경론의 함정에서 빠져나오기 힘들었던 것은 그 점과 관련이 깊다.

그러나 한국의 정부가 유연한 대북정책을 추구하고 그 점에서 일관성을 보이며 적극적인 역할을 추구한다면 미국의 보수정권이 북한에 대한 평화적 접근을 수용할 정치적·외교적 명분을 제공해줌으로써 한반도에서 전쟁 위험을 줄이기 위한 실질적인 평화적 방안을 찾아갈 실마리가 될 수 있다.

둘째, 중국의 견제다. 유사시 중국의 한반도 개입 가능성과 그것이 초래할 수 있는 한반도의 이중분단 또는 재분단 문제에 대한 한국의 우려를 미국 정책담당자들과 더욱 적극적으로 공유할 필요가 있다.

셋째, 마땅한 해결책이 없는 상황에서는 미국의 보수적 정권도 때로 발상의 전환을 구사해왔다. 보수적 행정부가 발상 전환을 보인 사례는 얼마든지 있다. 과거 부시 행정부의 경우 2005년 9·19공동성명 배경으로 라이스가 회고록에서 밝힌 내용에 주목할 필요가 있다. 제5장에서 9·19공동성명이 성립하기까지 미국이 왜 그런 발상에 동의하게 되었는지 배경을 설명하면서 라이스 당시 미 국무장관의 회고록을 인용한 바 있다. 이미 소개했지만, 이 맥락에서 라이스 설명의 요점을 다시 짚어볼 필요가 있겠다. 이 공동선언은 결국 그 선언이 발표되자마자 미 재무부가 주도한 가운데 마카오 소재 BDA에 대해 미국이 금융제재를 발동하면서 폐기되고 말았다. 그렇지만 이 선언이 성립한 과정에서 미국 역대 행정부 중 가장 보수적이고 대결적인 부시 행정부 안에서 그리고 그 안에서도 가장 보수적인 인물들에 속하는 럼즈펠드 국방장관과 부시 대통령 본인이 라이스가 제안한 한반도 평화체제 발상에 동의하게 된 경위를 라이스가 설명한 것이다.

2005년 초 라이스는 NSC 회의에서 북핵문제 해결을 위한 '새로운 접근법'(new approach)을 자신이 제기해 처음 토의했다고 밝혔다. 그 새 접근법이란 6자회담을 '궁극적으로는 한국전쟁의 최종적 해결, 심지어 평화조약(even a peace treaty)으로 이끌어갈' 통로로 이용하는 것을 뜻했다. 라이스는 그런 발상은 당시 부시 행정부의 정책과 동떨어져서 '커다란 도약'이 필요한 것으로 인식했다. 그래서 라이스는 그 회의에 임할 때 럼즈펠드 국방장관 등 다른 참석자들에게서 동의를 받아낼 자신은 없었다고 했다.[46]

그런데 뜻밖에도 라이스는 부시 행정부 안에서 누구 못지않은 강경파였던 럼즈펠드 국방장관 그리고 부시 대통령에게서 동의를 얻어내기에 이른다. 2005년 초 NSC 회의에서 럼즈펠드는 라이스 제안을 당장 받아들이지는 않았지만 그 발상을 일축하지는 않았고, 오히려 놀라울 정도로 지지했다. 라이스에 따르면 럼즈펠드가 동의한 이유는 한반도에서 주한미군을 철수할 수 있는 조건을 만들어내는 데 관심이 있기 때문이다.[47] 한편 부시 대통령이 라이스의 그런 의견에 동의한 이유는 부시가 한반도 평화체제 발상을 '다른 수단에 의한 체제변화'(regime change by other means)로 인식하고, 그러한 평화체제로 개방된 북한에서 '김정일은 결코 살아남지 못할 것'이라고 생각했기 때문이다.[48]

2005년 9월 9·19공동성명을 수용한 부시 행정부의 결정과 BDA 금융제재로 그 선언을 무효화한 행동은 겉으로는 매우 다르면서도 그 저변의 근본적 동기는 같을 수 있다는 사실을 알 수 있다. 그러나 어떻든 매우 보수적인 행정부의 보수적 인물이라도 군사적 옵션을 포함해 미국이 북한 핵문제를 해결할 수 있는 방법이 없어 보일 때, 이성

46 Condoleezza Rice, *No Higher Honor: A Memoir of My Years in Washington*, New York: Crown Publishers, 2011, p.524.

47 Rice, 2011, p.524.

48 Rice, 2011, p.525.

적 설득에 따라 그들도 한반도 평화체제 구축이라는 발상을 받아들일 가능성이 있다는 것을 말해준다.

이러한 상황은 트럼프 행정부 안에서 국무장관과 백악관 사이에 벌어지는 갈등 양상에서도 시사된다. 틸러슨 국무장관은 2017년 12월 12일 워싱턴의 '대서양협회'(Atlantic Council)가 주최한 행사에서 "우리는 북한과 언제라도 대화할 준비가 되어 있다. 우리는 조건 없이 첫 회합을 할 준비가 되어 있다(We are ready to have the first meeting without precondition)"고 말했다. 『뉴욕타임스』는 이를 두고 미 국무부가 북한에 대한 직접대화에 처음 공개 초청한 것이라고 의미를 부여했다. 틸러슨은 이 자리에서 덧붙여 말하기를, "그냥 만나서 얘기하자. 우리는 최소한 같이 앉아서 서로 얼굴을 맞대고 우리가 무엇을 향해 함께 일해 나갈지 로드맵을 만들 수 있다"고 했다. 그러나 바로 다음 날 백악관과 국무부는 다같이 "미국은 북한과 대화를 시작할 준비가 되어 있지 않다"고 밝혔다. 백악관 국가안보회의실 대변인은 CNN에 이렇게 말했다. "우리는 한반도 비핵화를 목표로 북한과 대화할 가능성이 있다. 그러나 북한이 먼저 추가 도발을 자제하고 비핵화를 향한 진지하고 의미 있는 행동을 취해야 한다." 그리고 북한이 먼저 보여야 할 비핵화 의지와 행동을 다음과 같이 밝혔다. "국무장관이 말했듯이 그러한 행동(북한이 먼저 취해야 할 조치)은 핵과 미사일 실험을 더는 하지 않는 것을 포함하지만 그것에만 한정되지는 않는다. 그런데 북한이 행한 가장 최근의 미사일시험에 비추어볼 때 지금은 때가 아니다." 국무부 대변인 나워트도 같은 13일 "분명히 말하지만, 우리의 대북정책은 바뀌지 않았다"고 확인했다. 이것은 그전부터 트럼프 행정부 안에서 틸러슨 국무장관과 백악관을 비롯한 다른 부처 사이의 정책 불협화음의 또 다른 증거로 해석되었다.[49]

---

[49] Zachary Cohen and Brian Todd, "White House reins in Tillerson's offer to start North Korea talks," CNN, December 14, 2017.

평창동계올림픽 참석을 위해 인천공항에 도착한 김여정 노동당 중앙위 제1부부장.
북미 간의 고도화된 군사적 긴장 상태가 대화 국면으로 전환된 것은 문재인 정부가 2018
년 2월 열린 평창동계올림픽을 '평화올림픽'으로 잘 활용한 덕분이었다.

　　백악관뿐 아니라 국무부 대변인까지 나서서 조건 없는 북한과 대
화를 제안한 틸러슨 국무장관의 발언은 트럼프 행정부의 정책이 아니
라고 밝히고 난 뒤인 12월 15일 틸러슨은 이렇게 말하면서 유턴했다.
"북한은 미국과 협상하려면 스스로 노력해서 그것을 '벌어야'(earn)
한다. (대북) 압박정책(pressure campaign)은 비핵화가 달성될 때까
지 계속해야 하고 또 그럴 것이다."[50] 결국 2017년 12월 당시까지 트
럼프 행정부 안에서 틸러슨 국무장관의 대북협상론은 힘을 얻지 못했
다. 이로써 지속된 북미 간의 고도화된 군사적 긴장 상태가 대화 국면
으로 전환된 것은 문재인 정부가 2018년 2월 열린 평창동계올림픽을
'평화올림픽'으로 잘 활용한 덕분이었다.
　　트럼프 행정부 안에서 몇 안 되는 대화파에 속하는 틸러슨 국무장관

50　Somini Sengupta, "Tillerson, in Apparent U-Turn, Says North Korea Must
'Earn' Its Way to Talks," *The New York Times*, December. 15, 2017.

은 2018년 3월 13일 트럼프 대통령에 의해서 해고되었다. 애당초 라이스의 강력한 추천으로 국무장관에 임명된 틸러슨이 북미회담을 앞둔 시점에서 해고된 것은 반드시 그가 대화파이기 때문은 아닌 것으로 미국 언론은 평가했다. 트럼프 행정부 안에서 틸러슨의 고립은 그 자신이 자초한 것으로 인식되었다. 틸러슨은 국무부 안에서조차 소통(communication)의 노력을 하지 않았다는 지적을 받았다.[51] 마이크 폼페이오(Mike Pompeo) CIA 국장이 대신 국무장관을 맡았다. 그는 강경파로 분류된다. 트럼프는 그다음 주에는 맥매스터 국가안보보좌관을 경질하고 그 자리에 제1기 부시 행정부 국무부에서 핵확산 대책을 담당하며 대표적인 네오콘 강경파의 한 명으로 통하던 볼턴을 앉혔다.[52] 『뉴욕타임스』가 "세계에 대한 대결적 접근"을 추구하는 "매파 중의 매파"(a hawk among hawks)로 평하는 인물이다.[53] 트럼프는 이러한 외교안보 진용 개편을 통해서 김정은과의 협상에서 '상생을 위한 주고받는 협상'이 아니라 최소한을 내주고 최대한을 얻기 위한 '찍어 누르기 협상'을 하겠다는 의지를 대내외에 천명하고 과시하려는 것이다.

따라서 북미정상회담을 전후하여 북한에 대한 미국의 요구는 더 강화될 것이 분명하다. 미국은 안전을 보장하고 경제제재를 풀며 관계 정상화에 동의하는 대가로 북한에게 행동과 그 이행 속도를 강하게 압박할 것이다. 그런데 북미정상회담 자체를 결정하는 과정에서 틸러슨은 사실상 배제된 데 비해 폼페이오는 직접 관계해 있었다. 그 역시 강경한 매파지만 ICBM과 결합한 핵무장을 이룩한 북한의 김정은을

51 Peter Baker, Gardiner Harris and Mark Landler, "Trump Fires Rex Tillerson and Will Replace Him With C.I.A. Chief Pompeo," *The New York Times*, March 13, 2018.

52 Mark Landler and Maggie Haberman, "McMaster to Resign as National Security Adviser, and Will Be Replaced by John Bolton," *The New York Times*, March 22, 2018.

53 Peter Baker, "John Bolton, an Undiplomatic Voice for American Might," *The New York Times*, March 22, 2018.

후세인이나 카다피처럼 다룰 수 없다는 것은 분명했기 때문이다. 볼턴 또한 크게 다른 처지는 아니라고 할 수 있다. 군사옵션이 실질적으로 현실성이 없는 조건에서 북미 간 직접대화를 통한 한반도 평화체제 구축 이외의 다른 실질적 대안은 없다. 이 상태는 근본적으로는 누가 국무장관이고 누가 국가안보보좌관인지에 좌우되는 것은 아니다.

중요한 것은 여전히 한국 정부의 의지와 역할이다. '깨끗하고 안전한 선제타격 전쟁'은 한반도에서 잠꼬대에 불과하다는 사실을 매티스 국방장관을 포함한 많은 주요 인물이 알고 있다. 강경한 선제타격론자들마저도 딜레마에 봉착할 수밖에 없다. 이때 한국 정부가 일관성 있는 평화적 대안을 치열하게 추구하고 미국과 중국을 설득할 때 미국의 강경파들도 전쟁이 아닌 평화에서 명분과 실리를 찾게 될 것이다. 미국이 마땅한 군사옵션이 없다는 것이 곧 북미 간에 전쟁 위험이 존재하지 않음을 말하는 것은 결코 아니다. 미국이 딜레마에 빠진 채 '최대한 압박'(maximum pressure)을 외치고 북한은 그에 맞서 "유사시 자살적 핵미사일 발사의 결의"를 상대방에 확증시키려 노력한다면, 오인과 오판에 의해서든, 우연한 실수에 의해서든, 혹은 광기에 의해서든 전쟁의 위험은 상존할 수밖에 없다. 비핵화 자체 못지않게 대화국면을 조성하고 유지함으로써 비핵화에 이르기까지의 과정을 평화적으로 관리해내는 것의 중요성이 그만큼 절실한 이유이다. 그 책임은 누구보다도 한국 외교의 어깨에 놓여 있다.

10. 국제정치에서 동맹과 균형외교

국제정치에서 상대적인 약소국 외교의 제1원칙은 독립된 정치공동체로서 생존이며 외세로부터 최대한 내적 자율성을 확보하고 유지하는 것이다. 이를 위해 약소국은 자신을 보호해줄 강대국과 동맹을 맺을 수 있다. 동맹의 정치를 활용하는 것이다. 강대국에 동맹의 정치는 패권 전략의 일환일 수 있지만, 약소국에 동맹의 정치는 생존 전략이다. 서로 이해관계가 일치할 때 비대칭적이고 불평등한 관계라도 강대국과 약소국 사이에 동맹이 성립하고 그것이 유지된다. 전후 한미 동맹은 그 전형이다.

패권과 그 유지를 추구하는 강대국과 약소국이 동맹을 하는 것은 그 강대국이 약소국의 생존과 독립적 정치체로서 자율성을 존중하는 한에서 성립한다. 약소국은 그 대가로 주권의 일부를 동맹한 강대국에 위임하는 경향을 보인다. 정도는 다르지만 전후 일본과 한국이 미국과 맺은 동맹의 성격이 그러했다.

전후 국제질서에서 동서진영의 동맹 정치에는 단순히 생존과 독립의 차원만 있었던 것은 아니다. 냉전 질서의 한 본질이었던 이데올로기가 개입한다. 미국을 중심으로 하는 자본주의 진영의 동맹은 공산주의를 야만으로 규정하는 초국적 이념공동체의 성격을 띠었다. 소련을 정점에 두었던 공산주의 진영의 동맹은 자본주의를 절대악(絶對惡)으로 규정하고 세계 공산주의 혁명을 절대선(絶對善)으로 하는 그 나름의 초국적 이념공동체를 구성했다. 동맹한 국가들은 서로서로 우방이라 불렀다. 이러한 초국적 이념공동체는 경쟁하고 갈등한다. 이러한 국제질서에서 동맹은 단순한 생존 전략이 아니라 문명과 야만의 이분법에 바탕을 둔 이념공동체, 이른바 '가치동맹'의 성격을 띠기 쉽다. 그 결과 동맹은 외교전략에서 멈추지 않고 그것을 하나의 절대적인 도덕적 원칙으로 삼는 이데올로기의 지위를 갖게 된다. 동맹이 약소국에 전략적 선택이 아니라 대체 불가능한 절대선 자리에 오르는 것이다.

그러나 그처럼 높은 도덕적 지위를 갖는 동맹도 국제정치적 환경이 변하고 역사적 시대상황이 변하면서 중요한 모순을 노정하고 내적 긴장을 겪게 된다. 한국인에게 동맹의 존재이유인 평화와 민주주의라는 가치를 위해 한미 간 동맹이 기여하기보다는 부담이나 역기능이 있다고 느끼는 상황이 벌어질 수 있기 때문이다. 한국인이 동맹을 축복이 아닌 부담으로 인식하게 되는 상황은 세 가지를 생각할 수 있다.

첫째, 한국인들에게 평화의 기본 조건은 동아시아 차원의 지역적 평화다. 한국 관점에서 바로 그 문제를 푸는 열쇠는 숙명적으로 중국과 어떻게 평화적 관계를 구축하고 유지할 것인가 하는 숙제를 떠나서는 성립할 수 없다. 그런데 이런 조건에서 한국과 동맹관계를 맺은 강대국이 자국 패권 전략의 일환으로 한국을 장기판의 졸로 동원하고 활용하려는 것처럼 보이는 순간, 한국인의 평화 가치와 한미동맹은 긴장할 수밖에 없다. 동맹을 주도하는 강대국은 새로이 부상하는 도전적 국가를 견제하고 통제하기 위해 자신이 거느린 동맹 네트워크를 활용하고자 하기 마련이다. 상대적 약소국인 동맹국을 군사적 전초기지로 무리하게 동원할 수 있다. 그 결과 약한 동맹국을 고래 싸움에 낀 새우 처지로 만드는 것처럼 보일 때 동맹 내부의 긴장은 피할 수 없게 된다.

한국은 독립적 정치체로서 생존과 자율성을 보장받기 위해 미국과 동맹을 유지하고자 하지만, 미국이 한국과 동맹을 유지하는 이유는 단순히 한국의 독립과 평화를 유지한다는 데에만 있지 않다. 미국에 한국은 일본과 마찬가지로 동아태지역에서 중국이라는 잠재적·현재적 패권 도전 세력을 견제하는 동맹 네트워크의 한 부품이라는 의미도 있다. 미국은 이 과정에서 한국에 결국 '원교근공'의 논리를 체현할 것을 요구하는 상황에 있다. 멀리 있는 미국과 동맹해서 가까이 있는 위협적 강대국인 중국을 견제하는 것이 한국의 생존과 평화에 절대적으로 필요하다고 주장하는 것이다. 많은 한국인은 한편으로는 수긍하면서 다른 한편으로는 그 논리를 받아들이기 불편해할 수밖에 없다.

중국이 한국을 영토적으로 침략하고 지배하려 의도하고 행동하지 않는 한, 한국은 중국을 적대시할 이유가 없다. 한국인들의 경제적인 일상 삶에서 중국 사회의 비중과 기여가 커질수록 그 불편함은 더욱 커질 수밖에 없다.[54] 미국이 강조하는 '중국의 위협'과 일상적 삶에서

<hr />

[54] 1992년 한국의 노태우 대통령은 중국을 처음으로 공식 국빈방문하여 중국과 수교했다. 이후 24년이 지난 2016년 시점에서 한중 교역 규모는 33배 성장했다. 2016년 한국무역협회 자료에 따르면, 2016년 현재 한국의 1위 무역국가는 중국이다. 2016년 한중 간 교역규모는 약 2,114억 달러에 달했다. 이것은 한국에 2위 교역국인 미국과 교역 규모인 1,086억 달러의 두 배에 이른다. 한국의 대중국 수출 규모는 1,244억

중국과 상호의존성 사이에서 한국인이 괴리를 느끼는 것은 필연적이다. 한국인에게 평화의 논리는 원교근공이 아니라 원교근친으로 이해될 수 있는 것이다. 멀리 있는 나라와 연합하되 가까이 있는 이웃 나라와 긴밀하게 교류하는 선린관계를 유지하는 것을 말한다.

이런 조건에서 미국은 한국에 대해 선택하라고 요구할 수 있다. 원교근공인가 원교근친인가. 한국은 중국이 한국에 대한 침략과 지배 야욕을 갖지 않는 한 원교근공을 선택할 수 없다. 이로부터 한미동맹은 평화라는 핵심가치·목표와 관련해 모순과 긴장을 드러낼 수 있다.

둘째, 한미동맹체제는 한반도 평화에 관해서도 그 안에 모순과 긴장이 발생할 수 있다. 한반도 평화를 두고 한국과 미국이라는 동맹 파트너 사이에 모순과 긴장이 발전하게 되는 것은 한반도에서 전쟁이 두 나라에 갖는 의미가 매우 다를 수 있기 때문이다. 한반도에서 전쟁 또는 전쟁을 촉진할 수 있는 군사행동은 미국에는 자국 국익에 관계된 정책을 관철하는 수단일 수 있다. 반면에 한반도에서 전쟁은 한국인에게는 그것 자체가 국익과 양립할 수 없는 하나의 절대악이며, 모든 국익의 파괴와 다름없다. 그래서 이런 상황에서 한국의 숙제는 미국과 동맹이 한반도에서 전쟁을 촉진하는 변수가 아니라 전쟁을 억지하는 역할에 집중하도록 동맹을 경영하는 것이다. 그러한 노력에도 한국이 미국 역할을 평화 유지에 묶어둘 수 있는지는 많은 의문이 제기될 수 있다. 그만큼 치열한 논의가 필요하다. 분명한 것은 한미동맹은 그런 점에서 내적인 모순과 긴장을 내포했을 수 있다는 점이다. 이

달러, 중국으로부터 수입은 869억 달러로 한국의 대중국 무역 흑자도 375억 달러다. 중국에 한국은 또한 최대 수입국이기도 하다. 관광 분야에서 한중 교류 비중도 최대다. 한국관광공사 자료에 따르면, 2016년 한국을 방문한 외국 관광객의 절반에 가까운 46.8퍼센트를 중국인이 차지했다. 중국인에 이어 한국을 찾은 관광객 수 2위는 일본의 13.3퍼센트이고, 미국인은 3위로 5퍼센트였다. 한편 2015년 기준으로 중국을 관광하는 외국인 중 최고는 17.1퍼센트를 차지하는 한국인이었다. 그해 한국인 444만 명이 중국을 관광한 것이다. 이시연, 「6·25전쟁 후 끊긴 한-중을 다시 이은 '뜻밖의 사건'」, 『조선일보』, 2017. 11. 20.

것을 인식하는 것은 매우 중요하다.

셋째, 자유와 민주주의를 포함한 국내 정치사회적 핵심가치와 관련해서도 미국 그리고 그 미국과의 동맹은 한국인에게 모순과 긴장을 불러일으킬 수 있다. 미국은 민주주의의 나라다. 그러나 미국 외교가 동맹을 맺은 해외 약소국가들에서 민주주의와 정의라는 목표와 반드시 부합하는 것은 아니다. 오히려 그러한 사회적 진보를 방해하고 역행하는 반동 편에 설 수도 있다. 미국인에게 자국 민주주의는 절대적 가치의 하나다. 그러나 민주주의라는 가치는 다만 미국이라는 사회 안에 존재하는 상충하는 이해관계를 민주적 제도와 규범에 따라 수렴하는 장치에 불과하다. 미국이 그 제도와 규범을 자신에게 당장 중요한 눈앞의 '국익'을 포기하면서까지 해외 다른 사회들에 확산할 가치인지와 외교 목표가 될 수 있느냐는 것은 전혀 다른 문제다. 약소사회 민중 대다수가 열망하는 민주주의나 사회혁명은 종종 미국인이 추구하는 가치나 이익과 충돌할 수 있다. 그때 미국은 그 내부의 반혁명 세력이나 억압적 정치권력과 동맹을 맺었다.

미국의 대외정책을 좌우하는 권력엘리트 안팎에서 다른 사회들에서 미국이 추구할 가치와 정책을 둘러싸고 보수주의와 자유주의, 현실주의와 이상주의, 국제주의와 고립주의 사이에 끊임없는 경쟁과 대립이 있다. 그 결과로 나타나는 미국의 정책 우선순위가 약소국 사회들의 사회적 진보와 충돌할 수 있음은 물론이다. 평화라는 가치와도 반드시 일치하지 않을 수 있다. 그러므로 전후 동아시아에서 공산주의 국가들에서 전체주의적 억압이 전개될 때, 미국이 동맹한 동아시아 사회 대부분이 반공 이념을 앞세운 파시스트적 경향을 보인 독재 정치가 일반적이었던 것은 우연이 아니다. 미국인 기준에서는 진보적인 미국 행정부가 한국이나 타이완, 남베트남과 인도네시아 등에서 오랜 기간 억압적 정치권력과 동맹하고 그들에 대한 국제적 후원자가 되었던 것은 결코 부자연스러운 일이 아니었다.

이 지점에서 우리는 한 가지 깊이 유념할 사실이 있다. 앞서 냉전의 국제질서에서 동맹은 단순한 생존 전략에만 머물지 않았음을 지적했다. 동맹 자체를 도덕적 선택과 등치하는 초국적 이념공동체의 성격을 띠었다. 한미동맹도 많은 한국인에게 문명동맹이자 가치동맹이라는 의미를 갖게 되었다. 문명과 야만의 이분법을 담은 이러한 동맹 이데올로기의 바탕에는 미국은 자유와 민주주의라는 내적·사회적 정의의 체현이라는 이미지가 있다. 그러나 20세기 초라는 비교적 먼 과거로 거슬러 올라가지 않더라도 미국은 한국인의 자유와 민주주의에 대해 언제나 정의의 편에 서 있던 것은 아니다. 그러한 발상을 유지하는 것 자체가 냉전 논리의 핵심요소였다. 어떤 나라도 절대선을 체현하지 않는다. 그리고 어떤 사회도 항상 절대악인 것은 아니다. 히틀러 시기 독일과 전후 오늘에 이르는 독일 사회의 차이만큼이나 미국도 중국도 시대와 상황에 따라 때로는 악일 수도 있고 때로는 선일 수도 있다. 이런 맥락에서 1980년 5월 광주와 미국의 문제를 돌이켜보는 것도 의미가 있다. 그런가 하면 다른 한편에서 중국을 장차 미국을 대체할 절대선 세력으로 보는 것도 가당치 않은 관점이다. 1970년대 말에서 1980년대 개혁개방을 외친 덩샤오핑의 중국이 인도차이나 킬링필드의 주역 크메르루즈(Khmer Rouge)를 미국 레이건 정권의 CIA와 마찬가지로 지지한 사실은 그런 점에서 유의할 필요가 있다.

필자가 여기서 동맹과 정의의 모순과 긴장이라는 문제를 거론하는 이유는 동맹 자체를 도덕적 가치로 절대화하는 이데올로기적 태도를 경계해야 한다는 뜻이다. 한반도 평화를 바탕으로 하여 동아시아 평화를 진작하고, 민주주의와 정의를 구현해내는 일은 어떤 특정한 외세에 의존해서 확보할 수 있는 것이 아니다. 동맹은 하나의 전략적 선택으로 성립할 뿐 그것 자체가 절대선이나 목표로 하는 이데올로기적 가치로 화석화되어서는 안 된다는 것을 말하고자 함이다.

11. 한국 언론과 방향을 잘못 잡은 조공외교·사대담론

2017년 12월 14일 베이징에서 문재인 대통령과 시진핑 주석 간의

캄보디아의 급진적인 좌익 무장단체인 크메르루즈.
미국도 중국도 시대와 상황에 따라 때로는 악일 수도 있고 때로는 선일 수도 있다. 개혁
개방을 외친 덩샤오핑의 중국이 인도차이나 킬링필드의 주역 크메르루즈를 미국 레이건
정권의 CIA와 마찬가지로 지지한 사실이 좋은 예다.

한중정상회담이 있었다. 한반도 평화를 위한 '4대 원칙'을 확인하고
사드의 한국 배치로 전개된 중국의 대한국 경제보복 철회, 한중관계
정상화 그리고 두 정상 간에 다양한 소통 채널을 마련하는 성과가 있
었다.[55]

　북한과 미국 사이에 군사적 긴장이 과거 어느 때보다 높아진 시점
에서 사드 문제로 한국과 중국 간 경제관계는 물론이고 외교적 대화
채널도 제대로 가동되지 못하는 상태에서 한국 외교는 미국과 일본뿐
아니라 중국과도 이중 삼중의 소통 채널이 필요한 것이 사실이다. 마
침 한중 정상이 이 회담에서 합의한 '한반도 4대 원칙'은 1) 한반도에
서 전쟁은 절대 용납할 수 없고, 2) 한반도의 비핵화 원칙을 확고하게

55　노효동·이상헌,「한중 정상, 한반도 4대원칙 합의…전쟁불가·비핵화·평화적
해결: 남북관계개선도 포함…정상 간 핫라인 구축해 긴밀한 소통하기로」,『연합뉴
스』, 2017. 12. 14.

견지하며, 3) 북한의 비핵화를 포함한 모든 문제는 대화와 협상으로 평화적으로 해결하며, 4) 남북한 간 관계개선은 궁극적으로 한반도 문제를 해결하는 데 도움이 된다는 내용이다. 또 두 정상은 양자 방문과 다자 정상회의에서 회담은 물론 전화 통화와 서신 교환 등 다양한 소통 수단을 활용해 정상 간 핫라인을 구축함으로써 긴밀한 소통을 계속해나가기로 했다.[56]

그런데 이 정상회담의 형식과 내용 모두를 두고 한국의 보수 정치권과 언론에서는 각종 비판이 제기되었다. 특히 정상회담 기간에 한국 측이 주최한 행사 중 한국의 취재진 일부가 행사 주최 측에 고용된 중국 경호업체 요원들에게 심하게 폭행을 당하는 사태가 벌어짐으로써 '외교 참사'라는 논란이 가중되었다.

한국의 야당과 보수 언론은 북한 비핵화 원칙 고수라는 중국의 입장 표명은 기왕의 원칙을 재확인한 것에 불과하다고 폄하했다. 그러나 중국이 결국 북한의 핵무장을 용인하는 것은 아닌가 하는 국내외 의구심이 높아져가는 상황에서 한중 정상이 만나 북한 비핵화 원칙을 재확인한 것은 의미 있는 일이었다. "한반도에서 전쟁은 절대 용납할 수 없다"라는 원칙을 천명한 것에 대해 『조선일보』는 사설에서 "한국이 미국에 군사옵션을 포기하라고 하면 협상 카드에

---

[56] 이번 방중의 의의에 대한 문재인 대통령 자신의 인식은 12월 18일 밝힌 '국익 중심 외교'와 '우리 외교의 지평을 넓히는 실사구시의 실용외교'라는 말에 집약되어 있다고 할 수 있다. 문재인 대통령은 "기존 우방 간 전통외교를 중시하면서도 외교영역을 다변화하는 균형 있는 외교를 해야 한다"고 밝혔다. 또한 "국회와 정치권도 기존의 외교 프레임에서 벗어나 우리 외교가 가야 할 방향에 대해 함께 고민해주시기 바란다"고 했다. 그리고 "국익의 기준은 오직 국민으로, 국익 중심 외교는 곧 국민 중심 외교다. 외교의 힘은 국민에게서 나온다"며 "전 세계는 촛불 혁명을 일으킨 우리 국민을 존중했고, 덕분에 저는 어느 자리에서나 대접받을 수 있었다"고 말했다. 문재인 대통령은 아울러 "우리 국민의 역량과 수준은 아주 높다"며 "외교정책에 대한 국민의 이해와 지지를 얻을 때 우리의 외교역량을 결집할 수 있고, 그럴 때 자주적인 외교공간이 넓어진다"는 신념을 밝히기도 했다(이상헌, 「문 대통령 '재외공관 갑질 안 된다…국익·국민 중심 실용외교'」, 『연합뉴스』, 2017. 12. 18).

뭐가 남나"라고 비판했다. 이 사설은 이렇게 말했다. "외교는 국가끼리 칼을 뒤에 숨긴 채 말로 하는 정치 행위다. 최후에 쓸 수 있는 '칼'(군사적 옵션)을 미리 포기한 채 상대의 선의(善意)에 매달리는 것은 항복과 같다. 동서(東西)의 역사가 증명한다. 북핵이 대화와 협상 같은 외교적 해법으로 해결되는 것은 모두가 바라는 것이다. 그렇게 되려면 북한 집단이 외교적 해결을 끝내 거부할 경우 미국의 압도적 군사 조치에 직면할 수 있다는 압박을 느껴야만 한다. 그런데 한국 대통령은 미국을 향해 군사옵션을 포기하라고 공개 요구한다. 미국이 군사옵션 카드까지 버리면 북한이 무엇이 겁나 양보를 하겠나. 협상장에 나온다면 핵을 기정사실로 하면서 대북 제재를 전면 해제하라고 할 것이다."[57]

『조선일보』는 이틀 뒤 또 다른 사설에서도 같은 논리를 개진했다. "특히 '한반도 전쟁 불용'은 말은 당연한 듯 보이나 미국에 대해 노골적으로 대북 군사옵션을 포기하라고 요구한 것이다. 지금 중·러는 추가적 대북 압박을 거부하고 있다. 여기서 미국이 군사옵션마저 버리면 북한으로서는 장애물이 전부 없어진다. 북이 핵과 미사일을 포기할 리가 없다. 군사옵션은 실제로 군사행동을 하기 위해서가 아니라 북을 압박해 핵을 포기케 할 협상테이블로 끌어내기 위한 것이다. 외교적 해법이 힘을 가지려면 군사옵션이 뒤를 받쳐야 한다는 것은 상식이다. 중국이 말하는 한반도 무핵화는 설사 북이 핵을 실전배치하더라도 한국은 핵을 갖지 말라는 것이다. 문 대통령이 중국과 무엇을 합의했든 이것만은 인정할 수 없다."[58]

이 사설은 동서 역사를 논리적 근거로 들었다. 그런데 지난 사반세기에 걸친 한미 양국의 대북정책에서 군사적 옵션이 가능하지도 않았고,

---

57 『조선일보』 사설, 「韓이 美에 군사옵션 포기하라면, 협상 카드 뭐가 남나」, 2017. 12. 16.

58 『조선일보』 사설, 「한미동맹과 국민 자존심에 상처 낸 訪中 외교」, 2017. 12. 18.

효과도 없었다는 사실은 잊거나 간과했다. 미국은 선제공격을 포함한 대북 군사적 압박을 더욱 강화하는 것을 원했고 실제 그렇게 해왔다. 그러나 북한의 핵무기 개발과 미사일시험을 더욱 재촉했을 뿐이다. 전쟁 위험까지 높아져온 상황이다. 멀리 있는 미국에 한반도에서 전쟁은 과거 어떤 미국 고위관리가 그랬고 트럼프 행정부의 어떤 인사도 되뇐 바 있듯이 '남의 부동산 위에서' 하는 것이다. 그러기에 미국의 국가권력에는 '다른 수단에 따른 정치'에 불과할 수 있다. 그러나 그 전쟁이 7,500만 한반도인에게 갖는 의미는 다르다. 이곳 그 누구에게도 전쟁은 그 자신과 가족의 생명 또는 삶의 파괴를 의미한다.

미국 의회에서는 '(북한을) 완전히 파괴하겠다'고 말하는 등 트럼프의 특징적인 거친 언행과 불안정하고 불가예측적 행보로 그의 성정(temperature)을 우려한 미 상원 외교위원회가 핵무기 발사 버튼을 관장하는 미 전략사령부(Strategic Command)의 역대 사령관을 불러 청문회를 열었다. 그 사령관은 트럼프가 핵무기 버튼을 누르라면 누를지, 또 과연 사령관이 트럼프 명령을 거부할 수나 있는지 등을 진지하게 검토하기에 이른 마당이었다. 그 핵전쟁으로 확실하게 피해를 볼 사람들은 다른 어디도 아닌 남북한이다. 한반도에서 핵전쟁으로까지 연결될 군사적 옵션을 배제하자고 촉구한 것은 잘못이 아니라 당연한 일이다. 또 한국 외교는 미국과 관계만이 아니라 주변 4강과 관계 모두를 관리하고 경영해야 하는 상황이다. 한국으로서는 미국에서 너무나 쉽게 터져 나오는 한반도 전쟁 불사론을 절제할 방도를 찾지 않을 수 없다. 또 한반도 전쟁 불용을 전제하지 않는 한중 관계는 성립할 수 없다는 것도 유의해야 한다.

이번 한중 정상외교를 두고 국내에서는 정치인들이 쏟아내고 언론인들이 퍼다 나른 '알현외교', '조공외교', '사대주의'라는 '말 전쟁'으로 큰 소동이 벌어졌다. 그 한가운데에 제1야당인 자유한국당 홍준표 대표가 있다. 그는 문재인 대통령이 베이징에서 정상회담을 하는 시각에 아베 일본 총리를 만났다. 문재인 대통령이 시진핑과 대화를 통한 한반도 문제 해결을 논의할 때 홍준표와 아베는 대북대화와 관련해 "대화를 위한 대화는 의미가 없다"는데 의견을 모았다고 했다. 아베와 만난 뒤 연 기자회견에서 홍준표 대표는 "문재인 정부가 시진핑 중국 국가주석을 '알현'하러 가는 날 우리는 한·미·일 자유주의 핵 동맹을 맺어 북중러 사회주의 핵 동맹에 대항하자는 취지로 일본에 왔다"고 말했다.[59] 그는 또한 15일 일본 도쿄 내 한 호텔에서 일본 주재 한국 기자들과 함께한 조찬 자리에서 "(문재인 대통령이) 경제 사절단을 이끌고 황제 취임식에 조공외교를 하러 간 것이지 그 이상도 이하도 아니다"라고 비난했다.[60] 국민의당 안철수 대표는 18일 문재인 대통령의 정상외교를 깎아내리는 동시에 "홍 대표의 아베 알현 외교도 나은 것이 하나도 없다"고 비판했다. 홍준표 대표는 알현외교 운운했지만 그 자신이야말로 정작 뻣뻣하게 서 있는 아베에게 허리를 깊이 숙인 절을 하는 모습이 포착된 데다가 아베의 것보다 낮고 상대적으로 초라한 의자에 앉아 대담에 임한 사실을 지적한 것이다. 이에 홍준표 대표는 "우리나라를 작은 나라, 중국을 대국이라며 알현·조공외교를 해 국격을 손상한 세력들이 외국 원수를 만나 의례적인 목례를 한 것을 굴욕외교 운운하다니 어이가 없다"라고 반박했다.[61]

『조선일보』는 사설에서 "문 대통령의 방중으로 사드 보복이 철회되고 중국 내 우리 기업의 압박이 해소될 계기가 마련된 것은 성과"라고 인정했다. 그러나 "이를 얻기 위해 잃은 것이 너무 많다"고 주장했다. 우리가 잃은 것으로 이 사설이 지적한 것은 "'한국은 중국 편에 섰다'는 미·일의 의구심이 더욱 커지게 됐다"는 사실이었다. 또 그렇

---

59 이신영, 「아베 대화를 위한 대화 의미 없어…대북압박 강화해야: 홍준표 '아베, 한미일 합동군사훈련 했으면 좋겠다고 해'」, 『연합뉴스』, 2017. 12. 14.

60 김민상, 「문재인 대통령 만난 시진핑 중국 국가주석의 공손한 '손' 화제」, 『중앙일보』, 2017. 12. 16.

61 한지훈·설승은, 「여야, 홍준표 '방일 굴욕외교' 공방…'국격 훼손' vs '좌파선동'」, 『연합뉴스』, 2017. 12. 18.

게 해서 중국의 신뢰를 얻어낸 것도 아니라고 단정했다. 이렇게 가다
가는 "한국 문제가 한국 없이 결정되는 참사"가 되풀이되지 말란 법
이 없다고 주장했다. 『중앙일보』도 사설에서 이번 방중 결과에 대한
한국 내 중국 전문가들의 지적을 뼈아프게 받아들여야 한다며 이렇게
주장했다. "어설픈 방중으로 한국은 미·일의 신뢰를 잃었고, 중국인
에 대한 한국인의 마음마저 잃었다. 미·일 눈에는 문재인 정부가 중
국에 기우는 '배신자'로, 중국에는 양쪽을 간보는 '기회주의자'의 프
레임에 갇히게 됐다. 한마디로 '덧셈의 외교'가 돼야 할 국빈 방문이
'뺄셈 외교'로 전락해버렸다는 것이다."[62] 또 한국 내 한 중국 전문가
의 말을 빌려 "현 정부의 임기응변식 외교와 언행 불일치가 국내외에
너무 많이 알려졌다"고 주장했다.[63]

　이러한 주장들에 대해 다음 몇 가지는 꼭 지적하지 않을 수 없다고
느낀다.

　첫째, 한중 관계 복원은 『조선일보』가 걱정한, '한국 문제가 한국 없
이 결정되는 참사'를 피하려면 반드시 필요했던 일이다.

　둘째, 민주주의 국가에선 정권이 바뀌면 대내외정책을 막론하고 정
책 방향이 일부 수정되거나 전면 개편된다. 미국도 예외가 아니어서 정
권이 교체되면 정책이 바뀐다. 미국민도 한국인도 그것을 당연하게 생
각한다. 그런데 한국 보수 언론은 미국이 정권교체 후 정책을 바꾸면 미
국 새 정권의 당연한 권리로 취급하면서도 유독 한국이 정권교체 후 정

62　『중앙일보』 사설, 「'뺄셈 외교' 된 문 대통령 방중, 자화자찬할 때 아니다」,
2017. 12. 18.

63　서진영 고려대학교 명예교수는 문재인 대통령 방문 직후인 12월 17일 『중앙
선데이』와 인터뷰에서 중국 방문을 평가하면서, '미국과 일본의 신뢰를 잃은 점이
가장 큰 손실'이라고 말했다. 그는 "문재인 정부는 '전쟁을 막았다'는 성과를 내세
우겠지만 미국·일본의 신뢰와 한국민의 자존심을 잃었다"고 말하고, "중국도 한
국을 굴복시키는 모습을 전 세계에 확인시킨 동시에 한국민의 마음을 잃었다"고
주장했다(한상혁, 「文 방중…한국은 美日 신뢰 잃고, 중국은 한국민 마음 잃었다」,
『중앙일보』, 2017. 12. 17).

책을 수정하면 '동맹 파괴'라고 단정한다. 그리고 당장 나라가 망할 것처럼 요란한 비판을 쏟아낸다. 이것은 문제가 아닐 수 없다.

셋째, 한국의 정권교체기 한중관계와 한미관계를 뒤헝클어 놓은 것은 박근혜 정부의 대미·대중국 사드외교였다는 사실을 잊어서는 안 된다. 『한겨레』 베이징 특파원 김외현 기자에 따르면, 2017년 5월 문재인 정부의 이해찬 특사가 중국을 방문했을 때, 왕이 중국 외교부장은 이해찬 특사 면전에서 '황교안 사태'를 거론했다. 황교안 당시 총리가 2016년 6월 말 중국을 방문해 시진핑 국가주석 등 지도부를 만났다. 그때 황교안은 사드의 '배치 결정' 얘기를 하지 않았다. 그런데 불과 열흘 뒤 박근혜 정부가 사드 배치를 전격 발표해 중국 정부는 황당했다는 것이다.[64] 김관진 전 국방부 장관 겸 박근혜 정부 안보실장은 훗날 국방부 사이버사령부의 정치개입 댓글공작을 지시하고 지휘한 혐의로 법정에 서게 되는 인물이다. 그는 박근혜 전 대통령이 탄핵당하는 국면에서 진보적인 새 정권이 출범하기 이전 사드 배치를 마치 알박기하듯이 한미 양국이 원래 합의한 일정보다 서둘러 일을 진척한 정황이 드러났다.

2015년 9월 3일 베이징 천안문광장에서 열린 '항일전쟁 및 세계 반파시스트 전쟁 승전 70주년'을 기념하는 열병식에서 박근혜 전 대통령은 광장 망루에 올라 선글라스를 낀 모습으로 시진핑 중국 국가주석, 푸틴 러시아 대통령과 어깨를 나란히 하고 앉아 있었다. 『경향신문』 서의동 논설위원이 지적한 것처럼, "문 대통령의 방중을 두고 '중국 경사론'이라고 비판하는 보수 세력들 중 상당수는 박근혜 전 대통령이 그 망루에 오를 당시엔 '한국 외교의 새 지평을 열었다'며 찬사를 보냈다."[65] 그러나 외교 철학과 아무런 관련이 없는 것으로 드러난

---

64 김외현, 「특파원 칼럼: 황개의 고육책과 체면총량 보존의 법칙」, 『한겨레』, 2017. 6. 8.

65 서의동, 「일은 망루에서 시작됐다」, 『경향신문』, 2017. 12. 20.

'항일전쟁 및 세계 반파시스트 전쟁 승전 70주년' 행사에서 시진핑 중국 국가주석, 푸틴 러시아 대통령과 어깨를 나란히 한 박근혜 전 대통령.
문재인 대통령의 방중을 두고 '중국 경사론'이라고 비판하는 보수 세력 중 상당수는 박근혜 전 대통령에겐 "한국 외교의 새 지평을 열었다"며 찬사를 보냈다.

박근혜 정권의 대중국 널뛰기 외교는 중국·미국·일본의 눈을 포함한 국제사회에서 한국 외교를 넋이 빠진 듯 무원칙한 거의 일종의 사기 행각으로 각인한 에피소드로 남아 있다.

정권 막판의 마구잡이식 사드 배치 강행은 북한의 잇따른 IRBM과 ICBM 발사, 수폭실험 등 일련의 도발 행위와 이를 억제하기 위한 국제사회의 강력한 제재조치에 중국이 부정적이거나 소극적인 태도를 취한 것과 무관하지 않았다. 한국의 제1무역상대국 중국과 경제관계가 파국 위기에 내몰렸던 것은 말할 것도 없다. 문재인 정부는 박근혜 정부의 '언행 불일치'와 위법성이 의심되는 행동으로 난마처럼 헝클어진 상황을 수습하는 난제를 풀어나가야 하는 상황이었다. 이런 조건에서 2018년 2월 9일 시작되는 평창동계올림픽을 앞두고 그 이전에 한중관계를 정상 복원해야 하는 숙제를 안고 있었다는 것도 유념할 일이다.

넷째, "한국은 중국 편에 섰다는 미국과 일본의 의구심이 커졌다는 주장"은 한국의 보수 정치인들과 언론이 가장 애용하는 낡은 논법이기에 새삼스러울 것은 없다. 이 논법을 전가의 보도로 휘두르는 사람들은 한국이 중국과 관계를 경영하기 위해 필요한 행동을 거의 대부분 한미동맹을 배신하는 행위라고 비판해왔다. 한국의 대외적 행동을 오로지 '친미 아니면 친중'이라는 단순하고 편협하기 짝이 없는 단세포적 프레임에 가두는 논법이다.

보수 언론은 미국만이 아니라 '일본에 대한 배신'도 함께 거론했다. 그런데 생각해보자. 일본이 한국인들 기대에 어긋나는 외교행위를 하는 일도 많지 않은가. 그럼 그때마다 일본외교는 '한국에 대한 배신'으로 비판받아야 하는가. 일본은 한국의 신뢰를 저버려도 되는데 한국은 일본이 바라는 대로만 행동해야 하는가. 그리고 이들 보수 언론의 사설들은 1994년 제네바합의 때, 2000년 10월 북미대화 때 그리고 2005년 9·19공동성명 때 미국의 대북협상을 못마땅해했다. 이를테면 그러한 미국의 행동은 한국의 특정한 정치세력에는 한미동맹을 배신하는 행위가 된다. 미국의 정책도 한국인 대부분이 깊이 공감하는 정책이 있는가 하면, 보수적인 사람들 관점에서는 미국이 '한국인들의 미국에 대한 신뢰를 저버리는 의구심을 키우는' 정책을 추진할 때도 있을 수밖에 없다. 그런데 그것이 곧 미국이 한미동맹을 깨는 행위는 아니었다. 한국 외교도 마찬가지다. 서로 일정한 자율성에 대한 존중은 지속가능한 동맹의 전제조건이다. 한국의 보수 정치인들과 언론이 한국을 미국의 조공국으로 여기지 않는다면 말이다.

한 가지 덧붙인다면 2017년 말 문재인 대통령의 방중으로 '중국인들은 한국을 양쪽을 간보는 기회주의자'로 보게 되었다는 『중앙일보』 사설이나 두 정상의 만남으로 한국이 '중국의 신뢰를 더 얻어낸 것도 없다'는 『조선일보』 주장을 베이징의 중국 언론인과 학자들은 어떻게 생각할까. 중국 정부 안팎 중국 지식인들의 속내를 가감 없이 드러내는 것으로 잘 알려진 『환구시보』는 이번 문재인 대통령의 방중을 총평하는 기사의 제목을 「문재인 (대통령) 오늘 중국방문 마무리, 중국과 한국의 전문가들 적극 평가」라고 달았다. 이 제하 기사에서 랴오닝성 사회과학원 한국연구센터 여초(呂超) 주임의 평가를 크게 소개했다. 여초는 문재인 대통령의 이번 중국 방문을 "비상하게 강한 적극적

의의를 갖는다"라고 평가했다. "모두 알다시피 중한관계는 수교 이래 가장 저조한 상태에 처해 있었는데," 사드 문제에 관한 중국과 기초적인 공동 인식을 취득하기 위한 이번 방문으로 "중한관계가 바닥을 찍고 도약하는 것(觸底反彈)이 가능해졌다"고 평가했다. 여초는 다만 "한국의 친미세력이 문 대통령의 중국 방문을 불쾌해하고 있다"는 점을 주목했다.[66] 『환구시보』는 다른 관련 기사에서 『한겨레』(韓民族新聞)가 사설에서 문재인 대통령의 방중이 '관계회복이라는 실리를 선택한 것'이라고 평한 것을 주목했다.[67]

끝으로 '조공외교'와 '사대주의'라는 개념이 왜곡된 방식으로 횡행하는 상황을 언급하지 않을 수 없다. 한국이 미국에 대한 조공국이 아니라 주권국가라면 한국 스스로 나서서 중국과 관계를 한반도 평화라는 국익과 조화되는 방향에 맞게 모색해가는 것이 맞다. 그러려면 한반도의 평화적 해법에 관해 중국과 공통분모를 찾기 위한 우리 모색은 다양한 형태로 발휘되지 않으면 안 된다. 한국 스스로 그와 같은 노력 없이 오로지 미국의 국방부만 쳐다본다면, 미국과 일본 관리들은 한국을 '무뇌아'(無腦兒)로 여길밖에는 없다.

주지하다시피 '조공외교'는 전통시대 한국이 조공 책봉관계를 맺은, 현대식으로 말하면 '비대칭적 동맹관계'를 맺은 중국대륙과 관계를 가리키는 것이다. 그러므로 20세기 중엽 이래 오늘에 이르는 현대 한국 외교가 조공외교인지 아닌지를 평해야 할 대상은 미국과 관계다. 중국은 우리와 수교했을 뿐 동맹관계가 아니다. 한미관계에서 한국 외교가 미국을 전통시대 종주국을 대하듯 모든 결정을 미국 백악관 국가안보회의실과 국방부에 맡긴다면 그것은 전통시대 한국의 대중국 외교만도 못한 사대외교와 다름없게 된다. 현재 중국에 대한 우

66 丁潔芸,「文在寅今天結束訪華, 中韓專家積極評價」,『環球網』報道, 2017. 12. 16.

67 陳尚文,「韓靑瓦台評總統訪華：圓滿成功 , 攻克一大外交難關」,『環球時報』, 2017. 12. 18.

리 외교는 과거 전통시대에 대입하면 중국 중원이 아닌 제3지대의 제3세력, 즉 몽골초원이나 만주벌을 장악한, 산해관을 넘기 이전 새로이 흥기하는 세력을 상대하는 것과 같은 맥락이 된다.

중국과 같이 한미동맹 질서의 바깥에 놓여 있으나 우리 삶에 누구보다 밀착해 있고 그 영향력이 커져갈밖에 없는 제3세력에 대한 한국 외교에서 근본적 문제가 되는 것은 '조공외교' 여부가 아니다. 오히려 경제적으로는 어느덧 그 신흥세력과 관계에서 가장 큰 이득을 취하면서도 그들과 문명적 이질성을 강조하고 적대시하며 타자화(他者化)하는 태도가 지나치지는 않은지 자문하면서 경계할 필요가 있다. 국가 외교의 중요한 모든 것을 스스로 미국 관료들에게 맡기고, 미국 관료들이 그려놓은 선 바깥으로 한국 외교가 조금이라도 '일탈'하는 것으로 보이면 그것을 망국적 행위로 매도하는 것이야말로 스스로 현대판 조공국을 자처하는 것과 다름없는 짓이 아니고 무엇이겠는가. 중국과 관계든 러시아와 관계든 스스로 개척하지 않고 노력하지 않는다면 그것이야말로 미국에 대한 무뇌아적 사대 모습이 아닐 수 없다.

우리가 현재 안보도 경제도 모두 미국과 관계에 절대적으로 의존한다면 그리고 그것으로 충분하다면, 중국과 관계를 우리 스스로 독자적으로 설정하려는 노력은 불필요할 뿐 아니라 미국에 대한 배신이 될지 모르겠다. 그러나 오늘날 우리 안보는 남북 분단 상황으로 전쟁을 회피하기 위해서나 한반도의 지속가능한 평화체제를 구축하기 위해서나 미국, 일본과 협력 못지않게 중국과 관계를 지혜롭게 경영하는 것이 갈수록 절실해지고 있다. 더욱이 경제적으로 미국은 자국 중심주의와 보호주의를 향해 나아가고 있고, 동아시아에서는 특히 중국의 경제적 영향력이 강화되고 있다. 이런 마당에 중국과 더 지혜로운 관계를 설정하고 경영하기 위한 외교적 노력을 친미 아니면 친중이라는 식으로 단세포적으로 폄하하고 왜곡한다면, 그들이야말로 전통시대 한반도 국가의 위기 때마다 외교를 망쳤던 외곬의 사대주의 세력이 아니고 무엇이겠는가.

한국의 외교 행위를 모두 '친미냐 반미냐' 또는 '동맹이냐 배신이냐'는 극단적인 이분법적 프리즘으로 판단하는 이들은 한국 정부가 미국의 한반도정책을 거의 미세한 부분에까지 그냥 따라해야만 직성이 풀릴 것처럼 말하곤 한다. 그래야 미국의 충실한 동맹국으로 인정받으며, 그렇지 않으면 미국과 일본의 의심을 사서 왕따가 된다고 걱정한다. 그러다가 결국 중국이 주도하는 '신조공질서'에 흡수되고 만다는 주장으로 흘러간다. 조공질서의 일부가 된다는 것은 외교의 자율성을 상실한다는 얘기다. 그런데 모든 것을 동맹이냐 배신이냐의 틀에서 보는 것 자체가 이미 우리 스스로 미국을 천조(天朝)로 섬기는 조공질서의 충실한 신하국으로 전제하는 것을 말한다. 그렇다면 우리는 이미 현대판 조공질서에서 사는 것과 다름없다. 이런 사고를 지닌 사람들이야말로 천하가 다시 중국의 질서로 바뀌었을 때, 중국을 천조로 하는 말 그대로 신조공질서의 충실한 신하로 행동할 것이다. 조공질서 바깥의 제3세력에 대해 문명과 야만의 이분법으로 경멸하고 타자화하는 습관을 그대로 발휘할 것이다. 우리가 그때 가서 미국이나 일본과 같은 제3세력을 스스로 지혜와 판단으로 교류하고 협력하며 경영하려는 행동은 모두 이제 새로운 천조에 대한 배신이라고 비난할 것 아닌가.

12. 브란트 동방정책 동력의 원천: '통일된 민족'의 꿈

브란트를 도와 그를 독일 통일의 초석을 닦은 주역으로 만들어낸 사람은 앞서 언급한 바르다. 그는 브란트가 베를린 시장을 하던 1961년부터 브란트의 보좌관이자 지적 동반자가 되어 '접근을 통한 변화'라는 개념을 출발점으로 삼아 브란트의 동방정책(Ostpolitik)을 설계한 당사자다.[68] 그는 또한 그 개념에 기초한 긴장완화정책이 마침내

---

68 바르는 1963년 7월 브란트의 연설문을 작성하면서 '접근을 통한 변화' 개념을 처음 제시했고, 그것이 나중에 동방정책을 포함한 서독의 긴장완화정책의 근간이

콜 시대에 독일 재통일의 완성으로 이어지도록 그 사상과 정책의 연속성을 막후에서 이끌어간 인물이다.[69]

　그는 전후 독일인들이 히틀러 파시즘의 트라우마로 '독일 민족'을 입에 담는 것조차 금기시하던 시절부터 브란트와 함께 '통일된 민족'의 꿈을 얘기했다. 애당초 바르가 1956년 사민당을 선택하고 브란트를 자기 이상을 실현할 지도자로 점찍은 것은 당시 독일에서 오직 사민당만이 진정으로 독일 통일을 원하며, 모든 정치인이 서방 중심으로 사고할 때 오직 브란트만이 동방으로 눈을 돌려야 함을 깨닫고 있다는 믿음을 주었기 때문이다.[70]

　1957년 사민당의 한 회의에서 밝힌 사민당 가입의 변에서 바르는 "나는 사회를 변화시키고 싶어서가 아니라 당의 외교정책을 바꾸고 싶어서 당에 가입했다"고 밝히고, 사민당의 책무를 "우리 독일인을 위축상태에서 민족공동체로 끌어내는" 것으로 규정했다. 그는 이어서 "독일이 분단되어 있는 한 우리는 국가가 아니다. 통일된 하나의 국가를 포기한다는 것은 우리 민족의 자살이고, 민주주의에 대한 배반이 될 것이다"라고 말했다.[71] 베를린 장벽으로 인한 소동이 진정된 뒤인 1963년 서베를린 사람들은 동베를린에 사는 친척들을 다시 방문할 수 있는 통행증을 그해 크리스마스를 앞두고 처음으로 받았다. 브란트는 베를린 시장으로서 이 말을 남겼다. "올 크리스마스 주말은 우리가 한 민족이고 한 국가임을 분명하게 보여주는 날이 될 것이다."[72]

　앞서 언급했듯이 바르는 회고록에서 독일이 통일의 꿈을 실현하게 된 것은 동서 간 긴장완화정책에서 비롯했고, 그 긴장완화정책의 역사적 계기는 역설적이게도 독일 분단 후 치명적인 위기의 하나로 꼽

되었다. 에곤 바, 2014, 52쪽.
69 　에곤 바, 2014, 111~112쪽.
70 　에곤 바, 2014, 17~19쪽.
71 　에곤 바, 2014, 22쪽.
72 　에곤 바, 2014, 50쪽.

히는 1961년 8월 동독의 베를린장벽 구축이었다고 지적했다. 위기의 끝에서 그 위기 구조를 궁극적으로 해체하는 실마리가 마련된 것이라고 해석한 것이다. 세계가 동서 진영으로 나뉘어 냉전과 열전을 벌일 때, 서독은 독자적으로 긴장완화정책과 동방정책을 추진했고, 나아가 1970년대 말에서 1980년대 중엽에 이르는 이른바 '신냉전' 시기에는 '미니 데탕트' 시대를 이어갔다.[73] 독일이 그렇게 할 수 있었던 저변의 지적·정서적 원동력은 브란트와 바르와 같은 지도자들의 머리와 가슴을 채우고 있던 '통일된 민족, 통일된 독일'이라는 꿈이었다. 바르의 회고록은 우리에게 그것을 일깨워준다.

캐롤 핑크(Carole Fink)와 번드 셰이퍼(Bernd Schaefer)가 지적한 바와 같이, 브란트와 바르의 동방정책에서 본질은 독일을 '두 국가 체제'(two-state solution)로 고착하는 데 만족하던 미소 두 초강대국의 현상유지정책에 반기를 든 것이었다.[74] 바르와 브란트는 1960년대 초부터 미국과 소련 그리고 영국과 프랑스 등 전승국들이 독일을 분단된 채로, 그러한 양국체제 현상(現狀)을 고착화하는 데 기득권을 가진 것으로 느끼고 강렬한 분노를 품었던 일을 고백했다.[75] 이들의 동방정책은 그 본질에서 양국체제 내지 분단국가체제의 현상을 독일 민족의 미래로 지속하는 것을 거부한 데 뿌리를 둔 것이다.

또 바르와 브란트가 선택한 동방정책 실천 방법의 요체는 소련을 끌어들이는 것이었다. 브란트와 바는 독일 통일과 동유럽의 정치적 변화에서 소련이 열쇠를 쥐고 있다고 믿었다.[76] 그래서 소련에 '접

---

73 이삼성, 『세계와 미국: 20세기의 반성과 21세기의 전망』, 한길사, 2001, 제2장 7절 「신냉전 속에서 빚어낸 독일의 미니 데탕트」(149~152쪽).

74 Carole Fink and Bernd Schaefer, "Ostpolitik and the World, 1969-1974," Carole Fink and Bernd Schaefer(eds.), *Ostpolitik, 1969-1974: European and Global Perspectives*, Washington, D.C.: German Historical Institute & Cambridge University Press, 2009, p.2.

75 에곤 바, 2014, 46~51쪽.

76 Fink and Schaefer, 2009, p.2.

근'해서 현상이 아닌 '변화'를 추구했다. 브란트가 수상으로 있던 시절(1969. 10~1974. 5) 미국 닉슨 행정부의 대외정책을 좌우한 인물은 키신저다. 키신저는 브란트의 동방정책을 당시에는 격렬하게 비판했다.[77] 그런데 약 30년 뒤 키신저는 브란트의 동방정책을 이렇게 평했다. "그것은 브란트의 엄청난 업적(a tremendous achievement)이다. 그는 감히 독일의 국익(또는 민족이익, German national interests)이라는 문제를 제기했고, 그것을 서방 전체의 공동이익으로 연결하는 데 성공했다."[78]

13. 분단국가체제 속 '민족'의 퇴장과 그 복원

지난 20여 년 동안 언론과 학계를 포함한 남한 지식인 사회의 북한 인식을 지배한 것은 핵문제, 경제난, 인권문제였다. 한국의 지적 담론 지평에서 '민족' 개념이 퇴장한 것은 그것과 일정한 관계가 있다. 지식인 사회 전반에서 '민족' 담론의 철저한 해체가 진행되었다. 그 공백과 자리를 대신 메꾼 것은 두 가지였다. 한편으로는 북한과 통일문제를 철저하게 한국의 국가안보, 일본의 국가안보, 미국의 국가안보 관점에서 바라보는 보수적인 국가주의적 안보관 그리고 다른 한편으로는 북한과 한반도 평화 문제를 초국주의 성격을 띠는 신자유주의의 관점에서 인식하는 사유였다. 그런 의미에서 한반도의 평화와 통일에 관한 국내 담론 상황은 신자유주의적 초국주의와 국가주의가 묘하게 결합된 패러다임에 지배된 상태였다고 본다. 북한을 '민족' 관념과 프리즘으로 보는 것은 지식인들의 의식 속에서 자기검열 대상이 되고 터부시되었다. 민족 대신에 국가, 민족 대신

---

77 키신저는 1969년 1월 닉슨 행정부 출범 때부터 1973년 9월까지 국가안보보좌관이었고, 이후 국무장관이었다. 닉슨이 워터게이트 문제로 탄핵 위기에 직면해 사임한 1974년 8월 9일 후에도 부통령이던 포드가 대통령직을 승계하여 임기를 마친 1977년 1월까지 계속 국무장관직을 유지했다.

78 Fink and Schaefer, 2009, p.1.

에 신자유주의적 '제국'의 논리에서 북한 문제를 바라보는 담론이 이를테면 '쿨한' 것으로 되었다.

근대 세계사에서 일본과 서양 열강들을 포함한 제국주의 중심부 사회에서 '민족' 개념은 국가라는 존재의 주체로서 그것과 일치했다. 또 '제국' 개념과 일치하며 공존했다. 그러나 식민지 사회들에서 '민족'은 '국가'의 주체가 아니라 '제국'이 구성한 식민지 국가와 긴장관계를 이루며 '특정한 무국성(無國性, statelessness)을 공유하는 존재들'의 표상일 뿐이었다. 국가라는 개념으로 담을 수 없는 언어 문화적 공동체를 표상하는 느슨한 개념적 범주에 불과했다. 한반도에서 '민족'은 해방 이후에도 '국가'와 일치할 수 없었다. 두 분단국가를 초월하는 존재를 가리키는 개념이었다. 그렇기 때문에 두 국가권력이 저마다 민족 개념의 정치적 동원에 열심이었지만, 민족은 분단국가의 경계를 넘어 그 국가권력과 긴장하며 갈등하는 존재일 수밖에 없었다. 북한의 전체주의 권력과 남한 반공 파시즘 국가권력이 모두 '민족'을 부단한 정치적 동원의 대상으로 삼았지만, '민족'은 다른 한편으로 분단국가의 질서와 이념에 도전하며 그 초월을 추구하는 사상과 정치적 투쟁의 가장 강력한 현실적·개념적인 근거이기도 했다.

1990년대 이래 서양과 일본의 지적 풍토에서 더욱 본격화한 '민족의 개념적 해체'는 한편에서는 과거 제국들의 국가권력이 파시즘과 침략전쟁에 동원한 민족 개념 그리고 그에 결부된 범죄의 역사들에 대한 지적 반성에 바탕을 둔 것이기도 했다. 그러나 그러한 해체는 다른 한편으로 역사적으로 제국을 경험한 크고 강한 사회들에서 좀더 철저한 지배적 담론으로 굳어졌다. 이들 사회에서는 '민족'이라는 정체성 단위로 지칭될 수 있는 자율적인 문화적 구성체와 그에 기초한 독립적인 정치적 구성체들에 대한 내재적 배타성과 폄하, 경계가 존재한다. 그러한 경계심은 공산권이 붕괴된 이후 세계화와 신자유주의가 내장한 초국주의(transnationalism)와 결합하고 그에 편승하면서 '민족' 개념에 대한 무차별적 공세를 다시 본격화하기에 이른다. 이 시기에 세계 지식계에서 좌우를 가리지 않고 '제국' 개념이 더는 역사적 범죄의 주체가 아니라 다시 문명과 질서를 표상하는 도덕적 권위를 누리게 되는 것과 민족 개념의 퇴장은 내밀한 관계가 있었다.

1990년대의 이념적 긴장이 사라진 세계의 여러 사회 안에서 역사적으로 구성되거나 재구성된 '민족적 차이'의 정치적 동원에 따른 학살극이 벌어지면서 민족 개념은 더욱 치열한 개념적 해체의 대상이 되었다. 그 과정에서 한반도라는 또 다른 역사적 시공간에 존재한 '민족' 관념, 두 분단국가로 구성된 '국가 체제'와 긴장하면서 그것과 대립하고 도전함으로써 사회 내적 분열이 아닌, 분단국가의 초월적 통합을 지향하는 사유를 담은 것으로서 '민족' 관념도 함께 쓸려나갔다.

제국이 아닌 피식민화 역사를 경험한 한반도 분단사회들에서 민족 개념이 논의되는 방식은 좀더 섬세하고 다각적인 층위가 있어야 했지만 그와 같은 세계의 지성사적 조건은 세계질서 중심부의 지적 유행에 초민감하게 반응하는 지식의 식민지 사회들에서 '민족' 개념의 차별화된 논의를 허용하지 않았다. 지난 20여 년간 한국 지식인 사회에서 민족 담론은 균형이 아닌 거의 일방적인 전복(顚覆) 내지 퇴장 상태에 처했다. 더욱이 신자유주의적 초국주의가 지배하는 세계적인 지적 조건이 북한의 열악한 경제적·정치적 현실과 얽혀 함께 작용하면서 한국 지식인 사회의 담론에서 '민족의 공생과 평화적 통합'이라는 언어는 자취를 찾기 어렵게 되었다.

필자는 '민족'을 인간이 저마다 지닌 다층적 정체성의 하나, 즉 여러 층위 가운데 한 측면으로 이해한다. 민족 개념은 한국의 식민지 근대화론자들이 단순하게 주장하고 비판하듯이 혈연적 공동체 개념이 아니다. 베네딕트 앤더슨(Benedict Anderson, 1936~2015)식으로 반드시 '상상된' 운명공동체 의식을 담은 주관적 허위의식들에 기초한 개념이라고 단정할 수 없다. 그것은 언어적 동질성과 태어난 사회의 인문지리적 환경 그리고 일정한 역사적 기억의 공유와 같은 느슨한 객관적 범주화가 가능한 문화적 정체성의 개념이다. 역사적 시공간의 차이에 따라 민족이란 개념으로 이해될 수 있는 현상 자체의 기원과 존재방식도 달라진다. 개념의 근대적 탄생이 곧 그것이 지칭하려는 현상 자체의 근대적 기원을 의미하는 것은 아니다. 인간이 지닌 다양한 사회문화적 정체성 가운데 하나인 '민족'이라는 단위에 특권적인 정신적 권위를 부여할 때 민족주의가 성립한다. 그러나 모든 민족 담론이 민족주의로 직결되는 것은 아니다. 민족 개념에 관해 '근대주의자'들이 흔히 빠지는 함정의 하나는 '민족' 개념을 긍정하는 것을 곧 민족주의와 등치하는 일이다. 민족주의 비판에는 반드시 '민족' 개념의 부정이 필요하다는 논리가 무차별적으로 지배하면서 한반도라는 고유한 시공간에 합당한 좀더 섬세한 논의는 설 자리가 없었다.

분단사회의 국가권력과 개념적 긴장을 조성하면서 분단국가체제를 넘어서는 사유와 정치적 행동의 지적 동력으로서 민족 개념은 일정하게 복원될 필요가 있다. 그러한 개념적 복원은 한국인이 공동으로 또는 저마다 개별적으로 지닌 다면적 정체성 가운데서 민족이란 층위에 특권적 지위를 부여하는 이념적 행위와는 다르다. 민족이라는 층위에 합당한 그 자신의 몫을 돌려주는 것, 그것이 필자가 말하는 민족의 개념적 복원이다. '민족의 공생과 평화적 통합'이라는 관념은 그런 맥락에서 조심스럽게 한반도에서 평화체제가 정착하기 위한 개념적 자원의 하나로 존재할 수 있어야 한다.[79]

14. 전체주의 해체 과정에 진입한 북한과 한국의 선택

핵무장한 북한을 상대로 한미동맹에 의존한 군사적 압박이 아닌 평화협상을 거론하는 것에 한국 사회가 보이는 본능 같은 거부감의 원

---

[79] 세계 학계에 존재하는 '민족' 개념에 대한 상이한 시각을 재검토한 것에 기초하여 필자가 좀더 합리적이고 설득력 있는 것으로 생각하는 민족 개념은 이삼성, 「제국, 국가, 민족: 위계적 세계화와 민주적 세계화 사이에서」, 네이버 열린연단, 2016. 4. 16; 이삼성, 『동아시아의 전쟁과 평화 1: 전통시대 동아시아 2천년과 한반도』, 한길사, 2009, 135~156쪽 참조할 것.

인은 무엇보다 북한 정치체제의 성격에 기인한다. 사적 영역을 부정하며 총체적 통제를 추구하는 유서 깊은 '인민반' 체제와 총체적 테러가 관철되는 '캠프', 즉 정치범 수용소로 표상되는 억압과 인간성 파괴의 질서 말이다.

필자는 적어도 20세기 말까지 북한을 전체주의 국가로 규정해왔다. 정치범 수용소로 표상되는 총체적 테러를 관철하는 억압적 질서에 따른 제도적 장치들이 많은 부분 지속된다는 점에서 북한은 여전히 전체주의일 수 있다. 다만 한나 아렌트(Hannah Arendt, 1906~75)가 제시한 인간학적 전체주의 개념에서 판단한다면,[80] 제도적 장치의 지속 여부와 상관없이 북한 일반 민중 사이에 질서에 대한 저항 의식과 몸짓이 의미 있게 존재하느냐가 문제로 된다. 오늘날 북한에서는 대부분 사회 구성원이 주체적으로 사고할 능력을 상실한 상태에 여전히 머물러 있다고 단정하기는 어렵다. 적어도 전체주의 질서가 해체되는 과정에 들어서 있다고 말할 수 있다. 북한 사회 구성원들의 반체제적 저항은 아직은 탈북이라는 소극적 형태로 존재할 뿐 적극적 저항은 눈에 띄지 않는다. 그러나 전체주의 국가체제를 지탱하던 경제사회적인 물적·제도적 기초가 근본적인 전환을 겪는다는 것은 분명하다.[81]

수십 년에 걸쳐 전체주의적 전제 밑에 있었기에, 우리는 자주 북한의 정치와 사회에 대해 절망했다. 그러나 모든 역사는 역동적이다. 북한도 예외가 아니다. 1990년대 중엽 이래의 경제난이 변화의 기폭제였다. 풀뿌리 자본주의가 급성장했고, 오늘날 북한 경제는 그 힘으로

---

80 이삼성, 「한나 아렌트의 인간학적 전체주의 개념과 냉전: 친화성과 긴장의 근거」, 『한국정치학회보』 제49집 제5호(2015, 겨울), 113~145쪽.

81 1953년 스탈린이 사망한 이래 소련이 경험한 탈전체주의화(detotalitarianism) 과정의 중요한 근거로 아렌트가 지하 예술운동의 성장을 지목했던 것처럼, 필자는 2000년대 북한이 보여준다고 생각되는 지하 문학의 꿈틀거림에서도 탈전체주의화의 한 징후를 느낀다. 그 한 예로 반디의 소설을 들 수 있겠다. 반디, 『고발』(告發), 다산북스, 2017.

평양에서 가장 큰 시장인 통일거리시장.
2004년 3월 촬영된 것이다. 북한에서 국가는 이제 더는 모든 인민의 경제생활을 책임질
수 없게 되었다. 북한 GDP의 70퍼센트가 국가 부문이 아닌 장마당을 포함한 민간 부문
에서 발생한다는 평가가 제기되기에 이르렀다.

지탱된다고 해도 지나친 말이 아니다. 북한에서 국가는 이제 더는 모
든 인민의 경제생활을 책임질 수 없게 되었다. 북한 GDP의 70퍼센트
가 국가 부문이 아닌 장마당을 포함한 민간 부문에서 발생한다는 평
가가 제기되기에 이르렀다.[82] 시장이라는 상대적 자율성의 메커니즘
이 함께 작동하는 경제 질서로 변화하는 가운데 김정은 정권은 그것
과 대결하기보다는 공존하면서 그것을 활용하려 한다.[83] 그 대가로 사

---

82   고수석 기자는 중국 주간지 *Life Weekly*(『三聯生活週刊』)의 2017년 5월호에 실
린 북한 경제 분석을 주목했다. 이 중국 언론에 따르면, 현재 북한의 경제성장을
이끄는 주 요소는 '장마당'과 '돈주'인데, 장마당은 북한 GDP의 70퍼센트를 차지
할 정도로 성장했으며, '돈주'로 불리는 1만 달러 이상의 자산을 보유한 주민들이
최대 20만 명에 달한다고 추정했다. 또 한 중국 학자가 만난 북한 경제학자들은 최
근 북한의 경제성장률이 국제사회의 경제제재에도 불구하고 7~9퍼센트에 달한다
고 주장하는 것으로 전했다(고수석, 「북한이 인도적 지원을 거부한 이유」, 『중앙일
보』, 2017. 6. 8).

83   2017년 2월 당시 이병호 국정원장이 국회 정보위원회에서 비공개 브리핑한
데 따르면, 국정원은 현재 북한 인구의 적어도 40퍼센트가 각종 사적 경제 부문
에서 활동한다고 분석했다. 이것은 공산권이 붕괴한 직후 헝가리와 폴란드 등의

회에 대한 국가권력의 통제력이 약화되고 있다.[84] 최고권력자에 대한 개인숭배도 크게 약화되었다.[85]

김정일은 시장을 초기엔 용인했지만, 그 결과를 두려워하며 기회 있을 때마다 억압하려 했다. 그는 말년에 시장과 사적 자본의 성장을 억누르기 위한 화폐개혁을 시도하다 실패하고 죽었다. 그러나 그의 아들 김정은은 시장과 대적하기보다는 그것을 이용하는 지도자를 자처하고 있다. 김정은은 시장이라는 호랑이의 등에 올라타는 것을 두려워하지 않는다. 그만큼 북한 경제사회의 시장화는 지속적으로 심화될 것이다. 1980년대 중국에서 본격 시작된 동아시아 사회주의의 시장화가 1990년대 베트남을 거쳐 2000년대 북한에서도 작동하기에 이르렀다. 그로써 사회적 변화와 함께 장기적으로 정치적 변화의 동력 또한 북한 내면에 축적될 수밖에 없다.

이런 역사적 국면에서 외부의 군사적 압박과 충격은 북한의 정치질서와 열악한 인권문제를 해소하는 것이 아니라 동결하고 지속하는 요인이 될 뿐이다. 북한 체제의 근본적 변화는 풀뿌리 자본주의에 의해 내면에서 이미 시작되었고, 핵문제를 평화적으로 해결하기 위한 대화와 그에 기초한 경제공동체 형성 노력은 그러한 북한의 내면적 변화를 가장 확실하게 촉진할 것이다.

로즈와 쉘렌버거도 군사적 압박이 아닌 북한과 건설적 관계구

상황과 유사하다고 보았다(Choe Sang-Hun, "As Economy Grows, North Korea's Grip on Society Is Tested," *The New York Times*, April 30, 2017).

84 경제적 이유로 폭동이 일어났다는 보도들이 있다. 김정일 정권은 2006년 12월 건강한 남성들은 장마당 일을 할 수 없도록 금지했지만 실질적 효과는 없었다. 김정일은 그 1년 후인 2007년 그 금지령을 50세 미만 여성들에게까지 확대하는 조치를 취했다. 그러자 2008년 3월 청진 등에서 폭동이 발생했다는 것이다. 이 사실은 란코프의『오늘의 북한소식』2008년 3월 12일자 기사를 인용한 것이다. Lankov, 2013, pp.122~123.

85 사적 경제 부문이 성장하면서 북한 사회에서 김씨 일가에 대한 일반인들의 개인숭배는 크게 약화된 것으로 분석되고 있다. Choe Sang-Hun, "As Economy Grows, North Korea's Grip on Society Is Tested," *The New York Times*, April 30, 2017.

축(constructive engagement)이 한반도 평화뿐만 아니라 북한 민중이 자유를 쟁취하는 데 필수적 조건이 될 것이라고 역설했다. 이들은 그 근거를 최근 수십 년간의 세계사가 보여준 정치변동 패턴에서 이끌어냈다. 미국은 아프가니스탄과 이라크에서 전쟁을 수행하는 명분의 하나로 민주주의를 내걸었다. 그러나 이 파괴적인 전쟁에서 미국이 입증한 것은 단번에 독재를 민주주의로 만들 방도는 없다는 교훈뿐이었다.[86] 반면에 동유럽에서 라틴아메리카와 아시아에 이르기까지 수많은 나라가 독재국가에서 민주주의 국가로 평화적으로 이행했다. 그 과정은 수십 년에 걸쳐 점진적으로 진행되었다. 로즈와 쉘렌버거는 그러한 점진적이면서 평화적인 체제변화에는 어떤 비밀스러운 열쇠가 따로 있는 게 아니라고 보았다. 경제적 번영이 자유에 대한 욕구를 낳는다는 사실에 다름아니라는 것이다. 1987년까지 군사독재였던 한국도 예외가 아니었다는 사실을 로즈와 쉘렌버거는 상기시켰다.[87]

북한에 잔존하는 전체주의적 장치를 단번에 파괴할 수 있는 군사적 방도는 없다. 군사적 방도의 추구는 북한에 항상적 전시체제가 지속되게 함으로써 전시 전체주의의 생명력을 유지하는 데 기여할 뿐이다. 북한 사회의 근본적 변화를 가져올 힘은 북한 내부에 있다. 시장화와 그것이 초래한 일정한 사회적 다원성의 잠재력, 외부세계 접촉과 교류가 가져올 정보봉쇄(information blockade) 체제의 침식과 약화는 한반도 평화체제 구축에서 밖에는 가능성이 없다. 이것은 차라리 축복이다. 평화적으로 변화하고 이것이 곧 북한 전체주의 붕괴의 가장 확실한 길이라면 일거양득이기 때문이다.

요컨대 북한에서 전체주의적 국가의 경제사회적 기반이 근본적으

---

[86] Richard Rhodes and Michael Shellenberger, "Atoms for Pyongyang: Let North Korea Have Peaceful Nuclear Power," *Foreign Affairs*, May 23, 2017.

[87] Rhodes and Shellenberger, May 23, 2017.

로 취약해졌고, 북한은 새로운 변화에 열려 있는 상태가 되었다. 북한의 변화가 긍정적인 방향으로 평화적으로 진행되도록 하는 길은 남북한 관계가 함께 변화함으로써 북한의 변화를 평화적으로 추동하는 데에 있다. 그런 의미에서 한반도 평화체제 건설은 한국에 진정한 국가안보 전략인 동시에 북한 전체주의의 잔재를 가장 효과적으로 해체해서 인권 문제를 해결해나갈 인간안보 전략이며, 동아시아 대분단체제의 해체에 결정적으로 기여할 수 있는 동아시아 공동안보의 열쇠이자 초석이 아닐 수 없다.

제14장

한반도 평화협정: 사유의 궤적

1. 국가보안법 재판과 '한반도 평화협정'을 위한 변론

2014년 8월 27일 인천지방법원 법정에서 국가보안법 재판이 열렸다. 이명박 정권과 박근혜 정권이 한국 시민사회에서 대표적인 평화운동 단체들을 탄압하기 위해 이 단체들이 주창해온 주요한 주장을 국가보안법 위반 혐의로 국가정보원과 검찰을 앞세워 재판에 회부함에 따라 진행되던 여러 재판 가운데 하나였다.

이명박·박근혜 정권이 정치적·사상적 탄압 대상으로 삼은 대표적 이슈의 하나가 미국을 한반도 평화협정의 당사자로 포함시킨 평화협정론이었다. '평화와 통일을 여는 사람들'(평통사)은 2008년 많은 진보적 평화운동가와 학자들의 의견을 나름대로 종합하여 '한반도 평화협정'(안)을 하나의 모델로 제시했다.[1] 이 평화협정 주장이 위의 법정에서 재판 대상이 되었다.

필자는 그 재판정에 평화협정을 변론하는 증인으로 출석했다. 보수 정권들의 국가정보원이 평통사의 「한반도 평화협정(안)」을 탄압 목표물로 삼은 이유는 크게 두 가지였다고 필자는 판단했다.

첫째, 그것은 과거 한국 정부가 종종 제시한 2+2 형식의 평화협정론과 달랐다. 한국 정부가 때때로 표방하는 2+2 형식의 평화협정은 한반

---

[1] 시민단체 '평화와 통일을 여는 사람들'의 평화협정안은 다음 사이트에서 찾아볼 수 있다(http://www.spark946.org/renew/prog/).

도 문제 당사자는 남북한이므로 평화협정을 체결할 경우 협정 당사자는 남한과 북한에 한정하고, 미국과 중국은 그 협정 이행을 보장하는 '보장자'이기만 하면 된다는 논리였다. 이것은 북한이 주요 협정 당사자로서 미국을 포함하려는 데 대한 반대논리였으며, 이른바 '남북 당사자론'이었다. 그런데 평통사가 제시한 「한반도 평화협정(안)」은 남북한과 함께 미국과 중국이 다 같이 한반도 평화체제 구축에 구체적인 약속과 행동의 의무를 지는 당사자로 참여해야 한다는 주장을 담았다. 이러한 관점이 평통사의 「한반도 평화협정(안)」의 토대가 된 것은 필자가 그 이전에 쓰고 발표한 논문들에 기인한 바가 컸다. 필자는 일찍부터 과거 한국 정부가 내세우곤 했던 남북 당사자론이 표면적인 명분과 달리 지극히 비자주적 논리임을 지적하고 이를 비판해왔다.

둘째, 평통사의 평화협정안은 북한 핵무기 프로그램의 궁극적 해체를 포함하는 한반도 평화체제 구축과 연계하여 주한미군의 철수를 수용하는 내용을 담았다. 북한 비핵화를 평화적으로 이끌어낼 수 있는 한반도 평화체제는 북한-중국의 군사동맹과 함께 한국-미국의 군사동맹도 동시적 변화를 수반할 수밖에 없다. 그 변화는 불가피하게 외국 군사력의 한반도 내 물리적 주둔, 즉 주한미군 철수 내지 지위 변동 문제도 포함하게 된다. 국가정보원은 그러한 논의를 이적행위로 규정하고 재판에 회부한 것이다. 필자는 일찍이 한반도 평화체제 구축은 '한미동맹의 유연화(柔然化)', 즉 이 동맹의 탈(脫)군사화를 수반할 수밖에 없다고 지적해왔다.[2] 그러므로 필자는 이 국가보안법 재판정에 피고로 서야 했던 평화운동가들의 논리에 학자로서 책임이 있었다.

2014년 여름 재판을 받고 있던 인천 평통사 유정섭 사무국장과 김강연 선생에 대한 국가보안법 위반 사건 재판에서 변론을 맡은 민주사회를위한변호사모임(민변) 권정호 변호인과 평통사에서 오랜 기간

---

2 이삼성, 「한미동맹의 유연화(柔然化)를 위한 제언」, 『국가전략』 제9권 제3호 (2003, 가을), 7~38쪽.

사무처장으로 일해온 오혜란 선생의 요청을 받고 필자는 기꺼이 증인으로 재판정에 섰다. 나는 권정호 변호인이 작성한 변론 심문 사항들에 대한 답변서를 준비했으며, 그해 8월 27일 인천지방법원 법정에서 증언대에 섰다. 준비한 모든 내용을 발언할 시간이 주어진 것은 아니었다. 그러나 필자가 준비한 증인 답변서 전체는 변론 자료로 법정에 제출된 것으로 알고 있다.

유정섭 사무국장이 필자에게 국가보안법 2심재판에서 무죄 판결을 받았다고 연락해준 때는 2016년 10월 14일이다. 2017년 6월 15일 오혜란 선생은 선생 본인의 국보법 위반 사건과 인천 평통사의 유정섭·김강연 국보법 사건에 대해 대법원의 무죄 확정판결이 나왔다고 연락해주었다. 평화협정론이 주한미군의 궁극적 철수 주장 등의 문제와 함께 국가정보원에 의해 재판에 넘겨진 지 실로 5년 4개월 만의 일이었다. 재판에 회부되어 그 오랜 시간 정신적으로 시달리며 온갖 생활의 불편을 겪어야 했던 분들과 그 전 기간 변론의 모든 일을 감당해온 권정호 변호인 등 변호인단에 비할 바는 아니지만 필자 역시 감회가 깊었다.

필자는 평통사가 주최한 여러 차례의 한반도 평화협정에 관한 토론회에서 기조발제를 맡아 그 내용의 골격을 제시하는 데 한 역할을 했다. 2004년에 『현대북한연구』에 발표한 필자의 논문은[3] 한반도 평화협정 당사국 문제와 관련해 중요한 논지를 담았다. 평통사는 2005년,[4] 2007년,[5] 평화협정 관련 학술세미나를 열어 나를 발표자로 초청했다.

3 이삼성, 「미국의 대북 정보평가 및 정책의 신뢰성 위기와 북핵문제 해결방안: '한반도 평화협정'체제 전환이 유일한 대안인 또 하나의 이유」, 『현대북한연구』 제7권 제2호, 2004. 9, 9~70쪽.

4 이삼성, 「한반도 평화협정: 북한 핵문제 근본해결로서의 평화협정의 틀과 윤곽」, 평화통일연구소 주최 학술세미나, 2005. 10. 7. 이 논문은 『평화누리 통일누리』 통권 제57호(2005, 9~10월호, 40~86쪽)에 같은 제목으로 게재되었다.

5 이삼성, 「한반도 평화협정 구축에서 평화조약(평화협정)의 역할과 숙제」, 평화통일연구소·평화와 통일을 여는 사람들 주최 제2차 한반도 평화체제 토론회 '한반도 평화협정 체결 전망과 과제', 기독교회관, 2007. 5. 9.

그러나 나 자신은 평통사 회원인 적은 없다. 또 여러 차례 토론회 끝에 평통사가 2008년에 공식 발표한 평화협정안 기안자 명단에도 필자 이름은 올라 있지 않다. 필자는 평통사가 평화협정안을 구체적으로 작성하는 과정에 직접 참여하지 않았다. 그래서 기안자로 이름 올리기를 사양했다. 지금도 그렇지만 당시도 필자는 스스로 역할을 평화 문제를 바라보는 기본 개념에 관련된 학자로서 의견을 제시하는 것으로 국한하고 있었다. 평화협정의 구체적 내용은 한국 내외의 평화운동 안팎에서 끊임없이 논쟁하고 토론하는 대상으로 열려 있어야 한다. 그러므로 학자로서는 어떤 정식화된 하나의 안을 가지고 활동하는 운동 관점과는 처지가 좀 다를 수 있다고 생각한다.

그러므로 오혜란 선생과 권정호 변호인의 요청에 응해 평화협정에 대한 국가보안법 위반 재판에 내가 주저하지 않고 증인으로서 변론에 나선 것은 평통사의 평화협정안이 내 생각과 모든 면에서 일치했기 때문이라고 할 수는 없었다. 중요한 것은 그 안이 내가 생각하고 주장해온 한반도 평화협정론의 골격을 수용했다는 점이다. 평통사와 변호인단이 나에게 증인으로 나서달라고 요청한 이유도 그 점 때문이었을 것이라고 생각한다.

2000년대 들어서도 첫 10년간은 국내의 진보적 평화운동 진영에서조차 미국과 중국을 한반도 평화협정의 정식 당사국으로 포함할지에 대해 부정하거나 혼란스러워했다. 그 시기에 필자는 한반도 평화협정이 성립하려면 남북한과 함께 미국과 중국이 정식 당사자로 참여해야 한다는 점을 1990년대부터 일관되게 주장해온 터였다. 평화협정체제는 불가피하게 그리고 우리가 원하든 원치 않든 한미동맹의 유연화, 주한미군 철수 문제와 긴밀하게 연결되어 있다는 사실도 지적해오던 바였다.

평통사가 2008년 공식화한 평화협정안은 그러한 필자 논리의 골격을 반영했다. 더욱이 한반도 평화협정이 동북아시아 비핵무기지대화의 규범을 담을 필요성에 대한 필자 주장 역시 평통사의 평화협정안에 반영되어 있었다. 그러므로 필자는 평통사 평화운동가들의 평화협정을 위한 활동이 이명박 정권과 박근혜 정권의 국가정보원에 핍박 대상이 되고 마침내 국가보안법 위반 혐의로 재판에 회부된 상황에서 필자의 지난 학문적 활동과 주장의 실체가 재판에 회부되었다고 느꼈다. 필자 역시 재판정에 나설 책임이 있다고 생각한 이유였다.

그래서 평통사 평화협정안과 관련해 국가정보원과 검찰이 주로 문제 삼은 핵심적 이슈들에 관해 법정에서 증인으로서 한 변론의 요점은 그 안이 북한 주장을 추종해 답습한 것이 아니라는 점을 명백히 밝히는 것이었다. 필자는 학자로서 1990년대부터 스스로 고민하고 구성한 독자적인 개념과 논리에 기초하여 일관되게 제시하고 주장해온 것들임을 강조하고자 했다. 당시 법정에서 증언한 뒤 검찰 측은 필자에게 평통사 회원인지 물었고 필자는 아니라고 답변했다. 그 외에 증언 내용에 대한 반론이나 반대심문은 하지 않았던 것으로 기억한다. 여기에 그때 법정에서 증언하고 제출한 증언 가운데 주요한 심문 사항들에 대한 답변 내용을 골라서 그대로 옮긴다.

* * *

인천지방법원 2013고단4240
2014년 8월 27일 오후 2시

증인 이삼성에 대한 신문사항

(1) 한반도 비핵화 관련
⑲ 변호인: 검찰은 공소장에서 '북한 핵 보유는 미국의 대북 핵 선제공격 위협 때문'이라는 피고인들의 주장이 북한의 핵보유를 옹호하는 이적동조행위라고 하는데, 북한의 핵보유 사유에 대한 위와 같은 주장이 단순히 북한만의 주장인가요?
이삼성: 북한 핵문제에 관해 현재 저명한 전문가의 한 명인 미국 스

탠퍼드대학교 헤커 교수는 2012년 3월 28일에 열린 한 세미나에서 북한이 핵무기를 개발한 이유를 크게 세 가지로 설명했습니다. 안보적 이유, 국내적 이유 그리고 국제적 이유 세 가지 측면에서 설명했는데, 그중에서도 북한이 느끼는 안보상 위협을 가장 중요한 요인으로 꼽았습니다. 그는 우선 북한은 현재 법적으로는 미국과 전쟁 상태에 있다고 지적했습니다. 정전체제일 뿐 평화협정이 없는 상태이므로 북한이 미국으로부터 위협을 느끼는 것은 남한이 북한으로부터 위협을 느끼는 것과 마찬가지로 충분히 이해되는 상황이라는 얘기입니다. 아울러 헤커 교수가 지적한 것은 북한은 이라크의 사담 후세인과 리비아의 카다피가 겪게 된 운명이 핵무기 개발을 포기한 데에서 연유한다는 인식을 갖고 있다는 것입니다. 즉 서방, 특히 미국에 의해 후세인 정권도 카다피 정권도 종말을 맞이했다는 인식을 북한이 갖고 있고, 또 그것이 핵무기 개발 포기의 결과라는 인식을 갖고 있다는 것이지요.

이러한 미국 전문가들의 인식은 비단 헤커 교수만의 것은 아닙니다. 미국의 주요 언론인 CNN에서 발언하는 미국의 다른 북한 전문가들도 흔히 미국으로부터의 군사적 위협을, 정권안보 문제와 더불어 북한이 핵무기를 개발하고 또 포기하지 않는 가장 중요한 원인으로 인식하고 있다는 것을 알 수 있습니다.

⑳ 변호인: 평통사의 평화협정(안)을 보면 제12조에서 "행동 대 행동의 원칙에 따라 미합중국은 대한민국 영역에 주둔하는 미합중국 군대를 철수시킴과 동시에 조선민주주의인민공화국은 핵무기를 폐기한다"라고 규정하고 있고, 제27조에서 "대한민국과 조선민주주의인민공화국은 각기 핵무기를 제조하거나 접수 또는 배치하지 않으며 다른 나라로부터 핵우산을 제공받지 않는다. 미합중국과 중화인민공화국도 한반도 비핵화가 지켜지고 공고히 될 수 있도록 동북아 비핵지대화의 실현을 위해 노력한다"라고 되어 있는데, 국제정치학 전문가로

서 북한 핵에 대한 평통사 입장이 무엇이라고 생각하나요?

이삼성: 2012년 4월 북한은 헌법에 핵보유를 국가정책기조로 명문화했습니다. 즉, 핵무기를 포기한다는 것은 북한의 안보정책에서는 상상하기 어려운 것이 되어 있습니다. 그것은 다른 말로 하면, 북한에서 핵무기 폐기를 주장하는 것은 반국가적 범죄가 된다는 얘기입니다. 평통사가 제시한 '한반도 평화협정안'의 주요 조항 하나가 한국과 일본은 비핵화를 유지하는 가운데 북한은 핵무기를 폐기하는 것을 전제하는 '동북아시아 비핵지대화'입니다. 이것은 평통사의 기본 철학이 북한 주장과는 근본적인 차이가 있다는 것을 단적으로 웅변해줍니다.

㉑ 변호인: (증 제14호증을 제시하며) 평통사는 2013. 2. 13자 북한의 제3차 핵실험에 대한 논평에서 "비핵, 군축, 평화, 통일을 위해 힘쓰는 우리는 북이 한반도 비핵화 불가를 선언한 데 이어 핵실험을 강행한 데 대하여 깊은 유감과 우려를 표한다. 북이 한반도 비핵화를 거부하고 인류를 재앙으로 몰 수 있는 핵무기의 영구적 보유를 추구한다면 이는 한반도 평화체제 수립과 비핵화를 요원하게 하고 핵무기 없는 세계를 염원하는 인류의 이상에 반하는 것이라는 점에서 우리는 이에 반대한다. 또한 북의 제3차 핵실험을 계기로 한반도 전쟁 위기가 고조되고 동북아 핵무장과 군비경쟁이 초래될 수 있다는 점에서 우려를 표하지 않을 수 없다"라고 했는데, 이는 평통사가 북한의 핵실험과 핵보유에 대하여 비판적 입장을 견지하고 있는 것이지요?

이삼성: 그렇습니다. 그 점을 명백하게 천명하고 있습니다.

(2) 평화협정 당사자 문제 관련

㉒ 변호인: 북한은 평화협정 체결 당사자로 누구를 포함할 것을 주장하고 있나요?

이삼성: 북한은 1960년대에는 남북평화협정을 주장했습니다. 남한에서 10월유신 이후인 1974년 이후 북미평화협정을 주장했습니다.

1984년 이후엔 남북 간 불가침협정 체결과 북미 간 평화협정체제로 구성되는 3자회담을 주장한 바 있습니다. 2004년 5월에는 주유엔 부대사 한성렬이 『유에스에이투데이』와 인터뷰에서 남북한과 미국이 정식 당사자로 참여하는 평화협정 체결을 주장한 바 있습니다.

이처럼 북한은 시기에 따라 약간 차이는 있지만, 1970년대 이후 북한의 기본 입장은 평화협정에 관한 한 조미평화협정, 즉 북미 간 협정 주장이 그 기조였다고 할 수 있습니다. 그 논리적 전제는 남한은 1953년 정전협정에 서명국이 아니라는 주장에 더하여, 전시작전권을 포함한 군사적 주권을 갖지 않은 상태라는 것이며, 따라서 남한은 평화협정의 당사자가 될 수 없다는 것이라고 말할 수 있습니다.

그런데 앞서 언급한 바처럼 2004년 5월 한성렬 주유엔 부대사의 4자간 평화협정 제안은 중대한 변화로 볼 수 있었습니다. 그렇기 때문에 2007년 10월 김정일 위원장과 노무현 대통령 간의 제2차 남북정상회담에서 10·4합의가 나올 수 있었습니다. 10·4합의는 남북미 3자간 혹은 남북미중 4자간에 한반도 평화체제 구축을 위한 종전선언을 추진하기 위해 협력한다는 내용을 담고 있었습니다.

이것은 북한이 오랫동안 취하고 있던 입장에서 벗어나 남한을 평화협정의 당사자로 받아들인 것과 함께, 남한과 미국이 미국 역시 당사자로 참여하는 것에 동의하는 태도를 보인 방향으로 일정한 변화를 보인 것과 결합해서, 4자간 평화협정 방안에 대한 공감대가 형성되어 간 것으로 보입니다. 그런 의미에서 2000년대 중엽은 평화협정 당사자 문제에 대한 남북한과 미국에서의 중요한 공감대 형성기로 볼 수 있습니다.

평통사가 2008년 1월 24일 남북미중 4자간의 평화협정 체결을 핵심으로 하는 한반도 평화협정안을 구체화하기 위한 전문가 기안회의를 하게 된 것은 그와 같은 다자간 인식변화, 즉 국제적인 정세 변화를 배경으로 한 것이었다고 볼 수 있습니다.

㉓ 변호인: 증인은 한반도 평화협정의 당사자로 남·북·미·중 4자를 들고 있는데 그 이유가 무엇인지요?

이삼성: 저는 2007년 5월 평통사가 주최한 한반도 평화체제 구축을 위한 토론회에서 발제를 맡은 바 있습니다. 그 글은 한반도에 평화체제를 구축하는 과정에서 평화조약(평화협정)의 의미와 역할을 어떻게 설정할 것인가. 그리고 그 안에 어떤 내용을 담을 것인가. 이런 질문에 답하고자 했습니다. 일부 발췌해 그대로 인용해 말하면 다음과 같았습니다.

북한 핵문제의 근본적 해결은 평화체제의 구축과 떼어 논할 수 없으며, 평화체제의 구축에는 관련 당사국들이 다 함께 실천의 의무를 지는 청사진 또는 이른바 로드맵을 공유하는 수단으로서 평화조약이 중요한 역할을 할 수 있다고 저는 믿습니다.

평화체제란 무엇일까요. 남북한이 서로에 대해 최악의 시나리오를 가상하고 가급적 최대한의 무력을 준비하는 것을 최선의 안보정책으로 삼는 것에서 벗어나 남북한이 다 같이 일정한 일련의 구체적인 원칙과 규범, 규칙을 준수할 것을 약속하고 이를 이행함으로써 '위협과 공포의 균형'이 아닌 공동안보(common security)의 질서로 나아가는 것을 말합니다.

그 질서의 창조에는 우리 한반도의 경우 그 운명에 지난 수십 년간 함께 깊이 개입해 있었던 미국과 중국과 같은 외세들의 행동과 정책 역시 그 규범의 틀에 동참시키는 과정을 필수적 요소로 합니다. 그래서 한반도의 공동안보의 질서, 즉 한반도 평화체제는 남북한의 관계 양식의 변화인 동시에 미국과 중국같이 남북한과 전쟁으로 그리고 군사동맹으로 연결된 영향력의 실체들의 행동양식을 변화시키는 과정을 포함합니다. 그를 위해 우리가 합의하여 공유할 수 있는 일련의 원칙, 규범, 규칙을 만들어내는 것이 곧 평화조약입니다.

역사상 모든 평화조약은 추상적이지 않습니다. 당사국들의 안보와 생존 및 사활적 이해관계가 첨예하게 충돌하는 가운데 공통의 원칙과 규칙을 찾아내는 일은 몇몇 추상적인 개념들을 나열하고 모든 당사자가 별 반대할 것이 없는 좋은 말들로, 그러나 구체적으로 해야 하는 행동에 대해서는 내용이 없는 그런 문서를 써내는 일과는 다릅니다. 전쟁이 끝난 후의 전후처리용이든, 갈등을 극복하는 새 질서를 창조하기 위한 것이든, 평화조약은 당사자들이 각자 구체적으로 이행해야 하는 행동의 일정과 규칙을 담았으며 대체로 많은 구체적 내용을 담고 있습니다.

6자회담이 2005년 9·19공동성명 그리고 이어서 2007년 2·13합의에서 한반도 평화체제를 논의하기 위한 별도 포럼을 구성한다는 내용을 포함하기 전까지, 한국 정부와 학계 및 시민사회에서 한반도 평화협정에 관한 논의는 대체로 남북한이 당사자로 협정을 체결하고 미국과 중국은 '보장'을 하면 된다는 주장이 대세를 이루었습니다.

이러한 전통은 권위주의 정권 시절부터 미국을 평화협정의 대상으로 포함시킬 것을 주장하는 북한의 주장을 배제하는 명분으로서 한국이 내세워온 남북 당사자주의를 1990년대 노태우, 김영삼 정권에 이어 김대중 정부와 노무현 정부에 이르기까지 공식적인 정책으로 삼아왔던 데에 기인합니다.

북한이 남북한 평화협정을 제안하는 시기에도 남한이 미국과 함께 그 협정을 반대한 이유는, 북한에서는 오래전에 이루어진 중국군 철수에 상응하여 남한에서도 미군이 철수할 것을 조건으로 내세울 것 등을 경계했기 때문입니다. 그래서 한반도 군사적 긴장 문제를 남북 간이 주체가 되어 풀어내자는 명분을 내세워 북한이 주장한 남북평화협정 논의를 남한은 일관되게 거부했습니다. 이에 따라 북한은 1972년 7·4남북공동성명을 남한의 박정희 정권이 10월유신으로 뒤집어버린 그해 가을을 분수령으로 하여 평화협정 대상을 미국으로 전환하게 됩니다.

이후 한국 사회에서는 북한의 평화협정 논의가 남한을 배제하는 데 있다고 주장하면서 한반도에서 평화협정을 맺는다면 그 당사자는 미국이 아니라 남북한으로 제한해야 하고 미국과 중국 등은 단순히 보장자로 하면 된다는 이른바 2+2의 논리가 개발되었습니다. 이 방안은 미국 입장에서도 편리하였습니다. 미국이 북한과 마주앉아 미국의 한반도 군사정책을 협상테이블에 올려놓을 수는 없다는 생각이 그 저변의 근본 이유였습니다. 한국 정부 역시 명목상으로는 북한이 남한을 협정 당사자로서 인정하지 않고 있다는 이유를 내세웠지만, 줄곧 남북이산가족 문제 등 비정치적이고 비군사적인 이슈들의 선결, 즉 인도적 문제의 선결을 내세우면서 근본적으로 군사문제 해결을 핵심으로 하는 평화협정 체결을 반대하는 구실로 삼았습니다. 그래서 북한이 거부할 것이 뻔한 남북 당사자론을 내세우며 미국을 포함하는 한반도 평화협정 논의를 거부했던 것입니다.

노무현 정부도 『참여정부 국정비전과 국정과제』라는 문건에서 "남북이 당사자로서 평화협정을 체결하고, 주변 2국(4국)이 이를 보장하는 장치를 마련하여 정전협정을 대체"한다고 설명하고 있습니다. 그러나 노무현 정부는 특히 2006년 이후 미국 부시 행정부조차 남북미중 모두를 당사자로 하는 한반도 평화조약 논의가 흘러나오면서 당사국 문제에 관한 한 그 유서 깊은 독재정권 시대로부터의 '남북 당사자 플러스 미·중 보장'이라는 틀에서 비로소 벗어나기 시작한 것으로 보입니다.

저는 2004년의 논문과 이어 2005년의 논문에서 남북한과 함께 미국과 중국이 정식 당사자로 참여하는 '한반도 평화협정'이 형식과 내용에서 논리적으로나 현실적으로 타당하다는 의견을 개진하면서, 아울러 (당사자는 남북으로 족하고 미국과 중국은 '보장'만 하면 된다는) 2+2의 공식이 갖는 허구성을 비판했습니다.[6] 여러 가지 측면에서

---

6 남북이 협정의 당사자가 되고 미중은 보장자로서 한다는 2+2의 논리에 대한 비판은 필자의 다음 글들을 참조할 것. 이삼성, 「미국의 대북 정보평가 및 정책의 신뢰성 위기와 북핵문제 해결방안」, 2004; 이삼성, 「한반도 평화협정: 북한 핵문제 근본해결로서의 평화협정의 틀과 윤곽」, 2005; 이삼성, 「한반도 평화협정 구축에서 평화조약(평화협정)의 역할과 숙제」, 2007. 이 글들에서 필자가 비판한 2+2 형식

논의했으나, 몇 가지 핵심적 포인트는 다음과 같았습니다.

첫째, 한국전쟁 당사자는 남북한과 미국 및 중국 네 나라입니다. 정전협정 당사자도 사실은 한국을 포함한 네 나라입니다. 한국은 정전협정에 서명을 거부했지만, 응당 서명을 했어야 하는 나라입니다. 그 내용상으로는 미국이 한국 몫까지 함께 서명한 꼴이었습니다. 전쟁상태와 이어 정전상태를 평화체제로 전환하는 당사자로서 책임 역시 이 네 나라가 다 같이 공유해야 하는 것은 당연한 논리적 귀결입니다.

둘째, 미국과 중국은 과거 전쟁의 당사자일 뿐 아니라 현재도 그리고 앞으로 예측 가능한 먼 미래에까지도 한반도의 전쟁과 평화에 구조적인 이해관계와 결정력을 가진 세력들입니다. 미국과 중국은 각각 남한과 북한과 군사동맹으로 한반도에 깊이 개입해 있습니다. 이들의 군사전략과 정책은 곧바로 한반도 운명에 영향을 미칩니다. 따라서 한반도 운명에 이미 개입해 있는 이들 외세의 행동양식을 한반도 평화체제에 걸맞은 방향으로 전환하는 국제적 규범으로서 한반도 평화협정을 생각해야 합니다. 그런 의미에서 우리의 평화협정은 응당 미국과 중국이 남북한과 함께 한반도에서 군사적 긴장의 유지가 아닌 평화지향의 방향으로 행동하도록 하는 규범과 규칙을 담아내야 합니다. 그러기 위해서는 평화협정 당사자로서 이들 두 나라도 당연히 포함해야 합니다.

셋째, 남북한만이 당사자가 되는 것이 자주적이라는 남북당사자 논

의 평화협정론에는 2000년대 들어서 한국 학계와 시민운동 안에서 대표적으로 두 사례가 해당한다. 하나는 2003년 박명림 교수의 '남북평화협정'론이다(박명림,「남북평화협정과 한반도 평화」, 한국인권재단 엮음,『한반도 평화는 가능한가: 한반도 안보질서의 전환과 평화체제의 모색』, 아르케, 2004, 217~259쪽). 또 하나는 '평화재단'이 2007년 제시한 평화협정(안)이다(윤영환,「한반도 평화협정(안)」, 평화재단 제8차 전문가 포럼, 배재대학교 학술지원센터, 2007. 4. 18). 평화재단의 협정안은 표면상으로는 남북미중 당사자론을 수용했다. 그러나 실제 내용에서는 2+2의 성격을 탈피하지 않았다. 미국과 중국에는 실질적인 어떤 행동의 책임도 규정하지 않은 가운데 어떻게 보장한다는 것인지 그 내용이 여전히 불분명할 수밖에 없는 '보장자' 역할만 부여한 것이다.

리는 기실은 가장 비자주적인 주장입니다. 우선 미국과 중국은 한반도 평화체제 구축 과정에서 직접적 책임을 진 나라들로서 그들의 핵전략, 군사전략, 남북한 각자의 주권 인정 등 그들의 대한반도 정책의 여러 측면을 전환해야 할 당사자들입니다. 이에 대한 그들의 책임 있는 약속을 받아내고 그 약속을 가급적 확고한 법적 구속력을 가진 협정으로 제도화해내는 것이야말로 오늘날 한반도 평화체제를 구축하기 위해 남북한이 전개해야 할 자주적인 외교의 가장 핵심적인 부분입니다.

넷째, 남북한만이 평화협정 당사자가 되고 미국과 중국은 '보장'만 하면 된다는 논리는 한반도에서 평화지향의 행동을 할 의무들을 국제법적으로 지우는 대상에 남북한만 포함시키는 것입니다. 미국과 중국은 그 의무에서 면제해주는 꼴입니다. 거기에 한 술 더 떠서 미국과 중국에 사실상 불특정의 '보장'하는 세력으로서 법적 지위를 부여하는 것인데, 그것은 그들에게 구체적인 평화지향의 행동 의무는 면제하면서 이들 외세에 자의적일 수 있는 감독자의 권위만 부여하는 결과가 됩니다. 이보다 더 비자주적인 결과가 어디 있을까요.

다섯째, 남북한만이 당사자가 되고 미국과 중국은 보장만 한다는 발상은 유엔과 같은 보편적인 집단안전보장(collective security) 개념이 국제적 규범으로 정립되기 이전에 존재할 수 있었던 '강대국 보장' 사고의 잔재라고 할 수 있습니다. 19세기적인 국제관계 관념에 은연중 함몰되어 있는 패배주의적인 약소국 멘털리티의 잔존물입니다. 크고 작은 모든 나라의 주권적 평등을 전제한 현대적인 보편주의적 국제적 규범에 정면으로 배치됩니다.

여섯째, 미국이 자국의 이해관계가 깊이 얽힌 지역에서 제3국들의 평화협정에 서명하는 경우가 있지만, 그것은 그 협정의 이행을 '보장'하는 감독자로서 서명하는 것이 아닙니다. 단지 '증인'(witness)으로서 서명할 뿐입니다.

이 경우 유의할 것은 특히 두 가지입니다. 먼저 미국은 이런 협정들에서 이 협정들을 '보장'한다는 문구를 결코 삽입하지 않습니다. 그것은 협정의 일반적 양식에 어울리지 않는 이상한 발상입니다. 무엇을 어떻게 보장한다는 것인가에 대한 어떠한 내용도 없이, 한국 학계 일각에서 제안한 협정안처럼 "이상의 평화협정 합의에 남과 북의 충실한 이행을 확인하고 국제적으로 보장하기 위하여 미국과 중국은 본 평화협정에 하기서명(postscript)한다"는 조항을 넣고 서명한다고 했는데, 그런 형식의 협정은 성립하지도 존재하지도 않습니다.

또 만일 미국과 중국이 그것을 보장하기 위하여 필요시 취할 수 있는 행동과 절차, 수단 등에 대해 언급했다면 그 협정은 남북 당사자 간 협정이 아니라 4국이 모두 당사자로 변하는 4국 협정이 됩니다. 물론 이런 종류의 협정을 과연 북한이 받아들일 것이며, 또 남한이 그런 종류의, 의무는 남북한만 지고 미국과 중국은 감독만 하는 협정을 받아들여야 하겠습니까. 19세기식의 강대국 보장 논리에 따라서 한반도 평화체제 구축에 직접적인 적극적 정책변화의 책임과 의무는 한국이 앞장서서 미국과 중국에 면제해주면서도 다른 한편으로는 정작 중요한 분쟁이 발생했을 때는 미국과 중국이라는 주변 강국들이 이 협정에 따른 보장자·감독자로서 법적 지위와 권위를 갖고 자신들의 이해관계와 해결방식에 따라 한반도에 개입하고 또 한반도에서 서로 투쟁하고 갈등할 법적 공간을 보장해주는 꼴이 됩니다. 한편으로 공허하고 다른 한편으로 위험한 그러한 이상한 협정 형식을 왜 애써 일부러 개발해야 한다는 것일까요.

미국이 '증인'으로서 서명하되 당사자로서 참여하지는 않는 평화협정의 경우는 미국이 책임질 행동 규정은 없으면서 자국이 유지하고자 하는 깊은 이해관계가 있되, 미국이 그 지역 분쟁의 직접 당사자인 사실이 과거에도 현재도 없는 경우들뿐입니다. 중동에서의 이스라엘-이집트 간 평화협정, 이스라엘-요르단 간 평화협정 그리고 이스라엘-팔레스타인 간 오슬로협정의 경우가 그러합니다. 물론 이들의 경우에도 미국은 결코 '보장'의 역할로 서명하는 오만을 부리지도 않았고,

그 어떤 나라도 그것을 요구하지 않았습니다.

이런 경우들은 한반도의 경우들과 또한 근본적으로 다릅니다. 미국과 중국은 한국전쟁에서 분쟁의 직접적 당사자들이었으며, 또한 우리가 평화협정을 통해 해소하고자 하는 정전협정의 당사자 서명국들이었기 때문입니다.

일곱째, 마지막으로 남북이 당사자가 되고 미중은 보장만 하면 된다는 이 사고방식을 정당화하는 또 하나의 논리에 대해 비판적으로 언급하고 싶습니다. 그것은 한반도 평화체제 구축에서 미국과 중국이 할 일이 특별히 없고 주로 남북한이 할 일들 뿐이라는 생각이 그것입니다.

그러나 이러한 생각은 잘못이며, 크게 두 가지 이유 때문입니다.

첫째, 북한으로 하여금 핵불능화를 포함하여 대량살상무기 유지와 추가개발 유혹을 떨쳐내도록 할 수 있으려면, 즉 북한을 한반도 평화체제 구축의 진정한 참여자로 이끌어내기 위해서는, 북한에 대한 미국을 포함한 주변국들의 안전보장 제공의 제도화가 필수적입니다. 그 안전보장 제공의 주요 당사자로 북한이 지목하는 것은 특히 1990년대 초 이래 현재까지 북한 핵문제의 국제화를 주도해온 미국입니다. 미국은 한국의 많은 사람에게 한반도에서 안정과 안보의 제공자입니다. 하지만 평화협정이란 상대방인 북한의 관점과 관심사를 포용하지 않고는 성립되지 않습니다. 북한의 관점에서 미국은 군사적 위협이며 전쟁을 불사하는 공격적 군사전략을 주도하는 실체입니다. 북한의 관점에서 미국은 한반도에서 더 이상 군사적 긴장과 위협의 유지자가 아닌 건설적인 평화구축의 참여자로 자신의 행동을 변화시킬 의무를 진 핵심적인 당사자입니다.

둘째, 중국 또한 한반도에서 유사시 미국 못지않게 군사적 개입 의지를 가진 세력임을 우리는 직시해야 합니다. 중국의 핵전략 또한 한반도에 대한 위협인 점을 무시할 수 없습니다. 중국이 미국과 함께 평화협정에 참여하는 것은 적어도 두 가지 의미가 있습니다. 미국과 함께 중국도 한반도에서 유사시 북한과의 군사동맹을 명분으로 자의적인 군사적 개입의 주체가 될 수 있는 만큼, 그것을 통제할 수 있는 규범을 평화협정에 담아내는 것이 일단은 우리 목표의 하나가 되어야 합니다. 또한 미국과 중국이 한반도 평화협정에 당사자로 참여하는 것은 한반도에서 두 나라의 군사적·외교적 행태가 분단과 긴장의 유지자가 아닌 평화구축의 참여자로 행동하도록 규범화하는 규정을 개발하여 포함시킬 때, 그 규범에 미국과 중국이 남북한에 대해서뿐만 아니라 서로에게도 구속력을 갖는 약속을 하는 결과가 됩니다. 그만큼 한반도 평화협정의 국제적 구속력을 보다 견고하게 제도화하는 데 도움이 됩니다.

미국이 한반도 평화협정에 당사자로 나서는 문제는 이상의 사실들에 비추어 예상될 수 있는 문제였습니다. 미국이 궁극적으로 평화협정에 나설 것이냐 하는 것은 명백한 것이라고는 할 수 없습니다. 제가 분명하다고 생각해온 것은 미국이 실제로 북한 핵문제의 궁극적 해결을 위해 평화협정이 불가피하다고 판단하면 그것은 2+2와 같은 비정상적인 전례 없는 형식이 아니라, 미국이 중국과 함께든 아니든 남북한과 함께 실질적인 당사자로 참여하는 협정이 될 것이라는 점이었습니다.

2005년과 2006년 사이 미국 정부 안팎에서 북한 핵문제 해결의 근본적 방편의 일환으로 검토하기 시작한 것으로 보이는 평화협정, 특히 2006년 5월에 미 언론에 보도된 '젤리코 보고서'(Zelikow Reports)들은 그런 점에서 응당 미국이 남북한과 중국과 함께 참여하는 4자 협정의 형식을 상정하고 있습니다.[7] 2007년 봄 알려진 바에 의하면 미국은 남북한과 미국 및 중국이 평화협정의 기본조약을 맺고, 남북 간 부속협정과 북미 간 부속협정을 맺는 방안을 고려하고 있는 것으로 알려지기도 했습니다.

---

7 David E. Sanger, "U.S. Said to Weigh a New Approach on North Korea," *The New York Times*, May 18, 2006.

어떻든 한반도에 평화협정이 고려된다고 할 때, 북한이 받아들일 수 있고, 또한 미국이 현실적으로 말이 된다고 판단하는 협정 또는 조약의 양식은 남북한과 미국 및 중국이 함께 하는 4국간 조약 내지는 협정이 될 것입니다.

이것은 미국 기업인들의 후원하에 안보외교 관련 전직 행정부 인사들과 전문가들로 구성된 '미국대서양협의회'(The Atlantic Council)가 2007년 4월에 작성해 발표한 '한국과 동북아시아의 평화와 안보를 위한 기본틀'이라는 보고서에도 반영되어 있습니다.[8]

그것은 북한 핵문제를 핵문제 그 자체의 문제로만 몰두해서는 근본 해결이 불가능한, 전쟁 이후 정전상태가 지속되는 가운데 오늘에 이르는 한반도의 비정상적 상황의 한 징후일 뿐이며, 따라서 북한 핵문제의 근본적 해결을 위해서는 한반도 상황의 근본적 정상화가 필요하다는 것, 또 이를 위해서는 한반도 평화협정을 포함하여 한국전 상황의 공식적인 종식과 평화체제 전환이 필요하다는 실용주의적 인식이 미국 정부 한쪽에서 조심스럽게 자리잡아가고 있는 결과라고 본인은 인식했습니다.

이상에서 주장한 바와 같이, 저는 한반도 평화협정은 남북한만을 당사자로 하거나, 혹은 그 변형된 형태로 남북한을 당사자로 하고 미국과 중국은 옵서버 내지는 '보장자'로 서명만 한다는 형식을 넘어서서 남북미중이 다 같이 실질적인 당사자로 참여하여 한반도 평화체제 구축의 실질적인 국제법적 책임과 의무를 함께 짊어지는 4자협정이 되어야 한다고 주장한 것은 1995년 발간한 저서 『미래의 역사에서 미국은 희망인가』(당대, 1995)에로 거슬러 올라갑니다. 이 책 362~364페이지에서 이 문제를 다루었습니다. 여기서 본 증인은 "평화협정 문

---

8 The Atlantic Council of the United States, A Framework for Peace and Security in Korea and Northest Asia, Co-Chaired by Ambassador James Goodby and General Jack N. Merritt, Project Director Donald Gross, Policy Paper, April 2007.

제에 대한 남북 간 의견조정의 방안으로는 역시 1953년 당시 정전협정 당사자들인 중국, 북한, 미국과 함께 한국전쟁의 실질적 당사자였으며 현재도 군사문제의 실질적 당사자인 남한이 같이 참여하는 '2+2'의 형태를 띨 수밖에 없다고 본다"라고 밝혔습니다.

이 책에서 저는 또한 "조선전쟁의 모든 경과를 보면 중국과 북조선, 미국 그리고 휴전협정에 조인하지 않은 한국의 사자(四者) 사이에 평화조약을 맺는 것이 가장 타당한 현실적인 선택"이라고 지적한 도쿄대학 와다 하루키 교수의 글을 인용한 바 있습니다. 와다 하루키 교수의 글은 1995년 『창작과 비평』 봄호에 「'동북아시아 공동의 집'과 조선반도」라는 제목으로 실렸습니다.

여기서 본 증인이 '2+2'라고 한 것은 나중에 한국 정부나 학계 일각에서 변형시킨 '2+2'의 개념과는 다른 것이었습니다. "한반도의 당사자들인 남북한과 주변 외세로서 당사자들인 미국과 중국"으로 각각 구분해서 말한 것이었고, 남북미중 네 나라가 모두 실질적인 당사자로 참여하는 것을 뜻했습니다. '2+2'의 의미가 정부와 학계 일각에서 주로 잘못된 개념으로 쓰임에 따라, 그 후 본 증인은 '2+2'라는 개념은 사용하지 않았습니다. 그 대신 4자협정이라고 표현하고 있습니다.

본인의 4자협정 주장은 경남대학교 북한대학원이 발행하는 북한 관련 전문학술지인 『현대북한연구』 2004년 9월호(제7권 제2호)에 게재된 논문 「미국의 대북 정보평가 및 정책의 신뢰성 위기와 북핵문제 해결방안」에서 자세히 논술한 바 있습니다. 이 논문에서 본인은 한반도 평화협정에 미국을 포함시킬 수밖에 없는 이유에 대해서 이렇게 말했습니다. "북한이 한반도 평화체제의 핵심으로 받아들이고 있는 북미 간의 정상적 관계정립과 미국의 대북 안전보장은 한국이 미국을 대신해 약속해줄 수 있는 것이 아니다. 미국의 대북 안전보장에 수반될 미국의 한반도 군사정책의 변화에 대해서도 그것을 약속하고 보증할 당사자는 분명 한국이 아니고 미국이다. 한반도 평화협정체제는 불가피하게 북한의 대량살상무기 확산 억지를 위한 철저하고 지속적인 검증체제를 요구한다. 이에 대한 대가로 북한이 동의할 수 있는 한반도 평화협정체제에 미국의 북한 주권 존중을 보장하는 내용을 담은 제도적인 관계정상화 장치로서 평화협정은 미국을 책임 있는 정식 당사자로 하는 것일 수밖에 없다. 그 모든 것을 한국이 대신하고 미국은 배서자(背書者)로 보증만 선다는 것은 조약의 개념상 성립하기 어렵다."[9]

한반도 평화협정에 미국을 (중국과 함께) 포함시키는 것은 북한의 주장에 동조하는 것이 아닙니다. 그러한 북한의 주장을 포용하지 않고는 북한의 동의와 참여와 실질적인 이행을 이끌어낼 수 있는 현실적인 평화협정을 구성하는 것이 불가능한 것이기 때문입니다. 북한이 종래 주장하는 것처럼 남한의 참여를 배제하는 북미평화협정이 남한과 미국의 동의를 얻을 수 없는 비현실적인 잠꼬대에 불과한 것처럼, 미국을 실질적인 당사자로 포함하지 않는 평화협정 운운하는 것 역시 북한의 동의를 얻을 수 없을 것이기에 현실성이 없는 잠꼬대에 불과하다고 하지 않을 수 없습니다.

㉕ 변호인: 평통사는 4자 평화협정을 주장하고 있는데, 이에 대한 증인의 생각은 어떠한지요?

이삼성: 핵문제라는 단일한 사안조차도 2000년대 들어 6자회담이라는 다자주의적 틀 안에서 접근할 필요성을 한국뿐 아니라 미국과 일본, 중국 등 주변국들 모두가 공감하고 그렇게 접근해왔습니다. 하물며 한반도 정전체제를 평화체제로 전환해야 할 포괄적인 역할을 떠맡는 평화협정이 적어도 남북미중 4자가 참여하는 실질적인 다자간 협상체제일 수밖에 없음은 이론의 여지가 없습니다.

적어도 2000년대 중엽 이후에는 미국도 북한도 그러한 현실을 받아들이기 시작했다는 징후들이 보이고 있습니다. 평통사의 4자간 한반도 평화협정안은 그러한 현실의 변화에 바탕을 둔 것이고, 그러한

---

9 이삼성, 2004, 62~63쪽.

목표를 앞당겨 실현하기 위한 한국 평화운동의 진지한 고민의 결과이자, 평통사가 공들여 결집해낸 한국 집단지성의 소중한 결실이라고 생각됩니다.

제가 판단하건대, 평통사의 '한반도 평화협정안'은 남북미중 4자가 실질적인 당사자로 참여하는 4자협정 방안과 한반도의 비핵화를 포함한 평화체제의 동아시아적 확산을 뜻하는 동북아시아 비핵지대화의 비전까지도 담고 있는 점에서 특별한 의의가 있습니다. 1995년의 글들에서부터 동북아 비핵지대화를 거론하고 주창해온 한 사람으로서 남다른 감회를 느낍니다.[10] 한반도의 평화운동 그리고 나아가서 동아시아 평화운동이 지향해야 할 핵심적인 가치와 목표를 수렴하여 잘 정돈한 것으로서, 한국 평화운동이 이룩한 귀중한 금자탑의 하나로 훗날 역사에 뜻깊은 이정표로 오래 기억될 것이라고 믿고 있습니다.

* * *

국가보안법 재판 법정에서 '한반도 평화협정'을 위한 변론으로서 필자의 증언은 이상과 같았다. 2017년 6월 대법원에서 오혜란 선생, 유정섭 사무국장과 김강연 선생이 무죄 확정 판결을 받음으로써 평화협정도 역시 무죄 확정판결을 받은 셈이었다. 평통사의 다른 활동가 여섯 분도 2017년 12월 모두 대법원의 무죄 확정판결을 받았다. 이로써 이명박 정권에서 시작된 한국 평화운동에 대한 탄압의 논리는 근거 없는 것이었음이 한국 사법부에 의해 확인된 것이다.

2. 전후 미국이 관련된 평화조약들의 형태

나는 국가보안법 재판정 증언에서 인용한 2004년 글에서 남북 당

---

10 이삼성, 『미래의 역사에서 미국은 희망인가』, 당대, 1995, 318쪽; 이삼성, 「총론: 한반도의 평화에서 동아시아 공동안보로: 미국 미사일방어 추진의 문제점과 동북아 비핵지대화의 시대적 요청」, 『한반도의 선택』, 삼인, 2001; 이삼성·우메마야시 히로미치 외, 『동북아시아 비핵지대』, 살림, 2005.

사자주의를 비판했다. 미국과 중국이 남북한과 함께 당사자로 참여하는 4자간 한반도 평화협정이 왜 진정 자주적이고 합당한지를 논했다. 2005년 글에서 이 논지를 재확인했다.[11] 2007년 10월에 발표한 글에서 그러한 논지를 보완하는 의미에서 전후 미국이 관여한 평화협정 사례들을 언급했다. 한반도 평화협정의 경우 미국이 왜 단순한 증인이 아닌 협정 당사자가 될 수밖에 없는지를 보완적으로 다음과 같이 논의했다.[12]

* * *

전후 미국이 개입하여 만들어낸 평화조약들은 크게 세 가지로 나눌 수 있다. 미국이 전쟁에서 승리한 후 전후처리의 일환으로 평화조약을 체결하는 경우가 그 첫째 유형이다. 미국을 중심으로 한 연합국이 일본과 체결하여 48개국이 1951년 9월 8일에 서명한 '일본과의 평화조약'(The Treaty of Peace with Japan)이 그것이다. 1952년 4월 28일 발효된 이 조약은 일반적으로 '샌프란시스코 조약'으로 불린다. 타이완은 1952년 일본과 별도로 '평화조약'을 맺었는데, 이는 기본적으로 샌프란시스코 조약의 내용을 재확인하는 것이었다.

샌프란시스코 조약은 제1장 제1조에서 일본과 연합국 각자 사이의 전쟁이 이 조약이 발효되는 순간부터 종료된다고 선언했다. 그리고 연합국은 (패전국인) 일본 국민이 일본과 그 영해에 대해 완전한 주권을 가지는 것을 인정한다고 밝혔다. 그러나 승전국으로서 미국을 중심으로 한 연합국과 패전국 일본 사이에 맺어진 조약답게 제2장의 '영토'(Territory)란에는 일본이 한국의 독립을 인정할 것을 포함하여

---

11 이삼성, 「한반도 평화협정: 북한 핵문제 근본해결로서의 평화협정의 틀과 윤곽」, 2005.

12 이삼성, 「한반도 평화협정 구축에서 평화조약(평화협정)의 역할과 숙제」, 평화통일연구소·평화와 통일을 여는 사람들 주최 제2차 한반도 평화체제 토론회 '한반도 평화협정 체결 전망과 과제', 기독교회관, 2007. 5. 9.

타이완과 타이완 서쪽에 위치한 팽호(澎湖)열도(Pescadores)에 대한 모든 권리, 쿠릴열도와 1905년 9월 5일 포츠머스조약 결과 일본이 확보했던 사할린과 그 인근 섬들에 대한 권리, 남중국해에 위치한 난사 군도(Spratly Islands)와 파라셀 군도(Paracel Islands) 등 과거 일본이 군국주의 제국으로서 무력으로 확보한 해외 영토들에 대한 권리를 포기할 것 등을 규정하는 내용이 맨 앞에 들어서 있다. 또 일본을 보편적인 국제법적 규범 속에 확고히 위치시키기 위한 목적으로 '유엔헌장'과 '보편적 인권선언'(Universal Declaration of Human Rights) 등을 광범하게 인용했다. 말하자면 승전국이 패전국의 위상을 구속하는 항구적인 법적 규범을 부과하는 법적 문서로서 평화조약이었다.

두 번째는 미국이 어떤 지역의 전쟁에 개입한 뒤 군사정치적 목적 달성에 실패하고 물러나면서 맺은 조약이다. 1973년 1월 17일 미국이 북베트남(Democratic Republic of Vietnam), 남베트남(Republic of Vietnam), 남베트남 잠정혁명정부(Provisional Revolutionary Government of the Republic of South Vietnam)와 체결한 '파리평화협정'(Paris Peace Accords)이 그것이다. 미국은 남베트남 정권을 무력으로 뒷받침하여 지탱하던 상황을 더는 견딜 수 없었다. 북베트남의 궁극적 승리를 받아들여야 했다. 다만 인도차이나로부터 명예로운 철수가 필요했다. 파리평화협정에 임한 미국의 목적은 그런 것이었다. 베트남 민족으로서는 민족자결권을 확보하는 역사적 문서였다.

이 협정의 핵심은 제2장 제5조에 있다. "미국은 남베트남으로부터 이 협정의 서명 후 60일 이내에 완전 철수(total withdrawal)한다"라는 것이었다. 미군 철수는 실제 1973년 3월 29일 완료된다. 북베트남이 우월한 위치에서 그리고 미국은 현실에서 이미 패배한 전쟁의 전후처리용으로 맺은 협정답게, 제1장 제1조는 "1954년 베트남에 관한 제네바협정이 인정한 베트남의 독립, 주권, 통일성(unity) 그리고 영토적 존엄성을 미국과 모든 다른 나라는 존중한다"는 내용으로 시작했다. 미국으로서는 불리한 위치에서 이미 진행된 패배의 명예로운 수습용이었던 만큼 '조약'의 위상을 부여하지 않았다. 행정협정이었다.

세 번째 형태는 승리든 패배든 사실상 이미 결정된 어떤 전쟁의 뒤처리용이 아니라 전쟁에 관여했던 나라들이 오랫동안 지속된 군사적 긴장과 갈등을 해소해 다 같이 좀더 항구적인 평화적 질서를 구축할 목적으로 체결한 협정이다. 전후에 미국이 분쟁의 직접 당사자로서 새로운 평화체제를 구축하려고 평화협정을 맺은 경우는 없다. 미국이 직접적 분쟁 당사자는 아니지만 외교적·현실적으로 깊은 이해관계와 영향력이 있는 지역에서 벌어진 제3의 국가들 사이의 분쟁에서 중재 역할을 해서 성립한 협정에 '증인'으로 서명한 경우는 있었다.

1993년 8월 20일 노르웨이 오슬로에서 합의되고 이어서 1993년 9월 13일 미국 워싱턴 D.C.에서 서명된 '오슬로협정'(Oslo Accords)은[13] 그러한 세 번째 유형의 협정에 미국이 당사자가 아닌 증인으로 서명한 경우다. 이 협정 당사자들은 팔레스타인 해방기구의 마무드 아바스(Mahmoud Abbas)와 이스라엘의 페레스였다. 미국의 워런 크리스토퍼 국무장관과 러시아의 안드레이 코지레프(Andrey Kozyrev)는 증인(witness)으로 참여했다. 1994년 10월 26일 요르단과 이스라엘 사이에 체결된 '요르단 하세미트 왕국과 이스라엘 간 평화조약'(Treaty of Peace Between The Hashemite Kingdom of Jordan And The State of Israel)은 요르단 수상 압둘 살람 알 마잘리(Abdelsalam al-Majali)와 이스라엘 수상 이차하크 라빈(Yitzhak Rabin, 1922~95)이 서명했다. 미국은 분쟁 당사자가 아니었던 만큼 클린턴 대통령이 '증인'으로서 서명했다.

만일 한반도에서 평화조약이 성립한다면 그것은 위의 세 가지 유형 가운데 어느 것에도 속하지 않는 네 번째 유형이 될 것이다. 첫째, 승전이냐 패전이냐를 떠나 전쟁 당사자였던 미국이 단순히 전후처리를

---

13 오슬로 협정의 공식명칭은 '과도자치정부에 관한 기본원칙 선언'(Declaration of Principles on Interim Self-Government Arrangements)이었다.

하려는 조약이 아니기 때문이다. 그 조약은 미국에는 북한 비핵화라는 중대한 안보적 이익을 관철하기 위한 수단이 된다. 또 북한에는 핵무기를 포기하는 대신 과거 전쟁 당사자였으며 현재와 미래에도 북한의 군사적·경제적 안전과 안정 여부를 결정하는 위치에 있는 미국으로부터 안전보장을 확보하는 국제법적 근거를 마련하는 의미가 있다. 새로운 질서를 만들어내기 위한 호혜적 협정이 되는 것이다.

둘째, 위의 세 번째 유형인 오슬로협정이나 요르단-이스라엘 평화조약의 경우와 달리 미국은 한국전쟁 당사자다. 또 현재 한반도에서 자신의 중대한 안보 관심사를 달성하고자 하는 직접 당사자다. 그런 만큼 단순한 증인으로서 참여하는 것이 아니다. 분쟁의 직접 당사자로서 참여할 수밖에 없다.

* * *

3. 2005년 9·19공동성명과 2007년 2·13합의

2005년 9·19공동성명은 부시 행정부가 6자회담을 매개로 북한과 포괄적 협상(일괄협상)을 받아들임으로써 북한 비핵화를 이끌어내려던 시도였다. 이 공동성명은 부시 행정부 안에서는 라이스가 장관을 맡고 있던 국무부가 주도한 작품이었다. 불행히도 이것은 부시 행정부에서 주류를 형성하던 강경파가 BDA 사태를 주도하면서 한낱 휴지조각이 되고 만다. 그리고 2006년 10월 6일 북한의 첫 핵실험이 강행된다. 뒤이어 부시 행정부는 다시 대북 포괄적 협상 자세를 취한다. 그 결과가 2007년 2·13합의였다. 그러나 곧 북한의 미사일 발사시험으로 이 합의 역시 물거품이 되고 만다.

9·19공동성명과 2·13합의는 다 같이 허망한 에피소드가 되고 말았지만, 부시 행정부와 같은 보수적 정권도 때로는 북한과 포괄적 협상에 임할 수 있음을 실증한 사례들이다. 우리가 한반도 평화협정을 구상할 때 주목할 필요가 있는 역사적 자료다. 9·19공동선명이 특별했던 것은 부시 행정부가 정권 초기에 그토록 거부했던 대북 포괄적

2007년 2·13합의 직후 6자회담의 각국 대표들이 모여 촬영한 기념사진.
왼쪽부터 사사에 겐이치로(佐佐江賢一郎) 일본 외무성 아시아대양주국장, 천영우 한국
외교부 한반도평화교섭본부장, 김계관 북한 외무성 부상, 우다웨이(武大偉) 중국 외교부
부부장, 힐 미국 국무부 동아태 차관보, 알렉산더 로슈코프(Alexander Losyukov) 러시아
외무부 차관.

협상 개념을 받아들였다는 데 있었다. 미국 자신이 직접 당사국으로
참여하는 한반도 평화협정 구상도 내포한 것이다.

이들 성명과 합의의 의미에 대해 필자가 2007년 10월에 쓴 글에서
밝힌 의견을 여기에 옮긴다.

1) 2005년 9·19공동성명

2005년 9월 19일 제4차 6자회담 공동성명(Joint Statement of the
Fourth Round of the Six-Party Talks; Beijing, September 19, 2005)은
다음 6개 항으로 구성되어 있다.

① 참가국들은 6자회담의 목적이 한반도의 검증 가능한 비핵화
를 평화적인 방식으로 이룩하는 것임을 만장일치로 재확인했다.
북한은 모든 핵무기와 기존의 핵 프로그램들을 폐기할 것과 빠

른 시일 안에 NPT와 IAEA 안전협정에 복귀할 것을 약속했다. 미국은 한반도에 어떤 핵무기도 갖고 있지 않으며, 북한을 핵무기 또는 재래식 무기로 공격하거나 침공할 의도가 없음을 확인했다. 한국은 한국 영토 안에 어떤 핵무기도 갖고 있지 않음을 확인하는 동시에, 1992년의 한반도비핵화공동선언에 따라 핵무기를 접수하거나 배치하지 않는다는 약속을 재확인했다.

② 참가국들은 그들 간의 관계에서 유엔헌장의 목적 및 원칙과 국제관계의 공인된 규범을 준수하기로 했다. 북한과 미국은 서로 주권을 존중하며 평화적으로 공존하고 각자 양자의 정책에 따른 관계를 정상화하기 위한 조치를 취하기로 했다. 북한과 일본은 불행한 과거와 중요한 현안들의 해결에 기초하여 평양선언에 따라 관계를 정상화하기 위한 조치들을 취하기로 했다.

③ 참가국들은 에너지, 무역, 투자 분야에서 쌍무적·다자적 경제협력을 촉진하기로 했다. 중국, 일본, 한국, 러시아, 미국은 북한에 에너지 원조를 제공할 의사를 밝혔다. 한국은 북한에 200만 킬로와트의 전력을 공급하는 것에 관한 2005년 7월 12일 제안을 재확인했다.

④ 참가국들은 동북아시아에서 지속적인 평화와 안정을 위한 공동노력을 약속했다. 직접 관련된 당사국들은 적절한 별도 포럼에서 한반도의 영구적인 평화체제를 협상할 것이다.[14] 6자는 동북아시아에서 안보협력을 촉진하기 위한 방안과 수단을 모색하기로 합의했다.

⑤ 참가국들은 앞서 언급한 합의를 '약속 대 약속, 행동 대 행동'의 원칙(principle of commitment for commitment, action for action)에 따라 단계적인 방식으로(in a phased manner) 이행하기 위한 상

---

14 해당 문장의 영문 텍스트: "The directly related parties will negotiate a permanent peace regime on the Korean Peninsula at an appropriate separate forum."

호 조율된 조치들(coordinated steps)을 취하기로 합의했다.

⑥ 참가국들은 2005년 11월 초 협의를 거쳐 결정된 날짜에 제5차 6자회담을 베이징에서 열기로 합의했다.

2) 2007년 2·13합의

2007년 2월 8일 베이징에서 제5차 6자회담이 시작되었다. 닷새 만인 2월 13일 탄생한 2·13합의문은 제1항에서 2005년 가을에 성립한 9·19공동성명에서 밝힌 대로 한반도 비핵화(denuclearization)를 평화적인 방식으로 달성하는 것이 6자 모두의 공동 목표라는 것과 9·19공동성명의 약속을 재확인했다. 이를 위해 6자는 '행동 대 행동'의 원칙(principle of 'action for action')에 따라 단계적인 방식으로 9·19공동성명을 이행하기 위한 조치들을 취하기로 합의했음을 밝혔다.

2·13합의는 '초기단계'(initial phase)에서 6자가 병렬적으로(in parallel) 취하기로 합의한 '초기행동'(initial actions)을 다음 다섯 가지로 정리했다. 첫째, 북한은 재처리시설을 포함한 영변 핵시설들을 궁극적으로 폐기하는 것을 목표로(for the purpose of eventual abandonment) 폐쇄하고 봉인한다. 또 북한은 IAEA 요원들을 다시 초빙하여 IAEA와 북한 사이에 합의된 모든 필요한 감시와 검증작업을 수행하도록 한다.

둘째, 북한은 사용후 연료봉에서 추출된 플루토늄을 포함하여 공동성명에 따라 폐기될 모든 핵 프로그램 목록을 다른 5개국과 논의한다.

셋째, 북한과 미국은 두 나라 사이의 현안들(pending bilateral issues)을 해결하고 완전한 외교관계(full diplomatic relations)로 나아가기 위한 양자회담을 시작한다. 미국은 북한에 대한 '테러지원국 규정'을 제거하는 과정을 시작하고, 또한 '적성국 무역법'(Trading with the Enemy Act)의 북한 적용을 중지하는 과정을 진전(advance)시킨다.

넷째, 북한과 일본은 불행한 과거와 주요한 관심 문제들의 해결을 기초로 '평양선언'(Pyongyang Declaration)에 따라 관계정상화를 위

한 조치들을 목표로 양자회담을 시작한다.[15]

다섯째, 2005년 9월 19일의 공동성명 제1항과 제3항을 상기하면서, 6자는 북한에 대한 경제, 에너지 및 인도적 지원에 합의했다. 이에 관련해 6자는 초기단계에서 북한에 비상 에너지 지원을 제공할 것을 합의했다. 중유 5만 톤에 해당하는 비상 에너지 지원의 초기 수송이 향후 60일 이내에 시작될 것이다.

참가국들은 이상의 초기조치들을 60일 이내에 이행하기로 했다. 이어 제3조에서 6자는 초기조치들의 완전한 이행을 위해 5개 분야의 실무그룹(working groups)을 구성하기로 했다. ① 한반도 비핵화, ② 북미관계정상화, ③ 북일관계정상화, ④ 경제 및 에너지 협력, ⑤ 동북아 평화·안보체제가 그것이다. 각 실무그룹은 9·19공동성명을 구체적으로 이행하기 위한 계획을 협의하고 수립한다. 각각 실무그룹의 진전은 다른 그룹들의 진전 여부에 영향 받지 않도록 하되, 이들 실무그룹에서 만들어진 계획은 상호조율된 방식으로 전체적인 차원에서 이행한다고 이 합의문은 밝혔다. 참가국들은 이 실무그룹을 합의문 작성 후 30일 이내에 구성한다고 했다.

2·13합의문은 이어 제4조에서 '다음 단계'를 정의했다. 그것은 "북한의 모든 핵 프로그램에 대한 완전한 신고와 흑연감속로 및 재처리시설을 포함하는 모든 현존하는 핵시설의 불능화(不能化, disablement)"를 진행하는 단계였다. 초기조치 기간과 이 '다음 단계' 기간에 최초 선적분인 중유 5만 톤 상당의 지원을 포함한 중유 100만 톤 상당의 경제·에너지·인도적 지원을 제공한다고 했다.

---

15 여기서 말하는 평양선언은 2002년 9월 17일 고이즈미 준이치로 일본 총리가 평양을 방문하여 북한 김정일 국방위원장과 합의해 발표한 공동선언을 가리킨다. 이 선언의 제1항은 '국교정상화를 빠른 시일 안에 실현시키기 위한 모든 노력'을 기울일 것이며, 이를 위해 '2002년 10월 중 조일국교정상화회담을 재개'할 것이라고 했다. 제2항은 일본이 "과거 식민지배로 조선 인민에게 다대한 손해와 고통을 준 역사적 사실을 겸허하게 받아들이며 통절한 반성과 마음속으로부터 사죄의 뜻을 표명"한다는 내용이었다.

여기까지가 북한 핵문제 해결에 직결된 행동 대 행동의 이행 일정에 관한 합의였다. 2·13합의 제5조는 초기조치가 이행되는 대로 6자는 9·19공동성명의 이행을 확인하고 동북아 안보협력 증진 방안을 모색하기 위한 장관급 회담을 신속하게 개최한다고 했다. 제6조에서는 참가국들이 상호신뢰를 증진하기 위한 긍정적 조치를 취하고 동북아에서 지속적인 평화와 안정을 증진하기 위해 공동 노력하기로 한 것을 재확인했다. 그런 취지에서 "직접 관련 당사국들은 적절한 별도의 포럼에서 한반도의 항구적 평화체제를 위한 협상을 갖는다"고 한 2005년 9·19공동성명의 언급을 재확인했다. 끝으로 제7조에서 참가국들은 실무그룹의 보고를 받은 후 다음 단계 행동을 협의하기 위해 2007년 3월 19일 제6차 6자회담을 개최하기로 합의했다.

3) 9·19공동성명과 2·13합의를 관통하는 원칙

9·19공동성명과 2·13합의를 관통하는 원칙은 적어도 다음 세 가지를 들 수 있다.

첫째, 미국을 포함한 다른 나라들이 북한의 주권을 존중하면서 북한 핵문제를 평화적으로 해결한다는 것이다.

둘째, 북한 핵문제를 해결할 때 '행동 대 행동'의 원칙을 되풀이 확인했다. 북한 핵문제 해결을 북한 대외관계정상화를 포함한 대북 안전보장과 경제·에너지 지원 문제를 연결해 동시적으로 진행하게 했다. 부시 행정부의 애당초 원칙이었던 북한의 핵 폐기가 먼저 이루어지는 것을 전제로 한 대화와 보상이라는 정책에서 벗어난 것이다.

셋째, 북한 핵문제를 궁극적으로 해결하기 위해 한반도의 항구적 평화체제 모색을 위한 적절한 포럼을 별도로 구성한다는 것이다.

이러한 원칙들은 9·19공동성명에서 명문화되어 2·13합의에서 구체화되었다. 2·13합의가 그 원칙들을 구체화한 양태는 무엇보다도 다음과 같은 점으로 요약할 수 있다. 즉, 초기조치와 다음 단계를 구분하고 각 단계에서 북한과 미국이 서로 합의 가능한 수준에서 상호

대응적인 행동들을 좀더 구체적으로 명시했다. 이 중에서 초기조치는 일종의 북미 간 상호신뢰구축 단계로 이해할 수 있다. 그 결과, 북한 핵 프로그램의 이른바 '불능화'를 실제 집행하는 단계는 '다음 단계'로 정의되었다.

'초기단계'에서는 북한의 핵문제 관련 의무는 영변 핵시설을 폐쇄하고 봉인하는 것, 국제원자력기구 사찰단의 입국과 그들의 핵시설 감시 작업 재개를 허용하는 것 그리고 북한이 자신의 핵 프로그램 목록을 다른 나라들에 제시하는 것이다. 이 초기단계에서 미국이 북한에 대해 취해야 하는 신뢰구축 조치는 북한과 양자회담을 열어 국교 정상화를 위한 조치들을 시작하는 것이다. '테러지원국 지정' 해제와 '적성국 교역법' 북한 적용 중지 등을 위해 미국 정부가 노력하는 것 등을 명시했다.

따라서 북한이 영변 핵시설을 폐쇄하고 봉인하며 현존하는 핵 프로그램 목록을 참가국들과 협의하는 수준을 넘어서, 북한의 모든 핵 프로그램을 실질적으로 '신고'하고 그것들의 '불능화'를 진행하는 것은 '다음 단계' 의무사항으로 넘겨져 있다.

마찬가지로 미국과 일본이 북한에 대해 외교관계를 정상화하고 구체적인 대북 군사적 안전보장을 제공하는 조치들 또한 다음 단계 일로 미루어진 셈이다. 북한의 핵불능화와 미국·일본의 대북 외교·경제관계정상화를 통한 안전보장 제공 문제는 다 같이 초기조치라는 신뢰구축단계의 이행을 거친 다음 단계 일로 설정되어 있다.

어떻든 그 핵심은 북한이 주장해온 행동 대 행동의 병렬적 진행이라는 원칙에 따라, 미국이 북한의 선(先) 핵폐기 후 대화라는 원칙을 포기한 대신 북한은 궁극적인 핵폐기를 받아들인 것이다.

4. 제2기 부시 행정부가 대북협상을 택한 역사적 배경

2·13합의는 이른바 '행동 대 행동'이라는 상호주의 원칙에 바탕을 둔 것이다. 그런 의미에서 1994년 8월 12일의 북미 공동성명과 그해

10월의 제네바합의의 틀을 계승한 것이다. 이 합의는 부시 행정부의 애당초 대북정책 기조와 크게 다른 원칙을 반영한 것이다. 그렇지만 그러한 합의는 이미 2005년의 9·19공동성명에서 도달한 바 있었다. 약 1년 반의 우회 끝에 다시 원점으로 돌아온 것이다. 부시 행정부는 왜 다시 원점으로 돌아오게 되었는가.

한마디로 요약한다면, 신보수주의적 일방주의의 과잉이 초래한 역설적 결과라고 할 수 있었다. 부시 행정부는 이른바 '악의 축'(axis of evil)들에 의한 대량살상무기 확산 문제를 외교적인 대화와 협상이 아니라 군사·경제적 제재를 통한 압박전략으로 해결하고자 했다. 특히 9·11사태 이후 전 세계적으로 형성된, 러시아와 중국까지도 기꺼이 동참하는 것처럼 보였던 전 지구적 대테러전선으로 북한과 이란 등을 압박해 그들의 일방적 항복을 받아낼 수 있을 것으로 기대했다. 아프가니스탄 전쟁 이후 미국의 일방주의는 유럽을 포함한 전 세계의 동의와 순응을 확보한 것처럼 보였다. 탈레반의 저항은 군사적으로 관리 가능한 것 같았다.

부시 행정부가 강행한 이라크전쟁은 미국의 신보수주의적 일방주의의 절정이었다. 이 전쟁은 2003년 여름 미국의 신속한 승리로 끝났고, 그해 12월 후세인 생포로 이어졌다. 더욱이 2003년 말 리비아의 행동은 부시 행정부의 군사적 해법에 힘을 실어주었다.

2003년 12월 19일 리비아의 카다피 대통령은 1998년부터 본격적으로 시작한 핵무기 프로그램을 포함한 모든 대량살상무기 개발 계획을 해체한다고 발표했다. 이것은 미국이 이라크 소도시의 한 지하 토굴에서 후세인을 생포한 지 불과 닷새가 지난 시점이었다. 카다피는 1980년대 이후 핵무기를 포함한 대량살상무기 능력을 추구했다. 그 노력은 1990년대에 더 본격화했다. 1998년에는 1980년대에 이미 구입해두었던 우라늄 전환시설을 조립했다. 1999년 말에서 2000년 초에는 대형 분광계(分光計) 2개를 새로이 획득했다. 2000년 9월에는 최신식 설계의 L-2 원심분리기를 2개 확보하고 이어 원심분리기를 1만 개 주문했다. 그해 12월 주문된 물량 일부가 도착하기 시작했다. 리비아는 또한 우라늄 육(六) 플루오르화물 실린더(cylinders of uranium hexafluoride) 여러 개와 우라늄 합성물질 16킬로그램을 2001년과 2002년에 각각 확보했다. 2001년 말과 2002년 초에는 파키스탄의 압둘 아디르 칸이 핵분열 무기 설계도와 원심분리기를 이용한 우라늄 농축계획을 리비아에 제공했다.[16]

그랬던 리비아가 2003년 12월 화학무기와 핵무기 프로그램 전체를 제거하겠다고 발표한 것이다. 모든 핵 활동을 국제원자력기구에 신고할 것이며, 500킬로그램짜리 탄두를 탑재할 수 있는 300킬로미터 사정거리 이상 탄도미사일을 제거하겠다고 했다. 또 NPT 준수를 위한 국제사찰을 수용하고, 모든 화학무기의 제거와 '화학무기협정'(Chemical Weapons Convention) 가입을 약속했다. 이 조치들을 검증하기 위한 즉각 사찰과 감시를 허용한다는 발표도 곁들였다. 곧 이어서 리비아는 2004년 1월 6일 '화학무기협정' 가입동의서를 제출했다. 그 30일 뒤 이 협정의 159번째 가입국이 되었다. 같은 해 1월 14일에는 '포괄적 핵실험금지조약'(Comprehensive Test Ban Treaty: CTBT)을 비준했다. 또 3월 10일에는 IAEA의 사찰권한을 확대한 'NPT 추가의정서'에도 서명했다. 이후 사찰·해체·군축 작업이 순조롭게 진행되었다.[17]

부시 행정부의 핵심 인물들은 당시 세계를 놀라게 했던 리비아의 행동 변화를 미국이 전개한 대테러전쟁이라는 군사적 행위의 결과물로 보고 그렇게 주장했다. 이러한 인식은 당시 클린턴 행정부가 북한과 대화에 기초해 성립한 제네바합의를 폐기하고 대북협상을 배제하는 강압외교로 북한의 일방적 양보를 요구하고 나아가 북한의 정권교

---

16 Bruce W. Jentleson and Christopher A. Whytock, "Who 'Won' Libya?: The Force-Diplomacy Debate and Its Implications for Theory and Policy," *International Security*, vol. 30, no. 3(Winter 2005/06), pp.57, p.61, pp.67~68.

17 Jentleson and Whytock, 2005/06, p.67.

체(regime change)를 공공연하게 내세우는 대북정책을 부시 행정부가 장기간 지속한 중요한 배경의 하나였다. 당시 체니 부통령은 리비아의 양보가 "미국이 이라크와 아프가니스탄에서 한 일의 위대한 부산물 가운데 하나"라고 인식했다. 그는 "우리가 후세인을 사로잡은 지 닷새 만에 카다피가 나서서 모든 핵물질을 미국에 넘기겠다고 발표했다"고 강조했다. 부시 대통령도 "리비아는 위협이었다. 그러나 이제 리비아는 무기 프로그램을 평화적으로 해체하고 있다. 리비아는 미국과 다른 나라들이 (예방전쟁과 선제공격을 천명한 부시의) 독트린을 실행할 것이라는 점을 이해한 것이다"고 말했다.[18]

부시 행정부 최고지도자들의 인식은 리비아의 정책 전환의 원인을 미국의 전쟁 위협에서 찾았음을 말해준다. 그러나 반론을 제기하는 사람들도 있었다. 이들에 따르면, 클린턴 행정부 말기에 미국은 카다피와 막후 외교 교섭을 본격적으로 벌였고, 부시 행정부도 카다피와 협상을 계속했다. 이러한 막후 협상이 카다피의 선택을 이끌어낸 결정적 원인이라는 것이었다.[19] 이 논란을 떠나 미국 대통령과 부통령이 다 같이 전쟁 불사를 위협한 강압외교(coercive diplomacy)가 효과를 본 것이라는 인식이 있었던 사실은 이 행정부

---

18 Jentleson and Whytock, 2005/06, p.48.

19 부시 행정부 안에서도 일부 인사들은 미국이 이라크전쟁으로 후세인을 생포한 것이 리비아의 정책변화를 이끌어낸 주요 원인이 아니라는 점을 인정한다. 미국무부 부장관 아미티지는 "후세인 생포는 리비아의 양보와 아무런 관련이 없다"고 말했다. 클린턴 행정부에서 국무부 차관보로서 1999~2000년 기간에 미국과 리비아의 비밀회담을 이끌었던 마틴 인디크(Martin Indyk)도 "리비아의 군축은 이라크전쟁을 필요로 하지 않았다"고 주장했다(Jentleson and Whytock, 2005/06, p.48). 젠틀슨과 와이탁이 리비아에 대한 미국의 정책 가운데 1단계와 2단계의 오랜 실패와 3단계 성공 경험에서 이끌어낸 여섯 가지 결론에는 강압과 외교 사이의 좀더 적절한 보완성이라는 개념과 함께 상대국의 체제변화(regime change)를 추구하는 것은 그 나라의 대량살상무기 관련 정책변화를 이끌어내는 데 역효과를 낼 뿐이라는 것 등이 포함되어 있다. 그런 점에서 북한 등을 '악의 축'으로 규정한 것은 북핵문제 해결을 어렵게 만든 한 원인이었다고 보았다(Jentleson and Whytock, 2005/06, pp.81~83).

가 북한에 대해서도 압박중심정책을 견지했던 것을 이해하는 데 도움이 된다.

부시 행정부가 북미 간 양자대화를 상징하는 1994년 제네바합의와 함께 모든 양자대화를 원칙적으로 거부하면서 2003년 이후 대안으로 제시한 6자회담은 북한에 대한 일종의 대테러동맹의 다자적 압박 수단으로 출발했다. 그것은 적어도 처음에는 다자주의가 아니라 일방주의에 더 가까운 시도였다. 클린턴 행정부의 대북 외교의 결과물인 제네바합의를 부정하고 북한과 직접대화를 거부하기 위한 외교적 명분이었고, 그런 의미에서 변형된 일방주의의 표현이었다.

그러나 6자회담은 점차로 미국의 도구로서가 아니라 동북아의 다른 나라들, 특히 중국과 한국에 미국을 북한과 외교적 접촉으로 이끌어 들이는 통로로 변했다. 크게 두 가지 이유 때문이었다. 첫째, 미국이 제네바합의를 폐기 선언한 명분인 북한의 고농축우라늄을 이용한 비밀 핵무기 프로그램의 존재에 대해 중국과 러시아 등 동북아 국가들은 미국의 주장을 신뢰하지 못했다.[20]

둘째, 이라크전쟁에서 전쟁 자체의 수행과 후세인 생포에 이르기까지는 그런대로 미국 계획대로 사태가 전개된 것처럼 보였다. 그러나 이후 이라크는 더 깊은 수렁에 빠지기 시작했다. 이 전쟁은 그 시작에서부터 세계의 동의를 확보하는 데 실패했지만, 전후 이라크는 제2의 베트남이 되어갔다. 이라크전쟁에서 신속한 승리를 바탕으로 전 지구적 대테러동맹을 북한 같은 다른 불량국가들에 대한 압박으로 연결하려던 부시 행정부의 세계전략은 암초에 걸렸다. 그사이 미국이 대화를 거부했던 북한은 NPT을 탈퇴하고 핵무기 보유를 선언하기에 이르렀다. 동북아시아에서는 중국의 적극적인 외교적 개입과 한국 외교의 저항에 부딪혔다. 더욱이 이라크의 수렁에 발목이

---

20 Joseph Kahn and Susan Chira, "Chinese Official Challenges U.S. Stance on North Korea," *The New York Times*, June 9, 2004; 이삼성, 2004, 16~17쪽.

잡힌 미국의 신보수주의적 일방주의는 북한에 대해 9·11 직후와 같은 대테러동맹을 동원한 효과적인 군사 경제적 압박 전선을 펼치는 데 한계가 있었다.

이라크 상황은 미국에 더는 전 지구적 대테러동맹의 지도자로서 역할을 허용하지 않았다. 그것이 미국의 대북 외교가 이데올로기적 성격을 강하게 띤 신보수주의적 일방주의에서 실용주의로 전환하기 시작한 배경이다.

그 결과가 2005년 가을의 9·19공동성명이었다. 그 시점에서 미국의 대북 외교전략은 라이스 국무장관의 보좌관 필립 젤리코(Philip Zelikow) 표현대로라면 양면전략(two tracks diplomacy)이었다.[21] 그러나 그것은 당시 미국 대북 전략의 이중성 또는 부시 행정부 내부의 일방주의 세력과 실용주의파 간의 어정쩡한 균형을 반영하는 것이었다. 라이스 국무장관과 힐 국무차관보 등 국무부가 주도하는 가운데 제4차 6자회담이 포괄적인 외교적 행동의 틀인 공동성명을 만들어냈다면, 다른 한편에서 부시 행정부는 마카오의 BDA 등을 통한 북한의 돈세탁 문제를 수단으로 북한과 실질적 대화를 거부하는 행동이 공존했다.

2007년 2월 미국은 1년 반 전의 합의를 재확인하고 그것을 다소 구체화하는 수준의 새로운 외교적 합의로 되돌아온다. 9·19공동성명을 사실상 부정하던 기간에 부시 행정부가 맞닥뜨린 두 가지 사태 때문이었다. 첫째, 이라크의 수렁이 더욱 깊어져가면서 미국 내 여론도 부시 행정부에서 더욱 멀어져갔다.[22] 둘째, 북한 핵무기 실험이 가져온 충격이었다. 구체적으로 북한과 관련해서는 효과적인 외교도 적절한 행동의 전략도 보여주지 못한 가운데 북한이 실질적으로 핵무기를 보

---

21 Philip Zelikow, "The Plan That Moved Pyongyang," *The Washington Post*, February 20, 2007.

22 2007년 5월 2일 현재 2003년 이라크전쟁 이후 미군 사망자 수는 미 국방부가 확인한 것으로 3,355명에 달하고, 부상자 수는 2만 4,314명에 이른다. 영국군 사망자 수는 147명이었다(http://icasualities.org).

유하기에 이르렀다는 사실은 부시 행정부의 일방주의 외교노선을 어리석고 위험한 것으로 보이게 만들었다.

2006년 11월 초 미 의회 중간선거에서 민주당의 양원(兩院) 장악은 부시 행정부 외교의 실패를 정치적으로 확인해주었다. 2006년 11월 중간선거에서 공화당은 참패했다. 의회 다수당 위치를 상실했다. 부시 행정부 외교 전반을 지배하였던 신보수주의 노선의 과잉이 부시 행정부에 가져다준 외교적 실패가 상당한 원인으로 작용한 정치적 성적표였다. 부시 행정부의 전쟁 기획자이자 행동대장격이었던 국방장관 럼즈펠드가 중간선거가 끝난 지 얼마 후 퇴진했다. 그 후임으로 국방부 수장이 된 로버트 게이츠(Robert Gates)는 럼즈펠드가 주도하고 또 수렁으로 치달은 이라크 전략을 검토하는 '이라크 연구그룹'(Iraq Study Group) 멤버로서 이라크에서 전쟁 수행과 외교전략에 근본적 변화를 권고한 보고서 작성에 참여한 인물이었다. 게이츠는 일찍부터 이라크에서 미국이 지고 있음을 인정했다.[23]

'확산방지구상'(Proliferation Security Initiative: PSI)을 주도한 인물이자 유엔에서 미국의 강경외교를 대변하던 볼턴도 특히 민주당으로 세력균형이 변화한 미 의회의 비판에 직면하여 2006년 12월 초 퇴진했다.[24] 부시 행정부 신보수주의 노선을 주도한 인물들이 퇴진하자 체니 부통령의 대외정책 영향력도 손발을 잃은 꼴이었다. 미국 외교는 라이스의 국무부 중심으로 옮겨갔다.[25] 2007년 초 부시 대통령의 외교노선

23 The Associated Press, "Key Members of New Iraq Team," *The Washington Post*, April 21, 2007; Anne Gearan, "New Iraq Team Brings a Fresh Look to War," *The Washington Post*, April 21, 2007.

24 Stephen Kaufman and Judy Aita, "President Bush Accepts Resignation of U.N. Envoy Bolton," Washington File, 4 December 2006.

25 특히 럼즈펠드는 체니 부통령과 함께 부시 행정부 안에서 북한과 이란을 대화상대로 삼는 것은 '나쁜 행동에 보상해주는 꼴'(reward bad behavior)이라고 반대한 주역들이었으며, 중동에서 평화 과정을 위해 쓸데없는 정치적 노력을 하지 말 것 또한 주장한 인물들로 지목된다. 럼즈펠드가 국방장관을 그만둔 것과 동시에 국방부가 외교정책결정에서 뒤로 물러남에 따라 외교가 쉬워졌다고 부시 행

변화는 뚜렷해보였다. 미국 보수파는 부시의 변화에 당혹해했다.[26]

이것은 마치 1980년대 초 신보수주의자들이 장악했던 레이건 행정부의 신냉전주의 외교가 겪게 된 운명과 지극히 닮았다. 소련과 제3세계에 대해 전개한 레이건 행정부의 신냉전정책과 신보수주의 외교는 과잉했다. 그 과잉 표현이 1986년에 폭로된 이란-콘트라 스캔들이었다. 레이건 대통령 최측근들과 CIA 국장 윌리엄 케이시(William Casey, 1913~87) 등 그 주역들은 1987년에 들어서면서 의회 청문회에 서게 된다. 그들은 정치적으로 몰락했다. 그 공백을 조지 슐츠(George Shultz) 국무장관 등 상대적인 대소협상파 인물들이 메우면서 레이건 행정부 대외정책의 조타수를 맡았다. 그 결과 미국 외교는 1985년 서기장에 취임한 고르바초프가 이끄는 소련의 신사고 외교에 조응하기 시작했다. 1987년 중거리핵폐기협정 합의가 그 결과였고, 그것은 곧 냉전 해체의 서막이었다.

북한이 핵실험을 하기 전인 2006년 5월, 라이스가 이끄는 미 국무부는 2005년 9·19공동성명의 취지를 되살리려는 노력을 다시 기울였다. 그 노력은 라이스 국무장관의 보좌관 젤리코가 작성한 보고서 두 건에 압축되었다. 북한 핵문제는 그것 자체만으로 접근하는 것은 한계가 있으며, 한반도에서 53년간에 걸친 전쟁 상태를 종결하는 것으로 문제해결을 시도할 필요가 있다는 인식에 기초한 것이라고 보도되었다. 그런 맥락에서 한반도에서 '평화조약'(peace treaty)이 검토되었으며, 그 조약 당사자로는 정전협정 당사자들인 중국, 북한, 미국과 함께 남한을 지목했다. 러시아와 일본은 배제한다는 것을 분명히 했다.[27] 『뉴욕타임스』는

정부 관리들은 말했다. Karen DeYoung and Glenn Kessler, "Policy Successes or U-Turns: Views Differ on Bush Moves on Iran, N. Korea, Mideast," *The Washington Post*, March 11, 2007.

26 Peter Baker, "Bush Shows New Willingness to Reverse Course," *The Washington Post*, March 4, 2007.

27 David E. Sanger, "U.S. Said to Weigh a New Approach on North Korea," *The New York Times*, May 18, 2006.

이것을 북한에 대한 '폭넓은 새 접근'(a broad new approach)이라고 이름 붙였다. 그 핵심은 "북한의 핵무기 프로그램을 해체하는 과정이 진행되는 것과 동시에 평화조약협상을 시작하는 것"이라고 보도했다.

이러한 국무부 주도의 건의는 부시 행정부 안에서 열띤 논쟁을 유발했다. 그러나 이 행정부 내부의 논쟁의 결과는 불투명했으며, 적어도 2006년 가을까지 미국 외교에 실질적 변화는 없었다. 이라크의 수렁이 깊어지는 가운데 2006년 10월 9일 북한의 핵무기 실험은 부시 행정부 대북정책의 총체적 실패로 규정되는 분위기였다. 이러한 정황은 『뉴욕타임스』 칼럼니스트 니콜라스 크리스토프(Nicholas Kristof)가 북한과 대화를 추진했던 클린턴 정부와 북한을 대화상대로 인정하지 않은 부시 행정부의 '북핵 성적표'를 비교하면서 '북한이 얻은 플루토늄 성적표'라며 "클린턴 시절 북한이 확보한 (플루토늄) 양은 전무하나 부시가 들어선 뒤 확보한 양은 핵무기를 8기 만들기에 충분하다"고 비판한 데에 잘 드러났다.[28] 이것은 2006년 말 중간선거에서 공화당 참패와 무관하지 않았다.

2005년 2월 북한의 핵무기 보유 선언에서 구체화되기 시작한 부시 행정부의 대북 강경 노선의 역효과는 부시 행정부의 전략수정을 촉진하면서 2005년 9·19공동성명이 가능했던 것이다. 그러나 부시 행정부의 실질적 정책 전환에는 그 충격만으로는 부족했다. 2006년 10월 북한 핵무기 실험은 갈수록 이라크 문제와 결합하여 부시 행정부의 대외정책 신뢰도에 큰 타격을 입혔다. 부시 행정부는 대안을 찾아야 했다. 그것이 2007년 2·13합의로 귀결되는 사태 전개의 촉매제가 된 것으로 볼 수 있다.

이제 문제는 북한 쪽이었다. 부시 행정부는 제네바합의를 폐기했고, 2005년 9·19공동성명에 합의했지만 거의 곧바로 폐기했다. 북한

---

28 구본권, 「북 플루토늄은 모두 부시 시절 만들어져: 불거지는 부시 책임론, 미국 언론/정치권, '북한 무시가 핵개발 내몰아」, 『한겨레』, 2006. 10. 12.

은 2·13합의에 기대 핵무장의 길을 포기하는 것은 언제라도 휴지조 각이 될 '선언'이나 '합의'에 체제 생존의 사활적 문제를 기대는 어리 석은 일이라고 판단했던 것일까. 북한은 이번엔 자신이 그 합의를 먼 저 파기했다. 그리고 자신의 길을 갔다.

5. 한반도 평화조약을 북한의 비핵화와 어떻게 연결지을까

2005년 9·19공동성명과 2007년 2·13합의라는 역사적 선례가 성립 하면서 한반도 평화협정에 남북한과 함께 미국 또는 미국과 중국이 당 사자로 참여한다는 발상이 더는 큰 시빗거리가 아니게 되었다. 미국도 한국 정부도 더는 남북 당사자주의를 고집하는 모양새가 아니었다. 이 후 문제는 한반도 평화협정을 북한 비핵화와 어떻게 연결짓느냐였다. 국내 논의는 대부분 북한이 비핵화를 실행하는 것을 전제로 그에 대한 사후적 보상으로 평화협정에 응한다는 주장이었다. 북한 핵문제를 평화 협정이라는 포괄적 틀 안에 끌어들여 해결하려는 발상을 미국도 한때 나마 받아들여 9·19공동성명과 2·13합의가 성립한 노무현 정부 후반 기에도, 한국 사회와 학계를 지배한 담론은 여전히 평화협정을 북한 비 핵화 실행 이후에 진행될 수 있는 것으로 취급한 것이다.

북한의 핵 폐기와 북한에 대한 미국의 안전보장과 관계정상화를 동 시적 행동으로 연계하는 일괄타결을 전제할 때, 북한 비핵화와 평화 협정의 관계를 어떻게 설정할지에 대해서는 크게 두 가지 방식을 구 분해 생각해볼 수 있다.

① 하나는 북미관계정상화와 평화조약을 분리하는 방식이다. 이것 은 '초기단계'와 '다음 단계'에 걸쳐 이루어지는 북미 간 외교관계정 상화 과정과 별개 협상문제로 평화조약을 생각하는 방법이다. 이 방 안은 평화협정은 협상을 거쳐 합의에 도달하여 실행에 옮기기까지는 오랜 시간이 걸릴 장기적 문제이므로, 그와 별개로 북미 간 외교관계 정상화를 북핵불능화와 연계해 더 신속하게 진행할 수 있다는 판단에 기초한 것일 수 있다.

그러나 이 방안은 몇 가지 문제에 부딪힌다. 첫째, 북미 외교관계의 완전한 정상화는 정전협정체제의 평화조약체제 전환과 맞물린 사안이라는 점이다. 둘째, 정전협정이 평화조약체제로 법적·제도적 전환이 이루어지지 않은 상태에서도 북미관계에 일정한 정상화는 가능할 수 있다. 평화조약 체제라는 제도적 장치로 뒷받침되지 않는 외교관계정상화는 불완전하다. 그러한 불완전한 외교관계정상화만으로 북한의 실질적인 핵불능화를 이끌어낼 조건이 될지는 매우 의문이 아닐 수 없다.

② 다른 하나는 평화조약을 북미관계정상화를 포함한 대북 안전보장의 제도화 문제로 생각하는 방안이다. 평화조약, 북한 핵문제 해결, 북미관계정상화 문제는 상호 간에 뗄 수 없이 긴밀하게 연결되어 있다고 보는 관점이다. 이런 시각에서 평화조약은 지속가능한 북미관계정상화의 필수 요건인 동시에 대북 안전보장을 국제사회가 제공하는 하나의 제도적 장치로 간주하는 것을 뜻한다. 그런 점에서 이것은 9·19공동성명에서 밝힌 '행동 대 행동' 원칙과 일맥상통한다.

이것은 북한 핵의 불능화와 북미관계정상화, 평화조약 체결이 병렬적으로, 즉 행동 대 행동 방식으로 동시적으로 진행되는 것을 말한다. 2·13합의 자체가 그러한 해석을 뒷받침한다. 다시 말해 평화조약은 북한의 핵불능화를 핵심적인 것으로 포함하게 될 평화체제가 이루어지고 난 연후에 그 결과로 사유될 수 있는 것이 아니라, 북한의 진정한 핵불능화를 이끌어내고 그것을 제도적으로 뒷받침하는 조치들을 명시하는 것으로 기능과 의미가 있는 것으로 사유되어야 함을 말한다.

그런데 2·13합의 이후 노무현 정권 말기에 한국 시민사회 일각과 학계에서 제시된 한반도 평화체제 논의들은 여전히 평화협정을 북한 핵불능화가 사실상 완료된 시점에서나 성립할 수 있는 문서로 상정하는 경향을 보였다. 대표적 예를 들면, 평화재단이 주관하여 작성한 이른바 「한반도 평화협정(안)」이라는 논문은 한반도 평화협정의 네 가지 방식을 거론하면서 그것들을 평화협정 수단론과 평화협정 결과론으로 분류했다. 이 논문 작성자들은 그 네 가지 가운데 최선으로 선택한 제1안이 평화협정 수단론을 취한 것으로 설명했다. 그러나 기실은 그 방안 역시 평화협정 결과론에 불과함을 알 수 있다. "남북미중 4국 당사자가 2·13합의에 따른 핵불능화 조치가 완료되는 시점에 종전선언을 포함하는 포괄적 평화협정을 체결, 부속협정으로 남북, 북미 간의 관계를 별도 규율"한다는 설명이 그것이다.[29] 즉 북한이 핵을 폐기하는 것이 완료되어 이를 검증한 다음에야 평화협정을 체결할 수 있다는 것이다. 평화협정은 북한 핵폐기로 인한 평화체제의 결과로 주어질 수 있다는 논리인 것이다.

평화재단이 제시한 「한반도 평화협정(안)」의 본문에서도 그러한 원칙이 지배함을 알 수 있다. 즉, 「미합중국과 조선민주주의인민공화국 간의 부속협정서」라는 제목 아래 제5조(국교정상화 등)에서 먼저 "미국은 조선민주주의인민공화국이 이 협정 체결 전에 6자회담 참가국간에 합의된 비핵화 조치를 완료하였음을 확인한다"라고 하고 있고, 이어서 "미국과 조선민주주의인민공화국은 각자의 정책에 따라 조속한 시일 내에 국교정상화를 위한 조치를 취하기로 한다"라고 규정했다.[30] 이것은 북한이 핵불능화 조치를 완료하고 난 시점에서 비로소 북미 간 국교정상화를 위한 조치를 취하는 것으로 하는 것을 뜻한다. 평화협정을 북한의 핵불능화를 포함한 실질적 평화체제 구축의 결과로, 특히 북미 간 국교정상화를 그에 대한 대가 내지는 선물로 제공한다는 개념에 바탕을 둔 것이다.

국내 학계에서 이루어져온 학술적 논의들도 대체로 같은 경향을 보였다. 한 예로 전재성 교수는 향후 평화체제에 관한 논의에서 한국이 유의해야 할 사항을 다음과 같이 지적했다.[31] 첫째, 향후 평화체제 수립을 추진할 때 북한이 제기할지도 모르는 '선 평화체제 수립, 후 북

---

29 윤영환, 2007, 6쪽.

30 윤영환, 15쪽.

31 전재성, 「한반도 평화체제」, 하영선 엮음, 『북핵위기와 한반도 평화』, EAI(동아시아연구원), 2006, 204~206쪽.

핵 해결' 구도에 말려들어가지 않는 것이 중요하다고 지적했다. 둘째, 평화체제는 북핵 폐기의 실질적 진전을 선행조건으로 논의될 수 있을 뿐 아니라, 주변국들의 합의가 필요한 것이기 때문에 북한의 개방과 점진적 체제개혁이 이루어지는 것을 전제로 해야 한다고 했다. 전 교수는 다만 "북한이 정권안보 위협을 느끼지 않는 상태에서 개혁개방과 북핵 포기를 추진할 수 있는 다자적 환경을 마련해주는 것이 필요하다"라고 덧붙였다. 이를 위해 한국은 '북한에 대해 안보불안감을 느끼는 주된 적대 대상인 미국의 위협을 완화하는 노력'을 주문했다. 같은 맥락에서 전 교수는 "미국이 북핵문제를 북한의 생존문제로 인식하여 평화체제의 틀 속에서 함께 논의할 자세를 갖추도록 설득해야 할 것이다"라고 주장했다. 한편으로는 평화체제의 틀 안에서 북한이 핵을 포기하고 체제변화를 추구할 수 있도록 해야 한다고 주문하면서, 다른 한편에서는 북핵 포기 이전에는 평화체제 형성에 관한 논의를 배제해야 한다고 말하는 것 사이에는 논리적 모순이 없지 않다.

조성렬 박사는 한편으로는 "한반도 평화체제를 구축하려면 남북한의 군사적 긴장을 완화한 뒤 평화협정 체결로 나아가는 것이 '정상적 경로'이다"라고 밝혔다. 여기서 그가 말하는 남북한의 군사적 긴장완화라는 것은 정치적·군사적 신뢰구축과 운용적·구조적 군비통제(군축) 등을 추진하는 것으로 정의한다. 따라서 조성렬 박사에게 한반도에서 평화체제 구축의 정상적 경로는 군축을 포함하는 평화체제의 틀이 상당 부분 진행된 뒤 평화협정이 체결되는 것을 말한다. 그러나 조 박사는 다른 한편에서는 "남북한이 처한 특수한 정치상황으로 볼 때, 무조건 정상적인 경로만이 최선이라고 단언할 수는 없다"고 말했다. "기회가 닿는다면 평화선언을 발표하거나 평화협정을 체결한 뒤, 점진적·군사적 긴장완화로 나아가는 '예외적 경로'도 생각해볼 수 있다"고 밝혔다.[32] 이로써 평화협정을 북핵 폐기 후의 사후적 선물로서가 아니라 북

---

32 조성렬, 「한반도 평화체제 구축과 한미동맹 재조정」, 『한반도 평화체제 구축

핵 폐기 자체를 담아내는 틀로 사유할 수 있음을 보여주었다.

전반적으로 볼 때 노무현 정부 후반기 시점에서 국내 논의의 주된 경향은 기본적으로는 평화협정을 북핵 폐기가 선행되는 것을 전제로 성립할 수 있는 것으로 생각하는 것이었다. 2008년 이후 한국의 지적 상황은 더 악화되었다. 10년에 걸쳐 지속되는 이명박·박근혜의 보수 정권들 아래 한국 사회와 학계에서는 평화담론이 거의 자취를 감추었다. 미국을 당사자로 포함하는 평화협정론이 국가보안법 재판에 회부되는 사태는 언론과 학계 전반에서 그처럼 평화담론이 퇴장해버린 상황과 밀접한 관련이 있었다. 문제는 그 이전 노무현 정부 때인 2007년 시점에도 한국의 제도권 지식인 사회에서는 북한의 비핵화 문제를 평화협정체제 안으로 끌어들여 북핵 폐기와 북미 간 외교관계정상화를 동시적 행동으로 풀어나간다는 사유가 시민권을 획득하지 못했다는 사실이다. 적어도 발상 차원에서 볼 때 한국 지식계는 북한 핵문제 해결을 위한 포괄적 일괄타결 방법론을 받아들이는 데 당시 한때나마 9·19공동성명과 2·13합의에 동참했던 미국 대통령 부시와 국무장관 라이스에도 미치지 못했던 셈이다.

6. 평화조약에는 어떤 내용을 담아야 할까

필자는 2005과 2007년에 발표한 글에서 한반도 평화협정(또는 평화조약)이 꼭 담아내야 할 핵심 내용들을 논의했다. 2015년 10월에 발표한 글에서 이 문제를 재정리한 바 있다.[33] 이 글들에서 밝혔던 생각을 다시 짚어본다.

을 위한 대토론회』, 국회의원 최재천의원실, 국회 헌정기념관 대강당, 2007. 3. 22, 『자료집』, 19쪽.

33 이삼성, 「한반도 평화협정체제와 비핵화 그리고 동북아 비핵무기지대화: 상호의존성의 인식과 연계의 비전」, 참여연대·평화와통일을여는사람들 주최 세미나 '9·19공동성명에 비춰 본 한반도 평화협정과 비핵화 방안', 2015. 9. 18, 국회 의원회관 제2세미나실, 『자료집』, 6~152쪽.

1) 평화협정에 반영되어야 할 내용의 대강

한반도 평화조약에서 전문(preamble)이나 전쟁종결 선언 등은 다소 기술적인 부분들이다. 핵심은 다음 세 가지로 압축할 수 있고, 평화조약의 성격과 내용의 내실 여부는 이 세 가지를 어떻게 구체화하여 당사국들 모두의 합의를 이끌어내느냐에 있다.

첫째, 북한 비핵화의 진행과 북한 대외관계정상화, 대북 안전보장 문제를 어떻게 연결하느냐는 것이다. 대북 안전보장 문제는 미국의 대북 관계정상화와 함께 남북한의 군비통제·군축이라는 과제와 불가분하게 연결되어 있다. 거슬러 올라가면, 대체목적(replacement purposes)을 제외하고는 어떤 새로운 무기의 한반도 내 반입을 금지했던 정전협정을 위반하면서[34] 남한과 북한 그리고 미국이 지속해온 한반도 안에서 무력을 증강하는 현실을 제한하고 되돌리는 문제를 어떻게 규정할 것이냐 하는 문제였다.

남북한 모두의 미사일개발 문제, 남한이 2010년대 들어 공개적으로 채택한 지극히 공격적인 선제타격 전략과 같은 군사전략 문제, 남북한이 각각 미국·중국과 맺고 있는 군사동맹문제, 핵우산 문제, 주한미군사력의 철군 내지 성격 변화 문제 등이 직접적으로 연관된다.

둘째, '한반도비핵화공동선언'에 이어 남북한만의 비핵화를 재삼 더 견고하게 못 박게 될 한반도 평화조약은 동북아에서 미국, 중국의 핵전략과 함께 일본의 핵무장 가능성을 통제하는 규범을 함께 포함할 필요가 있다. 2·13합의 제6항에서 "참가국들이 상호신뢰를 증진하기 위한 긍정적 조치들을 취하고 동북아에서 항구적 평화와 안정을 위한 공동노력(joint efforts for lasting peace and stability in Northeast Asia)을 할 것"이라고 약속한 것은 유의미한 역사적 전거가 될 수 있다.

셋째, 평화협정 발효 이후 한반도에서 북한 핵시설 사찰 과정 및

---

34 '한국전쟁 정전협정'(Korean War Armistice Agreement: 1953년 7월 27일), 제2조, A-(c) & (d) 항목 참조할 것.

군비통제와 외국 군사력 철수 또는 위협적인 군사적 행동 등 4국 협정 당사국 가운데 어느 쪽이든 협정 위반 혐의가 있을 때, 이를 둘러싼 분쟁의 평화적 해결을 공정하게 협력적으로 관리할 수 있는 제도적 장치가 평화협정 안에 마련되어야 한다. 각종의 예상될 수 있는 유사시 한반도의 평화적 통일을 저해하는 방식으로 진행될 수 있는 미국과 중국의 군사적 개입 가능성을 통제하기 위해서도 그러한 제도적 장치는 필수적이다. 외세의 무력 개입 가능성을 최대한 억지하면서 한반도 유사시를 남북한이 주체적으로, 그러면서도 미국과 중국의 협력과 상호견제 역할을 일정하게 제도화할 수 있는 장치 마련을 평화협정에 반영하는 것이다.

2) 북한 비핵화와 대북 안전보장의 문제

2007년 2·13합의는 북한 비핵화를 초기행동단계(Initial Actions phase)와 다음 단계(next phase) 두 국면으로 나누었다. 초기행동단계에서 북한의 조치들에 상응하여 미국이 북한과 관계정상화를 위한 조치들을 '시작'(begin)하고 '진전'(advance)하는 것으로 했다. 구체적으로 북한의 테러지원국 지정 해제 과정의 시작 등을 언급했다.

다음 단계인 2단계에서 북한이 취할 조치는 '모든 핵 프로그램의 완전한 신고'(a complete declaration of all nuclear programs)와 '모든 현존하는 핵시설의 불능화'(disablement of all existing nuclear facilities)로 규정했다. 북한이 실제로 핵불능화를 진행하는 이 단계에서 미국은 북한과 국교정상화 및 경제제재의 완전한 해제 그리고 한반도에 항구적인 평화체제를 구축하는 별도 포럼을 본격화하는 것으로 되어 있다.

그렇다면 핵심 문제는 북한의 핵불능화를 실행하는 것과 미국의 대북 외교·경제관계정상화와 평화체제 과정을 어떻게 연결하느냐는 것이다. 먼저 주목해야 할 점은 북한이 관련 당사국들이 충분히 수긍할 만큼 검증 가능한 방식으로 모든 현존하는 핵시설을 폐기(불능화)하기 이전 모든 핵 프로그램을 '완전히 신고'하는 것은 북한으로서는 자신의 체제 안전보장과 경제적 안정이 확보되지 않은 상태에서는 매우 부담스러운 일이었을 것이라는 점이다. 북한에 대해 미국과 일본이 주도하는 국제사회의 외교적·군사적 압박과 경제적 제재 가능성이 엄존한다고 북한이 판단하는 상황에서 국제사회가 충분히 납득할 수 있는 진실하고 완전한 신고를 북한으로부터 기대할 수 있을까. 실질적으로는 어려운 일이었다.

그런 의미에서 2·13합의는 실패가 예정된 감이 없지 않았다. 향후 평화협정에서는 북한의 비핵화 일정과 안전보장체제 구축단계 사이의 좀더 균형된 연계가 필수적이다.

3) 외교관계정상화와 대북 경제제재 완전 해제에 관한 명확한 일정 제시

1994년 제네바합의에서 미국은 북한에 외교정상화와 경제제재 해제를 약속했다. 이 합의의 제2항 2)는 "쌍방은 정치적·경제적 관계의 완전한 정상화로 나아간다"(The two sides will move toward full normalization of political and economic relations)라고 했다. 구체적으로는 ① 합의 후 3개월 내 쌍방은 통신 및 금융거래에 대한 제한을 포함한 무역 및 투자제한을 완화해나간다. ② 쌍방은 전문가급 토의를 거쳐 여타 기술적 문제를 해결한 뒤 쌍방의 수도에 연락사무소를 설치한다. ③ 미국과 북한은 상호 간의 관심사항에 대한 진전이 이루어지는 데 맞추어 양국관계를 대사급으로까지 격상한다(...the U.S. and the DPRK will upgrade bilateral relations to ambassadorial level).

제네바합의는 합의 후 3개월 안에 무역과 투자의 제한을 완화해나간다고 한 점에서 구체적 일정을 제시한 것같이 보인다. 그러나 'will reduce(줄여나간다)'라는 표현을 씀으로써 명확한 일정을 약속한 것은 아니었다. 이것은 마치 2·13합의에서 초기조치의 일환으로 북한에 대한 테러지원국 지정을 해제하는 '과정을 시작하고' '적성국 교역법'의 북한 적용을 중지하는 과정을 '진전시킨다'고 표현한 것과 유사했다.

제네바합의는 북한과 대사급 수교를 약속했다. 문제는 '쌍방의 관심문제들(issues of concern to each side)에서 진전이 이루어지는 대로' 그렇게 한다고 했다. 어떤 문제들에 어떤 수준의 진전이 이루어지는 것을 북미관계정상화의 충분조건으로 볼지가 명확하지 않았다. 그것은 나중에 미국이 북한의 핵동결 문제뿐 아니라 추가로 미사일 문제를 빌미로 관계정상화 약속을 이행하지 않게 되는 배경의 하나가 되었다.[35]

평화조약을 체결할 경우 북한의 대외 경제관계와 외교관계 정상화가 완료될 시점에 대한 좀더 명확한 일정을 제시하는 것이 필요하다.

4) 북한에 대한 불가침과 핵 불사용에 대한 확고한 약속

제네바합의의 제3항 3)은 "쌍방은 핵이 없는 한반도의 평화와 안전을 위해 노력한다"라고 하면서 더 구체적으로는 "미국은 북한에 대한 핵무기 불위협 또는 불사용에 관한 공식보장을 할 것이다(The U.S. will provide formal assurance to the DPRK against the threat of use of nuclear weapons by the U.S.)"라고 했다.

이 경우 문제는 두 가지였다. 첫째, 핵무기 사용과 위협에 대한 공식보장 제공이 미래형으로 되어 있다. 실제 공식보장을 하지 않았다고 해석될 수도 있다. 말하자면 미국은 북한에 대한 핵 불사용 약속을 미국이 만족하는 수준의 핵동결을 북한이 이행하는 것을 전제로 미래에 제공할 것을 뜻한 것으로 읽힐 수 있었다.

둘째, 미국은 불량국가로 지목한 나라들에 핵무기 사용 위협을 계속했다는 점이다. 2002년 3월 미 언론에 일부 보도된「핵태세검토 2002」(NPR 2002)를 통해 미국은 북한에 대한 핵무기 사용을 거론했다. 중요한 것은 이 시점이 부시 행정부가 제네바합의에 대한 공식적 파기선언을 하기도 전이며, 당시 파월 국무장관이 2002년 2월 5일

---

35 이 문제에 대한 상세한 논의는 이 책의 제4장 참조할 것.

"평양은 미사일 시험발사 유예를 계속 지키고 있으며, 또한 케도협정 (제네바합의)을 계속 준수하고 있다"고 인정한 시점임에도 그렇게 했다는 사실이다.[36] 또 그 이전에 작성된 미국의 '2001 방위정책검토' (QDR 2001)가 '정권교체 또는 점령'(regime change or occupation) 과 같은 지극히 공격적인 정치군사전략을 노골적으로 명시한 것도 북한에는 중대한 위협이 아닐 수 없었다.[37]

평화협정으로 북한에 대한 핵 불사용을 약속하는 것은 그만큼 좀더 공식적이고 확고한 것이 될 수 있다. 그러나 그 약속이 미래형이 되어서는 안 되며 또한 즉각적이고 무조건적인 약속이어야 한다. 핵 불사용에 관한 한, 적어도 협정이 공식 폐기되기 전에는 북한 측의 의무 이행 여부에 대한 미국의 판단 여하를 떠나 절대적인 것이 되도록 문안이 작성되어야 한다.

이와 직접 관련되는 문제가 이른바 '소극적 안전보장'(Negative Security Assurance: NSA) 그리고 보통 핵우산(nuclear umbrella)이라 불리는 연장억지(extended deterrence)정책이다. 미국은 1990년대 초 북한 핵문제가 부각된 이후 북한이 미국의 요구에 응하면 북한에 소극적 안전보장을 제공할 것이라고 말해왔다. 소극적 안전보장이라는 개념은 미국이 1978년에 처음 언급한 것이다. 이 개념은 말 그대로 소극적인 것이다. 즉 조건이 붙는다. 어떤 비핵국가가 미국이나 그 동맹국에 무장공격을 감행하지 않는 한 그 비핵국가에 대해 미국이 핵무기를 사용하지 않겠다는 선언이다. 미국 정부는 이러한 원칙이 북한에도 적용된다는 것을 서면으로 작성해줄 수 있다는 것을 이미 1990년대 초 북한 핵문제를 미국이 부각하는 순간부터 말해왔다.[38]

---

36 이삼성, 2004, 44쪽.

37 Department of Defense, *Quadrennial Defense Review Report 2001*, September 30, 2001, p.17.

38 Larry A. Niksch, "North Korea's Nuclear Weapons Program," Congressional

소극적 안전보장 개념은 1995년 4월 초, 5개 핵보유국가들이 NPT 회원국들에는 자발적인 소극적 안전보장(voluntary NSAs)을 제공한다는 성명을 발표하면서 국제관계에서 중요한 개념으로 부상했다. 그러나 이러한 성명들은 단지 정치적 구속력만 가질 뿐이다. 특히 어떤 상황에서는 불가피하게 핵무기를 사용할 수도 있다는 중요한 단서들을 내포한 것으로 해석된다.[39]

제네바합의에서 미국이 약속한 '북한에 대한 핵무기 불위협 또는 불사용에 관한 공식보장' 역시 이 소극적 안전보장 개념에 기초한 것으로 볼 수 있다. 문제는 소극적 안전보장이 북한의 공격적 도발이 없다는 조건을 전제한다는 것이다. 그런데 한반도에서 어떤 분쟁이 발생할 때 도발자가 어느 쪽이냐에 대한 미국의 판단 여하에 따라 북한의 방어적 행동이 도발적 행동으로 규정될 가능성은 항상 내재했다. 미국은 때로는 일방적 판단에 근거해 협정에서 북한에 약속했던 안전보장 의무를 철회할 명분으로 삼을 수 있다. 핵무기 사용까지도 정당화하게 될 것이다. 그래서 소극적 안전보장은 실제는 공허한 것이라는 비판이 가능하다.

2005년의 9·19공동성명에서 미국은 다시 북한에 핵무기 불사용에 관한 대북 안전보장을 약속했다. "미국은 한반도에 어떤 핵무기도 갖고 있지 않으며, 북한을 핵무기 또는 재래식 무기로 공격하거나 침공할 의도가 없음을 확인"하면서, "한국은 한국 영토 안에 어떤 핵무기도 갖고 있지 않음을 확인하는 동시에, 1992년의 한반도 비핵화공동선언(1992 Joint Declaration of the Denuclearization of the Korean Peninsula)에 따라 핵무기를 접수하거나 배치하지 않는다는 약속(commitment not to receive or deploy)을 재확인"한다는

Research Service, The Library of Congress, November 25, 1991, p.10.

39   Claire Applegarth and Rhianna Tyson, *Major Proposals to Strengthen the Nuclear Nonproliferation Treaty*, Arms Control Association and Women's International League for Peace and Freedom, Washington, D.C., April 2005, p.23.

것이었다. 미국이 북한에 대해 핵무기 사용을 하지 않을 뿐 아니라 한국 정부가 미국 핵무기의 한반도 반입, 즉 접수를 불허한다는 내용이다. 그러나 이 역시 소극적 안전보장 개념에 기초한 것이다. 즉 미국의 판단기준에서 북한의 도발적 행동이 없을 때라는 전제가 암묵적으로 붙어 있다.

유사시 미국이 북한의 도발적 행동으로 한반도에서 분쟁이 발생했다고 판단하면, 미국은 한국 정부 의사 여부에 상관없이 자신의 핵 전략 기본 원칙에 따라 한반도에서 핵무기를 사용할 권리를 갖는다고 본 것이다. 미국은 역사상 한번도 '핵 선제사용옵션'(nuclear first strike option)을 포기한 일이 없었다. 미국이 말하는 소극적 안전보장은 그 같은 미국의 관점과 전략에서는 핵 선제사용옵션의 유지와 전적으로 양립 가능한 것이다.

북한이 이미 핵무기를 개발하고 그 완전한 폐기가 검증될 때까지는 핵무기 보유국가를 자임하는 현재에 그 문제는 더 큰 딜레마를 안고 있다. 특히 북한이 실제 핵무기를 사용하지 않더라도 한반도에서 군사정보획득과 전략적 판단을 주도하는 미국이 '북한에 의한 핵공격의 징후가 포착되었다'는 판단을 내릴 때 또는 심지어 북한이 테러집단에 핵무기를 제공하는 징후가 포착되었다고 판단할 경우에도, 미국의 대북 핵무기 불사용 선언은 미국의 핵 선제사용옵션을 제한하기 어렵게 된다. 미국이나 그 동맹국에 대한 재래식 공격 징후가 포착되었다고 판단되는 경우에도 핵 선제사용옵션을 가진다는 것이 미국의 기본 전략이기에 더욱 그러하다.

결국 한반도 유사시 미국과 중국 어느 쪽이든 또는 그 둘에 의한 핵무기 사용 가능성을 제한하는 좀더 구속력 있는 국제법적 근거를 어떻게 한반도 평화조약에 담아낼 것인가 하는 고민이 필요한 것이다.

현재 필자 의견으로는, 9·19공동성명에서 미국이 밝힌 핵 불사용 천명을 다음과 같은 두 가지 방식으로 보완할 필요가 있다. 최선은 "미국과 중국(또는 핵무기 보유국들)은 한반도에서 어떠한 상황에서도(under any circumstances) 핵무기를 반입하거나 사용하지 않는다"라고 하는 것이다. 이것은 절대적인 핵 불사용 천명이다. 차선은 '어떠한 상황에서도'라는 표현을 넣지 않는 대신 기존의 핵 불사용 천명에 덧붙여 "미국과 중국은 한반도에서 핵 선제사용옵션을 포기(renounce)한다"는 취지의 약속을 하는 것이다. 이 경우 미국과 중국이 남북한에 약속하는 것이기도 하지만, 미국은 중국에 대해 그리고 중국은 미국에 대해 적어도 한반도에서 핵 선제사용옵션을 배제하는 데 동의하는 의미가 있다.

5) 남북한과 미국의 대한반도 군사전략 수정과 군비통제

1991년 12월 13일 남북한이 서명한 '남북 사이의 화해와 불가침 및 교류·협력에 관한 합의서', 즉 남북기본합의서는 제2장에서 '남북 불가침'이라는 제목 아래 6개 항을 규정했다.

제9조: 남과 북은 상대방에 대하여 무력을 사용하지 않으며 상대방을 무력으로 침략하지 아니한다.

제10조: 남과 북은 의견대립과 분쟁문제들을 대화와 협상을 통하여 평화적으로 해결한다.

제11조: 남과 북의 불가침 경계선과 구역은 1953년 7월 27일자 군사정전에 관한 협정에 규정된 군사분계선과 지금까지 쌍방이 관할하여온 구역으로 한다.

제12조: 남과 북은 불가침의 이행과 보장을 위하여 이 합의서 발효 후 3개월 안에 남북군사공동위원회를 구성·운영한다. 남북군사공동위원회에서는 대규모 부대이동과 군사연습의 통보 및 통제문제, 비무장지대의 평화적 이용문제, 군인사 교류 및 정보교환 문제, 대량살상무기와 공격능력의 제거를 비롯한 단계적 군축 실현 문제, 검증문제 등 군사적 신뢰조성과 군축을 실현하기 위한 문제를 협의·추진한다.

제13조: 남과 북은 우발적인 무력충돌과 그 확대를 방지하기 위하여 쌍방 군사당국자 사이에 직통전화를 설치·운영한다.

제14조: 남과 북은 이 합의서 발효 후 1개월 안에 본회담 테두리 안에서 남북군사분과위원회를 구성하여 불가침에 관한 합의의 이행과 준수 및 군사적 대결상태를 해소하기 위한 구체적 대책을 협의한다.

이 불가침 관련 합의에서 일반적인 선언적 약속들 및 위원회 구성 등의 문제들을 떠나 핵심을 짚는다면, 군사연습의 통제 그리고 대량살상무기와 공격능력의 제거 등 단계적 군축 실현 문제를 지적한 제12조 내용이다.

평화조약에서는 이 내용을 선언적으로 되풀이하는 데 그쳐서는 안 된다. 그 내용을 적어도 큰 틀에서 가급적 구체화하고 그에 관한 일정을 제시하는 진전이 있어야 한다. 또 그 대상에 미국과 주한미군이 관련되는 군사연습과 공격적 능력을 제거하기 위한 단계적 군축 실현의 문제가 포함되어야 할 것이다. 공격적 전쟁계획의 배제를 규정한 조항에 대해서도 고민할 필요가 있다.

크게 보아 다음 세 가지를 구체화해야 한다. 1) 모든 전쟁연습 또는 일정한 규모 이상의 군사훈련을 배제하는 원칙을 구체화한다. 남북한과 외국군의 연합군사훈련을 모두 포함한다. 여기에는 남북한이 해외에서 타국 군대들과 광역 군사훈련에 참가하는 것의 금지도 포함시킨다. 2) 남북한 간 공격적 무기의 개념과 범위를 정하고 이를 배제하는 방향에 대한 최소한의 기본적 합의를 담는다. 이것은 물론 새로운 공격적 무기의 한반도 내 반입을 배제하는 내용도 포함한다. 3) 현재까지 남북한의 군사력 배치방식을 현재의 비무장지대를 포함한 평화지대의 확장과 연계하여 후퇴 조정하는 내용을 고려한다.

이러한 합의를 조약에 포함시키는 한편, 이런 군사문제 합의의 이행을 주관하고 관리하며 추가 문제들을 협의하고 결정하기 위한 남북한과 미국이 참여하는 군사공동기구에 관한 조항이 필요할 것이다. 평화조약 체결 이후 한반도 군사문제에 대한 남북한의 주도적 역할을 제도화하는 방향으로 이 군사공동기구의 설치 조항을 주의 깊게 마련해야 할 것이다. 남북기본합의서에서 구성하기로 한 남북군사공동위원회 구성을 평화조약에서 재확인하고 미국과 중국은 그 위원회의 활동과 결정을 존중하고 준수하도록 하는 조항을 넣는 것이 바람직할 것이다.

이와 함께 협정 이행 과정에서 발생할 수 있는 분쟁을 평화적이고 공정하게 해소하기 위해 미국과 중국 두 나라가 상호견제하면서 건설적 역할을 할 수 있도록 4국간 기구가 공동으로 구성하는 4국간 기구의 작동 방식을 가급적 구체화한다.

6) 평화협정 이행을 공정하게 관리하기 위한 4국 협의체와 유엔의 역할

미국과 함께 중국이 한반도 평화협정의 당사자가 되어야 할 이유들을 앞서 논의했다. 그 가운데 미국과 중국이 한반도 평화체제 구축 과정에서 구체적인 책임과 의무를 이행하는 당사자가 되어야 한다는 점을 지적한 바 있다. 이들 두 나라가 담당해야 할 역할의 구체적인 예로는 다음과 같은 것들을 얘기할 수 있다.

첫째, 미국, 중국, 러시아 등 세 핵보유국이 한반도와 일본을 비핵무기지대로 만드는 조약을 체결하려고 노력할 의무를 한반도 평화협정에 포함시키고자 할 때, 중국의 동의와 협정 참여는 필수적이다.

둘째, 한반도 평화협정이 발효된 뒤 예를 들어 북한 또는 남한 그리고 미국 또는 중국이 협정을 위반한 일로 분쟁이 발생할 때 이를 평화적으로 해결하기 위한 4국간 기구가 필요하다.[40] 이런 기구의 설치와 합리적이고 공정한 운영에 대한 미국과 중국의 동의가 또한 필수적이다. 이런 기구를 운영해서 미국은 중국을 견제하고, 중국은 미국을 견제하는 가운데 남북한이 분쟁의 평화적 해결을 주관할 수 있도록 해야 한다. 북한의 조약상 이익을 침해하는 미국의 행동에 대해서는 중

---

40 2008년 평통사가 주체가 되어 시민사회 및 지식인들의 참여 속에 마련한 '한반도 평화협정'(안)은 이 점을 잘 반영했다. 이 안의 제6장은 '평화협정의 이행을 위한 공동위원회'를 구성하도록 제안했는데, '남북(북남) 공동평화관리위원회'와 함께 협정 당사국들인 네 나라가 '4자 공동군사위원회'를 구성하도록 했다. 적절한 방안을 제시한 것이라고 생각된다.

국이 견제하며, 남한의 조약상 이익을 침해할 수 있는 중국의 행동에 대해서는 미국이 견제하는 역할을 할 수 있다.

그래서 이 기구는 미국과 중국이 남북한과 함께 평화협정 이행의 관리자로서 역할을 분담하면서 협정 이행 과정에서 발생할 수 있는 분쟁의 평화적이고 공정한 해소를 위해 미중 두 나라가 상호견제하면서 건설적 역할을 할 수 있도록 하는 제도적 장치가 될 것이다.

셋째, 많은 사람이 거론하는 북한의 정치적 유사시가 발생할 경우 4국간 기구 속에서 미국과 중국이 어느 한쪽의 독단적인 군사정치적 행동을 상호견제하도록 하면서 문제들을 평화적으로 관리하고 해결해나가도록 할 수 있는 규정이 필요하다.

평화체제 구축 과정에서 북한이나 남한에 비상 상황이 발생했을 때, 상황의 평화적 통제와 정상화를 위해 일정한 외부 개입이 필요할 경우라도, 그 개입이 군사적 점령 형태의 개입이 될 가능성을 최대한 방지하기 위한 규정이 필요하다. 그 내용을 이 협정에서 정하는 4국 공동기구의 행동지침에 포함할 수 있을 것이다. 물론 북한은 이러한 조항에 민감할 수 있다. 그러나 미국과 중국을 포함한 외세 또는 남북한 어느 한쪽의 군사 개입을 최소화할 수 있는 적절한 규정을 개발하면 북한의 우려를 불식하는 것이 가능하리라 생각한다.

넷째, 북한 비핵화의 최종단계까지 핵사찰을 담당하는 주체는 IAEA로 하고, 북한 이외의 다른 협정 당사자들인 미국, 한국, 중국은 사찰 과정이나 사찰 결과의 판단 그리고 추가적 사찰의 요구 결정 등에 직접 개입하지 않도록 한다.

다섯째, 유엔((UN)도 한반도 평화협정을 이행하기 위해 협력하고 지원하며 감시하는 역할을 담당할 수 있도록 이 협정에 명시적 규정을 포함시킬 수 있을 것이다.

7. 평화조약에서 군사동맹과 주한미군 문제는 어떻게 할 것인가

한반도 평화협정체제에서, 특히 동북아시아 비핵무기지대화를 비롯한 다자적 제도로 공동안보질서가 구성되는 시점에서는 결국 남북한이 하나의 외교적 행위자로 통합되는 것을 상정해야 한다. 이 때문에 남북한이 각각의 외세와 군사동맹관계를 전과 같이 유지할 수는 없게 된다. 남북한과 미국·중국이 평화협정에 임하게 될 때 미국의 한반도 군사력과 군사기지 문제는 응당 해체 내지 최소한 축소 조정 과정에 들어가야 할 것이다. 그러므로 미국도 중국도 각각 남한, 북한에 대해 갖고 있는 기존 군사동맹 관계의 단계적 해체를 상정하지 않을 수 없다.

이른바 '아시아 재균형'을 내세우며 동아시아 배치 미 군사력을 특정 국가에 대한 안보공약에만 묶어두지 않고 지역적·전 지구적 군사 분쟁에 개입할 수 있다는 전략적 유연성 개념이 더욱 구체화되어가는 점에 비추어볼 때, 평화체제의 한반도에 미군이 주둔하고 이들이 동아시아의 다른 분쟁 가능한 지역에 대한 군사작전에 개입할 수 있는 상황은 양립하기 어렵다. 따라서 한반도 평화협정체제는 응당 한반도에서 외국 군사력 철수를 기본적 전제로 한다. 다만 북한 비핵화의 단계적 진전에 맞춘 단계적 철군과 기지 해체를 상정할 수 있을 것이다. 군사동맹의 궁극적인 해체는 북한의 비핵화를 포함한 한반도 평화체제 구축의 최종단계와 연계하거나 탈군사화된 형태로 유지하다가 동북아 비핵무기지대화 조약의 발효와 같은 동아시아 공동안보 질서 형성과 연계할 수도 있을 것이다.

한반도 평화체제 정착의 수준을 어떻게 단계화하고 남북한이 각각 맺고 있는 군사동맹의 해체를 그 단계들과 어떻게 연계하느냐는 평화협정 체결 과정의 협상 결과에 따라 가변성이 있을 수 있다. 필자 생각으로는 기본적으로 두 가지 방안을 검토할 수 있다고 본다.

첫째 방안은 북한의 비핵화 일정 완료 시점을 동북아시아 비핵무기지대 조약의 체결 및 발효 시점과 연계함과 동시에 북중·한미 간 군사동맹체제의 해체도 그것과 함께 연계하는 것이다. 북한 비핵화의 최종단계에 해당하는 한반도 평화협정체제의 정착단계는 이상적으로는 동북아 비핵무기지대 조약이 체결되고 발효하는 단계와 일치할 수

있다. 이 시기가 되면 군사동맹체제의 해체는 거의 자연스러운 일이
될 것이다. 북한의 비핵화 완료를 포함한 평화체제 정착단계가 되면,
한반도의 평화적 통일에 크게 가깝게 다가가는 상태가 된다. 비핵화
와 군비축소가 진행된 한반도의 평화적 통일에서 군사동맹체제의 지
속은 어울리지 않는 모순적 상태로 비쳐지게 될 것이다.

　두 번째 방안은 북한의 비핵화 일정에 북한에 대한 모든 제재의 해
소와 북미관계정상화 완료 그리고 일정한 수준의 군비통제와 군축을
연계하는 일정을 취하는 선택이다.　이 방안에서는 북중 간 그리고 한
미 간 군사동맹을 해체하는 구체적 일정을 협정에 명기하지 않되 평
화협정 이행, 즉 평화협정체제 구축과 이행 결과로서 동맹해체가 자
연스럽게 이루어지길 상정하는 것이 된다. 평화협정 자체에 대한 한
국 사회 내부의 남남갈등을 최소화하기를 원할 경우 고려될 수 있는
정치적 선택이라고 할 수 있다.

　결국 주한미군사력과 군사동맹체제의 궁극적 해체는 한반도 평화
를 위한 전략적 판단과 선택의 하나에 속한다. 이 땅에서 제2의 전쟁
을 막고, 북한 핵무장의 평화적 해체를 우리가 진정으로 원한다면 그
에 필요한 한반도 평화체제를 구축하기 위해 우리가 반드시 고민하지
않으면 안 되는 일이라고 할 수 있다.[41]

　궁극적으로 한반도 평화를 한반도인 자신의 지혜와 힘으로 구축하
고 지켜야 한다는 것은 누구도 부정하기 힘든 숙제이자 과제다. 이를

---

41 한반도 평화체제가 성립하지 않은 상황에서는 한국이 스스로 전시작전권을
가진 상황에서도 남북 간 전쟁 위험성은 물론 배제할 수 없다. 그러나 미국이 전시
작전권을 가진 상태에서는 한반도에서 어떤 상태를 '전시'(戰時)로 규정하고 행동
할 것인지에 대한 판단은 미국이 주도할 수밖에 없다. 따라서 한국인의 진정한 의
사나 이익과 양립할 수 없는 전쟁이 미국의 판단과 정책결정에 따라 벌어질 수 있
는 가능성이 상존한다. 필자는 이 점을 오래전부터 누차 지적해왔다. 이 점에 대
한 보다 면밀한 분석은 강정구·박기학·고영대, 「작전통제권 상실 과정과 한국군
의 탈주권화」, 평화통일연구소 엮음, 『전환기 한미관계의 새판짜기 2』, 한울, 2007,
15~79쪽.

판단할 때 유의할 것은 한반도와 동아시아의 안정과 평화를 위한 미국의 역할은 반드시 주한미군에 의존하는 것은 아니라는 사실이다. 미국은 스스로 아시아·태평양국가로 인식한다. 미국 본토는 지리적으로 동아시아 밖에 있지만 지정학적으로 미국은 동아시아 핵심국가의 하나다. 그런 만큼 아태지역에서 세력균형자로서 또는 스스로 말하듯이 안정자(stabilizer)로서 행동하는 미국의 역할과 능력은 주한미군 자체에 의존하는 것이 아니다.[42]

한편 김정은 정권이 주한미군 문제에 유연한 태도를 취할 가능성도 배제할 수 없다. 이 책 제13장에서 이미 논의한 바와 같이 2000년 남북정상회담 때 김정일 국방위원장은 김대중 대통령에게 주한미군 문제에 대해 대단히 유연한 견해를 밝힌 바 있다. 1992년 북한이 김용순을 미국에 특사로 파견해 전달했다고 김정일이 말한 메시지는 두 가지였다. 첫째는 미군의 계속 주둔은 남북 간 전쟁을 억지하는 기능이 있다고 인정한 것이다. 둘째는 동아시아에서 미국의 지정학적 균형자 역할을 인정한다는 취지였다.[43] 김정은이 김정일의 그 말을 '선대의 유훈'의 하나로 간주할 가능성을 배제할 수 없다. 북미관계정상화를 포함한 평화체제에 대한 진지한 협상이 시작된다면 북한은 주한미군 철수를 평화협정의 필수 조건으로 고집하지 않을 가능성이 없지 않은 것이다. 중국은 북한에서 특히 경제적으로 이미 커다란 영향력을 갖고 있다. 중국의 지배력이 더 확대되는 것에 대해 김정은 정권도 내심 깊이 경계할 가능성이 높다.

과거 냉전시대에 김일성은 소련과 중국 사이에서 등거리 외교를 하거나 두 강대국 사이에서 스스로 전략적 선택을 함으로써 자주성을 확보한 측면이 있었다. 김정은의 북한은 이제 중국과 미국 사이에

---

42 이삼성, 「한미동맹의 유연화(柔然化)를 위한 제언」, 『국가전략』 제9권 제3호 (2003), 21~22쪽.

43 김대중, 『김대중 자서전 2』, 삼인, 2010, 290쪽.

서 일종의 등거리 외교를 추구할 필요성을 느낄 수도 있다. 김정일이 2000년 정상회담에서 김대중 대통령에게 통일 후에도 한반도에 미군 주둔이 필요하다고 말했을 때, 북한은 이미 미국의 적대시정책 철회를 전제로 하여 중미 사이에 등거리 외교의 필요성을 인식했음을 드러낸 것이었다고 할 수 있다. 그렇다면 김정은의 북한이 2000년 김정일이 밝힌 '통일 후에도 주한미군 주둔 지속' 수용이라는 태도를 취한다고 해서 크게 놀라운 일은 아닐 것이라고 생각된다.

그러나 북한이 평화협정체제의 조건으로 주한미군 철수를 요구하지 않더라도 평화협정체제가 구축되어가는 한반도에서 주한미군의 존재는 그 성격이나 규모에서 큰 변화를 겪을 수밖에 없다. 부시 행정부 때인 2005년 국무장관 라이스가 북한 핵문제 해결 방법으로 평화협정 방안을 제기했을 때 강경파인 럼즈펠드는 라이스가 보기에 뜻밖의 긍정적 반응을 보였다. 라이스 국무장관에 따르면 럼즈펠드가 그런 긍정적 태도를 보인 것은 평화협정이 체결되면 주한미군을 철수할 수 있다고 생각했기 때문이다.[44] 그렇다면 평화협정체제가 이루어지면 미국은 한국과 동맹 자체는 유지하더라도 주한미군 규모를 대폭 줄여 상징적 수준으로만 남기거나 아예 철수할 수도 있다. 한국 또한 평화협정체제가 구축되어가는 마당에 막대한 방위비 부담을 계속 감당하면서 주한미군을 계속 붙들고 있을 안보상·국내정치적 필요성 자체가 크게 적어질 것이다. 이것은 달리 말하면 북한으로서는 평화협정의 전제조건으로 군이 주한미군 철수를 고집하여 그 협정의 체결을 지연할 필요가 없다는 뜻도 된다.

8. 외세의 무력 개입 가능성을 통제하는 문제

필자는 2007년 10월의 논문에서 한반도 평화조약이 유사시 외세의

---

44 Condoleezza Rice, *No Higher Honor: A Memoir of My Years in Washington*, New York: Crown Publishers, 2011, p.524.

무력 개입 가능성을 최소화할 수 있는 장치를 담을 수 있도록 고민할 필요성을 논했다. 여기에 그 생각을 옮겨본다.

한반도의 안보환경이 평화체제로 전환되는 것을 의미하는 평화조약에서 외세의 무력 개입 가능성을 통제한다는 문제의식이 적절한가 하는 질문을 먼저 생각해본다. 왜냐하면 평화체제에서 외세가 무력 개입하는 시나리오는 정의(定意)상 어울리지 않기 때문이다. 하지만 필요하다. 평화체제에 들어섰다 하더라도 이른바 남북한 어느 한쪽의 이른바 '급변사태'라든가 경제·사회적 재난사태로 인한 심각한 안보적 불안이 발생할 수 있다. 평화체제에서도 남북의 정치체들은 통합되기 이전인 이상 살아 있는 유기체들이다. 남북한 각자가 서로 다른 이해관계를 갖고 있다. 또 부단히 변하는 인식과 이해관계를 갖고 있는 외세들과 서로 연결되어 있다. 그런 한에서는 남북한 관계는 얼마든지 유동적일 수 있다.

그러므로 평화체제에서도 핵심적 문제는 분쟁의 평화적 해결에 대한 원칙을 확고히 하는 것뿐 아니라, 분쟁 발생과 해결 과정에서 외세의 무력 개입 가능성을 통제하는 일이다. 분쟁이 발생했을 때, 상대방을 압도하는 것에 몰두하기보다 그 분쟁의 평화적 해결을 위한 시간적·외교적 공간을 최대한으로 확보해낼 수 있는 장치에 역점을 두어야 한다. 특히 평화체제 초기에는 남북한 각자의 군사동맹체제가 잔존해 있거나 유지될 가능성이 높은 채로 있기 때문에, 분쟁 발생 시 외세 역할을 어떻게 통제하느냐 하는 것은 그 외교적 공간을 유지하는 데 매우 중요하다.

미국을 포함한 어떤 외국 군사력이 남북한 어느 한쪽의 '침략 징후'를 구실로 군사동맹에 의해 즉각 한반도에 무력 개입하는 근거로 예방적 선제공격의 필요성을 주장하는 군사독트린을 어떻게 견제할 것인가. 그 가능성을 좀더 제도적으로 배제하는 틀은 어떻게 마련할 수 있는가.

무엇보다 우선 우리의 안보개념을 이른바 '유사시'에 신속하게 대응하되, 유사시의 평화적 해결의 시간적·외교적 공간을 최대한 확보하기 위한 전략개념으로 바꿔나가는 일이 핵심이다. 남북 어느 한쪽이 또는 미국이 한반도의 '분쟁' 또는 '유사시'라고 판단하는 사태에 대응할 때 남북한이 군사동맹 또는 우호관계에 있는 외세의 도움을 청하기까지에 남북한의 자주적인 평화적 분쟁해결의 여지가 가급적 충분히 확보될 수 있는 안보전략 개념으로 전환되어야 한다.

이를 전제로 유사시 한반도에 남북한과 동맹관계로 연결되어 있는 국가들의 무력을 포함하여 국제사회 개입은 유엔 안전보장이사회의 결의를 거쳐서만이 이루어지도록 하는 것이 필요하다. 동맹 우선의 논리와 안보개념을 유엔 안보리의 합의라는 보편적 집단안전보장의 논리, 더 포괄적인 국제적 동의에 의한 국제사회 개입 초대라는 개념으로 통제할 필요가 있다. 이것을 평화조약에 반영하는 것을 목표로 해야 한다. 그것이 남북한과 미중 어느 쪽에 의한 것이든 한반도에서 예방적 전쟁 개념을 분명히 추방하는 장치가 될 것이다. 유사시로 판단되는 상황을 포함한 한반도 분쟁발생의 어떤 경우에도 외부로부터 무력 개입은 반드시 유엔 안전보장이사회의 결의를 거친 다국적 평화유지 또는 평화집행군의 형태로 제한하는 것을 미국과 중국을 포함한 참가국들이 확인하는 조항이 필요하다.

9. 독일 통일 경험에 비추어본
'Korean National Unity and Right'의 문제

위에서 언급했듯이, 필자가 2007년 글에서 논의한 한반도 평화체제에서 외세 개입 통제 문제는 한반도 통일 과정에서 '한국 인민의 통일성'이라는 문제와 불가분하다. 이 문제는 독일 통일 과정에서 민감하고도 핵심적인 문제이기도 했다.

한반도 평화체제 구축을 분단의 고착화가 아닌 분단의 평화적 해소 과정으로 만들어야 한다는 것은 매우 중요하다. 과거에 같은 처지에 있던 다른 나라들에서도 이 점에 관한 국제적 인정을 받는 것을 중요하게 여겼다.

통독(統獨) 이전의 독일, 특히 서독은 동독을 국가로 규정하는 것에 반대했다. 동서독관계를 완전히 독립된 두 국가 간 관계로 명문화할 경우, 독일 분단이 고착화되는 역기능을 우려했기 때문이다. 이를 근거로 서독은 양국관계를 '특수한 공존관계'(co-existence type of special relationship)로 규정했다. 반면에 국력에서나 국제적 지위에서는 상대적 약자였던 동독은 서독과 동등한 국가로서 지위 인정을 요구했다. 1970년 봄 브란트 수상이 동독 수뇌와 정상회담을 하고 또 이어 소련과 독소협정(獨蘇協定)을 체결하면서 서독은 동독이 서독과 마찬가지로 유엔 회원국으로 정식 가입하는 것에 동의하기에 이른다.[45]

동서독 기본관계의 질적 진전은 1971년 9월, 냉전 이래 독일문제의 핵심이었던 서베를린의 정치외교적 위상에 대해 미·소·영·프 네 전승국이 합의한 '베를린에 관한 4국 협정'(Quadripartite Agreement on Berlin)을 통해 비로소 가능하게 되었다. 냉전의 발전으로 불가능했던 독일 문제에 대한 국제적 평화협정이 맺어진 것을 의미했다. 이 협정에는 동서독이 빠져 있다. 그러나 사실은 동서독이 절실히 필요로 하는 '베를린 문제의 독일화'를 위한 주변국들의 협정을 이끌어낸 것이었다. 그런 점에서 독일 외교의 업적이었다. 이후 독일의 운명은 전승 4국이 좌우하는 4국 체제에서 동서독이 독일 문제를 4국과 함께 공동 관리하는 6국체제(six-power regime)로 전환될 수 있었다. 이로써 독일 문제의 부분적인 독일화(partial Germanization)가 이루어질 수 있었고, 1972년에 양독 간에 기본조약(Basic Treaty)이 체결될 수 있었던 것도 그 기초 위에서였다.[46]

동서독은 이 기본조약에서도 동서독의 국제적 지위에 대해 합의하

---

45 Wolfram F. Hanrieder, *Germany, America, Europe: Forty Years of German Foreign Policy*, New Haven: Yale University Press, 1989, pp.205~206.

46 Hanrieder, 1989, p.208.

지는 못했다. 동독은 국제법상 완전한 국가로 간주되기를 요구했다. 반면에 서독은 '두 국가'라는 현실과 '한 민족'이라는 원칙(two German states, one nation)이 동시에 반영되어야 한다는 관점을 취했다. 그래서 양독 관계는 '두 주권국가 간의 관계가 아닌 특수관계'로 남아야 한다는 태도를 견지했다. 이 협정에서 결국 양독은 결론을 유보했다. 그래서 '대사' 교환이 아닌 '대표' 교환으로 합의를 보았다.[47]

남북한은 동독의 경우와 달리 궁극적인 한반도 통일이라는 목표와 이에 대한 국제적 인정을 확보한다는 목표에 명분상 다 같이 동의한다. 그런 만큼 한편으로 동등한 주권국가로서 유엔에 동시가입하는 데 합의하면서도 1991년 '남북기본합의서'는 "쌍방 사이의 관계가 나라와 나라 사이의 관계가 아닌 통일을 지향하는 과정에서 잠정적으로 형성된 특수관계라는 것을 인정하고, 평화통일을 성취하기 위한 공동의 노력을 경주할 것을 다짐"한다는 전문(前文)을 삽입할 수 있었다. 동서독 관계에서 남북한은 다 같이 서독 견해를 취했다고 말할 수 있다.

1973년 1월에 서명된 베트남의 '파리평화협정'(Paris Peace Accords: Agreement on Ending the War and Restoring Peace in Vietnam)의 제1장 제목은 '베트남인민의 기본적인 민족적 권리'(The Vietnamese People's Fundamental National Rights)였다. 이 제1장은 제1조 하나만으로 구성되어 있다. 그 내용은 "미국과 다른 모든 나라는 1954년의 '베트남에 관한 제네바협정'(1954 Geneva Agreements on Viet-Nam)에서 인정한 베트남의 독립, 주권, 통일성 그리고 영토적 존엄을 존중한다"는 것이었다. 또 전문에서 "베트남 인민의 기본적인 민족적 권리와 남베트남 인민의 자결권(自決權: South Vietnamese people's right to self-determinaton)에 대한 존중의 바탕 위에서 베트남에서 전쟁을 종결하고 평화를 회복할 목적으로 그리고 아시아와 세계에서 평화를 공고히 하는 데 이바지하기 위해서"라고 밝혔다.

---

47 Hanrieder, 1989, p.208.

파리평화협정이 말하는 '베트남 인민의 기본적인 민족적 권리'는 베트남 민족이 하나로 통일되어 살 권리를 말하는 것이었다. '남베트남 인민의 자결권'은 북베트남과 구분된 독립된 실체로서 남베트남의 운명이 북베트남과 미국을 포함한 다른 세력들에 강제되어서는 안 된다는 규범을 뜻했다. 그런데 여기서 남베트남의 주체로는 평화협정 당사자로서 사이공정권인 베트남공화국뿐 아니라 남베트남 내부의 공산주의 혁명세력인 민족해방전선이 포함된 남베트남 잠정혁명정부가 같이 포함되어 있었다. 결국 남베트남 민족해방전선이 주도하는 남베트남 잠정혁명정부는 북베트남의 무력 지원을 받아 남베트남을 장악하고 이어 공식적인 통일베트남을 선포하게 된다.

여기서 주목되는 것은 이 평화협정이 남베트남의 자결권과 함께 '베트남 인민의 기본적인 민족적 권리'라는 개념을 앞세웠다는 점이다. 협상 과정에서 북베트남 정부의 입장이 관철된 것으로 판단된다. 또 미국이 실질적으로 이미 패배한 전쟁에서 명예로운 후퇴를 정당화하기 위해 북베트남이 요구하는 민족자결권이라는 개념에 동의한 것으로 보인다. 미국의 동기가 어떻든 그 원칙을 인정하는 것은 당시 국제사회의 거의 보편적 요구였다고 할 수 있다. 오늘날도 그 원칙에 국제사회는 동의하고 있다고 말할 수 있다.

동서독 중에서 서독만이 주장했던 '특수관계로서의 동서독관계'를 남북한은 공동으로 '특수관계로서의 남북한관계'라는 개념에 합의한 것과 같이, 한국 인민의 기본적인 민족적 권리(Korean people's fundamental national rights) 개념은 남북한이 다 같이 동의할 수 있는 개념이다. 또 해방 후 남북한 정부 수립 이전에 유엔은 한반도를 하나의 통일된 단위로 보고 통일된 정부를 세우는 것을 목표로 인정한 바 있다. 그 연장선에서 한반도 평화조약은 한반도에서 남북한이 평화적인 방식으로 궁극적으로 통일된 단위로 나아가는 것의 자연스러운 정당성을 확인하는 조항을 포함하는 것이 바람직할 것이다.

요컨대 남북한이 합의한 남북기본합의서의 '특수관계' 조항과 함께

'한국(코리아) 인민의 민족적 권리와 주권 및 통일성'이라는 개념을 동시에 반영하는 것이 좋을 것으로 본다. 좀더 구체적으로는 한 예시 (豫示)로서 다음과 같은 문안이 가능하다고 본다. "참가국들은 남북한이 다 같이 유엔 회원국으로서 동등한 독립성과 주권을 가지며, 동시에 남북한 관계가 전쟁과 오랜 분단 상태로 지연되어온 한국(코리아) 인민의 평화적 통일을 지향하는 과정에서의 특수한 관계임을 확인하면서 한국 인민의 통일성과 민족적 권리를 존중한다."

다만 '민족적 권리'라는 표현은 곧 남북한이 한민족으로서 자결권을 주장하는 것으로 되어 동맹의 논리와 정면으로 배치된다는 인식을 특히 미국이 제기할 가능성이 높다. 미국은 또한 베트남전쟁의 경험을 떠올리며 부정적 반응을 보일 수 있고, 중국은 그것이 남한 주도의 북한 흡수를 정당화하는 것이 될 것으로 여기고 반대할 가능성이 높다. 그러나 민족자결(national self-determination) 개념을 어떤 형태로든 확인받는 것은 20세기 유물로서가 아니라 21세기 한반도에서 외세 무력 개입과 강대국에 의한 한반도 재분할 가능성을 줄이는 최소한의 방어적인 개념적 도구의 하나임을 인식할 필요가 있다.

10. 핵문제의 평화적 해결 사례로서 이란 핵협상

한반도 평화협정에 관한 논의를 매듭지으면서 2015년에 미국이 러시아, 중국, 영국, 프랑스 그리고 독일 등과 함께 이란과 협상하여 이란 핵문제를 평화적으로 타결한 방식을 상기할 필요를 느낀다. 필자는 이 문제를 2015년에 한반도 평화협정을 논한 발표문에서 거론한 바 있다.[48] 북한 핵문제의 평화적 해결은 어떤 경우에도 북한의 평화적 핵 이용의 권리를 충분히 보장하는 것을 전제로 하기 때문에 한반도 평화협정은 북한의 평화적 핵 이용을 어떻게 보장하고 지원할 것

---

48 이삼성, 「한반도 평화협정체제와 비핵화 그리고 동북아 비핵무기지대화: 상호의존성의 인식과 연계의 비전」, 2015. 9. 18.

인지에 대한 내용을 담아야 할 것이다. 이 점에서 2015년 국제사회가 이란과 체결한 핵협상은 좋은 참고가 될 수 있다.

1) 이란 핵문제의 평화적 타결

이란 핵협상은 미국·영국·프랑스·러시아·중국 등 5대 핵보유국에 독일을 더한 6개 강대국과 이란 사이에 2015년 7월 최종 타결되었다 (JCPOA). 그리고 미국은 의회에서 2015년 9월 10일 확정 절차를 마쳤다. 이 핵협상 타결의 핵심은 이란이 핵무기 제조에 쓰이기 용이한 플루토늄 생산 시설은 완전히 폐기하되, 평화적 핵 이용에 관련되는 우라늄농축 관련 시설은 제한적으로 일정하게 유지할 수 있도록 하는 방식으로 타협한 것이다. 그리고 경수로 핵발전소의 유지가 허용되었다는 점도 중요하다.

(1) 플루토늄 생산시설의 완전폐기

이 협상의 가장 획기적인 합의는 이란이 플루토늄 생산 원자로인 아락(Arak)의 중수 원자로(heavy water reactor)를 제거하고 불능화하는 데 합의했다는 점이다. 무기용 플루토늄을 생산하는 데는 쓸모가 없게 재설계하도록 한 것이다. 이로써 이란은 플루토늄 생산을 포기했다.[49]

다만 이 규제에 대한 시한, 즉 '선셋'(sunset) 개념을 적용하여 향후 15년 동안 이란이 이 같은 플루토늄용 중수 원자로를 건설할 수 없도록 합의했다.[50] 미국은 지난 2년간 이란이 핵무기를 연간 1~2개 제조할 수 있는 플루토늄을 이 중수 원자로에서 생산해왔다고 믿고 있었다.[51]

---

49 Michael R. Gordon and David E. Sanger, "Next Steps in Putting Iran Nuclear Deal Into Effect," *The New York Times*, September 10, 2015.

50 William Broad and Sergio Peçanha, "Iran Nuclear Deal," *The New York Times*, July 14, 2015.

51 John Kerry(U.S. Secretary of State), "Iran Nuclear Agreement Review," Opening Remarks Before the Senate Foreign Relations Committee, Washington, D.C., July 23, 2015(www.state.com).

(2) 우라늄농축시설과 농축우라늄 보유량의 축소와 제한

플루토늄 생산시설과 달리 우라늄농축에 대해서는 완전 폐기가 아닌 축소와 제한에 합의했다. 또 전력 생산용 경수로에 대해서는 이를 허용했다.

우라늄농축시설의 핵심인 원심분리기를 이란은 현재 2만 개 정도 가지고 있는데, 이 중 약 3분의 2를 제거한다.[52] 완전제거가 아닌 축소인 것이다.

이로써 이란은 우라늄농축 활동을 일정하게 유지하게 되었다. 다만 고농축우라늄 생산은 금지하고 저농축으로 제한한다. 고농축과 저농축의 대체적 구분은 20퍼센트 수준을 경계선으로 한다. 현재까지 이란은 포르도(Fordo)의 농축시설에서는 20퍼센트 정도의 농축률로 생산해왔기 때문에 그 경계선에 있었던 것으로 간주된다. 핵무기급 우라늄은 90퍼센트 이상의 고농축이다. 향후 이란은 우라늄 농축 수준을 3.67퍼센트 이내로 제한하기로 했다.[53]

20퍼센트 수준의 농축우라늄은 모두 포함해서 이란이 가진 농축우라늄 전체의 98퍼센트를 또한 제거하기로 했다. 미 국무장관 존 케리(John Kerry)가 강조한 것과 같이 핵무기급 고농축우라늄을 제거하고 그 물질의 생산과 획득 활동을 '향후 15년간' 중단하기로 했다.[54]

이로서 이번 타결된 협상에서는 이란이 현재 갖고 있는 1만 킬로그램 이상의 농축우라늄 가운데 현재 보유량의 98퍼센트를 제거한다. 따라서 300킬로그램(660파운드)만 남게 된다. 이 제한은 15년간 유지된다.[55]

---

52 Kerry, "Iran Nuclear Agreement Review," July 23, 2015.
53 BBC, "Iran nuclear deal: Key details," July 14, 2015(http://www.bbc.com/news).
54 Kerry, "Iran Nuclear Agreement Review," July 23, 2015.
55 Broad and PeÇanha, July 14, 2015.

(3) 경수로 발전시설의 유지

이란은 부셰르의 전력생산용 경수로는 유지한다.

이란의 주요 핵시설별 내용과 제한 사항은 다음과 같다.

① 포르도의 우라늄농축시설: 성도(聖都)로 알려진 쿰(Qom) 가까운 곳에 위치한 포르도의 지하시설인 우라늄농축시설은 연구개발(R&D) 시설로 개조한다. 이란은 2011년 6월 IAEA 사찰 때 장차 20퍼센트 정도 중급 농축우라늄(medium-enriched uranium) 생산에 쓸 계획임을 밝힌 바 있었다. 여기에는 1,044개 원심분리기만 유지되도록 하며, 이것으로 생산되는 방사성동위원소는 의료, 농업, 산업, 과학 용도로만 쓰이도록 한다는 데 합의했다.[56]

② 나탄츠(Natanz)에 있는 연료농축시설(Natanz Fuel Enrichment Plant: FEU): 이 시설은 이란이 가진 최대 가스원심분리기 우라늄농축시설이다. 2007년 2월 이후 가동 중이었다. 5만 개 원심분리기를 수용할 수 있는 시설이고, 현재 있는 것은 1만 3,000개 정도다. 이 시설은 그간 3-4퍼센트의 저농축우라늄을 생산해온 것으로 파악되었다.

이번 협상에서 이란은 이 시설에 5,060개 원심분리기만 남기고 폐기하기로 했다. 이 제한은 10년간 유지된다. 또 우라늄농축 연구와 개발은 오직 나탄츠에서만 하며, 이 제한은 8년간 유지하기로 했다.[57]

③ 부셰르의 전력생산용 경수로 발전소: 2개 경수로로 전력생산용으로 가동되는 이 시설은 유지된다. 이란의 핵 프로그램은 1974년 부셰르에 독일의 지원을 받아 상업용 핵원자로(경수로) 2개를 건설하면서 시작되었다. 이 경수로 발전소가 실제 완성되고 전력 생산을 시작한 것은 2011년이다. 1974년 독일의 도움을 받아 시작된 공사가 1979년 이슬람혁명으로 중단되었기 때문이다. 1990년대에 러시아의 도움

---

56   BBC, "Iran's key nuclear sites," July 14, 2015(www.bbc.com).

57   BBC, "Iran's key nuclear sites," July 14, 2015(www.bbc.com).

으로 공사 재개를 위한 협정에 서명했다. 그러나 이란의 핵 프로그램을 저지하기 위한 유엔의 제재에 따라 러시아는 공사 완성을 늦추었다. 2007년에야 러시아는 부셰르의 경수로들에 필요한 농축우라늄을 제공했다. 2011년 9월 이 경수로들은 이란의 전력생산과 공급체계에 통합되었고, 700메가와트의 전력을 생산하고 있다. 2014년 8월 IAEA가 이 시설에 대한 사찰을 실시했고, 이 시설이 100퍼센트 가동률을 보이고 있음을 확인했다. 다만 인근 지역에 2013년 4월 규모 6.3의 지진이 발생한 바 있어 안전성에 우려를 자아내고 있다.[58]

물론 이 시설에 대한 IAEA 사찰이 진행되고 이란과 국제사회 사이에 이 시설의 안전성을 확보하기 위한 추가협상은 있을 수 있겠지만, 이란의 평화적 핵 이용 권리를 명확히 인정해준 것이었다.

2) 이란 핵협상 타결의 특징

요컨대 이란 핵협상 타결은 저농축우라늄 일부와 저농축우라늄 프로그램은 이란이 일정한 수준 유지할 수 있도록 타협했음을 뜻한다. 이란이 주장해온 '평화적인 우라늄 농축 활동 권리'를 인정해준 것이다. 그리고 그러한 제한에 일단은 15년간 시한을 설정했다. 이것은 이란의 핵 활동 제한에 시한을 둔 '선셋' 개념을 적용한 것이다.[59]

또 이란이 전력생산을 위해 갖고 있는 경수로(a light water reactor)는 그대로 두는 것을 전제한다. 이란은 부셰르 경수로를 갖고 있는데, 이는 전력생산용이라고 밝혀왔다.[60]

케리는 2015년 7월 상원 외교위원회의 한 청문회에서 이란 핵협상 결과를 정당화하면서 "문제는 이란의 무기 프로그램을 어떻게 해

---

58 BBC, "Iran's key nuclear sites," July 14, 2015(www.bbc.com).

59 Jonathan Marcus(Diplomatic correspondent), "Iran nuclear agreement: A good deal, for now?" July 14, 2015(http://www.bbc.com/news).

60 The Associated Press, "Report: Iran Redesigning Reactor as Part of Deal," *The New York Times*, August 27, 2014.

체하느냐이지 그들의 모든 프로그램을 해체하자는 것이 아니다"라고 말했다.[61] 그의 말은 이 협상이 이란의 저농축우라늄 활동을 일정하게 허용한 타협을 담고 있음을 확인해주는 것이기도 하다.

군사용 핵 활동 의심 시설에 대한 IAEA 사찰과 감시 문제에 대해 해명하는 일이 이란 정부 의무로 남았다. 다만 이란이 이 의무를 이행하는 일정은 느슨하게 했다. 향후 몇 년이 걸릴 것으로 예상된다. 즉, 군사용 핵 활동 의심 시설에 대한 사찰과 감시 문제를 매듭지은 상태에서 타결한 것이 아니고, 향후 해결할 과제로 남겨둔 상태에서 핵협상을 타결한 것임을 말한다.[62]

미국과 EU는 이란에 대한 대부분 경제제재를 해제한다. 그중에는 이란이 과거 주로 석유 수출로 벌어들인 1,250억 달러에 이르는 이란의 해외자산 동결을 해제해 중국에 대한 채무 변제용을 제외한 약 600억 달러의 해외자산에 이란이 접근할 수 있을 것으로 전망된다.[63]

이러한 타결안을 두고 이스라엘 정부와 미 공화당은 그것이 이란의 핵개발을 용인하고 돈줄을 풀어주어 중동의 테러리스트 집단들을 지원할 수 있도록 도와주는 것이라고 비판해왔다. 이에 대해 미국의 주요 핵 전문가들은 이 타협안이 특히 플루토늄 시설을 폐기하는 데 이란의 동의를 받아냄으로써 중요한 성과를 이룬 것이라고 평가했다.

현재 지구상에 존재하는 1만 5,000개 이상 핵탄두 중에서 95퍼센

---

61 John Kerry, "Iran Nuclear Agreement Review," July 23, 2015.

62 과거 핵 활동(nuclear history, past nuclear activities)의 확인과 핵시설에 대한 사찰과 감시 문제는 IAEA와 이란 사이에 별도 협정으로 규정하는데, 이는 관행상 비밀협정이다. 미 공화당이 문제 삼은 부분은 이란이 과거 플루토늄을 생산했는지를 확인하는 데 필요한 핵 관련 의심 시설(a suspected nuclear-related site, Parchin)에 대한 사찰 방식이, IAEA 요원이 직접 방문하여 샘플을 채취하도록 허용되지 않고, 이란이 그 샘플을 채취하여 제시하면 되는 것으로 했다는 점이었다. Gordon and Sanger, "Next Steps in Putting Iran Nuclear Deal Into Effect," September 10, 2015.

63 Gordon and Sanger, "Next Steps in Putting Iran Nuclear Deal Into Effect," September 10, 2015.

트는 농축우라늄이 아닌 플루토늄을 이용한 것이다. 그만큼 플투토늄이 핵무기 제조에 용이하게 쓰인다는 것을 말해준다. 그럼에도 미 공화당 의원들은 이란 핵협상에서 플루토늄 시설을 완전히 제거하게 된 것은 주목하지 않고 우라늄농축 시설 일부를 남겨두게 되었다는 사실을 집중적으로 문제 삼아왔다. 플루토늄 제거의 의미를 인정하지 않고 우라늄농축 활동을 일정하게 허용한다는 이유로 핵협상 자체를 폐기하고 이란을 공격하자는 식의 주장도 제시되곤 했다.[64]

그러나 이는 매우 편향된 평가라는 비판을 미국의 저명한 핵시설 전문가들이 제기했다. 헤커는 플루토늄 생산 시설 폐기 약속을 받아낸 것은 '믿을 수 없이 획기적인 일'(an incredibly big breakthrough)이라고 평가하면서 이 부분에 대해선 누구도 신경 쓰지 않는 점이 이해할 수 없는 일이라고 말했다. 프린스턴대학교 핵물리학자 프랭크 폰 히펠(Frank von Hippel)도 이것은 '진정한 성공'이라고 평했다. 세계 최초로 수소폭탄을 디자인한 당사자이자 오랫동안 미국 핵무기와 군비통제 문제에 자문 역할을 해온 리처드 가윈(Richard L. Garwin)도 그 점을 들어 이 협상을 '위대한 업적'이라고 평가했다.[65]

11. 북핵문제의 평화적 해결과 이란 핵협상의 시사점

이란 핵협상은 플루토늄 시설 제거와 불능화는 확실히 하되 전력생산용 경수로 가동을 위한 저농축우라늄 시설, 즉 평화적 핵 이용은 명확히 보장한 것을 뜻한다. 1994년 10월 타결된 북미 제네바합의도 기본적으로는 그러한 타협을 내포했다. 다른 점이 있다면, 이란은 이미 경수로와 우라늄농축 시설을 갖고 있는 것을 축소해 인정해주는 것이었다. 반면에 제네바합의의 경우는 당시 북한이 갖고 있거나 건설 중

---

64 Matthew Kroenig, "Still Time to Attack Iran: The Illusion of a Comprehensive Nuclear Deal," *Foreign Affairs*, January 7, 2014.

65 William J. Broad, "Plutonium Is Unsung Concession in Iran Nuclear Deal," *The New York Times*, September 7, 2015.

이던 핵시설은 플루토늄 관련 시설을 제거하는 대신 북한이 갖고 있지 않던 경수로 2기를 다른 나라들이 지어주기로 한 것이었다.

1994년이 아닌 오늘 시점에서 이란 핵협상과 북한 비핵화협상은 물론 더 중요한 조건의 차이가 있다. 가장 큰 차이점은 이란은 핵무기 실험단계에 다다르지 않았지만, 북한은 이미 핵무장을 한 상태라는 것이다. 그만큼 어려운 일이 될 것이다. 역사상 핵무기를 개발한 후에 이를 포기한 예는 1990년대 초 남아공이 유일한 사례이고, 그것은 지극히 예외적인 정치적 조건에서 비롯된 것이다. 아파르트헤이트 체제가 다수 국민인 흑인 정권으로 이행할 것이 예정되어 있는 상황에서 기존 백인 정권과 미국 등이 긴밀하게 행동함으로써 가능했던 것이다. 북한이 체제변화 또는 정권교체가 아닌, 평화협정으로 비핵화로 이행할 수 있도록 하려면 그만큼 더 어려운 일일 수밖에 없다. 다만 북한이 미국을 위협할 수 있는 ICBM과 결합한 핵무장을 완성한 것은 한편으로는 미국과 군사적 긴장을 더욱 고도화하는 효과가 있지만, 다른 한편으로는 그만큼 군사적 해법의 위험성과 부담이 커진 미국을 북한이 한반도 평화협정체제를 위한 협상에 끌어들일 수 있는 더 높은 협상력을 갖게 된 것도 부인할 수 없다.

국제정치적 맥락도 이란과 북한은 차이가 많은 것이 사실이다. 이란은 미국이 어떻게든 중동에서 관계를 정상화해 공존해야 할 사회임이 분명하다. 북한과 같이 급변사태나 경제사회적·정치적 취약성으로 체제붕괴가 거론되는 사회도 아닌, 중동의 핵심 국가다. 특히 이란 핵협상이 타결된 시점인 2015년 여름은 미국에 이슬람국가(IS)가 중동 최대 문제로 떠올라 있던 때다.

당시 미국과 이란에 이슬람국가는 공동의 적이었다. 이란이 지원하는 민병대가 이슬람국가와 싸우고 있었고, 미국 판단으로는 그 민병대가 이슬람국가와 전쟁에서 필수불가결한 우방이 되어 있었다.[66] 중

---

66 Tim Arango and David Kirkpatrick, "U.S. and Iran Both Conflict and

동에서 미국이 이란과 전략적 협력을 해야 하는 상황이 된 것이다. 반면에 동아시아에서 북한은 미국에는 적이며, 중국에는 군사동맹국이면서도 핵무장 등으로 부담스러운 존재가 되어 있는 것도 사실이다. 이 점은 미국이 북한과 타협에 쉽게 응하지 않게 하는 원인이 되고 있다. 다만 미일동맹과 중국 사이의 지정학적 경쟁과 군비경쟁이 지속되는 한, 중국에 북한은 여전히 불가결한 지정학적 완충지대로서 갖는 의미가 근본적으로 사라지지 않을 것이다. 그만큼 미국이 북한을 향해 동원할 수 있는 군사적 수단은 제약당할 수밖에 없다.

북한과 협상을 통한 평화적 비핵화로 나아가는 데 한반도가 이란의 중동과는 다른 어쩌면 가장 결정적 고지는 남북이 궁극적으로 하나의 통일된 사회로 나아가야 한다는 그리고 평화적으로 그렇게 해야 한다는 남북 한국인 대부분의 근원적 소망이 커지는 것이다. 그 힘을 어떻게 길어 올려 한반도의 평화적 비핵화에 바탕을 둔 평화와 통일을 이뤄낼 수 있을까. 그것이 궁극적인 관건이다.

Converge," *The New York Times*, September 13, 2015.

제15장

대분단체제 너머의 동아시아를 위해

1. 동아시아 대분단체제란 무엇인가

1990년대 말부터 필자는 한반도의 전쟁과 평화의 구조적 환경을 이루는 동아시아 질서의 고유성에 주목해왔다. 아울러 그 같은 질곡의 구조로부터 동아시아인들은 어떤 출구를 모색할 수 있을지를 생각해왔다. 그리고 그러한 동아시아적 차원에서 노력할 세 가지 핵심 요소를 거론해왔다. 첫째는 한반도 평화체제 구축 문제였고, 둘째는 동북아시아 비핵무기지대의 비전이며, 셋째는 '동아시아 평화벨트'에 관한 정치적 상상이었다.

이 책 앞부분에서 한반도 평화의 동아시아적 맥락을 얘기할 때 필자는 '동아시아 대분단체제'를 언급했다. 그러므로 먼저 동아시아 대분단체제론을 간결하게 요약한 필자의 글 하나를 소개할 필요를 느낀다. 이하 내용은 2014년 3월 19일 『한겨레』에 실렸던 글이다.[1] 일반 독자들도 가급적 쉽게 이해할 수 있도록 요약한 글이었다. 이 글을 『한겨레』에 실을 당시 한겨레평화연구소장을 맡고 있던 김보근 기자

---

[1] 이삼성, 「분단체제 개념, 동아시아에 적용하려면 '대분단체제'가 적절: 백낙청 교수의 '대분단체제' 비판에 대한 반론」, 『한겨레』, 2014. 3. 19. 동아시아 대분단체제에 관한 좀더 최근의 개념적 정리와 이 질서의 역사적 형성 과정에 대해서는 다음 논문 참조할 것. 이삼성, 「전후 동아시아 국제질서의 구성과 중국: '동아시아 대분단체제'의 형성과정에서 중국의 구성적 역할」, 『한국정치학회보』 제50집 제5호, 2016. 12, 163~189쪽.

께서 이 글의 중간제목을 정하신 걸로 기억한다. 그 중간제목들과 함께 당시 글 그대로 아무런 수정 없이 여기에 옮긴다.

* * *

1978년 '분단시대의 사학'이란 문제의식을 제기한 강만길 교수는 1983년 송건호 선생과 함께 『한국민족주의론 II』를 펴냈다. 필자가 접한 것 가운데 '분단체제' 개념을 담은 첫 문헌이었다. 1994년 백낙청 교수는 세계체제론을 원용하여 '한반도 분단체제' 개념에 체계성을 담으려 했다. 한편 필자는 '분단체제' 개념을 한반도가 아닌 동아시아 지역질서 전반을 개념화하기 위해 채택했다. 그런데 1980년대 초부터 '분단체제'가 한반도에 초점을 맞추어 사용된 만큼, 동아시아에 적용하려면 '대분단체제'가 적절해 보였다.

동아시아 질서의 통시적 연속성

필자는 전후 동아시아 질서의 고유성은 '냉전·탈냉전'이라는 일반적 도식으로 포착할 수 없는 통시적 연속성에 있다고 생각했다. 그 연속성의 구조를 개념화함으로써 한반도의 전쟁과 평화를 동아시아 질서의 맥락에서 이해하고 싶었다. 이를 위해 동아시아의 지정학적 구조, 정치사회적 체제와 이념 그리고 과거에 대한 기억의 정치가 현재와 미래의 국제질서에 갖는 규정력, 이 세 차원을 함께 담아낼 수 있는 독자적인 개념화를 모색했다. 1999년 국내외의 평화회의와 학술회의에서 '대분단구조'라는 용어를 사용하여 그 문제의식을 담았지만, 동아시아 '대분단체제' 개념을 체계화해 발표한 것은 2004년 여름 한국정치학회 주최의 학술회의에서였다. 이후 국내외에서 발표한 여러 논문과 글에서 이 개념에 바탕한 동아시아 질서 인식을 제기해왔다.

동아시아 대분단체제론은 네 묶음의 논의이다. 첫째는 개념 자체의 논리적 구성이다. '체제'란 두 가지 설명을 요한다. 체제의 전체를 구성하는 인자들을 명확히 하고, 그 인자들 사이의 지속성 있는 상호작용 패턴을 설명해내야 한다. 둘째는 '동아시아 대분단선'에 놓여 있는 전략적 충돌 지점들과 이를 둘러싼 긴장의 양상에 대한 설명이다. 셋째는 대분단체제 안에서 한반도의 위치를 파악하고 이 체제와의 연관 속에서 한반도 문제를 해명하고 정책을 논하는 부분이다. 넷째는 동아시아 대분단체제와 자본주의 세계경제의 상호작용에 대한 논의이다. 이 글에서 네 가지 모두를 언급하는 것은 지나친 욕심일 것 같다. 동아시아 대분단체제론의 논리적 구성을 밝히는 것에 집중하겠다. '동아시아 대분단체제'론이 '일본과 나머지 혹은 일본과 아시아의 분단'식의 논리로 오해되거나 왜곡되는 것을 가장 경계하기 때문이다.

청일전쟁~1945년은 동아시아 제국체제

필자는 19세기 말 청일전쟁에서 1945년까지의 반세기를 동아시아의 '제국체제'로 정의한다. 전후 동아시아 대분단체제는 최소한 두 가지 점에서 제국체제에 기원을 두고 있다. 하나는 중국 경영이라는 공동의 목표 아래 한편 갈등하되 큰 틀에서 상호적응하며 협력한 미-일 연합의 지정학적 전통이다. 이 연합은 1937년 중일전쟁 발발과 뒤이은 난징 학살 사태에도 불구하고 1940년 전후까지 지속되었다. 일본에 대륙침략과 전쟁 수행에 불가결했던 폐철과 항공폭탄을 1938년까지, 전투기와 폭격기에 긴요한 항공유는 1940년 중엽까지 계속 공급한 나라는 미국이었다. 역시 결정적 전략물자인 석유의 대일본수출도 1941년 7월까지 지속했다. 1941년 12월 진주만 사태와 1945년 8월 원폭 투하라는 충격적인 이미지가 그 이전 반세기에 걸쳐 존재한 미-일 연합의 역사를 망각하게 만들었을 뿐이다.

제국체제가 전후 동아시아 질서에 남긴 또 하나의 유산은 제국의 폭력에서 연유한 역사심리적 간극이다. 총력전으로 불린 두 차례의 대전에서 상호파괴와 살상 그리고 전대미문의 반인류적 범죄들은 동아시아보다 유럽에서 더 웅장한 스케일로 벌어졌다. 그런데 이 역사적 상처는 유럽이 아닌 동아시아 질서에 더 깊게 각인된다. 더욱이 전후 유럽 질서는 그 상처를 치유한 반면, 전후 동아시아 질서는 그 점에서도 제국체제와 연속성을 띤다. 제국체제의 역사적 상흔의 전후 계승은 대분단체제의 또 다른 핵심 요소이다.

필자는 이 대분단체제를 개념화하기 위해 중층성, 다차원성 그리고 상호작용성이라는 세 가지 성격을 부각시켜왔다. 먼저 중층성이란 이 체제가 두 개의 층위로 이루어져 있다는 뜻이다. 미-일의 연합 그리고 이것과 중국 사이의 긴장 구조가 그 하나인데, 필자는 이것을 '대분단의 기축'이라 부른다. 다른 하나의 층위는 한반도의 휴전선, 대만해협 그리고 전후 적어도 30년간 베트남을 갈라놓았던 17도선에 존재한 국지적 분단들이다. 민족분단 혹은 소분단체제라고도 부를 수 있겠다.

전후 동아시아 질서의 상호작용성

다차원성이란 분단을 구성하는 세 가지 긴장 요소를 가리킨다. 그 첫째는 제국체제로부터 넘겨진 미-일 연합과 대륙 사이의 지정학적 긴장이다. 둘째는 정치사회적 체제와 이념에서의 균열 내지 이질성이다. 셋째는 역사심리적 간극이다.

전후 동아시아 질서를 대분단'체제'이게 만드는 것은 이러한 중층성과 다차원성 모두에서 작동하는 상호작용성이다. 첫째, 대분단의 기축과 민족분단들이 서로를 유지시키는 패턴을 보인다. 1970년대 초 미국은 베트남의 수렁에서 명예로운 후퇴를 위해 소련 및 중국과 긴장 완화를 추구했다. 박정희 정권은 7·4남북공동성명으로 데탕트 국면에 부응하는 척했다. 그러나 곧 10월유신을 단행해 한반도의 긴장은 오히려 증폭된다. 이것은 베트남의 상황과 결합하여 동아시아 질서의 전반적인 긴장을 유지하는 쪽으로 작용했다. 1990년대에도 대분단의 기축에서 긴장 완화가 추구되지만 한반도 핵문제 그리고 대만해협의 미사일 위기가 미-중 관계를 긴장시켰다. 2008년 대만 마잉주

정권의 등장은 양안관계에 훈풍을 몰고 오지만, 남중국해와 센카쿠열도(댜오위다오)의 문제로 미-일 동맹과 대륙 사이의 기축 관계가 긴장했다. 그 여파로 대만의 미국 첨단무기 구매는 오히려 증가한다. 천안함 침몰이라는 한반도 내적 사건도 이 시기 대분단 구조 전반에 긴장을 보탰다. 모두 대분단의 기축과 소분단체제들 사이에 작동하는 상호유지 패턴을 예증한다.

둘째, 지정학적 긴장, 정치사회적 체제와 이념의 이질성 그리고 역사심리적 간극이라는 세 가지 차원의 인자들이 상호지탱하고 보완하는 관계를 구성한다는 점이다. 여기에서 전후 유럽과 동아시아의 또 다른 근본적 차이가 확인된다. 유럽의 냉전체제는 역사적 상처를 치유하는 장치였다. 서독은 북대서양조약기구를 통해서 다른 서방국가들과 연합하고 화해한다. 동독은 바르샤바조약기구를 통해서 소련과 폴란드 등 공산권 세계와 동맹하여 화해했다. 독일 전체와 나머지 세계 사이의 화해가 제도화된 것이다. 그 화해의 전제는 소련과 영국, 프랑스 등 전쟁의 피해자들이 전후 독일 재건의 결정 과정에 참여하여, 독일의 철저한 역사반성을 강제할 수 있었다는 사실이다. 동아시아에서 전후사의 구조는 반대의 길을 걸었다. 미-일 간 전쟁의 상처는 재빨리 구축된 안보동맹에 의해 해소되지만, 제국체제의 최대 피해자였던 중국은 전후 일본의 재건 방식을 결정하는 데 참여할 수 없었다. 대분단체제는 역사적 상처를 해소하기는커녕 동결하고 응결시켰다. 미국 단독 점령체제하에서 일본은 천황제에 면책권을 부여받았고, 소수의 에이(A)급 전범만 제외하고 지배층이 그대로 전후 일본을 지도했다. 역사반성을 강제하는 시스템은 없었다. 오늘날 망언을 주도하는 정치인들이 속한 일본의 전후 세대는 다른 동아시아 사회들과의 역사 화해를 위한 반성적 교육의 기회를 제대로 갖지 못했다. 역사반성 문제에서 독일과 일본의 차이를 '민족성'의 문제로 돌릴 수 없는 이유이다.

중국 내전이 동아시아 질서를 결정

대분단체제 형성의 역사적 계기는 무엇인가. 전후 유럽의 질서는 미소냉전을 직접 투영했다. 그래서 미소냉전 해체와 함께 유럽 냉전 체제는 즉각 해소된다. 동아시아 질서는 미-소 관계가 아닌 미-중 관계가 궁극적인 결정자였다. 미소냉전은 중국의 내면적 투쟁과 선택이라는 계기에 의해서만 동아시아 질서에 투영될 수 있었다. 중국 내적 투쟁은 1920년대 이래의 중국 공산주의 운동이라는 오랜 역사에 기초한 것이지만, 특히 1945년 이후 4년에 걸친 중국 내전이 전후 동아시아 질서의 기축을 결정했다. 소련은 중국 공산당의 정신적 기원이자 후원자였지만, 궁극적인 선택은 중국 사회의 몫이었다. 그렇게 성립한 중화인민공화국과 미국은 평화적 공존의 가능성을 모색하는 길을 일찍 중단했다. 1949년 가을 대분단체제의 원형이 구성된 것이다. 한국전쟁은 그 형성기 대분단체제의 산물이었다. 이 전쟁은 역으로 대분단체제를 그 기축과 국지적 분단 모두에서 결정적으로 고착화시켰다. 결국 동아시아 대분단체제의 일차적 계기는 중국 사회의 선택과 이에 대한 미국의 반응이었으며, 한국전쟁은 그 이차적 계기를 이룬다. 그런 가운데 대분단체제와 한국전쟁은 상호 견인의 관계에 있었다.

탈냉전 이후에도 동아시아는 유럽과 달리 질서의 연속성이 강했다. 유라시아 대륙 전반과 미국 사이의 지정학적 긴장은 소련 붕괴로 급변했지만 중국의 부국강병으로 지정학적 차원의 긴장이 재충전된다. 공산주의와 자본주의라는 정치사회적 체제와 이념의 긴장은 중국의 개혁개방으로 완화되지만, 한국·대만·필리핀 등은 민주화된 반면 천안문(톈안먼) 사태로 중국과의 정치체제적 이질성이 재확인된다. 권위주의와 민주주의의 이질성이 또 다른 문명과 야만의 이분법으로 부상한 것이다. 대분단체제가 응결시켜 보존했던 역사심리적 간극은 탈냉전과 함께 해방된 역사 담론이 민간과 정부 차원에서 더 활성화되면서 지속된다. 과거 공산주의와 반공주의를 대체해 새롭게 중요한 정치적 이념 자원이 된 민족주의도 역사담론과 결합하면서 역사적 기억의 정치는 오히려 치열해진다. 아울러 대분단의 기축과 소분단들 사이의 상호유지적 상호작용 패턴이 한반도의 핵문제 그리고 동중국해에서의 지정학적 경쟁 등과 합류하면서, 대분단체제는 여기에 그대로 있다. 경제적 상호의존의 심화라는 외관에 종종 가려진 채로.

대·소 분단체체 해소와 한국의 선택

진한(秦漢) 이래의 '천하체제'가 대륙 중심의 질서였다면, 청일전쟁 이래 반세기에 걸친 '제국체제'는 해양세력 우위의 질서였다. 대분단체제는 그 중심이 대륙과 해양으로 나뉘어 양립하는 질서이다. 한반도는 이 질서의 한가운데에서 스스로 분단된 채로 있다. 이 소분단이 스스로를 해체하여 대분단의 긴장을 통제하는 역할을 할 수 있을지, 아니면 대분단체제의 질곡을 유지시키는 고리로 남을지, 우리는 여전히 그 분수령에 서 있다. 동아시아는 오늘도 대분단체제의 완화와 소분단체제 해소에 함께 기여할 한국의 전략적 선택은 무엇인가를 묻고 있다.

* * *

2. 대분단체제라는 질곡의 출구, 어디에서 찾을 것인가

21세기 동아시아에 제1차 세계대전과 제2차 세계대전이 일깨우는 교훈이 있다면 무엇일까. 필자 판단으로는 제1차 세계대전의 역사적 교훈의 핵심은 다극질서의 양극화(a bipolarization of multipolarity)가 초래하는 위험성이다.[2] 다수 열강이 병립한 질서가 두 개의 적대적 군

---

2 클라크는 이것을 '유럽의 지정학 체제의 양극화'(polarization of Europe's geopolitical system)라고 개념화했고, 키신저는 '두 세력권으로 화석화된 양극적 투쟁'(a bipolar struggle that led to petrification into two power blocs)의 질서라고 불렀다(Christopher Clark, *The Sleepwalkers: How Europe Went to War in 1914*, New York: HarperCollins, 2013, p.123; Henry Kissinger, *Diplomacy*, New York: Simon & Schuster, 1994, p.168).

제1차 세계대전(위)과 제2차 세계대전. 20세기 전반기에 거의 전 인류의 삶을 전화(戰火)로 황폐화한 양차 대전은 매우 상반된 위험성의 양 극단, 즉 적대적 동맹체제로의 양극화 또는 시의적절한 국제적 연대의 지체(遲滯)를 각각 예증한다.

사동맹체계로 양극화할 때, 이 질서에서는 양 진영 접점에 있는 약소국들은 물론이고 질서 주변부에 있는 사회들까지 모두 양극화된 군사동맹체계에 편입된다. 이런 구조에서는 주변부에서 일어나는 작은 불씨도 전 지구적 전쟁으로 비화될 수 있다. 제1차 세계대전 직전 유럽과 발칸반도 상황이 그러한 위험의 전형을 보여주었다.

제2차 세계대전이 지금 우리에게 던져주는 교훈은 어쩌면 그와 정반대다. 히틀러의 파시즘 국가는 다른 사회들을 침략해 제국의 팽창을 추구하기 시작했다. 다른 열강들은 그것을 견제하고 통제하기 위한 국제적 연대를 시의적절하게 구성해야 했다. 하지만 그렇게 하지 않았다. 갈등 접점에 있는 약소국들은 무방비 상태에 방치된다. 유럽 대륙에 대한 미국과 영국의 고립주의 그리고 파시즘보다는 러시아 공산주의의 위협을 더 중시했던 미국과 영국의 태도가 중요한 배경이었다.

말하자면 20세기 전반기에 거의 전 인류의 삶을 전화(戰火)로 황폐화한 양차 대전은 매우 상반된 위험성의 양 극단, 즉 적대적 동맹체제로의 양극화 또는 시의적절한 국제적 연대의 지체(遲滯)를 각각 예증했다. 21세기 동아시아 대분단체제는 그 두 위험성 가운데 제1차 세계대전을 초래한 유럽질서의 유형, 즉 적대적으로 양극화되는 군사동맹체계와 그것이 필연적으로 수반하는 군비경쟁 상황을 연상시킨다.

동아시아 국제관계가 이 같은 대분단체제의 틀을 넘어서 공동안보(共同安保, common security)로 나아갈 출구는 없는가. 있다면 어떤 방향을 바라보아야 하는가. 난제임이 분명하지만 우리는 동아시아 국가들이 추구해야 할 변화 방향에 대한 일정한 개념을 모색하지 않을 수 없다.

먼저 동아시아 대분단체제가 내포한 양극화된 적대적 군사동맹체제의 위험성을 최소화하기 위한 노력이 필요하다. 제1차 세계대전의 경험은 오늘 동아시아 사회들에 그 위험성을 직시할 것을 요구한다. 동맹체제의 점진적 탈군사화가 요청된다. 이를 위해 군사동맹의 존재 이유인 군사적 위협의 평화적 해소가 앞당겨질 필요가 있다.

한반도에서 평화체제 구축의 길을 선택하게 되면 우리는 불가피하게 한미동맹의 해체 내지 탈군사화 비전을 현실적으로 고민하지 않으면 안 된다. 아울러 미일군사동맹도 변화 가능성이 열릴 수 있다. 미일군사동맹은 애당초 한국전쟁으로 구체화된 유라시아 대륙의 공산주의 위협에 대응하기 위한 것이었다. 그런 만큼 북한의 군사적 위협을 해소하는 한반도 평화체제가 구축되면 미일동맹도 일정한 탈군사화 가능성이 열리게 될 것이다. 그것은 반드시 미일동맹의 완전한 해체를 뜻하는 것일 필요는 없다. 미국, 일본, 중국, 러시아 등 동북아 4대 강국과 남북한이 함께 참여하는 동아시아 공동안보 질서가 일정하게 구성될 때 미일동맹의 탈군사화는 현실성을 띠게 될 것이다. 여기서 동아시아 공동안보란 지금 서로를 '전략적 경쟁자'(strategic competitors)로 인식하는 나라들이 반드시 하나의 안보기구를 구성하는 단계를 의미하는 것은 아니다. 핵무기의 역할을 함께 제한하고 미사일방어체계 구축을 중심으로 한 새로운 군비경쟁을 제한하고 통제할 수 있는 일정한 공동 규범을 만들어내는 단계에 도달할 때, 우리는 동아시아 공동안보 질서가 구성되기 시작했다고 말할 수 있게 될 것이다.

한편 제2차 세계대전의 경험도 유의해야 한다. 새롭게 부상하는 세력이 무력에 따른 팽창을 추구하는 위협에 직면할 경우, 팽창적 국가 주변의 상대적 약소국들이 직면하는 안보불안을 해소할 수 있는 국제적 연대가 시의적절하게 구성될 필요가 있다. 현재 동아시아에서 중국 이외 국가들이 공유하는 불안은 중국이 기존 질서를 일방적인 무력으로 수정하려 할 경우에 관한 것임을 부정하기 어렵다. 이에 대한 적절한 세력균형 장치가 필요할 수 있다. 그렇다고 중국이 제2차 세계대전 이전의 독일과 같이 무력 팽창을 추구하지 않는 상황에서 중국을 군사적인 공동의 가상적으로 삼아 대중국 봉쇄를 위한 군사동맹 체제를 구축하거나 유지하는 것은 부적절하다. 방치와 봉쇄형 군사동맹 체제라는 양 극단을 지양하고, 그 중용을 추구해야 한다. 그럼 그 중용은 어디에서 찾을 수 있는가.

첫째, 동아시아 대분단의 기축 관계에 작동하는 군비경쟁에 효과적인 브레이크를 걸 수 있는 구체적인 군비통제 어젠다를 개발해야 한다. 핵무기를 포함한 대량살상무기 확산과 연결되어 있는 미사일방어망 구축이 당면한 동아시아 대분단체제 군비경쟁의 핵심 문제다. 핵무기의 위협과 미사일방어 문제를 함께 해결할 수 있는 일차적인 제도적 장치가 될 수 있는 것은 동북아시아 비핵무기지대 구축이다. 북한의 비핵화를 전제한 한반도와 일본을 비핵무기지대로 만들고, 그 주변 3대 핵보유국이 이 지대에서 핵활동과 핵위협을 배제하고 그 문제에 관한 안전보장을 제공하는 국제법적 장치가 그것이다. 유념할 일은 비핵무기지대 조약은 통상적으로 재래식 첨단 전쟁무기 체계의 위협 문제를 다루지 않으므로, 재래식 군비 문제를 미사일방어 문제와 함께 다룰 별도 군비통제 구상을 개발해야 한다는 것이다. 이를 좀 더 구체화한 어젠다들을 개발하고 협상하며 합의해나가는 과정에서 동아시아 공동안보의 틀이 구성되어갈 수 있을 것이다. 협상은 물론 국가권력들이 하겠지만, 나라들과 사회들을 설득할 수 있는 어젠다의 개발과 이를 위한 시민사회들의 의론(議論)을 모아나가는 노력의 실마리는 평화운동의 몫일 것이다.

둘째, 동아시아 대분단선을 따라 존재하는 '대분단체제의 군사적 전초기지들' 또는 그러한 위험에 빠져들고 있는 지역들을 어떻게 '평화지대'로 만들어나갈 수 있을지 묻고 답하는 일이다. 필자는 이 질문과 관련해 '동아시아 평화벨트'에 대한 정치적 상상을 제기해왔다. 더 구체적으로는 타이완해협의 양안, 오키나와, 제주도 남방해역을 포함한 동중국해 그리고 남중국해의 평화지대화에 대한 비전을 모색하자는 제안이었다. 한반도의 서해 NLL지역과 비무장지대의 평화지대화는 한반도 평화체제를 구축해 가장 먼저 실현해야 할 숙제다. 이 지역들은 동아시아의 전략적 요충지들이자 바로 그렇기에 동아시아의 발칸이 될 수 있는 장소들이다.

동북아시아 비핵무기지대 건설은 한반도에 평화체제를 완성하고 지속시키는 것과 불가분한 관계에 있다고 필자는 믿는다. 한편 동아시아 평화벨트의 가능성은 지금으로서는 한낱 꿈에 불과한 것으로 치부될 수 있다. 그러나 우리에게 당장 현실의 문제인 한반도 평화체제 구축이 많은 한국인의 소망대로 실현단계에 들어선다면, 동아시아의 다른 발칸들을 평화지대로 이끌어내는 일도 전혀 새로운 환경에서 매우 다른 현실적 주제로 대두하게 될 것이다. 그래서 비핵무기지대와 평화벨트 문제들을 차례로 살펴보는 것으로써 이 책을 마무리하고자 한다.

3. 비핵무기지대 구상과 그 기원

비핵무기지대(Nuclear Weapons Free Zone: NWFZ)를 건설한다는 것은 특정한 범위의 지역 전체를 비핵화하는 것이다. 그래서 지리적 비핵화(geographical denuclearization)라고도 한다. 1968년에 체결된 NPT는 제7조에서 지역적 차원에서 비핵무기지대를 구성하는 것을 명확하게 인정했다. 이 조항을 기초로 해서 유엔 총회는 1975년 비핵무기지대를 위한 네 가지 일반 원칙을 확립했다. 첫째, 국가들은 그룹을 지어 저마다 주권을 자유롭게 행사하여 조약(treaty)이나 협약(convention)으로 비핵무기지대를 창조할 수 있다. 둘째, 비핵무기지대를 구성하려는 국가들은 해당 지대의 (지리적) 범위를 명확히 해야 한다. 셋째, 비핵무기지대를 구성하는 국가들은 해당 지대 안에 핵무기를 완전히 배제하는 것에 합의해야 한다. 넷째, 해당 국가들은 조약 의무 준수를 보장하기 위한 국제적 검증과 통제 체제를 수용해야 한다.[3]

비핵무기지대는 그 지대 안에 있는 나라들 사이의 상호신뢰를 진작하는 효과적인 국제적 제도의 하나다. 서로 핵무장을 포기함으로써 이웃 나라를 경계하고 대응하기 위해 핵무장을 추구할 필요를 없앤다. 그래서 지역 내 안정을 증진하고 국제적인 핵무기비확산 체제를 강화해준다. 비핵무기지대들이 확산될수록 핵보유 국가들의 군사전략에서도 핵무기 비중은 축소될 수 있다. 그래서 궁극적인 전 지구적 '핵무기 제로'라는 이상을 향해 나아가는 데 의미 있는 디딤돌이 될 수 있다.

말콤 템플턴(Malcolm Templeton, 1924~2017)이 지적한 바와 같이 전후 세계에서 '비핵무기지대'라는 발상의 원조는 소련이 아니라 영국이다. 1955년 4월에서 1957년 1월에 걸쳐 영국 수상이었던 앤서니 이든(Anthony Eden, 1897~1977)이 그 실마리를 제공했다. 보수파 정치가인 그는 1955년에 열린 한 정상회담에서 "유럽에서 대치하고 있는 두 군대들 사이에 보호대 같은 것을 끼워 넣자"라는 제안을 했다. 동서 대치지역에 일종의 비무장지대를 설치하자는 제안이었다. 그의 제안은 거기서 멈춘 채 더 나아가지 않았다. 그 아이디어를 되살려낸 이는 스탈린 사후의 과도기였던 1955년 2월에서 1958년 3월 사이에 소련 수상으로서 최고 지도자 위치에 있던 니콜라이 불가닌(Nikolai Bulganin, 1895~1975)이다. 불가닌은 1957년 영국 수상 해럴드 맥밀런(Harold Macmillan, 1894~1986, 재임 1957. 1~1963.

---

3 Richard D. Burns and Philip E. Coyle III, *The Challenges of Nuclear Non-Proliferation*, Lanham: Rowman & Littlefield, 2015, p.113.

10)에게 '이든 플랜'(Eden Plan)에 대한 논의를 재개하자고 제안하는 편지를 썼다.[4]

그렇게 시작된 동서 간 비무장지대에 관한 '이든 플랜'은 폴란드 외무장관 아담 라파츠키(Adam Rapacki, 1909~70)가 좀더 명확한 비핵무기지대 플랜으로 구체화했다. 1957년 10월 제안된 '라파츠키 플랜'은 동독, 서독과 폴란드가 동시에 각자 영토 안에서 핵무기 생산과 저장을 금지하자는 것이었다. 다음 해인 1958년 1월 불가닌은 라파츠키 플랜을 더 확장하여 체코슬로바키아를 포함시키자고 했다. 한편 1957년 12월 카이로에서 열린 '아프리카-아시아 연대회의'(Afro-Asian Solidarity Conference)에 참가한 나라들은 아시아와 아프리카를 핵무기와 로켓 무기가 없는 '평화지대'(peace zone)로 만들자고 결의했다. 그러자 불가닌에 이어 소련 수상이 되어 있던 흐루쇼프와 중국 총리 저우언라이(周恩來, 1898~1976)가 다 같이 동아시아와 태평양지역을 모두 비핵무기지대로 만들자고 제안했다. 흐루쇼프는 더 나아가 발칸반도와 아드리아해 그리고 스칸디나비아와 발틱해까지도 비핵무기지대로 만들자는 제안을 하고 나섰다.[5]

때는 냉전기였다. 미국 등 서방 국가들은 공산권이 제기한 비핵무기지대 발상의 저의를 의심했다. 서방 국가들이 각처에 핵무기를 포함해 전진배치한 군사력을 철수하게 하려는 목적이라고 생각했다. 당시 아프리카와 남태평양지역 등은 서방 국가들이 과거 제국주의 시대에 차지한 영토나 식민지가 많았다. 이런 지역을 미국과 프랑스 등은 자신들의 핵실험장으로 쓰곤 했다. 서방 국가들은 공산권의 비핵무기지대 구상이 그들의 핵실험장을 박탈하려는 수작이라고 치부했다.[6] 1950년대 핵 군비경쟁에서 미국은 단연 앞서 있었다. 미국이 소련의 비핵무기지대 제

---

4 Malcolm Templeton, *Standing Upright Here: New Zealand in the Nuclear Age, 1945-1990*, Wellington: Victoria University Press, 2006, p.252.

5 Templeton, 2006, pp.252~253.

6 Templeton, 2006, p.253.

제15장 대분단체제 너머의 동아시아를 위해 817

안을 미국의 강점을 약화하려는 시도로 생각하는 것도 이해할 만했다. 1960년 무렵 핵탄두 보유 숫자에서 미국은 2만 기를 넘었다. 소련은 그 10분의 1에도 못 미치는 1,600기에 불과했다.

소련은 주로 미국과 냉전적 대결이 첨예한 지역들에서 핵무기 대결을 완충하기 위한 수단으로서 비핵무기지대를 제안했다. 그것은 미국이 한국전쟁 기간을 전후해 구상하고 실천에 옮기던 핵전략 독트린과 정면충돌했다. 미국은 유럽이나 동아시아 그리고 중동지역에서 소련의 재래식 군사력에 의한 위협에도 핵무기 선제공격으로 대응한다는 '대량보복'(massive retaliation) 독트린을 한국전쟁 이래 확립한 상태였다. 그러나 미국은 소련의 비핵무기지대 구상에 근거한 평화 공세에 대응할 필요가 있었다. 미국은 인간이 거주하지 않는 지역에서 비핵무기지대를 건설하자는 제안을 내놓기 시작했다.

비핵무기지대는 두 가지 범주로 나뉜다. 인간이 거주하는 지역(populated areas)에 건설하는 것과 인간이 거주하지 않은 지역(unpopulated regions)에 건설하는 비핵무기지대다.[7] 소련은 전자의 필요성을 강조했고, 미국은 그에 대응하여 후자를 들고 나왔다. 1959년의 '남극조약'(Antarctica Treaty), 1967년의 '우주조약'(Outer Space Treaty) 그리고 1971년의 '해저조약'(海底條約, Seabed Treaty) 등이 미국의 주도와 소련의 동의로 성립했다. 한편 인간이 거주하는 지역에서 건설된 비핵무기지대는 1967년 카리브해와 라틴아메리카지역을 대상으로 한 '틀라텔로코 조약'(Treaty of Tlatelolco)이 최초였다. 1985년 남태평양지역의 '라로통가 조약'(Treaty of Rarotonga), 1995년 동남아시아의 '방콕 조약'(Treaty of Bangkok), 1996년 아프리카의 '펠린다바 조약'(Treaty of Pelindaba)이 성립했다. 2006년에는 중앙아시아의 '세미팔라틴스크 조약'(Treaty of Semipalatinsk: The Central Asia Nuclear Weapons Free Zone)이 체결된다. 한편 몽골은 1982년에

---

7 Burns and Coyle III, 2015, p.116.

스스로 비핵무기국가를 선언했다. 몽골 비핵지대는 2012년 국제사회의 공인을 받았다. 단일국가 비핵무기지대가 성립한 최초 사례였다.[8] 이러한 진전에 고무된 유엔은 1999년 "비핵무기지대들은 국제 핵무기비확산 체제를 강화하는 데 중요한 기여를 했으며 그 기여는 계속되고 있다"고 평가했다. 유엔은 아울러 "각 비핵무기지대는 해당 지역의 구체적 상황의 산물이며 상이한 지역들이 처해 있는 상황의 다양성을 드러낸다"고 이해했다.[9]

1959년 서명되고 1961년 발효한 '남극조약'은 현재 9개 핵무기 보유국 가운데 이스라엘을 제외한 8개국을 포함하여 총 50개국이 가입했다. '남극조약'은 "군사기지 및 방어시설의 설치, 군사연습 시행 및 모든 형태의 무기실험과 같은 군사적 성질의 조치"를 금지했다. 이는 당연히 핵무기 관련 활동도 금지한 효과를 갖는 것이었다. 이 조약은 제5조에서 "남극지역에서의 모든 핵폭발 및 방사성 폐기물의 처분을 금지한다"고 명기함으로써 이 지역에서 핵실험을 금지했다.

1967년 성립한 '우주조약'의 본명은 "달과 기타 천체를 포함한 우주공간의 탐사 및 이용에 관한 국가 활동을 규제하는 원칙에 관한 조약"이다.[10] 이것은 우주에서 핵실험을 금지한 '부분적 핵실험금지조약'(PTBT, 1963년 발효)을 보완했다. 핵무기를 포함한 대량살상무기를 지구 회전 궤도나 천체에 설치하는 것을 금지했다. '우주조약'에는 핵보유 9개국을 포함한 105개국이 가입했다. 1972년에 발효된 '해저 비핵화 조약'은 "해저와 해상 및 그 하층토에 핵무기 및 대량살상무기의 설치를 금지"한 것이다. 현재 가입국은 94개국이다. 핵보유국 중에선 프랑스와 파키스탄, 이스라엘, 북한 등이 미가입 상태다.[11]

---

8 Burns and Coyle III, 2015, p.116.

9 Burns and Coyle III, 2015, p.113.

10 The Treaty on Principles Governing the Activities of States in the Exploration and Use of Outer Space, including the Moon and Other Celestial Bodies.

11 우메바야시 히로미치(梅林宏道), 김마리아 옮김, 『비핵무기지대』, 서해문집,

4. 인간이 거주하는 지역의 비핵무기지대들

1) 중남미의 틀라텔로코 조약

인간이 거주하는 지역에서 비핵무기지대 건설은 중남미에서 시작되었다. 1960년 프랑스가 아프리카 사하라사막에서 핵실험을 시작했다. 1962년 10월 쿠바 미사일 위기가 발생하면서 중남미 국가들 스스로 비핵무기지대 건설을 추구했다. 그 결과가 1967년 멕시코 수도 멕시코시티의 틀라텔롤코(Tlatelolco)에서 체결된 '틀라텔로코 조약'이다. 이 조약은 라틴아메리카 국가들이 저마다 자국 영토 안에서 핵무기 보유, 수령(receipt), 실험, 제조, 저장, 배치를 금지했다. 또 가입국들로 하여금 그들의 핵 활동에 대한 IAEA의 포괄적 안전조치를 수용하게 의무화했다. 이 조약은 원래는 '라틴아메리카 핵무기 금지기구'(Agency for the Probition of Nuclear Weapons in Latin America: OPANAL)를 설립하여 특별사찰을 실시하는 등 조약의 준수를 보장하는 임무를 맡겼다. 그러나 1992년 이 조약의 제16조를 수정하여 OPANAL의 역할을 축소하고 대신 IAEA에 이 비핵무기지대 안에서 특별사찰을 맡겼다.

'틀라텔로코 조약'은 두 가지 추가 의정서에서 라틴아메리카 이외 나라들의 문제를 처리했다. 제1의정서(Protocol 1)는 라틴아메리카와 카리브해에 영토가 있는 지대 바깥의 나라들로 하여금 이 지대의 비핵 지위를 존중하도록 의무화했다. 미국, 영국, 프랑스, 네덜란드가 이 비핵무기지대 안에 영토가 있는 나라들인데, 이 네 나라는 모두 제1의정서를 서명하고 비준했다. 제2의정서(Protocol 2)는 5대 핵보유 국가들이 이 지대 안의 국가들에 핵무기를 반입하거나 이 나라들을 상대로 핵무기를 사용하지 않을 것을 약속하게 했다. 즉 비핵무기지대 안의 비핵국가들에 대한 핵보유국들의 '소극적 안전보장'(negative security assurance)을 규정한 것이다. 5대 핵보유국들은 모두 이 제2의

2014, 69~70쪽.

정서에도 서명하고 비준했다. 이 조약은 1969년 4월 25일 발효되었다. 쿠바가 이 조약에 서명한 때는 1995년 3월이다. 쿠바 정부는 원래는 미국이 쿠바 영토 안에 있는 관타나모만(Guantanamo Bay)에서 철수할 때 이 조약을 비준할 것이라고 했다. 그러나 2002년 10월 23일 쿠바는 미국이 여전히 관타나모 기지를 유지하는 상태에서 틀라텔로코 조약을 비준했다. 이로써 33개 라틴아메리카 국가들 모두가 이 조약을 비준하게 되었다.[12]

2) 남태평양의 라로통가 조약

1975년에는 남태평양에서 '비핵 태평양 운동'이 탄생했다. 미국과 프랑스가 이 지역에 갖고 있는 식민지에서 핵실험을 계속하자, 이 지역 사회들이 저항하면서 비핵무기지대 건설 운동을 전개했다. 뉴질랜드와 호주의 풀뿌리 반핵평화운동이 중요한 역할을 했다.[13] 현실적으로는 남태평양에 압도적 영향력이 있는 호주 정부의 리더십이 중요한 역할을 했다. 1983년에 등장한 호주 노동당 정권의 밥 호크(Bob Hawke) 총리가 남태평양 비핵지대 설립을 공식 제안했다. 이 조약은 1986년 12월 발효했다. 이것이 '라로통가 조약'이다. 라로통가(Rarotonga)는 뉴질랜드와 일정한 연합관계를 형성하면서 자치권을 지닌 남태평양 위의 섬나라인 쿡아일랜드(Cook Islands)의 주요 섬이다.

이 조약은 핵실험에 대한 강렬한 반대운동에서 기원한 것이었던 만큼, 앞선 틀라텔로코 조약에서는 허용되었던 '평화적 핵폭'(Peaceful Nuclear Explosions: PNE, 운하 건설 등의 비군사적인 경제적 목적으

---

12 Federation of Atomic Scientists, "Treaty for the Prohibition of Nuclear Weapons in Latin America(Treaty of Tlatelolco)"; NTI, "Treaty for the Prohibition of Nuclear Weapons in Latin America and the Caribbean(Treaty of Tlatelolco)," June 12, 2009, Center for Nonproliferation Studies. Retrieved from(http://www.nti.org).
13 Templeton, 2006.

로 핵폭발을 이용하는 행위)까지도 허용하지 않은 점에서 더 철저해진 비핵무기지대 조약이다. 이 조약은 또한 핵무기를 탑재한 선박이나 항공기의 기항과 영역 통과 문제를 처음으로 명확히 다루었다. 그것을 허용하는 문제는 각국의 자주적 판단에 맡긴다고 규정한 것이다. 히로미치 박사가 지적했듯이 그것은 미국, 호주, 뉴질랜드 3국간의 안보조약인 'ANZUS'에 따라 호주는 동맹국 항구에 기항하는 자국 함정의 핵무기 탑재 여부에 긍정도 부정도 하지 않는다는 당시 미국의 이른바 NCND(neither confirm nor deny)정책을 고려한 것이었다. 그러나 뉴질랜드는 독자적인 국내법 제정으로 자국 해역에 대한 핵무기 반입과 기항을 금지했다.[14]

　'라로통가 조약'과 관련해 유의할 점은 해당 지역 안에 미국, 영국, 프랑스 등 핵보유 국가들이 영토를 갖고 있다는 사실이다. 이들은 이 조약 제1의정서에 따라 지역 내 다른 비핵 국가들과 마찬가지로 이 지역에 소재한 자기 영토에서 핵무기를 제조, 배치, 실험하지 않을 의무를 진다. 또 제2의정서에 따라 지대 내 비핵 국가들에 소극적 안전보장을 제공해야 한다. 프랑스는 1996년에, 영국은 1997년에 이 조약의 제1의정서와 제2의정서를 모두 비준했다. 반면에 미국은 1996년 서명은 했지만, 2014년 현재까지도 제1의정서와 제2의정서를 모두 비준하지 않았다. 5대 핵보유국 중 중국과 러시아는 1988년 제2의정서를 비준했다.[15]

3) 동남아시아의 방콕 조약

　냉전 종식 후 처음 성립한 비핵무기지대 조약은 1995년의 '동남아시아 비핵무기지대 조약', 일명 '방콕 조약'이다. 인도네시아·말레이시아·필리핀·싱가포르·타일랜드 등 동남아시아 다섯 나라가 아세안

---

[14]　우메바야시 히로미치, 2014, 91.
[15]　우메바야시 히로미치, 2014, 93.

을 창설한 때는 1967년 8월 8일이다. 4년 후인 1971년 11월 이들 다섯 나라는 말레이시아 쿠알라룸푸르에서 동남아시아를 '모든 형태의 외세 개입에서 자유로운 평화·자유·중립 지대'(a Zone of Peace, Freedom, and Neutrality: ZOPFAN)로 인정받고 존중받기 위한 모든 노력을 경주할 것을 결의했다. '좁판'으로 불리는 이 선언은 동남아시아 비핵무기지대 조약의 역사적 뿌리로 간주된다.[16]

토머스 그레이엄(Thomas Graham)은 좁판의 배경으로 주권적 평등을 강조하고 외세 개입에 지극히 민감하며 상호 간의 불간섭과 불개입 그리고 조용한 외교를 강조하는 지역 내의 안보 문화(security culture)를 주목했다. 동남아시아 국가들이 외세의 오랜 지배와 함께 유서 깊은 반식민주의 투쟁의 전통을 공유했기에 좁판이 가능했고, 그 연장선에서 동남아시아 비핵무기지대 조약이 가능했다고 보는 것이다.[17]

방콕 조약은 지대 안 국가들의 핵무기 개발·제조·실험·획득을 금지하고, 방사능물질이나 핵폐기물을 지대 안에서 버리는 행위를 금지했다. 다만 핵무기나 핵물질을 실은 배나 비행기가 자국 항구나 공항을 방문하는 것을 허용할지는 각국의 자율적 결정에 맡겼다. 이 조약은 그 실행 방법으로서 지대 안 모든 나라가 IAEA의 포괄적 사찰을 받도록 하는 동시에, '동남아시아 비핵무기지대 위원회'(Commission for the Southeast Asia NWFZ)를 설치하여 각국의 조약 준수를 감독하도록 했다. 이 조약에 딸린 의정서(Protocol)는 5대 핵보유국이 이 조약과 의정서를 위반하는 행위를 하지 않도록 규정했다. 또 핵보유 국가들이 이 지대 안의 국가들에 핵무기를 사용하거나 핵무기 사용 위협을 하지 않겠다는 약속을 하도록 했다. 즉 소극적 안전보장을 제공하도록 한 것이다.

---

16 Thomas Graham Jr., *The Alternate Route: Nuclear Weapon-Free Zones*, Corvallis: Oregon State University, 2017, pp.100~101.

17 Graham Jr., 2017, p.100.

1995년에 서명을 받기 시작한 방콕 조약은 1997년 3월 발효되었다. 동남아시아 10개 나라 모두가 서명과 비준을 마친 때는 2001년이다. 그런데 이 조약의 의정서에 서명한 핵보유 국가는 아직 하나도 없다. 특히 미국이 반대하고 나섰다. 이 조약은 동남아 국가들의 대륙붕과 배타적 경제수역(Exclusive Economic Zone)까지 비핵무기지대로 규정했는데, 그것은 미국이 공해(公海, open seas)로 규정하고 일상적으로 핵무기 탑재 함정들이 통행하는 구역들과 겹친다는 것이 문제가 되어 있다.[18]

　　동남아시아 국가들이 비핵무기지대에 통상적 영해를 넘어서 대륙붕과 배타적 경제수역들을 포괄하는 해역을 포함한 주요 이유는 남중국해에서 중국의 군사적 팽창을 견제하기 위한 것이었다. 그런데 정작 동남아시아 비핵무기지대를 존중하라는 의정서에 가장 반발해온 곳은 미국이다. 중국과 러시아는 영국과 프랑스와 함께 방콕 조약 의정서에 서명할 수 있다는 입장에 접근해왔다. 반면 미국은 아니었다.[19] 2011년 아세안정상회담 기간에 5대 핵보유국이 2012년 방콕 조약 의정서에 서명하겠다는 성명서에 미국도 동참했다. 그러나 그 약속은 실천되지 않았다.[20]

　　2012년의 시점에서 5대 핵보유국 가운데 미국, 영국, 프랑스, 러시아 등 네 나라는 모두 동남아시아 비핵무기지대 조약을 존중할 것을 약속하는 의정서에 대해 이러저러한 유보 태도를 보였다. 미국이 반대하는 가장 주된 요인은 핵무기를 탑재한 미국의 함정이나 항공기가 동남아시아에서 활동할 수 없게 된다는 사실이었고, 이로써 이 지역 공해상에서 미국의 자유 항행권이 침해받는다는 것이었다. 미국을 포함한 네 나라가 의정서 서명에 유보적 태도를 보임에 따라 2012년 예

18　Federation of Atomic Scientists, "Southeast Asia Nuclear-Weapon-Free Zone Treaty (Treaty of Bangkok)"; Center for Nonproliferation Studies, June 21, 2009(http://www.nti.org).

19　Graham Jr., 2017, p.105.

20　Graham Jr., 2017, p.105.

다낭에 입항하는 칼빈슨호.
남중국해에서 미중 간 군사적 긴장이 본격화되는 것은 이 지역 비핵무기지대의 성공에
도움이 되지 않을 것은 분명하다. 그럴수록 방콕 조약에 따른 이 해역의 비핵무기지대화
필요성은 더욱 절실해지는 것 역시 사실이다.

정되었던 중국의 의정서 서명도 보류되었다.[21]

　그러는 사이에 문제는 더 복잡해졌다. 남중국해에서 중국과 아세안 국가들 사이의 분쟁은 더 발전했다. 필리핀은 1990년대 초 폐쇄했던 수빅만 해군기지(Subic Bay Base)를 다시 미국에 제공하려고 고려하는 상황이 되었다.[22] 2018년 3월 초에는 미국 핵추진 항공모함 칼빈슨호가 베트남 전쟁 후 처음으로 전쟁 기간 미국의 최대 군사기지가 있었던 다낭에 입항하는 일도 벌어졌다.[23] 방콕 조약은 핵물질을 실은 배, 즉 핵추진 항공모함 같은 군함의 입항을 허용할지는 사안별로 회원국 각자 자율적 결정에 맡겼다. 따라서 칼빈슨호의 다낭 입항이 베트남 정부 결정에 근거한 이상 조약 위반은 아니다. 그러나 남중국해에서 미중 간 군사적 긴장이 본격화되는 것은 이 지역 비핵무기지대의 성공에 도움이 되

21　Graham Jr., 2017, pp.110~111.

22　Graham Jr., 2017, p.111.

23　Jonathan Head, "US aircraft carrier Carl Vinson in historic Vietnam visit," BBC News, March 5, 2018(www.bbc.com).

지 않을 것은 분명하다. 그럴수록 방콕 조약에 따른 이 해역의 비핵무기 지대화 필요성은 더욱 절실해지는 것 역시 사실이다.

그레이엄은 특히 미국이 아세안 국가들과 이견을 하루속히 좁힘으로써 동남아시아 비핵무기지대가 실질적으로 성립할 수 있도록 해야 한다고 말했다. 핵보유국들이 방콕 조약 의정서에 서명하여 이 조약을 제대로 작동시키면 수억 인구가 집중된 이 지역 전체를 비핵화하는 것이 된다. 또 태평양지역 전체를 핵무기에서 자유로운 지대로 만들어낼 길이 열리게 된다.[24]

4) 아프리카의 펠린다바 조약

"아프리카 비핵무기지대 조약"(펠린다바 조약)은 '방콕 조약'보다 1년 늦은 1996년 4월 서명되고 2009년 발효했다. 이 조약의 기원은 1960년대에 시작된 프랑스의 사하라사막 핵실험 그리고 1977년에 드러난 아파르트헤이트 시절 남아공의 핵무기 개발이 촉발한 아프리카 국가들의 비핵 평화에 대한 욕구였다. 이 조약은 지대 내 국가들이 핵폭발 장치는 무엇이든 연구, 개발, 제조, 저장, 획득, 보유하는 그 어떤 행위도 금지하며, 남태평양의 '라로통가 조약'과 마찬가지로 지역 내에서 방사능물질 폐기도 금지한다. 이 조약은 또한 이 조약 발효 전에 제조된 핵무기 해체도 의무화하는 조항 그리고 지대 내 핵발전소 등 핵시설에 대해 재래식 무기를 포함한 어떤 무장 공격도 금지하는 조항을 담았다. 이 조약은 가입 국가들이 IAEA의 포괄적 안전조치를 이행하도록 했다. 또 이를 보완하기 위해 '아프리카 핵에너지 위원회'를 설치했다.

한편 '펠린다바 조약'에는 지대 바깥 나라들의 의무를 규정한 의정서가 세 개 있다. 제1의정서는 5대 핵보유국이 이 지대 안에서 핵폭발 장치를 사용하거나 그 사용을 위협하는 행위를 금하는 내용이다. 제2

---

24 Graham Jr., 2017, p.111.

의정서는 이 지대 안에서 핵보유국들이 핵무기 실험을 하거나 핵실험을 돕는 행위를 금했다. 제3의정서는 아프리카에 영토가 있는 스페인과 프랑스가 이 조약의 금지사항들을 아프리카 내 자국 영토에도 적용하라고 요구하는 내용이다.

1996년 4월 이 조약이 서명을 받기 시작했을 때, 아프리카 53개국 가운데 47개국이 서명했다. 5대 핵보유국은 모두 제1의정서와 제2의정서에 서명했다. 그러나 미국과 러시아는 서명은 했지만 아직 비준은 하지 않았다. 미국은 아프리카 동해안의 인도양상에 있는 섬 디에고 가르시아(Diego Garcia)가 이 조약과 의정서의 적용대상이 아니라고 주장했다. 미국은 이 섬에 핵무기를 배치할 수 있다고 주장했다. 러시아는 미국 태도를 지켜보면서 역시 비준을 미루고 있다. 2001년까지 중국, 프랑스, 영국은 이 조약의 제1의정서와 제2의정서 모두를 비준했다. 프랑스는 제3의정서도 비준했다. 그러나 스페인은 제3의정서를 비준하지 않았다.[25] 우메바야시 박사는 '펠린다바 조약'의 성립과 관련 국가들의 비준에는 '핵감축을 위한 의원 네트워크'(PNND) 등 NGO들과 몬트레이국제문제연구소 비확산연구센터(CNS) 등 민간 싱크탱크들의 다양한 노력이 있었음을 특기했다.[26]

5) 중앙아시아의 세미팔라틴스크 조약

이상의 비핵무기지대 조약들은 남반구에 집중되어 있다. 핵보유국들 사이의 직접적인 지정학적 경쟁이 비교적 첨예하지 않은 지역들이다. 2006년 구소련의 카자흐스탄 세미팔라틴스크에서 서명식을 한 '중앙아시아 비핵무기지대 조약'은 러시아와 중국 등 핵보유국들과 접하고 있다는 점 때문에 비핵무기지대 역사상 특별한 의미가 있다.

---

25 E. Regehr, "Africa as a nuclear-weapon-free zone," *The Ploughshares Monitor*, 30(3), 2009; Federation of American Scientists, "African Nuclear-Weapon-Free Zone Treaty(Treaty of Pelindaba)"(www.fas.org).

26 우메바야시 히로미치, 2014, 109.

'세미팔라틴스크 조약'으로도 불리는 이 조약은 카자흐스탄, 키르기스스탄, 타지키스탄, 투르크메니스탄, 우즈베키스탄 등 5개국이 비핵무기지대를 구성한 것이다. 모두 구소련에 속했다가 소련 붕괴 후 '독립국가연합'(CIS)에 들어 있던 나라들이다.

이 조약은 핵폭발장치의 연구, 개발, 제조, 획득을 금지한다. 또 지대 안에서 방사능물질의 폐기를 금하고 'CTBT'를 준수하는 조항을 담아 어떤 형태의 핵실험도 금지했다. 그리고 과거 핵무기 생산이나 배치 장소로 쓰였던 영토들의 오염 제거를 위한 노력에 협력할 의무를 지웠다. 각국이 자신의 핵 활동에 대한 안전조치 적용 방식에 관해 IAEA와 협정을 맺도록 했으며 아프리카의 '펠린다바 조약'과 마찬가지로 각국이 자국 핵시설과 핵물질을 도난 등으로부터 보호할 책임에 관한 국제적 표준을 지키도록 의무화했다. 핵무기나 핵물질을 탑재한 선박이나 항공기가 지대 내 국가의 항구나 공항을 방문하는 것은 각국의 자율적 결정에 맡겼다. 이 조약에는 하나의 의정서가 연결되어 있다. 핵보유국들이 지대 안 어떤 국가에도 핵무기를 사용하거나 사용을 위협하지 않도록 하는 소극적 안전보장 책임을 규정한 것이다.

중앙아시아 5개국 모두가 이 조약에 서명한 때는 2006년 9월이다. 카자흐스탄이 마지막으로 이 조약을 비준한 2009년 3월 발효되었다. 2018년 초 현재까지 5대 핵보유국은 어떤 나라도 아직 이 조약에 서명하지 않았다. 다만 러시아와 중국은 이 조약을 공개적으로 지지한다고 선언했다. 반면에 미국, 영국, 프랑스는 이 조약 제12조를 문제 삼고 있다. 이 조항은 "이 조약은 지대 내 국가들이 다른 국제적 조약으로 말미암아 갖고 있는 권리와 의무에 영향을 미치지 않는다"고 규정했다. 그렇다면 러시아가 중앙아시아 국가들과 맺은 '독립국가연합집단안보조약'(Commonwealth of Independent States Collective Security Treaty)에 따라 러시아는 중앙아시아에 핵무기를 배치할 수도 있게 된다는 것이 미국, 영국, 프랑스가 이 조약에 반대하는 주요 명분이다. 다만 오바마 행정부 때인 2010년 5월 당시 힐러리 클린턴 (Hillary Clinton) 국무장관은 중앙아시아 국가들 그리고 동남아시아 국가들과 이들 지역의 비핵무기지대 조약에 딸린 의정서들을 비준하는 문제를 협의할 수 있다고 밝힌 바 있다.[27]

5개 중앙아시아 나라 가운데 투르크메니스탄을 제외한 네 나라는 러시아와 맺은 집단안보조약의 회원국이다. 이 안보조약의 가입국이 침략당하는 사태가 벌어졌을 때 기존 안보조약에 따라 러시아가 이 지대 안으로 핵무기를 반입하거나 배치할 수 있다면 비핵무기지대는 무력해진다. 미국은 그러한 우려에도 구소련 시대 핵물질이 남아 있는 중앙아시아에서 이 지역 핵물질이 테러조직으로 유출될 가능성을 크게 우려해왔다. 그 위험을 차단할 목적으로 미국은 이 지역 비핵지대화를 지원할 필요성도 느끼고 있었다. 그래서 미국을 포함한 모든 핵보유국은 2014년 5월 NPT 재검토회의 준비위원회에서 서명을 마쳤다. 이후 각국은 비준 절차에 들어가 있다.[28]

6) 현재 논의단계인 비핵무기지대들

세계에서 현재까지 성립되어 발효된 비핵무기지대는 이상과 같다. 현재까지 유엔의 공인을 받은 비핵무기지대들은 카리브해와 라틴아메리카, 남태평양, 아프리카, 동남아시아, 중앙아시아에 위치한 100여 개 국가를 포괄한다. 전 지구 표면의 50퍼센트를 커버하게 된 것이다. 또 몽골이라는 단일국가 비핵무기지대도 성립하는 선례가 확립되었다.[29] 그래서 비핵무기지대 건설은 핵무기 시대에 인류

---

27 IAEA, "Central Asia: Towards a Nuclear-Free World," September 8, 2006(http://www.iaea.org); S. Kaufman, "New U.S. Support for Nuclear Weapons-Free Zones and Energy Use," May 3, 2010(http://www.america.gov); Federation of Atomic Scientists, "Central Asian Nuclear-Weapon-Free Zone Treaty(Treaty of Semipalatinsk)"(www.fas.org).

28 우메바야시 히로미치, 2014, 125.

29 Burns and Coyle III, p.113.

가 달성한 성공적인 핵군축 방식의 하나로 평가받고 있다. 비핵무기 지대 건설은 국가들 사이에 핵무기 개발과 배치를 막을 수 있는 실질적이고 효과적인 방법을 찾는 것이 가능하다는 것을 보여주는 데 성공했다는 것이다.[30]

현재 구상되고 있는 비핵무기지대들 중 대표적인 것은 아랍연맹 22개국과 이란·이스라엘이 관련되어 있는 '중동 비핵무기지대'(Middle East NWFZ)다. 유엔 총회가 중동 비핵무기지대 건설을 촉구하는 결의안을 통과시킨 때는 1974년 12월이다. 1995년 뉴욕에서 열린 'NPT 재검토회의'(Non-Proliferation Treaty Review Conference)도 중동 비핵무기지대 설립을 위한 결의안을 통과시켰다. 이것은 1960년대에서 1970년대에 걸쳐 이 지역에서 만들어진 제안들을 공식화한 것이다. 그러나 두 가지 문제, 즉 이스라엘의 비공식적인 핵무장상태와 이란의 핵 프로그램을 둘러싼 논란이 중동 비핵무기지대 건설의 가장 큰 걸림돌이 되어왔다.

이스라엘은 비핵무기지대 건설에 동의하려면 먼저 아랍국가 모두가 참여하는 포괄적인 중동 평화협정이 체결되어야 한다고 주장한다. 이스라엘이 원하는 중동 평화협정은 물론 이스라엘이 주장하는 국경을 아랍 국가들이 받아들이고 존중하는 것을 전제하는 것이기에 끊임없는 논란의 대상이 될 수밖에 없는 상황이다. 한편 아랍 국가들은 그러한 평화협정 체결의 전제조건으로 이스라엘이 핵무장을 해체할 것을 요구한다. 일부 아랍 국가들은 또한 이란의 핵무기 개발 의혹 해소도 함께 요구해왔다.[31]

'2010년 NPT 재검토회의'에서는 중동 비핵무기지대를 위한 회의를 2012년에 개최하자고 촉구한 바 있는데, 이 회의는 아직까지 열

---

30 Adrew Futter, *The Politics of Nuclear Weapons*, London: Sage, 2015, p.181.
31 Lewis Patricia, "A Middle East free of nuclear weapons: possible, probable or pipe dream?" *International Affairs*, 89:2(2013), p.436; Futter, 2015, pp.181~182.

리지 않았다. 그 결과, 2017년 현재 지구상에서 비핵무기지대가 본격 논의되지 않는 곳은 중동지역과 함께 유럽, 북미, 남아시아, 동북아시아, 북극(the Arctic)이다.[32] '북극 비핵무기지대', '남아시아 비핵무기지대' 그리고 '동유럽·중유럽 비핵무기지대' 구상 등이 제기되었지만 의미 있는 진전은 없다. '동북아시아 비핵무기지대' 구상도 1990년대 말 이래 미미하게나마 거론되기 시작했다. 그러나 북한 핵 프로그램을 둘러싼 논란과 이 지역에서 비핵국가들과 강력한 동맹관계를 구축한 미국을 비롯한 핵보유 강대국들의 이해관계 때문에 본격화되지 못했다. 또 동유럽과 중부유럽의 비핵무기지대 구상도 미국과 러시아 등 핵보유 강대국들의 이해관계가 첨예하게 착종하는 지역인 탓으로 빛을 보지 못한다. 그런 만큼 '동유럽·중부유럽 비핵무기지대' 구상은 '동북아 비핵무기지대' 구상에 특히 중요한 시사점을 줄 수 있다. 두 지역의 비핵무기지대 구상이 서로 지혜를 나누는 상호교류와 협력 또한 필요한 상황이다.

5. 한일 시민사회와 동북아 비핵무기지대론

필자는 우리의 궁극적 목표는 한반도 비핵화에 머물러서는 안 된다고 생각해왔다. 1990년대 시점에서 3개 비핵국가인 남북한과 일본은 좀더 철저하게 비핵무기지대로 남고 중국, 러시아, 미국 등 주변 3대 핵보유국은 이 비핵무기지대를 존중하는 가운데 동아시아에서 그들의 군사안보전략에서 핵무기의 역할을 줄여나가는 의무를 져야 한다고 믿었다. 그것은 한반도 평화체제를 기반으로 동아시아 전반에 공동안보의 질서를 확장하는 데 가장 기본적인 출발점이자 초석이라고 생각했다. 곧 남북한·일본과 미·중·러를 포함한 6개 나라가 함께 동북아시아 비핵무기지대를 건설하는 것을 뜻했다.[33]

---

32 Futter, 2015, p.182.

33 Samsung Lee, "Building a Peace Regime on the Korean Peninsula: A Three-

간단히 말하면 동북아시아 비핵무기지대는 남북한과 일본이 주체가 되어 한반도와 일본의 영토와 영해, 영공을 비핵무기지대로 하는 조약을 체결하는 것이다. 이 조약에 따라 남북한과 일본은 핵무기의 생산, 제조, 사용, 반입을 금지한다. 아울러 미국, 중국, 러시아 등 주변 3대 핵보유국은 비핵무기지대로 지정된 한반도와 일본의 영토, 영해, 영공에서 핵무기를 사용하거나 반입해서는 안 되며 핵무기를 탑재한 항공기나 미사일 또는 선박 등을 통과시키지 않도록 국제법적 조약상의 의무를 지는 것이다.

이 조약은 두 가지 방식이 있을 수 있다. 하나는 남북한과 일본이 먼저 조약 당사자로서 비핵무기지대를 구성해 조약을 체결하고, 미·중·러 3대 핵보유국은 그 조약을 존중하여 그에 따른 의무를 짊어지는 별도 의정서에 가입하는 방식이다. 다른 하나는 미·중·러 3국이 남북한 및 일본과 함께 하나의 조약에 당사자로 참여해 그 조약 안에서 한반도와 일본이라는 비핵무기지대를 존중할 의무를 규정하는 방식이다. 이 경우는 별도 의정서가 필요 없게 된다. 2000년대 초 한일 시민사회 간에 합의된 동북아시아 비핵무기지대 조약은 별도 의정서를 두지 않고 남북한과 일본, 미·중·러 등 6개국이 함께 동일한 조약에 참여하는 방식이다.[34] 다만 두 가지 방식은 각각 장단점이 있으므로 우열을 말하기는 어렵다. 실제 동북아시아 비핵지대를 건설하는 시점에서 어떤 방식을 택하느냐는 것은 융통성과 개방성을 갖고 관련 사회 사이의 활발한 논의에 열려 있어야 할 것이다.

동북아시아 비핵무기지대는 1990년대 중엽에 성립한 동남아시아 비핵무기지대와 결합하여 동아시아 차원의 비핵무기지대 구성을 완성해줄 것이다. 이로써 동아시아 전반에서 핵군비경쟁을 제한하고 최

Step Concept for Peace Process," *Asian Perspective*, vol. 20, no. 2(Fall-Winter, 1996), pp.117~164.

34 이삼성·우메바야시 히로미치 외, 『동북아시아 비핵지대』, 살림, 2005.

소화하며 이 지역 전체에서 미국, 중국, 러시아 등 기존 핵보유국들 사이의 핵군비경쟁과 핵무기 활동을 억지할 수 있는 제도적 장치의 서막을 열게 된다. 동남아시아 비핵무기지대는 아세안(ASEAN) 국가들이 서로 핵무기의 제조, 사용, 반입을 금지하는 '방콕 조약'을 1995년 체결함으로써 성립했다. 2018년 초 현재 5대 핵보유국은 방콕 조약을 존중하도록 하는 의정서에 아직 가입하지 않아서 미완성으로 있지만 일단 그것 자체로서 중요한 역사적 진전임은 분명하다. 그것은 동북아시아 비핵무기지대화의 현실적 가능성, 나아가 그것을 시발점으로 하는 동아시아 공동안보의 미래상을 예시해주는 것이기도 하기 때문이다.

동북아시아 비핵지대화의 구체적 방안을 맨 먼저 거론한 것은 1995년 존 엔디콧(John E. Endicott) 교수가 이끄는 미국 조지아공과대학교(Georgia Institute of Technology) 국제전략기술정책센터 연구팀이었다. 이들 미국 연구팀은 동북아에서 '제한적 비핵무기지대'라는 개념을 내놓았다.

엔디콧의 개념은 판문점을 중심으로 한 반경 2,000킬로미터 원형지역에서 전술핵무기의 제거와 사용 금지를 핵심으로 한 것이었다. 이 반경 안에는 남북한과 일본 전역은 물론이고 중국 영토의 동쪽 절반과 러시아의 극동지역 주요 부분이 포함된다. 일본의 핵무장 가능성을 영구히 배제한다는 차원에서 중국과 러시아가 부분적 매력을 느낄 수 있었을지 모른다. 그러나 중국 영토 주요 부분과 러시아 영토의 가장 민감한 극동지역은 비핵지대에 포함되었지만, 미국 영토는 포함되지 않아 미국 중심적인 냉전적 구상이라는 비판을 받았다.

엔디콧의 미국 연구팀은 나중에는 자신들의 방안을 미국의 영토인 알래스카주 일부를 포함한 타원형 안으로 수정했으나 그 본질은 마찬가지였다. 사실상 미국 영토는 포함되지 않은 채 중국과 러시아의 영토 주요 부분만 비핵지대화하는 방안을 중국과 러시아가 수용할 리는 애당초 없었다. 기존의 비핵무기지대 구상은 모두 비핵국가들의 영역을 비핵지대로 할 뿐 특정 핵보유국들의 본토 영토를 일부라도 비핵지대에 포함시키는 일은 없었다. 엔디콧식 구상은 미국 중심의 탁상공론이었다.

동아시아 시민사회 안에서 동북아시아 비핵지대화 논의는 일본과 한국에서 제각각 1996년대 후반에 제기되었다.[35] 일본에서는 우메바야시 박사가 스웨덴 예테보리에서 열린 한 심포지엄에서 동북아시아 비핵무기지대화 방안을 발표했다.[36] 같은 1996년 초 필자는 경남대학교 극동문제연구소가 주최한 한 국제학술회의에서 「한반도 평화체제 구축의 3단계 개념」이라는 발표를 하면서 동북아 6개국 참여에 의한 '동북아시아 비핵지대' 건설 필요성을 제기했다.[37] 동북아 비핵지대 건설을 한반도 평화체제 구축과 동아시아 공동안보를 연결하는 고리로 삼는다는 개념이었다.

우메바야시 박사가 예테보리에서 제시한 것은 그와 같은 미국 싱크탱크 중심 동북아 비핵무기지대 방안의 심각한 한계를 인식하고, 동아시아인의 주체적 시각에서 이 지역 비핵무기지대 건설 방안을 고심한 결과였다. 그는 "동북아의 역사와 조건을 고려한 좀더 현실적인 비핵무기지대안"으로 3+3안을 제기했다. 이 안은 "동북아의 비핵국가인 한국, 북한, 일본 3개국이 지리적 의미의 비핵무기지대를 구성하고 주변 3개 핵보유국인 미국, 러시아, 중국이 소극적 안전보장 등을 포함한 비핵무기지대 존중 의무를 진다"라는 것이었다.[38]

---

35 지성사적 맥락에서 본다면 '아시아의 비핵지대화' 논의는 1996년 이전에도 한국에 존재했다. 그 첫 작품은 아마도 표문태가 편저한 『아시아를 비핵지대로』(일월서각, 1983)일 것이다.

36 우메바야시 박사는 일본의 반핵 평화운동을 주도해온 대표적인 실천적 지성인이다. 일본의 많은 평화운동가가 '반핵'에 머무는 경향이 있지만, 우메바야시 박사는 그것을 미일군사동맹체제 자체에 대한 비판적 분석과 동시에 제기해왔다(梅林宏道, 『米軍再編―その狙いとは』, 東京: 岩波ブックレット, 2006).

37 1996년 초 서울에서 열린 국제학술회의에서 필자 발표문은 그해 가을 앞서 언급한 다음 논문으로 게재되었다. Samsung Lee, 1996.

38 이삼성·우메바야시 히로미치 외, 2005(『동북아시아 비핵지대』).

일본은 미국의 핵우산에 의지하지만 적어도 원칙적으로 비핵 3원칙을 견지한다. 당시 남북한은 모두 1992년 '한반도비핵화공동선언'에 서명한 바 있었다. 그래서 남북한과 일본이 함께 먼저 비핵화 준수 약속을 더욱 공고히 하는 조약을 맺고 미국·중국·러시아 3개 핵보유국은 한반도와 일본을 포함한 일정한 지대 안에서 핵무기 사용과 배치 등을 배제할 것을 공약하는 조약을 의도한 것이었다.[39]

일본 측의 동북아 비핵무기지대 관련 논의가 비핵무기지대의 구체적 내용에 집중했다면, 필자는 한반도 평화협정체제에 동아시아 공동안보를 연결하는 고리로서 동북아 비핵무기지대화가 어떤 위치에 설 수 있는지에 관심이 있었다. 1996년의 발표와 논문에서 필자는 다음과 같은 '3단계 평화 과정'을 논의했다.

> 1단계: 4자회담(four-party talks)을 통한 한반도 평화협정체제 구축: 남북한, 미국, 중국 등 4개 한국전쟁 당사국 모두가 참여하는 한반도 평화협정체제를 구축하는 단계다.
> 2단계: 6자회담(six-party talks)을 통한 동북아 비핵지대 구축- 동북아 6개국이 참여하여 '동북아 비핵지대'를 구축한다. 여기서 말하는 6개국은 물론 남북한과 일본 등의 3개 비핵국가와 미국, 러시아, 중국 등의 3개 핵보유국을 가리킨 것이다.[40]
> 3단계: 5자회담(five-party talks)체제. 앞선 1, 2단계 평화 과정이 진전됨에 따라 남북한은 하나의 외교공동체로 통합될 것을 상정한다. 이러한 한반도의 외교공동체가 동북아 주변 4개국과 5자회담을 구성하는 단계다. 이들 5자가 함께 동북아 다자간 공동안보기구를 구성하게 되는 단계다.

---

39 이삼성·우메바야시 히로미치 외, 2005; 우메바야시 히로미치, 2014, 211쪽.
40 Samsung Lee, 1996, op. cit. 출발은 전혀 다른 목적에서 했지만, 그로부터 7년 뒤인 2003년 6자회담이 진행된다.

한일 양국의 시민사회 안에서 동북아시아 비핵무기지대라는 아이디어에 관한 교류가 구체화된 것은 2000년 웁살라회의에 필자와 우메바야시 박사 그리고 정욱식 평화네트워크 대표 등이 함께 참여하면서였다고 기억한다. 2001년 1월 필자가 당시 재직하던 가톨릭대학교 캠퍼스에서 평화네트워크를 포함한 한국의 여러 시민단체와 피스데포(Peace Depot)를 포함한 일본의 시민단체 등이 함께 '동북아 평화와 비핵지대를 위한 한일 공동회의'를 개최한 적이 있다.[41]

필자는 1995년의 글들에서부터 동북아 비핵지대화를 거론하고 주창했지만,[42] 필자가 주로 관심을 두는 것은 동북아 비핵무기지대안의 구체적 내용 못지않게, 한반도 평화와 동북아 비핵무기지대 구축 문제를 어떻게 상호연관하느냐는 것이었다. 이 문제를 우리 사회의 평화군축 시민운동과 함께 고민하게 된 것은 2005년 10월 평통사의 평화통일연구소가 주최한 한반도 평화협정 관련 심포지엄에서였다. 이때 발표한 논문의 주된 취지는 한반도 평화협정과 동북아 비핵무기지대 구성을 어떻게 연결하느냐였다.[43]

북한이 핵무기 실험을 하기 전인 2005년 10월 발표문에서 필자는 우선 한반도 평화협정의 위상과 성격을 이렇게 규정했다. 평화협정은 "북한 핵 폐기의 실질적 진전을 전제로 해서 그에 대한 반대급부 또는 선물로서 제공한다는 개념"이 아니라, "평화 과정의 포괄적 헌장" 또는 "한반도 평화체제 구축의 로드맵"이어야 한다는 논지였다. 구체적으로는 "북한의 핵폐기 진행과 함께 남북한 군축과 주한미군 문제에 대한 미국의 정책수정 등 구체적인 행위들을 상호주의적으로 진

---

41 이러한 한일 간 협력은 2005년 『동북아 비핵지대』라는 한일 공동저술 형태의 작품으로 표현되었다(이삼성·우메바야시 히로미치 외, 2005).

42 이삼성, 『미래의 역사에서 미국은 희망인가』, 당대, 1995, 318쪽.

43 이삼성, 「한반도 평화협정: 북한 핵문제 근본해결로서의 평화협정의 틀과 윤곽」, 평화통일연구소 주최 학술세미나, 기독교회관, 2005. 10. 7. 이 글은 『평화누리 통일누리』 통권 제57호, 2005, 9~10월호, 40~86쪽에 같은 제목으로 게재되었다.

행하는 것"을 말했다. "북한의 핵 폐기와 미국과 한국 등에 의한 대북 안전보장을 긴밀하게 연결하며 한반도에 평화체제를 상호주의적으로 구축하는 행동들에 관한 청사진으로서 의미와 내용"을 평화협정이 갖게 해야 한다는 뜻이었다.

이 글에서 필자는 남북한, 일본과 미·중·러 등 주변 핵보유 3국으로 구성된 6자회담과 한반도 평화협정체제 구축 사이의 두 가지 상관성을 지적했다. 그 맥락에서 동북아시아 비핵무기지대 발상을 한반도 평화협정 문제와 연결했다.

첫째, 6자회담은 남북한과 미국, 중국이 "핵무기 관련 시설과 활동의 완전해체와 평화체제 구축을 긴밀히 연결하는 평화협정"을 위한 협상을 시작할 것을 정하는 것이 그 첫 임무다. 평화협정 이전 6자회담은 북한으로 하여금 "제네바합의 수준의 핵 동결과 사찰 수용 그리고 핵무기 관련 활동의 동결"을 약속하게 하고, 이에 상응하여 미국과 한국은 "연락사무소 수준의 북미관계 개선, 미국의 대북 무력 불사용의 명문화된 약속"을 제공하도록 하는 합의를 도출하는 것이었다. 여기까지가 한반도 평화협정 이전에 6자회담의 임무라고 보았다. 북한의 '핵 활동 동결'을 넘어서 그것을 공개하고 해체하는 과정 그리고 그에 상응해 북미관계정상화와 미국과 한국의 핵무기 및 재래식 무기에 의한 대북 위협 해소를 규정하는 것은 한반도 평화협정 내용에 담도록 한다고 했다.

둘째, 한반도 평화협정 체결 후 6자회담은 한반도 평화체제와 긴밀한 상호의존성을 갖는 동아시아 안전보장 문제들을 논의하는 포럼으로 전환할 것을 제안했다. "동북아 비핵무기지대(Northeast Asian NWFZ)를 한반도 비핵화 일정에 적절하게 조응하여 구축하기 위한 논의를 진행하도록 하는 것"이었다.

북한이 핵실험을 강행한 뒤인 2007년 5월 9일 평통사의 평화통일 연구소가 주최한 한반도 평화협정 관련 심포지엄에서 필자는 다시 한반도 평화협정과 동북아 비핵무기지대의 비전을 유기적으로 결합하는 방식을 재론했다. 필자는 이 발표에서 "동북아 비핵무기지대화에의 규범을 전제하는 한반도 비핵화"라는 개념을 제기했다.[44]

한반도 비핵화의 핵심은 물론 북한 핵무기의 해체를 내포한다. 그 것은 한반도 평화체제라는 포괄적 평화구축 문제와 불가분하다. 한반도의 포괄적 평화체제 구축 문제는 '한반도 평화협정'의 체결과 실행으로만 성립할 수 있다. 평통사가 2008년 초 공표한 「한반도 평화협정(안)」은 한반도 비핵화를 당연히 포함하고 그것은 곧 한반도비핵화공동선언의 실천을 의미하게 된다. 그런데 이러한 한반도 비핵화는 동북아 비핵무기지대화에 대한 주변 핵보유 국가들의 노력 의무가 전제되어야 한다. 남북한과 함께 미국과 중국이 정식 협정당사자로 참여할 것을 전제하는 이 「한반도 평화협정(안)」은 그 내용에 주변 핵보유 국가들이 동북아 비핵무기지대화 구축을 위해 노력할 의무를 명시했다. 평통사는 2007년 발표문에서 필자가 밝힌 '동북아 비핵지대화의 규범을 전제하는 한반도 비핵화'라는 명제를 진지하게 고려했고, 그것을 수용하여 평화협정안에 반영한 것이었다.

미국과 한국의 재래식 첨단전쟁능력에 의한 대북 위협을 해소하는 문제는 '동북아 비핵무기지대 조약'의 해당 사항이라기보다는 한반도 평화협정에 담아야 할 내용이다. 그 이유는 자명하다. 북한의 핵 폐기를 이끌어내는 것은 한반도 비핵화의 핵심이다. 그런데 북한의 핵 폐기를 이끌어내려면 북한에 대한 미국의 핵무기 위협이 제거되어야 할 뿐만 아니라, 미국이 보유한 재래식 첨단 전쟁무기체계에 대한 북한의 불안감 또한 해소시키지 않으면 안 된다. 즉 북한에 대한 핵무기와 재래식 전쟁무기에 의한 위협을 해소하는 '포괄적 안전보장' (comprehensive security assurance)이 필수적이다. 단순히 핵무기 위협

---

44 이삼성, 「한반도 평화협정 구축에서 평화조약(평화협정)의 역할과 숙제」, 평화통일연구소·평화와 통일을 여는 사람들 주최 제2차 한반도 평화체제 토론회 '한반도 평화협정 체결 전망과 과제', 기독교회관, 2007. 5. 9.

배제라는 소극적 안전보장(negative security assurance)만의 문제가 아닌 것이다. 애당초 북한이 핵무기 개발에 매달리게 된 결정적 이유는 미국의 핵무기 위협뿐만이 아니다. 1990년대 이후 남한과 사이에 명백해진 재래식 무기체계에서 점증하는 현격한 열세 그리고 미국이 탈냉전 후 세계 곳곳에서 전개한 첨단 재래식 무기에 의한 전쟁 능력이 북한 안보에 제기하는 위협도 중요한 배경이었다.

6. 한반도 평화협정과 동북아 비핵지대 조약의 상호의존성

북한이 현재 핵무장을 완성하기에 이른 것은 미국의 핵 선제사용옵션뿐 아니라 첨단 재래식 전쟁 능력에서 심각한 비대칭성에 대한 반응이었다. 따라서 한반도 평화협정체제를 구축하는 과정에서 북한에 미국이 제공해야 할 안전보장은 핵 선제사용옵션을 배제하는 소극적 안전보장만이 아니다. 무엇보다 재래식 첨단전쟁 무기체계에 의한 위협 또한 신뢰성 있게 배제하는 것이 필수적 요건이다.

우메바야시 박사가 다듬은 3+3 모델조약에서는 북한에 대한 재래식 무기 위협 해소 문제도 '동북아 비핵무기지대 조약'에서 다룰 내용으로 포함했다. 필자는 이와 의견을 달리한다. 관련 국가들 사이의 북한에 대한 한미 양국의 재래식 전쟁 위협 문제는 비핵무기지대 조약 이전에 한반도 평화협정에서 먼저 다루어야 하는 내용이라고 필자는 판단한다. 일본이 혹 중국의 재래식 군사력에서 위협을 느낀다면 그 불안을 해소하는 장치는 비핵무기지대 조약에서 다룰 문제는 아니다. 추가적인 재래식 군비통제와 동북아의 다자간 공동안보체제 구축 과정에서 다루어야 할 요건이라고 본다.

한반도 평화협정체제 구축 과정에서 한반도 비핵화에 북한 동참을 유도하려면 한반도 평화협정체제 구축과 함께 곧 뒤이어 4대 강국(일본+3대 핵보유국가)이 동북아 비핵무기지대를 구축하기 위해 노력한다는 규범을 한반도 평화협정이 명확한 규범으로 담거나, 이 평화협정에서 평화체제 구축의 완성 시점으로 규정하는 단계가 될 북한의 실질적 핵무장 해체 완성 시점, 즉 북한 핵시설에 대한 완전한 핵사찰 실시를 동북아 비핵무기지대 조약의 발효와 일치시키는 방법이 있다고 생각한다.

우메바야시 박사의 모델조약은 2000년대 중엽 일본 측 평화운동이 중심이 되어 구성해본 것이다. 그런데 그것은 비핵무기지대 논의 자체에만 집중한 측면이 없지 않다. 일본 측의 모델조약은 한반도 평화협정체제에 대한 깊은 고민이 상대적으로 약하기 때문이라고 생각되는데, 모든 것을 비핵지대 조약 중심으로 생각하여 북한에 대한 안전보장 문제까지도 모두 비핵무기지대 조약에 포함시키는 결과가 된 것으로 보인다.

그런데 모든 비핵무기지대화 조약은 비핵국가에 대한 핵공격을 배제하는 소극적 안전보장이 핵심이다. 재래식 군사위협 문제는 다루지 않는 것이 상식이다. 그만큼 비핵무기지대 조약에서 북한에 대한 미국의 재래식 군사력의 위협 문제 그리고 중국과 러시아의 일본에 대한 재래식 전쟁 위협 문제를 다룬다는 것은 이 조약의 일반적·역사적 관행에 비추어 현실적으로 불가능한 일이다.

과거 종종 미국 정부 안팎에서는 평화협정을 '종전 선언' 정도의 조치로 대체할 수 있다는 발상도 보였다. 동북아 비핵무기지대를 지지하는 논의에서도 종종 '한반도비핵화공동선언'의 재확인 및 실천과 종전선언으로 평화협정 문제를 대신할 수 있다는 의견이 제시된다. 그러나 필자 판단에 그것은 설득력이 없다. 북한의 비핵화를 이끌어낼 수 있는 안전보장과 평화체제 제도화는 국제법적 구속력이 있는 구체적 내용을 담아야 하기 때문에 '선언' 수준의 조치로는 불가능하다. '종전 선언'이라는 개념은 다분히 정체불명의 개념이며, 국제법적 구속력을 피하기 위해 행정부 차원에서 하는 외교 선언의 편의적 방편일 수 있다. 물론 종전 선언을 평화협정협상으로 가기 위한 절차적 출발점으로 삼는다면 의미가 있을 것이다. 그러나 어떤 경우에도 그것은 과거 종결의 선언적 의미가 있을 뿐이다. 무엇보다 미래관계 설정의 틀을 제시하고 국제법적 구속력을 부여하는 평화협정을 회피하는 개념으로 동원되어온 측면이 강하다는 점을 유의할 필요가 있다.

7. 동북아 비핵무기지대 조약과 일본의 문제

나는 북한의 실질적 핵무장 해체 완성, 즉 북한 핵시설에 대한 완전한 핵사찰 실시를 동북아 비핵무기지대 조약의 발효와 일치하는 방법을 고려할 필요성을 제안한 바 있다. 다만 북한 비핵화를 담는 평화협정과 비핵무기지대 조약을 경직되게 연계할 경우 비핵무기지대에 관한 협상은 물론이고 평화협정 자체의 타결을 지연할 수 있다는 문제점이 있다. 이 점은 경계해야 한다. 그럼에도 동북아 비핵지대를 건설하기 위한 의지와 노력이 한반도 평화협정체제 자체의 구축과 상호의존적 관계에 있을 수 있다는 것은 유념할 필요가 있다.

첫째, 동북아 비핵무기지대 조약은 일본의 비핵화도 좀더 명확히 하는 의의가 있다. 일본의 비핵화를 전제하지 않는 북한의 핵무장 해체와 한반도 비핵화를 위한 북한 협력을 이끌어내기 어려울 가능성이 높다.

둘째, 북한은 평화협정 자체가 자신의 안보를 실질적으로 보장하는 장치가 될지에 깊은 의구심을 가질 수밖에 없다. 동북아 국가들이 다자간 공동안보 질서를 구축하는 데 진지한 관심과 노력을 기울여 국제법적 규범력이 있는 장치, 즉 동북아 비핵무기지대 구성과 같은 실질적인 진지한 노력이 있을 때, 핵무장에 의존하지 않고도 안전보장에 더 큰 신뢰를 보일 수 있을 것이다.

셋째, 비핵무기지대에 한국뿐 아니라 일본이 참여한다는 것은 동아태지역 전반에서 미국 주도 안보질서에 의미 있는 내면적 변화를 뜻한다. 북한이 핵무장 명분으로 삼아온 실존적 안보위협의 상당한 해소로 받아들일 수 있다. 그러므로 한국과 일본의 핵무장 가능성을 함께 영구적으로 원천 차단하는 동북아 비핵무기지대 조약 추진 의무를 한반도 평화협정에 담아내거나, 나아가 한반도 평화체제 완성 시점을 동북아 비핵지대 발표 시점과 연계한다면, 북한의 핵무기·대량살상무기 포기를 이끌어내는 데 중요한 역할을 할 수 있다.

넷째, 일본은 2014년 현재 분리 플루토늄을 4만 7,000킬로그램(47톤) 보유하고 있다. 핵무기를 보유하지 않은 국가들 중에서는 현저히 높은 수치로 평가된다.[45] 플루토늄 8킬로그램이 원폭 1개에 해당한다는 IAEA 공식견해에 비추어보면 일본은 5,000개 이상 원폭 원료를 갖고 있는 셈이다.[46] 일본은 후쿠이현에 플루토늄을 연료로 사용하는 고속증식로 '몬쥬'를 건설했으나 1995년 심각한 화재를 겪는 바람에 이 계획은 실패했다. 그 대안으로 일본이 개발한 것이 사용후 핵원료봉에서 추출한 플루토늄을 우라늄과 혼합한 목스(MOX)를 원전 연료로 사용한다는 '플루서멀' 계획이다.[47] 말하자면 플루토늄을 원전 연료로 쓰는 전략을 유지함으로써 플루토늄을 다량 보유하는 명분을 삼고 있는 것이다.

일본은 현재 일본 각지의 원전에서 배출되는 사용후 핵연료를 아오모리현 롯가쇼촌(大ヶ所村)에 있는 핵재처리공장으로 보낸다. 이곳에서 사용후 핵연료를 재처리함으로써 플루토늄을 만들어내고 이것을 우라늄과 섞어 다시 원전 연료로 쓴다는 발상이다. 이 재처리공장은 현재 가동하지는 않으나 아베 정권이 계획하는 것처럼 실제 조업을 하게 되면 이 재처리로 일본은 플루토늄을 연간 최대 8톤 생산하게 될 것으로 전망된다. 기존에 보유하고 있는 플루토늄 47톤 외에 연간 핵무기를 1,000개 만들어낼 수 있는 무기급 핵물질을 추가로 해마다 생산하게 되는 것이다.[48]

---

45 International Panel on Fissile Materials(IPFM), *Global Fissile Material Report 2013*, October 2013: 가와사키 아키라(일본 피스보트 공동대표), 「동아시아 평화의 비전과 일본의 역할」, 2014 한겨레-부산 국제심포지엄 제10회 '아시아가 주도하는 새로운 아시아는 가능한가?'(파라다이스호텔 부산, 2014. 11. 19~20), 『자료집』, 143쪽.

46 가와사키 아키라, 2014, 143쪽.

47 가와사키 아키라, 2014, 144쪽.

48 가와사키 아키라, 2014, 146쪽.

일부 전문가는 일본이 그러한 원폭 원료를 갖고 있는 상태에서 비핵무기지대화는 실효성이 없다고 주장한다. 그러나 바로 그렇기 때문에 더더욱 동북아 비핵무기지대화의 필요성이 큰 것이다.

다섯째, 동북아시아에 공동안보가 가능해지려면 그 가장 원초적 조건은 적어도 공식적으로 현재 비핵국가들이 상호 간에 핵무장의 유혹을 확고하게 떨쳐내고 이것을 해당 지역에서 핵보유 강대국들의 핵선제사용 배제에 대한 명확한 공약으로 뒷받침하는 제도적 장치를 확보하는 데 있다는 것은 명확하다. 이를 위한 남북한과 일본 사이의 공동 노력 여부는 한반도에 평화체제를 구축하고 그것을 동아시아 공동안보체제로 확장해나갈 수 있을지에 대한 시금석이다.

8. 동북아 비핵지대를 군사동맹 문제와 분리할 필요성

동북아 비핵무기지대의 실현가능성을 높이기 위한 논의에서 우리가 피할 수 없는 이슈의 하나는 그것이 미일군사동맹과 양립할 수 있느냐의 문제다. 얼핏 일본이 자신의 영토와 영해, 영공을 비핵무기지대에 포함시킨다는 것은 미국의 핵우산을 포기하는 것이라고 생각할 수 있다. 미국 핵우산 포기는 미일동맹 자체의 형해화(形骸化)를 의미한다. 만일 일본 열도를 한반도와 함께 비핵지대에 포함시키는 동북아 비핵지대 건설이 미일동맹 자체 그리고 그 핵심적 요소의 하나로서 일본에 대한 미국의 핵우산을 해제하는 것을 의미한다면 미국이나 일본 어느 쪽도 동북아 비핵지대 건설을 지지할 가능성은 제로다.

그러므로 여기서 우리는 발상의 전환이 필요하다. 동북아 비핵지대 건설을 미일동맹, 한미동맹 그리고 북중동맹과 일정하게 분리해 사고하는 것이 필요하며 또 그렇게 할 수 있다. 한반도와 일본 열도를 비핵지대로 하는 것은 미국, 중국, 러시아가 한반도와 일본 열도에 핵무기를 반입하지도, 배치하지도, 사용하거나 사용을 위협하지도, 통과시키지도 않는다는 것을 의미한다. 그러나 만일 중국이나 러시아가 일본에 대해 핵무기 사용을 위협하면 미국이 미일동맹에 따라 자신의 전략핵으로 일본에 핵우산을 제공하는 것은 비핵지대 안 국가들에 핵무기를 사용하거나 위협하는 것과는 다른 것이다.

또 미국이 북한에 핵무기 사용을 위협하면 중국이 군사동맹에 의거한 핵우산으로 북한을 보호하겠다고 나선다 하더라도 그것이 비핵지대 구성과 양립할 수 없는 것은 아니다. 중국이 북한에 제공하는 핵우산이란 결국 미국이 북한을 향해 핵무기를 사용하거나 그 사용을 위협할 경우 중국이 한반도가 아닌 미국을 상대로 핵무기 사용을 위협하는 것을 말한다. 반드시 미국 본토를 목표로 하는 것이 아니더라도 괌이나 하와이 같은 동아태지역 미국의 취약 부분에 대한 보복을 위협함으로써 중국은 미국을 상대로 하는 '공포의 균형'을 북한을 위해 제공하는 것이 된다.

따라서 동북아 비핵지대 건설을 곧 미국이나 중국과 비핵지대 내 국가들 사이의 군사동맹 자체의 해체로 직결할 필요는 없다. 한반도에서 남북이 미국, 중국과 함께 평화협정체제를 구축하게 될 경우 그 결과로 남북한 양측이 합의에 따라 한미동맹과 북중동맹을 동시적으로 해제하는 것은 있을 수 있는 일이며, 그 가능성은 더 높아질 수 있다. 그러나 그것을 미리 동북아시아 비핵지대 조약의 전제조건으로 삼을 필요는 없다.

그러므로 동북아 비핵지대에 대한 일본 정치사회의 중도적 여론의 동의를 이끌어내는 데 동북아 비핵지대 구성을 미일동맹과 분리하는 것은 필요하다고 보인다. 미국의 동아시아 전략 전반의 핵심 기둥은 미일동맹이다. 핵무기를 보유한 거대한 두 대륙세력을 마주하고 있는 일본에 미일동맹의 주요한 존재 이유는 미국이 일본에 제공하는 핵우산이라 할 수 있다. 그렇기 때문에 일본의 국가권력과 미국이 동북아 비핵무기지대 조약을 거론하는 것 자체에 본능적 거부감을 가져온 것이다.

일본 사회와 미국 정부가 동북아 비핵지대를 받아들이려면 결국 현실적으로 두 가지가 필수적 요건이 아닌가 한다. 하나는 동북아 비핵지대가 미일동맹 자체와 양립하는 조건이다. 다른 하나는 말할 것도 없이 한반도에 평화협정체제가 성립하여 북한의 핵위협과 한반도의 전쟁 위험에 대한 일본 사회의 불안이 해소되는 것이다. 동아시아 시민사회의 평화운동이라는 관점에서도 한국 평화운동이 일본 평화운동을 지원하는 가장 일차적이고 시급한 역할은 한반도에서 북한의 핵무장 해체를 이끌어낼 한반도 평화체제 구축을 촉진하는 일이다.

동북아 비핵지대를 구성하기 위해 미일동맹을 해체한다는 논리를 앞세우기보다 미일동맹과 양립 가능성을 열어둔 형태로 동북아 비핵지대 조약을 구상하면, 그 조약의 성립이 더 현실성을 띠게 된다. 일단 조약이 성립하면 그것이 동아시아 공동안보의 초석이 되어 장차 자연스럽게 미일동맹이나 미국 핵우산에 대한 의존이 불필요해지는 수준으로 동아시아 차원의 좀더 성숙한 공동안보 질서가 자리 잡을 수 있는 정치적 공간이 열릴 것을 기대할 수 있다.

9. 동북아 비핵무기지대 조약 모델 재정리

이상의 논의를 종합적으로 고려하여 반영한 동북아 비핵무기지대 조약의 가장 핵심 내용을 여기에 간략히 정리해보려고 한다. 여기서 필자가 제시하려는 동북아 비핵지대 조약 모델의 원형을 처음 정리한 것은 앞서 논의했듯이 일본의 저명한 평화운동가인 우메바야시 박사가 2004년 4월 뉴욕회의에서 발표한 것이다.[49]

필자도 직접 참여한 2000년 스웨덴 웁살라회의에서 유엔은 국제평화운동 NGO들과 공동으로 동북아 비핵무기지대 건설을 위한 운동을 공식화했다. 그 뒤 특히 우메바야시 박사가 주도하는 일본 시민평화운동 단체인 피스데포는 모델조약을 만들려고 노력했다. 그 과정은 2005년 필자와 우메바야시 박사 등이 공동으로 저술한 『동북아시아 비핵무기지대』라는 저서에서 이렇게 설명했다. "특히 일본의 토요타재단과 니와노(庭野)평화재단의 지원으로 일본 피스데포와 한국 평

---

49 이삼성·우메바야시 히로미치 외, 2005, 73쪽.

화네트워크는 2003년부터 제네바, 서울, 뉴욕, 상하이, 히로시마에서 이 문제에 대한 워크숍을 계속할 수 있었다. 그리고 2004년 4월 뉴욕 워크숍에서는 우메바야시 박사가 '동북아시아 비핵무기지대 조약'의 초안을 작성·제안했다.[50]

그 초안은 더 다듬어진 형태로 2004년 7월에 작성되었고 2005년 한 일 공동으로 출간한 책에 실렸다. 그런데 우메바야시 박사는 2011년 몇 가지 수정을 가해 새로운 모델조약안을 만들었다.[51] 크게 두 가지 점을 고쳤다. 2004년의 모델조약 초안은 동북아 비핵지대 조약을 비핵지대를 구성하는 비핵국가들인 남북한과 일본 사이의 본조약과 이 비핵지대를 주변 핵보유국들인 미국, 중국, 러시아 3국이 존중하고 준수함을 공약하는 '동북아시아 비핵무기지대 조약에 대한 의정서'라는 두 가지로 구성했다. 그러나 2011년의 조약안은 비핵지대를 구성하는 남북한과 일본뿐 아니라 핵보유국인 미국, 중국, 러시아를 포함한 6개 국가가 함께 하나의 조약을 체결하는 방식으로 고쳤다. 이것은 초기 논의 과정에서 필자가 주장한 내용이기도 했기 때문에 이러한 수정을 환영한다. 다만 앞서 언급했듯이 두 방식 사이에 우열이 있는 것은 아니고 국제적 여건에 따라 융통성을 발휘할 문제라고 생각하고 있다.

둘째는 2004년 조약안 가운데 핵보유국들이 체결하는 의정서에서 핵보유국들이 비핵지대에 대해 져야 할 의무사항을 이렇게 규정했다. "체결국은 동북아시아 비핵무기지대에 대해서 핵무기를 사용하지 않으며 또한 사용 위협을 하지 않을 것을 약속한다."[52] 그런데 2011년 새 모델조약안에서는 핵보유국의 의무를 비핵지대에 대한 핵무기 공격뿐만 아니라 재래식 무기에 의한 공격도 금지하는 내용으로 확대했다. 즉 이렇게 규정했다. "주변 핵보유국은 다음의 내용을 약속한다.

---

50 이삼성·우메바야시 히로미치 외, 2005, 73쪽.

51 우메바야시 히로미치, 2014, 264~272쪽.

52 이삼성·우메바야시 히로미치 외, 2005, 89쪽.

(a) 핵폭발 장치에 의하든 재래식 무기에 의하든 동북아시아 비핵무기지대에 대해 무력 공격을 가하지 않는다. 또한 무력 공격의 위협을 하지 않는다.'[53]

그런데 앞서 필자가 논의한 것과 같이 재래식 무기에 의한 군사적 분쟁을 비핵지대 조약에서 다루는 것은 일반적이지 않다. 특히 일본과 주변 국가들 사이의 분쟁과 관련해 중국과 러시아의 비핵지대 조약에 대한 참여를 이끌어내는 것을 사실상 불가능하게 만드는 걸림돌이 될 우려가 있다. 우메바야시 박사는 이 조약에서 비핵지대에 대한 핵공격뿐만 아니라 재래식 무기 공격도 금지하는 내용으로 바꾼 이유로 두 가지를 거론한 것으로 필자는 이해했다. 하나는 북한에 대한 미국의 재래식 공격도 금지하여 북한 참여를 유도한다는 생각이고, 또 일본에 대한 중국 등의 재래식 공격 불안도 없애서 일본 참여를 촉진할 수 있다는 발상이다. 그러나 북한에 대한 미국의 재래식 공격이나 남한에 대한 중국의 재래식 공격 문제는 한반도 평화협정에서 다룰 문제라고 필자는 생각했다. 그리고 일본과 중국, 일본과 러시아 사이의 재래식 무기에 의한 군사적 분쟁을 예방하는 문제는 비핵지대 조약이 아닌 다른 별도 조약체제 내지 동아시아 공동안보 메커니즘을 구축하여 더 잘 해소할 수 있고 또 그래야만 하는 문제영역이라고 필자는 믿는다. 일반적인 비핵지대 건설의 취지에 맞게 조약안을 구성함으로써 조약의 실현가능성을 높여야 하며, 그렇지 않고 다른 이슈영역을 함께 뒤섞어놓으면 본말이 전도될 수도 있다.

또 필자가 우메바야시 박사의 조약안에 대해 의견을 달리해 수정해야 할 부분이라고 생각하는 것은 역시 앞에서 논의한 바 있으나, 간략히 언급할 필요가 있다. 히로미치 박사의 조약안은 2004년 모델조약안과 2011년의 모델조약안 모두에서 비핵지대 내 국가들, 즉 남북한과 일본이 "자국의 안보 모든 측면에서 핵무기 또는 그 외의 핵폭발

---

53 우메바야시 히로미치, 2014, 267쪽.

장치에 의존하는 것을 완전히 배제한다"라고 규정했다.[54] 이것은 일본과 한국이 미국의 핵우산에 의존하는 것을 금지하는 것을 말한다. 그런데 필자 의견으로는 미국의 일본과 한국에 대한 핵우산을 전면 배제하는 내용을 담은 비핵지대안은 미일동맹·한미동맹과 양립할 수 없어서 일본, 한국에서 현실성을 갖지 못해 정치권에서 본격적인 논의 대상 자체가 되기 어렵다.

그러므로 비핵지대 조약 자체는 주변의 3대 핵보유국이 비핵지대 영역에 핵무기를 반입하거나 사용하거나 사용을 위협하는 것을 금지하는 것으로 족하다. 미국의 핵우산은 중국이 일본이나 한국을 핵으로 공격할 때 미국이 중국 영토에 핵공격으로 보복하는 것을 의미한다. 그러므로 비핵지대 안에 핵무기를 반입하거나 사용하는 것과 다르다. 따라서 필자 생각으로는 비핵지대는 일본이나 한국에 대한 미국의 핵우산 그리고 이들 두 나라와 미국 사이의 군사동맹 자체와 모순되지 않으며 양립 가능하다. 일단 그 양립 가능성을 배제하지 않을 때 동북아시아에서 비핵지대 성이 현실성을 띤다는 것이 필자 생각이다. 현실성이 없는 비핵지대 조약안은 허구에 불과하다. 이상을 추구하되 가급적 허구 가능성을 최소화해야 하는 것이 평화운동의 또 하나 피할 수 없는 숙제라는 것을 생각하게 된다.

이러한 점들을 고려하여 필자는 2011년 우메바야시 박사가 수정한 모델조약안을 원형으로 삼되, 위에서 필자가 지적한 내용들을 반영하여 조약에 반드시 들어가야 할 내용만 여기에 밝혀두고자 한다. 동북아시아 비핵지대 조약이란 구체적으로 무엇을 말하는지에 대한 기본 내용을 명백히 하려는 목적에서다.

우메바야시 박사가 작성한 모델조약안에는 전문(前文)과 함께 총 15조에 이르는 내용이 들어 있다. 그 가운데 핵심적인 것은 제1조 용어의 정의, 제3조 핵폭발 장치에 관한 기본적 의무, 제4조 원자력의

---

54 우메바야시 히로미치, 2014, 267쪽.

비군사적 이용, 제5조 방사성 물질의 해양 투기 및 공중 방출, 제6조 핵시설에 대한 무력 공격의 금지 그리고 제15조 유효기간 등이다. 나머지는 이 조약의 집행 및 관리와 개정 등에 관한 절차적 규정들이다.[55] 그러므로 여기서는 이 주요 부분에 대해서만 필자 의견을 반영해 재정리하고자 한다. 각 조항에서도 동북아 비핵지대 조약을 이해하는 데 당장 긴요하지 않은 내용은 생략한다.

* * *

제1조 용어의 정의

이 조약을 적용함에 있어

1. '동북아시아 비핵무기지대'란 일본, 대한민국, 조선민주주의인민공화국의 영역에 형성되는 지역을 뜻한다.

2. '영역'이란 영토, 내수(內水), 영해, 이들의 해저 및 지하 그리고 이들의 상공을 의미한다.

3. '지대 내 국가'란 일본, 대한민국, 조선민주주의인민공화국을 뜻한다.

4. '주변 핵보유국'이란 NPT 조약상의 핵보유국 중에서 중화인민공화국, 미합중국, 러시아연방을 뜻한다.

5. '체결국'이란 '지역 내 국가'와 '주변 핵보유국'을 합한 6개국 가운데 본 조약의 규정에 따라 비준서를 기탁한 국가를 뜻한다.

6. '핵폭발 장치'란 사용 목적을 불문하고 핵에너지를 방출할 수 있는 모든 핵무기 또는 그 외의 폭발 장치를 뜻한다. 그중에는 조립되지

---

55 전문(前文)을 포함하여 여기서 언급하지 않은 다른 조항들은 우메바야시 박사의 저서(2014, 264~272쪽)를 참고하기 바란다. 그 조항들의 제목은 다음과 같다. 제2조 조약의 적용; 제7조 동북아시아의 비핵무기지대 위원회의 설립; 제8조 집행위원회의 설립; 제9조 관리제도의 확립; 제10조 서명, 비준, 기탁 및 발효; 제11조 유보의 금지; 제12조 조약의 개정; 제13조 재검토회의; 제14조 분쟁의 해결 등이다.

않은 형태와 부분적으로 조립되어 있는 형태의 핵무기 또는 폭발 장치는 포함되지만, 그것의 운송 또는 운반 수단이 분리 가능하고 불가분의 일부를 이루고 있는 것이 아닌 경우는 포함되지 않는다.

제3조 핵폭발 장치에 관한 기본적 의무

1. 지대 내 국가의 의무

지대 내 국가는 다음의 의무를 진다.

(a) 동북아시아 비핵무기지대의 안팎을 불문하고 핵폭발 장치의 연구, 개발, 실험, 제작, 생산, 수령, 보유, 저장, 배치, 사용을 하지 않는다.

(b) 다른 국가 혹은 국가 이외의 집단이나 개인이 지역 내 국가의 영역에서 본조 1항 (a)에서 지적한 행위를 하는 것을 금지한다.

2. 주변 핵보유국의 의무

주변 핵보유국은 다음의 의무를 진다.

(a) 동북아시아 비핵지대에 대해 핵폭발 장치에 의한 공격을 가하지 않는다.

(b) 지대 내 국가가 약속한 본 조 1항의 모든 의무를 존중하고 지대 내 국가들이 그 의무를 이행하는 것을 방해하는 어떤 행위도 하거나 지원하지 않는다.

(c) 동북아시아 비핵지대에서 핵폭발 장치를 탑재한 선박 또는 항공기를 기항하거나, 착륙시키거나, 영공을 통과시키지 않으며, 무해통행권 또는 선박 통행권에 포함되지 않은 방법으로 지대 내 국가의 영해를 일시 통과시키지 않는다.

제4조 원자력의 비군사적 이용 보장

1. 본 조약의 어떤 규정도 체결국이 원자력을 비군사적으로 이용할 권리를 침해하지 않는다.

2. 지대 내 국가는 핵확산금지조약(NPT) 제3조에 규정된 안전조치하에서만 원자력의 비군사적 이용을 행하기로 한다.

제5조 방사성 물질의 해양 투기 및 공중 방출 금지
지대 내 국가는 다음의 의무를 진다.
1. 동북아시아 비핵무기지대의 어떤 장소에서도 방사성 물질이나 방사성 폐기물을 해양에 투기하거나 공중에 방출하지 않는다.
2. 동북아시아 비핵무기지대의 어떤 장소에서도 다른 국가 혹은 국가 이외의 집단이나 개인이 방사성 물질이나 방사성 폐기물의 해양 투기나 공중 방출을 일체 허가하지 않는다.

제6조 핵시설에 대한 무력 공격의 금지
체결국은 동북아시아 비핵무기지대 내에 존재하는 핵시설(국제원자력기구IAEA에 신고되어 사찰을 받고 있는 시설들)에 대해 어떤 방법으로든 무력 공격을 목적으로 하는 행동을 취하지 않으며, 그러한 행위를 지원하지도 않으며, 장려하지도 않는다.

제15조 유효기간
본 조약은 무기한의 효력을 갖는다.

* * *

10. '동아시아 평화벨트' 상상하기

동아시아 대분단체제 안에서 재구성되고 내면적으로 심화되고 있는 지정학적 긴장은 남중국해에서 타이완해협을 거쳐 센카쿠열도·다오위다오를 포함한 오키나와해역 그리고 제주도를 거쳐 한반도 서해안으로 연결되는 '동아시아 대분단선'에서의 군사적 긴장으로 표현된다. 이 대분단선은 미일동맹의 기득권인 동아태 해양패권과 중국의 팽창하는 국력이 물리적으로 만나는 지점이다. 중국은 특히 2000년대 들어 국력 팽창과 함께 영토적 자기정체성의 개념이 확장되고 있다. 그간 미국 패권에 제한되고 절제되어 있던 상태에서 벗어나 확장하는 중국의 자기영역 의식은 기존 미국의 해양패권과 근원적으로 상충하면서 긴장을 불러일으키고 있다.[56]

이러한 갈등적인 지정학적 현실은 미국을 포함한 동아시아 사회들 공동의 '의식적이고 체계적인 외교적 노력 없이는' 내재적인 상충 요인들로 특히 한국을 포함한 동아시아지역 평화를 위협할 운명에 있다. 대분단체제의 지리적 표상이라 할 수 있는 동아시아 대분단선은 미일동맹과 중국 사이의 지정학적 긴장이 축적되는 지점이며, 이 지점을 따라 남으로는 남중국해에서 타이완해협과 오키나와를 거쳐 북으로는 한반도 서해상에 이르기까지 군사화가 심화되고 심지어 군사적 충돌도 일어날 수 있는 위험성을 언제라도 안고 있다. 이 선상(線上)의 섬들은 그 자체로 군사적 요충지들이며, 그렇기에 '동아시아의 발칸'들로 작용할 잠재성을 내포한다. 그러므로 동아시아 대분단체제에서 지정학적 긴장의 평화적 관리는 이들 대분단선상 잠재적 발칸들을 어떻게 '평화지대'로 전환할 수 있을지의 문제와 직결된다.

2007년 6월 8일 서울대학교 정치학과의 BK21 프로그램의 일환으로 제주도에서 '세계화 시대의 전쟁과 평화'라는 대주제로 국제학술회의가 열렸다. 필자는 이 자리에서 「동아시아 대분단체제를 넘어서: 제주-오키나와-타이완을 연결하는 동아시아 평화벨트 상상하기」라는 제목의 논문을 발표했다.[57] 그로부터 2주일 뒤인 2007

---

56 이삼성, 「21세기 동아시아의 지정학: 미국의 동아태지역 해양패권과 중미관계」, 『국가전략』 제13권 제1호(2007, 봄), 5~32쪽.

57 Samsung Lee, "Beyond the East Asian Grand Division: Imagining an 'East Asian Peace Belt' of Jeju-Okinawa-Taiwan Islands," A Paper presented at Jeju International Peace Conference 2007, titled *War and Peace in the Era of Globalization: Experiences from Europe and Asia*, Co-Organized by SNU-KIEP Center, Institute for Gender Research(Seoul National University), BK21 Political Science Paradigm

년 6월 20일 참여연대 평화군축센터와 코리아연구원이 공동으로 주최한 한일(韓日) 국제세미나가 열렸다. '대안적 동북아 평화구상과 '평화국가' 만들기'라는 주제의 세미나였다. 필자는 참여연대 평화군축센터 요청으로 앞서 제주도에서 발표한 글을 같은 제목이었지만 좀더 자세한 내용을 담아 발표할 기회가 있었다.[58] 필자는 이 발표들에서 동아시아 대분단선상 연해지역들(littoral areas)을 잠재적 발칸이 아닌 '평화벨트'로 전환하려는 동아시아 사회들 공동의 의식적 노력의 필요성을 제기했다.[59]

'평화지대화'는 그 지대에 속한 땅에 대한 주권을 이웃 나라 또는 추상적 공동체에 헌납하는 것이 아니다. 그 지대에 속한 땅과 영해와 영공의 군사적 활동을 제한하는 공동안보적 장치를 마련함으로써 그 지역의 탈군사화를 추구하는 것을 말한다.

타이완해협, 오키나와, 제주도 남방해역 그리고 남중국해와 한반도 서해상은 동아시아 대분단선을 따라 형성된 군사적 전초기지들이거

Project(Seoul National University), Institute for Peace Studies(Cheju National University), Jeju Shilla Hotel, June 7~9, 2007. 이 발표문은 현재 고려대학교 정치외교학과 김남국 교수가 편집한 도서로 출간된 다음 책에 전재(轉載)되었다. Samsung Lee, "Beyond the East Asian Grand Division: Imagining an East Asian Peace Belt of Jeju-Okinawa-Taiwan Islands," Nam-Kook Kim, ed., *Globalization and Regional Integration in Europe and Asia*, Farnham, England: Ashgate Publishing Company, 2009, pp.161~179.

58 이삼성, 「동아시아 대분단체제를 넘어서: 제주-오키나와-타이완의 동아시아 평화벨트를 상상하기」, 참여연대 평화군축센터와 코리아연구원 공동주최 한일 국제세미나 '대안적 동북아 평화구상과 '평화국가' 만들기', 참여연대, 2007. 6. 20.

59 최근 필자는 오키나와의 한 지식인이 비슷한 상상을 제기했음을 알게 되었다. 가와미츠 신이치(川滿信一)는 2008년 제주도에서 열린 제주 4·3 60주년 집회에 참가한 후 소감을 피력한 글(오키나와의 『정황』이라는 잡지 2008년 7월호)에서 제주도, 오키나와, 타이완을 포함해 잇는 '쿠로시오 로드 비무장지대'를 구성할 것을 제안했다. 그는 또한 이 지대에 관한 '초국경헌법'을 만들자는 제안도 덧붙였다(가와미츠 신이치, 「제주도의 해풍-4·3 제주학살사건 60주년 집회에 참가하고」, 가와미츠 신이치, 이지원 옮김, 『오키나와에서 말한다: 복귀운동 후 40년의 궤적과 동아시아』, 이담, 2014, 276쪽).

나 그럴 위험성을 안고 있다. 동아시아 대분단체제의 지리적 표상이기도 하다. 이 해역들은 모두 미일동맹의 해상 기득권과 중국의 확장하는 자아가 맞부딪치는 곳들이다. 그로 인한 긴장은 세월이 갈수록 가중될 수밖에 없다. 이 지역들에서 평화지대화 문제는 이상주의자들의 몽상이 아니라 절실한 현실적 요청으로 다가온다.

동아시아의 지속가능한 평화는 이 지점들이 동아시아 화약고로부터 동아시아 사회들의 평화적 공존을 표상하는 지점들로 어떻게 전환될 수 있는지에 직접적으로 의존한다. 그러므로 동아시아 공동안보의 비전은 이 지역들의 존재 방식에 대한 새로운 개념을 빚어낼 것을 요구한다.

동아시아 대분단선 위에 놓여 있는 지역들은 그 성격상 몇 묶음으로 나눌 수 있다. 남중국해가 하나이고, 타이완해협 양안과 센카쿠(댜오위다오)를 포함하는 오키나와열도가 또 하나 묶음이 될 수 있다. 제주도 남방해역을 포함한 동중국해역도 하나의 묶음으로 생각할 수 있다. 이곳은 한국, 중국, 일본의 경제수역이 만나고 방공식별구역(Air Defense Identification Zone: ADIZ)들이 겹친다. 타이완해협, 센카쿠·댜오위다오를 포함한 오키나와 해역 그리고 제주도 남방해역은 넓은 의미의 동중국해에 해당한다. 이 지역을 하나의 평화지대로 구상하는 비전도 가능하다. 한편 한반도 서해상은 중국과 한국 심장부들의 전략적 접점이다.

남중국해역은 중국과 타이완 그리고 동남아시아 국가들이 공동으로 평화지대를 구성하는 주체가 될 수 있을 것이다. 타이완해협의 양안과 오키나와는 각각 중국과 미국, 일본에 의해 과잉 군사화되어 있는 지역이다. 타이완해협 양안의 일정한 범위를 비무장화하는 것을 중국이 주도하고, 센카쿠·댜오위다오를 포함하는 오키나와 해역을 일본과 미국이 주도하여 일정하게 비무장화 또는 비군사화하는 노력이 필요하다. 제주도 남방해역을 포함한 동중국해는 한국, 중국, 일본 등 삼국이 이 해역을 평화지대화하는 비전을 개발할 필요가 있다. 그 비전의 한가운데에서 제주도가 중요한 역할을 할 수 있을 것이다. 한반도 서해상에서는 한국과 중국 사이에 궁극적으로 서해(황해)의 과잉 군사화를 예방하는 평화지대화의 비전 개발 또한 요청된다.

필자가 말하는 동아시아 평화벨트 개념의 요지는 다음과 같은 것이다. 미국과 일본은 오키나와 해역(센카쿠·댜오위다오 포함)의 비군사화를 향한 이니셔티브를 취하고 중국이 이에 협력한다. 이와 동시에 중국은 타이완해협의 비군사화를 위한 이니셔티브를 취하고 타이완과 미일동맹이 이에 협력한다. 이와 동시에 한국은 제주도 남방해역의 비군사화를 위한 창의적 역할을 통하여 중국과 일본의 협력을 이끌어내고 미국이 협력한다. 이렇게 함으로써 '광역의 동중국해'에 대한 평화지대화를 추구한다. 그 결과는 타이완-오키나와-제주도를 잇는 평화벨트가 될 것이다.

동중국해의 비군사화·평화지대화는 남중국해의 비군사화와 긴밀한 상관성을 갖는다. 남중국해의 경우 동북아 차원을 넘어서 동남아시아를 포괄하는 좀더 광범한 다자적 협력이 요청되는 곳이다. 그런데 동북아와 동남아시아를 포괄하는 동아시아적 공동안보의 기본 전제는 동북아에서 타이완-오키나와-제주도 해역의 평화지대화라고 할 수 있다. 타이완-오키나와-제주도 해역을 비군사화하기 위한 동북아 공동안보의 틀이 마련될 때 남중국해의 평화지대화를 가능하게 만들 수 있는 동아시아적 공동안보의 가능성도 열릴 것이다.

2017년 말 들어 동중국해와 남중국해에서 양자 간 또는 다자간에 국가들 사이의 군사적 충돌을 예방하기 위한 협의가 일정한 진전을 이루었다. 2017년 12월 5~6일 중국과 일본은 상하이에서 열린 회담에서 동중국해에서 우발적인 군사적 충돌을 예방하기 위한 핫라인 개설에 합의했다.[60] 아베 일본 수상은 2007년 당시 후진타오 중국 주석과 동중국해 해역과 상공에서 자위대와 중국군 사이의 충돌

---

60 Nozomi Matsui and Takashi Funakoshi, "Japan, China agree on hotline to avoid clash in East China Sea," *The Asahi Shimbun*, December 7, 2017.

을 막기 위한 직통 통신 체제를 설치하기 위한 협의를 시작했다. 그러나 일본이 2012년 9월 센카쿠(댜오위다오)열도를 국유재산으로 구매하는 조치를 취하면서 이 문제에 대한 협의가 중단된다. 2014년 이 문제에 대한 협의가 다시 시작되지만 걸림돌이 있었다. 이 핫라인 설치에서 센카쿠(댜오위다오)의 법적 위상에 대해 합의할 수 없었던 것이다. 이번 협의에서는 센카쿠(댜오위다오) 문제를 명시적으로 언급하지 않고 미봉한 채 협의를 진행한 덕분에 일단 합의가 되었다. 이번 합의는 시진핑 주석과 아베 총리가 2017년 11월 정상회담에서 관계 개선을 위해 노력하기로 합의한 것이 계기가 되었다고 『아사히신문』은 설명했다.

또 2017년 11월엔 필리핀과 중국 사이에 그리고 아세안과 중국 사이에 남중국해에서 군사적 충돌을 예방하기 위한 협의가 진행되었고 일정한 합의가 이루어졌다. 중국과 필리핀은 중국 리커창(李克强) 총리가 마닐라를 방문한 뒤 양국이 낸 공동성명에서 양국은 남중국해에서 분쟁 해결 수단으로 무력을 배제하는 데 합의한다고 밝혔다. 필리핀 대통령 로드리고 두테르테(Rodrigo Duterte)는 별도 성명에서 아세안과 중국 사이에 남중국해에서 무력 분쟁을 피하기 위한 '행동규범'(Code of Conduct: COC)에 관한 실질적 협상을 시작하게 될 것이라고 밝혔다. 이러한 협상은 빠르면 2018년 봄 베트남에서 시작될 수 있을 것이라고 했다. 그는 또한 아세안과 중국이 남중국해의 해상 비상사태를 관리하기 위한 핫라인을 성공적으로 개통했다고 밝혔다. 이 모든 것이 긴장을 줄이고 우발적 사태의 위험을 예방하며, 오해와 오산을 줄이기 위한 조치들이라고 두테르테는 설명했다.[61]

이러한 노력이 시작되고 확산되면 동아시아 대분단선의 군사적 긴장이 엄중한 오늘의 현실도 변화하면서 장차 분단선이 아닌 평화지

---

61 Reuters, "Beijing, Manila agree to avoid force in South China Sea dispute," *The Asahi Shimbun*, November 16, 2017.

대로 탈바꿈할 희망도 현실성을 띠게 될 것이다. 한반도 비핵화를 통한 한반도 평화체제 구축은 동북아시아 비핵무기지대화를 가능하게 하며, 그 비핵무기지대 건설은 동아시아지역 전반에서 국가들의 열린 자세에 따라 뒷받침될 것이다. 이렇게 성립한 비핵무기지대 건설은 동북아시아 공동안보의 출발점이 되고, 이것은 동아시아 평화벨트의 구성을 가능하게 하는 토대가 될 것이다. 이를 토대로 동북아시아 공동안보는 동남아시아 아세안과 공동안보를 구축할 수 있고, 그로써 동북아와 동남아를 포괄하는 '동아시아' 공동안보가 성립하게 될 것이다. 그러한 동아시아 공동안보는 남중국해평화지대화도 가능하게 하는 힘으로 작용할 수 있을 것이다.

11. 대분단체제 안에서 한국의 위치와 진화

1) 대분단체제 안에서 중간자

대분단체제 안에서 한국은 중간자적 존재다. 좋든 싫든 그것은 우리의 실존적 조건이다. 아시아에서 한반도는 역사의식을 포함한 가치영역과 지정학적 견지에서 모두 중간자(中間者)적 위치에 있음을 인식하지 않을 수 없다. 그것은 한반도가 항상 동아시아의 긴장과 위기의 중심에 있는 것을 의미하지만, 동시에 한국의 선택과 역할이 동아시아 미래에 갖는 중요성을 뜻하는 것이기도 하다.

그래서 중간자는 동시에 균형자(均衡者)로서 잠재력을 가진다. 지정학적 차원에서 동아시아의 정중앙(正中央)에 위치한 한반도의 국가는 특히 반도 전체의 사회적 통합과 건강성에 기초한 내적 자강(自彊)을 이룩할 경우 실질적 균형자 역할을 담당할 수 있다. 다만 한국이 그러한 주체적 역할을 담당할 수 있는지를 떠난 객관적 조건만 본다면 한국은 기본적으로 중간자 위치에 서 있다.

한국은 우선 대륙세력과 해양연합 사이의 지정학적 패권경쟁에서 중간자적 존재일 수밖에 없다. 해양연합세력과 대륙세력이 한반도를 포함한 동아태지역에서 패권 경쟁을 벌이는 상황은 크게 세 국면으로 나눌 수 있다.

첫째는 균형 지속의 국면이다. 1945년 8월 이후 오늘에 이르기까지가 여기에 해당한다. 한반도 분단, 전쟁 그리고 분단 공고화에서 21세기 초 북한의 핵무장 사태 등은 모두 두 세력의 권력이 기본적으로 균형 상태를 벗어나지 않는 상황에서 벌어진 일이다.

둘째는 대륙세력 우위의 국면이다. 해양세력이 퇴조하거나 해양동맹이 와해되는 반면에 대륙세력이 남중국해와 타이완, 동중국해 그리고 한반도에 대한 영향력에서 우월한 위치를 점하는 국면이다. 미일동맹이 확보해온 동아태 해상패권이 무너지고 이를테면 팍스 시니카(Pax Sinica)로 이행하는 상황이다.

셋째는 균형의 국면과 대륙세력 우위 국면 사이의 과도기적 국면이다.

이 세 국면 가운데 현재는 균형 지속의 국면에서 크게 벗어난 것이 아니다. 앞으로도 상당 기간 균형 국면이 지속될 것이다. 그 뒤에도 대륙세력 우위가 당장 오는 것은 아니고, 또 다른 수십 년간의 과도기적 국면이 있을 수 있다. 균형 국면과 과도기적 국면을 합해서 반세기가 될 수도 있고 한 세기가 될 수도 있다.

반세기 또는 한 세기 뒤에 대륙세력 우위가 완연해진 조건이 된다면, 한반도의 국가는 대륙 중심 질서에 어떤 형식으로든 편입되게 될 것이다. 대륙세력 우위의 조건이라는 것도 그때 중국의 정치체제와 이념이 어떤 성격이 되느냐에 따라 큰 차이가 있을 것이다. 분명한 것은 중국이 해양세력과 경쟁에서 지정학적·문명적으로 안정적 우위를 점할 수 있을 정도가 되려면 단순한 부국강병뿐만 아니라 정치사회적 체제와 이념에서 또 하나의 질적 도약이 있어야 한다는 점이다. 그러한 또 하나의 질적 변화 없이 단순한 부국강병의 진전만으로 중국이 해양연합세력을 압도하는 팍스 시니카를 이루는 일은 상상하기가 쉽지 않다고 본다.

문제는 앞으로 30년이 될지 반세기가 될지 또는 한 세기가 될지 알 수 없는 '균형 국면과 과도기적 국면을 포함한 장기 미래'에서 한반도가 처한 지정학적 조건이다. 한반도가 동아시아 질서의 중간자적 존재라는 것은 이 장기 미래 전체에 걸쳐 적용될 수밖에 없는 숙명이다. 문제는 우리가 그러한 중간자적 위상이라는 객관적 조건을 균형자 역할로 승화할 수 있는 주관적 의지와 역량을 갖출 수 있느냐다. 그 여부는 시대마다 한반도 국가의 민주적인 정치사회적 통합력과 자강 능력에 따라 좌우될 것이다.

2) 미일동맹과 중국 간 세력균형의 이동과 한반도의 지정학적 의미의 변동

전후 동아시아 질서의 형성과 구조에서 중국의 내적 정체성 구성 또는 재구성은 처음부터 결정적 변수였다. 미소관계는 중국 사회의 내적 자기결정이라는 결정적 계기로만 전후 동아시아 질서의 결정에 투영될 수 있었다. 신중국 성립 이후 중국에 한반도의 향배는 신생국가(중화인민공화국)로서 극단적 위험을 껴안는 것을 의미한 전쟁(미국과의 군사적 충돌)도 불사할 만큼 핵심이익의 영역이었다. 한국전쟁 발발 자체가 그러한 중국의 한반도 인식과 그에 바탕을 두고 중국이 선택한 결과이며, 이 전쟁은 다시 전후 동아시아 질서의 결정적 공고화에 책임이 있다. 냉전시기 내내 그 전반기에는 비타협적 형태로, 그 후반기에는 타협적 형태로 중국대륙과 미일동맹 사이에 지정학적·정치적·역사심리적 긴장 구조가 존재했다.

소연방 붕괴 후 유라시아대륙과 해양연합 사이의 긴장이 중국 대 미일동맹의 대립으로 단순화되고, 북한의 생존과 안보의 열쇠 역시 중국의 '책임 영역'으로 단순화되었다. 2000년대 들어 본격화된 국력 팽창과 함께 중국의 '자기정체성'이 확장되면서, 미일동맹의 동아태 지역 해상패권이라는 기득권과 중국의 확장되는 영토적 자기의식 사이의 긴장이 축적되어 왔음은 앞서 지적한 바와 같다.[62]

---

62 이삼성, 「21세기 동아시아의 지정학」, 2007.

남중국해, 타이완해협, 오키나와해역 포함한 동중국해 그리고 한반도 서해상에서 중국의 영토의식 확장 또는 재구성과 미일동맹의 해상 기득권 사이의 긴장이 발전해왔다. 중국 처지에서 현재와 미래의 동아시아에서 '대전략'적 핵심이익지역은 남중국해, 타이완, 한반도 그리고 대러시아 관계라고 대별할 수 있다. 남중국해는 아세안과 관계를 재정립해서, 타이완은 경제통합을 통한 장기적 통일전략으로, 러시아는 SCO를 통한 유라시아대륙연합의 구성으로 일정하게 평화적 관리를 추구하고 있다.[63]

중국에 가장 난해한 요소이면서 가장 결정적 변수가 한반도다. 중국대륙과 해양연합이 대치하는 동아시아의 지정학적 구조에서 한반도는 중국 심장부에 대한 결정적 비수 아니면 최선의 보호막 둘 중 하나다. 타이완이 중국의 동아태 해양진출 여부의 열쇠를 쥔 관문이라면, 한반도는 중국대륙의 심장부로 직결되는 관문이다. 중국의 국력 팽창에 따라 확장되는 영토적 자기의식, 자아정체성의 확장에 따라 한반도가 갖는 그러한 전략적 의의는 중국에 더 구체적으로 다가설 수 있다.

그만큼 북한뿐 아니라 한반도 전체에 대한 중국의 전략적 인식이 심화·확장·구체화될 것임을 의미한다. 북한을 완충지대로 보는 것이 20세기 말까지 중국의 한반도 의식이었다면, 오늘날 중국의 한반도 의식은 남북한을 아우르는 '한반도 전략'으로 진화·확장되는 과정이라고 볼 수 있다.

3) 한반도의 지정학적 정체성의 재구성을 향한 중국의 추구

그런 만큼 한반도 전체의 '최소한 중립지대화'에 대한 중국의 전략적 욕구가 본격화될 수 있다. 미국의 '아시아 재균형' 전략에도 불구하고 진행 중인 미국의 상대적 쇠퇴로 미일동맹 안에서 미국 역할의 상대적 축소와 일본 역할의 상대적 확대 추이가 분명해질수록, 중국

---

63 이삼성, 「21세기 동아시아의 지정학」, 2007.

에는 한반도 중립지대화를 촉구할 명분과 기회가 확대될 것으로 인식할 수 있다. 즉, 중국의 자아정체성이 확장됨에 따라 한반도의 지정학적 정체성의 재구성에 대한 중국의 기대치가 높아진다.

그것은 중국이 한편으로 한반도에서 중국 안보의 파트너를 북한을 단위로 보지 않고 한반도 전체를 시야에 넣고 사유할 수 있음을 의미한다. 분단 한반도의 현상을 유지한다는 소극적 자세에서 벗어나 통일된 한반도를 포용할 수 있다는 자세로 전환하는 것을 내포한다. 그것은 평화적 통일을 원하는 한국인에게 한편으로 심각한 도전인 동시에 깊이 고려해야 할 하나의 기회다. 그것은 구체적으로 중국 견제 또는 포위용으로 비쳐지는 미일동맹의 하위 요소로서 한미동맹이 현재와 같은 방식으로 지속되는 것에 대한 이를테면 '포용적 불용'을 내포한다. 중단기적으로 포용하되, 원칙적·장기적으로 불용이라는 것을 의미한다.

한반도에 대한 중국의 전략적 사유의 변화는 한국을 자신의 영향권 또는 적어도 중립지대로 전환해냄에 있어 특히 비군사적 영역들에서 장기적 능력에 대한 자신감을 내포한 것일 수도 있다.[64] 동아시아 안보질서는 향후 수십 년간 중국대륙과 미일동맹 사이에 평화공존의 양극화 질서(polarized but relatively peaceful bipolar regional system) 또

---

64 한국 경제는 수출에 의존해왔다. 한국 무역에서 경상수지 흑자는 동남아, 중국, 미국, 중남미와 무역 순으로 크다. 이들 지역에서 확보하는 흑자로 일본, 유럽연합, 중동과 교역에서 겪는 적자를 메꾸어왔다. 2015년 6월 12일 한국은행이 발표한 '2014년 중 우리나라의 지역별 국제수지(잠정)'에 관한 통계를 보면, 한국의 전체 경상수지 흑자는 2013년 811억 5,000만 달러였고, 2014년은 892억 2,000만 달러였다. 이 통계가 밝힌 지역별 2014년 무역수지(괄호 안은 그 전년도인 2013년 수치)는 다음과 같다. 먼저 한국이 흑자를 내는 지역들이다. 동남아: 749억 3,000만 달러(738억 5,000만 달러), 중국: 561억 6,000만 달러(566억 9,000만 달러), 미국: 421억 9,000만 달러(362억 3,000만 달러), 중남미: 189억 3,000만 달러(170억 8,000만 달러). 다음은 한국이 적자를 내는 지역의 수치다. 중동: 790억 6,000만 달러(902억 3,000만 달러), 일본: 163억 1,000만 달러(230억 6,000만 달러), 유럽연합: 130억 6,000만 달러(47억 6,000만 달러). 이민정, 「작년 한국 국제수지...미·중은 흑자, 일·EU는 적자」, 『이데일리』, 2015. 6. 12.

는 현재와 같은 적대적 양극화 질서(confrontational polarized regional system)의 기로에서 요동할 것이다.

이런 구조에서 중국에 최악인 구조의 한 요소는 대결적(적대적) 양극화 구조에서 한반도가 미일동맹의 군사적 전초기지로 지속되는 상황이다. 그럴수록 중국의 군사안보 대전략에서 향후 최주요 요소의 하나는 한반도의 지정학적 정체성의 중립지대화에 두어진다.

중국에 그렇게 할 수 있는 능력이 있느냐에 대한 회의론은 한국 사회에서는 최근까지도 완전히 사라진 것은 아니었다. 중국은 어디까지나 신흥국이며 과학기술에서 2류 국가에 머물 것이라는 인식이 잔존한 것이다. 그러나 2015년 서울대학교 공대 교수들이 펴낸 『축적의 시간』은 중국 경제의 기술적 기초의 발전 양상을 새롭게 조명함으로써 한국 사회에 잔존하는 중국에 대한 편견을 깡그리 무너뜨렸다. 이 책은 반도체, 정보통신, 해양플랜트, 항공우주, 빅데이터 등 각 분야 교수 26명이 선진국과 신흥국 사이에서 한계에 부딪힌 한국 산업의 취약하기 짝이 없는 기술적·사회적 토대의 현주소와 함께 그와 현저히 구별되는 중국 과학기술의 급속한 변화상을 진단했다.[65]

예컨대 국내 최장교(最長橋)이자 세계에서 여섯 번째로 긴 다리로 2009년 완공된 인천 송도와 영종도를 연결하는 총길이 21.38킬로미터의 인천대교를 두고 당시 건설 당국과 시공사는 '한국 건설의 저력을 세계에 알린 쾌거'라고 자랑했지만, 이들 전문가들은 '껍데기만 국산'이라고 지적했다. "자체 기술이 부족해 초기 프로젝트 기획과 시스템 디자인 기술 등 핵심 분야는 모두 일본(설계)·캐나다(엔지니어

65 서울대학교 공과대학·이정동, 『축적의 시간: 서울공대 26명의 석학이 던지는 한국 산업의 미래를 위한 제언』, 지식노마드, 2016; 박순찬 기자, 「이러다 중국 설계도 받아 납품하는 상황 올 수도: 서울대 工大 교수 26명, 한국 산업의 위기 경고, 선진국들 100년 쌓은 기술, 中 10년 만에 10배 많은 경험 쌓으며 따라잡아, 서울대가 비싸서 못 사는 장비, 중국 대학 실험실에는 발끝에 차일 정도로 많아」, 『조선일보』, 2015. 9. 20.

링)·영국(투자·기술) 등 외국 기업에 맡겼기 때문이다. 인천대교뿐 아니라 수도권의 '랜드마크'로 통하는 제2롯데월드, 인천공항고속도로와 연결된 영종대교를 지을 때도 모두 외국 기업에서 설계도서(設計圖書)를 사왔다."

한국이 그처럼 "선진국이 만들어놓은 핵심 기술을 빠르게 모방해 개량 생산하는 것은 잘하지만 개념을 새롭게 만들고 최초 설계를 그려내는 역량은 턱없이 부족하다"는 한계에 머물러 있는 사이에 중국은 "광활한 내수시장을 무대로 경험을 빠르게 쌓으며" 무서운 속도로 성장하고 있다는 것이다. 산업공학이 전공인 서울대학교 이정동 교수는 "산업 선진국들이 100년 걸려 쌓아온 기술을 중국은 10년 만에 10배 많은 연구를 진행하는 식으로 급격히 따라잡고 있다"라고 지적하고, "이미 해양플랜트·자동차·가전·휴대전화 등 거의 전 산업분야에서 중국이 세계 최초 모델을 제시하는 단계에 이르렀다"라고 진단했다.

예컨대 "한국에 건설된 발전소의 총발전용량이 80기가와트(GW) 수준인데, 중국은 해마다 새로 짓는 발전용량만 60~70GW에 달한다. 전 세계에서 나오는 유기발광다이오드(OLED) 논문 저자는 대부분 중국계이고, 중국에서 나오는 논문 수도 한국의 10배 이상"이라는 것이다.[66] 이 책이 담고 있는 한국 경제에 대한 경고와 중국 경제의 미래에 대한 착잡한 두려움은 "서울대는 비싸서 구매하기 어려운 장비가 중국 대학 실험실에는 발끝에 채일 정도로 많다"든가 "칭화대학교(淸華大學校) 캠퍼스에서 수업 종료벨이 울리자 수많은 학생이 넓은 도로를 꽉 채우며 다른 강의동으로 이동하는 모습을 보고 두려움에 온몸에서 소름이 돋았다" 혹은 "중국 하얼빈대학교는 전력전자 전공 교수가 서울대학교 해당 분야 대학원생 숫자보다 많다"는 등 이들 학자들의 개인적 경험담에도 녹아 있다.[67]

---

66 박순찬, 2015. 9. 20.
67 신성철.

이러한 진단과 경고는 중국이 장차 한반도에 어떤 지정학적 존재로 다가설지에 관해 섣부른 신흥국가론적 중국 인식을 경계해야 함을 말해준다.

12. 동아시아 질서의 미래와 동맹

동아시아 대분단체제에서 한반도 통일은 외부의 국제적 조건에서 올 가능성은 존재하지 않는다. 오로지 한반도 내부, 남북한의 내적 동력으로만 가능하다. 그것은 평화통일을 위한 진지한 평화협상에서만이 가능하다. 군사동맹의 일정한 지속이 현실정치적으로 불가피하다면, 평화협정체제와 양립 가능한 동맹의 존재양식을 찾아야 한다. 그 기본은 한반도에서 전쟁 억지라는 한미동맹의 원래적 취지에 부합하는 방식으로 한미군사동맹의 의미와 역할이 명확히 재정의되어야 함을 뜻한다. 그 중요한 요소는 '전략적 유연성'(strategic flexibility)을 내포한 군사동맹의 강화가 아니라 그 동맹의 한반도 내적 역할에 대한 명확한 인식이다. 한미 양국은 이명박 정권 때인 2009년 「한미동맹을 위한 공동비전」을 작성했다. 박근혜 정권 때인 2013년 5월엔 '한미동맹 60주년 기념 공동선언'에 합의했다. 그리고 역시 박근혜 정부 때인 2015년 「한미관계현황 공동설명서─한미동맹: 공통의 가치, 새로운 지평」이라는 이름의 문서를 작성했다. 이것들은 모두 한미동맹을 '공동의 가치에 기반한 포괄적 전략동맹'을 발전시키자는 취지를 담은 것이었다.[68] '한반도를 넘어 동북아와 세계의 평화와 번영에 기여하는 평화구축 동맹'이라는 기치를 내걸었지만, 다른 한편으로 그것은 미국이 관철해온 전략적 유연성을 바탕으로 하여 무엇보다 중국을 염두에 둔 가운데 주한미군과 한미동맹의 광역적 역할을 정당화하려는 것이었다. 한반도에서 제2의 전쟁 억지라는 한미동맹 본연의 임무와는 거리가 있는 것이다.

---

68 『2016 국방백서』, 대한민국 국방부, 2016. 12, 130쪽.

1953년 10월 1일에 한미 간에 체결된 상호방위협정에서 명확하게 동맹 의무를 규정한 조항은 제3조다. 이 조항은 동맹국의 군사적 의무를 다음과 같이 밝히고 있다. "각 조약국은 태평양지역에서 각자 관할하에 있는 영토에서 혹은 이후로 어느 일방의 조약국이 합법적으로 자신의 관할하에 두고 있다고 다른 조약국이 인정하는 영토에서, 한 조약국에 대한 무장공격이 발생하면 다른 조약국도 그것을 자국의 평화와 안전에 대한 위협으로 간주하며 각자의 헌법적 과정에 따라서 공동의 위험에 대처하기 위해 행동할 것을 선언한다."[69]

이 문안에 비추어볼 때 한국이 한반도에서 전쟁 억지라는 범위를 넘어서 미군의 작전에 참여할 의무를 지는 것은 태평양지역에서 미국의 행정적 관할하에 있는 미국 영토에 대해 중국이나 러시아의 무장공격이 실제 발생했을 때에 한정된다.

또 주한미군의 활동범위에 대해서는 이 상호방위조약과 관련해 특히 유의할 대목이 있다. 미국 상원은 이 조약을 비준할 때 그 조건으로 '미국의 양해'라는 제목하에 미국이 한국의 방위를 도울 범위를 좀 더 명확하게 한정하는 내용을 이 조약문에 추가했다. 그 내용은 다음과 같다. "미국 상원은 다음과 같은 양해를 조건으로 이 조약을 비준하는 데 동의하였다. 위 조약의 제3조에 따라 각 조약국은 상대 조약국이 외부의 무장공격(external armed attack)을 당했을 때 외에는 상대를 원조할 의무를 지지 않는다는 것 그리고 또한 이 조약의 어떤 부분도 대한민국이 합법적으로 관할하게 된 영토에 대한 무장공격이 발생한 것 이외의 경우에까지 미국이 대한민국을 원조할 의무를 지는

---

69 "ARTICLE III: Each Party recognizes that an armed attack in the Pacific area on either of the Parties in territories now under their respective administrative control, or hereafter recognized by one of the Parties as lawfully brought under the administrative control of the other, would be dangerous to its own peace and safety and declares that it would act to meet the common danger in accordance with its constitutional processes," Mutual Defense Treaty Between the United States and the Republic of Korea; October 1, 1953(http://www.usfk.mil).

것으로 해석되어서는 결코 안 된다는 것이 미국이 이해하는 바다.'**70**

　이 말은 주한미군을 포함한 모든 미국의 군사적 원조 행위는 한국의 합법적 영토에 대한 외부의 무장공격이 발생했을 경우에만 제공될 수 있음을 좀더 명확히 한 것이다. 이것은 달리 말하면 주한미군이 한반도에 있는 이유는 한반도에서 전쟁을 억지하는 데 근본 목적이 있고, 그 이상도 이하도 아니라는 것이다. 따라서 한국 역시 동아태 지역의 미국 영토에 외부 무장공격이 실제 발생한 경우가 아니면 주한미군이든 주일미군이든 미국의 군사력에 편의를 제공해야 할 의무가 없다는 뜻도 된다. 주한미군의 전략적 유연성이라는 개념은 2000년대 들어 한국 정부가 별도로 동의해주었기 때문에 성립했다. 상호방위조약상에서 한국이 미국이 요구하는 전략적 유연성 개념을 따라서 동아태지역 전반에서 주한미군의 광역적 역할을 위한 군사기지를 제공해야 할 원천적 의무는 없었다. 오히려 한미상호방위조약을 비준하면서 미 상원이 덧붙인 단서는 양국이 서로에 대해 그러한 추가적인 군사적 의무를 짊어지지 않도록 동맹 역할의 한계를 밝히는 의의가 있었던 것이다.

　동맹의 의의와 바람직한 존재양식에 대한 성찰은 미래 동아시아에서 한국이 어떤 존재여야 하는지에 대한 인식과 불가분하다.

　동아시아 국제질서의 미래는 몇 가지 모델을 가상해볼 수 있다.

---

70 "UNDERSTANDING OF THE UNITED STATES." "[The United States Senate gave its advice and consent to the ratification of the treaty subject to the following understanding.] It is the understanding of the United States that neither party is obligated, under Article III of the above Treaty, to come to the aid of the other except in case of an external armed attack against such party; nor shall anything in the present Treaty be construed as requiring the United States to give assistance to Korea except in the event of an armed attack against territory which has been recognized by the United States as lawfully brought under the administrative control of the Republic of Korea." Mutual Defense Treaty Between the United States and the Republic of Korea; October 1, 1953(http://www.usfk.mil).

① 중국 패권체제(Pax Sinica)

② 혼돈의 다극질서(chaotic multipolarity)

③ 평화적 양극질서(peaceful bipolarity between China & the US-Japan alliance)

④ 대립적 양극질서(confrontational bipolarity between China & the US-Japan alliance)

⑤ 다자적 제도들이 기능하는 평화적 다극 체제(relatively peaceful multipolarity: peaceful coexistence of great powers and smaller states under a set of multilateral institutions)

이들 가능한 질서 유형 가운데서 첫 번째 중국 패권체제는 오늘날 중국의 국력이 급속하게 성장하면서 적어도 장기적 미래 전망으로 크게 주목받고 있다. 그러나 이 가능성이 장차 현실화된다고 하더라도 그것은 상당한 기간에 걸쳐 평화적이든 대립적이든 미일동맹과 중국을 두축으로 하는 양극체제(bipolarity)의 과정을 거치는 것이 될 것이다. 중국에 의한 일원적 패권체제(Chinese unipolar moment)는 결코 가까이 있는 현실이 아니다. '중국 천하체계'의 복원을 운운하는 것은 아직은 성급한 단정이다. 다만 동아시아에서 미국 패권체제를 제한하는 중국의 힘은 1950년 10월에 그리고 좀더 최근에는 1994년 6월에 입증되었듯이 한반도에 언제나 실재해왔다는 것 또한 인식해야 한다.

적어도 궁극적으로는 중국이 지배하는 팍스 시니카 체제가 되리라는 전망은 중국이 지난 30년과 같은 고속성장이 앞으로도 장기 지속하리라는 전제 위에 서 있다. 역사의 역동성을 생각할 때 그러한 전제는 하나의 가설에 불과하다. 중국의 성장 지속이 중단되면 통일성도 위협받을 수 있다. 그 경우 혼돈의 다극질서라는, 위의 두 번째 시나리오도 전혀 불가능한 것은 아니다.

어떻든 향후 수십 년간(혹은 길게는 다음 한 세기에 걸쳐서) 동아시아를 지배할 좀더 현실적인 질서 형태는 중국 대륙 또는 유라시아 대륙연합을 한편으로 하고, 미일동맹이라는 해양세력연합을 다른 한편으로 하는 양극질서가 될 것이다. 양극화된 질서가 지속적인 평화공존을 영위하기는 쉽지 않다. 따라서 '평화적 양극질서'라는 개념 자체가 자기모순을 내포하는 것일 수 있다. 이런 점들을 종합할 때 향후 수십 년간 동아시아 상황은 패권교체기(hegemonic transition)라기보다는 패권적 긴장(hegemonic tension)의 시대를 구성하리라고 보는 것이 적절할 것이다.

향후 동아시아 질서 향방을 결정하는 데 한반도 국가의 역할은 특히 분단국가체제가 견지되는 한 지극히 제한적일 수밖에 없다. 그럼에도 우리에게는 한반도 운명을 좌우할 구조적 틀이 되는 동아시아 질서의 바람직한 방향에 대한 우리 자신의 일정한 감각이 필요하다. 필자 판단으로는 앞서 언급한 다섯 가지 미래상 중에서 우리가 추구해야 할 이상형은 다자적 제도들이 기능하는 평화적 다극질서라고 본다. 이 평화적 다극체제는 미국, 일본, 중국, 러시아, 아세안, 인도, 유럽 그리고 한반도의 통일국가가 다자적 제도의 틀 안에서 다면적으로 소통하며 평화적으로 공존하는 질서를 가리킨다. 이러한 평화적 다극질서의 핵심은 크고 작은 나라들이 상호적대적 동맹체제들에 편입되지 않고, 동맹의 정치로부터 자유롭다는 데에 있다. 문제는 여러 강대국과 우리 자신이 체계적이고 치열한 노력을 전개하지 않고는 기존의 동아시아 대분단체제의 논리가 관철되는 '대립적 양극질서'가 현실화되는 현재 추세를 되돌리기는 어렵지 않을까 우려하지 않을 수 없다는 점이다.

한국이 한반도 평화와 통일을 동시에 원한다면 가상적으로 상정하는 적대적 군사동맹들을 단위로 구성된 양극화된 동아시아 질서의 충직한 구성요소로 머물러서는 곤란할 것이다. 이 질서의 틀이 더욱 고착하기 전에 제3자로서 전략적 행위자의 영역을 개척해나가는 비전과 능력을 추구해야 한다. 이러한 인식을 출발점으로 삼아서 동아시아 질서가 평화공존하는 비군사화된 양자적 우호협력관계들과 다자적 공동안보의 제도들로 구성된 대체적으로 평화적인 다극질서로 재구성되어갈 수 있도록 하는 노력의 중심에 서려고 분투해야 할 것이다.

동아시아 대분단체제 극복에 한반도가 기여할 바의 일차적 근본 전제는 한반도의 평화 그리고 평화적 통일의 가능성을 창조하고 경영하는 일이다. 그러한 가능성은 한국이 대립적 양극질서(confrontational bipolarity)의 발전을 방조하고 그 안에서 일방적인 '가치동맹'을 추구하는 것으로는 기대할 수 없다. 그런데 '미국과의 가치동맹'에 대한 대안이 '중국과의 가치동맹'인 것은 아니다. 우리는 한편으로 기존의 우호관계를 버리지 않으면서도 중국과 거리를 좁힐 수 있는 '원교근친'(遠交近親)을 추구해야 한다. 그것은 한편으로 두 세계 사이의 한 가운데에서 '가치의 균형'을 취하는 것을 의미하지만, 궁극적으로는 '갈등하는 가치들의 창조적 통합'을 추구하고 발전시키는 데에 우리의 적극적 역할이 있을 것이다.

'동맹의 논리'와 '자주적 근린외교'가 근본적으로 모순을 일으키는 순간이 오면 한국은 어떤 선택을 해야 할 것이다. 그러나 한국의 동맹외교는 어디까지나 한반도에서 평화구축에 기여하는 한도에서라는 '전략적 절제'가 그 전제로서 한국과 미국 모두에 받아들여져야 한다. 한국이 이 원칙을 넘어서 중국에 대한 비수가 되기를 요구하는 동맹은 근본적으로 위험하다. 미국의 군산정학복합체(軍産政學複合體)는 동맹에 대한 한국의 로열티(Loyalty)를 압박한다. 그러나 한국의 동맹외교가 추구할 일차적 임무의 하나는 그 동맹이 한반도 평화와 안정 그리고 평화적 통일에 대한 기여라는 '동맹의 근본적이고 제한적인 취지'를 동맹국에 인식시키고, 동맹을 그 목적에 부합하게 경영하는 노력이다. 그것이 한국인과 그 동맹국이 함께 받아들이지 않으면 안 되는 한국의 지정학적 숙명이며, 동시에 동아시아 평화에 대한 한국 기여의 가장 근원적 출발점이라는 것을 인정해야 한다. 한국의 외교전략에서 '혼자서도 할 수 있다'는 자만이 위험하다면, 대분단체제 구조 안에서 어느 일방의 하수인이 되어 다른 일방의 코앞에서 그 눈동자를 찌를 수 있는 흉기로 보이는 것은 더욱 위험한 선택이다.

그것이 당장 한미동맹의 해체를 의미하는 것은 아니다. 한미동맹의 지정학적·전략적 의미와 기능의 절제를 기획하고 실천할 수 있는 지혜의 개발을 요구하는 것이다. 더 나아가 궁극적으로는 동맹의 탈군사화도 우리의 미래전략적 사유에 포섭할 필요가 있다. 그러한 사유는 지금 현재로는 매우 급진적으로 보이지만, 한반도 평화통일의 기본 조건인 '한반도 평화체제' 구축이 이루어지면 자연스럽고 당연하게 한반도 미래로서 한국과 중국뿐 아니라 미국에서도 진지한 논의와 선택의 대상으로 주어지게 될 것이다.

13. 한반도 안보의 백년대계

1) 원교근공이 아닌 원교근친

동아시아 대분단체제의 기축인 강한 중국과 강한 미일 해양동맹의 대립관계는 적어도 향후 수십 년 내지 한 세기에 걸쳐 동아시아 질서의 근간으로 남을 것이다. 이 조건에서 한반도 안보의 백년대계는 어느 한쪽의 칼날이 되어 다른 쪽의 심장을 겨누는 비수가 되어서는 안 된다는 원칙에서 출발해야 한다. 원교근공(遠交近攻)은 전국시대 진(秦)나라의 천하통일전략이었다. 상대적 약소국이 자신을 둘러싸고 있는 강대국들을 상대로 취할 수 있는 외교전략이 아니다.[71] 우리가 취할 외교전략의 기본은 원교근친(遠交近親)이다.

일각에서는 한국이 일본보다 더 충실한 미국 동맹국이 되어 동아시아에서 미국에 한국이 일본보다 더 중요한 동맹국이 되도록 노력하는 것이 한국의 살길이라고 주장한다. 그러나 중국이 통일된 강대국이 된 조건에서 미국의 동아시아 전략의 핵심은 미일동맹을 기축

---

71 이삼성, 『동아시아의 전쟁과 평화 1: 전통시대 동아시아 2천년과 한반도』, 한길사, 2009, 339~346쪽.

으로 하는 태평양동맹에 의지하여 아시아대륙을 견제하고 경영하는 데에 있다. 일본은 또한 미국과 동맹을 기축으로 한 대륙 경영을 그 핵심기조로 견지할 가능성이 높다. 중국 대륙이 사분오열해 약화되어 대륙에 권력공백이 생긴 조건에서는 미일 사이에 때에 따라 심각한 틈이 생길 수 있지만, 적어도 향후 100년은 갈 것으로 추정되는 강하고 통일된 중국이라는 조건에서는 미국 동아시아 전략의 핵심은 미일동맹이다.

한국은 일본을 흉내 내서는 안 된다. 가능하지도 않다. 일본에는 원교근공이 선택 가능한 전략일 수 있다. 그러나 한국에 그것은 가능하지도 현명하지도 않다. 한국은 원교근친이어야 한다.

2) 가치동맹이 아닌 가치통합

우리 사회 일각에서 거론하는 '가치동맹'론은 2000년대 초 일본 외상 아소 다로(麻生太郎) 등이 주장한 '가치외교'(value diplomacy)라는 일본발(發) 발상에서 비롯한 것이다. '민주적 자본주의'라는 공동 가치에 기초한 정치사회 질서를 공유하는 국가들 사이의 동맹을 강조하는 논리다. 다분히 중국 견제를 염두에 둔 해양동맹의 논리다. 한국은 인권과 민주주의를 전제하는 정치사회적 가치를 어떤 경우에도 포기해서는 안 된다. 그것은 우리 정치의 기본 가치임이 틀림없다. 그러나 그것을 지정학적 평화 전략과 혼동해서는 안 된다. 정치적 가치와 군사동맹 또는 군사적 적대 문제는 분리되어야 한다. 가치 문제와 관련해서 한국이 추구할 길은 '가치동맹'을 넘어 '가치통합'이 되어야 한다.

강대국은 자기중심의 국제질서 또는 지역질서를 구축하고 이를 유지하려는 속성이 있다. 그 과정에서 강대국들은 자기도취 속에서 '폭력과 파괴'를 '문명과 가치'로 포장하는 유혹에 빠지기 쉽다. 군이 베트남전쟁을 예시(例示)하지 않아도 될 것이다. '가치동맹'이라는 빛깔 좋은 언술이 위험한 이유의 하나다.

가치 차원에서 통합을 추구한다는 것은 해양세력의 민주와 아시아 대륙 사회들의 권위주의를 적당히 절충한다는 뜻이 아니다. 현재와 미래의 한국 사회가 지향할 바는 결단코 민주주의의 심화다. 필자가 말하는 '가치통합'은 먼저 동양적 가치체계 안에서 우리가 심화해나갈 다양한 층위에서의 민주주의적 가치들과 충돌하거나 모순되는 요소를 부단히 비판적으로 성찰하되, 그것과 무관한 동양적 내지는 중국적 전통과 문화·정신, 그러한 많은 다른 차원마저 스스로 타자화(他者化)하는 함정에 빠져서는 안 된다는 뜻이다. 동시에 서양적 가치체계들 안에서 민주적 가치와 무관한 많은 차원에 대해 비판적 성찰의 끈을 놓아서는 안 되며 그것들과 부단한 지적 긴장을 유지해야 한다는 것을 말한다.

한국은 동아시아 평화와 민주주의를 위해 해양 문명과 대륙 문명, 개인과 사회·공동체, 시장과 국가·정치, 태평양과 유라시아 대륙을 창의적으로 연결하고 소통하는 통합자이자 균형자를 자임할 자격과 능력이 있다. 동아시아의 지정학적 중간자라는 객관적 위상에는 균형자적 역할 또한 잠재해 있다. 그 역할의 최선을 추구하는 것이 한국외교의 백년대계여야 한다.

3) 본질주의적 배타주의 극복

좌와 우를 포함해 극단주의, 즉 극좌와 극우의 본질적 특성은 다음 세 가지를 포함한다. 첫째, 대외적·대내적으로 '공존 불가능한 타자' 또는 '본질적 타자'를 핵심으로 하는 이념을 갖고 있다는 점이다. 독일 나치에게 본질적 타자는 대외적으로는 제1차 세계대전의 전후처리 시스템인 베르사유 평화체제와 공산주의 소련이었으며, 대내적으로는 유대인 집단이었다. 오늘날 한국의 극우에게는 대외적으로는 북한이 그러한 공존 불가능한 본질적 타자이며 대내적으로는 그들이 '종북'으로 규정한 세력이다. 극좌에 대외적인 본질적 타자는 미국이며, 대내적 타자는 자본주의질서 그리고 그 질서에 안주하는 세력이다.

극단주의의 두 번째 성격은 스스로 본질적 타자로 규정한 대내외적 세력과 평화적 공존을 위한 공동 규범을 구축할 가능성을 배제한다는 점이다. 극단주의자에게 평화는 자기중심적 평화이며, 이 사유에서 가능한 평화는 오직 '힘에 의한 평화'다. 이런 사유에서 전쟁은 평화를 확보하는 수단으로 항상 준비되어야 한다. 타자와 평화적 공존의 규범을 만들어내는 작업의 대표적 방식이 평화조약이다. 극단주의는 타자와 '조약' 또는 협정 체결을 무의미할 뿐 아니라 더 나아가 위험한 것으로 치부한다.

극단주의의 세 번째 특징은 행태적·경험적 증거들에 대한 경멸이다. 특히 본질적 타자로 규정한 상대를 평가할 때 상대에 대한 본질적인 이념적 재단과 평가를 중심으로 하기 때문에, 그러한 평가와 불일치한 경험적·행태적 현상을 사실로 인정하고 그것을 상대에 대한 평가에 의미 있게 반영하려 노력하지 않는다. 오늘날 한국의 극우는 북한 핵무장을 초래한 역사적 과정에서 한국·미국과 북한 사이에 전개된 행태적 상호작용 측면을 주목하지 않고, 북한은 처음부터 핵무장을 추진했다는 결론을 당연시한다. 한편 극좌는 미국을 비롯한 국제사회가 제기해온 북한 인권문제의 실상을 쉽게 인정하려 하지 않는다.

이 세 가지 성격의 결과로 극단주의는 극좌와 극우를 포함해서 중대한 자기모순을 갖게 되고, 그 자기모순은 사회 안에서 정의와 자유를 위협하게 된다. 남한의 정치사회에서 특히 권력 중심에 있거나 그에 근접하기 쉬운 극우는 북한을 본질적 타자로 규정하는 명분을 북한의 전체주의적 독재에서 찾으면서도, 대내적으로는 독재사회의 기본 특징인 '다른 사유와 공존'을 허락하지 않으며, 자신들이 '본질적 타자'로 규정한 북한과 평화공존을 위한 협상을 거론하는 사람은 '종북'으로 규정함으로써 그들을 모두 북한과 동질적인 '본질적 타자'로 규정한다. 이로써 스스로 비판하는 북한과 같은 억압적 권위주의, 전체주의적 사유체계에 빠지고 만다.

4) 한반도의 평화적 통합이 안보 백년대계의 중추

한국 안보 백년대계의 중추는 역시 한반도의 평화적 통합에서 찾을 수밖에 없다는 것을 명확하게 인식해야 한다. 그 근본적 이유는 적어도 세 가지다.

첫째, 한반도 분단국가체제는 한반도 안정과 번영에 대한 지속적 위협일 뿐 아니라 동아시아 대분단체제를 지속하는 중요한 고리의 하나다. 한반도 분단국가체제를 평화공존을 거친 평화적 통합의 질서로 변화시켜나가는 것은 그것 자체가 한반도 평화를 진작하고 유지하는 과정이 될 뿐 아니라 한반도 평화의 큰 맥락을 구성하는 동아시아 질서 자체의 평화적 변혁의 기본 조건이 된다.

둘째, 한반도 분단국가체제는 남북한 사회 모두를 영구적인 준전시체제로 유지한다. 이로써 귀중한 천문학적 규모의 국가 자원을 미래 세대를 위한 교육과 복지와 평화 증진을 위한 목적이 아닌 파괴적인 군사적 경쟁에 소진한다. 이러한 상황은 또한 무엇보다 남북한 사회 모두에서 민주주의의 심화에 근본적인 장애물로 남는다.

셋째, 4대 강국이 밀집한 동아시아 질서에서 한국이 자주적이고 자율적인 지정학적 행위자로 행동한다는 것은 동아시아 평화를 위한 균형자 역할을 담당하는 것이기도 하다. 이러한 역할을 뒷받침하는 지정학적 위상은 한반도가 평화적 통합을 이룰 때 실질적으로 가능해진다. 어차피 남한만의 성장은 한계에 도달해 있다. 북한과 군사적 긴장이 지속되는 상태에서 남한 사회만의 성장은 경제적 차원에서도 민주정치의 성숙에서도 그리고 문화적·지적 역량에서도 한계가 있다. 어떤 정책이나 행동을 평가할 때 한반도 분단국가체제를 평화적으로 극복하는 목적에 얼마나 기여할 수 있느냐를 가장 핵심 기준으로 삼아 판단할 필요가 있다는 것을 말한다. 그것이 한반도 안보 백년대계의 중추가 되어야 한다.

14. 한국 균형외교와 북한 자주외교의 상생

2005년 봄 한 언론사가 그전부터 필자가 주장해온, 동아시아에서 한국의 균형자 역할론을 설명하는 칼럼을 부탁해왔다. 당시 노무현 정부는 한때 균형자 역할론을 피상적으로나마 채택하는 듯하다가 한 미 양국 정부 안팎에서 제기된 보수파의 반론에 밀리고 말았다. 그래서 노무현 정부는 필자가 제시한 한국의 동아시아 균형자론을 '중일 간의 조정 역할'에 한정하는 식의 옹색한 논리로 얼버무리고 말았다. 필자는 애당초 한국의 동아시아 균형자론을 펼 때 근본 취지를 밝히기 위해 그 글을 썼다. 당시 신문에 실렸던 내용을 첨삭하지 않은 그대로 여기에 옮겨본다.

* * *

동아시아에서 균형자 역할을 한다는 것

한국의 균형자 역할론은 한국이 미국과 헤어져 중국을 짝사랑하는 얘기라고 말하는 사람들이 있다. 왜곡이다. 균형자를 하겠다는 것은 특정한 한 외세와의 짝사랑에 우리 미래를 걸지 않겠다는 것이다. 어떤 세력을 버리고 다른 세력을 일방적으로 사랑하는 논리를 떠나 모두와 공존을 위해 필요한 자율적 비전을 갖겠다는 것이다.

한국은 힘이 없어 균형자 역할은 턱도 없다는 냉소도 근거 없다. 국제정치학이론에 비추어볼 때, 우리는 한 가지가 아닌 적어도 세 가지 종류의 균형역할 개념을 생각할 수 있다. 하나는 강대국들이 서로 견제와 균형을 이룩하는 것으로서, 둘 이상의 강대국 관계 자체에 내재하는 생리를 가리킨다. 두 번째는 한 나라에 의한 일방적 지배를 견제하기 위해 상대적으로 약한 나라들이 연합해 최강국을 견제하는 경우다. 세 번째의 균형개념은 두 강대국이나 진영이 각축하고 있을 때, 제3의 국가가 지정학적 중간자로서 상대적 약자에게 힘을 보탬으로써 두 진영 간의 힘의 배분에 의미 있는 영향을 끼치는 경우다.

동아시아의 지정학적 환경에서 우리에게 적실한 개념은 세 번째 경우다. 우리가 한반도 주변 4강에 준하는 역할을 하기는 물론 어렵다. 그러나 중국 대륙의 동해안선을 사이에 두고 형성되어 있는 동아시아 대분단체제의 지정학적 중간에 위치한 존재로서 한반도는 어느 한편의 노예가 되지 않으면서, 한반도의 평화와 안보에 더 위협적인 세력이나 그 정책을 견제하기 위해 우리에게 덜 위협적인 상대적 약자에 힘을 실어줄 수 있는 정도의 능력은 갖고 있다. 이마저도 부정하는 것은 자기비하를 넘어 자학적인 논리다.

모겐소와 왈츠 같은 이들의 권력균형론에 의하더라도, 강대국 관계가 내포한 균형의 논리는 안정이 아닌 불안정으로 통할 수 있다. 패권자는 권력남용과 예방적 군사주의를 통해서 그리고 도전국가는 기존 질서에 도전하는 행태로 인하여 안정자가 아니라 불안정자로 기능하게 된다. 강대국의 균형이란 말하자면 권력투쟁이며, 심오한 불안정화의 속성을 갖는다.

이와 달리 권력투쟁의 논리에서 자유로운 지정학적 중간자로서 그들의 권력투쟁을 완충시키려고 노력하겠다는 한국의 균형자론은 분명 유의미하다. 그것은 결코 과대망상이 아니다.

한국의 균형자 개념이 한미동맹과 모순된다는 주장도 잘못이다. 한반도 안보에는 불변하는 실존적 명제가 있다. 대륙세력과 해양세력 사이의 갈등 심화는 우리에게 치명적이며, 이를 완충시키면서 그 두 세력과 다 같이 평화적 공존을 모색하는 지혜가 우리의 생존번영 전략의 중심일 수밖에 없다는 사실이다. 한국이 중간자로서 처해 있는 지정학적 취약성을 보완하기보다는 그것을 심화시킬 때, 한미동맹의 존재론적 근거는 희석된다. 한국이 충실한 하위파트너로 행동하는 것이 미국이 바라는 최대치이겠지만, 그것을 충족시킬 수 없다고 해서 미국이 한미동맹을 파기하지는 않는다.

한반도가 중국에 대한 일방적 동맹으로 기울지 않게 예방하는 효과만으로도 한미동맹은 미국에 의미 있다. 장차 군사대국화를 실현한 일본이 미일동맹 체제에서 자율성을 높여갈 때, 미국의 일본관은 착잡해질 것이다. 그 역시 미국에 한반도가 갖는 의미를 더할 수 있다.

부단히 변모하는 동아시아 역학관계 속에서 수십 년 후의 미래에까지도 어느 한나라가 한국 안보를 책임질 수 있다는 기대에 기초한 안보전략이야말로 무책임하고 위험하다.

단기적으로도 우리가 균형 자세를 갖지 않고는 한반도의 평화적 통일에 유리한 주변정세를 만들어내기 어렵다. 균형외교를 통한 한반도의 평화적 통일은 한국의 균형자적 역할의 더 발전된 토대가 되어줄 것이다.[72]

* * *

2005년에 쓴 이 시론에서 필자가 확인했던 것처럼 한국이 '균형외교'를 추구할 때 한국의 균형자 역할은 가능한 것이었고, 평화적으로 통합된 한국은 좀더 실질적인 동아시아 균형자 역할을 뒷받침할 수 있는 것이었다. 2005년은 북한이 핵무장을 하기 전이었고 ICBM은 먼 훗날의 일이었다. 이때 한국이 추구한 나름의 균형외교는 아프가니스탄과 이라크에서 전쟁의 수렁에 빠진 미국에 북한 핵문제의 평화적 타결을 위한 기회와 명분을 제공했다. 그 결과가 9·19공동성명이었다. 그러나 1994년에 북미 간에 체결된 '제네바합의'와 마찬가지로 '9·19공동성명'도 말 그대로 합의나 선언이었을 뿐 조약이 아니었다. 미국 행정부가 마음이 바뀌고 상황이 바뀌면 언제든 파기할 수 있는 행정협정에 불과했다. 미국은 북한의 돈세탁을 빌미로 9·19공동성명도 파기하고 만다. 이후 북한은 미국과 합의나 선언에 구애받지 않게 된다. 핵무장이 유일한 체제 안보 지렛대라고 믿고 그 길을 걸어간다.

노무현 정부가 끝나고 10년 가까운 세월 한국 외교는 균형외교는커녕 미국 정부 안팎의 강경파와 연합하는 초국적 보수동맹 외교로 일관한다. 그 결과는 북한 핵무장의 완성과 미국의 예상을 초월한

---

72 이삼성, 「동아시아에서 균형자 역할을 한다는 것」, 『서울신문』, 2005. 4. 15.

ICBM 능력의 달성이었다. 아이러니하게도 북한의 핵무장 완성은 한국의 진보적 정권 출범과 결합하여 한국의 균형외교가 역할을 할 수 있는 정치외교적 공간을 만들어냈다. 만일 한국이 이명박과 박근혜 정부 때처럼 초국적 보수동맹 외교의 틀을 벗어나지 못한다면 북한 핵무장은 한반도 전쟁 위기의 일상화와 영속화를 보장하는 것과 다름 없을 것이었다. 문재인 정부는 트럼프 행정부의 대북 군사적 압박과 제재 그리고 대중국 압박외교의 공(功)을 공개적으로 부정하지 않으면서도 미국 정부 안팎 보수 강경파의 논리에 휩쓸리지 않았다. 그 대신 균형외교의 길을 걸음으로써 평창동계올림픽을 계기로 한반도 정세를 대화 국면으로 전환하는 슬기를 발휘했다.

한국이 균형외교의 길을 꿋꿋이 걸을 때 비로소 북한의 핵무장은 한반도 전쟁 위기의 고도화와 일상화로 치닫는 파국을 피할 실마리를 찾을 수 있다. 북한은 한국의 균형외교가 열어낸 새로운 외교적 공간 속에서 중국에 대한 경제적·군사적 종속이나 의존에서 탈피하는 자주외교의 길을 걸을 수 있다. 그것은 북한이 궁극적으로 핵무장을 해체하는 결심을 포함한 미국과 대타협을 모색할 가능성을 내포한다. 요컨대 한국의 균형외교는 북한 자주외교의 공간을 열어준다. 그 둘이 결합할 때 한국의 균형자 역할은 동아시아적 차원에서 실질적으로 가능해질 것이다. 한반도 평화협정체제를 구축하고 나아가 6자회담에서 동북아시아 비핵무기지대를 실현하는 토대로 작용할 수 있다. 그것은 다른 영역에서도 동아시아 공동안보의 발전을 촉발하면서 장차 동아시아 대분단체제의 해체 가능성을 창조할 수 있게 될 것이다.

1944년 8월 일제강점기하 문학잡지 『국민문학』에 실린 작품들 가운데는 제주도 출신 젊은 문인 이시형(李蓍珩, 1918~50)의 단편 「이어도」가 있다. '남해의 고독한 S읍의 소학교'를 무대로 한 이 작품의 여주인공 죽미(竹美)는 어느 날 바닷가 방파제에서 제주도 민요 '이어도'(離於島)를 노래한다. 그것은 해녀의 노래다. 이 민요에서 이어도는 해녀들이 사는 섬에서 멀리 떨어져 용궁이 있는 곳이다. 그녀의 남편은 폭풍우를 만나 돌아오지 않는다. 해녀는 남편이 이어도의 용궁에 살고 있다는 희망으로 삶을 버틴다. 자신도 남편이 있는 이어도로 가고 싶다고 노래한다.[73]

이어도는 거대한 암초(暗礁)로 되어 있다.[74] 기후가 온건한 평상시에는 보이지 않는다. 탈냉전과 함께 경제적 상호의존이 심화된 이후 동아시아 대분단체제는 이를테면 이어도 같은 것이다. 심한 파도가 쳐야만 비로소 자신을 드러내기에 그 별명이 '파랑도'(波浪島)다. 마치 그와 같이 세계질서 또는 동아시아에 어떤 문제가 발생하였을 때, 대분단의 골격도 그 실체를 드러내 그것이 내포한 잠재적 위험성을 현실화할 수 있다. 경제적 상호의존의 심화와 함께 그 실체가 모호해 보일 수 있는 대분단체제의 존재형태는 물에 잠긴 암초라고 해도 되겠다. 암초는 드러나게 보이지 않을 뿐 존재하지 않는 것이 아니다.

지금 이어도로서 동아시아 대분단체제는 지난 수년간 강풍을 맞으면서 비교적 뚜렷한 실루엣을 드러냈다. 앞으로 이 실루엣은 때때로 경제적 상호의존과 '경제공동체' 논의에 묻혀 시야에서 거의 사라지는 경우도 있을 것이다. 그렇다고 그것이 존재하지 않는 것은 아니다.

---

73 오무라 마스오(大村益夫), 『식민주의와 문학』, 소명출판, 2017, 26쪽.

74 한국 국제해양법학회 명예회장 김찬규의 설명에 따르면, 이어도는 국제해양법상 섬이 아닌 '수중(水中) 돌기물'이다. 이어도 해역은 국제법상 '해양경계획정'이 되어 있지 않은 곳이다. 한국과 중국이 저마다 배타적경제수역(EEZ)을 설치할 수 있다. 실제 한중 양국은 EEZ를 선포한 상태다. 한국은 1995년 착공해 2003년 6월 완공한 종합해양과학기지를 운영해 그곳에 대한 '실효적 관리'를 하고 있다고 말해진다. 이어도는 마라도에서 81해리(149킬로미터), 제일 가까운 중국 섬 동다오(童島)에서 133해리(247킬로미터) 되는 곳에 있어 중간선 원칙에 따른 경계획정을 하게 되면 한국 쪽에 속한다. 그러나 중국이 이를 인정하지 않으면 '당사국들의 권리주장이 겹치는 곳'으로 간주된다. 유엔 해양법협약의 해석에 따르면, 이런 상황에서 관련 당사국은 해당 해역의 현상을 손상시키지 않는 것을 조건으로 이용할 수 있다. 문제는 한국이 이어도에 설치한 종합해양과학기지가 '해당 해역의 현상을 손상'시키는 것인가가 분쟁 대상이 될 수 있으며, 중국은 언제라도 그런 주장을 제기해 문제 삼을 수 있다는 사실이다(김찬규, 「KADIZ 확대 꼭 필요했다」, 『국민일보』, 2013. 12. 17).

수심이 깊은 곳이라면 거대한 암초도 잘 보이지 않기 마련이다. 이 거대한 암초가 어느 순간 강풍에 떠밀리며 동아시아의 일견 평화스러운 일상을 깨뜨리기 전에 새로운 동아시아를 위한 비전과 실천이 구체화되어야 한다. 그 첫걸음은 말할 것도 없이 북한의 비핵화를 포함한 한반도 평화협정체제를 향해 나아가는 것이다. 그것이 바탕이 되어 우리는 동북아시아에 비핵지대를 건설하고 나아가 동아시아 대분단선의 평화벨트로의 전환이라는 꿈을 실현할 실마리를 갖게 될 것이다. 이러한 모든 노력은 숙명적으로 지정학적 중간자이며 또한 바로 그렇기 때문에 지적·외교적 균형자일 수 있는 잠재력을 지닌 한반도 국가의 창의적 역할을 절실하게 요구하고 있다.

참고문헌

Abraham, Itty, "Contra-Proliferation: Interpreting the Meanings of India's Nuclear Tests in 1974 and 1998," in Scott D. Sagan (ed.), *Inside Nuclear South Asia*, Stanford, CA: Stanford University Press, 2009.

Abramson, Jeff, "U.S. Remains Top Arms Provider," *Arms Control Today*, March, 2016.

Albert, Eleanor, "North Korea's Military Capabilities," CFR (https://www.cfr.org), Last updated July 5, 2017.

_____ , "The China-North Korea Relationship," Council on Foreign Relations, September 27, 2017 (https://www.cfr.org/backgrounder).

Albright, David, "South Africa's Secret Nuclear Weapons," A Report by ISIS (Institute for Science and International Security), May 1994 (http://www.isis-online.org).

Albright, David and Christina Walrond, "North Korea's Estimated Stocks of Plutonium and Weapon-Grade Uranium," A Report by the Institute for Science and International Security (ISIS), 2012 (http://isis-online.org).

_____ , "Weapon-Grade Uranium and Weapon-Grade Plutonium: Current and Projected Stocks," *38North* October 24, 2012 (www.38north.org).

Allison, Graham T., "Conceptual Models and the Cuban Missile Crisis," *The American Political Science Review*, September 1969.

Allison, Graham T. and Philip D. Zelikow, *Essence of Decision: Explaining the Cuban Missile Crisis*, New York: Addison Wesley Longman, 1999(Second Edition).

Applegarth, Claire and Rhianna Tyson, *Major Proposals to Strengthen the Nuclear Nonproliferation Treaty*, Arms Control Association and Women's International League for Peace and Freedom, Washington, DC, April 2005.

Arms Control Association, "Chronology of U.S.-North Korean Nuclear and Missile Diplomacy," Fact Sheets, January, 2003(www.armscontrol.org).

_____ , "Chronology of U.S.-North Korean Nuclear and Missile Diplomacy," Updated April, 2013(http://www.armscontrol.org/factsheets/dprkchron).

_____ , "Nuclear Weapons: Who Has What at a Glance," *Arms Control Today*, Updated October 2017(https://www.armscontrol.org/factsheets).

_____ , "Proposed U.S. Arms Export Agreements From January 1, 2012 to December 31, 2012," Updated: January, 2013(http://www.armscontrol.org).

Bader, Jeffrey A., "U.S. Policy: Balancing in Asia, and Rebalancing to Asia," The Brookings Institution, September 23, 2014(https://www.brookings.edu/).

Baipai, Kanti, "The BJP and the Bomb," Scott D. Sagan (ed.), *Inside Nuclear South Asia*, Stanford: Stanford University Press, 2009.

Ballistic Missile Defense Organization, "National Missile Defense (1993-2000): An Overview"(www.acq/osd/mil/bmdo).

Beck, Earl R., *Under the Bombs: The German Home Front, 1942-1945*, Lexington: University Press of Kentucky, 1986.

Bennet, Bruce W., *Preparing for the Possibility of a North Korean Collapse*, Prepared for the Smith Richardson Foundation, RAND National Security Research Division, 2013(www.rand.org).

Bennett, Burce W. and Jennifer Lind, "The Collapse of North Korea:

Military Missions and Requirements," *International Security*, Vol.36, No.2(Fall 2011).

Blair, Bruce G., "A Rebuttal of the U.S. Statement on the Alert Status of U.S. Nuclear Forces," World Security Institute, October 13, 2007.

_____ , "De-alerting Strategic Forces," in George P. Shultz, Steven P. Andreasen, Sidney D. Drell, and James E. Goodby, *Reykjavik Revisited: Steps Toward a World Free of Nuclear Weapons*, Complete Report of 2007 Hoover Institution Conference, Stanford: Hoover Institution Press, 2008.

_____ , "START III, Nuclear War Plans and the Cold War MIndset," *The Defense Monitor*, Vol.29, No.5, 2000.

Blight, James G., Bruce J. Allyn, and David A. Welch, *Cuba on the Brink: Castro, the Missile Crisis, and the Soviet Collapse*, New York: Pantheon, 1993, pp.56~63; McNamara, 1999.

Bowen, Wyn Q., Libya and Nuclear Proliferation: Stepping Back from the Brink, *Adelphi Paper* #380(London: International Institute for Strategic Studies, 2006).

Bureau of European and Eurasian Affairs, U.S. Department of State, "Fact Sheet: U.S. Missile Defense," January 20, 2009(http://www.state.gov/p/eur/rls/fs/83119.htm).

Burns, Richard D. and Philip E. Coyle III, *The Challenges of Nuclear Non-Proliferation*, Lanham: Row & Littlefield, 2015.

Buss, Claude A., *The United States and the Republic of Korea: Background for Policy*, Stanford: Hoover Institution Press, 1982.

Byman, Daniel L. and Jennifer Lind, "Pyongyang's Survival Strategy: Tools of Authoritarian Control in North Korea," *International Security*, Vol.35, No.1(Summer 2010).

Carpenter, Ted Galen, *A Search for Enemies: America's Alliances after the Cold War*, Washington, D.C.: Cato Institute, 1992.

Chinoy, Mike, *Meltdown: The Inside Story of the North Korean Nuclear Crisis*,

New York: St. Martin's Press, 2008.

Ciracusa, Joseph, *Nuclear Weapons: A Very Short Introduction*, Oxford: Oxford University Press, 2008.

Cirincione, Joseph, "Missile Defense Divide," Carnegie Endowment for International Peace, June 9, 2000 (http://carnegieendowment.org).

_____ , "Why the Patriot Missile Might Fail America's Military," The National Interest, December 6, 2017 (http:/nationalinterest.org).

_____ , *Nuclear Nightmares: Securing the World Before It Is Too Late*, New York: Columbia University Press, 2013.

Clark, Christopher, *The Sleepwalkers: How Europe Went to War in 1914*, New York: HarperCollins, 2013.

Clinton, Bill, *My Life*, New York: Alfred A. Knopf, 2004.

Clinton, Hillary, "America's Pacific Century: The future of politics will be decided in Asia, not Afghanistan or Iraq, and the United States will be right at the center of the action," *Foreign Policy*, November 2011 (http://www.foreignpolicy.com).

Cohen, Avner, *Israel and the Bomb*, New York: Columbia University Press, 1998.

Corera, Gordon, *Shopping For Bombs: Nuclear Proliferation, Global Insecurity, and the Rise and Fall of the A.Q. Khan Network*, Oxford: Oxford University Press, 2006.

Critchlow, Robert D., "Nuclear Command and Control: Current Programs and Issues," CRS Report for Congress, Congressional Research Service of the Library of Congress, May 3, 2006.

CTBTO Preparatory Commission, "Status of Signature and Ratification" (https://www.ctbto.org).

Cumings, Bruce, *Korea's Place in the Sun: A Modern History*, New York: W.W. Norton, 1997.

Curtis, Lisa and Derek Scissors, "The Limits of the Pakistan–China Alliance," The Heritage Foundation Report,, January 19, 2012 (http://

www.heritage.org/asia/report).

Davenport, Kesley, "The U.S.-North Korean Agreed Framework at a Glance," Arms Control Association, August 2017(https:// www.armscontrol.org).

Davis, Lynn, "Limited Nuclear Options, Deterrence, and the New American Doctrine," *Adelphi Papers*, No.121, London: Institute for Strategic Studies, 1975/1976.

de Villiers, J.W., Roger Jardine, and Mitchell Reiss, "Why South Africa Gave Up the Bomb," *Foreign Affairs*, November/December 1993.

Delury, John, "Take Preventive War with North Korea off the Table," *Foreign Affairs*, August 22, 2017.

Denmark, Abraham M., "The Myth of the Limited Strike on North Korea: Any Attack Would Risk a War," *Foreign Affairs*, January 9, 2018.

Dingman, Roger, "Atomic Diplomacy During the Korean War," *International Security*, Vol.13, No.3(Winter 1988/89).

Dobbins, James, Andrew Scobell, Edmund J. Burke, David C. Gompert, Derek Grossman, Eric Heginbotham, Howard J. Shatz, "Conflict with China Revisited Prospects, Consequences, and Strategies for Deterrence," Rand Corporation Report(PE-248-A (2017)).

Dobbs, Michael, *One Minute to Midnight: Kennedy, Khrushchev, and Castro on the Brink of Nuclear War*, New York: Alfred A. Knopf, 2008.

Draper, Theodore, *A Very Thin Line: The Iran-Contra Affairs*, New York: Simon & Schuster, 1991.

Drell, Sidney D. and James E. Goodby, *What Are Nuclear Weapons For: Recommendations for Restructuring U.S. Strategic Nuclear Forces*, An Arms Control Association Report, April 2005, Section 2, "Nuclear Deterrence in the 21st Century."

Eberstadt, Nicholas, "The Persistence of North Korea: What has been keeping Pyongyang afloat?," *Policy Review* (Hoover Institution), October & November 2004.

_____ , *The End of North Korea*, American Enterprise Institute Press, 1999.

Falk, Richard, *Indefensible Weapons: The Political and Psychological Case Against Nuclearlism*, by Robert Jay Lifton and Richard Falk, New York: Basic Books, 1982, Section II.

Farley, Robert, "The Story of How South Africa Voluntarily Gave Up Its Nuclear Weapons," *The National Interest*, December 1, 2017(http://nationalinterest.org).

Farrell, Theo, A Book Review, *International Affairs*, Vol.70, Issue 3, July 1994.

Fineman, Howard, "Revenge of the Right," *Newsweek*, November 20, 1994(http://www.newsweek.com).

Fink, Carole and Bernd Schaefer, "Ostpolitik and the World, 1969-1974," Carole Fink and Bernd Schaefer (eds.), *Ostpolitik, 1969-1974: European and Global Perspectives*, Washington, D.C.: German Historical Institute & Cambridge University Press, 2009.

Fitzpatrick, Mark, *Nuclear Black Markets: Pakistan, A. Q. Khan and the Rise of Proliferation Networks*, London: The International Institute for Strategic Studies, 2007.

Frank, Ruediger, "Rason Special Economic Zone: North Korea as It Could Be," *38North*, December 16, 2014.

Frantz, Douglas and Catherine Collins, *The Nuclear Jihadist: The True Story of the Man Who Sold the World's Most Dangerous Secrets…and How We Could Have Stopped Him*, New York: Twelve, 2007.

Fursenko, Aleksandr and Timothy Naftali, *One Hell of a Gamble: Khrushchev, Castro, and Kennedy, 1958-1964: The Secret History of the Cuban Missile Crisis*, New York: Norton, 1997.

Futter, Andrew, *The Politics of Nuclear Weapons*, Los Angeles: Sage, 2015.

Garamone, Jim, "Trump Signs Fiscal Year 2018 Defense Authorization," DoD News, Defense Media Activity, December 12, 2018(https://

www.defense.gov/News).

Garthoff, Raymond L., *Reflections on the Cuban Missile Crisis*, Revised Edition, Washington, D.C.: The Brookings Institution, 1989.

Gates, Scott and Kaushik Roy, *Limited War in South Asia: From Decolonization to Recent Times*, New York: Routledge, 2017.

Gibbons, William Conrad, *The U.S. Government and the Vietnam War: Executive and Legislative Roles and Relationships, Part II: 1961-1964*, Princeton, NJ: Princeton University Press, 1986.

Goodby, James E. and Sidney D. Drell, "Rethinking Nuclear Deterrence," in George P. Shultz, Steven P. Andreasen, Sidney D. Drell, and James E. Goodby, *Reykjavik Revisited: Steps Toward a World Free of Nuclear Weapons*, Complete Report of 2007 Hoover Institution Conference, Stanford: Hoover Institution Press, 2008.

Goose, Stephen, "The Military Situation on the Korean Peninsula," in John Sullivan and Roberta Foss, eds., *Two Koreas-One Future?*, University Press of America, 1989.

Gordon, Philip and Amos Yadlin, "Will Iran Become the Next North Korea? Avoiding a Nuclear Nightmare in the Middle East," *Foreign Affairs*, August 1, 2017.

Gortney, Bill, "Department of Defense Press Briefing by Admiral Gortney in the Pentagon Briefing Room," April 7, 2015 (http://www.defense.gov)

Graham Jr., Thomas, *The Alternate Route: Nuclear Weapon-Free Zones*, Corvallis: Oregon State University, 2017.

Gribkov, Antoli I. and William Y. Smith, *Operation ANADYR: U.S. and Soviet Generals Recount the Cuban Missile Crisis*, Chicago: edition q, 1994.

Haddick, Robert, "This Week at War: The Paradox of Arms Control: Even if it passes, New START will only ensure that the U.S. remains dependent on nuclear weapons," *Foreign Policy*, November 19, 2010.

_____ , "This Week at War: The Paradox of Arms Control: Even if it passes, New START will only ensure that the U.S. remains dependent on nuclear weapons," *Foreign Policy*, November 19, 2010.

Haggard, Stephan and Marcus Noland, *Famine in North Korea: Markets, Aid, and Reform*, New York: Columbia University Press, 2007.

Hanrieder, Wolfram F., *Germany, America, Europe: Forty Years of German Foreign Policy*, New Haven: Yale University Press, 1989.

Hecker, Siegfried S., "Redefining Denuclearization of North Korea," *The Bulletin of Atomic Scientists*, December 20, 2010.

_____ , "What I Found in North Korea: Pyongyang's Plutonium Is No Longer the Only Problem," *Foreign Affairs*, December 3, 2010.

_____ , "What to Make of North Korea's Latest Nuclear Test?," *38 North* (US-Korea Institute at SAIS: http://38north.org), September 12, 2016.

_____ , "What We Really Know about North Korea's Nuclear Weapons: And What We Don't Yet Know for Sure," *Foreign Affairs*, December 4, 2017.

Herf, Jeffrey, *Divided Memory: The Nazi Past in the Two Germanys*, Cambridge, MA: Harvard University Press, 1997.

Hewlett, Richard and Francis Duncan, *A History of the United States Atomic Energy Commission*, University Park: Pennsylvania State University Press, 1969, Vol.2.

Hosmer, Stephen T., *Psychological Effects of U.S. Air Operations in Four Wars, 1941-1991: Lessons for U.S. Commanders*, RAND Report MR-576-AF, Santa Monica, CA: RAND Corporation, 1996.

Ikenberry, G. John, "Institutions, Strategic Restraint, and the Persistence of American Postwar Order," *International Security*, Vol.23, No.3, Winter 1998/1999.

International Atomic Energy Agency (IAEA), "The Fukushima Daiichi Accident: Report by the Director General (Yukiya Amano)," March 2015.

_____ , "Central Asia: Towards a Nuclear-Free World," September 8,

2006.

_____ , "The Chernobyl Accident: A Report by the International Nuclear Safety Advisory Group," Vienna, 1992, Safety Series No. 75-INSAG-7.

International Campaign to Abolish Nuclear Weapons(ICAN), "Signature/ratification status of the Treaty on the Prohibition of Nuclear Weapons"(http://www.icanw.org).

Jacobs, Seth, *The Universe Unraveling: American Foreign Policy in Cold War Laos*, Ithaca: Cornell University Press, 2012.

Jahn, Egbert Jahn, "The Role of Governments, Social Organizations, and Peace Movements in the New German and European Detente Process," in Mary Kaldor, Gerard Holden, and Ricahrd Falk (eds.), *The New Detente: Rethinking East-West Relations*, London: Verso, 1989.

Janis, Irving L., *Air War and Emotional Stress: Psychological Studies of Bombing and Civilian Defense*, New York: McGraw-Hill, 1951.

Jeanloz, Raymond, "Comprehensive Nuclear-Test-Ban Treaty and U.S. Security," in Shultz et al. (eds.), *Reykjavik Revisited: Steps Toward a World Free of Nuclear Weapons*, op.cit., 2008.

Jentleson, Bruce W. and Christopher A. Whytock, "Who 'Won' Libya?: The Force-Diplomacy Debate and Its Implications for Theory and Policy," *International Security*, Vol.30, No.3 (Winter 2005/2006).

Jervis, Robert, *Perception and Misperception in International Politics*, Princeton: Princeton University Press, 1976.

Johnston, Alastair Iain, "Prospects for Chinese Nuclear Force Modernization: Limited Deterrence versus Multilateral Arms Control," *China Quarterly*, No.146, June 1996.

Kagan, Robert and William Kristol (eds.), *Present Dangers: Crisis and Opportunity in American Foreign and Defense Policy*, San Francisco, CA.: Encounter Books, 2000.

Kapur, S. Paul, *Dangerous Deterrent: Nuclear Weapons Proliferation and Conflict in South Asia*, NUS (National University of Singapore) Press, 2009.

Karpin, Michael, *The Bomb in the Basement: How Israel Went Nuclear and What That Means for the World*, New York: Simon & Schuster, 2006.

Kerr, Paul, "The North Korea Crisis: A Chronology," *Arms Control Today*, 2004 (www.armscontrol.org).

Kerry, John (U.S. Secretary of State), "Iran Nuclear Agreement Review," Opening Remarks Before the Senate Foreign Relations Committee, Washington, DC, July 23, 2015 (www.state.com).

Kershaw, Ian, *The 'Hitler Myth': Image and Reality in the Third Reich*, Oxford: Oxford University Press, 1987.

Khan, Feroz H., *Eating Grass: The Making of the Pakistani Bomb*, Stanford: Stanford University Press, 2012.

Kissinger, Henry A., *Nuclear Weapons & Foreign Policy*, New York: W.W. Norton, 1957.

_____ , *Diplomacy*, New York: Simon & Schuster, 1994.

Klinger, Bruce, "South Korea Needs THAAD Missile Defense," June 12, 2015 (http://www.heritage.org/research/reports/2015/06/)

Koithara, Verghese, *Managing India's Nuclear Forces*, Brookings Institution Press, 2012.

Krasner, Stephen D., *Defending the National Interest: Raw Materials Investments and U.S. Foreign Policy*, Princeton: Princeton University Press, 1978.

Kreisher, Otto, "Panel Says U.S. Missile Defenses Inadequate Against Chinese Threat," *Seapower*, August 19, 2015 (http://www.seapowermagazine.org).

Krepon, Michael, "South Asia's Distinctive Arms Race," *Arms Control Today*, November 5, 2012 (www.armscontrol.org).

Kristensen, Hans M., "B61-12: America's New Guided Standoff Nuclear Bomb," May 30, 2013 (https://fas.org/ programs).

_____ , "China Reorganizes Northern Nuclear Missile Launch Sites,"

July 12, 2007(http://fas.org/blogs/security/2007/07).

_____ , "Pentagon Report: China Deploys MIRV Missile," Federation of American Scientists (FAS), May 11, 2015.

Kristensen, Hans M. and Robert S. Norris, "A History of U.S. Nuclear Weapons in South Korea," *Global Research*, December 25, 2017(www.globalresearch.ca).

_____ , "Status of World Nuclear Forces," Federation of Atomic Scientists, 2014(https://fas.org/issues).

_____ , "Status of World Nuclear Forces," Federation of Atomic Scientists, December 2017(https://fas.org).

Kroenig, Matthew, "Still Time to Attack Iran: The Illusion of a Comprehensive Nuclear Deal," *Foreign Affairs*, January 7, 2014.

Kwong, Jessica, "People in North Korea East Coast Suffer as Kim Jong Un Prioritizes Nuclear Weapons, Photos Show," *Newsweek*, December 5, 2017(www.newsweek.com).

Laney, James T. and Jason T. Shaplen, "How to Deal With North Korea," *Foreign Affairs*, March/April, 2003.

Lankov, Andrei, *The Real North Korea: Life and Politics in the Failed Stalinist Utopia*, Oxford University Press, 2013.

Lavoy, Peter R. (ed.), *Asymmetric Warfare in South Asia: The Causes and Consequences of the Kargil Conflict*, Cambridge: Cambridge University Press, 2009.

Lee, Samsung, "Beyond the East Asian Grand Division: Imagining an "East Asian Peace Belt" of Jeju-Okinawa-Taiwan Islands," A Paper presented at Jeju International Peace Conference 2007, titled *War and Peace in the Era of Globalization: Experiences from Europe and Asia*, Co-Organized by SNU-KIEP Center, Institute for Gender Research (Seoul National University), BK 21 Political Science Paradigm Project (Seoul National University), Institute for Peace Studies (Cheju National University), Jeju Shilla Hotel, June 7~9, 2007.

_____ , "Beyond the East Asian Grand Division: Imagining an East Asian Peace Belt of Jeju-Okinawa-Taiwan Islands," Nam-Kook Kim, ed., *Globalization and Regional Integration in Europe and Asia*, Farnham, England: Ashgate Publishing Company, 2009, pp.161~179.

_____ , "Building a Peace Regime on the Korean Peninsula: A Three-Step Concept for Peace Process," *Asian Perspective*, Vol.20, No.2, Fall/Winter, 1996.

_____ , "Missile Defense and the Korean Peninsula," *A Maginot Line in the Sky: International Perspectives on Ballistic Missile Defense*, David Krieger and Carah Ong, Santa Barbara, CA: Nuclear Age Peace Foundation, 2001.

Malik, Tariq, "Air Force Launches Ballistic Missile In Suborbital Test," Space.Com, June 30, 2010(http://www.space.com/8689).

Mastro, Oriana Skylar, "Why China Won't Rescue North Korea: What to Expect If Things Fall Apart," *Foreign Affairs*, January/February 2018.

Matsui, Nozomi and Takashi Funakoshi, "Japan, China agree on hotline to avoid clash in East China Sea," *The Asahi Shimbun*, December 7, 2017.

Maza, Cristina, "North Korean Missile Could Hit the U.S. and Trick Missile Defense Systems, Experts Warn," *Newsweek*, December 4, 2017.

Mazarr, Michael J., "The Long Road to Pyongyang," *Foreign Affairs*, September/October, 2007.

McCormack, Gavan and Satoko Oka Norimatsu, *Resistant Islands: Okinawa Confronts Japan and the United States*, Lanham: Row & Littlefield, 2012.

McNamara, Robert S., *Argument Without End: In Search of Answers to the Vietnam Tragedy*, New York: PublicAffairs, 1999.

Mearsheimer, John J., *The Tragedy of Great Power Politics*, New York: W.W. Norton, 2014 (Updated Edition), p.103.

Missile Defense Agency, "Fact Sheet: The Ballistic Missile Defense," October 21, 2013.

Moriteru, Arasaki (ed.), *Profile of Okinawa: 100 Questions and Answers*,

Tokyo: Techno Marketing Center, 2000.

Musharraf, Pervez, *In the Line of Fire: A Memoir*, New York: Free Press, 2006.

Nacht, Michael, *The Age of Vulnerability: Threats to the Nuclear Stalemate*, Washington, D.C.: Brookings Institution, 1985.

Narang, Vipin, "Pride and Prejudice and Prithvis: Strategic Weapons Behavior in South Asia," Scott D. Sagan (ed.), *Inside Nuclear South Asia*, Stanford: Stanford University Press, 2009.

_____ , *Nuclear Strategy in the Modern Era: Regional Powers and International Conflict*, Princeton: Princeton University Press, 2014.

National Security Strategy of the United States of America, December 2017 (https://www.whitehouse.gov/wp-content/uploads/2017/12/NSS-Final-12-18-2017-0905.pdf).

Niksch, Larry A., "North Korea's Nuclear Weapons Program," Congressional Research Service, The Library of Congress, November 25, 1991.

_____ , "Korea: U.S.-South Korean Relations—Issues for Congress," Congressional Research Service, CRS Issue Brief for Congress, Updated April 3, 2002.

_____ , "North Korea's Nuclear Weapons Program," CRS Issue Brief for Congress (Order Code IB91141), Updated March 5, 2002.

Nolan, Janne E., "The INF Treaty: Eliminating Intermediate-Range Nuclear Missile, 1987 to the Present," in Richard Dean Burns (ed.), *Encyclopedia of Arms Control and Disarmament*, Vol.2, New York: Charles Scribner's Sons, 1993.

Noland, Marcus, "Why North Korea Will Muddle Through," *Foreign Affairs*, Vol.76, No.4, July/August, 1997.

Norris, Robert S., William M. Arkin & William Burr, "Where They Were," *The Bulletin of the Atomic Scientists*, November/December, 1999.

Oberdorfer, Don, *The Two Koreas: A Contemporary History*, Reading, MA: Addison-Wesley, 1997.

Office of the Coordinator for Counterterrorism, *Country Reports on*

Terrorism, April 30, 2007.

Office of the Historian, U.S. Department of State, "The Berlin Airlift, 1948 – 1949"(https://history.state.gov/milestones).

Office of the Secretary of Defense, "Annual Report to Congress: The Military Power of the People's Republic of China, 2005," Washington, DC: Department of Defense, 2005.

_____ , *Nuclear Posture Review*, February 2018(https:// media.defense.gov/2018/Feb/02/2001872877/-1/-1/1/EXECUTIVE-SUMMARY.PDF).

_____ , U.S. Department of Defense, *Annual Report To Congress: Military and Security Developments Involving the People's Republic of China 2015*, April 7, 2015.

Olson, Jr., Mancur, *The Economics of the Wartime Shortage: A History of British Food Supplies in the Napoleonic War and in World War I and II*, Durham, NC: Duke University Press, 1963.

Panda, Ankit, "China and North Korea Have a Mutual Defense Treaty, But When Would It Apply?," *The Diplomat*, August 14, 2017(https:// thediplomat.com/).

Pant, Harsh V., "Causes and Consequences of Nuclear South Asia: The Debate Continues⋯," *India Review*, Vol.9, No.3, July/September, 2010.

Pape, Robert A., *Bombing to Win: Air Power and Coercion in War*, Ithaca, NY: Cornell University Press, 1996.

Paterson, Thomas G. and J. Garry Clifford, *America Ascendant: U.S. Foreign Relations Since 1939*, Lexington, Mass.: D.C. Heath and Company, 1995.

Patricia, Lewis, "A Middle East free of nuclear weapons: possible, probable or pipe dream?," *International Affairs*, 89:2, 2013.

Peace III, Roger C., *A Just and Lasting Peace: The U.S. Peace Movement from the Cold War to Desert Storm*, Chicago: The Noble Press, 1991.

Perkovich, George, *India's Nuclear Bomb*, Berkeley: University of California

Press, 1999; Narang, 2009.

Perrow, Charles, "Getting to Catastrophe: Concentrations, Complexity, and Coupling," *The Montréal Review*, December, 2012.

_____ , *Normal Accidents: Living with High-Risk Technologies*, Basic Books, 1984.

_____ , *Normal Accidents: Living with High-Risk Technologies*, Reprinted by Princeton University Press, 1999.

Perry, William J., *My Journey at the Nuclear Brink*, Stanford: Stanford University Press, 2015.

Pidgeon, Nick, "In retrospect: Normal Accidents," *Nature*, 477, pp.404~405, September 22, 2011(https://www.nature.com).

Pillalamarri, Akhilesh, "India's Nuclear-Weapons Program: 5 Things You Need to Know," *The National Interest*, April 22, 2015(http://nationalinterest.org).

Powers, Thomas, *The Man Who Kept The Secrets: Richard Helms & The CIA*, New York: Alfred Knopf, 1979.

Price, Greg, "Why China Remains North Korea's Biggest Ally," *Newsweek*, April 13, 2017(http://www.newsweek.com).

Ratheon, "Army Navy/Transportable Radar Surveillance (AN/TPY-2): "Countering the Growing Ballistic Missile Threat"(http://www.raytheon.com).

Reagan, Ronald, "Address to the Nation on Defense and National Security," March 23, 1983(https://www.reaganlibrary.gov/sites/default/files/archives).

Republican Contract with America(http://www.house.gov/house/Contract).

Rhodes, Richard and Michael Shellenberger, "Atoms for Pyongyang: Let North Korea Have Peaceful Nuclear Power," *Foreign Affairs*, May 23, 2017.

Rice, Condoleezza, *No Higher Honor: A Memoir of My Years in Washington*, New York: Crown Publishers, 2011.

Robertson, David, *A Dictionary of Modern Defense and Strategy*, London:

Europa Publications, 1987.

Rose, Frank A., "Missile Defense and the U.S. Response to the North Korean Ballistic Missile and WMD Threat," Washington, DC, May 19, 2015 (http://www.state.gov/t/avc/rls/2015/242610.htm).

Sagan, Scott D., "The evolution of Pakistani and Indian nuclear doctrines," in Scott D. Sagan (ed.), *Inside Nuclear South Asia*, Stanford, CA: Stanford University Press, 2009.

––––––––, "The Korean Missile Crisis: Why Deterrence Is Still the Best Option," *Foreign Affairs*, November/December 2017.

––––––––, *The Limits of Safety: Organizations, Accidents and Nuclear Weapons*, Princeton, NJ: Princeton University Press, 1993.

––––––––, "Why Do States Build Nuclear Weapons?" in Victor Utgoff (ed.), *The Coming Crisis: Nuclear Proliferation, U.S. Interests, and World Order*, Cambridge, MA: MIT Press, 1999.

Sagan, Scott D. and Benjamin A. Valentino, "The Nuclear Weapons Ban Treaty: Opportunities Lost," *The Bulletin of the Atomic Scientists*, July 16, 2017.

Sagan, Scott D. and Kenneth N. Waltz, *The Spread of Nuclear Weapons: An Enduring Debate*, New York: W.W. Norton, 2013, Third Edition.

Sandia National Laboratories, "U.S. Strategic Nuclear Policy: An Oral History, 1945–2004–Part 1," 2005, Released by the National Security Archive.

Sasikumar, Karthika and Christopher R. Way, "Testing Theories of Proliferation: The Case of Nuclear South Asia," in Scott D. Sagan (ed.), *Inside Nuclear South Asia*, Stanford, CA: Stanford University Press, 2009.

Schlosser, Eric, *Command and Control: Nuclear Weapons, The Damascus Accident, and the Illusion of Safety*, New York: Penguin Books, 2014.

Sigal, Leon V., "Bad History," *38North*, August 22, 2017 (www.38north.org/2017/08).

––––––––, "How to end North Korea's missile program?," June 2, 1999.

From Napsnet@nautilus.org(Napsnet).

Singh, Jaswant, "Against Nuclear Apartheid," *Foreign Affairs*, Vol.77, No.5, September/October, 1998, pp.41~52; Narang, 2009.

Siracusa, Joseph M., *Nuclear Weapons: A Very Short Introduction*, Oxford: Oxford University Press, 2008.

Smith, Colonel Daniel, "Results of the Nuclear Non-Proliferation Treaty Review Conference," *Weekly Defense Review*, May 25, 2000.

Smith, Paul J., "The China–Pakistan–United States Strategic Triangle: From Cold War to the 'War on Terrorism,'" *Asian Affairs: An American Review*, Vol.38, No.4, 2011.

Sokolsky, Richard, "The Folly of Deploying US Tactical Nuclear Weapons to South Korea," *38North*, December 1, 2017.

Sokov, Nilolai, "Tactical Nuclear Weapons Elimination: Next Step for Arms Control," *The Nonproliferation Review*, Winter 1997.

Squassoni, Sharon, "Weapons of Mass Destruction: Trade Between North Korea and Pakistan," CRS Report for Congress, Updated March 11, 2004.

_____ , Steve Brown, and Steven A. Hildreth, "Proliferation Control Regimes: Background and Status," CRS Report for Congress, Congressional Research Service, December 26, 2006.

Tannenwald, Nina, "Nuclear Weapons and the Vietnam War," *The Journal of Strategic Studies*, Vol.29, No.4, August, 2006.

Templeton, Malcolm, *Standing Upright Here: New Zealand in the Nuclear Age, 1945-1990*, Wellington: Victoria University Press, 2006.

The Atlantic Council of the United States, A Framework for Peace and Security in Korea and Northest Asia, Co-Chaired by Ambassador James Goodby and General Jack N. Merritt, Project Director Donald Gross, Policy Paper, April, 2007.

The Pentagon Papers: The Defense Department History of United States Decisionmaking on Vietnam, Vol.III, The Senator Gravel Edition, Boston: Beacon Press, 1971.

Thielmann, Greg, "The National Missile Defense Act of 1999," *Arms Control Today*, July 2, 2009.

Tuchman, Barbara W., *The March of Folly: From Troy to Vietnam*, New York: Random House, 1984.

U.S. Department of Defense, *Nuclear Posture Review Report*, April, 2010(www.defense.gov/npr), p.x.

_____ , *Quadrennial Defense Review Report 2001*, September 30, 2001, p.17.

U.S. Department of State, "New START"(https://www.state.gov/t/avc/ newstart/).

_____ , "Treaty Between The United States of America and The Union of Soviet Socialist Republics on The Limitation of Anti-Ballistic Missile Systems"(www.state.gov/www/global/arms/treaties/abm/abm2.html).

_____ , Bureau of Arms Control, Verification and Compliance, "Treaty Between The United States Of America And The Union Of Soviet Socialist Republics On The Elimination Of Their Intermediate-Range And Shorter-Range Missiles (INF Treaty)," Signed December 8, 1987(https://www.state.gov).

U.S. Naval Institute, "Report: Chinese Develop Special "Kill Weapon" to Destroy U.S. Aircraft Carriers: Advanced missile poses substantial new threat for U.S. Navy," March 31, 2009(http://www.usni.org).

U.S. Nuclear Regulatory Commission (NRC), "Backgrounder on the Three Mile Island Accident"(https://www.nrc.gov).

U.S. Senate Select Committee on Intelligence Activities, Interim Report, *Alleged Assassination Plots Involving Foreign Leaders*, Washington: U.S. Government Printing Office, 1975.

United States Senate, Subcommittee on US Security Agreements and Commitments Abroad of the Committeee on Foreign Affairs, February, 1970.

US Pacific Command, *Command History 1974*, Camp Smith, Hawaii,

Vol.1, 1975, Partially Declassified and Obtained under FOIA (Freedom of Information Act) by Peter Hayes, Excerpts, Vol.1.

Vogel Ezra F., *Deng Xiaoping, and the Transformation of China*, Cambridge, MA: Harvard University Press, 2011.

Waltz, Kenneth N. and Scott D. Sagan, "The Great Debate: Is Nuclear Zero the Best Option?," *The National Interest*, September/October, 2010.

Wampler, Robert A., "Engaging North Korea II: The Clinton Administration's Experience," "Engaging North Korea II: Evidence from the Clinton Administration," National Security Archive at George Washington University(https://nsarchive.gwu.edu/briefing-book/korea/2017-12-08).

Wolfsthal, Jon and Joseph Ciricione, "The President's Proliferation Pitch," Carnegie Analysis, Carnegie Endowment for Intgernational Peace, July 13, 2004(www.ceip.org).

Yafeng, Xia & Shen, Zhihua, "China's Last Ally: Beijing's Policy toward North Korea during the U.S.-China Rapprochement, 1970-1975," *Diplomatic History*, Vol.38, Issue 5, November, 2014,

Zoellick, Robert B., "Whither China: From Membership to Responsibility?," Remarks to National Committee on U.S.-China Relations, New York City, September 21, 2005(https://2001-2009.state.gov). U.S. Department of State Archive.

가와미츠 신이치(川滿信一), 「제주도의 해풍-4.3 제주학살사건 60주년 집회에 참가하고」, 가와미츠 신이치, 이지원 옮김, 『오키나와에서 말한다: 복귀운동 후 40년의 궤적과 동아시아』, 이담, 2014.

가와사키 아키라(일본 피스보트 공동대표), 「동아시아 평화의 비전과 일본의 역할」, 2014 한겨레-부산 국제심포지엄 제10회 〈아시아가 주도하는 새로운 아시아는 가능한가?〉(파라다이스호텔 부산, 2014.11.19~20).

강정구·박기학·고영대, 「작전통제권 상실 과정과 한국군의 탈주권화」, 평화통일연구소 엮음, 『전환기 한미관계의 새판짜기 2』, 한울, 2007.

고영대, 「중국 겨냥한 미국의 사드 한국 배치: 미·중 간 전략안정 흔들기」, 『창작과비평』, 2015년 가을호.

김대중, 『김대중 자서전 1』, 삼인, 2010.

_____ , 『김대중 자서전 2』, 삼인, 2010.

대한민국 국방부, 『2016 국방백서』, 2016.12.

陶文釗, 『中美關系史 (下卷). 1972-2000』, 上海: 上海人民出版社, 2004.

梅林宏道, 『米軍再編—その狙いとは』, 東京: 岩波ブックレット, 2006.

바, 에곤, 박경서·오영옥 옮김, 『독일 통일의 주역, 빌리 브란트를 기억하다』, 북로그컴퍼니, 2014.

박기학, 『트럼프 시대, 방위비분담금 바로 알기: 한미동맹의 현주소』, 한울, 2017.

박명림, 「남북평화협정과 한반도 평화」, 한국인권재단 엮음, 『한반도 평화는 가능한가: 한반도 안보질서의 전환과 평화체제의 모색』, 아르케, 2004.

반디, 『고발』(告發), 다산북스, 2017.

사마천, 김원중 옮김, 『사기열전』(상), 을유문화사, 2002(개정판).

서재정, 「사드와 한반도 군비경쟁의 질적 전환」, 『창작과비평』, 여름호, 2015.

오무라 마스오(大村益夫), 『식민주의와 문학』, 소명출판, 2017.

오시카 야스아키, 한승동 옮김, 『멜트다운: 도쿄전력과 일본정부는 어떻게 일본을 침몰시켰는가』, 양철북, 2013.

와다 하루키, 이원덕 옮김, 『동북아시아 공동의 집: 신지역주의선언』, 일조각, 2004.

왕소방(王紹坊), 한인희 옮김, 『중국외교사, 1840~1911』, 지영사, 1996.

우메바야시 히로미치(梅林宏道), 김마리아 옮김, 『비핵무기지대』, 서해문집, 2014.

유동열, 「김영철이 천안함 주범인 결정적 이유」, 『주간조선』, 2018.3.5.

윤영환, 「한반도 평화협정(안)」, 평화재단 제8차 전문가 포럼, 배재대학교

학술지원센터, 2007.4.18.

이삼성, 「핵의 위기」, 『창작과비평』, 겨울호, 1990.

_____ , 『미국의 대한정책과 한국 민족주의』, 한길사, 1993.

_____ , 『현대 미국외교와 국제정치』, 한길사, 1993.

_____ , 『한반도 핵문제와 미국외교: 북미 핵협상과 한국 통일정책의 비판적 인식』, 한길사, 1994.

_____ , 『미래의 역사에서 미국은 희망인가』, 당대, 1995.

_____ , 「총론: 한반도의 평화에서 동아시아 공동안보로: 미국 미사일방어 추진의 문제점과 동북아 비핵지대화의 시대적 요청」, 『한반도의 선택』, 삼인, 2001.

_____ , 『세계와 미국: 20세기의 반성과 21세기의 전망』, 한길사, 2001.

_____ , 「한미동맹의 유연화(柔然化)를 위한 제언」, 『국가전략』 제9권 제3호, 2003.

_____ , 2004, 「미국의 대북 정보평가 및 정책의 신뢰성 위기와 북핵문제 해결방향: ‘한반도 평화협정’체제 전환이 유일한 대안인 또 하나의 이유」, 『현대북한연구』 제7권 제2호.

_____ , 「한반도 평화협정: 북한 핵문제 근본해결로서의 평화협정의 틀과 윤곽」, 평화·통일연구소/평화와통일을여는사람들 주최 평화·통일연구소 창립 1주년 토론회 〈한반도 평화협정 체결 및 평화군축 방안〉(서울: 기독교회관 구관 2층), 2015.10.7.

_____ , 「동아시아에서 균형자 역할을 한다는 것」, 『서울신문』, 2005.4.15.

_____ , 「한반도 평화협정: 북한 핵문제 근본해결로서의 평화협정의 틀과 윤곽」, 『평화누리 통일누리』, 통권 제57호, 2005.

_____ , 「동아시아 국제질서의 성격에 관한 일고: ‘대분단체제’로 본 동아시아」, 『한국과 국제정치』, 제22권 제4호, 2006.

_____ , 2006, 「동아시아: 대분단체제와 공동체 사이에서」, 『민주주의와 인권』, 제6권 제2호.

_____ , 「21세기 동아시아의 지정학: 미국의 동아태지역 해양패권과

중미관계」, 『국가전략』, 제13권 제1호, 2007.

_____ , 「동아시아 대분단체제를 넘어서: 제주-오키나와-타이완의 동아시아 평화벨트를 상상하기」, 참여연대 평화군축센터와 코리아연구원 공동주최 한일 국제세미나 〈대안적 동북아 평화구상과 '평화국가' 만들기〉(서울: 참여연대), 2007.6.20.

_____ , 2007, 「한반도 평화협정 구축에서 평화조약(평화협정)의 역할과 숙제」, 평화통일연구소·평화와 통일을 여는 사람들 주최 제2차 한반도 평화체제 토론회 〈한반도 평화협정 체결 전망과 과제〉(서울: 기독교회관), 2007.5.9.

_____ , 『동아시아의 전쟁과 평화 1: 전통시대 동아시아 2천년과 한반도』, 한길사, 2009.

_____ , 『동아시아의 전쟁과 평화 2: 근대 동아시아와 말기조선의 시대구분과 역사인식』, 한길사, 2009.

_____ , 「한반도와 동아시아, 평화와 민주주의」, 민주화운동기념사업회 주최 '2013 Seoul Democracy Forum: Peace, Development, and Democracy in Asia'(서울: 올림픽파크텔), 2013.10.22.

_____ , 「한국전쟁과 내전: 세 가지 내전 개념의 구분」, 『한국정치학회보』, 제47집 제5호, 2013.

_____ , 「분단체제 개념, 동아시아에 적용하려면 '대분단체제'가 적절: 백낙청 교수의 '대분단체제' 비판에 대한 반론」, 『한겨레』, 2014.3.19.

_____ , 「동아시아 대분단체제와 출구 모색의 방향」, 2014 한겨레-부산 국제심포지엄 제10회 '아시아가 주도하는 새로운 아시아는 가능한가'(부산: 파라다이스호텔부산, 그랜드볼룸), 2014.11.19~20.

_____ , 「한반도 평화협정 체제와 비핵화 그리고 동북아 비핵무기지대화: 상호의존성의 인식과 연계의 비전」, 참여연대·평화와통일을여는사람들 공동주최 세미나 '9.19 공동성명에 비춰 본 한반도 평화협정과 비핵화 방안'(서울: 국회 의원회관 제2세미나실), 2015.9.18.

_____ , 「광복 70년에 생각하는 한반도의 평화와 통일」, 한국학중앙연구원·국사편찬위원회·동북아역사재단 공동주최 광복 70주년 국제학술대회 '광복 70년의 회고, 광복 100년의 비전'(서울:

한국언론진흥재단 프레스센터 19층), 2015.11.12.

_____ ,「한나 아렌트의 인간학적 전체주의 개념과 냉전: 친화성과
긴장의 근거」,『한국정치학회보』, 제49집 제5호, 2015.

_____ ,「전후 동아시아 국제질서의 구성과 중국: '동아시아
대분단체제'의 형성과정에서 중국의 구성적 역할」,『한국정치학회보』,
제50집 제5호, 2016.

_____ ,「제국, 국가, 민족: 위계적 세계화와 민주적 세계화 사이에서」,
네이버 열린연단, 2016.4.16.

_____ ,「'핵무기국가 북한' 앞에 선 한국의 선택」, 한국정치연구회
창립 30주년 기념 세미나 〈우리 시대의 진보와 민주주의의
과제〉(동국대학교 사회과학관 첨단강의실), 2017.6.16.

이삼성·우메마야시 히로미치 외,『동북아시아 비핵지대』, 살림, 2005.

이종석,「두만강 하류 북·중·러 국경 획정과 중국의 출해권 전망」,
『세종정책브리핑』(No.2017-33: 2017.12.21).

_____ ,『북한-중국관계, 1945-2000』, 중심, 2001.

_____ ,『칼날 위의 평화: 노무현시대 통일외교안보 비망록』,
개마고원, 2014.

전재성,「한반도 평화체제」, 하영선 엮음,『북핵위기와 한반도 평화』,
EAI(동아시아연구원), 2006.

정욱식,『사드의 모든 것』, 유리창, 2017; 고영대,『사드배치: 거짓과 진실』,
나무와숲, 2017.

조성렬,「한반도 평화체제 구축과 한미동맹 재조정」,『한반도 평화체제
구축을 위한 대토론회』, 국회의원 최재천 의원실, 국회 헌정기념관
대강당, 2007.3.22.

조현호,『천안함 7년, 의문의 기록: 사건의 재구성과 57명의 증언』,
생각비행, 2017.

中國人民解放軍軍史 編寫組 編,『中國人民解放軍軍史』第四卷, 北京:
軍事科學出版社, 2011.

최우석,「회고록을 통해 15년 만에 열린 진실의 문: 엄낙용 전 산업은행
총재는 1998년 김대중 정부의 대북송금 의혹을 왜 터뜨렸을까?」,

『월간조선』, 2017년 12월호.

토르쿠노프, 아나톨리 바실리예비치, 구종서 옮김, 『한국전쟁의 진실과 수수께끼: 김일성-스탈린-모택동 기밀문서』, 에디터, 2003(Anatoliy Vassilievich Torkunov, *The War in Korea 1950-1953*, 2000).

트카첸코, 보리스 이바노비치, 성종환 옮김, 『러시아-중국: 문서와 사실에 나타난 동부국경』, 동북아역사재단, 2010.

표교열, 「제1, 2차 중영전쟁」, 서울대학교 동양사학연구실 엮음, 『강좌 중국사 V: 중화제국의 동요』, 지식산업사, 1989.

표문태 편저, 『아시아를 비핵지대로』, 일월서각, 1983.

한승주, 『외교의 길: 평화를 위한 여정』, 올림, 2017.

후지무라 미치오, 허남린 옮김, 『청일전쟁』, 소화, 1997.

찾아보기

675, 681, 682, 698, 703, 729, 730, 789, 790

ㄴ

나랑, 비핀 145, 395, 447, 448
나이키 허큘리스 178
나진-선봉(나선) 486~490, 494, 510, 511, 531
나폴레옹전쟁 495
남극조약 818, 819
남북군사분과위원회 784
남북정상회담 140, 235, 236, 263, 270, 271, 273~277, 279, 280, 282, 321, 327, 338, 342, 343, 353, 673, 680, 685, 740, 789
남아시아 비핵무기지대 831
냉각덮개 172
냉전의 핵무기화 566
넌, 샘 235
네게브핵연구센터 428
네오콘 291, 689, 697, 703
노동당 군수공업부 484
노리스, 로버트 176, 178~181, 419
노무현 338~340, 342, 343, 346, 347, 353, 356, 377, 493, 662, 740, 742, 743, 771, 772, 775, 875, 877
노스 코리아 패러독스 107
뉴스타트 98
니츠, 폴 568
닉슨, 리처드 134, 136, 182, 184,

185, 187, 429, 455, 564, 577, 578, 724
닉슨독트린 182, 188, 197
닉시, 래리 79, 80, 192, 193, 200~203, 267~269, 279, 340~342

ㄷ

다이빙궈(戴秉国) 504, 510
단일국가 비핵무기지대 819, 829
단일통합작전계획(Single Integrated Operational Plan: SIOP) 180, 590
달렘, 카를 요세프 158
대군사력전력 84
대량보복 77, 84, 98~100, 111~113, 134, 175, 396, 411, 551~558, 560, 561, 565, 623, 818
대량응징보복 70, 121, 123
대립적 양극질서 867~869
대북송금 276, 277, 279, 283, 338~343
대서양협회(Atlantic Council) 536, 701
덩샤오핑 241, 681, 709
데니소프, 안드레이 515
데밍, 러스트 262
데이비 크로켓 178
도브리닌, 아나톨리 630
도시파괴전략 563

지은이 이삼성

고려대학교 정치외교학과와 서울대학교 대학원 정치학과를 졸업하고,
예일대학교 대학원 정치학과에서 정치학박사 학위를 취득했다.
통일연구원 연구위원, 가톨릭대학교 국제학부 교수, 일본의 리쓰메이칸대학교
객원교수를 지냈다. 현재는 한림대학교 정치행정학과 교수로 있으며,
한림대학교 학술상(2010), 백상출판문화상(저작 부문, 1999),
단재상(1998)을 받았다. 주요 저서로는『동아시아의 전쟁과 평화 1·2』
(한길사, 2009),『세계와 미국: 20세기의 반성과 21세기의 전망』(한길사, 2001),
『20세기의 문명과 야만: 전쟁과 평화, 그리고 인간의 비극에
관한 정치적 성찰』(한길사, 1998),『한반도 핵문제와 미국외교: 북미 핵협상과
한국 통일정책의 비판적 인식』(한길사, 1994) 등이 있다.
주요 논문으로는 박사학위 논문인 "American Political Elites and
Changing Meanings of the Vietnam War: The Moral Dimension in
Congressmen's Foreign Policy Perspectives"(1988)와「전후 동아시아
국제질서의 구성과 중국: '동아시아 대분단체제'의 형성과정에서 중국의 구성적 역할」
(『한국정치학회보』, 2016),「한나 아렌트의 인간학적 전체주의 개념과 냉전」
(『한국정치학회보』, 2015),「제국 개념의 동아시아적 기원 재고: 황국과 천조,
그리고 가외천황과 제국」(『국제정치논총』, 2014),「한국전쟁과 내전:
세 가지 내전 개념의 구분」(『한국정치학회보』, 2013),「'제국' 개념의 고대적 기원:
한자어 '제국'의 서양적 기원과 동양적 기원, 그리고『일본서기』」
(『한국정치학회보』, 2011),「'제국' 개념과 19세기 근대 일본: 근대 일본에서
'제국'개념의 정립 과정과 그 기능」(『국제정치논총』, 2011),「동서양의 정치전통에서
성속(聖俗)의 연속과 불연속에 관한 연구」(『현대정치연구』, 2011),
「'제국' 개념과 근대 한국: 개념의 역수입, 활용, 해체,
그리고 포섭과 저항」(『정치사상연구』, 2011),「제국, 국가, 민족: 위계적 세계화와
민주적 세계화」(네이버 열린연단, 2016),「동아시아의 질서와 평화: 천하체제,
제국체제, 대분단체제」(네이버 열린연단, 2015)등이 있다.

한반도의 전쟁과 평화

지은이 이삼성
펴낸이 김언호

펴낸곳 (주)도서출판 한길사
등록 1976년 12월 24일 제74호
주소 10881 경기도 파주시 광인사길 37
홈페이지 www.hangilsa.co.kr
전자우편 hangilsa@hangilsa.co.kr
전화 031-955-2000~3 **팩스** 031-955-2005

부사장 박관순 **총괄이사** 김서영 **관리이사** 곽명호
영업이사 이경호 **경영이사** 김관영
편집 백은숙 노유연 김지연 김대일 김지수 김영길
관리 이주환 김선희 문주상 이희문 원선아 **마케팅** 서승아
디자인 창포 031-955-9933
출력 및 인쇄 예림 **제본** 경일제책사

제1판 제1쇄 2018년 4월 18일
제1판 제5쇄 2019년 11월 25일

값 27,000원
ISBN 978-89-356-7052-9 93340

• 이 도서의 국립중앙도서관 출판시도서목록(CIP)은 서지정보유통지원시스템 홈페이지(seoji.nl.go.kr)와
국가자료공동목록시스템(www.nl.go.kr/kolisnet)에서 이용하실 수 있습니다.
(CIP제어번호: CIP2018008697)